Aufgaben

Aufgaben müssen sein. Sie helfen Dir, tiefer in das Thema einzudringen. Häufig zeigen sie Dir auch, was der Unterrichtsstoff mit Deiner Umwelt zu tun hat.

Einige Aufgaben sind einfach zu beantworten, bei anderen wirst Du knobeln müssen.

Aus Umwelt und Technik

Hier kann's spannend werden. Wer in diesen Bausteinen schmökert, erfährt eine ganze Menge über seine Umwelt – und er erkennt „die Physik" auch im Alltag wieder.

Diese Texte eignen sich auch als Grundlage für kleine Vorträge. Vielleicht hast Du mal Lust dazu?

Oder ist Physik etwa gar nicht Dein Lieblingsfach? Interessieren Dich Umweltprobleme und Themen aus Biologie oder Technik mehr? Dann sind diese Bausteine gerade das Richtige für Dich!

Aus der Geschichte

Die Erkenntnisse der Physik fielen wahrlich nicht vom Himmel. Manche Forscher brauchten ihr ganzes Leben, ehe sie die Lösung eines Problems fanden. Andere verteidigten Meinungen, die sich später doch als Irrtümer erwiesen. Manchmal war es auch umgekehrt: Ein Forscher fand etwas Richtiges heraus, aber man lächelte nur darüber.

Diese Bausteine berichten von den Leistungen bekannter Forscher und von den Schwierigkeiten, die sie zu überwinden hatten. Du erfährst auch etwas über geschichtliche Zusammenhänge. So wirst Du einen Eindruck davon bekommen, wie sich Wissenschaft und Technik entwickelten und wie sie das Leben der Menschen veränderten.

Das Thema im Überblick

Natürlich findest Du diesen Baustein immer am Schluß eines Kapitels. Er besteht aus zwei Teilen:

Unter der Überschrift **Alles klar?** stehen hier Aufgaben, die sich auf das gesamte Kapitel beziehen. Mit ihnen kannst Du prüfen, ob Du in dem Thema wirklich fit bist.

Im Abschnitt **Auf einen Blick** wird alles Wesentliche zusammengefaßt. Du findest hier auch die wichtigsten Versuchsergebnisse und den „roten Faden" des Unterrichts. Das hilft Dir bestimmt vor Tests und dann, wenn Du mal gefehlt hast.

Falls Du trotzdem etwas nicht verstehst, kannst Du in den Info-Bausteinen nachlesen.

Aufgaben

5 Tina will einen Garderobenspiegel kaufen. Sie ist 1,60 m groß; ihre Augenhöhe beträgt 1,50 m.

a) Wenn sie 1 m vor dem Spiegel steht, will sie sich darin vom Scheitel bis zur Sohle sehen können. Wie groß muß der Spiegel mindestens sein? In welcher Höhe muß sich die Oberkante des Spiegels befinden? Zeichne den Weg, auf dem das Licht vom Scheitel und von den Füßen...

Weshalb werden die weiter entfernten Spiegelbilder immer dunkler?

7 Monika und Michael sind gleich groß. Zwischen beiden befindet sich eine Pfütze von 60 cm Durchmesser. Michael steht direkt am Rand der Pfütze. Wie weit muß Monika mindestens an die Pfütze herangehen, um Michaels Spiegelbild in die Augen schauen zu können? Zeichne!

8 Ein Versuch zum Knobeln:  eine Spotlampe von...

Aus Umwelt und Technik: Die Abendsonne ist nicht rund!

...Sonnenuntergang erscheint die Sonne etwas „plattgedrückt" – insbesondere bei starkem Abendrot. Ihre senkrechte Achse ist also kürzer als die waagerechte (Bild 11). Wie kommt das?

Die Lufthülle der Erde weist keine scharfe Grenze auf, sondern sie wird zur Erdoberfläche hin immer dichter. Licht, das aus dem Weltall kommt, wird daher nicht einmalig an einer Grenzfläche gebrochen; vielmehr erfolgt die Brechung nach und nach.

Bild 12 zeigt diesen Vorgang in einem **Versuch**: Hier wurde über eine Zuckerlösung vorsichtig Wasser „geschichtet". Die Grenzschicht zwischen beiden Flüssigkeiten wurde dann etwas aufgerührt, so daß ein all...

bei einer punktförmigen Lichtquelle ein: Wenn wir einen schräg über uns stehenden Stern beobachten, fällt von diesem ein schmales Lichtbündel in unser Auge. Es durchquert die Lufthülle auf einer gekrümmten Bahn. In der Richtung, aus der das Bündel ins Auge trifft, vermuten wir den Stern (Bild 13). In Wirklichkeit steht er aber tiefer über dem Horizont...

Aus der Geschichte: Erste Energiequellen

Maschinen, wie wir sie heute kennen, gab es im Altertum noch nicht. Man war weitgehend auf Muskelarbeit angewiesen, wenn z. B. Getreide gemahlen, Felder bewässert oder Lasten transportiert wurden. „Energiequellen" waren sehr oft Menschen, in der Antike vor allem Sklaven.

Bild 11 zeigt, wie um 1550 mit einem Pferdegöpel Erz gefördert wurde. Die große Scheibe in der Mitte des Bildes diente als Bremse.

Alles klar?

5 An Land sehen Muscheln viel kleiner aus, als sie unter Wasser durch die Taucherbrille hindurch erscheinen. Bild 6 hilft dir bei der Erklärung.

6 Ein Springbrunnen wird von unten beleuchtet. Warum leuchten die gebogenen Wasserstrahlen?

8 Der Rücken vieler Fische ist so gefärbt wie der Meeresboden; ihre Unterseite sieht aus wie ein Spiegel. Welchen Vorteil hat das für die Fische?

9 Bild 7 zeigt verschiedene Glasprismen. Übertrage die Abbildungen in dein Heft, und ergänze die Lichtwege.

Auf einen Blick

Lichtbrechung an Grenzflächen

Wenn Licht schräg auf die Grenzfläche zwischen zwei lichtdurchlässigen Stoffen fällt, wird es **gebrochen**.

...n einem optisch dünneren Stoff in ei... (...Luft in Glas) wird ein...

Je größer der Einfallswinkel ist, desto stä... aus seiner ursprünglichen Richtung...

Fällt das Licht senkrecht...

Ricarda-Huch-Schule, Hannover

Inventar-Nr. des Buches: PH-92-08-01

Name der Schülerin/des Schülers	Klasse	Datum Ausgabe	Rückgabe
Christian Bach	8 U	23.08.94	18.3.94
NORMA EWERT	8 A	5.9.94	15/09/97
chair	10 B	1.9.97	

Dieses Buch ist Eigentum des Landes Niedersachsen.

Das Buch ist pfleglich zu behandeln. Eintragungen, Randbemerkungen u. a. dürfen nicht vorgenommen werden.

Bei Verlust oder Beschädigung des Buches wird die Schule Schadensersatz verlangen.

ausgesondert   Roe

Christine
+
Philipp

2019

Physik für Gymnasien

Länderausgabe N · Gesamtband

Physik für Gymnasien

Sekundarstufe I

Länderausgabe N
Gesamtband

Das Werk wurde erarbeitet von

Gerd Boysen, Kiel
Hansgeorg Glunde, Flensburg
Dr. Harri Heise, Heide
Heinz Muckenfuß, Ravensburg
Harald Schepers, Lengerich
Hans-Jürgen Wiesmann, Soest

unter Mitarbeit von

Helmrich Folkers, Langwedel
Hans-Peter Götz, Tübingen
Bernd Heepmann, Herford
Jürgen Hille, Achim
Wolfgang Mathea, Mainz
Diethelm Paschen, Mülheim
Roland Reger, Fürstenfeldbruck
Fritz-Peter Sandrock, Stade
Christoph Schmid, Tübingen
Wilhelm Schröder, Herford
Dr. Leonhard Stiegler, Fürth

Redaktion und Gestaltung

Helmut Dreißig
(redaktionelle Leitung)
Christa Greger
Jürgen Hans Kuchel
Erika Sichelschmidt
Reinhold Wolter
Christian Wudel
Dierk Ullrich (Layout)

Illustrationen

Gabriele Heinisch (Cornelsen),
Yvonne Koglin,
Studio Meske,
Fotostudio Mahler
(Auftragsfotos Cornelsen).

Sonstige Fotoquellen siehe Verzeichnis der Bild- und Textquellen

1. Auflage 1991

Alle Drucke dieser Auflage können, weil untereinander unverändert, im Unterricht nebeneinander verwendet werden.

© 1991 Cornelsen Verlag, Berlin

Das Werk und seine Teile sind urheberrechtlich geschützt. Jede Verwertung in anderen als den gesetzlich zugelassenen Fällen bedarf deshalb der vorherigen schriftlichen Einwilligung des Verlages.

Satz: Gleißberg & Wittstock, Berlin
Reproduktion: Faeßer, S&T scan, Berlin
Druck: Cornelsen Druck, Berlin
Bindearbeiten: Fritzsche/Ludwig, Berlin

Vertrieb: Cornelsen Verlagsgesellschaft, Bielefeld
Best.-Nr. 57119

Inhaltsverzeichnis

Optik

Licht und Sehen S. 6
1 Die Bedeutung von Lichtquellen
2 Wie sich Licht ausbreitet
3 Licht wird gestreut – wir sehen Körper

Der Sehwinkel S. 16
Größe und Entfernung von Gegenständen

Licht und Schatten S. 18
1 Wo Licht ist, ist auch Schatten
2 Licht und Schatten im Weltraum

Einfache optische Abbildungen S. 24
1 Löcher machen Bilder
2 Wie entstehen Bilder bei der Lochkamera?

Spiegelbilder und Reflexion S. 28
1 Spiegelbilder – alles nur Schein?
2 Reflexion an ebenen Flächen
3 Spiegelbilder an gekrümmten Flächen

Brechung und Totalreflexion S. 38
1 Wo kommt die Münze her?
2 Licht wird an Grenzflächen nicht nur gebrochen

Optische Abbildungen mit Linsen S. 46
1 Die Sammellinse
2 Gesetze bei der Abbildung mit Linsen
3 Gute Linsen – scharfe Bilder
4 Der Fotoapparat
5 Projektoren

Auge und Sehvorgang S. 60
1 Unser Auge
2 Räumliches Sehen
3 Linsen helfen bei Augenfehlern
4 Wie eine Linse den Sehwinkel vergrößern kann

Der Blick ins Unsichtbare S. 70
1 Mikroskop und Fernrohr vergrößern den Sehwinkel
2 Zahlenwerte rund ums Fernrohr

Die Farben S. 78
1 Licht steckt voller Farben
2 Farbaddition und Farbsubtraktion
3 Das Auge macht's möglich
4 Körperfarben

Die Farbenlehre des Johann Wolfgang von Goethe S. 92
Eine andere Erklärung der Entstehung von Farben

Elektrizitätslehre

Einfache und knifflige Schaltungen S. 94
1 Die Rolle der Elektrizität in unserem Leben
2 Der elektrische Stromkreis
3 Leiter und Nichtleiter

Wirkungen des elektrischen Stromes S. 98
1 Die Wärmewirkung
2 Die magnetische Wirkung

Magnetfelder von elektrischen Strömen S. 104
Von Oersteds Entdeckung zum Elektromagneten

Die elektrische Ladung S. 106
1 Elektrizität aus der Folie
2 Wenn zwei geladene Körper aufeinandertreffen…
3 Wenn ein geladener Körper auf einen ungeladenen trifft…
4 Blitz und Donner

Der elektrische Strom S. 116
1 Was man unter „Strom" versteht
2 Elektrische Ströme werden gemessen
3 Stromstärke und Ladung

Mechanik

Der physikalische Kraftbegriff S. 124
1 Kräfte wirken auf Körper
2 Das Kräftegleichgewicht
3 Kraft und Gegenkraft

Kraft und Kraftmessung S. 134
1 Wir messen Kräfte
2 Kraft und Verformung
3 Wenn mehrere Kräfte wirken…

Trägheit und Massenanziehung S. 142
1 Körper sind unterschiedlich träge
2 Masse und Gewichtskraft
3 Wie man Massen mißt

Die Dichte S. 150
Die Dichte – eine Eigenschaft von Stoffen

Reibung und Verkehrssicherheit S. 152
Reibung ist wichtig!

Das Drehmoment S. 158
1 Hebel machen's möglich
2 Schwerpunkt und Gleichgewichtsarten

Einfache Maschinen S. 168
Seile und Rollen

Die Arbeit S. 174
1 Arbeit – physikalisch betrachtet
2 Alle reden von Arbeit…
3 Kann man Arbeit einsparen?
4 Das Arbeitsdiagramm

Die Leistung S. 182
Was versteht man unter Leistung?

Mechanische Energie S. 186
Keine Arbeit ohne Energie

Eigenschaften und Aufbau der Körper S. 194
1 Aggregatzustände ändern sich
2 Das Teilchenmodell
3 Eigenschaften von festen, flüssigen und gasförmigen Körpern
4 Die Größe der Teilchen

Mechanik der Flüssigkeiten S. 200
1 Der Stempeldruck
2 Der Schweredruck
3 Schweredruck und Gefäßform
4 Der Auftrieb
5 Das Schwimmen

Mechanik der Gase S. 216
1 Eingesperrte Gase
2 Der Schweredruck der Luft und seine Wirkungen
3 Die Messung des Schweredrucks der Luft
4 Auftrieb in Gasen
5 Pumpen

Inhaltsverzeichnis

Elektrizitätslehre

Die elektrische Spannung S. 234
1 Elektronen müssen angetrieben werden
2 Wir messen die elektrische Spannung
3 Ladungstrennung und Spannung

Der elektrische Widerstand S. 242
1 Was versteht man unter elektrischem Widerstand?
2 Widerstand und Temperatur
3 Widerstand und Leiterabmessungen
4 „Das Ding, das redet ja!"

Gesetze der Reihen- und Parallelschaltung S. 254
1 Eine merkwürdige Schaltung
2 Die Parallelschaltung
3 Anwendungen von Reihen- und Parallelschaltung

Schutzmaßnahmen im Stromnetz S. 264
1 Die Erdung des Stromnetzes
2 Der Schutzleiter und andere Schutzmaßnahmen
3 Gefährliche und ungefährliche Ströme

Stromkreise übertragen Energie S. 268
1 Energieströme vom Kraftwerk zum Verbraucher
2 Strom und Spannung bestimmen die Leistung
3 Energiebedarf im Haushalt

Kräfte auf Ströme im Magnetfeld S. 278
1 Der Elektromotor
2 Die Lorentzkraft

Spannungserzeugung durch Induktion S. 286
1 Grundversuche zur Induktion
2 Wie funktioniert ein Generator?
3 Das Oszilloskop macht Spannungsverläufe sichtbar

Das Drehstromnetz S. 298
Was versteht man unter Drehstrom?

Energieübertragung mit Wechselstrom S. 300
1 Der Transformator
2 Der Transformator wird belastet
3 Energieübertragung mit Hochspannung

Elektronik

Leitungsvorgänge in Halbleitern S. 314
1 Es geht um Informationen
2 Leiter – Nichtleiter – Halbleiter
3 Elektronenleitung – Löcherleitung
4 Die Diode

Transistoren in elektronischen Schaltungen S. 330
1 Der Transistor – ein steuerbares Ventil
2 Der Feldeffekttransistor
3 Speichern und Verarbeiten von Daten
4 Zählen und Addieren

Energie

Temperaturen und Thermometer S. 348
Die Temperaturmessung

Temperatur – innere Energie – Wärme S. 352
1 Temperatur im Teilchenmodell
2 Was beim Erwärmen geschieht

Temperaturänderungen und ihre Folgen S. 358
1 Flüssigkeiten werden erwärmt und abgekühlt
2 Feste Körper werden erwärmt und abgekühlt
3 Gase werden erwärmt und abgekühlt

Die spezifische Wärmekapazität S. 368
Wärme wird gemessen

Verborgene Energie S. 372
1 Schmelzen und Erstarren
2 Verdampfen und Kondensieren
3 Siedetemperatur und Druck

Verdunsten und Kühlen S. 380
1 Kühlen im warmen Sommerwind?
2 Kühlschrank und Wärmepumpe

Maschinen, die mit Wärme arbeiten S. 384
1 Heißer Dampf verrichtet Arbeit
2 Energieumwandlung und Abwärme
3 Verbrennungsmotoren

Energie unterwegs S. 396
1 Die Konvektion
2 Die Wärmeleitung
3 Die Strahlung

Kernphysik

Energie aus Atomkernen S. 408
1 Vom Aufbau der Atome
2 Die Kernspaltung

Die Radioaktivität S. 416
1 Nachweis der Radioaktivität
2 Ionisierende Strahlung – genauer betrachtet
3 Der radioaktive Zerfall
4 Die Halbwertszeit
5 Wie kann man sich vor ionisierender Strahlung schützen?

Gefahr und Nutzen der Radioaktivität S. 428
1 Radioaktivität ist gefährlich
2 Biologische Strahlenwirkungen
3 Probleme der Nutzung von Kernenergie
4 Radioaktivität in Medizin und Technik

Mechanik

Geschwindigkeit, Beschleunigung, Bewegungsenergie S. 438
1 Die Geschwindigkeit
2 Beschleunigte Bewegungen
3 Der freie Fall
4 Die Bewegungsenergie

Anhang S. 450

Literaturhinweise für Schülerinnen und Schüler

Zum Experimentieren, Basteln, Spielen

Aebli: Raten, denken, lachen und noch andere Sachen. Aarau: Sauerländer.

Allison: Langeweile hab ich nie. Entdecken, Spielen und Experimentieren im Haus. Ravensburg: Otto Maier.*

Bacher: Das schiefe Glas von Pisa ... und andere Zaubertricks aus
Physik und Chemie. Würzburg: Arena.*

Backe, H.: Das Physik Experimentierbuch. Frankfurt am Main: Harri Deutsch.

Cherrier: Physik macht Spaß. Esslingen: F. J. Schreiber.*

Freyer/Gaebler/Möckel: Gut gedacht ist halb gelöst. Köln: Aulis/Deubner.

Glagla/Lindner: Wege in die Physik.* Wege in die Elektronik. Lern- und Werkbücher für Selbststudium und Unterricht. Ravensburg: Otto Maier.

Goldstein-Jackson: Experimente - spielend leicht. 80 Versuche mit alltäglichen Dingen. Würzburg: Arena.*

Graeb: Das große Experimentierbuch. München: Moderne Verlagsgesellschaft.*

Haase/Lehmann: Nanos Physikabenteuer. Köln: Aulis/Deubner.

Heiße Tips für kühle Köpfe. Das Buch der Experimente. Köln: Benziger.

Höfling: Physik A-Z. Ein Physiklexikon mit 80 verblüffenden Experimenten. München: Schneider.

Kent/Ward: Physik, wie sie mir Spaß macht. Ravensburg: Otto Maier.*

Köthe: Das neue Experimentierbuch. 150 einfache Experimente aus Physik, Chemie und Biologie. Hamburg: Tessloff.

Lanners: Kolumbus-Eier. Tricks, Spiele, Experimente. München: Bucher.*

Magnetspiele (Kosmos Experimente). Stuttgart: Franckh.*

Moisl: Beobachten, Experimentieren, Verstehen. München: dtv junior.*

Moisl: Chemie-, Physik- und Energie-Schülerexperimentierbücher. Ravensburg: Otto Maier.*

Öveges: Die Geheimnisse des Lichtes. Farbige Experimente aus der Physik. Kassel: Corvina/Röth.*

Pacilio: Das große Experimentierbuch der Luft- und Raumfahrt. Hamburg: Tessloff.*

Perelmann, J.: Unterhaltsame Aufgaben und Versuche. Frankfurt am Main: Harri Deutsch.

Perelmann, J.: Unterhaltsame Physik. Frankfurt am Main: Harri Deutsch.

Press: Geheimnisse des Alltags. Entdeckungen in Natur und Technik. Ravensburg: Otto Maier.

Press: Spiel - das Wissen schafft. Ravensburg: Otto Maier.

Pütz/Back: Elektronik I-V. Basteltips.* Außerdem weitere Titel aus der „Hobbythek"-Reihe. Köln: Verlagsgesellschaft Schulfernsehen.

Schlomka u.a.: Elektronik für Sie. Ismaning: Hueber-Holzmann.

Sutton: Wie geht denn das? Klare Antworten auf verzwickte Fragen. Düsseldorf: Econ.*

Thöne: Physik als Hobby. Ein Bastel-, Experimentier- und Lehrbuch für jedermann. Zürich: Orell Füssli.

Treitz: Spiele mit Physik. Frankfurt am Main: Harri Deutsch.

Vries, de: Vom Basteln zum Experiment. München: dtv.*

Ward: Spaß mit Experimenten. Ravensburg: Otto Maier.*

Wittmann: Trickkiste 1. Experimente, wie sie nicht im Physikbuch stehen. München: Bayerischer Schulbuchverlag.

Zeier, E.: Keine Angst vor Physik. Köln: Aulis/Deubner.

Zeier, E.: Kurzweil durch Physik. Köln: Aulis/Deubner.

Zeier, E.: Physikalische Freihandversuche - kleine Experimente. Köln: Aulis/Deubner.

Zum Nachschlagen und als Lesestoff

Ardley: Atom und Energie. Hamburg: Tessloff.*

Back/Heimann: Erfindern auf der Spur Eine kleine Geschichte der Technik in Beispielen. Ravensburg: Otto Maier.*

Backe: Abenteuer Physik. Aus der Geschichte der Physik und ihrer Forscher. Köln: Aulis/Deubner.*

Bermann: Die Natur dachte zuerst daran. Hamburg: Tessloff.

Bono: Buchers illustrierte Geschichte der Erfindungen. München: Bucher.*

Borec, T.: Guten Tag, Herr Ampère. Deutsch Taschenbuch Nr. 128. Frankfurt am Main: Harri Deutsch.

Bublath, J.: Das knoff-hoff-Buch (2 Bände). München: Urban.

Dafter: Antwortbuch der Energie. Hamburg: Tessloff.

dtv-Atlas (Physik, Atomphysik, Astronomie). München: dtv.

Epstein, L.: Epsteins Physikstunde. 450 Aufgaben und Lösungen. Therwil: Birkhäuser.

Feeser: Erfinde mit Erfindern. München: dtv junior 7274.*

Feeser: Forsche mit Forschern. München: dtv junior 7331.*

Franke: Technik in unserer Welt. Gütersloh: Bertelsmann Lexikon-Verlag.*

Frisby, J.: Optische Täuschungen, Sehen, Wahrnehmen, Gedächtnis. Augsburg: Weltbildverlag.

Fritz: 100 x Umwelt. Mannheim: Bibliographisches Institut.*

Gaebert: Der große Augenblick in der Physik sowie Der große Augenblick in der Technik. Beide Titel: Bayreuth: Loewes.

Haber, H.: Unser blauer Planet/Unser Mond (Doppelband). Gütersloh: Prisma-Verlag.

Haug: Elektronik für jedermann. Eine leichtfaßliche Einführung. Aarau: AT Verlag.*

HiFi, Ultraschall und Lärm. Die Welt des Schalls. Köln: Verlagsgesellschaft Schulfernsehen.

Höfling: Schülerlexikon Physik. München: Bayerischer Schulbuchverlag.

Hundt: 100 x Technik im Alltag. Mannheim: Bibliographisches Institut.*

Jones, D.: Zittergras und schräges Wasser. Frankfurt am Main: Harri Deutsch.

Jugendhandbuch Naturwissen, Bände 4-6. Rororo Handbuch 6206/6207/6208. Reinbek: Rowohlt TB.*

Kerner: Lise, Atomphysikerin. Die Lebensgeschichte der Lise Meitner. Weinheim: Beltz.

Kerrod: Tessloff Handbuch der Technologie. Hamburg: Tessloff.

Köhler: 100 x Raumfahrt. Mannheim: Bibliographisches Institut.*

Learner, R.: Die Geschichte der Astronomie und die Entwicklung des Teleskops seit Galilei. Augsburg: Weltbildverlag.

Macaulay, D.: Macaulays Mammutbuch der Technik. Hamburg: Tessloff.

Maschinen, Mechanik, Transport. Wissen universal, Bd. 5. Hamburg: Tessloff.

Smith (Hrsg.): Erstes Buch der Elektronik. Ravensburg: Otto Maier.*

Tessloff Bildlexikon in Farbe (Reihentitel): Physik. Hamburg: Tessloff.

Troitzsch/Weber (Hrsg.): Die Technik. Von den Anfängen bis zur Gegenwart. Braunschweig: Westermann.*

Vom Faustkeil zum Laserstrahl. Stuttgart: Das Beste.

Walker: Der fliegende Zirkus der Physik sowie Lösungsbuch dazu. München: Oldenbourg.

Wie funktioniert das? Die Technik im Leben von heute. Mannheim: Bibliographisches Institut.

ZDF Kompaß Jugend-Lexikon. Natur und Technik. Niedernhausen/Ts.: Falken Verlag.

---

* Die so gekennzeichneten Titel sind derzeit (Anfang 1990) nicht im Buchhandel erhältlich. Sie können aber in Bibliotheken ausgeliehen werden.

Licht und Sehen

1 Die Bedeutung von Lichtquellen

Harry meint: „Die Natur ist ungerecht! Den Grottenolm läßt sie erblinden, und der Eule beschert sie Augen in Luxusausführung."

„Dem Grottenolm wäre auch mit den besten Augen nicht zu helfen", entgegnet ihm Tina ...

1 Der **Grottenolm** ist ein Höhlentier aus Jugoslawien, das in Gewässern tief im Innern von Höhlen lebt. Bei der Geburt hat das Tier noch Augen. Sie bilden sich aber bald darauf vollständig zurück.

2 Nachtjäger wie die **Eule** sind mit großen Augen ausgestattet. Ihre Pupillen öffnen sich in der Dunkelheit sehr weit. Dadurch können die Eulen auch bei Nacht hervorragend sehen.

Aufgaben

1 Warum kannst du nichts sehen, wenn ein Raum völlig dunkel ist?

2 Wenn du in eine unbeleuchtete Höhle hineingehst, siehst du zunächst überhaupt nichts. Nach ein paar Minuten haben sich deine Augen aber „auf die Dunkelheit eingestellt".
Was ist eigentlich mit dieser Redewendung gemeint?

3 Manche Lichtquellen sind sehr heiße Körper. Andere Lichtquellen erzeugen jedoch Licht, ohne heiß zu werden.
Die Bilder 3–14 zeigen dafür Beispiele. Ordne sie ein!

4 Warum haben Tiere, die nachts jagen, meist besonders große Augen und Pupillen?

Die Augen des Maulwurfs sind dagegen nur so groß wie ein Stecknadelkopf. Warum sind solche Augen für ihn ausreichend?

5 Welche Vorstellung steckt hinter dem Wort „Licht*quelle*"?
Suche andere zusammengesetzte Wörter, in denen das Wort -*quelle* vorkommt. Vergleiche!

Aus Umwelt und Technik: **Tiere und Pflanzen als Lichtquellen**

Tiere, die Organe zum Leuchten haben (Leuchtorgane), sind bei uns nur selten zu beobachten. In anderen Lebensbereichen, z. B. in der Tiefsee, sind sie häufiger anzutreffen.

Die Bilder 15–20 zeigen dazu einige Beipiele.

15

Glühwürmchen oder **Johanniskäfer** (Bild 15) gibt es auch bei uns. Diese Tiere bilden in besonderen Körperzellen einen Stoff, den sie zum Leuchten bringen können. Mit diesem Licht locken sich Männchen und Weibchen gegenseitig an.

Dieser **Tintenfisch** (Bild 16) hat besonders viele Leuchtorgane. Seine Leuchtorgane können sogar in verschiedenen Farben leuchten: einige weiß, andere hellblau oder rot.

16

17

Solche **Pilze** (Bild 17) wachsen im tropischen Regenwald. Ihr Leuchten entsteht beim Stoffwechsel bestimmter Bakterien, die auf der Oberfläche der Pilze leben. Wozu die Pilze leuchten, weiß man noch nicht.

Diese **Seerosen** (Bild 18) sind Tiere, die sich unter Wasser an Felsen festsetzen. Sie leuchten auf, wenn Fische an ihnen vorbeistreifen. Das Leuchten der Seerosen wird ebenfalls durch Bakterien verursacht.

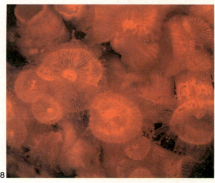
18

Die Decke der Höhle von *Waitomo* in Neuseeland ist dicht mit **leuchtenden Larven** besetzt (Bild 19). Durch dieses Licht werden kleine Insekten angelockt. Sie verfangen sich in einer Art Spinnengewebe, das die Larven um sich herum gebaut haben. So werden die Insekten zur leichten Beute für die Larven.

Der **Anglerfisch** (Bild 20) kann in der Finsternis der Tiefsee seine Beute nicht sehen. Er sorgt aber dafür, daß er selbst gesehen wird. Mit einem Leuchtorgan am Kopf lockt er sein Opfer bis vor sein Maul. Allerdings muß er schnell zuschnappen, denn der Beutefisch hat sich der „Laterne" nur auf der Suche nach Nahrung genähert.

19

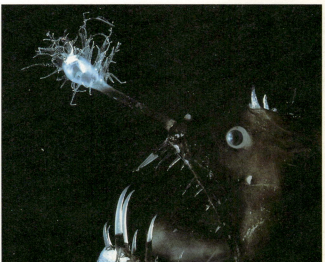
20

Aus der Geschichte: **Lampen früher und heute**

Der Mensch beherrscht das Feuer schon seit Zehntausenden von Jahren. Damit standen ihm – neben Sonne und Mond – weitere Lichtquellen zur Verfügung, nämlich Lagerfeuer und brennende Holzstöcke.

In Bild 1 kannst du sehen, wie die Lichtquellen im Laufe der Jahrhunderte weiterentwickelt wurden.

Zunächst wurde mit offenen Flammen Licht erzeugt: Der *Kienspan* war ein harzreiches Holzstück, das mit heller Flamme brannte. Die *Fackel* bestand aus einem Stab, der ein hell brennendes Material trug. *Öllampen* und *Kerzen* waren dann schon sehr fortschrittlich, denn sie versprühten keine Funken oder Glutstückchen mehr.

Vor etwa 100 Jahren begann eine neue und schnelle Entwicklung der Lampentechnik. Die Lampen, die seither entstanden, waren einfacher zu handhaben und ungefährlicher. Außerdem spendeten sie ein helleres und gleichmäßigeres Licht.

Die *Petroleumlampe* findet man bei Liebhabern alter Gegenstände noch heute. In ihnen wird das Petroleum mit Hilfe eines Dochtes verbrannt. Die rußfreie Flamme leuchtet hell in einem Glaszylinder.

Gaslampen werden heute manchmal noch als Campingleuchten verwendet.

Die *Elektrolampe* hat heute fast alle anderen Lichtquellen verdrängt.

Die **Straßenbeleuchtung** entstand erst, als es möglich wurde, Leuchtgas in großen Mengen zu erzeugen und über Leitungen zu verteilen. In der ersten Hälfte des 19. Jahrhunderts begann man in großen Städten mit der Einrichtung von Gas-Straßenbeleuchtungen.

Wie so viele andere technische Neuerungen auch, stieß die Straßenbeleuchtung zunächst auf heftige Ablehnung. Zum Beispiel veröffentlichte die Kölnische Zeitung am 28. März 1819 die folgende Stellungnahme:

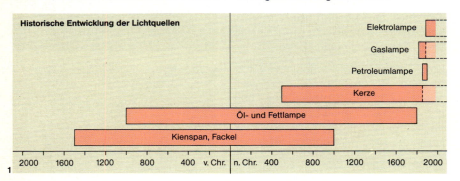

1 Historische Entwicklung der Lichtquellen

Warum die Gas-Straßenbeleuchtung abzulehnen ist ...

1. Aus theologischen Gründen:
weil sie als Eingriff in die Ordnung Gottes erscheint. Nach dieser ist die Nacht zur Finsternis eingesetzt, die nur zu gewissen Zeiten vom Mondlicht unterbrochen wird. Dagegen dürfen wir uns nicht auflehnen, den Weltplan nicht hofmeistern, die Nacht nicht zum Tage verkehren wollen.

2. Aus juristischen Gründen:
weil die Kosten dieser Beleuchtung durch eine indirekte Steuer aufgebracht werden sollen. Warum soll dieser und jener für eine Einrichtung zahlen, die ihm gleichgültig ist, sie ihm keinen Nutzen bringt oder ihn gar in manchen Verrichtungen stört.

3. Aus medizinischen Gründen:
die Gasausdünstung wirkt nachteilig auf die Gesundheit schwachleibiger und zartnerviger Personen und legt auch dadurch zu vielen Krankheiten den Stoff, weil sie den Leuten das nächtliche Verweilen auf den Straßen leichter macht und ihnen Schnupfen, Husten und Erkältungen auf den Hals zieht.

4. Aus philosophisch-moralischen Gründen:
die Sittlichkeit wird durch Gassenbeleuchtung verschlimmert. Die künstliche Helle verscheucht in den Gemütern das Grauen vor der Finsternis, das die Schwachen von mancher Sünde abhält. Die Helle macht den Trinker sicher, daß er in den Zechstuben bis in die Nacht hinein schwelgt, und sie verkuppelt verliebte Paare.

5. Aus polizeilichen Gründen:
sie macht die Pferde scheu und die Diebe kühn.

6. Aus volkstümlichen Gründen:
öffentliche Feste haben den Zweck, das Nationalgefühl zu wecken. Illuminationen sind hierzu vorzüglich geschickt. Dieser Eindruck wird aber geschwächt, wenn derselbe durch allnächtliche Quasi-Illuminationen abgestumpft wird. Daher gafft sich der Landmann toller in dem Lichtglanz als der lichtgesättigte Großstädter.

2 Wie sich Licht ausbreitet

Was kannst du aus den Bildern 4 u. 5 über die Lichtausbreitung ablesen?

V 1 Um den Weg des Lichtes beobachten zu können, bespannen wir zunächst ein Haushaltssieb außen mit Alufolie. Dieses Sieb stülpen wir dann über eine kleine Glühlampe (z. B. 6 V; 5 A).

Mit einer Bleistiftspitze werden nun Löcher in die Folie gestochen. Wenn wir Kreidestaub in den Lichtweg blasen, können wir beobachten, wie sich das Licht ausbreitet. (Raum dazu verdunkeln!)

V 2 Wir lassen das Licht einer kleinen Glühlampe durch eine Lochblende fallen, so daß auf dem Schirm dahinter ein kreisrunder Fleck entsteht (Bild 6). Wie hängt der Durchmesser des Flecks von der Entfernung Lampe–Schirm ab?

a) Um das zu untersuchen, stellen wir den Schirm nacheinander im Abstand von 50 cm, 1 m und 1,5 m vor die Leuchte. Dabei werden die Stellungen von Leuchte und Blende nicht verändert.

Wir messen jeweils den Durchmesser des Lichtflecks.

b) Stelle das Versuchsergebnis in einer schematischen Zeichnung dar (Maßstab 1:10).

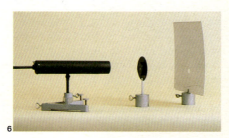

Info: Lichtbündel und Lichtstrahlen

Um die Ausbreitung des Lichtes zu beschreiben, verwenden wir die beiden Begriffe *Lichtbündel* und *Lichtstrahl*.

Wenn sich z. B. ein Glühlämpchen vor einer Lochblende befindet, tritt das Licht hinter der Blende kegelförmig aus. Diesen Lichtkegel nennt man **Lichtbündel**.

In unseren Versuchen verwenden wir oft Glühlämpchen. Ihre Glühdrähte sind so klein, daß wir sie meist als (nahezu) punktförmige Lichtquellen ansehen können. Entsprechend legen wir in Zeichnungen den Ausgangspunkt der Lichtbündel in die Mitte des Lampensymbols.

Wenn man ein Lichtbündel durch weitere Lochblenden immer stärker eingrenzt, erhält man immer schmalere Lichtbündel (Bild 7).

Für einen **Lichtstrahl** müssen wir das Lichtbündel in Gedanken so weit verengen, daß es keinen Durchmesser mehr hat. In der Wirklichkeit geht das natürlich nicht: Damit sich das Licht ausbreiten kann, muß die Blende eine Öffnung haben. Wie klein auch immer man deren Durchmesser wählt, stets bleibt noch ein schmales Lichtbündel übrig.

Lichtstrahlen gibt es also nur in der gedanklichen Vorstellung. Etwas, was wir uns vorstellen, um die Wirklichkeit besser beschreiben zu können, heißt **Modell** oder *Modellvorstellung*. Das Modell des Lichtstrahls dient dazu, Beobachtungen zu erklären und Lichtbündel zu zeichnen (Bild 8):

Durch **Randstrahlen** werden Lichtbündel begrenzt. Die Richtung des Bündels geben wir mit dem **Richtungsstrahl** an, den wir uns in der Mitte des Bündels denken. Oft wird statt des Lichtbündels nur der Richtungsstrahl abgebildet.

In Zeichnungen wird ein Lichtstrahl durch eine feine Linie dargestellt – wie ein Strahl in der Geometrie. Eigentlich dürfte diese Linie aber keine Breite haben ...

Nach dem Verlauf der Randstrahlen können wir die Lichtbündel in drei Gruppen einteilen (Bilder 8–10).

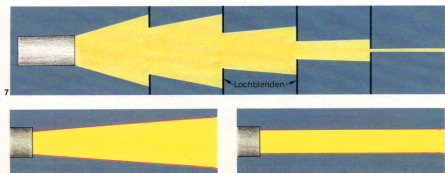

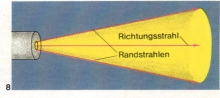

Die Randstrahlen laufen auseinander (*divergierendes* Lichtbündel).

Die Randstrahlen verlaufen zueinander parallel (*paralleles* Lichtbündel).

Die Randstrahlen laufen auf einen Punkt zu (*konvergierendes* Lichtbündel).

Aufgaben

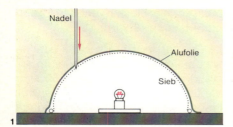
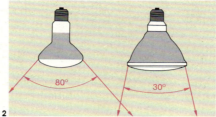
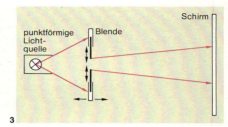

1 Bild 1 zeigt den Versuch mit dem Haushaltssieb. Das Sieb ist mit einer Aluminiumfolie abgedeckt; unter dem Sieb befindet sich eine kleine Glühlampe. In die Folie wird gerade mit einer Stricknadel ein kleines Loch gestochen.

Beschreibe die Richtung des entstehenden Lichtbündels.

Skizziere in deinem Heft auch den Verlauf des Bündels.

2 Im täglichen Leben spricht man z. B. vom *Strahl* einer Taschenlampe oder von Sonnen*strahlen*.

Was müßte man eigentlich sagen, wenn man sich physikalisch korrekt ausdrücken wollte?

3 Von den beiden „Spotlampen" (Reflektorlampen) in Bild 2 gehen Lichtbündel mit unterschiedlich großen Winkeln aus.

Überlege, welche Vorteile und welche Nachteile die beiden unterschiedlichen Lichtbündel haben.

4 In Bild 3 fällt ein Lichtbündel von einer Lichtquelle durch eine Lochblende auf einen Schirm.

a) Wie verändert sich das Lichtbündel, wenn man die Blendenöffnung größer (kleiner) macht? Zeichne!

b) Wie verändert sich das Lichtbündel, wenn man den Abstand zwischen der Lichtquelle und der Blende vergrößert (verkleinert)?

c) Und was geschieht, wenn nur der Schirm verschoben wird?

5 Was ist das Besondere an einem Lichtbündel, bei dem die Lichtquelle (z. B. die Sonne) sehr weit von der Blende entfernt ist?

Aus Umwelt und Technik: Tunnelbau mit Laserstrahlen

Beim Bau von U-Bahn-Tunnels wird der Straßenverkehr oft erheblich behindert. Vermeiden läßt sich das durch die *Schildbauweise (Schildvortrieb)*: Von einem Startschacht aus wird eine kreisförmige Röhre waagerecht in das Erdreich „gebohrt". Die Tunnelröhre wird dabei von einer Maschine vorgetrieben, die sich immer weiter in das Erdreich hineinfräst (Bild 4). Dabei anfallendes Material wird durch den bereits fertigen Teil des Tunnels abtransportiert.

Ein riesiges Stahlrohr verhindert, daß der neu erstellte Tunnelabschnitt einstürzt, bevor er ausgekleidet werden kann. Dieses fest mit der Fräsmaschine verbundene Stahlrohr ist der *Schild*, der dem Verfahren seinen Namen gab.

Damit der Tunnel gerade wird, verwendet man bei der Steuerung der Maschine einen **Laserstrahl**. Das ist ein sehr helles schmales Lichtbündel, das auch in großer Entfernung kaum divergiert. Die dazugehörende Lichtquelle, der Laser, ist im bereits fertiggestellten Tunnelabschnitt befestigt und präzise ausgerichtet. Der Lichtempfänger befindet sich an der Rückseite der Fräsmaschine.

Dieses Verfahren wurde z. B. beim Bau der U-Bahn in München angewandt. Die Maschine bohrte dort Röhren von 6,80 m Durchmesser. Die Abweichungen vom geplanten Weg betrugen weniger als 1 cm auf 1 km Tunnellänge.

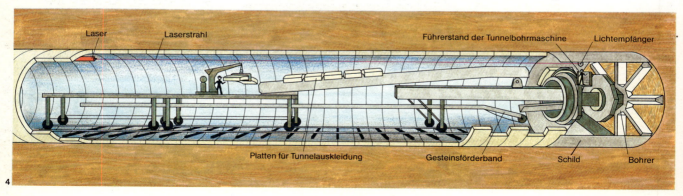

Aus der Geschichte: **Die Messung der Lichtgeschwindigkeit**

Wenn wir von *Lichtausbreitung* sprechen, stellen wir uns vor, daß Licht von einer Lichtquelle ausgeht und sich durch den Raum *bewegt*. Eine Bewegung erfolgt immer mit einer **Geschwindigkeit**. Demnach müßte sich das Licht mit einer bestimmten Geschwindigkeit ausbreiten.

Galileo Galilei (1564–1642) wollte dies mit einem Versuch beweisen: Er stellte zwei Helfer mit abgedeckten Laternen ein paar Kilometer voneinander entfernt auf zwei Berge (Bild 5). Der erste Helfer deckte seine Laterne auf und sandte so ein Lichtsignal aus. Sobald der zweite Helfer dieses Licht sah, schickte er mit seiner Laterne ein Lichtsignal zurück.

Der erste Helfer sollte feststellen, wieviel Zeit nach dem Aussenden seines Signals verstrich, bis er das Licht des anderen Helfers sah. Die Versuche ergaben aber nur: Entweder braucht das Licht für seinen Weg gar keine Zeit, oder es ist zu schnell, als daß man seine Geschwindigkeit auf diese Weise messen könnte.

Erst über 200 Jahre später (1849) gelang es dem französischen Physiker *Fizeau,* die Lichtgeschwindigkeit auf der Erde zu messen. Er hatte es allerdings leichter als Galilei, denn er kannte schon die ungefähre Geschwindigkeit des Lichtes. Astronomen hatten nämlich im 17. Jahrhundert den Wert der Lichtgeschwindigkeit *im Weltall* aufgrund bestimmter Planetenbewegungen errechnet.

Fizeau griff dabei die Idee von Galilei auf: Den ersten Helfer ersetzte er durch ein Zahnrad, das sich vor einer Lichtquelle drehte und so Lichtblitze erzeugte. Statt des zweiten Helfers baute er in 8,63 km Entfernung einen Spiegel auf; der Lichtweg betrug also rund 17 km (genau: 17,26 km).

Stell dir nun vor, daß du der Beobachter hinter dem Zahnrad von Bild 6 bist. Solange das Zahnrad *stillsteht,* fällt das Licht der Lampe durch eine Zahnradlücke auf den Spiegel. Von dort gelangt ein Teil des Lichtes durch eine andere Lücke in dein Auge; du siehst daher im Spiegel die hell leuchtende Lichtquelle.

Zunächst dreht sich das Zahnrad *langsam.* Die Lichtblitze bewegen sich vom Zahnrad zum Spiegel und zurück. In der Zeit, die das Licht für diesen Weg braucht, hat sich das Zahnrad kaum weitergedreht. Jeder Lichtblitz gelangt durch eine Lücke in dein Auge – du siehst die Lampe im Takt der Zahnfolge aufblitzen. Wenn sie mehr als 20mal pro Sekunde aufblitzt, sind die einzelnen Lichtblitze nicht mehr zu unterscheiden; die Lampe scheint „halbhell" zu leuchten.

Erhöht man die Drehzahl, so beobachtest du etwas Überraschendes: Bei einer bestimmten Drehzahl siehst du die Lampe nicht mehr; der Spiegel ist dunkel. Das läßt sich so erklären:

Für den 17 km langen Weg braucht jeder Lichtblitz eine bestimmte Zeit. In dieser Zeit hat sich das Zahnrad ein Stück weiterbewegt – und zwar gerade so weit, daß sich vor deinem Auge ein Zahn statt einer Lücke befindet. Auch durch die nachfolgende Lücke fällt kein Licht, da der nächste Lichtblitz noch unterwegs ist.

Bei *noch höherer Drehzahl* wird die hell leuchtende Lichtquelle wieder sichtbar. Dann befindet sich vor deinem Auge schon die nächste Lücke, wenn der Lichtblitz zurückkehrt.

Aus der Drehzahl des Zahnrades, der Zahl seiner Zähne und der Entfernung zwischen Zahnrad und Spiegel konnte Fizeau die Lichtgeschwindigkeit berechnen. Messungen in unserer Zeit ergaben:

Die Lichtgeschwindigkeit in Luft und im Vakuum beträgt fast genau 300 000 km/s.

Fragen und Aufgaben zum Text

1 Galilei mußte bei seinem Versuch die *Reaktionszeit* seiner Helfer berücksichtigen. Was ist damit gemeint?

2 Galilei konnte noch keine sehr kurzen Zeitabstände messen. Wie weit hätten die beiden Helfer voneinander entfernt sein müssen, damit Galilei eine Lichtlaufzeit von 1 s hätte messen können?

3 Die Sonne ist etwa 150 000 000 km von der Erde entfernt. Wie lange ist das Sonnenlicht zur Erde unterwegs?

4 In der Astronomie ist das *Lichtjahr* eine wichtige *Entfernungseinheit.* Welche Entfernung könnte damit gemeint sein? Wie groß ist diese Entfernung in km?

5 Fizeaus Zahnrad hatte 720 Zähne. Die erste Verdunklung beobachtete er bei 12,6 Umdrehungen pro Sekunde. Berechne die Lichtgeschwindigkeit.

Dazu zwei *Tips:* Errechne, wie oft sich pro Sekunde eine Lücke vor dem Auge befindet und wie oft ein Zahn. Wie lange dauert es, bis ein Zahn an die Stelle einer Lücke getreten ist?

Licht und Sehen

3 Licht wird gestreut – wir sehen Körper

Das ist Marios Supertrick: Er läßt mitten im Raum – ganz ohne helle Leinwand – ein Bild erscheinen. Er bewegt einen Zeigestock im Lichtkegel eines Projektors schnell auf und ab – und plötzlich erscheint das Bild!
   Ohne den Zeigestock ist an dieser Stelle nichts zu sehen, nicht einmal der Lichtkegel des Projektors. Durchschaust du Marios Trick?

V 3 Wir stellen die Experimentierleuchte so auf, daß wir sie *von der Seite* sehen (Bild 2). Der schmale Lichtkegel ist in die Dose gerichtet. Der Klassenraum wird verdunkelt.

a) Kannst du von der Seite her erkennen, ob die Lampe aus- oder eingeschaltet ist?

b) Wie kann man *sicher* erkennen, ob die Lampe leuchtet?

V 4 Nun halten wir verschiedene Gegenstände in den Lichtkegel, z. B. ein Buch, einen Bleistift oder ein Blatt Papier. Was kannst du jeweils sehen?
   Aus welchen Richtungen ist der Lichtkegel zu sehen, wenn wir etwas Mehl (oder Kreidestaub, Rauch) hineinblasen?

V 5 Wir richten einen Lichtkegel auf einen Schirm. Vor und hinter den Schirm legen wir jeweils ein Buch (Bild 3). Die Bücher sollen nicht direkt vom Lichtkegel getroffen werden.
   Als Schirm verwenden wir nacheinander schwarzen Karton, weißen Karton, roten Karton, eine saubere Glasscheibe, eine Milchglasscheibe oder ein Stück Butterbrotpapier.

a) Bei welchem Schirm kannst du die Schrift in den Büchern am besten erkennen?

b) Trage deine Ergebnisse in eine Tabelle ein (→ das Muster in der rechten Textspalte). Unterscheide dabei die Helligkeit der Buchseiten mit den Begriffen *dunkel, schwach erleuchtet, hell erleuchtet*.

Material des Schirms	Buch vor dem Schirm	Buch hinter dem Schirm
schwarzer Karton	. . .	. . .

c) Wie gelangt bei diesem Versuch das Licht auf das Buch und vom Buch ins Auge? Lege dazu eine Zeichnung an, in die du den Weg des Lichtes einträgst.

V 6 Ein Schüler stellt sich mit dem Rücken vor ein hell erleuchtetes Fenster. Sein Gesicht erscheint vor dem hellen Hintergrund dunkel.
   Nun hält er ein weißes Blatt Papier so vors Gesicht, als wolle er darin lesen. Welche Veränderung kannst du dadurch am Gesicht beobachten?

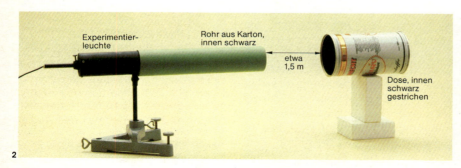

Info: Die Bedeutung des Lichtes für das Sehen von Gegenständen

Unser Auge ist ein Sinnesorgan, das Lichtsignale aus der Umwelt empfängt. Physikalisch gesehen, ist das Auge also ein **Lichtempfänger.**

Wir nehmen Licht nur wahr, wenn es in unser Auge fällt. Auch die hellste Lichtquelle können wir nicht sehen, wenn ihr Licht unser Auge nicht erreicht.

Lichtquellen erzeugen ihr Licht selbst; man nennt sie **selbstleuchtende Körper.** Wir sehen solche Körper, wenn ein Teil des von ihnen erzeugten Lichtes in unser Auge fällt.

Selbstverständlich sehen wir aber auch Körper, die kein Licht erzeugen. Aber wie ist das möglich?

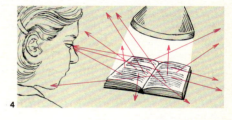

Damit wir solche Körper sehen können, muß Licht auf sie fallen; sie müssen *beleuchtet* werden. **Beleuchtete Körper** lenken Licht in die verschiedensten Richtungen ab. Weil dabei das Licht in den Raum „gestreut" wird, nennt man diesen Vorgang **Streuung** (Bild 4; die Pfeile stellen einige Richtungsstrahlen dar). Wenn ein Teil des gestreuten Lichtes in unsere Augen trifft, sehen wir den Körper.

Wir können auch Körper sehen, die *nicht direkt* beleuchtet werden. Das liegt daran, daß das Licht auch *mehrfach* gestreut werden kann.

Nicht alle Körper streuen auftreffendes Licht nach hinten zurück. Es kann auch vorwärts gestreut, durchgelassen oder absorbiert werden (Bild 5).

„Undurchsichtige" Körper werfen auftreffendes Licht in die verschiedensten Richtungen zurück. Das Licht wird rückwärts gestreut; man spricht auch von **diffuser Reflexion** (lat. *diffundere:* zerstreuen).

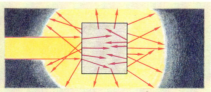

Manche Körper (z. B. Milchglas) nennen wir **durchscheinend** oder **transparent.** Das Licht kann sie durchdringen, wird dabei aber in alle möglichen Richtungen gestreut.

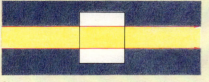

Glasscheiben und andere „durchsichtige" Körper lassen das Licht fast ungehindert hindurch. Man nennt sie **lichtdurchlässig.**

Schwarze, matte Körper **absorbieren** (lat. *absorbere:* verschlucken) auftreffendes Licht fast vollständig. Wir sehen sie nur im Kontrast zu hellerer Umgebung.

Aus Umwelt und Technik: Sonne, Mond und Sterne

Für uns Erdbewohner ist die **Sonne** die wichtigste **Lichtquelle,** denn ihr Licht ermöglicht das Leben auf der Erde. Das Sonnenlicht wird in der Atmosphäre von kleinen Teilchen gestreut. Deshalb ist am Tage der *ganze* Himmel hell.

Nachts sehen wir oft zahlreiche „Sterne" (Bild 6). Die eigentlichen Sterne sind weit entfernte Sonnen; sie *erzeugen ihr Licht selbst.* Sie heißen **Fixsterne** (lat. *fixus:* fest), weil ihre Stellung zueinander am Nachthimmel immer die gleiche ist.

Man erkennt **Planeten** oder *Wandelsterne* daran, daß sich ihr Standort am Nachthimmel gegenüber den Fixsternen im Laufe der Zeit ändert. Auch die Erde zählt zu den Planeten.

Die Planeten umkreisen die Sonne und werden von ihr *beleuchtet.* Sie erzeugen also kein Licht, sondern streuen auftreffendes Sonnenlicht.

Auch der Mond streut nur das Licht der Sonne. Daß er so groß und hell aussieht, liegt an seiner verhältnismäßig geringen Entfernung von der Erde (ca. 380 000 km).

Aufgaben

1 Bei bedecktem Himmel gelangt das Sonnenlicht als Streulicht auf die Erde. Wie verläuft dann der Weg des Lichtes, bis wir Körper sehen?

2 Erkläre folgende Beobachtung: Wenn ein Lichtbündel durch ein Glasgefäß mit Wasser fällt, ist es im Wasser nicht zu sehen. Sobald man aber etwas Badesalz im Wasser auflöst, wird das Bündel sichtbar.

3 Findest du für den Versuch von Bild 1 eine Erklärung?

4 Teile in selbstleuchtende und beleuchtete Körper ein: Augen einer Katze, „Katzenauge" an Fahrrädern, Fixsterne, Planeten, Sternschnuppen, der Mond.

5 Welche Vorstellung vom Sehvorgang liegt den folgenden Redewendungen zugrunde: *soweit das Auge reicht; ein undurchdringliches Dunkel; ein stechender Blick; er hat das Augenlicht verloren?*

Licht und Sehen

Aus der Geschichte: **Der Streit um die Sehstrahlen**

Mit der Erklärung des Sehvorganges befaßten sich schon berühmte Persönlichkeiten des Altertums. Aber erst allmählich – vom 17. Jahrhundert an – konnte sich die heute gültige Erkenntnis durchsetzen, daß das Auge – physikalisch gesehen – ein **Lichtempfänger** ist.

Unsere tägliche Erfahrung scheint dieser Auffassung zu widersprechen: Um die Umgebung richtig wahrzunehmen, genügt es nämlich nicht, die Augen einfach aufzumachen und das Licht zu „empfangen". Man muß sich vielmehr anstrengen und sich auf die Dinge konzentrieren, die man sehen will. Du hast sicherlich schon einmal einen Gegenstand gesucht – und dabei hast du dann andere Dinge „übersehen", die eigentlich auch „da" waren und somit Licht in dein Auge lenkten. Anschließend hast du dich vielleicht gewundert, wie das überhaupt möglich war.

Heute wissen wir, daß unser Gehirn immer nur einen Teil der Lichtsignale verarbeitet, die das Auge erreichen. Die meisten Eindrücke läßt es unbeachtet. Dadurch bleibt die Welt für uns „übersichtlich".

Pythagoras (ca. 570–480 v. Chr.) und andere griechische Philosophen erklärten sich den Sehvorgang ganz anders:

Ihrer Meinung nach strömten vom Auge heiße **Sehstrahlen** aus, die von den kalten Körpern dann „zurückgedrängt" wurden.

Hipparch (um 190–120 v. Chr.) verglich die von den Augen ausgehenden Sehstrahlen mit Händen, die die Gegenstände abtasten und dadurch sichtbar machen (Bild 1).

Ptolemäus (ca. 100–160 n. Chr.) widersprach dieser Theorie: Wenn nämlich das Auge Sehstrahlen ausschickte, müßte man ja auch im Dunkeln sehen können! Vielmehr vermutete Ptolemäus zweierlei Strahlen, durch deren Zusammenwirken das Sehen erst möglich wird – die **Sehstrahlen**, die vom Auge ausgehen, und die **Lichtstrahlen**, die von Lichtquellen ausgehen (Bild 2).

Gegen jegliche Theorie über Sehstrahlen wandten sich die sog. **Atomisten**. (Sie gingen schon im Altertum davon aus, daß alle Körper aus unteilbaren Teilchen – den Atomen – aufgebaut sind.) Sie stellten sich den Sehvorgang vor wie in Bild 3: Von der Oberfläche eines Körpers lösen sich dauernd Atome ab, die als „Abbild" des Körpers durch die Luft fliegen und so ins Auge gelangen.

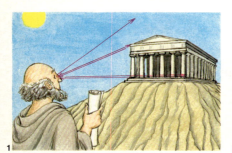

Aus Umwelt und Technik: **Streulicht im Straßenverkehr**

Im Straßenverkehr müssen wir auch Körper gut sehen, die selbst kein Licht erzeugen. Deshalb spielt gerade dort das Streulicht eine lebenswichtige Rolle.

So ist es z. B. vorteilhaft, als Fußgänger nachts *helle* Kleidung zu tragen. Sie streut das Licht stärker und absorbiert es weniger als dunkle Kleidung. Ein Autofahrer kann etwas Helles schon von weitem erkennen (Bild 4).

Verkehrsschilder werfen auftreffendes Licht hauptsächlich in die Richtung zurück, aus der sie beleuchtet werden. Ein Autofahrer kann sie daher frühzeitig erkennen. Dies gilt auch für Rückstrahler und seitliche Reflektoren (Seitenstrahler), wie sie für Fahrräder vorgeschrieben sind.

Streulicht kann aber auch störend und sogar gefährlich sein – so z. B. bei einer nächtlichen Autofahrt im Schneetreiben oder bei Nebel. Wenn man das Fernlicht einschaltet, sieht man plötzlich nur noch eine „weiße Wand". Von den Schneeflocken oder Nebeltröpfchen wird nämlich soviel Licht gestreut, daß der Autofahrer geblendet wird.

Licht und Sehen

Alles klar?

1 Kann man die „Sonnenstrahlen" sehen? Begründe deine Antwort.

2 Wir sehen im Weltraum Sterne, die unvorstellbar weit entfernt sind. Warum ist aber auf der Erde in klaren Nächten eine Lichtquelle kaum 50 km weit zu sehen?

3 In Bild 5 siehst du einen Astronauten im Sonnenlicht. Auch die Lufthülle der Erde ist beleuchtet. Der Weltraum dagegen ist tiefschwarz. Erkläre!

4 Während es am Abend auf der Erde bereits dämmert, kann man manchmal noch Flugzeuge hoch am Himmel im Sonnenlicht sehen. Wie ist das möglich?

5 Wenn man den Sternenhimmel betrachtet, kann man Sterne sehen, die es vielleicht schon gar nicht mehr gibt ...

6 Warum wird es nicht „Nacht", wenn sich eine Wolke vor die Sonne schiebt?

7 In einer Fernsehsendung der Reihe „Versteckte Kamera" gingen zwei Männer wie in Bild 6 über die Straße. Die meisten Passanten vermieden es, zwischen den Männern hindurchzugehen. Wie ist ihr Verhalten zu erklären?

Auf einen Blick

Lichtquellen

Licht geht von **Lichtquellen** aus. Als *Lichtquellen* oder *selbstleuchtende Körper* bezeichnen wir alle Körper, die ihr Licht selbst erzeugen.

Wie sich Licht ausbreitet

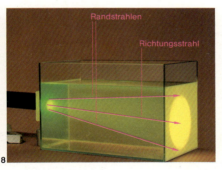

Licht breitet sich **geradlinig** und **nach allen Seiten** hin aus.

Die Lichtgeschwindigkeit in Luft und im Vakuum beträgt ca. 300 000 km/s.

In unseren Versuchen konnten wir immer nur **Lichtbündel** beobachten. **Lichtstrahlen** dagegen gibt es nur in unserer gedanklichen Vorstellung. Sie dienen dazu, Lichtbündel zu beschreiben und zu zeichnen.

Licht wird gestreut – wir sehen Körper

Unser Auge ist ein **Lichtempfänger**; es kann nur einfallendes Licht wahrnehmen. Wir sehen deshalb nur dann einen Körper, wenn von ihm aus Licht in unsere Augen fällt.

Körper, die selbst kein Licht erzeugen, können wir nur sehen, wenn sie *beleuchtet* werden.

Das Licht fällt dabei von einer Lichtquelle auf den Körper, und dieser wirft es in viele Richtungen in den Raum zurück; diesen Vorgang nennt man **Streuung**. Das Streulicht kann in unsere Augen gelangen.

Der Sehwinkel

Größe und Entfernung von Gegenständen

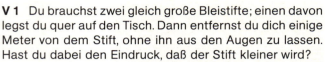

Den Zeiger dieser Turmuhr (Bild 1) siehst du auch in Bild 2.
Wie kommt es, daß uns die wirkliche Größe des Zeigers so überrascht?

V 1 Du brauchst zwei gleich große Bleistifte; einen davon legst du quer auf den Tisch. Dann entfernst du dich einige Meter von dem Stift, ohne ihn aus den Augen zu lassen. Hast du dabei den Eindruck, daß der Stift kleiner wird?

Halte nun den zweiten Bleistift mit ausgestrecktem Arm so vor ein Auge, daß du beide Stifte gleichzeitig siehst. Was fällt dir auf?

Entferne dich noch weiter von dem ersten Bleistift. Was ändert sich?

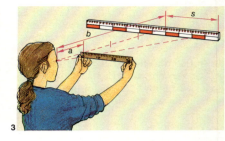

V 2 Untersuche, wie *bei gleichem Sehwinkel* Größe und Entfernung von Gegenständen zusammenhängen (Bild 3):

Miß den Abstand Auge–Lineal bei ausgestrecktem Arm. Peile dann einen Meterstab an, der 2-, 3-, 4mal... so weit von deinem Auge entfernt ist wie das Lineal. Wie lang ist jeweils die Strecke auf dem Meterstab, die du hinter einem 10 cm langen Linealabschnitt siehst?

Fertige ein Diagramm an (*waagerechte Achse:* Abstand Auge–Meterstab; *senkrechte Achse:* Strecke auf dem Meterstab). Welche Gesetzmäßigkeit liest du daraus ab?

Im Anhang findest du eine Anleitung, wie du mit diesem Gesetz z.B. den Monddurchmesser ermitteln kannst.

Info: Groß und klein – nah und fern

Gleich große Gegenstände in unterschiedlichen Entfernungen sehen verschieden groß aus (Bild 4). Wie kommt es zu diesen Größeneindrücken?

Bei der Beurteilung der Größe eines Gegenstandes spielt der **Sehwinkel** eine wichtige Rolle. Bild 5 zeigt, was man darunter versteht: Von den beiden äußeren Randpunkten des Ballons erreicht jeweils ein Lichtbündel unser Auge. Der Winkel α, den die Richtungsstrahlen dieser Bündel einschließen, heißt *Sehwinkel*.

Der Sehwinkel hängt von der Größe des Gegenstandes und von der Entfernung Gegenstand – Auge ab (Bilder 5–7).

Woher wissen wir nun aber, ob sich ein Gegenstand in der Nähe befindet und *klein ist* oder ob er uns aufgrund seiner Entfernung nur *klein erscheint*?

In vielen Fällen sagt uns das unsere Erfahrung. Die Größen von Gegenständen des täglichen Lebens sind nämlich als feste Erfahrungswerte in unserem Gehirn gespeichert. Aus einem kleinen Sehwinkel eines (uns bekannten) Gegenstandes schließen wir unbewußt auf eine größere Entfernung.

Für manche Gegenstände, z.B. für die Heißluftballons, fehlt uns aber ein Erfahrungswert hinsichtlich ihrer Größe. Allein aufgrund des Sehwinkels, unter dem wir diese Gegenstände wahrnehmen, können wir also nicht auf ihre wirkliche Größe schließen.

In solchen Fällen wird uns bewußt, daß sich die scheinbare Größe eines Gegenstandes mit der Entfernung ändert. Wir sind unsicher, wenn wir Größe oder Entfernung angeben sollen. Das gilt vor allem, wenn es in der Nähe des Gegenstandes keine Vergleichsmöglichkeiten gibt.

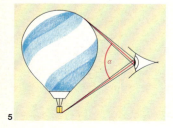

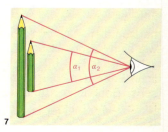

Aufgaben

1 Obwohl der Durchmesser der Sonne ungefähr 400mal so groß ist wie der des Mondes, erscheinen uns Sonne und Mond etwa gleich groß. Worauf führst du das zurück?

2 Bei Gegenständen des täglichen Lebens hängt der Größeneindruck meist *nicht* von der Entfernung ab, obwohl sich natürlich der Sehwinkel mit der Entfernung ändert. Erkläre!

3 Ein Flugzeug, das einen Kondensstreifen an den Himmel „malt", scheint sich für uns langsamer zu bewegen als ein Auto, das mit 50 km/h an uns vorbeifährt. Tatsächlich beträgt die Geschwindigkeit dieses Flugzeuges aber meist wenigstens 700 km/h.

8

9

Wie kommt es zu dieser Sinnestäuschung? (*Tip:* Überlege, an welchen Größen wir uns bei der Einschätzung der Geschwindigkeit orientieren.)

4 Eisenbahnschienen laufen in der Ferne scheinbar zusammen. Warum eigentlich?

5 Filme und Fotos können einen Betrachter leicht über die tatsächlichen Größenverhältnisse täuschen (Bild 8). Die wahre Größe des Autos im Vordergrund erkennst du in Bild 9.

Woraus schließen wir bei einem Foto, wie groß ein abgebildeter Gegenstand wirklich ist?

Wieso lassen wir uns in der Realität nicht so leicht täuschen?

Aus Umwelt und Technik: **Warum erscheint uns die Abendsonne so groß?**

Die Sonne sieht morgens und abends – wenn sie dicht über dem Horizont steht – größer aus als die hoch am Himmel stehende Mittagssonne (Bild 10). Die Abendsonne erscheint besonders in Landschaften stark vergrößert, die den Eindruck einer großen Weite hervorrufen, z. B. am Meer.

In Wirklichkeit aber ändert sich die Entfernung Erde – Sonne im Laufe eines Tages praktisch nicht; der Sehwinkel bleibt also gleich. (Wie du das nachmessen kannst, ist im Anhang beschrieben.) Daß uns die Abendsonne so groß erscheint, muß also auf einer Täuschung beruhen!

Diese Täuschung können wir so erklären: Wie Experimente zeigen, nehmen wir den Horizont bis zu 1,5mal so weit entfernt wahr wie den Zenit, d. h. den senkrecht über uns liegenden Punkt des „Himmelsgewölbes". Unser Gehirn spielt uns also einen Streich: Das Himmelsgewölbe erscheint in horizontaler Richtung verbreitert – wie eine Käseglocke.

Kurve 1 in Bild 11 stellt die tatsächliche Bahn der Sonne für einen irdischen Beobachter dar. Der Sehwinkel ist mittags (Position A) und abends (Position B) der gleiche. Am Abend

10

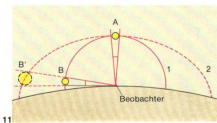
11

12

aber verlegt der Beobachter wegen der Entfernungstäuschung die Sonne unbewußt in Position B'. Er muß ihr dann aber wegen der scheinbar größeren Entfernung auch einen größeren Durchmesser zuordnen.

Die zu groß geschätzte Entfernung des Horizontes hängt wahrscheinlich mit der Lichtausbreitung in der Atmosphäre zusammen (Bild 12): Wenn wir senkrecht nach oben blicken, fällt Licht in unser Auge, das einen verhältnismäßig kurzen Weg durch die Lufthülle hat. Dagegen muß das Licht aus der Richtung des Horizontes eine viel dickere Luftschicht durchdringen. Auf diesem Weg wird es durch Dunst und kleine Teilchen der Luft vielfach gestreut. Am Horizont verwischen deshalb Konturen und Farbunterschiede. Dadurch wird der Eindruck einer weiten Ferne verstärkt. (Auch Künstler lassen den Hintergrund in Gemälden dadurch weit entfernt erscheinen, daß sie blasse, blaugraue Farben und unscharfe Konturen verwenden.)

Das Beispiel der Abendsonne zeigt, wie verzwickt die Vorgänge bei der Wahrnehmung sind. Man sollte daher nicht immer glauben, was man sieht ...

Licht und Schatten

1 Wo Licht ist, ist auch Schatten

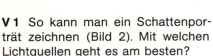

Hier stimmt doch etwas nicht!...

V 1 So kann man ein Schattenporträt zeichnen (Bild 2). Mit welchen Lichtquellen geht es am besten?

V 2 Nimm von einer Taschenlampe den Reflektor ab, und stelle die Lampe auf den Tisch. Die Taschenlampe soll die einzige Lichtquelle im Zimmer sein. Halte nun einen Karton mit der Öffnung nach unten in einigem Abstand über die Lampe.

a) Was beobachtest du an der Zimmerdecke?

b) Nähere den Karton langsam der Taschenlampe. Wie verändert sich dabei der Schatten?
Stülpe den Karton schließlich ganz über die Lampe.

c) Welche Gemeinsamkeiten und Unterschiede zwischen Schatten und Dunkelheit macht dieser Versuch deutlich?

V 3 Wir lassen das Licht einer Kerze oder einer Taschenlampe (ohne Reflektor) auf ein Blatt weißen Karton fallen. Zwischen diesen Schirm und die Lichtquelle halten wir einen Bleistift (Bild 3).

a) Der Bleistift wird zwischen Lichtquelle und Schirm hin und her bewegt. Wann ist der Schatten groß, wann ist er klein?

b) Halte deine Versuchsergebnisse in Schemazeichnungen fest.

c) Beim Zeichnen eines Schattenporträts (Bild 2) erhalten wir ein vergrößertes Bild. Woran liegt das? Vergleiche deine Antwort mit den Ergebnissen von Versuchsteil a.
Ist es möglich, mit der Anordnung in Bild 3 auch ein *verkleinertes* Schattenbild zu erzeugen?

d) Wie verändert sich das Schattenbild des Bleistiftes, wenn du den Schirm nicht senkrecht, sondern schräg hältst?

V 4 Jetzt geht es um das Schattenbild, das *zwei* Lichtquellen von einem Körper, z.B. von einer Streichholzschachtel, erzeugen. Als Lichtquellen verwenden wir ein rotes und ein grünes Glühlämpchen. Du kannst auch entsprechende Farbfolien vor weiße Glühlampen halten.

a) Nimm zunächst nur *eine* farbige Lichtquelle. Welche Farbe hat das Schattenbild. Erkläre!

b) Beleuchte nun den Körper mit beiden Lampen (Bild 4). Ändere auch den Abstand zwischen den Lampen.

c) Erkläre anhand einer Zeichnung, wie die farbigen Schatten entstehen.

V 5 Fünf Glühlampen stehen dicht nebeneinander (Bild 5). Ein Körper wird zunächst mit *einer* Lampe beleuchtet, dann werden nach und nach alle Lämpchen eingeschaltet.
Wie sieht jeweils das Schattenbild aus? Zeichne in einer Draufsicht die Schattengrenzen ein, wenn *sämtliche* Lampen eingeschaltet sind.

V 6 Wir ersetzen die Lämpchenkette von Versuch 5 durch eine röhrenförmige Lampe.
Beschreibe den Schatten, und erkläre, wie er zustande kommt.

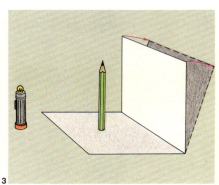

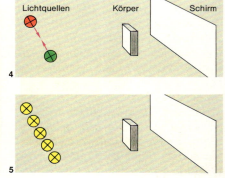

Info: Verschiedene Schatten

Schatten entstehen, wenn das Licht einer Lichtquelle auf einen lichtundurchlässigen Körper trifft. Der Raum hinter diesem Körper ist lichtarm; wir bezeichnen ihn als **Schattenraum**.

Hält man einen Schirm hinter den lichtundurchlässigen Körper, so entsteht auf dem Schirm ein **Schattenbild** (Bild 6).

Wenn wir nur von „Schatten" sprechen, kann sowohl der Schatten*raum* als auch das Schatten*bild* gemeint sein.

Eine einzelne *punktförmige* Lichtquelle erzeugt scharf begrenzte Schattenbilder.

Beleuchtet man einen Körper mit *zwei* punktförmigen Lichtquellen, so können sich die entstehenden Schattenbilder überlappen (Bild 7).

Im **Kernschatten** fehlt das Licht beider Lichtquellen.

Halbschatten sind die Bereiche, in die nur das Licht *einer* der beiden Lichtquellen fällt. Das Schattenbild, das die eine der beiden Lampen erzeugt, wird also im Bereich des Halbschattens durch die andere Lampe aufgehellt.

Wenn mehrere Lichtquellen nebeneinanderliegen, überlagern sich die einzelnen Schattenbilder. Man erhält so einen Schatten, bei dem der Übergang von Helligkeit zu Dunkelheit in Stufen erfolgt.

Bei *ausgedehnten* Lichtquellen ist dieser Übergang fließend; der entstehende Schatten hat unscharfe Ränder.

Auch diese Übergangsbereiche, in die noch teilweise Licht fällt, bezeichnet man als *Halbschatten*.

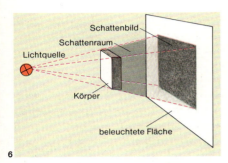
6

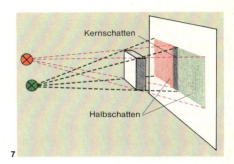
7

Aufgaben

1 Wir führen Begriffe ein (Bild 8): Die Größe des Schattenbildes nennt man *Bildgröße B*. Die Entfernung Lichtquelle–Schattenbild heißt *Bildweite b*. Der Abstand Lichtquelle–Gegenstand heißt *Gegenstandsweite g*. *G* ist die *Gegenstandsgröße*.

a) Wie groß ist das Schattenbild bei $g = 50$ cm, $b = 1$ m und $G = 18$ cm?

b) Welchen Zusammenhang von B, G, b und g vermutest du?

c) Überprüfe deine Vermutung im **Versuch**: Stelle verschiedene Gegenstandsweiten g ein (bei unverändertem b), dann verschiedene Bildweiten (bei unverändertem g).

d) Wenn du die Strahlensätze kennst, beweise deine Vermutung.

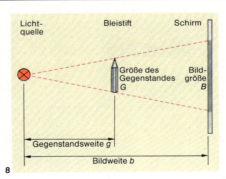
8

2 Der Schatten in Bild 9 hat rechts und links keine scharfen Ränder. Mit welcher Lichtquelle könnte er erzeugt worden sein? Wie waren Gegenstand und Lichtquelle angeordnet?

3 Wie kommt es zu den Schatten in Bild 10?

4 Warum wird der Schatten einer Person kürzer, wenn sie sich einer Straßenlaterne nähert?

5 Was ist bei den folgenden Redewendungen jeweils mit dem Wort *Schatten* gemeint – der *Schattenraum* oder das *Schattenbild*?

① Er sitzt im Schatten eines Baumes. ② Abends werden die Schatten länger. ③ Das Ereignis wirft seine Schatten voraus. ④ Er steht im Schatten seiner Vorgänger. ⑤ Ein Schatten huscht über die Wand.

Suche weitere Redewendungen, in denen *Schatten* eine Rolle spielen.

6 Bild 11 zeigt die Erde – vom Mond aus fotografiert. In welcher Richtung stand die Sonne?

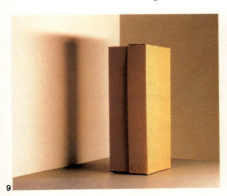
9

10

11

Licht und Schatten

2 Licht und Schatten im Weltraum

Wie kommt es eigentlich, daß der Mond immer wieder *anders* aussieht? Er selbst verändert sich doch nicht!

V 7 Ein Tennisball soll hier den Mond darstellen (Bild 2). Der Ball wird von einem Lichtbündel beleuchtet, dessen Durchmesser genauso groß ist wie der Durchmesser des Balles; dadurch werden die Schatten auf dem Ball recht deutlich sichtbar. Der Raum sollte möglichst dunkel sein.

Gehe um den Ball herum, und betrachte ihn von allen Seiten. Beschreibe, was du dabei siehst.

Wo mußt du stehen, damit du den Tennisball so siehst, daß er den folgenden *Mondphasen* entspricht: Vollmond, abnehmender Mond, Neumond, zunehmender Mond.

V 8 So kann eine Mond- oder Sonnenfinsternis nachgestellt werden (Bild 3). Die Experimentierleuchte stellt die Sonne dar, der Globus die Erde und der Ball den Mond.

Wie sind die drei „Himmelskörper" bei einer *totalen* (vollständigen) Mondfinsternis angeordnet?

Unter welchen Bedingungen beobachtet man eine totale Sonnenfinsternis?

Eine totale Sonnen- oder Mondfinsternis ist selten. Dagegen kann man *partielle* (teilweise) Finsternisse häufiger beobachten. Welche Bedingungen müssen dabei erfüllt sein?

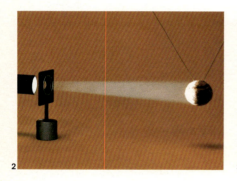

Aufgaben

1 Der Mond bewegt sich in 29½ Tagen einmal um die Erde herum (Bild 4; nicht maßstabsgetreu gezeichnet).

a) Der Mond ist immer nur zur Hälfte beleuchtet. Woran liegt das?

b) Für einen Beobachter auf der Erde hat der Mond ganz unterschiedliche Formen. Weshalb?

2 In Bild 4 sind acht Stellungen des Mondes eingezeichnet. Skizziere, wie wir den Mond jeweils von der Erde aus sehen, und benenne die einzelnen Mondphasen.

3 Wo befindet sich – von dir aus gesehen – die Sonne, wenn du den Mond bei Vollmond betrachtest? Wo befindet sie sich bei Neumond?

4 Kann der Vollmond auch um Mitternacht „aufgehen"? Begründe deine Antwort.

5 Zu welcher Tageszeit geht der abnehmende (zunehmende) Halbmond auf, zu welcher Tageszeit geht er unter?

6 Der Mond ist oftmals auch am Taghimmel zu sehen. Warum sind am Tage jedoch niemals Mondfinsternisse zu beobachten?

7 Warum gibt es keine Mondfinsternis bei Halbmond?

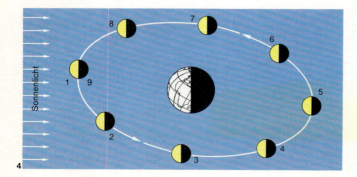

Info: Wie kommt eine Mondfinsternis oder eine Sonnenfinsternis zustande?

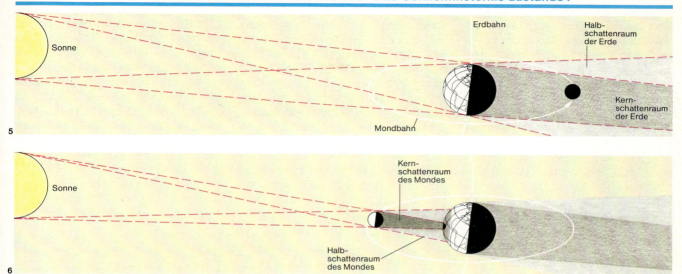

Sowohl die Erde als auch der Mond werden von der Sonne beschienen. Auf der der Sonne abgewandten Seite entstehen Schattenräume, die Hunderttausende von Kilometern weit in den Weltraum hineinragen. (Die Bilder 5 u. 6 sind nicht maßstabsgetreu.) Da die Sonne eine großflächige Lichtquelle ist, entstehen Kernschatten- und Halbschattenräume.

Eine **Mondfinsternis** (Bild 5) können wir uns so erklären: Der Mond umkreist einmal pro Monat die Erde. Meist verläuft seine Bahn oberhalb oder unterhalb des Schattenraumes der Erde. Gelegentlich streift der Mond aber auch den Kernschatten der Erde (*partielle Mondfinsternis*) oder durchquert ihn sogar (*totale Mondfinsternis*).

Im Mittel gibt es rund zweimal pro Jahr eine Mondfinsternis. Sie ist überall dort zu sehen, wo sich der Mond gerade über dem Horizont befindet.

Bild 7 zeigt eine Mondfinsternis, bei der ein Teil des Mondes in den Kernschatten der Erde eingetreten ist.

Auch bei der **Sonnenfinsternis** (Bild 6) liegen Sonne, Mond und Erde auf einer Geraden; der Mond befindet sich aber zwischen Sonne und Erde. Hält sich ein Beobachter auf der Erde im Halbschatten des Mondes auf, so verdeckt der Mond für ihn nur einen Teil der Sonne (Bild 8). Ein Beobachter im Kernschatten des Mondes sieht die Sonne ganz verdeckt (Bild 9).

Geht der Kernschatten des Mondes über den Beobachter hinweg, spricht man von einer *totalen Sonnenfinsternis*, sonst von einer *partiellen*.

Eine totale Sonnenfinsternis ist sehr selten zu beobachten, weil der Kernschatten auf der Erdoberfläche ein Gebiet von höchstens 200 km Durchmesser bedeckt. Erst am 11. 8. 1999, um 9.36 Uhr, ist in Deutschland wieder eine totale Sonnenfinsternis zu beobachten.

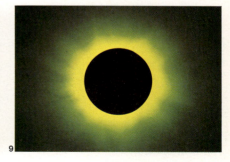

Die **Entfernungen** in dem riesigen Weltall sind so unvorstellbar groß, daß man sie in den Bildern 5 u. 6 *nicht maßstabsgetreu* darstellen konnte. Genauso ist es mit der **Größe** der Himmelskörper (Bild 10):

Stell dir einmal vor, die Erde hätte nur die Größe eines Fußballs! Könnte man die Sonne im gleichen Maßstab verkleinern, wäre sie immer noch eine mächtige Kugel mit einem Durchmesser von 15 m!

Die Entfernung Sonne – Erde betrüge bei einer solchen Verkleinerung immer noch 15 km. Der Mond hätte dann die Größe eines Tischtennisballs und würde die Erde in 3,8 m Entfernung umkreisen.

Aus Umwelt und Technik: **Licht und Schatten im Haus**

Sieh dir die Beleuchtungskörper an der Decke deines Klassenzimmers an. Sie unterscheiden sich von deiner Taschenlampe:

Zum Beispiel strahlt die Taschenlampe ihr Licht von einer fast *punktförmigen* Glühwendel ab. Das Licht der Deckenleuchten geht dagegen von einer größeren Fläche aus. Eine Taschenlampe erzeugt scharf begrenzte *„Schlagschatten"* (Bild 1). Die Leuchten im Klassenraum werfen verschwommene und ziemlich weiche *„Übergangsschatten"* (Bild 2).

Dunkle und scharf begrenzte Schatten können störend wirken; weiche Schattenübergänge sind angenehmer für das Auge. Zur Beleuchtung des Arbeitsplatzes bevorzugt man deshalb *ausgedehnte* Lichtquellen. Das sind z. B. Glühlampen mit mattem Glaskolben oder Leuchtstoffröhren.

Mit einem weißen Schirm hinter der Glühlampe oder mit einer Glocke aus Milchglas oder durchscheinendem Kunststoff läßt sich die leuchtende Fläche zusätzlich vergrößern – die Schattenübergänge werden weicher.

Eine Lichtquelle muß auch an der richtigen Stelle des Raumes angebracht sein. Das ist wichtig für eine gute Ausleuchtung: Stell dir z. B. vor, im Bad wäre nur eine einzige Leuchte an der Decke befestigt! Wenn du dann in den Spiegel schauen würdest, läge dein Gesicht im Schatten. Damit es aber auch von vorn beleuchtet wird, befindet sich am Spiegel eine zusätzliche Leuchte.

Zusätzliche Leuchten ermöglichen auch am Schreibtisch oder in der Küche ein angenehmeres Arbeiten.

1

2

Aus Umwelt und Technik: **Schattenspiele**

Manchmal ist ein scharf begrenzter Schatten auch erwünscht, zum Beispiel beim **Schattentheater**. Deshalb ist es hier auch sinnvoll, eine möglichst helle, *punktförmige* Lichtquelle einzusetzen.

Bild 3 zeigt dir, wie ein Schattentheater funktioniert: Die Zuschauer sitzen vor einer durchscheinenden Leinwand, hinter der sich die Lichtquelle befindet. Zwischen Lichtquelle und Leinwand können die Spielfiguren bewegt werden.

Bereits im alten China gab es Schattentheater. Die Chinesen fertigten dazu kunstvolle Spielfiguren (Bild 4), mit denen sie ganze Theaterstücke aufführten.

Fragen und Aufgaben zum Text

1 Was geschieht, wenn man eine Figur von der Leinwand weg in Richtung Lichtquelle bewegt?

2 Erkläre, warum beim Schattentheater punktförmige (und keine ausgedehnten) Lichtquellen verwendet werden.

3 Beschreibe die Aufgaben verschiedener Lichtquellen, die bei euch zu Hause vorkommen.
Welche Schatten erzeugen sie?

4 Im Wohnbereich bevorzugt man oft eine *indirekte Beleuchtung*. Dabei wird das Licht einer Lichtquelle an die Zimmerdecke oder an die Wände gelenkt. Worin liegt der Vorteil dieser Beleuchtungsart?

5 Nimm an, du solltest an dem Tisch, an dem du deine Schularbeiten machst, eine Schreibtischleuchte anbringen. Wo wäre dafür der günstigste Platz?

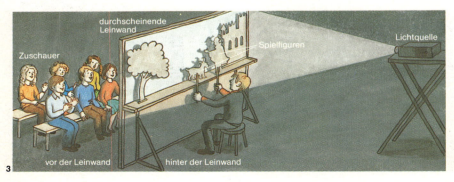

3

4

Licht und Schatten

Alles klar?

1 Erkläre anhand einer Skizze, was man unter dem *Schattenraum* und dem *Schattenbild* versteht.

2 Im Osten geht die Sonne auf. Ob du das an Bild 5 erkennen kannst? (Die Erde wurde hier von einem Wettersatelliten aus im Laufe eines Tages fotografiert. Dabei „stand" der Wettersatellit immer an der gleichen Stelle: 36 000 km über dem Golf von Guinea.)

3 Man sagt z. B., ein Schatten „fällt auf den Boden" oder „er huscht über eine Wand". Zwischen diesen Redewendungen und Loriots Bildergeschichte (Bild 6)

6

gibt es eine Gemeinsamkeit. Beschreibe sie, und erläutere den Widerspruch zur physikalischen Sichtweise.

4 Tina behauptet: „Schatten entsteht nur da, wo auch Licht ist. Bei Nacht gibt es – ohne Lichtquelle – keinen Schatten."
„Irrtum", entgegnet Harry, „bei Nacht gibt es *nur* Schatten!"...

5 Sowohl bei Neumond als auch bei einer totalen Mondfinsternis ist der Mond für uns dunkel. Worin besteht der Unterschied?
Tip: Überlege dir jeweils den Stand von Sonne, Mond und Erde.

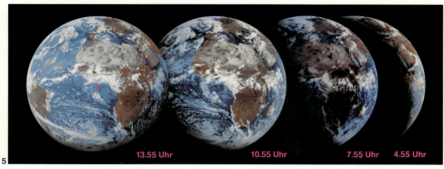

5 13.55 Uhr   10.55 Uhr   7.55 Uhr   4.55 Uhr

X = der Ort, über dem der Satellit steht.
Uhrzeit am Satellitenstandort.

Auf einen Blick

Schattenraum – Schattenbild – Halbschatten

Schatten entstehen dadurch, daß Körper das Licht an seiner Ausbreitung hindern.

Wir unterscheiden **Schattenraum** und **Schattenbild**. Das Schattenbild entsteht, wenn man einen Schirm hinter den Körper in den Schattenraum hält.

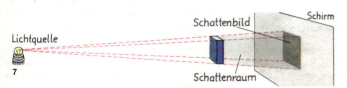

7

Die Schattenbilder eines Körpers können unterschiedlich groß sein – je nach den Abständen zwischen Lichtquelle, Körper und Schirm.

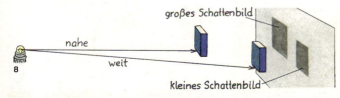

8

Punktförmige Lampen erzeugen scharf begrenzte Schatten. Wenn ein Körper von *zwei* punktförmigen Lichtquellen beleuchtet wird, können sich die Schatten überlagern: Es entstehen **Kernschatten** und **Halbschatten**.

Ausgedehnte Lichtquellen erzeugen Schatten mit unscharfen Rändern. Die Randbereiche, in die noch teilweise Licht fällt, werden ebenfalls Halbschatten genannt.

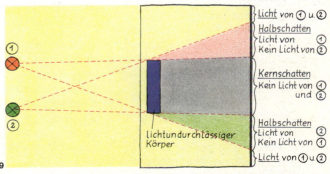

9

Einfache optische Abbildungen

1 Löcher machen Bilder

Aus der Geschichte: **Die Camera obscura**

Im Mittelalter benutzten Maler eine Art Häuschen, um Skizzen von Landschaften oder Gebäuden anzufertigen. Dieses Häuschen bestand aus nur einer Kammer; innen war eine Leinwand gespannt, und dahinter stand der Künstler. Fenster gab es nicht – die einzige Öffnung war ein winziges Loch in der Wand gegenüber der Leinwand. Weil es in der Kammer ziemlich dunkel war, nannte man das Häuschen **Camera obscura** (lat. *camera:* Kammer; *obscurus:* finster). Heute sagt man auch **Lochkamera** dazu.

Das Erstaunliche an einer solchen Kammer ist, daß auf der Leinwand ein Bild der Landschaft erscheint (Bild 1). Der Maler braucht nur die Umrisse nachzuzeichnen, um eine naturgetreue Skizze zu erhalten. Allerdings muß er nachher die Leinwand um 180° drehen; das Bild ist nämlich seitenverkehrt und „steht auf dem Kopf".

Die Funktionsweise der Camera obscura wurde schon im Mittelalter erklärt. Als erster beschrieb der englische Mönch *Roger Bacon* (1220–1292) den Lichtweg und die Bildentstehung bei der Lochkamera. Bacon war ein Gelehrter, der die Bedeutung von Experimenten für die Naturwissenschaften erkannt hatte und damit seiner Zeit weit voraus war. Wegen seiner neuartigen Ideen wurde er von den Oberen seines Ordens argwöhnisch beobachtet. Er mußte sogar einige Zeit im Gefängnis verbringen, weil seine Vorstellungen der herrschenden Meinung über die Naturgesetze widersprachen.

Aus diesem Grunde traute Bacon sich nicht, seine Erkenntnisse bekanntzumachen. Seine Aufzeichnungen hinterließ er seinem Bruder mit der Bitte, sie nach seinem Tode zu veröffentlichen.

In seinen Schriften empfahl Bacon, die Camera obscura für die Beobachtungen von Sonnenfinsternissen zu verwenden. Bild 2 zeigt dieses Beobachtungsverfahren in einer Darstellung aus dem Jahre 1544. Noch im 17. Jahrhundert setzte z. B. der berühmte Astronom *Johannes Kepler* die Camera obscura zur Sonnenbeobachtung ein.

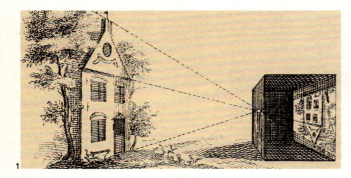
1

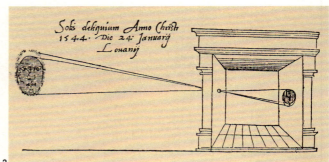
2

V 1 Bei Sonnenschein können wir den Physikraum zur Camera obscura machen. Dazu muß das Verdunklungsrollo mit einem Loch von der Größe einer 10-Pfennig-Münze versehen sein.

Sobald sich deine Augen an die Dunkelheit gewöhnt haben, kannst du Erstaunliches beobachten ...

Halte nun einen durchscheinenden Schirm in die Nähe des Loches, und entferne dich mit dem Schirm immer weiter vom Loch. Beschreibe, wie sich das Bild dabei verändert.

V 2 Mit einer Lochblende kannst du auf einem Schirm (z. B. Pergamentpapier) Bilder von einer Kerze erzeugen. Stelle dafür zwei Lochblenden aus Karton her (Lochdurchmesser: 1–2 mm und 5–7 mm).

a) Der Raum muß verdunkelt sein. Stelle eine brennende Kerze zuerst vor die eine und dann vor die andere Lochblende.

Beschreibe jeweils das Bild.

b) Was geschieht mit dem Bild, wenn du die Kerze seitlich hin und her bewegst? Blase auch von der Seite gegen die Flamme.

c) Durch ein Fenster soll nun Licht einfallen. Versuche, das Fenster mit Hilfe einer Lochblende auf dem Schirm abzubilden. Mit welcher Blende gelingt das am besten?

Was ist zu beobachten, wenn jemand zwischen Fenster und Lochblende hindurchgeht?

V 3 Führe zu den folgenden Fragen Versuche mit einer einfachen Lochkamera durch. Eine Bauanleitung findest du im Anhang. (Statt der Lochkamera kannst du auch Kerze, Blenden und Schirm verwenden.)

a) Welcher Zusammenhang besteht zwischen der Helligkeit des Bildes und der Größe der Blendenöffnung? Versuche, das Ergebnis zu erklären.

b) Wie ändert sich die *Bildschärfe*, wenn die Größe der Blendenöffnung verändert wird?

c) Behalte nun die Größe der Blendenöffnung bei, und verändere die *Bildweite* (Abstand Blende–Schirm).

Wie hängen Bildschärfe und Bildhelligkeit von der Bildweite ab?

d) Hat die *Form* des Blendenloches Einfluß auf Helligkeit und Schärfe des Bildes?

2 Wie entstehen Bilder bei der Lochkamera?

Die Überlegungen zur Lochkamera werden einfacher, wenn du zunächst die Bilder 3–5 betrachtest. Benutze dabei möglichst eine Lupe.

Sieh dir auch eine Fototapete, ein Poster, ein Zeitungsbild oder das Fernsehbild genau an.

○ Was fällt dir auf?
○ Wovon hängt es ab, ob du diese Bilder scharf oder unscharf wahrnimmst?
○ Wodurch unterscheidet sich Bild 5 von Bild 3? Wie müßte ein Bild im Idealfall aufgebaut sein?

V 4 Wir erzeugen Bilder von farbigen Spotlampen (Bild 6). Als Lochblende benötigst du ein Stück Karton mit einem kleinen dreieckigen Loch (Seitenlänge: 2–5 mm).

a) Zunächst wird nur die rote Lampe eingeschaltet. Welches Bild entsteht auf dem Schirm?

b) Jetzt wird die grüne Lampe dazugeschaltet. Vergleiche die Lage der Lichtflecke auf dem Schirm mit der Anordnung der Lampen. Erkläre deine Beobachtungen.

c) Versuche vorherzusagen, an welcher Stelle der blaue Lichtfleck entstehen wird, wenn wir auch noch die dritte Lampe einschalten.

V 5 Auf einem Brett sind mehrere Lampen in Form eines „L" angeordnet. Wo auf deinem Schirm werden jeweils die Lichtflecke erscheinen, wenn eine Lampe nach der anderen eingeschaltet wird?

Verändere den Abstand zwischen Blende und Schirm. Wie ändert sich dabei das Bild? Erkläre!

V 6 Vor der Lochblende steht eine röhrenformige Lampe. Was ist auf dem Schirm zu sehen?

V 7 Wovon hängt es ab, wie groß das Lochkamerabild eines Gegenstandes ist? Um die Antwort auf diese Frage zu finden, bauen wir zwei farbige Spotlampen vor einer Lochblende auf (Bild 7).

Die *Gegenstandsgröße G* ist hier der Abstand zwischen den Lampen, die *Bildgröße B* der Abstand zwischen den Lichtflecken auf dem Schirm. Als *Gegenstandsweite g* bezeichnen wir den Abstand Lochblende–Lampen und als *Bildweite b* den Abstand Lochblende–Schirm.

a) Wir messen die Bildgröße B bei verschiedenen Werten für G, b und g. Notiere die Meßwerte in einer Tabelle.

b) Berechne jeweils den Abbildungsmaßstab $A = \frac{B}{G}$.

c) Zeige anhand der Meßwerte, daß $\frac{B}{G} = \frac{b}{g}$ gilt. (Leite diese Beziehung evtl. auch mit den Strahlensätzen her.)

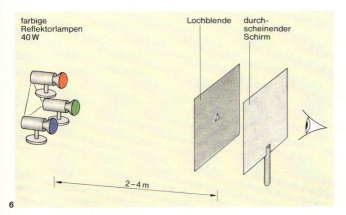
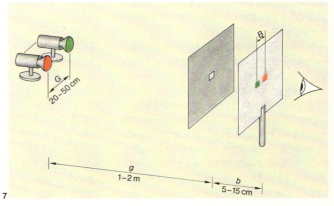

Aufgaben

1 Vor einer Lochkamera stehen drei punktförmige Lichtquellen (Bild 1).

Übertrage die Zeichnung in dreifacher Größe in dein Heft, und zeichne die Bilder der Lichtquellen ein.

2 Wie ist wohl Bild 2 entstanden?

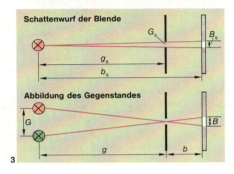

3 Erkläre, wie bei der Lochkamera das Bild z. B. eines Hauses zustandekommt! (*Tip:* Denke dir das Haus aus vielen Punkten zusammengesetzt, von denen jeweils Licht ausgeht.)

4 Man kann das Lochkamerabild von zwei punktförmigen Lichtquellen als Schattenbild der Blende auffassen. Was geschieht, wenn die Lichtquellen dicht beieinander liegen?

Übertrage deine Überlegungen auf das Bild einer ausgedehnten Lichtquelle.

5 In Bild 1 auf der vorigen Doppelseite steckt ein Fehler.

Findest du ihn heraus?

6 Wenn ein Gegenstand mit einer sehr kleinen Blendenöffnung abgebildet wird, entsteht ein recht scharfes Bild. Die kleine Blendenöffnung hat jedoch einen Nachteil. Welchen?

7 Bei der Lochkamera kann man sowohl für die Abbildung des Gegenstandes als auch für den Schattenwurf der Blendenöffnung einen Abbildungsmaßstab angeben (Bild 3).

a) Stelle mit Hilfe der Strahlensätze für beide Fälle eine Formel auf.

b) Unter welcher Bedingung ist das Bild kleiner als der Gegenstand?

Zeige, daß der Durchmesser des Blendenflecks B_s nicht kleiner sein kann als der Durchmesser der Blendenöffnung ($d = G_s$).

c) Mit der Lochkamera wird ein Mann abgebildet ($g = 25$ m, $b = 15$ cm, $G = 1{,}8$ m). Wie groß ist sein Bild?

Wie groß sind die Blendenflecke, die von den Gegenstandspunkten entstehen ($d = 2$ mm)?

d) Warum ist das Bild schärfer, wenn die Bildweite $b = 30$ cm ist?

8 Eine 5 cm hohe Kerzenflamme wird mit einer Lochkamera abgebildet. Die Kerze steht 50 cm vor der Lochblende, der Schirm 12,5 cm dahinter. Fertige eine Skizze an (1 cm in der Zeichnung soll dabei 5 cm in der Wirklichkeit entsprechen).

Berechne den Abbildungsmaßstab und die Bildgröße der Kerzenflamme. Vergleiche mit deiner Zeichnung.

9 Ein Haus ist 16 m hoch. Auf dem Schirm einer Lochkamera ist sein Bild 4 cm hoch.

Berechne den Abbildungsmaßstab.

Der Abstand Schirm–Lochblende beträgt 10 cm. Wie weit ist das Haus von der Blende entfernt?

Aus der Geschichte: Wie aus Quadraten Kreise werden

Auf dem Titelblatt eines Buches aus dem Jahr 1647 ist ein Versuch mit einer Lochblende dargestellt (Bild 4): „Mutat quadrata rotundis." Das heißt: „Sie (die Sonne) verwandelt Vierecke in Kreise."

In dem Buch geht es um die umgekehrte Verwandlung: Zu einem Kreis soll – mit Zirkel und Lineal – ein flächengleiches Quadrat konstruiert werden. Dieses Problem heißt *Quadratur des Kreises*. Jahrtausendelang wurde eine Lösung gesucht; doch seit 1882 weiß man, daß es keine gibt.

Zurück zum dargestellten Versuch: Dem Bild liegt eine richtige Beobachtung zugrunde. Auch eine *viereckige* Lochblende erzeugt ein *rundes* Bild der Sonne, wenn nur die Seitenlänge der Öffnung wesentlich kleiner als die Bildweite ist.

Das Bild selbst ist aber fehlerhaft. Das gezeichnete Lichtbündel geht nämlich von einem einzigen Punkt der Sonne aus; und diese punktförmige Lichtquelle würde nur ein Schattenbild der Lochblende erzeugen – also einen *viereckigen* Lichtfleck!

Ein *rundes* Sonnenbild kommt dadurch zustande, daß von *jedem* Punkt der Sonnenoberfläche ein Lichtbündel durch die Blende fällt und einen Lichtfleck erzeugt. All diese Flecke überlagern sich zum Bild der Sonne.

Einfache optische Abbildungen

Auf einen Blick

Optische Abbildungen: Punkt für Punkt

Man stellt sich vor, daß ein Gegenstand aus unzähligen Punkten besteht.
Im Idealfall erhält man bei einer optischen Abbildung zu jedem Gegenstandspunkt einen Bildpunkt.
Also muß man sich auch das Bild des Gegenstandes aus einzelnen Punkten zusammengesetzt denken.

Die Lochkamera und ihre Bilder

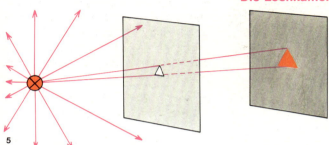

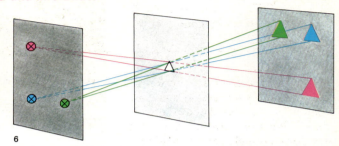

5

6

Von einem Gegenstandspunkt breitet sich das Licht geradlinig in alle Richtungen aus. Deshalb entsteht hinter der Lochblende ein Lichtfleck auf dem Schirm.

Dieser Lichtfleck ist nicht punktförmig, sondern hat die Form der Blendenöffnung.

Bei mehreren Gegenstandspunkten kreuzen sich die Lichtbündel im Blendenloch, ohne einander zu stören. Auf dem Schirm entstehen mehrere Lichtflecke. Aus der Anordnung der Lichtpunkte kann man auf die Anordnung der Gegenstandspunkte schließen.

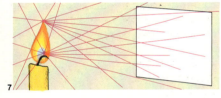

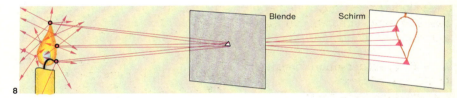

7

8

Von den einzelnen Punkten eines beleuchteten oder selbstleuchtenden Gegenstandes geht Licht in alle Richtungen aus.

Hier ist der Gegenstand eine Flamme. Der Schirm in ihrer Nähe wird lediglich beleuchtet: An jede Stelle des Schirms fällt Licht von jedem Punkt der Flamme. Aus diesem Chaos kann kein Bild entstehen.

Die Blendenöffnung sorgt für Ordnung: Von jedem Punkt der Flamme geht ein Lichtbündel durch die Lochblende und erzeugt auf dem Schirm einen Lichtfleck. Die Lichtflecke überlappen sich; alle zusammen ergeben das Bild der Kerzenflamme.

Da die Lichtflecke nicht punktförmig sind, ist das Bild unscharf. Es ist um so schärfer, je kleiner die einzelnen Lichtflecke sind. Kleinere Lichtflecke kann man mit kleineren Blendenlöchern erzeugen.

Je kleiner aber die Blendenöffnung ist, desto weniger Licht von den Gegenstandspunkten geht durch sie hindurch. Mit zunehmender Schärfe wird das Lochkamerabild daher dunkler (lichtschwächer).

Der Abbildungsmaßstab

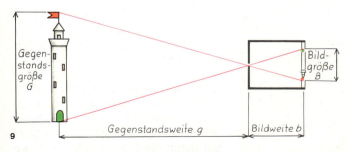

9

In der Lochkamera entstehen z. B. von einer Landschaft verkleinerte Bilder. Immer wenn die *Bildweite b* kleiner als die *Gegenstandsweite g* ist, ist auch das Bild kleiner als der Gegenstand.

Das Verhältnis der *Bildgröße B* zur *Gegenstandsgröße G* ist genauso groß wie das der Bildweite zur Gegenstandsweite. Dieses Verhältnis heißt **Abbildungsmaßstab** *A*.

$$A = \frac{B}{G} = \frac{b}{g}$$

27

Spiegelbilder und Reflexion

1 Spiegelbilder – alles nur Schein?

Ein spannender Versuch: Kathrin sieht das Spiegelbild von Becherglas 1 und gibt Michael Anweisungen (Bild 1). Michael soll das Becherglas 2 genau über das Spiegelbild halten und dort abstellen.

Anschließend gießt Kathrin, die jetzt das Becherglas 2 nicht mehr sieht, Wasser „in das Spiegelbild" (Bild 2). Ob das gutgeht?

Was kannst du aus diesem Versuch schließen?

V 1 Stelle dich vor einen Spiegel, und betrachte dein Spiegelbild. Drehe ein kleines Haarbüschel über einem Ohr so zusammen, daß es etwas vom Kopf absteht. Versuche nun, dieses Haarbüschel mit einer Schere abzuschneiden (Vorsicht!).

V 2 Stelle dich hinter eine Person, die vor einem Spiegel steht. Wie siehst du sie im Original und wie im Spiegel?

Wie ändert sich die *Lage* des Spiegelbildes, wenn du um die Person herumgehst und von einem anderen Standort aus in den Spiegel blickst?

V 3 Lege einen Meterstab rechtwinklig vor einen Spiegel (Bild 3).

a) Wie groß ist der Winkel zwischen dem Spiegelbild des Stabes und der Spiegelfläche?

b) Wie lang erscheinen der Meterstab und sein Spiegelbild zusammen?

c) Formuliere eine Vermutung, wie ein Gegenstandspunkt und sein Spiegelbild zueinander liegen.

V 4 „5 cm = 10 cm", dieser Versuch scheint's zu beweisen:

a) Klebe auf einen Garderobenspiegel einen 5 cm langen Papierstreifen, und halte einen Streifen von 10 cm Länge vor deine Stirn.

Peile nun mit einem Auge dein Spiegelbild so an, daß du die beiden Streifen übereinander siehst. Was fällt dir auf?

Verändere auch deinen Abstand zur Spiegelfläche.

b) Was kannst du über die *Sehwinkel* bei diesem Versuch aussagen?

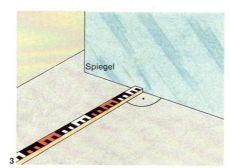

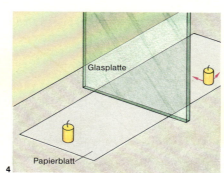

Was ergibt sich daraus für den Abstand Original – Spiegel und für den Abstand Original – Spiegelbild?

V 5 Auch hier geht es um den Ort des Spiegelbildes (Bild 4).

a) Zünde die Kerze vor der Glasplatte an. Schiebe die andere Kerze an die Stelle, an der sie zu brennen scheint. Markiere dann auf dem untergelegten Blatt Papier, an welcher Stelle sich jeweils die Kerzen befinden und wo die Glasplatte steht.

Wiederhole den Versuch bei unterschiedlichen Orten der Kerze vor der Glasplatte.

Zeichne anschließend jeweils die Verbindungslinie Kerze – Spiegelbild ein, und miß die Abstände von Kerze und Spiegelbild zur Glasplatte. Was stellst du fest?

b) Der Versuch wirkt verblüffend, wenn die Kerze hinter der Glasplatte in einem Glas steht und sich unter Wasser befindet.

V 6 Mit einer Spiegelreflexkamera kannst du den Abstand des Spiegelbildes messen.

Schaue aus 1 m Abstand auf einen Spiegel, und stelle das Bild scharf. Welche Entfernung liest du auf der Skala am Objektiv ab?

Aufgaben

1 In welche Richtung zeigt in Bild 5 die Hand des Mädchens, in welche die des Spiegelbildes?

Original und Spiegelbild können auch in die gleiche Richtung zeigen. Bei welchen Richtungen ist das der Fall?

Oft wird die Auffassung vertreten, der Spiegel vertausche rechts und links. Wie kommt es wohl zu dieser irreführenden Auffassung?

2 Ein enger Flur scheint größer, wenn man an einer Wand einen Spiegel anbringt. Warum?

3 Die glatte Oberfläche eines Sees wirkt wie ein Spiegel (Bild 6).

Martin schätzt, daß die Bäume am Ufer dieses Sees 10 m hoch sind. „Wenn sich die Bäume im Wasser spiegeln, muß der See wenigstens 10 m *tief* sein", behauptet er.

„Irrtum", entgegnet Beate, „der See muß einen *Durchmesser* von mindestens 10 m haben."

Beide irren! Erkläre es mit Hilfe einer einfachen Skizze.

4 Bild 7 zeigt das Spiegelbild einer Uhr. Welche Uhrzeit zeigt diese Uhr an?

Wie stehen die Zeiger dieser Uhr eine Stunde und zehn Minuten später? Zeichne Zifferblatt und Zeigerstellung in dein Heft, und überprüfe deine Lösung mit einem Taschenspiegel.

Info: Eigenschaften von Spiegelbildern

Gegenstände, die wir im Spiegel sehen, scheinen sich an einem Ort zu befinden, an dem sie in Wirklichkeit nicht sein können: Spiegelbilder liegen nämlich *hinter* der Spiegelfläche! Hinter dem Spiegel befindet sich jedoch z. B. eine Wand oder ein Möbelstück. Von dort kann also kein Licht herkommen.

Spiegelbilder sind deshalb nichts anderes als **Scheinbilder**. Sie werden auch **virtuelle Bilder** genannt (franz. *virtuel*: möglich, scheinbar) – im Gegensatz zu **reellen Bildern** (franz. *réel*: wirklich), die zum Beispiel bei der Lochkamera entstehen.

Um die Lage des virtuellen Bildes beim ebenen Spiegel zu beschreiben, greifen wir einen Gegenstandspunkt und den zugehörigen Bildpunkt heraus (Bild 8):

○ Die Gerade durch Gegenstandspunkt und Bildpunkt steht senkrecht auf der Spiegelfläche.
○ Der Bildpunkt liegt im gleichen Abstand hinter der Spiegelfläche wie der Gegenstandspunkt vor der Spiegelfläche.

Wenn du aus der gleichen Richtung auf einen Gegenstand und auf sein Spiegelbild blickst, ist die rechte Seite des Originals beim Spiegelbild rechts; die linke ist links. Auch oben und unten bleiben erhalten. Aber vorne und hinten werden vertauscht.

Man kann auch sagen, daß Spiegel immer die Richtung senkrecht zur Spiegelfläche umkehren: Zeigt man mit der Hand auf den Spiegel, weist das Spiegelbild in die Gegenrichtung.

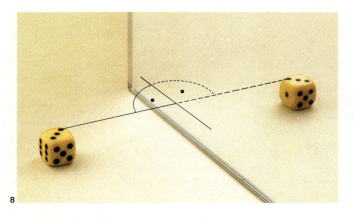

2 Reflexion an ebenen Flächen

Warum glänzt hier nur eine einzige Scheibe?

V 7 Wir legen einen Spiegel flach auf den Tisch und beleuchten ihn schräg von oben, zum Beispiel mit einer Taschenlampe.

Dann wird ein Blatt Papier so in den Lichtweg gehalten, daß es vom Licht streifend getroffen wird (Bild 2). Durch diesen einfachen „Trick" werden einfallendes *und* reflektiertes Licht sichtbar.

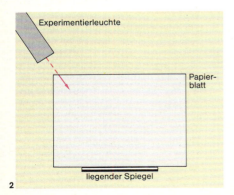

Wie hängt die Richtung des reflektierten Lichtbündels von der des einfallenden ab?

Wo muß sich dein Auge über dem Papier befinden, damit du das Spiegelbild der Lampe siehst?

V 8 Mit Hilfe einer optischen Scheibe (Bild 3) kann man den Lichtweg am ebenen Spiegel genauer verfolgen. Wir stellen sie leicht schräg in ein schmales Lichtbündel, das mit Hilfe einer waagerechten Schlitzblende erzeugt wird. Auf der Scheibe sehen wir dann den Weg des Lichtbündels als schmale Linie.

a) Was beobachtest du, wenn das Lichtbündel senkrecht auf den Spiegel trifft?

b) Die Scheibe wird gedreht, so daß das Licht aus unterschiedlichen Richtungen auf den Spiegel fällt.

Einfallslot nennen wir die Senkrechte auf der Spiegelfläche durch den Punkt, in dem der Richtungsstrahl des Lichtbündels auftrifft.

Miß jedesmal den Winkel zwischen dem Einfallslot und dem einfallenden Lichtbündel (Bild 4) sowie zwischen dem Einfallslot und dem reflektierten Lichtbündel.

Welche Gesetzmäßigkeiten der Reflexion erkennst du?

V 9 Das schmale Lichtbündel von Versuch 8 wird durch ein stark *divergierendes* Lichtbündel ersetzt. Dazu stellen wir die Lampe dicht hinter eine breite Schlitzblende.

Ändert sich der Winkel, unter dem die Randstrahlen des Lichtbündels auseinanderlaufen, wenn das Lichtbündel vom Spiegel reflektiert wird (Bild 5)?

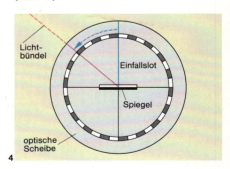

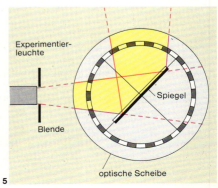

Info: Das Reflexionsgesetz

Wenn Licht auf einen Spiegel fällt, wird es umgelenkt. Man sagt, es wird **reflektiert** (lat. *reflectere*: rückwärtswenden, zurückbiegen). Reflexion von Licht tritt an sehr glatten Oberflächen auf, z. B. bei Metallen, Glas und Flüssigkeiten.

Zur Beschreibung der Reflexion verwenden wir das *Modell des Lichtstrahls*. Tritt ein Lichtstrahl (z. B. der Richtungsstrahl eines Lichtbündels) senkrecht auf den Spiegel, so wird er in sich reflektiert. Fällt er schräg auf den Spiegel, so wird er in eine andere Richtung umgelenkt.

Als **Einfallslot** wird die Senkrechte auf der Spiegelfläche bezeichnet, die genau durch den Auftreffpunkt des einfallenden Strahls verläuft.

Den Winkel zwischen dem einfallenden Strahl und dem Einfallslot nennen wir **Einfallswinkel** α.

Den Winkel zwischen Einfallslot und reflektiertem Strahl bezeichnet man als **Reflexionswinkel** β.

Die Richtung des reflektierten Strahls hängt von der Richtung des einfallenden Strahls ab. Dieser Zusammenhang wird im **Reflexionsgesetz** ausgedrückt. Es umfaßt die folgenden beiden Aussagen (Bild 6):

1. Einfallender Lichtstrahl, Einfallslot und reflektierter Lichtstrahl liegen in einer Ebene.

2. Der Einfallswinkel ist immer genauso groß wie der Reflexionswinkel:
$\alpha = \beta$.

Auch bei der Reflexion ist der **Lichtweg umkehrbar**. Diese Aussage bedeutet: Wenn das Licht auf dem Weg des reflektierten Strahls auf den Spiegel trifft, wird es auf dem Weg des vorher einfallenden Strahls reflektiert.

So kannst du die Randstrahlen eines reflektierten Bündels ohne Winkelmesser – und damit meistens genauer – zeichnen (Bild 7): Zum Ausgangspunkt P des Bündels wird der Bildpunkt P' konstruiert. (P' liegt achsensymmetrisch zu P.) Von P' aus brauchst du dann nur noch zwei Strahlen durch A und B zu zeichnen.

Daß diese Strahlen das Reflexionsgesetz für Lichtstrahlen erfüllen, kann man geometrisch beweisen (Bild 8):

Die Dreiecke PSA und P'AS lassen sich durch Umklappen zur Deckung bringen. Daher sind γ und δ gleich groß; genauso groß ist auch γ' (der Scheitelwinkel zu δ). Aus $\alpha + \gamma = 90°$ und $\beta + \gamma' = 90°$ folgt mit $\gamma = \gamma'$ das Reflexionsgesetz: $\alpha = \beta$.

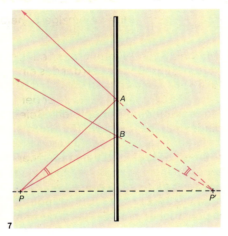
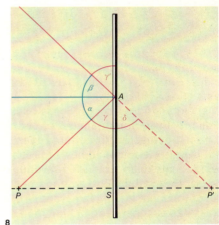

Info: Warum wir Spiegelbilder sehen

Mit dem **Reflexionsgesetz** können wir erklären, warum wir an spiegelnden Flächen virtuelle Bilder sehen:

Wie du weißt, fallen beim Sehen Lichtbündel in unser Auge; sie gehen von Gegenstandspunkten aus.

Unser Gehirn geht aufgrund der Erfahrung davon aus, daß sich dieses Licht *geradlinig* ausbreitet. Deshalb nehmen wir den Gegenstandspunkt in der Richtung wahr, aus der das reflektierte Lichtbündel kommt.

Bei der Reflexion an einem Spiegel ändert sich aber die Richtung jedes Bündels. Dies wird uns jedoch nicht bewußt. Für uns scheint das Lichtbündel von einem Punkt hinter der Spiegelfläche herzukommen. Dieser Punkt liegt dort, wo sich die geradlinig nach hinten verlängerten Randstrahlen des reflektierten Bündels schneiden (Bild 9).

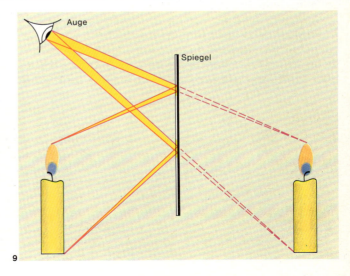

Spiegelbilder und Reflexion

Aufgaben

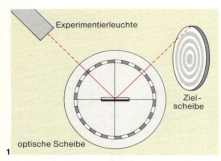

1 optische Scheibe

2

1 In Bild 1 fällt das reflektierte Lichtbündel nicht auf die Stelle, auf die es fallen soll. Es gibt mehrere Möglichkeiten, den Fehler zu korrigieren…

2 In Bild 2 sieht man die farbigen Spielkarten; der Spiegel dagegen erscheint schwarz, obwohl er beleuchtet wird. Erkläre!

3 Georg steht vor einem Schaufenster und sieht Martins Spiegelbild (Bild 3). Wo steht Martin wirklich?
Übertrage die Skizze in dein Heft, und konstruiere Martins Standort.
Zeichne auch den Lichtweg für ein Bündel ein, das von Martin ausgeht und in Georgs Augen fällt.

4 Was ist bei dem Spiegelbild von Bild 4 anders als gewöhnlich? Ver-

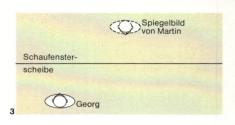

3

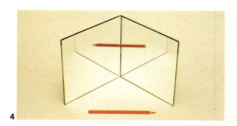

4

suche zu erklären, wie dieses Bild zustande kommt. Skizziere dazu den Weg eines Lichtbündels, das von der Spitze des Bleistiftes ausgeht.

Aus Umwelt und Technik: **Der Schnittbild-Entfernungsmesser**

Vielleicht sind dir schon Fotos mißlungen, weil du eine falsche Entfernung am Fotoapparat eingestellt hast. Falsch eingeschätzte Entfernungen sind oft die Ursache für unscharfe Bilder. Viele Fotoapparate haben deshalb eine Einstellhilfe für die Entfernungsmessung.

Der **Schnittbild-Entfernungsmesser** ist ganz einfach zu durchschauen; mit ihm waren früher manche Sucherkameras ausgestattet: Schaut man durch den Sucher eines solchen Fotoapparates, so sieht man die obere Bildhälfte gegenüber der unteren verschoben. Nun muß man so lange an der Entfernungseinstellung drehen, bis das „zerschnittene" Bild wieder richtig zusammengesetzt ist; dann ist die richtige Entfernung eingestellt.

Wie funktioniert ein solcher Entfernungsmesser?

Die Meßmethode wird an einem einfachen Doppelspiegel deutlich (→ Bauanleitung im Anhang). Er besteht aus einem festen und einem drehbaren Spiegel (Bilder 7 u. 8). Über den Spiegel 1 hinweg blickst du auf eine senkrechte Kante. Gleichzeitig siehst du im Spiegel 1 diese Kante ein zweites Mal: als Spiegelbild über den Spiegel 2. Die beiden Bilder passen meist nicht sofort genau aneinander. Drehst du den Spiegel 2 hin und her, wandert auch das Spiegelbild in die eine oder andere Richtung. Auf diese Weise kannst du die Bilder richtig zusammensetzen.

Dabei muß der Spiegel 2 um so weiter aus der 45°-Stellung gedreht werden, je geringer die Entfernung des betrachteten Gegenstandes ist. Zu jeder Stellung des Spiegels 2 gehört also eine bestimmte Entfernung. Wenn man zu jeder Stellung die Entfernung auf einer Skala angibt, erhält man einen Entfernungsmesser.

Das beschriebene Verfahren zur Entfernungsmessung wurde bereits im 18. Jahrhundert bei der Landvermessung angewandt. Auch in modernen Fotoapparaten werden Schnittbild-Verfahren zur Entfernungsmessung benutzt (allerdings wird dort das zerschnittene Bild nicht mehr mit einem Doppelspiegel erzeugt).

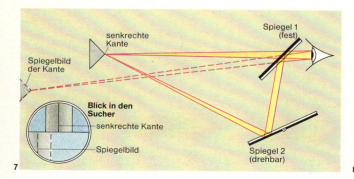

7

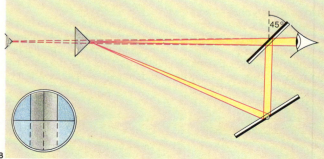

8

5 Tina will einen Garderobenspiegel kaufen. Sie ist 1,60 m groß; ihre Augenhöhe beträgt 1,50 m.

a) Wenn sie 1 m vor dem Spiegel steht, will sie sich darin vom Scheitel bis zur Sohle sehen können. Wie groß muß der Spiegel mindestens sein?
 In welcher Höhe muß sich die Oberkante des Spiegels befinden?
 Tip: Zeichne den Weg, auf dem das Licht vom Scheitel und von den Füßen ins Auge gelangt.

b) Was sieht Tina von sich, wenn sie nahe an den Spiegel herangeht?

6 Bild 5 zeigt die Bauanleitung für ein „Gerät zur Geldvermehrung". Wenn man durch das kleine Loch schaut, sieht man die Münze viele Male. Erkläre!

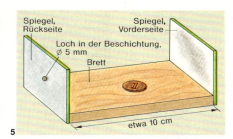
5

6

Weshalb werden die weiter entfernten Spiegelbilder immer dunkler?

7 Monika und Michael sind gleich groß. Zwischen beiden befindet sich eine Pfütze von 60 cm Durchmesser. Michael steht direkt am Rand der Pfütze. Wie weit muß Monika mindestens an die Pfütze herangehen, um Michaels Spiegelbild in die Augen schauen zu können? Zeichne!

8 Ein **Versuch** zum Knobeln: Richte eine Spotlampe von oben auf einen Spiegel, der auf einem Tisch liegt. An der Decke entsteht eine beleuchtete Fläche.
 Halte nun eine Hand dicht über den Spiegel. Was du dann siehst, zeigt Bild 6: eine Lampe, eine Hand und *zwei* Schattenbilder. Erkläre!

Aus Umwelt und Technik: **Der Tripelspiegel**

In einem gewöhnlichen Spiegel kann man sich nur sehen, wenn man senkrecht vor der Spiegelfläche steht. Ganz anders ist dies bei der *Spiegelecke* (Bild 9). Da ein solcher Spiegel aus *drei* Flächen besteht, nennt man ihn auch *Tripelspiegel* (lat. *triplex:* dreifach).

Schaut man in die Spiegelecke hinein, sieht man sein Gesicht „kopfstehend". Bewegt man sich vor ihm, so „geht" das Spiegelbild in die Gegenrichtung; aber immer schaut es einen an. Wie ist das möglich?

Beim Tripelspiegel wird ein Lichtbündel im allgemeinen dreimal reflektiert. Nach der letzten Reflexion läuft es in die Richtung zurück, aus der es gekommen ist (Bild 10).

Diese Eigenschaft des Tripelspiegels wird in der Technik vielfach genutzt. So erkennst du im Rückstrahler eines Fahrrades oder an der Schultasche kleine Ecken, bei denen immer drei Flächen senkrecht aufeinanderstoßen (Bild 11). Sie wirken wie Spiegelecken: Das Licht dringt durch die Vorderfläche ein und wird an den hinteren Flächen reflektiert.

Auch Filmleinwände oder reflektierende Verkehrsschilder sind oft mit winzigen Kristallen beschichtet, deren Flächen rechtwinklige und räumliche Ecken bilden. Diese Tripelspiegel werfen das Licht in die Richtung zurück, aus der sie angestrahlt werden. Sie sind daher aus der Richtung der Lichtquelle besonders gut zu sehen.

Die Besatzung des Raumschiffs *Apollo 11* stellte im Jahr 1969 einen Tripelspiegel auf dem Mond auf. Der Spiegel ist ungefähr 0,25 m² groß und besteht aus 100 einzelnen Spiegelecken (Bild 12).

Mit Hilfe dieses Tripelspiegels läßt sich die Entfernung Erde – Mond auf 20 cm genau bestimmen. Der Spiegel wird dazu von der Erde aus mit einem Laserstrahl angeblitzt. Vom Spiegel wird das Licht wieder an die Stelle zurückgeworfen, von der es ausgegangen ist. Aus der Laufzeit des Lichtes kann man die Entfernung berechnen.

9

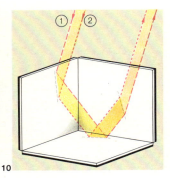
10

11

12

3 Spiegelbilder an gekrümmten Flächen

Hier wird die Wirklichkeit „verbogen"!

Wie entstehen eigentlich solche Bilder?

V 10 Spiegel, die nach außen gewölbt sind, nennt man *erhabene* Spiegel oder **Wölbspiegel** *(Konvexspiegel)*.

a) Betrachte dich in der Rückseite eines metallenen Suppenlöffels, in einer blank geputzten Radkappe oder im Rückspiegel eines Lkw. Wie erscheint dir dein Gesicht, wie deine Umgebung?

b) Stelle ein Lineal senkrecht auf die Fläche eines solchen Wölbspiegels. Beschreibe deine Beobachtungen. Begründe, daß du ein *virtuelles* Bild siehst.

V 11 Einen Spiegel, dessen Fläche nach innen gewölbt ist, bezeichnet man als **Hohlspiegel** (Konkavspiegel).

a) Sieh in einen schwach gekrümmten Hohlspiegel (z. B. in einen Kosmetik- oder Rasierspiegel). Was fällt dir an deinem Spiegelbild auf?

b) Stelle auch hier ein Lineal senkrecht auf die Spiegelfläche. Vergleiche mit dem Ergebnis vom Wölbspiegel.

c) Woran ist zu erkennen, daß es sich bei diesem Spiegelbild um ein virtuelles Bild handelt?

V 12 Mit Hilfe der optischen Scheibe untersuchen wir nun den Verlauf sehr schmaler Lichtbündel, die auf gekrümmte Spiegelflächen treffen.

Gilt auch bei gekrümmten Flächen das Reflexionsgesetz (z. B. für den Richtungsstrahl des Lichtbündels)?

a) Wir lassen zunächst ein paralleles, dann ein divergierendes Lichtbündel auf eine erhabene Spiegelfläche fallen. Wie werden die Lichtbündel jeweils reflektiert?

b) Wir ersetzen die nach außen gewölbte Spiegelfläche durch eine nach innen gewölbte.

Info: Reflexion an gekrümmten Flächen

Auch bei gekrümmten Flächen läßt sich das **Reflexionsgesetz** anwenden. Man kann sich nämlich die gekrümmte Fläche aus lauter ebenen Flächenstücken zusammengesetzt denken. Allerdings hat das Einfallslot auf jedem Flächenstück eine andere Richtung.

Bild 3 zeigt, wie ein einfallendes *paralleles* Lichtbündel von einem **Wölbspiegel** (Konvexspiegel) reflektiert wird.

Weil die beiden Einfallslote unterschiedliche Richtungen haben, sind auch die Einfallswinkel verschieden. Deshalb werden die parallel einfallenden Randstrahlen in verschiedene Richtungen reflektiert; sie laufen nach der Reflexion auseinander.

Fällt ein *divergierendes* Lichtbündel auf den Wölbspiegel, so laufen die Randstrahlen nach der Reflexion *stärker auseinander* als zuvor (Bild 4).

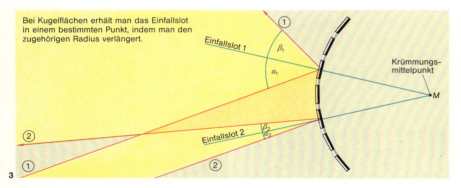
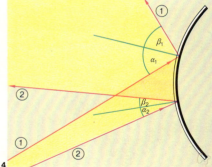

Aus Umwelt und Technik: **Nah und fern bei Wölbspiegeln**

Die Rückspiegel von Lastwagen und auch die mancher Personenwagen sind Wölbspiegel. Schaut der Fahrer in einen solchen Spiegel (Bild 8), sieht er einen größeren Ausschnitt vom Verkehrsgeschehen hinter sich als in einem ebenen Spiegel (Bild 9). Die Verwendung von Wölbspiegeln bringt aber auch eine Gefahr mit sich: Im Wölbspiegel erscheint alles verkleinert und weiter entfernt.

Wenn du Bild 10 betrachtest, stößt du auf einen Widerspruch: Beim Wölbspiegel liegt das Spiegelbild offenbar näher an der Spiegelfläche als das Original – und nicht weiter weg!

Einen ähnlichen Widerspruch findet man auch beim Hohlspiegel (Kosmetik- oder Rasierspiegel). In ihm siehst du dein Gesicht vergrößert, und es erscheint näher herangerückt. Tatsächlich ist das Spiegelbild aber weiter von der Spiegelfläche entfernt als das entsprechende Original (Bild 11)!

Die Erklärung für diese scheinbaren Widersprüche ist gar nicht so schwierig. Gekrümmte Spiegel verändern nämlich den Sehwinkel (Bild 12):

Ein Wölbspiegel verkleinert den Sehwinkel ($\varphi_2 < \varphi_1$). Erscheint uns aber ein Gegenstand vertrauter Größe unter einem kleinen Sehwinkel, so ordnet ihm unser Gehirn aufgrund der Erfahrung eine größere Entfernung zu.

Im Gegensatz dazu vergrößert ein Hohlspiegel den Sehwinkel ($\varphi_3 > \varphi_1$). Aus diesem größeren Sehwinkel schließen wir dann unbewußt auf eine geringere Entfernung.

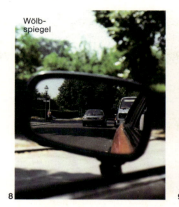
8

9

10

11
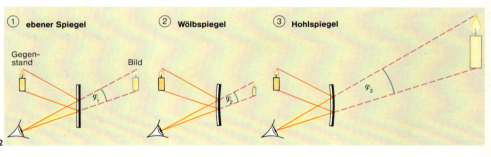
12

Wenn man in den Wölbspiegel schaut, sieht man ein *verkleinertes* virtuelles Bild. In Bild 5 sind zwei Lichtbündel dargestellt, die von Gegenstandspunkten ins Auge fallen. Nach der Reflexion laufen ihre Randstrahlen stärker auseinander als zuvor. Daher liegen die virtuellen Bildpunkte näher am Spiegel, als sich die Gegenstandspunkte vor dem Spiegel befinden.

Bild 6 zeigt ein divergierendes Lichtbündel, das auf einen **Hohlspiegel** (*Konkavspiegel*) fällt. Nach der Reflexion laufen die Randstrahlen *weniger stark auseinander* oder sogar zusammen.

Blickt man in den Hohlspiegel, so sieht man ein vergrößertes virtuelles Bild (Bild 7). Sein Abstand von der Spiegelfläche ist größer als der des Originals. (Von einem Gegenstand sieht man nur dann ein virtuelles Bild, wenn sich dieser nahe genug vor dem Hohlspiegel befindet.)

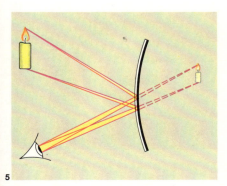
5
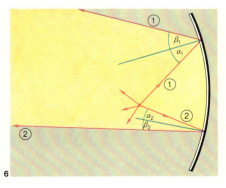
6
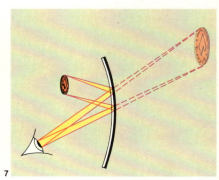
7

Info: Die Konstruktion von virtuellen Bildern an gekrümmten Spiegeln

Für den Sehvorgang sind immer nur die schmalen Lichtbündel von Bedeutung, die tatsächlich ins Auge gelangen.

Um Bildpunkte an gekrümmten Spiegeln zu konstruieren, können wir aber breitere Bündel verwenden. So werden die Zeichnungen genauer; außerdem läßt sich damit die Konstruktion vereinfachen.

Bild 1 zeigt eine solche Konstruktion für den Wölbspiegel. Wir wählen als einen Randstrahl unseres Bündels den Mittelpunktstrahl, der von P in Richtung auf den Krümmungsmittelpunkt des Spiegels verläuft. Er ist senkrecht zur Spiegelfläche; der Bildpunkt muß daher auf seiner rückwärtigen Verlängerung liegen.

Den Verlauf des zweiten Lichtstrahls ermitteln wir nach dem Reflexionsgesetz. Dazu benötigen wir das Einfallslot. Es läßt sich leicht konstruieren, denn wir brauchen nur eine Gerade durch M und den Auftreffpunkt A zu legen.

In ähnlicher Weise lassen sich auch die Bildpunkte beim Hohlspiegel konstruieren (Bild 2).

Strenggenommen gilt diese Überlegung nur für schwach gekrümmte Spiegel. Bei starker Krümmung ergeben sich je nach Wahl der Strahlen etwas unterschiedliche Bildpunkte.

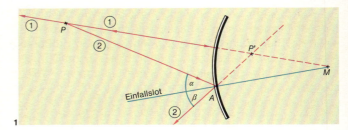
1

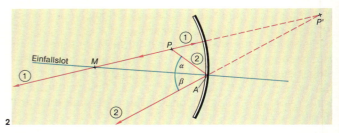
2

Spiegelbilder und Reflexion

Alles klar?

1 Licht wird auch von weißen Oberflächen zurückgeworfen oder gestreut. Man spricht in diesem Fall von einer *diffusen Reflexion*. Erkläre diesen Begriff anhand von Bild 3.

3 Spiegel   zerknittertes Stanniolpapier   weiße Fläche

2 Wie kommt es zu den verzerrten Spiegelbildern in den Bildern 1 und 2 auf der vorherigen Doppelseite?

3 In Bild 4 brennt eine Kerze unter Wasser!? Beschreibe, wie die Versuchsanordnung aufgebaut werden muß.

4 In welche Richtung wird das Auto abbiegen (Bild 5)?

5 Was fällt beim Blick in den Rückspiegel von Bild 6 auf?

6 Wie unterscheiden sich reelle und virtuelle Bilder?

7 In Bild 7 siehst du zwei rechtwinklig zueinander angeordnete Spiegel *(Winkelspiegel)*.

a) Wie verläuft ein Lichtstrahl, der mit einem Einfallswinkel von 45° (60°) auf den ersten Spiegel fällt? Zeichne in dein Heft.

7

b) Der Winkel zwischen den Spiegeln soll nun 100° (80°) betragen. Vergleiche den Verlauf eines einfallenden Strahls mit dem zweimal reflektierten.

8 Fußgänger sollten bei Dunkelheit Reflektoren an sich tragen. Welchen Vorteil haben diese gegenüber heller Kleidung?

9 Ein Denkmal spiegelt sich in der 10 m entfernten Glaswand eines Gebäudes. Ein Fotograf, der direkt neben dem Denkmal steht, will das Spiegelbild aufnehmen. Auf welche Entfernung muß er seinen Fotoapparat einstellen?

4

5

6

Spiegelbilder und Reflexion

Auf einen Blick

Das Reflexionsgesetz

Licht wird an spiegelnden Flächen reflektiert.
Dabei erfolgt die Reflexion immer nach einer bestimmten Gesetzmäßigkeit, dem **Reflexionsgesetz**.

Das Reflexionsgesetz lautet:

1. Der einfallende Strahl (so z. B. der Richtungsstrahl eines Lichtbündels), das Einfallslot und der reflektierte Strahl liegen *in einer Ebene*.

2. Der Einfallswinkel ist stets *genauso groß wie* der Reflexionswinkel. $\alpha = \beta$.

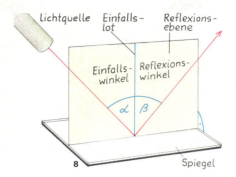

Spiegelbilder

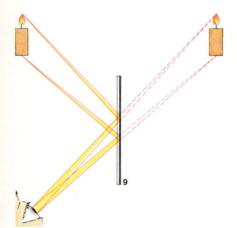

Spiegelbilder sind Scheinbilder *(virtuelle Bilder)*: Lichtbündel, die von einem Gegenstand ausgehen, werden am Spiegel *reflektiert* und fallen in unser Auge. Sie scheinen von Punkten herzukommen, die hinter dem Spiegel liegen.

Richtungen senkrecht zur Spiegelebene werden vom Spiegel umgekehrt. Richtungen parallel zur Spiegelebene werden nicht verändert. Beim Spiegelbild sind vorn und hinten gegenüber dem Original vertauscht.

Reflexion an gekrümmten Flächen

Auch bei der Reflexion an gekrümmten Flächen gilt für jeden Lichtstrahl das Reflexionsgesetz. Allerdings verändern gekrümmte Flächen nicht nur die Richtung von Lichtbündeln:

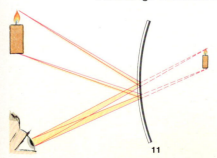

Nach der Reflexion am **Wölbspiegel** laufen Lichtbündel stärker auseinander. Die Bilder erscheinen uns *verkleinert;* sie sind *virtuell*.

Auch wenn sich ein Gegenstand nahe am **Hohlspiegel** befindet, erhält man ein *virtuelles* Bild. Es ist *vergrößert*, weil die Lichtbündel nach der Reflexion weniger stark auseinanderlaufen.

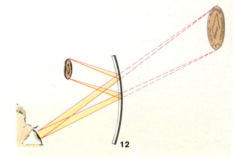

An gekrümmten Spiegeln erscheint das virtuelle Bild
unter einem anderen Sehwinkel als das Original. Dadurch ändert sich der Eindruck
über die Entfernung oder Größe des gespiegelten Gegenstandes.

Brechung und Totalreflexion

1 Wo kommt die Münze her?

In diese Tasse (Bild 1) wird nur Wasser gegossen ...

1

2

V 1 Fülle z. B. eine Kompottschale mit Wasser.

a) Stelle ein Lineal senkrecht ins Wasser, und betrachte es zunächst von oben her. Schaue dann schräg und schließlich fast parallel zur Wasseroberfläche auf das Lineal. Beschreibe deine Beobachtungen.

b) Halte das Lineal nun schräg ins Wasser, und betrachte es wie in Versuchsteil a. Was fällt dir auf?

V 2 Ob der Versuch mit der Münze (Bilder 1 u. 2) auch mit anderen Flüssigkeiten funktioniert?
Nimm statt des Wassers Spiritus, Öl oder andere Flüssigkeiten. Welche Unterschiede stellst du fest?

V 3 Lege eine Münze in eine mit Wasser gefüllte Glaswanne. Befestige dann ein Glasrohr schräg an einem Stativ – und zwar so, daß du die Münze durch das Rohr hindurch sehen kannst (Bild 3).

a) Laß eine Stricknadel durch das Rohr gleiten.

b) Statt mit der Stricknadel versuchst du diesmal die Münze mit einem feinen Lichtbündel zu treffen. Das Lichtbündel soll durch das schräg eingespannte Rohr verlaufen (Wasser vorher anfärben!).
Beschreibe den Lichtweg.

c) Verkleinere den „Einfallswinkel" von Stricknadel und Lichtbündel in mehreren Schritten. Wiederhole jeweils den Versuch.

d) Was ist zu beobachten, wenn das Glasrohr senkrecht steht?

V 4 Damit wir die unter Wasser liegende Münze sehen, muß Licht von ihr in unser Auge gelangen. Dieses Licht breitet sich also erst im Wasser und dann in der Luft aus.

a) Wie ein solcher Lichtweg *beim Übergang von Wasser in Luft* verläuft, kannst du mit dem Versuchsaufbau von Bild 4 untersuchen. Damit du das aus dem Wasser kommende Lichtbündel gut sehen kannst, läßt du es an einem Schirm entlangstreifen.
Verändere nun die Stellung des Spiegels so, daß das Lichtbündel unter verschiedenen Einfallswinkeln von unten her auf die Wasseroberfläche trifft.
Beschreibe deine Beobachtungen.

b) Stelle die Lampe schräg zur Wasseroberfläche, und drehe den Spiegel so, daß das Licht senkrecht auf ihn fällt. Was stellst du fest?

V 5 Wir ermitteln jetzt den Zusammenhang zwischen Einfallswinkel α und Brechungswinkel β für Plexiglas (Bild 5).

Das Lichtbündel fällt auf die ebene Seite des Halbzylinders und wird dort gebrochen. Auf der runden Seite findet dagegen *keine* Brechung statt, denn das Licht durchläuft den Halbzylinder auf einem Radius und trifft somit senkrecht auf diese Grenzfläche.

a) Der Einfallswinkel wird schrittweise von 0° an vergrößert. Notiere jeweils den Brechungswinkel.

b) Trage deine Meßwerte in ein Diagramm ein (waagerechte Achse: α, senkrechte Achse: β).
Wie groß wird der Brechungswinkel bei Plexiglas höchstens?

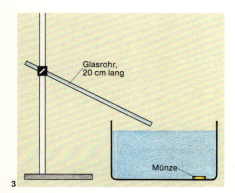
3

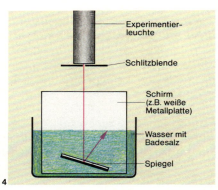
4

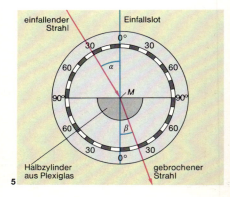
5

Info: Die Brechung des Lichtes an Grenzflächen

Wenn ein Lichtbündel schräg auf die Grenzfläche von Luft und Glas trifft, wird es „geknickt"; es ändert also seine Richtung. Man sagt: Das Licht wird an der Grenzfläche beider Stoffe **gebrochen**.
Bei der Brechung liegen die Richtungsstrahlen des einfallenden und des gebrochenen Lichtbündels sowie das Einfallslot *in einer Ebene*.

Als **Einfallswinkel** α bezeichnen wir den Winkel, der von dem einfallenden Strahl (Richtungsstrahl) und dem Einfallslot gebildet wird.

Brechungswinkel β nennen wir den Winkel zwischen dem gebrochenen Strahl (Richtungsstrahl nach der Brechung) und dem Einfallslot.

Die Bilder 6–8 zeigen ein sehr schmales Lichtbündel, das auf die ebene Oberfläche eines Körpers aus Glas trifft.
Dabei können wir folgende Beobachtungen machen:

○ Fällt das Lichtbündel *senkrecht* auf die Grenzfläche (α = 0°), so ändert sich seine Richtung nicht; das Licht läuft ungebrochen weiter (Bild 6).

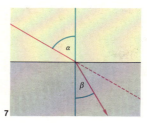
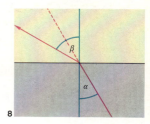

6   7   8

○ Wenn das Lichtbündel *von Luft in Glas* übertritt (α ≠ 0°), ist der Brechungswinkel stets kleiner als der Einfallswinkel: β < α (Bild 7).
   Das Lichtbündel wird also *zum Einfallslot hin* gebrochen.

○ Wenn das Lichtbündel *von Glas in Luft* übertritt (α ≠ 0°), ist der Brechungswinkel stets größer als der Einfallswinkel: β > α (Bild 8).
   Das Lichtbündel wird also *vom Einfallslot weg* gebrochen.

○ Die Ablenkung aus der ursprünglichen Richtung ist um so stärker, je größer der Einfallswinkel ist. Dies gilt unabhängig davon, ob der Übergang von Luft in Glas (Bild 7) oder von Glas in Luft erfolgt (Bild 8).

○ In Bild 8 durchläuft das Licht den gleichen Weg wie in Bild 7 – allerdings in umgekehrter Richtung: Auch bei der Brechung ist der **Lichtweg umkehrbar**.

Wenn das Licht nicht senkrecht einfällt, sind Einfalls- und Brechungswinkel unterschiedlich groß. Man nennt

○ das Medium, in dem der kleinere der beiden Winkel liegt, *optisch dichter*;

○ das Medium, in dem der größere der beiden Winkel liegt, *optisch dünner*.

Zum Beispiel sind Wasser und Glas optisch dichter als Luft.

Info: Der Zusammenhang zwischen Einfallswinkel und Brechungswinkel

Wenn Licht von einem Stoff in einen anderen übergeht, wird es mit zunehmendem Einfallswinkel immer stärker aus der ursprünglichen Richtung abgelenkt. Wie stark die Ablenkung bei einem bestimmten Einfallswinkel ist, hängt davon ab, aus welchem Stoff das Licht kommt und in welchen es eintritt.

In Bild 9 ist der Brechungswinkel β in Abhängigkeit vom Einfallswinkel α aufgetragen, und zwar für verschiedene Übergänge des Lichts: *von Luft in Wasser, von Luft in Glas* und *von Luft in Diamant*. An dem Schaubild kannst du erkennen, daß der Zusammenhang zwischen Brechungs- und Einfallswinkel nicht proportional ist. Bei kleinen Einfallswinkeln wächst der Brechungswinkel β zwar fast in gleichem Maße wie der Einfallswinkel α, bei größeren Einfallswinkeln nimmt β aber immer weniger rasch zu.

Außerdem erkennt man: Glas bricht das Licht stärker als Wasser. Bei gleichem Einfallswinkel ist nämlich der Brechungswinkel beim Übergang *Luft–Glas* kleiner als beim Übergang *Luft–Wasser* (damit ist die Ablenkung aus der ursprünglichen Richtung größer).

Wir betrachten nun den Fall, daß Licht *von einem optisch dünneren Stoff in einen optisch dichteren* fällt (zum Beispiel von Luft in Wasser):

Vergrößert man den Einfallswinkel, so wächst natürlich auch der Brechungswinkel. Schließlich fällt das Licht streifend auf diese Grenzfläche; der Einfallswinkel beträgt dann annähernd 90° – größer als 90° kann er nicht werden. Auch der Brechungswinkel nähert sich dann einem Höchstwert, den er nicht überschreiten kann (Bild 10).

Dieser Höchstwert für den Brechungswinkel hängt von den aneinandergrenzenden Stoffen ab. Wir bezeichnen ihn als **Grenzwinkel** β_g.

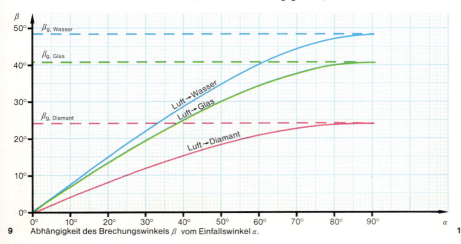

9 Abhängigkeit des Brechungswinkels β vom Einfallswinkel α.

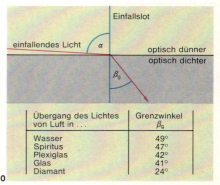

10

Übergang des Lichtes von Luft in ...	Grenzwinkel β_g
Wasser	49°
Spiritus	47°
Plexiglas	42°
Glas	41°
Diamant	24°

Info: „Trugbilder" durch Brechung

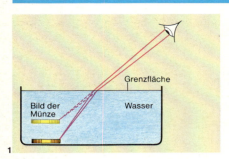

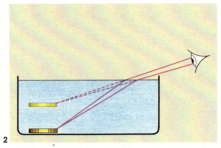

Gegenstände, die sich ganz oder teilweise unter Wasser befinden, können geknickt, verkürzt oder angehoben erscheinen.

Ursache für diese „Trugbilder" ist die **Brechung** des Lichts.

Sehen wir uns ein Lichtbündel an, das von einem Gegenstand unter Wasser, z. B. von einer Münze, ausgeht und in unser Auge gelangt (Bild 1):

Wenn das Lichtbündel schräg auf die Wasseroberfläche fällt, wird es an der Grenzfläche Wasser–Luft gebrochen. Unser Gehirn geht aber aufgrund der Erfahrung davon aus, daß sich Licht geradlinig ausbreitet. Es „verlegt" deshalb den Ausgangspunkt des Lichtbündels an eine andere Stelle; wir nehmen den Gegenstandspunkt dort wahr, wo sich die rückwärts verlängerten Randstrahlen des gebrochenen Lichtbündels schneiden.

Wir sehen ein **virtuelles Bild** des Gegenstandes; der Gegenstand ist scheinbar angehoben.

Je flacher wir auf die Wasseroberfläche schauen, desto höher scheint der Gegenstand zu liegen (Bild 2). Der Grund dafür ist, daß das ins Auge fallende Lichtbündel jetzt stärker aus seiner ursprünglichen Richtung abgelenkt wird.

Wenn wir einen Stab (oder ein Lineal) senkrecht ins Wasser tauchen, erscheint er uns verkürzt. Ein schräg ins Wasser gehaltener Stab, der teilweise aus dem Wasser herausragt, scheint geknickt zu sein.

Die Erklärung ist in beiden Fällen die gleiche: Jeder Punkt des Gegenstandes unterhalb der Wasseroberfläche erscheint uns angehoben.

Wenn man durch eine Taucherbrille blickt, scheinen alle Gegenstände näher zu sein, als sie es in Wirklichkeit sind. Auch wenn du schräg auf die senkrechte Wand eines Aquariums blickst, erscheinen die Fische herangerückt. Die Rückwand des Aquariums scheint sich sogar zu verbiegen, wenn du den Kopf hin und her bewegst.

Diese scheinbaren Entfernungsänderungen haben folgenden Grund:

Wenn man auf einen Gegenstand in der Nähe blickt, sind beide Augen auf einen Punkt des Gegenstandes gerichtet (Bild 3). Aus der Stellung der Augen schließt unser Gehirn auf die Entfernung des Gegenstandes.

Bild 4 zeigt die Verhältnisse bei der Taucherbrille. Die beiden Lichtbündel, die von dem Gegenstandspunkt ausgehen, laufen nach der Brechung stärker voneinander weg als vorher. Daher stehen die Augen so, als würde man einen recht nahen Gegenstand sehen; der Gegenstand, den man gerade betrachtet, erscheint somit herangerückt.

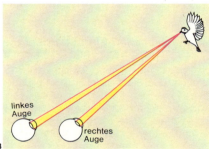

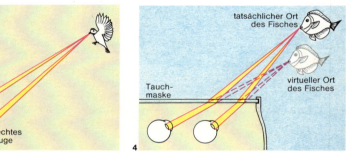

Aufgaben

1 Schon *Johannes Kepler* (1571–1630) suchte Gesetzmäßigkeiten bei der Brechung. Seine Versuchsanordnung ist in Bild 5 nachgebaut.

Warum ist der Schattenraum in der Flüssigkeit kleiner als außerhalb?

2 Bild 6 zeigt, wie Licht beim Übergang von Luft in Plexiglas gebrochen wird. Wie könnte man hier vorgehen, wenn man die Umkehrbarkeit des Lichtweges nachweisen wollte?

3 Ein Lichtbündel geht von einem optisch dichteren in einen optisch dünneren Stoff über. Was kannst du über den Brechungswinkel im Vergleich zum Einfallswinkel aussagen?

4 In Bild 7 fällt ein Lichtbündel durch eine Glasscheibe. Warum behält es seine Richtung bei und wird nur parallel versetzt?

5 Licht, das ein Prisma durchläuft, wird zweimal gebrochen (Bild 8). Wie kommt es, daß es besonders stark aus seiner ursprünglichen Richtung abgelenkt wird?

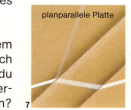

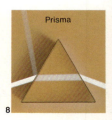

Aus Umwelt und Technik: **Die Abendsonne ist nicht rund!**

Kurz vor Sonnenuntergang erscheint die Sonne etwas „plattgedrückt" – insbesondere bei starkem Abendrot. Ihre senkrechte Achse ist also kürzer als die waagerechte (Bild 11). Wie kommt das?

Die Lufthülle der Erde weist keine scharfe Grenze auf, sondern sie wird zur Erdoberfläche hin immer dichter. Licht, das aus dem Weltall kommt, wird daher nicht einmalig an einer Grenzfläche gebrochen; vielmehr erfolgt die Brechung nach und nach.

Bild 12 zeigt diesen Vorgang in einem **Versuch**: Hier wurde über eine Zuckerlösung vorsichtig Wasser „geschichtet". Die Grenzschicht zwischen beiden Flüssigkeiten wurde dann etwas aufgerührt, so daß ein allmählicher Übergang entstand.

Wie sich die Brechung durch die Lufthülle auswirkt, sieht man leicht bei einer punktförmigen Lichtquelle ein: Wenn wir einen schräg über uns stehenden Stern beobachten, fällt von diesem ein schmales Lichtbündel in unser Auge. Es durchquert die Lufthülle auf einer gekrümmten Bahn. In der Richtung, aus der das Bündel ins Auge trifft, vermuten wir den Stern (Bild 13). In Wirklichkeit steht er aber tiefer über dem Horizont. Es ist sogar möglich, daß wir einen Stern noch sehen, obwohl sein wahrer Ort bereits unterhalb der Horizontlinie liegt.

Auch die untergehende Sonne steht nicht in der Richtung, in der wir sie wahrnehmen, sondern etwas tiefer. Sie wird durch den Brechungsvorgang scheinbar angehoben. Warum aber ist sie *nicht rund*?

Das Lichtbündel, das unser Auge vom *unteren* Sonnenrand her erreicht, trifft *flacher* auf die Lufthülle der Erde als das vom oberen Rand; es wird daher *stärker gebrochen* als das vom oberen Rand (Bild 14). Der untere Rand der Sonne wird deshalb stärker „angehoben"; das hat zur Folge, daß uns die senkrechte Achse der Sonne verkürzt erscheint.

Für die waagerechte Achse gilt dies nicht, weil die Bündel, die vom linken und rechten Sonnenrand ausgehen, gleich stark gebrochen werden.

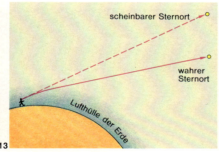

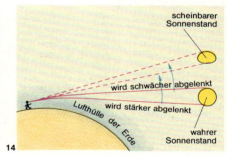

---

6 In Bild 9 trifft Licht auf eine 1 cm dicke Glasplatte. Übertrage die Abbildung in dein Heft, und zeichne den weiteren Verlauf der Richtungsstrahlen. Berücksichtige dabei die Brechung an *beiden* Grenzflächen.

Die Brechungswinkel kannst du aus dem Diagramm (Bild 9 der vorigen Doppelseite) ablesen. Aus welchem Grund brauchst du für die Brechung an der Plattenunterseite keine zusätzlichen Angaben über den Übergang *Glas–Luft*?

7 Bild 10 zeigt ein Prisma aus Glas.
Wie verläuft der eingezeichnete Strahl *im* Prisma, und wie *nach* dem Prisma? Übertrage die Abbildung vergrößert in dein Heft, und konstruiere den Lichtweg.

8 Wenn man in ein Aquarium blickt, sieht man nur ein *virtuelles* Bild der Fische.

a) Begründe diese Behauptung.

b) Wenn man vor der Scheibe eines Aquariums steht, scheinen alle Gegenstände näher herangerückt. Wie kommt das?

c) Bewegt man den Kopf vor dem Aquarium hin und her, so verschiebt sich das virtuelle Bild der Fische. Erkläre mit Hilfe einer Skizze.

d) Vergleiche diese durch Brechung erzeugten virtuellen Bilder mit Spiegelbildern. Welche Unterschiede findest du?

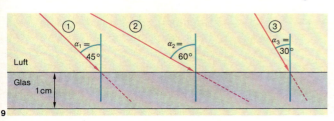

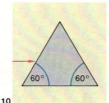

Info: Die Brechzahl

Bei der Brechung können wir statt der Winkel auch die Längen der Strecken s_1 und s_2 messen (Bild 1).

Im Diagramm liegen die Punkte $(s_1|s_2)$ für die verschiedenen Stoffkombinationen jeweils auf einer Ursprungsgeraden (Bild 2): Die Zuordnungen sind proportional; der Quotient $\frac{s_1}{s_2}$ ist für jede Stoffkombination konstant. Diese Konstante heißt **Brechzahl** n.

Je größer die Brechzahl ist, desto stärker wird das Licht gebrochen.

Welchen Radius der Kreis um den Auftreffpunkt des Strahls hat, spielt bei der Ermittlung der Brechzahl keine Rolle.

Übergang des Lichtes von Luft in	Brechzahl n
Wasser	1,33
Spiritus	1,36
Plexiglas	1,50
Glas (Kronglas)	1,53
Diamant	2,42

Fragen und Aufgaben zum Text

1 Konstruiere den Lichtweg für den Übergang von *Luft in Plexiglas* für einen Einfallswinkel von 50°.

2 Die Brechzahl für den Übergang *von Wasser in Glas* ist 1,15.

Vergleiche die Brechung an den Grenzflächen *Wasser–Glas* und *Luft–Glas*.

Zeichne die Lichtwege beim Übergang von Luft bzw. Wasser in Glas. Der Einfallswinkel soll 70° betragen.

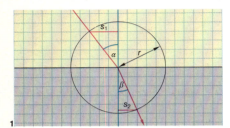

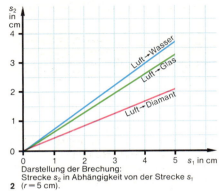

2 Darstellung der Brechung: Strecke s_2 in Abhängigkeit von der Strecke s_1 ($r = 5$ cm).

2 Licht wird an Grenzflächen nicht nur gebrochen

Eine Hand im Aquarium – von unten betrachtet ... **3**

V 6 Mit dem Aufbau von Bild 4 wird noch einmal das Verhalten von Licht an der Grenzfläche Luft–Wasser untersucht. Das schmale Lichtbündel soll zunächst senkrecht und dann schräg *von der Luft ins Wasser* fallen. Der Einfallswinkel wird dabei schrittweise vergrößert, bis schließlich das einfallende Licht streifend auf das Wasser trifft.

Beobachte dabei auch das *reflektierte* Lichtbündel.

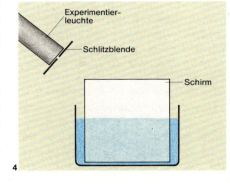

Beschreibe, wie sich die Helligkeit des reflektierten und die des gebrochenen Lichtbündels ändert.

V 7 Jetzt geht es um Reflexion und Brechung eines Lichtbündels beim Übergang *von Wasser in Luft* (→ V 4).

Versuche, den Einfallswinkel zu messen, bei dem kein Licht mehr aus dem Wasser austritt. Wie verläuft das gebrochene Lichtbündel, wenn der Einfallswinkel etwas kleiner ist?

Info: Brechung und Reflexion – oder keine Brechung und Totalreflexion

Wenn ein Lichtbündel auf die Grenzfläche zwischen zwei lichtdurchlässigen Stoffen fällt, wird nie *alles* Licht gebrochen; stets wird auch Licht reflektiert.

Das Lichtbündel wird also in ein gebrochenes und ein reflektiertes Teilbündel aufgespalten (Bild 5).

Je größer der Einfallswinkel ist, desto mehr Licht wird reflektiert und desto weniger wird gebrochen. Daß das tatsächlich so ist, kannst du auch im Alltag beobachten: Eine Glasscheibe wirkt um so mehr wie ein Spiegel, je flacher du auf die Scheibe blickst.

Beim Übergang *von einem optisch dünneren in einen optisch dichteren Stoff* findet auch dann noch eine Brechung statt, wenn das Licht nahezu an der Oberfläche entlangstreift. In diesem Fall ist der Brechungswinkel praktisch gleich dem

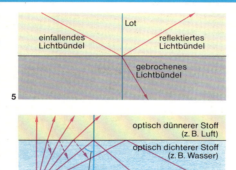

Grenzwinkel β_g. Allerdings dringt nur wenig Licht in den optisch dichteren Stoff ein; fast alles Licht wird reflektiert.

Was beim Übergang *vom optisch dichteren zum optisch dünneren Stoff* ge-

schieht, zeigt Bild 6: Vergrößert man den Einfallswinkel, so wird auch hier ein zunehmender Teil des Lichts reflektiert; der übrige Teil des Lichts, der durch die Grenzfläche dringt, nimmt dementsprechend ab.

Wenn der Einfallswinkel eines Lichtbündels aber größer als β_g wird, kann das Licht nicht mehr die Grenzfläche durchdringen; es wird *vollständig* reflektiert. Man spricht von **Totalreflexion**.

Totalreflexion tritt immer dann auf, wenn Licht von einem optisch dichteren Stoff auf die Grenzfläche zu einem optisch dünneren fällt und wenn dabei der Einfallswinkel größer als der Grenzwinkel β_g ist: $\alpha > \beta_g$. Der Winkel β_g heißt **Grenzwinkel der Totalreflexion**. Er beträgt z. B. für den Übergang Wasser–Luft 49° und für den Übergang Glas–Luft 42°.

Aus Umwelt und Technik: **Glasfasern leiten Licht**

Bild 7 zeigt eine *Glasfaserleuchte*. In ihrem Innern fällt Licht einer Glühlampe auf Enden von **Glasfasern**. Das Licht geht durch die Glasfasern hindurch und tritt erst an ihren äußeren Enden wieder aus – obwohl die Glasfasern teilweise stark gebogen sind. Wie ist das möglich, wo sich das Licht doch geradlinig ausbreitet?

Obwohl Glasfasern sehr dünn sind, bestehen sie meist aus zwei verschiedenen Glassorten: einem *Kern* aus *optisch dichterem* Glas und einem *Mantel* aus *optisch dünnerem* Glas.

Wenn nun Licht an einem Ende in die Glasfaser eintritt, treffen die Lichtbündel bald auf die Grenzfläche zwischen Kern und Mantel. Dort tritt Totalreflexion auf (Bild 8). Dies wiederholt sich auf dem Weg durch die Glasfaser immer wieder. Die Licht-

bündel können also die Glasfaser nicht verlassen und folgen sogar ihren Biegungen. Man bezeichnet Glasfasern daher auch als *Lichtleiter*.

Man kann nun viele Tausend solcher Glasfasern zu einem Bündel von nur einigen Millimetern Durchmesser zusammenfassen. Auf diese Weise erhält man ein **Glasfaserkabel**. Für solche Kabel gibt es viele Verwendungsmöglichkeiten.

Wenn z. B. ein Arzt bei einem Patienten in den Magen sieht, benutzt er ein *Endoskop*. Das ist ein schlauchartiges Instrument, das durch die Speiseröhre des Patienten in den Magen eingeführt wird. Es besteht hauptsächlich aus zwei Glasfaserkabeln (Bild 9). Außerdem enthält es ein kleines Objektiv, das ähnlich wie das Objektiv im Fotoapparat funktioniert.

Durch das äußere Glasfaserkabel wird Licht in den Magen geleitet (1); auf diese Weise wird z. B. ein Teil der Magenwand beleuchtet. Mit Hilfe des Objektives (2) entsteht nun ein Bild von dieser Stelle des Magens, und zwar auf dem Ende des inneren Glasfaserkabels (3). Da jede Faser das Licht eines bestimmten Punktes der Magenwand überträgt, sieht der Arzt auf dem Ende des Glasfaserkabels

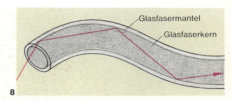

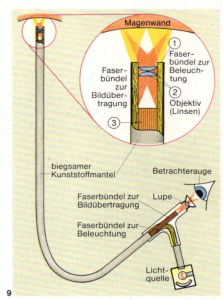

ein Bild der betreffenden Magenwandstelle; es ist Punkt für Punkt zusammengesetzt. Er betrachtet dieses Bild durch eine eingebaute Lupe.

Aus Umwelt und Technik: **Nachrichtenübertragung mit Glasfasern**

In Zukunft werden **Glasfaserkabel** große Bedeutung für die Nachrichtenübertragung erlangen.

Zum Beispiel funktioniert das Telefonieren über Glasfaser so:

Die Sprache wird zunächst in elektrische Signale und dann – von einer geeigneten Lichtquelle – in Lichtblitze umgewandelt. (Zur Sprachübertragung sind etwa 30 000 Lichtblitze pro Sekunde nötig.) Das Licht durchläuft eine Glasfaser, und am Ende wird aus den Lichtblitzen wieder die ursprüngliche Sprache „hergestellt".

Man kann Licht durch Glasfasern ca. 20 km weit übertragen. Bei größeren Entfernungen müssen die Blitze unterwegs mit Hilfe weiterer Lichtquellen „erneuert" werden.

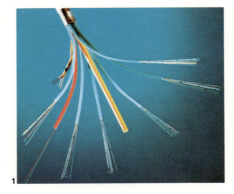

Hunderte von Glasfasern können zu einem Kabel zusammengefaßt werden. Bild 1 zeigt ein solches Kabel mit 42 Fasern.

Mit einer einzigen Glasfaser lassen sich heute schon Zehntausende von Telefongesprächen zur gleichen Zeit übertragen – und zwar ohne Rauschen und Knacken, ohne Verzerrungen und Störungen.

In demselben Leitungsnetz können außer Telefongesprächen auch Computerdaten, einzelne Fernsehbilder (Bildschirmtext, Bildtelefon) sowie ganze Fernsehprogramme übertragen werden.

Aus Umwelt und Technik: **Lichtleiter in der Natur**

Lichtleiter aus Glasfasern sind Produkte hochentwickelter Technik. Erstaunlicherweise gibt es aber auch Lichtleiter in der Natur.

In bestimmten Gebieten Amerikas sowie am Kaspischen Meer findet man *Ulexitkristalle* (Bild 2).

Wenn ein solcher Kristall an zwei gegenüberliegenden Seiten plan geschliffen und poliert ist, nennen ihn die Amerikaner *television stone*. Legt man nämlich eine Buchseite oder ein Foto unter einen solchen „Fernsehstein", so sieht man die Schrift oder das Bild auf der *Oberfläche* des Steines (Bild 3).

Des Rätsels Lösung sind unzählige haarfeine Fasern, die alle parallel angeordnet sind und gemeinsam den Kristall bilden. Licht, das in eine dieser Fasern an einem Ende eindringt, wird durch Totalreflexion bis zum anderen Ende fortgeleitet. Die einzelnen Fasern sind also Lichtleiter. Jede Faser überträgt das Licht eines winzigen Gegenstandspunktes von der Unterseite des Kristalls bis hin zu seiner Oberseite; dort entsteht Punkt für Punkt ein Bild des Gegenstandes.

Auch in der Pflanzenwelt kommen Lichtleiter vor. Bild 4 zeigt eine *Maiswurzel*, deren oberirdischer Wurzelansatz mit rotem Licht beleuchtet wurde. Das Licht gelangt bis in die feinsten Wurzelfasern. Die Wurzel stellt ein Bündel aus „Zellsäulen" dar; die einzelnen Zellsäulen sind die Fasern, die das Licht leiten. Die Totalreflexion erfolgt an den Zellwänden.

Durch das in die Wurzeln geleitete Licht werden verschiedene Vorgänge des Pflanzenwachstums gesteuert:

Maiswurzeln wachsen steiler nach unten in den Boden, sobald sie Licht erhalten. Bei keimenden Haferkörnern hängt das Wachstum des oberirdischen Sprosses davon ab, wieviel Licht in bestimmte, mehrere Zentimeter unter der Erde liegende Pflanzenteile gelangt.

Brechung und Totalreflexion

Alles klar?

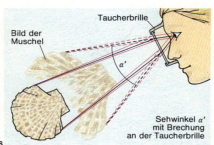
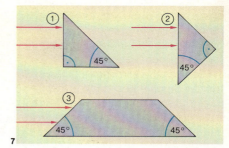

1 Wohin muß der Eingeborene mit seinem Speer zielen (Bild 5)?

2 Steht man am Rande eines Schwimmbeckens mit konstanter Wassertiefe, so erscheint die gegenüberliegende Seite flacher. Erkläre diese Beobachtung.

3 Warum ist es gefährlich, in ein Wasserbecken zu springen, von dem man den Grund zwar sieht, die Tiefe aber nicht kennt?

4 Ein Lichtstrahl, der von Luft in Wasser übergeht, wird *zum Einfallslot hin* gebrochen. Eine schräg ins Wasser gehaltene Stricknadel scheint geknickt zu sein; sie wird unter Wasser scheinbar *vom Einfallslot weg* gebrochen! Wie kommt das? Zeichne!

5 An Land sehen Muscheln viel kleiner aus, als sie unter Wasser durch die Taucherbrille hindurch erscheinen. Bild 6 hilft dir bei der Erklärung.

6 Ein Springbrunnen wird von unten beleuchtet. Warum leuchten die gebogenen Wasserstrahlen?

7 In Bild 3 auf der vorigen Doppelseite scheint die Wasseroberfläche undurchsichtig zu sein: Der Arm ist nicht vollständig zu sehen. Erkläre!

8 Der Rücken vieler Fische ist so gefärbt wie der Meeresboden; ihre Unterseite sieht aus wie ein Spiegel. Welchen Vorteil hat das für die Fische?

9 Bild 7 zeigt verschiedene Glasprismen. Übertrage die Abbildungen in dein Heft, und ergänze die Lichtwege.

10 „Der Lichtweg bei Brechung und Reflexion ist umkehrbar." Erkläre diese Behauptung anhand des Lichtweges, den du zu Prisma 3 in Bild 7 gezeichnet hast.

Auf einen Blick

Lichtbrechung an Grenzflächen

Wenn Licht schräg auf die Grenzfläche zwischen zwei lichtdurchlässigen Stoffen fällt, wird es **gebrochen**.

Beim Übergang **von einem optisch dünneren Stoff in einen optisch dichteren** (z. B. von Luft in Glas) wird ein Lichtbündel **zum Einfallslot hin** gebrochen (Bild 8).

Geht aber das Lichtbündel **von einem optisch dichteren Stoff in einen optisch dünneren Stoff** über, wird es **vom Einfallslot weg** gebrochen (Bild 9).

Je größer der Einfallswinkel ist, desto stärker wird das Licht aus seiner ursprünglichen Richtung abgelenkt.

Fällt das Licht senkrecht auf die Grenzfläche, wird es überhaupt nicht gebrochen.

Aufgrund der Brechung des Lichts an ebenen Grenzflächen sieht man **virtuelle Bilder**.

Reflexion des Lichtes an Grenzflächen

An Grenzflächen wird nur ein Teil eines einfallenden Lichtes gebrochen; der andere Teil wird **reflektiert**.

Der reflektierte Anteil des Lichtes ist um so größer, je größer der Einfallswinkel des Lichtbündels ist (je flacher es also auf die Grenzfläche trifft).

Beim Übergang von einem optisch dichteren in einen optisch dünneren Stoff (z. B. von Wasser in Luft) wird das Licht von einem bestimmten Einfallswinkel an vollständig reflektiert **(Totalreflexion)**. Diesen Winkel nennt man *Grenzwinkel der Totalreflexion*.

Optische Abbildungen mit Linsen

1 Die Sammellinse

Bild 1 wurde mit einer einfachen Lochkamera aufgenommen.
Bei Bild 2 wurde eine Linse vor die Lochkamera gehalten.

V 1 Mit Hilfe einer Lochblende, bei der die Öffnung verstellbar ist, soll eine Kerzenflamme abgebildet werden (Bild 3).

a) Der Lochdurchmesser ist zunächst nur 1–2 mm groß. Welchen Nachteil hat das Bild auf dem Schirm?

b) Wir vergrößern das Loch in mehreren Schritten bis auf einen Durchmesser von ca. 1 cm. Beschreibe, wie sich das Bild verändert.

c) Nun halten wir vor die Lochblende mit großer Öffnung eine **Sammellinse** (Lupe, Brennglas; Bild 4. Sammellinsen erkennst du daran, daß sie in der Mitte dicker sind als am Rand.) Wir verschieben den Schirm so, daß ein scharfes Bild der Kerzenflamme entsteht.

d) Erinnerst du dich, wie ein ideales scharfes Bild aufgebaut ist? Welche Aufgabe erfüllt demnach die Sammellinse?

e) Untersuche, ob die Lochblende überhaupt noch nötig ist, wenn eine Sammellinse eingesetzt wird.

V 2 Nun soll der Abstand der Kerzenflamme zur Linse mehrmals verändert werden (verschiedene *Gegenstandsweiten g*).

a) Wir beginnen mit einer Gegenstandsweite von etwa 2 m (Bild 5). Wo entsteht in diesem Fall das scharfe Bild der Kerzenflamme? (Der Abstand von der Linse zum Bild heißt bekanntlich *Bildweite b*.)

Wie verändert sich das Bild, wenn wir die Kerze zur Linse hin verschieben (wenn also die Gegenstandsweite kleiner wird)?

b) Schiebe die Kerze so dicht an die Linse heran, daß das Bild der Flamme schließlich genauso groß ist wie die Flamme selbst (*Bildgröße B = Gegenstandsgröße G*). Vergleiche dabei auch g und b.

Wie verändern sich B und b, wenn du die Kerze noch näher an die Linse heranrückst?

c) Stelle die kleinste Gegenstandsweite g fest, bei der du noch ein scharfes Bild erhältst.

d) Wie groß ist die Gegenstandsweite, wenn das Bild viele Meter weit von der Linse entfernt ist?

e) Ist die kleinste Gegenstandsweite bei allen Sammellinsen gleich groß? Untersuche dies bei verschiedenen Linsen. Vergleiche jewels auch die Bildgrößen B.

V 3 Mit diesem Versuch soll festgestellt werden, ob es auch eine kleinste Bildweite gibt.

a) Wir bilden ein mehrere Meter weit entferntes Fenster mit Hilfe einer Sammellinse auf der Wand oder auf einem Blatt Papier ab (Bild 6 auf der Nachbarseite). Miß die Bildweite b.

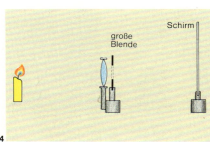
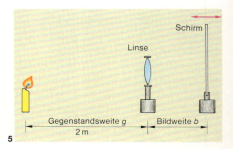

b) Wird *b* meßbar kleiner, wenn wir eine weit entfernte Landschaft auf die gleiche Weise abbilden?

c) Die Sonne ist ein sehr weit entfernter Gegenstand. Bilde sie – so wie in Versuchsteil a – auf einem Stück Zeitungspapier ab. (Vorsicht, Feuergefahr!) Ändert sich die Bildweite gegenüber der in Versuchsteil a?

d) Die kleinstmögliche Bildweite einer Sammellinse heißt *Brennweite f.*

Wir messen die Brennweiten verschiedener Sammellinsen, und zwar so wie in Versuchsteil a. (Die Brennweite kann genauer über das Sonnenbild ermittelt werden.)

Wie unterscheiden sich die Bilder der verschiedenen Sammellinsen?

e) Worin unterscheiden sich Linsen mit kurzer Brennweite von solchen mit längerer Brennweite? Vergleiche dazu möglichst Linsen mit gleichem Durchmesser.

V 4 Von der Lochkamera weißt du, daß sie von jedem Gegenstands*punkt* einen Licht*fleck* auf dem Schirm erzeugt.

Um zu sehen, wie eine Sammellinse ein schmales Lichtbündel verändert, das von einem Gegenstands*punkt* ausgeht, verwenden wir ein Glühlämpchen. Den Glühdraht des Lämpchens können wir als *punktförmige* Lichtquelle ansehen.

a) Wir verwenden eine Sammellinse mit einer Brennweite von 10 cm. Die Gegenstandsweite *g* soll mindestens 1 m betragen. Wir halten den Schirm direkt hinter die Linse und entfernen ihn dann langsam von ihr.

Beobachte den Lichtfleck auf dem Schirm. Wo erreicht er seinen kleinsten Durchmesser? Dieser Punkt ist der *Bildpunkt* des Glühdrahtes.

Wie verläuft das Lichtbündel hinter dem Bildpunkt weiter?

Vergleiche den Abstand Bildpunkt–Linse (die Bildweite) mit der Brennweite der Linse.

b) In welche Richtung wandert der Bildpunkt, wenn die Gegenstandsweite *g* schrittweise verkleinert wird? Notiere die Werte für *g* und *b* in einer Tabelle.

Bei einem bestimmten Abstand sind *g* und *b* gleich groß. Vergleiche diesen Abstand mit der Brennweite *f*. Ergibt sich der gleiche Zusammenhang bei Linsen anderer Brennweite?

c) Überprüfe mit Hilfe einer Schnur, ob Gegenstandspunkt (Glühdraht), Linsenmitte und Bildpunkt auf einer Geraden liegen.

d) Wie verläuft das Lichtbündel hinter der Linse, wenn *g* kleiner ist als *f*? Versuche, das Ergebnis zu erklären.

V 5 Jetzt werden zwei farbige Glühlampen als „Gegenstandspunkte" verwendet (Bild 7). Der Abstand zwischen den beiden Glühdrähten ist die Gegenstandsgröße *G*.

a) Wir wählen zunächst eine Gegenstandsweite *g* von etwa 1 m. Wie groß ist die Bildweite *b*?

Wie groß ist der Abstand zwischen beiden Bildpunkten (also die Bildgröße *B*)? Übertrage Bild 7 in dein Heft, und ergänze die Lichtbündel.

b) Nun nähern wir beide Lämpchen so weit der Linse, bis *G* = *B* ist.

Wie groß sind in diesem Fall *b* und *g* im Vergleich zu *f*? Zeichne!

c) Wir nähern die Lämpchen der Linse bis zur Brennweite *f*. Verfolge, wie sich dabei die Bildweite und der Abstand zwischen den beiden Bildpunkten verändern.

Warum bekommt man keine Bildpunkte mehr, wenn die Gegenstandsweite kleiner als die Brennweite ist?

d) Überlege zunächst, was geschieht, wenn wir zu den zwei Lämpchen ein drittes dazuschalten. Wo entsteht der dazugehörige Bildpunkt? Überprüfe anschließend deine Vermutung.

e) Versuche, aufgrund der Ergebnisse zu erklären, wie bei der Sammellinse das Bild eines Gegenstandes entsteht, der nicht „punktförmig" ist.

V 6 Wenn man einen Gegenstand durch eine Sammellinse abbildet, muß man das Bild nicht unbedingt auf einem Schirm sichtbar machen. Schaut man nämlich in Richtung des Gegenstandes auf die Linse, sieht man das Bild sogar viel klarer.

Mit diesem Versuch kannst du nachweisen, daß das umgekehrte Bild immer zwischen Auge und Linse entsteht. Du wirst überrascht sein!

a) Halte eine Linse (*f* = 10 cm) mit ausgestrecktem Arm von dir weg, und betrachte durch sie einen kleinen Gegenstand (z. B. Radiergummi) auf dem Tisch. Der Gegenstand soll etwa 50 cm von der Linse entfernt sein.

b) Schaue mit beiden Augen *auf die Linse*. Wie erscheint dir jetzt der Gegenstand?

c) Mit einem Trick kannst du deine Augen richtig auf das Bild einstellen:

Tippe mit einer Bleistiftspitze auf die Linse, und zwar genau zwischen die beiden Bilder. Schaue nun ganz fest auf die Bleistiftspitze, und bewege sie langsam auf die Augen zu. Gelingt es dir so, die beiden Bilder zu einem einzigen zu verschmelzen?

d) Gib nun an, wo sich das Bild des Gegenstandes tatsächlich befindet.

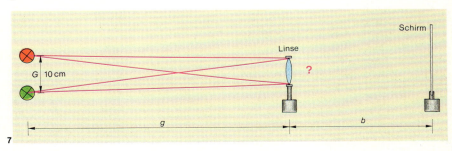

Optische Abbildungen mit Linsen

Info: Die Brechung an einer Sammellinse

Die Brechung von Licht an *ebenen* Flächen hast du schon kennengelernt.

Auch an der Eintritts- und an der Austrittsfläche einer **Sammellinse** *(Konvexlinse)* werden Lichtbündel gebrochen. Diese Flächen sind aber nicht eben; vielmehr ist die Linse z. B. wie in Bild 1 auf beiden Seiten nach außen gewölbt.

Du kannst dir vorstellen, daß die Linse aus kleinen Glaskörpern mit ebenen Flächen zusammengesetzt ist (Bild 2).

Angenommen, auf diese „Linse" fällt ein Lichtbündel, dessen Randstrahlen parallel sind *(Parallelbündel)*. In Bild 2 ist gezeigt, wie die beiden Randstrahlen an den ebenen Flächen gebrochen werden: Jeder Strahl wird zweimal im gleichen Sinne abgelenkt; die Ablenkung aus der ursprünglichen Richtung wird durch die zweite Brechung noch größer. Hinter der

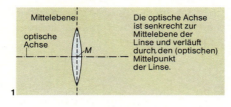

Die optische Achse ist senkrecht zur Mittelebene der Linse und verläuft durch den (optischen) Mittelpunkt der Linse.

Linse laufen die Randstrahlen in einem Punkt zusammen; das Bündel *konvergiert*.

Der Strahl des Lichtbündels, der durch den Mittelpunkt M der Linse gezeichnet wird, heißt **Mittelpunktstrahl**. Seine Richtung ändert sich nicht, weil er bei den beiden Brechungen jeweils gleich stark in entgegengesetzte Richtungen abgelenkt wird. Alle Strahlen, die durch die Linsenmitte verlaufen, werden nur etwas parallel verschoben. Bei dünnen Linsen ist diese Verschiebung kaum zu bemerken. Wir können deshalb den Mittelpunktstrahl geradlinig durch die Linsenmitte zeichnen.

Parallelbündel, die aus unterschiedlichen Richtungen auf die Sammellinse treffen, laufen in verschiedenen Punkten hinter der Linse zusammen (Bild 3). All diese Punkte liegen in einer Ebene. Sie heißt **Brennebene** und ist parallel zur Mittelebene der Linse. Ihren Abstand von der Linsenmitte nennt man **Brennweite** f.

Der Schnittpunkt der Brennebene mit der optischen Achse heißt **Brennpunkt** F_1 (von lat. *focus*: Herd). Durch ihn laufen alle Lichtstrahlen, die parallel zur optischen Achse auf die Linse treffen (Bild 4).

Dreht man die Linse um, so findet man im gleichen Abstand von M wiederum Brennebene und Brennpunkt. Die Brechung ist nämlich unabhängig davon, von welcher Seite das Licht einfällt.

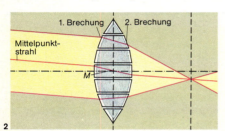

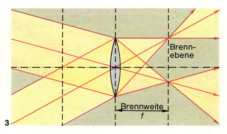

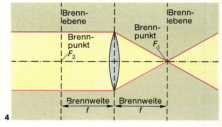

Info: Bilder mit Sammellinsen

Bild 5 zeigt, wie Sammellinsen Bilder von Gegenständen erzeugen: Von jedem Gegenstandspunkt trifft ein Lichtbündel auf die Linse, dessen Randstrahlen auseinanderlaufen (divergierendes Lichtbündel). Es wird an den beiden Linsenflächen so gebrochen, daß es in einem Punkt zusammenläuft. Zu jedem Punkt des Gegenstandes entsteht auf diese Weise ein Bildpunkt. Das gesamte Bild kann man sich aus sehr vielen einzelnen Bildpunkten zusammengesetzt denken.

Der Abstand eines Gegenstandspunktes von der Mittelebene der Linse heißt **Gegenstandsweite** g. Den Abstand eines Bildpunktes von der Mittelebene nennt man **Bildweite** b.

Alle Bildpunkte, die von einem Gegenstand in der Gegenstandsweite g entstehen, liegen in einer Ebene, der **Bildebene** Hinter der Bildebene laufen die Lichtbündel wieder auseinander.

Je näher der Gegenstand an die Linse heranrückt, desto größer ist der Abstand Bild–Linse: Mit abnehmender Gegenstandsweite g wird die Bildweite b größer.

Bilder, deren Punkte Schnittpunkte von Lichtbündeln sind, heißen **reelle Bilder**.

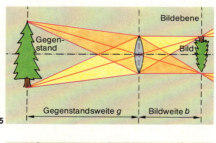

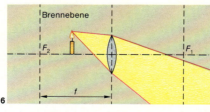

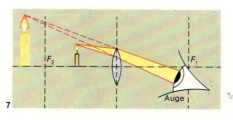

Von den Bildpunkten gehen nämlich *reelle* (wirkliche) Lichtbündel aus.

Ein Schirm, den man in die Bildebene hält, streut das Licht. Deshalb kann man das Bild auf dem Schirm aus allen Richtungen betrachten. Ohne Schirm können wir es nur sehen, wenn wir in Richtung des Gegenstandes auf die Linse blicken.

Wenn der Gegenstand genau in der Brennebene liegt (g=f), erhalten wir keine Bildpunkte. Die Linse „schafft" es dann nicht, die von den Gegenstandspunkten ausgehenden Bündel zusammenlaufen zu lassen. Vielmehr verlassen die Lichtbündel die Linse als Parallelbündel.

Befindet sich der Gegenstand zwischen Brennebene und Linse (g < f), so laufen die Lichtbündel auch noch hinter der Linse auseinander (Bild 6); deshalb entstehen keine Bildpunkte.

Fällt ein solches Lichtbündel ins Auge, so verlegt unser Gehirn den Ausgangspunkt des Lichtes in den Punkt, in dem sich die rückwärtig verlängerten Randstrahlen schneiden (Bild 7). In Wirklichkeit geht von diesem Punkt kein Licht aus. Wir sehen daher ein **virtuelles Bild**; es ist vergrößert und aufrecht.

Aufgaben

1 Wie muß ein Lichtbündel vor der Sammellinse verlaufen, wenn es hinter der Linse im Brenn*punkt* zusammenlaufen soll?

Bei welchen Lichtbündeln schneiden sich alle Strahlen nach der Brechung in der Brenn*ebene*?

2 Die Bildpunkte von sehr weit entfernten Gegenständen liegen praktisch in der Brennebene. Begründe!

3 Die Brennweite einer Sammellinse beträgt 6 cm. Wie groß ist bei dieser Linse die kleinstmögliche Bildweite? Wo muß sich der Gegenstand befinden, damit man diese Bildweite annähernd erreicht?

4 Benutze in einem **Versuch** Sammellinsen unterschiedlicher Brennweite als Brennglas. Vergleiche die Sonnenbilder.

Warum entzündet sich z. B. Zeitungspapier um so leichter, je kleiner die Brennweite der Linse ist (bei gleichen Linsendurchmessern)?

5 Ein Lichtbündel geht von einem Gegenstandspunkt aus und trifft auf eine Sammellinse. Es läuft hinter der Linse nicht in einem Bildpunkt zusammen. Wo liegt der Gegenstandspunkt (in bezug auf die Linse)?

6 Nenne Unterschiede zwischen reellen und virtuellen Bildern.

7 Das reelle Bild, das eine Sammellinse erzeugt, sieht man ohne Schirm nur dann, wenn man in Richtung des Gegenstandes zur Linse schaut.

Gib dafür eine Erklärung.

Was ändert sich, wenn man das Bild mit einem Schirm „auffängt"?

Info: Die Konstruktion von Bildern

Auch ohne Versuch läßt sich genau bestimmen, wie ein Lichtbündel verläuft, das von einem Gegenstandspunkt ausgeht und durch eine Sammellinse fällt.

Wenn man die Brennweite der Sammellinse kennt, kann man durch eine *geometrische Konstruktion* den Verlauf des Lichtbündels und damit die Lage des Bildpunktes ermitteln. Die Bilder 8–10 zeigen die Vorgehensweise.

Fragen und Aufgaben zum Text

1 In Bild 9 wurde eine Parallele zum oberen Randstrahl durch die Linsenmitte gezeichnet. Diese Gerade schneidet die Brennebene im gleichen Punkt wie der Randstrahl selbst. Begründe!

2 Ein 5 cm großer Pfeil steht 8 cm vor einer Sammellinse ($f = 8$ cm) senkrecht auf der optischen Achse. Konstruiere den Verlauf des Lichtbündels, das von der Pfeilspitze ausgeht und auf die Linse trifft (Linsendurchmesser: 3 cm).

Zeichne auch das Bild des Pfeiles.

3 Von einem Gegenstandspunkt in der Brennebene einer Sammellinse geht ein Lichtbündel aus und fällt durch die Linse ($g = f$). Zeige an einem Beispiel, daß die Randstrahlen des Bündels hinter der Linse parallel zueinander sind.

Konstruiere auch das Lichtbündel für den Fall $g < f$.

4 Eine Kerzenflamme soll mit Hilfe einer Sammellinse vergrößert, verkleinert und dann in Originalgröße auf einem Schirm abgebildet werden. Die Brennweite der Linse beträgt $f = 20$ cm.
a) Was kannst du über die Abstände Kerze–Linse und Linse–Schirm aussagen?

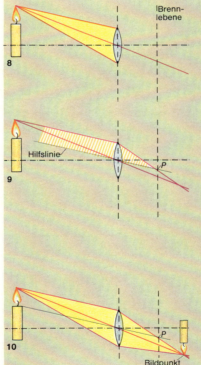

b) Fertige für alle drei Fälle jeweils eine Zeichnung an (1 cm in der Zeichnung soll 10 cm in der Wirklichkeit entsprechen). Konstruiere Lage und Größe des Flammenbildes mit Hilfe von Bündeln, die von zwei Randpunkten ausgehen.

5 Ein Gegenstand liegt 2 m vor einer Sammellinse ($f = 10$ cm). Zeichne ein Bündel, das von einem Gegenstandspunkt ausgeht und durch die Linse fällt.

Der Bildpunkt liegt sicherlich immer auf dem Mittelpunktstrahl.

Wir wissen außerdem, daß alle anderen Strahlen des Lichtbündels mit dem Mittelpunktstrahl im gesuchten Bildpunkt schneiden. Um diesen Schnittpunkt zu finden, müssen wir den Verlauf von mindestens einem weiteren Strahl herausfinden.

Um herauszufinden, wie z. B. der obere Randstrahl verläuft, tun wir so, als ob er zu einem *Parallelbündel* gehören würde. Von diesem Bündel wissen wir, daß es in einem Punkt der Brennebene zusammenläuft.

Wir zeichnen daher als *Hilfslinie* durch die Linsenmitte eine Gerade, die parallel zum Randstrahl ist. Diese Hilfslinie ist der Mittelpunktstrahl des angenommenen Parallelbündels (gelb schraffiert gezeichnet); sie schneidet die Brennebene im *Hilfspunkt P*. Durch P muß auch der Randstrahl verlaufen.

Randstrahl und Mittelpunktstrahl des ursprünglichen Bündels schneiden sich in einem Punkt. In diesem reellen Bildpunkt läuft das Bündel zusammen.

Begründe folgende *Faustregel*: „Ab der 100fachen Brennweite wird jeder Gegenstand in der Brennebene abgebildet."

6 Mit dem in den Bildern 8–10 dargestellten Verfahren lassen sich auch virtuelle Bildpunkte konstruieren:

Ein 1 cm großer Nagel befindet sich in einer Gegenstandsweite von 3 cm vor einer Sammellinse ($f = 5$ cm). Konstruiere das virtuelle Bild, das ein Betrachter sieht.

2 Gesetze bei der Abbildung mit Linsen

Die Bilder 1 u. 2 wurden von Sammellinsen unterschiedlicher Brennweite erzeugt. Die Gegenstandsweiten waren in beiden Fällen gleich groß.

Vom Gegenstand entstanden unterschiedlich große Bilder, auch die Bildweiten waren unterschiedlich.

Welcher Zusammenhang besteht zwischen Brennweite, Bildgröße, Gegenstandsgröße, Bildweite und Gegenstandsweite?

Info: Geometrische Bildkonstruktion mit besonderen Strahlen

Für die *Konstruktion* von Bildpunkten haben wir bisher Lichtbündel gezeichnet, die vom Linsenrand begrenzt werden. Genau diese Lichtbündel bewirken auch im Experiment die Abbildung.

Oft interessiert man sich *nur* für die Lage der Bildpunkte und nicht für die Lichtbündel, durch die die Bildpunkte erzeugt werden. Man kann drei einfache Gesetzmäßigkeiten anwenden.

Die erste läßt sich an Parallelbündeln beobachten, deren Randstrahlen parallel zur optischen Achse sind (Bild 3):
○ Lichtstrahlen, die parallel zur optischen Achse auf die Linse treffen **(Parallelstrahlen)**, verlaufen nach der Linse durch den Brennpunkt.

Aus der Umkehrbarkeit des Lichtweges ergibt sich eine zweite Gesetzmäßigkeit:
○ Lichtstrahlen, die vor der Linse durch den Brennpunkt gehen **(Brennstrahlen)**, verlassen die Linse parallel zur optischen Achse.

Die dritte Gesetzmäßigkeit ist besonders einfach:
○ Der **Mittelpunktstrahl** verläuft geradlinig durch die Linse.

Mit Hilfe dieser *besonderen Strahlen* kann man Bildpunkte konstruieren (Bild 4). Für einen Punkt genügen zwei Strahlen.

Für die Konstruktion ist es völlig unwichtig, ob in Wirklichkeit z. B. ein Parallelstrahl in dem Lichtbündel enthalten ist, das auf die Linse trifft. (Bei der Abbildung eines Baumes müßte die Linse ja ebenso groß sein wie der Baum!) Vielmehr genügt es zu wissen, daß die Strahlen so verlaufen würden, wenn es sie gäbe.

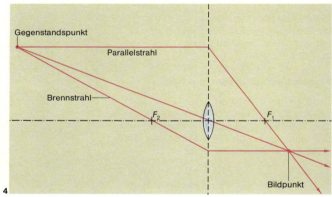

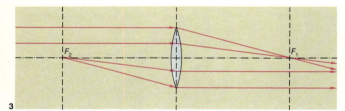

Aufgaben

1 Eine 1 m lange Leuchtstoffröhre wird mit einer Sammellinse abgebildet ($f = 30$ cm; $g = 50$ cm). Ermittle durch Konstruktion mit besonderen Strahlen Lage und Größe des Bildes.

2 Konstruiere mit Hilfe von besonderen Strahlen das virtuelle Bild eines Gegenstandes, das man durch eine Sammellinse sieht ($f = 10$ cm). Die Gegenstandsweite beträgt 4 cm.

3 Zeige an einem Beispiel, daß die Konstruktion mit einem beliebigen Lichtbündel und die Konstruktion mit besonderen Strahlen denselben Bildpunkt liefern.

4 Leite die Linsengleichung in der Form $1/f = 1/g + 1/b$ Schritt für Schritt aus den Bildern 8 u. 9 her.

5 Überprüfe die Linsengleichung, indem du Meßwerte einsetzt (z. B. die aus V 4 b). Lege dazu eine Tabelle an:

g	b	$g-f$	$b-f$	$(g-f)(b-f)$
?	?	?	?	?

6 Leite die Abbildungsgesetze aus den Strahlensätzen ab. Fertige dazu Zeichnungen an, die den Bildern 7–9 entsprechen.

7 Wie groß ist die Bildweite, wenn die Gegenstandsweite gleich der doppelten Brennweite ist ($g = 2f$)?

8 Bei der Abbildung mit einer Sammellinse wurde gemessen: $b = 90$ cm und $g = 45$ cm.
Berechne die Brennweite der Sammellinse.

Info: Mathematische Herleitung der Abbildungsgesetze

Ausgehend von der Konstruktion mit besonderen Strahlen lassen sich die Gesetze für die Abbildung mit Linsen *mathematisch* herleiten. Dazu verwenden wir eine einfache geometrische Überlegung (Bilder 5 u. 6).

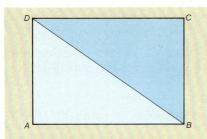

Ein beliebiges Rechteck *ABCD* wird durch eine Diagonale in zwei deckungsgleiche (kongruente) Dreiecke *ABD* und *CDB* geteilt.

5

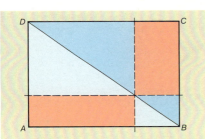

Durch einen beliebigen Punkt der Diagonale sind Parallelen zu den Rechteckseiten gezeichnet. So entstehen in den Dreiecken *ABD* und *CDB* zwei Paare von Dreiecken (blaue Flächen), die wiederum deckungsgleich und somit gleich groß sind. Daher müssen auch die beiden roten Rechtecke den gleichen Flächeninhalt haben.

6

Die Bilder 7–9 zeigen ein und dieselbe Abbildungskonstruktion. Du kannst in den Bildern die Figur von Bild 6 wiedererkennen. Die beiden farbigen Rechtecke sind daher jeweils flächengleich.

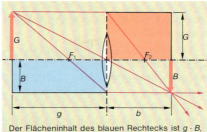

Der Flächeninhalt des blauen Rechtecks ist $g \cdot B$, der des roten $b \cdot G$. Also gilt:

$$g \cdot B = b \cdot G \quad \text{oder} \quad \frac{B}{G} = \frac{b}{g}.$$

7

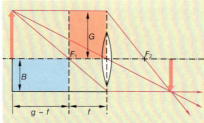

Der Flächeninhalt des blauen Rechtecks beträgt $(g - f) \cdot B$, der des roten $f \cdot G$. Also gilt:

$$(g - f) \cdot B = f \cdot G \quad \text{oder} \quad \frac{B}{G} = \frac{f}{g - f}.$$

8

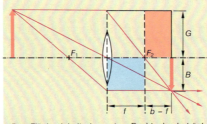

Der Flächeninhalt des roten Rechtecks beträgt $(b - f) \cdot G$, der des blauen $f \cdot B$. Also gilt:

$$(b - f) \cdot G = f \cdot B \quad \text{oder} \quad \frac{B}{G} = \frac{b - f}{f}.$$

9

Als **Abbildungsmaßstab** bezeichnet man bekanntlich das Verhältnis von Bildgröße zu Gegenstandsgröße: $A = \frac{B}{G}$.

Aus Bild 7 ergibt sich geometrisch:

$$A = \frac{B}{G} = \frac{b}{g}.$$

Für Abbildungen mit Sammellinsen gilt also die gleiche Gesetzmäßigkeit wie bei der Lochkamera und beim Schattenwurf.

Aus den Bildern 8 u. 9 folgt zunächst:

$$\frac{f}{g - f} = \frac{b - f}{f}.$$

Durch Umformen ergibt sich:

$$(g - f)(b - f) = f^2.$$

Bei gegebener Brennweite lassen sich mit dieser **Linsengleichung** (oder *Abbildungsgleichung*) Bild- oder Gegenstandsweiten berechnen. Sie wird oft in folgender Form geschrieben:

$$\frac{1}{f} = \frac{1}{g} + \frac{1}{b}.$$

Musteraufgabe:
Mit einer Linse ($f = 30$ cm) soll eine Kerze abgebildet werden ($g = 2$ m). In welchem Abstand b hinter der Linse (Bildseite) muß der Schirm aufgestellt werden?

Lösung:
Wir gehen von der Linsengleichung aus:
$(g - f)(b - f) = f^2$.
Umformen und einsetzen:

$$b - f = \frac{f^2}{g - f},$$

$$b - f = \frac{30^2 \text{ cm}^2}{170 \text{ cm}} = 5{,}3 \text{ cm},$$

$$b = 5{,}3 \text{ cm} + 30 \text{ cm} = 35{,}3 \text{ cm}.$$

Der Schirm muß etwa 35 cm hinter der Linse stehen.

---

9 Eine Kerze soll in einer Bildweite von $b = 1{,}50$ m auf einen Schirm abgebildet werden. Es stehen Sammellinsen mit den Brennweiten 15 cm, 25 cm und 30 cm zur Verfügung.

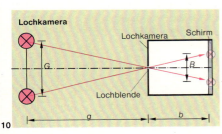

10

Welche Gegenstandsweiten g muß man jeweils für die Linsen wählen?

10 Bei Sammellinse und Lochkamera ergibt sich der gleiche Abbildungsmaßstab, wenn Gegenstands- und Bildweiten gleich sind. Begründe mit Hilfe der Bilder 10 u. 11.

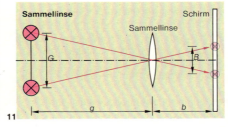

11

11 Zeige in einem **Versuch**, daß die Beziehung $A = b/g$ für eine Sammellinse (Lupe, Brillenglas) gilt.

12 Eine 3 cm hohe Flamme wird mit einer Sammellinse ($f = 5$ cm) im Maßstab $A = 1:2$ abgebildet. Berechne B, b und g.
Überprüfe deine Ergebnisse, indem du Bildpunkte konstruierst.

Optische Abbildungen mit Linsen

3 Gute Linsen – scharfe Bilder

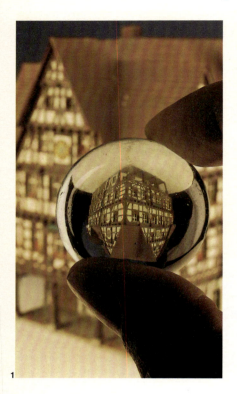

In manchen Märchen und Erzählungen dienen Glas- oder Kristallkugeln zum „Hellsehen".

Tatsächlich kann man auf einer Glaskugel schöne Bilder erkennen – mit „Hellseherei" haben sie allerdings nichts zu tun…

V 7 Fülle ein kugelförmiges Weinglas mit Wasser. Schaue dann durch das Glas auf ein Fenster. Achte darauf, wie im Bild der Fensterrahmen oder andere gerade Linien aussehen. Statt des wassergefüllten Glases kannst du auch gläserne Murmeln (wenn möglich mit unterschiedlichen Durchmessern) verwenden.

Versuche herauszufinden, wo das Bild liegt. Du kannst z. B. ein Blatt Papier als Schirm verwenden.

V 8 Auf der optischen Scheibe ist ein zylinderförmiger Glaskörper befestigt (Bild 2).

a) Wir lassen ein schmales Lichtbündel parallel zur optischen Achse einfallen; dann kennzeichnen wir seinen Schnittpunkt mit der Achse.

Wie verändert sich die Lage des Schnittpunktes, wenn der Abstand des einfallenden Bündels von der optischen Achse immer kleiner wird?

b) Mit einer Schlitzblende werden gleichzeitig mehrere schmale Lichtbündel erzeugt, die von einem Punkt (der Lampenwendel) ausgehen. Wir lassen die Bündel durch den Glaszylinder fallen.

Wie unterscheiden sich die Lichtwege von den Lichtwegen bei einer Sammellinse?

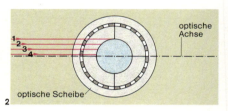

Info: Wie Sammellinsen geformt sind

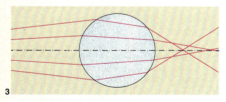

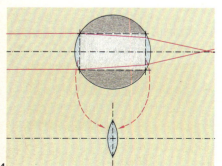

Auch mit einem lichtdurchlässigen Körper, der die Form einer Kugel hat, kann man Bilder erzeugen. In Bild 3 siehst du einen Schnitt durch eine solche Kugel. Die eingezeichneten Lichtstrahlen, die von einem Punkt ausgehen, schneiden sich hinter der Kugel *nicht* alle im gleichen Punkt: Je weiter die Strahlen von der optischen Achse entfernt sind, desto näher liegt ihr Schnittpunkt an der Kugeloberfläche.

Wenn nicht alle Strahlen eines Lichtbündels in einem Punkt zusammenlaufen, wird der Gegenstandspunkt nur ungenau abgebildet. Man spricht dann von *Abbildungsfehlern*.

Um die Abbildung zu verbessern, verwendet man die achsenfernen Teile der Kugel nicht (Bild 4). Der Mittelteil des verbleibenden Glaskörpers trägt nicht zur Brechung bei und kann weggelassen werden. Übrig bleiben zwei Kugelkappen, die zusammengefügt die typische Form einer Sammellinse haben.

Diese Form erinnert sehr an die einer Hülsenfrucht. Nach ihr wurden solche Glaskörper *Linsen* genannt.

Je kleiner der achsennahe Bereich ist, der aus der Kugel „herausgeschnitten" wird, um so besser ist die Abbildung, die man mit einer solchen Linse erhält.

Allerdings wirkt sich der kleinere Durchmesser auch nachteilig aus, denn es fällt weniger Licht durch die Linse; das Bild wird dunkler.

Sammellinsen haben nicht immer die typische Linsenform (Bild 5). Allen Sammellinsen ist aber gemeinsam, daß sie in der Mitte dicker sind als am Rand.

Keine Linse erzeugt völlig fehlerfreie Abbildungen. Daher stellt man **Objektive** aus mehreren Linsen mit unterschiedlichen Glassorten her (Bild 6). Auf diese Weise ist es möglich, Abbildungsfehler weitgehend zu korrigieren. Im Prinzip hat ein Objektiv aber die gleiche Wirkung wie eine einzelne Sammellinse.

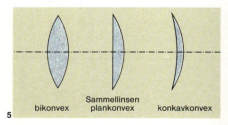

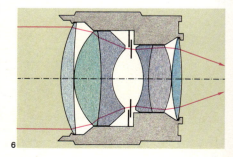

4 Der Fotoapparat

Fotografieren war nicht immer so einfach wie heute. Noch in der Jugendzeit deiner Urgroßeltern mußte für jedes Bild eine Glasplatte mit einer lichtempfindlichen Beschichtung in den Fotoapparat eingelegt werden – Filme gab es damals noch nicht.

Weil die Platten nicht so lichtempfindlich waren wie die heutigen Filme, mußte lange belichtet werden. Das Motiv durfte sich in dieser Zeit nicht bewegen. Personen wurden deshalb mit einem Stativ gestützt.

Aber auch bei einer modernen Kamera (Bild 8) gibt es einiges zu beachten, wenn man gute Fotos machen will …

Spiegelreflexkamera während der Belichtung

- Blendeneinstellring
- Entfernungseinstellung
- Film
- Verschluß (Schlitzverschluß, teilweise geöffnet)
- Blende

Info: Die Entfernungseinstellung

Das Objektiv eines Fotoapparates hat die Aufgabe, ein Bild des Motivs auf dem Film zu erzeugen. Es wirkt im Prinzip wie eine einzelne Sammellinse; wir können es uns daher durch eine Sammellinse ersetzt denken.

Das auftreffende Licht verändert den Film chemisch, es „belichtet" ihn.

Gute Kameras besitzen eine Einrichtung zur Entfernungseinstellung. Wie wichtig sie ist, zeigt ein Beispiel:

Bild 9 wurde mit der Entfernungseinstellung 1,5 m aufgenommen, Bild 10 mit der Einstellung 10 m. Das Motiv war 10 m von der Kamera entfernt.

Damit man ein scharfes Foto erhält, muß sich der Film genau in der Bildebene befinden. Mit anderen Worten: *Der Abstand Objektivlinse–Film muß gleich der Bildweite sein.*

Wie groß die Bildweite ist, hängt von der Gegenstandsweite ab, d. h. von der Entfernung des Motivs von der Kamera (bei vorgegebener Brennweite).

Bei manchen Fotoapparaten kann man die Entfernung von Hand einstellen (Bild 11). Man dreht einfach den Ring zur Entfernungseinstellung ein wenig nach links oder rechts – je nachdem, welche Entfernung der Gegenstand von der Kamera hat. Beim Drehen des Einstellringes ändert sich die Bildweite, denn das Objektiv wird an den Film heran- oder von ihm weggerückt. Die geringe Änderung der Gegenstandsweite fällt nicht ins Gewicht.

Einfache Fotoapparate sind häufig mit *Fixfocus-Objektiven* ausgestattet (lat. *fi-*

xus: fest; *focus*: Brennstelle, Herd). Bei ihnen kann man keine Entfernung einstellen. Alle Fixfocus-Objektive haben eine kleine Brennweite, und der Film befindet sich bei diesen Kameras stets genau in der Brennebene des Objektivs.

Wenn ein Gegenstand fotografiert werden soll, muß er mindestens 1,50 m vom Fixfocus-Objektiv entfernt sein. Von dieser Gegenstandsweite an werden alle Objekte in der Brennebene einigermaßen scharf abgebildet.

Andere Kameras besitzen ein *Autofocus-Objektiv* (griech. *autós*: selbst). Solche Kameras stellen die Entfernung automatisch ein:

Eine Vorrichtung im Fotoapparat ermittelt die jeweilige Gegenstandsweite, und ein kleiner Motor im Apparat verschiebt das Objektiv und stellt so die entsprechende Bildweite ein.

Info: Die Blendeneinstellung

Gute Fotos entstehen nur, wenn nicht zu viel und nicht zu wenig Licht durch das Objektiv auf den Film fällt. *Eine* Möglichkeit, die Lichtmenge zu regulieren, stellt die **Blende** dar.

Sie ist eine verstellbare Öffnung des Objektivs (Bild 1). Dreht man am Blendenring des Objektivs, so ändert sich der Durchmesser d der Öffnung.

Die Zahlen auf dem Blendenring heißen **Blendenzahlen**. Die Blendenzahl z ist definiert als $z = \dfrac{f}{d}$.

Sie gibt an, wie oft der Durchmesser d der Blendenöffnung in der Brennweite f des Objektivs enthalten ist. „Blende 2" bedeutet z. B., daß der Blendendurchmesser halb so groß ist wie die Brennweite; bei „Blende 8" beträgt er ein Achtel der Brennweite. *Zur größten Blendenzahl gehört also die kleinste Blendenöffnung.*

Vielleicht ist dir schon aufgefallen, daß bei allen Fotoapparaten immer nur ganz bestimmte Zahlen als Blendenzahlen angegeben sind. Die Folge der Blendenzahlen ist international festgelegt. Sie ist so gewählt, daß die Fläche der Blendenöffnung von Blendenzahl zu Blendenzahl halbiert wird (→ Tabelle).

Wenn man die nächsthöhere Blendenzahl einstellt, ist also die Blendenöffnung nur noch halb so groß wie vorher. Das gleiche gilt auch für die Lichtmenge, die in einer bestimmten Zeit durch das Objektiv auf den Film fällt:

Bei „Blende 4" trifft halb soviel Licht auf den Film wie bei „Blende 2,8"; bei „Blende 5,6" ist es halb soviel wie bei „Blende 4".

Blenden-zahl z	Blendenöffnung eines Objektivs ($f = 50$ mm)	
	Durchmesser d in mm	Flächeninhalt A in mm²
1,4	36	1000
2	25	500
2,8	18	250
4	12,5	125
5,6	8,9	63
8	6,3	31
11	4,5	16
16	3,1	8
22	2,3	4

Info: Die Einstellung der Belichtungszeit

Wenn man auf den Auslöser einer Kamera drückt, öffnet sich der Verschluß im Fotoapparat – genau für die eingestellte **Belichtungszeit**; in dieser Zeit fällt Licht auf den Film.

Wieviel Licht durch das Objektiv auf den Film gelangt, hängt von der Belichtungszeit und – wie du schon weißt – von der eingestellten Blende ab. Die Belichtungszeit wird für eine bestimmte Blendenöffnung mit dem Belichtungsmesser bestimmt. In modernen Kameras ist dieser bereits eingebaut.

Bild 2 zeigt einen Einstellring für die Belichtungszeit. Um die Belichtungszeit in Sekunden zu erhalten, muß man den Kehrwert der angegebenen Zahlen bilden. Wenn z. B. die Zahl 125 eingestellt ist, wird der Verschluß $\frac{1}{125}$ s lang geöffnet.

Die Belichtungszeiten sind so gewählt, daß sie sich von Schritt zu Schritt etwa halbieren. Stellst du also von einer Belichtungszeit auf die nächstkleinere um, fällt nur noch halb soviel Licht auf den Film.

Belichtungszeiten und Blendenzahlen sind aufeinander abgestimmt: Angenommen, für „Blende 8" zeigt der Belichtungsmesser $\frac{1}{125}$ s an. Du kannst dann auch $\frac{1}{250}$ s (d. h. die halbe Belichtungszeit) wählen,

wenn du gleichzeitig die Fläche der Blendenöffnung verdoppelst, also die Blendenzahl 5,6 einstellst. Auch bei $\frac{1}{60}$ s und „Blende 11" wird der Film richtig belichtet, weil jetzt die Belichtungszeit länger, dafür aber die Blendenöffnung kleiner ist.

Für welche Kombination von Belichtungszeit und Blende du dich entscheidest, hängt vom Motiv und deinen Absichten ab. Bei einem Motiv, das sich schnell bewegt, wählt man in der Regel eine kurze Belichtungszeit, sonst erscheint das Motiv „verwischt" (Bild 3). Wenn du aber gerade die Bewegung darstellen willst, dann ist eine Unschärfe erwünscht.

Fragen und Aufgaben zum Text

1 Für welche Motive würdest du eine große Blendenöffnung und eine kurze Belichtungszeit wählen? Nenne auch ein Beispiel, bei dem du eine gegenteilige Einstellung vorziehen würdest.

2 Bei „Blende 16" zeigt der Belichtungsmesser eine Belichtungszeit von $\frac{1}{30}$ s an. Nenne drei weitere Kombinationen von Belichtungszeit und Blendenzahl, bei denen die Aufnahme richtig belichtet wird.

Info: Die Blendeneinstellung bestimmt die Schärfentiefe

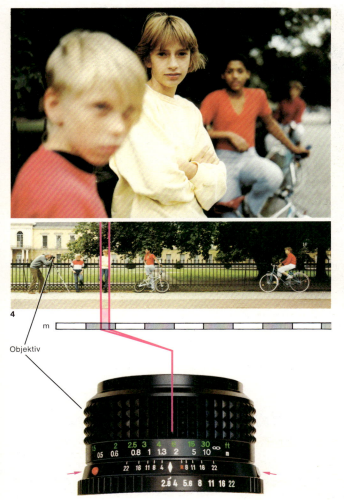

Von der Größe der Blendenöffnung hängt nicht nur die Bildhelligkeit ab, sondern auch die **Schärfentiefe** des Bildes. Man versteht darunter den Entfernungsbereich, der auf dem Bild scharf abgebildet wird (Bilder 4 u. 5).

Wenn eine bestimmte Bildweite eingestellt ist, dürfen ja eigentlich nur Gegenstände in einer ganz bestimmten Entfernung vom Objektiv scharf erscheinen. Daß auch noch Dinge in anderen Entfernungen scharf abgebildet werden, hängt damit zusammen, daß unser Auge leichte Unschärfen des Bildes nicht wahrnimmt. Außerdem besteht das lichtempfindliche Material des Films aus Körnchen, die durch die Belichtung jeweils als Ganzes chemisch verändert werden. Die „Bildpunkte" brauchen daher nicht punktförmig zu sein. Vielmehr dürfen sie zu kleinen Kreisen anwachsen, die ungefähr so groß wie die Körner des Filmmaterials sind.

Die Bilder 6 u. 7 zeigen die Abbildung von drei Gegenstandspunkten, einmal mit großer und einmal mit kleiner Blendenöffnung. Bei kleiner Öffnung (Bild 7) sind die „Bildflecken" klein – unser Auge empfindet das Bild als scharf. Bei großer Öffnung (Bild 6) werden die Bildflecken jener Gegenstandspunkte größer, die nicht genau in der Bildebene abgebildet werden – der Vorder- und der Hintergrund erscheinen unscharf.

Je kleiner die Blendenöffnung ist, desto „schlanker" sind die Lichtbündel und desto größer ist die Schärfentiefe. Auf vielen Objektiven kann man die Schärfentiefe auf einer Skala ablesen.

Eine große Schärfentiefe ist nicht immer erwünscht: Wenn z. B. ein Gesicht oder eine Blüte fotografiert wird, soll die Umgebung nicht ablenken. In diesen Fällen wählt man eine kleine Blendenzahl (große Öffnung), um die Umgebung unscharf abzubilden.

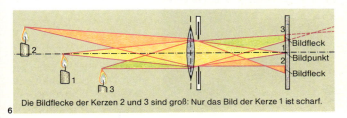

Die Bildflecke der Kerzen 2 und 3 sind groß: Nur das Bild der Kerze 1 ist scharf.

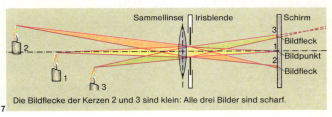

Die Bildflecke der Kerzen 2 und 3 sind klein: Alle drei Bilder sind scharf.

Aufgaben

1 Welcher Teil der Kamera wird bei der Entfernungseinstellung bewegt? Welche Größe ändert sich dabei?

2 Wenn du dir die Entfernungsskala auf einem Objektiv ansiehst, stellst du z. B. fest: Die Marken für 0,5 m und 1 m liegen viel weiter auseinander als die für 5 m und 10 m. Gib dafür eine Begründung an.

3 Welche Folgen hat eine zu groß gewählte Blendenzahl (bei unveränderter Belichtungszeit)?

4 Hochwertige Objektive zeichnen sich unter anderem dadurch aus, daß an ihnen auch noch Blendenzahlen von 1,4 oder 1,8 eingestellt werden können. Bei einfacheren Objektiven beginnen die Blendenzahlen dagegen erst z. B. bei 2,8. Wodurch unterscheiden sich die besseren Objektive schon äußerlich von den einfacheren (bei gleicher Brennweite)?

5 Welche Folgen hat es, wenn man die Kombination *große Blendenöffnung – kurze Belichtungszeit* wählt?

6 Kleinbildfilme haben ein Negativformat von 24 mm · 36 mm. Es soll eine „formatfüllende" Portraitaufnahme gemacht werden: Das Gesicht ist 30 cm hoch, sein Bild auf dem Film soll 30 mm hoch sein.

a) Die Brennweite des Objektivs beträgt 100 mm. Wie weit muß das Gesicht vom Objektiv entfernt sein?
Tip: Verwende zuerst die Gleichung für den Abbildungsmaßstab.

b) Was ändert sich, wenn das Objektiv 50 mm Brennweite hat?

7 Bei einem Fotoapparat läßt sich das Objektiv ($f = 50$ mm) um 5 mm herausdrehen. Welches ist die kleinste Gegenstandsweite, bei der noch scharfe Bilder entstehen?

8 Für die Herstellung von Landkarten werden Luftaufnahmen mit Spezialkameras angefertigt. Bild 1 zeigt einen Ausschnitt aus einer solchen Aufnahme in Originalgröße.

Das Bild wurde aus einer Höhe von 3925 m aufgenommen. Die Objektivbrennweite betrug 302 mm.

Welche Länge hat das lange gerade Stück der Ufermauer in der Bildmitte? Warum kannst du bei der Rechnung annehmen, daß $b = f$ gilt?

9 Weshalb ist die Schuhsohle in Bild 2 doppelt so groß wie das Gesicht? Was kannst du über die Entfernung des Objektivs von der Schuhsohle bzw. dem Gesicht aussagen?

5 Projektoren

Ein Diaprojektor ist schon praktisch: Das winzige Diapositiv wird stark vergrößert abgebildet.

Das hat den Vorteil, daß mehrere Personen das Bild gleichzeitig auf einer Leinwand betrachten können.

Aus Umwelt und Technik: **Diaprojektor und Arbeitsprojektor**

4

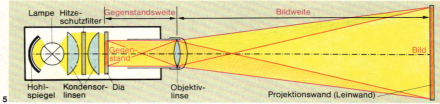
5

Die Bilder 4 u. 5 zeigen den Aufbau eines **Diaprojektors**.

Der Gegenstand, der mit einem Diaprojektor abgebildet werden soll, ist das *Dia*. Mit Hilfe des *Objektivs* wird auf der Projektionsleinwand (dem Schirm) ein Bild erzeugt. Das Objektiv kannst du dir als einfache Sammellinse vorstellen, in Wirklichkeit besteht es aus mehreren Linsen.

Das Dia befindet sich nahezu in der Brennebene des Objektivs. Die Gegenstandsweite ist nur geringfügig größer als die Brennweite. Daher entsteht ein stark vergrößertes Bild.

Damit das Bild auf der Leinwand hell genug erscheint, ist in den Projektor eine Beleuchtungseinrichtung eingebaut, die aus mehreren Teilen besteht:

Ein *Hohlspiegel* hinter der Lampe reflektiert das nach hinten abgestrahlte Licht; deshalb dient es ebenfalls der Beleuchtung des Dias.

Der *Kondensor* ist eine (mehrteilige) Sammellinse. Er sorgt dafür, daß das Dia gleichmäßig vom Licht der Lampe beleuchtet wird. Außerdem lenkt er das gesamte Licht, das durch das Dia fällt, durch die Objektivlinse.

Die Strahlung der Lampe würde das Dia in kurzer Zeit verschmoren lassen. Um das zu verhindern, ist ein *Hitzeschutzfilter* eingebaut.

Oft ist in den Projektor ein *Gebläse* zur Kühlung eingebaut.

Der **Arbeitsprojektor** (Bild 6) wird auch *Tageslicht*- oder *Overheadprojektor* genannt. Er ist ähnlich wie ein Diaprojektor aufgebaut.

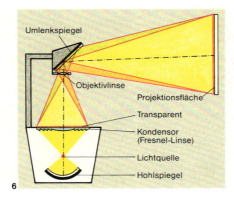
6

Das Besondere am Arbeitsprojektor ist die riesige *Kondensorlinse*. Sie ist erforderlich, weil die abzubildenden Folien meistens große Abmessungen haben.

Diese Linse (Bild 7) hat eine andere Form als gewöhnliche Sammellinsen. Sie besteht aus mehreren ringförmigen Linsenteilen und ist aus Kunststoff gepreßt.

Solche Linsen haben einen großen Vorteil: Sie sind viel flacher und wesentlich leichter als entsprechende Glaslinsen.

Nach ihrem Erfinder, dem französischen Ingenieur und Physiker *Augustin Fresnel* (1788–1827), bezeichnet man sie als *Fresnel-Linsen*.

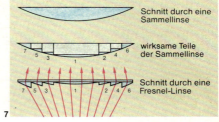
7

Aufgaben

1 Welche Teile benötigst du, um einen einfachen Diaprojektor aufzubauen?

2 Welche Teile sind beim Diaprojektor und beim Arbeitsprojektor für die *Abbildung* wichtig?

Welche Teile dienen der *Beleuchtung* des Gegenstandes?

Welche Unterschiede bestehen zwischen einem Diaprojektor und einem Arbeitsprojektor?

3 Warum ist ein Hitzeschutzfilter beim Arbeitsprojektor weniger wichtig als beim Diaprojektor?

4 Um das Bild auf der Leinwand scharf einzustellen, dreht man beim Diaprojektor das Objektiv in seinem Gewinde.

Auf welche Veränderung kommt es dabei an?

5 Das Objektiv eines Diaprojektors hat eine Brennweite von 90 mm. Die Leinwand ist 4 m vom Objektiv entfernt. Das Dia ist 24 mm · 36 mm groß.

a) Berechne die Gegenstandsweite.

b) Ermittle anschließend mit Hilfe von g die Abmessungen, die das Bild auf der Leinwand hat.

c) Gehe nun davon aus, daß die Gegenstandsweite praktisch gleich der Brennweite ist. Welche Abmessungen ergeben sich dann für das Leinwandbild?

Vergleiche mit dem Ergebnis aus Teil b der Aufgabe.

6 In einem **Versuch** sollen die Brennweite und der Abbildungsmaßstab eines Arbeitsprojektors auf einfache Weise ermittelt werden. Beschreibe, wie du den Versuch durchführen und auswerten würdest.

Tip: Man kann z. B. ein Geodreieck an die Wand projizieren...

Aus der Geschichte: **Laterna magica – die Zauberlaterne**

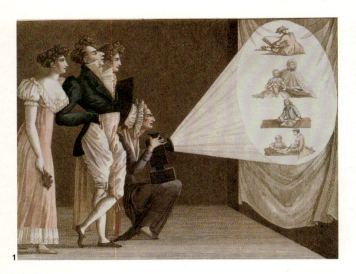

Schon im 17. Jahrhundert gab es einen Vorläufer des modernen Diaprojektors, die *Laterna magica* (Bild 1).

Diese „Zauberlaterne" – so lautet die wörtliche Übersetzung – enthielt schon alle wesentlichen Bauteile eines Diaprojektors: eine Objektivlinse, eine Kondensorlinse und einen Hohlspiegel.

Weil es noch kein elektrisches Licht gab, diente eine Öl- oder Petroleumlampe als Lichtquelle. Wegen der Rauch- und Wärmeentwicklung dieser Lichtquellen besaß die Laterna magica einen kleinen Schornstein.

Damals gab es auch keine Dias im heutigen Sinne; die Fotografie wurde erst 200 Jahre später erfunden. Daher zeichnete man Figuren und Bilder auf kleine Glasplatten. Häufig wurden so in mehreren Bildern Märchen oder Gruselgeschichten dargestellt.

Diese „Dias" wurden dann einem staunenden Publikum vorgeführt. Ein Erzähler trug die Geschichte dazu vor.

Optische Abbildungen mit Linsen

Alles klar?

1 Wie kann man herausfinden, welche von mehreren Sammellinsen gleichen Durchmessers die kürzeste Brennweite hat? Es gibt zwei einfache Möglichkeiten.

2 Claudia schaut durch eine Sammellinse, die sie mit ausgestrecktem Arm hält. Sie sieht verkleinerte, umgekehrte Bilder der Umgebung.

Wie entstehen diese Bilder?

Warum ist es eigentlich falsch zu sagen, „man schaut durch die Linse"?

3 „Der Strahlengang bei einer Sammellinse ist umkehrbar." Erkläre diese Behauptung an einem Beispiel.

4 Eine Kinoleinwand ist 14 m breit. Die einzelnen Bilder auf dem Film haben eine Breite von 32 mm. Berechne den Abbildungsmaßstab.

Die Bildweite beträgt 28 m. Wie groß ist die Gegenstandsweite?

Welche Brennweite wird der Projektor wohl haben? Begründe deine Vermutung.

5 Ein Teleobjektiv hat z. B. eine Brennweite von 120 mm. Begründe mit Hilfe einer Zeichnung, daß mit ihm weit entfernte Gegenstände größer abgebildet werden als mit einem Normalobjektiv ($f = 50$ mm).

Warum genügen für die Zeichnung zwei Mittelpunktstrahlen?

6 Eine Kerze wird mit einer Sammellinse abgebildet. Dann schiebt man langsam ein Blatt Papier vor die Linse und deckt sie mehr und mehr ab. Wie wird sich dabei das Bild verändern?

Überprüfe deine Vermutung in einem **Versuch**, und erkläre das Ergebnis.

7 Wenn man Dias projizieren will, muß man stets eine sehr helle Lampe im Projektor anschalten. Zum Fotografieren reicht meist das Tageslicht. Begründe diesen Unterschied physikalisch.

8 Ein helles Fenster wird von einem wassergefüllten zylindrischen Glas abgebildet (Bild 2). Versuche, die Bildentstehung zu erklären.

9 Mit Hilfe eines Fotoapparates kannst du die Höhe eines Turmes bestimmen, ohne ihn zu besteigen.

Angenommen, das Bild des Turmes auf dem Negativ ist 20 mm hoch, der Fotograf war 70 m vom Fußpunkt des Turmes entfernt, und das Objektiv hatte eine Brennweite von 35 mm. Wie hoch ist der Turm?

(*Tip*: Das Bild eines so weit entfernten Gegenstandes liegt in der Brennebene.)

10 Harald und Martina versuchen, mit Brenngläsern Papier zu entzünden.

Harald: „Warum ist eigentlich das Sonnenbildchen unterschiedlich groß – je nachdem, welche Linse wir nehmen?"

„Ja, merkwürdig", entgegnet Martina, „die Sonne selber ist doch immer gleich groß, knapp 1,5 Millionen Kilometer im Durchmesser."

„Stimmt", ergänzt Harald, „ich kann mir das merken, weil ihre Entfernung ungefähr 100mal so groß ist."

„Warum sagst du das nicht gleich? Dann ist der Durchmesser des Sonnenbildchens ein Hundertstel der Brennweite." Begründe Martinas Schlußfolgerung.

11 Christian will eine Briefmarke fotografieren. Das Objektiv seines Fotoapparates hat eine Brennweite von 50 mm. Die kleinste Gegenstandsweite, bei der noch ein scharfes Bild entsteht, beträgt 50 cm. Berechne die zugehörige Bildweite.

Wie groß wird die 25 mm · 36 mm große Briefmarke auf dem Negativ sein?

Optische Abbildungen mit Linsen

Auf einen Blick

Die Sammellinse

Sammellinsen sind am Rand dünner als in der Mitte.

Wenn man sehr weit entfernte Gegenstände (z. B. die Sonne) mit der Linse abbildet, laufen die Lichtbündel von den einzelnen Punkten des Gegenstandes in der Brennebene zusammen. Der Abstand der **Brennebene** von der Linse heißt **Brennweite** f.

Den Schnittpunkt der Brennebene mit der optischen Achse der Linse nennt man **Brennpunkt** F.

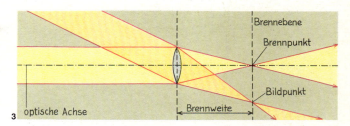

Für die reellen Bilder, die man mit einer Sammellinse erzeugt, gelten folgende Gesetze:

Das Verhältnis von Bildgröße B zu Gegenstandsgröße G heißt **Abbildungsmaßstab** A. Es gilt:

$$A = \frac{B}{G} = \frac{b}{g}.$$

Brennweite, Bildweite und Gegenstandsweite hängen gemäß der **Linsengleichung** zusammen:

$$(g - f)(b - f) = f^2 \quad \text{oder} \quad \frac{1}{f} = \frac{1}{g} + \frac{1}{b}.$$

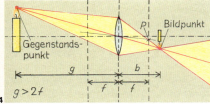

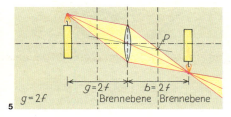

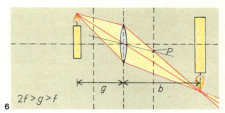

Befindet sich der Gegenstand außerhalb der doppelten Brennweite, so entsteht ein verkleinertes Bild. Es liegt im Bereich zwischen einfacher und doppelter Brennweite der verwendeten Linse.

Wenn sich der Gegenstand im Abstand der doppelten Brennweite vor der Linse befindet, ist auch die Bildweite doppelt so groß wie die Brennweite. Gegenstand und Bild sind dann gleich groß.

Wenn der Abstand des Gegenstandes von der Linse kleiner als die doppelte und größer als die einfache Brennweite ist, entsteht ein vergrößertes Bild im Bereich außerhalb der doppelten Brennweite.

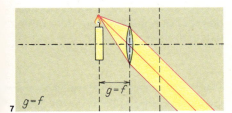

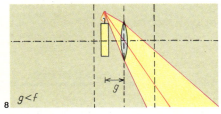

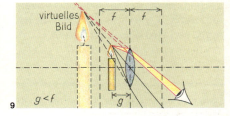

Wenn die Gegenstandsweite genauso groß ist wie die Brennweite, verläuft das Lichtbündel hinter der Linse parallel. Es entsteht kein Bildpunkt.

Wenn die Gegenstandsweite kleiner ist als die Brennweite, läuft das Lichtbündel auch noch hinter der Linse auseinander. Es entsteht kein Bildpunkt.

Fällt Licht von einem Punkt zwischen Brennebene und Linse ins Auge, so sieht man ein *virtuelles* Bild. Dieses Bild ist stets aufrecht und vergrößert.

Fotoapparat und Diaprojektor

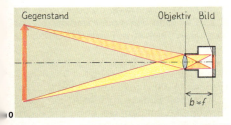

Sowohl beim Fotoapparat als auch beim Diaprojektor entsteht mit Hilfe eines Objektivs ein reelles Bild von einem Gegenstand.

Um Abbildungsfehler zu verringern, sind Objektive aus mehreren Linsen zusammengesetzt. Sie wirken wie eine einzelne Sammellinse.

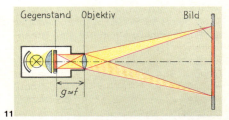

Auge und Sehvorgang

1 Unser Auge

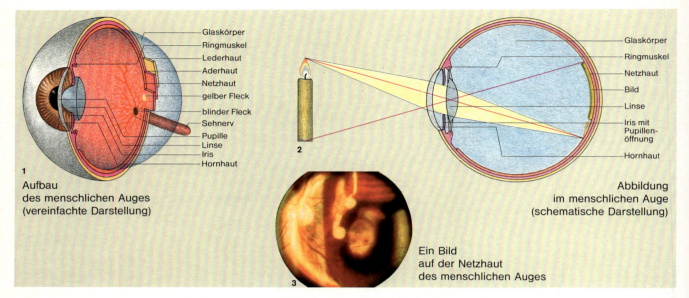

Aufbau des menschlichen Auges (vereinfachte Darstellung)

Abbildung im menschlichen Auge (schematische Darstellung)

Ein Bild auf der Netzhaut des menschlichen Auges

Fotoapparat und Auge weisen Gemeinsamkeiten auf...

V 1 Leuchte jemandem mit einer Taschenlampe ins Auge. Was siehst du?

V 2 Wir bauen ein einfaches Modell des Auges auf (Bild 4).

a) Ordne der Versuchsanordnung die entsprechenden Teile des Auges zu.

b) Beim Auge ist die Bildweite unveränderlich. Sie soll auch in der Anordnung von Bild 4 gleich bleiben.

Was mußt du verändern, damit bei unterschiedlichen Gegenstandsweiten jeweils ein scharfes Bild auf dem Schirm entsteht?

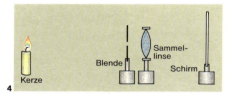

c) Kannst du dir denken, wie diese Veränderung im Auge erfolgt?

V 3 Lege zwei Pfennigstücke im Abstand von ca. 6 cm auf ein Blatt Papier. Schließe das linke Auge, und blicke mit dem rechten Auge auf die linke Münze.

Was stellst du fest, wenn du nun das rechte Auge langsam dem Pfennigstück näherst?

Info: Wenn Licht ins Auge fällt...

Damit wir einen Gegenstand sehen, muß Licht von ihm in unsere Augen gelangen.

Das Licht trifft zunächst auf die **Hornhaut**. Sie stellt die Grenzfläche zwischen Luft und Augenflüssigkeit dar.

An dieser Grenzfläche wird das einfallende Licht gebrochen. Weil Augapfel und Hornhaut nach außen gewölbt ist, ergibt sich die Wirkung einer Sammellinse.

Anschließend fällt das Licht durch eine kreisrunde Öffnung, die **Pupille**. Sie ist eine „automatische" Blende: Wenn viel Licht auf das Auge trifft, zieht sie sich zusammen; bei geringer Helligkeit weitet sie sich.

Die hinter der Pupille liegende **Linse** verstärkt die Wirkung der Hornhaut (Bild 5). Mit ihrer Hilfe können sowohl von entfernten als auch von nahen Gegenständen scharfe Bilder auf der **Netzhaut** erzeugt werden.

Wie du weißt, ist beim Fotoapparat der Abstand Objektiv – Film veränderbar; man kann zu jeder Gegenstandsweite die entsprechende Bildweite einstellen. Beim Auge dagegen läßt sich der Abstand Augenlinse – Netzhaut nicht verändern. Die Bildweite ist also immer gleich groß.

Um dennoch unterschiedlich weit entfernte Gegenstände scharf auf der Netzhaut abbilden zu können, muß die *Brennweite* der Augenlinse verändert werden.

Das geschieht mit Hilfe eines ringförmigen Muskels, der die Augenlinse umschließt und für eine mehr oder weniger starke Krümmung der Linse sorgt: Beim Blick in die Ferne ist der Muskel

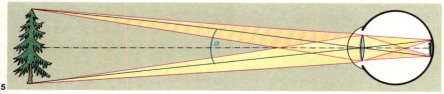

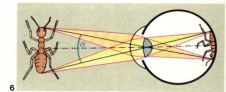

Aus Umwelt und Technik: **Vom Lochauge zum Linsenauge**

Nicht für alle Tiere ist ein gutes Sehvermögen wichtig. Deshalb finden wir in der Tierwelt ganz unterschiedliche Sehorgane.

Der *Regenwurm* besitzt zwar kein Auge, aber über seinen ganzen Körper sind **lichtempfindliche Zellen** verteilt. Auf diese Weise kann er das Tageslicht wahrnehmen, das für ihn mit der Gefahr verbunden ist, von Vögeln gefressen zu werden.

Einige *Schneckenarten* haben ein **Napfauge** (Bild 8). Es besteht aus einer Vielzahl lichtempfindlicher Zellen, die am vorderen Teil des Körpers vereinigt sind. Sie liegen in einer Vertiefung und sind dadurch vor Verletzungen geschützt. Mit dem Napfauge kann die Schnecke nicht nur Hell und Dunkel wahrnehmen, sondern auch feststellen, aus welcher Richtung das Licht kommt.

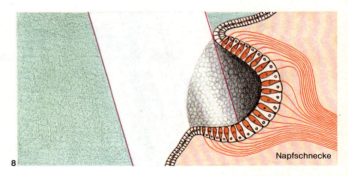
8 Napfschnecke

Besser als die Schnecken kann der *Nautilus* sehen. Der Nautilus ist ein Weichtier, das in Tiefen von bis zu 600 m auf dem Meeresgrund lebt. Es hat ein **Lochauge** (Bild 9), das große Ähnlichkeit mit einer Lochkamera aufweist. Durch das kleine Loch fallen die Lichtbündel in das Auge, und auf der Rückwand entsteht ein Bild. Es ist nicht sehr scharf und recht lichtschwach.

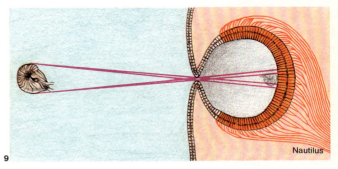
9 Nautilus

Bei den höher entwickelten Tieren ist das Auge dem **menschlichen Auge** ähnlich (Bild 10).

Unser Auge hat aber nicht das beste Sehvermögen. Viel schärfer als der Mensch können z. B. *Falken, Adler* und *Geier* sehen. Sie erkennen aus großer Höhe sogar kleine Beutetiere. Der Mensch müßte ein Fernglas benutzen, um so deutlich wie diese Vögel zu sehen.

Die *Eule* ist ein Nachttier. Ihre Augen sind größer und nachts viel leistungsfähiger als unsere Augen. Bei der Eule ist nämlich die Zahl der lichtempfindlichen Sinneszellen auf der Netzhaut besonders groß.

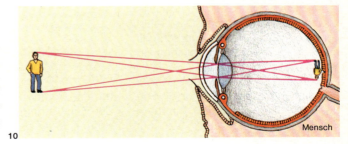
10 Mensch

entspannt und die Linse wenig gewölbt (Bild 5). Will man aber einen Gegenstand in der Nähe betrachten, wird die Linse stärker gekrümmt (Bild 6). Diese Anpassung der Augenlinse an unterschiedliche Gegenstandsweiten heißt **Akkommodation** (lat. *accommodere:* anpassen).

Hinter der Linse fällt das Licht durch den **Glaskörper** und trifft auf die lichtempfindlichen Sinneszellen der Netzhaut. Auf der Netzhaut gibt es zwei Arten von Sinneszellen: *Stäbchen* für das Hell-Dunkel-Sehen und *Zäpfchen* für das Sehen von Farben.

Netzhautbilder (Bild 3) haben nicht die Qualität von fotografischen Abbildungen. Zudem ist die Netzhaut von Adern durchzogen, und etwas seitlich von der Mitte hat sie sogar ein „Loch", den **blinden Fleck**. An dieser Stelle, an der lichtempfindliche Zellen fehlen, verläßt der **Sehnerv** das Auge. Dieser leitet die Signale von den Netzhautzellen an das Gehirn weiter.

Die fotografischen Mängel, ja selbst den blinden Fleck „übersieht" unser Gehirn großzügig. Was wir bewußt wahrnehmen, hängt nämlich nicht nur vom Bild auf der Netzhaut ab; vielmehr wird es auch durch die Auswertung der Nervenreize im Gehirn bestimmt. Das Gehirn macht aus den Netzhautbildern beider Augen einen einzigen räumlichen und farbigen Bildeindruck.

Von einem Gegenstand, der sich nahe am Auge befindet, entsteht ein großes Netzhautbild. Weit entfernte Gegenstände gleicher Größe führen dagegen zu sehr kleinen Netzhautbildern.

Die Größe des Bildes hängt vom **Sehwinkel** ab: Je größer der Sehwinkel ist, desto größer ist das Netzhautbild (Bilder 6 u. 7).

Meistens fällt es uns nicht auf, daß von ein und demselben Gegenstand – je nach Entfernung – unterschiedliche große Netzhautbilder entstehen. Unser Gehirn registriert nämlich nicht nur das Bild, sondern setzt es auch in Beziehung zu früher gemachten Erfahrungen. Bei bekannten Gegenständen schließen wir aus der Größe des Netzhautbildes unbewußt auf die Entfernung: Je kleiner das Netzhautbild ist, desto größer ist die Entfernung, die unser Gehirn dem Gegenstand zuordnet.

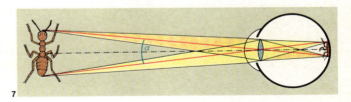
7

Auge und Sehvorgang

Aufgaben

1 Welcher wesentliche Unterschied besteht zwischen dem Auge und einem Fotoapparat?

2 „Das Auge ist ein höchst vielseitiges Instrument. Es vermag einen Golfball in 300 m Entfernung abzubilden und gleich darauf die Einstellung so zu ändern, daß wir mühelos einen gedruckten Text aus nächster Nähe lesen können. Es ist in der Lage, sich mit großer Geschwindigkeit an die Lichtverhältnisse anzupassen und Tausende von Farbtönen zu unterscheiden." Welche Teile des Auges leisten das jeweils?

3 Wann sind die Netzhautbilder eines Baumes und einer Ameise in unserem Auge gleich groß?

4 Der Sonnendurchmesser ist rund 400mal so groß wie der Monddurchmesser. Trotzdem entstehen gleich große Bilder auf der Netzhaut, wenn man den Mond und die Sonne (durch einen geschwärzten Film hindurch) betrachtet. Wie ist das zu erklären?

5 Unser Auge hat eine Brennweite von 24 mm, wenn die Linse auf weit entfernte Objekte eingestellt ist.
Wie groß ist die Bildweite?
Wie verändert sich die Brennweite, wenn ein Gegenstand in 25 cm Entfernung betrachtet wird?

2 Räumliches Sehen

Aus Umwelt und Technik: Stereobilder

Wir sehen unsere Umwelt „räumlich": Betrachten wir einen Gegenstand, so sehen wir ihn mit jedem Auge aus einer etwas anderen Richtung; die Augen sind ja bis 7 cm voneinander entfernt. Die beiden Netzhautbilder sind somit etwas verschieden. Das Gehirn vereinigt diese zwei unterschiedlichen Bilder zu einem räumlichen Gesamteindruck.

Eine Fotografie dagegen ist kein räumliches Bild, sondern nur ein ebenes. Man kann aber den Raumeindruck künstlich erzeugen. Dazu muß man das Gehirn „überlisten", indem man mit jedem Auge ein gesondertes Foto eines Gegenstandes betrachtet. Das eine Foto zeigt den Gegenstand so, wie man ihn mit dem linken Auge sehen würde, das andere so, wie man ihn mit dem rechten sehen würde.

Bei den Bildern 1 u. 2 handelt es sich um ein solches „Stereobildpaar"

3

(griech. *stereos:* körperlich, räumlich). Zur Betrachtung hältst du einen Taschenspiegel so wie in Bild 3 rechts neben die Nase und betrachtest mit dem rechten Auge das Spiegelbild des rechten Fotos. Mit dem linken Auge schaust du auf das linke Foto. Durch leichtes Kippen des Spiegels kannst du dann die beiden Bilder zur Deckung bringen – und plötzlich siehst du den Hafen räumlich, als stündest du am Kai ...

Verschiedene Aufnahmegeräte und Betrachtungsgeräte für Stereobildpaare wurden bereits im 19. Jahrhundert entwickelt.

Heute werden Stereobilder in vielen Gebieten der Wissenschaft verwendet. So lassen sich zum Beispiel Entfernungen und Höhen durch die *Raumbildmessung* ermitteln. Um die Höhenlinien einer Landkarte zu gewinnen, werden aus einem Flugzeug in genau festgelegter Höhe Stereobildpaare der Landschaft fotografiert. Die Aufnahmen werden in besonderen Geräten ausgewertet: Man sieht ein räumliches Bild der Landschaft mit Hügeln, Bergen und Tälern sowie außerdem eine Meßmarke, die in das Bild eingeblendet ist. Die Meßmarke wird so bewegt, daß sie genau in Höhe der Erdoberfläche zu liegen scheint. Die Höhenangabe kann dann direkt abgelesen werden.

V 4 Daß unser Gehirn die Bilder beider Augen zu einem einzigen Sinneseindruck verschmilzt, zeigt dir dieser einfache Versuch:

Rolle ein DIN-A4-Blatt zusammen, und halte die Röhre direkt vor das rechte Auge. Blicke mit beiden Augen gleichzeitig auf einen hellen Gegenstand in einigen Metern Entfernung. Halte nun die zweite Hand links neben das Röhrenende ...

V 5 Blicke bei ausgestrecktem Arm mit beiden Augen über den Daumen auf ein Fensterkreuz.

Wie siehst du den Daumen, wenn du aufs Fenster blickst, und wie das Fenster, wenn du auf den Daumen schaust?

Dein Daumen springt hin und her, ohne daß du ihn bewegst! Du mußt dazu nur die Fensterkante anpeilen und abwechselnd das linke und das rechte Auge schließen. Je schneller du das machst, desto lustiger ist es!

V 6 Mit einem Auge ist das räumliche Sehen erheblich schlechter als mit beiden Augen:

Jemand hält in etwa 50 cm Abstand einen Bleistift quer vor dein Gesicht. Schließe ein Auge, und versuche mit einem zweiten Bleistift die Spitze des ersten zu treffen.

Aufgaben

1 Beschreibe, wie man bei der Aufnahme von Stereobildpaaren vorgehen könnte.

2 Wenn man ein Auge geschlossen hat, ist es schwierig, einen Faden in ein Nadelöhr einzufädeln. Weshalb?

3 Im Anhang findest du eine Bauanleitung für einen Doppelspiegel.
Warum kann man mit diesem Spiegel das räumliche Sehen verbessern?

4 Bild 4 zeigt ein Stereobildpaar.
Stelle eine Postkarte auf die Mittellinie. Blicke von der Oberkante der Postkarte mit dem rechten Auge auf den rechten Teil der Figur, mit dem linken Auge auf den linken. Wenn du die Augen entspannst, verschmelzen beide Bilder zu einem einzigen.

4

a) Wo scheint der Kreis zu liegen?

b) Versuche zu erklären, warum du ihn in dieser Lage siehst.

Tip: Lege ein Buch auf den Tisch, stelle dich davor, und halte eine Münze zwischen Buch und Augen. Betrachte diese Münze abwechselnd durch das linke und das rechte Auge.

c) Zeichne die Figur so in dein Heft, daß sich der Tiefeneindruck gerade umkehrt.

Aus Umwelt und Technik: **Ein erstaunlicher Versuch zur Sinneswahrnehmung**

Was wir bewußt wahrnehmen, hängt nicht nur vom Netzhautbild ab, sondern wird entscheidend von dessen Auswertung durch das Gehirn mitbestimmt. Der hier beschriebene Versuch macht das deutlich.

Zwei Briefmarken, die in 4 cm Abstand nebeneinanderliegen, werden auf recht ungewöhnliche Weise betrachtet: die linke mit dem rechten Auge und die rechte mit dem linken!

Keine Angst – du schaffst das mit folgender Hilfe: Halte die Spitze eines Bleistiftes genau zwischen die beiden Marken. Blicke nun auf die Bleistiftspitze, und bewege sie langsam auf deine Nase zu.

Wenn sich die Spitze ungefähr in der Mitte zwischen deinen Augen und der Tischplatte befindet, siehst du zwischen den beiden Briefmarken eine dritte. Versuche jetzt deine Augen so einzustellen, daß du die dritte Marke scharf und deutlich „im Raum stehen" siehst. Sie erscheint gegenüber den Originalmarken verkleinert.

Kaum jemandem gelingt dieser erste Versuchsteil auf Anhieb, aber mit einiger Übung kannst du sogar den Bleistift weglassen.

Nun geht es mit dem zweiten Versuchsteil weiter: Sobald sich deine Augen auf die dritte Marke eingestellt haben, ziehst du die Marken auseinander. Dabei kannst du etwas Merkwürdiges beobachten: Die mittlere Marke scheint auf deine Nase zuzuwandern – und kleiner zu werden!

5

Dieser Versuch lehrt uns einiges über den Zusammenhang zwischen Entfernungs- und Größeneindruck:

Für den Entfernungseindruck im Nahbereich wertet unser Gehirn auch die Stellung der beiden Augen zueinander aus. Beim Versuch stehen die Augen gerade so, als würden wir einen Gegenstand in der Mitte zwischen Augen und Tischplatte betrachten. Diesen Ort ordnet unser Gehirn dem dritten Bild zu (Bild 5).

Eine Briefmarke in dieser geringen Entfernung liefert erfahrungsgemäß recht große Netzhautbilder. Tatsächlich sind jedoch die Netzhautbilder kleiner – ihre Größe wird ja durch den Sehwinkel und damit durch die tatsächliche Entfernung bestimmt.

Die Bildgröße und der künstlich erzeugte Entfernungseindruck passen nicht zusammen; für die angenommene Entfernung ist das Netzhautbild zu klein. Daß das Bild ungewöhnlich klein ist, wird uns bewußt: Die Marke erscheint verkleinert.

Auge und Sehvorgang

3 Linsen helfen bei Augenfehlern

1

Wenn man kurzsichtig ist, sieht man ohne Brille entfernte Gegenstände unscharf.

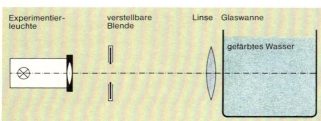

2

V 7 Laß das Licht der Sonne durch verschiedene Linsen (Brillengläser) fallen. Beobachte auf einem Blatt Papier, wie das Licht hinter den Gläsern verläuft.

a) Fühle, wie dick die Brillengläser am Rand und in der Mitte sind.

b) Man teilt die Linsen in zwei Gruppen ein: in Sammellinsen *(Konvexlinsen)* und in Zerstreuungslinsen *(Konkavlinsen)*. Nenne die Merkmale beider Gruppen.

V 8 Wie Sammel- und Zerstreuungslinsen einfallende Lichtbündel verändern, können wir mit dem Aufbau von Bild 2 untersuchen.

V 9 Versuche, mit verschiedenen Linsen (Brillengläsern) eine Kerze auf einem Schirm abzubilden.
Was stellst du dabei fest?

V 10 Halte eine Zerstreuungslinse unmittelbar vor eine Sammellinse.
Welche Wirkung hat diese Kombination von Linsen?
Suche ein Linsenpaar, das annähernd wie eine Glasplatte wirkt. Erkläre das Versuchsergebnis.

Info: Die Zerstreuungslinse

3

Bild 3 zeigt die Wirkung einer **Zerstreuungslinse**: Das einfallende Lichtbündel läuft hinter der Linse stärker auseinander als vor der Linse. Hält man einen Schirm hinter die Linse, so sieht man, daß das Licht auf eine größere Fläche verteilt ist als vor der Linse. Das Licht wird also nicht gesammelt, sondern *zerstreut*.

Zerstreuungslinsen sind in der Mitte dünner als am Rand. Sie heißen auch **Konkavlinsen** (lat. *concavus:* hohl).

Wir betrachten ein paralleles Lichtbündel, das in Richtung der optischen Achse auf eine Zerstreuungslinse fällt (Bild 4). Jeder Strahl dieses Bündels wird – wie bei der Sammellinse – zweimal gebrochen. Nach Passieren der Linse läuft das Bündel auseinander. Verlängert man die gebrochenen Randstrahlen rückwärts, so schneiden sich die gedachten Geraden in einem Punkt, dem Brennpunkt F. Anders als bei der Sammellinse läuft das Lichtbündel aber nicht in diesem Punkt zusammen; vielmehr scheint es nach Passieren der Linse von diesem Punkt herzukommen. Man spricht daher von einem **virtuellen Brennpunkt**.

Auch zu anderen parallelen Bündeln können wir solche scheinbaren Schnittpunkte konstruieren. Alle diese Punkte liegen in der *Brennebene* (Bild 5).

Die Bündel können z. B. von weit entfernten Gegenstandspunkten stammen. Die rückwärtig verlängerten Randstrahlen liefern uns dann die Punkte, die wir als Bildpunkte wahrnehmen. Da die Lichtbündel nur scheinbar von diesen Punkten ausgehen, spricht man von **virtuellen Bildpunkten**. Schaut man durch eine Zerstreuungslinse z. B. auf eine Landschaft, so sieht man ein *verkleinertes virtuelles Bild*.

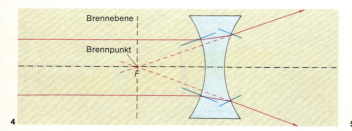

4

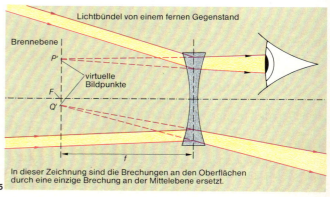

5

In dieser Zeichnung sind die Brechungen an den Oberflächen durch eine einzige Brechung an der Mittelebene ersetzt.

Aus Umwelt und Technik: **Kurzsichtigkeit**

Wer **kurzsichtig** ist, kann zwar ohne Brille lesen, doch weit entfernte Gegenstände nur verschwommen erkennen. Die Bilder 6 u. 7 zeigen dir, wie es dazu kommt:

Normalerweise beträgt der Abstand zwischen Hornhaut und Netzhaut etwa 24 mm. Der Augapfel kann aber auch länger sein; Hornhaut und Netzhaut liegen z. B. 30 mm auseinander. In diesem Fall entstehen die Bilder weit entfernter Gegenstände *vor* der Netzhaut. Auf der Netzhaut werden sie deshalb nur unscharf abgebildet.

Die Linse ist dabei schon so gering wie möglich gekrümmt. Um trotz des zu langen Augapfels ein scharfes Netzhautbild zu erzeugen, müßte die Augenlinse noch weiter entspannt werden. Weil das nicht möglich ist, benötigt man eine Brille mit **Zerstreuungslinsen** (Bilder 8 u. 9).

Wenn ein Lichtbündel durch eine solche Linse fällt, laufen seine Randstrahlen stärker auseinander. Das Lichtbündel kann dann von Hornhaut und Augenlinse zu einem Punkt auf der Netzhaut vereinigt werden.

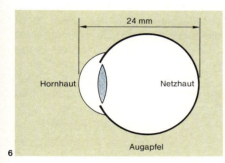

6

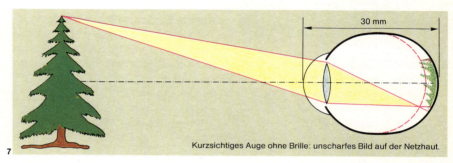

7   Kurzsichtiges Auge ohne Brille: unscharfes Bild auf der Netzhaut.

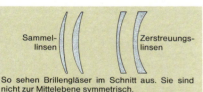

So sehen Brillengläser im Schnitt aus. Sie sind nicht zur Mittelebene symmetrisch.

Man gibt bei Brillengläsern meist nicht die Brennweite f, sondern ihren Kehrwert an. Diesen Kehrwert bezeichnet man als **Brechwert** D und gibt ihn in **Dioptrien** (dpt) an:

$D = \frac{1}{f}$ und 1 dpt $= \frac{1}{m}$.

Eine Sammellinse mit $f = 20$ cm hat also 5 dpt.

Den Zerstreuungslinsen ordnet man negative Brechwerte zu. Ein Brillenglas mit -2 dpt ist also eine Zerstreuungslinse mit einer Brennweite von 50 cm.

8

Hinweis: In diesen Bildern wurde die Brechung an der Hornhaut zur besseren Übersichtlichkeit nicht mitgezeichnet.

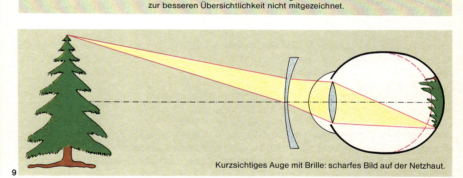

9   Kurzsichtiges Auge mit Brille: scharfes Bild auf der Netzhaut.

Aufgaben

1 Was versteht man unter **Weitsichtigkeit**? Erkläre es anhand von Bild 10.

Dieser Augenfehler kann durch eine Sammellinse korrigiert werden (Bild 11). Beschreibe!

2 Mit normalsichtigen Augen hält man ein Buch beim Lesen in 25–30 cm Abstand. Manche Kinder beugen aber ihren Kopf viel tiefer über ein Buch. Welcher Augenfehler könnte bei ihnen vorliegen?

3 Auf einem Brillenpaß findet man folgende Angaben: „li.: $-1{,}5$ dpt; re.: $-2{,}0$ dpt". Was bedeuten sie?

4 Warum sieht man unter Wasser (ohne Taucherbrille) alles verschwommen?

5 Im Anhang findest du eine Sehprobentafel, wie sie auch beim Optiker aushängt. Mit ihr kannst du deine Sehschärfe überprüfen ...

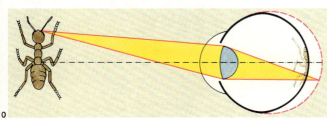

10

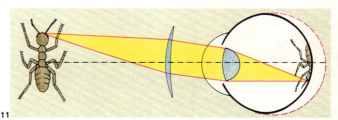

11

Auge und Sehvorgang

4 Wie eine Linse den Sehwinkel vergrößern kann

Lupen und Brillen sind recht nützlich. Alte Menschen verwenden zum Lesen oft beide Hilfsmittel gleichzeitig. Welche Aufgabe haben die Linsen hier? In welcher Weise haben sie Einfluß auf das Netzhautbild?

V 11 Mit einer Lupe kann man Gegenstände vergrößert sehen.

Blicke durch eine Sammellinse mit kleiner Brennweite (höchstens 5 cm) auf diese Buchseite. Führe die Linse dann so nahe an den Text heran, daß du ein *vergrößertes, aufrechtes Bild* scharf siehst.

a) Warum sollte man mit dem Auge dicht an die Linse herangehen?

b) Halte Sammellinsen unterschiedlicher Brennweiten direkt vor das Auge. Wie weit muß die Linse jeweils von der Buchseite entfernt sein, damit du das Bild scharf siehst (ohne die Augen anzustrengen)?

Vergleiche diese Abstände mit den Brennweiten der Linsen.

V 12 Bild 2 (auf der rechten Seite) zeigt, wie du die *Vergrößerung* einer Lupe bestimmen kannst: Mit dem einen Auge blickst du auf ein Lineal in 25 cm Entfernung („deutliche Sehweite"). Mit dem anderen Auge betrachtest du ein zweites Lineal durch die Lupe. Wenn du die Skalen beider Lineale gleichzeitig siehst, kannst du sie leicht miteinander vergleichen.

Bestimme den Vergrößerungsfaktor von Lupen mit unterschiedlichen Brennweiten. Wie hängt die Vergrößerung von der Brennweite ab?

Info: Lesebrille und Lupe

Wenn wir kleine Gegenstände größer und deutlicher sehen wollen, müssen wir den Sehwinkel vergrößern. Dazu können wir die Gegenstände einfach näher an das Auge heranbringen. Überschreiten wir dabei allerdings den **Nahpunkt**, so schafft es die Augenlinse nicht mehr, die einzelnen Lichtbündel zu Bildpunkten auf der Netzhaut zu vereinigen.

Der Nahpunkt liegt bei 10jährigen Kindern etwa 8 cm vor dem Auge. Mit zunehmendem Lebensalter rückt er immer weiter vom Auge weg: Bei 20jährigen beträgt sein Abstand im Durchschnitt 10 cm, bei 40jährigen 17 cm und bei 50jährigen 50 cm.

Im allgemeinen kann man also mit 50 Jahren ohne Brille einen Gegenstand in weniger als 50 cm Entfernung nicht mehr scharf sehen. Die Schrift in einem Buch erscheint bei diesem Abstand unter einem recht kleinen Sehwinkel (Bild 4). Die Netzhautbilder sind dementsprechend klein, und das Lesen ist anstrengend.

Hier helfen die Sammellinsen einer **Lesebrille** (Bild 5). Ihre Aufgabe ist es, die Lichtbündel vor dem Eintritt in die Augen so zu brechen, daß sie weniger stark auseinanderlaufen. Dann schaffen es die Augenlinsen auch bei einer Gegenstandsweite von 25 cm, die Lichtbündel zu Punkten auf der Netzhaut zu vereinigen.

Die Lesebrille ermöglicht es also, einen Text in 25 cm statt z. B. in 50 cm Entfernung zu lesen. Halbe Entfernung bedeutet doppelten Sehwinkel und doppelte Größe der Netzhautbilder!

Ein wichtiges Hilfsmittel zur Vergrößerung von Sehwinkeln ist die **Lupe**. Als *Lupe* bezeichnet man eine Sammellinse, deren Brennweite erheblich kleiner als die *deutliche Sehweite* ($s = 25$ cm) ist. Mit ihr kann man scharfe Netzhautbilder von Gegenständen erzeugen, die sich näher am Auge befinden als der Nahpunkt.

Man sollte eine Lupe möglichst dicht vor ein Auge halten und dann so nahe an den Gegenstand herangehen, daß sich dieser genau in der Brennebene der Lupe befindet. Alle Lichtbündel, die von Gegenstandspunkten ausgehen, verlassen die Lupe dann parallel (Bild 6). Diese Bündel werden zu Punkten auf der Netzhaut vereinigt, ohne daß die Augenlinse angespannt werden muß.

Die Größe des Netzhautbildes wird durch den Sehwinkel bestimmt. Dieser ist in Bild 6 mit α_3 bezeichnet. Genauso groß wie α_3 ist der Winkel α_3', den die von den Randpunkten ausgehenden Mittelpunktstrahlen einschließen. Bei gegebener Gegenstandsgröße hängt α_3' nur von der Gegenstandsweite ab; diese ist aber gleich der Brennweite der Lupe.

Das Netzhautbild ist also um so kleiner, je größer die Brennweite der Lupe ist.

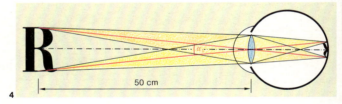

4

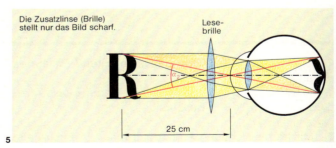

5

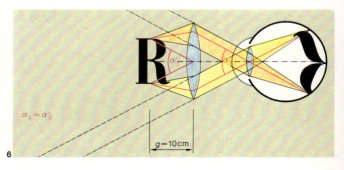

6

V 13 Wie sich bei Verwendung einer Lupe das Netzhautbild ändert, läßt sich mit dem *Modellauge* von Bild 3 zeigen.

Die Sammellinse soll dabei eine Augenlinse ersetzen, die nicht mehr stärker gekrümmt werden kann. Das Modellauge ist also auf die *kleinstmögliche* Sehweite eingestellt.

a) In welcher Größe wird die Kerzenflamme abgebildet?

b) Eine zweite Sammellinse mit einer Brennweite von 15 cm wird als Lupe direkt vor die „Augenlinse" gehalten. Wieder soll (bei gleicher Bildweite b) ein scharfes „Netzhautbild" entstehen. Wie dicht kann man die Kerze jetzt an das Modellauge heranrücken? Wie ändert sich dabei das Netzhautbild?

c) Die Erklärung des Versuchsergebnisses wird besonders einfach, wenn man „Augenlinse" und Lupe durch eine einzige Linse ersetzt. Welche Eigenschaft muß diese Linse haben?

d) Erkläre das Versuchsergebnis. Fertige dazu zwei Skizzen an, aus denen hervorgeht, wie der Sehwinkel durch die Verwendung der Lupe verändert wird. (*Tip:* Es reicht aus, wenn du die Mittelpunktstrahlen durch die eine Linse zeichnest.)

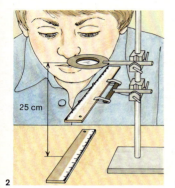

2

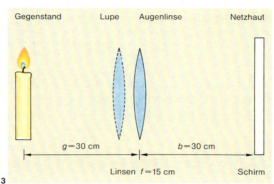

3

Info: Die Vergrößerung einer Lupe

Die **Vergrößerung** V einer Lupe (und anderer optischer Instrumente) ist definiert als das Verhältnis des Sehwinkels α_{mit} (mit Instrument) zum Sehwinkel α_{ohne} (ohne Instrument):

$$V = \frac{\alpha_{mit}}{\alpha_{ohne}}.$$

Es wäre aber unpraktisch, die Sehwinkel direkt zu messen und daraus die Vergrößerung zu bestimmen. Die Sehwinkel, unter denen wir Gegenstände sehen, sind nämlich meistens sehr klein. Genaue Winkelmessungen wären daher schwierig.

Bei kleinen Sehwinkeln sind Bildgröße und Sehwinkel annähernd proportional. (Du kannst das nachmessen, wenn du Bild 7 mit $b = 14$ cm, $B_0 = 1$ cm, $B_1 = 2$ cm und $B_2 = 3$ cm in dein Heft zeichnest.)

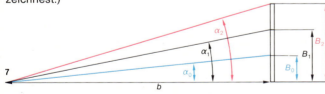

7

Wir bezeichnen als B_{mit} die Größe des Netzhautbildes mit Lupe und als B_{ohne} die des Netzhautbildes ohne Lupe. Diese beiden Bildgrößen stehen im selben Verhältnis wie die entsprechenden Sehwinkel.

Für die Vergrößerung einer Lupe gilt somit:
$$V = \frac{\alpha_{mit}}{\alpha_{ohne}} = \frac{B_{mit}}{B_{ohne}}.$$

Die Größe der Netzhautbilder ist allerdings noch schwieriger zu bestimmen als die Größe der Sehwinkel. Wir müssen daher die Bildgrößen durch leicht meßbare Größen ersetzen:

Für die Abbildung ohne Lupe ($g = s$) gilt nach Bild 8 (oder nach der Gleichung für den Abbildungsmaßstab):
$$s \cdot B_{ohne} = b \cdot G.$$

Für die Abbildung mit Lupe ($g = f$) erhält man aus Bild 9:
$$f \cdot B_{mit} = b \cdot G.$$

In beiden Fällen sind b und G gleich groß. Daher gilt:
$$s \cdot B_{ohne} = f \cdot B_{mit}.$$

Für die **Vergrößerung der Lupe** ergibt sich daraus:
$$V = \frac{\alpha_{mit}}{\alpha_{ohne}} = \frac{B_{mit}}{B_{ohne}} = \frac{s}{f}, \text{ also } \mathbf{V = \frac{s}{f}}.$$

Mit dieser Gleichung läßt sich die Vergrößerung leicht aus der Brennweite berechnen. (Wenn nicht anders angegeben, bezieht sich die Vergrößerung auf die deutliche Sehweite $s = 25$ cm.)

Beispiel: Die Brennweite einer Lupe beträgt $f = 4$ cm. Als Vergrößerung ergibt sich:
$$V = \frac{25 \text{ cm}}{4 \text{ cm}} = 6{,}25.$$

Mit dieser Lupe ist der Sehwinkel also 6,25mal größer als ohne.

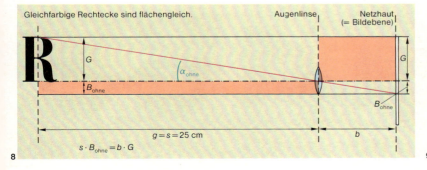

8

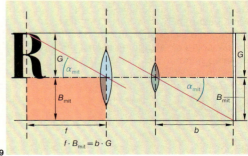

9

Aufgaben

1 Wieso läßt sich mit Hilfe einer Nah- oder Lesebrille das Netzhautbild z. B. einer Textzeile vergrößern?
Warum sind solche Brillen im Alter meist unentbehrlich?

2 Eine 5 mm große Ameise wird zunächst ohne Lupe aus der deutlichen Sehweite (25 cm) betrachtet. Dann wird eine Lupe mit einer Brennweite von 25 mm verwendet.

a) Wie stark werden Sehwinkel und Netzhautbild vergrößert?

b) Der Augapfel des Menschen hat einen Durchmesser von etwa 24 mm. Wie groß ist das Netzhautbild der Ameise mit und ohne Lupe?

3 Der alte Herr in Bild 1 der vorigen Doppelseite hält die Lupe nicht direkt vor das Auge. Trotzdem erreicht er die gewünschte Vergrößerung des Sehwinkels.

a) Der Sehwinkel mit Lupe ist auch in diesem Fall genauso groß wie der Winkel zwischen den Strahlen, die von den Randpunkten des Gegenstandes durch die Lupenmitte verlaufen. Weshalb?

b) Was ändert sich am Netzhautbild, wenn man das Auge immer weiter von der Lupe entfernt, dabei aber den Gegenstand in der Brennebene der Lupe beläßt? Begründe deine Antwort mit Hilfe einer Skizze.

4 Welchen Nachteil hätten Lupen, die wesentlich stärker als 20fach vergrößern?

Auge und Sehvorgang

Alles klar?

1 Was wir sehen, wird durch unsere Erfahrung und unser Wissen wesentlich mitbestimmt. Die Bilder 1 u. 2 zeigen dazu zwei Beispiele. Erläutere!

2 Wie ändert sich das Netzhautbild eines Gegenstandes, wenn wir uns von ihm entfernen?

3 Wieso weiß man bei einem Foto, wie groß die Gegenstände in Wirklichkeit sind? Die Größe des Netzhautbildes kann ja durchaus anders sein als bei Betrachtung des Gegenstandes selbst ...
Wann haben wir Schwierigkeiten, die wirkliche Größe eines Gegenstandes anhand eines Fotos einzuschätzen?

4 In *beiden* Augen wird ein Netzhautbild erzeugt. Warum sehen wir trotzdem nicht alles doppelt?
Wenn du mit dem Finger von der Seite leicht gegen einen Augapfel drückst, erzeugst du ein Doppelbild. Wieso?

5 Alte Leute klagen manchmal scherzhaft: „Ohne Brille sind mir beim Zeitunglesen die Arme zu kurz." Was ist gemeint?
Welche Aufgabe hat die Brille?

6 Auch ein Loch kann wie eine Lupe wirken! Das zeigt folgender **Versuch**:
Stich mit einer Nadel ein Loch in ein Blatt Papier; sein Durchmesser soll kleiner als 1 mm sein.

a) Halte das Loch ganz dicht vor ein Auge, und betrachte den Text auf dieser Buchseite *aus möglichst kleinem Abstand*.

b) Betrachte den Text *aus der gleichen Entfernung*, ohne das Loch zu benutzen. Warum kannst du den Text nicht lesen?

c) Vergleiche den Durchmesser der Augenpupille mit dem des Loches.
Wie wirken sich die unterschiedlichen Durchmesser auf die Lichtbündel aus, die durch das Auge verlaufen?
Erkläre, wie die „Lochlupe" funktioniert.

7 Was versteht man unter der Vergrößerung einer Lupe? Berechne die Vergrößerung einer Lupe mit $f = 3$ cm.

8 Nicht alle Brillengläser sind einfache Sammel- oder Zerstreuungslinsen. Es gibt auch Brillengläser, die z. B. solche Sonnenbildchen erzeugen (Bild 3). Welche Form haben wohl diese Gläser?
Der Augenfehler, der mit solchen Brillengläsern korrigiert wird, heißt *Astigmatismus*. Er beruht auf einem Fehler der Hornhaut. Auf welchem?

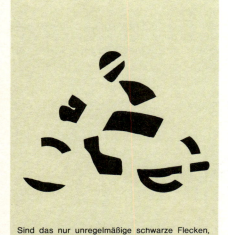
1 Sind das nur unregelmäßige schwarze Flecken, oder stellen sie etwas dar?

2 Das doppelte Gesicht: Ist diese Frau alt oder jung?

3

Auge und Sehvorgang

Auf einen Blick

Wie unser Auge funktioniert

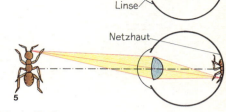

In unserem Auge werden Gegenstände auf der Netzhaut abgebildet:

Die Brechung der einfallenden Lichtbündel erfolgt an der *Hornhaut* und durch die *Augenlinse*.

Der Abstand zwischen Augenlinse und Netzhaut ist konstant. Die Bildweite ist somit vorgegeben; sie läßt sich nicht wie beim Fotoapparat verändern.

Trotzdem können wir aber unser Auge auf Gegenstände in unterschiedlichen Entfernungen einstellen *(akkommodieren)*. Das Auge kann also bei unterschiedlichen Gegenstandsweiten scharfe Netzhautbilder erzeugen.

Die Augenlinse ist elastisch; ihre *Brennweite* läßt sich verändern:
Bei kleiner Gegenstandsweite wird die Linse durch einen Ringmuskel dicker gemacht; ihre Oberfläche ist dann stärker gekrümmt. Bei großer Gegenstandsweite wird sie dünner; ihre Oberfläche ist dann weniger stark gekrümmt.

Die *Pupille* funktioniert wie eine Blende, die sich – je nach Lichteinfall – „automatisch" vergrößert und verkleinert. Sie sorgt dafür, daß nicht zuviel und nicht zuwenig Licht auf die Sehzellen der Netzhaut fällt.

Das *räumliche Sehen* wird vor allem dadurch erreicht, daß unsere Augen etwas unterschiedliche Bilder erzeugen. Beide Netzhautbilder werden vom Gehirn zu einem einzigen räumlichen Bildeindruck verschmolzen.

Augenfehler und ihre Korrektur

Augenfehler können dazu führen, daß auf der Netzhaut kein scharfes Bild entsteht.

Viele Augenfehler können durch Linsen korrigiert werden.

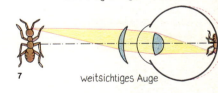

Zur Korrektur der **Kurzsichtigkeit** verwendet man **Zerstreuungslinsen**. Sie haben die Eigenschaft, Lichtbündel „aufzuweiten": Die Randstrahlen eines Lichtbündels laufen je hinter einer Zerstreuungslinse stärker auseinander als vor der Linse.

Zur Korrektur der **Weitsichtigkeit** benutzt man **Sammellinsen**.

Lupen vergrößern den Sehwinkel

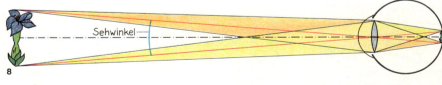

Sammellinsen können auch dazu dienen, den *Sehwinkel* zu vergrößern.

Die Größe des Netzhautbildes ist annähernd proportional zum Sehwinkel. Je größer der Sehwinkel ist, desto größer ist auch das Netzhautbild.

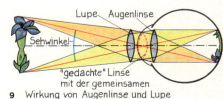

Eine **Lupe** ist eine Sammellinse, die es möglich macht, Gegenstände in geringerer Entfernung zu betrachten als gewöhnlich. Weil die Gegenstände an das Auge heranrücken, vergrößern sich der Sehwinkel und das Netzhautbild.

Der Blick ins Unsichtbare

1 Mikroskop und Fernrohr vergrößern den Sehwinkel

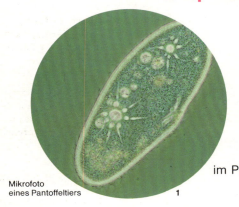

Mikrofoto eines Pantoffeltiers

Fernrohrfoto des Planeten Jupiter

Mikroskop und Fernrohr öffnen uns neue Welten: die Welt des Kleinen und die Welt des Großen. Beide Instrumente sind im Prinzip recht einfach aufgebaut.

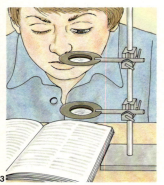

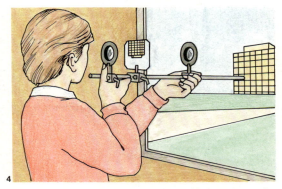

V 1 Die Wirkungsweise eines **Mikroskops** zeigt dieser Versuch (Bild 3).

a) Eine Sammellinse mit 5 cm Brennweite wird dicht über diesem Text angebracht. Blicke aus einigem Abstand auf die Linse, und entferne sie so weit vom Text, bis du ein vergrößertes, umgekehrtes Bild siehst. (Dabei handelt es sich um ein reelles Bild, das zwischen Linse und Auge frei im Raum „schwebt".)

b) Dieses *Zwischenbild* wird mit einer zweiten Sammellinse ($f = 5$ cm) als Lupe betrachtet. Blicke dazu durch die Lupe in Richtung der unteren Linse. Verschiebe dann die Lupe an der Stativstange, bis du ein scharfes, vergrößertes Bild siehst.

Die Linse, die das Zwischenbild erzeugt, heißt *Objektiv*. Die als Lupe eingesetzte Linse nennt man *Okular*.

c) Wie dicht kannst du mit dem Objektiv an den Text herangehen? Welcher Zusammenhang besteht zwischen der Vergrößerung und dem Abstand Text–Objektiv?

d) Vergleiche die Vergrößerungen von Mikroskop und verwendeter Lupe.

V 2 Ein **astronomisches (Keplersches) Fernrohr** wird aufgebaut.

a) Als *Objektiv* benötigst du eine Sammellinse mit großer Brennweite (etwa 30 bis 50 cm). Bilde damit weit entfernte Gegenstände, wie z. B. Häuser oder Bäume, auf einen durchscheinenden Schirm ab. (Der Raum sollte etwas abgedunkelt sein.)

Als *Okular* nimmst du eine zweite Sammellinse mit kürzerer Brennweite (z. B. 10 cm). Betrachte mit dieser Linse als Lupe das Bild auf der Rückseite des Schirms (Bild 4).

Entferne den Schirm, und schaue durch das Okular in Richtung des Objektivs.

b) Untersuche, welchen Einfluß die Brennweite des *Okulars* auf die Vergrößerung des Fernrohres hat.

c) Baue als *Objektiv* verschiedene Linsen in dein Fernrohr ein. Welcher Zusammenhang besteht zwischen der Objektivbrennweite und der Größe des Zwischenbildes?

d) Wie hängt die Länge des Fernrohres mit den Brennweiten von Objektiv und Okular zusammen?

V 3 Mit einer *Zerstreuungslinse* als Okular kann man ein **holländisches (Galileisches) Fernrohr** bauen:

a) Halte eine Zerstreuungslinse mit einer Brennweite von 10 cm vor dein Auge, und blicke dann durch eine Sammellinse mit einer Brennweite von 30 bis 50 cm (Bild 5). Wähle dabei den Abstand zwischen den Linsen so, daß du ein scharfes, vergrößertes Bild eines weit entfernten Gegenstandes (z. B. eines Baumes) siehst.

b) Wie groß ist in dieser Stellung der Abstand zwischen den Linsen? Wie hängt er mit der Brennweite der beiden Linsen zusammen?

Info: Das Mikroskop

Mikroskope bestehen aus zwei Linsen bzw. zwei Linsensystemen: dem **Objektiv** und dem **Okular**. (Systeme aus mehreren Linsen liefern eine bessere Bildqualität als Einzellinsen.)

Bild 6 zeigt die Wirkungsweise eines Mikroskops.

Das Objektiv erzeugt ein vergrößertes reelles Bild des Gegenstandes. Dieses *Zwischenbild* wird allerdings nicht auf einem Schirm „aufgefangen".

Vielmehr betrachtet man das frei im Raum stehende Zwischenbild mit dem Okular als Lupe. Man sieht dann ein zusätzlich vergrößertes virtuelles Bild.

Die Vergrößerung des Sehwinkels wird also in zwei Stufen erreicht:

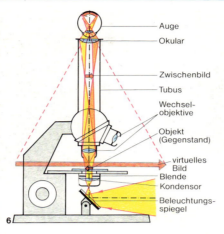

1. Das Objektiv erzeugt ein vergrößertes Zwischenbild; die Vergrößerung ist durch den Abbildungsmaßstab A angegeben:

$$A = \frac{B}{G} = \frac{b}{g}.$$

2. Das Okular macht es dem Betrachter möglich, dieses Zwischenbild aus einer geringen Entfernung zu betrachten.

Auf diese Weise wird der Sehwinkel, unter dem man das Zwischenbild sieht, vergrößert:

$$V_{Ok} = \frac{s}{f_{Ok}} \quad (s: \text{deutliche Sehweite}).$$

Vergrößert z.B. das Objektiv 50fach und das Okular 15fach, so ergibt sich als Vergrößerung des Mikroskops: $50 \cdot 15 = 750$.

Info: Das astronomische und das holländische Fernrohr

Damit Gegenstände in ihren Einzelheiten zu erkennen sind, müssen sie unter einem *möglichst großen Sehwinkel* erscheinen. Bei einem großen Sehwinkel ist ja auch das Netzhautbild groß.

Häufig läßt sich der Sehwinkel einfach dadurch vergrößern, daß man den Abstand Auge–Gegenstand verringert. Man führt den Gegenstand einfach an das Auge heran. Mit einer Lupe, kann man den Gegenstand auch noch dicht vor dem Auge scharf sehen. Wenn wir aber die Mondlandschaft betrachten oder Vögel im Flug beobachten wollen, läßt sich die Entfernung zum Gegenstand nicht verändern.

Eine Vergrößerung des Sehwinkels erreicht man dann nur mit einem **Fernrohr**, und zwar durch folgenden Trick:

Man betrachtet z.B. eine Mondlandschaft nicht mehr direkt, sondern ein reelles Bild von ihr (→ Versuch 2). Dieses Bild liegt praktisch in der Brennebene des Objektivs und ist stark verkleinert. Die Verkleinerung stört aber nicht weiter, denn man kann ja mit seinem Auge nahe an das Bild herangehen. Bereits dadurch läßt sich ein vergrößertes Netzhautbild erzeugen.

Beim Fernrohr (Bild 7) betrachtet man das reelle Bild jedoch nicht mit bloßem Auge, sondern mit einer Lupe – dem Okular. Dadurch läßt sich das Auge bis auf wenige Zentimeter an das Zwischenbild heranbringen. Auf diese Weise werden Sehwinkel und Netzhautbild vergrößert.

In Bild 7 hast du das **astronomische** bzw. das **Keplersche Fernrohr** kennengelernt. Es wurde von *Johannes Kepler* (1571–1630) entworfen und für astronomische Beobachtungen genutzt. Durch ein solches Fernrohr sieht man alles kopfstehend und seitenverkehrt.

Eine andere Art Fernrohr, durch das man seine Umgebung aufrecht und seitenrichtig sieht, wurde von holländischen Brillenmachern erfunden und von *Galileo Galilei* (1562–1642) weiterentwickelt. Bei diesem **holländischen** oder **Galileischen Fernrohr** wird eine *Zerstreuungslinse* als Okular verwendet.

Zerstreuungslinsen brechen divergierende Lichtbündel so, daß sie hinter der Linse stärker auseinanderlaufen. Sie haben keinen (reellen) Brennpunkt. Einfallende Parallelbündel werden so gebrochen, daß sie für unser Auge von einem Punkt P' der *virtuellen Brennebene* vor der Linse herzukommen scheinen (Bild 8).

Wegen der Umkehrbarkeit des Lichtweges läßt sich Bild 8 auch so deuten: Wenn ein Lichtbündel *vor* der Linse so verläuft, daß sich seine Randstrahlen in der virtuellen Brennebene schneiden würden, dann verläßt es die Zerstreuungslinse als Parallelbündel.

Genau diesen Sachverhalt nutzt man beim Galileifernrohr aus (Bild 9): Ein (nahezu) paralleles Lichtbündel, das von einem weit entfernten Gegenstandspunkt kommt, läuft hinter dem Objektiv zusammen. Ehe es sich aber in dessen Brennebene vereinigen kann, trifft es auf die Zerstreuungslinse. Diese macht das Lichtbündel wieder parallel.

Der Sehwinkel, unter dem der Gegenstand erscheint, wird vergrößert.

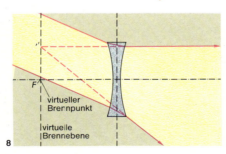

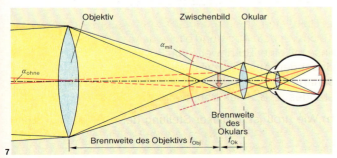

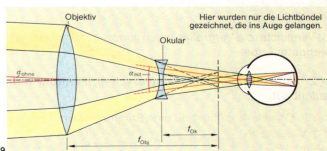

Aus Umwelt und Technik: **Fernrohre für verschiedene Zwecke**

Die Bilder 1–3 zeigen verschiedene Fernrohre und ihre Einsatzmöglichkeiten.

Ein **astronomisches Fernrohr** enthält nur eine Sammellinse (oder einen Hohlspiegel) als Objektiv und eine Sammellinse als Okular. Auf weitere Glaskörper muß man verzichten; sie würden einen Teil des ohnehin geringen Lichtes absorbieren, das von weit entfernten Sternen das Fernrohr erreicht.

Dabei nimmt man in Kauf, daß die Bilder gegenüber der direkten Beobachtung um 180° gedreht sind. Im Fernrohr sieht man also alles „auf dem Kopf" stehen. Außerdem bewegen sich die beobachteten Objekte gegenüber der Wirklichkeit in entgegengesetzter Richtung.

Wenn man aber Vorgänge auf der Erde beobachten will, benötigt man ein aufrechtes Bild, wie es **terrestrische Fernrohre** liefern (lat. *terra*: Erde). Meist handelt es sich dabei um Doppelfernrohre (Ferngläser), durch die man mit beiden Augen schaut und deshalb räumlich sieht.

Am weitesten verbreitet sind **Prismenferngläser**. In jedem der beiden Rohre befinden sich zwei Prismen. Durch Totalreflexion an den Prismenflächen vertauscht das erste Prisma oben und unten, das zweite links und rechts (Bild 4). Der Beobachter sieht daher im Okular ein aufrechtes und seitenrichtiges Bild.

Prismenferngläser verdanken ihre große Beliebtheit ihrer geringen Baulänge: Die Länge l des Lichtweges zwischen Objektiv und Okular ist ja durch die Objektivbrennweite (f_{Obj}) und die Okularbrennweite (f_{Ok}) festgelegt: $l = f_{Obj} + f_{Ok}$. Durch das mehrfache Umlenken wird der Lichtweg praktisch „zusammengefaltet", so daß das Fernrohr kürzer als der tatsächliche Lichtweg ist. Zudem vergrößern die Prismen den Abstand zwischen den Objektiven und verbessern so das räumliche Sehen.

Wenn man überwiegend Objekte in großer Entfernung betrachtet, ist ein Fernrohr mit starker Vergrößerung nützlich. Solche Fernrohre sind lang und unhandlich. Noch länger werden sie dadurch, daß man das Bild umkehren muß. Dies geschieht mit Hilfe einer zusätzlichen Sammellinse (*Umkehrlinse*), die im Abstand ihrer doppelten Brennweite hinter dem Zwischenbild angeordnet ist (Bild 5).

Um derartige Fernrohre etwas handlicher zu machen, setzt man das Rohr aus mehreren Stücken zusammen, die sich ineinanderschieben lassen (**Zugfernrohr**).

Recht einfach ist das **Opernglas** gebaut: Jedes Auge schaut durch ein Fernrohr, das aus einer Sammellinse als Objektiv und einer Zerstreuungslinse als Okular besteht.

Es handelt sich hier also um Galileische oder holländische Fernrohre. Die Rohrlänge l ist kleiner als die Brennweite des Objektivs: $l = f_{Obj} - f_{Ok}$. Ein solches Fernglas läßt sich daher problemlos in einer Handtasche verstauen.

Galileische Fernrohre werden nur mit geringen Vergrößerungen gebaut. Außerdem haben sie den Nachteil, daß man das Fernrohr vor dem Auge etwas bewegen muß, um das ganze Gesichtsfeld zu überblicken. Für längere Beobachtungen ist das anstrengend, aber für einen kurzen Blick auf einen Schauspieler oder eine Sängerin sind Operngläser gut geeignet.

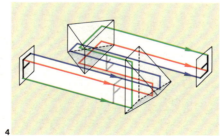

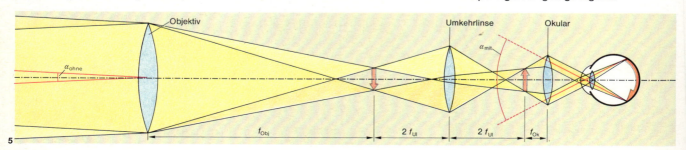

Aus der Geschichte: Wie das Fernrohr unser Weltbild veränderte

Im Mittelalter war die Überzeugung weit verbreitet, im Mittelpunkt der Welt stünde die **Erde**. Sonne, Planeten und Sterne dagegen würden um die Erde wandern. Diese Auffassung entspricht ja auch der täglichen Erfahrung – und vor allem wurde von der Kirche gelehrt, daß dieses „Weltbild" das einzig richtige sei. Daß die Erde nur ein recht kleiner und unbedeutender Himmelskörper sein könnte, war für die meisten Menschen völlig undenkbar.

Trotzdem gab es auch damals schon Astronomen, die eine andere Erklärung für die Himmelsbewegungen hatten. Einer dieser Astronomen war *Nikolaus Kopernikus* (1473–1543). Er war der Ansicht, daß die Erde und alle anderen Planeten die **Sonne** umkreisen und daß die Erde sich zusätzlich um ihre eigene Achse drehe (Bild 6). Allerdings hatte Kopernikus keine Beweise für seine Theo-

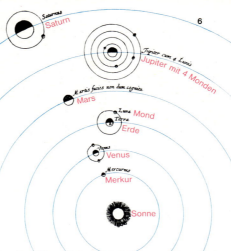

rie. Was viele Gelehrte von Kopernikus hielten, drückte *Martin Luther* so aus: „Der Narr will die ganze Kunst der Astronomie umkehren!"

Nach der Erfindung des Fernrohres wurden jedoch Beobachtungen gemacht, die die Lehre von der Erde als Mittelpunkt der Welt widerlegten: Im Jahre 1610 entdeckte der italienische Astronom *Galileo Galilei* (Bild 7) mit einem Fernrohr, daß der Planet Jupiter von Monden umkreist wird. Für diese Monde stand der *Jupiter* im Mittelpunkt ihrer Bahnen – und nicht die Erde! Auch beobachtete Galilei mit Hilfe des Fernrohres, daß die Venus mal als Scheibe zu sehen ist und mal als mehr oder weniger breite Sichel. (Du kennst diese Erscheinung vom Mond.) Auch diese Beobachtungen konnte Galilei leicht erklären, wenn er annahm, daß die Venus um die *Sonne* kreise: Die Venus war immer nur auf der Seite hell, die von der Sonne beschienen war.

Viele weitere Beobachtungen ließen sich mit dem „Weltbild" des Kopernikus erklären. So veröffentlichte Galilei schließlich 1632 ein Buch und beschrieb darin seine Beobachtungen. Er behauptete, das Weltbild des Kopernikus sei richtig, und widersprach so der kirchlichen Lehre.

Deshalb wurde Galilei zum Papst nach Rom geladen und vor ein kirchliches Gericht gestellt. Um zu überleben, mußte er seine Behauptungen widerrufen (→ Text unten). Sein Buch wurde verboten und er selbst unter Hausarrest gestellt.

Jedoch konnte die Kirche nicht verhindern, daß sich in den folgenden Jahrzehnten das **Kopernikanische Weltbild** durchsetzte.

Fragen und Aufgaben zum Text

1 Beschreibe die Unterschiede zwischen dem Weltbild des Kopernikus und dem Weltbild, das der kirchlichen Lehre des Mittelalters entsprach.

2 Galilei beobachtete mit einem Fernrohr, daß der Jupiter *Monde* hat. Warum war diese Entdeckung ein Widerspruch zur kirchlichen Lehre?

Die Abschwörung Galileis vor dem Inquisitionsgericht

Ich, Galileo Galilei aus Florenz, meines Alters 70 Jahre, persönlich vor Gericht erschienen und vor Euch kniend, Erhabenste und Hochwürdigste Herren Kardinäle, Generalinquisitoren in der gesamten Christenheit wider die ketzerische Verderbnis, mit den Heiligen Evangelien vor meinen Augen, welche ich mit eigenen Händen berühre, schwöre, daß ich allezeit geglaubt habe, gegenwärtig glaube und mit der Hilfe Gottes in Zukunft alles glauben werde, was die Hl. Katholische und Apostolische Kirche für gültig hält, predigt und lehrt.

Weil ich aber von diesem Hl. Offizium ... dringend der Ketzerei verdächtig befunden worden bin, nämlich aufrechtgehalten und geglaubt zu haben, daß die Sonne Mittelpunkt der Welt sei und still stehe und daß die Erde nicht Mittelpunkt sei und sich bewege, und weil ich diesen heftigen Verdacht, der rechtens auf mich fällt, tilgen will, schwöre ich aufrichtigen Herzens und ungeheuchelten Glaubens ab, verfluche und verabscheue die obengenannten Irrtümer und Ketzereien ..., und ich schwöre, daß ich künftig niemals wieder, in Wort oder Schrift, Dinge sagen noch behaupten werde, für welche ähnlicher Verdacht gegen mich geschöpft werden könnte ...

Ich, obengenannter Galileo Galilei, habe abgeschworen, geschworen, gelobt und mich verpflichtet wie vorstehend; und in Beurkundung der Wahrheit habe ich mit eigener Hand das vorliegende Schriftstück meiner Abschwörung unterschrieben und sie Wort für Wort gesprochen; zu Rom; im Kloster der Minerva, an diesem 22. Juni 1633.

Aus den Akten
des Prozesses gegen Galilei.

Aus der Geschichte: Das Mikroskop hilft Seuchen besiegen

Viele ansteckende Krankheiten wie z. B. Diphtherie und Wundstarrkrampf werden durch Bakterien verursacht. Voraussetzung für den erfolgreichen Kampf gegen solche Krankheiten war, daß man ihre Erreger kannte.

Die Bakterien wurden von dem Holländer *Anton van Leeuwenhoek* (1632–1723) entdeckt. Er betrieb ein kleines Textilgeschäft und schliff in seiner Freizeit Linsen. Es gelang ihm, winzige Linsen mit Brennweiten von weniger als 1 mm herzustellen.

Sein „Mikroskop" bestand aus nur einer Linse (Bild 1). Mit Hilfe mehrerer Schrauben konnte er das Untersuchungsobjekt in ihre Brennebene bringen. Mit solchen Lupen erreichte Leeuwenhoek eine 200fache Vergrößerung – und das ermöglichte ihm, auf einem einzigen menschlichen Zahn mehr Kleinstlebewesen zu entdecken, „als es Untertanen in einem Königreich gibt".

Er beschrieb und zeichnete verschiedene Bakterienformen (Bild 2).

Leeuwenhoek teilte seine Beobachtungen der Royal Society in London mit. Zunächst schenkte man ihm keinen Glauben. Was er berichtete, klang zu absonderlich. Aber schließlich ließen sich die Wissenschaftler überzeugen – Leeuwenhoek hatte 26 Lupen nach London geschickt.

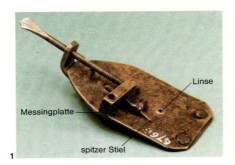

1 (Messingplatte, Linse, spitzer Stiel)

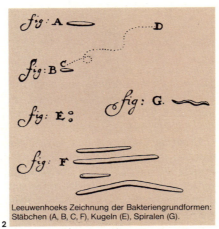

2 Leeuwenhoeks Zeichnung der Bakteriengrundformen: Stäbchen (A, B, C, F), Kugeln (E), Spiralen (G).

3 Tuberkuloseerreger (rot)

Leeuwenhoeks Entdeckung hatte noch keine Auswirkungen auf die Medizin. Daß so winzige „Tierchen" wie Bakterien dem Menschen etwas anhaben könnten, war unvorstellbar.

Im Laufe der Zeit wurde das Mikroskop verbessert, und die Welt der Kleinstlebewesen wurde den Wissenschaftlern vertraut. Ungefähr 200 Jahre nach Entdeckung der Bakterien fand der französische Chemiker *Louis Pasteur* (1822–1895) heraus, daß bestimmte Bakterienarten ansteckende Krankheiten hervorrufen.

Die Entdeckungen und Methoden Pasteurs begründeten einen neuen Forschungszweig: die Bakteriologie. Zu den berühmtesten Forschern auf diesem Gebiet zählte der Arzt *Robert Koch* (1843–1910). Koch gelang es, die glasklaren, durchsichtigen Bakterien einzufärben, so daß sie sich besser unterscheiden ließen (Bild 3).

Er entdeckte die Erreger so gefürchteter Krankheiten wie Tuberkulose und Cholera, und er entwickelte Methoden zur Bekämpfung dieser Krankheiten.

Die wenigsten der heute bekannten Bakterienarten sind Krankheitserreger. Bakterien spielen z. B. auch bei der Käseherstellung oder bei der Verdauung eine wichtige Rolle.

Aufgaben

1 Welche Linse (welches Linsensystem) erzeugt beim Mikroskop ein virtuelles, welche ein reelles Bild?

2 Vergleiche das Mikroskop mit einem Diaprojektor. Worin gleichen sich beide Instrumente? Welchen wesentlichen Unterschied gibt es?

3 Woran erkennt man, daß Mikroskop-Objektive Brennweiten von wenigen Millimetern haben?

4 Mikroskope besitzen oft Wechselobjektive mit unterschiedlichen Brennweiten. Die Bildweite des Zwischenbildes ist praktisch bei allen Objektiven gleich (ca. 15 cm).

Für die folgenden Überlegungen kannst du davon ausgehen, daß sich das Objekt in der Brennebene des Objektivs befindet.

a) Wie hängt die Größe des Zwischenbildes von der Brennweite ab? (*Tip:* Wenn du eine Zeichnung anfertigst, genügen die Mittelpunktstrahlen, um die Bildgröße zu ermitteln.)

b) Welchen Einfluß hat die Größe des Zwischenbildes auf seine Helligkeit?

5 Für ein Keplersches und ein Galileisches Fernrohr wurde die gleiche Sammellinse als Objektiv verwendet. Wodurch unterscheiden sich die beiden Fernrohre schon äußerlich?

6 Begründe mit einer Zeichnung, daß das Zwischenbild bei einem Fernrohr um so größer ist, je größer die Brennweite des Objektivs ist. (*Tip:* Die Lichtbündel, die von weit entfernten Gegenstandspunkten herkommen und auf das Objektiv treffen, sind praktisch parallel.)

7 Schaut man von der Objektivseite her (also in umgekehrter Richtung) in ein Fernrohr, so sieht man alles verkleinert. Gib dafür eine Erklärung.

8 Wie ändert sich die Vergrößerung eines Keplerschen Fernrohres, wenn man ein Okular mit größerer Brennweite einbaut? Begründe!

2 Zahlenwerte rund ums Fernrohr

	8 × 30	10 × 25
Vergrößerung	8 ×	10 ×
Objektivdurchmesser	30 mm	25 mm
Sehfeld auf 1000 m	110 m	96 m
Austrittspupille	3,75 mm	2,5 mm
Gewicht	600 g	200 g

4

Was sagen diese Angaben über die Vor- und Nachteile eines Fernglases aus?

Info: Die Sehwinkelvergrößerung von Fernrohren

Mit einem Fernglas kann man z. B. ein Gebäude scheinbar „heranholen"; man kann Gegenstände so betrachten, als wären sie weniger weit entfernt. Wie du schon weißt, beruht diese Wirkung darauf, daß Ferngläser den **Sehwinkel** vergrößern (Bild 5):

Eingezeichnet ist das (fast) parallele Lichtbündel, das von der Spitze eines weit entfernten Turmes ausgeht. Der Fußpunkt des Turmes liegt auf der optischen Achse (daher liegt auch sein Bild auf der optischen Achse).

Wir sehen den Turm mit bloßem Auge unter dem Winkel α_{ohne}. Mit dem Okular betrachten wir das reelle Zwischenbild; wir sehen den Turm dann unter dem Winkel α_{mit}.

Unter der **Vergrößerung** V eines Fernrohres versteht man – wie bei der Lupe – das Verhältnis der Sehwinkel:

$$V = \frac{\alpha_{mit}}{\alpha_{ohne}}.$$

Die Sehwinkel verhalten sich annähernd wie die zugehörigen Größen der Netzhautbilder (→ Auge und Sehvorgang):

$$V = \frac{\alpha_{mit}}{\alpha_{ohne}} = \frac{B_{mit}}{B_{ohne}}.$$

Aber weder die Sehwinkel noch die Bildgrößen auf der Netzhaut lassen sich leicht messen. Mit Hilfe der Bilder 6 u. 7 können wir die Vergrößerung durch leicht meßbare Größen ausdrücken.

Auf der linken Seite der Gleichungen steht jeweils der gleiche Term, also sind auch die Terme auf der rechten Seite gleich:

$$B_{mit} \cdot f_{Ok} = B_{ohne} \cdot f_{Obj} \quad \text{oder} \quad \frac{B_{mit}}{B_{ohne}} = \frac{f_{Obj}}{f_{Ok}}.$$

Die Vergrößerung ergibt sich somit als das Verhältnis der Brennweiten von Objektiv und Okular:

$$V = \frac{f_{Obj}}{f_{Ok}}.$$

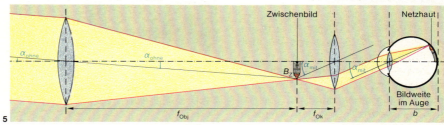

5

Das Okular ist eine Lupe, mit der wir das reelle Zwischenbild betrachten.
Die roten Rechtecke sind flächengleich (→ Mathematische Herleitung der Abbildungsgesetze).
Daher gilt: $B_Z \cdot b = B_{mit} \cdot f_{Ok}$.

6

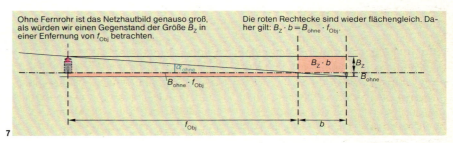

Ohne Fernrohr ist das Netzhautbild genauso groß, als würden wir einen Gegenstand der Größe B_Z in einer Entfernung von f_{Obj} betrachten.

Die roten Rechtecke sind wieder flächengleich. Daher gilt: $B_Z \cdot b = B_{ohne} \cdot f_{Obj}$.

7

Beispiel: Das Objektiv eines Fernrohres hat eine Brennweite von 25 cm, die Brennweite des Okulars beträgt 2,5 cm.
Als Vergrößerung des Fernrohres ergibt sich daraus:

$$V = \frac{25 \text{ cm}}{2,5 \text{ cm}} = 10.$$

Entfernte Gegenstände erscheinen also mit diesem Fernrohr unter einem 10mal so großen Sehwinkel wie ohne Fernrohr.

Starke Vergrößerungen sind nicht immer erwünscht. Dafür gibt es die folgenden drei Gründe:

○ Bei Ferngläsern gleicher Bauart ist das **Sehfeld** um so kleiner, je stärker die Vergrößerung ist. (Unter einem Sehfeld versteht man den Ausschnitt der Landschaft, den man im Fernglas sehen kann. Um Sehfelder zu vergleichen, gibt man den Durchmesser an, den das überschaubare Gebiet in 1000 m Entfernung hat.)

○ Bei starker Vergrößerung „wackelt das Bild", wenn man kein Stativ verwendet.

○ Vergrößerung und Objektivdurchmesser haben Einfluß auf die Bildhelligkeit (→ *Helle Bilder „wiegen schwer"*).

Aus Umwelt und Technik: **Helle Bilder „wiegen schwer"**

Förster und Jäger verwenden Ferngläser, die große Linsen haben und meist mehr als 1 kg wiegen. Ein solches Fernglas wird man kaum auf einer Bergwanderung mitschleppen wollen. Es wäre auch sinnlos, denn für Beobachtungen bei hellichtem Tag reicht ein leichtes mit kleineren Linsen völlig aus; das schwere Fernglas hätte überhaupt keinen Vorteil!

In der Dämmerung oder bei Mondschein ist das aber anders. Durch das schwere „Nachtglas" sieht man nämlich viel *hellere* Bilder als durch ein gewöhnliches Fernglas.

Die Helligkeit des Bildes hängt davon ab, wieviel Licht durch das Fernrohr ins Auge gelangt.

Daß viel Licht *ins Fernrohr* fällt, läßt sich leicht erreichen: Man muß einen möglichst großen Durchmesser des Objektivs wählen. Von den Verlusten durch Absorption und Reflexion im Fernrohr abgesehen, tritt das gesamte einfallende Licht aus dem Okular wieder aus.

Eine große Objektivlinse nutzt aber nur dann etwas, wenn das Licht anschließend auch *ins Auge* gelangt.

In Bild 1 ist ein paralleles Lichtbündel gezeichnet, das in ein (astronomisches) Fernrohr fällt. Damit kein Licht verloren geht, muß das aus dem Okular kommende Lichtbündel so schmal sein, daß es durch die Augenpupille hindurchpaßt. Der *Durchmesser des austretenden Lichtbündels* spielt also eine wichtige Rolle.

Dieser Durchmesser läßt sich leicht messen: Wenn man das Objektiv eines Fernrohres z. B. auf ein Fenster richtet, entsteht hinter dem Okular ein helles Scheibchen: die **Austrittspupille** (Bild 2).

Die Austrittspupille ist ein verkleinertes reelles Bild der Objektivöffnung; es wird vom Okular erzeugt. In Bild 1 wurde dieses Bild mit Hilfe von Mittelpunkt- und Brennstrahlen konstruiert. Wie du siehst, ist der Durchmesser d_A der Austrittspupille genauso groß wie der gesuchte Durchmesser des Lichtbündels hinter dem Okular. Den Durchmesser d_A kann man

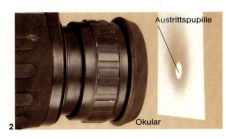

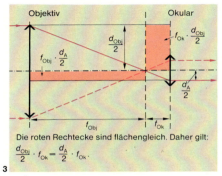

auch berechnen. Mit Hilfe von Bild 3 ergibt sich:

$$V = \frac{f_{Obj}}{f_{Ok}} = \frac{d_{Obj}}{d_A} \quad \text{oder} \quad d_A = \frac{d_{Obj}}{V}.$$

Bei einer festgelegten Vergrößerung genügt es, den Objektivdurchmesser d_{Obj} so groß zu wählen, daß d_A gleich dem Durchmesser der Augenpupille ist. Macht man die Objektivlinse größer, so gelangt trotzdem nicht mehr Licht ins Auge.

Allerdings hat unsere Augenpupille nicht immer die gleiche Größe. Ihr Durchmesser beträgt bei Sonnenschein ungefähr 2 mm, in der Nacht dagegen bis zu 7 mm.

Bei einem Nachtglas sollte die Austrittspupille ebenfalls 7 mm groß sein. Bei 8facher Vergrößerung ist dazu ein Objektivdurchmesser von

$$d_{Obj} = V \cdot d_A = 8 \cdot 7 \text{ mm} = 56 \text{ mm}$$

erforderlich. Ein solches Fernrohr trägt den Aufdruck „8x56".

Für Beobachtungen bei Tage reicht ein Fernglas „10x25" aus. Seine Austrittspupille hat einen Durchmesser von $d_A = 2{,}5$ mm; sie ist damit ungefähr genauso groß wie die Augenpupille bei Tageslicht.

Die Lichtbündel werden auf ihrem Weg durch das Fernrohr verengt. Man könnte daher vermuten, daß man durch ein Fernrohr z. B. einen Turm heller sieht als ohne.

Das ist aber nicht der Fall: Angenommen, man beobachtet bei Tage mit einem Fernglas „10x25". Von dem Turm fällt natürlich mit Fernglas mehr Licht in das Auge als ohne Fernglas; der Objektivdurchmesser ist ja 10mal so groß wie der Pupillendurchmesser. Aber das einfallende Licht wird auch auf ein 10fach vergrößertes Netzhautbild verteilt. Man sieht also den Turm mit einem Fernrohr höchstens genauso hell wie ohne.

Daß die wahrgenommene Helligkeit nicht vom Sehwinkel abhängt, gilt auch dann, wenn man kein Fernrohr benutzt: Entfernt man sich von einem Gegenstand, so wird er zwar kleiner, aber nicht dunkler.

Die Überlegungen zur Helligkeit des Bildes gelten nicht für die Beobachtung von Sternen, da wir diese nur als Lichtpunkte wahrnehmen.

Fragen und Aufgaben zum Text

1 Die Vergrößerung eines Fernrohres läßt sich einfach ermitteln, wenn man die Durchmesser von Objektiv und Austrittspupille mißt.

Welche Vergrößerung ergibt sich aus $d_{Obj} = 20$ mm und $d_A = 4$ mm?

2 Was bedeutet die Angabe „8x30" auf einem Fernglas?

3 Die Austrittspupille eines ausziehbaren Taschenfernrohres hat einen Durchmesser von 2,5 mm.

a) Für welche Beobachtungen ist dieses Fernrohr ungeeignet?
  Welche Vorteile hat es?
b) Das Fernrohr vergrößert 8fach. Wie groß ist der Durchmesser des Objektivs?
c) Die Brennweite seines Okulars beträgt 2 cm. Berechne, welche Brennweite das Objektiv hat.

Der Blick ins Unsichtbare

Alles klar?

1 Ein astronomisches Fernrohr hat ein Objektiv mit einer Brennweite von 60 cm. Es können verschiedene Okulare eingesetzt werden. Welche Brennweiten müssen diese haben, wenn das Fernrohr 10-, 20- und 30fach vergrößern soll?

2 Das Zwischenbild ist beim Mikroskop viel größer als der betrachtete Gegenstand, beim Fernrohr dagegen viel kleiner. Welche Gründe hat das?

3 Beim Mikroskop wird der Gegenstand beleuchtet, damit man ein helles Bild erhält. Mit einem Fernrohr kann man auch in der Dämmerung gut sehen. Erkläre!

4 Diese Ferngläser (Bild 4) vergrößern beide 8fach. Auch der Lichtweg im Innern verläuft im Prinzip gleich. Worin unterscheiden sich die Ferngläser?

Warum ist das Fernglas 2 so lang? (*Tip:* Die großen Objektivlinsen dürfen nicht zu schwer sein.)

5 Nimm an, dir stehen drei Ferngläser mit folgenden Daten zur Verfügung:
8x30, 10x25, 7x42.
Welches dieser Ferngläser würdest du auf eine Nachtwanderung mitnehmen?

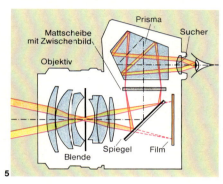

6 Bild 5 zeigt vereinfacht den Lichtweg zum *Sucher* (Okular) einer Spiegelreflexkamera. Das Objektiv ist auf einen weit entfernten Gegenstand eingestellt.

a) Vergleiche diesen Lichtweg mit dem eines Fernrohres.

b) Das Normalobjektiv der Kamera hat 50 mm Brennweite. Beim Blick in den Sucher ist der Sehwinkel nicht vergrößert. Welche Brennweite hat das Okular?

c) Welche Brennweite muß ein Teleobjektiv haben, damit der Sehwinkel 4fach vergrößert wird?

7 Michaela besitzt ein Fernrohr für Himmelsbeobachtungen. Das Objektiv hat einen Durchmesser von 10 cm.

a) Die Brennweite des Objektivs beträgt 50 cm. Welche Brennweite sollte das Okular haben, wenn Michaela den Mond beobachten will? Welche Vergrößerung erreicht sie mit diesem Okular?

b) Alle Fixsterne (außer der Sonne) sind so weit von uns entfernt, daß wir sie nur als Lichtpunkte wahrnehmen. Die Größe der Lichtpunkte ändert sich nicht, wenn wir durch ein Fernrohr blicken. Die Netzhautbilder von Sternen sind nämlich auch mit einem Fernrohr kleiner als die Sehzellen unseres Auges.

Trotzdem betrachtet man den Sternenhimmel mit Fernrohren. Warum?

Auf einen Blick

Das Mikroskop

Das Objektiv des Mikroskops erzeugt ein vergrößertes, reelles Bild des Gegenstandes. Dieses Bild wird mit einer Lupe – dem Okular – betrachtet.

Das Okular vergrößert den Sehwinkel, unter dem das bereits vergrößerte Zwischenbild erscheint.

Die Vergrößerung V des Mikroskops ergibt sich als Produkt aus dem Abbildungsmaßstab A des Objektivs und der Vergrößerung V_{Ok} des Okulars:

$$V = A \cdot V_{Ok}$$

Das Fernrohr

Lichtbündel, die von den Punkten eines weit entfernten Gegenstandes herkommen und auf das Objektiv treffen, sind praktisch parallel.

In der Brennebene des Objektivs kann man daher ein verkleinertes, reelles Bild auffangen.

Dieses Zwischenbild wird mit dem Okular als Lupe betrachtet.

Durch das Fernrohr wird der Sehwinkel vergrößert. Es entsteht ein vergrößertes Netzhautbild, und wir haben deshalb den Eindruck, der Gegenstand sei näher herangerückt.

Die Vergrößerung des Fernrohres ergibt sich aus dem Verhältnis der Brennweiten von Objektiv und Okular. Es gilt:

$$V = \frac{f_{Obj}}{f_{Ok}}$$

Bei einem Fernrohr ist das erzeugte Netzhautbild um so heller, je mehr von dem Licht, das ins Objektiv eintritt, auch ins Auge gelangt. Die Lichtbündel, die aus dem Okular austreten, sollten deshalb möglichst den gleichen Durchmesser wie die Augenpupille haben.

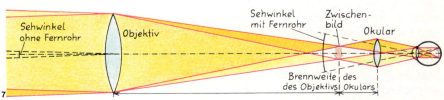

Die Farben

1 Licht steckt voller Farben

Nur Sonnenlicht und klares Wasser – wo kommen da die **Farben** am Spiegelbild des Bleistifts her?

V 1 Führe den Versuch von Bild 1 durch. Richte den Spiegel dabei so aus, daß du in ihm das Fenster siehst, wenn du flach aufs Wasser schaust.

V 2 In Bild 1 geht das Licht durch ein „Wasserprisma". Jetzt lassen wir das Licht der Sonne durch ein *Glasprisma* fallen (Bild 2).

Kippe das Prisma hin und her: Bei welcher Stellung leuchtet das farbige Band auf dem Schirm am stärksten?

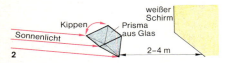

V 3 Der Projektor von Bild 3 wird so eingestellt, daß ein scharfes Bild der Schlitzblende entsteht, wenn sich der Schirm in Position (1) befindet.

a) Das farbige Lichtband, das du auf dem Schirm (2) siehst, nennt man *Spektrum*. Notiere die *Spektralfarben* in ihrer Reihenfolge.

b) Wird das Licht vom Prisma „eingefärbt"? Wir halten ein Blatt weißes Papier hinter das Prisma und bewegen es auf den Schirm zu.

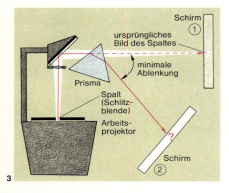

c) Der Spalt wird gegen eine Lochblende ausgetauscht. Erkläre die Form, die das Spektrum mit Spalt- und mit Lochblende hat.

d) Wir halten 50 cm vor dem Schirm ein zweites Prisma in den Lichtweg. Das Prisma drehen wir so, daß eine Farbe aus dem Spektrum herausgelenkt wird. Findet eine weitere Auffächerung der Farben statt?

V 4 Hört das Spektrum bei Rot bzw. bei Violett auf?

Auf ungebleichtem Papier erzeugen wir wie in Versuch 3 ein Spektrum. Mit einem fluoreszent-grünen Markierungsstift wird ein Strich über das Spektrum gezogen – auch über das violette Ende hinaus ...

Wir führen eine Solarzelle durch das Spektrum – auch über das Rot hinaus. Was schließt du aus der Anzeige eines angeschlossenen Spannungsmessers?

V 5 Aus weißem Licht haben wir ein Spektrum erzeugt. Ob man die Spektralfarben auch wieder zu weißem Licht zusammenführen kann? (Wir sprechen von weißem Licht, wenn ein Blatt Papier in diesem Licht so weiß aussieht wie im Sonnenlicht.)

Bild 4 zeigt den Aufbau. Zunächst erzeugen wir auf dem Schirm (1) ein Spektrum, das nicht größer ist als die Sammellinse L_2. Dann verschieben wir den Schirm (2) und setzen an seinen bisherigen Platz die Linse L_2. Wie ist das Ergebnis zu erklären?

V 6 Wenn man durch ein Glasprisma blickt, sieht man farbige Ränder. Eine Fläche des Prismas soll etwa in Höhe der Augenbraue liegen (Bild 5).

Betrachte Gegenstände der Umgebung. Versuche, bestimmte Gegenstände trotz der „Verrückung" auf Anhieb zu finden. Wo beobachtest du besonders leuchtende Farbränder?

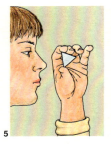 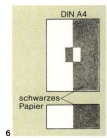

V 7 Fertige dir eine Vorlage nach Bild 6 an. Betrachte dann das helle Rechteck auf dunklem Grund und das dunkle Rechteck auf hellem Grund durch das Prisma. Vergleiche die Farbenfolgen.

Schiebe nun den schwarz-weißen Streifen von unten her über die Rechtecke, so daß diese immer schmaler werden. Wann tauchen die Farben Purpur und Grün auf?

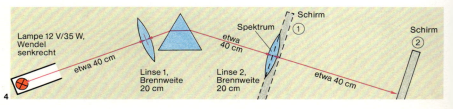

Info: Weißes Licht wird zerlegt

Wenn weißes Licht auf ein Prisma fällt, wird es zweimal gebrochen. Dadurch wird das Lichtbündel aus seiner ursprünglichen Richtung abgelenkt.

Außerdem wird es „gespreizt": Dicht hinter dem Prisma hat das Bündel bunte Ränder. Mit zunehmender Entfernung werden sie immer breiter, während die weiße Mitte immer schmaler wird.

Auf dem Schirm entsteht ein buntes Lichtband. Man nennt es **Spektrum**. Die farbigen Lichter des Spektrums heißen **Spektralfarben**.

Bild 7 zeigt das Spektrum des Sonnenlichtes. Es ist bei Rot und Violett noch nicht zu Ende: Auf der einen Seite folgt das *infrarote* Licht, auf der anderen das *ultraviolette* (lat. *infra:* unterhalb; lat. *ultra:* über ... hinaus). Allerdings können wir diese beiden Strahlungsarten nicht mit unserem Auge wahrnehmen.

Wenn man alle Farben des Spektrums zusammenführt („mischt"), entsteht wieder weißes Licht.

Isaac Newton (1643–1727) untersuchte als erster systematisch die Entstehung der Spektralfarben; dabei griff er auf die Ideen mehrerer Vorgänger zurück. Seine Erklärung für die Farbentstehung hat sich bis heute bewährt. Newton zog aus seinen Experimenten folgende Schlüsse:

○ Durch das (farblose) Prisma wird das Licht nicht eingefärbt; das farbige Licht ist vielmehr schon im weißen Licht „verborgen". Weißes Licht setzt sich aus farbigen Lichtern zusammen.

○ Das Spektrum kommt dadurch zustande, daß die im weißen Licht enthaltenen farbigen Lichter verschieden stark gebrochen werden. Violettes Licht wird beim Durchgang durch das Prisma am stärksten abgelenkt, rotes Licht am wenigsten (Bild 8).

Bild 9 zeigt, wie bei einer stark brechenden Glassorte der Brechungswinkel β vom Einfallswinkel α und von der Farbe des Lichtes abhängt.

Die Idee, daß sich weißes Licht aus farbigen Lichtern zusammensetzt, war zur Zeit Newtons sehr umstritten. Weiß galt als Sinnbild für Reinheit und Vollkommenheit. Zu dieser Anschauung paßte nicht, daß weißes Licht die „weniger reinen" Farben und sogar so „finstere" Farbtöne wie Violett enthalten soll. Damals stand die Wissenschaft noch unter dem Einfluß von *Aristoteles*, nach dessen Lehre bunte Farben aus dem Zusammenwirken von Hell und Dunkel bzw. von Licht und Finsternis entstehen. Noch 100 Jahre später bekämpfte *Johann Wolfgang von Goethe* die Lehre Newtons aufs heftigste.

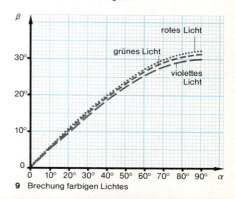

9 Brechung farbigen Lichtes

Info: Bunte Ränder – Kantenspektren

Blickt man durch ein Prisma, so sieht man die Gegenstände mit farbigen Rändern. Diese **Kantenspektren** erscheinen dort besonders bunt, wo helle Flächen an dunkle grenzen (Bild 10).

Wie bei einer schwarzen Fläche auf weißem Grund z. B. ein violett-blauer Rand entsteht, läßt sich so erklären: Stell dir vor, daß die weiße Fläche in schmale Streifen $S_1, S_2, S_3, \ldots$ zerlegt ist (Bild 11). Von jedem dieser Streifen fällt dann Licht durch das Prisma ins Auge. Wenn man die gebrochenen Lichtstrahlen rückwärts verlängert, erhält man die Richtung, aus der das Licht zu kommen scheint.

Durch die Brechung am Prisma wird außerdem das Licht jedes Streifens zu einem Spektrum aufgefächert. Weil Violett am stärksten abgelenkt wird, beginnen alle Spektren unten mit Violett.

Das Violett des Streifens S_1 liegt am tiefsten; wir nehmen es direkt im Anschluß an die dunkle Fläche wahr. Oberhalb des violetten Streifens überlagern sich dann die Spektren von S_1 und S_2.

Im Anschluß an die farbigen Ränder sehen wir eine weiße Fläche. Das liegt daran, daß von verschiedenen Streifen des Spektrums alle Farben in unser Auge gelangen; sie mischen sich zu Weiß.

In gleicher Weise kann man erklären, weshalb unterhalb der dunklen Fläche ein rot-gelber Rand zu sehen ist: Rot wird am wenigsten abgelenkt, daher nimmst du Rot als Grenze der dunklen Fläche wahr. Es wird nicht von den Spektren tiefer liegender Streifen überlagert. Auf das Rot folgen Orange, Gelb und Weiß.

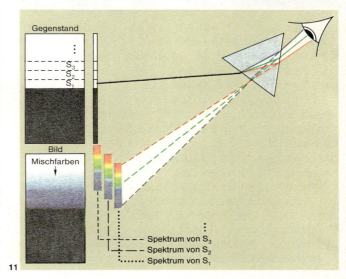

Aufgaben

1 Wenn Licht von der Sonne auf ein Prisma fällt, sieht man auf einem Schirm dicht hinter dem Prisma eine weiße Fläche mit farbigen Rändern. Gib dafür eine Erklärung.

2 Nenne Gründe für die Annahme, daß ein Prisma das weiße Licht nicht „einfärbt".

3 1670 schrieb *Isaac Newton*:
„Die wundervollste Farbzusammenstellung ist aber die von Weiß. Es ist immer zusammengesetzt… Ich habe oft mit Erstaunen gesehen, wie alle Spektralfarben, wenn sie wieder vereinigt und so gemischt wurden, wie sie im Lichte vor dem Prisma enthalten waren, aufs neue ein gänzlich reines, vollkommen weißes Licht hervorbrachten."

Beschreibe Versuche, die Newtons Sätze bestätigen.

4 Wie bezeichnet man das unsichtbare Licht, das sich im Spektrum an Rot bzw. an Violett anschließt?

Beschreibe für jede dieser beiden Lichtarten, wie man sie in einem Versuch nachweisen kann.

5 Die Farben des Spektrums lassen sich auf einfache Weise „mischen": Man erzeugt mit einem Prisma ein Spektrum und hält einen Spiegel in den Lichtweg. Mit ihm wackelt man, so daß das Spektrum an der Wand hin und her geschoben wird. Die Farben mischen sich dann im Auge.

Erkläre, weshalb das Lichtband in der Mitte weiß erscheint, die Ränder aber farbig bleiben.

6 Bild 11 auf der vorigen Doppelseite zeigt das Kantenspektrum für einen violett-blauen Rand an einer dunklen Fläche auf hellem Grund.

Fertige eine entsprechende Zeichnung für den rot-gelben Rand an, den du an der gegenüberliegenden Hell-Dunkel-Grenze siehst.

Aus Umwelt und Technik: **Unsichtbares Licht**

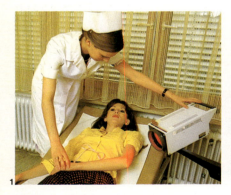

Im Sonnenspektrum schließt sich an das Rot das **infrarote Licht** an, und auf das Violett folgt im Spektrum das **ultraviolette Licht**. Beide Farben kann unser Auge nicht sehen.

Doch nehmen wir immerhin infrarotes Licht wahr – und zwar mit dem Temperatursinn (Wärmeempfinden): Infrarotstrahlung wird nämlich von der obersten Hautschicht absorbiert; dabei erwärmt sich die Haut.

Infrarotes Licht wird in der Medizin zur Behandlung eingesetzt, weil es durch die Erwärmung der Haut deren Durchblutung fördert (Bild 1). Viele Infrarotlampen strahlen auch das im Spektrum benachbarte Rotlicht aus; sie leuchten daher rot.

Ultraviolettes Licht ruft auf ungeschützter Haut rasch einen Sonnenbrand hervor. Die Lufthülle der Erde absorbiert zwar den größten Teil der Ultraviolettstrahlung der Sonne; im Gebirge und bei klarem Wetter ist aber noch viel ultraviolettes Licht vorhanden. Wird das Licht dann noch von Schneeflächen reflektiert, sollte man die Augen durch eine Sonnenbrille schützen, sonst besteht die Gefahr der *Schneeblindheit*. Auf die Dauer kann durch übermäßige Bestrahlung mit ultraviolettem Licht Hautkrebs ausgelöst werden.

Ultraviolettes Licht regt bestimmte Stoffe zum Leuchten an. Diese wandeln nämlich ultraviolettes in sichtbares Licht um. Man nennt diesen Vorgang **Fluoreszenz**. Darauf beruht auch die gespenstische Beleuchtung mit „Schwarzlichtlampen" (Bild 2); diese senden vorwiegend ultraviolettes Licht aus.

Genaugenommen leuchten nicht die Kleidungsstücke, sondern optische Aufheller („Weißmacher"), die aus den Waschmitteln stammen. Diese Stoffe wandeln ultraviolettes Licht in blauviolettes um. Dadurch erscheinen weiße Textilien „weißer als weiß". Wenn nämlich der gelbliche Farbton vergilbter Wäsche mit Blauviolett gemischt wird, ergibt sich Weiß.

Fragen und Aufgaben zum Text

1 Warum werden Fotos von scheuen Nachttieren oft mit *Infrarotfilmen* gemacht? Welche Eigenschaft haben wohl diese Filme?

2 Beim Schweißen schützen Handwerker ihre Augen durch ein dunkles Glas (Bild 3). Welchen Grund vermutest du?

3 Beschreibe, wie es zur Gefahr der Schneeblindheit kommt.

Aus Umwelt und Technik: Wie ein Regenbogen entsteht

Manchmal scheint die Sonne, obwohl es noch regnet. Wenn dann die Sonne dabei tief steht und du ihr deinen Rücken zuwendest, siehst du einen **Regenbogen** (Bild 4).

Wie entsteht diese farbenprächtige Naturerscheinung? Auf jeden einzelnen Regentropfen fällt Sonnenlicht. An der Grenzfläche Luft–Wasser wird ein Teil des Lichtes reflektiert; das übrige Licht wird gebrochen und verläuft im Tropfen weiter (Bild 5).

Die Brechung ist besonders stark, wenn ein Lichtbündel nahe am oberen (oder unteren) Rand des Regentropfens auftrifft (1); der Einfallswinkel ist dann nämlich besonders groß.

Durch die Brechung wird das Sonnenlicht in seine Spektralfarben zerlegt. Blaues Licht wird stärker gebrochen als rotes.

An der Rückseite des Tropfens (2) tritt ein Teil des Lichtes aus und wird ein zweites Mal gebrochen, der andere Teil wird reflektiert und bleibt im Tropfen. Dieser Vorgang wiederholt sich noch mehrere Male (3 und 4).

Die farbigen Lichtbündel, die an der Stelle (3) aus dem Tropfen austreten, fallen in Richtung Erdoberfläche. Wir können sie daher wahrnehmen. Sie bilden mit dem Sonnenlicht einen Winkel von 40 bis 42°. Alle Tropfen, die wir unter diesem Winkel sehen, liegen auf einem Kreisbogen.

Von jedem einzelnen Tropfen nehmen wir nur jeweils *die* Farbe wahr, die genau in unser Auge fällt – von einigen Tropfen zum Beispiel das Rot und von anderen das Blau. So entsteht für uns insgesamt der Eindruck eines vielfarbigen Regenbogens.

Bild 6 zeigt dazu einen Versuch: Wenn du den Rundkolben in verschiedene Höhen hältst und schräg von unten hineinblickst, nimmst du nacheinander die verschiedenen Farben des Sonnenlichtes wahr.

Außer dem eigentlichen Regenbogen, dem **Hauptregenbogen**, ist in Bild 4 auch noch ein lichtschwacher **Nebenregenbogen** zu sehen.

Sein Zustandekommen läßt sich mit Hilfe von Bild 7 verstehen: Auch in der Nähe des unteren Randes des Tropfens fällt Licht ein. Dieses Licht verläuft spiegelbildlich zu Bild 5. Ein Teil dieses Lichtes verläßt den Tropfen nach einmaliger Reflexion (3). Diese Lichtbündel verlaufen nach oben in den Himmel und können somit von der Erde aus nicht wahrgenommen werden.

Ein anderer Teil des Lichtes wird im Tropfen zweimal reflektiert (4) und tritt dann aus – in Richtung Erdoberfläche. Dieses Licht nehmen wir als Nebenregenbogen wahr.

Der Nebenregenbogen erscheint unter einem Winkel von etwa 52° zum Sonnenlicht. Gegenüber dem Hauptregenbogen ist seine Farbenfolge umgekehrt, weil bei der zweiten Reflexion im Tropfen die Reihenfolge der Farben vertauscht wird.

Insgesamt erreicht nur ein geringer Anteil des einfallenden Sonnenlichtes unser Auge. Deshalb sehen wir die Farben von Haupt- und Nebenregenbogen nur vor einem dunklen Hintergrund, z. B. einer Regenwolke.

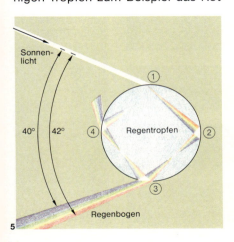

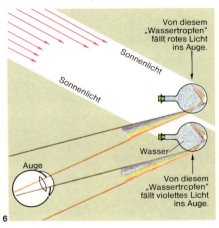

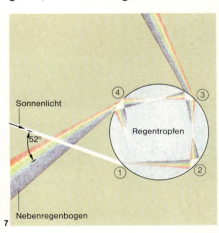

Aus der Geschichte: **Spektrallinien – „Fingerabdrücke" von Stoffen**

Joseph Fraunhofer (1787–1826) war der Sohn eines Glasschleifers aus dem bayerischen Straubing. Auch er übte dieses Handwerk mit viel Erfolg aus; seine hervorragenden optischen Geräte machten ihn berühmt.

Fraunhofer beschäftigte sich aber auch als Wissenschaftler mit der Optik. Eine seiner Entdeckungen führte zu einem sehr wichtigen Verfahren, mit dessen Hilfe die chemische Zusammensetzung von Stoffen ermittelt werden kann.

Diese Entdeckung machte er bei der Untersuchung verschiedener Glassorten. Er wollte herausfinden, wie stark sie das Licht in Spektralfarben auffächern. Mit einem Prisma betrachtete er dazu einen Spalt, der durch eine Öllampe beleuchtet wurde. Bei seinen Beobachtungen fiel ihm eine helle gelbe Linie auf, die senkrecht durch das Spektrum verlief. Bei seinen weiteren Forschungen fand er viele Linien in allen Bereichen des Spektrums.

Solche Linien lassen sich in einem einfachen Versuch beobachten: Wir beleuchten eine Schlitzblende von hinten mit verschiedenen Lichtquellen und betrachten den Schlitz durch ein Prisma (Bild 1).

Wenn wir zunächst eine gewöhnliche Glühlampe verwenden, sehen wir ein *kontinuierliches* (ununterbrochenes) Spektrum (Bild 2).

Die Glühlampe wird dann durch eine andere Lichtquelle ersetzt: In die (nichtleuchtende) Flamme eines Gasbrenners halten wir ein Magnesiastäbchen, das vorher in die Lösung eines Salzes getaucht wurde. In der Flamme verdampft auch das Salz. Die Folge ist, daß die Flamme eine bestimmte Färbung annimmt – je nachdem, um welches Salz es sich handelt (Bilder 3 u. 4).

Das Spektrum einer Flamme, in die Kochsalz gebracht wurde, weist nur eine einzige gelbe Linie auf. Genau diese Linie hat Fraunhofer in der Flamme der Petroleumlampe gesehen. Dieses gelbe Licht geht von dem Stoff Natrium aus, einem Bestandteil des Kochsalzes (Bild 5).

Auch bei anderen Stoffen weist das Spektrum der Flamme einzelne farbige Linien auf (Bilder 6 u. 7). Man spricht von einem *Linienspektrum*.

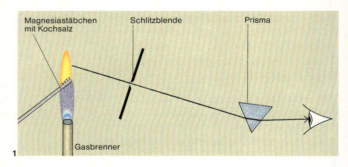

Leuchtende Gase haben in der Regel solche Linienspektren. Glühende feste Stoffe (z. B. Glühdrähte) und Flüssigkeiten (z. B. Metallschmelzen) erzeugen dagegen stets kontinuierliche Spektren.

Kein Stoff erzeugt dieselben Spektrallinien wie ein anderer. So wie man Menschen anhand ihrer Fingerabdrücke wiedererkennen kann, lassen sich auch Stoffe aufgrund ihrer Spektrallinien bestimmen. Man bezeichnet dieses Verfahren als **Spektralanalyse**.

Die Spektralanalyse wurde von dem Chemiker *Robert Wilhelm Bunsen* (1811–1899) und dem Physiker *Gustav Robert Kirchhoff* (1824–1887) begründet. Sie verbesserten die Untersuchungsapparate, so daß selbst die winzigsten Spuren eines Stoffes noch in einer Flamme nachgewiesen werden konnten. Es gelang ihnen zum Beispiel der Nachweis von weniger als einem Millardstel Gramm Natrium in einer Stoffprobe.

Im Jahre 1860 entdeckten Bunsen und Kirchhoff unbekannte blaue Linien im Spektrum. Sie nahmen an, daß sie von einem noch nicht bekannten Stoff ausgehen. Sie nannten diesen Stoff *Caesium* (lat. *caesius*: himmelblau). Kurze Zeit später entdeckten sie auf die gleiche Weise einen weiteren Stoff, der wegen seiner roten Spektrallinien den Namen *Rubidium* (lat. *rubidus*: dunkelrot) erhielt.

Die Spektralanalyse spielt in der Astronomie eine wichtige Rolle: Man fotografiert das Spektrum des Lichtes, das von einem Stern ausgestrahlt wird. Aus dem Spektrum schließt man auf die Stoffe, aus denen der Stern besteht.

2 Farbaddition und Farbsubtraktion

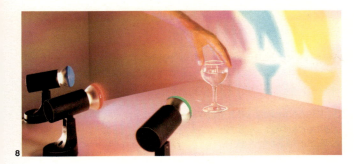

Die Schatten haben andere Farben als die Lampen! Wie kommen diese Farben zustande?

V 8 Drei farbige Spotlampen (40 W, mattiert) werden in Form eines Dreiecks angeordnet und auf eine ca. 2,5 m entfernte Projektionswand gerichtet. Die Lampen sollen etwa 40 cm voneinander entfernt sein.

a) Welche Farbe hat die gleichmäßig beleuchtete Wand?

b) Jemand stellt sich zwischen die Lampen und die Wand. Zunächst schalten wir eine, dann zwei und schließlich alle drei Lampen ein. Wieviel verschiedene Farben kannst du jeweils in den Schattenbildern erkennen? Erkläre, wie die einzelnen Farbtöne zustande kommen.

V 9 Wir erzeugen mit einem Prisma das Spektrum einer Glühlampe (wie in V3). Es soll auf der Oberfläche einer Sammellinse entstehen und nicht breiter sein als diese.

Mit der Sammellinse wird die Eintrittsfläche des Prismas auf einen Schirm abgebildet.

Wir halten einen schmalen Papierstreifen (oder ein schmales Prisma) so in das Spektrum, daß einzelne Farbtöne ausgeblendet werden. Welche Farben entstehen auf dem Schirm? Notiere jeweils die Farbpaare.

V 10 Das Licht eines Arbeitsprojektors wird zu einem Spektrum aufgefächert. In den Lichtweg halten wir Farbgläser in den Farben Blaugrün, Purpur und Gelb. Welche Teile des Spektrums werden jeweils absorbiert?

V 11 Wir legen die Farbgläser aus V 10 so auf den Arbeitsprojektor, daß sie sich paarweise überlappen. Welche Farben entstehen, wenn weißes Licht durch zwei Filter fällt? Erkläre die Entstehung der einzelnen Farben.

Was geschieht, wenn alle Gläser übereinanderliegen?

Info: Mischen und Entmischen farbiger Lichter

Wenn man aus dem Spektrum des weißen Lichtes eine einzelne Farbe ausblendet und das restliche Licht mischt, ergeben sich unterschiedliche Farben (Bild 9). Die ausgeblendete Farbe und die Mischfarbe des Restlichtes bilden gemeinsam ein Paar von **Komplementärfarben** (lat. *complementum:* Ergänzung).

Bei Komplementärfarben ist also immer eines der Lichter ein Mischlicht und das andere eine reine Spektralfarbe. Komplementärfarben sind z. B. die Spektralfarbe Gelb und das Mischlicht Blau aus dem Rest des Spektrums.

Ob eine Farbe aus Mischlicht besteht oder eine reine Spektralfarbe ist, können wir aufgrund des Farbeindruckes *nicht* feststellen. Dazu müssen wir versuchen, das Licht zum Spektrum aufzufächern.

Das Mischen farbiger Lichter nennt man **Farbaddition**. Wenn wir zwei Lichter mischen, die im Spektrum nicht weit auseinanderliegen, so liegt die Farbe des Mischlichtes im Spektrum zwischen den beiden addierten Farben. Beispiele:

○ Rotes Licht und grünes Licht ergeben gelbes Mischlicht;

○ rotes Licht und gelbes Licht ergeben orangerotes Mischlicht;

○ gelbes Licht und blaues Licht ergeben grünes Mischlicht.

Wenn man die Lichter der (sichtbaren) Enden des Spektrums – Rot und Violett – mischt, erhält man einen Farbton, der im Spektrum nicht auftritt: Purpur. Um die Mischfarbe Purpur zwischen Rot und Violett einfügen zu können, ordnet man die Farbenfolge des Spektrums als Kreis an (Bild 10). Man spricht vom **Newtonschen Farbenkreis**, da die Idee zu dieser Anordnung von *Isaac Newton* stammt.

Im Farbenkreis ist jede Farbe die Mischfarbe der beiden Nachbarfarben. Gegenüberliegende Farben geben die Farbeindrücke von Komplementärfarben wieder.

Lichtdurchlässige Farbgläser absorbieren einen Teil der Spektralfarben. Dieser Vorgang heißt **Farbsubtraktion**. Läßt man Sonnenlicht durch ein Farbglas fallen, so fehlen anschließend die „subtrahierten" Farben im Spektrum. Man bezeichnet daher Farbgläser auch als *Farbfilter*.

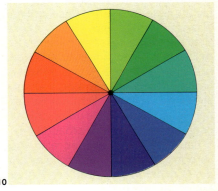

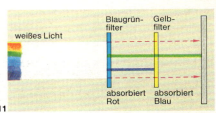

Farbfilter weisen den Farbton auf, der sich als Mischung des durchgelassenen Lichts ergibt. Ein Gelbfilter kann z. B. rotes, gelbes und grünes Licht durchlassen; das Mischlicht erzeugt den Eindruck Gelb.

Wenn Licht durch mehrere Farbfilter fällt, werden nacheinander verschiedene Spektralfarben absorbiert (Bild 11).

83

Aufgaben

1 Welche Farbe, die nicht im Spektrum vorkommt, kann man durch Addition von Spektralfarben erzeugen?

2 Was kannst du über die Farben aussagen, die sich ergeben, wenn unterschiedliche farbige Lichter gemischt werden? Nenne einige Beispiele.

3 Erkläre, was man unter den Begriffen *Farbaddition* und *Farbsubtraktion* versteht.

4 Welche Farbe entsteht, wenn man aus dem Spektrum des Sonnenlichtes das rote Licht ausblendet und die restlichen Farben addiert?

5 Beschreibe, was man unter einem Paar von *Komplementärfarben* versteht.
Welche Farbe hat das Licht, wenn ein Paar von Komplementärfarben gemischt wird?

6 Farbdias und Farbnegative sind lichtdurchlässig; ihre farbigen Flächen wirken wie Farbfilter (Bilder 1 u. 2).
Vergleiche die verschiedenen Blüten auf dem Dia und dem Negativ. Was fällt dir auf?

Aus Umwelt und Technik: **Das farbige Fernsehbild**

Ein farbiges Fernsehbild – mit der Lupe betrachtet: Es besteht aus kleinen Stäbchen, die rot, grün oder blau leuchten können (Bild 3). Jeweils ein rotes, ein grünes und ein blaues Stäbchen bilden ein *Farbtripel*.

Die farbigen Stäbchen sind die Lichtpunkte, aus denen das Fernsehbild zusammengesetzt ist. Diese Stäbchen liegen so dicht beieinander, daß aus einiger Entfernung weder einzelne Stäbchen noch einzelne Farbtripel zu erkennen sind. Vielmehr sehen wir das Mischlicht der Farbtripel und erhalten so die unterschiedlichen Farbeindrücke (Farbaddition).

Leuchten die Stäbchen aller drei Farben gleich hell, so erscheint uns der Bildschirm weiß. Weitere Farben entstehen, wenn nur je zwei Stäbchen der Farbtripel leuchten (Bilder 4–6).

Die einzelnen Stäbchen können aber nicht nur „ein- und ausgeschaltet" werden, auch ihre Helligkeit läßt sich verändern. Auf diese Weise kann eine Vielzahl von Farben erzeugt werden. Zusätzlich haben auch nichtleuchtende Stäbchen zwischen den leuchtenden einen Einfluß auf den Farbeindruck.

Das Fernsehbild setzt sich aus ca. 900 000 Stäbchen zusammen. Jedes dieser Stäbchen leuchtet 25mal pro Sekunde mit unterschiedlicher Helligkeit auf. Auf diese Weise erscheinen in jeder Sekunde 25 Bilder auf dem Fernsehschirm. Wir haben dadurch den Eindruck einer Bewegung, denn das menschliche Auge kann höchstens 16 Bilder pro Sekunde unterscheiden.

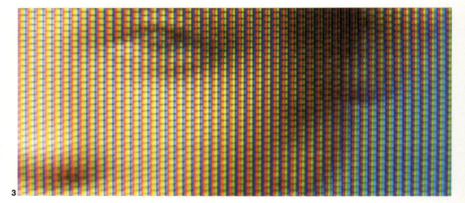

Info: Grundfarben der Farbaddition – Grundfarben der Farbsubtraktion

Vom farbigen Fernsehbild her weißt du, daß man mit rotem, grünem und blauem Licht den Farbeindruck Weiß hervorrufen kann. Auch in Bild 7 entsteht der Farbeindruck Weiß aus Rot, Grün und Blau. In beiden Fällen werden die farbigen Lichter gemischt oder *addiert*; d. h., sie werden an einer Stelle zusammengebracht.

Die Farben Rot, Grün und Blau nennt man *Grundfarben der Farbaddition* oder kurz **additive Grundfarben**. Aus diesen Grundfarben lassen sich durch Farbaddition alle Farben des Spektrums und Purpur (Magenta) erzeugen.

Als Grundfarben kann man die entsprechenden reinen Spektrallichter verwenden. Die additiven Grundfarben bilden drei Ecken des Farbensechsecks (Bild 8).

Auch durch *Farbsubtraktion* lassen sich alle Farben aus drei *Grundfarben* herstellen, nämlich aus Blaugrün (Cyan), Purpur (Magenta) und Gelb.

Diese **subtraktiven Grundfarben** müssen – im Gegensatz zu den additiven Grundfarben – Mischfarben sein. Sie werden erzeugt, indem aus weißem Mischlicht einzelne Farbtöne herausgefiltert oder *subtrahiert* werden (Bilder 9–11).

So subtrahiert zum Beispiel das Purpurfilter (Bild 10) von weißem Licht die grünen und die gelben Farbtöne. Es läßt nur die blauen und die roten Teile des Spektrums durch. Die Mischung aus blauem und rotem Licht ergibt Purpur.

Fällt weißes Licht nacheinander durch zwei Filter verschiedener subtraktiver Grundfarben, so bleibt rotes, grünes oder blaues Licht übrig (Bilder 12–14).

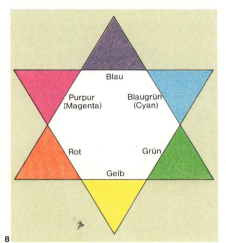

7

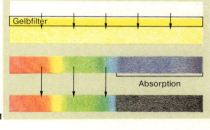

8

Wenn man alle drei Filter der subtraktiven Grundfarben hintereinander anordnet, werden alle Farben absorbiert. Zusammen sind die Filter also lichtundurchlässig.

Das Farbensechseck (Bild 8) zeigt den Zusammenhang zwischen den additiven und den subtraktiven Grundfarben:

○ Zwischen zwei additiven Grundfarben liegt eine subtraktive Grundfarbe. Diese erhält man, wenn man das Licht der beiden additiven Grundfarben mischt.

○ Zwischen zwei subtraktiven Grundfarben liegt eine additive Grundfarbe. Diese erhält man, wenn weißes Licht nacheinander durch Filter mit den beiden subtraktiven Grundfarben fällt.

○ Farben, die einander gegenüberliegen, sind Komplementärfarben.

Fragen und Aufgaben zum Text

1 Nenne die jeweiligen Komplementärfarben zu Rot, Orange, Blaugrün und Gelb.

2 Welche Farben filtert ein rotes Farbfilter aus weißem Licht heraus? Welche läßt es hindurch?

3 Gelb läßt sich durch Addition von zwei reinen Spektralfarben erzeugen. Welche Farben kann man dazu verwenden?

Wie läßt sich Gelb durch Farbsubtraktion aus weißem Licht herstellen?

4 Wenn weißes Licht durch zwei Filter mit subtraktiven Grundfarben fällt, entsteht eine additive Grundfarbe.

Gib an, durch welche Filterkombinationen Rot, Blau bzw. Grün erzeugt werden.

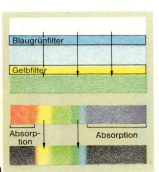
9

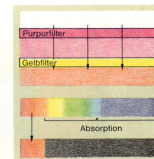
10

11

12

13

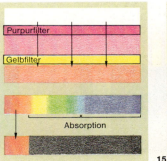
14

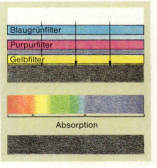
15

85

Aus Umwelt und Technik: So kommen die Farben ins Dia

Ein Farbdia besteht aus einer Vielzahl unregelmäßig geformter Farbfilter.

Beim Betrachten oder Projizieren fällt Licht durch das Dia. Dort, wo eine rote Blüte oder eine grüne Wiese auf dem Dia zu sehen ist, wird nur rotes bzw. grünes Licht durchgelassen.

Bei der Belichtung des Filmes entscheidet sich, an welcher Stelle des Dias welches Farbfilter entsteht.

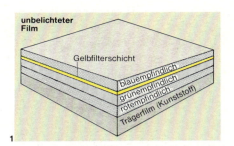
1

Der Film selbst enthält noch keine Farben; er besteht aus lichtdurchlässigem Kunststoff, auf den verschiedene Schichten aufgebracht sind (Bild 1).

Jede dieser Schichten ist nur für Licht einer bestimmten Farbe empfindlich. Die Schicht absorbiert entweder blaues, grünes oder rotes Licht und wird dadurch chemisch verändert („belichtet").

Das Gelbfilter hat lediglich die Aufgabe, das blaue Restlicht zu absorbieren, das durch die blauempfindliche Schicht dringen konnte.

Die einzelnen Schritte vom Belichten bis zur Projektion eines Dias zeigt Bild 2.

Bei der Farbentwicklung werden das Gelbfilter und die nicht eingefärbten Teile der Schichten entfernt.

Die Entstehung einer bestimmten Farbe auf dem Dia soll an einem Beispiel mit Hilfe von Bild 2 erläutert werden: Beim Fotografieren fällt z. B. *rotes* Licht vom Gegenstand auf eine Stelle des Films. Es wird in der rotempfindlichen Schicht absorbiert. Die für Blau und für Grün empfindlichen Schichten sind an dieser Stelle nicht belichtet. An allen nichtbelichteten Stellen werden bei der Schwarzweiß-Entwicklung Farbkuppler angelagert, die bei der anschließenden Farbentwicklung die Farbstoffe annehmen. Die blauempfindliche Schicht wird an der betreffenden Stelle zum Gelbfilter, die grünempfindliche zum Purpurfilter.

Bei der Projektion absorbiert die gelbe Schicht den blauen Teil des Lichtes und die purpurfarbene den grünen. Nur rotes Licht gelangt an dieser Stelle durch das Dia auf die Leinwand; dort ist ein Bild des roten Gegenstandes zu sehen.

Fragen und Aufgaben zum Text

1 Ein grüner und ein weißer Gegenstand werden fotografiert. Was geschieht an den entsprechenden Stellen auf dem Diafilm, bis das fertige Dia vorliegt? Beschreibe es anhand von Bild 2.

Warum sieht man die Gegenstände wieder in Rot bzw. Weiß, wenn das Dia projiziert wird?

Weshalb werden schwarze Gegenstände schwarz abgebildet?

2 So entstehen *Farbnegative* (Bild 3). Im Gegensatz zum Dia werden die Farbkuppler an den *belichteten* Stellen angelagert.

Welche Farbtöne entstehen dabei aus den Gegenstandsfarben Rot, Grün und Weiß?

Wie könnte man die Farbtöne des Negativs „umdrehen"?

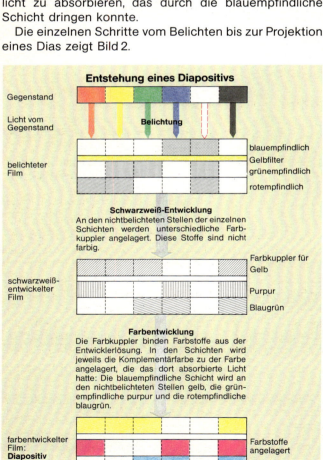
2

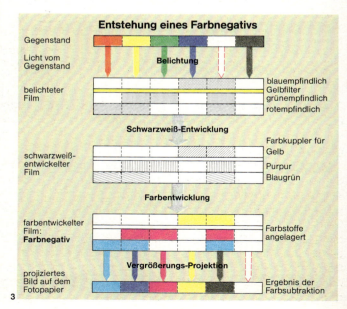
3

Aus Umwelt und Technik: **Die Farbfilter eines Dias**

Ein Dia ist aus drei Filterschichten aufgebaut. Dabei handelt es sich um ein Blaugrün-, ein Purpur- und ein Gelbfilter. In Bild 4 ist dargestellt, wie durch schrittweise Farbsubtraktion das fertige Bild entsteht.

Auf große Teile des Purpur- und des Gelbfilters fällt kein weißes Licht, sondern blaugrünes bzw. purpurnes. Diese Filter sind daher nicht in Purpur oder Gelb gezeichnet, sondern in der Farbe, die man bei der tatsächlichen Beleuchtung sieht.

Neben den Farbtönen der Filter spielen die schwarzen Silberkörnchen des Filmmaterials eine wichtige Rolle für den Farbeindruck; sie machen aus Rot braune Farbtöne und aus Grün olivgrüne (→ *Körperfarben*).

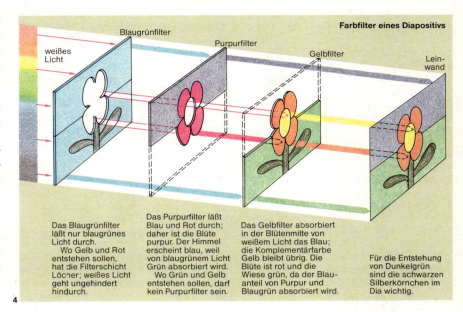

4 Farbfilter eines Diapositivs

Das Blaugrünfilter läßt nur blaugrünes Licht durch. Wo Gelb und Rot entstehen sollen, hat die Filterschicht Löcher; weißes Licht geht ungehindert hindurch.

Das Purpurfilter läßt Blau und Rot durch; daher ist die Blüte purpur. Der Himmel erscheint blau, weil von blaugrünem Licht Grün absorbiert wird. Wo Grün und Gelb entstehen sollen, darf kein Purpurfilter sein.

Das Gelbfilter absorbiert in der Blütenmitte von weißem Licht das Blau; die Komplementärfarbe Gelb bleibt übrig. Die Blüte ist rot und die Wiese grün, da der Blauanteil von Purpur und Blaugrün absorbiert wird.

Für die Entstehung von Dunkelgrün sind die schwarzen Silberkörnchen im Dia wichtig.

3 Das Auge macht's möglich

Aus Umwelt und Technik: **Farben sehen, wo gar keine sind ...**

5 Blicke etwa eine Minute lang starr auf den schwarzen Punkt im Vogelflügel. Bewege dabei möglichst nicht die Augen. Sieh dann auf eine weiße Wand.

Dieser **Versuch** (Bild 5) zeigt etwas Erstaunliches: Du nimmst noch Farben wahr, wenn gar kein bunter Gegenstand mehr vorhanden ist!

Mit der *Drei-Farben-Theorie des Sehvorgangs* (→ Info, nächste Seite) können wir erklären, wie es dazu kommt: Beim Betrachten des Vogels werden die rot- und grünempfindlichen Zapfen in der Netzhaut stark gereizt. Dabei werden – wie bei jeder Reizung – chemische Substanzen in den Zapfen, die *Sehfarbstoffe*, verändert. Diese Stoffe werden ständig erneuert – doch das dauert nach einer starken Reizung einige Sekunden.

Fällt nun in dieser Zeit weißes Licht auf die Netzhaut, so erhält das Gehirn von den vorher nicht gereizten Zellen stärkere Signale als von den „ermüdeten": Es entsteht ein Bild in den Komplementärfarben, das *Nachbild*.

Gelegentlich „erfindet" unser Gehirn sogar Farbtöne, die nicht durch Reizung oder Überreizung von Sinneszellen zu erklären sind. In einem verdunkelten Raum läßt sich dazu ein einfacher *Versuch* durchführen; Bild 6 zeigt, was man dabei sieht:

Die beiden Kerzen erzeugen zwei Halbschatten des Bleistifts. Der eine Halbschatten (A) ist rot; dort fällt rotes Licht von der einen Kerze in den Schatten, den die andere erzeugt.

Auch der zweite Halbschatten (B) erscheint uns farbig – nämlich grün. Dabei wird hier vom Schirm nur das weiße Licht der nicht abgedeckten Kerze gestreut!

Wie kommt der grüne Schatten zustande? Wir betrachten zunächst die Farbe des Schirms. Aus Erfahrung wissen wir, daß der Schirm weiß ist. Diesen Farbeindruck versucht unser Gehirn aufrechtzuerhalten – ganz gleich, welche Farbe das vom Schirm gestreute Licht hat.

Im Versuch von Bild 6 wird der Schirm mit einer Mischung aus weißem und rotem Licht beleuchtet – er müßte rötlich erscheinen. Das Gehirn gleicht aber den rötlichen Farbton dadurch aus, daß es die Komplementärfarbe Grün „dazumischt". Dadurch erscheint der Schirm weiß.

Im Bereich des Halbschattens B – wo nur weißes Licht auf den Schirm trifft – bleibt das dazugedachte Grün übrig; es wird ja nicht vom rötlichen Farbton ausgeglichen.

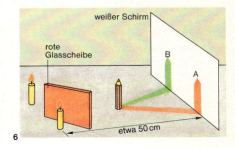

6

Info: Die Drei-Farben-Theorie des Sehvorganges

Mit dem **Farbensehen** ist es schon eine merkwürdige Sache: Wenn von einem Körper rotes und grünes Licht ausgeht, sehen wir die Farbe Gelb – obwohl gar kein gelbes Licht in unser Auge fällt!

Auch merken wir es einem Farbton nicht an, ob es sich um die *Spektralfarbe* Gelb handelt oder ob von weißem Licht nur das blaue Ende des Spektrums herausgefiltert wurde. Und wenn rotes, grünes und blaues Spektrallicht gemischt werden, sehen wir genau das gleiche Weiß, wie wenn das Licht des gesamten Spektrums in unser Auge fallen würde.

Beim Farbensehen spielen Vorgänge im **Auge** und im **Gehirn** eine wichtige Rolle. Allerdings gibt es bis heute keine allgemein anerkannte Theorie, die das Farbensehen in allen Einzelheiten erklärt.

Mit der Frage, wie das Gehirn Farbeindrücke erzeugt, beschäftigte sich schon *Isaac Newton* (1643–1727). Er schrieb: *Könnten nicht Harmonie und Disharmonie von Farben aus dem Verhältnis von Schwingungen entstehen, die sich über die Sehnervenfasern in das Gehirn fortpflanzen, so wie Harmonie und Disharmonie von Tönen aus dem Verhältnis der Luftschwingungen entstehen?*

Newton vermutete also, daß ein Farbeindruck auf ähnliche Weise entsteht wie ein Klang, der ja aus verschiedenen Tönen zusammengesetzt ist. Später zeigte sich, daß diese einfache Theorie zur Erklärung des Farbensehens nicht ausreicht.

Einen bedeutenden Fortschritt stellte die **Drei-Farben-Theorie** des englischen Arztes *Thomas Young* (1773–1829) dar. Young wußte, daß Menschen im allgemeinen weit über hundert Farbtöne unterscheiden können. Er überlegte sich, daß es nicht für jeden einzelnen dieser Farbtöne eigene Sinneszellen in der Netzhaut geben könne. Denn wäre das der Fall, müßten die Sinneszellen für einen bestimmten Farbton, z. B. für ein bestimmtes Rot, recht weit auseinanderliegen. Durch ein Rotfilter betrachtet, erschiene dann ein bunter Gegenstand wesentlich unschärfer als sonst, weil ja mit dem Filter nur die rotempfindlichen Zellen gereizt würden. Bei entsprechenden Versuchen konnte Young aber keine deutliche Verschlechterung der Sehschärfe feststellen.

Young schloß daraus, daß es nur wenige unterschiedliche Sinneszellen für die Farbwahrnehmung geben könne. Er behauptete sogar, daß der Mensch mit drei Arten von Sinneszellen auskommt, wobei jede Zellenart für eine bestimmte Farbe „zuständig" ist. Zunächst vermutete er je eine Zellenart für Blau, Rot und Gelb; später korrigierte er seine Theorie und vermutete Sinneszellen für rotes, grünes und violettes Licht.

Diese Drei-Farben-Theorie fand zunächst wenig Beachtung. Erst mehr als 50 Jahre später wurde sie von den Physikern *James Clerk Maxwell* (1831–1879) und *Hermann von Helmholtz* (1821–1894) aufgegriffen und weiterentwickelt.

Heute wissen wir, daß es in der Netzhaut des Auges tatsächlich drei verschiedene Arten von Sinneszellen für das Farbensehen gibt. Diese Sinneszellen nennt man **Zapfen**. Jede Zapfenart ist jedoch nicht nur für das Licht einer bestimmten Farbe empfindlich, sondern für einen ganzen Spektralbereich (Bild 1).

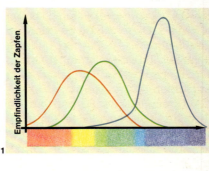

1

Die eine Zapfensorte ist für orangerotes Licht am empfindlichsten, die andere für grünes und die dritte für blaues. Die Zapfen für Rot und Grün sprechen beide auch auf gelbes Licht an.

Gelbes Spektrallicht reizt demnach die rot- und die grünempfindlichen Zapfen (Bild 2). Dieselben Zapfen werden aber auch durch rot-grünes Mischlicht gereizt (Bild 3). Wir haben in beiden Fällen denselben Farbeindruck; wir sehen das gleiche Gelb – obwohl das rot-grüne Mischlicht gar kein Gelb enthält!

Entsprechendes gilt für das blaugrüne Spektrallicht und für die Mischung aus blauem und grünem Licht (Bilder 4 u. 5).

Weiß nehmen wir dann wahr, wenn alle drei Zapfenarten gleichermaßen gereizt werden (Bilder 6 u. 7).

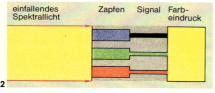

2

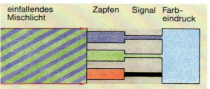

4

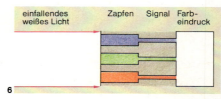

6

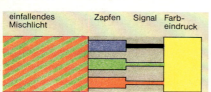

3

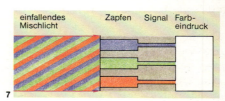

7

Fragen und Aufgaben zum Text

1 Welche Zapfen werden gereizt, wenn gelbes Spektrallicht ins Auge fällt?

Warum entsteht eigentlich derselbe Farbeindruck, wenn rotes und grünes Licht gleichzeitig die Netzhaut treffen?

2 Fällt eine Mischung aus gelbem und blauem Spektrallicht ins Auge, hat man den Farbeindruck *Weiß*. Gib dafür eine Erklärung.

3 Warum kann man die Spektralfarbe *Blaugrün* nicht von der Mischfarbe aus Blau und Grün unterscheiden?

4 Ein einfacher **Versuch** zum Farbensehen: Schließe beide Augen, decke ein Auge zusätzlich mit der Hand ab, und wende dein Gesicht ungefähr eine Minute lang einer hellen Lichtquelle zu.

Wenn du gleich danach abwechselnd mit dem linken und rechten Auge deine Umgebung betrachtest, wirst du sie mit jedem Auge anders sehen …

Erkläre deine Beobachtungen. (Dazu ein *Tip:* Das Augenlid ist für Licht nicht völlig undurchlässig.)

4 Körperfarben

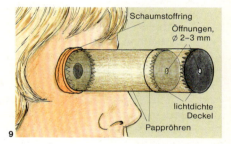

sehen farbige Gegenstände aus? Schau auch mal deiner Nachbarin oder deinem Nachbarn ins Gesicht ...

V 13 Warum sehen wir eigentlich (lichtundurchlässige) Körper in unterschiedlichen Farben?

Wir erzeugen wie in Versuch 3 ein Spektrum auf einem weißen Schirm. Dann werden farbige Kartons auf den Schirm gehalten – und zwar so, daß alle Farben des Spektrums zur Hälfte auf dem Karton und zur Hälfte auf dem Schirm liegen.

V 14 Baue dir einen Farbkreisel (→ Bauanleitung im Anhang). Stell den Kreisel dann so ein, daß du ein helles Grau siehst, wenn er sich bei Tageslicht dreht.

Stelle unterschiedlich große Farbsektoren ein, welche Farben kannst du erzeugen? Erkläre, wie sie zustande kommen.

Beleuchte den Kreisel auch mit dem gelben Licht der mit Kochsalz gefärbten Flamme. Vergleiche die Farben mit denen, die du bei Tageslicht siehst.

V 15 Welche Farbe hat das Licht, das von einem *braunen* Gegenstand ins Auge gelangt?

Unter diesen orangegelben Lampen sieht alles recht farblos aus. Wie das wohl kommt? ...

V 12 Das Licht der gelben Straßenlampe läßt sich auch im Physiksaal erzeugen. Dazu braucht jede Schülergruppe einen Brenner (mit farbloser Flamme) und ein Magnesiastäbchen, das zunächst angefeuchtet und dann in Kochsalz getaucht wird.

Wenn der Raum verdunkelt ist, werden alle Magnesiastäbchen gleichzeitig in die Flamme gehalten. Wie

Eine Testperson hält sich ein Rohr wie in Bild 9 vor ein Auge; das andere Auge ist geschlossen.

Vor die Öffnung werden verschiedene braune Gegenstände gehalten, die gut beleuchtet sind. Die Testperson, die diese Gegenstände vorher nicht gesehen hat, soll nun deren Farben nennen.

V 16 „Aus Rot wird Braun."

Stecke eine Kreisscheibe aus schwarzem Karton auf ein Streichholz. Auf die Scheibe klebst du einen roten Fleck, der einen Durchmesser von 5 bis 10 mm hat.

Welcher Farbeindruck entsteht, wenn sich dieser „Kreisel" dreht? Du kannst den Farbton aufhellen, indem du zusätzlich einen schmalen gelben Streifen auf die Scheibe klebst.

Wiederhole den Versuch mit anderen Farbflecken.

Aufgaben

1 Warum sehen Gegenstände im gelben Licht einer mit Kochsalz gefärbten Flamme nicht bunt aus?

2 „Das ist ja ein schreckliches Rot", stöhnt Frau Kunze, als sie ihr neues Kleid bei Tage sieht. Dabei hat ihr doch abends im Geschäft die Farbe so gut gefallen. Es scheint, als habe sie sich über Nacht verändert ...

3 Wie entsteht Grün, wenn man die Farben Blau und Gelb aus einem Tuschkasten mischt (Bild 10)?

4 Vergleiche, wie Farben von lichtundurchlässigen Körpern und Filtern entstehen.

5 „Körperfarben gibt es nicht – es gibt nur farbiges Licht." Nimm Stellung zu dieser Behauptung.

6 Welche Farben leuchten besonders hell, wenn man das Spektrum des Sonnenlichtes auf einem grünen, blauen, orangeroten oder braunen Körper auffängt?

7 Rotes und grünes Licht ergeben den Farbeindruck Gelb. Wenn du im Tuschkasten rote und grüne Farbe mischst, entsteht aber ein schmutziges Braun. Wie kommt dieser Farbton zustande?

Tip: Um Braun zu erzeugen, muß außer farbigem Licht auch Schwarz vorhanden sein.

Aus Umwelt und Technik: **Farben gibt's – „die gibt's gar nicht"**

Damit wir einen lichtundurchlässigen Körper sehen, muß Licht von ihm in unser Auge fallen. Der Körper erzeugt dieses Licht nicht selbst, sondern streut auftreffendes Licht. Allerdings werden nur bestimmte Farbanteile gestreut, andere werden absorbiert. Die Mischung der gestreuten Farben ergibt die Körperfarbe. Die Farben von Körpern sind also das Ergebnis einer Farbsubtraktion.

Nur selten sieht man Körper in den leuchtenden Farben des Spektrums. So sieht z. B. das Rot eines Pullovers stets viel gedämpfter aus als das rote Licht des Sonnenspektrums. Und außerdem haben Kleidungsstücke, Möbel und Tapeten häufig Farben, die gar nicht im Spektrum vorkommen: Braun, Rosa, Olivgrün, Ockergelb ...

Mit unseren Augen können wir nur *Licht* wahrnehmen. Braunes oder olivgrünes Licht gibt es aber überhaupt nicht – und es läßt sich auch nicht durch Mischen herstellen. Trotzdem erscheinen uns Körper in diesen Farben!

Wie solche Farbtöne entstehen, läßt sich an Bild 1 erklären: Das Bild ist aus purpurroten, gelben und blaugrünen (cyanblauen) Farbpunkten zusammengesetzt. Diese überdecken sich teilweise und ergeben so die Farben Rot, Grün und Blau. Außerdem gibt es schwarze Punkte. Du wirst aber keinen einzigen *braunen* Farbpunkt finden.

Bei den Brauntönen in Bild 1 fällt auf, daß vor allem purpurrote und gelbe Punkte in schwarze Punkte „eingebettet" sind. Von den Flächen, die wir als Braun wahrnehmen, kann also nur *rotes* Licht ausgehen (denn Purpur und Gelb ergeben sowohl bei der Farbaddition als auch bei der Farbsubtraktion Rot).

Von den schwarzen Punkten geht kein Licht aus; sie absorbieren ja alles auftreffende Licht. Die schwarzen Punkte bewirken nur, daß die rot-schwarzen Flächen weniger hell erscheinen – mehr nicht! Das genügt aber schon: Merkwürdigerweise nehmen wir nämlich das rote Licht, das von den in Schwarz eingebetteten Flächen ausgeht, nicht als gedämpftes oder „schmutziges" Rot wahr, sondern als *Braun*!

Bild 2 zeigt, wie aus Rot durch immer mehr schwarze Punkte dunkelbraune Farbtöne entstehen. Genauso lassen sich aus Grün olivgrüne Farbtöne herstellen.

Wenn man Farbpunkte in dunkle Punkte „einbettet", erhält man also eine Vielzahl von anderen Farbtönen. Man spricht von *schwarz verhüllten* Farben.

Auch durch Weiß lassen sich Farben verändern. Je größer der Weißanteil des Lichtes ist, desto weniger *gesättigt* erscheinen die Farben (Bild 3).

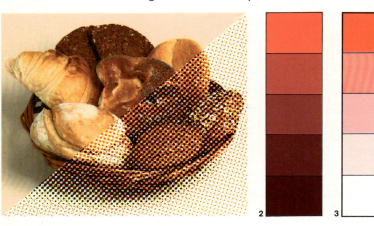

Bei unserer Wahrnehmung spielen *Farbkontraste* eine wichtige Rolle. So sieht man z. B. farbige Halbschatten, ohne daß diese Farben überhaupt vorhanden sind (→ *Farben sehen, wo gar keine sind*). Ohne Kontraste könnten wir auch keine Brauntöne sehen.

Wie stark der Farbeindruck von der Umgebung abhängt, wird am Fernsehbild deutlich: Dir erscheint z. B. ein Kleid auch dann „richtig schwarz", wenn Tageslicht auf die Mattscheibe fällt. Der (dunkle) Bildschirm hat jedoch eine graugrüne Farbe – und genau diese Farbe nimmst du als Schwarz wahr, wenn nur die Umgebung hell genug ist.

Die Farben

Alles klar?

1 Wenn man die Zimmerdecke durch ein Prisma betrachtet, erscheint sie weiß – trotz der zweimaligen Lichtbrechung an den Prismenflächen. Man beobachtet lediglich bunte Ränder.

Weshalb sind nicht auch in der Mitte der Zimmerdecke Farben zu sehen? Gib eine physikalische Erklärung.

2 Aus den additiven Grundfarben *Rot, Grün* und *Blau* lassen sich die subtraktiven Grundfarben *Gelb, Blaugrün* und *Purpur* herstellen. Beschreibe, wie man vorgehen muß.

Wie lassen sich aus den subtraktiven Grundfarben die additiven Grundfarben gewinnen?

3 Bei *Aristoteles* kann man folgenden Satz lesen:

So erzeugt sich die Weinfarbe, wenn mit reinem und leuchtendem Schwarz sich lichte Strahlen verbinden.

Wodurch unterscheidet sich diese Auffassung besonders deutlich von der heutigen Physik?

Die Farben

4 In der Erdatmosphäre kommt in 25 bis 50 km Höhe ein Teil des Sauerstoffes in Form von *Ozon* vor. Unterhalb dieser Schicht enthält das Sonnenlicht nur noch wenige Prozent des vorher vorhandenen ultravioletten Lichtes.

Womit kann man diese Luftschicht vergleichen?

Durch industriell erzeugte Gase wird der Ozongehalt dieser hohen Atmosphärenschicht verringert.

Welche Folgen für den Menschen sind zu befürchten?

5 Welche Farben haben die *einzelnen* Punkte in Bild 1?

Betrachte das Bild aus einiger Entfernung. Erkläre, wie die Farbtöne zustande kommen, die du siehst.

6 Welche Sinneszellen im Auge werden gereizt, wenn wir den Farbton *Blaugrün* wahrnehmen? Welche farbigen Lichter können diesen Farbeindruck erzeugen?

Auf einen Blick

Farbige Lichter

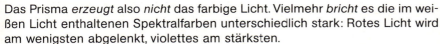

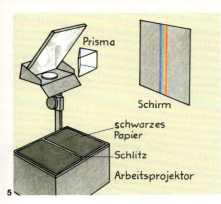

Wenn weißes Licht auf ein Prisma fällt, wird es zweimal gebrochen. Dabei „spreizt" sich das Lichtbündel auseinander, und auf einem Schirm hinter dem Prisma ist ein farbiges Lichtband zu beobachten. Man nennt es **Spektrum**. Die farbigen Lichter des Spektrums heißen **Spektralfarben**.

Das Spektrum des Sonnenlichtes ist bei Rot bzw. Violett noch nicht zu Ende. Auf der einen Seite folgt das *infrarote* Licht, auf der anderen das *ultraviolette*. Beide Strahlungsarten können wir mit dem Auge nicht wahrnehmen.

Wenn man alle Spektralfarben wieder zusammenführt (wenn man sie also „mischt"), erhält man weißes Licht.

Weißes Licht setzt sich aus den Spektralfarben zusammen.

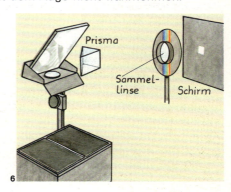

Das Prisma *erzeugt* also *nicht* das farbige Licht. Vielmehr *bricht* es die im weißen Licht enthaltenen Spektralfarben unterschiedlich stark: Rotes Licht wird am wenigsten abgelenkt, violettes am stärksten.

Man kann auch mehrere Spektralfarben mischen: Zum Beispiel ergeben rotes und grünes Licht zusammen ein gelbes Mischlicht. Das Mischen farbiger Lichter bezeichnet man als **Farbaddition**.

Farbige Körper

Fällt weißes Licht durch ein Farbglas (Farbfilter), so wird ein Teil der Spektralfarben absorbiert. Das durchgelassene Licht ist nicht mehr weiß, sondern farbig. Von dem (weißen) Mischlicht werden hier also Farben weggenommen; man nennt dies **Farbsubtraktion**.

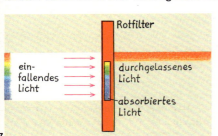

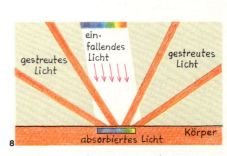

Auch die Farben lichtundurchlässiger Körper, die sog. **Körperfarben**, entstehen durch *Farbsubtraktion*. So absorbiert z. B. ein roter Stoff alle Spektralfarben außer Rot, Orange und Gelb. Diese Farben werden gestreut und rufen in unserem Auge den Eindruck eines bestimmten Rots hervor.

Körper erscheinen uns auch vielfach in Farbtönen wie Braun, Ocker, Rosa. Es gibt aber weder braunes noch ocker- oder rosafarbenes Licht.

Solche Farbtöne entstehen in unserem Bewußtsein, wenn zu dem Farbeindruck des Lichtes noch der Eindruck „Schwarz" oder „Weiß" hinzukommt.

Die Farbenlehre des Johann Wolfgang von Goethe

Ein andere Erklärung der Entstehung von Farben

Aus der Geschichte: Das „Urphänomen" der Farben

Sicherlich kennst du *Johann Wolfgang von Goethe* (1749–1832) als bedeutenden Dichter. Seine folgende Äußerung wird dich daher wahrscheinlich überraschen:

„Auf alles, was ich als Poet geleistet habe, bilde ich mir gar nichts ein ... Daß ich aber in der schwierigen Wissenschaft der Farbenlehre der einzige bin, der das Rechte weiß, darauf tue ich mir etwas zugute, und ich habe ein Bewußtsein der Superiorität (Überlegenheit) über viele."

Goethe hat auf zahlreichen Gebieten der Naturwissenschaften geforscht. Jahrzehntelang standen dabei die Farben im Mittelpunkt seines Interesses.

Nach Goethes Auffassung ist die Natur von Gegensätzlichkeiten bestimmt. Licht und Finsternis stellen ein Paar von Gegensätzen dar. Für Goethe sind die farbigen Erscheinungen das Ergebnis eines „Kampfes", der zwischen Licht und Finsternis ausgetragen wird.

Die Farben Weiß und Schwarz bezeichnet er als Vertreter des Lichtes und der Finsternis. Zwischen diesen beiden gegensätzlichen Farben liegen die bunten Farben; sie enthalten Anteile von Licht und von Finsternis.

Das Abendrot und das Himmelsblau (Bilder 1 u. 2) sind für Goethes Farbenlehre von grundlegender Bedeutung. Solche Erscheinungen, die man mit den Sinnen wahrnimmt, werden *Phänomene* genannt.

Goethe war davon überzeugt, daß sich die Natur aus wenigen einfachen „*Ur*phänomenen" erklären läßt. Die vielfältigen Phänomene, die man in der Natur beobachtet, kann man nach Goethes Ansicht auf diese Urphänomene zurückführen.

So glaubte er z. B., die „Urpflanze" entdeckt zu haben, deren Bauprinzip in allen Pflanzen vorkommt. In der Farbenlehre sind es das Abendrot und das Himmelsblau, die das „Urphänomen" in seiner reinen Form deutlich machen.

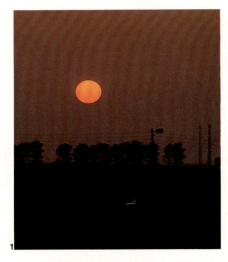

1

2

Goethe gab für die Entstehung der bunten Farben folgende Erklärung:

Bringt man vor ein *weißes Licht* eine schwache Trübung („Trübe"), so wird das Licht etwas verdunkelt und verfärbt sich dadurch gelb. Verstärkt sich die Trübung, wird das Gelb dunkler; dann entstehen Orange und schließlich Rot.

Du kannst dies leicht selbst beobachten, wenn du vor eine Glühlampe einen Stapel Papier hältst. Auch Rauch nimmt vor einem hellen Hintergrund eine gelbliche Färbung an.

Wenn die Trübung erleuchtet ist und sich vor einen *dunklen Hintergrund* schiebt, entsteht Blau. Je zarter diese Trübung ist und je dunkler der Hintergrund, desto mehr verdunkelt sich das Blau bis hin zum Violett.

Ein Beispiel für eine beleuchtete Trübung ist die von der Sonne erhellte Atmosphäre. Weil der Hintergrund – das Weltall – schwarz ist, erscheint der Himmel blau, in großer Höhe sogar dunkelblau bis violett. Rauch vor dunklem Hintergrund sieht ebenfalls bläulich aus.

Gelb und Blau sind nach Goethe die beiden Grundfarben, Rot und Violett deren Steigerungen.

Man könnte das „Urphänomen" der Farben so beschreiben:

○ *Dunkles vor einem hellen Hintergrund erzeugt Gelb. Je mehr die Finsternis dabei zur Geltung kommt, desto stärker verschiebt sich das Gelb zu Rot.*

○ *Helles vor dunklem Hintergrund erzeugt Blau. Wenn die Finsternis dabei nur wenig geschwächt wird, entsteht Violett.*

Die übrigen Farben erklärte Goethe aus dem Zusammenwirken dieser Farben.

Goethes Farbenlehre ist ein außerordentlich umfangreiches Werk – es umfaßt mehr als 2000 Buchseiten. Wir verdanken Goethe viele genaue *Beobachtungen* sowie ausführliche *Beschreibungen* natürlicher Farberscheinungen. Seine *Erklärungen* sind aber nicht von der Art, wie sie in der heutigen Physik zur Berechnung der Naturvorgänge gefordert werden.

Fragen und Aufgaben zum Text

1 Man spricht gelegentlich von „blauem Dunst". Was ist damit gemeint?

Wie kommt nach Goethe dieses Blau zustande?

Unter welchen Umständen entstünde „gelber Dunst"?

2 Der untere Teil einer Kerzenflamme erscheint oft bläulich. Wie erklärt Goethe diese Erscheinung?

3 Ein einfacher **Versuch** zum „Urphänomen" der Farben:

Gib einen Tropfen Milch in ein Glas Wasser, und rühre um. Halte das Glas dann vor eine Lampe.

Wie ändert sich die Farbe der Lampe durch diese Trübung?

Beleuchte das Glas *von der Seite*, und betrachte die getrübte Flüssigkeit vor dunklem Hintergrund (z. B. vor schwarzem Papier). Welchen Farbton nimmt die Flüssigkeit an?

Aus der Geschichte: **Goethe und die Farberscheinungen beim Prisma**

„Das Licht ist das einfachste, unzerlegteste, homogenste (einheitlichste) Wesen, das wir kennen. Es ist nicht zusammengesetzt – am allerwenigsten aus farbigen Lichtern."

Mit diesen Worten widersprach Goethe der herrschenden Auffassung vom weißen Licht. Er meinte, die Wissenschaftler würden durch das „Zerlegen" und „Teilen" sowie mit ihrer „Rechenkunst" der Natur Gewalt antun. Sie würden sie dadurch zwingen, sich in einer Form zu zeigen, die ihr überhaupt nicht entspricht.

Nur demjenigen offenbare die Natur ihre einfachsten Grundsätze, der die Erscheinungen ohne Apparate und mathematische Hilfsmittel betrachtet. Goethe lehnte es daher auch ab, eine Brille oder ein Fernrohr zu benutzen. Das Prisma verwendete er nur, um Newtons Versuche und deren „Fehldeutungen" zu widerlegen.

Die Farben, die man beim Blick durch ein Prisma sieht, erklärte Goethe so:

Durch das Prisma erscheinen alle Gegenstände gegenüber ihrem wirklichen Ort verschoben. Betrachtet man durch das Prisma eine große weiße oder schwarze Fläche, so sind *keine* Farben vorhanden.

Nur dort, wo helle und dunkle Flächen aneinanderstoßen, entstehen farbige Ränder. Die Farbränder sind um so prächtiger, je größer der Kontrast zwischen Hell und Dunkel ist, je heftiger also Licht und Finsternis aufeinandertreffen.

Daß die Verschiebung des Bildes das „Urphänomen" – also die Farben Gelb-Rot und Blau-Violett – hervorruft, erklärte Goethe so:

Das Bild wird nicht vollständig verschoben, sondern es widersetzt sich gewissermaßen der Verschiebung. Dadurch entsteht nach Goethe ein „Nebenbild" (ähnlich wie beim Spiegelbild an einer Glasscheibe). Dieses „Nebenbild" eilt dem eigentlichen Bild etwas voraus.

Wenn man das dunkle Rechteck in Bild 3 durch ein Prisma betrachtet, wird es durch die Brechung nach unten verschoben. An seiner Unterkan-

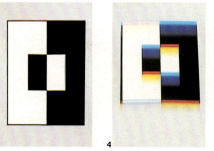
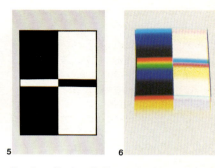

te schiebt sich das schwarze Nebenbild über das weiße Papier. Dunkles über Hellem erzeugt Gelb. So entsteht der gelbe Saum. Wo das Dunkle noch wirksamer ist, steigert sich das Gelb zum Rot (Bild 4).

Oben schiebt sich das Bild der hellen Fläche über das zurückbleibende dunkle „Hauptbild". Hell über Dunkel erzeugt Blau, bei stärkerer Wirkung der Finsternis wird daraus Violett.

Am weißen Rechteck entstehen auf die gleiche Weise die Ränder mit vertauschter Farbfolge.

Die Farben Grün und Purpur nannte Goethe eine „Komplikation" der farbigen Ränder: Wenn ein heller Gegenstand auf dunklem Grund sehr schmal ist, schieben sich die gegenüberliegenden gelben und blauen Ränder ineinander. Ihre Mischung ergibt Grün (Bilder 5 u. 6). Bei einem schmalen, dunklen Gegenstand auf hellem Grund überlappen sich die violetten und roten Ränder. Es entsteht Purpur.

Die beiden so erzeugten Spektren sind gegensätzlich und ein Ausdruck des Gegensatzes zwischen Licht und Finsternis. *Purpur und Grün erscheinen als ein Paar gegensätzlicher Mischfarben.*

Grün – eine Mischfarbe? Vielleicht denkst du, daß man Goethe hier einen Irrtum nachweisen kann. Es läßt sich doch zeigen, daß die Spektralfarbe Grün nicht weiter zerlegt werden kann. Aber so einfach ist es nicht! In den Newtonschen Versuchen erscheint die Spektralfarbe immer als helles Spaltbild vor dunklem Grund. Betrachtet man jedoch die gegensätzliche Erscheinung, nämlich die Spektralfarbe Grün vor hellem Grund, so erscheinen ein blauer und gelber Rand an den Grenzen zum Hellen. Scheinbar wird Grün auf diese Weise ebenfalls zerlegt (Bild 7).

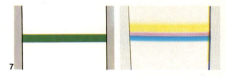

Die Frage, ob die Farbenlehre von Goethe oder die von Newton richtig sei, ist im Grunde genommen falsch gestellt.

Die moderne Physik hat sich die Aufgabe gestellt, mit ihren Theorien Naturvorgänge und Naturgesetze so zu erfassen, daß die Natur berechenbar und beherrschbar wird. Sie entwickelt dazu Vorstellungen, formuliert mathematische Gesetze und benutzt Apparate, die unsere Sinne weit übertreffen.

Genau diese Betrachtungsweise der Natur lehnte Goethe ab. Ihm ging es darum, die Natur als Einheit zu erfassen und zu erleben. Seine Haltung zu Laboratorien und komplizierten Apparaten wird in folgendem Gedicht deutlich:

Freunde, flieht die dunkle Kammer,
wo man euch das Licht verzwickt
und mit kümmerlichstem Jammer
sich verschrobnen Bildern bückt.
Abergläubische Verehrer
gab's die Jahre her genug,
in den Köpfen eurer Lehrer
laßt Gespenst und Wahn und Trug.

Goethes Farbenlehre ist eigentlich keine physikalische Theorie im heutigen Sinne, sondern eine ästhetische (*Ästhetik:* Lehre vom Schönen).

Einfache und knifflige Schaltungen

1 Die Rolle der Elektrizität in unserem Leben

Elektrische Geräte und Maschinen sind im Laufe des 20. Jahrhunderts zur Selbstverständlichkeit geworden.

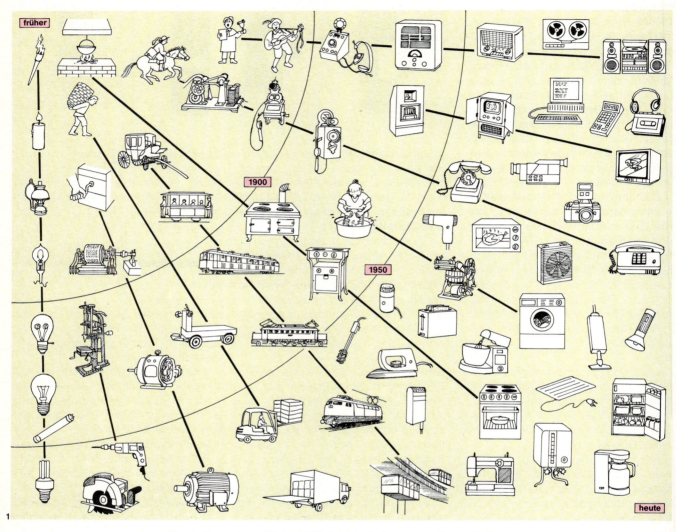

Ein Leben ohne Elektrizität ist heute kaum noch vorstellbar.

Vorsicht beim Umgang mit Elektrizität

Mit der Elektrizität sind auch Gefahren verbunden (→ Zeitungsausschnitt). Daher mußt du folgende Regeln unbedingt beachten:

Führe keine Versuche mit Elektrizität aus der Steckdose durch! Bei Versuchen verwenden wir nur Batterien oder Netzgeräte.

Öffne und repariere keine elektrischen Geräte – selbst dann nicht, wenn der Stecker aus der Steckdose gezogen ist!

Dreijähriges Kind überlebt Stromstoß in der Badewanne

Nürnberg (ddp) – Ein Bad mit seiner drei Jahre alten Tochter hat einen 30jährigen Mechaniker in Nürnberg das Leben gekostet. Wie die Polizei mitteilte, war das Kind zu seinem Vater in die Badewanne geklettert. Beim Spielen der beiden fiel ein am Beckenrand liegender Fön ins Wasser und versetzte dem Mann einen tödlichen Stromstoß. Das dreijährige Kind habe das Unglück nur überlebt, weil es zum Zeitpunkt des Unglücks wahrscheinlich in der Wanne stand.

Verhalten bei einem Elektrounfall

○ Solange der Verletzte Kontakt mit den Leitungen hat, darfst du ihn nicht berühren!

○ Drehe die Sicherung heraus, oder schalte sie aus! Im Physik- oder Werkraum ist der *Not-Aus*-Schalter zu betätigen.

○ Rettungs- oder Notarztwagen rufen („Elektrounfall")!

○ Erste Hilfe leisten! (Bei Herzversagen und Atemstillstand: Wiederbelebungsmaßnahmen; bei Bewußtlosigkeit: stabile Seitenlage.)

Aus der Geschichte: **Wie die Elektrizität unseren Alltag veränderte**

Vor hundert Jahren war das Wäschewaschen noch sehr mühevoll. Einmal im Monat, oft sogar noch viel seltener, führte die Hausfrau einen „Waschtag" durch. In reicheren Familien halfen ihr dabei Dienstmädchen oder „Waschfrauen".

In der Waschküche wurde die Wäsche in der Waschlauge gekocht. Anschließend mußte sie mit der Hand auf einem Waschbrett geschrubbt und dann ausgespült werden.

Häufig spielte sich ein Teil des Waschtages auch im Freien ab: Die Frauen knieten am Ufer von Flüssen, um die Wäsche zu schrubben und zu spülen (Bild 2).

In der ersten Hälfte des 20. Jahrhunderts gab es dann schon die ersten Waschmaschinen mit elektrischem Antrieb (Bild 3).

Heute ist das Wäschewaschen viel einfacher: Wäsche sortieren, in die Maschine werfen, Waschpulver dazugeben, Programm wählen – fertig!

2 Der elektrische Stromkreis

Mit Hilfe einer Batterie kann ein Lämpchen leicht zum Leuchten gebracht werden: Man muß nur den Fußkontakt des Lämpchens mit dem einen Pol und den Gewindesockel mit dem anderen Pol der Batterie verbinden (Bild 4).

Man sagt, das Lämpchen muß sich in einem geschlossenen *Stromkreis* befinden.

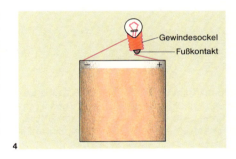

V 1 Die Bilder 5 u. 6 zeigen einen Schalter und einen Taster. Welche Aufgabe haben beide? Worin unterscheiden sie sich?

Baue einen Stromkreis mit Batterie, Lämpchen und Schalter auf.

V 2 Um die Innenbeleuchtung eines Autos ein- und auszuschalten, sind meistens Schalter an den Rahmen der Türen angebracht.

Wenn man eine der Türen öffnet, wird der Schalter an dieser Tür geschlossen. Die Lampe im Innenraum leuchtet, wenn irgendeine der Türen geöffnet ist.

Wie müssen Schalter, Batterie und Lampe angeordnet sein? Baue die Anordnung auf.

V 3 Die Hupe eines Autos funktioniert nur, wenn das Zündschloß eingeschaltet ist *und* der Hupenkontakt am Lenkrad gedrückt wird.

Baue eine entsprechende Schaltung auf. Ersetze dabei die Hupe durch eine Lampe oder Klingel.

V 4 Um die Lampe in einem Korridor von zwei Stellen aus betätigen zu können, verwendet man zwei *Wechselschalter*. Bild 7 zeigt die Schaltung.

Erprobe sie im Versuch.

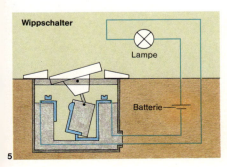
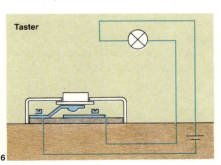
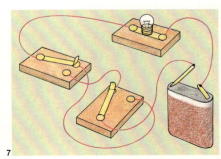

Einfache und knifflige Stromkreise

Info: **Stromkreise, Schaltskizzen und Schaltzeichen**

Ein Lämpchen kann nur funktionieren, wenn es durch Drähte z. B. mit beiden Polen einer Batterie verbunden ist: Das Lämpchen und die Batterie müssen Teile eines geschlossenen **Stromkreises** sein (Bild 1). Mit Hilfe eines Schalters kann man den Stromkreis unterbrechen; das Gerät funktioniert dann nicht.

Gerät und Batterie müssen also so verbunden sein, daß ein Kreislauf möglich ist: Man kann vermuten, daß in einem Stromkreis irgend etwas strömt. Wir nennen es zunächst einmal *Elektrizität*.

Wenn die Elektrizität fließt, sprechen wir von einem *elektrischen Strom*.

Die Schaltung von Bild 7 auf der vorigen Doppelseite ist unübersichtlich. Man erkennt nicht auf Anhieb, ob ein geschlossener Stromkreis vorliegt. Fehler sind in solchen Zeichnungen nur schwer zu finden. Man fertigt deshalb **Schaltskizzen** an; sie sind leichter zu durchschauen.

In Schaltskizzen werden Geräte durch **Schaltzeichen** dargestellt (Bild 2), Leitungsdrähte durch gerade Linien.

Beispiel: Bild 3 zeigt die Schaltskizze der *Wechselschaltung* (→ Versuch 4). An dieser Skizze erkennst du leicht: Man kann die Lampe mit jedem der beiden Schalter beliebig ein- oder ausschalten. Wenn z. B. der Stromkreis mit dem einen Schalter geschlossen wurde, kann er auch mit dem anderen unterbrochen werden.

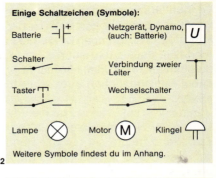

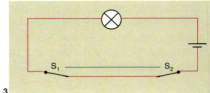

Info: **Reihenschaltung und Parallelschaltung**

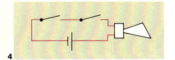
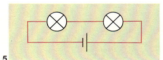
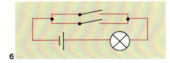

Bei einem Auto sind Hupenkontakt und Zündschloß **in Reihe geschaltet** (Bild 4): Nur wenn beide Schalter gleichzeitig geschlossen sind, ist der Stromkreis geschlossen, und die Hupe ertönt.

Bild 5 zeigt eine **Reihenschaltung** von Glühlampen: Schraubt man eine Lampe heraus, so erlischt auch die andere.

Die Schalter an den Autotüren sind **parallelgeschaltet** (Bild 6): Beim Öffnen einer Tür wird ein Schalter geschlossen, und die Lampe leuchtet.

Bild 7 zeigt eine weitere **Parallelschaltung**: Schraubt man eine Glühlampe heraus, so leuchtet die andere Lampe weiter.

Aufgaben

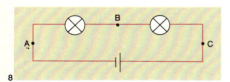
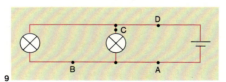

1 In diesen Schaltungen (Bilder 8 u. 9) sollen die Lampen gleichzeitig ein- oder ausgeschaltet werden.

An welchen der markierten Stellen könnte man den Schalter einbauen? Begründe deine Antwort.

2 Die Wohnungsklingel kann mit zwei Tastern betätigt werden: Der eine ist an der Haustür angebracht, der andere an der Wohnungstür.

Skizziere die Schaltung, und erläutere ihre Funktionsweise.

3 Eine Geschirrspülmaschine beginnt erst dann zu arbeiten, wenn der Hauptschalter auf „ein" gestellt und außerdem die Tür geschlossen ist. Fertige eine Schaltskizze an.

Warum verwendet man hier (mindestens) zwei Schalter?

4 Die Beleuchtungsanlage eines Fahrrades besteht aus Dynamo, Scheinwerfer und Rücklicht.

Fertige eine Schaltskizze an. Welche Rolle spielt der Fahrradrahmen?

5 Von drei Stellen aus soll eine Korridorlampe ein- oder ausgeschaltet werden können. Man benötigt dazu zwei Wechselschalter und einen Kreuzschalter (Bild 10).

a) Beschreibe die Funktionsweise des Kreuzschalters.

b) Fertige eine Schaltskizze für diese Flurbeleuchtung an.

Kreuzschalter: Zwei Schalter sind verbunden und werden gemeinsam betätigt.

3 Leiter und Nichtleiter

Ein mit Kunststoff umhülltes Kabel, das zu einer leuchtenden Lampe führt, kannst du ohne Gefahr berühren: Die Elektrizität fließt nur durch die innen liegenden Kupferdrähte (Bild 11). Die äußere Hülle leitet die Elektrizität nicht; sie ist ein *Nichtleiter (Isolator)*.

11

Um festzustellen, welche Stoffe die Elektrizität leiten, können wir zwei Versuche durchführen:

V 5 Untersuche mit Hilfe der Schaltung von Bild 12, ob folgende Stoffe die Elektrizität leiten: Kupfer, Kunststoff, Gummi, Papier, Graphit (Bleistiftmine), Kohle, Holz, ...

Prüfe auch, ob trockenes Salz oder feuchte Blumenerde leiten. Fülle dazu das Salz oder die Erde in einen Becher, und stecke als Zuleitungen zwei Nägel hinein.

Trage deine Ergebnisse in eine solche Tabelle ein:

Leiter	Nichtleiter
?	?

V 6 Gibt es auch unter den Flüssigkeiten Leiter und Nichtleiter?

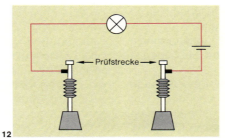
12

Zwei Kohlestäbe werden in ein Gefäß aus Glas gestellt, und zwar so, daß sie einander nicht berühren (Bild 13).

Prüfe mit diesem Versuchsaufbau, ob Leitungswasser, Salzwasser, Essigwasser, Öl, Benzin, verdünnte Säuren und Laugen ... Leiter oder Nichtleiter sind.

Zusätzlich zum Lämpchen kann auch ein Meßgerät als empfindlicherer Stromanzeiger verwendet werden.

Notiere die Ergebnisse in der Tabelle von Versuch 5.

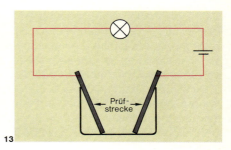
13

Info: Leiter und Nichtleiter

Wir nennen Stoffe, in denen die Elektrizität fließen kann, **elektrische Leiter**. Zu den Leitern gehören die Metalle und Kohlenstoff (Graphit, Kohle, Ruß).

Stoffe, in denen die Elektrizität nicht fließen kann, nennen wir **Nichtleiter** oder **Isolatoren**.

14
In der Leuchtstofflampe und in der Glimmlampe befindet sich ein verdünntes Gas, in dem die Elektrizität fließt.

15

16 Bei einem Blitz fließt Elektrizität durch die Luft.

Isolatoren sind zum Beispiel trockenes Holz, Kunststoffe, Porzellan, Glas, Gummi, Seide und Leinen.

Auch unter den Flüssigkeiten gibt es Leiter und Nichtleiter:

Leiter sind z. B. Salzwasser, verdünnte Säuren und Laugen. Auch Leitungswasser gehört zu den Leitern.

Öl, Petroleum, Benzin dagegen zählen zu den Nichtleitern.

Gase sind in der Regel Nichtleiter. Unter besonderen Umständen können sie aber die Elektrizität leiten; oft senden sie dabei Licht aus (Bilder 14–16).

Jeder geschlossene Stromkreis besteht nur aus Leitern; durch einen Nichtleiter könnte die Elektrizität nicht fließen.

Die einzelnen Bauteile sind von Nichtleitern umgeben, um zu verhindern, daß unerwünschte Stromkreise entstehen. So haben z. B. Drähte meist eine Isolierung

17

aus Kunststoff. Drähte werden aber auch durch die Luft geführt und an Isolatoren aus Porzellan befestigt (Bild 17).

Die Kunststoffgehäuse vieler Elektrogeräte bieten zusätzlich Schutz (Bild 18).

Der menschliche Körper ist ein Leiter (Bild 19). Er enthält nämlich Wasser, in dem geringe Mengen Kochsalz und andere Stoffe gelöst sind.

Wenn ein Mensch Teil eines Stromkreises wird, fließt Elektrizität auch durch seinen Körper. Schon recht geringe Ströme können zu schmerzhaften Verkrampfungen, Bewußtlosigkeit oder sogar Herzversagen führen.

Das „Basteln" an Steckdosen und elektrischen Haushaltsgeräten ist lebensgefährlich!

Wenn du aber z. B. eine Taschenlampenbatterie für Experimente verwendest, besteht keine Gefahr.

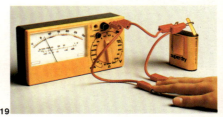
19

Wirkungen des elektrischen Stromes

1 Die Wärmewirkung

Aus Umwelt und Technik: **Unsere „Heizgeräteparade"**

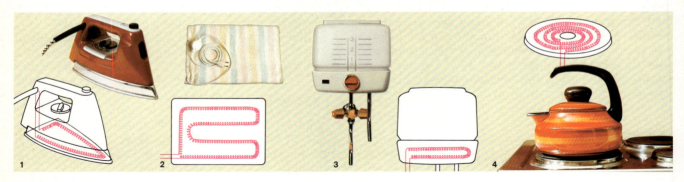

Das „Herzstück" der verschiedenen elektrischen Heizgeräte (Bilder 1–8) ist das gleiche – ein Draht!

Wenn du z. B. in einen eingeschalteten Toaster hineinschaust, siehst du rot glühende Heizdrähte. Sie haben eine Temperatur von ungefähr 850°C.

Nicht jeder Draht hält über längere Zeit solchen Temperaturen stand. Viele Drähte „verbrennen" bei hohen Temperaturen, sofern sie mit Luft in Kontakt kommen: An der Oberfläche bildet sich eine pulvrige Zunderschicht (Oxidschicht), und der Draht zerfällt mit der Zeit.

Heizdrähte werden nicht aus reinen Metallen hergestellt, sondern aus Metall-Legierungen (Gemischen). Man verwendet z. B. Chromnickel, das aus zusammengeschmolzenem Chrom, Nickel und Eisen besteht; es hält Temperaturen von ca. 1100°C auf Dauer aus.

Die Heizdrähte sind oftmals gewendelt. Benachbarte Drahtstücke heizen sich gegenseitig auf; sie erreichen so eine höhere Temperatur.

Natürlich muß dafür gesorgt werden, daß man die Heizdrähte nicht versehentlich berührt. Deshalb ist z. B. der Heizdraht beim Tauchsieder in feuerfeste Keramik eingebettet, die von einem Metallrohr umgeben ist. Beim Haartrockner sind die blanken Heizdrähte auf Isolationskörpern aufgewickelt. Das Gehäuse verhindert ein Berühren.

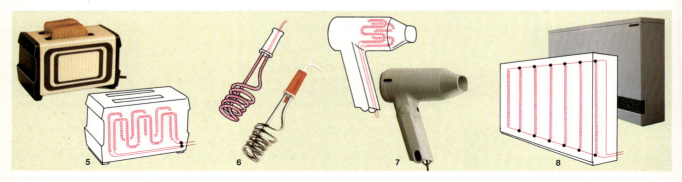

V 1 Ein nützliches Elektrogerät, das du leicht selbst bauen kannst, ist der *Styroporschneider* (Bilder 9 u. 10). Als Heizdraht ist ein ca. 10 cm langer Chromnickeldraht mit einem Durchmesser von 0,2 mm geeignet.

Regele das Netzgerät so, daß der Draht zu glühen beginnt und dann langsam immer heller aufleuchtet. Aus der Farbe eines glühenden Drahtes kann man auf seine Temperatur schließen.

Die folgende Tabelle gilt für Drähte aus beliebigen Metallen und Legierungen:

Farbe des Glühdrahtes	Temperatur des Drahtes
dunkelrot	ca. 600°C
kirschrot	ca. 850°C
hellrot	ca. 1000°C
gelb	ca. 1100°C
weiß	über 1500°C

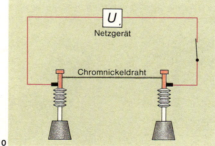

V 2 Wir untersuchen, ob die Erwärmung eines Drahtes vom Material abhängt, aus dem er besteht.

Bild 11 zeigt den Versuchsaufbau. Alle drei Drähte haben den gleichen Durchmesser. Auf jedem Drahtstück sitzt eine Kugel aus Kerzenwachs (Stearin). Stelle das Netzgerät so ein, daß einer der Drähte zu glühen beginnt. Was beobachtest du?

V 3 Die Anschlußleitungen elektrischer Heizgeräte sind wesentlich dicker als der Heizdraht.

Ob unterschiedlich dicke Drähte von demselben Strom auch unterschiedlich stark erwärmt werden?

Nimm gleich lange Chromnickeldrähte mit unterschiedlichem Durchmesser, und baue den Versuch ähnlich wie in Bild 11 auf.

V 4 Eine *Schmelzsicherung* besteht aus einem dünnen Draht und einer Hülle aus Porzellan (Bild 12).

Wie eine Sicherung funktioniert, läßt sich mit dem Versuchsaufbau von Bild 13 zeigen:

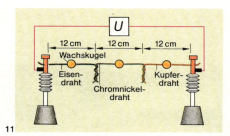
11

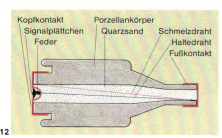
12

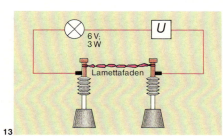
13

a) Wir überbrücken die Lampe mit einem Draht. (Dadurch entsteht ein zusätzlicher Weg für die Elektrizität; man spricht von einem *Kurzschluß*.)

b) Zu dem Lämpchen werden weitere Lämpchen parallelgeschaltet.

c) Beschreibe und erkläre deine Beobachtungen.

d) Warum werden in die Stromkreise im Haushalt Sicherungen eingebaut?

e) Welche Aufgabe haben die Sicherungen in Elektrogeräten?

V 5 Sieh dir den Glühdraht eines Lämpchens an.

a) Welche Farbe hat der Glühdraht, wenn die Lampe leuchtet? Was kannst du über die Temperatur des Drahtes aussagen?

b) Wenn du den Glühdraht mit der Lupe betrachtest, stellst du fest, daß nicht der ganze Glühdraht leuchtet. An welchen Stellen leuchtet er nicht? Wie läßt sich diese Beobachtung erklären?

Aufgaben

1 Bei einem eingeschalteten Diaprojektor hört man deutlich ein Motorengeräusch. Welche Aufgabe hat der Motor im Diaprojektor?

2 Warum werden Glühdrähte gewendelt?

3 Bei einer „durchgebrannten" Glühlampe ist immer der *Glühdraht* an einer Stelle geschmolzen. Warum schmilzt eigentlich nie einer der Zuleitungsdrähte, die doch von demselben Strom durchflossen werden?

4 Die Glühdrähte von Lampen werden aus Wolfram hergestellt. Warum verwendet man nicht Eisendraht, der sich viel billiger und einfacher herstellen läßt?

5 Bei einem Bügeleisen wird die Temperatur mit einem *Bimetallschalter* geregelt.

a) Wie ist ein Bimetallstreifen aufgebaut? Was geschieht, wenn man einen solchen Blechstreifen erwärmt?

b) Erkläre anhand der Bilder 14 u. 15, wie ein Bimetallschalter funktioniert.

6 In Bild 16 ist das „Innenleben" eines Bügeleisens schematisch dargestellt.

Am Stellknopf kann man unterschiedliche Bügeltemperaturen einstellen. Wie wird dadurch bewirkt, daß die Sohle des Bügeleisens mal sehr heiß und mal weniger heiß ist?

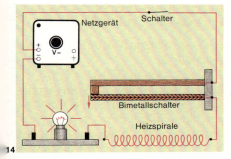
14

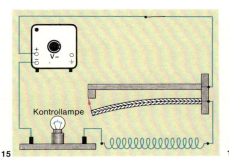
15

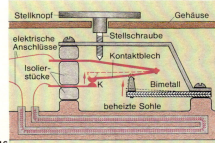
16

Wirkungen des elektrischen Stromes

2 Die magnetische Wirkung

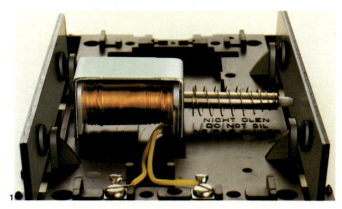

Bild 1 zeigt das Innenleben eines Gongs.
Drückt man auf den Klingelknopf, ertönt ein „Ging-gong".
Die beiden Töne entstehen dadurch, daß nacheinander
zwei Metallplatten angeschlagen werden.
Dazu muß sich im Innern des Gongs etwas bewegen ...

V 6 Wir untersuchen die Wirkung einer (aus isoliertem Kupferdraht gewickelten) Spule, die an ein Netzgerät angeschlossen ist.

a) Bild 2 zeigt den Versuchsaufbau. Der Nagel zeigt mit seiner Spitze in Richtung auf den Hohlraum der Spule. Laß die Spule langsam am Stativ nach unten gleiten ...

b) Baue aus Spule und Nagel einen einfachen „Gong": Wenn der Schalter geschlossen und gleich wieder geöffnet wird, soll der Nagel auf die Tischplatte klopfen.

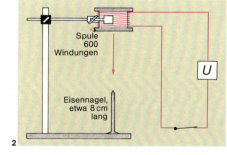

c) Nimm statt des Eisennagels z. B. einen Bleistift, einen Kupferdraht, einen Glasstab, einen Kohlestab oder einen Streifen Nickelblech.

d) Untersuche die Umgebung der Spule mit einem Kompaß.

V 7 Eine Spule mit einem Eisenkern nennt man **Elektromagnet**.

Der Eisenkern ist nicht Teil eines Stromkreises, er wird also nicht von Elektrizität durchflossen.

a) Untersuche, welche Rolle der Eisenkern spielt. Überlege dir dazu ein Experiment.

b) Wiederhole den Versuch mit einem Spulenkern aus Holz, Kupfer oder Aluminium.

Aufgaben

1 Was passiert im einzelnen, wenn der Taster in Bild 3 gedrückt wird? Was geschieht, wenn der gedrückte Taster wieder losgelassen wird?

Was geschieht, wenn sich der Taster beim Drücken verklemmt?

2 Hier sind acht Sätze über Magnete zusammengestellt. Welche Sätze treffen nur auf Dauermagnete und welche nur auf Elektromagnete zu? Welche Aussagen gelten für beide Arten von Magneten?

a) Sie bestehen aus einer Spule mit Eisenkern.

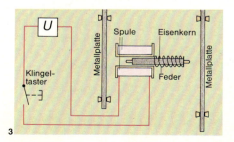

b) Sie können abgeschaltet werden.

c) Sie haben einen Nord- und einen Südpol.

d) Sie ziehen Gegenstände aus Eisen, Nickel, Kobalt an.

e) Sie wirken durch Holz und viele andere Stoffe hindurch.

f) Sie lassen sich nicht ohne weiteres umpolen.

g) An ihren Enden ist die magnetische Wirkung am größten.

h) Gleichnamige Magnetpole stoßen einander ab.

3 Warum verstärkt sich die magnetische Wirkung einer Spule, wenn ein Eisenkern in ihren Hohlraum geschoben wird? Erkläre das mit Hilfe des Modells der Elementarmagnete.

4 Bild 4 zeigt den Schnitt durch eine Autohupe. Der Fachmann spricht von einem *Aufschlaghorn*.

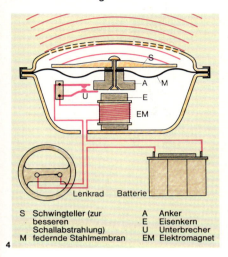

S	Schwingteller (zur besseren Schallabstrahlung)	A	Anker
		E	Eisenkern
		U	Unterbrecher
M	federnde Stahlmembran	EM	Elektromagnet

4

Wenn der Taster am Lenkrad gedrückt wird, bewegt sich der Anker rasch hin und her. Bei jeder Hin- und Herbewegung schlägt er einmal auf den Elektromagneten. Beschreibe, wie es zu dieser Bewegung kommt.

Die Hupe beruht auf dem Prinzip der *Selbstunterbrechung*. Was ist damit gemeint?

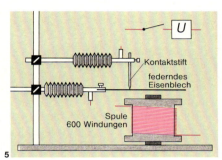

5

5 Im Versuchsaufbau nach Bild 5 soll sich der Streifen aus Eisenblech hin- und herbewegen. Zeichne die dafür nötige Schaltung in dein Heft.

Beschreibe die Funktionsweise der Schaltung.

6 Erkläre anhand von Bild 6, wie eine elektrische Klingel funktioniert.

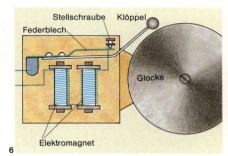

6

Aus Umwelt und Technik: **Lasthebemagneten**

In Stahlwerken sowie auf großen Schrottplätzen werden vielfach Kräne eingesetzt. Das Besondere an diesen Kränen ist, daß sie ihre Last nicht mit einem Greifer oder Haken halten, sondern mit einem Elektromagneten (Bild 7). Dadurch wird das Aufnehmen und Ablegen von Eisenteilen einfach: Man braucht nur den Strom ein- und auszuschalten.

Wie ein Lasthebemagnet aufgebaut ist, zeigt Bild 8: Eine Spule aus dickem Kupfer- oder Aluminiumdraht ist von einem glockenförmigen Gehäuse aus einer speziellen Eisenlegierung umgeben. Wenn Elektrizität durch die Spule fließt, werden Spule und Gehäuse zu einem starken Magneten. Sobald aber der Spulenstrom ausgeschaltet wird, geht die magnetische Wirkung verloren.

Der Magnet ist 10 000 kg (oder 10 t) schwer und hat einen Durchmesser von 2 m.

Welche Masse ein Körper aus Eisen höchstens haben darf, damit der Magnet ihn noch halten kann, läßt sich nicht so einfach angeben. Es kommt nämlich darauf an, *was* der Magnet halten muß. So ist seine Tragfähigkeit für einen Eisenblock viel größer als für Schrott, der nicht so dicht und lückenlos „gepackt" ist wie massives Eisen.

Für massive Eisenkörper beträgt die Tragfähigkeit des Magneten ca. 30 000 kg (30 t) – soviel wiegt ein schwer beladener Güterwagen! Dagegen kann er kleine Eisenplatten nur halten, wenn sie nicht mehr als 2000 kg – soviel wie zwei Autos – wiegen. Für Schrott beträgt die Tragfähigkeit nur 1200 kg.

7

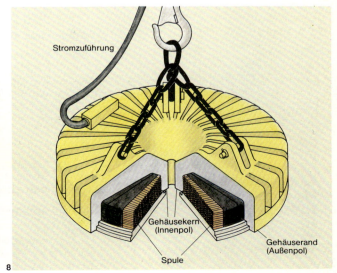

8

Aus der Geschichte: **So entstand das Relais**

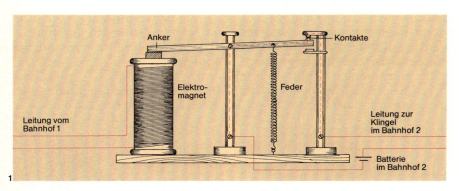
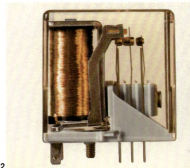

Unter einem *Relais* verstand man früher die Station, an der die Postkutschen ihre Pferde wechselten.

Das Relais im heutigen Sinne wurde aber erst erfunden, als man schon längst nicht mehr mit der Postkutsche reiste, sondern mit der Eisenbahn. Und das kam so:

Wenn damals von einem Bahnhof ein Zug abfuhr, wurde er auf dem nächsten Bahnhof mit einem Klingelzeichen angekündigt. Man verband dazu einfach eine Batterie auf dem ersten Bahnhof mit einer Klingel auf dem zweiten. Die Leitungen von einem Bahnhof zum anderen waren meist viele Kilometer lang. Wenn man die Batterie nun anschloß, floß in diesem Stromkreis nur ein geringer Strom. Oft war er so gering, daß die Klingel nicht mehr läutete.

Eine Lösung dieses Problems fand der englische Physiker *Charles Wheatstone* (1802–1875): Von Bahnhof 1 aus wurde nicht mehr unmittelbar die Klingel, sondern nur eine Schaltvorrichtung auf Bahnhof 2 betätigt (Bild 1); sie funktionierte schon bei einem sehr geringen Strom. Die Schaltvorrichtung schloß dann einen weiteren Stromkreis, den eigentlichen „Klingelstromkreis".

Diese Schaltvorrichtung nannte man *Relais*.

Die ersten Relais wurden nicht nur im Eisenbahnbetrieb, sondern auch in Morsetelegrafen eingesetzt. Das waren recht große Geräte mit mächtigen Spulen. Demgegenüber sind die heutigen Relais (Bild 2) winzig. Trotzdem erkennen wir an ihnen die gleichen Einzelteile wie bei den Relais, die es vor 150 Jahren gab.

Ein **Relais** ist ein Schalter, der nicht von Hand, sondern mit Hilfe eines Elektromagneten betätigt wird. Zum Betätigen eines solchen Schalters ist ein zweiter Stromkreis erforderlich.

Ein Beispiel zeigt dir, warum man Relais heute benutzt: Angenommen, die Lampe an der Eingangstür eines Hauses soll vom Gartentor aus betätigt werden können.

Der Elektriker hätte natürlich die Möglichkeit, den Schalter am Tor einfach in den Lampenstromkreis einzubauen. Dann müßte aber ein Netzkabel durch den Garten verlegt werden. Wenn dieses Kabel – etwa beim Umgraben – beschädigt wird, kann es schlimme Folgen haben.

Um diese Gefahr zu vermeiden, verbindet man die Lampe über ein Relais mit dem Netz. Auf diese Weise kann der Lampenstromkreis innerhalb des Hauses bleiben.

Nur der Steuerstromkreis verläuft außerhalb des Hauses: Der Elektromagnet des Relais wird über den Schalter am Gartentor an ein Netzgerät (Klingeltrafo) angeschlossen. Von dem Kabel, das durch den Garten zum Schalter führt, geht so keine Gefahr aus.

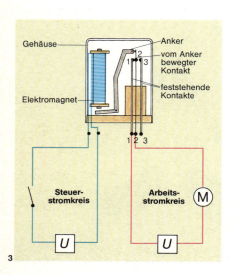

Fragen und Aufgaben zum Text

1 Zur Funktionsweise des Relais:
a) Was geschieht, wenn der Steuerstromkreis von Bild 3 geschlossen wird?
b) Erkläre die Begriffe *Steuerstromkreis* und *Arbeitsstromkreis*.
c) Was ändert sich, wenn anstelle der Kontakte 1 u. 2 die Kontakte 2 u. 3 benutzt werden?

2 In der Schaltung von Bild 4 wird der Schalter abwechselnd geöffnet und geschlossen. Was passiert?

3 Erkläre das Schaltzeichen für ein Relais (Bild 5).

4 Fertige eine Schaltskizze für die in Bild 4 dargestellte Schaltung an. Verwende dabei das Schaltzeichen des Relais'.

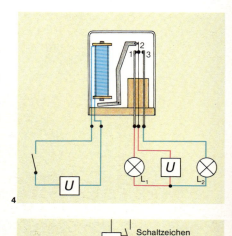

Aus Umwelt und Technik: **Der Sicherungsautomat**

Für die einzelnen Stromkreise in den Wohnungen werden heute meistens keine Schmelzsicherungen verwendet, sondern **Sicherungsautomaten** (Bild 6). Diese Sicherungen haben einen großen Vorteil:

Sie brauchen nicht ausgewechselt zu werden. Um den von einer Sicherung unterbrochenen Stromkreis wieder zu schließen, betätigt man einfach einen kleinen Hebel.

Beim Sicherungsautomaten macht man sich sowohl die *Wärmewirkung* als auch die *magnetische Wirkung*

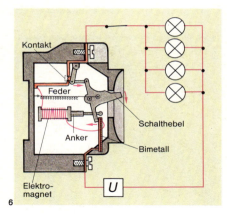
6

des Stromes zunutze. Bild 6 zeigt vereinfacht das Funktionsprinzip:

Bei plötzlichen, großen Strömen (z. B. bei Kurzschluß) zieht der Elektromagnet den Anker an und unterbricht auf diese Weise sofort den Stromkreis.

Wenn der Strom allmählich größer wird (weil z. B. immer mehr Geräte eingeschaltet werden), erwärmt der Strom den Bimetallstreifen immer stärker. Sein freies Ende verbiegt sich schließlich so weit, daß der Stromkreis unterbrochen wird.

Wirkungen des elektrischen Stromes

Auf einen Blick

Die Wärmewirkung

Wenn Elektrizität durch einen Draht fließt, wird der Draht erwärmt.

Bei ein und demselben Draht schließen wir aus einer stärkeren Erwärmung auf einen größeren Strom.

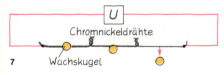
7

Wenn in einem Stromkreis alle Drähte aus demselben Material bestehen, wird der dünnste Draht durch den Strom am stärksten und der dickste am wenigsten erwärmt.

Wie stark ein bestimmter Strom einen Draht erwärmt, hängt auch vom Stoff ab, aus dem der Draht besteht.

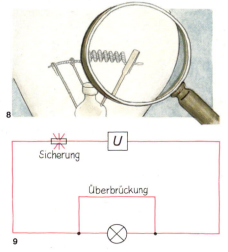
8

9

Der Glühdraht einer Glühlampe wird durch den elektrischen Strom stark erhitzt. Der glühende Draht strahlt Licht aus. (Der Draht ist gewendelt, damit sich benachbarte Drahtstücken gegenseitig aufheizen.)

Sicherungen sollen verhindern, daß die Leitungen zu heiß werden und Brände entstehen. Sie sollen auch verhindern, daß defekte Geräte durch Überhitzung Schaden nehmen.

Eine Schmelzsicherung enthält einen Draht, der bei zu starker Erwärmung durchschmilzt (Schmelzdraht). Auf diese Weise unterbricht die Sicherung den Stromkreis.

Die magnetische Wirkung

Wenn Elektrizität durch eine Spule fließt, wird die Spule zum Magneten.

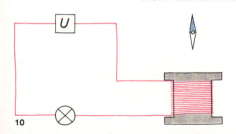
10

Wir schließen aus einer größeren magnetischen Wirkung der Spule auf einen größeren Strom.

Wie ein Stabmagnet besitzt auch ein Elektromagnet Nord- und Südpol.

Ein Eisenkern verstärkt die magnetische Wirkung einer Spule erheblich.

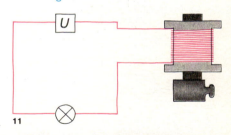
11

Magnetfelder von elektrischen Strömen

Von Oersteds Entdeckung zum Elektromagneten

Aus der Geschichte: Oersteds Entdeckung

Anfang des 19. Jahrhunderts waren Vorstellungen von einer „Einheit der Naturkräfte" verbreitet. Nach diesen Vorstellungen sollte es enge Zusammenhänge z. B. zwischen Elektrizität und Magnetismus geben. Ein Anhänger dieser Vorstellungen war der Physiker *Hans Christian Oersted* (1777–1851). Nach langem Suchen entdeckte er im Jahre 1820 die magnetische Wirkung des elektrischen Stromes. Wie sich diese Entdeckung zugetragen haben könnte, schildert T. Borec:

Im Physikhörsaal der Kopenhagener Universität versammelten sich die Studenten. Professor Oersted sollte seine Vorlesung halten. ...

„Meine Herren!" wandte er sich an die Studenten. „Die allgemeinen Naturgesetze stehen miteinander in Verbindung, und gleichzeitig stehen auch die Naturerscheinungen miteinander in Verbindung." Oersted war ein ausgezeichneter Redner, schon seine ersten Worte fesselten die Studenten.

Die heutige Vorlesung befaßte sich mit den Zusammenhängen zwischen Wärme und Elektrizität. ...

Auf Anweisung des Professors schaltete Jörgen – der Universitätsdiener – den elektrischen Strom aus der Voltaschen galvanischen Batterie ein. Der Strom floß durch den dünnen Platindraht, der unter der Wirkung des Stroms erglühte. Oersted erläuterte den Versuch, und nur flüchtig bemerkte er, daß die an einem Faden in der Nähe des Platindrahtes aufgehängte Magnetnadel, die hier wahrscheinlich vom vorhergehenden Versuch zurückgeblieben war, beim Erglühen des Drahtes von ihrer Lage abwich. Zunächst hatte er dieser Tatsache keinerlei Bedeutung beigemessen, denn er glaubte, daß die Ablenkung durch die Temperatur des Drahtes verursacht wurde.

Oersted setzte den Versuch fort, und er hätte die ganze Angelegenheit langsam vergessen, nur als Jörgen einen dickeren Draht verwendete, der sich nicht so stark erhitzte, und Oersted, geleitet von irgendeinem sechsten Sinn, auf die Magnetnadel schaute, wich diese wiederum ab. Als Jörgen den Strom ausschaltete, kehrte die Magnetnadel wieder in ihre ursprüngliche Lage zurück, obwohl der Draht noch heiß war. ...

Als der letzte Student den Hörsaal verlassen hatte, stürzte sich Oersted förmlich auf die Anlage. Immer wieder aufs neue schaltete er den Strom ein und beobachtete das Ausschlagen der Nadel. In die Arbeit vertieft, bemerkte er gar nicht, daß es bereits Abend wurde. Am anderen Tag stellte er mit Jörgen ein großes „galvanisches Gerät" aus zwanzig Voltaschen Elementen zusammen, um die Wirkungen des Stromes auf die Magnetnadel möglichst gut beobachten zu können.

Die frei aufgehängte Magnetnadel, die in der waagerechten Lage beweglich war, nahm er in die Hand. Die Nadel stabilisierte sich in Nord-Süd-Richtung. Unter der Nadel ordnete er einen Leiter in gleicher Richtung wie die Magnetnadel an. Als er den Strom einschaltete, schlug die Magnetnadel aus und verblieb in der neuen Lage, schräg zur Richtung des Leiters. Die Versuche wiederholte er bei unterschiedlichen Bedingungen; über der Magnetnadel, unter ihr, seitlich und in verschiedenen Abständen und Richtungen verlief der Draht.

Eine Gedenktafel im Deutschen Museum in München zeigt den entscheidenden Versuch Oersteds (Bild 1).

V 1 Auch ohne Magnetpole kann es ein Magnetfeld geben!

a) Wir untersuchen das Magnetfeld um einen gestreckten Draht mit einer Kompaßnadel (Bild 2). Skizziere das Feldlinienbild.

b) Wie hängt die Richtung (Orientierung) der Feldlinien mit der Stromrichtung (Richtung der Elektronenbewegung) zusammen?

c) Wovon hängt die Stärke der magnetischen Wirkung ab?

V 2 Bild 3 zeigt eine „Spule" mit nur einer Windung. Untersuche ihre Wirkung auf eine Kompaßnadel. (Den Stromkreis jeweils nur für kurze Zeit schließen!)

Was geschieht, wenn man die Batterie umpolt?

Vergleiche die Wirkung der Spule mit der eines Stabmagneten.

V 3 Untersuche das Magnetfeld einer Spule, durch die Strom fließt.

Schiebe auch einen Eisenkern in den Hohlraum der Spule.

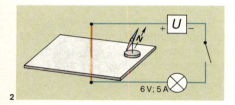

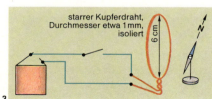

Info: Bewegte Ladungen erzeugen Magnetfelder

Wenn Elektrizität durch einen Leiter fließt, lassen sich in seiner Umgebung Kräfte auf magnetische Körper beobachten. Zum Beispiel kann die Magnetnadel eines Kompasses aus der Nord-Süd-Richtung abgelenkt werden.

Ein Leiter, durch den ein Strom fließt, ist also von einem Magnetfeld umgeben.

Zur Veranschaulichung von Magnetfeldern verwendet man Feldlinien. Den Verlauf einer Feldlinie erhält man z. B. mit Hilfe einer Magnetnadel: Man bringt die Magnetnadel an eine Stelle des Feldes und führt sie immer in die Richtung, in die ihr Nordpol jeweils zeigt. Die Magnetnadel bewegt sich dann auf einer Feldlinie.

Für magnetische Feldlinien hat man einen Richtungssinn (oder eine Orientierung) vereinbart: Die Feldlinie gibt in jedem Punkt die Richtung der Kraft an, die auf einen magnetischen Nordpol wirkt.

In Bild 4 ist das Feld um einen Draht dargestellt: **Das Magnetfeld eines gestreckten Drahtes kann man durch kreisförmige Feldlinien veranschaulichen. Die Feldlinien liegen in Ebenen senkrecht zum Draht.**

Die Feldlinien in Bild 4 sind entgegen dem Uhrzeigersinn orientiert. Wenn man die Spannungsquelle umpolt und so die Bewegungsrichtung der Elektronen ändert, dreht sich die Magnetnadel um 180°. Wir schließen daraus, daß der Rich-

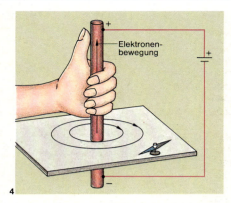
4

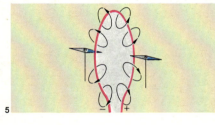
5

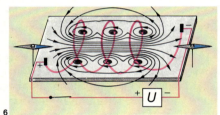
6

tungssinn der Feldlinien von der *Stromrichtung* abhängt.

Mit Hilfe der **„Linke-Faust-Regel"** können wir den Richtungssinn der Feldlinien vorhersagen: *Man hält den Daumen in Richtung der Elektronenbewegung.* (Er muß also in Richtung des Leiters zum Pluspol der Quelle weisen.) *Die zur Faust geschlossenen Finger zeigen dann in die gleiche Richtung wie die Feldlinien.*

Auch wenn der Leiter zu einem Kreis gebogen wird, erhält man nach dieser Regel den Richtungssinn der Feldlinien (Bild 5).

Eine solche Leiterschleife hat bereits Ähnlichkeiten mit einem Dauermagneten: Die eine Seite der Drahtschleife stößt den Nordpol einer Magnetnadel ab; sie entspricht also einem Nordpol. Die andere Seite verhält sich wie ein Südpol.

Wie bei einer Spule die Feldlinien verlaufen, zeigt Bild 6.

Die magnetische Wirkung gleich langer Spulen hängt von der *Anzahl ihrer Windungen* ab: Je mehr Windungen eine Spule hat, desto größer ist ihre magnetische Wirkung (bei gleicher Spulenlänge und gleicher Stromstärke).

Die Magnetwirkung ist außerdem um so größer, je größer die *Stromstärke* ist.

Ein *Eisenkern* verstärkt die magnetische Wirkung einer Spule erheblich. Der Eisenkern selbst wird im Magnetfeld der Spule zu einem starken Magneten.

Aus der Geschichte: Die ersten Elektromagnete

Oersteds Entdeckung löste eine wahre Flut weiterer Untersuchungen aus. Sehr erstaunlich war das Ergebnis eines Versuches, den die französischen Physiker *Ampère und Arago* durchführten: Ein eiserner Nagel lag quer zum Draht (Bild 7). Bei eingeschaltetem Strom lenkte dieser Nagel eine Kompaßnadel ab. Der Nagel war also magnetisch!

Bald entdeckten die beiden Forscher, daß sie den Nagel stärker ma-

gnetisieren konnten, wenn sie ihn in ein Glasröhrchen legten, um das der Draht gewickelt war.

Diese Entdeckung führte zum Bau der ersten Elektromagnete (Bild 8): Eine Eisenstange wurde hufeisenförmig gebogen und mit Kupferdraht umwickelt. Da es damals noch keine geeigneten Steckverbindungen gab, tauchte man die Drahtenden in zwei Gefäße mit Quecksilber. In die Gefäße konnten dann auch die von der Batterie kommenden Anschlußleitungen gesteckt werden – so wurde der Stromkreis geschlossen.

Die ersten Elektromagnete konnten nur geringe Lasten halten. Die Spule hatte nur wenige Windungen, die sich nicht berühren durften, denn der Draht war blank. (Der Eisenkern war mit Papier isoliert.)

7 8

Die elektrische Ladung

1 Elektrizität aus der Folie?

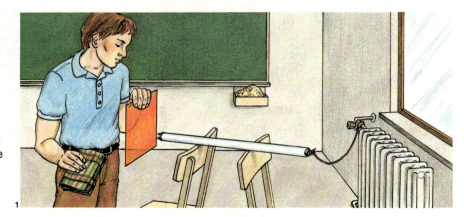

Eine geriebene Folie wird der Lampe genähert – und die Lampe soll aufleuchten...

Unmöglich?

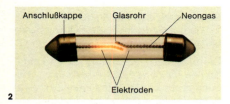

V 1 Eine Klarsichtfolie wird kräftig mit einem Wolltuch gerieben und anschließend mit einer *Glimmlampe* (Bild 2) abgetastet.

Die Glimmlampe muß leitend mit der Erde verbunden sein. (Sie ist „geerdet", wenn du einen ihrer Anschlüsse berührst oder mit einem Heizungs- oder Wasserrohr verbindest.) Was beobachtest du?

Du kannst den Versuch auch mit einem Polprüfer wie in Bild 3 durchführen. (Mit diesem Gerät überprüft der Elektriker die Anschlüsse elektrischer Anlagen.)

V 2 Streife eine „geladene" Folie an einer Metallplatte ab, die durch Styroporblöcke gegen die Unterlage isoliert ist. Als Metallplatte eignen sich hier zum Beispiel der Boden einer Tortenform oder der Deckel einer Kuchendose.

Was geschieht, wenn du mit dem Zeigefinger (oder einer Glimmlampe) nahe an den Plattenrand kommst oder diesen berührst?

V 3 Probiere aus, ob auch andere Körper (Bleistift, Plastikkugelschreiber, Glasstab) mit Hilfe des Wolltuchs aufgeladen werden können.

Nähere die Körper nach dem Reiben auch kleinen Papierschnitzeln oder dem selbstgebauten Ladungsanzeiger (→ Bauanleitung auf der rechten Seite).

V 4 Untersuche mit Glimmlampe und Ladungsanzeiger, ob sich ein Metallstab durch Reiben mit einer Plastiktüte oder einem Wolltuch aufladen läßt.

Wiederhole den Versuch. Isoliere diesmal aber ein Ende des Metallstabs, indem du es mit einer Plastikfolie umwickelst. Halte den Stab an dieser Isolierung.

V 5 Wieder wird eine Klarsichtfolie mit dem Wolltuch gerieben. Dann wird die Folie einige Sekunden lang in aufsteigenden Wasserdampf gehalten. Überprüfe, ob die Folie noch geladen ist.

V 6 Ziehe einen geriebenen Stab (Glas oder Kunststoff) schnell durch eine Flamme. Ist er dann immer noch elektrisch geladen?

Aufgaben

1 Wenn man eine Metallplatte aufladen will, benötigt man zum Halten eine Isolierung. Begründe!

2 Wie kannst du feststellen, ob ein Körper elektrisch geladen oder ungeladen ist? Nenne verschiedene Möglichkeiten.

3 Wenn du mit einer Glimmlampe eine geladene Folie abtastest, blitzt die Lampe mehrmals auf (an verschiedenen Stellen der Folie). Bei einem geladenen Metallstab dagegen leuchtet sie nur bei der ersten Berührung – und dann nicht mehr. Gib dafür eine Erklärung.

4 Weshalb wird eine aufgeladene Folie entladen, wenn man sie in ausströmenden Wasserdampf hält?

Dazu ein *Tip:* Es kommt auf die Oberfläche der Folie an.

Warum gelingen manche Ladungsversuche bei feuchtem Wetter nur sehr schlecht oder gar nicht?

Bauanleitung: Ein einfacher Ladungsanzeiger

Du benötigst:
1 Grundbrettchen
(ca. 5 cm · 8 cm; 1 cm dick),
1 Streifen Zeichenpapier
(ca. 15 cm · 3 cm),
1 Korken,
1 Nähnadel,
1 Kappe von einem Filzschreiber

So wird's gemacht:
Erst einmal faltest du den Papierstreifen der Länge nach. Dann schneidest du eine kleine Kerbe in die Mitte des Falzes.

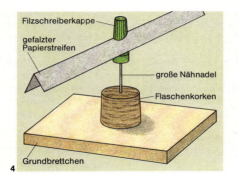

Die Kerbe muß gerade so groß werden, daß die Filzschreiberkappe von unten hineingesteckt werden kann.

Setze nun den Papierstreifen mit der Kappe auf die im Korken befestigte Nähnadel. Wenn du den Papierstreifen dann anstößt, wirst du sehen, wie leicht er sich drehen läßt.

Dein Ladungsanzeiger ist weit besser einzusetzen, wenn er noch etwas stabiler steht:

Klebe deshalb den Korken auf dem Grundbrettchen fest (Bild 4).

2 Wenn zwei geladene Körper aufeinandertreffen...

V 7 Blase zwei Luftballons auf, knote sie zu, und verbinde sie durch einen 1 m langen Zwirnsfaden.
Lade anschließend beide Ballons mit einem Wolltuch auf. Was beobachtest du?

V 8 Schneide dir aus einem Müllbeutel (Kunststofffolie) einen schmalen Streifen zurecht. Falte ihn dann in der Mitte zusammen, und ziehe beide Hälften durch ein Wolltuch (Bild 5). Dadurch werden beide Folienhälften gemeinsam aufgeladen.
Beschreibe, welche Beobachtung du bei diesem Versuch machst.

V 9 Ein gefalteter Streifen aus dicker *Klarsichtfolie* soll auf einer Nadel drehbar gelagert werden. Der Streifen wird dazu in der Mitte eingeschnitten und auf die Kappe eines Filzschreibers gesteckt (→ Bauanleitung: *Ladungsanzeiger*). Lade die Folie anschließend mit einem Wolltuch auf.

a) Nähere dem Streifen verschiedene geladene Körper. Was fällt dir auf?

b) Presse ein Blatt Papier fest gegen eine Klarsichtfolie. Trenne dann Papier und Folie, und nähere sie einzeln dem geladenen Streifen. Was stellst du fest?

V 10 Die Bilder 6 u. 7 zeigen einen weiteren Ladungsanzeiger, das *Elektroskop*. In Bild 7 ist das Elektroskop geladen.

a) Was geschieht, wenn eine geladene Folie am Teller eines ungeladenen Elektroskops entlanggezogen wird?

b) Was wird zu beobachten sein, wenn man den Teller eines geladenen Elektroskops mit dem Finger berührt?

V 11 Lege eine Folie zwischen zwei Blätter Zeitungspapier. (Das Papier vorher auf einem Heizkörper trocknen!) Presse Papier und Folie zusammen, und trenne dann beide.
Du kannst statt dessen auch eine Folie auf eine Schallplatte pressen.
Versuche mit einer Glimmlampe nachzuweisen, daß Papier und Folie bzw. Folie und Schallplatte geladen sind. Achte darauf, an welcher Seite die Glimmlampe jeweils aufleuchtet.
Du kannst auch den Aufbau von Versuch 2 verwenden.

V 12 Du brauchst z. B. eine Metallscheibe an einem isolierenden Stab aus Plexiglas. (Auch ein Tortenblech auf Styroporblöcken oder ein „Superball" sind geeignet.)
Klebe auf die Scheibe einen Klebestreifen, und drücke ihn fest an.
Reiße jetzt den Klebestreifen ab (Bild 8). Was zeigt der Ladungsanzeiger (mit Folienstreifen wie in V 9) an, wenn du ihn der Metallscheibe oder dem Klebestreifen näherst?

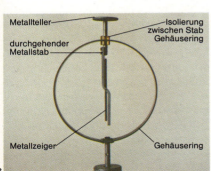
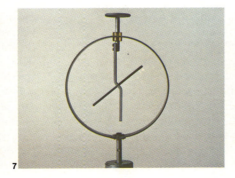

Info: Zwei Arten elektrischer Ladung

Schon im Altertum war bekannt, daß ein geriebener Bernstein eine merkwürdige Eigenschaft hat: Haare, Staub, Textilfasern und andere leichte Körper werden von ihm angezogen. (Das Wort *Elektrizität* ist abgeleitet von griech. *elektron:* Bernstein.)

Aber nicht nur bei Bernsteinen macht man solche Beobachtungen, sondern auch bei vielen anderen Körpern. Wenn man z. B. eine Schallplatte mit einem Wolltuch reibt, ist die Schallplatte in einem besonderen elektrischen Zustand. Man sagt: Sie ist *geladen*, oder sie trägt eine **elektrische Ladung**.

Daß ein Körper geladen ist, kann man z. B. mit Papierschnitzeln nachweisen; sie werden angezogen. Man erkennt den geladenen Zustand oft auch daran, daß Funken überspringen oder daß eine Glimmlampe aufblitzt.

In Nichtleitern ist die Ladung unbeweglich und an ihren Platz gebunden, während sie sich in Leitern bewegen kann.

Wenn zwei Körper einander berühren oder wenn sie durch einen elektrischen Leiter verbunden sind, kann Ladung von dem einen Körper auf den anderen übergehen. Berührst du z. B. eine geladene Folie mit der Hand, geht Ladung auf deinen Körper über und – wenn du leitend mit der Erde verbunden bist – weiter auf die Erde. Das ist auch der Grund dafür, daß ein Metallstab isoliert gehalten werden muß, wenn er aufgeladen werden soll.

In den Versuchen konntest du feststellen, daß sich zwei geladene Körper mal anziehen und mal abstoßen. Zwischen ihnen wirken also einmal anziehende und einmal abstoßende Kräfte.

Für dieses unterschiedliche Verhalten geladener Körper hat man folgende Erklärung:
Es gibt zwei unterschiedliche Arten von Ladung. Man nennt die eine Art **positive Ladung** und die andere **negative Ladung**.

Zwei positiv geladene Körper stoßen sich gegenseitig ab; das gleiche gilt für zwei negativ geladene Körper. Dagegen ziehen sich ein positv geladener und ein negativ geladener Körper gegenseitig an.

Man sagt kurz: **Gleichnamig geladene Körper stoßen einander ab, ungleichnamig geladene ziehen einander an.**

Es ist nicht möglich, *einen* Körper allein aufzuladen, immer wird auch gleichzeitig ein zweiter geladen.

Zum Beispiel läßt sich nach dem Reiben einer Schallplatte mit einer Plastikfolie auch auf dem „Reibzeug" eine Ladung nachweisen. Die Schallplatte wird positiv geladen, die Plastikfolie negativ.

Oft verliert das Reibzeug sofort wieder seine Ladung, weil es nicht isoliert ist. Die Ladung fließt z. B. über die Hand ab, die das Reibzeug hält.

Aus der Geschichte: Wie der Begriff „elektrische Ladung" entstand

Die Ausdrücke *laden* und *Ladung* im Zusammenhang mit der Elektrizität gehen auf *Benjamin Franklin* (1706–1790) zurück. Franklin war ein bedeutender amerikanischer Politiker. Er gehörte zu den Unterzeichnern der Unabhängigkeitserklärung, mit der sich 13 amerikanische Kolonien von ihrem Mutterland Großbritannien lossagten. Franklin war auch einer der Schöpfer der Verfassung der Vereinigten Staaten von Amerika.

Sein Denken war von buchhalterischen Grundsätzen geprägt. Dieses Denken hatte ihn dazu geführt, die Einführung von Papiergeld zu fordern: Wer z. B. Getreide verkauft, erhält dafür nicht den Tisch, den er gerade braucht, und auch kein Gold. Vielmehr wird ihm der Wert des Getreides gutgeschrieben; das „Konto" des Käufers wird entsprechend belastet. Die „Kontoführung" erfolgt durch Austausch von „Zetteln", dem Papiergeld.

Neben der politischen Tätigkeit beschäftigte sich Franklin seit 1747 mit der Erforschung der Elektrizität. Auch die elektrischen Vorgänge erklärte er nach der Art eines Buchhalters. Dazu ein Beispiel:

Angenommen, eine Versuchsperson steht isoliert gegen den Fußboden und reibt einen Glasstab mit einem Wolltuch. Sowohl der Glasstab als auch die Versuchsperson werden dadurch „elektrisiert".

Franklin unterstellte, daß jeder Körper eine gewisse Menge an Elektrizität besitzt. Weiterhin ging er davon aus, daß durch das Reiben die Elektrizität anders verteilt wird. Franklin führte nun für jeden Körper eine Art „Elektrizitätskonto" ein. Beim Reiben gibt der Stab z. B. eine bestimmte Menge Elektrizität an die Versuchsperson ab. Auf dem Konto des Stabes muß diese Elektrizitätsmenge abgebucht, auf dem der Versuchsperson gutgeschrieben werden. Der eine Körper besitzt also nun einen Mangel an Elektrizität, der andere einen Überschuß.

Mit Hilfe solcher „Bilanzvorstellungen" konnten viele Beobachtungen erklärt werden. Franklins Überlegungen, die uns heute naheliegend erscheinen, waren damals eine umwälzende Neuerung. Andere Forscher beschäftigten sich zu dieser Zeit mit der Frage, ob Elektrizität eine Art Feuer oder doch das fünfte „Element" neben Feuer, Wasser, Luft und Erde sei!

Im Zusammenhang mit solchen Bilanzvorstellungen verwendete Franklin auch die Begriffe *charge* und *discharge* – und zwar im Sinne von *anrechnen, ein Konto belasten* bzw. *seine Schulden bezahlen, ein Konto entlasten*.

Die deutsche Übersetzung als *laden* bzw. *entladen* läßt diese Bedeutung nicht mehr erkennen. Vielmehr steht die Wahl dieser Begriffe wohl in Zusammenhang mit jenen besonderen „Flaschen" (Bild 1), mit denen auch schon Franklin experimentierte. Eine solche Flasche war innen und außen mit einer dünnen Metallschicht versehen. Die Außenseite wurde z. B. positiv, die Innenseite negativ „aufgeladen". Aus der Flasche ragte eine Eisenstange, die mit der inneren Metallschicht leitend verbunden war. Wenn man die Stange mit der äußeren Schicht leitend verband, gab es einen Funken und einen heftigen Knall. Franklin sprach auch vom „Abfeuern" der Flasche.

Funken und Knall erinnerten an das Mündungsfeuer und das Krachen einer Kanone. Zu diesem Zweck mußten die Flaschen vorher „geladen" werden – jedoch nicht mit einer Pulverladung, sondern mit **elektrischer Ladung**.

1

108

Aufgaben

1 Eine positiv und eine negativ geladene Metallkugel sind im Abstand von 10 cm aufgestellt. Dazwischen hängt an einem Faden ein Tischtennisball, der mit einer Aluminiumschicht überzogen ist.
Wenn man den Ball mit einer der Kugeln in Berührung bringt, pendelt er zwischen den Kugeln hin und her. Seine Bewegung verläuft am Anfang schnell, wird dann immer langsamer und hört schließlich auf.
Erkläre diese Beobachtungen.

2 Wie funktioniert ein Elektroskop (Bilder 6 u. 7 der Vorseite)?

3 Jedes Wasserteilchen (Wassermolekül) hat einen positiv und einen negativ geladenen Bereich. Das ist vereinfacht in Bild 2 dargestellt.

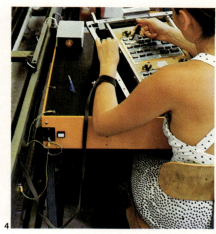

Erkläre, warum der Wasserstrahl in Bild 3 zur Folie hin abgelenkt wird.

4 Manche integrierte Schaltungen (z. B. für Computer) sind sehr empfindlich; sie würden durch kleine Entladungen zerstört. Da sich die Arbeiterin (Bild 4) durch Reiben an ihrer Kleidung aufladen kann, hat man eine Gegenmaßnahme getroffen...

5 Wie kann man mit einer Glimmlampe unterscheiden, ob ein Körper positiv oder negativ geladen ist?

3 Wenn ein geladener Körper auf einen ungeladenen trifft...

V 13 Zwei blanke Blechdosen (Konservendosen), die auf Styroporblöcken stehen, sollen sich berühren. Von der Seite her näherst du nun einer der Dosen z. B. einen geladenen Kunststoffstab bis auf einige Zentimeter. Trenne dann die Blechdosen (ohne sie anzufassen), und entferne anschließend den Stab. Prüfe den Ladungszustand beider Dosen.

Woher kommt die Ladung? Kann sie vom Stab stammen?

V 14 Nähere einem ungeladenen Elektroskop verschiedene geladene Gegenstände, ohne den Teller zu berühren. Was beobachtest du?

V 15 Blase zunächst einen Luftballon auf, und binde ihn zu. Reibe ihn dann kräftig mit einem Wolltuch, so daß er elektrisch geladen wird. Danach hältst du ihn gegen die Wand...

V 16 Du kannst jetzt wieder den drehbar gelagerten Folienstreifen von Versuch 9 einsetzen. Lade den Folienstreifen auf, und bringe nun *ungeladene* Körper in seine Nähe. Was beobachtest du?

109

Die elektrische Ladung

Info: Geladene Teilchen in Körpern

In Versuchen stellt man fest:
○ Trennt man zwei Metallkörper, die sich in der Nähe eines geladenen Plastikstabes befinden, so sind die Körper anschließend geladen: der eine positiv, der andere negativ.
○ Wenn man den Plastikstab entfernt und die Metallkörper wieder in Kontakt bringt, ist auf den Körpern keine Ladung mehr nachzuweisen.

Wie ist das zu erklären?
Von dem Stab kann keine Ladung auf die Metallkörper „übergesprungen" sein, denn die Metallkörper sind ja *unterschiedlich* geladen. Vielmehr liegt die Vermutung nahe, daß die beiden Ladungsarten schon vorher in den Körpern vorhanden gewesen sind.

Tatsächlich ist die Ladung eines Körpers immer auf **geladene Teilchen** zurückzuführen, die in allen Körpern *von vornherein* vorhanden sind. Es gibt sowohl *positiv* als auch *negativ* geladene Teilchen (*Ladungsträger*).

Auf einem Körper, der uns ungeladen erscheint, sind positive und negative Ladungsträger in gleicher Zahl vorhanden. Er ist weder positiv noch negativ geladen. Man sagt: Dieser Körper ist *elektrisch neutral* (Bild 1).

Wenn bei einem Körper die negativen Ladungsträger in der Überzahl sind, ist der Körper *negativ* geladen (Bild 2). Sind die positiven Ladungsträger in der Überzahl, ist er *positiv* geladen (Bild 3).

Daß in allen Körpern stets geladene Teilchen vorhanden sind, wird verständlich, wenn wir uns mit dem **Aufbau** der Körper beschäftigen. Alle Körper bestehen aus Atomen. Die Atome sind so winzig, daß man sie selbst mit dem besten Mikroskop nicht sieht. Bild 4 zeigt, wie man sich ein Atom *vorstellen* kann.

In diesem **Modell** hat das Atom zwei Bereiche: den **Atomkern** und die **Atomhülle**. Der Atomkern enthält *positiv* geladene Teilchen. Die Atomhülle setzt sich aus *negativ* geladenen Teilchen zusammen, den **Elektronen**.

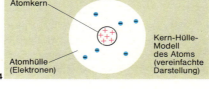

1 Positiv geladene (+) und negativ geladene (−) Teilchen in gleicher Zahl: Der Körper erscheint ungeladen (neutral).

2 Die negativ geladenen Teilchen (−) sind in der Mehrzahl: Der Körper ist negativ geladen.

3 Die positiv geladenen Teilchen (+) sind in der Mehrzahl: Der Körper ist positiv geladen.

4 Kern-Hülle-Modell des Atoms (vereinfachte Darstellung)

Alle Elektronen sind stets und ausnahmslos gleich stark (negativ) geladen. Die Ladungsträger im Atomkern sind genauso stark positiv geladen.

Jedes Atom weist genauso viele positive wie negative Ladungsträger auf. Aus diesem Grund sind Atome als Ganzes *elektrisch neutral*.

Einzelne Elektronen können aus den Atomhüllen herausgerissen oder von den Atomhüllen abgegeben werden.

Die positiv geladenen Teilchen dagegen können die Atomkerne nicht verlassen; das heißt, sie sind an feste Plätze gebunden. Deshalb kann ein fester Körper nur dadurch *positiv* geladen werden, daß er negativ geladene Teilchen *verliert* (denn positiv geladene Teilchen kann man nicht hinzufügen).

Ein Körper wird dadurch *negativ* geladen, daß negative Ladungsträger *hinzukommen*.

Bei enger Berührung unterschiedlicher Körper kann es passieren, daß Elektronen aus den Atomhüllen des einen Körpers auf den anderen Körper überwechseln. (Die enge Berührung zweier Körper erreicht man dadurch, daß man sie aneinanderreibt, oder dadurch, daß man sie aufeinanderpreßt.)

Werden dann die Körper wieder voneinander getrennt, zeigt sich folgendes:
Der eine Körper ist positiv geladen (weil bei ihm nun die positiven Ladungsträger der Atomkerne überwiegen), und der andere ist negativ geladen (weil bei ihm jetzt die negativen Ladungsträger in der Überzahl sind).

Info: Geladene Körper in der Nähe von Leitern und Isolatoren

Wenn man einen geladenen Körper in die Nähe eines ungeladenen *Leiters* bringt, kommt es im Leiter zu *Ladungsverschiebungen*. Dieser Vorgang heißt **Influenz**.

Angenommen, die Ladung des Körpers ist positiv (Bild 5). In Leitern (aus Metall) gibt es stets viele Elektronen, die die Atomhüllen verlassen haben; sie sind im Leiter frei beweglich. Aufgrund der Anziehung sammeln sich diese negativen Ladungsträger an der Seite des Leiters, die dem positiv geladenen Körper zugewandt ist. An der abgewandten Seite sind dann die (unbeweglichen) positiven Teilchen in der Überzahl.

Entfernt man den geladenen Körper, so stellt sich im Leiter wieder die ursprüngliche Verteilung der Ladungsträger ein.

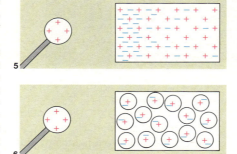

Teilt man den Leiter aber in *Anwesenheit* des geladenen Körpers, so ist der eine Teil des Leiters positiv und der andere negativ geladen.

Trockenes Papier ist ein *Isolator*. Im Gegensatz zu Leitern können sich in Isolatoren die negativen Ladungsträger nicht frei bewegen.

Bringt man z. B. einen geladenen Körper in die Nähe eines (ungeladenen) Isolators, so werden die Elektronen in der Atomhülle eines jeden Atoms ein wenig verschoben. Jedes Atom des Isolators hat dann einen positiven und negativen Bereich (Bild 6).

Da der negative Bereich näher an dem geladenen Körper liegt, ziehen sich der Isolator und der geladene Körper gegenseitig an.

Wenn man den geladenen Körper entfernt, stellt sich im Isolator der alte Zustand wieder ein.

Aufgaben

1 Zwei ungeladene Metallplatten werden in der Nähe eines geladenen Körpers getrennt. Die Platten sind nach dem Trennen elektrisch geladen, obwohl keine Ladung vom geladenen Körper „übergesprungen" ist. Gib dafür eine Erklärung.

2 Das Wort *Influenz* ist abgeleitet von lat. *influere:* hineinfließen. Man stellte sich nämlich früher vor, daß Elektrizität in einen Leiter „hineinfließen" würde, wenn man ihm einen geladenen Körper nähert.
Inwiefern drückt dieser Begriff eine falsche Vorstellung aus?

3 Wie verteilen sich die Ladungsträger im *Leiter* von Bild 7?

4 Wenn man zwei negativ geladene Kunststoffolien einander nähert, stoßen sie sich gegenseitig ab.
Was würde wohl geschehen, wenn man seine Hand zwischen die Folien hielte? Begründe deine Vermutung, und probiere es aus.

5 Erkläre, weshalb man einen drehbar gelagerten Papierstreifen als Ladungsanzeiger verwenden kann.

6 Bild 8 zeigt in mehreren Schritten, wie ein Elektroskop aufgeladen wird.
Ist das Elektroskop schließlich positiv oder negativ geladen? Begründe deine Antwort.

7 Wenn man eine Leuchtstofflampe an der einen Seite erdet und ihr von der anderen eine geladene Folie *nähert*, flackert sie auf. Erkläre!

8 Ein erstaunlicher **Versuch:** Eine Folie wird auf eine isoliert stehende Metallplatte gelegt. Wenn man nun die Metallplatte mit einer Glimmlampe berührt, blitzt diese auf. Entfernt man anschließend die Folie, leuchtet die Lampe wieder auf – diesmal an der anderen Elektrode. Probiere es aus und erkläre!
Diesen Versuch kann man endlos wiederholen – ohne die Folie erneut zu reiben. Weshalb ist das möglich?

7

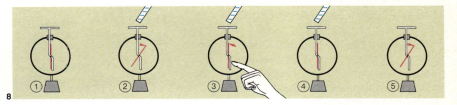

8

Aus Umwelt und Technik: Entstaubungsanlagen in Kohlekraftwerken

Wenn Kohle in einem Kachelofen verbrennt, bleibt nur ein Häufchen Asche übrig. In einem Kohlekraftwerk fallen dagegen riesige Mengen Asche an. Immerhin werden in durchschnittlich großen Kraftwerken täglich 125 Waggonladungen Kohle verbrannt!

Die Kohle wird vor dem Verbrennen zermahlen und als Kohlenstaub in die Brennräume der Dampferzeuger geblasen. Beim Verbrennen entsteht eine staubfeine Asche. Ohne Gegenmaßnahmen würde die Asche mit den Verbrennungsgasen durch den Schornstein entweichen und im Umkreis von vielen Kilometern als feiner „Staubregen" niedergehen.

Die Abgase der Kraftwerke müssen deshalb „entstaubt" werden. Ein einfaches Entstaubungsverfahren zeigt Bild 9. Auch bei den in Kraftwerken angewendeten Verfahren spielt die **elektrische Ladung** eine Rolle.

Eine **Entstaubungsanlage** ist aus mehreren hintereinandergeschalteten *Filterzellen* zusammengesetzt. Jede dieser Filterzellen besteht aus zwei positiv geladenen Platten und dazwischengespannten negativ geladenen Drähten (Bild 10).

Durch die Filterzellen strömt der Rauch. Die dünnen Drähte sind so stark negativ geladen, daß Elektronen in die Umgebung der Drähte „gesprüht" werden *(Sprühdrähte)*. Diese Elektronen treffen auf die Teilchen der Flugasche und setzen sich auf diesen fest. Damit werden die kleinen Ascheteilchen selbst negativ geladen; sie werden von den positiv geladenen Platten angezogen und schlagen sich dort nieder.

Die Platten werden ständig gerüttelt. Die Ascheteilchen fallen daher ab und können mit Wasser aus den Filterzellen herausgespült werden.

9

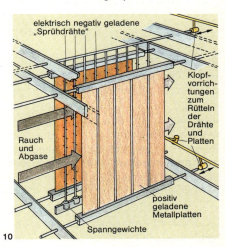

10

4 Blitz und Donner

Aus der Geschichte: „Die Donnerwolken anzapfen"

Schon vor etwa 250 Jahren versuchte man, der Gewitterelektrizität auf die Spur zu kommen. Man wollte nämlich nachweisen, daß ein Blitz nichts anderes ist als ein riesiger elektrischer Funken.

Zu diesem Zweck ließ z. B. der Physiker *Dalibard* in einem Dorf bei Paris eine 12 m lange Eisenstange aufstellen, die gegen die Erde isoliert war (Bild 1). Beim nächsten Gewitter sollte ihr ein geerdeter Eisendraht genähert werden. Dalibard hoffte, daß im Moment des Blitzes ein Funken aus der isolierten Stange auf den geerdeten Draht überspringen würde. Das wäre dann der Beweis, daß Blitz und Funken „von gleicher Natur" sind.

Endlich, am Nachmittag des 10. Mai 1752 zog ein Gewitter auf. Ein Gehilfe und der hinzugeeilte Dorfpfarrer ergriffen den geerdeten Draht und hielten ihn in die Nähe der Stange.

Hier das Protokoll des Pfarrers: *„Ich melde Ihnen, mein Herr, was Sie erwarten. Der Versuch hat seine Richtigkeit. Heut, um zwei Uhr zwanzig Minuten nachmittags, brüllte der Donner grade über Marly; der Schlag war ziemlich stark. Die Neigung, Ihnen gefällig zu sein, und die Neugierde haben mich aus dem Lehnstuhl gezogen... Als ich auf der Stelle anlangte, wo der eiserne Stab aufgerichtet ist, hielt ich den eisernen Draht, den ich dem Stabe nur nach und nach näher-*

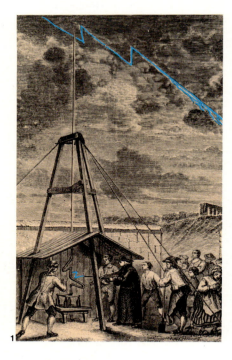

1

te, anderthalb Zoll ohngefähr von demselben, und es fuhr aus dem Stabe ein kleiner Strahl blauen Feuers, der nach Schwefel roch... Ich wiederholte den Versuch, im Beisein verschiedener Personen, wenigstens sechsmal in vier Minuten, und wollte damit fortfahren, aber die Wirksamkeit des Feuers ermattete nach und nach. Ich näherte mich mehr und zog nur noch einige Funken, bis sich endlich gar nichts mehr sehen ließ.

Der Donnerschlag, welcher die Veranlassung dieser Begebenheit war, wurde von keinem anderen begleitet; und der ganze Vorfall endigte sich mit einem Hagelschauer.

Im Augenblick des Versuchs war ich in alles, was ich sah, so vertieft, daß ich, da mein Arm etwas über dem Ellbogen einen Schlag bekam, nicht sagen kann, ob es bei Berührung des Drahts oder des Stabs geschehen ist. Zur Zeit, da ich den Schlag bekam, beklagte ich mich über den Schmerz, den er mir verursachte, nicht. Da es aber nach meiner Heimkunft weh zu tun fortfuhr, entblößte ich meinen Arm und nahm eine Schwüle (Brandblase) war, die um den Arm ging, und einer solchen ähnlich sah, die ein Hieb mit Drahte gemacht haben würde, wenn man mich damit auf die bloße Haut geschlagen hätte. Der Vicarius, der Herr von Milly und der Schulmeister, denen ich die Ereignisse erzählte, beklagten sich alle drei, daß sie einen Schwefelgeruch empfänden, der, je näher sie mir kämen, desto stärker würde."

Dieses Experiment fand höchste Anerkennung und bald auch viele Nachahmer. Doch nicht immer gab es dabei einen so glücklichen Ausgang – man unterschätzte damals die mit der Gewitterelektrizität verbundene tödliche Gefahr.

Aus Umwelt und Technik: Wie Blitz und Donner entstehen

Aus einem sicheren Haus ein Gewitter zu beobachten, ist ein recht eindrucksvolles Erlebnis. Wer allerdings z. B. auf freiem Feld vom Gewitter überrascht wird, empfindet das Gewitter als Bedrohung und hat – mit Recht – Angst, denn immer wieder werden Menschen durch Blitzschläge getötet. (→ *Vier Verhaltensregeln bei Gewitter*).

Ein **Blitz** ist eine gewaltige Naturerscheinung, bei der elektrische Ladung transportiert wird. Physikalisch gesehen ist ein Blitz nichts anderes als ein riesiger elektrischer Funken.

Man stellt sich die Entstehung eines Blitzes etwa so vor:

In einer Gewitterwolke vollzieht sich eine *Trennung* positiver und negativer Ladungsträger. Die genauen Ursachen für diese Ladungstrennung sind bis heute noch nicht völlig geklärt. (Innerhalb einer Gewitterwolke kann man ja nicht so einfach experimentieren.)

Bevor es blitzt, bilden sich viele kleine „Pfade" (Bild 2), in denen elektrische Entladungen stattfinden können.

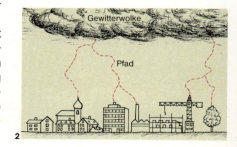

2

Wenn viele solcher Pfade einen geschlossenen „Kanal" von der Wolke zum Erdboden ergeben, geht durch ihn ein verhältnismäßig schwacher Vorblitz hindurch. Unmittelbar danach schlägt dann – entlang der Spur dieses Vorblitzes – der eigentliche Hauptblitz durch.

Die Entstehung eines Blitzes läuft sehr schnell ab. Der Blitz selbst dauert nicht länger als einige Zehntausendstelsekunden.

Die in dieser kurzen Zeit frei werdende Energie ist recht beachtlich; die Energie eines Blitzes würde beim Elektrizitätswerk bis zu Hundert DM kosten.

Wenn der Blitz schon längst vorbei ist, hören wir erst den Donnerschlag. Der **Donner** kommt so zustande:

Die Umgebung des Blitzkanals wird bei der Entladung unvorstellbar heiß; die Temperatur beträgt dort 30 000 °C (die Temperatur an der Sonnenoberfläche ist wesentlich geringer)! Diese plötzliche Erhitzung ist mit einer explosionsartigen Ausdehnung der Luft verbunden. Die Folge ist der Donner – das lauteste Geräusch, das wir in der Natur kennen.

Wenn du wissen willst, wie weit das Gewitter entfernt ist, brauchst du nur zu bedenken, daß der Schall einen Weg von 1 km in etwa 3 s zurücklegt: Vergehen z. B. zwischen Blitz und Donner 12 s, so ist der Blitz etwa 4 km von dir entfernt gewesen.

Blitze, die so weit entfernt sind, daß man ihren Donner nicht mehr hören kann, bezeichnet man als *Wetterleuchten*.

Aus Umwelt und Technik: **Der Faradaysche Käfig**

Bild 3 zeigt ein Experiment, das Aufsehen erregt: Ein Auto wird vom Blitz getroffen. Meterlang ist er, und er schlägt krachend in das Fahrzeug ein. Den Insassen aber passiert nichts!

Ganz ungefährlich ist aber ein Blitz für ein *fahrendes* Auto nicht: Der Fahrer kann erschrecken, eventuell wird er geblendet, oder die Reifen werden zerstört. Daß die Insassen jedoch einen Blitzschlag erleiden, ist völlig ausgeschlossen.

Wieso sind die Insassen eines Autos vor einem Blitzschlag geschützt, und wie verläuft der Blitz weiter, wenn er das Auto getroffen hat?

Bereits vor ca. 150 Jahren hat der englische Physiker *Michael Faraday* (1791–1867) ein Experiment durchgeführt, das uns diese Frage beantwortet: Er ließ aus Holzleisten einen Würfel mit 3 m Kantenlänge bauen und mit einem Netz aus Kupferdrähten bespannen; von innen ließ er eine gut leitende Schicht aus Zinnfolie auf die Drähte kleben. Der Würfel wurde so aufgestellt, daß er gegen den Erdboden isoliert war.

Dann begab sich Faraday mit einem empfindlichen Ladungsanzeiger – einem Elektroskop – in den Würfel.

Anschließend wurde der Würfel von außen stark aufgeladen. Auf den Innenflächen konnte Faraday jedoch keine Ladung nachweisen. Alle überzähligen Ladungsträger mußten also auf der Außenfläche sitzen.

Ähnliche Beobachtungen kann man bei allen metallischen Hohlkörpern machen: Die Ladung befindet sich stets nur an der Außenfläche.

3

Den Würfel aus Faradays Experiment und ähnliche Hohlkörper aus Metall nennt man **Faradaysche Käfige**.

Auch ein Auto stellt einen Faradayschen Käfig dar. Wird es vom Blitz getroffen, so bleiben die Ladungsträger auf der Außenseite der Karosserie (und fließen über sie zur Erde ab). Ins Innere können sie nicht eindringen.

Faradaysche Käfige werden für empfindliche elektrische Geräte (Teile in Radios, Fernsehern und Computern) verwendet, um von außen kommende elektrische Störungen zu verhindern.

Aus dem gleichen Grund benutzt man *abgeschirmte* Kabel (Bild 4) zur Übertragung schwacher elektrischer Signale. Das Drahtgeflecht unter der Isolierung ist ein langgestreckter Faradayscher Käfig. Abgeschirmte Kabel sind z. B. die Verbindungskabel zwischen Plattenspieler und Stereoverstärker, Mikrofon- und Antennenkabel.

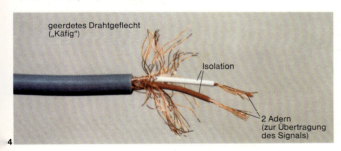
4

Die elektrische Ladung

Aus Umwelt und Technik: **Vier Verhaltensregeln bei Gewitter**

1. Vermeide es, die höchste Erhebung im Gelände zu sein!

Hocke dich in eine Bodenmulde, in den Straßengraben oder (in den Bergen) in eine Felsspalte oder Höhle.

2. Suche weder in Feldscheunen noch unter Bäumen Schutz!

Du kennst vielleicht den folgenden Reim „Vor Eichen sollst du weichen, Buchen sollst du suchen, Linden sollst du finden." Diesem „Rat" vertraue nicht! Auch unter Linden und Buchen bist du nicht sicher.

3. Bade bei Gewitter nicht im Freien!

Zwar stimmt es nicht, daß das Wasser den Blitz „anzieht", wie manche Leute meinen, aber es ist dennoch lebensgefährlich, während eines Gewitters zu baden, zu rudern oder zu segeln (→ Regel 1).

4. Einen sicheren Schutz gegen den Blitz bieten alle Räume, die von Metall umgeben sind.

Dazu gehören z. B. Autos, Eisenbahnwaggons und Stahlbetonbauten. Auch in Gebäuden mit einem Blitzableiter besteht keine Gefahr.

Aus Umwelt und Technik: **Blitzschutz heute**

Bild 7 zeigt dir eine *Blitzschutzanlage*, mit der heute viele Wohnhäuser ausgerüstet sind.

Sie erzeugt einen „blitzgeschützten Raum", von dem das Haus umgeben ist. Dieser „Raum" wird durch eine *Fangleitung* und kurze *Fangstäbe* begrenzt, die die höchsten Stellen des Hauses bilden.

Durch die Blitzschutzanlage muß die elektrische Ladung des Blitzes über den *Ableiter* direkt zur Erde geführt werden. Dabei dürfen sich die Leitungen nicht so stark erhitzen, daß sie schmelzen; sonst würde ja die ganze Anlage wirkungslos werden. Deshalb bestehen die Ableiter aus etwa 1 cm dicken Eisendrähten; sie erhitzen sich nicht zu stark.

Um eine gut leitende Verbindung zum Erdreich herzustellen, legt man heute bei Neubauten häufig einen sogenannten *Ringerder* an. Das ist ein etwa 5 cm breites Metallband, das ungefähr 1 m tief eingegraben oder direkt im Beton des Fundamentes eingegossen ist. An ihn sind alle Ableiter und die Fallrohre der Regenrinnen angeschlossen.

In früherer Zeit wurden sehr oft auch Hochspannungsleitungen von Blitzschlägen getroffen.

Wenn ein Blitz in solche Leitungen einschlägt, kann das schwerwiegende Folgen haben: Durch Funkenüberschläge werden Isolatoren zerstört, oder es kommt zu Beschädigungen an Schaltanlagen und Transformatoren der Umspannwerke. Dann fallen die Leitungen oft tagelang für die Stromversorgung aus.

Deshalb sind heute auch die Hochspannungsleitungen meistens gegen Blitzschlag gesichert (Bild 8):

Die Drähte, die du siehst, sind alle – bis auf einen – an großen *Isolatoren* aus Prozellan befestigt. Und dieser eine nicht isoliert angebrachte Draht dient dem Blitzschutz. Er verbindet eine Mastspitze mit der anderen. Eigentlich ist er nichts anderes als eine sehr lange Fangleitung, die durch jeden Mast mit der Erde verbunden ist. Er stellt so den „blitzgeschützten Raum" her, in dem sich die Hochspannungsleitungen befinden.

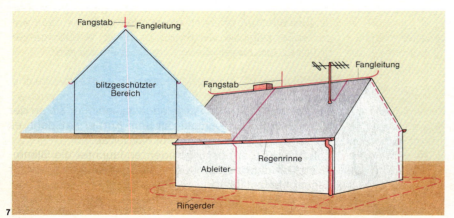

Die elektrische Ladung

Alles klar?

1 Wodurch unterscheiden sich neutrale und elektrisch geladene Körper?

2 Nenne verschiedene Möglichkeiten, wie du einen aufgeladenen Körper wieder entladen kannst.

3 Eine Kunststoffolie wird mit einem trockenen Blatt Papier gerieben; das Papier bleibt auf der Folie liegen.
Wenn man nun die Folie samt Papier mit einer Glimmlampe abtastet, läßt sich keine Ladung nachweisen. Warum nicht?

4 Eine Folie wurde durch Reiben mit einem Wolltuch negativ aufgeladen. Wie kann man mit ihr die Ladungsart von Körpern bestimmen?

9

5 In Bild 9 siehst du Pariser Mode aus dem Jahre 1778... Ob das ein wirksamer Blitzschutz gewesen ist?

6 Bei einem Versuch steckt oben auf einem Elektroskop ein Metallbecher; in diesen wird eine Mischung aus Bleikugeln und Schwefelpulver geschüttet. Das eine Mal gelangt die gesamte Mischung in den Becher, das andere Mal wird das Schwefelpulver während des Fallens mit einem Haartrockner weggeblasen.
Erkläre, warum das Elektroskop im ersten Fall keine Ladung anzeigt, im zweiten aber doch.
Ähnliche Vorgänge mit Wassertropfen spielen bei der Ladungstrennung in Gewitterwolken eine Rolle...

Auf einen Blick

Aufladen von Körpern

Wenn man zwei Körper in *enge Berührung* bringt (z. B. durch Reiben) und anschließend voneinander trennt, können die beiden Körper elektrisch geladen sein.

Zwei Ladungsarten

Zwei elektrisch geladene Körper ziehen sich gegenseitig an oder stoßen sich ab.
Wir erklären diese Beobachtung so: Es gibt zwei unterschiedliche Arten von Ladung, eine **positive Ladung** und eine **negative Ladung**. Wenn zwei Körper die gleiche Ladungsart tragen, stoßen sie einander ab. Verschiedenartig geladene Körper ziehen sich gegenseitig an.

10 11 12

Neutral – positiv – negativ

Jeder Körper hat positiv und negativ geladene Teilchen (Ladungsträger). Wenn er beide in gleicher Menge besitzt, ist er elektrisch **neutral**.

In festen Körpern haben die positiven Ladungsträger feste Plätze; nur die negativen Ladungsträger (Elektronen) können den Körper verlassen.

Verliert ein neutraler Körper negative Ladungsträger (Elektronen), so überwiegen die positiven Ladungsträger: Der Körper ist **positiv geladen**. *Erhält* der Körper negative Ladungsträger, ist er **negativ geladen**.

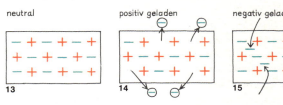
13 14 15

Wenn zwei Körper in engen Kontakt gebracht werden (z. B. durch Reiben), kann es sein, daß negative Ladungsträger von einem Körper auf den anderen übergehen. Neue Ladungsträger werden dabei nicht erzeugt.

Nachweis

Die Ladung eines Körpers kann man mit Papierschnitzeln, einem Elektroskop oder einer Glimmlampe nachweisen.
Mit der Glimmlampe kann man auch unterscheiden, ob ein Körper negativ oder positiv geladen ist. Bei der Glimmlampe leuchtet nur das Gas an derjenigen Elektrode auf, durch die die Elektronen in die Lampe *hinein*fließen:

Wenn der Körper *negativ* geladen ist, leuchtet sie an der Elektrode auf, die Kontakt mit dem Körper hat, denn es fließen Elektronen von diesem Körper ab.

Ist der Körper *positiv* geladen, so leuchtet die Glimmlampe an der geerdeten Elektrode auf, weil dem Körper Elektronen zufließen.

Der elektrische Strom

1 Was man unter „Strom" versteht

Auch bei diesen beiden Beispielen spricht man von *„Strom"*.
Was strömt hier jeweils?
Wie kann man feststellen, ob ein Strom groß oder klein ist?

V 1 Was strömt in einem Metalldraht, wenn Elektrizität fließt? Einen Hinweis auf eine mögliche Antwort geben die Versuche 1 u. 2:

Wir benötigen eine luftleere „Glühlampe"; man nennt sie auch *Edison-Röhre* (Bild 3). Sie enthält außer dem Glühdraht ein Blech, das wir mit einem Elektroskop verbinden.

a) Wir laden das Elektroskop zunächst negativ und dann positiv auf und erhitzen jeweils den Glühdraht.

b) Was schließt du aus deinen Beobachtungen?

V 2 (Lehrerversuch) Der Stromkreis in V 1 dient nur zum Heizen des Glühdrahtes; man könnte den Draht auch anders erhitzen. Jetzt wird die Edison-Röhre in einen weiteren Stromkreis eingebaut (Bild 4).

a) Zunächst wird nur das Netzgerät 2 eingeschaltet. Warum leuchtet die Glimmlampe nicht?

Nun wird zusätzlich der Glühdraht erhitzt. Was beobachtest du?

Wie erklärst du dir das Ergebnis?

b) Man bezeichnet die Edison-Röhre auch als *Diode*, weil sie eine ganz bestimmte Eigenschaft hat. Um diese Eigenschaft herauszufinden, werden die Anschlüsse am Netzgerät 2 vertauscht. Was ist zu beobachten?

Versuche auch, deine Beobachtung zu erklären.

V 3 (Lehrerversuch) Die Schaltung von Bild 5 stellt einen unterbrochenen Stromkreis dar. Zwischen den Isolierklemmen A und B wird eine (isoliert gehaltene) Metallkugel hin und her bewegt.

Bestätigt das Versuchsergebnis deine Überlegungen zu V 1 und V 2?

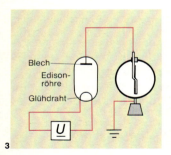
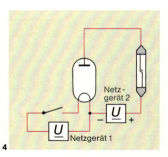
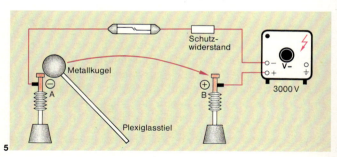

Info: Wie wir uns elektrische Ströme im Modell vorstellen können

Die Versuche mit der Edison-Röhre bestätigen unsere Modellvorstellung vom Aufbau der Körper; außerdem liefern sie uns einen experimentellen Hinweis darauf, woraus die in einem Draht fließende Elektrizität besteht.

Wenn man einen Metalldraht zum Glühen bringt, treten negative Ladungsträger (Elektronen) aus dem Draht aus. Diesen Vorgang bezeichnet man als **glühelektrischen Effekt** (Bild 6).

Im Metalldraht gibt es Elektronen, die so locker gebunden sind, daß sie beim Erhitzen des Metalls den Draht verlassen können.

Im Innern des Drahtes sind diese locker gebundenen Elektronen sogar frei beweglich:

Wenn man in der Schaltung von Bild 7 nur das Netzgerät 2 einschaltet, ohne den Glühdraht zu erhitzen, leuchtet die Glimmlampe *nicht*. Es fließt also keine Elektrizität. Der Stromkreis ist zwischen dem kalten Glühdraht und dem Blech unterbrochen.

Erst wenn der Glühdraht heiß ist, leuchtet die Glimmlampe und zeigt so an, daß Elektrizität fließt. Durch die vom Glühdraht ausgesandten Elektronen wird der Stromkreis auch im luftleeren Raum der Edison-Röhre geschlossen. Am Blech angekommen, bewegen sich die Elektronen im Draht weiter.

Auch in Bild 8 ist der Stromkreis zunächst unterbrochen.

Zwischen den Isolierklemmen werden dann die Elektronen mit Hilfe der auf einem Isolierstab befestigten Kugel transportiert: Die Kugel nimmt an der negativen Isolierklemme Elektronen auf und gibt sie an der positiven wieder ab.

Außerhalb des Netzgerätes bewegen sich die Elektronen in Richtung vom Minuspol zum Pluspol des Netzgerätes. (Innerhalb des Netzgerätes werden die Elektronen vom Pluspol zum Minuspol getrieben.)

Verbindet man die beiden Isolierklemmen durch einen Draht (Bild 9), so leuchtet die Lampe dauernd. Das heißt: Durch die Leiter fließen nun ständig Elektronen.

In den Metalldrähten eines geschlossenen Stromkreises fließen Ladungsträger (Elektronen). Die Elektronen transportieren negative Ladung vom Minuspol zum Pluspol des Netzgerätes oder der Batterie. Fließende elektrische Ladung bezeichnet man als elektrischen Strom.

Die Geschwindigkeit der Elektronen in einem Stromkreis ist sehr gering. Im allgemeinen kommt ein Elektron in einer Sekunde nur um Bruchteile von Millimetern voran.

Dazu ein Beispiel: Angenommen, die Drähte in einem Stromkreis aus Lämpchen und Batterie sind insgesamt 60 cm lang. Ein

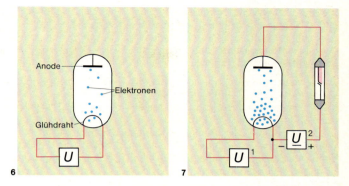
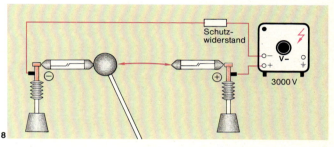
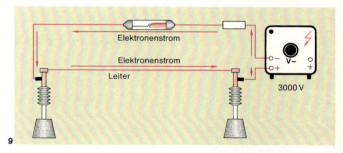

Elektron braucht dann mehr als 10 min, um von der Lampe durch die Batterie wieder zurück zur Lampe zu gelangen.

Trotzdem leuchtet das Lämpchen auf, sobald man den Stromkreis schließt; denn alle frei beweglichen Elektronen setzen sich im gesamten Stromkreis gleichzeitig in Bewegung.

Info: Unterschiedliche Ströme – gleiche Ströme

Fließen innerhalb einer Sekunde besonders viele Ladungsträger an einer Stelle des Stromkreises vorbei, so spricht man von einem großen Strom oder einer großen *Stromstärke*.

Sind es weniger Ladungsträger, die in einer Sekunde vorbeifließen, so ist der Strom (die Stromstärke) kleiner.

Jeder Ladungsträger transportiert eine bestimmte Ladungsmenge. Wir können also sagen:

Je mehr Ladung in einer bestimmten Zeit an irgendeiner Stelle durch den Leiterquerschnitt transportiert wird, desto größer ist der Strom.

Ein 1 cm langes Drahtstück (z. B. aus Kupfer) enthält um so mehr freie Elektronen, je größer der Leiterquerschnitt ist.

Damit die Ströme in zwei unterschiedlich dicken Kupferdrähten gleich groß sind, müssen die Elektronen verschiedene Geschwindigkeiten haben: Bei gleichem Strom bewegen sich die Elektronen in einem dünnen Draht schneller als in einem dicken Draht (Bild 10).

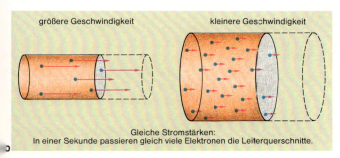

Gleiche Stromstärken:
In einer Sekunde passieren gleich viele Elektronen die Leiterquerschnitte.

Info: Der Wasserstromkreis – ein Modell für den elektrischen Stromkreis

Wenn der Elektromotor von Bild 1 laufen und z. B. über ein Seil eine Last hochheben soll, muß am Generator (Dynamo) gedreht werden. Durch die Drähte des Stromkreises fließen dann Elektronen.

Damit wir uns die Vorgänge im Stromkreis vorstellen können, vergleichen wir den elektrischen Stromkreis von Bild 1 mit einem **Wasserstromkreis** (Bild 2).

Die Schläuche, die Pumpe und das Wasserrad sind vollständig mit Wasser gefüllt. Wenn an der Pumpe gedreht wird, bewegen sich alle Wasserteilchen in den Schlauchleitungen. Das Wasser strömt in einem Kreislauf.

Die Strömung des Wassers können wir am Wasserrad erkennen: Es dreht sich und kann z. B. eine Last hochheben.

Genau in dem Moment, in dem man an der Pumpe zu drehen anfängt, beginnt auch das Wasserrad sich zu drehen. Der Grund ist leicht einzusehen: Wasser läßt sich praktisch nicht zusammendrücken. Sobald die Wasserteilchen an der Pumpe angeschoben werden, bewegen sich *alle* Wasserteilchen im Wasserstromkreis.

Unsere Beobachtungen am elektrischen Stromkreis deuten wir entsprechend:

Sobald die Elektronen im Netzgerät angeschoben werden, bewegen sich *alle* Elektronen im elektrischen Stromkreis.

Fragen und Aufgaben zum Text

1 Vergleiche den *elektrischen Stromkreis* mit dem *Wasserstromkreis*.

a) Welche Aufgaben erfüllen jeweils die einzelnen Teile? Welche Teile in beiden Kreisen entsprechen einander?

b) Stelle die Vorgänge in beiden Stromkreisen einander gegenüber.

2 Jedes Modell ist immer nur eine Vorstellungshilfe, bei der man Unzulänglichkeiten in Kauf nimmt. Man kann nicht erwarten, daß sich alle Beobachtungen vom Wasserstromkreis auf den elektrischen Stromkreis übertragen lassen:

Was passiert z. B., wenn der Wasserschlauch ein Loch hat?

Nenne weitere Unterschiede.

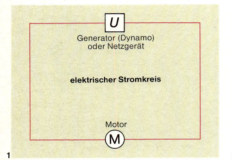
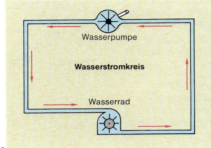

Aus Umwelt und Technik: Elektrische Vorgänge in Lebewesen

Vor rund 200 Jahren beobachtete der italienische Arzt und Physiker *Luigi Galvani* (1737–1798), daß die Muskeln getöter Frösche unter bestimmten Umständen zuckten. Er glaubte, einer „tierischen Elektrizität" auf der Spur zu sein.

Wir wissen heute, daß die Nerven der Frösche Teile eines Stromkreises waren. Die Ströme reizten die Nerven und riefen dadurch die Zuckungen der Muskeln hervor, zu denen die Nerven führten.

In den folgenden 200 Jahren wurde die Rolle der Elektrizität in lebenden Organismen aufgeklärt.

Man kann sagen, daß das Leben untrennbar mit elektrischen Erscheinungen verknüpft ist. Sowohl im Innern von Tieren als auch im menschlichen Körper treten elektrische Ströme auf, und zwar vor allem in Nerven und Muskeln:

Wir nehmen über unsere Sinnesorgane wie Ohr, Auge, Nase, Zunge oder die tastenden Finger Reize auf. Diese werden in Form elektrischer Signale zum Gehirn übertragen und dort verarbeitet. Wenn nötig, sendet das Gehirn – ebenfalls über Nerven – elektrische Signale an bestimmte Muskeln, um eine Bewegung zu veranlassen.

Bei der Reizübertragung in Nerven wird elektrische Ladung transportiert. Allerdings gibt es zwischen den elektrischen Vorgängen in Nerven und dem Ladungstransport in Kabeln eine Reihe von Unterschieden. So wird z. B. die Ladung in Nerven nicht von Elektronen, sondern von viel größeren geladenen Teilchen, den Ionen, transportiert.

Vorgänge im lebenden Organismus lassen sich von außen mit Hilfe elektrischer Meßgeräte beobachten.

Um z. B. die Arbeitsweise des Herzens zu untersuchen, werden Sonden (Elektroden) in der Nähe des Herzens auf der Haut befestigt (Bild 3). Man kann mit ihnen die elektrischen Signale aufnehmen, die die Tätigkeit des Herzmuskels steuern.

Die Signale werden verstärkt und registriert. Das Ergebnis ist ein EKG (Elektrokardiogramm), auf dem gewissermaßen der „Herzschlag" aufgezeichnet ist (Bild 4).

Ähnliche Untersuchungen lassen sich auch am Gehirn vornehmen. Man mißt dabei durch den Schädelknochen hindurch die sogenannten Hirnströme und zeichnet sie in einem EEG (Elektroenzephalogramm) auf.

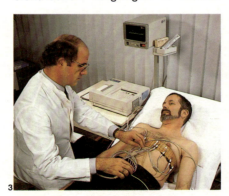
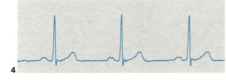

Aufgaben

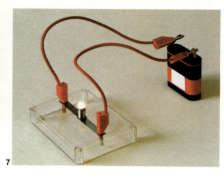

1 Die Bilder 5 u. 6 zeigen unterschiedliche *Wasserströme*.

Wie könnte man in einem Versuch herausfinden, welcher von zwei Wasserströmen der größere ist?

2 Von zwei Quellen soll die mit dem größeren Wasserstrom an die Wasserversorgung angeschlossen werden. Als Meßergebnisse liegen vor:
Quelle 1: 636 Liter in 12 s;
Quelle 2: 720 Liter in 15 s.

Für welche Quelle wird man sich entscheiden?

3 In welchem der beiden (gleichen) Lämpchen (Bilder 7 u. 8) ist der Strom größer?

Begründe deine Antwort.

4 Bild 9 zeigt eine Spritze, aus der Wasser gepreßt wird.

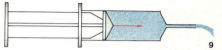

Ist die folgende Behauptung richtig? „Der Wasserstrom in der Nadel ist größer als im breiten Teil der Spritze, denn die Wasserteilchen bewegen sich in der Nadel viel schneller."

Begründe deine Antwort.

5 Schau dir Bild 1 auf der vorigen Doppelseite an. Warum kann man anhand des Bildes nicht entscheiden, ob der Autostrom in die eine Richtung größer ist als in die andere?

2 Elektrische Ströme werden gemessen

Ein elektrischer Strom ist nur an seinen Wirkungen zu erkennen.

Mit Hilfe der Wirkungen kann man auch feststellen, ob ein Strom größer oder kleiner ist als ein anderer. Wir können daher Meßgeräte für Ströme entwickeln.

V 4 Mit den Geräten von Bild 10 soll ein Strommesser aufgebaut werden.

a) Entwirf eine Schaltung, und beschreibe die Funktionsweise.

b) Wie kann man mit diesem Aufbau feststellen, ob z. B. der Strom durch eine Glühlampe genauso groß ist wie der Strom durch eine andere Glühlampe?

c) Für unseren „Strommesser" soll eine Skala entwickelt werden. Dazu benötigst du mehrere gleichartige Glühlampen.

Als Einheit benutzen wir die Stromstärke in einem Stromkreis aus einer der Lampen und einem Netzgerät. Das Netzgerät wird so eingestellt, daß die Lampe hell leuchtet.

Wie muß man vorgehen, wenn man das Doppelte (Dreifache) der Einheit auf der Skala markieren will?

Wie erhält man die Marke für die Hälfte der Einheit?

V 5 Führe den in Bild 11 skizzierten Versuch durch. Beschreibe und erkläre deine Beobachtung.

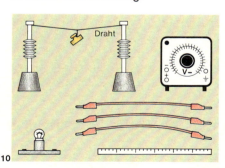

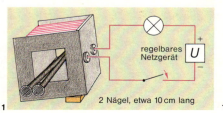

Wie könnte man die Versuchsanordnung von Bild 11 zu einem Strommesser machen?

V 6 Dieser Versuch zeigt, wie man eine drehbare Spule zum Anzeigen und Messen von Strömen verwenden kann (Bild 12).

Erkläre das Funktionsprinzip.

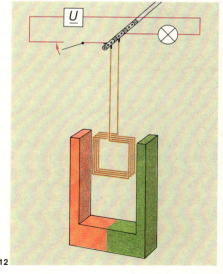

Info: So funktioniert ein Drehspulinstrument

Als Strommesser verwendet man häufig ein **Drehspulinstrument**. Bild 1 zeigt, wie es aufgebaut ist. Es enthält eine drehbare Spule mit Eisenkern, einen feststehenden Bügelmagneten und Spiralfedern.

Der Strom, dessen Größe gemessen werden soll, fließt durch die Spule. Dadurch werden Spule und Eisenkern zum Magneten.

Beim Einschalten des Stromes beginnt die Spule sich zu drehen, denn die gleichnamigen Pole von Spule (samt Eisenkern) und Magnet stoßen einander ab; die ungleichnamigen ziehen sich gegenseitig an.

Ohne die Spiralfedern würde sich die Spule immer gleich weit drehen, nämlich so weit, daß sich ungleichnamige Pole direkt gegenüberstehen.

Da aber bei der Drehung der Spule die Spiralfedern mehr und mehr gespannt werden, üben sie rücktreibende Kräfte (auf die Achse) aus. Die Drehung hört auf, wenn die Drehwirkung der rücktreibenden Kräfte genauso groß ist wie die Drehwirkung der magnetischen Kräfte.

Wenn der Strom größer ist, werden Spule und Eisenkern zu einem stärkeren Elektromagneten. Die Spule dreht sich in diesem Fall weiter, und der Zeigerausschlag ist größer.

Zu jeder Stromstärke gehört ein bestimmter Zeigerausschlag.

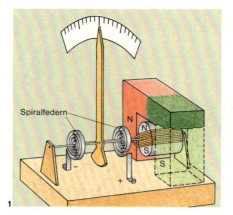
1

Info: Das Meßverfahren für die Stromstärke

Zum Messen der **Stromstärke** verwenden wir zum Beispiel ein Drehspulinstrument (Bild 1). Das Meßverfahren wird in drei Schritten festgelegt:

1. Schritt: Man muß angeben, auf welche Weise man feststellen kann, daß zwei Ströme **gleich groß** sind.

Die Festlegung lautet: Die Stromstärken in zwei Stromkreisen sind gleich, wenn der Zeiger des Drehspulinstrumentes jeweils gleich weit ausgelenkt wird (Bild 2).

2. Schritt: Es muß eine **Einheit** für die Stromstärke festgelegt werden.

Als Einheit wurde eine Stromstärke festgelegt, bei der eine ganz bestimmte magnetische Kraftwirkung zu messen ist.

Die Einheit der elektrischen Stromstärke heißt **1 Ampere** (abgekürzt: 1 A). Sie wurde nach dem französischen Physiker *André Marie Ampère* (1775–1836) benannt. Das Zeichen A finden wir auch im Schaltzeichen des Strommessers wieder.

Um aus einem Drehspulinstrument einen Strommesser zu machen, müssen wir zunächst den Zeigerausschlag bei einer Stromstärke von 1 A markieren. Wollten wir die gesetzliche Festlegung des Ampere verwenden, ergäbe sich ein kompliziertes Verfahren.

Wir gehen daher anders vor: Wir bauen das Gerät in einen Stromkreis ein, von dem bekannt ist, daß die Stromstärke 1 A beträgt. Geeignet ist ein Stromkreis aus einer frischen Flachbatterie und einem Lämpchen mit der Aufschrift „4 V; 1 A".

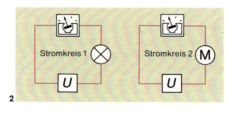
2

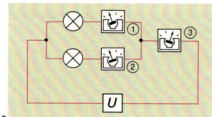
3

3. Schritt: Die Stromstärke, die wir messen wollen, muß mit der Einheit verglichen werden; sie muß als **Vielfaches** der Einheit angegeben werden.

Um die Markierung für 2 A zu erhalten, verfahren wir so:

Wir bauen die Schaltung von Bild 3 mit drei Drehspulinstrumenten auf, bei denen 1 A markiert ist. Das Netzgerät wird so eingestellt, daß die Instrumente 1 u. 2 jeweils einen Strom von 1 A anzeigen.

Die Stromstärke in Meßgerät 3 beträgt dann 2 A. In jeder Sekunde strömt nämlich die Ladung, die durch die Meßgeräte 1 und 2 fließt, auch durch das Meßgerät 3.

Entsprechend verfahren wir, um zu den Markierungen für 3 A, 4 A, ... zu kommen.

Damit wir auch Zwischenwerte ablesen können, muß die Skala feiner unterteilt werden:

Wenn wir das Netzgerät so einstellen, daß das Meßgerät 3 gerade 1 A anzeigt, können wir auf den Meßgeräten 1 und 2 die Stelle 0,5 A markieren.

Oft gibt man Stromstärken auch in Milliampere (mA) an.

1 A = 1000 mA

Aus der Geschichte: Von der „Kraft der Erschütterung" zur Strommessung

In der Mitte des 18. Jahrhunderts erfreuten sich Versuche mit Elektrizität großer Beliebtheit – sowohl auf Jahrmärkten als auch bei Hofe und in vornehmen Salons.

Wie die elektrischen Erscheinungen zustande kamen, war damals noch weitgehend unklar. Viele Wissenschaftler nahmen an, daß ein elektrisches Fluidum (Flüssigkeit) aus den Körpern austritt und die Wirkungen verursacht. Einen elektrischen Strom im heutigen Sinne stellten sie sich nicht vor. Sie beobachteten aber die Wirkungen der fließenden Elektrizität, vor allem die Wirkung auf den menschlichen Körper:

Großes Interesse riefen die Versuche mit der 1745 erfundenen *Leidener Flasche* hervor. Du kannst dir darunter einfach eine Flasche vorstellen, die innen und außen mit je einer dünnen Metallschicht versehen war. Eine Metallstange, die aus der Flasche ragte, war mit der inneren Schicht leitend verbunden. Die eine Schicht wurde positiv, die andere negativ aufgeladen.

Berührte man gleichzeitig die Eisenstange und die äußere Metallschicht, so floß Elektrizität durch den Körper, und man spürte eine heftige Erschütterung.

Berühmt sind die Vorführungen des französischen Physikers *Jean Antoine Nollet* (1700–1770): In Gegenwart König Ludwigs XV. von Frankreich ließ er 180 nichtsahnende Soldaten der Garde den Entladungsstromkreis für eine Leidener Flasche bilden. Zum Vergnügen des ganzen Hofes sprangen alle gleichzeitig vor Schreck in die Luft. Auf die gleiche Weise ließ Nollet mehrere hundert Mönche eines Kartäuserklosters zugleich in die Luft hüpfen.

Die Versuche mit der Flasche funktionierten nur, wenn die beiden Metallschichten über einen geschlossenen Personenkreis verbunden waren (Bild 4). Man sprach von einem „elektrischen Umkreis"; wir würden heute den Begriff *Stromkreis* verwenden.

Die Vorstellung, daß die Elektrizität in einem Kreislauf fließt, entwickelte *Benjamin Franklin*. Er führte die Versuche mit der Flasche als Hinweis dafür an, daß die Elektrizität *im Innern* der Körper strömt:

„Sollte jemand zweifeln, ob die elektrische Materie durch das Innere der Körper dringe..., den wird vermutlich eine Erschütterung, die er aus einem großen gläsernen Gefäße durch seinen eigenen Leib gehen läßt, überzeugen..."

Noch zu Beginn des 19. Jahrhunderts diente der menschliche Körper dazu, Ströme nachzuweisen. So schloß z. B. der italienische Physiker *Alessandro Volta* (1745–1827) aus „der Kraft der Erschütterung, die man erfährt", auf die Größe, die wir heute Stromstärke nennen.

Volta untersuchte auch, wie der elektrische Strom auf das Gehör wirkt:

„Ich führte vorher zwei metallische Stäbe in die Ohren; diese verband ich mit dem Apparat. Im Augenblick des Stromschlusses empfand ich eine Erschütterung im Kopf, und etwas später hörte ich einen Ton oder richtiger ein Geräusch in den Ohren, das schwer zu beschreiben sein dürfte; es war eine Art Knacken oder Knistern ... Das unangenehme Gefühl hielt ich für gefährlich, weil es eine Erschüt-

4

terung im Gehirn hervorrief; deshalb wiederholte ich diesen Versuch nicht mehr."

Bekannt ist Volta als Erfinder der Batterie oder *Voltaschen Säule*, wie sie damals genannt wurde. Mit ihr konnte man für längere Zeit Ströme hervorrufen.

Mit einer solchen Voltaschen Säule gelang es 1820 dem Dänen *Hans Christian Oersted* (1777–1851), eine Wirkung des elektrischen Stromes auf eine Magnetnadel festzustellen. Oersteds Entdeckung der magnetischen Wirkung des Stromes wurde zur Grundlage für Drehspulinstrumente, mit denen wir noch heute Ströme messen.

Für Oersted (und viele seiner Zeitgenossen) war elektrischer Strom nicht einfach das Fließen von Elektrizität. Er stellte sich vielmehr folgendes vor: In einem Draht, der mit dem einen Ende an den Pluspol und mit dem anderen an den Minuspol einer Batterie angeschlossen ist, prallen „Pluselektrizität" und „Minuselektrizität" aufeinander wie zwei feindliche Heerhaufen auf einem Schlachtfeld. Diesen Zusammenprall nannte er „elektrischen Konflikt". Nach Oersted hatte dieser Konflikt verschiedene Folgen: Im Draht entstand Wärme und unter Umständen auch Glühlicht. Außerdem wurde der Raum in der Umgebung des Drahtes in Mitleidenschaft gezogen und eine Magnetnadel aus ihrer gewohnten Position verdrängt.

Oersteds Vorstellungen sind recht anschaulich, sie entsprechen aber nicht dem heutigen Stand der Physik.

Info: Eine kleine Bedienungsanleitung für Strommesser

Oft wird als Strommesser ein **Vielfachmeßgerät** eingesetzt, mit dem man verschiedene elektrische Größen messen kann. Es gibt Geräte mit *Analoganzeige* (Bild 5) oder *Digitalanzeige* (Bild 6).

Und so mißt man Stromstärken mit einem Analog-Meßgerät:

1. Stelle den Wählschalter auf Stromstärkemessung (A∼ bzw. A=).

2. Wähle mit dem Meßbereichsschalter zunächst den größten Meßbereich.

3. Unterbrich den Stromkreis an irgendeiner Stelle, und baue das Meßgerät dort ein. Das Meßgerät und die weiteren Bauteile des Stromkreises sind also in Reihe geschaltet.

Der „+"-Anschluß des Gerätes muß (z. B. über eine Lampe) mit dem Pluspol des Netzgerätes oder der Batterie verbunden sein. Der „−"-Anschluß hat Verbindung mit dem Minuspol.

4. Ist der Zeigerausschlag zu klein? Überprüfe, ob der abgelesene Wert im nächstkleineren Meßbereich liegt. Wenn ja, schalte auf diesen Meßbereich um.

5. Zum Ablesen von Analoganzeigen:

Direktes Ablesen ist möglich, wenn Meßbereich und Skaleneinteilung übereinstimmen.

Umrechnen ist nötig, wenn Meßbereich und Skaleneinteilung nicht übereinstimmen. Zum Beispiel wird in Bild 5 eine Stromstärke von 205 mA angezeigt (denn bei Vollausschlag würde die Stromstärke 300 mA betragen).

Aufgaben

1 Rechne um in mA bzw. A: 0,85 A; 0,0002 A; 0,5 A; 43 mA.
  Welche Stromstärken kannst du in den Bildern 1–3 ablesen?

2 Warum stellt man beim Messen von Strömen am Vielfachmeßgerät zuerst den größten Meßbereich ein?

3 Überprüfe die Schaltungen der Bilder 4–6 auf Schaltfehler.

4 Baue in einer **Versuchsreihe** verschiedene Glühlampen, einen Elektromotor und eine Bleistiftmine einzeln in einen Stromkreis ein. Bestimme die Stromstärken (Tabelle!).

5 Wo ist die Stromstärke höher, im Lampenstromkreis oder im Motorstromkreis (Bild 7)? Überprüfe deine Vermutung in einem **Versuch**.

6 Wie kann man zeigen, daß elektrischer Strom durch angeschlossene „Verbraucher" nicht *verbraucht* wird?

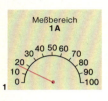
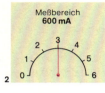

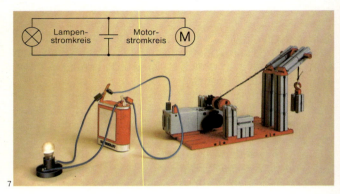

3 Stromstärke und Ladung

Info: Der Zusammenhang zwischen Stromstärke, Ladung und Zeit

Wie man Stromstärken mißt, weißt du bereits. Nun können wir ein Meßverfahren für die elektrische Ladung festlegen.

Nach unserer Modellvorstellung gilt in einem Metalldraht: Je größer die Stromstärke ist, desto mehr Elektronen strömen in einer Sekunde durch den Leiterquerschnitt und desto größer ist die hindurchfließende Ladung.

Bei konstanter Stromstärke hängt die durch den Leiterquerschnitt transportierte Ladung nur von der Zeit ab. Zum Beispiel fließen in 5 s fünfmal so viele Elektronen durch den Leiterquerschnitt wie in 1 s; sie transportieren die fünffache Ladung.

Wenn man Stromstärke und Zeit mißt, kann man auf die vorbeigeflossene Ladung schließen. Wir legen fest:
Die elektrische Ladung ist das Produkt aus Stromstärke und Zeit.
$Q = I \cdot t$.
Als Einheit der Ladung ergibt sich daraus **1 Amperesekunde (1 As)**. Man bezeichnet diese Einheit als **1 Coulomb (1 C)**.
  1 As = 1 C.
Wenn 1 s lang ein Strom von 1 A fließt, wird eine Ladung von 1 C durch den Leiterquerschnitt transportiert.

Stellt man die Gleichung für die Ladung nach I um, so erhält man die folgende Aussage:

Die Stromstärke ist der Quotient aus vorbeifließender Ladung und Zeit.
$$I = \frac{Q}{t}.$$
Ein Strom hat dann die Stromstärke 1 A, wenn pro Sekunde ungefähr 6 Trillionen (6 000 000 000 000 000 000) Elektronen durch den Leiterquerschnitt fließen.

Daß diese Zahl unvorstellbar groß ist, zeigt folgende Überlegung: Nimm an, es gäbe eine „Zählmaschine", die pro Sekunde 1000 Elektronen zählen kann. Diese Maschine würde 200 Millionen Jahre brauchen – nur um die Elektronen zu zählen, die in 1 s bei einer Stromstärke von 1 A durch den Leiterquerschnitt fließen.

Ein Strom von 1 A ist aber nicht besonders groß: Im Haushalt treten oft Ströme von einigen Ampere auf (→ Tabelle).

Einige Stromstärken

Armbanduhr	0,001 mA
Glühlampe (100 W)	0,43 A
Kühlschrank	0,5 A
Toaster	1,8 A
Staubsauger	4,6 A
Heizstrahler	9 A
Waschmaschine	bis zu 16 A
Anlasser eines Autos	ca. 100 A
Lasthebemagnet	ca. 100 A
E-Lok (beim Anfahren)	ca. 200 A
Blitz	ca. 300 000 A

Beispiel: Die Angabe „1,8 Ah" (Ah: Amperestunde) auf einer aufladbaren Babyzelle ist eine Ladungsangabe:
  1,8 Ah = 1,8 A · 3600 s = 6480 As.
Die in dieser Zelle gespeicherte Energie reicht aus, um eine Ladung von 6480 As durch einen Stromkreis zu treiben.

Ist die Zelle erschöpft, muß ihr Energie zugeführt werden. Dazu wird die Zelle in einen Ladestromkreis eingebaut (Bild 8).

Zum Aufladen muß eine Ladung von 6480 As durch die Zelle getrieben werden. Der Ladestrom beträgt 100 mA. Wie lange dauert es, bis eine völlig erschöpfte Zelle wieder mit Energie geladen ist?

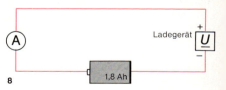

Lösung:
Ausgangsgleichung:
  $Q = I \cdot t$
Umstellen und einsetzen:
  $t = \dfrac{Q}{I} = \dfrac{6480 \text{ As}}{0{,}1 \text{ A}}$
Ausrechnen:
  $t = 64\,800 \text{ s} = 18 \text{ h}$
Der Ladevorgang dauert 18 Stunden.

Der elektrische Strom

Alles klar?

1 Beschreibe, wie man die Größe *Wasserstromstärke* definieren könnte.

2 In Versuch 5 hast du das Funktionsprinzip des **Dreheiseninstruments** kennengelernt. In Bild 9 ist ein solcher Strommesser dargestellt.

a) Beschreibe, wie er funktioniert. Weshalb ist die Spiralfeder nötig?

b) Beim Dreheiseninstrument spielt es keine Rolle, welcher Anschluß mit welchem Pol einer Batterie verbunden wird. Begründe!

3 Häufig verwendet man zur Strommessung ein **Drehspulinstrument**.

a) Was beobachtet man, wenn man bei einem Drehspulinstrument die Stromrichtung ändert?

b) In Versuch 6 hast du ein Modell für das Drehspulinstrument kennengelernt. Wieso waren dort keine Spiralfedern nötig?

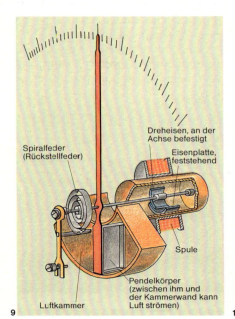

4 Eine Monozelle kann eine Ladung von 14 400 As durch einen Stromkreis treiben.
Wie lange könnte sie einen Strom von 0,5 A (1,0 A; 70 mA) aufrechterhalten?

5 Die größere Batterie von Bild 10 ist für ein Auto mit Dieselmotor bestimmt, die kleinere für ein Auto mit Benzinmotor.
Bei großer Kälte im Winter fließt durch den Anlasser des Dieselmotors ein Strom von etwa 300 A, durch den des Benzinmotors ein Strom von ca. 220 A.
Bei welchem Fahrzeug kann man den Anlasser längere Zeit betätigen?
Wieviel Ladung fließt jeweils durch die Anlasser, wenn man eine Minute lang versucht, den Motor zu starten?

Auf einen Blick

Der glühelektrische Effekt

Aus einem glühenden Draht treten Elektronen aus.

Beispiel: In einer luftleeren „Glühlampe" befindet sich ein Blech, das elektrisch geladen werden kann.

Lädt man das Blech positiv auf und erhitzt man den Glühdraht, so verliert es seine Ladung.

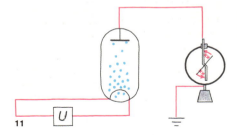

Die aus dem glühenden Draht austretenden Elektronen bewegen sich zu dem Blech. Seine positive Ladung wird durch die negative Ladung der Elektronen ausgeglichen.

Die Ladung des Blechs ändert sich nicht, wenn der Draht kalt bleibt oder das Blech negativ geladen wurde.

Die elektrische Stromstärke

Ein elektrischer Strom bedeutet immer, daß sich Ladungsträger bewegen. In metallischen Leitern sind *Elektronen* die Ladungsträger. Jeder Ladungsträger transportiert eine bestimmte Ladung.

Je mehr Ladung Q in einer bestimmten Zeit t durch den Leiterquerschnitt fließt, desto größer ist der Strom (die Stromstärke) I.

Es gilt: $I = \dfrac{Q}{t}$.

Die Einheit der Stromstärke ist 1 Ampere (1 A).

Um die Stromstärke zu messen, benutzt man die Wirkungen des elektrischen Stromes. Zum Beispiel beruht die Funktionsweise eines Drehspulinstrumentes auf der magnetischen Wirkung des Stromes.

In einem einfachen Stromkreis ist der Strom an jeder Stelle gleich groß. Man mißt hinter einem Elektrogerät die gleiche Stromstärke wie vor dem Gerät.

Die elektrische Ladung wird also in einem Stromkreis nicht verbraucht, sondern fließt in einem Kreislauf.

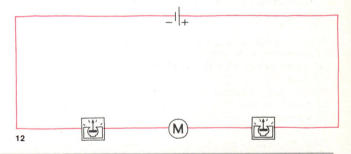

Der physikalische Kraftbegriff

1 Kräfte wirken auf Körper

Physikalische **Kräfte** kann man an ihren *Wirkungen* erkennen.

Gib zu jedem dieser Bilder an, auf welchen Körper eine Kraft wirkt, und beschreibe die Wirkung der Kraft.

V 1 Mit Hilfe eines Dauermagneten kannst du sowohl die Geschwindigkeit einer Stahlkugel als auch ihre Bewegungsrichtung verändern; Bild 8 zeigt *eine* Möglichkeit.

Überlege dir weitere Möglichkeiten und probiere sie aus. Beschreibe jeweils genau, wie sich die Bewegung der Kugel ändert.

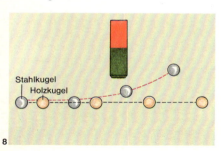

V 2 Bringe zwei Spielzeugautos auf die gleiche Geschwindigkeit, indem du sie auf einer glatten Tischplatte mit einem Bleistift gemeinsam anschiebst (Bild 9). Nimm dann den Bleistift weg, und vergleiche, wie weit die Autos noch rollen. Führe den Versuch auch mit einer Stahlkugel oder einer Glaskugel durch.

Versuche, den Ablauf der Bewegungen zu erklären.

V 3 Wirf einen Ball senkrecht nach oben. Beschreibe die Bewegung des Balles nach Verlassen der Hand bis zum Auftreffen auf dem Boden.

V 4 Schraube zunächst von einem Kugelschreiber das Oberteil ab. Drücke dann die Mine mit der Spitze eines Fingernagels in das Unterteil des Kugelschreibers hinein, und laß die Mine plötzlich los.

Beschreibe, wie sich die Bewegung der Mine zwischen „Abschuß" und „Aufprall" ändert.

Wodurch werden die Bewegungsänderungen verursacht?

Info: Was man in der Physik unter Kraft versteht

10
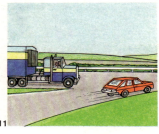
11

12

13

Das Wort *Kraft* kommt in der Umgangssprache in ganz unterschiedlichen Zusammenhängen vor (Sehkraft, Ausdruckskraft, Kraftfahrzeug ...).

In der Physik hat der Begriff **Kraft** eine genau festgelegte Bedeutung; er steht in engem Zusammenhang mit Änderungen der Geschwindigkeit oder Änderungen der Bewegungsrichtung von Körpern.

Es gibt verschiedene Möglichkeiten für Geschwindigkeitsänderungen von Körpern:
○ Ein ruhender Körper wird in Bewegung gesetzt (Bild 10).
○ Ein Körper bewegt sich zunächst mit einer bestimmten Geschwindigkeit, dann wird die Geschwindigkeit größer (Bild 11).
○ Die Geschwindigkeit eines Körpers, der bereits in Bewegung ist, wird kleiner (Bild 12).

Was man unter einer Änderung der Bewegungsrichtung versteht, machen die folgenden Beispiele deutlich:
○ Ein Auto fährt eine Kurve (Bild 13).
○ Ein Ball fliegt gegen eine Wand und prallt zurück.

Geschwindigkeits- und Richtungsänderungen kann man mit einem einzigen Begriff zusammenfassen; man bezeichnet sie als **Änderungen des Bewegungszustandes**.

Die Ursache dafür, daß ein Körper seinen Bewegungszustand ändert, wird in der Physik Kraft genannt.

Neben der Änderung des Bewegungszustandes bewirkt eine Kraft meist auch noch eine **Verformung** des Körpers. Diese ist jedoch oft so geringfügig, daß man sie kaum erkennen kann. Nur selten ist die Verformung so deutlich zu sehen wie bei dem Tennisball in Bild 6.

Wenn auf einen Körper *keine* Kraft wirkt, kann sich sein Bewegungszustand *nicht* ändern. Das bedeutet:
○ Ohne Einwirkung einer Kraft bleibt ein ruhender Körper in Ruhe.
○ Wenn sich der Körper bereits in Bewegung befindet und keine Kraft auf ihn wirkt, bewegt er sich mit gleichbleibender Geschwindigkeit und in gleicher Richtung weiter.

Eine Kugel, die man anstößt und auf die dann keine Kraft mehr wirkt, würde sich demnach immer weiter bewegen. „Von selbst" wird die Kugel nicht langsamer.

Daß z. B. eine auf dem Fußboden rollende Kugel schließlich doch zur Ruhe kommt, ist auf die Reibung (zwischen Kugel und Boden und zwischen Kugel und Luft) zurückzuführen. Die Kugel wird durch die **Reibungskraft** abgebremst.

Info: Betrag, Richtung und Angriffspunkt einer Kraft

Aus Erfahrung weißt du, daß die Wirkung einer Kraft davon abhängt, *wie groß* sie ist und *welche Richtung* sie hat.

Zwei Beispiele sollen dir deutlich machen, was damit gemeint ist:

○ Beim Elfmeterschießen übt der Schütze mit seinen Muskeln eine Kraft auf den Ball aus. Je größer diese Kraft ist, desto größer ist die Geschwindigkeit, die der Ball erreicht.
In welche Richtung sich der Ball dabei bewegt, hängt von der Richtung der Kraft ab; die Bewegungsrichtung stimmt hier mit der Richtung der Kraft überein.

○ Wenn der Torwart einen scharf geschossenen Ball hält, übt er eine große Kraft aus. Läßt man den Ball auf dem Rasen ausrollen, so wirkt nur eine viel kleinere Kraft (Reibungskraft) auf den Ball; er kommt dann erst nach einiger Zeit zur Ruhe.
Kraft und Bewegung haben hier *entgegengesetzte* Richtungen.

Die Angabe, wie groß eine Kraft ist, nennt man den *Betrag* der Kraft. Die Wirkung einer Kraft hängt also von ihrem **Betrag** und ihrer **Richtung** ab. Oft spielt auch ihr **Angriffspunkt** eine Rolle (→ Unterkapitel „2 Das Kräftegleichgewicht").

Kräfte werden durch **Pfeile** dargestellt (Bild 14): Die *Richtung* des Pfeils entspricht der Richtung der Kraft.
Durch die *Länge* des Pfeils gibt man den Betrag der Kraft an: Je größer der Betrag, desto länger der Pfeil.
Der *Anfangspunkt* des Pfeils gibt an, auf welchen Körper die Kraft wirkt und an welchem Punkt sie angreift. Ist der Angriffspunkt nicht bekannt oder für das Problem unwichtig, läßt man den Pfeil z. B. in der Mitte des Körpers beginnen.

Für Kräfte verwendet man das Symbol $\vec{F}$ (von engl. *force*). Der Pfeil über dem Buchstaben soll daran erinnern, daß die Wirkung einer Kraft richtungsabhängig ist.

Läßt du einen Gegenstand los, den du in der Hand hältst, setzt er sich in Bewegung und fällt zu Boden. Daran erkennst du, daß eine Kraft auf den Gegenstand wirkt. Auf jeden Körper, der sich auf der Erde befindet, übt die Erde eine solche Kraft aus. Sie ist immer zum Mittelpunkt der Erde gerichtet. Wir bezeichnen sie als die **Gewichtskraft** auf den jeweiligen Körper.

Wenn du einen Ball nach oben wirfst, bewirkt die *Gewichtskraft*, daß der Ball beim Hochsteigen immer langsamer wird; anschließend fällt er wieder zur Erde und wird dabei immer schneller.

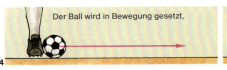
Der Ball wird in Bewegung gesetzt,
14

Der Ball wird langsamer ... und kommt zur Ruhe.

Aus Umwelt und Technik: **Voyager 2 – ohne Antrieb im Weltall**

Für einen Körper, auf den keinerlei Kraft wirkt, gilt: „einmal in Bewegung – immer in Bewegung".

Wenn nicht ständig bremsende Kräfte wirken würden, bräuchte man z. B. beim Radfahren auf waagerechter Strecke nur zum Anfahren zu treten – ans Ziel käme man dann ohne jede weitere Anstrengung.

Bei allen Bewegungen *auf der Erde* sind aber Reibungskräfte unvermeidlich; ohne Antrieb kommt daher jeder Körper nach einiger Zeit zum Stillstand. Wenn man erreichen will, daß die Bewegung möglichst lange anhält, muß man dafür sorgen, daß die Reibungskräfte gering sind.

Dagegen spielen *im luftleeren Weltraum* Reibungskräfte praktisch keine Rolle. Körper, die in Bewegung sind, hören dort nicht auf sich zu bewegen. Eine eindrucksvolle Bestätigung dafür liefern die Weltraumsonden, mit deren Hilfe unser Sonnensystem erforscht wird.

Zum Beispiel wurde die Raumsonde *Voyager 2* (Bild 1) im August 1977 gestartet. Vier Jahre später, im August 1981, passierte sie den Planeten Saturn, der etwa 1,5 Milliarden Kilometer von der Erde entfernt ist.

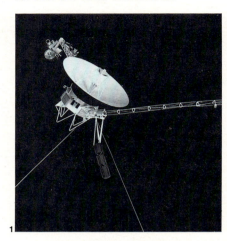

Noch einmal gut vier Jahre dauerte es, bis sie im Januar 1986 am Planeten Uranus vorbeiflog; dessen Entfernung von der Erde beträgt rund drei Milliarden Kilometer. Im August 1989 erreichte Voyager 2 den 4,5 Milliarden Kilometer entfernten Neptun. Seit dieser Zeit bewegt sich die Raumsonde hinaus in die Weiten des Weltalls.

Diese unvorstellbar langen Strecken hat Voyager 2 ohne Antrieb zurückgelegt! Treibstoff wurde nur benötigt, um mit Steuerungsmanövern die Flugrichtung zu verändern.

Da es im Weltraum keine Luftreibung gibt, brauchen Raumsonden auch nicht stromlinienförmig gebaut zu werden. Wichtig dagegen ist eine große Antenne, damit trotz der gewaltigen Entfernungen ein Funkkontakt mit der Erde möglich ist.

Die Meßdaten und die eindrucksvollen Bilder, die über Funk zur Erde übertragen wurden, haben unser Wissen über das Sonnensystem wesentlich erweitert.

Bild 2 zeigt eine Aufnahme von Saturn. Auf dem Ringsystem ist der Schatten des Planeten zu erkennen.

Aus der Geschichte: **Warum bleibt ein Ochsenkarren stehen?**

Was geschieht, wenn die Ochsen einen Ochsenkarren nicht mehr ziehen? Der Karren bleibt fast augenblicklich stehen – das scheint ganz selbstverständlich zu sein...

Vor über 2000 Jahren lebte in Griechenland der Philosoph *Aristoteles* (384–322 v. Chr.). Er beschäftigte sich auch mit naturwissenschaftlichen Fragestellungen. Zum Beispiel versuchte er, eine Erklärung dafür zu finden, *warum* sich ein Ochsenkarren oder ein anderer Körper bewegt. Seine Überlegungen unterscheiden sich aber erheblich von denen der heutigen Physik.

Aristoteles ging davon aus, daß in der irdischen Welt alle Stoffe aus den vier „Elementen" Erde, Wasser, Luft und Feuer zusammengesetzt sind. Nach Aristoteles haben diese Elemente bestimmte Eigenschaften. Zum Beispiel sind Erde und Wasser schwer, Luft und Feuer dagegen leicht. Entsprechend ihren Eigenschaften haben die Elemente einen natürlichen Ort, zu dem sie streben: Erde und Wasser streben nach unten, Luft und Feuer nach oben.

Bei den Bewegungen unterschied Aristoteles „natürliche Bewegungen" und „erzwungene Bewegungen". Das Fallen eines Steines zählte er zu den natürlichen Bewegungen. Nach Aristoteles besteht ein Stein überwiegend aus dem Element Erde; sein natürlicher Ort ist unten – und deshalb strebt der Stein „von Natur aus" nach unten.

Die Bewegung eines Ochsenkarrens dagegen hielt er für eine erzwungene Bewegung. Eine solche Bewegung hört sofort auf, wenn der Zwang wegfällt, wenn also z. B. die Ochsen nicht mehr ziehen. Ohne Kraft gab es für Aristoteles keine Bewegung – wenigstens nicht auf der Erde. Für die Himmelskörper dagegen sollte das nicht gelten. Nach Aristoteles bestehen diese aus einem „fünften Element" (lat. *quinta essentia*: das fünfte Seiende). Ihre natürliche Bewegung ist die immerwährende Kreisbewegung.

Die Lehre des Aristoteles klingt recht einleuchtend. Zu unseren täglichen Erfahrungen gehört ja, daß Bewegungen „von selbst" aufhören: Ein Auto etwa, das nicht mehr angetrieben wird, kommt schon nach kurzer Zeit zum Stillstand. Aristoteles' Lehre hatte deshalb auch großen Einfluß auf das Denken der Menschen: Fast zweitausend Jahre dauerte es, bis sie durch die moderne Naturwissenschaft abgelöst wurde.

Nach unseren heutigen Vorstellungen sind Kräfte nicht zur Aufrechterhaltung, sondern zur *Änderung* von Bewegungen nötig: Der Ochsenkarren bleibt nicht stehen, weil *keine* Kraft auf ihn wirkt; ganz im Gegenteil – er bleibt stehen, weil *eine große Reibungskraft* auf ihn wirkt.

Ein Körper, der in Bewegung ist und auf den keine Kraft – auch keine Reibungskraft – wirkt, ändert weder seine Geschwindigkeit noch seine Bewegungsrichtung. Diesen Sachverhalt beschrieb der englische Physiker *Isaac Newton*, der von 1643 bis 1727 lebte (→ Text).

Ein Bewegungsgesetz

Jeder Körper beharrt im Zustand der Ruhe oder der gleichförmigen* geradlinigen Bewegung, wenn er nicht durch einwirkende Kräfte gezwungen wird, seinen Zustand zu ändern.

Isaac Newton, Mathematische Prinzipien der Naturlehre, 1687.

* Eine Bewegung heißt *gleichförmig*, wenn die Geschwindigkeit weder größer noch kleiner wird.

Die Bewegungen von Himmelskörpern erfolgen nach denselben Gesetzen wie die Bewegungen auf der Erde. So ziehen z. B. die Planeten schon seit Milliarden von Jahren ihre Bahnen um die Sonne. Ihre Geschwindigkeit wird nicht geringer, denn sie werden nicht durch Reibungskräfte abgebremst.

Fragen und Aufgaben zum Text

1 Was würde Newton auf die folgenden Fragen antworten? Wie würde die Antwort von Aristoteles lauten?
a) Warum fällt ein Stein zu Boden, wenn man ihn losläßt?
b) Ein Körper wird durch eine Kraft in Bewegung gesetzt. Was geschieht, wenn anschließend keine Kraft mehr wirkt?

2 In unserer Umwelt können wir ständig beobachten: Körper, die nicht angetrieben werden, kommen früher oder später zur Ruhe. Wie erklärt man heute diese Beobachtung?

3 Wie kam wohl Aristoteles zu der Annahme, daß die Bewegungen der Himmelskörper nach anderen Gesetzen ablaufen als die Bewegungen auf der Erde?

Aufgaben

1 Hier sind fünf Situationen beschrieben, in denen Kräfte wirken:
① Ein Torwart faustet einen Ball über das Tor. ② Ein Kugelstoßer stößt gerade die Kugel. ③ Ein Auto fährt auf eine rote Ampel zu. ④ Ein Autofahrer, der langsam an einer Baustelle vorbeigefahren ist, gibt Gas. ⑤ Ein Magnet lenkt eine rollende Stahlkugel aus ihrer Bahn ab.

a) Auf welchen Körper wirkt jeweils eine Kraft?

b) An welcher Wirkung erkennst du, daß eine Kraft ausgeübt wird?

2 Nenne Beispiele aus der Umgangssprache, in denen das Wort *Kraft* nicht im physikalischen Sinne gebraucht wird.

3 Du setzt ein Spielzeugauto mit der Hand in Bewegung. Es fährt zunächst, wird dann aber immer langsamer und bleibt schließlich stehen.

a) Welche Kräfte spielen bei dem Vorgang eine Rolle? Was bewirken sie?

b) Unter welchen Umständen würde der Wagen nicht mehr aufhören, sich zu bewegen?

3

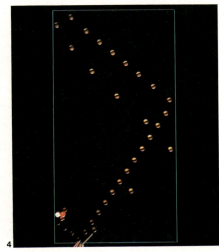
4

4 Beim *Curling* (Bild 3) läßt man einen schweren, blankpolierten Granitstein über ein Eisfeld gleiten. Das Ziel ist über 35 m entfernt. Wie ist es möglich, daß der Stein so weit rutscht?

Welche Aufgabe haben die Spieler mit dem Besen?

5 Wenn man bei starkem Regen mit dem Auto zu schnell fährt, kann es zum *Aquaplaning* kommen. Die Reifen verlieren dabei den direkten Kontakt zur Straße. Das Wasser zwischen Reifen und Fahrbahn wirkt wie ein Schmiermittel, und auf das Auto wirken nur noch sehr kleine Kräfte.

a) Bei Aquaplaning kann man ein Auto weder abbremsen noch lenken. Begründe!

b) Wie bewegt sich ein Auto bei Aquaplaning?

6 „Die Wirkung einer Kraft ist von ihrem Betrag und von ihrer Richtung abhängig."

Erläutere diesen Satz am Beispiel der Billardkugel von Bild 4. (Die Kugel wurde im Abstand von 0,1 s fotografiert. Dadurch wird ihre Bewegung sichtbar gemacht.)

2 Das Kräftegleichgewicht

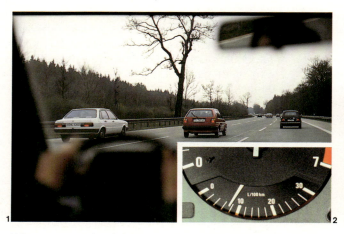
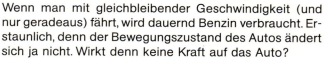

Wenn man mit gleichbleibender Geschwindigkeit (und nur geradeaus) fährt, wird dauernd Benzin verbraucht. Erstaunlich, denn der Bewegungszustand des Autos ändert sich ja nicht. Wirkt denn keine Kraft auf das Auto?

Wenn du eine Tasche hältst, übst du eine Kraft auf die Tasche aus. Aber der Bewegungszustand der Tasche ändert sich doch überhaupt nicht...

V 5 Du benötigst ein Spielzeugauto und eine leicht geneigte Fahrbahn. Die Fahrbahn kannst du aus einem glatten Brett und einem Holzklotz aufbauen. Die Neigung des Brettes soll so gewählt werden, daß das Auto – einmal angestoßen – mit konstanter Geschwindigkeit hinabrollt.

a) Welche Kräfte wirken auf das rollende Auto?

b) Warum ändert sich der Bewegungszustand des Wagens nicht?

c) Wiederhole den Versuch mit anderen Autos und mit einer Stahl- oder Glaskugel.
Wovon hängt es ab, wie stark die Ebene geneigt werden muß?

V 6 Eine Schraubenfeder hängt an einem Haken; an ihrem unteren Ende ist mit Bindfaden ein Wägestück angebunden.
Der Bindfaden wird durchgeschnitten. Was geschieht mit dem Wägestück, was mit der Feder?
Welche Kräfte wirken also auf ein Wägestück, das an einer Schraubenfeder hängt? Wie sind diese Kräfte gerichtet?

V 7 Lege einen (runden) Stabmagneten auf einen Tisch. Nähere ihm von beiden Seiten gleichzeitig zwei

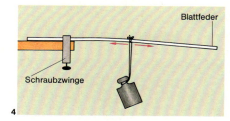

weitere Stabmagnete. Schaffst du es, ohne daß sich der liegende Magnet in Bewegung setzt?
Beschreibe, wie du die beiden Magnete heranführen mußt, damit der Versuch klappt.

V 8 Befestige eine Blattfeder mit einer Klemme an einem Tisch.

a) Wie kannst du zeigen, daß die Wirkung einer Kraft auf die Feder von *Betrag* und *Richtung* abhängt?

b) Hänge jetzt ein Wägestück an die Blattfeder (Bild 4). Was stellst du fest, wenn du den *Angriffspunkt* der Kraft veränderst, indem du das Wägestück weiter außen oder weiter innen an die Feder hängst?

c) Wovon kann also die Wirkung einer Kraft abhängen?

Aufgaben

1 Wenn ein Fallschirmspringer aus dem Flugzeug springt, nimmt seine Geschwindigkeit zunächst rasch zu. Nach etwa 10 s erreicht er, noch bei geschlossenem Fallschirm, eine bestimmte Höchstgeschwindigkeit (ungefähr 200 $\frac{km}{h}$). Sein Bewegungszustand ändert sich dann nicht mehr. Kurz nachdem der Fallschirm entfaltet ist, fällt er mit einer gleichbleibenden Geschwindigkeit von 20 $\frac{km}{h}$.
Erkläre, wie es zu diesem Bewegungsablauf kommt.

2 Du hältst eine Tasche in der Hand. Welche Kräfte wirken auf die Tasche? Was kannst du über ihre Beträge und ihre Richtungen aussagen? Fertige eine Skizze an.
Nimm an, du hast die Tasche schon in Bewegung gesetzt und bist gerade dabei, sie mit gleichbleibender Geschwindigkeit hochzuheben.
Wie muß die Skizze mit den Kraftpfeilen in diesem Fall aussehen?

Info: Körper im Kräftegleichgewicht

In Bild 5 ziehen zwei Schülerinnen in entgegengesetzten Richtungen an einem Wagen – und der Wagen setzt sich *nicht* in Bewegung. Obwohl hier also Kräfte wirken, ändert sich der Bewegungszustand des Wagens *nicht*. Das liegt daran, daß sich die bewegungsändernden Wirkungen der Kräfte gegenseitig aufheben.

Genauso ist es, wenn du eine Tasche hältst: Auf die Tasche wirkt die nach unten gerichtete Gewichtskraft. Zusätzlich übst du eine Kraft nach oben aus. Die bewegungsändernden Wirkungen der beiden Kräfte heben sich auf; der Bewegungszustand der Tasche ändert sich nicht.

Wenn an einem Körper gleichzeitig mehrere Kräfte angreifen und sich ihre bewegungsändernden Wirkungen gegenseitig aufheben, sagt man: Der Körper ist im Kräftegleichgewicht.

Wir legen fest: Wirken zwei entgegengesetzt gerichtete Kräfte auf einen Körper und es besteht Kräftegleichgewicht, so sind die beiden Kräfte *gleich groß*.

Der Bewegungszustand eines Körpers im Kräftegleichgewicht ändert sich zwar nicht, der Körper wird aber durch die einwirkenden Kräfte mehr oder weniger stark **verformt**. Durch diese Verformung unterscheidet sich der Zustand des Kräftegleichgewichts von dem Zustand, in dem *keine* Kräfte auf den Körper wirken.

Sobald keine Kräfte mehr wirken, nehmen viele Körper ihre ursprüngliche Form wieder an. Solche Körper bezeichnet man als *elastisch*. Zu den elastischen Körpern gehören z. B. Schrauben- und Blattfedern, aber auch Bäume und Regalbretter (Bilder 6 u. 7).

Wenn man eine Kugel an eine Feder hängt, setzt sich die Kugel in Bewegung; sie kommt schließlich zum Stillstand (Bild 8). Die Feder wird durch das Anhängen der Kugel verformt. Je größer die Gewichtskraft auf die Kugel ist, desto stärker ist auch die Verformung der Feder.

Daß auch hier ein *Kräftegleichgewicht* eintritt, können wir so erklären: Wenn ein elastischer Körper verformt wird, entsteht in seinem Innern eine **Rückstellkraft**, die der Verformung entgegenwirkt. Je stärker die Verformung ist, desto größer ist auch die Rückstellkraft.

Auf die Kugel in Bild 8 wirken also die Gewichtskraft und die gleich große, aber entgegengesetzt gerichtete Rückstellkraft der Feder. Je größer die Gewichtskraft auf die Kugel ist, desto größer ist auch die Rückstellkraft.

3 Ein Flugzeug fliegt mit gleichbleibender Geschwindigkeit in konstanter Flughöhe (Bild 9).

a) Ordne die Kraftpfeile von Bild 9 den folgenden Begriffen zu:

Antriebskraft der Flugzeugmotoren, Gewichtskraft auf das Flugzeug und *Reibungskraft*.

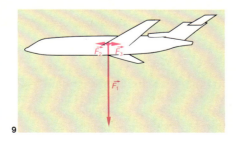

b) Es muß noch eine vierte Kraft auf das Flugzeug wirken. Weshalb ist diese Annahme berechtigt?

c) Warum mußten die Pfeile mit entgegengesetzten Richtungen gleich lang gezeichnet werden?

d) Was geschieht, wenn die Antriebskraft vergrößert wird?

Aus Umwelt und Technik: Geschwindigkeitsrekorde mit dem Fahrrad

245 km/h – da könnte ein normales Auto nicht mehr mithalten. Es klingt unglaublich, aber eine solche Geschwindigkeit wurde mit einem Fahrrad erreicht!

Beim Radfahren auf ebener Strecke hast du sicher schon folgende Erfahrung gemacht: Du trittst ständig in die Pedale und wirst trotzdem nicht schneller. Obwohl also eine Antriebskraft auf das Fahrrad wirkt, ändert sich die Geschwindigkeit nicht. Der Grund dafür sind **Reibungskräfte**.

Beim Radfahren treten Reibungskräfte an den Lagern von Achse und Tretkurbeln auf; dazu kommt der „Rollwiderstand" der Reifen. Ab etwa 15 km/h überwiegt der *Luftwiderstand*. Diese durch die Luft hervorgerufene Reibungskraft hängt von der Geschwindigkeit ab: Je schneller man fährt, desto größer ist sie.

Ein Radfahrer, der mit konstanter Geschwindigkeit fährt, ist im **Kräftegleichgewicht** – d.h., Antriebskraft und Reibungskräfte sind gleich groß.

Um mit dem Fahrrad hohe Geschwindigkeiten zu erreichen, gibt es

also zwei Möglichkeiten: Entweder sorgt man für eine größere Antriebskraft, indem man vorher seine Muskeln trainiert, oder man verkleinert die Reibungskräfte.

Radrennfahrer zum Beispiel fahren auf leichten Rennrädern mit Rennreifen und besonders guten Kugellagern. Sie tragen hauteinge Anzüge und windschnittige Helme zur Verringerung der Luftreibung. Die Höchstgeschwindigkeit, die sich so auf ebener Strecke erreichen läßt, beträgt immerhin 70 km/h.

Durch eine windschnittige Verkleidung der Fahrräder kann die Luftreibung noch weiter verringert werden (Bild 1). Mit solchen Fahrzeugen sind in Amerika fast 100 km/h erreicht worden. Es wurden dort schon Radfahrer von der Polizei verwarnt, weil sie die zulässige Höchstgeschwindigkeit überschritten hatten...

Wie aber kann ein Radfahrer eine mehr als doppelt so hohe Geschwindigkeit erreichen? Dafür gibt es nur eine Möglichkeit: Der Luftwiderstand muß praktisch völlig ausgeschaltet werden, indem man im Windschatten eines Kraftfahrzeuges fährt.

Auf diese Weise erreichte 1985 der Amerikaner *John Howard* auf einem Salzsee im amerikanischen Bundesstaat Utah die sensationelle Höchstgeschwindigkeit von 245 km/h.

Allerdings ging es dabei wohl nicht ganz mit rechten Dingen zu: Hinter dem Kraftfahrzeug dürften sich nämlich Luftwirbel gebildet haben, durch die Howard in Fahrtrichtung geschoben wurde. Er hatte also unzulässig starken Rückenwind.

Nachahmen solltest du solche Rekordversuche aber auf keinen Fall! Das Fahren im Windschatten anderer Fahrzeuge ist lebensgefährlich, weil der Sicherheitsabstand fehlt.

3 Kraft und Gegenkraft

Wer erreicht als erster die Stativstange? Ist es immer der, der am fleißigsten zieht?

V 9 In der Anordnung von Bild 2 wird an beiden Seilenden je ein „Kraftanzeiger" befestigt. Damit können wir die Kräfte vergleichen, mit denen die Versuchspersonen am Seil ziehen.

Der Versuch wird nun abgewandelt: Ein Schüler bindet sich das Seil um den Bauch. Wer ist jetzt als erster an der Stativstange?
Vergleiche wieder die Kräfte.

V 10 Ein kleiner Stabmagnet und ein Eisennagel, die auf Styropor-

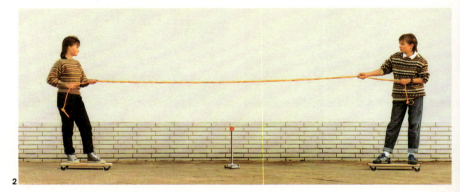

scheiben befestigt sind, schwimmen auf einer Wasserfläche.

a) Halte zunächst den Magneten fest. Wenn der Abstand zum Nagel nicht zu groß ist, bewegt sich der Nagel auf den Magneten zu. Erkläre!

b) Was wird geschehen, wenn du nicht den Magneten, sondern den Nagel festhältst? Überlege erst, und probiere es dann aus.

c) Welche Folgerung ziehst du aus deiner Beobachtung?

V 11 Lege eine Schraubenfeder auf ein Blatt Papier, und markiere die beiden Enden durch einen Strich. An beiden Enden der Feder steht jeweils ein Spielzeugauto.

a) Halte das linke Auto fest, und drücke mit dem rechten Auto die Feder zusammen (Bild 3). Was geschieht, wenn du das rechte Auto losläßt?

b) Gehe wie in Versuchsteil a vor, laß aber das linke Auto los.

c) Laß jetzt die beiden Autos gleichzeitig los.

V 12 Ziehe eine schwere Kiste an einem Seil zu dir hin. Ist das auch dann noch zu schaffen, wenn du auf Rollschuhen stehst?

Info: Das Gesetz von „actio und reactio"

Daß ein Magnet einen Eisennagel anzieht, weiß jeder. Aber auch der Nagel zieht den Magneten an! Man kann das beobachten, wenn man den Nagel festhält und dafür sorgt, daß sich der Magnet bewegen kann.

Genau genommen müßte man also sagen: Magnet und Eisennagel ziehen sich *gegenseitig* an.

Bei einem Wägestück, das an einer Feder hängt, ist es ähnlich: Das Wägestück zieht die Feder nach unten – die Feder zieht das Wägestück nach oben.

Magnet und Nagel, Wägestück und Feder üben also gegenseitig Kräfte aufeinander aus.

Es war wiederum Isaac Newton, der erkannte, daß es sich hierbei um eine allgemeingültige Gesetzmäßigkeit handelt:

Nie kann ein Körper auf einen anderen eine Kraft („**actio**") ausüben, ohne daß auf ihn ebenfalls eine Kraft („**reactio**") wirkt. Es ist immer so, daß beide Körper *wechselseitig* Kräfte aufeinander aus-

üben. Diese beiden Kräfte sind gleich groß, aber entgegengesetzt gerichtet.

Newton formulierte diesen Zusammenhang als weiteres *Bewegungsgesetz* (→ Text unten). Wir sprechen heute vom **Wechselwirkungsprinzip** oder vom *Gesetz von actio und reactio*.

Ein weiteres Beispiel zu diesem Gesetz: Nimm an, du willst ein Auto anschieben. Du mußt eine Kraft auf das Auto ausüben, um seinen Bewegungszustand zu ändern. Denke dir nun zusätzlich eine Feder zwi-

schen deinen Händen und dem Auto. Die zusammengedrückte Feder übt nach hinten und vorne jeweils eine gleich große Kraft aus (→ Versuch 11). Auf dich wirkt also eine genauso große Kraft wie auf das Auto (Bild 4). Man kann sagen: Du schiebst das Auto nach vorne, und das Auto schiebt dich mit einer gleich großen Kraft nach hinten.

Daß das Auto auf dich eine nach hinten gerichtete Kraft ausübt, würde besonders deutlich werden, wenn du auf Rollschuhen stündest. Dann würdest du nämlich beim Anschieben nach hinten wegrollen.

Das *Wechselwirkungsprinzip* darf nicht mit der Gesetzmäßigkeit beim *Kräftegleichgewicht* verwechselt werden:

Kräfte, die ein Kräftegleichgewicht bewirken, wirken immer auf denselben Körper. Wechselwirkungskräfte greifen dagegen grundsätzlich an zwei verschiedenen Körpern an (Bilder 5 u. 6).

Gesetz von actio und reactio
Körper können immer nur wechselseitig Kräfte aufeinander ausüben. Die Kräfte, die zwei Körper wechselseitig aufeinander ausüben, sind gleich groß und entgegengesetzt gerichtet.
Isaac Newton, Mathematische Prinzipien der Naturlehre, 1687.

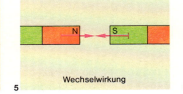
Wechselwirkung

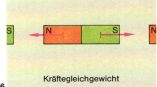
Kräftegleichgewicht

Aufgaben

1 Beim Schießen erfährt das Gewehr eine nach hinten gerichtete Kraft; sie muß mit der Schulter abgefangen werden. Wie kommt es zu diesem „Rückschlag"?

2 Läßt man einen aufgeblasenen Luftballon los, schwirrt er durchs Zimmer. Welche zwei Körper üben hier Kräfte aufeinander aus?

3 Wenn ein Auto auf einem Kiesweg anfährt, wird der Kies nach hinten weggeschleudert. Die Kraft, die die Räder auf die Straße ausüben, ist also nach hinten gerichtet. Warum fährt das Auto dann nach vorne?

4 Nimm an, du stehst auf einer Personenwaage und trägst einen schweren Gegenstand. Wie ändert sich die Anzeige der Waage, wenn du den Gegenstand nach oben reißt?

Was zeigt sie an, wenn du ihn anschließend ruckartig nach unten bewegst? Begründe deine Antworten.

5 Warum schmerzt eigentlich der Fuß, wenn man mit einem Pflasterstein „Fußball spielt"? Begründe mit dem Wechselwirkungsprinzip.

Aus Umwelt und Technik: **Fortbewegung durch Wechselwirkung**

Sicher kennst du die Lügengeschichten des Barons von Münchhausen. Unter anderem behauptet er ja, er habe sich am eigenen Schopf aus dem Sumpf gezogen...

Natürlich weißt du, daß das nicht möglich ist. Ungefähr das gleiche wäre es, wenn du dich auf eine Waage stellen und an deinen Haaren nach oben ziehen würdest. Die Anzeige der Waage bliebe völlig gleich; du würdest dir bei einem solchen Kraftakt höchstens die Haare ausreißen.

Wenn der Ausschlag der Waage zurückgehen soll, mußt du dich z. B. auf einen Tisch stützen. Du brauchst also einen zweiten Körper.

Einen solchen zweiten Körper benötigst du auch beim **Gehen**, nämlich die *Erde*: Wenn du gehst, übst du eine nach hinten gerichtete Kraft auf die Erde aus. Nach dem *Wechselwirkungsprinzip* wirkt dann auf dich eine nach vorne gerichtete Kraft. Diese von der Erde ausgeübte Kraft ist es, die dich voranbringt.

Ähnliches gilt für das **Autofahren**: Beim Auto dreht der Motor die Räder und übt so eine nach hinten gerichtete Kraft auf die Fahrbahn aus. Erst die Wechselwirkungskraft, die von der Straße auf das Auto ausgeübt wird, treibt das Auto an.

Wie aber kann der Bewegungszustand einer **Rakete** im Weltall geändert werden? Das Weltall ist ja praktisch leer. Es gibt dort keinen Körper, auf den die Rakete eine Kraft ausüben könnte. Ohne einen solchen Körper gibt es aber keine Wechselwirkungskraft auf die Rakete.

Eine Rakete muß den Körper, mit dem sie in Wechselwirkung treten soll, in den Weltraum mitbringen. Bei diesem Körper handelt es sich um die Gase, die bei der Verbrennung des Treibstoffs entstehen (der für die Verbrennung benötigte Sauerstoff muß ebenfalls mitgeführt werden).

Die Verbrennungsgase werden von den Triebwerken mit hoher Geschwindigkeit nach hinten ausgestoßen. Um die Gase auf diese Geschwindigkeit zu bringen, muß die Rakete eine nach hinten gerichtete Kraft auf die Gase ausüben.

Die Gase ihrerseits üben eine nach vorne gerichtete Kraft auf die Rakete aus – und dadurch wird die Rakete angetrieben. Die Kraft, welche die Rakete auf die Gase ausübt, ist genauso groß wie die Kraft, die auf die Rakete wirkt.

Bild 1 zeigt die europäische *Ariane*-Rakete, mit der Satelliten in Erdumlaufbahnen gebracht werden.

Ariane 1
Gesamtstartmasse 202 600 kg
davon Treibstoff 182 000 kg
Nutzlast 1 600 kg
Ausströmgeschwindigkeit der Gase 2,8 – 4,3 $\frac{km}{s}$
Geschwindigkeit der Rakete bei Brennschluß der 3. Stufe (in 210 km Höhe) 10 $\frac{km}{s}$

1

Der physikalische Kraftbegriff

Alles klar?

1 „Kräfte gibt es doch überhaupt nicht! Noch nie hat jemand eine Kraft gesehen." Was meinst du zu dieser Aussage?

2 Weshalb ist eigentlich eine Kraft nötig, um ein Paket hochzuhalten? Der Bewegungszustand des Paketes ändert sich doch nicht.

3 In den folgenden Beispielen befindet sich jeweils ein Körper (durch *schräggestellte* Schrift gekennzeichnet) im Kräftegleichgewicht.
Beschreibe die Kräfte, die auf diesen Körper wirken.
a) Eine *Kiste* steht auf einem Tisch.
b) Ein Hund zerrt an der *Leine*.
c) Ein *Wägestück* hängt an einer Schraubenfeder.

2

d) Ein Traktor zieht einen schwer beladenen *Anhänger* mit konstanter Geschwindigkeit.

4 Wie entsteht die Kraft, durch die verhindert wird, daß ein Hubschrauber vom Himmel fällt?
Tip: Die Rotorblätter drücken die Luft nach unten...

5 Für einen „Weltraumspaziergang" benötigt ein Astronaut z. B. eine Gaspistole, aus der er bei Bedarf Gas ausströmen lassen kann (Bild 2).
Wozu ist die Gaspistole nötig? Begründe deine Anwort.

Der physikalische Kraftbegriff

Auf einen Blick

Kräfte wirken auf Körper

Die Ursache dafür, daß ein Körper seinen *Bewegungszustand* ändert, wird in der Physik **Kraft** genannt.

Unter der Änderung des Bewegungszustandes eines Körpers versteht man eine Änderung seiner *Geschwindigkeit* oder seiner *Bewegungsrichtung*.

3 Durch Muskelkraft wird die Geschwindigkeit des Schlittens erhöht.

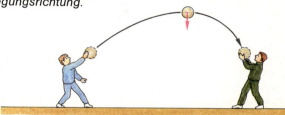

4 Die Gewichtskraft, die auf den Ball wirkt, verändert die Geschwindigkeit des Balls und seine Bewegungsrichtung.

Wenn *keine* Kraft auf einen Körper wirkt, ändert sich sein Bewegungszustand *nicht*.

Ohne Einwirkung einer Kraft bleibt also ein ruhender Körper in Ruhe; ein Körper, der sich bewegt, bewegt sich weiter – mit gleichbleibender Geschwindigkeit und in gleichbleibender Richtung.

Ändert sich der Bewegungszustand eines Körpers nicht, wirkt entweder keine Kraft auf den Körper, oder er befindet sich im **Kräftegleichgewicht**. Das heißt: Auf den Körper wirken mehrere Kräfte, deren bewegungsändernde Wirkungen sich gegenseitig aufheben.

Zum Beispiel ist ein Auto, das mit konstanter Geschwindigkeit fährt, im Kräftegleichgewicht; auf das Auto wirken nämlich die Antriebskraft und die gleich große, entgegengesetzt gerichtete Reibungskraft.

Außer der Änderung des Bewegungszustands ruft eine Kraft meist auch eine **Verformung** des Körpers hervor. Diese ist oft so geringfügig, daß man sie kaum bemerkt.

Wenn sich ein Körper *im Kräftegleichgewicht* befindet, können die angreifenden Kräfte zwar keine Bewegungsänderungen, wohl aber eine Verformung bewirken.

Bei der Verformung **elastischer Körper** treten *Rückstellkräfte* auf, die der Verformung entgegenwirken. Je stärker die Verformung ist, desto größer ist die Rückstellkraft. Wenn sich die Verformung nicht mehr ändert, besteht Kräftegleichgewicht zwischen der Rückstellkraft und den von außen wirkenden Kräften.

Wirken auf einen Körper zwei entgegengesetzt gerichtete Kräfte und befindet er sich im Kräftegleichgewicht, so sind die Kräfte gleich groß; man sagt, sie haben den gleichen Betrag.

Das Wechselwirkungsprinzip

Kräfte treten immer paarweise auf:

Jeder Körper, der eine Kraft auf einen anderen Körper ausübt, erfährt auch von diesem Körper eine Kraft. Auf jeden der beiden Körper wirkt also eine Kraft. Die beiden Kräfte sind gleich groß und entgegengesetzt gerichtet.

Ein Beispiel: Beim Anfahren üben die angetriebenen Räder eines Autos eine Kraft auf die Fahrbahn aus; diese ist nach hinten gerichtet.

Nach dem Wechselwirkungsprinzip wirkt auf das Auto eine nach vorne gerichtete Kraft, die von der Fahrbahn ausgeübt wird. Diese Kraft ist es, die das Auto in Bewegung setzt.

Kraft und Kraftmessung

1 Wir messen Kräfte

„Kräftemessen" auf dem Rummelplatz: So sehr Bernd auch die Hörner zusammendrückt, bei Harald war der Zeigerausschlag größer...

V 1 Mit einem Expander (oder mit einem Fahrradschlauch) könnt ihr eure Kräfte *vergleichen*.

Achtung, den Expander gut befestigen, damit er nicht abrutscht! Nimm beim Fahrradschlauch das Ventil zwischen die Finger (Bild 2).

Woran erkennst du, wer mit größerer und wer mit kleinerer Kraft zieht?

Wann kann man sagen, daß zwei Schüler die gleiche Kraft ausüben?

Welche Eigenschaft von Expander und Schlauch wird bei diesem Vergleich genutzt?

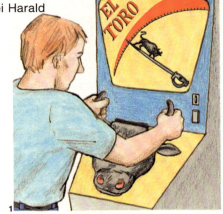

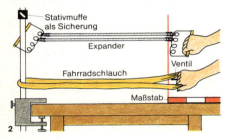

V 2 Wir wollen Kräfte *messen*. Die Kräfte sollen kleiner sein als in V 1. Daher verwenden wir als Meßgerät eine Schraubenfeder aus Stahl.

Um Messungen durchführen zu können, muß man für die Feder eine *Skala* herstellen, auf der die Meßwerte abgelesen werden können.

In Bild 3 siehst du eine geeignete Versuchsanordnung. Zusätzlich sind mehrere gleiche Wägestücke nötig.

a) Wie kann man überprüfen, ob die Gewichtskräfte auf die Wägestücke gleich groß sind?

b) Beschreibe, wie man eine Kraftskala für die Feder erhalten kann.

c) Um genauer messen zu können, muß man den Bereich zwischen zwei Skalenstrichen weiter unterteilen. Wie gehst du vor?

d) Miß die Gewichtskraft auf dein Schreib-Etui. Formuliere das Ergebnis.

e) Dein Kraftmesser hat noch den Nachteil, daß nicht die übliche Einheit

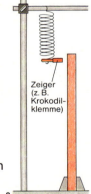

verwendet wird. Im Info rechts kannst du nachlesen, auf welche Einheit man sich international geeinigt hat.

V 3 Jetzt sollen verschiedene Kräfte gemessen werden. Um alle Messungen durchführen zu können, brauchst du Kraftmesser mit unterschiedlichen Meßbereichen.

a) Miß die Kräfte, mit denen ein Magnet verschiedene Eisenkörper anzieht (z. B. Büroklammern, Nägel).

b) Bei welchen Zugkräften zerreißen Nähgarn, Woll- und Seidenfäden?

Führe jeweils mehrere Messungen durch, und bilde die Mittelwerte.

c) Miß die Kraft, die nötig ist, um einen Holzklotz mit konstanter Geschwindigkeit über die Tischplatte zu ziehen. (Eventuell läßt sich nur ein ungefährer Wert angeben.)

d) Lege zwei runde Bleistifte oder Stativstangen unter den Klotz. Welche Kraft ist nun erforderlich, um den Klotz über die Tischplatte zu ziehen?

V 4 Ein Wagen wird mit konstanter Geschwindigkeit auf einem schräg gestellten Brett (einer *schiefen Ebene*) hochgezogen.

a) Miß die Zugkraft. Warum ändert diese Kraft nicht den Bewegungszustand des Wagens?

b) Laß den Wagen das Brett hinunterrollen. Beschreibe die Bewegung und erkläre sie.

Aufgaben

1 In Bild 10 sind Kräfte dargestellt (1 cm entspricht 2 N). Stelle fest, welche Beträge diese Kräfte haben. Zeichne im gleichen Maßstab Kräfte mit folgenden Beträgen in dein Heft: 0,8 N; 1,5 N; 5 N; 10,8 N.

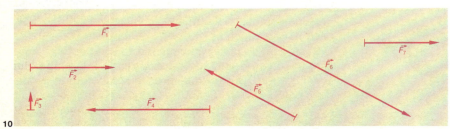

2 Drei gleich lange Kraftmesser haben ganz unterschiedliche Meßbereiche: 0 N bis 1 N, 0 N bis 10 N, 0 N bis 100 N.

a) Welcher der drei Kraftmesser hat die härteste Feder?

b) Wenn mit einer Kraft von 1 N an den Kraftmessern gezogen wird, verlängern sie sich um 1 mm, 1 cm, 10 cm. Welche Verlängerung gehört zu welchem Kraftmessser?

Info: So werden Kräfte gemessen

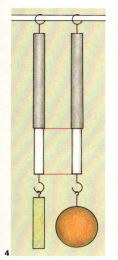
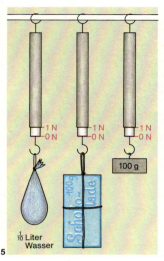
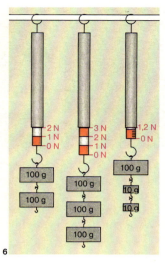

Zum **Messen** von Kräften verwenden wir eine Schraubenfeder aus Stahl (oder einen anderen elastischen Körper).

Das Meßverfahren wird in drei Schritten festgelegt:

1. Schritt: Man muß angeben, wie man feststellen kann, ob zwei Kräfte **gleich groß** sind (den gleichen Betrag haben).

Die Festlegung lautet: *Zwei Kräfte sind gleich groß, wenn sie eine Feder gleich stark verformen* (Bild 4).

2. Schritt: Es muß eine **Einheit** für die Kraft festgelegt werden.

Als Einheit wurde die *Gewichtskraft* festgelegt, *die auf ein zehntel Liter Wasser wirkt* (genauer: auf den 9,81-ten Teil eines Liters Wasser).

Die Krafteinheit wird zu Ehren des englischen Physikers *Isaac Newton* (1643 bis 1727) **1 Newton** genannt und mit 1 N abgekürzt. (Ergänzende Angaben zur Krafteinheit findest du im Kapitel *Masse und Gewichtskraft.*)

Wie groß eine Kraft von 1 N ist, macht ein *Beispiel* deutlich (Bild 5):

Bei einer 100-g-Tafel Schokolade messen wir eine Gewichtskraft, die fast genau 1 N beträgt.

Selbstverständlich könnte man Kräfte auch in ganz anderen (z. B. selbstgewählten) Einheiten messen. Dann entstünden aber die gleichen Probleme wie damals, als man Längen noch in den Einheiten Elle und Fuß maß ...

3. Schritt: Die Kraft, deren Betrag wir messen wollen, muß mit der Einheit verglichen werden; sie muß als **Vielfaches** der Einheit angegeben werden.

Dazu ist eine Skala erforderlich. Um sie zu erhalten, benötigen wir mehrere Wägestücke, auf die jeweils eine Gewichtskraft von 1 N wirkt. Wir hängen ein Wägestück nach dem anderen an die Feder an und markieren die jeweilige Länge der Feder durch einen Strich (Bild 6).

Damit wir auch Zwischenwerte ablesen können, muß die Skala feiner unterteilt werden. Um z. B. eine Unterteilung in Zehntel-Newton zu erhalten, benötigen wir zehn gleiche Wägestücke, auf die zusammen eine Gewichtskraft von 1 N wirkt.

Während man für Kräfte das Symbol $\vec{F}$ verwendet, wird der Betrag der Kraft mit F (ohne Pfeil) bezeichnet.

Kraftmesser (Bilder 7–9) haben nicht alle den gleichen Meßbereich.

Zum Beispiel ist der Federdraht in Bild 8 sehr dünn. Diese Feder ist „weich"; sie dehnt sich schon erheblich, wenn eine kleine Kraft auf sie einwirkt. Der Meßbereich dieses Kraftmessers ist 0 N bis 1 N.

Der Federdraht in Bild 9 dagegen ist dicker. Die Feder ist „härter". Dieser Kraftmesser hat den Meßbereich 0 N bis 10 N.

Vor dem Messen muß der Kraftmesser genau auf Null eingestellt (justiert) werden. Dazu dient der Nullpunktschieber oder eine Stellschraube.

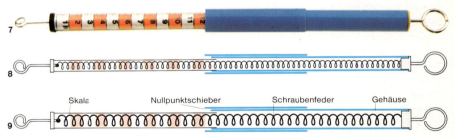

---

3 Die Rakete *Saturn V*, mit der 1969 Astronauten zur ersten Mondlandung starteten, verfügt über eine Schubkraft von 33 400 000 N in den ersten 150 Sekunden nach der Zündung. Beim Start beträgt die Gewichtskraft auf die Rakete 26 900 000 N.

Wie groß müßte die Schubkraft unmittelbar nach dem Start sein, damit die Rakete gerade schwebt?

Mit welcher Kraft wird die Geschwindigkeit der Rakete verändert?

4 Wenn man ein Verfahren zur *Längen*messung festlegt, muß man die gleichen drei Schritte ausführen wie bei der *Kraft*messung.

a) Beim Boccia ist der Spieler Sieger, dessen Kugel der Spielkugel am nächsten liegt. Ohne Maßband, nur mit einem Bindfaden kann man entscheiden, welche Kugel gewonnen hat. Wie geht man dabei vor?

b) Wie erkennst du *gleiche* Abstände?

c) Welches ist die Einheit der Länge? Wie kann man sie festlegen?

d) Wie kann man – ausgehend von der Längeneinheit – auf einem Papierband eine Längenskala herstellen?

5 Größen wie Kraft und Temperatur, bei denen das Meßverfahren in drei Schritten festgelegt wird, sind *Grundgrößen*. Beschreibe die drei Schritte zur Festlegung der Temperatur.

Kraft und Kraftmessung

2 Kraft und Verformung

Zweierlei Verformungen...

Über diese Verformung ärgert sich der Autofahrer.

Auch hier spielt die Verformung eine Rolle.

V 5 Eine Stahlfeder und ein Gummiband werden durch Anhängen von Wägestücken verformt (Bild 3).
Untersuche, wie die Verlängerung der Feder (des Gummibandes) und die Gewichtskraft auf die Wägestücke zusammenhängen.
Lege eine Tabelle nach folgendem Muster an:

Anzahl der Wägestücke	Kraftbetrag F in N	Lage des Zeigers in cm	Verlängerung s in cm
?	?	?	?

a) Miß die Lage des Zeigers, wenn kein Wägestück angehängt ist. (Das Gummiband muß gestreckt sein.) Hänge dann nacheinander die Wägestücke an.
Trage jeweils den Betrag der Kraft und die Lage des Zeigers in die Tabelle ein. Berechne die jeweilige Verlängerung der Feder (des Gummibandes).

b) Nimm ein Wägestück nach dem anderen ab, und notiere wieder den Kraftbetrag und die Lage des Zeigers. Vergleiche mit den Meßwerten aus Versuchsteil a.

c) Zeichne ein Achsenkreuz wie in Bild 4. Jedem Paar von Meßwerten (Verlängerung|Kraftbetrag) entspricht ein Punkt im Achsenkreuz. Trage diese Punkte ein. Zeichne – wenn möglich – eine Ausgleichsgerade (→ Info).

d) Formuliere das Versuchsergebnis.
Falls deine Mitschüler mit anderen Stahlfedern oder Gummibändern gearbeitet haben, werden die graphischen Darstellungen verglichen. Was stellst du fest?

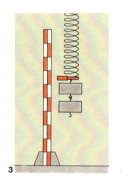

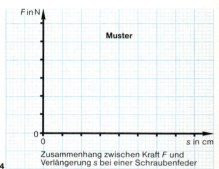

Zusammenhang zwischen Kraft F und Verlängerung s bei einer Schraubenfeder

---

Info: Die Proportionalität – eine kurze Wiederholung aus der Mathematik

Für die Auswertung von Versuch 5 benötigst du den Begriff *Proportionalität*; du kennst ihn zwar aus der Mathematik aber eine kurze Wiederholung kann ja nicht schaden...
Ein Beispiel: In der Tabelle (rechts unten) ist die Zuordnung zwischen einer Benzinmenge (Volumen) und den Benzinkosten dargestellt. Diese Zuordnung ist *proportional*.

Proportionale Zuordnungen lassen sich auf verschiedene Weise charakterisieren:

○ Ein Liter Benzin kostet 1,10 DM. Doppelt so viel Benzin ist doppelt so teuer; dreimal so viel Benzin kostet das Dreifache.
Zwei Größen sind zueinander proportional, wenn zum Doppelten (Dreifachen, Vierfachen,...) der einen Größe das Doppelte (Dreifache, Vierfache,...) der anderen Größe gehört.

○ Die Paare (1 l|1,10 DM), (2 l|2,20 DM), (3 l|3,30 DM) haben den gleichen Quotienten. Wenn man die Kosten durch die Benzinmenge teilt, ergibt sich stets der gleiche Wert:
$$\frac{1{,}10 \text{ DM}}{1 \text{ l}} = \frac{2{,}20 \text{ DM}}{2 \text{ l}} = \frac{3{,}30 \text{ DM}}{3 \text{ l}} = 1{,}10 \frac{\text{DM}}{\text{l}}.$$
Zwei Größen sind zueinander proportional, wenn alle Paare den gleichen Quotienten haben (Quotientengleichheit).

○ In Bild 5 sind die Wertepaare als Punkte in ein Achsenkreuz eingetragen. Alle diese Punkte liegen auf einer Geraden durch den Ursprung des Achsenkreuzes („Nullpunkt").
Die Proportionalität zweier Größen bedeutet auch, daß sich bei einer Darstellung im Achsenkreuz eine Gerade durch den Ursprung ergibt.

Alle drei Formulierungen der Proportionalität sind gleichwertig. Wenn sich also z. B. bei der graphischen Darstellung zweier Größen eine Gerade durch den Ursprung ergibt, kann man daraus schließen, daß die beiden Größen quotientengleich sind.

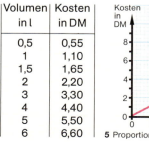

Volumen in l	Kosten in DM
0,5	0,55
1	1,10
1,5	1,65
2	2,20
3	3,30
4	4,40
5	5,50
6	6,60

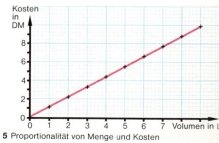

Proportionalität von Menge und Kosten

Info: Die graphische Auswertung von Meßreihen

In Versuchen erhält man häufig Meßreihen für zwei Größen, die voneinander abhängen (Beispiel: Kraftbetrag F und Verlängerung s einer Feder).

Jede Meßreihe besteht immer nur aus einigen Messungen. Stellt man die Meßwertepaare graphisch dar, so erhält man nur einzelne Punkte im Achsenkreuz (Bild 6). Wie kann man aufgrund dieser Darstellung weitere Wertepaare vorhersagen? Wie kann man aus den Punkten auf eine *Gesetzmäßigkeit* schließen, die den Zusammenhang der beiden Größen beschreibt?

Man könnte die Punkte durch Strecken verbinden. Das ergäbe dann meist eine Zickzack-Linie wie in Bild 7. Aber sieht so die vermutete Gesetzmäßigkeit aus? Wohl kaum! Würde man die Messung wiederholen, erhielte man sicherlich nicht genau die gleiche Zickzack-Linie.

Bei allen Messungen treten nämlich **Meßfehler** auf. Sie können kleiner oder größer sein – je nachdem, wie genau gemessen wurde. Ganz vermeiden lassen sie sich nie. Wegen dieser zufälligen Meßfehler fallen die Meßwerte mal etwas zu groß und mal etwas zu klein aus.

Die Auswertung ist besonders einfach, wenn eine einfache Gesetzmäßigkeit vorliegt, z. B. eine *Proportionalität*. Deshalb prüfen wir bei jeder Auswertung zuerst, ob die Punkte auf einer Geraden durch den Ursprung liegen. Erwarte aber nicht, daß alle Punkte genau auf einer Geraden liegen; kleine Abweichungen können durch Meßfehler verursacht werden.

Die Gerade muß so gezeichnet werden, daß einige der Punkte oberhalb und einige unterhalb der Geraden liegen. Die Abweichungen nach oben und unten müssen sich „ausgleichen" (Bild 8). Die Gerade heißt daher **Ausgleichsgerade**.

Wenn sich eine Ausgleichsgerade durch den Ursprung zeichnen läßt, liegt Proportionalität vor. Das bedeutet dann auch, daß der Quotient der beiden Größen einen bestimmten Wert hat.

In unserem Beispiel heißt das: $\frac{F}{s}$ = konst.

Es gehört zur vollständigen Auswertung einer Meßreihe, diesen Quotienten zu berechnen. Dazu liest man die Koordinaten eines Punktes auf der Geraden ab. (Das Ergebnis wird recht genau, wenn dieser Punkt weit vom Ursprung entfernt ist.)

In unserem Beispiel hat der Quotient den Wert $0{,}8\,\frac{N}{cm}$.

Man muß also eine Kraft von 0,8 N aufwenden, um die Feder um 1 cm zu verlängern.

Läßt die Lage der Punkte keine Gerade zu, wird eine möglichst glatte *Ausgleichskurve* gezeichnet. Wir können dann aber die Gesetzmäßigkeit nicht ohne weiteres durch eine mathematische Formel angeben.

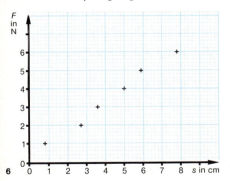
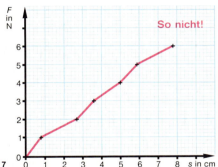
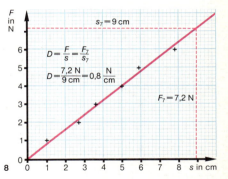

6   7 So nicht!   8

Info: Das Hookesche Gesetz

In Bild 9 ist für verschiedene Stahlfedern dargestellt, wie Kraft und Verlängerung zusammenhängen: **Kraftbetrag und Verlängerung der Feder sind jeweils proportional zueinander.** $F \sim s$.

Die Aussage, daß der Betrag der Kraft und die Verlängerung der Feder zueinander proportional sind, bezeichnet man als **Hookesches Gesetz**. Mit diesem Namen wird der englische Physiker Robert Hooke (1635–1703) geehrt.

Das Hookesche Gesetz gilt für Stahlfedern – allerdings nur, wenn die Verlängerung nicht so groß ist, daß die Feder bleibend verformt („überdehnt") wird.

Die Proportionalität von F und s bedeutet, daß zusammengehörende Paare von F und s stets den gleichen Quotienten haben. Dieser Quotient hängt von der verwendeten Feder ab und wird als **Federkonstante** D bezeichnet:

$$D = \frac{F}{s}.$$

Durch Umformen erhält man daraus die Gleichung
$$F = D \cdot s.$$
D hat die Einheit $\frac{N}{m}$.

Musteraufgabe: Eine Feder hat die Federkonstante $D = 2{,}5\,\frac{N}{cm}$. Welche Verlängerung s ergibt sich bei $F = 18\,N$?

Lösung:

Ausgangsgleichung: $\qquad F = D \cdot s$

Umformen und umstellen: $\qquad s = \frac{F}{D}$

Einsetzen und ausrechnen: $\qquad s = \dfrac{18\,N}{2{,}5\,\frac{N}{cm}} = \dfrac{18\,N \cdot cm}{2{,}5\,N} = 7{,}2\,cm$

Bei einer Kraft von 18 N verlängert sich die Feder um 7,2 cm.

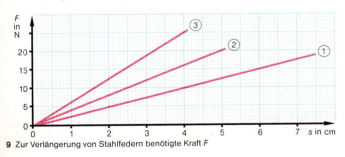

9 Zur Verlängerung von Stahlfedern benötigte Kraft F

Aufgaben

1 Bei einem Gummiband und einer Stahlfeder wurde die Verlängerung in Abhängigkeit vom Betrag der Kraft gemessen. Dabei ergaben sich die folgenden beiden Meßreihen:

F in N	s_1 in cm	s_2 in cm
0	0	0
0,2	0,8	1,0
0,4	1,6	2,4
0,6	2,5	4,2
0,8	?	?
1,0	4,2	6,5
1,2	5,0	9,1
1,4	5,8	11,5

a) Stelle die beiden Meßreihen graphisch dar.

b) Welche Meßreihe gehört zur Stahlfeder, welche zum Gummiband? Begründe deine Antwort.

c) Ergänze die beiden in der Tabelle fehlenden Werte.

d) Bestimme auch die Federkonstante der Stahlfeder.

1

2 In Bild 9 auf der Vorseite ist für drei Stahlfedern dargestellt, wie Kraft und Verlängerung der Federn zusammenhängen.

a) Bestimme die Federkonstanten.

b) Welche der Geraden gehört zur härtesten (weichsten) Feder?

c) Wie kann man am Diagramm erkennen, ob eine Feder härter oder weicher als eine andere ist?
Wie unterscheiden sich ihre Federkonstanten?

3 Bild 1 zeigt die Feder eines Personenwagens. Sie hat eine Federkonstante von $24 \frac{N}{mm}$.

a) Die Feder soll um 1,2 cm auseinandergezogen werden. Wie groß muß die Kraft sein?

b) Der Pkw wird beladen. Die Gewichtskraft auf die Ladung beträgt 3600 N und verteilt sich gleichmäßig auf vier Federn. Um welche Strecke wird jede Feder zusammengedrückt?

4 Die Feder eines Kugelschreibers hat eine Federkonstante von $2 \frac{N}{cm}$.

a) Was kannst du über die Verlängerung bei einer Kraft von 50 N sagen?

b) Worauf muß man bei Anwendung des Hookeschen Gesetzes achten?

5 Wir haben für einen Kraftmesser eine Skala hergestellt. Wie läßt sich unser Verfahren vereinfachen, wenn für die verwendete Feder das Hookesche Gesetz gilt?

Aus Umwelt und Technik: **Werkstoffprüfung**

Als im 19. Jahrhundert das Eisenbahnnetz aufgebaut wurde, war die Herstellung einwandfreien Stahls noch keine Selbstverständlichkeit. Mangelhafte Werkstoffe verursachten immer wieder Unfälle und Katastrophen: Brücken stürzten ein, Züge entgleisten, und Kessel von Dampflokomotiven explodierten.

Schon damals gab es erste Ansätze zur Werkstoffprüfung. So prüfte man in den Anfangsjahren der Eisenbahn die Qualität geschmiedeter Waggonachsen, indem man sie einfach auf eine Amboßkante fallen ließ. Wenn die Achsen diese Prozedur überstanden, ging man davon aus, daß sie in Ordnung waren ...

Kleinere Qualitätsmängel konnten so natürlich nicht erkannt werden. Außerdem war nicht auszuschließen, daß die Achsen durch den Aufprall kleinere Schäden davontrugen, die später zu Brüchen führten.

2

Bessere Verfahren zur Werkstoffprüfung waren nötig. Eines dieser Verfahren ist die *Zerreißprobe*, mit deren Hilfe seit Ende des 19. Jahrhunderts die Güte von Stahl beurteilt wird.

Bei der Zerreißprobe, die auch heute noch eine wichtige Rolle spielt, geht man folgendermaßen vor:

Aus dem zu prüfenden Stahl wird ein Probestab hergestellt und in eine Zerreißmaschine gespannt (Bild 2). Dann werden die Einspannköpfe auseinandergezogen. Die Kraft auf den Probestab wird langsam erhöht, bis der Stab schließlich reißt.

Während der Zerreißprobe wird der Zusammenhang zwischen **Kraft** und **Verlängerung** des Stabes automatisch aufgezeichnet (Bild 3).

Mit Hilfe eines solchen Diagramms können Aussagen über die Qualität des Stahls gemacht werden. Sie sind wesentlich genauer als bei der „Amboßmethode".

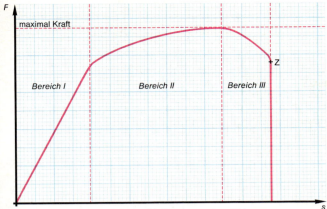

3 Zusammenhang zwischen Kraft F und Verlängerung s eines Stabes

Im Diagramm (Bild 3) erkennt man drei Bereiche:

Im *Bereich I* sind Kraft und Verlängerung proportional. Für den Stab gilt das Hookesche Gesetz; er wird *elastisch verformt*.

Vergrößert man die Kraft weiter (*Bereich II*), so tritt eine bleibende Verformung des Stabes ein. Der Stab wird *plastisch verformt*; man sagt auch, er „fließt". Am Ende des Bereiches II erreicht die Kraft den höchsten Wert, den ein solcher Stab aushält.

Dann schnürt sich der Stab an einer Stelle ein und verlängert sich so schnell, daß die Maschine die Einspannköpfe nicht mehr schnell genug auseinanderziehen kann. Die gemessene Zugkraft geht daher zurück (*Bereich III*).

Bei einer bestimmten Verlängerung reißt der Stab, und die Kraftanzeige geht schlagartig auf 0 N zurück.

3 Wenn mehrere Kräfte wirken...

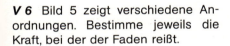

Zwei gegen eine (Bild 4) – ein ungleicher Wettkampf?!

4

V 6 Bild 5 zeigt verschiedene Anordnungen. Bestimme jeweils die Kraft, bei der der Faden reißt.

V 7 Baue die Situation von Bild 4 nach. Die Kraft, mit der Ulrike zieht, wird durch die Gewichtskraft $\vec{F}_G$ auf ein Wägestück ersetzt (Bild 6).

a) Der Ring, an dem die Kräfte angreifen, ist im Kräftegleichgewicht: $\vec{F}_1$ und $\vec{F}_2$ halten $\vec{F}_G$ das Gleichgewicht.

Eine einzelne Kraft, die das gleiche bewirkt wie $\vec{F}_1$ und $\vec{F}_2$ zusammen, nennt man die **Resultierende** der Kräfte $\vec{F}_1$ und $\vec{F}_2$. Welchen Betrag und welche Richtung hat die Resultierende von $\vec{F}_1$ und $\vec{F}_2$?

b) Zeichne $\vec{F}_1$ und $\vec{F}_2$ sowie die resultierende Kraft $\vec{F}_R$ als Kraftpfeile (mit gleichem Angriffspunkt).
Verbinde die Spitzen nebeneinanderliegender Kraftpfeile. Welche geometrische Figur ergibt sich?

c) Vergrößere und verkleinere den Winkel zwischen den Kraftmessern. Wie ändern sich die Beträge der Kräfte $\vec{F}_1$ und $\vec{F}_2$? Was kannst du über die Resultierende aussagen?

Miß den Winkel und zeichne wieder die Kraftpfeile.

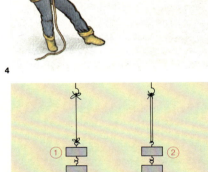

5

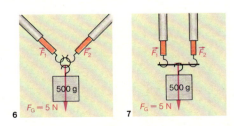

6   **7**

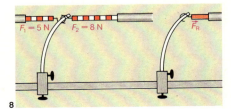

8

d) Überlege: Warum hat Ulrike in Bild 4 die Chance, bei dem ungleichen Wettkampf zu gewinnen?

e) Wenn man herausfinden will, wie groß die Resultierende von $\vec{F}_1$ und $\vec{F}_2$ ist, kann man nicht einfach die Beträge der Kräfte addieren. Warum nicht?

V 8 In Bild 7 wirken zwei Kräfte in gleicher Richtung.

a) Welche Beträge zeigen die Kraftmesser an?

Welchen Betrag und welche Richtung hat die Resultierende $\vec{F}_R$ von $\vec{F}_1$ und $\vec{F}_2$?

b) Wiederhole den Versuch mit unterschiedlichen Wägestücken.

Stelle anschließend eine Regel für Betrag und Richtung der Resultierenden zweier paralleler Kräfte auf.

V 9 Auf einen Blechstreifen wirken zwei Kräfte in entgegengesetzter Richtung (Bild 8).

Welche Regel ergibt sich für Betrag und Richtung der Resultierenden $\vec{F}_R$?

Info: Das Kräfteparallelogramm

Bestimmung der Resultierenden

Nehmen wir an, Ulrike in Bild 4 auf der Vorseite zieht gerade so stark, daß Kräftegleichgewicht herrscht. Solche Gleichgewichtssituationen mit mehr als zwei Kräften kann man z. B. mit Kraftmessern auf einer Magnettafel untersuchen:

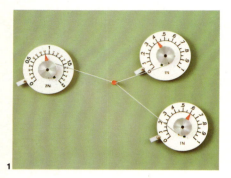

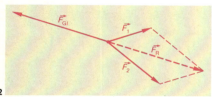

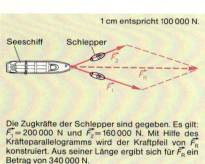

1 cm entspricht 100 000 N.

Die Zugkräfte der Schlepper sind gegeben. Es gilt: $\vec{F}_1 = 200\,000$ N und $\vec{F}_2 = 160\,000$ N. Mit Hilfe des Kräfteparallelogramms wird der Kraftpfeil von $\vec{F}_R$ konstruiert. Aus seiner Länge ergibt sich für $\vec{F}_R$ ein Betrag von 340 000 N.

Bild 1 stellt eine derartige Situation dar. In Bild 2 sind die entsprechenden Kraftpfeile gezeichnet: $\vec{F}_1$ und $\vec{F}_2$ zusammen halten $\vec{F}_{Gl}$ das Gleichgewicht. Genau dasselbe bewirkt auch die Kraft $\vec{F}_R$, die den gleichen Betrag wie $\vec{F}_{Gl}$ hat, aber entgegengesetzt gerichtet ist. Wir bezeichnen $\vec{F}_R$ als die **Resultierende** von $\vec{F}_1$ und $\vec{F}_2$.

Verbindet man die Spitzen der Kraftpfeile von $\vec{F}_1$, $\vec{F}_2$ und $\vec{F}_R$ miteinander, so erhält man bei allen Versuchen ein Parallelogramm – vorausgesetzt, man hat genau genug gemessen. Wir halten fest:

○ Zwei Kräfte $\vec{F}_1$ und $\vec{F}_2$, die den gleichen Angriffspunkt haben, können durch die Resultierende $\vec{F}_R$ der beiden Kräfte ersetzt werden.

○ Um die Resultierende zu bestimmen, zeichnet man das **Kräfteparallelogramm** mit den Seiten $\vec{F}_1$ und $\vec{F}_2$. Die Diagonale, die im Angriffspunkt von $\vec{F}_1$ und $\vec{F}_2$ beginnt, entspricht dem Kraftpfeil von $\vec{F}_R$.

Mit Hilfe eines Kräfteparallelogramms kann man zu zwei gegebenen Kräften die resultierende Kraft (oder Gleichgewichtskraft) zeichnerisch ermitteln (Bild 3).

Nur wenn $\vec{F}_1$ und $\vec{F}_2$ *gleiche* oder *entgegengesetzte* Richtungen haben, kann man den Betrag der Resultierenden auf einfachere Weise ermitteln: Man addiert bzw. subtrahiert die Beträge der Einzelkräfte.

Zerlegung in Komponenten

Oft tritt auch das umgekehrte Problem auf: Eine Kraft $\vec{F}$ soll durch zwei Kräfte $\vec{F}_1$ und $\vec{F}_2$ ersetzt werden, die zusammen die gleiche Wirkung wie $\vec{F}$ haben. Das heißt: Die gegebene Kraft $\vec{F}$ soll die Resultierende von zwei Kräften $\vec{F}_1$ und $\vec{F}_2$ sein.

Die Kräfte $\vec{F}_1$ und $\vec{F}_2$ bezeichnet man als **Komponenten** von $\vec{F}$.

Es gibt viele Möglichkeiten, eine Kraft in Komponenten zu zerlegen – die Komponenten können ja die verschiedensten Richtungen haben. *Wie geht man beim Zerlegen von Kräften vor?*

Überlege zuerst, welche Richtungen der Komponenten physikalisch sinnvoll sind. Vom Angriffspunkt der Kraft $\vec{F}$ aus zeichnest du dann zwei Strahlen in diese Richtungen. Konstruiere daraus ein Parallelogramm, dessen Diagonale $\vec{F}$ ist. Die Seiten dieses Parallelogramms sind die gesuchten Komponenten $\vec{F}_1$ und $\vec{F}_2$.

Die Bilder 4 u. 5 zeigen zwei Beispiele einer solchen Kraftzerlegung.

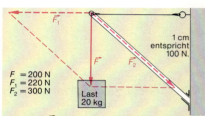

1 cm entspricht 100 N.
$F = 200$ N
$F_1 = 220$ N
$F_2 = 300$ N
Last 20 kg

Die Kraft $\vec{F}$, die auf den Aufhängepunkt der Last wirkt, spannt das waagerechte Seil und drückt die Stange schräg gegen die Wand. Man zerlegt $\vec{F}$ daher in eine waagerechte Kraft $\vec{F}_1$ und in eine Kraft $\vec{F}_2$ in Richtung der Stange.

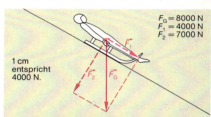

$F_G = 8000$ N
$F_1 = 4000$ N
$F_2 = 7000$ N
1 cm entspricht 4000 N.

Die Gewichtskraft beschleunigt den Schlitten und preßt ihn aufs Eis. Man zerlegt $\vec{F}_G$ daher in eine Kraft $\vec{F}_1$ in Bewegungsrichtung und in eine Kraft $\vec{F}_2$ senkrecht dazu. $\vec{F}_1$ nennt man hier *Hangabtriebskraft*, $\vec{F}_2$ *Anpreßkraft* (oder *Normalkraft*).

Aufgaben

1 In einer Fahrstuhlanlage (Bild 6) übt das „Gegengewicht" eine Kraft von 3000 N auf die Kabine aus. Mit welcher Kraft muß die Seilwinde die Kabine halten?

2 Alle Stahlfedern in Bild 7 haben die Federkonstante $D = 2\,\frac{N}{cm}$.

a) An den Haken der verschiedenen Federkombinationen wird mit einer Kraft von 10 N gezogen. Um welche Strecke bewegen sich die Haken nach unten?

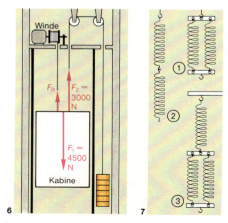

b) Jede dieser Federkombinationen soll durch eine einzelne Feder ersetzt werden. Federkombination und Ersatzfeder sollen bei gleicher Kraft die gleiche Verlängerung aufweisen.

Welche Federkonstanten müßten diese Federn haben?

3 Ein Auto ($F_G = 10\,000$ N) steht auf einer stark abschüssigen Straße. Der Winkel zwischen der Straße und der Waagerechten beträgt 20°.

a) Zerlege die Gewichtskraft in zwei Komponenten. Eine der Komponenten soll parallel zur Straße, die andere senkrecht zur Straße sein.

b) Bestimme die Beträge der beiden Komponenten.

c) Warum ist es physikalisch sinnvoll, die Gewichtskraft gerade in dieser Weise zu zerlegen?

4 Noch einmal zum ungleichen Wettkampf beim Tauziehen (Bild 4 auf der vorigen Doppelseite): Jeder der beiden Jungen zieht mit einer Kraft von 280 N. Mit welcher Kraft muß Ulrike ziehen, wenn die beiden Seilenden der Jungen einen Winkel von 120° einschließen?

5 Zwischen zwei Häusern hängt eine Laterne (Bild 8); die Gewichtskraft beträgt 80 N. Mit welcher Kraft werden die Seilstücke gespannt?

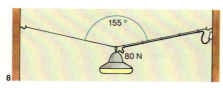
8

9

Zwei Tips: Zerlege die Gewichtskraft in Komponenten, die die Richtungen der Seilenden haben. Wähle die Knickstelle des Seils als gemeinsamen Angriffspunkt der Kräfte.

6 Susanne (45 kg) möchte eine Hängematte zwischen zwei Wände spannen. Welche Kräfte wirken auf die Aufhängung, wenn Susanne auf der Matte sitzt (Bild 9)?

7 Die Kräfte, die eine gespannte Wäscheleine aushalten muß, sind viel größer als die Summe der Gewichtskräfte, die auf die aufgehängten Wäschestücke wirken. Begründe!

Kraft und Kraftmessung

Alles klar?

1 An einem Federkraftmesser für maximal 10 N sind nur noch die Marken „0 N" und „5 N" zu erkennen.
Wie läßt sich die beschädigte Skala am einfachsten vervollständigen?

2 Eine Schraubenfeder wird durch ein angehängtes Wägestück ($F_G = 2$ N) um genau 3 cm verlängert. Wie groß ist die Verlängerung der Schraubenfeder, wenn die Kraft 1 N (4 N) beträgt?

3 Zwei Jungen tragen gemeinsam einen Eimer. Der Winkel zwischen ihren Armen beträgt 30°. Jeder Junge übt eine Kraft von 80 N aus.
Wie groß ist die Gewichtskraft auf den Eimer?

4 An einer Schraubenfeder wird mit zwei Kraftmessern gezogen (Bild 10).
Um welche Strecke wird dadurch die Schraubenfeder verlängert?

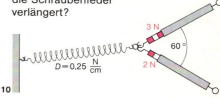
10

Auf einen Blick

Die Kraftmessung

Um zu überprüfen, ob zwei Kräfte gleich groß sind, läßt man sie auf dieselbe Feder wirken. Ist die Verlängerung der Feder gleich, haben die beiden Kräfte den *gleichen* Betrag.

Als **Kraftmesser** läßt sich z. B. eine Schraubenfeder verwenden. Die erforderliche Skala kann man mit Hilfe mehrerer gleicher Wägestücke herstellen: Man hängt eins nach dem anderen an die Schraubenfeder und markiert die jeweilige Länge.

Die Einheit der Kraft ist 1 **Newton**. 1 N ist ungefähr die Gewichtskraft, die auf ein 100-g-Wägestück wirkt.

Das Hookesche Gesetz

Für Stahlfedern stellt man fest:

Der Betrag der Kraft
ist proportional zur Verlängerung
der Feder.
$F \sim s$.

Diesen Zusammenhang bezeichnet man als **Hookesches Gesetz**.

Alle Paare aus Kraftbetrag und zugehörender Verlängerung haben also den gleichen Quotienten. Er hängt nur von der verwendeten Feder ab; man nennt ihn *Federkonstante D*.

$$\frac{F}{s} = D \quad \text{oder} \quad F = D \cdot s.$$

Wenn mehrere Kräfte wirken...

Die Resultierende $\vec{F}_R$ zweier Kräfte und die Komponenten einer Kraft findet man mit Hilfe des **Kräfteparallelogramms**.

11 12

Haben zwei Kräfte *gleiche* oder *entgegengesetzte* Richtungen, so ergibt sich der Betrag der Resultierenden, indem man einfach die Beträge der Einzelkräfte addiert bzw. subtrahiert.

Trägheit und Massenanziehung

1 Körper sind unterschiedlich träge

Der Bewegungszustand eines Körpers kann sich nur ändern, wenn eine Kraft auf ihn wirkt. Mit diesem Satz läßt sich das Geschehen auf den Bildern 1 u. 2 erklären ...

V 1 Daß man zur Änderung des Bewegungszustandes eines Körpers eine Kraft benötigt, kannst du auch an einem Wagen beobachten, auf dem ein Holzklotz liegt.
 Beschreibe jeweils die Bewegungen von Wagen und Holzklotz. Erkläre, wie sie zustande kommen.

a) Gib dem Wagen einen Stoß, so daß er ruckartig anfährt.

b) Laß den Wagen auf ein Hindernis prallen. Wiederhole den Versuch mit einem Gummiband als „Sicherheitsgurt" für den Klotz (Bild 3).

c) Ziehe den Wagen mit dem Klotz mit konstanter Geschwindigkeit geradeaus. Laß ihn dann eine enge Kurve durchfahren.

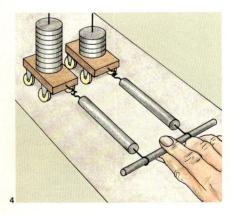

V 2 Befestige zwei unterschiedlich schwere Wagen an Kraftmessern, die durch eine Stange miteinander verbunden sind (Bild 4). Wenn du gleichmäßig an der Stange ziehst, ändern beide Autos ihren Bewegungszustand in gleicher Weise.
 Vergleiche die Anzeigen der beiden Kraftmesser.

V 3 Lege ein Blatt Papier unter einen Pappbecher, der am Tischrand steht.
 Gelingt es dir, das Papier wegzuziehen, ohne daß der Becher umkippt oder vom Tisch fällt? Der Becher soll einmal leer und einmal gefüllt sein.
 Erkläre deine Beobachtungen.

V 4 Zwei verschieden große Stahlkugeln werden mit gleicher Kraft weggestoßen (Bild 5).
 Welche der beiden Kugeln erreicht dabei die größere Geschwindigkeit? Findest du eine Erklärung?

V 5 Bild 6 zeigt den Versuchsaufbau. Was wird passieren, wenn du das Brettchen ganz schnell zur Seite wegziehst? (Bevor du ein Ei verwendest, übe lieber erst mit einem Apfel.)

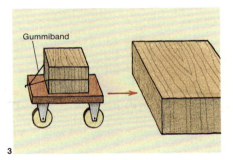

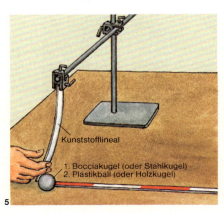

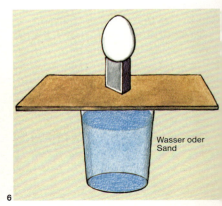

Info: Trägheit und Masse

Um den Bewegungszustand eines Körpers zu ändern, ist eine Kraft erforderlich. Wenn keine Kraft auf den Körper wirkt, kann sich sein Bewegungszustand nicht ändern.

Allerdings haben wir häufig den Eindruck, daß Gegenstände „von selbst" – also ohne den Einfluß einer Kraft – ihren Bewegungszustand ändern. So kommt zum Beispiel ein Kraftfahrzeug schnell zum Stillstand, wenn es nicht mehr angetrieben wird. Wir wissen aber schon, daß auch diese Änderung des Bewegungszustandes auf eine Kraft zurückzuführen ist, nämlich auf die Reibungskraft.

Um auszudrücken, daß der Bewegungszustand eines Körpers ohne Einwirkung einer Kraft gleich bleibt, sagt man in der Physik auch: **Alle Körper sind träge.**

Aber nicht alle Körper sind in gleichem Maße träge: Um den Bewegungszustand eines Lastwagens und eines Personenwagens in gleicher Weise zu ändern, ist beim Lkw eine viel größere Kraft erforderlich als beim Pkw. Läßt man dagegen gleich große Kräfte auf Lastwagen und Personenwagen wirken, so ändert sich z. B. die Geschwindigkeit des Lastwagens weniger rasch als die des Personenwagens. Der Lkw ist also viel träger als der Pkw.

Die Trägheit ist eine Eigenschaft jedes Körpers. *Wie* träge ein Körper ist, wird durch eine physikalische Größe angegeben, und zwar durch die **Masse**. Ein Körper, der sehr träge ist, hat eine große Masse; ein Körper mit geringer Trägheit hat eine kleinere Masse. **Die Masse eines Körpers gibt an, wie träge er ist.**

Die Masse wird in der Einheit **1 Kilogramm** (1 kg) angegeben (→ *Wie man Massen mißt*). Massen werden auch in Milligramm (mg), Gramm (g) und Tonnen (t) angegeben.

1000 mg = 1 g;   1000 g = 1 kg;   1000 kg = 1 t.

Wenn ein Körper die Masse 8 kg hat, so bedeutet das, daß er achtmal so träge ist wie Körper von 1 kg Masse. Das heißt: Um den Bewegungszustand beider Körper in gleicher Weise zu ändern, braucht man für den 8-kg-Körper eine achtmal so große Kraft wie für den 1-kg-Körper.

Zwei *Beispiele* zur Trägheit:

„Supertanker" haben eine sehr große Masse und sind somit sehr träge. Wenn ein solches Schiff in voller Fahrt ist, hat es einen sehr langen „Bremsweg". Schon 5 bis 10 km vor dem Ziel müssen die Maschinen auf „rückwärts, volle Fahrt" geschaltet werden, damit das Schiff rechtzeitig zum Stillstand kommt. Für raschere Bewegungsänderungen reicht die von der Schiffsschraube erzeugte Kraft nicht aus.

Zieht man in Bild 7 das Blatt Papier schnell genug weg, so fällt das Wägestück senkrecht nach unten auf den Tisch, während der Styroporblock neben dem Tisch zu Boden fällt. Das Wägestück hat eine größere Masse als der Styroporblock und ist daher viel träger. Beim Wegziehen des Papiers treten Reibungskräfte auf. Sie sind groß genug, um den wenig trägen Styroporblock auf eine hohe Geschwindigkeit zu bringen. Der Bewegungszustand des viel trägeren Wägestücks kann jedoch kaum verändert werden. Es wird daher nicht zur Seite mitgerissen und fällt nach unten auf den Tisch.

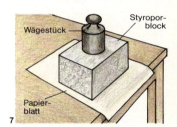

7

Aufgaben

1 In den Bildern 8–10 wird deutlich, daß Körper träge sind. Erläutere das jeweilige Geschehen mit dem Begriff *Trägheit*.

2 Gib Erklärungen für die Beobachtungen, die du in den Versuchen 1–4 machen konntest. Benutze dabei die Begriffe *Trägheit* und *Masse*.

3 Zwanzig 10-Pf-Stücke sind übereinandergestapelt. Das unterste soll entfernt werden, ohne daß man den Stapel anhebt oder umkippt ...

Wenn der Stapel aber kleiner ist, wirst du es kaum noch schaffen. Warum nicht?

4 Ein mit Wasser gefüllter Teller wird ruckartig angeschoben bzw. mit konstanter Geschwindigkeit bewegt und dann abrupt angehalten. Überlege, nach welcher Seite das Wasser jeweils überschwappt.

5 Bei welchen Fahrmanövern von Bussen und Straßenbahnen ist es wichtig, daß sich stehende Fahrgäste gut festhalten? Gib eine physikalische Begründung.

6 Wenn bei einem Hammer der Kopf nur noch lose auf dem Stiel sitzt, stößt man den Stiel kräftig auf den Boden – und schon ist der Schaden behoben. Erkläre diese Vorgehensweise physikalisch.

7 Zusammenstöße von großen Schiffen haben – auch bei niedrigen Geschwindigkeiten – verheerende Folgen. Weshalb?

8 Wenn ein Teller auf einen Steinfußboden fällt, zerbricht er eher, als wenn er auf einen Teppichboden fällt. Begründe!

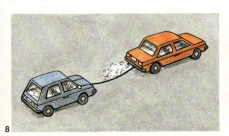

8

9

10

Aus Umwelt und Technik: Sicherheitsgurt und Schutzhelm

Was bei einem Zusammenstoß passiert, zeigt Bild 1.

Im folgenden Zeitschriftenartikel ist es anschaulich beschrieben.

Sie fliegen noch, wenn der Wagen schon steht

Nehmen wir an, Sie sitzen in einem Mittelklassewagen und fahren mit 50 km/h gegen einen Baum oder ein gleich schweres, gleich schnelles Fahrzeug. Dann wird das Vorderteil des Wagens um ca. 60 cm zusammengedrückt.

Auf diesen 60 cm „Bremsweg" kommt das Auto zum Stehen.

Sie haben zum Zeitpunkt des Aufpralls die gleiche Geschwindigkeit wie das Fahrzeug. Ohne Gurt schießen Sie also mit 50 km/h weiter nach vorn.

Gut, die Reibung auf dem Sitz bremst Sie geringfügig ab. Und vielleicht haben Sie den Unfall kommen sehen und können sich 60 Millisekunden lang abstützen.

Doch das hilft auch nicht viel – Sie fliegen unaufhaltsam weiter. Sie treffen erst dann auf das Armaturenbrett, wenn der Wagen schon zerknautscht und zum Stehen gekommen ist. Ihr Bremsweg ist daher nicht länger als 4 cm (so weit beult sich ein Armaturenbrett ein).

Der Aufprall ist so stark, als habe eine 4-5 Tonnen schwere Keule zugeschlagen. Und wenn Ihr Kopf gegen den unnachgiebigen Dachrahmen prallt, ist der Schlag noch viel stärker und auf jeden Fall tödlich.

Anders mit Gurt. Hier werden Sie aufgefangen, *bevor* Sie das Armaturenbrett, den Dachrahmen oder die Windschutzscheibe erreichen. Sie werden abgebremst, weil der Gurt sich 20–25 cm dehnt. Und Sie werden zusätzlich abgebremst, weil Sie von Anfang an mit dem Fahrzeug verbunden sind. *Deshalb können Sie an der Verzögerung des Wagens teilnehmen und so von der energiezehrenden Knautschzone profitieren.*

Und deshalb müssen Sie Sicherheitsgurte anlegen – und zwar immer!

Schon bei einem Aufprall mit 20 km/h kann der Kopf die Windschutzscheibe durchbrechen. Dann kommt es zu schweren Augen- und Gesichtsverletzungen.

Für Zweiradfahrer ist der **Schutzhelm** unentbehrlich. Die Schutzpolsterung des Helms wirkt als „Knautschzone" (Bild 2); bei einem Aufprall beträgt die Verzögerungsstrecke für den Kopf wenigstens einige Zentimeter.

Zusätzlichen Schutz bietet der Helm beim Aufprall auf Kanten, weil die Helmschale die Kräfte auf eine größere Fläche des Schädels verteilt.

Mit Schutzhelm steigen daher die Chancen für Zweiradfahrer, bei einem Unfall zu überleben, beträchtlich.

Fragen und Aufgaben zum Text

1 Beschreibe, auf welche Weise ein Sicherheitsgurt schützt.

Warum nutzt die Knautschzone eines Personenwagens nur seinen angeschnallten Insassen?

2 Warum müssen Sicherheitsgurte nach Unfällen oft erneuert werden, auch wenn sie noch unbeschädigt aussehen?

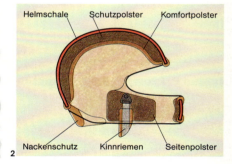

2 Masse und Gewichtskraft

Auf der Erde: Der Astronaut kann seine Ausrüstung kaum anheben.

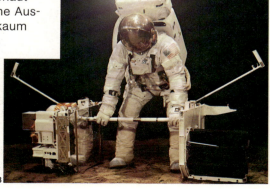

Auf dem Mond: Die gleiche Ausrüstung läßt sich mühelos tragen.

V 6 Lege eine Postkarte über zwei gegeneinandergestellte Stuhllehnen. Darauf legst du ein einzelnes 10-Pf-Stück und zwei zusammengeklebte 10-Pf-Stücke (Bild 5).

Ziehe die Postkarte ruckartig zur Seite weg. Treffen die zusammengeklebten Münzen eher auf dem Boden auf als die Einzelmünze?

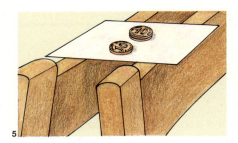

5

Auf die zusammengeklebten Münzen wirkt die *doppelte Gewichtskraft* wie auf die Einzelmünze.

Was kannst du aus deiner Beobachtung in bezug auf die *Trägheit* (und damit die *Massen*) der beiden Körper schließen?

In welchem Zusammenhang stehen also Gewichtskraft und Masse?

Info: Unterschiedliche Gewichtskräfte – gleiche Massen

Auf dem Mond haben Astronauten keine Schwierigkeiten, ihre Ausrüstung zu tragen. Auf der Erde dagegen schaffen sie es nur mit Mühe. Erde und Mond üben nämlich verschieden große Gewichtskräfte auf einen Gegenstand an ihrer Oberfläche aus.

Der Unterschied ist recht erheblich: Die Gewichtskraft, die auf ein und denselben Körper wirkt, ist auf der Erde sechsmal so groß wie auf dem Mond. Wenn man denselben Körper auf den Planeten Jupiter brächte, würde dort auf ihn eine zweieinhalbmal so große Gewichtskraft wirken wie auf der Erde.

Die Gewichtskraft auf einen Körper hängt also davon ab, auf welchem Himmelskörper er sich befindet. Aber auch auf der Erde ändert sie sich von einem Ort zum anderen: Sie ist am Nord- und Südpol etwas größer als bei uns; am Äquator ist sie etwas kleiner. **Die Gewichtskraft, die auf einen Körper wirkt, ist demnach ortsabhängig.**

Wenn man auf dem Mond Fußball spielen würde, bräuchte man genau die gleiche Kraft wie auf der Erde, um den Ball auf eine bestimmte Geschwindigkeit zu bringen. Um den Bewegungszustand eines bestimmten Körpers in einer bestimmten Weise zu ändern, ist überall (auf der Erde und im Weltall) die gleiche Kraft erforderlich; ein Körper hat also überall die gleiche Trägheit. Das bedeutet: **Die Masse eines Körpers ist nicht ortsabhängig.**

Wenn man auf dem Mond einen Stein aus 10 m Höhe fallen läßt, dauert es länger als auf der Erde, bis er am Boden ankommt. Das hat folgenden Grund: Die Gewichtskraft auf den Stein ist auf dem Mond kleiner als auf der Erde. Dagegen ist die Masse des Steines (und damit seine Trägheit) auf Mond und Erde gleich. Die kleinere Gewichtskraft bewirkt eine geringere Änderung des Bewegungszustandes.

Daß Masse und Gewichtskraft völlig unterschiedliche physikalische Größen sind, wird im folgenden Bericht des Astronauten *Neil Armstrong* deutlich.

Bericht über einen Aufenthalt auf dem Mond

„Auch mit den veränderten Schwereverhältnissen (Gewichtskräften) mußten wir erst einmal vertraut werden. Auf dem Mond fände es ein Astronaut gar nicht so schwierig, Sprünge von bis zu 6 m Höhe zu machen. Aber er darf nicht vergessen, daß die Masse seines Körpers die gleiche bleibt. Der Aufprall auf einen Mondfelsen würde genauso wehtun wie der Aufprall auf einen Felsbrocken hier auf der Erde."

Bild 6 zeigt zwei Gegenstände, die gleichzeitig fallen gelassen wurden. Die Gegenstände – ein 10-Pf-Stück und zwei zusammengeklebte 10-Pf-Stücke – wurden in Zeitabständen von 0,05 s fotografiert. Das Bild zeigt: Die Bewegungszustände beider Körper ändern sich in gleicher Weise, obwohl die Gewichtskraft auf den einen Körper doppelt so groß ist wie die auf den anderen. Das liegt daran, daß der doppelt so schwere Gegenstand auch doppelt so träge ist; d. h., er hat eine doppelt so große Masse.

An einem bestimmten Ort gilt: **Gewichtskraft und Masse von Körpern sind zueinander proportional.** $F_G \sim m$.

Zeichnet man ein Gewichtskraft-Masse-Diagramm für verschiedene Körper, die sich an einem bestimmten Ort befinden, so liegen alle Punkte auf einer Geraden durch den Ursprung.

In Bild 7 ist die Abhängigkeit zwischen Masse und Gewichtskraft für verschiedene „Orte" im Weltall dargestellt. Für jeden der Orte erhält man eine andere Gerade durch den Ursprung.

Dementsprechend ist der Quotient aus Gewichtskraft und Masse von Ort zu Ort verschieden; man bezeichnet diesen Quotienten als **Ortsfaktor** (Formelzeichen: g; → Tabelle).

$$g = \frac{F_G}{m}$$

Beispiel: Wie groß ist die Gewichtskraft, die an der Mondoberfläche auf einen Menschen von 50 kg Masse wirkt?
Lösung: $F_G = g \cdot m$,

$$F_G = 1{,}62 \, \frac{N}{kg} \cdot 50 \, kg = 81{,}0 \, N.$$

Die Gewichtskraft an der Mondoberfläche beträgt 81,0 N.

6

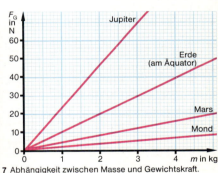

7 Abhängigkeit zwischen Masse und Gewichtskraft.

Ortsfaktoren an der Oberfläche von Himmelskörpern

Himmelskörper	g in $\frac{N}{kg}$
Erde	
Äquator	9,78
Mitteleuropa	9,81
Nord-, Südpol	9,83
Mond	1,62
Merkur	3,7
Venus	8,87
Mars	3,93
Jupiter	23,31
Saturn	9,28
Uranus	9,0
Neptun	11,6
Pluto	0,57

Aufgaben

1 Auf einen Körper von 1 kg Masse wird eine – waagerecht gerichtete – Kraft von 1 N ausgeübt, und zwar einmal auf der Erde und einmal auf dem Mond. Ist der Körper nach einer bestimmten Zeit auf dem Mond schneller als auf der Erde? Begründe deine Antwort.

2 Masse und Gewichtskraft sind völlig unterschiedliche physikalische Größen. In der Umgangssprache wird zwischen diesen beiden Begriffen jedoch kaum unterschieden. Versuche, Gründe dafür anzugeben.

3 Die Ausrüstung eines Astronauten hat eine Masse von 84 kg.

a) Welche Gewichtskraft würde ein Kraftmesser auf der Erde (auf dem Mond) anzeigen, wenn man die Ausrüstung anhängen könnte?

b) Beschreibe ein Experiment, mit dem man zeigen könnte, daß die Masse irgendeines Gegenstands auf dem Mond genauso groß ist wie auf der Erde.

4 Auch auf der Erde kann ein Kraftmesser unterschiedliche Gewichtskräfte anzeigen, wenn man denselben Körper anhängt (Bild 1).

Versuche, dafür eine Erklärung zu finden.

5 Berechne die Gewichtskräfte, die auf einen Sperling (30 g), eine E-Lok (90 t) und einen Menschen (70 kg) in Mitteleuropa, am Äquator und am Nordpol wirken.

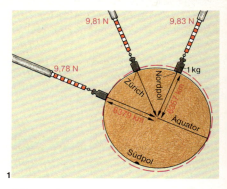

1

Gib auch an, wie groß die Gewichtskräfte auf diese Körper an der Mondoberfläche wären.

6 Welche Kraft wäre erforderlich, um eine Tasche (Masse: 4 kg) auf den verschiedenen Planeten und auf dem Mond zu tragen?

Aus der Geschichte: **Die Entdeckung der Massenanziehung**

Vor 300 Jahren beschäftigte sich der englische Physiker *Isaac Newton* (1643–1727) mit der Frage, warum der Mond um die Erde kreist.

Nach 20jähriger Arbeit konnte er endlich die Antwort geben: Der Mond wird auf seine Umlaufbahn um die Erde gezwungen, weil er von der Erde *angezogen* wird.

Aber nicht nur die Erde übt eine Anziehungskraft auf den Mond aus; auch der Mond zieht die Erde an. Die Kräfte, die auf Erde und Mond wirken, sind *gleich groß* (Wechselwirkungsprinzip). Erde und Mond ziehen sich also *gegenseitig* an.

Auch die Planeten kreisen um die Sonne, weil sich die Sonne und die Planeten gegenseitig anziehen.

Die gegenseitige Anziehung von Körpern heißt **Massenanziehung** oder **Gravitation** (lat. *gravis:* schwer).

In seinem berühmten *Gravitationsgesetz* sagte Newton aus: Der Betrag der Anziehungskraft zwischen zwei Himmelskörpern hängt von den **Massen** der beiden Körper ab. Die Anziehungskraft ist um so größer, je größer die Massen der Körper sind (bei konstantem Abstand).

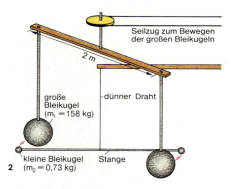

2

Newton nahm an, daß dieses Gesetz nicht auf Himmelskörper beschränkt ist. Auch alle anderen Körper, zum Beispiel zwei Bleikugeln, müßten sich demnach anziehen. Allerdings sind die Massen der Bleikugeln gegenüber den Massen von Mond oder Erde unvorstellbar klein. Daher wäre zu erwarten, daß auch die Anziehungskräfte zwischen den Bleikugeln sehr klein sind.

Diese Kräfte sind tatsächlich sehr klein, aber nicht unmeßbar klein. Als erstem gelang es vor rund 200 Jahren dem englischen Chemiker *Henry Cavendish* (1731–1810), sie zu messen. Bild 2 zeigt seinen Versuchsaufbau: Er befestigte zwei kleine Bleikugeln an einer Stange, die er (leicht drehbar) an einem Draht aufhängte. Diesen beiden Kugeln konnte er zwei große Bleikugeln nähern. Sobald er das tat, setzten sich die kleinen Kugeln langsam in Bewegung – und drehten sich in Richtung auf die großen Kugeln.

Cavendish stellte durch Messungen fest, wie stark sich der Bewegungszustand der kleinen Kugeln änderte. Daraus konnte er die Anziehungskraft bestimmen, die die große Bleikugel auf die kleine ausübte.

Nach diesem Versuch konnte man endgültig davon ausgehen, daß sich *alle* Körper gegenseitig anziehen.

Löst sich z. B. ein Apfel vom Baum, so fällt er herunter, weil die Erde ihn anzieht.

Aber auch der Apfel zieht die Erde an – mit einer *gleich großen* Kraft wie die Erde den Apfel. Wegen der riesigen Trägheit der Erde richtet diese Kraft jedoch bei der Erde nichts aus.

Als Ursache dafür, daß ein Apfel zu Boden fällt, hatten wir bisher die *Gewichtskraft* genannt. Wir wissen jetzt, daß diese Kraft auf die gegenseitige

Anziehung von Körpern zurückzuführen ist. Wie groß die Gewichtskraft ist, wird unter anderem durch die *Massen* der beiden Körper (Apfel und Erde) bestimmt.

Daß die Gewichtskraft z. B. auf dem Jupiter viel größer als auf der Erde ist, hängt mit der viel größeren Masse des Jupiters zusammen.

Der Betrag der Anziehungskraft zwischen zwei Körpern ist nicht nur von den Massen abhängig, sondern auch vom *Abstand* der Körper: Je weiter sie voneinander entfernt sind, desto kleiner ist die Anziehungskraft. (Genaugenommen ist unter *Abstand der Körper* die Entfernung ihrer „Mittelpunkte" zu verstehen.) Auch diese Gesetzmäßigkeit fand Newton heraus.

Wie sich demzufolge die Gewichtskraft auf einen Körper von 1 kg Masse in großer Höhe über der Erdoberfläche ändert, zeigt Bild 3.

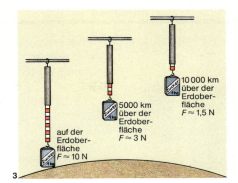
3

3 Wie man Massen mißt

Info: Balkenwaage – Kilogrammprototyp – Wägesatz

Die Masse eines Körpers gibt an, wie träge der Körper ist. Doch wie *mißt* man die Masse? Man könnte eine „Trägheitsmessung" durchführen; d. h., man müßte eine Kraft auf den Körper wirken lassen und messen, wie dadurch der Bewegungszustand des Körpers geändert wird. Eine solche Messung ist zwar möglich, aber ziemlich kompliziert.

Mit einer *Balkenwaage* (Bild 4) geht es viel einfacher: Eine Balkenwaage wird durch die Gewichtskräfte ausgelenkt, die auf die Gegenstände in den beiden Waagschalen wirken.

Wenn die Waage im Gleichgewicht ist, sind die Gewichtskräfte auf die Gegenstände *gleich*. Gleichheit der Gewichtskräfte bedeutet aber auch, daß die Massen der Gegenstände gleich sind, denn an jedem Ort sind ja Gewichtskraft und Masse zueinander proportional.

Wir können also sagen:

Die Massen zweier Körper sind gleich, wenn die Körper eine Balkenwaage ins Gleichgewicht bringen.

Eine Balkenwaage, die auf der Erde im Gleichgewicht ist, wäre auch auf dem Mond im Gleichgewicht (Bild 5). Die Gewichtskräfte auf die Körper in den Waagschalen wäre dort zwar kleiner, aber das würde für *beide* Seiten der Waage gelten.

Probleme gäbe es nur, wenn man die Balkenwaage an einen Ort brächte, an dem überhaupt keine Schwerkraft mehr wirkt. An einem solchen Ort, z. B. im Weltraum, weitab von allen Gestirnen, könnte man Massen nur durch „Trägheitsmessungen" bestimmen.

Zum Messen benötigen wir eine *Einheit*. Man hat sich international geeinigt, die Masse des in Bild 6 gezeigten Zylinders als Masseneinheit zu verwenden. Man nennt diesen Körper *Kilogrammprototyp*. Der Kilogrammprototyp hat annähernd die gleiche Masse wie 1 dm³ Wasser von 4 °C. Das ist kein Zufall, denn zunächst war das Kilogramm – nach einem Beschluß der französischen Nationalversammlung von 1791 – als die Masse festgelegt, die 1 dm³ Wasser hat.

Die Einheit der Masse ist 1 Kilogramm. Sie ist durch die Masse des Kilogrammprototyps festgelegt.

Der Zylinder von Bild 6 besteht aus den Metallen Platin und Iridium und wird im Internationalen Institut für Maße und Gewichte in Sèvres bei Paris aufbewahrt.

Die Bundesrepublik Deutschland besitzt – wie andere Staaten auch – eine Kopie des Kilogrammprototyps. Diese Kopie wird in der Physikalisch-Technischen Bundesanstalt (in Braunschweig) aufbewahrt.

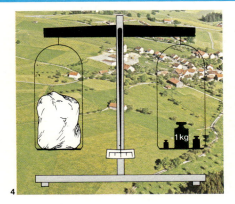
4

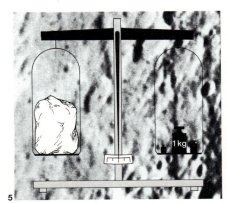
5

6

Um mit einer Balkenwaage messen zu können, benötigt man keine Skala, sondern einen Satz *Wägestücke*. Um z. B. ein 2-kg-Wägestück zu erhalten, muß man ein Wägestück herstellen, das die gleiche Masse hat wie zwei 1-kg-Stücke zusammen. 500-g-Wägestücke bekommt man, wenn man zwei Wägestücke gleicher Masse herstellt, die zusammen die gleiche Masse haben wie ein 1-kg-Stück ...

Bild 1 auf der folgenden Seite zeigt einen Wägesatz. Die Physikalisch-Technische Bundesanstalt verfügt über Wägesätze, die von 0,5 mg bis 2000 kg reichen.

Vielfache der Einheit erhält man durch die Festlegung:

Zwei, drei, vier ... Körper gleicher Masse haben zusammen die doppelte, dreifache, vierfache ... Masse wie der einzelne Körper.

Aufgaben

1 Bild 1 zeigt einen Wägesatz. Welche Wägestücke muß ein Wägesatz enthalten, mit dem alle ganzzahligen Massenwerte zwischen 1 g und 2000 g zusammengestellt werden können? (Der Wägesatz soll möglichst wenige Wägestücke enthalten.)

2 Zucker wird häufig in 1-kg-Packungen angeboten. Man könnte die Zuckerpackungen auch ein wenig größer machen und „10 N" auf die Packung schreiben.
Warum wäre das nicht sinnvoll?

3 Auch mit Hilfe einer Schraubenfeder kann man *Massen* bestimmen.

a) Wie läßt sich mit der Feder feststellen, welcher von zwei Körpern die größere Masse hat?

b) Was ist zusätzlich erforderlich, um die Massen der beiden Körper *messen* zu können? Wie würdest du bei der Messung vorgehen?

4 Wie kannst du mit einer Balkenwaage feststellen, auf welchen von zwei Gegenständen die größere *Gewichtskraft* wirkt?
Kannst du mit der Balkenwaage auch messen, wie groß die Gewichtskraft auf die beiden Körper ist? Begründe deine Antwort.

5 Auf dem Mond wird gemessen, daß eine Packung Zucker eine Masse von 5 kg hat. Eine andere Packung wird dort an einen Kraftmesser gehängt; er zeigt 25 N an. Welche Packung enthält mehr Zucker?
Wie würde die Antwort lauten, wenn sich die gleichen Meßergebnisse auf der Erde ergeben hätten?

6 Ein Raumschiff bewegt sich antriebslos durch das Weltall. Die Gegenstände in ihm scheinen völlig schwerelos zu sein. In dem Raumschiff befinden sich ein massiver Eisenzylinder und ein hohler Eisenzylinder. Äußerlich sehen beide völlig gleich aus.
Ein Astronaut nimmt in jede Hand einen der beiden Zylinder, schüttelt sie – und weiß sofort, welches der massive ist... Erkläre!

Info: Die gesetzlich festgelegte Krafteinheit – eine Ergänzung

Wir haben die Krafteinheit mit Hilfe der Gewichtskraft definiert (→ Kraft und Kraftmessung). Nach dieser Definition ist 1 N die Gewichtskraft, die auf den 9,81ten Teil von 1 l Wasser wirkt.

Wie wir jetzt aber wissen, ist die Gewichtskraft ortsabhängig. Unsere bisherige Festlegung der Krafteinheit kann also nicht überall im Weltall gelten, ja nicht einmal überall auf der Erde. Damit die Definition sinnvoll bleibt, muß der *Ort* angegeben werden, an dem gemessen werden soll.

Die Definition lautet dann: 1 N ist die Gewichtskraft, die *in Paris* auf den 9,81ten Teil von 1 l Wasser wirkt.

Sicherlich wunderst du dich über die merkwürdige Zahl 9,81 in dieser Definition. Mit dieser Zahl hat es folgendes auf sich:

Die Ortsabhängigkeit der Gewichtskraft hat die Physiker so gestört, daß sie die Krafteinheit unabhängig von der Gewichtskraft festgelegt haben. Diese Festlegung beruht darauf, daß durch eine Kraft die *Geschwindigkeit* von Körpern verändert werden kann. Wenn eine konstante Kraft auf einen Körper wirkt (und keine Reibungskräfte stören), nimmt seine Geschwindigkeit in jeder Sekunde um den gleichen Betrag zu (Bild 2 und Tabelle).

Die Geschwindigkeit könnte z. B. mit einem Tachometer gemessen werden. (Zum Beispiel bedeutet eine Tachometeranzeige von 2 m/s: Würde der Tachometer auf einer längeren Strecke ständig diesen Wert anzeigen, so würde der Körper in jeder Sekunde genau 2 m zurücklegen.)

Die geänderte Definition für die Krafteinheit lautet: *Wenn die Geschwindigkeit eines Körpers mit der Masse 1 kg in jeder Sekunde um genau $1\frac{m}{s}$ ansteigt, wirkt auf ihn eine Kraft von 1 N.* So ist die Krafteinheit auch seit 1970 im „Gesetz über Einheiten im Meßwesen" festgelegt.

Wenn man die so festgelegte Einheit Newton mit der Gewichtskraft auf den Kilogrammprototyp (oder auf 1 l Wasser) vergleicht, stellt man fest: Sie ist in Paris 9,81mal so groß wie 1 N; sie beträgt also 9,81 N.

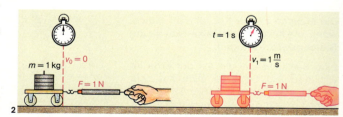

Änderung der Geschwindigkeit eines Körpers von 1 kg Masse bei einer Kraft von 1 N

Geschwindigkeit		Zunahme der Geschwindigkeit	
beim Start:	$0\frac{m}{s}$	in der 1. Sekunde:	$1\frac{m}{s}$
nach 1 s:	$1\frac{m}{s}$	in der 2. Sekunde:	$1\frac{m}{s}$
nach 2 s:	$2\frac{m}{s}$	in der 3. Sekunde:	$1\frac{m}{s}$
nach 3 s:	$3\frac{m}{s}$		

Trägheit und Massenanziehung

Alles klar?

1 Was würde passieren, wenn es keine Massenanziehung gäbe?

2 Wenn sich beim Holzhacken die Axt in einem schweren Holzscheit festkeilt, dreht man die Axt um und schlägt wie in Bild 3 zu.
Warum kann man das Holzscheit auf diese Weise spalten?

3 Auf einer Fahrt zum Mond wird die Gewichtskraft, die auf einen Körper wirkt, immer kleiner. In der Nähe des Mondes nimmt sie wieder zu.
Wie ist das zu erklären?

4 Aus einem Science-fiction-Film:
Auf dem Mond leben Menschen in einer Stadt unter einer riesigen luftgefüllten Glasglocke.

 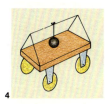

3   4

a) Man könnte dort viel höher springen als auf der Erde. Wären solche Sprünge gefährlicher als auf der Erde? Begründe!

b) Bei einem Verkehrsunfall in der Mondstadt prallt ein Auto gegen eine Mauer. Sind geringere Unfallfolgen zu erwarten als bei einem entsprechenden Unfall auf der Erde? Begründe!

5 An dem Drahtgestell, das an einem kleinen Wagen befestigt wurde, ist eine Metallkugel aufgehängt (Bild 4). Wie verhält sich die Kugel, ...
a) ... wenn der Wagen angestoßen wird?
b) ... wenn er sich gleichförmig bewegt?
c) ... wenn er auf ein Hindernis prallt?
d) ... wenn er nach rechts (nach links) in die Kurve geht?

6 „Bei einer Tafel Schokolade (100 g) mißt man eine Gewichtskraft von 1 N." Stimmt dieser Satz so?

7 Erkläre mit dem Begriff *Trägheit*, was bei einem Auffahrunfall geschieht.

8 „Auf Rücksitzen braucht man sich nicht anzuschnallen – dort kann man sich an den Vordersitzen abstützen!" Nimm zu dieser Ansicht Stellung.

Auf einen Blick

Trägheit und Masse

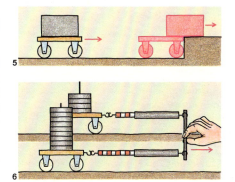

*Alle Körper sind **träge**.
Sie ändern ihren Bewegungszustand nur, wenn eine Kraft auf sie wirkt.*

Wenn ein Körper in Ruhe ist und auf ihn *keine Kraft* wirkt, bleibt er in Ruhe.
Wenn ein Körper in Bewegung ist und auf ihn *keine Kraft* wirkt, bewegt er sich mit konstanter Geschwindigkeit geradeaus weiter (Bild 5).

Verschiedene Körper können unterschiedlich träge sein. Das heißt:

Man braucht unterschiedlich große Kräfte, um den Bewegungszustand dieser Körper in gleicher Weise zu ändern (Bild 6).

Die Masse eines Körpers gibt an, wie träge er ist. Je träger der Körper ist, desto größer ist seine Masse.

Die Trägheit eines Körpers – und damit die Masse des Körpers – ist überall gleich:

Die Masse ist nicht ortsabhängig.

Die Gewichtskraft

Die Gewichtskraft beruht darauf, daß sich alle Körper gegenseitig anziehen (Gravitation oder Massenanziehung).

Der Betrag der Anziehungskraft zwischen zwei Körpern hängt unter anderem von ihren Massen ab:
Je größer die Massen sind, desto größer ist die Anziehungskraft, die die Körper aufeinander ausüben.
Auf ein und denselben Körper wirken an der Oberfläche der Erde und des Mondes unterschiedlich große Anziehungskräfte: Die Erde übt an ihrer Oberfläche eine sechsmal so große Anziehungskraft aus wie der Mond an seiner Oberfläche. Die Gewichtskraft auf den Körper ist auf der Erde also größer als auf dem Mond.

Die Gewichtskraft ist ortsabhängig.

Masse und Gewichtskraft

An einem bestimmten Ort haben zwei Gegenstände genau dann gleiche Massen, wenn auf sie gleich große Gewichtskräfte wirken.

Diese Tatsache macht man sich zunutze, wenn man Massen mit einer Balkenwaage mißt:
Man vergleicht die Gewichtskraft, die auf einen Gegenstand wirkt, mit der Gewichtskraft auf die Wägestücke. Ist die Waage im Gleichgewicht, so sind die Gewichtskräfte und damit auch die Massen gleich.

Die Einheit der Masse ist 1 kg (1 Kilogramm).
1 kg ist die Masse des Kilogrammprototyps.
1 kg = 1000 g.

7

Die Dichte

Die Dichte – eine Eigenschaft von Stoffen

Was ist an diesen Bildern so überraschend?

Wovon hängt die Masse von Körpern ab, die alle z. B. aus Eisen bestehen?

Info: Was versteht man unter Dichte?

Zwei massive Körper gleicher Abmessungen, die aus dem gleichen Stoff bestehen, besitzen die gleiche Masse. Beide Körper zusammen haben doppelt so viel Volumen und doppelt so viel Masse wie jeder der beiden Einzelkörper.

Vergleicht man mehrere Körper *aus ein und demselben Stoff*, so stellt man fest: *Die Masse der Körper ist proportional zu ihrem Volumen.*

In einem Masse-Volumen-Diagramm liegen die Punkte für Körper aus einem bestimmten Stoff auf einer Geraden durch den Ursprung (Bild 3).

Für Körper aus einem anderen Stoff erhält man im Diagramm ebenfalls eine Ursprungsgerade, aber eine andere als für den ersten Stoff.

Die Proportionalität von Masse und Volumen bedeutet auch, daß der Quotient aus Masse und Volumen konstant ist. **Der Quotient aus Masse und Volumen ist von Stoff zu Stoff verschieden; er ist also ein *Kennzeichen* des jeweiligen Stoffes. Man bezeichnet ihn als Dichte.**

Als Formelzeichen der Dichte dient der griechische Buchstabe ρ (rho).

$$\rho = \frac{m}{V}.$$

Aus dieser Definitionsgleichung ergibt sich als Einheit der Dichte $1\,\frac{kg}{m^3}$.

Wenn man diese Einheit verwendet, erhält man in vielen Fällen große Zahlenwerte. Daher gibt man die Dichte in Tabellen meist in $\frac{g}{cm^3}$ an.

$$1\,\frac{g}{cm^3} = 1000\,\frac{kg}{m^3}.$$

1. Beispiel:
10 cm³ Eisen haben eine Masse von 79 g, 40 cm³ haben eine Masse von 316 g, und 100 cm³ haben eine Masse von 790 g. Der Quotient von Masse und Volumen beträgt in allen drei Fällen $7{,}9\,\frac{g}{cm^3}$.

Diese Größe ist kennzeichnend für den Stoff Eisen. Sie gibt die Dichte von Eisen an. Man kann daraus unmittelbar ablesen, daß 1 cm³ Eisen eine Masse von 7,9 g hat.

2. Beispiel:
10 cm³ Gold haben eine Masse von 193 g. 60 cm³ haben eine Masse von 1158 g. Als Quotient von Masse und Volumen ergibt sich in beiden Fällen $19{,}3\,\frac{g}{cm^3}$.

Dies ist die Dichte von Gold. 1 cm³ Gold hat also eine Masse von 19,3 g.

Eine Tabelle mit der Dichte verschiedener Stoffe findest du im Anhang.

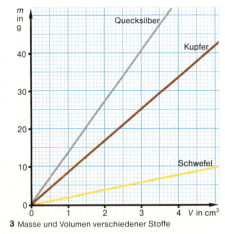

3 Masse und Volumen verschiedener Stoffe

1. Musteraufgabe:
Welches Volumen hat 1 kg Gold?
Lösung:

Ausgangsgleichung: $\rho = \frac{m}{V}$

Umformen: $V = \frac{m}{\rho}$

Einsetzen: $V = \frac{1\,kg}{19{,}3\,\frac{g}{cm^3}}$

Einheiten angleichen: $V = \frac{1000\,g \cdot cm^3}{19{,}3\,g}$

Ausrechnen: $V = 51{,}8\,cm^3$

Ergebnissatz: 1 kg Gold hat ein Volumen von 51,8 cm³.

2. Musteraufgabe:
Ein massiver Körper hat eine Masse von 9,45 kg und ein Volumen von 3,5 l. Aus welchem Stoff könnte er bestehen?
Lösung:
Zunächst wird die Dichte berechnet.

Ausgangsgleichung: $\rho = \frac{m}{V}$

Einsetzen: $\rho = \frac{9{,}45\,kg}{3{,}5\,l}$

Ausrechnen: $\rho = 2{,}7\,\frac{kg}{l}$

Einheit umrechnen: $\rho = 2{,}7\,\frac{g}{cm^3}$

Ergebnissatz: Der gesuchte Stoff hat eine Dichte von $2{,}7\,\frac{g}{cm^3}$. In der Tabelle im Anhang ist als einziger Stoff mit dieser Dichte Aluminium angegeben. Vermutlich handelt es sich also bei dem gesuchten Stoff um Aluminium.

V 1 Bestimme die Dichte eines quaderförmigen Körpers.

a) Ermittle zunächst die Masse des Quaders mit einer Balkenwaage. Miß dann Länge, Breite und Höhe des Quaders (z. B. mit einer Schieblehre), und berechne daraus das Volumen.

b) Aus welchem Material könnte der Quader bestehen?

V 2 Das Volumen einer Schraube aus Eisen soll auf zweierlei Weise bestimmt werden.

a) Miß die Masse der Schraube.
Die Dichte von Eisen findest du in der Tabelle im Anhang. Berechne das Volumen.

b) Wie kannst du das Volumen der Schraube direkt bestimmen? Überlege dir ein geeignetes Verfahren, und führe die Messung aus.

c) Vergleiche deine Ergebnisse. Welches Verfahren liefert die genaueren Werte? Wo stecken Fehlerquellen?

V 3 Jetzt geht es um die Dichte von Flüssigkeiten.

a) Bestimme die Dichte einer konzentrierten Kochsalzlösung (oder Zuckerlösung). Plane zunächst die Versuchsdurchführung.

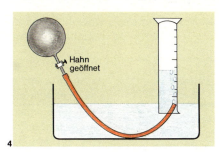

4

b) Vergleiche die Dichte der Lösung mit der Dichte von Wasser.

V 4 In diesem Versuch soll die Dichte der Luft bestimmt werden.

a) Wir benötigen eine Hohlkugel, deren Masse wir zunächst bestimmen. Nachdem zusätzlich Luft in den Kolben gepumpt wurde, wird die Masse erneut gemessen.
Berechne die Masse der hineingepumpten Luft.

b) Bild 4 zeigt, wie das Volumen ermittelt wird, das die hineingepumpte Luft normalerweise einnimmt. Beschreibe, wie man vorgehen muß.

c) Berechne die Dichte der Luft.

Aufgaben

1 Der Quader, den der Junge in Bild 1 hochstemmt, ist 1 m lang, 50 cm hoch und 50 cm breit. Er besteht aus Styropor ($\rho = 0{,}015 \frac{g}{cm^3}$).
Berechne die Masse des Quaders und die zum Hochhalten nötige Kraft.

2 Die Dichte von Gestein beträgt etwa $2{,}5 \frac{g}{cm^3}$. Der Stein von Bild 2 hat ein Volumen von rund 7 l.

a) Bestätige durch eine Rechnung, daß ein Schüler diesen Stein noch anheben kann.
Gib Masse und Gewichtskraft an.

b) Könntest du einen Goldklumpen tragen, dessen Volumen 7 l beträgt?

3 Warum ist in der Dichtetabelle im Anhang für Holz nur ein ungefährer Wert angegeben?

4 In Banken kann man 1-kg-Barren Gold kaufen.

a) Welches Volumen hat ein Barren?

b) Berechne auch das Volumen eines 1-kg-Barrens aus Eisen, Kupfer und Aluminium.

5 Bei bestimmten Käsesorten wäre es strenggenommen nicht sinnvoll, eine Dichte anzugeben. Begründe!

6 Ein Klassenzimmer ist 9,50 m lang, 7 m breit und 3,50 m hoch.
Berechne die Masse der Luft in diesem Raum.

7 Der Tank eines Autos faßt genau 47 l Benzin. Um wieviel nimmt die Masse des Autos zu, wenn der leere Tank gefüllt wird?

8 Auf den beiden Waagschalen einer Balkenwaage befinden sich zwei gleichartige Bechergläser. Ein Glas ist mit 100 cm³ Wasser gefüllt. In das andere Glas wird Spiritus eingefüllt, bis die Waage im Gleichgewicht ist.
Welches Volumen muß der Spiritus im Glas haben?

9 Was kannst du über Masse und Volumen der beiden Körper aussagen, die auf den Waagschalen von Bild 5 liegen?

10 Der eine Körper in Bild 5 ist ein Aluminiumwürfel, der andere ein Silberwürfel.
Welches ist der Aluminium- und welches der Silberwürfel?

11 In welchem der Meßzylinder von Bild 6 befindet sich die Flüssigkeit mit der größeren Masse?

12 „Manfred ist schwerer als Katja." „Eisen ist schwerer als Glas."
Vergleiche beide Sätze, und erkläre, von welcher physikalischen Größe jeweils die Rede ist.

13 Zwei Plastilinkugeln haben gleich große Massen. In einer ist jedoch ein kleiner Holzklotz verborgen.
Wie kann man diese Kugel herausfinden, ohne sie zu zerstören?

14 Ulrike besitzt ein Armband. Es glänzt wie Silber. Wie könnte sie herausbekommen, ob es vielleicht aus reinem Silber besteht?

Reibung und Verkehrssicherheit

Reibung ist wichtig!

Micha kriegt die Kurve. Die Reifen seines Mofas haften auf der Fahrbahn.

Obwohl Micha mit gleicher Geschwindigkeit gefahren ist, haben die Reifen diesmal die Haftung verloren...

V 1 Wie gut haftet ein Reifen auf der Fahrbahn?

a) Bild 3 zeigt, wie du die „Haftung" messen kannst: Ziehe am Reifen erst vorsichtig und dann immer stärker (nicht ruckartig). Welchen Höchstwert erreicht die Zugkraft, unmittelbar bevor der Reifen wegrutscht?

b) Untersuche die Haftung möglichst auf verschiedenen Unterlagen (z. B. Rasen, Asphalt, ...).

c) Die auf den Reifen wirkende Kraft, die ihn am Wegrutschen hindert, wird *Haftreibungskraft* $\vec{F}_{Haft}$ genannt. Vergleiche Betrag und Richtung dieser Kraft mit Betrag und Richtung der Zugkraft.
Welchen maximalen Betrag $F_{Haft,m}$ hatte die Haftreibungskraft in den Versuchsteilen a und b?

V 2 Die senkrecht zur Fahrbahn wirkende Kraft, die den Reifen auf die Straße preßt, heißt *Anpreßkraft* $\vec{F}_N$ (oder *Normalkraft*). Wir untersuchen, wie Reibungskräfte von der Anpreßkraft und von der Art der Unterlage abhängen. Lege eine Tabelle nach folgendem Muster an:

Unterlage	F_N in N	$F_{Haft,m}$ in N	F_{Gleit} in N	μ_{Haft}	μ_{Gleit}
Tischplatte	?	?	?	?	?

a) Du benötigst ein Stück Fahrradreifen, ein Wägestück und einen Kraftmesser (Bild 4).
Bestimme, wie groß die *maximale Haftreibungskraft* für einen Reifen auf einer Tischplatte ist: Erhöhe wieder allmählich die Zugkraft, und lies ihren Höchstwert ($F_{Haft,m}$) ab, unmittelbar bevor sich der Reifen in Bewegung setzt. Wie groß ist die Anpreßkraft?

b) Auch wenn du das Reifenstück mit konstanter Geschwindigkeit langsam über eine Unterlage ziehst, wirkt eine Reibungskraft auf den Reifen. Man bezeichnet sie als *Gleitreibungskraft* $\vec{F}_{Gleit}$. Miß, wie groß diese Kraft ist, wenn du den Reifen über die Tischplatte ziehst.

c) Verändere jetzt die Anpreßkraft, indem du verschiedene Wägestücke auflegst. Miß zu jeder Anpreßkraft die maximale Haftreibungskraft und die Gleitreibungskraft.

d) Wiederhole den Versuch für andere Unterlagen. Verwende auch eine Stück von einem alten Reifen mit abgefahrenem Profil.

e) Berechne die *Haftreibungszahl* μ_{Haft} und die *Gleitreibungszahl* μ_{Gleit}:

$$\mu_{Haft} = \frac{F_{Haft,m}}{F_N} \text{ und } \mu_{Gleit} = \frac{F_{Gleit}}{F_N}.$$

Vergleiche für die verschiedenen Reibungspartner Haft- und Gleitreibungszahlen.

V 3 Hängen die Reibungskräfte von der Größe der *Auflagefläche* ab?
Lege den Holzklotz nacheinander auf seine verschieden großen Seitenflächen, und ziehe ihn jeweils mit einem Kraftmesser über die Tischplatte. Miß dabei die maximale Haftreibungskraft und die Gleitreibungskraft.

V 4 Die Reibungskräfte lassen sich auch messen, indem man die *Unterlage* unter dem Gegenstand wegzieht. (Bild 5). Wiederhole V 3 nach dieser Methode mit Schleifpapier, Papier oder einem Gummistreifen als Unterlage.

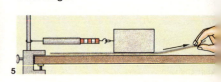

V 5 Wir untersuchen die Abhängigkeit der Gleitreibungskraft von der *Geschwindigkeit*.

Bild 6 zeigt den Versuchsaufbau. Bei diesem Gerät wird der Gummistreifen mit unterschiedlichen Geschwindigkeiten bewegt. Dabei mißt man die jeweilige Gleitreibungskraft. Was stellst du fest?

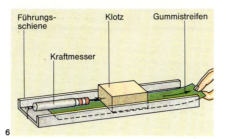

6

V 6 Man kann statt des Gerätes von Bild 6 auch eine Lok der Spurweite 45 mm verwenden. Sie wird mit einem Kraftmesser gehalten, während mit dem Trafo die Drehzahl der Räder verändert wird. Hängt die auf die Lok wirkende Reibungskraft von der Geschwindigkeit ab, mit der die Räder über die Schiene rutschen?

Info: Verschiedene Reibungsarten

○ *Haftreibung und Gleitreibung*

Wenn man einen Schrank verrücken will, muß man kräftig ziehen oder schieben, damit er sich von der Stelle bewegt.

Ist die Zugkraft nicht groß genug, bleibt er stehen: Er *haftet* auf dem Fußboden. Sein Bewegungszustand ändert sich nicht – er ist also im Kräftegleichgewicht. Das ist nur möglich, wenn außer der Zugkraft noch eine weitere Kraft auf den Schrank wirkt. Sie wird vom Fußboden ausgeübt.

Wenn ein Gegenstand auf einer Unterlage haftet, übt die Unterlage eine Kraft auf ihn aus. Diese Kraft ist der Zugkraft entgegen gerichtet; sie wird Haftreibungskraft $\vec{F}_{Haft}$ genannt (Bild 7).

Die Haftreibungskraft ist immer *genauso groß* wie die (parallel zur Unterlage wirkende) Zugkraft. Mit der Zugkraft wird auch die Haftreibungskraft größer.

Überschreitet jedoch die Zugkraft einen bestimmten Wert, so setzt sich der Schrank in Bewegung. Für die Haftreibungskraft gibt es also einen Höchstwert (*maximale Haftreibungskraft*, $F_{Haft,m}$). Er ist erreicht, wenn die Zugkraft so groß ist, daß sich der Körper gerade noch nicht in Bewegung setzt.

Ist der Schrank einmal in Bewegung, muß man weiterhin eine Kraft ausüben, um ihn in Bewegung zu halten – obwohl man weder seine Geschwindigkeit noch seine Bewegungsrichtung ändern will!

Die Zugkraft wird wieder gebraucht, um ein Kräftegleichgewicht herzustellen: Auf den Schrank wirkt nämlich außer der Zugkraft noch eine Reibungskraft; sie ist der Bewegung entgegengerichtet.

Die Reibungskraft, die auftritt, wenn ein Körper über eine Unterlage gleitet, heißt Gleitreibungskraft $\vec{F}_{Gleit}$ (Bild 8).

Wenn man ihren Betrag bestimmen will, läßt man den Körper mit konstanter Geschwindigkeit über die Unterlage gleiten. Die gemessene Zugkraft ist dann genauso groß wie die Gleitreibungskraft. Diese hängt *nicht von der Geschwindigkeit ab*.

○ *Wie kommt es zur Reibung?*

Die Oberfläche eines Körpers ist nie vollkommen glatt, immer gibt es kleinste Un-

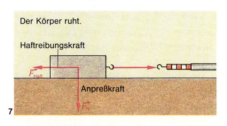

7

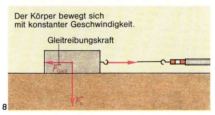

8

ebenheiten. Man kann sich nun vorstellen, daß sich die Oberflächen zweier Körper ineinander „verhaken", wenn die Körper gegeneinander gepreßt werden.

Wie stark sich ein Körper mit seiner Unterlage verhakt, hängt davon ab, wie die Oberflächen der beiden Körper beschaffen sind und wie stark der Körper auf seine Unterlage gepreßt wird.

Die maximale Haftreibungskraft und die Gleitreibungskraft hängen daher vom Betrag der *Anpreßkraft* $\vec{F}_N$ (*Normalkraft*) ab, die senkrecht zur Unterlage wirkt.

○ *Reibungszahlen*

Preßt man einen Körper mit unterschiedlichen Kräften auf eine Unterlage und mißt die Reibungskräfte, stellt man fest:

Sowohl $F_{Haft,m}$ als auch F_{Gleit} sind proportional zu F_N. Das heißt, die Quotienten aus den Beträgen von Reibungskraft und zugehöriger Anpreßkraft sind konstant. Man bezeichnet sie als **Haftreibungszahl** bzw. **Gleitreibungszahl**.

$$\mu_{Haft} = \frac{F_{Haft,m}}{F_N} \quad \text{bzw.} \quad \mu_{Gleit} = \frac{F_{Gleit}}{F_N}$$

Beispiel: Beträgt die maximale Haftreibungskraft eines Holzklotzes auf einer Tischplatte 1,8 N und die Anpreßkraft (Gewichtskraft) 4 N, so ergibt sich:

$$\mu_{Haft} = \frac{1,8\ N}{4\ N} = 0,45.$$

○ *Einige Reibungszahlen*

Reibungspartner	Reibungszahlen	
	μ_{Haft}	μ_{Gleit}
Holz auf Stein	0,70	0,30
Holz auf Holz	0,50	0,30
Stahl auf Stahl	0,15	0,12
Stahl auf Stahl (geschmiert)	0,10	0,05
Stahl auf Eis	0,03	0,01
Autoreifen auf...		
...trockenem Asphalt	1,0*	0,9
...nassem Asphalt	0,8	0,6
...vereistem Asphalt	0,2**	0,1***
M- und S-Reifen auf Eis	0,4	0,16

* $\mu_{Haft} = 1,0$ bedeutet: Die Haftreibungskraft auf jeden Reifen ist genauso groß wie die Anpreßkraft. Die Reifen haben eine gute Haftung. Das Auto läßt sich gut lenken und sicher bremsen.

** $\mu_{Haft} = 0,2$ bedeutet: Die Haftreibungskraft ist jetzt fünfmal kleiner als die Anpreßkraft. Der Bremsweg wird entsprechend länger.

*** $\mu_{Gleit} = 0,1$ bedeutet: Die Reibungskräfte verringern sich nochmals um 50%. Das geschieht, wenn die Räder beim Bremsen blockieren und die Reifen nur noch rutschen oder wenn die Räder beim Anfahren durchdrehen.

○ *Weitere Reibungsarten*

Haft- und Gleitreibungskräfte beim Verrücken eines Schrankes lassen sich vermeiden, wenn man den Schrank auf sogenannte Möbelrollen setzt. Beim Schieben ist dann nur noch die wesentlich kleinere **Rollreibungskraft** zu überwinden.

Die Rollreibungskraft hängt vom Material der Räder und von der Unterlage ab, aber auch vom Durchmesser der Räder. Die Rollreibungskraft ist um so geringer, je härter Rad und Unterlage sind und je größer der Durchmesser der Räder ist.

Reibung gibt es nicht nur zwischen festen Körpern. Reibung tritt auch auf, wenn feste Körper *in Gasen oder Flüssigkeiten* bewegt werden (z. B. beim Radfahren oder beim Schwimmen).

Dann gelten aber andere Gesetze als bei festen Körpern. Insbesondere sind in diesen Fällen die Reibungskräfte von der Geschwindigkeit abhängig.

Aufgaben

1 Ein Schrank (80 kg) aus Holz soll auf einem Steinfußboden verrückt werden. Welche Zugkraft ist erforderlich, damit sich der Schrank in Bewegung setzt? Wie groß muß die Zugkraft sein, wenn er in Bewegung gekommen ist?

2 Carsten zieht seine Schwester (30 kg) auf einem Schlitten (8 kg) mit Stahlkufen über einen zugefrorenen See. Wie groß muß die Zugkraft während der Fahrt mindestens sein?

3 Um die Reibung zwischen festen Körpern zu verringern, kann man Flüssigkeiten als Schmiermittel benutzen. Nenne dafür einige Beispiele.
Auch Wasser kann ein Schmiermittel sein, z. B. zwischen den Reifen und der Straße. Weshalb ist dieses „Schmiermittel" unerwünscht?

4 Erläutere mit Hilfe des Begriffes *Reibung*, warum Micha mit seinem Mofa gestürzt ist (Bild 2 der vorigen Doppelseite).

5 Ein Fahrrad wird mit der Felgenbremse abgebremst.
Welche Art von Reibung tritt an der Bremse auf? Warum läßt die Bremswirkung bei Regen nach?

6 Damit man nicht ausrutscht, muß die maximale Haftreibungskraft zwischen Schuhsohlen und Fußboden ausreichend groß sein.
Unter welchen Umständen ist die maximale Haftreibungskraft klein? Wie kann man die maximale Haftreibungskraft vergrößern?

7 Eine Holzkiste (F_G = 600 N) wird auf einer Steinrampe hochgeschoben. Die Rampe ist um 30° gegen die Erdoberfläche geneigt.
Wie groß ist die Anpreßkraft? Bestimme die Gleitreibungskraft. Welche Zugkraft ist erforderlich?

8 Zwischen Rad und Achse werden heutzutage Kugellager eingebaut (Bild 1). Welchen Vorteil haben sie?

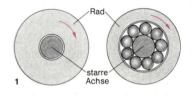

1

Aus der Geschichte: Vom Schlitten zum Rad

Vor 4000 Jahren in Ägypten, dem Reich der Pharaonen: Handwerker haben gerade eine Statue vollendet. Sie ist acht Meter hoch und wiegt 60 Tonnen. Nun muß sie vom Steinbruch zu ihrem Aufstellungsort gebracht werden – 40 km quer durch die Wüste.

Keine leichte Aufgabe! Trotzdem schaffen es die Ägypter – mit dem ältesten „Fahrzeug" der Menschheit, dem **Schlitten**. (Schlitten werden schon seit ca. 7000 Jahren benutzt.) Der hölzerne Schlitten, auf dem die Statue festgebunden ist, wird von 172 Männern an vier Seilen gezogen (Bild 2). Vorn auf dem Schlitten steht ein Mann und gießt Wasser vor die Kufen, um die Gleitreibung zu verringern und das Kufenholz zu kühlen.

Auch die Assyrer transportierten schwere Lasten auf Schlitten, wie dieses Relief aus dem Zweistromland zwischen Euphrat und Tigris zeigt (Bild 3). Hier erleichterte man sich das Ziehen, indem Sklaven Rundhölzer (Baumstämme) vor den Schlitten legten; auf diesen **Walzen** rollte der Schlitten weiter.

Damals kannte man auch schon **Wagenräder**, die aus rollenden Baumstämmen entwickelt wurden. Sie eigneten sich aber nur zum Transport von geringen Lasten.

Die Rundhölzer lagen *quer* zu den Schlittenkufen. Räumliche Darstellungen (so wie *wir* sie kennen) waren damals unbekannt; heute hat man daher den Eindruck, das Bild sei falsch.

Aus Umwelt und Technik: **Auf die Haftreibung kommt es an!**

Auf einer vereisten, spiegelglatten Fahrbahn kann man ein Auto praktisch nicht bremsen. Auch das Anfahren bei Glatteis ist fast unmöglich. Gute Bremsen und ein „starker" Motor allein reichen also nicht aus, um den Bewegungszustand eines Autos zu ändern. Auch Fahrbahn und Reifen spielen eine wichtige Rolle.

Damit möglichst große Antriebs- oder Bremskräfte auf das Auto wirken können, müssen die Reifen auf der Fahrbahn *haften*.

Der **Antrieb** auf das Auto kommt so zustande: Der Motor bewirkt, daß die Räder eine *nach hinten* gerichtete Kraft auf die Fahrbahn ausüben. Daß diese Kraft nach hinten gerichtet ist, erkennt man, wenn Steinchen auf der Straße liegen: Sie werden nach hinten geschleudert. Die Folge ist, daß auf die Räder (und damit auf das Auto) eine *nach vorne* gerichtete *Haftreibungskraft* wirkt. Sie wird von der Fahrbahn ausgeübt und ist genauso groß wie die nach hinten gerichtete Kraft auf die Fahrbahn. (Daß eine solche Kraft auftreten muß, folgt auch aus dem *Wechselwirkungsprinzip*.)

Wenn man mehr Gas gibt, wird die Kraft der Antriebsräder auf die Straße größer – und damit auch die Antriebskraft auf das Auto. Gibt man zuviel Gas, drehen die Räder durch. Sie gleiten dann über die Fahrbahn und auf das Auto wirkt plötzlich nur noch die viel kleinere *Gleitreibungskraft*.

Die Antriebskraft, die auf ein Fahrzeug wirkt, kann nie größer sein als die maximale Haftreibungskraft. Diese Kraft bestimmt also zum Beispiel, wie schnell man anfahren kann.

Ganz ähnlich ist es beim **Bremsen** eines Autos.

Bild 4 zeigt die *Scheibenbremse* eines Autos: Zusammen mit dem Rad dreht sich die *Bremsscheibe*. Während des Bremsens werden von beiden Seiten die *Bremsbeläge* gegen die laufende Scheibe gepreßt. Auf die sich drehende Scheibe (und damit auf das Rad) wirkt eine *Gleitreibungskraft*, die die Drehbewegung hemmt.

Die Folge ist: Die Räder üben eine *nach vorne* gerichtete Kraft auf die Straße aus – und die Straße eine *nach hinten* gerichtete **Haftreibungskraft** auf das Auto.

Tritt man zu stark auf die Bremse, so blockieren die Räder. Die Kraft, die die Straße auf das Auto ausübt, läßt schlagartig nach, da jetzt nur noch *Gleitreibung* auftritt.

Wie stark ein Fahrzeug höchstens abgebremst werden kann, wird also ebenfalls durch die maximale *Haftreibungskraft* bestimmt.

Auch beim **Kurvenfahren** muß die Straße eine Kraft auf das Fahrzeug ausüben. Die *Bewegungsrichtung* eines Körpers ändert sich ja nur, wenn eine Kraft auf ihn wirkt. Je schneller man durch die Kurve fährt, desto größer ist die benötigte Kraft.

Auch diese Kraft kann nicht größer sein als die maximale Haftreibungskraft. Fährt man zu schnell, landet man unweigerlich im Straßengraben.

Gefährlich ist es auch, wenn man in Kurven bremst oder Gas gibt. Die Haftreibungskraft ist ja bereits erforderlich, um das Auto in die Kurve zu zwingen. Werden durch Bremsen oder Gasgeben zusätzliche Kräfte nötig, besteht die Gefahr, daß die maximale Haftreibungskraft überschritten wird. Die dann wirksame Gleitreibung reicht nicht aus, um den Wagen in der Spur zu halten; das Auto rutscht geradeaus weiter.

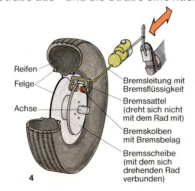

4 Reifen / Felge / Achse / Bremsleitung mit Bremsflüssigkeit / Bremssattel (dreht sich nicht mit dem Rad mit) / Bremskolben mit Bremsbelag / Bremsscheibe (mit dem sich drehenden Rad verbunden)

Aus Umwelt und Technik: **ABS als „Notbremse"**

Ein Alptraum für Autofahrer: Im Dunkeln steht plötzlich ein Hindernis auf der Straße. Was tun? Bremsen *und* lenken? Ob das Auto das mitmacht?

Bild 5 zeigt dazu einen Test: Am Stoppschild haben beide Fahrer mit einer Vollbremsung begonnen. Die Fahrbahn ist naß. Beide versuchen, ihr Auto um das Hindernis herumzulenken. Das linke Auto fährt aber trotz eingeschlagener Lenkung geradeaus. Seine Räder blockieren...

Das Blockieren der Räder beim Bremsen kann böse Folgen haben:
○ Das Auto läßt sich nicht lenken.
○ Der Bremsweg wird länger.
○ Die Reifen werden zerstört.

Das rechte Auto hingegen läßt sich gleichzeitig bremsen *und* lenken, weil seine Räder nicht blockieren. Dieses Auto ist nämlich mit einem ABS (Anti-Blockier-System) ausgestattet.

Beim ABS werden die Drehzahlen der Räder ständig gemessen und an einen Bordcomputer gemeldet. Sinkt die Drehzahl eines Rades beim Bremsen zu schnell, stellt der Computer Blockiergefahr fest. Sofort wird die Scheibenbremse des Rades etwas gelöst, das Rad dreht sich schneller – und wird erneut stärker gebremst.

Dieses Wechselspiel läuft bis zu 10mal je Sekunde ab.

Übrigens sind Autos mit ABS genauso oft wie andere in Unfälle verwickelt. Die Fahrer glauben, auch in schwierigen Situationen bremsen zu können – und fahren riskanter. Zusätzliche Sicherheit bringt das ABS nur, wenn man so vorsichtig fährt, als wäre es nicht vorhanden.

5

Aus Umwelt und Technik: **Reifenprofil und Verkehrssicherheit**

An einen Autoreifen (Bild 1) werden heutzutage vielfältige Anforderungen gestellt. Er soll

○ weitgehend die Unebenheiten der Fahrbahn „schlucken" und zu einer weichen Federung beitragen;
○ Antriebs-, Brems- und Lenkkräfte möglichst gut übertragen;
○ gut auf der Straße haften, besonders in Kurven;
○ auch bei Nässe, Matsch und Schnee Sicherheit bieten;
○ beim Fahren möglichst leise sein und sich nur wenig erwärmen;
○ wenig kosten und lange halten; d.h., er soll sich nur langsam abnutzen und darf nicht platzen.

Damit Reifen stets verkehrssicher sind, muß man auf **Reifendruck** und **Reifenprofil** achten. So ist z.B. für jedes Fahrzeug vorgeschrieben, wie groß der Luftdruck im Reifen sein muß. Ist der Druck höher, so ist die Standfläche des Reifens auf der Straße (die sogenannte *Aufstandsfläche*) kleiner als bei vorgeschriebenem Druck.

Eine möglichst große Standfläche ist aber wichtig: In Versuch 3 konntest du zwar feststellen, daß die Reibungskraft *nicht* von der Größe der reibenden Fläche abhängt. Dies gilt jedoch nur für starre, feste Körper (z.B. für einen Holzklotz), nicht aber für Reifen. Der biegsame, weiche Reifengummi „klebt" nämlich um so besser auf der Straße, je größer die Standfläche ist. Dies ist übrigens auch der Grund, weshalb Reifen von Rennwagen oft gar keine Profilrillen besitzen.

Profillose Reifen sind aber nur für trockene Straßen geeignet. Damit nämlich ein Auto auch bei Regen sicher zu lenken und zu bremsen ist, muß das Wasser zwischen Reifen und Fahrbahn nach außen abgeleitet werden. Diese wichtige Aufgabe übernehmen die **Profilrillen**.

Besonders gefährlich wird es, wenn Wasser in riesigen Pfützen auf der Fahrbahn steht. Fährt dann ein Auto zu *schnell* oder mit *zu wenig Reifenprofil*, so bildet sich zwischen den Reifen und der Fahrbahn ein Wasserkeil (Bild 2). Das Auto schwimmt sozusagen auf einer Wasserschicht und läßt sich weder bremsen noch lenken! Man nennt diesen äußerst gefährlichen Zustand **Aquaplaning** (oder *Wasserglätte*).

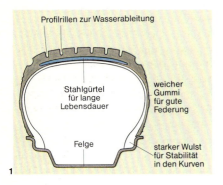

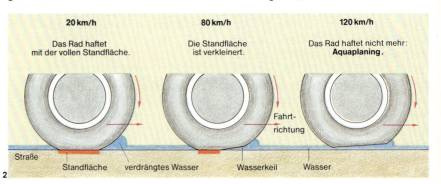

Fragen und Aufgaben zum Text

1 Bis 1975 waren in der Bundesrepublik Deutschland Winterreifen mit Stahlnägeln (*Spikes*) erlaubt. Welchen Vorteil hatten sie? Weshalb wurden sie verboten?

2 Reifen von Kraftfahrzeugen (auch von Mofas und Mopeds) müssen Profilrillen haben, die an jeder Stelle der Lauffläche mindestens 1 mm tief sind. Sonst darf das Fahrzeug nicht benutzt werden. (Fachleute empfehlen sogar, die Reifen nur bis auf 3 mm Profiltiefe abzufahren.) Warum ist ein gutes Reifenprofil so wichtig?

3 Ist bei niedrigem Luftdruck im Reifen die Haftung auf der Straße besser? (Sieh dir dazu Bild 3 an.)

4 Reifen für Rennwagen werden aus einem besonders „klebrigen" Gummi hergestellt. Oft haben sie gar keine Profilrillen. Nenne Vor- und Nachteile solcher Rennreifen.

5 Was ist *Aquaplaning*? Wann tritt es auf? Wie läßt es sich vermeiden?

6 Weshalb sind diese Fahrbahnoberflächen (Bilder 4–7) besonders für Mofa- und Motorradfahrer gefährlich? Gib eine physikalische Begründung an.

Reibung und Verkehrssicherheit

Alles klar?

1 Manchmal ist Reibung unerwünscht, dann sollen die Reibungskräfte möglichst klein sein. Bei anderen Gelegenheiten wünscht man sich recht große Reibungskräfte. Suche Beispiele für „erwünschte" und „unerwünschte" Reibung.

2 „Ohne Reibung hielte kein Nagel in der Wand." Was meinst du dazu?
Welche Rolle spielt die Reibung bei Dübeln und Schrauben?

3 Ist beim Anreißen eines Streichholzes Haftreibung oder Gleitreibung wichtig?

4 Wenn ein Auto aus einer Waschanlage kommt, kann die Wirkung der Bremsen verringert sein. Weshalb?

5 Schiffsrümpfe werden regelmäßig von Bewuchs (Algen, Seepocken, Muscheln) gesäubert.
Welchen Sinn hat diese zeitaufwendige und kostspielige Arbeit?

6 Warum kann man mit Kreide nicht auf einer Fensterscheibe schreiben?

7 „Wer gut schmiert, der gut fährt."
Erläutere den physikalischen Hintergrund für dieses Sprichwort.

8 Das Anfahren eines Autos bei Glatteis geht oft nur mit einem Trick: Jemand setzt sich hinten auf die Kofferraumklappe (bei Hinterradantrieb).
Erkläre diesen Trick.

9 Ein Auto wird mit angezogener Handbremse auf einer waagerecht verlaufenden Straße geparkt.
Was läßt sich über den Betrag der Haftreibungskraft auf das Auto aussagen?

10 Elektrolokomotiven, die für Güterzüge verwendet werden, sind besonders schwer. Auf eine solche Lokomotive wirkt z. B. eine Gewichtskraft von 840 000 N.
Diese große Gewichtskraft ist unter anderem beim Anfahren eines langen Zuges von Vorteil. Erkläre!

11 Die Rollreibung eines Eisenbahnrades ist erheblich geringer als die eines Autoreifens.
Wie ist das wohl zu erklären?

Auf einen Blick

Haftreibung

Obwohl an einem Körper gezogen wird, bleibt er auf der Unterlage liegen; er haftet. Es wirkt also eine Kraft, die der Zugkraft entgegengerichtet ist. Diese Kraft bezeichnet man als **Haftreibungskraft**.

Für die Haftreibungskraft gibt es einen Höchstwert (*maximale Haftreibungskraft*). Überschreitet die Zugkraft diesen Wert, setzt sich der Körper in Bewegung.

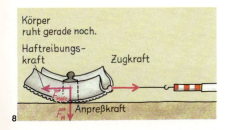

Gleitreibung

Auch wenn ein Körper auf seiner Unterlage gleitet, wirkt eine bremsende Kraft: die **Gleitreibungskraft**.

Zieht man den Körper mit gleichbleibender Geschwindigkeit über die Unterlage, so ist die gemessene Zugkraft genauso groß wie die Gleitreibungskraft.

Die Gleitreibungskraft ist immer *kleiner* als die entsprechende Haftreibungskraft.

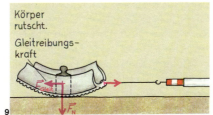

$F_{\text{Haft, m}} > F_{\text{Gleit}} > F_{\text{Roll}}.$

Rollreibung

Wenn man einige Stifte als Walzen unter einen Holzklotz legt, muß man nur eine geringe Kraft aufwenden, um den Holzklotz über seine Unterlage zu ziehen. Die bremsende Gegenkraft, die hierbei auftritt, bezeichnet man als **Rollreibungskraft**.

Im allgemeinen ist die Rollreibungskraft erheblich kleiner als die Gleitreibungskraft (und damit auch kleiner als die Haftreibungskraft).

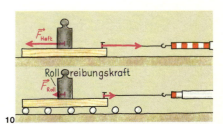

Haftreibungszahl und Gleitreibungszahl

Wie groß die Gleitreibungskraft und die maximale Haftreibungskraft sind, hängt ab

○ von der Beschaffenheit der reibenden Flächen (bei Reifen auch von der Größe der Flächen) und

○ von der Kraft, mit der der Körper auf die Unterlage gepreßt wird (*Anpreßkraft* oder *Normalkraft* F_N).

Die Beträge der maximalen Haftreibungskraft und der Gleitreibungskraft sind proportional zum Betrag der Anpreßkraft. $F_{\text{Haft, m}} \sim F_N$ und $F_{\text{Gleit}} \sim F_N$.

Die Quotienten aus Reibungskraft und Normalkraft sind konstant. Sie heißen *Haftreibungszahl* bzw. *Gleitreibungszahl*:

$$\mu_{\text{Haft}} = \frac{F_{\text{Haft, m}}}{F_N} \quad \text{bzw.} \quad \mu_{\text{Gleit}} = \frac{F_{\text{Gleit}}}{F_N}.$$

Das Drehmoment

1 Hebel machen's möglich

Der Draht ist einfach zu dick – Michaela schafft es nicht, ihn durchzukneifen. Was tun?

V 1 Farbdosen (Bild 2) lassen sich z. B. mit einem Schraubenzieher als *Hebel* öffnen. Probiere es aus.

Was kannst du über die Kraft aussagen, die du auf den Schraubenzieher ausüben mußt? Vergleiche sie mit der Kraft, die auf den Deckel wirkt.

Stelle in einer Schnittzeichnung dar, wie der Schraubenzieher angesetzt werden muß. Zeichne die Achse ein, um die der Schraubenzieher gedreht wird; trage auch die Kraftpfeile ein (Länge schätzen!).

V 2 Wie groß ist die Kraft, die du auf die Zange ausüben mußt, um einen Nagel durchzukneifen? Bild 3 zeigt, wie du sie messen kannst.

a) Die Kraft soll in den Punkten A, B oder C angreifen. Wo wird deiner Meinung nach die größte und wo die kleinste Kraft benötigt?

b) Überprüfe deine Vermutung.

V 3 Aus einem Bleistift und einer Leiste soll eine einfache „Wippe" gebaut werden. Auf das eine Ende der Leiste soll dabei eine Kraft von 2 N, auf das andere eine Kraft von 1 N wirken (Bild 4).

Kannst du – ohne zu probieren – die Leiste so auf den Bleistift legen, daß die Wippe sofort im Gleichgewicht ist?

V 4 Unter welchen Bedingungen herrscht an einem *zweiseitigen Hebel* (Bild 5) Gleichgewicht?

a) Lege eine Tabelle nach folgendem Muster an:

F_1 in N	a_1 in cm	F_2 in N	a_2 in cm
?	?	?	?

b) Führe mehrere Messungen durch. Für jede Messung mußt du die Größe der Kraft F_1 und die Längen der *Hebelarme* (a_1 und a_2) festlegen.

Wie groß muß jeweils F_2 sein, damit der Hebel waagerecht steht? (Achte darauf, daß du deinen Kraftmesser senkrecht zum Hebel hältst.)

c) Aus den Meßwerten läßt sich eine Gesetzmäßigkeit ableiten, nämlich

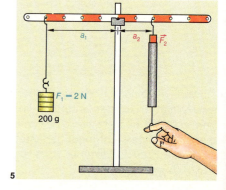

das *Hebelgesetz*. Versuche, eine Formulierung für diese Gesetzmäßigkeit zu finden.

d) Wie groß ist die Kraft F_2 in der Anordnung von Bild 5?

V 5 Auf jeder Seite des Hebels werden nun mehrere Wägestücke *in unterschiedlichen Abständen von der Drehachse* befestigt.

a) Bringe auf beiden Seiten mehrere gleiche Wägestücke an – und zwar so, daß sich ein Gleichgewicht einstellt. Notiere für beide Seiten des Hebels

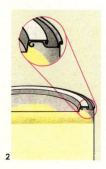

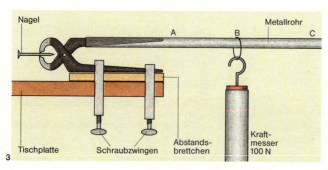

die Kraftbeträge und die Abstände, die die Angriffspunkte der Kräfte von der Drehachse haben.

b) Welche Gesetzmäßigkeit vermutest du?

Benutze bei deiner Formulierung den Begriff *Drehmoment* (→ Info auf der folgenden Seite).

c) Nun werden mehrere Wägestücke unterschiedlicher Masse verwendet. Überlege dir eine Verteilung der Wägestücke, bei der sich ein Gleichgewicht einstellen müßte. Probiere aus, ob deine Überlegung stimmt.

V 6 In Bild 6 siehst du einen Versuchsaufbau zum *einseitigen Hebel*.

a) Untersuche, ob für das Gleichgewicht am einseitigen Hebel die gleiche Gesetzmäßigkeit gilt wie am zweiseitigen (Tabelle anlegen!).

b) Wie groß ist die Kraft F_2 in der Anordnung von Bild 6?

V 7 Untersuche die Handbremse deines Fahrrades (Bild 7).

a) Macht es einen Unterschied, ob du bei 1 oder bei 2 drückst?

b) Wie unterscheidet sich der Handbremsgriff von den bisher verwendeten Hebeln?

V 8 Ein Hebel muß nicht immer eine gerade Stange sein.

Um das Hebelgesetz für beliebige Hebel zu ermitteln, verwenden wir eine drehbar gelagerte Lochscheibe (Bild 8).

In Loch A wird ein Wägestück eingehängt. Wenn man außerdem ein zweites Wägestück mit gleicher Masse in B befestigt, bleibt die Scheibe in Ruhe: Sie ist im Gleichgewicht.

a) Wird die Scheibe auch dann im Gleichgewicht sein, wenn man das zweite Wägestück in C einhängt? Begründe deine Vermutung, und überprüfe sie im Versuch.

b) Man kann das zweite Wägestück an verschiedenen Punkten anbringen, um ein Gleichgewicht zu erhalten. Was kannst du über die Lage all dieser Punkte aussagen?

c) Wie muß der Begriff *Hebelarm* definiert werden, damit auch solche Gleichgewichtssituationen mit dem Hebelgesetz erfaßt werden?

V 9 Statt des zweiten Wägestückes wird jetzt ein Kraftmesser an der Lochscheibe befestigt (Bild 9). Wir können so Kräfte mit beliebigen Richtungen wirken lassen.

Gilt auch hier das Hebelgesetz, wenn du den in Versuch 8 definierten Begriff des Hebelarms verwendest? Miß die Hebelarme und die Kräfte, um diese Frage beantworten zu können.

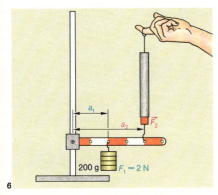

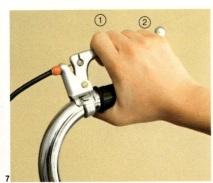

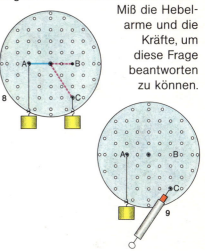

Aus der Geschichte: Der Hebel – ein uraltes Hilfsmittel des Menschen

Mit seinen körperlichen Fähigkeiten hätte der Mensch eigentlich vielen Tieren unterlegen sein müssen. Trotzdem gelang es ihm, eine beherrschende Stellung in der Natur einzunehmen.

Das ist vor allem auf seinen Erfindungsreichtum zurückzuführen:

Schon frühzeitig benutzte er Hilfsmittel, mit denen er Kräfte verstärken konnte: Zum Beispiel bediente sich der Mensch bei der Herstellung feiner Steinklingen des **Hebels**. Bild 10 zeigt eine Methode zur Absprengung einer Klinge von einem Feuerstein.

Ohne Hilfsmittel hätte der Mensch auch kaum die riesigen Tempel und Grabstätten errichten können, die zum

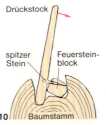

Teil noch heute erhalten sind. Beim Bau der ägyptischen Pyramiden (in der Zeit um 2000 v. Chr.) hatten Hebel vermutlich eine große Bedeutung (Bild 11).

Info: Hebel und Drehmoment

Wir haben in den Versuchen verschiedene Geräte kennengelernt, die ein gemeinsames Merkmal besitzen: Sie können um eine Achse gedreht werden.

Die einfachsten dieser Geräte bezeichnen wir als **Hebel**. (Das Wort *Hebel* ist verwandt mit dem Wort *heben*.) Bild 1 zeigt einen „Schrankheber". Die beiden Arme a_1 und a_2 nennt man *Hebelarme*. Da die Hebelarme hier auf verschiedenen Seiten der Drehachse liegen, spricht man von einem *zweiseitigen Hebel*. In der gezeichneten Stellung sind die Kräfte senkrecht zum Hebel.

Das muß nicht immer so sein. Zum Beispiel ist das bei dem *einseitigen Hebel* von Bild 2 nicht der Fall. Um auch hier die Hebelarme festlegen zu können, benötigt man den Begriff *Wirkungslinie der Kraft*. Man versteht darunter die Gerade, die sich ergibt, wenn man den Kraftpfeil nach beiden Seiten verlängert.

Als **Hebelarm** bezeichnen wir von jetzt an den Abstand der Wirkungslinie der Kraft von der Drehachse. Der so definierte Hebelarm ist immer senkrecht zur Wirkungslinie der Kraft.

In Bild 2 wird von der Kraft $\vec{F}_1$ eine Drehwirkung im Uhrzeigersinn erzeugt, während $\vec{F}_2$ eine Drehung gegen den Uhrzeigersinn bewirkt. Die Drehwirkungen heben sich gegenseitig auf – obwohl $\vec{F}_1$ viel größer ist als $\vec{F}_2$. Die Drehwirkung hängt also nicht nur von der Kraft, sondern auch vom Hebelarm ab. Wie die Versuche zeigen, kann man die Drehwirkung einer Kraft durch das Produkt aus Kraftbetrag und Hebelarm beschreiben; dieses Produkt bezeichnet man als **Drehmoment** M.
$$M = F \cdot a.$$

Als Einheit des Drehmoments ergibt sich 1 Nm (Newtonmeter).

Wenn das *linksdrehende* Drehmoment auf einen Hebel (oder auf einen anderen Körper, der um eine Achse drehbar ist) genauso groß ist wie das *rechtsdrehende Drehmoment*, heben sich die Drehwirkungen gegenseitig auf. Man sagt, der Körper ist im **(Drehmoment-)Gleichgewicht**.

Zur Drehachse parallele Kräfte können keine Drehwirkung hervorrufen. Wir betrachten deshalb immer nur Kräfte, die senkrecht zur Drehachse gerichtet sind.

Wir haben bisher nur diejenigen Kräfte betrachtet, die *auf den Hebel* wirken. Mit einem Hebel will man aber oft eine möglichst große Kraft z. B. auf einen Schrank ausüben (Bild 3). Im Gleichgewicht ist die Kraft $\vec{F}_1'$ auf den Schrank genauso groß wie die Kraft $\vec{F}_1$, die der Schrank auf den Hebel ausübt.

$\vec{F}_1'$ ist aber wesentlich größer als $\vec{F}_2$.

Mit einem Hebel kann man Betrag, Richtung und Angriffspunkt einer Kraft verändern. Der Hebel ist also ein **Kraftwandler**. Auch eine Tretkurbel mit Kettenrad (Bild 4) oder ein Winkelhebel (Bild 5) sind solche Kraftwandler.

1 Es sind die Kräfte eingezeichnet, die *auf den Hebel* wirken. Der Hebel ist im Gleichgewicht.

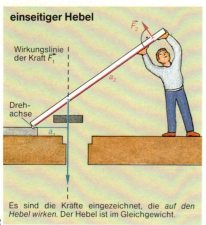

2 Es sind die Kräfte eingezeichnet, die *auf den Hebel* wirken. Der Hebel ist im Gleichgewicht.

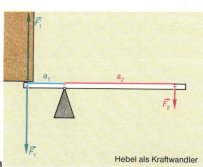

3 Hebel als Kraftwandler

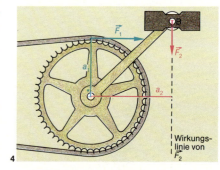

4

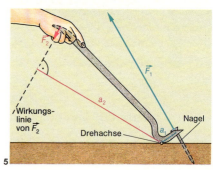

5

Aufgaben

1 In einer Versuchsreihe wurden Gleichgewichtssituationen am Hebel untersucht:

F_1	a_1	F_2	a_2
10 N	3 cm	?	5 cm
?	20 cm	1,5 N	60 cm
12 N	30 cm	4,5 N	?
9 N	25 cm	?	30 cm

Übertrage die Tabelle in dein Heft, und ergänze die fehlenden Werte.

2 In Werkstätten werden Radmuttern mit einem *Drehmomentschlüssel* festgezogen (Bild 6): Beim Anziehen der Mutter verbiegt sich der Schaft; am (nicht verbogenen) Zeiger liest man das Drehmoment ab.

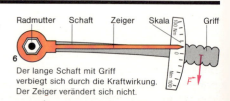

6 Der lange Schaft mit Griff verbiegt sich durch die Kraftwirkung. Der Zeiger verändert sich nicht.

Warum ist es bei Radmuttern *wichtig*, daß sie mit einem bestimmten Drehmoment angezogen werden?

3 Welche Kraft ist nötig, um eine Mutter mit einem Drehmoment von 100 Nm anzuziehen? Der Hebelarm am Drehmomentschlüssel ist 25 cm (80 cm) lang.

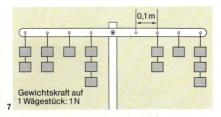

Gewichtskraft auf 1 Wägestück: 1 N

7

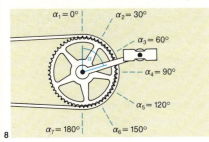

8

4 An einen Hebel wurden Wägestücke gehängt (Bild 7). Die Gewichtskraft auf jedes Wägestück beträgt 1 N. Begründe, daß dieser Hebel im Gleichgewicht ist.

5 Ein Radfahrer belastet ein Pedal mit seinem ganzen Körper. Er übt dabei eine Kraft von 500 N aus. Der Kurbelarm ist 17 cm lang.

a) Bild 8 zeigt verschiedene Stellungen der Tretkurbel. Bestimme jeweils die Länge des Hebelarms (mit Hilfe einer Zeichnung), und berechne die Drehmomente.

b) Stelle deine Ergebnisse auch graphisch dar (*waagerechte Achse:* Maßzahl des Winkels; *senkrechte Achse:* Drehmoment).

c) In welcher Stellung sollte man die Rücktrittbremse betätigen?

6 Eine Stange ist um eine Achse drehbar gelagert (Bild 9).

a) Übertrage das Bild in dein Heft. Ermittle die Länge des Hebelarms, und berechne das Drehmoment M, das von der Kraft $\vec{F}$ erzeugt wird.

b) Zerlege $\vec{F}$ in eine Komponente $\vec{F_1}$ parallel zur Stange und eine Komponente $\vec{F_2}$ senkrecht dazu. Berechne das Drehmoment, das von $\vec{F_2}$ hervorgerufen wird.

c) Begründe physikalisch, warum sich in beiden Fällen dasselbe Drehmoment ergibt.

9

Aus Umwelt und Technik: **Hebel an Maschinen**

10

Beim Ausheben einer Baugrube muß viel Erdreich abtransportiert werden, um Platz für das Fundament zu schaffen. Ein *Schaufellader* (Bild 10) leistet da gute Dienste. Mit der Schaufel kann er Lasten von 3 t heben.

Bei dieser Maschine spielen **Hebel** eine wichtige Rolle. Die Bilder 11 u. 12 zeigen verschiedene Schaufelstellungen: Mit dem kurzen Hebel 1 wird die Schaufel gedreht, mit dem langen Hebel 2 wird sie gehoben und gesenkt.

Sieh dir Hebel 2 einmal genauer an: F ist der Angriffspunkt für die Kraft, die von der Maschine (mit Hilfe ihrer Hydraulik) ausgeübt wird; D_2 ist die Drehachse. Die Gewichtskraft auf die Schaufel (samt Inhalt) greift in B an.

Der Hebelarm, der zur Gewichtskraft gehört, ist viel länger als der Hebelarm, der zu der in F angreifenden Kraft gehört. Mit dem Hebel 2 spart die Maschine also keine

Kraft! Im Gegenteil, in F muß eine Kraft angreifen, die *größer* als die Gewichtskraft auf die Schaufel ist.

Wahrscheinlich fragst du nun, warum die Ingenieure hier überhaupt einen Hebel eingebaut haben, wenn doch *keine Kraft gespart* wird. Die Antwort ist einfach: Der Hebel bewirkt, daß die Schaufel einen viel längeren Weg zurücklegt als der Kolben, der die Kraft ausübt.

Das ist wichtig, denn nur so können auch über 3 m hohe Lastwagen beladen werden. Der Weg, den der Punkt F dabei zurücklegt, ist nur etwa 1 m lang – und nur auf diesem Weg muß die Maschine eine Kraft ausüben.

Ein solcher Hebel erfüllt also eine andere Aufgabe als die, die du bisher kennengelernt hast: Es wird keine Kraft gespart, sondern ein Weg wird vergrößert.

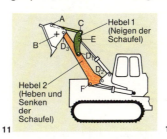
11

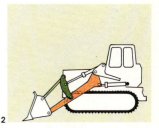
12

Fragen und Aufgaben zum Text

1 Skizziere in deinem Heft den Schaufellader von Bild 11. Trage für Hebel 2 die Hebelarme ein.

2 Wird mit Hebel 1 Kraft gespart? Begründe deine Antwort.

3 Die Schaufel kann sich um die Achse D_3 drehen. Stelle in einer Skizze die Kräfte dar, die eine Drehung der Schaufel bewirken. Zeichne auch die Hebelarme ein.

Aus Umwelt und Technik: **Hebel in der Natur**

Eine Pflanze kann nur dann Früchte und Samen entwickeln, wenn ihre Blüten bestäubt werden. Dafür sorgen bei vielen Pflanzen Insekten, die – auf der Suche nach dem Nektar – von Blüte zu Blüte fliegen. Ohne es zu wissen, tragen sie so Blütenstaub von einer Blüte zur anderen.

Beim **Salbei** (Bild 1), einer Heilpflanze, die man auf Wiesen findet, „hat sich die Natur einen Trick ausgedacht". Bei diesem Trick spielt ein Hebel die Hauptrolle:

Der Staubfaden, der den Staubbeutel mit dem Blütenstaub trägt, liegt meist dicht am Blütenblatt an (Bilder 2 u. 3). Eine Platte am Ansatz des Staubfadens versperrt dem Insekt den Weg zum Nektar.

Will nun z. B. eine Hummel an den Nektar heran, muß sie in die Blüte hineinkriechen; dabei drückt sie mit ihrem Kopf die Platte nach hinten. Das hat zur Folge, daß der Staubfaden nach unten klappt (Bilder 4 u. 5). Jetzt berührt der Staubbeutel den haarigen Rücken der Hummel, und der Blütenstaub bleibt dort „kleben".

Wenn dann die Hummel zurückkriecht, nimmt der Staubfaden seine ursprüngliche Lage wieder ein. Die Hummel fliegt zur nächsten Blüte, wo der Blütenstaub am Stempel abgestreift wird.

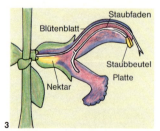

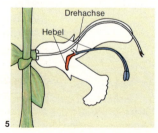

Auch bei Tieren findet man Hebel in vielerlei Formen. Die **Kreuzotter** mit ihren Giftzähnen ist dafür ein interessantes Beispiel (Bild 6):

Die Giftzähne richten sich erst auf, wenn die Kreuzotter ihr Maul öffnet. Bei geschlossenem Maul sind sie dagegen nach oben geklappt – mit der Spitze nach hinten (Bild 7). Dieser Klappmechanismus läßt sich mit dem eines Taschenmessers vergleichen.

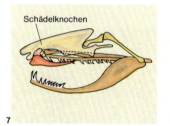
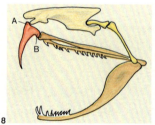

Die Giftzähne der Kreuzotter werden mit Hilfe von verschiedenen Schädelknochen aufgerichtet, die ein kompliziertes Hebelsystem bilden. Vereinfacht kann man die „automatische Giftzahnaufrichtung" so beschreiben (Bild 8):

Die Giftzähne sind zusammen mit den Oberkieferknochen, in denen sie fest verankert sind, bei B drehbar gelagert. Öffnet die Otter das Maul, so heben sich die Schädelknochen, und der Zahn klappt nach vorne. Wenn sie das Maul schließt, senken sich die Schädelknochen, und der Zahn klappt nach innen.

Fragen und Aufgaben zum Text

1 Bei der Salbeiblüte ist der eine Hebelarm wesentlich kürzer als der andere. Welchen Vorteil hat das?

2 Wenn ein **Mensch** eine Last hebt, wirkt sein Unterarm wie ein Hebel (Bild 9). Zeichne den Arm ab, und trage Drehachse, Kräfte und Hebelarme ein.

Eine Last von 10 kg wird angehoben. Wie groß muß die Kraft etwa sein, die der Bizeps auf den Unterarm ausübt?

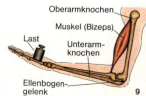

3 Wo findest du in deiner Umwelt Hebel? Nenne Beispiele.

2 Schwerpunkt und Gleichgewichtsarten

Ob es bei diesem Balanceakt (Bild 10) mit rechten Dingen zugeht?

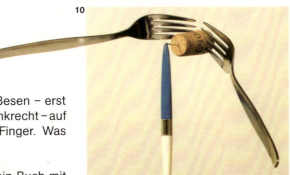
10

V 10 Balanciere einen Besen – erst waagerecht und dann senkrecht – auf einem ausgestreckten Finger. Was fällt dir leichter?

V 11 Diesmal sollst du ein Buch mit seiner größten Fläche auf einem Finger balancieren. An welche Stelle mußt du deinen Finger halten?
Kannst du das Buch balancieren, wenn du eine Hälfte des Buches mit einem Gegenstand belastest?

V 12 Lege einen Besen waagerecht auf beide Zeigefinger. Deine Hände sollen dabei möglichst weit voneinander entfernt sein.

a) Halte nun die linke Hand still, und bewege die rechte langsam auf die linke zu. Was beobachtest du?
Markiere die Stelle des Besenstieles, an der deine Zeigefinger zusammentreffen.

b) Wiederhole den Versuch mehrmals. Halte statt der linken auch einmal die rechte Hand still, oder bewege beide Hände gleichzeitig aufeinander zu. Welche überraschende Feststellung machst du?

V 13 Wir verwenden wieder eine drehbar gelagerte Lochscheibe.

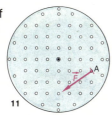
11

a) Wenn man auf die Lochscheibe eine Kraft wie in Bild 11 ausübt, setzt sie sich in Bewegung. Warum?

b) Die Kraft greift weiterhin in A an (und ist parallel zur Scheibe gerichtet); es soll jetzt aber kein Drehmoment wirken. Welche Richtung muß die Kraft haben (zwei Lösungen)?

V 14 Baue aus einem Stativfuß und einer Stativstange einen „Turm" auf.

12

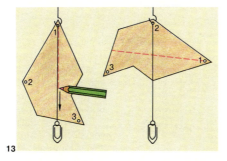
13

Am oberen Ende der Stange wird ein Tonnenfuß befestigt.

a) Wenn du den Turm ein bißchen nach rechts neigst und ihn dann losläßt, dreht er sich nach links in die Ausgangsstellung zurück; auf den Turm wirkt also ein *linksdrehendes* Drehmoment. Wenn du den Turm weiter nach rechts neigst, setzt er sich nach rechts in Bewegung; jetzt wirkt ein *rechtsdrehendes* Drehmoment.
Durch welche Kraft werden diese Drehmomente hervorgerufen?

b) Es gibt auch eine Stellung des Turmes, in der kein Drehmoment wirkt, obwohl er nach rechts geneigt ist. Versuche, den Turm in diese Lage zu bringen, und laß ihn dann los.

c) Stell dir vor, daß die gesamte Gewichtskraft auf den Turm in einem einzigen Punkt angreift. (Er heißt *Schwerpunkt*; → Info.) Wo muß dieser Punkt in Versuchsteil b liegen?
Ein Tip: Die Gewichtskraft ruft kein Drehmoment hervor. Lege eine Skizze an, und zeichne die Wirkungslinie der Gewichtskraft.

V 15 Mit diesem Versuch untersuchen wir das Umkippen eines Kästchens (Bild 12). Damit es nicht rutscht, befestigst du eine Kugelschreibermine oder eine Stricknadel mit Klebestreifen auf dem Tisch.

a) Halte das Kästchen in der Lage fest, in der es gerade umzufallen beginnt. Zeichne dann auf das Kästchen eine vertikale Gerade, die die Drehachse schneidet.
Wiederhole den Vorgang. Stelle das Kästchen diesmal aber mit einer anderen Seite an die Mine. Du erhältst eine zweite Gerade.
Welche Bedeutung hat der Schnittpunkt der beiden Geraden?

b) Klebe eine Schraube von innen auf den Boden des Kästchens. Wie verändert sich das Versuchsergebnis?

V 16 Ermittle den Schwerpunkt eines unregelmäßig geformten Stücks Pappe. Bild 13 zeigt das Vorgehen.
Begründe, wieso du auf diese Weise den Schwerpunkt erhältst.
Schneide aus Pappe den Buchstaben L oder O aus, und versuche, den Schwerpunkt zu ermitteln. Welche Schwierigkeit tritt dabei auf?

V 17 Fertige aus einem größeren Stück Pappe einen Buchstaben an (zum Beispiel ein H). Bestimme seinen Schwerpunkt.
Befestige im Schwerpunkt mit einer Heftzwecke ein Lot (z. B. eine Büroklammer mit Faden); es zeigt die Richtung der Gewichtskraft an.
Drehe dann den Buchstaben mit einer Hand langsam um eine Ecke. Mit der anderen Hand führst du den Buchstaben, damit er nicht zur Seite hin umfällt. In welcher Lage befindet sich das Lot, wenn der Buchstabe umzukippen beginnt?

163

Info: Der Schwerpunkt

Es ist nicht schwer, ein Buch auf der Fingerspitze zu balancieren. Du mußt das Buch nur mit der „richtigen" Stelle auf den Finger legen. Wählst du eine andere Stelle, so kippt das Buch und fällt herunter. Daß das Buch kippt, liegt an der Gewichtskraft, die ein Drehmoment auf das Buch hervorruft.

Daß man das Buch balancieren kann, können wir uns so erklären:

Das Buch und alle anderen Körper verhalten sich so, *als ob* die Gewichtskraft in einem einzigen Punkt angreifen würde. Dieser Punkt heißt **Schwerpunkt**.

Wenn du deinen Finger genau unter den Schwerpunkt des Buches hältst, er-

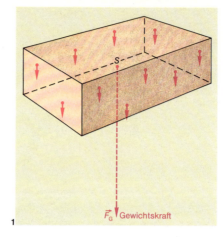

1

zeugt die Gewichtskraft kein Drehmoment, denn für den zugehörigen Hebelarm gilt: $a = 0$ cm; die Wirkungslinie der Gewichtskraft verläuft ja durch den Drehpunkt (Fingerspitze).

Bild 1 zeigt am Beispiel eines Ziegelsteins, daß diese Vorstellung eine Vereinfachung darstellt:

In Wirklichkeit besteht der Stein aus vielen einzelnen Teilchen, von denen jedes eine bestimmte Masse hat. Auf jedes Teilchen wirkt deshalb auch eine bestimmte Gewichtskraft. Der Stein verhält sich aber so, als würden die Gewichtskräfte auf die einzelnen Teilchen in einem einzigen Punkt, dem Schwerpunkt, angreifen.

Info: Verschiedene Gleichgewichtsarten

Bild 2 zeigt einen Körper, der um eine Achse drehbar gelagert ist. Wenn nur die Gewichtskraft auf ihn wirkt, gibt es drei verschiedene Möglichkeiten für ein Gleichgewicht:

Wir nehmen zunächst an, daß die Drehachse *nicht* durch den Schwerpunkt verläuft. In diesem Fall sind zwei Gleichgewichtszustände möglich:

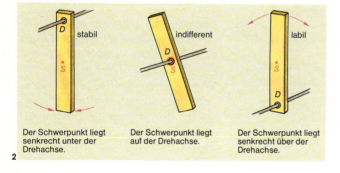

2

Der Schwerpunkt kann *vertikal unter der Drehachse* oder *vertikal darüber* liegen. In beiden Fällen schneidet die Wirkungslinie der Gewichtskraft die Drehachse; die Schwerkraft erzeugt also kein Drehmoment.

Aber nur wenn der Schwerpunkt *unterhalb* der Drehachse liegt, ist der Körper in einem **stabilen Gleichgewicht** (lat. *stabilis:* feststehend, zuverlässig). Lenkt man ihn aus dieser Lage aus, so entsteht stets ein Drehmoment, das ihn in Richtung auf seine ursprüngliche Lage zurückdreht.

Wenn der Schwerpunkt genau *über* der Drehachse liegt, spricht man von einem **labilen Gleichgewicht** (lat. *labilis:* schwankend). Die kleinste Auslenkung aus dieser Lage genügt, und der Körper verläßt sie.

In dem Fall, daß die Drehachse genau *durch* den Schwerpunkt verläuft, kann die Gewichtskraft kein Drehmoment hervorrufen; ihre Wirkungslinie verläuft ja stets durch den Schwerpunkt. Man kann den Körper drehen, wie man will – er ist immer im Gleichgewicht. Man spricht von einem **indifferenten Gleichgewicht** (lat. *indifferens:* gleichgültig, unentschieden).

Aufgaben

1 Wie kannst du in einem **Versuch** herausfinden, in welcher Höhe der Schwerpunkt eines Spielzeugautos liegt? Beschreibe das Vorgehen. (*Tip:* Du kannst z. B. an die Stoßstange eine Pappscheibe kleben.)

2 Warum bleibt ein Bleistift nicht auf der Spitze stehen, wenn man ihn losläßt?

3 Bild 3 zeigt dir ein Stehaufmännchen. Wo muß sein Schwerpunkt liegen, damit es sich aus jeder Lage wieder aufrichten kann? (*Tip:* Die

Bodenfläche ist kugelförmig. Überlege, wo der Schwerpunkt in der Stellung von Bild 3 nicht liegen darf.)

3

4 In Versuch 12 wurde der Schwerpunkt eines Besens ermittelt. Würde man zwei gleich schwere Teile erhalten, wenn man den Besen an dieser Stelle durchsägte? Begründe deine Vermutung.

5 Frank will den Schwerpunkt eines unregelmäßig geschnittenen Brettes bestimmen. Er legt das Brett auf den Tisch und schiebt es ganz langsam über die Tischkante. Wenn es gerade zu kippen beginnt, hält er es fest und zieht von unten an der Tischkante entlang einen Strich auf das

Aus Umwelt und Technik: **Menschen im Gleichgewicht**

Du hast sicherlich schon Kleinkinder in unterschiedlichen Altersstufen beobachtet.

Babys können nur liegen. Versucht man, sie hinzusetzen, ohne sie anzulehnen, fallen sie gleich wieder um.

Erst mit etwa sechs Monaten können sie alleine sitzen; einige Monate später stehen sie auch – zunächst allerdings noch auf recht wackligen Beinen.

Das Kleinkind hat dann gelernt, seinen Körper so zu bewegen, daß der Schwerpunkt über seiner Standfläche bleibt.

Wieder einige Zeit später wagt es das Kind, sich etwas nach vorn fallenzulassen (z. B. um die ausgestreckten Arme der Eltern zu erreichen). Bevor es tatsächlich vornüberkippt, stellt es schnell einen Fuß vor: Dadurch verändert sich seine Standfläche, der Schwerpunkt liegt wieder darüber, und das Kind fällt nicht um.

Solch eine Reaktion erfordert ein schnelles und gezieltes Zusammenspiel von Gehirn, Nerven und Muskeln. Viele Male am Tag übt das Kind dieses „Spiel", bis es endlich nach einigen Wochen und nach zahllosen Stürzen geschafft ist: Das Kind kann gehen (Bild 5).

Das Gehen verlernt der Mensch sein Leben lang nicht wieder. Im Gegenteil, er lernt noch weit schwierigere Balancekunststücke zu beherrschen: das Tragen einer Last, das Stehen auf Zehenspitzen, das Gleiten auf schmalen Schlittschuhkufen, das Fahren auf zwei Rädern usw.

Wie stellen wir fest, ob unser eigener Körper gerade im Gleichgewicht ist? Dazu haben wir im Innern des Ohres ein **Gleichgewichtsorgan** (*Lagesinnesorgan*; Bild 6).

Es besteht in jedem Ohr aus zwei von Haut umgebenen Hohlräumen. In beiden Hohlräumen befindet sich an einem Teil der Wand eine geleeartige Platte (*Gallertplatte*); in dem einen Hohlraum ist sie waagerecht angeordnet (Bild 7), in dem anderen vertikal. Kleine Kalkkristalle an der Oberfläche dienen dazu, die Platte schwerer zu machen.

In die Gallertplatte ragen feine Sinneshärchen. Wenn wir z. B. den Kopf schief halten, verschiebt sich die Gallertplatte unter dem Einfluß der Schwerkraft (Bild 8). Die Sinneshärchen werden dadurch verschoben und geben diesen Reiz über Nerven ans Gehirn weiter. Wenn nötig, „befiehlt" dieses dann den Muskeln „Gegenmaßnahmen", um das Gleichgewicht wiederherzustellen.

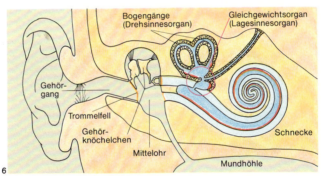

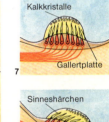

Brett. Dann dreht er das Brett und wiederholt den Vorgang.

Begründe Franks Vorgehensweise. Wo genau liegt der Schwerpunkt?

6 Die *Standfläche* eines Menschen kann erheblich größer sein als die Fläche seiner Schuhsohlen (Bild 4).

a) In welcher Haltung erwarten Ringkämpfer ihren Gegner? Welchen Vorteil hat diese Haltung?

Warum haben Seeleute oft einen „breiten Gang"?

b) Erkläre den Begriff *Standfläche*.

7 Die *Standfestigkeit* eines Körpers hängt von der Größe seiner Standfläche, der Lage seines Schwerpunktes und der Gewichtskraft ab.

Wie muß ein Körper aussehen, damit er besonders standfest ist?

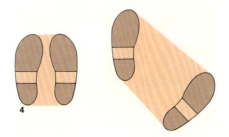

8 Probiere aus und erkläre:

a) Stelle dich auf ein Bein, und schließe die Augen.

b) Stelle dich dicht an eine Wand; deine Fersen sollen an die Wand stoßen. Schaffst du es, bei durchgedrückten Knien den Fußboden mit den Fingerspitzen zu berühren?

c) Stehe von einem Stuhl auf, ohne den Oberkörper vorzubeugen.

d) Trage mit seitlich ausgestrecktem Arm eine Tasche, und beobachte dabei deine Haltung im Spiegel.

Das Drehmoment

Alles klar?

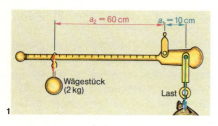

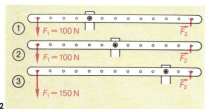

1 Bei der *römischen Schnellwaage* von Bild 1 werden mit nur *einem* Wägestück verschiedene Lasten gewogen. Erkläre die Funktionsweise.
Welche Masse hat der Sack Getreide, der hier gerade gewogen wird?

2 Die Hebel von Bild 2 sollen im Gleichgewicht sein. Übertrage sie in dein Heft, und zeichne die Kräfte $\vec{F_1}$ und $\vec{F_2}$ als Kraftpfeile ein (100 N entsprechen 1 cm).

3 Ein zweiseitiger Hebel soll ins Gleichgewicht gebracht werden.
In der folgenden Tabelle sind Kraftbeträge und Hebelarme angegeben. Ergänze die fehlenden Werte.

F_1	a_1	F_2	a_2
24 N	6 cm	?	3 cm
8 N	2,5 cm	?	4 cm
30 N	7 cm	35 N	?
0,6 N	4 cm	0,8 N	?
28 N	1,5 cm	10,5 N	?

4 Die in Bild 3 gezeigte Vorrichtung nennt man **Wellrad**. Bei einem Wellrad sind eine Welle (Walze) und ein Rad (hier: eine Kurbel) fest miteinander verbunden.
Der Eimer soll mit dem Wellrad gehalten werden. Wie groß muß F_2 sein?

5 Bild 4 zeigt einen Wettkampfrollstuhl für behinderte Sportler. Auch hier findest du ein Wellrad. Beschreibe es.
Welchen Vorteil bringt dieses Wellrad?

6 Schätze, wo beim *Schiefen Turm von Pisa* (Bild 5) der Schwerpunkt liegt.

7 Ein Fahrrad mit einer Schultasche auf dem Gepäckträger kippt leicht um, wenn man nur die seitliche Stütze zum Abstellen des Fahrrads benutzt. Nenne den Grund dafür.

8 Warum besitzen eigentlich Autokrane Stützbeine, die zur Seite ausgefahren werden können?

9 Vergleiche die Standfestigkeit eines „Kutschwagens" mit der eines Rennautos (Bilder 6 u. 7).

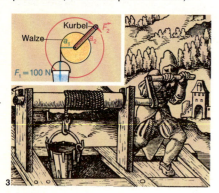

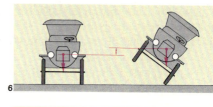

Auf einen Blick

Hebel und Hebelarme

Man unterscheidet einseitige und zweiseitige Hebel.

Als *Hebelarm* einer Kraft bezeichnet man den Abstand, den die Wirkungslinie der Kraft von der Drehachse hat.
Hebelarm und Wirkungslinie der Kraft sind also stets senkrecht zueinander.

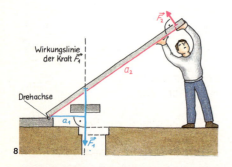

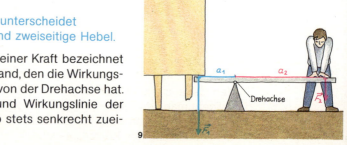

Das Drehmoment

Definition des Drehmomentes

Das Produkt aus Kraftbetrag F und zugehörigem Hebelarm gibt an, wie groß die Drehwirkung der Kraft ist.
Man bezeichnet dieses Produkt als **Drehmoment** M.

$$M = F \cdot a$$

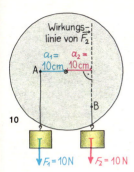

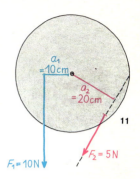

$M_1 = F_1 \cdot a_1$
$M_1 = 10\,\text{N} \cdot 10\,\text{cm}$
$= 100\,\text{N} \cdot \text{cm}$
$= \mathbf{1\,Nm}$

$M_2 = F_2 \cdot a_2$
$M_2 = 10\,\text{N} \cdot 10\,\text{cm}$
$= 100\,\text{N} \cdot \text{cm}$
$= \mathbf{1\,Nm}$

$M_1 = F_1 \cdot a_1$
$M_1 = 10\,\text{N} \cdot 10\,\text{cm}$
$= 100\,\text{N} \cdot \text{cm}$
$= \mathbf{1\,Nm}$

$M_2 = F_2 \cdot a_2$
$M_2 = 5\,\text{N} \cdot 20\,\text{cm}$
$= 100\,\text{N} \cdot \text{cm}$
$= \mathbf{1\,Nm}$

Drehmomentgleichgewicht am Hebel

An einem Hebel herrscht **Gleichgewicht**, wenn die Summe aller rechtsdrehenden Drehmomente gleich der Summe aller linksdrehenden Drehmomente ist.

Die Drehwirkungen der Kräfte heben sich dann gegenseitig auf, die Kräfte rufen keine Drehung hervor.

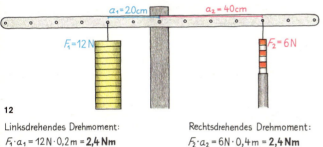

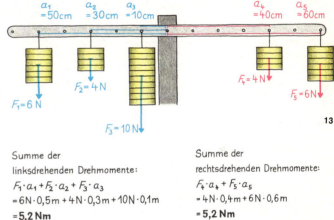

Linksdrehendes Drehmoment:
$F_1 \cdot a_1 = 12\,\text{N} \cdot 0{,}2\,\text{m} = \mathbf{2{,}4\,Nm}$

Rechtsdrehendes Drehmoment:
$F_2 \cdot a_2 = 6\,\text{N} \cdot 0{,}4\,\text{m} = \mathbf{2{,}4\,Nm}$

Summe der linksdrehenden Drehmomente:
$F_1 \cdot a_1 + F_2 \cdot a_2 + F_3 \cdot a_3$
$= 6\,\text{N} \cdot 0{,}5\,\text{m} + 4\,\text{N} \cdot 0{,}3\,\text{m} + 10\,\text{N} \cdot 0{,}1\,\text{m}$
$= \mathbf{5{,}2\,Nm}$

Summe der rechtsdrehenden Drehmomente:
$F_4 \cdot a_4 + F_5 \cdot a_5$
$= 4\,\text{N} \cdot 0{,}4\,\text{m} + 6\,\text{N} \cdot 0{,}6\,\text{m}$
$= \mathbf{5{,}2\,Nm}$

Schwerpunkt und Gleichgewichtsarten

Jeder Körper verhält sich so, als würde die ganze Gewichtskraft in einem einzigen Punkt angreifen. Diesen Punkt bezeichnet man als **Schwerpunkt**.

Die Gewichtskraft auf einen drehbar gelagerten Körper kann ein Drehmoment erzeugen und so eine Drehung hervorrufen. Es gibt drei Fälle, in denen die Gewichtskraft *kein* Drehmoment erzeugt:

○ Der Schwerpunkt liegt vertikal unter der Drehachse
(**stabiles Gleichgewicht**).

○ Der Schwerpunkt liegt vertikal über der Drehachse
(**labiles Gleichgewicht**).

○ Der Schwerpunkt liegt auf der Drehachse
(**indifferentes Gleichgewicht**).

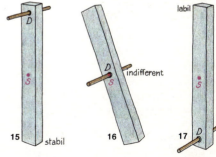

Versucht man einen Gegenstand (z. B. einen Kasten) zu kippen, so bewirkt die Gewichtskraft zunächst ein „rücktreibendes" Drehmoment. Wenn man den Gegenstand losläßt, fällt er in seine alte Lage zurück.
   Dreht man den Körper aber weiter, so kippt er schließlich um. Das ist genau dann der Fall, wenn ein vom Schwerpunkt ausgehendes Lot nicht mehr durch die *Standfläche* des Körpers verläuft.

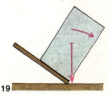

167

Einfache Maschinen

Seile und Rollen

Bist du sicher, daß dies kein Trickfoto ist?
Ob dieses Mädchen (29 kg) tatsächlich seine Lehrerin (62 kg) an die Decke der Turnhalle ziehen kann?

V 1 Eine Last (z. B. Wasser oder Steine) kann man auf unterschiedliche Weise hochziehen. Die Bilder 2–5 zeigen vier verschiedene Möglichkeiten.

a) Welchen Einfluß haben die fünf Vorrichtungen auf Betrag, Richtung und Angriffspunkt der Zugkraft? Stelle Vermutungen an, falls du eine der Antworten nicht weißt.

b) Plane zu jedem der vier Bilder einen Versuch (Skizze!). Als Last könntest du zum Beispiel ein 500-g-Wägestück benutzen. Lege im Heft eine Tabelle an (→ Muster), und fülle die ersten beiden Spalten aus.
   Überprüfe dann deine Vermutungen durch Messungen.

c) Warum unterscheiden sich die Ergebnisse, die du zu den Anordnungen nach den Bildern 3 u. 4 erhältst?

d) Welchen Vorteil hat das Verfahren von Bild 4, welchen hat das Verfahren von Bild 5?
   Erfinde eine Vorrichtung, die diese beiden Vorteile vereint. Fertige eine Skizze an.

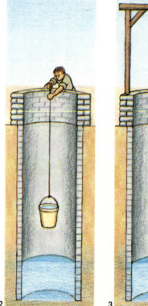 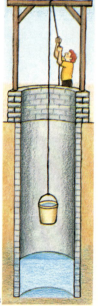 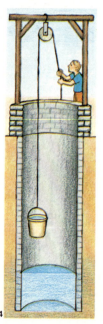 

Anordnung nach …	auf die Last wirkende Gewichtskraft in N	vermutete Zugkraft in N	gemessene Zugkraft in N
Bild 2	?	?	?
Bild 3	?	?	?
…	?	?	?

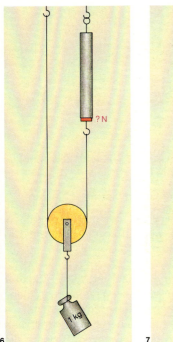
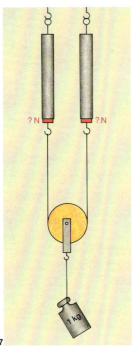
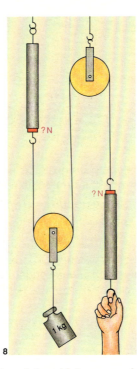
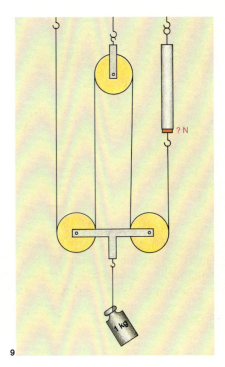

V 2 Die in den Bildern 6–9 gezeigten Anordnungen helfen dir, das Verfahren von Bild 5 zu erklären und eine Gesetzmäßigkeit herauszufinden.

a) Was werden deiner Meinung nach die Kraftmesser anzeigen? Begründe deine Ansicht, und überprüfe sie im Versuch.

b) Welche Gesetzmäßigkeit vermutest du?

V 3 Als *Flaschenzug* bezeichnet man eine Hebevorrichtung, bei der mehrere Rollen verwendet werden. Die Rollen sind in zwei Gruppen zusammengefaßt; diese Rollengruppen heißen *Flaschen*.

Es gibt Flaschenzüge mit unterschiedlich vielen Rollen. Je nach Bauart kann man mit ihrer Hilfe unterschiedlich viel Kraft sparen.

Wenn du zu Hause mit Flaschenzügen experimentieren willst, werden dir wahrscheinlich keine Rollen zur Verfügung stehen. In Bild 10 siehst du, was du dann tun könntest.

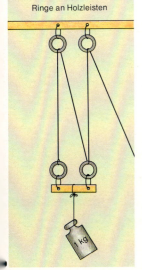
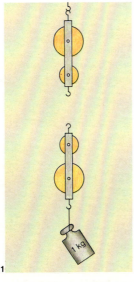
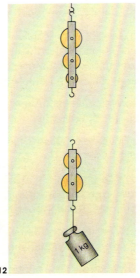

a) Übertrage die Bilder 11 u. 12 in dein Heft, und zeichne die noch fehlenden Seile ein.

b) Welche Versuchsergebnisse erwartest du hier?

c) Miß nach, und trage deine Meßwerte in eine Tabelle ein (→ Muster).

d) Ziehe die Last jeweils genau 20 cm hoch. Wie lang ist der Weg, auf dem die Zugkraft wirken muß? Welche Regel vermutest du?

Flaschenzug von...	Gewichtskraft auf die Last in N	Anzahl der tragenden Seile	Zugkraft (bei Gleichgewicht) in N	Weg, den die Last zurücklegt in cm	Weg, auf dem die Zugkraft wirkt in cm
Bild 10	10	?	?	20	?
...	10	?	?	20	?

Einfache Maschinen

Aufgaben

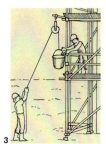
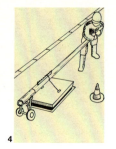
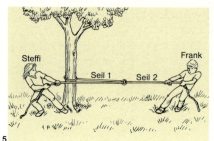

1 Die Bilder 1–4 zeigen einfache, aber nützliche Geräte.

a) Wie heißen die Geräte, und welche Aufgaben haben sie?

b) Beschreibe, welchen Einfluß jedes Gerät auf Betrag, Richtung und Angriffspunkt der Kraft hat.

In welchen Fällen wird Kraft „gespart"? Welchen Nachteil handelt man sich dabei ein?

2 Tauziehen einmal anders (Bild 5): Steffi gewinnt immer – auch wenn sie die Schwächere ist. Erkläre!

3 Schülerin hebt Lehrerin (Bild 6). Auch die Schülerin von Bild 1 auf der vorigen Doppelseite schaffte ihren Kraftakt nur mit einem Flaschenzug.

a) Welche Kraft wäre bei einem „idealen" Flaschenzug nötig, um die Lehrerin hochzuziehen?

b) Aus welchen Gründen muß die tatsächlich aufgewendete Kraft größer sein als die gerade berechnete?

4 Wie groß ist hier jeweils die Kraft, die nötig ist, um die Last zu halten (Bilder 7 u. 8)?

5 In einer Autowerkstatt wird ein Motor (90 kg) mit Hilfe eines Flaschenzuges um 2 m angehoben. Der Flaschenzug besteht aus zwei Flaschen mit je zwei Rollen; jede Flasche hat eine Masse von 2 kg.

a) Es gibt zwei Möglichkeiten: Das eine Seilende ist entweder an der Decke oder an der unteren Flasche befestigt. Skizziere beide Anordnungen.

b) Welche dieser Anordnungen hältst du für praktischer?

c) Wie viele Seilstücke tragen jeweils die Last?

d) Wie groß ist die Kraft, die zum Heben der Last erforderlich ist? (Reibungskräfte nicht berücksichtigt.)

e) Wieviel Meter Seil werden jeweils durch den Flaschenzug gezogen?

f) Welche Kräfte wirken auf den Haken, an dem der Flaschenzug hängt?

6 Eine Kiste wird mit Hilfe verschiedener Flaschenzüge gehoben. Die Kiste hat eine Masse von 120 kg (einschließlich der unteren Flasche).

Diese Kräfte sind nötig: ① 600 N, ② 400 N, ③ 300 N und ④ 200 N.

a) An wie vielen Seilstücken hängt jeweils die Last?

b) Zeichne die vier Flaschenzüge.

c) Wieviel Seil muß man jeweils nachgeben, wenn man die Last um 1 m absenken will?

7 Harry behauptet: „Die Zugkraft beim Flaschenzug kann man ganz leicht berechnen. Man braucht nur die Rollen zu zählen – und dann teilt man einfach die Gewichtskraft durch die Anzahl der Rollen."

Wende seine Regel auf die in den Bildern 9 u. 10 gezeigten Flaschenzüge an. Rechne nach, ob die Ergebnisse stimmen.

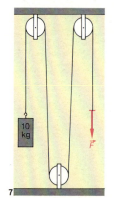
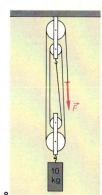
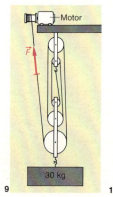
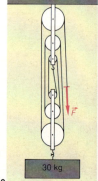

Aus Umwelt und Technik: **375 t Tragfähigkeit**

Der riesige Kran, den du in Bild 11 siehst, steht in einem Stahlwerk im Ruhrgebiet. Aus der Pfanne – so nennt man den am Kran hängenden großen „Eimer" – wird das flüssige Eisen in die bereitstehenden Gießformen gefüllt.

Vorher muß aber noch die Schlacke, die oben auf dem flüssigen Eisen schwimmt, abgegossen werden. Zu diesem Zweck besitzt der Kran neben dem *Haupthubwerk* einen *Hilfshub*, der die Pfanne kippen kann.

Es ist schon eindrucksvoll, was dieser Kran zu heben vermag:

Der Hilfshub allein kann schon 115 t tragen – das entspricht der Masse von 115 Pkws.

Die Pfanne ist 4,6 m hoch und hat einen Durchmesser von 4,3 m. In die Pfanne passen 270 t flüssiges Eisen hinein – soviel wiegen 270 Autos! Zum Heben dieser gewaltigen Last sind vier Flaschenzüge im Haupthubwerk nötig; jede einzelne Flasche besitzt fünf Rollen.

Und das Seil reißt nicht, wenn die riesige Last daran hängt! Dabei ist es nur 4 cm dick und hat eine Tragfähigkeit von lediglich 11,5 t.

Fragen und Aufgaben zum Text

1 In Bild 11 wird die *Tragkraft* des Krans mit 375 t angegeben. Wieso ist dieser Begriff falsch? (Heute verwendet man daher den Ausdruck *Tragfähigkeit*.)

2 Die Tragfähigkeit des Kranes beträgt 375 t, die Pfanne kann aber nur 270 t Eisen aufnehmen. Begründe diesen Unterschied.

3 Wieviel Rollen hat der Gießkran insgesamt?

4 An wieviel Seilstücken hängt die Last?

5 Das 4 cm dicke Seil hat eine Tragfähigkeit von „nur" 11,5 t. Warum reißt es aber trotzdem nicht, wenn die Pfanne am Kran hängt?

6 Bild 12 zeigt einen Eisenbahnkran für schwerste Lasten. Sein Haupthubwerk (A) hat eine Tragfähigkeit von 150 t.

a) Dieses Hubwerk ist „zwölfstrangig". Berechne die Zugkraft, die zum Heben einer Last von 150 t nötig ist.

b) Für das Seil, dessen Durchmesser 32 mm beträgt, wird eine „Bruchlast" von 87 t angegeben. Was bedeutet das?
Wieso kann trotzdem eine Last von 150 t an den Kran gehängt werden?

c) Das Seil ist 263 m lang. Der Kran kann Lasten lediglich um etwa 20 m anheben. Erkläre den Unterschied.

d) Der Kran darf nur dann mit 150 t belastet werden, wenn der Ausleger steil steht.
(Die „Ausladung" des Krans darf nur 8 m betragen.) Wird der Ausleger geneigt, sinkt die Tragfähigkeit; bei einer Ausladung von 16 m beträgt sie nur noch 45 t.
Welchen Grund hat diese Abnahme der Tragfähigkeit?

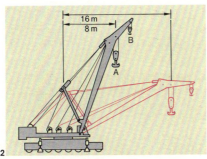
12

11

Aus der Geschichte: Von Rollen und Flaschenzügen

Eine der wichtigsten Erfindungen in der Geschichte der Menschheit war das **Rad**. Als erste haben es vor ungefähr 5000 Jahren vermutlich die Sumerer benutzt, die im Zweistromland zwischen Euphrat und Tigris (im heutigen Irak) lebten. Mit der Erfindung des Rades wurde auch die Entwicklung von Rollen und Flaschenzügen möglich. Um 800 v. Chr. kannten bereits die Assyrer **Rollen** zum Heben von Lasten.

Die älteste Abbildung eines Kranes mit **Flaschenzug** wurde auf der Grabplatte einer römischen Familie gefunden (Bild 1). Sie lebte vermutlich um 200 v. Chr.; wahrscheinlich ist einer der dort Begrabenen von Beruf Baumeister gewesen.

Bild 2 zeigt ein Modell dieses Kranes. Der Flaschenzug, der an diesem Kran hing, hatte oben drei und unten zwei Rollen. Das Ende des Seils war an der beweglichen Flasche befestigt. Bei diesem Kran wurde also die Gesamtlast auf insgesamt fünf Seilstücke verteilt.

Zum Ziehen des Seiles diente ein Tretrad, das von Menschen angetrieben wurde: Um es in Drehung zu versetzen, mußten mehrere Menschen im Innern des Rades laufen.

1
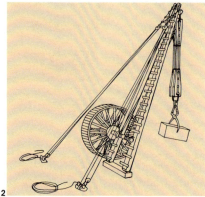
2

Einfache Maschinen

Alles klar?

1 In manchen Situationen bringt es bereits Vorteile, wenn man nur die Richtung der Kraft verändert. Nenne dafür Beispiele.

2 Ein Bauer ist mit einem Traktor samt Anhänger auf sein Feld gefahren. Der Anhänger ist steckengeblieben. Ungefähr in Fahrtrichtung steht ein Baum. Der Bauer holt ein Seil und eine Rolle mit Haken. Dann kuppelt er den Anhänger ab ...
Skizziere, wie der Bauer sich helfen will, und begründe sein Vorgehen.

3 Thomas hangelt an einem Tau hoch, Gabi zieht sich nach oben (Bild 3).

a) Wer von beiden hat es leichter?

b) Gabi macht sich die an der Decke befestigte Rolle zunutze. Welchen Einfluß hat diese Rolle auf Richtung und Betrag der Zugkraft?

4 Wie groß sind die Kräfte in den Bildern 4–8 bei Gleichgewicht? (Die Gewichtskräfte, die auf die Rollen wirken, und die Reibung bleiben unberücksichtigt.)

5 Um bei Flaschenzügen die Zugkraft zu berechnen, sind wir bisher so vorgegangen: Wir haben die Gewichtskraft, die auf die Last wirkt, durch die Anzahl der tragenden Seilstücke dividiert.
Ob man so auch bei Bild 9 vorgehen kann? Einige Fragen werden dir helfen:

a) Auf wie viele Seilstücke verteilt sich bei der Anordnung nach Bild 9 die Last?

3

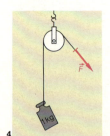
4
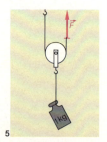
5
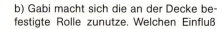
6
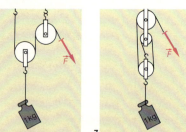
7
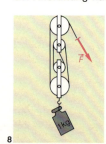
8
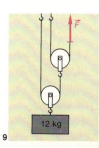
9

172

Einfache Maschinen

b) Wie groß sind die in den einzelnen Seilstücken wirkenden Kräfte?

c) Welche Kraft würde ein Kraftmesser anzeigen?

d) Woran liegt es, daß das übliche Berechnungsverfahren hier versagt?

6 *Leonardo da Vinci* (1452–1519) wies nach, daß die Gesetze, die für die Rollen gelten, auch aus dem *Hebelgesetz* hergeleitet werden können (Bilder 10 u. 11).

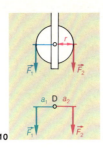
10

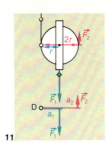
11

a) Welche Anordnung ist mit dem zweiseitigen und welche mit dem einseitigen Hebel vergleichbar?

b) Begründe mit dem Hebelgesetz, weshalb bei der in Bild 10 dargestellten Anordnung $F_2 = F_1$ und bei der in Bild 11 dargestellten $F_2 = \frac{1}{2} F_1$ gilt.

Auf einen Blick

Mit einem **Seil** oder einer **Stange** kann man den Angriffspunkt einer Kraft verändern. Der Betrag der Kraft bleibt aber gleich: $F_2 = F_1$.

Man unterscheidet **Rollen**, die an einer Aufhängevorrichtung angebracht sind (*feste Rollen*) und Rollen, die an der Last befestigt sind (*lose Rollen*).

Je nach Anordnung der Rollen und Seilführung kann man die Richtung der erforderlichen Zugkraft oder ihren Betrag oder auch beides verändern.

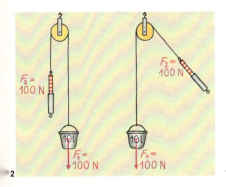
12

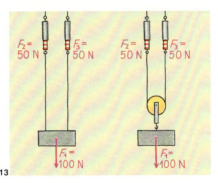
13

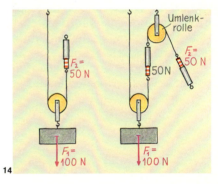
14

Mit dieser Anordnung wird nur die Richtung der Kraft verändert. Man spart keine Kraft ein:

$$F_2 = F_1.$$

Die Gewichtskraft, die auf die Last wirkt, wird auf zwei Seilstücke übertragen und gleichmäßig verteilt:

$$F_3 = F_2 = \tfrac{1}{2} F_1.$$

Auch hier verteilt die lose Rolle die Gewichtskraft auf zwei Seilstücke; die eine Hälfte der Last wird vom Haken getragen. Die feste Rolle verändert nur die Richtung der Kraft.

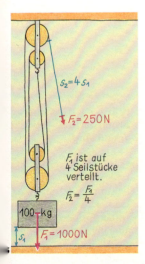
15

Bei einem **Flaschenzug** sind mehrere Rollen in zwei Gruppen (*Flaschen*) zusammengebaut. Die Gewichtskraft F_1, die auf die Last wirkt, wird gleichmäßig auf mehrere Seilstücke verteilt.

Wenn n die Anzahl der tragenden Seilstücke ist, gilt für die Zugkraft F_2 (bei Gleichgewicht):

$$F_2 = \frac{F_1}{n}.$$

Da immer Reibungskräfte auftreten und da mit der Last auch die untere Flasche angehoben wird, muß die Zugkraft in der Praxis größer sein als

$$\frac{F_1}{n}.$$

Damit eine Last um die Strecke s_1 angehoben wird, muß man das Seilende n-mal so weit ziehen:

$$s_2 = n \cdot s_1.$$

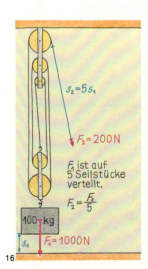
16

Die Arbeit

1 Arbeit – physikalisch betrachtet

Herr Marten ist Lehrer. Er korrigiert gerade Hefte (Bild 1).

Handelt es sich bei dieser Tätigkeit um Arbeit? Nun, er selbst ist sicher der Meinung, daß er arbeitet. Doch im physikalischen Sinne verrichtet er **keine Arbeit!**

Hier geht Herr Marten seinem Hobby nach: Bergsteigen (Bild 2). Die Hefte sind vergessen, die Schule ist weit. An *Arbeit* denkt er nicht.

Und doch: Gerade jetzt wird ein Physiker sagen, daß Herr Marten **Arbeit** verrichtet!

V 1 Dieser Versuch soll nahelegen, was man in der Physik als Arbeit bezeichnet: Ein Körper wird um die Strecke h angehoben – einmal auf direktem Wege und einmal mit Hilfe eines schräg gestellten Brettes (Bild 3). Das Brett nennt man *schiefe Ebene*.

Miß jeweils die erforderliche Kraft F und den zurückgelegten Weg s. Notiere die Meßwerte in einer Tabelle.

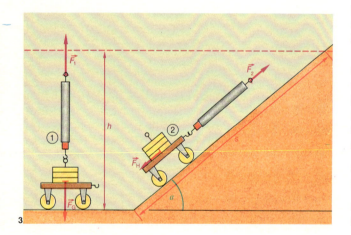

a) Der Wagen wird an einen Kraftmesser angehängt und auf direktem Wege hochgehoben. (Die Geschwindigkeit soll konstant sein, wenn du die Kraft abliest.)

Vergleiche die gemessene Kraft F_1 mit der Gewichtskraft F_G, die auf den Wagen wirkt.

b) Baue eine schiefe Ebene auf.

Bestimme den Weg s, den der Wagen zurücklegen muß, um wieder den Höhenunterschied h zu überwinden. Achte bei der Messung von F_2 darauf, daß du den Kraftmesser parallel zur schiefen Ebene hältst.

Noch ein *Tip*, wie du den Einfluß der Reibungskraft ausschalten kannst: Ziehe den Wagen zunächst mit konstanter Geschwindigkeit hoch, und lies dabei die Kraft ab. Bestimme dann die Kraft, die zum gleichmäßigen Hinablassen des Wagens nötig ist. Der Mittelwert zwischen diesen beiden Meßwerten entspricht der Kraft, die du ohne Reibung beim Hochziehen ausüben müßtest.

c) Wiederhole den Versuch für unterschiedliche Steigungswinkel der schiefen Ebene (bei gleicher Hubhöhe).

d) Ergänze die Tabelle um eine Spalte, in die du das Produkt aus F und s einträgst. Formuliere das Ergebnis.

Info: Die Definition der Arbeit

Beim Heben eines Körpers spart man mit einem Flaschenzug Kraft. Dafür muß man aber mehrere Meter Seil durch den Flaschenzug ziehen, um den Körper um nur 1 m anzuheben.

Wenn man denselben Körper mit verschiedenen Flaschenzügen um 1 m anhebt, stellt man fest: Je kleiner die Kraft ist, mit der man am Seil ziehen muß, desto länger ist der Weg, auf dem diese Kraft wirken muß. Dabei bleibt das Produkt aus Kraftbetrag und Weg konstant.

Dieses Produkt scheint also eine besondere Bedeutung zu haben.

Unsere Vermutung wird auch durch entsprechende Versuche mit der schiefen Ebene gestützt: Auch dort ändert sich das Produkt aus Kraftbetrag und Weg bei unterschiedlichen Steigungen nicht (wenn die Hubhöhe konstant bleibt).

Wir müssen allerdings beachten, daß bei all diesen Versuchen ganz spezielle Bedingungen erfüllt waren:
○ Der Betrag der Kraft war auf dem ganzen Weg konstant.
○ Die Kraft war immer parallel zum Weg gerichtet.

Für konstante Kräfte in Wegrichtung definieren wir: Arbeit ist das Produkt aus Kraft(betrag) und Weg.
$W = F \cdot s.$

Das Formelzeichen W für Arbeit ist von engl. *work* abgeleitet.

Wenn die Kraft zwar parallel zum Weg gerichtet ist, sich aber ihr Betrag auf dem Weg *ändert*, wird auch Arbeit verrichtet; nur können wir dann nicht so leicht angeben, wie groß sie ist.

Allgemein gilt: Arbeit wird verrichtet, wenn ein **Weg** zurückgelegt wird und dabei eine **Kraft in Wegrichtung** wirkt.

Aufgaben

1 Bild 5 zeigt Beispiele für verschiedene Arbeiten.

a) Begründe jeweils, daß im physikalischen Sinne gearbeitet wird.

b) Die dargestellten Formen der Arbeit haben besondere Namen: *Spannarbeit, Verformungsarbeit* und *Beschleunigungsarbeit.* Ordne zu!

c) Was versteht man unter *Hubarbeit*, was unter *Reibungsarbeit*?

d) Nenne weitere Beispiele, in denen physikalische Arbeit verrichtet wird. Um welche Form der Arbeit handelt es sich jeweils?

2 In Bild 6 zieht ein Kran Paletten mit Steinen nach oben.

a) Vergleiche jeweils die Arbeiten, die bei den Beispielen B–F verrichtet werden, mit der Arbeit von Beispiel A.

b) Auf jeden Stapel Steine wirkt eine Gewichtskraft von 6000 N. Die Stockwerke sind jeweils 3 m hoch. Berechne die Arbeiten.

c) Gib mehrere Möglichkeiten an, bei denen der Kran von Bild 6 genau sechsmal soviel Arbeit wie in Beispiel A verrichtet.

3 Welcher mathematische Zusammenhang besteht zwischen Arbeit und Kraft (bei konstantem Weg)?
Wie hängen Arbeit und Weg zusammen (bei konstanter Kraft)?

4 Ein Pkw ($F_G = 10000$ N) fährt 1 km mit konstanter Geschwindigkeit. Welche Form der Arbeit wird verrichtet?
Kannst du die Arbeit berechnen? Begründe deine Antwort.

5 Beim Spannen einer Feder verrichtet man Spannarbeit. Weshalb kann diese Arbeit nicht mit der Formel $W = F \cdot s$ berechnet werden?

6 Sabine zieht ihren Bruder auf dem Schlitten (Bild 7). Sie legt einen Weg von 300 m zurück und zieht mit einer konstanten Kraft von 50 N.

a) Michael will die verrichtete Arbeit berechnen; er rechnet so:
$W = F \cdot s$;
$W = 50$ N $\cdot 300$ m $= 15000$ Nm.
Das Ergebnis ist falsch. Gib an, welche Fehler Michael gemacht hat.

b) Wie muß man hier vorgehen, um die zum Transport des Schlittens verrichtete Arbeit zu berechnen? Wie groß ist diese Arbeit?

c) Gib eine Definition der Arbeit für den Fall, daß Kraft und Weg nicht parallel gerichtet sind.
Welche Bedingung muß immer noch erfüllt sein?

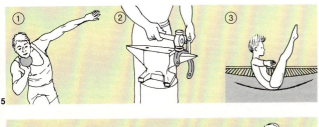

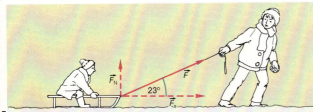

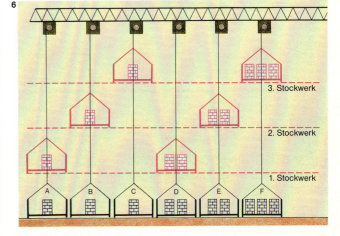

Ist die Kraft *senkrecht* zu dem zurückgelegten Weg gerichtet, so wird *keine Arbeit* verrichtet.
Beispiel: Beim Tragen einer Tasche mußt du eine nach oben gerichtete Kraft ausüben, um die Gewichtskraft auszugleichen. Die Kraft ist senkrecht zum Weg und spielt daher für die Arbeit keine Rolle.

Aus der Gleichung $W = F \cdot s$ ergibt sich als Einheit der Arbeit 1 N $\cdot$ 1 m = 1 Nm (Newtonmeter). Eine Arbeit von 1 Nm wird z. B. verrichtet, wenn ein Weg von 1 m zurückgelegt wird und wenn dabei

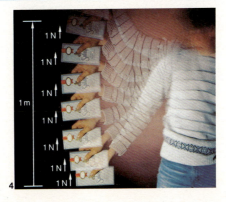

in Wegrichtung stets eine Kraft von 1 N wirkt. Die Arbeitseinheit hat einen besonderen Namen; sie heißt **1 Joule** (1 J).
1 N $\cdot$ 1 m = 1 Nm = 1 J.
Den Namen *Joule* (sprich: dschūl) hat man der Arbeitseinheit zu Ehren des englischen Physikers *James Prescott Joule* (1818-1899) gegeben.
Bild 4 zeigt ein Beispiel für die Arbeitseinheit: Zum Heben einer Tafel Schokolade (Masse: 100 g) benötigst du eine Kraft von etwa 1 N. Wenn du sie um 1 m anhebst, verrichtest du eine Arbeit von ca. 1 Nm oder 1 J.

Die Arbeit

2 Alle reden von Arbeit ...

Was man in der Physik *Arbeit* nennt, unterscheidet sich von dem, was man in der Umgangssprache unter Arbeit versteht. So umfaßt der physikalische Arbeitsbegriff z. B. keine geistigen Tätigkeiten. Und auch nicht alle körperlich anstrengenden Tätigkeiten sind Arbeit im physikalischen Sinn.

○ Beschreibe, was man in der Umgangssprache unter *Arbeit* versteht.

○ Die Bilder 1–4 zeigen verschiedene Situationen.
Überlege jeweils, ob im physikalischen oder im umgangssprachlichen Sinn gearbeitet wird. Begründe deine Antworten.

○ Bei welchen der folgenden Tätigkeiten handelt es sich um Arbeit im physikalischen Sinn? Begründe deine Auswahl.
a) Der *Arzt* schreibt ein Rezept aus.
b) Ein *Elektromotor* treibt eine Pumpe an.
c) Ein *Elektromagnet* zieht einen Nagel hoch.
d) *Karin* lernt Formeln für eine Mathematikarbeit.
e) Ein *Arbeiter* hält einen schweren Balken fest.
f) *Sabine* fährt mit einem Bus nach Hause.
g) *Matthias* klettert auf einen Baum.
h) *Marion* zündet ein Streichholz an.
i) Beim Sportfest läuft *Uwe* 100 m.

3 Kann man Arbeit einsparen?

Aufgaben

1 Stelle zunächst fest, wie groß die Gewichtskraft ist, mit der dein Körper nach unten gezogen wird.

a) Wieviel Arbeit wird verrichtet, wenn du vom Keller in dein Zimmer steigst, ohne etwas zu tragen?

b) Welche Rolle spielt dabei die Steigung („Steilheit") der Treppe?

c) Berechne die Arbeit, wenn du beim Hochsteigen noch einen 25 kg schweren Koffer trägst.

d) Wie ändert sich die von dir verrichtete Arbeit, wenn du mal stehenbleibst? Welchen Einfluß hat es auf die Arbeit, wenn du den Koffer zwischendurch absetzt?

2 Frank und Michael gelangen auf verschiedenen Wegen nach oben (Bild 5). Unter welcher Bedingung sind die verrichteten Arbeiten gleich groß?

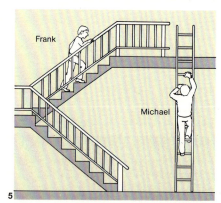

3 Auf einer Baustelle soll eine Last (420 kg) mit einer Motorwinde und einem Flaschenzug um 6 m angehoben werden. Der Flaschenzug hat zwei Flaschen mit je drei Rollen, die Motorwinde steht neben der Last.

a) Wie groß muß die Zugkraft mindestens sein?

b) Berechne die Arbeit der Motorwinde aus der Länge des aufgewickelten Seils und der Zugkraft.

c) Vergleiche mit der Arbeit beim direkten Hochheben.

4 Ein Faß (60 kg) wird auf einen Wagen geladen (Bild 6).

a) Wie groß ist die Kraft, die zum *Hochheben* des Fasses nötig ist?

b) Berechne die verrichtete Arbeit.

c) Das *Hochrollen* auf einer schiefen Ebene geht viel einfacher (Bild 7). Dafür ist der Weg viermal so lang. Wie groß ist jetzt die verrichtete Arbeit? Ermittle die erforderliche Kraft.

5 Die Feuerwehr pumpt einen überfluteten Keller leer. Das Wasser wird zu einem 2,70 m höher gelegenen Straßengully „angehoben". Die Motorpumpe verrichtet dabei eine Hubarbeit von 54 000 Nm.
Wieviel Liter Wasser wurden hochgepumpt?

6 Im Supermarkt: Michael schiebt mit einer Kraft von 90 N Ware aus dem Lager zu einem Regal. Dabei verrichtet er eine Arbeit von 3150 J.
Berechne den Weg, den Michael zurückgelegt hat.
Welche Annahme mußt du für diese Rechnung machen?

7 Frank will seinen Bruder auf einem Schlitten ziehen.
Von der Länge des Zugseils hängt die Richtung der Zugkraft ab (Bild 8); deshalb überlegt er, ob es sich lohnt, ein anderes Seil anzubinden.
Hätte er es mit einem längeren oder kürzeren Seil leichter?

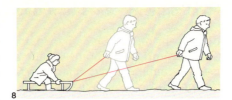
8

Welchen Einfluß hat die Länge des Seils auf die verrichtete Arbeit?

8 Die physikalischen Größen *Drehmoment* und *Arbeit* sind etwas ganz Verschiedenes, obwohl man beide in der Einheit *Newtonmeter* angibt.

a) Bei beiden Größen wird ein Kraftbetrag mit einer Länge multipliziert. Worin liegt der Unterschied?

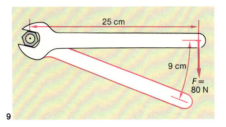
9

b) Berechne die Arbeit, die man beim Drehen des Schraubenschlüssels von Bild 9 verrichten muß.

c) Wie groß ist die Arbeit, wenn die Schraube mit einem 12,5 cm (50 cm) langen Schraubenschlüssel um den gleichen Winkel gedreht wird?

9 Karl fährt mit seinem Fahrrad (ohne Gangschaltung) auf ebener Straße zu seinem Freund, der 5 km weit entfernt wohnt. Da Karl starken Gegenwind hat, muß er besonders kräftig in die Pedale treten. Auf dem Rückweg hat er es viel leichter...

a) Überlege zunächst, welche Art Arbeit beim Radfahren auf ebener Strecke verrichtet wird.

b) Bei welcher der beiden Fahrten hat Karl mehr Arbeit verrichtet? Begründe deine Antwort.

c) Wovon hängt es vor allem ab, wie groß die Arbeit beim Radfahren auf ebener Strecke ist?

Info: Die Goldene Regel der Mechanik

Heute besitzen die meisten Fahrräder eine Gangschaltung. Nimm einmal an, daß ein Radfahrer mit einer bestimmten Geschwindigkeit eine bestimmte Strecke bergauf fahren will. Er kann wählen, ob er beim Treten eine große oder eine kleine Kraft ausüben will.

Im „Berggang" ist zum Treten eine kleine Kraft notwendig; es wird *Kraft gespart*. Dafür muß aber der Radfahrer viel öfter treten, um die Strecke zurückzulegen; die Tretkurbeln legen also insgesamt einen *langen Weg* zurück.

Wenn der Radfahrer dagegen im „Schnellgang" etwas von diesem *Weg einspart*, muß er beim Treten eine *größere Kraft* ausüben. Die verrichtete Arbeit ist in beiden Fällen gleich.

Diesen Zusammenhang faßt man in der **Goldenen Regel der Mechanik** zusammen:
Wenn man Kraft spart, muß man einen größeren Weg zurücklegen. Und umgekehrt: *Wenn man Weg spart, muß man eine größere Kraft einsetzen.* **Das Produkt aus Kraft(betrag) und Weg bleibt dabei konstant.**

Diese Regel gilt nicht nur für das Fahrradgetriebe. Sie gilt für alle Zahnräder, Rollen, Flaschenzüge, Hebel, schiefe Ebenen...

Man nennt diese Geräte auch **einfache Maschinen.**

Mit einfachen Maschinen kann man die erforderliche Kraft verringern. Die Krafteinsparung „bezahlt" man aber mit einer *Verlängerung des Weges*, auf dem die Kraft wirken muß.

Bild 10 zeigt das für den Flaschenzug: Zum Heben ist nur eine kleine Kraft nötig; man muß aber mehrere Meter Seil aufwickeln, damit sich die Last um nur einen Meter bewegt. Die Arbeit ist mit und ohne Flaschenzug gleich groß.

Es gibt keine Maschine, mit der man die Arbeit verringern kann. Arbeit läßt sich nicht einsparen.

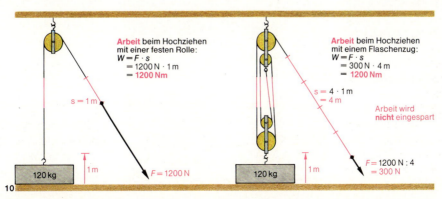
10

Aus der Geschichte: **So entstand das Fahrrad**

In der Physik spricht man nur dann von **Arbeit**, wenn man einen **Weg** zurücklegt und dabei eine **Kraft in Wegrichtung** ausübt. Sicher haben auch schon unsere Vorfahren erkannt, daß man schon arbeiten muß, wenn man nur den eigenen Körper bewegt – etwa dann, wenn man ihn beim Treppensteigen oder Klettern hochheben muß.

Doch auch beim Gehen oder Laufen auf ebener Strecke verrichtet man Arbeit: Bei jedem Schritt hebt man nämlich den eigenen Körper ein kleines Stück weit an (Bild 1). Die Beine ermüden zusätzlich durch das Tragen des Körpergewichts – selbst wenn man stillsteht.

1 Beim Gehen wird z.B. Hubarbeit verrichtet.

Da ist es keineswegs erstaunlich, daß zu Beginn des vorigen Jahrhunderts der Freiherr *Karl von Drais* sich eine Art der Fortbewegung überlegte, bei der die Beine vom Körpergewicht entlastet wurden. Bei der von ihm vorgeschlagenen Fortbewegungsart blieb außerdem der Schwerpunkt des Körpers stets auf gleicher Höhe – die beim Gehen erforderliche Hubarbeit entfiel also.

Drais baute ein **Laufrad** aus Holz (Bild 2), das er 1817 in Mannheim vorführte. So wie ein Reiter sein Pferd besteigt, schwang sich Drais auf sein Laufrad. Dann stieß er sich mit beiden Füßen vorwärts. Das Laufrad war auf ebener Strecke (und erst recht bergab) sogar *schneller* als Roß und Reiter.

Die Zeitungen meldeten: *„Freiherr von Drais lief von Mannheim nach Schwetzingen in einer kleinen Stunde – die Postkutsche braucht dafür vier Stunden."*

Um 1850 bekam das Vorderrad Tretkurbeln und Pedale. Die Kurbeln waren fest mit dem Rad verbunden; eine Radumdrehung erforderte also eine Tretrunde der Kurbeln. Die Räder liefen allerdings so schnell, daß der Fahrer kaum noch mit dem Treten nachkam. Es war dann für ihn unmöglich, kräftig in die Pedale zu treten.

So kam man darauf, die Vorderräder zu vergrößern. Bei 1,50 m Durchmesser legten solche **Hochräder** (Bild 3) mit einer einzigen Raddrehung fast 5 m zurück.

Für eine bestimmte Strecke waren bei einem Hochrad weniger Tretrunden erforderlich als bei einem „Laufrad mit Pedalen". Der Weg, den man mit den Tretkurbeln beschreiben mußte, war also beim Hochrad kleiner; d. h., der Fahrer *sparte Weg ein*. Dafür mußte er mit *größerer Kraft* in die Pedale treten – das war möglich, denn er brauchte nicht mehr so schnell zu treten.

Man mußte allerdings lange üben, bis man auf dem Hochrad das Gleichgewicht halten konnte. Auch das Lenken war schwierig, weil das drehbare Vorderrad bei jeder Kurve die Schenkel des Fahrers berührte. Dessen Hosen sahen nach längerer Fahrt wie Putzlappen aus.

Hochräder waren nicht ganz ungefährlich. Gefürchtet waren vor allem die „Kopfstürze". Ein Fahrer, der gegen ein Hindernis fuhr, konnte leicht nach vorne stürzen und sich schwer verletzen.

Ungefährlicher wurde das Radfahren erst, als ab 1888 **Niederräder** (Bild 4) gebaut wurden. Sie wurden in der Werbung damals als „Sicherheitsräder" angepriesen.

Seither hat sich die Grundform des **Fahrrads** – wie wir es heute nennen – kaum verändert. Der Komfort wurde aber immer weiter vergrößert: Luftgefüllte Gummireifen, Freilauf für die Fahrt bergab, Rücktrittbremse und Gangschaltung kamen hinzu – alles Dinge, auf die du bei deinem eigenen Fahrrad bestimmt nicht mehr verzichten möchtest.

Auch heute ist das Fahrrad ein beliebtes Fortbewegungsmittel: Radfahren macht Spaß, ist umweltfreundlich, kostengünstig und gesund. Man kommt recht schnell voran, muß keinen Parkplatz suchen und bleibt nicht im Stau stecken.

Fragen und Aufgaben zum Text

1 Erkläre, weshalb man zunächst so gefährliche Hochräder und nicht schon Niederräder baute.

2 Wie erreicht das „Niederrad", das bis heute gebaut wird, trotz der kleinen Räder so hohe Fahrgeschwindigkeiten wie das Hochrad?

Aus Umwelt und Technik: **Der Fahrradantrieb**

Rennräder und viele Sporträder haben eine Kettenschaltung mit 10 oder sogar 12 Gängen (Bild 6): 2 Kettenräder vorn und 5 oder 6 Zahnräder hinten.

Welchen Sinn haben diese vielen Zahnräder?

Die Tretkurbeln mit den Pedalen sind fest mit dem Kettenrad verbunden. Die Kette überträgt den Antrieb auf die kleinen Zahnräder an der Hinterachse.

Das Kettenrad der Bilder 6 u. 7 hat 52 Zähne. Wenn die Kurbel eine Umdrehung macht, dreht sich das kleine Zahnrad hinten ebenfalls um 52 Zähne weiter. Das bedeutet für dieses Zahnrad mit seinen 13 Zähnen: Es läuft *viermal* um, während sich das Kettenrad nur *einmal* dreht. Man sagt dazu: Die Übersetzung beträgt 1 : 4. Da das kleine Zahnrad mit dem Hinterrad fest verbunden ist, dreht sich das Hinterrad ebenfalls *viermal* bei nur *einer* Kurbeldrehung.

Das bedeutet für ein Fahrrad mit „27er Rädern", die einen Umfang von etwa 215 cm haben (Bild 8): Bei einer einzigen Kurbeldrehung (Tretrunde) legt es eine Strecke (einen Weg) von 4 · 215 cm = 8,60 m zurück. Für ein schnelles Fahren auf ebener Strecke oder bergab ist dieser **„Schnellgang"** (1 : 4-Übersetzung) also gerade richtig.

Willst du aber mit dem „Schnellgang" einen Berg hinauffahren, wird das Treten für dich zur Qual. Du mußt die Gangschaltung betätigen, um überhaupt noch vorwärts zu kommen. Das heißt: Du mußt ein anderes Zahnrad mit dem Kettenrad verbinden. Mit dem **„Berggang"** (1 : 2-Übersetzung) wird das Treten wieder leichter (Bilder 9 u. 10).

Die Bilder 11 u. 12 machen den Unterschied zwischen einem „Berggang" und einem „Schnellgang" deutlich:

Im „Berggang" mußt du nur eine kleine Kraft auf die Pedale ausüben. Um 25 m zurückzulegen, sind aber jetzt sechs Tretrunden mit der Tretkurbel nötig. Im „Schnellgang" reichen für die gleiche Fahrstrecke drei Tretrunden aus; allerdings ist die zum Treten erforderliche Kraft größer.

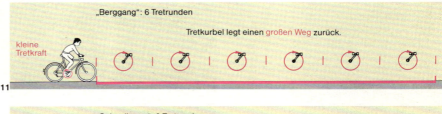

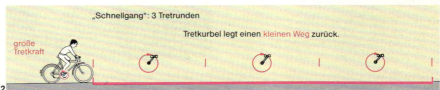

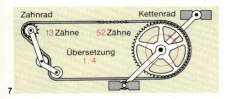

4 Das Arbeitsdiagramm

Aufgaben

1 In Bild 1 ist ein Vorgang dargestellt, bei dem gearbeitet wurde. Eine solche Darstellung nennt man **Arbeitsdiagramm**.

Jeder der eingezeichneten Punkte kennzeichnet mit seiner ersten Koordinate eine ganz bestimmte Stelle des Weges s; die zweite Koordinate gibt an, welche Kraft F (in Wegrichtung) an dieser Stelle wirkte.

a) Welcher Weg wurde bei dem hier dargestellten Arbeitsvorgang insgesamt zurückgelegt?

b) Woran erkennt man, daß die Kraft längs des ganzen Weges konstant war? Wie groß war diese Kraft?

c) Wodurch wird die verrichtete Arbeit im Diagramm dargestellt?

d) Welche Bedeutung hat eine Fläche von $1\,cm^2$ in diesem Arbeitsdiagramm?

2 Hier sind zwei weitere Arbeitsvorgänge graphisch dargestellt worden (Bilder 2 u. 3).

Wie kannst du ohne Rechnung erkennen, bei welchem Vorgang mehr Arbeit verrichtet wurde?

Berechne auch die Arbeiten.

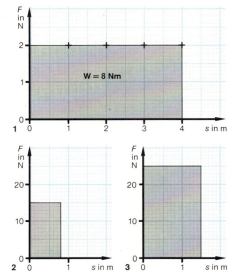

3 Stelle in einem Achsenkreuz dar:
① Markus (60 kg) klettert auf einen 250 m hohen Berg.
② Steffi (50 kg) klettert 300 m hoch.

4 Auf einer Baustelle werden 60 kg Steine in ein 5 m hoch gelegenes Stockwerk gebracht.

Stelle folgende Möglichkeiten als Arbeitsdiagramm dar. (Nur die an den *Steinen* verrichtete Hubarbeit soll berücksichtigt werden.)

① Sämtliche Steine werden auf einmal getragen.
② Man trägt jeweils 20 kg, geht aber dreimal.
③ Man trägt jeweils 10 kg, …
Woran erkennt man, daß die Arbeit in allen drei Fällen gleich ist?

5 Gaby muß zwei Koffer 8 m hoch in die dritte Etage eines Hauses tragen. Die Koffer haben jeweils eine Masse von 12 kg. Nach der Hälfte des Weges werden sie ihr zu schwer. Sie setzt einen Koffer ab und holt ihn dann etwas später nach.

a) Zeichne für den gesamten Vorgang ein Arbeitsdiagramm. (Berücksichtige dabei nur die an den Koffern verrichtete Arbeit.)

b) Kann auch hierbei die Arbeit durch eine Fläche dargestellt werden? Begründe deine Antwort.

6 Eine Stahlfeder (Federkonstante $D = 20\,\frac{N}{cm}$) wird um 35 cm gedehnt.

a) Zeichne für diesen Vorgang das F-s-Diagramm.

b) Wie könnte man für diesen Fall die verrichtete Arbeit bestimmen?

Die Arbeit

Alles klar?

1 Über einem Neubau hängt die Richtkrone am Kran. Sie wiegt 50 kg und hängt 30 m hoch.

Harry hat ausgerechnet, wieviel Arbeit der Kran verrichtet, während die Krone oben hängt:

„Die Krone wird mit einer Kraft von 500 N nach unten gezogen. Also verrichtet der Kran die ganze Zeit über eine Arbeit von 500 N · 30 m = 15 000 Nm", behauptet er. Hat er recht? Begründe!

2 Diese Gebirgsstraße schlängelt sich in vielen Windungen bergan (Bild 4). Sol-

che Straßen bezeichnet man als *Serpentinen*. Welchen Sinn haben sie?

3 Für die physikalische Arbeit gibt es kein besonderes Meßgerät wie z. B. für die Temperatur das Thermometer. Trotzdem kann man ermitteln, wie groß eine Arbeit ist. Wie geht man dabei vor?

4 Die Feuerwehr pumpt 40 000 Liter Wasser aus einem überschwemmten Keller. Wieviel Hubarbeit verrichtet die Pumpe, wenn das Wasser 2,50 m hochgepumpt wird?

Die Arbeit

Auf einen Blick

Was versteht man in der Physik unter Arbeit?

Arbeit wird verrichtet, wenn auf einen Körper längs seines Weges eine Kraft *in Wegrichtung* wirkt.

Wenn dagegen die Richtung der Kraft *senkrecht zum Weg* ist, wird keine Arbeit verrichtet.

Ist die Kraft *schräg zum Weg* gerichtet, kann sie zerlegt werden: in eine Komponente in Wegrichtung und in eine Komponente, die dazu senkrecht ist. Für die Arbeit ist nur die *Komponente in Wegrichtung* von Bedeutung.

Für den Fall, daß der Betrag F_s der Kraft(komponente) in Wegrichtung auf dem ganzen Weg s konstant ist, definiert man:

Die **Arbeit W** ist das Produkt von Kraftkomponente F_s und Weg s.
$W = F_s \cdot s$.

Gemäß der Definition $W = F_s \cdot s$ ist die Arbeit
○ proportional zu der Kraftkomponente F_s (s konstant) und
○ proportional zu dem zurückgelegten Weg s (F konstant).

Aus der Definition ergibt sich auch die **Einheit** der Arbeit:

Da die Kraft in N und der Weg in m gemessen wird, ist die Einheit der Arbeit $1\,N \cdot 1\,m = $ **1 Nm**. Man nennt sie auch **1 J** (Joule). $1\,Nm = 1\,J$.
Beispiel: $F_s = F = 1200\,N$; $s = 7\,m$
$W = F_s \cdot s = 1200\,N \cdot 7\,m = 8400\,Nm$

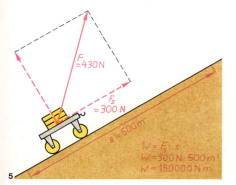
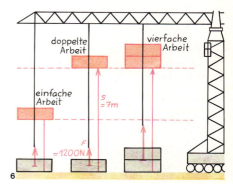

Welche Formen der Arbeit gibt es?

Beim Hochheben einer Last wird **Hubarbeit** verrichtet (Gewichtheber, Kran, Aufzug).

Verformungsarbeit tritt beim Verformen oder Zerbrechen eines Körpers auf (Ton kneten, Pappe zerreißen).

Elastische Körper werden durch **Spannarbeit** gedehnt und gespannt (Gummiband, Stahlfeder).

Beschleunigungsarbeit und **Reibungsarbeit** sind zwei weitere Formen mechanischer Arbeit.

Die Goldene Regel der Mechanik

Kräfte kann man einsparen. Man benötigt dafür *einfache Maschinen* (Hebel, feste und lose Rollen, Flaschenzüge und schiefe Ebenen).

Mit einfachen Maschinen spart man zwar Kraft; dafür ist aber der **Weg**, den man zurücklegt, länger. Das Produkt aus Kraft und Weg – die Arbeit – bleibt dabei *konstant*.

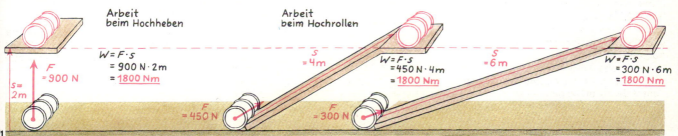

Diesen Zusammenhang bezeichnet man als **Goldene Regel der Mechanik**.

Die Leistung

Was versteht man unter Leistung?

Müllers Keller steht unter Wasser. Jörg Müller hat die Höhe des Wasserstandes gemessen und ausgerechnet, daß 20 000 l Wasser eingedrungen sind. Das Wasser muß zum Straßengully gepumpt werden, der 2,70 m höher liegt.

Zusammen mit seinem Vater eilt Jörg in ein Fachgeschäft. Dort zeigt ihnen der Verkäufer verschiedene elektrische Wasserpumpen.

Jörg gibt zu bedenken: „Wir brauchen eine Pumpe, die eine Arbeit von mindestens 540 000 Nm verrichten kann."

Der Verkäufer erwidert: „Das schaffen alle unsere Pumpen. Nur brauchen sie unterschiedlich lange dafür. Sie wollen doch sicher, daß der Keller möglichst schnell leer gepumpt wird. Dann brauchen Sie eine Pumpe mit hoher *Leistung*."

○ Wie hat Jörg die Arbeit berechnet?

○ Pumpe 1 benötigt 10 s, um 200 l Wasser zum Gully zu befördern (bei 2,70 m Hubhöhe). Pumpe 2 kann in der gleichen Zeit 300 l Wasser hochpumpen. Pumpe 3 braucht nur 4 s für 200 l Wasser. Vergleiche die Leistungen der Pumpen.

○ Von welchen physikalischen Größen hängt die Leistung ab? Versuche eine Formel aufzustellen, mit der man die Leistung berechnen kann.

V 1 Mit einer kleinen elektrischen Pumpe (z. B. einer Aquarienpumpe) wird Wasser von einem Becherglas in ein zweites gepumpt.

Die Leistung der Pumpe bei verschiedenen Hubhöhen soll ermittelt werden.

Welche Größen muß man messen, um die Leistung berechnen zu können? Lege eine Tabelle an.

V 2 In diesem Versuch geht es um deine eigene Höchstleistung.

a) Überlege zunächst, wie du deine Leistung beim Treppensteigen bestimmen kannst. Welche Größen mußt du dazu messen?

b) Laufe so schnell du kannst eine Treppe hinauf. Führe die Messungen durch, und berechne deine Leistung.

V 3 Ermittle die Leistung eines Motors, der mit Hilfe eines Flaschenzuges verschiedene Lasten hochzieht.

V 4 Eine von einem Windrad angetriebene Seilwinde (Bild 1) hebt nacheinander unterschiedliche Wägestücke hoch. Wie groß ist jeweils die Leistung?

V 5 Auch so können wir die Leistung eines Motors messen (Bild 2): Ein Nylonfaden ist mehrmals um einen Metallzylinder gewickelt. Ein Ende des Fadens ist an einem Haken befestigt, am anderen Ende hängt ein Wägestück.

Der Zylinder ist fest mit der Welle des Motors verbunden. Beim Drehen des Zylinders soll das Wägestück seine Lage beibehalten; gleichzeitig soll das am Haken befestigte Ende des Fadens völlig entlastet sein.

a) Durch welche Kraft wird das Wägestück gehalten?

b) Wie groß ist die Kraft, die der Zylinder auf den Faden ausüben muß, damit das Wägestück in seiner Position bleibt?

c) Berechne die *Arbeit*, die der Motor bei einer Umdrehung des Zylinders verrichtet. Welche Größe muß dazu noch gemessen werden?

d) Wie können wir jetzt die *Leistung* des Elektromotors bestimmen?

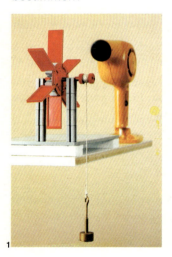

1

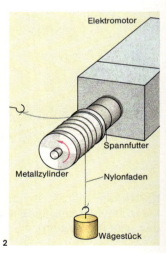

2

Aus der Geschichte: Von Pferdestärken und Feuermaschinen

Seit etwa 5000 Jahren ist das Pferd ein Haustier. Es half dem Menschen, Felder zu bestellen, Mühlsteine zu drehen, Wagen zu ziehen oder große Entfernungen zurückzulegen.

Leistungen von Pferden dienten früher dazu, die Größen von Ländereien anzugeben: Ein *Morgen* war die Fläche, die ein Pferdegespann im Laufe eines Morgens umpflü-

gen konnte. (Zum Beispiel war 1 Morgen in Westfalen eine Fläche von ungefähr 2500 m², in Württemberg eine Fläche von 3150 m².)

Bis zum 18. Jahrhundert blieben Tiere (neben dem fließenden Wasser) die wichtigste „Energiequelle" – auch im Bergbau: So zogen Grubenpferde Wagen mit Kohle durch die Stollen. Pferde trieben auch die Vorrichtungen an, mit denen das Grubenwasser gehoben wurde. Sie liefen dazu (in *Göpeln*) tagelang im Kreis herum. Wenn die Leistung der Pferde zum Heben des Wassers nicht mehr ausreichte, mußte die Grube aufgegeben werden.

1712 stellte *Thomas Newcomen* in England eine Wasserpumpe vor, die von einer „Feuermaschine" angetrieben wurde (Bild 3). Mehr als 100 solcher „Feuermaschinen" wurden gebaut, obwohl sie sehr unwirtschaftlich arbeiteten und nur ein geringer Teil der eingesetzten Energie zum Arbeiten genutzt wurde. Spötter behaupteten, man würde für die Feuerung des Dampfkessels gerade soviel Kohle benötigen, wie ein Bergwerk fördern könne.

Im Jahre 1769 erhielt *James Watt* ein Patent auf „eine neue Methode zur Senkung des Dampf- und Brennstoffverbrauchs bei Feuermaschinen". Tatsächlich konnte er mit seinen Dampfmaschinen etwa zwei Drittel des Brennstoffes gegenüber Newcomens Pumpen einsparen. Bald gab es in ganz Europa Watts Dampfmaschinen.

Die Ausbreitung der Dampfmaschine stand in engem Zusammenhang mit der *industriellen Revolution*.

Wie groß war die **Leistung** von Watts Dampfmaschine?

Watt rechnete den Bergwerksbesitzern vor, wieviel Pferde sie an den Göpeln durch seine Maschine einsparen könnten. Wenn diese z. B. so viel leistete wie 12 Pferde, sagte er: „Die Maschine hat 12 Pferdestärken" (abgekürzt: 12 PS). Richtig hätte es eigentlich „Pferdeleistungen" heißen müssen.

Später stellte Watt Versuche an, um die Leistung eines Pferdes zu messen. Er fand heraus, daß ein Pferd in einer Sekunde eine 75 kg schwere Last um einen Meter hochheben kann (Bild 4). Watt hatte aber offensichtlich ein besonders kräftiges Pferd genommen oder nur kurze Zeit gemessen. Andere Messungen ergaben nämlich, daß die Dauerleistung eines Pferdes viel geringer ist ...

Heute mißt man physikalische Leistungen nicht mehr in PS. Zu Ehren von James Watt hat man die Einheit der Leistung **Watt** (W) genannt.

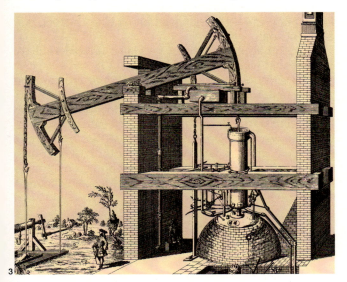

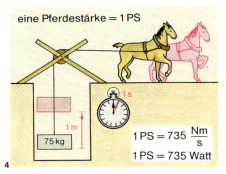

Einige Leistungen

Fahrraddynamo	3 W
Mensch	
Dauerleistung	70 W
Höchstleistung	1 400 W
Mofa	1 100 W
Mittelklasseauto	60 kW
Lastwagen	320 kW
Elektrolokomotive	5 600 kW
Kraftwerk	1 000 MW
Mondrakete	bis 70 000 MW

eine Pferdestärke = 1 PS

$1 PS = 735 \frac{Nm}{s}$

$1 PS = 735$ Watt

$1 W = 1 \frac{Nm}{s} = 1 \frac{J}{s}$.

1000 W = 1 kW (Kilowatt).

1 000 000 W = 1 MW (Megawatt).

Aufgaben

1 In der Sportstunde klettern Jörg und Gerd an Tauen hoch. Beide schlagen nach genau 7 s in 5 m Höhe an.

a) Der Sportlehrer sagt, beide hätten die gleiche Leistung erbracht, und gibt beiden die gleiche Zensur. Was meinst du dazu?

b) Berechne die Leistung von Gerd (49 kg) und Jörg (56 kg).

2 Nicht alles, was man in der Umgangssprache *Leistung* nennt, ist auch im physikalischen Sinne eine Leistung. Nenne Beispiele dafür.

3 Mehrere Maschinen unterschiedlicher Leistung arbeiten gleich lang. Welcher mathematische Zusammenhang besteht zwischen der verrichteten *Arbeit* und der *Leistung*?

Mit Maschinen unterschiedlicher Leistung soll eine bestimmte Arbeit verrichtet werden. Welcher Zusammenhang besteht zwischen der benötigten *Zeit* und der *Leistung*?

4 Christine (45 kg) klettert innerhalb von einer Stunde auf einen 200 m hohen Berg. Berechne ihre durchschnittliche Leistung.

5 Matthias (48 kg) rennt eine 8 m hohe Treppe ins 3. Stockwerk hinauf. Er errechnet für sich eine Leistung von 320 W (Watt).

Welche Zeit benötigte er?

6 Die Leistung eines Kernkraftwerkes beträgt 1200 MW. Wie viele Automotoren (je 40 kW) haben die gleiche Leistung wie das Kraftwerk?

7 In welcher Zeit müßte ein Auto (800 kg; 40 kW) auf einen 1000 m hohen Berg fahren können, wenn nur Hubarbeit zu verrichten wäre?

Aus Umwelt und Technik: **Autofahren – eine besondere Leistung**

„Unser Auto leistet 55 kW." – „Das ist doch gar nichts. Unseres leistet sogar 110 kW..." Wenn es um Autos geht, steht oft die Leistung im Mittelpunkt. Welche Bedeutung hat eigentlich die Leistungsangabe?

Die Leistung gibt bekanntlich an, wie schnell eine bestimmte Arbeit verrichtet wird. Wenn aber ein Auto in der Garage steht, wird keine Arbeit verrichtet und auch nichts geleistet. Die Leistungsangabe beim Auto sagt aus, wieviel der Motor *maximal leisten kann*.

Wozu die Leistung im einzelnen erforderlich ist, macht Bild 1 deutlich. Angenommen, ein Auto fährt mit konstanter Geschwindigkeit – sagen wir, mit 130 km/h. Obwohl sich der Bewegungszustand des Autos nicht ändert, ist eine Antriebskraft nötig, denn es müssen ja Reibungskräfte ausgeglichen werden. Es wird also Reibungsarbeit verrichtet; der Motor muß *Leistung* erbringen.

Mit wachsender Geschwindigkeit nimmt die Luftreibung immer stärker zu und stellt schließlich den wichtigsten Bewegungswiderstand dar. Zur Überwindung des Luftwiderstandes muß Reibungsarbeit verrichtet werden. Wie groß die dazu erforderliche Leistung ist, hängt stark von der Geschwindigkeit und von der „Windschnittigkeit" der Karosserie ab. Bei einer Geschwindigkeit von 130 km/h wird eine Leistung von ungefähr 24 kW benötigt.

Die Reifen eines Autos werden beim Rollen ständig verformt. Für diese Verformungsarbeit ist eine Leistung von ca. 7 kW nötig.

Zum Antrieb der Lichtmaschine sind außerdem 2 kW erforderlich.

Rund 4 kW dienen dazu, Reibungskräfte im Getriebe und an den Achslagern zu überwinden.

Insgesamt braucht man eine Leistung von etwa 37 kW, um mit 130 km/h zu fahren. Die Höchstleistung moderner Personenwagen liegt meist höher; bei 130 km/h fährt man noch nicht „mit Vollgas". Wenn der Motor z. B. über eine Höchstleistung von 55 kW verfügt, steht also noch eine Leistung von 18 kW zur Verfügung, um Beschleunigungsarbeit zu verrichten.

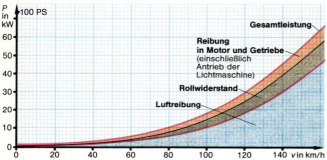

1 Gesamtleistung und zur Überwindung der Luftreibung nötige Leistung in Abhängigkeit von der Geschwindigkeit

Tips zur Reduzierung des Benzinverbrauchs
○ Nicht mit allzu hohen Geschwindigkeiten fahren! Bei hohen Geschwindigkeiten ist der Luftwiderstand besonders groß.
○ Luftwiderstand nicht unnötig durch Dachgepäckträger und Dachlasten erhöhen!
○ Reifendruck kontrollieren! Bei zu geringem Druck verformen sich die Reifen beim Fahren stärker, und der Treibstoffverbrauch steigt.
○ Elektrogeräte nur anschalten, wenn nötig! Auch die Energie z. B. für die Heckscheibenheizung stammt letztlich aus dem Benzin.
○ Schwere Lasten im Kofferraum nicht unnötig „spazierenfahren"! Je größer die Masse des Autos ist, desto mehr Arbeit muß beim Beschleunigen verrichtet werden.
○ Zündung regelmäßig einstellen lassen! Schlecht eingestellte Motoren haben erhöhte Energieverluste.

Aus Umwelt und Technik: **Leistung – Kraft – Geschwindigkeit**

Wenn von Leistung die Rede ist, spielt oft die Geschwindigkeit eine Rolle. Ein Beispiel macht die Zusammenhänge zwischen *Leistung* und *Geschwindigkeit* deutlich:

Mit einem **Förderband** können Steine hochgefördert werden, dabei wird Hubarbeit verrichtet. Wie groß die Leistung des Motors ist, hängt davon ab, wieviel Steine in einer bestimmten Zeit (z. B. in einer Stunde) nach oben befördert werden.

Wenn man in der gleichen Zeit mehr Steine nach oben transportieren und so die Leistung erhöhen will, hat man zwei Möglichkeiten:
○ Man läßt die Geschwindigkeit des Bandes unverändert und verringert den Abstand zwischen den Steinen. Es liegen dann mehr Steine auf dem Band; zum Bewegen des Bandes ist eine größere Kraft erforderlich. Die Leistung ist proportional zur wirkenden Kraft.
○ Man erhöht die Geschwindigkeit des Bandes, ändert den Abstand zwischen den Steinen aber nicht. Die Leistung ist proportional zur Geschwindigkeit des Bandes.

Diese Zusammenhänge gelten ganz allgemein:
○ *Die Leistung ist proportional zur Kraft (bei konstanter Geschwindigkeit).*
○ *Die Leistung ist proportional zur Geschwindigkeit (bei konstanter Kraft).*

Beim **Radfahren** hängt deine Leistung von der Kraft ab, mit der du in die Pedale trittst, und von der Geschwindigkeit, mit der sich die Pedale drehen.

Wenn du in *ebenem Gelände* und auf einer *Bergstrecke* mit gleicher Geschwindigkeit fahren willst, mußt du auf der Bergstrecke mehr leisten. Die größere Leistung auf der Bergstrecke kannst du auf zwei Arten erbringen:

Du fährst im gleichen Gang wie in der Ebene. Dann ist auf der Bergstrecke eine *größere „Pedalkraft"* nötig.

Oder du wählst am Berg einen so kleinen Gang, daß die „Pedalkräfte" auf beiden Strecken gleich groß sind. Dann mußt du aber auf der Bergstrecke *viel schneller treten*.

Es gibt sowohl Traktoren als auch Personenwagen, deren **Motoren** eine Leistung von 50 kW haben. Mit diesen

Motoren erreichen die Personenwagen eine Höchstgeschwindigkeit von etwa 160 km/h, die Traktoren fahren aber höchstens mit 25 km/h. Wie ist das möglich?

Nun, Traktoren sind so gebaut, daß sie schwere Anhänger über zerfurchte Felder ziehen können. Ein Pkw würde das nicht schaffen.

Traktoren können also große Kräfte ausüben, doch nur kleine Geschwindigkeiten erreichen.

Bei Autos ist es umgekehrt: Sie können hohe Geschwindigkeiten erreichen, aber nur kleine Kräfte ausüben.

Du siehst also: *Beide* Größen – die Kraft *und* die Geschwindigkeit – bestimmen die Leistung der Motoren.

Die Leistung

Alles klar?

1 Wie läßt sich die Leistung einer Spielzeug-Dampfmaschine mit Hilfe eines Wägestücks und eines Fadens feststellen?

2 Auf einer Baustelle hebt ein Kran einen Brückenträger (8000 kg) in eine Höhe von 20 m. Er braucht dazu 32 s.
Berechne seine Leistung.

3 Eine Maschine verrichtet in einer Stunde eine Arbeit von 5 400 000 Ws. Die Maschine war in dieser Zeit unterschiedlich belastet; ihre Leistung war also nicht konstant.
Welche Bedeutung hat in diesem Fall der Quotient aus Arbeit und Zeit?

4 In dem Prospekt einer Wasserpumpe steht: „Förderleistung: 180 l/min".
Hat die Förderleistung überhaupt etwas mit der Leistung zu tun?

5 „Unser Auto leistet 90 kW." – „Was, nicht mehr? Unseres hat 120 PS!"...

6 Beim Vergleich von Autoprospekten findet man z. B. Angaben dieser Art:
Die Leistung von Fahrzeug A beträgt 48 kW und seine Höchstgeschwindigkeit 170 km/h. Wagen B hat eine Leistung von 54 kW und erreicht 160 km/h.
Was fällt dir auf? Gib eine Erklärung für die „widersprüchlichen" Angaben.

7 „Mit leistungsstarken Autos fährt man öfter in gefährliche Situationen hinein als aus ihnen heraus." Was ist gemeint?

Auf einen Blick

Was versteht man unter Leistung?

Ein Kran leistet mehr als ein Arbeiter (Bild 2). Er kann nämlich die gleiche Arbeit in kürzerer Zeit verrichten als der Arbeiter; das „Arbeitstempo" des Krans ist größer.

Würde der Kran ebenso lange arbeiten wie der Mensch, würde er in dieser Zeit *mehr* Arbeit verrichten.

In der Physik wird das „Arbeitstempo" durch die Leistung angegeben: Die **Leistung** ist definiert als Quotient aus Arbeit W und Zeit t. Das Formelzeichen der Leistung ist P (von engl. *power*).

$$P = \frac{W}{t}$$

Dabei ist vorausgesetzt, daß in der Zeit t gleichmäßig gearbeitet wurde. Ist das nicht der Fall, gibt der Quotient die *durchschnittliche* Leistung in der Zeit t an.

Aus der Definition ergibt sich als Einheit der Leistung $1 \frac{Nm}{s}$.

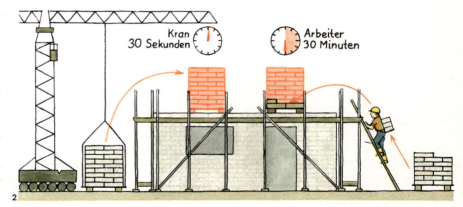

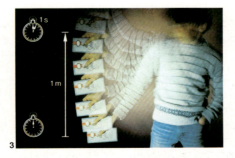

Zu Ehren des Schotten *James Watt* wird diese Einheit auch **Watt** (W) genannt.

$1 W = 1 \frac{Nm}{s} = 1 \frac{J}{s}$.

$1 kW = 1000 W$.

Du leistest 1 W, wenn du in 1 s eine Tafel Schokolade (Gewichtskraft: 1 N) um 1 m anhebst (Bild 3).

Mechanische Energie

Keine Arbeit ohne Energie

Wenn ein Auto wie in Bild 1 aufwärts fährt, muß sein Motor schwer arbeiten; er benötigt dann mehr Benzin. Aber auch auf waagerechter Strecke kommt sein Motor nicht ohne Treibstoff aus, denn er muß Reibungsarbeit verrichten.

Die Bilder 2–4 zeigen weitere Situationen, in denen gearbeitet wird.

Arbeit geschieht nicht „von alleine". Damit gearbeitet werden kann, muß etwas zugeführt werden.

In der Physik formuliert man diesen Sachverhalt so: Es ist **Energie**

notwendig, damit Arbeit verrichtet werden kann.

○ Beschreibe, woher in den Bildern 1–4 die Energie stammt, mit deren Hilfe Arbeit verrichtet wird.

○ Man unterscheidet verschiedene Energieformen: *Bewegungsenergie, Lageenergie, Spannenergie, elektrische Energie, chemische Energie, Strahlungsenergie* ...

Welche Energieformen werden in den Bildern 1–4 genutzt?

○ Nenne weitere Beispiele für die verschiedenen Energieformen.

V 1 Eine Luftkissenfahrbahn (Bild 5) ist mit vielen kleinen Öffnungen versehen, aus denen Luft ausströmt. Zwischen Wagen und Fahrbahn bildet sich ein Luftpolster, auf dem sich der Wagen fast ohne Reibung bewegen kann.

a) Die Fahrbahn ist auf beiden Seiten durch Anschläge begrenzt. Der Wagen wird angestoßen. Beschreibe den anschließenden Bewegungsablauf möglichst genau.

b) Wann wird Arbeit verrichtet? Um welche Formen der Arbeit handelt es sich dabei?

c) Welche Energie ermöglicht die jeweilige Arbeit? Was geschieht mit dieser Energie beim Arbeiten?

V 2 Ein Körper, den du anstößt, kommt irgendwann zur Ruhe. Was geschieht mit seiner Bewegungsenergie? Eine Versuchsreihe soll dir helfen, diese Fragen zu beantworten:

a) Bearbeite einen Nagel kräftig mit Sandpapier, und befühle anschließend den Nagel.

Was hat diese Beobachtung mit unserer Fragestellung zu tun?

b) Bild 6 zeigt einen Versuchsaufbau. Die Flasche wird in einen Eimer mit heißem Wasser getaucht. Beobachte, was dann geschieht.

Welche Arbeit wird in diesem Versuch verrichtet? Woher kommt die Energie?

c) Der Wagen in Versuch 1 bleibt nach einiger Zeit stehen.

Was geschieht mit seiner Bewegungsenergie?

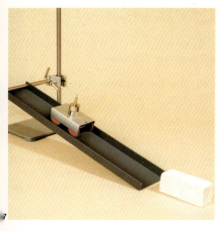
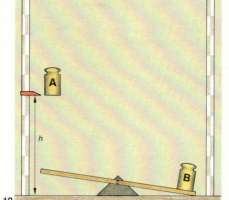
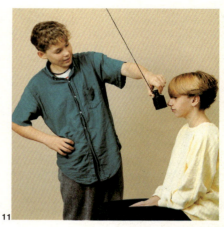

V 3 Eine gespannte Feder besitzt *Spannenergie*.

Diese Energie wird z. B. zum Antrieb von Spielzeugautos genutzt. Ziehe die Feder eines solchen Autos unterschiedlich stark auf, und laß es fahren. Was stellst du fest?

V 4 Nach dem Herunterrollen besitzt der Wagen von Bild 7 *Bewegungsenergie*. Er kann den Klotz verschieben oder eine Plastilinkugel verformen.

Welche Möglichkeiten gibt es, die Bewegungsenergie des Fahrzeugs zu vergrößern?

V 5 Du brauchst eine gekrümmte Fahrbahn (Bild 8). Führe mehrere Fahrversuche mit unterschiedlicher *Lageenergie* durch.

a) Bis wohin rollt der Wagen in Bild 8 höchstens?

b) Warum kommt der Wagen nach einiger Zeit zur Ruhe?

c) Beschreibe die Energieumwandlungen bei diesem Versuch. Bild 9 kann dir dabei helfen.

d) Nimm nun an, daß der Auslauf der Fahrbahn waagerecht ist (so wie in Bild 9 gestrichelt gezeichnet). Welche Energieumwandlungen würden in diesem Fall ablaufen?

V 6 Zirkusartisten benutzen manchmal ein Schleuderbrett. Hier ist es nachgebaut worden (Bild 10). Die Wägestücke heben gleiche Massen.

a) Wie hoch fliegt das Wägestück B höchstens?

b) Welche Möglichkeiten gibt es, wenn du das Wägestück B *höher* fliegen lassen willst?

V 7 Für diesen Versuch brauchst du einen schweren Gegenstand, eine lange Schnur – und einen Partner mit starken Nerven! An seiner Nasenspitze startest du (ohne Anschwung) das Pendel (Bild 11).

Was meinst du: Muß dein Partner den Kopf zurückziehen, wenn das Wägestück zurückkommt? Erkläre das Versuchsergebnis.

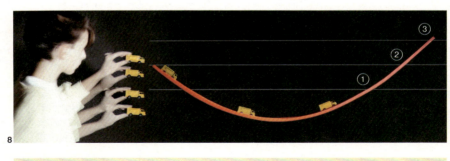
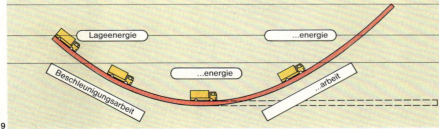

Info: Was versteht man unter Energie?

Wenn du Sport treibst oder schwer arbeitest, hast du mehr Hunger als sonst. Dein Körper braucht dann besonders viel **Energie**. Zum Arbeiten ist Energie erforderlich.

Das gilt nicht nur für uns Menschen oder für andere Lebewesen. Auch Maschinen benötigen Energie, um Arbeiten verrichten zu können.

Die Energie kann in verschiedenen **Energieformen** auftreten, z. B. als *Bewegungsenergie, Lageenergie, Spannenergie, elektrische Energie, chemische Energie, Strahlungsenergie (Lichtenergie)* ... Die drei zuerst genannten Energieformen bezeichnet man als *mechanische Energien* (Bilder 1–3).

Man braucht z. B. Energie, um einen Bogen zu spannen, also um *Spannarbeit* zu verrichten. Durch diese Arbeit wird Energie auf den Bogen übertragen: Wenn der Bogen im gespannten Zustand ist, besitzt er *Spannenergie*.

Die Spannenergie kann anschließend wieder genutzt werden, um den Pfeil zu beschleunigen. Durch die *Beschleunigungsarbeit* wird Energie vom Bogen auf den Pfeil übertragen; der Pfeil hat dann *Bewegungsenergie*.

Das gleiche gilt für alle anderen Arten von Arbeit: Beim Arbeiten wird die Energie *übertragen*.

Arbeit ist eine Form der **Energieübertragung**. Weitere Möglichkeiten, Energie zu übertragen, werden wir später kennenlernen.

Wenn Energie von einem Körper auf einen anderen übertragen wird, ändert sich häufig die Energieform (Bild 4). Man spricht in solchen Fällen von **Energieumwandlungen**.

Energie und Arbeit werden in derselben **Einheit** gemessen, nämlich in **Newtonmeter** oder **Joule** (1 Nm = 1 J).

Wenn eine Arbeit von 50 Nm verrichtet wird, gibt der eine Körper 50 Nm Energie ab; der andere nimmt 50 Nm auf. Es wird also eine Energie von 50 Nm übertragen.

Immer wenn auf der Erde mechanische Arbeit verrichtet wird, ist auch Reibungsarbeit im Spiel. Ein Teil der eingesetzten Energie führt dabei zu einer Erwärmung der reibenden Körper und der Umgebung.

Die Energie verteilt sich dabei meist auf einen großen Raum und kann praktisch nicht mehr zum Arbeiten genutzt werden. Sie ist für die Arbeit verloren („Energieverlust"), aber sie ist nicht verschwunden – sie „steckt" in den erwärmten Körpern.

Man kann auch sagen, die verteilte Energie ist für uns „weniger wertvoll" als die eingesetzte mechanische Energie.

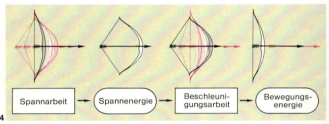

Aufgaben

1 Beschreibe die Energieumwandlungen beim Stabhochsprung (Bilder 5–9). Benenne auch die verrichteten Arbeiten.

2 Herr Valentin will sein Dach neu decken. Dazu müssen die alten Dachpfannen nach unten und die neuen nach oben transportiert werden. Er möchte ausnutzen, daß die alten Dachpfannen schon Lageenergie haben – und Energie braucht er ja auch, um die neuen nach oben zu schaffen. Kannst du seinen Plan beschreiben?

3 Ein rollendes Fahrrad besitzt Bewegungsenergie. Was geschieht mit dieser Energie, wenn der Fahrer die Bremse betätigt?

4 „Beim Abbremsen meines Autos geht Energie verloren." Nimm Stellung zu dieser Behauptung.

5 Berechne die Lageenergie W, die ein 1-kg-Wägestück erhält, wenn man es um 20 cm anhebt. Welcher Zusammenhang besteht zwischen W, der Masse m und der Hubhöhe h?

6 Beschreibe die Energieumwandlungen beim Schlagen eines Tennisballs (Bild 10).

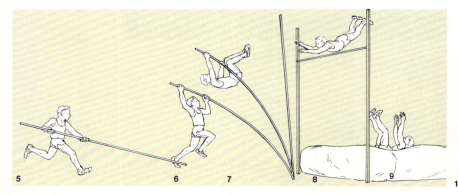

Aus der Geschichte: **Von Göpeln und Wasserrädern**

Maschinen, wie wir sie heute kennen, gab es im Altertum noch nicht. Man war weitgehend auf Muskelarbeit angewiesen, wenn z. B. Getreide gemahlen, Felder bewässert oder Lasten transportiert wurden. „Energiequellen" waren sehr oft Menschen, in der Antike vor allem Sklaven.

Trotzdem wurden schon damals mit Hilfe *einfacher Maschinen* (Rollen, Hebel ...) erstaunliche Bauwerke geschaffen: z. B. Pyramiden, Tempel und Wasserleitungen.

Wenn der Mensch überfordert war, spannte man Tiere (Ochsen, Maultiere, Esel oder Pferde) ein. In einem **Göpel** z. B. gingen Tiere ständig im Kreis herum und drehten so Wellen mit hölzernen Zahnrädern.

Bild 11 zeigt einen Göpel aus dem Jahr 1588; er diente zum Antrieb einer Mühle. Die Mühlsteine befinden sich im oberen Stockwerk.

Wohl um 200 v. Chr. kam man auf die Idee, die Energie des fließenden Wassers zu nutzen. In größerem Umfang wurden Wasserräder aber erst seit dem Mittelalter eingesetzt. Sie dienten z. B. als Antrieb für Sägewerke und Mühlen sowie für Blasebälge in Schmieden.

Bild 12 zeigt ein riesiges **Wasserrad** aus dem 16. Jahrhundert. Mit seiner Hilfe wurde Wasser aus einem Bergwerk nach oben befördert.

Das hölzerne Rad war größer als ein dreistöckiges Haus; man wußte nämlich, daß ein großes Rad Vorteile bringt: Sein Halbmesser wirkt wie der Kraftarm eines Hebels (Bild 13) – und je größer der ist, desto kleiner ist die zum Drehen nötige Kraft.

Als moderne Nachfahren der Wasserräder gelten die **Wasserturbinen** in Kraftwerken. Wo immer es möglich ist, werden Stauseen angelegt; von dort fällt das Wasser durch die Rohre hinab und trifft auf die Schaufeln der riesigen Turbinen (→ Bild 2 auf der folgenden Seite).

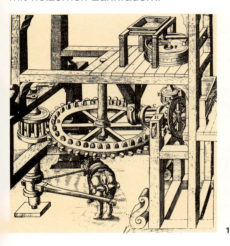

12

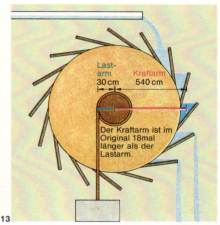

13

Fragen und Aufgaben zum Text

1 Man sagt, das fließende Wasser der Flüsse sei eine „sich selbst erneuernde" (regenerative) Energie.

Woher stammt diese Energie?

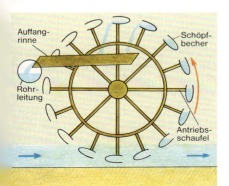

2 Bei dem im Bild 12 gezeigten Wasserrad handelt es sich um ein sogenanntes *Kehrrad*: Das Rad kann vorwärts und rückwärts laufen.

a) Wie funktioniert es deiner Meinung nach?

b) Welche Aufgabe hat wohl der Maschinenwärter oben in Bild 12?

3 Das Wasserrad von Bild 14 schöpft Wasser aus einem Fluß auf ein höhergelegenes Feld. Welche Energieumwandlung geht hier vor sich?

4 Wo wird die Bewegungsenergie des Windes genutzt? Woher stammt die Energie des Windes? Welchen Nachteil hat diese „Energiequelle"?

5 Bild 15 zeigt ein *oberschlächtiges* und ein *unterschlächtiges* Wasserrad.

Welche Energieformen werden hier jeweils genutzt?

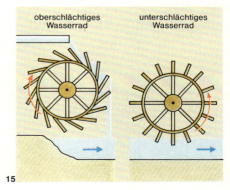

15

Aus Umwelt und Technik: **Das größte Wasserkraftwerk der Welt**

In 15jähriger Bauzeit entstand an der Grenze zwischen Brasilien und Paraguay das riesige Wasserkraftwerk *Itaipú* (Bild 1). 1975 wurde mit dem Bau begonnen, und zeitweise arbeiteten 42 000 Menschen an diesem Bauwerk! Seine Ausmaße sind wirklich gewaltig:

Der *Staudamm* ist 7,7 km lang und würde mit seiner Höhe von 196 m sogar den Kölner Dom überragen. Er begrenzt einen *Stausee*, der eine Fläche von 1350 km² hat. (Damit ist er etwa dreimal so groß wie der Bodensee.)

In 18 *Rohren* stürzt das Wasser dieses Sees auf die Turbinen herab – aus 120 m Höhe! Dabei fließen pro Sekunde bis zu 600 m³ Wasser durch jedes einzelne Rohr. (Mit 600 m³ Wasser könntest du 11 Jahre lang täglich einmal eine Badewanne füllen.)

Die *Turbinen* (Bild 2) und mit ihnen die angekoppelten Generatoren (Dynamomaschinen) drehen sich 92mal in einer Minute. Jede dieser Einheiten aus Turbine und Generator könnte bei uns ein Kohlekraftwerk ersetzen. Ein Maschinenblock liefert nämlich in jeder Sekunde genausoviel elektrische Energie wie ein ganzes Kohlekraftwerk – und in Itaipú gibt es davon 18!

In jeder Sekunde fließen allein durch den Rio Paraná 8500 m³ Wasser in den Stausee hinein. Damit steht der „Nachschub an Energie" kostenlos zur Verfügung.

Ein Bauwerk dieser Größe stellt einen schweren Eingriff in die Umwelt dar: 67 000 Menschen mußten dem Stausee weichen; als Entschädigung erhielten sie aber kein neues Land, sondern Geld. Riesige Wälder wurden gerodet. Tiere wurden eingefangen und in Reservate gebracht.

In der Umgebung des Sees ist die Luftfeuchtigkeit angestiegen; man befürchtet, daß Pilzkrankheiten den Weizenanbau gefährden. Die seichten Küstenregionen des Sees bieten den Überträgern der Malaria ideale Lebensbedingungen. Starkes Pflanzenwachstum im Stausee muß mit Chemikalien bekämpft werden ...

Aus der Geschichte: **Das Perpetuum mobile**

An einen Fahrraddynamo kann man nicht nur ein Lämpchen, sondern auch einen Elektromotor anschließen. Könnte man nicht versuchen, mit dem Elektromotor wiederum den Dynamo anzutreiben? ... Man hätte dann eine Maschine konstruiert, die sich selbst in Bewegung hält – ein **Perpetuum mobile** (lat. *perpetuus:* dauernd; *mobilis:* beweglich).

Ja, wäre es mit dieser Maschine nicht sogar möglich, eine Glühlampe zum Leuchten zu bringen?

Nach einem Perpetuum mobile wurde lange Zeit gesucht. Im Mittelalter konnten Maschinen nur durch Menschen, Tiere, Wind oder fließendes Wasser angetrieben werden. Arbeitskräfte waren aber häufig knapp, Wind und Wasser standen nicht überall und jederzeit zur Verfügung. Deshalb haben sich seit dem 12. Jahrhundert kleine Tüftler und große Denker die Köpfe darüber zerbrochen, wie man ein Perpetuum mobile bauen könnte. Die Bilder 3–5 zeigen einige ihrer Pläne.

Aber alle Versuche, ein Perpetuum mobile zu konstruieren, scheiterten. Ganz allmählich kam man zu der Einsicht, daß der Grund für das Scheitern nicht die Unfähigkeit der Konstrukteure sein konnte.

Im Jahre 1775 entschied die Französische Akademie der Wissenschaften, künftig keine Entwürfe für ein Perpetuum mobile mehr anzunehmen und zu prüfen – die Wissenschaftler waren von der *Unmöglichkeit* eines solchen Gerätes überzeugt.

Es dauerte jedoch noch bis zur Mitte des 19. Jahrhunderts, bis sich diese Überzeugung auch allgemein durchgesetzt hatte.

Die Einsicht, daß es kein Perpetuum mobile geben könne, war mit der allmählichen Ausschärfung des *Energiebegriffs* verbunden: Maschinen sollen Arbeit verrichten. Arbeit ist aber nichts anderes als die Übertragung (und eventuell Umwandlung) von Energie.

Ein Perpetuum mobile bauen zu wollen bedeutet also aus heutiger Sicht: Man sucht eine Möglichkeit, Energie zu übertragen und umzuwandeln – und zwar so, daß nach der Umwandlung *mehr* Energie vorhanden ist als vorher. Die Suche nach einer solchen Umwandlung ist vergleichbar mit dem Versuch, Wasser zu Eis erstarren zu lassen und danach wieder zu schmelzen – in der Hoffnung, auf diese Weise *mehr* Wasser zu erhalten.

Heute wissen wir, daß wegen der unvermeidlichen Reibung bei jeder Arbeit ein Teil der Energie „verlorengeht". Diese Energie führt zur Erwärmung der Umgebung; sie läßt sich nicht mehr vollständig zum erneuten Arbeiten nutzen. Nach der Umwandlung steht also grundsätzlich *weniger* Energie zur Verfügung als vorher – aus diesem Grund mußten alle Konstruktionen versagen.

Der Gedanke vom Perpetuum mobile ist jedoch immer noch sehr verlockend. Bis zum heutigen Tage versuchen Bastler, eine solche Maschine zu bauen – aber auch ihnen wird es nicht gelingen.

Fragen und Aufgaben zum Text

1 Im Text ist ein Vorschlag für ein Perpetuum mobile aus Dynamo und Elektromotor beschrieben.
a) Warum kann man mit einer solchen Vorrichtung kein Glühlämpchen zum Leuchten bringen?
b) Weshalb funktioniert die Vorrichtung auch ohne das Glühlämpchen nicht?

2 Weshalb versagten die in den Bildern 3–5 gezeigten Konstruktionen?

3 Entwirf einen Plan für ein „Perpetuum mobile" aus folgenden Bauteilen: Wasserturbine, Pumpe, Dynamo, Staubecken.
Beschreibe die Energieumwandlungen, die in deiner Anordnung ablaufen.

Aus dem Becken A strömt das Wasser durch das Rohr B auf das Wasserrad C. Über ein Getriebe (D–J) wird die Pumpe P angetrieben, die das Wasser aus dem unteren Becken nach oben befördert. Das Schwungrad K soll für einen gleichmäßigen Lauf der Maschine sorgen.
3

Das Wasser im Gefäß drückt auf das Wasser im Rohr. Dadurch soll das Wasser oben aus dem Rohr ins Gefäß zurückfließen.
4

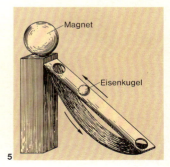

5

Mechanische Energie

Alles klar?

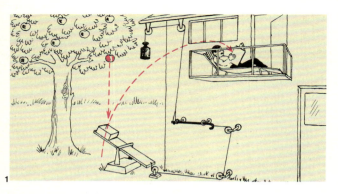

1 Arbeit kann nur dann verrichtet werden, wenn ...

2 Welche Energieformen kennst du? Gib zu jeder Energieform wenigstens ein Beispiel an.

3 Bei der Achterbahn fahren die Wagen oft scheinbar „von allein" nach oben. Beschreibe die Energieumwandlungen, die dabei stattfinden.

4 Jutta schreibt in ihr Physikheft: „Ohne Energie kann niemand arbeiten." Frank schreibt genau das Gegenteil ins Heft: „Ohne Arbeit besitzt niemand Energie." Wer hat recht?

5 „In allen Lebensmitteln, die es gibt, steckt Sonnenenergie."
Erkläre diese Behauptung.

6 Wieviel Lageenergie wird umgewandelt, wenn im Kraftwerk Itaipú 1 m³ Wasser aus 120 m Höhe herabfällt?

7 Herr Witzig hat eine automatische Apfel-Erntemaschine erfunden. In Bild 1 siehst du seine Erfindung.

a) Überlege, wie die Maschine von Bild 1 funktionieren soll. Was geschieht, wenn der Apfel fällt?

b) Wo steckt die Energie für Herrn Witzigs Maschine?

8 Bild 2 zeigt den Bewegungsablauf einer Trampolinspringerin.

a) Wann ist die Bewegungsenergie am größten, wann die Spannenergie, wann die Lageenergie?

b) In welchen der dargestellten Bewegungsphasen nimmt die Bewegungsenergie zu?

9 Bild 3 zeigt das Ergebnis von *Crashtests* mit unterschiedlich schnellen Autos.
Wenn ein Fahrzeug auf eine bestimmte Geschwindigkeit gebracht werden soll, muß *Beschleunigungsarbeit* verrichtet werden: Soll es die *doppelte (dreifache)* Geschwindigkeit erreichen, ist die Beschleunigungsarbeit *viermal (bzw. neunmal)* so groß.
Vergleiche die Energien, die bei den drei Tests umgewandelt werden, sowie die Ergebnisse der Verformungsarbeit.

10 Durch Arbeit wird Energie nur umgewandelt. Wieso gibt es trotzdem Probleme mit der Energieversorgung?

Mechanische Energie

Auf einen Blick

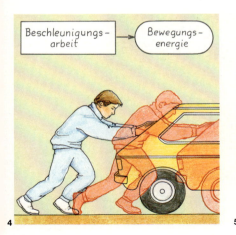
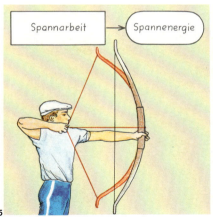
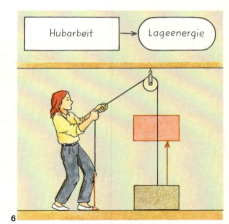

Energie und Energieübertragung

*Um arbeiten zu können, wird **Energie** benötigt. Die Energie wird beim Arbeiten übertragen.*

Beispiel: Um ein Auto anschieben zu können, benötigt dein Körper chemische Energie. Beim Anschieben wird Energie von deinem Körper auf den Wagen übertragen. Der Wagen erhält dadurch Bewegungsenergie.

Arbeit ist also eine Form der **Energieübertragung**. Energie kann aber auch auf andere Weise übertragen werden (→ Wärmelehre).

Es gibt viele verschiedene Energieformen: *Lageenergie, Bewegungsenergie, Spannenergie, chemische Energie, Strahlungsenergie* ...

Die ersten drei Formen bezeichnet man gelegentlich auch als *mechanische Energieformen*.

Wenn Arbeit verrichtet wird (wenn also Energie übertragen wird), ändert sich häufig die Energieform (Bild 7). Man spricht dann von **Energieumwandlungen**.

So wird z. B. beim Bogenschießen die Spannenergie des Bogens in Bewegungsenergie des Pfeiles umgewandelt.

Mechanische Energie und Reibung

Arbeit ist immer auch mit Bewegung verbunden, und bei Bewegungen läßt sich Reibung niemals vollständig vermeiden.

Daher tritt bei jeder Arbeit auch Reibungsarbeit auf. Diese führt zu einer (meist unerwünschten) Erwärmung z. B. von Radlagern oder der umgebenden Luft.

Ein Teil der Energie geht dadurch „verloren" und läßt sich nicht mehr vollständig zum Arbeiten nutzen.

Diese „verlorengegangene" Energie ist aber noch vorhanden. Sie „steckt" in den erwärmten Körpern (man bezeichnet sie daher als *innere Energie;* → Wärmelehre).

Beim Arbeiten wird Energie nur übertragen. Dabei verschwindet grundsätzlich keine Energie, und es kommt auch keine Energie hinzu.

Weil bei der Energieübertragung die Energie nicht vermehrt wird und weil die Reibung nicht zu vermeiden ist, kann es keine Maschine geben, die ohne Energiezufuhr ständig weiterläuft.

Mit anderen Worten: Es ist unmöglich, ein *Perpetuum mobile* zu bauen.

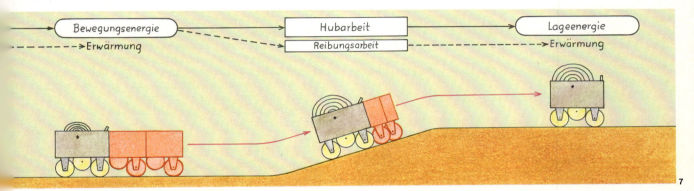

193

Eigenschaften und Aufbau der Körper

1 Aggregatzustände ändern sich

Festes Wasser, flüssiges Eisen, flüssige Luft und gasförmiges Propan – diese Beispiele zeigen, daß Stoffe in verschiedenen Erscheinungsformen vorkommen.

Diese Erscheinungsformen bezeichnet man als *festen, flüssigen* und *gasförmigen Aggregatzustand*.

V 1 Stelle Wasser in einem Trinkglas ins Gefrierfach eines Kühlschranks. Schau jede halbe Stunde nach dem Wasser. Was beobachtest du?

V 2 Das Wasser in einem halb gefüllten Becherglas wird zum Sieden gebracht. Über das Wasser halten wir (an einem Draht) eine kleine Kerze. Was geschieht?

Was stellst du fest, wenn eine Glasscheibe schräg über die Öffnung des Gefäßes gehalten wird?

V 3 Fülle zerstoßenes Eis, Paraffin und Fixiersalz in je ein Becherglas.

Wie verhalten sich die Stoffe beim Erhitzen im Wasserbad? Beobachte und beschreibe.

V 4 Ein Uhrglas mit Isobutanol wird zum Erwärmen vorsichtig auf warmes Wasser gesetzt.

Laß das Isobutanol anschließend auf Zimmertemperatur abkühlen. Was beobachtest du?

Info: Änderungen des Aggregatzustandes

Gegenstände nennt man in der Physik auch **Körper**. Zu den Körpern gehören Büroklammern, Tische, Häuser, Planeten und Sterne. Aber auch die Limonade in einer Flasche oder die Luft in einem Ballon sind für die Physiker Körper.

Das Material, aus dem ein Körper besteht (z. B. Eisen, Holz, Wasser, Luft), heißt **Stoff**.

Stoffe können in den Aggregatzuständen *fest, flüssig* und *gasförmig* vorkommen.

Viele Stoffe lassen sich von einem Aggregatzustand in einen anderen überführen:

Zum Beispiel kann festes Eisen flüssig und flüssiges Eisen wieder fest werden. In welchem Zustand sich das Eisen befindet, hängt von der Temperatur ab.

Wasser kann zu Wasserdampf werden (also in den gasförmigen Zustand übergehen), und Wasserdampf kann auch wieder in flüssiges Wasser verwandelt werden.

Die Temperaturen, bei denen sich der Aggregatzustand ändert, sind von Stoff zu Stoff verschieden.

Die Übergänge zwischen dem festen und dem flüssigen Aggregatzustand heißen **Schmelzen** und **Erstarren**. Wenn ein Stoff vom flüssigen in den gasförmigen Zustand übergeht, spricht man von **Verdampfen**; den Übergang vom gasförmigen in den flüssigen Zustand nennt man **Kondensieren**.

Manche festen Stoffe werden beim Erhitzen sofort gasförmig. Auch beim Abkühlen überspringen sie den flüssigen Zustand. So geht z. B. festes Iod unmittelbar in den gasförmigen Zustand über (und gasförmiges Iod in den festen).

Bei der Änderung des Aggregatzustandes ändern sich auch viele Stoffeigenschaften.

Fragen und Aufgaben zum Text

1 Schlage nach, bei welchen Temperaturen Eisen, Aluminium und Zinn schmelzen. Bei welchen Temperaturen sieden flüssige Luft, Propan und Wasser?

2 Zu Silvester ist Bleigießen beliebt. Erkläre den Vorgang.

2 Das Teilchenmodell

Viele feste Stoffe kommen als regelmäßig geformte Körper vor; diese Körper heißen *Kristalle*.

V 5 Kristalle lassen sich „züchten".
Du benötigst Seignettesalz (oder Kaliumalaun), Kochsalz und Kupfersulfat.

Jeder der drei Stoffe wird unter Umrühren in einem Gefäß mit warmem, destilliertem Wasser aufgelöst. Du mußt jeweils soviel Salz in das Glas geben, daß ein Teil des Salzes nicht mehr gelöst wird.

Gieße die noch warmen Lösungen ohne den Bodensatz jeweils in ein zweites Gefäß. In die Lösungen hängst du Wollfäden, die an Bleistiften befestigt sind. Beim Abkühlen kannst du nach einiger Zeit kleine Kristalle an den Wollfäden entdecken.

Um größere Kristalle zu erhalten, mußt du von den Wollfäden alle Kristalle bis auf zwei oder drei abstreifen. Gieße dann die Salzlösungen noch einmal in andere Gefäße um, und hänge die kleinen Kristalle hinein. Nun brauchst du nur ein paar Tage zu warten...

V 6 Beschreibe die Form der gezüchteten Kristalle.

a) Versuche vorsichtig, die Kristalle zu zerkleinern. Schau dir die Bruchstücke an.

b) Zerschlage einige deiner Kristalle mit einem Hammer, und untersuche die Bruchstücke mit einer Lupe (oder einem Mikroskop). Was stellst du fest?

V 7 Zerkleinere einige andere Kristalle mit einem Hammer, und betrachte die kleinsten Bruchstücke unter einer Lupe oder einem Mikroskop. Vergleiche deine Beobachtungen in diesem Versuch mit denen aus V 6.

Info: So kann man sich das Wachsen von Kristallen vorstellen

Feste Stoffe lassen sich durch Zerstoßen oder Zerschlagen in kleinere Bruchstücke zerlegen. Ein Stück Kreide kannst du sogar ohne Schwierigkeiten zu feinem Staub zerkleinern.

Wenn du einen Stoff in Wasser **auflöst**, kannst du auch mit einem Mikroskop keine Bruchstücke mehr sehen. Erstaunlich ist aber, daß aus der Lösung wieder ein Kristall wachsen kann und daß die Kristalle eines Stoffes immer die gleiche Form haben.

Das Wachsen eines Kristalles erinnert an das Zusammenbauen von Legosteinen: Aus Steinen einer bestimmten Form lassen sich auch regelmäßige Körper zusammenbauen.

Du kannst dir das Entstehen eines Kristalls erklären, wenn du folgendes annimmst: Beim Lösen eines Kristalls in Wasser wird er in kleinste Bruchstücke oder **Teilchen** zerlegt. Diese Teilchen lassen sich wieder zu einem Kristall zusammenfügen. Sie sind so winzig, daß sie auch mit dem besten Mikroskop nicht sichtbar gemacht werden können.

Nicht immer wachsen die Teilchen zu einem *regelmäßig* geformten Körper zusammen. Bei den Legosteinen ist es ähnlich: Du kannst ja auch gleichartige Steine zu unregelmäßigen Formen zusammensetzen.

Solche Vorstellungen, wie wir sie uns z. B. vom Aufbau der Körper machen, bezeichnet man als **Modell**.

Modelle sind Vorstellungshilfen und dienen dazu, Beobachtungen zu erklären. Wir werden das *Teilchenmodell* noch oft verwenden. Dabei wird es oft ausreichen, wenn wir uns die Teilchen einfach als kleine Kugeln vorstellen.

Fragen und Aufgaben zum Text

1 Gieße kleine Stahlkugeln (z. B. aus Kugellagern von Fahrrädern) in ein Becherglas. Beschreibe, wie sie sich anordnen.

Stoße dann das Becherglas einmal kurz an, und untersuche wieder die Anordnung. Welchen Vorgang in der Natur könnte man sich in ähnlicher Weise vorstellen?

2 Den Würfelzucker in einer noch nicht angebrochenen Packung kann man als Modell für einen Kristall ansehen. Erläutere!

3 Eigenschaften von festen, flüssigen und gasförmigen Körpern

Welche Eigenschaften werden hier genutzt?

V 8 Wir gießen Wasser in unterschiedlich geformte Gefäße. Die Gefäße werden dann schräg gehalten. Was beobachtest du?

Beschreibe, welche Unterschiede zwischen festen und flüssigen Körpern bestehen.

V 9 Das Verhalten, das wir beim Schräghalten der Gefäße mit Wasser beobachten können, wird durch diesen Versuch noch deutlicher:

Zwei Gefäße werden durch einen Schlauch verbunden. Bei zugedrücktem Schlauch wird eines der Gefäße mit Wasser gefüllt (Bild 5).

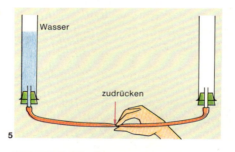

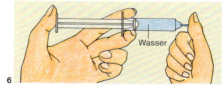

Was geschieht, wenn man den Schlauch freigibt?

Wie ändert sich der Wasserstand im linken Gefäß, wenn man das rechte anhebt oder schräg hält?

V 10 Du brauchst zwei Plastikspritzen (ohne Nadel); eine ist mit Luft gefüllt und eine mit Wasser (Bild 6).

a) Versuche, die Kolben in die Zylinder zu drücken. Was stellst du fest?

b) Welchen Unterschied zwischen flüssigen und gasförmigen Körpern zeigt dieser Versuch? Verwende bei deiner Antwort den Begriff *Volumen*.

Info: Feste Stoffe, Flüssigkeiten und Gase im Teilchenmodell

Feste Körper lassen sich nicht zusammenpressen. Ihre Form und ihr Volumen können kaum verändert werden.

Du kannst dir den Aufbau eines **festen Stoffes** so vorstellen: Die Teilchen, aus denen er besteht, sind fest verbunden. In der Physik sagt man: Zwischen den Teilchen wirken große Kräfte. Die Teilchen haben feste Plätze und sind regelmäßig angeordnet. Die Abstände zwischen ihnen sind gering.

Flüssige Körper haben keine bestimmte Form, sie passen sich vielmehr der Form des Gefäßes an und bilden normalerweise eine waagerechte Oberfläche. Auch sie lassen sich praktisch nicht zusammenpressen; ihr Volumen ist (fast) konstant.

Bei einer **Flüssigkeit** können die Teilchen leicht gegeneinander verschoben werden. Die Teilchen haben keine festen Plätze. Die Abstände zwischen ihnen sind gering.

Gasförmige Körper passen sich der Gefäßform an. Sie lassen sich zusammenpressen; ihr Volumen läßt sich also verändern.

Bei einem **Gas** bewegen sich die Teilchen frei in dem ganzen Raum, der ihnen zur Verfügung steht. Zwischen ihnen gibt es praktisch keine Anziehungskräfte. Der Teilchenabstand ist groß. Der Raum zwischen den Teilchen ist vollkommen leer.

Wenn ein Körper schmilzt, verlassen die Teilchen ihre Plätze und sind dann verschiebbar. Wenn ein Körper verdampft, rücken die Teilchen weiter auseinander und bewegen sich anschließend ohne Zusammenhalt im Raum. Beim Schmelzen und beim Verdampfen ändert sich also jeweils nur die *Anordnung* der Teilchen; die Teilchen selbst ändern sich nicht. Eis, Wasser und Wasserdampf bestehen also aus denselben Wasserteilchen.

Aufgaben

1 Beschreibe die Funktionsweise einer Kaffeekanne (Bild 7).

2 Erkläre folgende Beobachtungen mit Hilfe des Teilchenmodells:

a) Ein Stück Würfelzucker süßt eine ganze Tasse Kaffee.

b) Wenn man ein wenig Wasserfarbe in einem Glas Wasser verrührt, wird das gesamte Wasser gefärbt.

c) Wenn man im Bad etwas Parfüm oder Haarspray versprüht, riecht man es sogar im Flur.

d) Die Öffnung einer Spritze ist verschlossen. Wenn die Spritze mit Luft gefüllt ist, läßt sich der Kolben hineinschieben.
Wenn die Spritze aber mit Wasser gefüllt ist, gelingt das nicht.

e) Wasser kann man aus einem Glas in zwei andere gießen. Wasser läßt sich also mühelos „teilen" – ein Eiswürfel dagegen nicht.

3 Bild 8 zeigt einen Lehrerversuch. Was ist dabei zu beobachten? Erkläre auch die Beobachtungen.

8

Aus der Geschichte: Teilchenvorstellungen – früher und heute

Schon in der Antike äußerten einige Philosophen die Vorstellung, daß Stoffe aus Teilchen aufgebaut seien. Sie nannten die Teilchen *Atome* (gr. *atomon*: das Unteilbare).

Einer der Begründer dieser Atomlehre ist *Demokrit* (460–371 v. Chr.). Von ihm sind keine Schriften überliefert, wir kennen seine Lehre nur aus den Schriften anderer Autoren. So berichten z. B. der griechische Geschichtsschreiber *Plutarch* (46–120 n. Chr.) und der Philosoph *Simplikios* (ca. 530 n. Chr.) über seine Vorstellungen.

Vom 17. Jahrhundert an wurde die Teilchenvorstellung wieder aufgegriffen und als Modell zur Deutung von chemischen und physikalischen Beobachtungen weiterentwickelt. Daran hatte der englische Chemiker *John Dalton* (1766 bis 1844) einen erheblichen Anteil.

Über Demokrits Lehre

Was behauptet Demokrit? Daß sich unzählige unteilbare ... Substanzen, die qualitätslos und unveränderlich seien, zerstreut im leeren Raum bewegten. Wenn sie sich aber einander näherten oder zusammenträfen oder sich miteinander verflöchten, dann käme als das Ergebnis einer solchen Vereinigung in dem einen Fall Wasser, in dem anderen Feuer, ein andermal eine Pflanze, ein andermal ein Mensch zustande. Es seien aber alles Atome oder „Ideen", wie er sie nennt, und nichts anderes.

Aus: Plutarch, Gegen Kolotes.

Wir sehen, daß derselbe Körper beständig bald flüssig, bald fest ist und daß diese Veränderung nicht durch Trennung und Wiedervereinigung erfolgt, auch nicht durch andere Lage und Anordnung der Atome, wie das Demokrit behauptet.

Aus: Aristoteles, Vom Werden und Vergehen.

Daß die Atome eine Zeitlang zusammenbleiben, begründet Demokrit mit dem Halt, den sie aneinander finden. Denn die einen von ihnen seien schief, die anderen hakenförmig, die einen mit muldenförmigen Vertiefungen, die anderen gewölbt, die andern mit andern unzähligen Unterschieden.

Aus: Simplikios, Kommentar zu Aristoteles' „Vom Himmel".

Dalton über die kleinsten Teilchen

Man unterscheidet ... bei den Körpern drei Zustände; es sind diejenigen, welche man mit den Ausdrücken elastisch-flüssig, flüssig und fest unterscheidet. Ein sehr bekanntes Beispiel bietet uns das Wasser als ein Stoff, der unter gewissen Umständen alle diese drei Zustände annehmen kann. Im Wasserdampf erkennen wir einen vollkommen elastisch-flüssigen, im Wasser einen vollkommen flüssigen und im Eis einen vollkommen festen Stoff. Diese Beobachtungen haben stillschweigend zu dem allgemein angenommenen Schlusse geführt, daß alle Körper ... aus einer ungeheuren Anzahl äußerst kleiner Teilchen oder Atome bestehen, welche durch die Kraft der Anziehung zusammengehalten werden. Diese letztere ist je nach den Umständen mehr oder weniger stark. ...

Wenn sich ein Stoff im elastisch-flüssigen Zustand befindet, so sind seine Teilchen ungleich weiter voneinander entfernt als in irgend einem anderen Zustand. ... Wollen wir versuchen, uns die Anzahl der in der Atmosphäre enthaltenen Teilchen vorzustellen, so ähnelt dieses Unternehmen dem, die im Weltall befindlichen Sterne zu zählen. ... Aber nimmt man irgendein bestimmtes Volumen von einer Gasart, so kann man überzeugt sein, daß die Anzahl der Teilchen doch endlich sein müsse; so wie in einem gegebenen Raume des Universums die Anzahl der Sterne und Planeten nicht unbegrenzt sein kann.

Aus: John Dalton, A New System of Chemical Philosophy, 1808.

Eigenschaften und Aufbau der Körper

4 Die Größe der Teilchen

Bei Tankerunfällen werden große Wasserflächen verseucht. Das Öl breitet sich zu einem Ölteppich aus.

Auf Pfützen sieht man gelegentlich auch ganz dünne Ölschichten, die in allen Farben schillern. Wie dünn kann eigentlich eine Ölschicht höchstens sein?

V 11 Löse Zucker in Wasser auf. Vergleiche die Volumina von Zucker und Wasser vorher mit dem Volumen der Lösung nachher.

V 12 Löse ein Körnchen Kaliumpermanganat in einem Reagenzglas voll Wasser auf. Gieße anschließend die Hälfte der Lösung ab, und fülle dann das Glas wieder mit Wasser auf.
  Wiederhole diesen Vorgang mehrmals. Nach wie vielen Wiederholungen kannst du gerade noch eine Rotfärbung des Wassers erkennen?
  Berechne das Volumen des Wassers, auf das sich das Körnchen verteilt hat.

Info: Wie klein sind die kleinsten Teilchen?

Welche Vorstellung soll man sich von der Größe der Teilchen machen? Diese Frage scheint recht schwierig – und doch läßt sich mit einfachsten Mitteln ein Versuch durchführen, der Auskunft über die ungefähre Größe der Teilchen gibt.

Dieser sogenannte **Ölfleckversuch** beruht auf folgender Überlegung:

Öl breitet sich auf Wasser zu einer sehr dünnen Schicht aus. Wenn eine Ölschicht aus einer einzigen Lage von Teilchen besteht, ist die Höhe der Ölschicht gleich der Größe eines Ölteilchens.

Die Schichtdicke läßt sich leicht berechnen, wenn man einen Öltropfen mit bekanntem Volumen auf eine Wasserfläche tropfen läßt und die Fläche des Ölflecks bestimmt. Bild 2 veranschaulicht diese Meßmethode.

1. Man stellt eine Lösung von Öl in Leichtbenzin im Verhältnis 1 : 1000 her. In 1 cm³ Benzin befindet sich 1 mm³ Öl.

Ein Tropfen dieser Lösung wird auf eine mit feinem Korkmehl bestreute Wasseroberfläche gebracht. Es bildet sich ein großer runder Fleck, der sich nach einigen Sekunden zusammenzieht, weil das Leichtbenzin verdunstet (Bild 3). Übrig bleibt ein Ölfleck.

2. Wenn man den Ölfleck auf Millimeterpapier nachzeichnet und dann die Kästchen auszählt, ergibt sich ein Flächeninhalt des Ölflecks von
$A = 190 \text{ cm}^2 = 19\,000 \text{ mm}^2$.

3. Eine Messung ergibt, daß 40 Tropfen der Lösung ein Volumen von 1 cm³ haben.

Das Volumen eines Tropfens beträgt also $\frac{1}{40}$ cm³ = 25 mm³.

Der Tropfen besteht nur zu einem Tausendstel aus Öl, der Rest ist Benzin. Das in

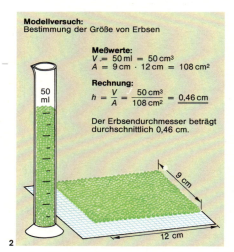

Modellversuch: Bestimmung der Größe von Erbsen

Meßwerte:
$V = 50 \text{ ml} = 50 \text{ cm}^3$
$A = 9 \text{ cm} \cdot 12 \text{ cm} = 108 \text{ cm}^2$

Rechnung:
$h = \frac{V}{A} = \frac{50 \text{ cm}^3}{108 \text{ cm}^2} = \underline{0{,}46 \text{ cm}}$

Der Erbsendurchmesser beträgt durchschnittlich 0,46 cm.

einem Tropfen enthaltene Öl hat also ein Volumen von
$V = \frac{25}{1000} \text{ mm}^3 = 0{,}025 \text{ mm}^3$.

Damit kennen wir auch das Volumen der Ölschicht.

4. Wir nehmen an, daß die Ölschicht überall gleich dick ist.

Wenn man die Grundfläche der Ölschicht mit der Höhe multipliziert, erhält man das Volumen:
$V = A \cdot h$.

Wir können nun die Höhe der Ölschicht berechnen:
$h = \frac{V}{A}$,
$h = \frac{0{,}025 \text{ mm}^3}{19\,000 \text{ mm}^2}$,
$h = \frac{25}{19} \cdot \frac{1}{1\,000\,000}$ mm,
$h = 1{,}3 \cdot \frac{1}{1\,000\,000}$ mm.

Die Ölschicht ist also etwa ein Millionstel Millimeter hoch. Damit haben wir auch die Größe eines Ölteilchens bestimmt, vorausgesetzt, die Teilchen liegen in der Ölschicht alle nebeneinander.

Es wäre aber durchaus denkbar, daß die Ölteilchen in mehreren Schichten übereinanderliegen. In diesem Fall wäre der Teilchendurchmesser noch kleiner als h.

Es gibt noch viele andere Versuche, aus denen man auf den Teilchendurchmesser schließen kann. Die Ergebnisse liegen stets in der Größenordnung von Millionstel Millimetern.

198

Eigenschaften und Aufbau der Körper

Alles klar?

1 Es gibt Trichter, die seitlich kleine Stege haben (Bild 4). Weshalb sind diese Stege nützlich?

2 Eine Autotür läßt sich leicht zuschlagen, wenn ein Fenster geöffnet ist. Sind alle Fenster geschlossen, geht es erheblich schwerer. Erkäre!

3 In einem „leeren" Glas befindet sich Luft. Wie kannst du die Luft herausbekommen?

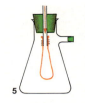

4 Beim Kaffeebrühen wird das Kaffeepulver vom Filter zurückgehalten. Trotzdem wird aus dem Wasser brauner Kaffee. Erkläre im Teilchenmodell.

5 Läßt sich der Luftballon von Bild 5 so aufblasen, daß er den Kolben fast ganz ausfüllt? Probiere es aus und erkläre.

6 Ein Meßzylinder ist bis zur 2-l-Marke mit Tischtennisbällen gefüllt. Die Bälle werden auf ein Kuchenblech geschüttet, so daß sie in einer Lage dicht beieinander liegen. Sie bilden ein 34 cm · 16,5 cm großes Rechteck.
Berechne, wie groß der Durchmesser eines Tischtennisballes ungefähr ist.

Auf einen Blick

Fest — flüssig — gasförmig

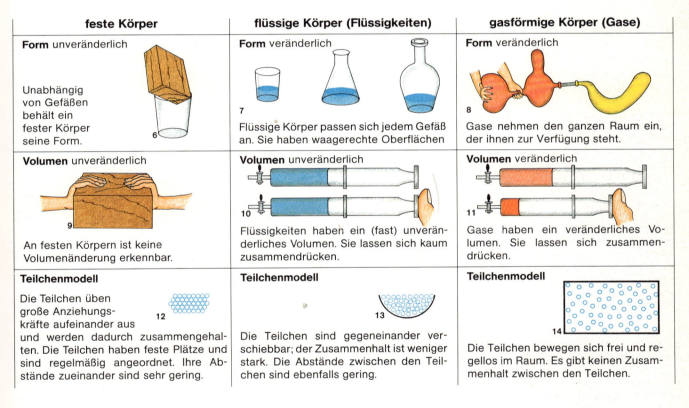

Änderungen des Aggregatzustandes

Viele Stoffe können in allen **drei Aggregatzuständen** vorkommen: **fest, flüssig** und **gasförmig**.

Bei ganz bestimmten Temperaturen, die für jeden einzelnen Stoff typisch sind (der jeweiligen *Schmelz*- und *Siedetemperatur*), gehen die Stoffe von einem Aggregatzustand in einen anderen über.

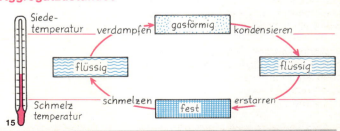

Mechanik der Flüssigkeiten

1 Der Stempeldruck

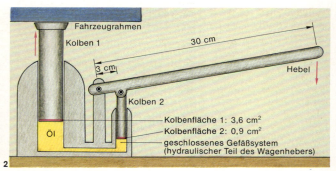

Ein Kraftfahrzeug anzuheben,
mit einem hydraulischen Wagenheber ist das kinderleicht!
Ob das nur an dem Hebel liegt?

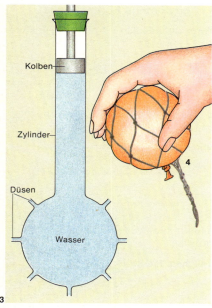

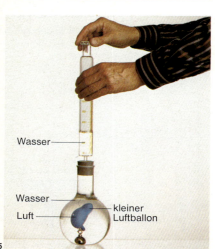

V 1 Bild 3 zeigt den Versuchsaufbau. Was wird zu beobachten sein, wenn man den Kolben nach unten schiebt?

V 2 Stecke einen Luftballon in ein Netz, und fülle ihn mit Wasser (Bild 4). Ziehe dann das Netz straff, und drücke mit dem Daumen auf die Gummihaut.

Wiederhole den Versuch, nachdem du das Netz etwas zusammengezogen hast.

V 3 Was wirst du bei diesem Versuch beobachten (Bild 5)?

Beschreibe das Versuchsergebnis, und suche eine Erklärung dafür.

V 4 Zwei unterschiedlich große Kolbenprober werden miteinander verbunden (Bild 6). Mit ihnen soll untersucht werden, wie der hydraulische Teil des Wagenhebers funktioniert.

a) Was geschieht, wenn du auf einen der beiden Kolben ein Wägestück stellst?

b) Stelle auf beide Kolben je ein 1-kg-Wägestück. Was beobachtest du? Was kannst du daraus folgern?

c) Belaste Kolben 1 mit einem 1-kg-Wägestück. Welches Wägestück muß auf Kolben 2 stehen, damit sich jeder der beiden Kolben im Kräftegleichgewicht befindet?

d) Stelle das 1-kg-Wägestück nun auf Kolben 2. Mit welchem Wägestück mußt du gleichzeitig den Kolben 1 belasten, damit die Kolben in Ruhe bleiben?

e) Ersetze das 1-kg-Wägestück durch ein anderes Wägestück, und stelle es zunächst wieder auf Kolben 1 und dann auf Kolben 2.

Versuche in beiden Fällen vorherzusagen, welches weitere Wägestück erforderlich ist.

f) Vergleiche die Querschnittsflächen der beiden verwendeten Kolben.

Welche Beziehung vermutest du zwischen den Größen dieser Flächen und den Kräften, bei denen die Kolben in Ruhe bleiben?

g) Überprüfe deine Vermutung:

Ersetze einen der beiden Kolbenprober durch einen mit einer anderen Querschnittsfläche, und stelle dann mit Wägestücken wieder ein Kräftegleichgewicht her.

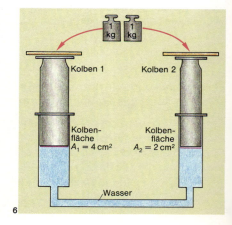

Info: Eingeschlossene Flüssigkeiten in einem Spannungszustand

Wenn man eine Tube mit flüssigem Klebstoff längere Zeit nicht benutzt hat, ist häufig die Öffnung verstopft. Man rollt dann das Tubenende auf und versucht so, den Klebstoff aus der Öffnung herauszupressen.

Durch das Aufrollen erhält man wieder eine prall gefüllte Tube mit glatter Oberfläche. Die Flüssigkeit in der Tube steht „unter Druck"; sie befindet sich in einem Spannungszustand, der sich dadurch bemerkbar macht, daß die Flüssigkeit auf jedes Teilstück ihrer Begrenzungsfläche eine Kraft ausübt. Ist die Tubenfläche an irgendeiner Stelle zu schwach, so bricht sie, und der Klebstoff tritt aus.

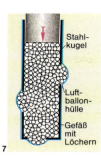
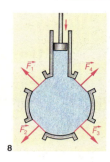

Ganz ähnlich ist es, wenn man auf den Kolben in Bild 3 eine Kraft ausübt. Das Wasser wird dann aus allen Öffnungen der Glaskugel herausgepreßt.

Bei allen Flüssigkeiten sind die Teilchen leicht gegeneinander verschiebbar. Daher fühlst du z.B. kaum einen Widerstand, wenn du deinen Finger in Wasser tauchst. Die Teilchen weichen dem Finger einfach aus. Wenn auf die Flüssigkeit eine Kraft ausgeübt wird, versuchen die Teilchen aufgrund ihrer Verschiebbarkeit in alle Richtungen auszuweichen.

Stoßen die Teilchen an Begrenzungsflächen, so üben sie Kräfte auf die Flächen aus. In Bild 7 wird dieses Verhalten der Flüssigkeitsteilchen im Modell dargestellt.

Die Kraft, die die Flüssigkeit auf ihre Begrenzungsflächen ausübt, ist immer senkrecht zu diesen Flächen (Bild 8).

Info: Der Druck in eingeschlossenen Flüssigkeiten

In den drei Kolbenprobern von Bild 9 wird das Wasser durch die belasteten Kolben in einen „Spannungszustand" versetzt. Das Wasser übt Kräfte auf alle Begrenzungsflächen aus, auch auf die Kolben.

Ein Vergleich der Kräfte auf die Kolben zeigt: Je größer die Querschnittsfläche eines Kolbens ist, desto größer ist die auf ihn wirkende Kraft. **Die Kraft F, die die Flüssigkeit auf eine Fläche ausübt, ist proportional zum Flächeninhalt A.**

$F \sim A$.

Daher ist der Quotient aus Kraft und Flächeninhalt konstant:

$\frac{F}{A} =$ konst.

Je stärker wir das Wasser „unter Spannung" setzen, desto größer ist dieser Quotient. Er ist also ein Maß für den Spannungszustand und heißt **Druck p:**

$p = \frac{F}{A}$.

Gelegentlich spricht man auch vom *Stempeldruck*. Man will dadurch andeuten, wie der Druck erzeugt wird: Mit einem Stempel (Kolben) wird eine Kraft auf eine eingeschlossene Flüssigkeit ausgeübt.

Die Aussage, daß der Quotient aus Kraft und Flächeninhalt konstant ist, gilt für jedes (annähernd ebene) Stück der Begrenzungsfläche.

Auch die Oberfläche eines *in* der Flüssigkeit befindlichen Körpers begrenzt die Flüssigkeit (Bild 10). Für ein Flächenstück eines solchen Körpers ist der Quotient F/A ebenfalls konstant. Man kann deshalb sagen: Dieser Quotient beschreibt den Spannungszustand auch *im Innern* der Flüssigkeit.

Der (Stempel-)Druck ist überall in der Flüssigkeit gleich groß.

Wie groß die Kraft auf eine Fläche ist, hängt nicht nur vom Druck, sondern auch von der Größe der Fläche ab. Deshalb stellen wir Kräfte, die Flüssigkeiten infolge ihres Druckes ausüben, durch einen Pfeil mit einem Querstrich dar. Der Querstrich soll die Fläche andeuten, auf die die Kraft wirkt (→ Bilder 8 u. 10).

Die Einheit des Druckes ist **1 Pascal** (1 Pa). Sie ist nach dem französischen Mathematiker und Physiker *Blaise Pascal* (1623–1662) benannt. Aus der Definition des Druckes ergibt sich:

$1\,\text{Pa} = 1\,\frac{\text{N}}{\text{m}^2}$.

Ein Druck von 1 Pa herrscht also, wenn eine Kraft von 1 N senkrecht auf eine Fläche von 1 m² wirkt.

Ein Druck von 1 Pa ist recht klein. Man gibt den Druck daher oft in Hektopascal (hPa) oder in Bar (bar) an:

1 hPa = 100 Pa.
1 bar = 100 000 Pa.

Am besten merkst du dir:

1 hPa = 1 mbar (Millibar).

Der Druck einer Flüssigkeit beträgt 1 bar, wenn sie eine Kraft von 10 N auf eine Fläche von 1 cm² ausübt (Bild 11):

$1\,\text{bar} = 100\,000\,\text{Pa}$
$= 100\,000\,\frac{\text{N}}{\text{m}^2} = \frac{100\,000\,\text{N}}{10\,000\,\text{cm}^2} = 10\,\frac{\text{N}}{\text{cm}^2}$.

Druckmeßgeräte nennt man **Manometer**. Bild 12 zeigt ein solches Gerät: Die Flüssigkeit übt eine Kraft auf die Membran aus; deren Verformung wird angezeigt.

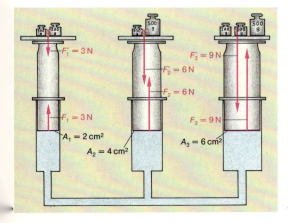
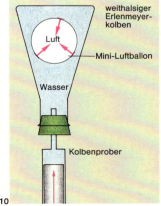
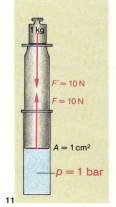

Mechanik der Flüssigkeiten

Aufgaben

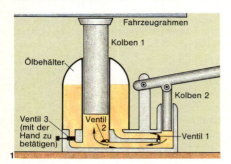

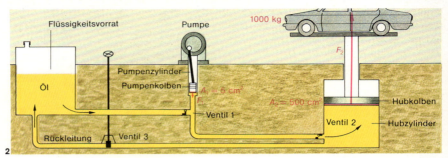

1 Zum hydraulischen Wagenheber (Bild 2 der vorherigen Doppelseite):

a) Wie groß muß die Kraft (senkrecht zum Hebel) sein, um eine Last von 500 kg anzuheben?

Wie hoch ist der Druck im System?

b) Gehe von den Kolbenabmessungen in Bild 2 auf der vorigen Doppelseite aus. Nimm nun an, daß die Flüssigkeit eine Kraft von 600 N auf Kolben 1 ausübt. Wie groß ist der Druck in der Flüssigkeit?

Welche Kraft muß auf Kolben 2 ausgeübt werden, um diesen Druck zu erzeugen?

2 Der Wagenheber von Bild 2 auf der vorigen Doppelseite ist vereinfacht dargestellt. Mit einem solchen Wagenheber könnte man ein Auto nur um einige Millimeter anheben.

Gib dafür eine Begründung.

Beschreibe mit Hilfe von Bild 1, wie dieser Mangel beseitigt wird.

3 Auch viele Hebebühnen arbeiten hydraulisch (Bild 2).

a) Beschreibe die Funktionsweise der Hebebühne.

b) Wie groß ist der Druck in der Flüssigkeit? Welche Kraft muß auf den Pumpenkolben ausgeübt werden, um diesen Druck zu erzeugen?

Um wieviel Millimeter wird der Wagen angehoben, wenn der Pumpenkolben um 10 cm gesenkt wird?

c) Auf die beiden Kolben wirken unterschiedliche Kräfte. Auch die Wege, auf denen diese Kräfte wirken, sind verschieden. Erkennst du eine Gesetzmäßigkeit?

4 In einer Wasserleitung herrscht ein Druck von 6 bar.

a) Kann man ein 10 cm^2 großes Loch mit der Hand zuhalten? Wie groß wäre die erforderliche Kraft?

b) Angenommen, an die Wasserleitung wird ein Zylinder angeschlossen, in dem sich ein Kolben bewegen kann. Wie groß müßte die Querschnittsfläche dieses Kolbens sein, wenn durch ihn ein Auto von 1000 kg Masse angehoben werden soll?

Aus Umwelt und Technik: **Kräfteverstärkung durch hydraulische Systeme**

Vorrichtungen, bei denen Kräfte mit Hilfe von Flüssigkeiten übertragen und verstärkt werden, nennt man *hydraulische Systeme* – abgeleitet von gr. *hydraulos*: Wasserorgel. (Die Wasserorgel wurde ca. 100 v. Chr. erfunden; im heutigen Sinne war sie aber kein hydraulisches System.)

Beispiele für hydraulische Systeme sind der Wagenheber von Bild 1 der vorigen Doppelseite und die Bremsanlage eines Autos. Auch Bagger, Planierraupen, Schaufellader, Kipperfahrzeuge und moderne Traktoren arbeiten mit solchen Vorrichtungen (Bilder 3 u. 4).

Wie hydraulische Systeme funktionieren, ist vereinfacht in Bild 5 dargestellt: Auf den Kolben 1 wird eine Kraft $F_1 = 1000\text{ N}$ ausgeübt. Der Druck p in der Flüssigkeit beträgt also:

$$p = \frac{F_1}{A_1} = \frac{1000\text{ N}}{2\text{ cm}^2} = 500\,\frac{\text{N}}{\text{cm}^2}.$$

Weil der Druck überall in der Flüssigkeit gleich groß ist, übt diese auf jeden Quadratzentimeter der Begrenzungsfläche eine Kraft von 500 N aus. Die Kraft auf Kolben 2 beträgt daher:

$$F_2 = p \cdot A_2 = 500\,\frac{\text{N}}{\text{cm}^2} \cdot 4\text{ cm}^2$$
$$F_2 = 2000\text{ N}.$$

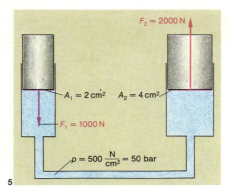

5 Die Kraft auf den Kolben 2 ist also doppelt so groß wie jene Kraft, die auf den Kolben 1 ausgeübt wird.

Die Kraft, die von der Flüssigkeit auf den zweiten Kolben ausgeübt wird, kann leicht vergrößert werden. Man muß nur einen Kolben mit größerer Querschnittsfläche verwenden.

Hydraulische Systeme verändern Beträge und Richtungen von Kräften, sie sind *Kraftwandler* – genau wie Hebel. Während aber Hebel oft unförmig lang sind, lassen sich entsprechende hydraulische Systeme auf recht kleinem Raum unterbringen.

In den heute verwendeten hydraulischen Systemen beträgt der Druck bis zu 200 bar. Als Flüssigkeit wird Öl verwendet.

2 Der Schweredruck

Aus Umwelt und Technik: **11 000 m unter der Meeresoberfläche**

23. Januar 1960: Der 11 000 m tiefe Marianengraben im Pazifischen Ozean ist Schauplatz eines kühnen Unternehmens. Der Schweizer *Jacques Piccard* und der Amerikaner *Don Walsh* wollen mit ihrer „Trieste" (Bild 6) den Meeresgrund erreichen.

Die „Trieste" besteht aus einem zigarrenförmigen Auftriebskörper und einer Tauchkugel, in der sich die Forscher aufhalten.

Der Auftriebskörper ist teilweise mit Benzin (das ja leichter ist als Wasser) und teilweise mit Meerwasser gefüllt. Das Wasser steht über Rohrleitungen mit dem äußeren Meerwasser in Verbindung.

Don Walsh berichtet: „*Der Abstieg begann sehr langsam. Durch den starken Wellengang wurden wir heftig durchgeschüttelt, aber bereits in 30 m Tiefe war nichts mehr von der unruhigen See zu spüren. Wir sanken jetzt mit einer Geschwindigkeit von 1,3 m/s.*

Bald waren wir im Bereich vollkommener Dunkelheit angelangt. Wir hatten die Scheinwerfer meistens nicht eingeschaltet. So konnten wir die selbstleuchtenden Lebewesen der Tiefsee beobachten.

Nach etwa 4 Stunden waren wir in 9000 m Tiefe angelangt. Um nicht zu heftig auf dem Meeresboden aufzusetzen, warfen wir Eisenballast ab.

Erst in 10 907 m Tiefe erreichten wir nach 4 Stunden 48 Minuten Fahrt den Meeresboden. Im Scheinwerferlicht sahen wir einen ca. 30 cm langen, flachen Fisch, wenig später eine dunkelrote Krabbe. Auch in dieser ungeheuren Tiefe lebten also noch Tiere.

Nach 20 Minuten Aufenthalt begann der Aufstieg. Und 3 Stunden 27 Minuten später kamen wir wieder wohlbehalten an der Meeresoberfläche an."

Fragen und Aufgaben zum Text

1 Warum mußten die Wände der Tauchkugel so dick sein (→ Technische Daten)?
Weshalb wurde die gesamte Tauchkugel – und nicht nur die obere Hälfte – mit so dicken Wänden ausgestattet?

2 Die Wände des Auftriebskörpers waren nicht so stabil gebaut. Begründe!

Technische Daten der „Trieste"		
Auftriebskörper:		
Länge		20 m
Wandstärke (Eisenblech)		**0,5 cm**
Tauchkugel:		
Außendurchmesser		2,18 m
Wandstärke (Edelstahl)		**12 cm**
Durchmesser der Plexiglasfenster innen/außen		6 cm/40 cm
Dicke der Fensterscheiben		15 cm

6

Mechanik der Flüssigkeiten

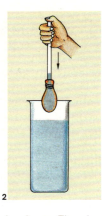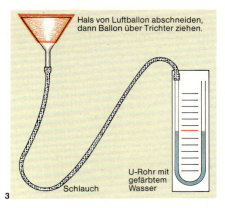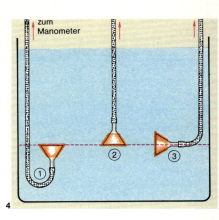

V 5 Du benötigst eine leere Flasche mit Schraubverschluß. Bohre ein Loch in den Verschluß, stecke einen durchsichtigen Trinkhalm in das Loch, und klebe ihn luftdicht fest.

Stülpe die Flasche um, und tauche den Halm langsam in ein hohes, mit Wasser gefülltes Glas. Beobachte, wie weit das Wasser in den Trinkhalm eindringt.

Erkläre deine Beobachtung.

V 6 Ein Ballon wird an einem Glasrohr befestigt und anschließend mit Wasser gefüllt (Bilder 1 u. 2).

a) Tauche den Ballon in das Wasser ein, und ziehe ihn wieder heraus.

Halte dann das Rohr vor dem Eintauchen zu. Gib die Öffnung frei, wenn sich der Ballon am Boden des Gefäßes befindet.

b) Wie lassen sich die Beobachtungen erklären?

V 7 Ein Trichter ist mit einer Gummihaut verschlossen (Bild 3); die Haut soll nicht gespannt sein.

a) Wenn du den Trichter unter Wasser hältst, steht das Wasser in den Schenkeln des U-Rohres nicht mehr in gleicher Höhe. Begründe!

b) Wovon hängt der Höhenunterschied des Flüssigkeitsstands in den Schenkeln des U-Rohres ab?

c) Spielt es eine Rolle, ob die Trichteröffnung nach oben, nach unten oder zur Seite zeigt (Bild 4)?

V 8 Schließe ein Manometer an den Trichter an, und miß den Druck in Abhängigkeit von der Eintauchtiefe.

Werte die Meßreihe graphisch aus. Welche Gesetzmäßigkeit ergibt sich?

Info: Der Schweredruck in Flüssigkeiten

Im Wasser steigt der Druck mit zunehmender Tiefe an. Daß der Druck größer wird, hast du sicherlich schon beim Tauchen zu fühlen bekommen; das Trommelfell wird wie eine Membran verformt und mehr und mehr nach innen gedrückt.

Um diese Druckzunahme zu erklären, stellen wir uns ein sehr hohes, wassergefülltes Gefäß in Form eines Quaders vor. Seine Grundfläche soll 1 m² betragen. In dem Quader betrachten wir eine Wasserschicht, die sich z. B. in 30 m Tiefe befindet (Bild 5).

Auf dieser Schicht lastet das darüber liegende Wasser, also eine 30 m hohe „Flüssigkeitssäule". Die Säule wirkt wie der Stempel eines Kolbenprobers. Daher herrscht in der markierten Schicht ein Druck; man nennt ihn **Schweredruck**.

Wie groß der Schweredruck ist, ergibt sich sowohl aus der Gewichtskraft F_G, die auf die Flüssigkeitssäule wirkt, als auch aus der Grundfläche A der Säule:

$$p = \frac{F_G}{A}.$$

Die Gewichtskraft auf 30 m³ Wasser beträgt ungefähr 300 000 N. Der Druck, der

in der Wasserschicht in 30 m Tiefe von der darauf stehenden Flüssigkeitssäule hervorgerufen wird, beträgt also:

$$p = \frac{300\,000\text{ N}}{1\text{ m}^2} = 300\,000\text{ Pa} = 3\text{ bar}.$$

Betrachten wir eine Schicht in größerer Tiefe, so lastet auf ihr eine höhere Flüssigkeitssäule; die Gewichtskraft auf diese Säule ist entsprechend größer. Mit zunehmender Tiefe herrscht somit ein immer größerer Druck.

Wir können mathematisch herleiten, welcher Zusammenhang zwischen Druck und Tiefe besteht. Dazu stellen wir uns wieder einen hohen Quader vor, der mit einer Flüssigkeit (Dichte: ϱ_{Fl}) gefüllt ist. In der Tiefe h wird wieder eine Schicht gekennzeichnet. Auf ihr lastet eine Flüssigkeitssäule mit dem Volumen $V = A \cdot h$ und der Masse $m = \varrho_{Fl} \cdot V = \varrho_{Fl} \cdot A \cdot h$.

Mit Hilfe des Ortsfaktors g läßt sich aus der Masse die Gewichtskraft auf die Flüssigkeitssäule berechnen:

$F_G = g \cdot m.$
$F_G = g \cdot \varrho_{Fl} \cdot A \cdot h.$

Damit ergibt sich für den Schweredruck, der in der Tiefe h der Flüssigkeit herrscht:

$$p = \frac{F_G}{A} = g \cdot \varrho_{Fl} \cdot h.$$

Der Schweredruck p in einer Flüssigkeit ist proportional zur Tiefe h, denn sowohl der Ortsfaktor als auch die Dichte der Flüssig-

keit sind praktisch konstant; sie hängen nicht von der Tiefe h ab. Die Dichte bleibt gleich, weil sich Flüssigkeiten (im Gegensatz zu Gasen) nicht zusammenpressen lassen.

Die Querschnittsfläche A taucht in der Formel nicht auf. Daß der Druck *nicht* von dieser Fläche abhängt, läßt sich so erklären: Bei gleicher Höhe wirkt auf eine „dicke" Säule zwar eine größere Gewichtskraft als auf eine „dünne" Säule, aber die Kraft wird bei der dicken Säule auf eine größere Fläche ausgeübt. Der Quotient aus Kraft und Fläche ist von der Fläche unabhängig.

Die Formel $V = A \cdot h$ gilt nicht nur für Quader, sondern z. B. auch für Zylinder. Daher kann man den Druck in einem zylinderförmigen Gefäß genauso berechnen wie in einem rechteckigen.

Beispiel: Wie groß ist der Schweredruck am Boden einer Brennspiritusflasche (Füllhöhe: 22 cm)?

Lösung:

$p = g \cdot \varrho_{Fl} \cdot h,$

$p = 9{,}81 \dfrac{N}{kg} \cdot 0{,}79 \dfrac{g}{cm^3} \cdot 22\ cm = 9{,}81 \dfrac{N}{kg} \cdot 790 \dfrac{kg}{m^3} \cdot 0{,}22\ m,$

$p = 1705 \dfrac{N}{m^2} = 1705\ Pa = 17{,}05\ hPa = 17{,}05\ mbar.$

Der Schweredruck beträgt also etwa 17 mbar.

Aus Umwelt und Technik: **Vom Tauchen und seinen Gefahren**

Beim Tauchen ist der menschliche Körper geänderten Umweltbedingungen ausgesetzt. Daß der Aufenthalt in großen Tiefen nur in einer Tauchkugel möglich ist, hängt mit dem Schweredruck des Wassers zusammen. Nach jeweils 10 m Tauchtiefe ist der Druck um 1 bar gestiegen.

Erstaunlich ist, daß es auch an den tiefsten Stellen des Meeres, in rund 10 km Tiefe, noch Lebewesen gibt. Wieso können sie den ungeheuren Druck von ca. 1000 bar in der Tiefe ertragen, der Mensch aber nicht?

Bei der Erklärung hilft ein Beispiel: Eine luftgefüllte, verschlossene Flasche, die mit Eisen beschwert ist und im Meer versinkt, wird durch den Druck in großer Tiefe zerstört. Eine wassergefüllte, offene Flasche dagegen bleibt unbeschädigt. Bei der *offenen* Flasche herrscht nämlich innen und außen der gleiche Druck; von innen und außen wirken somit gleich große Kräfte auf die Glaswand. Bei der *verschlossenen* Flasche wirken die Kräfte nur von außen.

Die Tiere der Tiefsee kann man mit der offenen Flasche vergleichen: In ihrem Körper herrscht der gleiche Druck wie im Wasser, und sie sind auf diese Druckverhältnisse eingestellt. Der Mensch dagegen entspricht der geschlossenen Flasche; seine Lunge ist der Hohlraum.

Ohne Hilfsmittel und ohne besonderes Training können Menschen nur etwa 40 s lang tauchen. Geübte Schwamm- und Perlentaucher schaffen es, bis zu 4 min unter Wasser zu bleiben. Sie erreichen Tiefen von bis zu 30 m.

6

Mit Preßluftgeräten kann man 80 m bis 90 m Tauchtiefe erreichen. Die aus der Preßluftflasche eingeatmete Luft steht stets unter dem gleichen Druck wie das Wasser der Umgebung. Daher wird der Lungenhohlraum nicht zusammengequetscht.

Allerdings wird es ab 50 m Tiefe wegen des *Tiefenrausches* sehr gefährlich. Bei ungeübten Tauchern können sogar schon ab 15 m Anzeichen dieses rauschartigen Zustandes auftreten: ein Verlust der Urteilsfähigkeit, leichtsinniges Verhalten, Schläfrigkeit. Der Tiefenrausch entsteht durch den Stickstoffanteil der Atemluft.

Wie es zur gefürchteten *Taucherkrankheit* kommt, kannst du dir an einer Sprudelflasche klarmachen:

Wenn du sie öffnest, entstehen Gasbläschen, die aufsteigen und entweichen. In der geschlossenen Flasche herrscht nämlich ein höherer Druck, und das Gas ist im Wasser gelöst. Bei geringerem Druck kann das Wasser nicht soviel Gas aufnehmen.

Ähnlich ist es mit unserem Blut: Bei hohem Druck löst es viel Stickstoff. Läßt der Druck plötzlich nach, bilden sich Gasbläschen im Blut und verstopfen die Adern. Es kommt zu Schmerzen und Lähmungen, die sogar zum Tode führen können. Taucher, die längere Zeit dem Druck in größerer Tiefe ausgesetzt waren, müssen erst wieder an geringeren Druck gewöhnt werden. Das geschieht durch Pausen beim Auftauchen oder in einer *Dekompressionskammer* (Bild 6).

Um den Tiefenrausch zu vermeiden, wird der Stickstoffanteil der Atemluft durch ein anderes Gas (z. B. Helium) ersetzt. Mit diesem Gasgemisch (und speziellen Geräten) lassen sich Tiefen von einigen hundert Metern erreichen. Die Gefahr der Taucherkrankheit ist damit allerdings nicht gebannt; auch Helium wird nämlich im Blut gelöst.

Regeln zum Tauchen ohne Atemgerät

1. Vor dem Tauchen nur ein- oder zweimal tief durchatmen! Schnelles und tiefes Atmen vor dem Tauchen kann unter Wasser zu Bewußtlosigkeit führen. Mehr Sauerstoff gelangt durch das schnelle Atmen nicht ins Blut.

2. Schnorchel nicht verlängern; 35 cm sind genug! Bei verlängertem Schnorchel sind Lungenschäden zu befürchten. Durch den Schweredruck des Wassers wird Blut aus den Venen in den Brustraum gepreßt, so daß in der Lunge Blutgefäße platzen. Auch der Kreislauf wird in Mitleidenschaft gezogen; es kann zu Bewußtlosigkeit kommen.

3. Für Druckausgleich sorgen! (Nase zuhalten und Luft aus der Lunge in die Nase drücken.) Durch den Schweredruck des Wassers wird das Trommelfell nach innen gewölbt. Schon ab 5 m Tauchtiefe können Schäden auftreten.

Aufgaben

1 Mit Hilfe der Beobachtungen von Versuch 6 läßt sich das Druckgefühl erklären, das man beim Tauchen im Ohr empfindet. Beschreibe!

Berechne den Druck in 4 m Wassertiefe. Welche Kraft wirkt in dieser Tiefe von außen auf das Trommelfell (Fläche: ca. 0,5 cm^2)?

2 Wenn eine eingeschlossene Flüssigkeit mit einem Stempel unter Druck gesetzt wird, gehen wir davon aus, daß der Druck überall in der Flüssigkeit gleich groß ist. Welche Einschränkung müssen wir dabei strenggenommen machen?

3 In einem langgestreckten Gefäß befindet sich eine 76 cm hohe Quecksilbersäule.

Berechne den Druck am Boden des Gefäßes. Wie hoch müßte eine Wassersäule sein, damit unten in der Säule der gleiche Druck herrscht?

4 Die Dichte von Meerwasser beträgt 1,03 g/cm^3.

a) Berechne den Schweredruck des Meerwassers in 10 m, 1000 m und 10 000 m Tiefe.

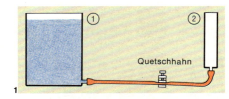

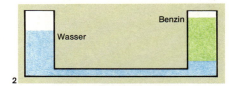

b) Die Außenfläche eines Fensters der „Trieste" beträgt etwa 1260 cm^2. Welche Kraft wirkt in den unterschiedlichen Tiefen auf dieses Fenster?

5 Berechne die Kraft, die das Meerwasser in 5000 m Tiefe auf jeden Quadratzentimeter der Haut eines Fisches ausübt.

Warum wird der Fisch nicht vom Wasser zerquetscht?

6 Zwei Gefäße sind durch einen Schlauch verbunden (Bild 1).

Wie hoch steigt in Gefäß 2 das Wasser, wenn der Hahn geöffnet wird? Begründe deine Antwort.

Was geschieht, wenn du Gefäß 2 anschließend etwas anhebst?

7 Warum sind in Bild 2 die Flüssigkeitssäulen nicht gleich hoch?

3 Schweredruck und Gefäßform

Von dem berühmten französischen Philosophen und Naturwissenschaftler *Blaise Pascal* (1623–1662) wird folgende Geschichte erzählt:

Pascal behauptete, er könne mit ein paar Gläsern Wein ein volles Weinfaß zerstören. Aber niemand glaubte ihm.

Daraufhin bohrte Pascal ein Loch oben in ein Faß und steckte ein mehrere Meter langes, dünnes Rohr hinein (Bild 3). Nachdem er das Faß sorgfältig abgedichtet hatte, goß er Wein in das Rohr. Das dünne Rohr füllte sich schnell – und plötzlich barst das Faß mit lautem Krachen!

Wie war das möglich?

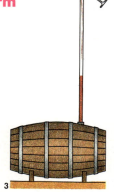

V 9 Eine wassergefüllte Wärmflasche wird mit einem durchbohrten Gummistopfen verschlossen und mit einem durchsichtigen Schlauch verbunden (Bild 4).

Auf die Flasche wird ein Brettchen gelegt und darauf ein 5-kg-Wägestück gestellt. Versuche vorherzusagen, wie hoch das Wasser im Schlauch steigen wird.

V 10 Wir messen den Schweredruck des Wassers am Boden unterschiedlich geformter Gefäße (Bild 5). Der Druck bewirkt, daß eine Membran am Gefäßboden ausgewölbt wird. Diese Auswölbung wird über einen Hebel angezeigt und kann durch Anhängen von Wägestücken rückgängig gemacht werden.

a) Stelle Vermutungen über den Druck am Boden der Gefäße an.

b) Überprüfe die Vermutungen durch Messungen.

Formuliere das Ergebnis.

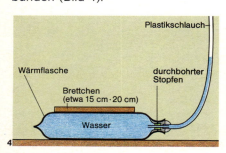

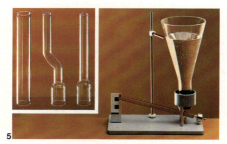

Info: Unglaublich, aber wahr – das Paradoxon des Schweredrucks

Wir wissen bereits, daß der Schweredruck in einem Quader oder einem Zylinder nicht davon abhängt, ob die Querschnittsfläche groß oder klein ist. Wie groß ist aber der Schweredruck in Gefäßen, die oben enger oder weiter sind als unten?

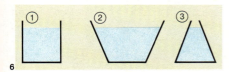

In Bild 6 siehst du solche Gefäße; die Flüssigkeit steht in ihnen gleich hoch. Mißt man den Schweredruck am Boden dieser Gefäße, so erhält man ein erstaunliches Ergebnis: Obwohl das Gefäß 1 mehr Flüssigkeit enthält als die Gefäße 2 und 3, herrscht am Boden aller drei Gefäße der gleiche Druck.

Der Schweredruck ist also unabhängig von der Gefäßform; er hängt nur von der Füllhöhe und der Dichte der Flüssigkeit (sowie vom Ortsfaktor) ab.

Weil dieser Sachverhalt auf den ersten Blick merkwürdig erscheint, spricht man von einem **Paradoxon**.

Wir können uns dieses überraschende Ergebnis so erklären:
Jedes Teilchen im Innern einer Flüssigkeit ist im Kräftegleichgewicht; sonst würde es sich sofort in Bewegung setzen, denn die Teilchen sind ja leicht gegeneinander verschiebbar.

Wir betrachten jetzt eine ganz bestimmte Flüssigkeitsschicht (Bild 7). Auch diese Schicht befindet sich im Kräftegleichgewicht, weil ihre Teilchen im Gleichgewicht sind. Du kannst die Flüssigkeitsschicht in Gedanken durch eine stabile Wand ersetzen. Am Schweredruck ändert sich dadurch nichts. Wir haben das Gefäß aber in zwei Teile geteilt.
Wenn man die Trennwand mit den übrigen Gefäßwänden fest verbindet, kann man auch die Flüssigkeit aus Teil 1 entfernen, ohne daß sich der Druck in Teil 2 ändert. Allerdings übt die Flüssigkeit dann nur noch von einer Seite eine Kraft auf die Trennwand aus; die erforderliche Gleichgewichtskraft wird von den Gefäßwänden erzeugt, an denen die Trennwand befestigt ist.
Die gleichen Überlegungen können wir auch für beliebig geformte Trennwände anstellen. Die Gefäßform hat also keinen Einfluß auf den Schweredruck.

Beispiele: In gleicher Tiefe unter der Flüssigkeitsoberfläche herrscht in dem Faß mit aufgesetztem Rohr (Bild 3) der gleiche Druck wie in einem Zylinder.
Beim Tauchen in wassergefüllten Höhlen spielt es keine Rolle, ob sich unmittelbar über dem Taucher Wasser oder Gestein befindet; der Druck ist in beiden Fällen der gleiche (Bild 8).

Als **verbundene Gefäße** bezeichnet man beliebig geformte Gefäße, die nach oben hin offen sind und die z. B. durch ein Rohr miteinander in Verbindung stehen.
Beide Gefäße sollen mit der gleichen Flüssigkeit gefüllt sein (Bild 9).
Die Flüssigkeit im Rohr ist nur dann in Ruhe, wenn an beiden Seiten des (waagerechten) Verbindungsrohres der gleiche Druck herrscht. Daher müssen *die Flüssigkeitsspiegel in verbundenen Gefäßen auf gleicher Höhe liegen.* Solange das nicht der Fall ist, fließt Flüssigkeit von dem einen Gefäß ins andere.
Auch in verbundenen Gefäßen hängt der Schweredruck also nicht von der Gefäßform ab, sondern einzig und allein von der Tiefe.

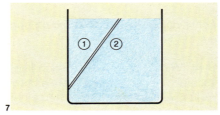  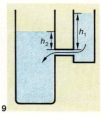

Aufgaben

1 Am Fuß einer Staumauer befindet sich der *Grundablaß*, der dazu dient, den Stausee zu entleeren. Die Öffnung liegt 200 m unter dem Wasserspiegel des Sees und ist durch einen 2 m² großen Schieber verschlossen.
Berechne die Kraft, die auf den Schieber wirkt.
Warum hängt die Kraft weder von der Größe des Stausees ab noch davon, ob der Schieber vertikal steht oder geneigt ist?

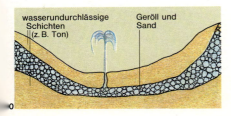

2 Bild 10 zeigt einen *artesischen Brunnen*. Der Name ist abgeleitet von der Landschaft Artois im Norden Frankreichs. Erkläre die Entstehung dieser natürlichen Springbrunnen.

3 In Bild 11 steht das Öl im Einfüllstutzen höher als im Tank. Warum?
Wie kann man erreichen, daß der Tank vollständig gefüllt werden kann?

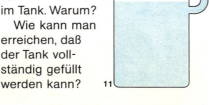

4 Die Bilder 12 u. 13 zeigen Anwendungen des Prinzips der verbundenen Gefäße. Beschreibe jeweils die Funktionsweise.

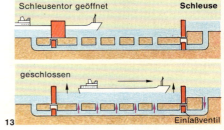

4 Der Auftrieb

Da hat Dagobert mal wieder Pech gehabt...

Zugegeben, der Zeichner hat ein wenig übertrieben: Es gibt keinen Hufeisenmagneten, der diese schwere Truhe tragen kann.

Aber daß die Truhe nicht schon *unter Wasser* zerbrochen ist, läßt sich physikalisch begründen...

V 11 Hänge einen Metallquader an einen Kraftmesser, und lies die Gewichtskraft ab.

Tauche den Quader dann in Wasser ein. Wie groß ist die Kraft, die jetzt angezeigt wird?

V 12 Wirkt auf einen Körper, der sich unter Wasser befindet, nicht mehr die ganze Gewichtskraft?

Stelle auf die eine Waagschale einer Balkenwaage ein Glas mit Wasser und einen kleinen Metallquader. Bringe die Waage dann mit Hilfe von Wägestücken ins Gleichgewicht.

Nun versenkst du den Quader im Glas. Was stellst du fest?

V 13 Fülle einen Luftballon mit Wasser, und binde ihn zu. Im Ballon darf keine Luft mehr sein.

Hänge den Ballon an einen Gummiring, und tauche ihn dann langsam in einen mit Wasser gefüllten Eimer. Achte dabei auf den Gummiring und auf die Form des Ballons.

V 14 Wir suchen eine Gesetzmäßigkeit für den scheinbaren Gewichtsverlust von Körpern, die sich in einer Flüssigkeit befinden.

Du benötigst den wassergefüllten Ballon von V 13, verschiedene Metallquader, einen Kraftmesser, ein Überlaufgefäß und einen Meßzylinder.

a) Bestimme für jeden Körper die folgenden Größen:
○ die Gewichtskraft F_G (in Luft);
○ die Kraft F_W, mit der der Körper nach unten gezogen wird, wenn du ihn ganz im Wasser versenkt hast;
○ das Volumen V des verdrängten Wassers.

Trage die Meßergebnisse in eine Tabelle ein (→ Muster unten). Erkennst du eine Gesetzmäßigkeit?

b) Führe die Messungen mit Brennspiritus statt mit Wasser durch.

V 15 Nimm eine Eisenschraube, und stelle eine Plastilinkugel her, auf die die gleiche Gewichtskraft wirkt wie auf die Schraube.

Laß die Körper ganz in Wasser eintauchen, und miß die zum Halten nötige Kraft. Was stellst du fest?

V 16 Wenn du eine Styroporkugel (oder einen Gummiball) unter Wasser losläßt, wirkt auf die Kugel (oder den Ball) eine nach oben gerichtete Kraft. Bild 2 zeigt, wie du sie messen kannst.

Bestimme das Volumen des verdrängten Wassers, und berechne die Gewichtskraft auf das Wasser. Vergleiche mit der gemessenen Kraft.

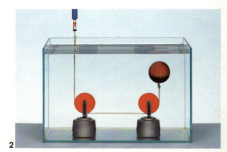

Gewichtskraft auf den Körper F_G in N	nach unten gerichtete Kraft in Wasser F_W in N	scheinbarer Gewichtsverlust $F_G - F_W$ in N	Volumen des verdrängten Wassers V in cm³	Gewichtskraft auf das verdrängte Wasser F_A in N
?	?	?	?	?

Info: Die Auftriebskraft

Unter Wasser kannst du schwerere Gegenstände leichter tragen als an Land. Es scheint, als würde auf einen untergetauchten Körper eine kleinere Gewichtskraft wirken.

In Wirklichkeit ist aber die Gewichtskraft auf einen Körper in Wasser und in Luft *gleich groß*. Unter Wasser wird ein Körper ja genauso von der Erde angezogen, als würde er sich in Luft befinden.

Daß ein Körper im Wasser leichter zu tragen ist, liegt daran, daß das Wasser eine nach oben gerichtete Kraft auf ihn ausübt. Diese Kraft heißt **Auftriebskraft**.

Versenkt man einen Körper in Wasser, so zeigt ein Kraftmesser nicht mehr die Gewichtskraft an (Bilder 3 u. 4). Vielmehr wird die Resultierende aus der Gewichtskraft und der nach oben wirkenden Auftriebskraft gemessen.

Wie läßt sich die Auftriebskraft erklären?

Infolge des Schweredrucks wirken auf einen eingetauchten Körper Kräfte, die senkrecht zu seinen Begrenzungsflächen sind. Da der Schweredruck mit der Tiefe zunimmt, wirkt auf die Unterseite des Körpers eine etwas größere Kraft als auf seine Oberseite. Als Resultierende der Kräfte auf Ober- und Unterseite ergibt sich die nach oben gerichtete Auftriebskraft.

Bei einem quaderförmigen Körper können wir eine Formel für die Auftriebskraft herleiten (Bild 5):

Wir bezeichnen die Grundfläche des Quaders mit A und seine Höhe mit h. Die Eintauchtiefe der Deckfläche nennen wir h_1, die der Grundfläche h_2.

Es gilt: $h = h_2 - h_1$.
Die Dichte der Flüssigkeit sei ϱ_{Fl}.

In Höhe der Deckfläche herrscht der Schweredruck
$$p_1 = g \cdot \varrho_{Fl} \cdot h_1.$$
In Höhe der Grundfläche herrscht der Schweredruck
$$p_2 = g \cdot \varrho_{Fl} \cdot h_2.$$
Somit wirkt auf die Deckfläche die Kraft
$$F_1 = p_1 \cdot A = g \cdot \varrho_{Fl} \cdot h_1 \cdot A$$
und auf die Grundfläche die Kraft
$$F_2 = p_2 \cdot A = g \cdot \varrho_{Fl} \cdot h_2 \cdot A.$$
Die Resultierende der beiden Kräfte ist die Auftriebskraft:
$$F_A = F_2 - F_1,$$
$$F_A = g \cdot \varrho_{Fl} \cdot A \cdot h_2 - g \cdot \varrho_{Fl} \cdot A \cdot h_1,$$
$$F_A = g \cdot \varrho_{Fl} \cdot A \cdot (h_2 - h_1),$$
$$F_A = g \cdot \varrho_{Fl} \cdot A \cdot h.$$
Da $A \cdot h$ das Volumen des Quaders ist, gilt:
$$F_A = g \cdot \varrho_{Fl} \cdot V.$$
Die Kräfte auf einander gegenüberliegende Seitenflächen des Quaders sind gleich groß, aber entgegengesetzt gerichtet. Sie heben sich also gegenseitig auf.

Durch Messungen stellt man fest, daß die Formel für die Auftriebskraft auf einen Quader auch für andere Körper gilt.

Wir erhalten somit als Ergebnis: *Wenn sich ein Körper mit dem Volumen V in einer Flüssigkeit befindet, übt diese auf ihn eine Auftriebskraft aus mit dem Betrag*
$$F_A = g \cdot \varrho_{Fl} \cdot V.$$
Dabei ist ϱ_{Fl} die Dichte der Flüssigkeit.

Das Produkt $g \cdot \varrho_{Fl} \cdot V$ hat eine anschauliche Bedeutung: Es ist genauso groß wie die Gewichtskraft auf die Flüssigkeit, die der Körper verdrängt hat. Man kann daher sagen:

Die Auftriebskraft, die ein Körper in einer Flüssigkeit erfährt, ist so groß wie die Gewichtskraft auf die verdrängte Flüssigkeit *(Archimedisches Prinzip).*

Beispiel: Auf einen Eisenwürfel von 10 cm Kantenlänge wirkt eine Gewichtskraft von 78 N. Er verdrängt 1 l Wasser.

Die Auftriebskraft in Wasser ist so groß wie die Gewichtskraft auf 1 l Wasser; sie beträgt also etwa 10 N. Wenn der untergetauchte Würfel an einem Kraftmesser hängt, zeigt dieser nur 68 N an.

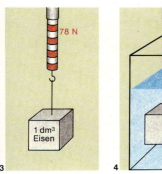

3

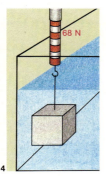

4

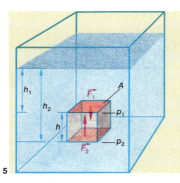

5

Beispiel: Eisenwürfel mit 10 cm Kantenlänge in Wasser (Eintauchtiefen: $h_1 = 15$ cm, $h_2 = 25$ cm)

Schweredruck in 15 cm Tiefe: $p_1 = 0{,}15 \frac{N}{cm^2}$

Kraft auf die Deckfläche: $F_1 = p_1 \cdot A$
$$F_1 = 0{,}15 \frac{N}{cm^2} \cdot 100\ cm^2 = 15\ N.$$

Schweredruck in 25 cm Tiefe: $p_2 = 0{,}25 \frac{N}{cm^2}$

Kraft auf die Grundfläche: $F_2 = p_2 \cdot A$,
$$F_2 = 0{,}15 \frac{N}{cm^2} \cdot 100\ cm^2 = 25\ N.$$

Auftriebskraft: $F_A = F_2 - F_1 = 25\ N - 15\ N = 10\ N.$

Aufgaben

1 Warum wird ein Taucher eigentlich nicht durch das Wasser über ihm zu Boden gedrückt?

2 Im Schwimmbad kannst du eine Person, die sich weitgehend unter Wasser befindet, ohne Schwierigkeiten tragen. Begründe!

3 Stell dir vor, der Eisenwürfel von Bild 5 würde sich nicht 15 cm, sondern 5 m unter der Wasseroberfläche befinden. Wie groß wäre die zum Halten nötige Kraft?

4 Ein Eisenwürfel ($V = 75$ cm^3) wird in Leitungswasser ($\varrho = 1{,}00$ g/cm^3) und in Salzwasser ($\varrho = 1{,}03$ g/cm^3) getaucht.

Wie groß ist dabei jeweils die Auftriebskraft?

Berechne auch die Auftriebskräfte auf einen gleich großen Würfel aus Aluminium.

5 Um eine 400 cm^3 große Holzkugel unter Wasser zu halten, ist eine Kraft von 1 N erforderlich.

Berechne die Gewichtskraft auf die Kugel.

6 Auf einen Gegenstand wirkt eine Gewichtskraft von 135 N. Wenn man ihn in Wasser taucht, mißt man nur noch eine Kraft von 85 N.

Aus welchem Material könnte der Gegenstand bestehen?

Mechanik der Flüssigkeiten

Aus der Geschichte: **Archimedes als Detektiv**

Der Überlieferung nach deckte der berühmte griechische Naturwissenschaftler und Philosoph *Archimedes* (285–212 v. Chr.) eine Straftat auf. Folgendes soll sich zugetragen haben:

König *Hieron von Syrakus* ließ sich von einem Goldschmied aus einem Barren reinen Goldes eine Krone anfertigen. Damit ihn der Goldschmied nicht betrügen konnte, hatte er den Barren vorher wiegen lassen.

Die Krone, die der Goldschmied ablieferte, hatte tatsächlich das gleiche Gewicht wie der Barren. Trotzdem war das Mißtrauen des Königs noch nicht verflogen. War es nicht möglich, daß der Goldschmied einen Teil des Goldes durch Silber ersetzt und dieses im Innern der Krone versteckt hatte? Natürlich hätte man nachschauen können, aber dabei wäre die Krone zerstört worden.

So beauftragte der König Archimedes. Er sollte die Echtheit der Krone prüfen, ohne sie zu beschädigen. Ein schwieriges Problem – Archimedes grübelte lange darüber nach.

Als er gerade ein Bad nahm, soll er plötzlich ausgerufen haben: „Heureka!" (Ich hab's gefunden.)

Er eilte zum König und ließ sich die Krone und ein gleich schweres Stück Gold geben. Dann nahm er eine Waage, legte die Krone auf die eine Waagschale und das Gold auf die andere – die Waage war, wie erwartet, im Gleichgewicht.

Anschließend tauchte er die beiden Waagschalen samt Krone und Goldbarren in ein Becken mit Wasser.

Da geschah etwas Erstaunliches: Die Waagschale mit dem Goldklumpen senkte sich; die Waage war nicht mehr im Gleichgewicht (Bild 1).

Keiner der Umstehenden verstand das. Für Archimedes aber war der Fall vollkommen klar: Der Goldschmied war ein Betrüger.

1

Fragen und Aufgaben zum Text

1 Erkläre, warum die Waage unter Wasser nicht im Gleichgewicht war.

2 Der Goldschmied wurde überführt, weil die Krone eine physikalische Stoffeigenschaft von Gold nicht aufwies. Um welche Eigenschaft handelt es sich?

5   Das Schwimmen

2

3

Eisen schwimmt und Holz sinkt...

V 17 Untersuche, ob (massive) Körper aus folgenden Stoffen in Wasser schwimmen:
Eisen, Kupfer, Wachs (Stearin), Holz, Kohle, Eis, Glas, Gummi, Kunststoff, Stein...

V 18 Prüfe diese Behauptung nach: „Körper schwimmen eher in einem tiefen Wasserbecken als in einem flachen."
Als Schwimmkörper eignet sich ein teilweise mit Sand gefülltes Tablettenröhrchen oder ein Korken, der an seiner Unterseite mit Nägeln „gespickt" ist. Der Körper soll in einem flachen Wasserbecken ganz langsam zu Boden sinken (oder im Wasser schweben).

V 19 Untersuche jetzt, ob Salzwasser „besser trägt" als Süßwasser.

a) Fülle z. B. einen Meßbecher etwa zur Hälfte mit Wasser, und lege ein rohes Ei hinein. Gib dann mehrere Löffel Salz in das Wasser, und rühre um...

b) Du benötigst einen Schwimmkörper wie in Versuch 18; er soll in Leitungswasser schwimmen. Bringe an dem Körper eine Skala an. Merke dir, bis zu welchem Skalenstrich er eintaucht.

Laß den Körper dann in Salzwasser schwimmen. Wie weit taucht der Schwimmkörper ein?

V 20 Bild 4 zeigt den Aufbau.

a) Die Waage wird ins Gleichgewicht gebracht. Dann setzt du den Holzquader auf das Wasser. Wieviel Wasser verdrängt er? Was kannst du über die Gewichtskräfte auf die verdrängte Wassermenge und auf den Holzquader aussagen?

b) Mit dem Schwimmkörper aus V 18 wird der Versuch mehrfach wiederholt. Der Körper soll so belastet sein, daß er unterschiedlich tief eintaucht.

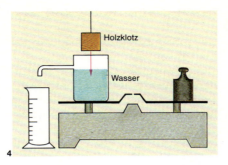

4

c) Verwende jetzt Salzwasser statt Leitungswasser.

d) Wieviel Flüssigkeit verdrängt ein schwimmender Körper? Formuliere eine Regel.

V 21 Du brauchst Wasser, Speiseöl und Brennspiritus.

a) Aus etwa 10 cm Höhe läßt du einen Teelöffel Speiseöl in ein Glas mit Wasser laufen.

b) Gieße einen Teelöffel Speiseöl in ein leeres Glas, und fülle dieses anschließend langsam mit Wasser.

Aufgaben

1 Denke dir einen untergetauchten Körper. Auf ihn wirken die Gewichtskraft und die Auftriebskraft. In welcher Beziehung müssen diese Kräfte stehen, damit der Körper *aufsteigt, sinkt* bzw. im Wasser *schwebt*?

2 Häufig kann man von der (mittleren) Dichte ϱ_K eines Körpers reden (z. B. bei einer verschlossenen Flasche). Wir verstehen darunter den Quotienten aus der Masse und dem Volumen des Körpers:

$$\varrho_K = \frac{m}{V}.$$

Verwende diese Größe, um anzugeben, wann ein untergetauchter Körper in einer Flüssigkeit der Dichte ϱ_{Fl} *aufsteigt, sinkt* bzw. *schwebt*.

3 Denke dir einen quaderförmigen Körper. In welcher Beziehung muß seine Dichte zur Dichte der Flüssigkeit stehen, damit er *schwimmt*?

4 Warum schwimmt ein Schiff? Was kannst du über die Auftriebskraft und die Gewichtskraft auf ein schwimmendes Schiff aussagen? Vergleiche mit der Gewichtskraft auf die verdrängte Flüssigkeit.

5 Übertrage die Tabelle rechts in dein Heft, und ergänze sie.

6 Eisberge befinden sich zum Teil über und zum Teil unter der Wasseroberfläche. Berechne das Verhältnis des untergetauchten Volumens zum Gesamtvolumen ($\varrho_{Eis} = 0{,}92$ g/cm³).

7 In einem Buch von Karl May will ein Gauner einem Händler eine Ölquelle verkaufen. Er behauptet, am Grund eines Sees lagern große Ölmengen, die vom Wasser niedergedrückt würden. Dem Händler leuchtet diese Erklärung ein. Was meinst du?

8 Die Ballons in Bild 5 enthalten nur Wasser, auch das Becken ist mit Wasser gefüllt. Warum schwimmen einige Ballons, während andere schweben oder gesunken sind?

9 Eine verschlossene, leere Flasche verdrängt 0,95 l Wasser, wenn sie untergetaucht wird. Auf die Flasche wirkt eine Gewichtskraft von 6 N.

a) Welche Kraft muß man ausüben, um die leere Flasche unter Wasser zu halten?

5

b) Wieviel Wasser müßte man in die leere Flasche füllen, damit sie im Wasser schwebt?

10 Man kann die Dichte von Flüssigkeiten mit einer *Senkwaage* (einem *Aräometer*) bestimmen. Erkläre ihre Funktionsweise anhand von Bild 6.

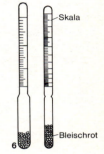

6

11 Ein Reagenzglas mit einer Querschnittsfläche von 3 cm² ist so mit Nägeln beschwert, daß es im Wasser schwimmt. Die Gewichtskraft auf Reagenzglas und Nägel beträgt insgesamt 0,3 N.

a) Wie groß ist die Gewichtskraft auf die verdrängte Flüssigkeit? Wie groß ist ihre Masse?

b) Das Reagenzglas wird einmal in Leitungswasser und einmal in Salzwasser ($\varrho = 1{,}03$ g/cm³) getaucht.

Welches Volumen hat jeweils die verdrängte Flüssigkeit?

Um wieviel Millimeter sinkt das Reagenzglas in Leitungswasser tiefer ein als in Salzwasser?

Körper	mittlere Dichte in $\frac{g}{cm^3}$	Flüssigkeit	Dichte in $\frac{g}{cm^3}$	schwimmt	schwebt	sinkt
Eisenwürfel	?	?	?	x	–	–
Stahlkasten	0,4	?	?	x	–	–
Aluminiumdraht	?	Salzwasser	1,03	?	?	?
Korken mit Nägeln	1,0	Wasser, 100 °C	0,96	?	?	?
Korken mit Nägeln	1,0	Wasser, 4 °C	1,0	?	?	?

Mechanik der Flüssigkeiten

Aus Umwelt und Technik: **Schiffshebung durch Schaumstoff**

Im Hafen von Kuweit sank im November 1965 das Frachtschiff „Al Kuweit" mit etwa 5000 Schafen an Bord. Von verschiedenen Firmen gingen Angebote zur Bergung des Schiffes ein. Dabei machte der Däne *Karl Krøyer* – man nannte ihn den dänischen „Ideenmann" – einen phantastisch klingenden Vorschlag:

Kleine Styroporkügelchen sollten das Schiff heben! Ob er wohl beim Lesen dieser Bildgeschichte (Bild 1) darauf gekommen war?

Tatsächlich übertrug man ihm den Auftrag. So konnte es also losgehen!

Per Flugzeug ließ Krøyer zunächst Pumpen, dicke Schläuche und eine Ladung Styroporkügelchen nach Kuweit bringen. Die Hauptladung der Kugeln kam dann per Schiff.

Die Schaumstoffkugeln ließ er zunächst mit Wasser vermischen. Dann wurden sie mit Preßluft durch die Schläuche in den vorher abgedichteten Schiffsrumpf gepumpt (Bild 2).

Nach sechs Wochen war es dann soweit: Die „Al Kuweit" erschien an der Wasseroberfläche (Bild 3).

Seine Methode zur Hebung eines gesunkenen Schiffes wollte Krøyer zum Patent anmelden.

Das Patentamt lehnte aber seinen Antrag mit der Begründung ab, nicht er – Krøyer – sei der Erfinder dieser Methode, sondern der Autor der Donald-Duck-Geschichte...

Aus Umwelt und Technik: **Von U-Booten und Fischen**

Unterseeboote und Fische haben eine Gemeinsamkeit: Sie können unter Wasser schweben, steigen und sinken.

Beim Schweben sind Gewichtskraft und Auftriebskraft gleich groß. Dieses Kräftegleichgewicht wird in der Natur und in der Technik auf verschiedene Weise erreicht:

Ein **U-Boot** hat eine starre Form und damit ein konstantes Volumen. Somit ist auch die Auftriebskraft immer gleich groß. Um den Schwebezustand zu erreichen, muß also die *Gewichtskraft* auf das Boot passend „eingestellt" werden. Zu diesem Zweck verfügt das U-Boot über große Tanks. Wenn sie mit Wasser gefüllt werden, nimmt die Gewichtskraft auf das Boot zu. Zur Verringerung der Gewichtskraft bläst man sie mit Preßluft leer (Bild 4).

Bei **Fischen** dagegen ist die Gewichtskraft praktisch unveränderlich. Viele Fische können aber ihr Körpervolumen und damit die *Auftriebskraft* verändern. Sie besitzen dazu ein besonderes Organ, die *Schwimmblase* (Bild 5). Sie ist mit Kohlenstoffdioxid und Sauerstoff gefüllt.

Über den Blutkreislauf kann der Schwimmblase weiteres Gas zugeführt werden, dann wird sie größer. Oder das Blut nimmt Gas auf, dann wird sie kleiner. Hat die Schwimmblase die richtige Größe, so schwebt der Fisch.

Ein Fisch, der in großer Tiefe schwimmt, ist dem enormen Schweredruck des Wassers ausgesetzt. Damit seine Schwimmblase nicht zusammengequetscht wird, muß in ihr der gleiche Druck herrschen wie außerhalb.

Beim Aufsteigen gibt der Fisch Gas aus der Schwimmblase ab und paßt sich so dem abnehmenden Schweredruck an. Holt man aber einen Fisch plötzlich aus großer Tiefe an die Oberfläche, so kann er den Druck in der Schwimmblase nicht schnell genug verringern. Die Blase dehnt sich stark aus: Der Fisch sieht aus wie eine Trommel und geht zugrunde; man sagt, er sei *trommelsüchtig*.

Manche Fische, z. B. Haie, besitzen keine Schwimmblase. Sie können nicht bewegungslos im Wasser schweben. Um nicht nach unten zu sinken, müssen sie ständig mit den Flossen eine Kraft erzeugen.

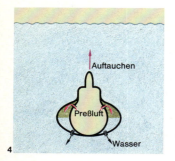

Mechanik der Flüssigkeiten

Alles klar?

1 Die Bezeichnungen *Stempeldruck* und *Schweredruck* lassen erkennen, wie der Druck jeweils erzeugt wird. Erläutere!

2 Bild 6 zeigt eine recht originelle Personenwaage. Auf einem wassergefüllten Gummikissen liegt eine 25 cm · 25 cm große Holzplatte.

a) Wie funktioniert diese Waage?

b) Jörg (40 kg) stellt sich auf die Platte. Welcher Druck entsteht im Wasser?
Wie hoch steigt das Wasser in dem Schlauch?

c) Bei Ute steigt das Wasser im Schlauch 50 cm hoch.
Berechne die Gewichtskraft.

3 Beschreibe einen einfachen Versuch, der zeigt, daß die Gewichtskraft auf einen untergetauchten Körper nur scheinbar abnimmt.

4 Das größte Lebewesen auf der Erde ist der Blauwal. Er wiegt mehr als 30 Elefanten. Selbst die Saurier waren leichter.
Warum kann ein so schweres Tier nur im Wasser leben?

5 Beim Bau einer Staumauer sind Betonblöcke verwendet worden ($l = 1$ m, $b = 50$ cm, $h = 40$ cm, $\varrho = 2{,}1$ g/cm³).
Wie stark belastet ein solcher Betonblock das Seil eines Kranes vor und nach dem Eintauchen ins Wasser?

6 Von Wind und Wellen hängt es ab, wie tief ein Schiff im Wasser liegen darf. Wind und Wellen sind aber in den verschiedenen Gebieten der Weltmeere zu verschiedenen Jahreszeiten recht unterschiedlich. Daher sind an Schiffen „Freibordmarken" angebracht (Bild 7), bis zu denen das Schiff eintauchen darf.
Auf besonderen Karten ist festgelegt, zu welchen Zeiten welche der Markierungen T, S, W, WNA in einem *See*gebiet zu beachten ist.
Die Marken TF und F sind von Bedeutung, wenn das Schiff in einem *Fluß*hafen beladen wird.

Erkläre, aus welchem Grund diese Marken höher liegen als die entsprechenden Seewassermarken T und S.

7 Sinkt ein Schiff im Winter oder im Sommer (in Seewasser) tiefer ein? Begründe deine Antwort.

8 Stell dir vor, ein Schiff wird im Winter in Wilhelmshaven (Nordsee) beladen. Dann nimmt es Kurs auf Afrika und fährt in die Kongomündung (Süßwasser) ein.
Wie ändert sich dabei die Eintauchtiefe? (Die Abnahme der Treibstoffmenge kannst du außer acht lassen.)

9 In Bild 8 ist ein Wasserversorgungsnetz mit einem Wasserturm dargestellt. Beschreibe und erkläre!

10 Nur wenn du tief Luft holst und dich langgestreckt ins Wasser legst, gehst du nicht unter.

a) Gib dafür eine Erklärung.

b) Was schließt du daraus über die Dichte des menschlichen Körpers?

c) Ein Mensch geht im Toten Meer nicht unter, auch nicht, wenn er ausatmet (Bild 9). Erkläre mit dem Begriff *Auftriebskraft!*

11 Zwei gleich große Überlaufgefäße sind bis zum Rand mit Wasser gefüllt.

a) In eines der beiden Gefäße wird vorsichtig ein Holzklotz gelegt. Nachdem das Wasser abgelaufen ist, werden beide Gefäße auf eine Balkenwaage gestellt.
Befindet sich die Waage im Gleichgewicht? Begründe!

b) Statt des Holzklotzes wird ein Eisenwürfel verwendet. Was geschieht?

12 Das Hühnerei in Bild 10 schwebt an der Grenzfläche von Leitungswasser und konzentriertem Salzwasser. Erkläre!

13 Wenn ein Auto bei einem Unfall in einen Fluß oder Kanal stürzt, können die Insassen die Türen zunächst nicht öffnen. Warum nicht?
Wie muß man sich verhalten, um aus dem Auto herauszukommen?

14 Bild 11 zeigt, wie du einen „Flaschenteufel" bauen kannst.
In den Deckel des Tablettenröhrchens wird ein kleines Loch gestochen. Dann wird das Röhrchen zum Teil mit Wasser gefüllt und mit Nägeln beschwert, so daß

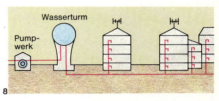

Freibordmarke an der Bordwand eines Schiffes
TF – Tropen Frisch(Süß-)wasser, F – Frischwasser Sommer, T – Tropen See(Salz-)wasser, S – Seewasser Sommer, W – Seewasser Winter, WNA – Winter Nordatlantik.

7

8

9

10

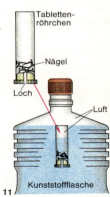

es im Wasser gerade noch schwimmt.
Wenn du die Flasche etwas zusammendrückst, sinkt das Röhrchen nach unten, wenn du sie losläßt, steigt es wieder nach oben.
Versuche, dieses merkwürdige Verhalten des „Flaschenteufels" zu erklären.

11

Mechanik der Flüssigkeiten

Auf einen Blick

Der Stempeldruck

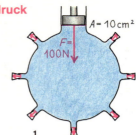

Wenn man auf eine eingeschlossene Flüssigkeit mit Hilfe eines Kolbens (Stempels) eine Kraft ausübt, ändert sich der Zustand der Flüssigkeit: In ihr herrscht ein **Druck**.

Wir erkennen diesen Zustand daran, daß die Flüssigkeit Kräfte auf ihre Begrenzungsflächen (und auch auf eingetauchte Körper) ausübt. Die Kräfte wirken auf jedes Teilstück der Begrenzungsflächen. *Gleich große Teilstücke erfahren gleich große Kräfte.*

1 Das Wasser spritzt nach allen Seiten gleich stark heraus, wenn die Stopfen entfernt werden.

Druck in der Flüssigkeit:
$$p = \frac{F}{A} = \frac{100\,N}{10\,cm^2} = \frac{10\,N}{1\,cm^2} = 1\,bar = 1000\,hPa$$

Wie groß der Druck ist, wird durch den Quotienten aus Kraft und Fläche angegeben:
$$p = \frac{F}{A}.$$

Hydraulische Systeme sind Kraftwandler. Wie sie im Prinzip funktionieren, zeigt Bild 2:

Auf den Kolben mit der kleinen Querschnittsfläche wird eine Kraft ausgeübt. Der entstehende Druck ist überall in der Flüssigkeit gleich.

Da der zweite Kolben eine dreimal so große Querschnittsfläche hat wie der erste, wirkt auf ihn auch eine dreimal so große Kraft.

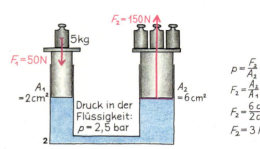

2

Der Schweredruck

Auf jeder waagerecht liegenden Flüssigkeitsschicht lastet die darüber liegende Flüssigkeit. Dadurch entsteht in der Schicht ein Druck, der um so größer ist, je höher die Flüssigkeit über der Schicht steht.

Den Druck in einer Flüssigkeitsschicht, der von der darüber liegenden Flüssigkeit hervorgerufen wird, nennt man **Schweredruck**. Es gilt: $p = g \cdot \varrho_{Fl} \cdot h$.

Dabei sind g der Ortsfaktor, ϱ_{Fl} die Dichte der betreffenden Flüssigkeit und h die Höhe der auf der Schicht lastenden Flüssigkeitssäule.

Der Schweredruck hängt nicht von der Form des Gefäßes ab.

3 Gewichtskraft auf die Wasserschicht: $F_G = 10\,N$
Druck in 10 m Tiefe: $p = \frac{F_G}{A} = \frac{10\,N}{1\,cm^2} = 1\,bar$

Gewichtskraft auf die Wasserschicht: $F_G = 100\,N$
Druck in 100 m Tiefe: $p = \frac{F_G}{A} = \frac{100\,N}{1\,cm^2} = 10\,bar$

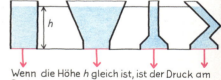

4 Wenn die Höhe h gleich ist, ist der Druck am Boden in allen Gefäßen gleich groß.

Verbundene Gefäße

In zwei miteinander *verbundenen Gefäßen* steht die Flüssigkeit gleich hoch.

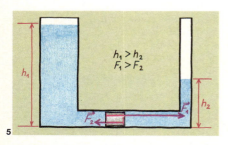

5

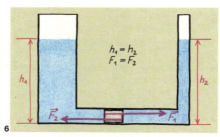

6

Auf den beweglichen Kolben wirkt von links eine größere Kraft als von rechts; links ist nämlich der Schweredruck größer.

Der Kolben bewegt sich so lange nach rechts, bis in beiden Gefäßen das Wasser gleich hoch steht. Dann ist auch der Schweredruck auf beiden Seiten des Kolbens gleich groß.

Mechanik der Flüssigkeiten

Der Auftrieb in Flüssigkeiten

Auf Körper in Flüssigkeiten wirken **Auftriebskräfte**.

Die Auftriebskraft läßt sich so erklären: Der Schweredruck nimmt mit der Tiefe zu. Auf die Unterseite des Körpers wirkt daher eine größere Kraft als auf die Oberseite.

Die Auftriebskraft ist stets der Gewichtskraft entgegen gerichtet. Aus diesem Grund wird der eingetauchte Körper scheinbar leichter.

Die Auftriebskraft, die ein eingetauchter Körper erfährt, ist so groß wie die Gewichtskraft auf die vom Körper verdrängte Flüssigkeit (*Archimedisches Prinzip*).

Für die Auftriebskraft F_A ergibt sich: $F_A = g \cdot \varrho_{Fl} \cdot V$.

Dabei sind g der Ortsfaktor, ϱ_{Fl} die Dichte der Flüssigkeit und V das Volumen der verdrängten Flüssigkeit.

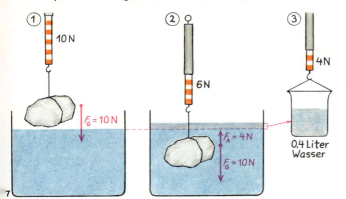

Sinken, schweben, steigen

Ein Körper, der vollständig in eine Flüssigkeit eingetaucht ist, …

…*sinkt*, wenn die auf ihn wirkende Auftriebskraft kleiner ist als die Gewichtskraft,

…*schwebt*, wenn die auf ihn wirkende Auftriebskraft genauso groß ist wie die Gewichtskraft,

…*steigt*, wenn die auf ihn wirkende Auftriebskraft größer ist als die Gewichtskraft.

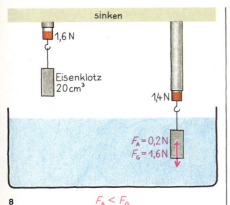 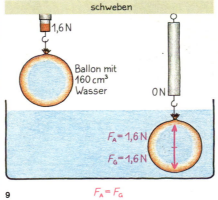 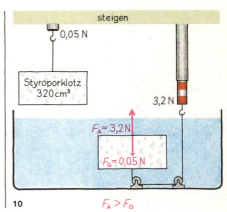

Welcher der drei Fälle eintritt, kann man voraussagen, wenn man die Dichte der Flüssigkeit ϱ_{Fl} und die (mittlere) Dichte des Körpers ϱ_K kennt.

Sinken: $\varrho_K > \varrho_{Fl}$ Schweben: $\varrho_K = \varrho_{Fl}$ Steigen: $\varrho_K < \varrho_{Fl}$

Das Schwimmen

Die Auftriebskraft, die auf einen schwimmenden Körper wirkt, ist genauso groß wie die Gewichtskraft auf diesen Körper.

Der Körper taucht so tief ein, bis die Gewichtskraft auf die verdrängte Flüssigkeit genauso groß ist wie die Gewichtskraft auf den Körper.

Wenn die (mittlere) Dichte eines Körpers kleiner als die Dichte der Flüssigkeit ist, schwimmt er.

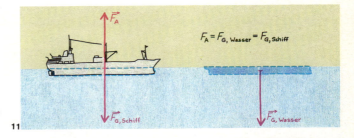

Mechanik der Gase

1 Eingesperrte Gase

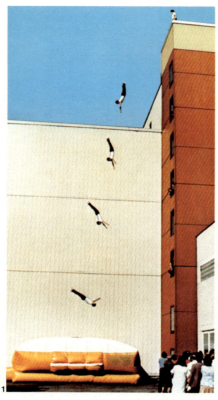

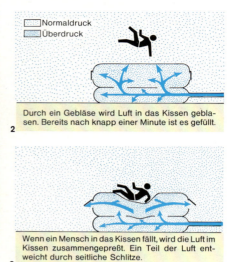

2 Durch ein Gebläse wird Luft in das Kissen geblasen. Bereits nach knapp einer Minute ist es gefüllt.

3 Wenn ein Mensch in das Kissen fällt, wird die Luft im Kissen zusammengepreßt. Ein Teil der Luft entweicht durch seitliche Schlitze.

4 Nach nur zehn Sekunden ist das Kissen wieder gefüllt, und der nächste Mensch kann springen.

Brand im 7. Stockwerk eines Hochhauses! Den Bewohnern der darüberliegenden Stockwerke sind die Fluchtwege abgeschnitten. Die Drehleiter der Feuerwehr reicht nicht hoch genug. Ein Riesenluftkissen, der „Sprungretter", kann den Eingeschlossenen Hilfe bringen (Bilder 1–4).

○ Auf welche Weise wird der fallende Mensch vom Luftkissen abgebremst?
○ Sind die seitlichen Öffnungen des Sprungretters nicht ein Nachteil? Es muß doch ständig Luft in das Kissen geblasen werden.

V 1 Du benötigst für diesen Versuch eine Luftpumpe oder eine Kunststoffspritze (ohne Nadel).

a) Ziehe den Kolben heraus, und halte die Öffnung mit dem Daumen zu. Stoße nun den Kolben hinein, und laß ihn dann sofort wieder los. Beschreibe deine Beobachtungen.

b) Fülle die Spritze mit Wasser, und wiederhole den Versuch.
Welchen Unterschied zur Luftfüllung stellst du fest?

V 2 Puste kräftig in das Röhrchen (Bild 5). Was geschieht, nachdem du das Röhrchen aus dem Mund genommen hast?

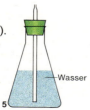

V 3 Ein aufgeblasener Luftballon wird in ein Einkaufsnetz gesteckt. Da das Netz dicht anliegen soll, mußt du es oben zusammenhalten.
Was geschieht, wenn du das Netz straffer ziehst? Versuche, deine Beobachtungen zu erklären.

V 4 Wir untersuchen, welcher Zusammenhang zwischen *Druck* und *Volumen* einer eingeschlossenen Gasmenge besteht.
Dazu sperren wir Luft in einem Kolbenprober ein und messen ihren Druck (Bild 6). Das Druckmeßgerät (Manometer) wird angeschlossen, wenn der Kolben zur Hälfte herausgezogen ist.

a) Wir verändern das Volumen der eingeschlossenen Luftmenge.
Beobachte dabei die Anzeige des Manometers.

b) Bei unterschiedlichem Druck p wird das Volumen V der eingeschlossenen Luft gemessen. Die Temperatur der Luft muß bei allen Messungen gleich sein.
Notiere die Meßwerte in einer Tabelle, und stelle die Meßreihe dann graphisch dar (*waagerechte Achse:* Druck; *senkrechte Achse:* Volumen).
Welche Vermutung ergibt sich aus dem Diagramm? Wie kannst du sie bestätigen?

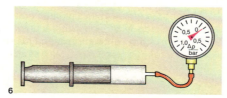

V 5 Den Zusammenhang zwischen Druck und Volumen einer Gasmenge kann man auch mit dem Aufbau von Bild 7 untersuchen: Die Kugel paßt so genau in das Glasrohr, daß sie den rechten Teil des Rohres luftdicht abschließt. Trotzdem läßt sie sich leicht im Rohr bewegen.

Überlege, wie sich die Kugel verhält, wenn Luft aus dem linken Teil des Rohres abgepumpt oder in ihn hineingepumpt wird.

Wie wird der Druck der Luft rechts von der Kugel bestimmt? (*Tips:* Welche Kräfte wirken auf die Kugel? Was kannst du über die Kräfte aussagen, wenn die Kugel in Ruhe ist? Was folgt daraus für den Druck?)

Die Messungen werden wie in Versuch 4 durchgeführt.

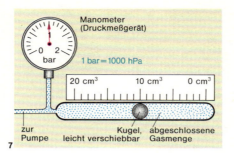
7

Info: So kann man sich das Verhalten von Gasen erklären

Wenn in einem Raum eine Parfümflasche geöffnet wird, kannst du das Parfüm nach einiger Zeit überall riechen – selbst wenn kein Luftzug vorhanden ist.

Das Parfüm verdunstet, es wird gasförmig. Wie aber gelangt dieses Gas an alle Stellen des Raumes?

Wir stellen uns vor, daß alle Stoffe aus Teilchen bestehen. Im Gegensatz zu festen und flüssigen Stoffen sind bei einem Gas die kleinsten Teilchen nicht durch Kräfte aneinander gebunden; sie können sich (fast) frei bewegen und befinden sich in ständiger Bewegung. Zwischen den Teilchen kommt es dauernd zu Zusammenstößen. Sie bewegen sich deshalb kreuz und quer im gesamten Raum, der ihnen zur Verfügung steht.

Die Teilchen z. B. der Zimmerluft sind erstaunlich schnell: Bei geradliniger Bewegung würden sie die Strecke Stuttgart–

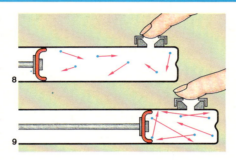
8
9

Hamburg in rund 20 min zurücklegen. Sie bewegen sich nämlich mit Geschwindigkeiten, die in der Größenordnung von 500 m/s liegen.

Angesichts solcher Geschwindigkeiten ist es verwunderlich, daß es einige Minuten dauern kann, bis Teilchen aus der Parfümflasche in alle Ecken des Raumes gelangt sind. Man muß aber bedenken, daß die Teilchen sich nicht geradlinig fortbewegen, sondern ständig mit anderen zusammenstoßen.

Wir betrachten nun ein Gas, das in ein Gefäß eingesperrt ist, z. B. die Luft in einer Luftpumpe. Auf die Begrenzungsflächen prasseln in jeder Sekunde unzählige Gasteilchen (Bild 8). Dadurch übt das Gas auf die Pumpenwände Kräfte aus; es steht also „unter Druck".

Wenn man die Pumpenöffnung zuhält und den Kolben in die Pumpe preßt, steigt der Druck: Weil nun den Teilchen weniger Raum zur Verfügung steht, prallen sie häufiger gegen die Wände. Die Kräfte auf die Wände werden größer (Bild 9).

Wenn sich Gase in einem abgeschlossenen Raum befinden, herrscht dort ein Druck. Er ist eine Folge der ständigen Bewegung der Gasteilchen.

Info: Der Druck in eingeschlossenen Gasen

Eingeschlossene Gase üben Kräfte auf alle Begrenzungsflächen aus (Bilder 10 u. 11). Wir betrachten Kräfte, die auf (annähernd) ebene Teilstücke der Begrenzungsflächen wirken. Wie bei den Flüssigkeiten gilt auch bei den Gasen:

○ Die Kraft ist senkrecht zur Fläche.
○ Die Kraft ist proportional zur Größe der Fläche.

Auf eine doppelt so große Fläche übt die Flüssigkeit eine doppelt so große Kraft aus. Der Quotient aus Kraft(betrag) und Fläche ist konstant:

$$\frac{F}{A} = \text{konst.}$$

Je stärker wir das Gas „unter Druck" setzen, desto größer wird auch dieser Quotient. Er ist also (wie bei den Flüssigkeiten) ein Maß für den Druckzustand.

$$p = \frac{F}{A}.$$

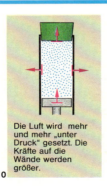
10
Die Luft wird mehr und mehr „unter Druck" gesetzt. Die Kräfte auf die Wände werden größer.

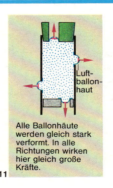
11
Alle Ballonhäute werden gleich stark verformt. In alle Richtungen wirken hier gleich große Kräfte.

Der Druck eines eingeschlossenen Gases ist überall gleich groß.

Zwischen Gasen und Flüssigkeiten gibt es jedoch einen wichtigen Unterschied: Gase lassen sich zusammenpressen, Flüssigkeiten dagegen (fast) nicht. Man sagt:

Gase sind *kompressibel*, Flüssigkeiten sind *inkompressibel* (lat. *comprimere:* zusammendrücken).

Erhöht man also den Druck einer eingeschlossenen *Flüssigkeitsmenge*, so ändert sich ihr Volumen nur ganz geringfügig.

Dagegen kann man das Volumen einer *Gasmenge*, die in einem Kolbenprober eingeschlossen ist, beliebig verkleinern oder vergrößern, indem man den Kolben verschiebt.

Wenn man den Kolben hineindrückt, nimmt der Druck des Gases zu. *Je kleiner das Volumen der eingeschlossenen Gasmenge ist, desto größer ist der Druck.*

Genaue Messungen zeigen:

Das Produkt aus Druck p und Volumen V eines eingeschlossenen Gases ist konstant: $p \cdot V = $ konst.

Diese Gesetzmäßigkeit bezeichnet man als **Boyle-Mariottesches Gesetz**.

Das Boyle-Mariottesche Gesetz gilt nur bei *konstanter Temperatur.* Der Druck eines Gases steigt nämlich auch, wenn man es erhitzt.

Mechanik der Gase

Info: Eine Wiederholung aus der Mathematik – die Antiproportionalität

Aus der Mathematik kennst du den Begriff **Antiproportionalität** *(umgekehrte Proportionalität)*:

Zwei Größen sind zueinander antiproportional (umgekehrt proportional), wenn alle zusammengehörenden Paare dieser Größen das gleiche Produkt haben (Produktgleichheit).

Ein einfaches Beispiel: Stell dir vor, du sollst ein quaderförmiges Gefäß basteln, in das genau 2 l hineinpassen. Es gibt dafür viele Möglichkeiten (Bild 1).

Die *Höhe* des Quaders hängt nämlich davon ab, wie groß seine *Grundfläche* gewählt wird: Wenn man die Grundfläche verdoppelt (verdreifacht), muß die Höhe halbiert (gedrittelt) werden. In jedem Fall ist das Produkt aus Grundfläche und Höhe gleich groß, nämlich 2 l. Grundfläche und Höhe sind also antiproportional.

Auch die Paare aus Druck und Volumen eines eingeschlossenen Gases sind produktgleich. Druck und Volumen sind somit antiproportional. Zum doppelten (dreifachen) Volumen gehört der halbe (gedrittelte) Wert des Druckes.

Die Tabelle zeigt die Zuordnung von Druck und Volumen. In Bild 2 sind die Wertepaare in ein Diagramm eingetragen.

Die in Bild 2 gezeichnete Kurve ist eine *Hyperbel*.

Leider kann man einer Ausgleichskurve in einem Diagramm nicht ohne weiteres ansehen, ob sie eine Hyperbel ist oder nicht. Aus der graphischen Darstellung läßt sich also nicht mit Sicherheit erkennen, ob eine antiproportionale Zuordnung vorliegt.

Man muß daher prüfen, ob die Paare der Zuordnung produktgleich sind.

Weil alle Messungen Meßfehler aufweisen, kann man allerdings nicht erwarten, daß sich bei der Produktbildung immer genau der gleiche Wert ergibt.

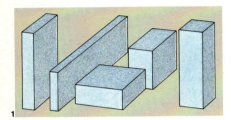

1

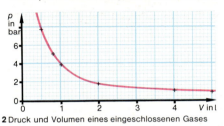

2 Druck und Volumen eines eingeschlossenen Gases

p in bar	V in l	$p \cdot V$ in bar $\cdot$ l
7,90	0,5	3,95
5,05	0,8	4,04
3,90	1,0	3,90
1,95	2,0	3,90
1,00	4,0	4,00
0,85	5,0	4,25

Aufgaben

1 Auf eine eingeschlossene Flüssigkeit und ein eingeschlossenes Gas werden mit Hilfe von Kolben gleich große Kräfte ausgeübt. Was geschieht in beiden Fällen?
Welche unterschiedlichen Auswirkungen ergeben sich bei Flüssigkeit und Gas?

2 Schlägt man mit der Hand auf eine aufgeblasene Papiertüte, so zerplatzt diese. Wieso eigentlich?

3 Die meisten Fahrzeuge haben *luftgefüllte* Gummireifen. Welche Eigenschaft der Luft wird dabei genutzt?
Nenne Vorteile gegenüber anderen Verfahren, die man früher zur Federung anwandte (Bilder 3 u. 4).

4 Reisebusse sind häufig „luftgefedert" (Bild 5). Warum kann man das Gas nicht durch eine Flüssigkeit ersetzen?

5 Der Zusammenhang zwischen Druck p und Volumen V einer bestimmten Gasmenge wurde bei konstanter Temperatur untersucht.

p in bar	0,6	0,8	1,0	1,2	1,4	1,6
V in cm^3	19,0	14,6	11,9	9,5	8,3	7,2

a) Trage die Meßwerte in ein Diagramm ein *(waagerechte Achse: Volumen)*, und zeichne die Ausgleichskurve.

b) Welche Gesetzmäßigkeit wird durch den Kurvenverlauf nahegelegt? Überprüfe diese Vermutung.

6 Wenn man einen Glaskolben mit einem Stopfen verschließt und dann erwärmt, steigt der Druck des Gases. Versuche den Druckanstieg zu erklären.
Warum sollte der Stopfen nicht zu fest sitzen?

7 Die Preßluftflasche eines Tauchers enthält 10 l Luft bei einem Druck von 200 bar. Der Taucher benötigt in jeder Minute ca. 25 l Luft.

a) Wie lange kann er unmittelbar unter der Wasseroberfläche tauchen? (Der Druck beträgt dort 1 bar.)

b) Auch in größeren Wassertiefen benötigt er pro Minute 25 l Luft. Warum wird die mögliche Tauchzeit um so kürzer, je tiefer er taucht?

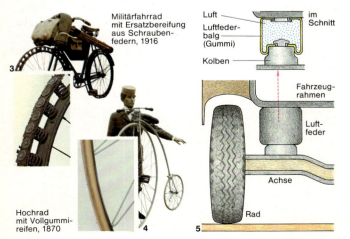

3 Hochrad mit Vollgummireifen, 1870
Militärfahrrad mit Ersatzbereifung aus Schraubenfedern, 1916
4
5

Aus Umwelt und Technik: **Gasspeicher über und unter Tage**

Zum Heizen und zur Warmwasserbereitung wird häufig Erdgas eingesetzt. Das Gas kommt z. B. über lange Pipelines aus den Fördergebieten in der Nordsee.

Der Gasbedarf hängt stark von der Jahreszeit und von der Tageszeit ab. Um den schwankenden Bedarf decken zu können, braucht man große Gasspeicher.

Der Kugelbehälter von Bild 6 faßt 5000 m³ Gas. Der zulässige Druck beträgt 6 bar. Man kann also eine Gasmenge speichern, die bei 1 bar ein Volumen von 30 000 m³ hat.

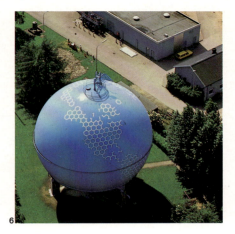

Gas kann auch in Höhlen (Kavernen) gespeichert werden. So wurde z. B. für die Gasversorgung von Kiel aus einem Salzstock in 1300 m Tiefe Salz ausgewaschen. Es entstand dadurch eine 30 000 m³ große Kaverne.

Das Erdgas wird mit hohem Druck (bis zu 180 bar) in die Kaverne gepreßt. Entsprechend viel Gas paßt hinein: Bei 1 bar hätte es ein Volumen von 4 800 000 m³!

Der Mehrbedarf an Erdgas, der im Winter auftritt, kann zum Teil aus der Kaverne gedeckt werden. Im Sommer wird wieder Gas nachgefüllt.

Aus Umwelt und Technik: **Druck auch in Festkörpern?**

Gase und *Flüssigkeiten* verhalten sich in einer Hinsicht völlig gleich: Sie geraten unter Druck, wenn man sie in ein Gefäß einsperrt und dann mit einem Stempel versucht, ihr Volumen zu verkleinern. Der Druck ist überall im Gas oder in der Flüssigkeit gleich. Wie groß er ist, wird durch den Quotienten F/A angegeben.

Festkörper zeigen ein ganz anderes Verhalten.

Auch in Festkörpern gibt es Spannungszustände: Wenn du z. B. versuchst, eine Eisenstange zu verbiegen, so gerät sie in einen Spannungszustand.

In Bild 7 ist der Spannungszustand im Kunstharzmodell eines Kranhakens sichtbar gemacht. Auf solchen Aufnahmen erkennt man, wo der Haken am stärksten belastet wird und daher am stabilsten gebaut werden muß. Unterschiedliche Farben bedeuten unterschiedliche Spannungen. Je dichter die farbigen Linien zusammenliegen, desto mehr steht das Material „unter Spannung".

Wie du siehst, *ist der Spannungszustand in einem Festkörper keineswegs überall gleich* – im Gegensatz zu dem in einer Flüssigkeit oder in einem Gas. Deswegen kann man *nicht* von einem Druck im Festkörper reden.

Trotzdem ist der Quotient F/A auch bei Festkörpern von Bedeutung. In Bild 8 drückt sich der Stein um so tiefer in den Schaumgummi ein, je kleiner die Auflagefläche ist. Die „Eindrücktiefe" hängt vom Quotienten aus der Gewichtskraft und der Größe der Auflagefläche ab. Diesen Quotienten könnte man als „Flächenbelastung" bezeichnen.

Den Unterschied zwischen Druck und Flächenbelastung machen auch die Bilder 9 u. 10 deutlich.

Daß sich Festkörper anders verhalten als Flüssigkeiten und Gase, läßt sich mit dem Teilchenmodell erklären:

Bei einem Festkörper haben die Teilchen eine ganz bestimmte räumliche Anordnung; sie sind an feste Plätze gebunden. Bei den Flüssigkeiten hatten wir aber gesehen, daß gerade die leichte Verschiebbarkeit der Teilchen der Grund dafür ist, daß der Druck überall gleich groß ist.

Bei manchen Stoffen ist es schwer zu sagen, ob sie flüssig oder fest sind. Kalter Teer ist steif und fest; man könnte ihn für einen Festkörper halten. Wenn man ihn ein wenig erwärmt, läßt sich seine Form verändern; er scheint dann eher eine sehr zähe Flüssigkeit zu sein.

Sogar bei Gestein gibt es solche Schwierigkeiten: Die bis zu 60 km dicke Erdkruste übt auf den darunterliegenden Erdmantel ungeheure Kräfte aus. Unter diesen Bedingungen wird das Gestein des Erdmantels verformbar und verhält sich ähnlich wie eine Flüssigkeit. Die Erdkruste „schwimmt" auf dem Erdmantel. Im Innern der „flüssigen" Erde wird der Druck mit zunehmender Tiefe immer größer. Er beträgt im Erdkern vermutlich einige Millionen Bar.

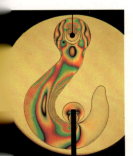

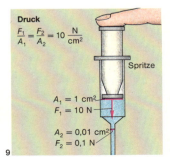

Druck
$$\frac{F_1}{A_1} = \frac{F_2}{A_2} = 10 \, \frac{N}{cm^2}$$

Spritze

$A_1 = 1 \, cm^2$
$F_1 = 10 \, N$

$A_2 = 0{,}01 \, cm^2$
$F_2 = 0{,}1 \, N$

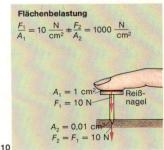

Flächenbelastung
$$\frac{F_1}{A_1} = 10 \, \frac{N}{cm^2} \ne \frac{F_2}{A_2} = 1000 \, \frac{N}{cm^2}$$

Reißnagel

$A_1 = 1 \, cm^2$
$F_1 = 10 \, N$

$A_2 = 0{,}01 \, cm^2$
$F_2 = F_1 = 10 \, N$

2 Der Schweredruck der Luft und seine Wirkungen

Ein Riesenmohrenkopf... und was davon übrigbleibt.

V 6 Bild 3 zeigt den Versuchsaufbau. Der Absperrhahn ist zunächst noch geschlossen.

a) Über das offene zweite Rohr wird Luft aus dem Kolben gesaugt. Was kannst du während des Absaugens beobachten?

b) Was geschieht, wenn der Hahn geöffnet wird? Erkläre die Vorgänge.

V 7 Unter Wasser öffnen wir den Hahn eines Rundkolbens, aus dem vorher Luft abgepumpt wurde (Bild 4).
Versuche, eine Erklärung für deine Beobachtungen zu finden.

V 8 Über einen Glasring wird eine Folie aus Zellglas (Cellophan) gespannt. Der Ring wird auf eine Platte über die Ansaugöffnung einer Pumpe gestellt. Dann wird die Pumpe eingeschaltet...

V 9 Die Bilder 5–7 zeigen die Versuchsaufbauten.
Überlege, was jeweils geschieht, wenn man die Luft aus dem Kolben pumpt.
Begründung deine Vermutungen.

V 10 Fülle ein Glas bis zum Rand mit Wasser. Lege eine Postkarte darauf, und drehe das Glas vorsichtig um. Dann läßt du die Karte los.
Lege statt der Pappe ein Stück Mullbinde (Gaze) auf das Glas, und laß Wasser hindurchlaufen, bis das Glas randvoll ist. Lege deine Hand darauf, drehe das Glas um, und ziehe die Hand weg...

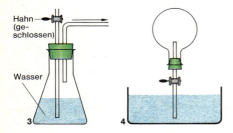 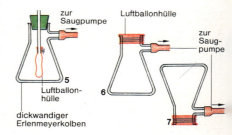

Aus der Geschichte: Vom „horror vacui" zum Luftdruck

Wenn du einen mit Wasser gefüllten Schlauch wie in Bild 8 hältst und dann die untere Öffnung freigibst, läuft das Wasser nicht aus. Wichtig ist nur, daß du die obere Öffnung weiterhin fest verschließt.

Solche und ähnliche Versuche waren schon im Altertum bekannt. Man erklärte diese Versuche durch den „horror vacui" (lat. Furcht, Grausen vor der Leere):

Wenn das Wasser ausfließen würde, müßte im oberen Teil des Schlauches ein völlig leerer Raum entstehen, ein *Vakuum*. Luft kann ja nicht eindringen, solange das obere Schlauchende verschlossen ist. Vor der Leere aber fürchtet sich die Natur (so meinte man) – und deshalb strömt das Wasser nicht aus.

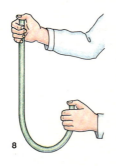

Erst im 17. Jahrhundert begann man, systematisch Versuche durchzuführen. Einer der bekanntesten Forscher auf diesem Gebiet war der Magdeburger Bürgermeister *Otto von Guericke* (1602–1686).

Für einen seiner berühmten Versuche ließ er zwei Halbkugeln (Schalen) aus Kupfer herstellen (Bild 9). Eine davon war mit einem Absperrhahn versehen. Als Dichtungsring verwendete er einen mit Wachs und Öl getränkten Lederring. Guericke berichtete folgendes:

„Diese Schalen habe ich, nachdem jener Ring dazwischen gebracht war, aufeinander gelegt und dann die Luft rasch ausgepumpt. Da sah ich, mit wieviel Gewalt sich die beiden Schalen gegen den Ring preßten! Sie hafteten unter der Einwirkung des Luftdrucks so fest aneinander, daß 16 Pferde sie nicht oder nur sehr mühsam auseinanderzureißen vermochten. Gelingt aber bei äußerster Kraftanstrengung die Trennung bisweilen doch noch, so gibt es einen

Knall wie von einem Büchsenschuß. Sobald aber durch Öffnen des Hahnes der Luft Zutritt gewährt wird, können die Schalen von jedermann sogar bloß mit der Hand voneinander getrennt werden."

Die Kunde von Guerickes Versuchen lief durch das ganze Land, und die Versuchsergebnisse erregten großes Aufsehen.

Wie aus dem Bericht hervorgeht, verwendete Guericke schon nicht mehr die Theorie vom „horror vacui". Vielmehr war er davon überzeugt, daß die Halbkugeln von der äußeren Luft zusammengepreßt wurden.

Info: Wie der Schweredruck der Luft entsteht

Die Erde ist von einer Lufthülle umgeben. Wir leben sozusagen auf dem Grund eines riesigen Meeres aus Luft (Bild 10).

Genau wie in einer Flüssigkeit entsteht auch in der Luft ein **Schweredruck**: Stell dir eine dünne Luftschicht vor, die parallel zur Erdoberfläche ist. Über dieser Luftschicht steht eine hohe Luftsäule. Auf die Säule wirkt eine Gewichtskraft, und mit dieser Kraft wird die Luftschicht unter Druck gesetzt.

Luft ist viel leichter als Wasser (Gewichtskraft auf 1 m^3 Luft: 12,7 N). Wir leben jedoch am Boden eines sehr tiefen „Luftmeeres", deswegen können wir recht eindrucksvolle und erstaunliche Wirkungen des Luftdruckes beobachten.

Je höher wir im „Luftmeer" aufsteigen, desto geringer wird der Luftdruck.

Aufgrund des Schweredruckes übt die Luft Kräfte auf alle Begrenzungsflächen aus.

Beispiele: Ist die Luft aus den Magdeburger Halbkugeln von Bild 9 herausgepumpt, werden sie von der äußeren Luft zusammengepreßt (und nicht „vom Vakuum zusammengesaugt").

Wenn man einen wassergefüllten Schlauch oben zuhält und unten freigibt, fließt das Wasser nicht aus (Bild 8 auf der linken Seite). Am unteren Ende des Schlauches übt nämlich die Luft eine Kraft auf die Wasseroberfläche aus, die das Ausströmen verhindert. Am zugehaltenen Ende kann die Luft keine Kraft auf das Wasser ausüben.

Auch mit einem Trinkhalm nutzt du den Luftdruck: Wenn der Druck der Luft im Mund kleiner als der äußere Luftdruck ist, preßt die äußere Luft das Getränk in deinen Mund hinein.

Aufgaben

1 Wie kommt es, daß man aneinandergepreßte Saughaken (Bild 11) kaum auseinanderziehen kann?

Ist der Name *Saughaken* gut gewählt? Begründe!

Warum funktionieren Saughaken eigentlich nur an glatten Wänden?

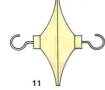

2 Wenn Gläser mit Marmelade oder eingekochtem Obst noch nicht angebrochen sind, sitzen die Deckel häufig sehr fest. Welche Kraft hält Glas und Deckel zusammen?

3 Erkläre die Funktionsweise eines *Stechhebers* (Bild 12).

4 Was wird bei diesem **Versuch** (Bild 13) geschehen, wenn die Saugpumpe eingeschaltet wird?

Was wirst du beobachten können, wenn in der Glasglocke ein leicht aufgeblasener Luftballon liegt?

5 Für einen Mondspaziergang benötigen die Astronauten einen luftdichten Raumanzug.

Warum genügen nicht ein Helm und eine Sauerstoffflasche?

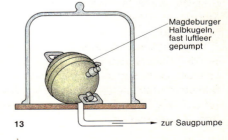

Mechanik der Gase

3 Die Messung des Schweredrucks der Luft

Aus der Geschichte: **Guerickes Luftdruckmesser**

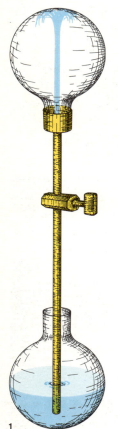

In seinem Arbeitszimmer hatte *Guericke* einen interessanten Apparat aufgestellt (Bild 1). Aus der oberen Glaskugel konnte er die Luft herauspumpen. Wenn er dann das Rohr in Wasser tauchte und den Hahn öffnete, spritzte das Wasser mit großer Gewalt nach oben.

Seine Besucher waren jedesmal verblüfft. Schließlich wußten die meisten von ihnen noch nicht, daß es einen Luftdruck gibt und daß die Luft das Wasser im unteren Teil des Apparates „unter Druck setzt".

Eines Tages fragten ihn einige seiner Besucher, bis zu welcher Höhe sich das Wasser emporleiten lasse. Guericke wußte keine Antwort, konnte sich aber auch nicht vorstellen, daß das Wasser bis zu jeder beliebigen Höhe steigen würde. Deshalb stellte er einen Versuch an:

Er baute den Apparat vor seinem Haus auf und verlängerte das Rohr immer weiter. Wieder und wieder setzte Guericke die Pumpe an den Hahn an und pumpte die Luft aus dem Glasgefäß. Doch jedesmal, wenn er das Gefäß auf das Rohr setzte und den Hahn öffnete, stieg das Wasser in die Glaskugel.

Schließlich reichte das Rohr bis zum vierten Stockwerk (Bild 2), und wieder stieg das Wasser im Rohr empor. Diesmal gelangte es aber nicht bis ins Glasgefäß – es blieb bei 19 Magdeburger Ellen (ca. 10 m) stehen.

Aufgrund dieses Versuches konnte Otto von Guericke angeben, wie groß der Luftdruck ist: Der Luftdruck ist so groß, daß die Luft eine Wassersäule von ungefähr 10 m Höhe „tragen" kann.

Bald bemerkte Guericke, daß sich der Wasserstand im Rohr im Laufe der Tage geringfügig änderte. Die Höhe des Wasserstandes hing mit dem Wetter zusammen: Bei schlechtem Wetter sank der Wasserspiegel, bei schönem Wetter stieg er. Als eines Tages der Wasserspiegel besonders tief sank, sagte er ein Unwetter vorher. Kaum waren zwei Stunden vergangen, da fegte tatsächlich ein heftiger Sturm über Magdeburg hinweg.

V 11 Mit einem 10 m langen, durchsichtigen Plastikschlauch, einem passenden Stopfen und einem Eimer voll abgekochtem Wasser läßt sich Guerickes Experiment zur Luftdruckmessung wiederholen. Man braucht nicht einmal eine Pumpe ...

V 12 In der Glasglocke von Bild 3 ist der Luftdruck zunächst genauso groß wie außerhalb.

a) Warum fließt das Wasser nicht aus dem Zylinder?

b) Was wird geschehen, wenn man den Luftdruck in der Glocke verringert und anschließend wieder Luft einströmen läßt?
Begründe deine Vermutung.

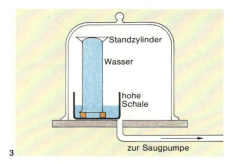

3

V 13 Verschließe die Öffnung einer Plastikspritze (ohne Nadel), nachdem du den Kolben hineingeschoben hast.

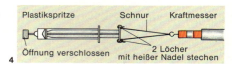

4

a) Miß die Kraft, die zum Herausziehen des Kolbens nötig ist (Bild 4).

b) Vergleiche die Kräfte bei unterschiedlichen Spritzen.

c) Was haben die gemessenen Kräfte mit dem Luftdruck zu tun?

Aus den Meßwerten soll der Luftdruck berechnet werden ...

V 14 Mit dem Versuchsaufbau von Bild 5 läßt sich der Luftdruck recht genau bestimmen. Wie muß man vorgehen?

Stelle die wirkenden Kräfte in einer Zeichnung dar.

5

Info: Wie man den Luftdruck mißt

Um den Luftdruck zu messen, benutzte *Guericke* ein über 10 m langes Rohr, das mit Wasser gefüllt war. Dieser Luftdruckmesser (Bild 6) war unhandlich und für genaue Messungen ungeeignet.

Bereits einige Jahre vor Guericke beschäftigte sich der italienische Naturwissenschaftler *Evangelista Torricelli* (1608–1647) mit der Messung des Luftdrucks. Statt Wasser verwendete er das schwerere Quecksilber (Dichte bei 0 °C: $\varrho_{Hg} = 13{,}6$ g/cm^3). Er kam mit einem recht kurzen Rohr aus: Die Quecksilbersäule in dem oben zugeschmolzenen Rohr war ca. 760 mm lang.

Auch Torricelli stellte mit Erstaunen fest, daß sich die Länge der Quecksilbersäule im Laufe von Tagen änderte – zwar nur um einige Millimeter, aber doch meßbar. Er vermutete zunächst Meßfehler, aber auch bei sorgfältiger Messung gab es die Schwankungen. Wie Guericke zog auch Torricelli den richtigen Schluß: Die Schwankungen der Quecksilbersäule mußten auf Änderungen des Luftdruckes zurückzuführen sein.

Geräte, mit denen man den Schweredruck der Luft messen kann, heißen **Barometer**. Noch heute werden *Quecksilberbarometer* verwendet (Bild 7).

In Meereshöhe ist die Quecksilbersäule im Mittel 760 mm lang. Daraus läßt sich der Luftdruck berechnen:

Die Quecksilbersäule wird von der Luft gehalten. Der Luftdruck p ist daher genauso groß sein wie der Schweredruck p_{Hg} am Boden der Quecksilbersäule.

$p = p_{Hg}$,
$p = g \cdot \varrho_{Hg} \cdot h$,
$p = 9{,}8 \, \dfrac{N}{kg} \cdot 13{,}6 \, \dfrac{g}{cm^3} \cdot 76 \, cm = \dfrac{9{,}8 \, N \cdot 13{,}6 \, g \cdot 76 \, cm}{1000 \, g \cdot cm^3}$,
$p = 10{,}13 \, \dfrac{N}{cm^2} = 1013 \, hPa = 1{,}013 \, bar$.

Dieser Druck heißt *Normdruck* (mittlerer Druck in Meereshöhe).

Statt des Quecksilberbarometers verwendet man häufig die besonders handlichen *Dosenbarometer* (Bild 8).

Den Druck eingesperrter Gase (z. B. Luftdruck im Autoreifen) mißt man mit einem **Manometer** (Bild 9). Das „unter Druck stehende" Gas verformt dabei z. B. über eine Membran eine Feder.

Häufig wird nicht der in einem eingeschlossenen Gas herrschende Druck angegeben, sondern der *Überdruck* oder der *Unterdruck*. Unter Überdruck versteht man die Differenz zwischen dem tatsächlichen Druck und dem äußeren Luftdruck (Bild 10). Zum Überdruck ist also der äußere Luftdruck zu addieren.

Entsprechend ist der Unterdruck die Differenz zwischen dem äußeren Luftdruck und dem Druck in dem Gefäß. Den Unterdruck muß man also vom äußeren Luftdruck abziehen.

Wichtigster Teil des Dosenbarometers ist die fast luftleere Druckdose aus Blech. Je stärker die Luft von außen auf den gewellten Deckel drückt, desto mehr wird er eingedellt. Drückt die Luft weniger stark, wölbt sich der Deckel wieder zurück.
Mit dem Deckel ist eine Feder verbunden. Sie überträgt die Bewegungen des Deckels auf den Zeiger.

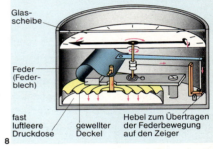

8

9

Einige (Über-)Druckwerte	
Traglufthalle	0,003 bar
Mopedreifen	1,2–1,8 bar
Motorradreifen	1,5–2,0 bar
Fahrradreifen	ca. 2 bar
Fahrzeugreifen	
Pkw	1,6–2,2 bar
Lkw	3,5–5,0 bar
Spraydosen	max. 10 bar
Sauerstoffflasche	150 bar
Preßluftflasche („Taucherflasche")	200 bar

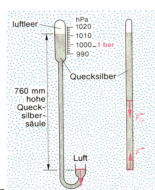

Manometer, zeigt Überdruck an: 1,7 bar

Druck innen: (1,7 bar + 1 bar = 2,7 bar)

äußerer Luftdruck: etwa 1 bar

Der Luftdruck ist innerhalb und außerhalb des Reifens zunächst gleich. Dann wird zusätzliche Luft in den Reifen gepumpt. Im Reifen entsteht ein Druck von 2,7 bar: 1 bar äußerer Luftdruck plus 1,7 bar Überdruck.

10

Aufgaben

1 Ein einfacher **Versuch**: Unter einer glattgestrichenen Zeitung liegt ein 10 cm · 10 cm großes Brettchen. In seiner Mitte ist ein Faden befestigt, der durch ein kleines Loch in der Zeitung nach oben geführt wird.

a) Versuche, das Brettchen mit einem Ruck nach oben zu ziehen. Ziehe auch einmal ganz langsam.

b) Berechne die Kraft, die die Luft auf eine 40 cm · 80 cm große Zeitung ausübt.

2 Die Messungen zu Versuch 13 ergaben z. B. folgende Kolbenflächen sowie Kräfte, die zum Herausziehen des Kolbens nötig waren:
$A_1 = 3,8$ cm^2, $F_1 = 40$ N;
$A_2 = 1,13$ cm^2, $F_2 = 15$ N.

a) Berechne den jeweiligen Luftdruck.

b) Ein Barometer zeigte 1013 hPa an. Warum erhielt man bei den Messungen Ergebnisse, die von diesem Wert abweichen?

3 Bild 1 zeigt ein einfaches „Dosenbarometer" zum Selbstbauen. Mit

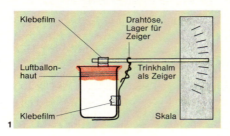

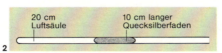

dem Gerät lassen sich Luftdruckschwankungen nachweisen.

Um das Gerät auszuprobieren, kann man es unter eine Glocke stellen und den Druck verringern. Was wird zu beobachten sein? Erkläre!

4 Berechne die Höhe der Wassersäule in Guerickes Barometer bei einem Luftdruck von 1013 hPa.

5 Am Tag vor einem Gewitter sinkt der Luftdruck von 1030 auf 990 hPa. Um welche Strecke sinkt dabei der Flüssigkeitsspiegel eines Quecksilberbarometers?

6 In einem einseitig verschlossenen Glasrohr befindet sich ein Quecksilberfaden. Er schließt eine Luftmenge ein (Bild 2). Wenn das Rohr flach auf dem Tisch liegt, ist die eingeschlossene Luftsäule 20 cm lang.

a) Das Rohr wird aufgerichtet, das offene Ende zeigt nach oben. Welcher Druck herrscht jetzt in der eingeschlossenen Luft (äußerer Luftdruck: 1000 hPa)? Wie lang ist die Luftsäule im stehenden Rohr?

b) Was geschieht, wenn man das Rohr so dreht, daß die Öffnung nach unten zeigt? Wie lang ist die Luftsäule in diesem Fall?

7 In einem oben verschlossenen Glasrohr (*Torricelli-Rohr*) steht eine 76 cm lange Quecksilbersäule. Über dieser Säule ist das Rohr luftleer. Das untere Rohrende taucht in eine Wanne mit Quecksilber ein.

Das Rohr (Länge: 1 m) steht zunächst senkrecht. Wie ändert sich der Quecksilberstand, wenn es geneigt wird? Zeichne, und begründe deine Zeichnung physikalisch.

Aus Umwelt und Technik: Ohne Sauerstoffflaschen auf den Mount Everest

Beim Tauchen wird der Druck um so größer, je tiefer man taucht. Mit zunehmender Tiefe lastet ja immer mehr Wasser auf der Schicht, in der wir uns gerade befinden.

Auch der Schweredruck der Luft entsteht, weil die oberen Luftschichten auf den darunterliegenden lasten. Wir leben am Boden des „Luftmeeres". Daher wird der Luftdruck um so kleiner, je höher wir steigen:

In Meereshöhe beträgt er im Mittel 1013 hPa. Auf dem höchsten Berg Deutschlands, der Zugspitze (2963 m), ist er schon auf 691 hPa zurückgegangen. In etwa 5500 m Höhe ist er nur noch halb so groß wie in Meereshöhe, und auf dem höchsten Berg der Erde, dem Mount Everest (8848 m), beträgt er nur noch 314 hPa. In noch größerer Höhe ist der Luftdruck noch kleiner.

Nach jeweils 5,5 km ist der Luftdruck auf die Hälfte abgesunken. In 55 km Höhe beträgt er nur noch 1/1024 des Drucks in Meereshöhe, also etwa 1 hPa. Die Atmosphäre geht allmählich in den Weltraum über.

Im Gegensatz zu Wasser kann man Luft zusammenpressen; Luft ist *kompressibel*. Das Volumen einer bestimmten Luftmenge hängt also vom Druck ab: Je kleiner der Druck ist, desto größer ist das Volumen. *Mit abnehmendem Druck verringert sich daher auch die Dichte der Luft.*

Die Luft auf dem Mount Everest hat nur knapp ein Drittel der Dichte von Luft in Meereshöhe. So „dünne" Luft reicht kaum noch zum Atmen, insbesondere wenn man schwere Arbeit verrichtet – und Bergsteigen ist Schwerstarbeit.

Die Erstbesteigung des Mount Everest gelang dem Neuseeländer *E. Hillary* im Jahre 1953, und zwar mit einem Atemgerät. Seit dieser Zeit haben viele Expeditionen den Gipfel mit Hilfe von Sauerstoffflaschen erreicht.

Der aus Südtirol (Italien) stammende *Reinhold Messner* setzte sich das Ziel, den Mount Everest ohne Atemgerät zu bezwingen. 1978 stieg eine Gruppe von Bergsteigern mit Messner und dem Österreicher *Peter Habeler* in das Himalaya-Gebirge ein und schlug dort ein Basislager auf. Messner berichtete:

„Auch nachdem die ersten unserer Kameraden mit Sauerstoff am Gipfel gewesen waren und im Basislager gefeiert wurden, zweifelten Peter Habeler und ich immer noch an unseren Aufstiegschancen. Wir wußten, daß der Engländer Norton bereits 1924 bis auf etwa 8600 m ohne Sauerstoffgeräte vorgedrungen war. Aber wir wußten nicht, ob der

Mensch höher überhaupt noch lebensfähig ist. Auf jeden Fall mußten wir schnell sein, wenn wir ohne Gehirnschaden davonkommen wollten. Wir vertrauten auf unsere leichte Ausrüstung, die in Jahren aufgebaute Kondition und das instinktive Klettererkönnen."

Nach viel Mühsal und Gefahr kamen die beiden Bergsteiger in die Nähe des Gipfels.

"Jetzt, kurz nach Mittag und auf einer Höhe von 8800 m, können wir uns selbst in den Rastpausen nicht mehr auf den Beinen halten. Wir kauern uns hin, knien uns hin und klammern uns an den Stiel des Pickels, dessen Spitze wir in den harten Firn gerammt haben ... Das Atmen ist so anstrengend, daß kaum noch Kraft zum Weitergehen bleibt. Nach jeweils zehn bis fünfzehn Schritten sinken wir in den Schnee, rasten, kriechen weiter ...

Am 8. Mai zwischen ein und zwei Uhr nachmittags erreichten Peter Habeler und ich den Gipfel des Mount Everest ... Peter Habeler und ich waren die ersten, die ohne auch nur ein einziges Mal Sauerstoff aus Flaschen zu atmen vom Basislager zum Gipfel gestiegen sind."

Aus Umwelt und Technik: **Luftdruckschwankungen**

Daß der Luftdruck nicht immer und überall gleich ist, läßt sich mit dem Gerät von Bild 3 nachweisen: Sinkt z. B. der äußere Druck, so schiebt die Luft im Innern der Flasche den Tropfen etwas weiter nach außen.

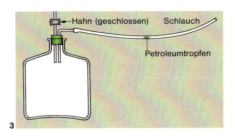

Dieses Gerät ist sehr empfindlich: Wenn du damit in einem Gebäude einige Stockwerke hochsteigst, zeigt es an, daß der Luftdruck abnimmt.

Man kann damit sogar nachweisen, daß beim Öffnen oder Schließen einer Tür für kurze Zeit in bestimmten Bereichen ein Über- bzw. Unterdruck herrscht. Die Luft vor der Tür wird verdrängt. Bei schneller Bewegung der Tür kann sie nicht schnell genug ausweichen – es entsteht ein Überdruckbereich. Hinter der Tür kann die Luft nicht schnell genug folgen – es entsteht ein Unterdruckbereich.

Solche Über- oder Unterdruckbereiche sind immer zu beobachten, wenn sich ein Körper schnell durch die Luft bewegt.

Fährt ein Zug mit hoher Geschwindigkeit in einen Tunnel ein, so bildet sich vor der Lokomotive ein zusätzlicher Überdruck, weil die Luft am seitlichen Ausweichen gehindert wird. Zu noch größeren Druckschwankungen kommt es, wenn sich zwei Züge im Tunnel begegnen. Bei Strecken, die mit hoher Geschwindigkeit befahren werden und die durch viele, lange Tunnel führen (z. B. bei der neuen Bahnstrecke Hannover–Würzburg), stellen diese Schwankungen ein Problem dar. Die Passagiere würden immer wieder einen unangenehmen Druck im Ohr verspüren. Deshalb werden für solche Strecken druckfeste Eisenbahnwagen gebaut. Fenster und Türen schließen so dicht, daß sich die Druckschwankungen im Wagen nicht bemerkbar machen.

Es gibt auch natürliche Druckschwankungen: Luft dehnt sich ja beim Erwärmen aus. Warme Luft hat also eine geringere Dichte als kalte Luft. Daher ist auch die Gewichtskraft auf 1 m³ kalte Luft größer als die Gewichtskraft auf 1 m³ warme Luft. Der Schweredruck der Luft wird aber gerade durch die Gewichtskraft hervorgerufen, die auf die Luft wirkt.

Die Sonne erwärmt die Luft in den verschiedenen Gebieten der Erde unterschiedlich stark. Daher ergeben sich Luftbewegungen (Winde), und es bilden sich riesige Luftwirbel mit hohem Druck (*Hochdruckgebiete*) und solche mit niedrigem Druck (*Tiefdruckgebiete*). Die Hochs und Tiefs bestimmen unser Wetter: Bei einem Hoch ist der Himmel meist klar, Tiefs bringen Wolken und Regen mit sich. Bei extremen Wetterlagen kann der Luftdruck bis auf 1080 hPa steigen oder bis auf 880 hPa fallen.

Auf Wetterkarten sind Hoch- und Tiefdruckgebiete dargestellt (Bild 4). Die Linien verbinden Orte mit gleichem Luftdruck; die Zahlen an den Linien geben den Druck in hPa an.

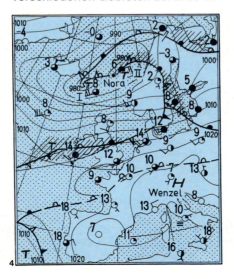

Wie groß der Luftdruck an einem Ort ist, hängt auch von der Höhe des Ortes über dem Meeresspiegel ab. Auf der Wetterkarte werden die Höhenunterschiede nicht berücksichtigt. Es ist immer der Druck genannt, der herrschen würde, wenn der Ort in Meereshöhe läge.

Dosenmanometer werden so eingestellt, daß sie den auf Meereshöhe bezogenen Luftdruck anzeigen.

Auf einem *Quecksilberbarometer* dagegen liest man den tatsächlichen Luftdruck ab. Kennt man die Höhe des Ortes, so kann man den Druck leicht auf Meereshöhe umrechnen. Bis etwa 600 m nimmt nämlich der Luftdruck um ca. 12 hPa ab, wenn man 100 m nach oben steigt.

Beispiel: In München (530 m über dem Meeresspiegel) wird mit einem Quecksilberbarometer ein Druck von 940 hPa gemessen. Der auf Meereshöhe bezogene Luftdruck beträgt 940 hPa + 5,3 · 12 hPa = 1004 hPa.

Mechanik der Gase

Aus der Geschichte: **Die erste Operation bei geöffnetem Brustkorb**

Noch vor 80 Jahren gab es bei schweren Verletzungen des Brustkorbes keine Rettung. Auch Operationen an den Organen innerhalb des Brustkorbes waren unmöglich. Um das zu verstehen, müssen wir zunächst die Vorgänge bei der **Atmung** kennenlernen.

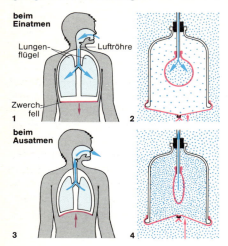

Die Bilder 1 u. 3 zeigen die Lunge beim Ein- und Ausatmen. Auf welche Weise Luft in die Lunge gelangt, soll ein **Modellversuch** zur Atmung klarmachen (Bilder 2 u. 4): Die Glasglocke stellt den Brustkorb dar, der Luftballon darin die Lunge. Die Plastiktüte, die dicht um die Glocke geklebt ist, entspricht dem Zwerchfell, das den Brustkorb nach unten hin abschließt.

Wird die Plastiktüte nach unten gezogen (Bild 2), vergrößert sich der Raum unter der Glocke. Dort entsteht ein **Unterdruck** gegenüber dem äußeren Luftdruck. Dies hat zur Folge, daß die Außenluft in den Luftballon einströmt.

Ähnlich füllt sich die Lunge **beim Einatmen** mit Luft (Bild 1): Die Rippen heben sich, das Zwerchfell spannt sich nach unten. Der Brustraum wird dadurch größer. Es entsteht ein Unterdruck, und die Außenluft strömt durch die Luftröhre in die Lunge, bis der Druck ausgeglichen ist.

Beim Ausatmen senken sich die Rippen, und das Zwerchfell wölbt sich nach oben (Bild 3). Der Brustraum wird dadurch kleiner, so daß für die Luft weniger Platz bleibt. Folglich wird sie aus der Lunge herausgepreßt.

Zum Atmen muß also im Brustkorb ein Unterdruck erzeugt werden können. Das ist aber nur möglich, wenn der Brustraum durch den Brustkorb nach außen hin *luftdicht* abgeschlossen ist. Wird er durch Verletzungen undicht, können sich die Lungenflügel kaum noch mit Luft füllen, und nach kurzer Zeit tritt der Tod ein.

Zu Beginn des 20. Jahrhunderts wurden verschiedene Methoden entwickelt, wie man trotzdem den Brustkorb für Operationen öffnen kann. In Deutschland löste *Ferdinand Sauerbruch* als erster dieses Problem.

Er baute eine *Unterdruckkammer*, um den zum Einatmen nötigen Unterdruck auch bei geöffnetem Brustkorb aufrechtzuerhalten. Damit führte er zunächst viele erfolgreiche Operationen an Tieren durch (Bild 5).

Im Juni 1904 fand die erste Operation dieser Art an einem Menschen statt. Dazu hatte man eine gläserne Unterdruckkammer gebaut – groß genug für drei Ärzte und den Patienten, dessen Kopf aus der Kammer herausguckte. Eine Motorpumpe sorgte für den notwendigen Unterdruck, der ca. 13 hPa niedriger als der äußere Luftdruck sein mußte.

Sauerbruch, der bei der Operation für die Überwachung des Drucks verantwortlich war, berichtet: „... *Dann brachte man die Kranke, und Geheimrat von Mikulicz trat ein. Nun auf einmal – überaus gespenstisch wirkte es auf mich – kamen alle Zuschauer langsam näher, um dieser Operation zuzusehen. An den drei Wänden sah ich nichts als Gesichter. Und aus allen blickten forschende Augen in das Glashaus. Der Geheimrat durchschnitt die Haut. Jetzt war es an mir, den Unterdruck herzustellen. Ich tat das, sah auf meine Meßapparate. Der Luftdruck in der Kammer sank. Ich war zufrieden, alles schien ausgezeichnet zu gehen ...*

Dann – plötzlich durchfuhr mich ein eisiger, ein entsetzlicher Schreck. Ich hatte für den Bruchteil einer Sekunde aufgesehen, starrte in die sich weitenden Augen der Zuschauer, blickte zurück auf mein Manometer und sah hilflos zu, wie der Unterdruck entwich, begriff, daß die Kammer sich mit der normalen Atmosphäre füllte, wußte, daß die Brust der Kranken geöffnet war, ahnte Fürchterliches ...

Die Patientin war tot. Unsere Apparatur hatte versagt."

Schon einen Monat später wurde die nächste Operation in der Kammer durchgeführt – diesmal erfolgreich. Damit waren der Chirurgie völlig neue Möglichkeiten eröffnet ...

Heutzutage werden Patienten bei Operationen innerhalb des Brustkorbs meist künstlich beatmet. Dazu wird stoßweise Sauerstoff in die Lunge gepumpt. Der Druck in der Lunge ist dabei stets etwas größer als der äußere Luftdruck.

Fragen und Aufgaben zum Text

1 Warum gelingt der Modellversuch zur Atmung nicht, wenn der „Brustraum" (die Plastiktüte) ein Loch hat?

2 Warum können Brustverletzungen tödlich sein, auch wenn kein wichtiges Organ betroffen ist? Wie könnte man bei solchen Verletzungen Erste Hilfe leisten?

3 Warum mußte der Kopf des Patienten außerhalb der Unterdruckkammer sein?

4 Sauerbruch schreibt, er habe bei der ersten Operation hilflos zusehen müssen, wie der Unterdruck *entwich*.
a) Ist diese Ausdrucksweise physikalisch richtig? Begründe deine Meinung.
b) Welche Gründe für den Druckanstieg sind denkbar?

Aus Umwelt und Technik: **Das Druckgefühl im Ohr**

Ein unangenehmes Druckgefühl im Ohr spürt man bei verschiedenen Gelegenheiten, zum Beispiel im Flugzeug bei Start und Landung, in einer Seilbahn oder beim Autofahren im Gebirge.

Bild 6 zeigt einen Schnitt durch unser Ohr: Das *Trommelfell*, ein rundes Häutchen von knapp 1 cm Durchmesser, trennt das *äußere Ohr* vom *Mittelohr*.

Das Mittelohr ist durch eine etwa 4 cm lange, 2 mm schmale Röhre mit dem Rachenraum verbunden. Diese Röhre heißt *Ohrtrompete* (oder *Eustachische Röhre*). Sie hat die Aufgabe, den Druck im Mittelohr dem äußeren Luftdruck anzupassen, damit auf beiden Seiten des Trommelfells der gleiche Druck herrscht.

Ändert sich der äußere Luftdruck sehr schnell, so kann es einige Zeit dauern, bis der Druckausgleich erfolgt. In der Zwischenzeit ist das Trommelfell etwas nach innen oder außen gewölbt, und wir empfinden jenes unangenehme Druckgefühl im Ohr. In diesem Fall hilft Schlucken oder herzhaftes Gähnen. Die Mündung der Ohrtrompete im Rachenraum ist nämlich normalerweise verschlossen und öffnet sich nur beim Schlucken.

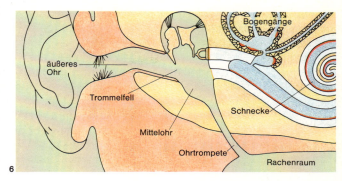

Daß unser Ohr auf Druckänderungen empfindlich reagiert, ist nicht verwunderlich. Seine Hauptaufgabe ist ja gerade das Wahrnehmen von Druckschwankungen: Jede Schallquelle erzeugt in der angrenzenden Luft in schneller Folge Über- und Unterdruck. Diese Druckschwankungen breiten sich aus. Wenn sie unser Ohr erreichen, hören wir ein Geräusch oder einen Ton. Bei den tiefsten hörbaren Tönen wird unser Ohr 20mal in jeder Sekunde von Über- und Unterdruck getroffen, bei hohen Tönen bis zu 20 000mal.

4 Auftrieb in Gasen

Leichter als Luft?

V 15 Die Masse eines (leeren) Luftballons wird mit einer Briefwaage bestimmt. Anschließend wird der Ballon aufgeblasen.

a) Schätze, wieviel Luft der Ballon enthält. Um wieviel Gramm müßte die Masse des Ballons beim Aufblasen zugenommen haben ($\varrho_{Luft} = 1{,}29$ g/l)?

b) Welchen Wert zeigt die Waage für den aufgeblasenen Ballon an?

V 16 Eine fast leere Haarspraydose wird in einem Gefrierbeutel vakuumverpackt. Beutel und Dose werden gewogen.

Drehe die Dose so, daß sich das Ventil unten befindet. Betätige das Ventil nun so lange, bis der Beutel mit Gas gefüllt ist.

Kann sich die Masse verändert haben? Was zeigt die Waage an?

V 17 Bild 8 zeigt den Aufbau. Die Glasschale wird mit einem schweren Gas (z. B. Propan) gefüllt. Was beobachtest du, wenn Seifenblasen in die

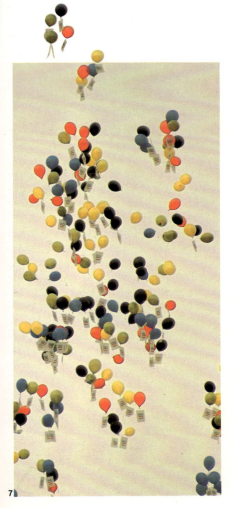

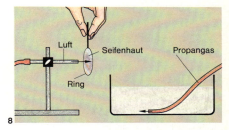

Glasschale fallen? Versuche die Beobachtung zu erklären.

Mit dem gleichen Aufbau lassen sich Seifenblasen herstellen, die mit Wasserstoff gefüllt sind. Wie verhalten sich diese Seifenblasen?

V 18 An einer Waage hängt an der einen Seite eine Glaskugel, an der anderen ein kleines Wägestück (Bild 9). Die Waage wird unter eine Glasglocke gestellt, dann wird die Luft abgepumpt. Was geschieht?

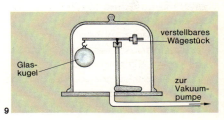

Aufgaben

1 Warum erfahren Körper in *Flüssigkeiten* einen Auftrieb?

Übertrage die Erklärung auf die Lufthülle der Erde (also auf *Gase*).

Überlege, ob die Herleitung der Formel für die Auftriebskraft in Flüssigkeiten auch auf die Gase übertragen werden kann.

2 Erkläre die Beobachtungen, die man in den Versuchen 15–18 machen kann. Verwende dabei den Begriff *Auftriebskraft*.

3 Formuliere das *Archimedische Prinzip* für den Auftrieb, den ein Körper in einem Gas erfährt.

4 Wann steigt ein Ballon nach oben, wann schwebt er, und wann sinkt er?

Leite aus dem Archimedischen Prinzip eine Regel her.

5 In Flüssigkeiten hängt der Auftrieb *nicht* davon ab, in welcher Höhe sich der Körper befindet. Gilt für Luft das gleiche? Begründe!

6 Was geschieht mit einem aufsteigenden Ballon (dessen Volumen sich nicht ändert)? Steigt er immer weiter?

Vergleiche mit dem Verhalten eines Stückes Holz, das ein Taucher auf dem Meeresgrund losläßt.

Aus der Geschichte: **Leichter als Luft – Ballons und Luftschiffe**

Anfang Juni 1783 sorgten die Brüder *Jacques* und *Charles Montgolfier* für großes Aufsehen: Sie füllten einen Ballon mit „stinkigem Rauch", der beim Verbrennen von Schafwolle und Stroh entstand. Und tatsächlich – der Ballon erhob sich in die Lüfte. Warum er aufstieg, konnte aber zunächst niemand erklären.

Die Montgolfiers selbst glaubten, sie hätten ein mysteriöses „elektrisches Gas" erzeugt, das auch die Wolken in der Schwebe hielte. Eine Kommission von Wissenschaftlern beauftragte deshalb den Pariser Physik-Professor *Jacques Charles*, den Ballonflug genauer zu untersuchen.

Auch Charles wußte nicht, daß es bei den *Montgolfieren* nur auf die heiße Luft im Innern ankommt. Vielmehr glaubte er, ein Ballon könne nur mit Hilfe des gerade entdeckten Wasserstoffgases aufsteigen. Er baute daher den ersten **Wasserstoffballon** (Bild 1) und startete ihn am 27. August 1783 in der Nähe von Paris.

Diese Ballonfahrt fand ein recht unrühmliches Ende. Der unbemannte Ballon platzte nämlich in 5 km Höhe und fiel 15 km vom Startplatz entfernt in der Nähe eines Dorfes zu Boden. Was dann geschah, beschreibt ein Bericht aus jener Zeit (Bild 2):

„Die Einwohner liefen haufenweise herbei, und da zwei Mönche sie versichert hatten, die Ballonhülle wäre die Haut von einem Ungeheuer, so griffen sie dasselbe mit Steinen, Mistgabeln und Dreschflegeln an. Der Pfarrer im

Orte mußte sich daher auch zur herabgefallenen Luftkugel begeben, um seine erschrockenen Pfarrkinder zu beruhigen."

Für die erste *bemannte* Ballonfahrt wurde dann im November 1783 wieder eine Montgolfiere eingesetzt, also ein **Heißluftballon**. Bald jedoch setzten sich die Wasserstoffballons durch.

Erst in unseren Tagen hat der Heißluftballon wieder an Bedeutung gewonnen (als Sportgerät).

Einen aufsehenerregenden Flug führten 1862 die Engländer *Henry Coxwell* und *James Glaisher* durch:

Mit einem Ballon, der mit Leuchtgas gefüllt war, erreichten sie nach eigenen Angaben eine Höhe von über 10 000 m. Da sie keinen Sauerstoff mitführten, hätten beide ihren Wagemut beinahe mit dem Leben bezahlt. Während der eine infolge der dünnen Luft bereits ohnmächtig war, gelang es dem anderen gerade noch, eine Ventilleine zu ziehen, so daß oben aus dem Ballon etwas Gas entweichen konnte. Der Ballon sank daraufhin, und die beiden waren gerettet.

Im Jahre 1960 fand ein weiterer spektakulärer Ballonflug statt:

Ein Hauptmann der amerikanischen Luftwaffe stieg mit einem Ballon auf eine Höhe von 31 360 m. Dann sprang er – geschützt durch einen Druckanzug – mit dem Fallschirm ab. 14 Minuten später landete er wohlbehalten auf der Erde.

24. März 1900. Augenblicklich sieht man mit Spannung der Auffahrt des vom Generalleutnant Grafen von Zeppelin konstruierten Riesenluftschiffs entgegen, die in nächster Zeit aus der wohlverschlossenen Ballonhalle inmitten des Bodensees erfolgen soll.

Der große hölzerne Schuppen, die Montierungshalle für das neue Luftschiff, schwimmt auf 95 Pontons. Wenn der große zylinderförmige Ballon, den diese Halle birgt, fertiggestellt ist, wird seine Länge ungefähr 125 Meter betragen.

Das Gerüst dieses Riesenluftschiffs besteht fast ganz aus Aluminiumstäben, die von starken Aluminiumdrähten zusammengehalten werden. Dieses Gerüst ist in mehrere Abteilungen geteilt, von denen jede einen mit Wasserstoffgas gefüllten Ballon als eigentlichen Tragfaktor enthält. Im ganzen tragen nicht weniger als 17 Ballons mit einem Raumgehalt von 10 000 Kubikmetern das Fahrzeug, während seine Bewegung durch vier große Schrauben, deren Flügel ebenfalls aus Aluminium hergestellt sind, bewirkt wird. Die aus dem gleichen Metall erbauten beiden Gondeln tragen je einen Benzinmotor, um die vier großen Schrauben in Bewegung zu setzen.

Friedrichshafen, 2. Juli 1900. Der erste größere Aufstieg des Luftschiffs verlief heute fehlerlos. Das Schiff schwebte 8 Uhr 3 Min. bei Manzell empor und landete 8 Uhr 20 Min. bei Immenstaad. Auf- und Abstieg gingen tadellos glatt. Die Höhe, in der manövriert wurde, betrug etwa 200 Mtr. Das Schiff dampfte zuerst eine kurze Strecke gegen den Wind, wendete dann und lief mit dem Wind, der schwach war, 13 Mtr. per Sekunde. Hernach brach ein Drahttau der Steuervorrichtung, deshalb erfolgte der Abstieg. Die Stabilität des Fahrzeugs war vorzüglich. Der Versuch wird baldigst wiederholt werden. Die anwesenden Sachverständigen waren sehr befriedigt. Die Behauptung, daß Luftschiffe mit genügender Stabilität möglich seien, wird für erwiesen gehalten. Die Landung erfolgte auf dem Wasser. Das Luftschiff schwamm auf den Seitengondeln wie eine Ente.

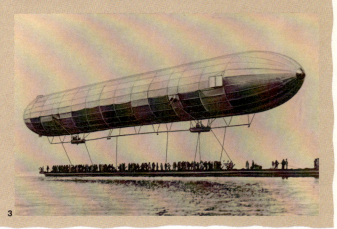
3

Ballons haben einen großen Nachteil: Die Flugrichtung bestimmt allein der Wind. Immer wieder hat man daher versucht, Ballons lenkbar zu machen und mit einem Motor anzutreiben.

Diese Versuche führten schließlich zur Entwicklung von **Luftschiffen**.

Die ersten großen Luftschiffe wurden von Graf Zeppelin (1838–1917) gebaut (→ Zeitungsmeldungen und Bild 3).

In der Blütezeit der Luftschifffahrt fuhren Luftschiffe mit Passagieren von Kontinent zu Kontinent (Bild 4).

4

Auch für die Polarforschung wurden Luftschiffe eingesetzt, z. B. im Mai 1926 das norwegische Militärluftschiff „Norge". Mit ihm glückte dem Norweger *Roald Amundsen*, dem Italiener *Umberto Nobile* und dem Amerikaner *Lincoln Ellsworth* die Fahrt von Spitzbergen über den Nordpol nach Alaska.

Im Jahre 1929 fand mit dem Luftschiff „Graf Zeppelin" (LZ 127) sogar eine Reise um die Welt statt (→ Technische Daten).

Für die ca. 34 000 km lange Strecke brauchte das Luftschiff LZ 127 knapp 300 Stunden reine Flugzeit – hinzu kamen mehrtägige Zwischenlandungen in den Städten Tokio, Los Angeles und New York.

Das Zeitalter der Luftschiffe endete dann aber jäh (Bild 5):

Am 6. Mai 1937 verunglückte die „Hindenburg" (LZ 129) bei der Landung in Lakehurst bei New York. Das mit Wasserstoff gefüllte Luftschiff brannte völlig aus, und 35 Menschen kamen ums Leben.

Daraufhin wurden alle deutschen Luftschiffe außer Dienst gestellt. Luftschiffe, die später noch gelegentlich gebaut wurden, füllte man nicht mehr mit Wasserstoff, sondern mit dem unbrennbaren Helium.

5

Technische Daten des LZ 127

Länge	237 m
Leistung der 5 Motoren	1949 kW
Volumen der 17 Gasbehälter	105 000 m³
Reisegeschwindigkeit	110 km/h
Aktionsradius	10 000 km
Leergewicht (ohne Treibstoff und Füllgas)	62 000 kg
Besatzungsmitglieder	38
Passagiere	20

Fragen und Aufgaben zum Text

1 Weshalb können auch Ballons aufsteigen, die mit heißer Luft gefüllt sind?

2 Welche Möglichkeiten gibt es bei einem Wasserstoffballon, die Flughöhe zu vergrößern oder zu verringern?

3 Die Mechaniker hatten den Ballon von Professor Charles vor dem Start prall mit Gas gefüllt. Warum platzte der Ballon in großer Höhe?

4 Das Luftschiff „Zeppelin" (LZ 127) hatte Motoren, die sowohl mit Benzin als auch mit einem gasförmigen Treibstoff betrieben werden konnten. Die Treibgaszellen verringerten den für das Füllgas zur Verfügung stehenden Raum.
a) Bei dem Füllgas handelte es sich um ein vorwiegend aus Wasserstoff bestehendes Gasgemisch ($\varrho = 0{,}16$ kg/m³). Berechne die mögliche Nutzlast, wenn das Luftschiff 75 000 m³ Füllgas enthielt.
b) Angenommen, das Luftschiff wäre nicht mit Wasserstoff, sondern mit 75 000 m³ Helium gefüllt worden. Wie hätten sich die Auftriebskraft und die Nutzlast verändert?

Mechanik der Gase

5 Pumpen

Verschiedene Pumpen für verschiedene Zwecke.

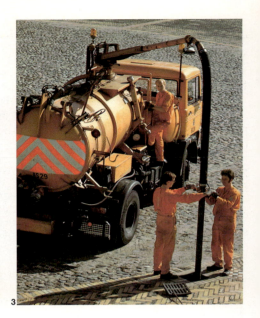

V 19 Stich ein Loch in den Deckel eines Marmeladenglases, und stecke einen Trinkhalm in das Loch; verklebe den Halm luftdicht. Fülle das Glas dann mit Wasser, und setze den Deckel auf.

Versuche aus dem Trinkhalm Wasser zu saugen.

Stich nun ein zweites Loch in den Deckel ...

V 20 Du kannst das Marmeladenglas aus Versuch 19 verwenden. Klebe im zweiten Loch (Bild 4)

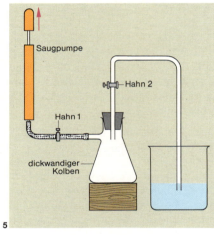

einen weiteren Trinkhalm fest. Was geschieht, wenn du in den zweiten Halm hineinbläst? Versuche deine Beobachtung zu erklären.

V 21 Wie ein Saugwagen funktioniert, läßt sich mit dem Aufbau von Bild 5 vorführen.

Hahn 2 ist zunächst geschlossen und Hahn 1 geöffnet. Was geschieht, wenn die Saugpumpe betätigt wird?

Nun wird Hahn 1 geschlossen und Hahn 2 geöffnet.

Erkläre den Saugvorgang: Welche Aufgabe hat die Pumpe? Wer treibt das Wasser in den Kolben?

Info: Wie Pumpen funktionieren

Wenn man eine Flüssigkeit hochpumpen will, gibt es grundsätzlich zwei Möglichkeiten:

Stell dir ein wassergefülltes U-Rohr vor, das an beiden Seiten mit Stempeln abgeschlossen ist (Bild 6). Auf beide Stempel wirkt eine Kraft, die durch den Luftdruck hervorgerufen wird. Diese Kraft wird von den Stempeln auf das Wasser übertragen.

Hebt man nun den Stempel 1 an, so übt nur noch Stempel 2 eine Kraft auf das Wasser aus. Diese Kraft bewirkt, daß das Wasser im linken Teil des Rohres nach oben steigt.

Man kann aber auch die nach unten gerichtete Kraft auf Stempel 2 vergrößern. Auch dann steigt das Wasser im linken Teil des Rohres an.

Beim Pumpen muß man also entweder auf der einen Seite einen Unterdruck erzeugen (Anheben des Stempels) oder auf der anderen einen Überdruck (Herunterdrücken des Stempels). Pumpen, die einen Un-

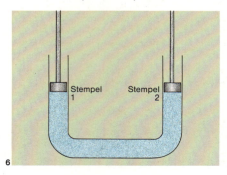

terdruck erzeugen, nennt man *Saugpumpen*, die anderen *Druckpumpen*.

Auf den ersten Blick scheinen die beiden Pumpmethoden gleich wirkungsvoll zu sein. Das ist aber nicht der Fall. Bei einer Saugpumpe übt die *Luft* die Kraft aus, die das Wasser nach oben steigen läßt. Wenn der Luftdruck 1 bar beträgt, kann das Wasser nur 10 m hoch steigen. Mit Saugpumpen läßt sich Wasser somit höchstens um 10 m anheben. (In der Praxis werden sogar nur Hubhöhen von knapp 9 m erreicht.)

Bei einer Druckpumpe ist die Hubhöhe um so größer, je größer der Überdruck ist, den man durch das Herunterdrücken des Stempels erzeugt. Dieser Überdruck kann beliebig groß sein – sofern ihn nur die Gefäßwände aushalten.

Aufgaben

1 Bild 7 zeigt den Aufbau einer Wasserpumpe, wie man sie häufig in Gärten findet.

Erkläre ihre Funktionsweise.

Eine solche Pumpe kann Wasser nur um etwa 9,50 m heben. Warum nicht höher?

2 Wie funktioniert die Pumpe von Bild 8?

Sie sieht so ähnlich aus wie die Gartenpumpe. Beschreibe die Unterschiede.

3 Der Stempel einer Fahrradluftpumpe besteht aus einer biegsamen Scheibe aus Leder oder Kunststoff (Bild 9). Welche Aufgaben hat er?

Woran kann es liegen, wenn eine Luftpumpe defekt ist?

4 Mit einer *Kapselluftpumpe* (Bild 10) lassen sich Gefäße fast völlig luftleer pumpen. Man kann mit dieser Pumpe erreichen, daß die restliche Luft im Gefäß nur noch einen Druck von 0,001 mbar hat.

Ein Zylinder dreht sich in einer Trommel und berührt sie an einer Stelle. Zwei Schieber werden durch Federn an die Trommelwand gepreßt. Auf diese Weise entstehen drei voneinander getrennte Kammern.

a) Wenn sich der Zylinder in Bild 10 etwas weiterdreht, sinkt der Druck im angeschlossenen Gefäß. Begründe!

b) Beschreibe, was bei weiterer Drehung des Kolbens mit der Luft in Kammer 1 geschieht.

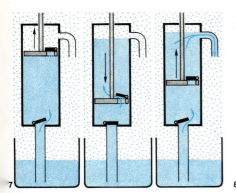
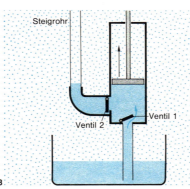
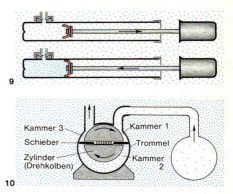

Mechanik der Gase

Alles klar?

1 Aus einer Milchdose, in die nur ein Loch gestochen wurde, fließt kaum Milch heraus. Was muß man tun? Es gibt zwei Möglichkeiten.

2 Lebensmittel werden heute häufig „vakuumverpackt".

Beim Verpacken spielt der Luftdruck eine Rolle. Beschreibe und erkläre den Verpackungsvorgang.

3 Manche Häuser, besonders auf dem Lande, sind nicht an öffentliche Wasserleitungen angeschlossen. Sie haben eine eigene Wasserversorgungsanlage mit einem Brunnen.

Eine Pumpe befördert das Wasser aus dem Brunnen in einen Druckbehälter, von dem die Wasserleitungen ausgehen. Der (luftdichte) Behälter enthält stets eine bestimmte Menge Luft. Auch wenn die Pumpe gerade nicht läuft, kann Wasser aus den Hähnen fließen. Erkläre!

4 Die Fläche der Handinnenseite ist ungefähr 150 cm² groß. Welche Kraft übt die Luft auf diese Fläche aus? Warum spürst du diese Kraft nicht?

5 Kolbenpumpen verfügen immer über Ventile. Warum sind die Ventile nötig?

6 Warum darf das (äußere) Gehäuse eines Dosenbarometers nicht luftdicht verschlossen sein?

7 Auf dem 4478 m hohen Gipfel des Matterhorns hat die Quecksilbersäule eines Barometers eine mittlere Höhe von 433 mm. Berechne den Luftdruck in hPa.

8 Weshalb lassen sich Barometer als Höhenmesser verwenden?

Als man zu Beginn der Luftfahrt nur Barometer als Höhenmesser einsetzte, gab es eine wichtige Merkregel: „Vom Hoch ins Tief – geht's schief." Erkläre!

9 Bei Verletzungen des Brustkorbes wird dem Verunglückten eine dichtschließende Gesichtsmaske aufgesetzt. Dann wird er mit Sauerstoff versorgt, der unter geringem Überdruck steht.

Warum kann auch bei diesem Verfahren die Atmung funktionieren?

10 Auf eine zusammengefaltete Plastiktüte wirkt eine Gewichtskraft von 0,10 N. Die Tüte wird mit Luft gefüllt, verschlossen und an einen empfindlichen Kraftmesser gehängt. Welche Anzeige erwartest du? Begründe deine Antwort.

11 Der menschliche Körper hat ungefähr die gleiche Dichte wie Wasser. Ein 60 kg schwerer Mensch hat somit ein Volumen von ca. 60 l.

Wie groß ist die Auftriebskraft, die dieser Mensch in Luft erfährt?

Welchen Einfluß hat diese Kraft auf das Ergebnis einer Wägung?

Mechanik der Gase

Auf einen Blick

Der Druck eingeschlossener Gase

Wenn Gase in einen Behälter eingeschlossen sind, stehen sie unter **Druck**.

Das hat folgenden Grund: Die Gasteilchen bewegen sich ständig kreuz und quer durch den ihnen zur Verfügung stehenden Raum. Dabei prasseln in jeder Sekunde unzählig viele Teilchen gegen die Begrenzungswände. Auf diese Weise übt das Gas Kräfte auf die Wände aus.

Beim Zusammenpressen steigt der Druck des Gases, weil den Teilchen dann weniger Raum zur Verfügung steht und sie daher häufiger gegen die Wände stoßen. Die Kräfte auf die Wände werden somit größer.

Eingesperrte Gase lassen sich durch Kräfte zusammenpressen. Sie sind *kompressibel*.

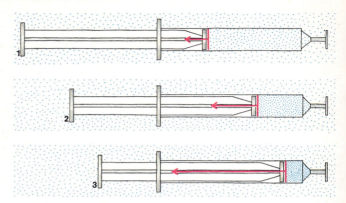

Das Boyle-Mariottesche Gesetz

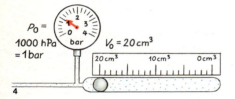
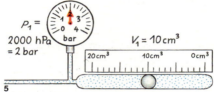
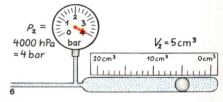

Preßt man ein Gas bei konstanter Temperatur zusammen, steigt der Druck: Wenn das Gas nur noch die Hälfte (ein Viertel) seines Anfangsvolumens hat, ist der Druck doppelt (viermal) so groß wie der Anfangsdruck.

Bei gleichbleibender Temperatur ist das Produkt aus Druck und Volumen einer eingeschlossenen Gasmenge konstant:
$$p_0 \cdot V_0 = p_1 \cdot V_1 = p_2 \cdot V_2 = \text{konst.}$$
Druck und Volumen sind zueinander antiproportional (umgekehrt proportional).

Der Schweredruck der Luft

Die Erde ist von einer Lufthülle umgeben. Die Dichte der Luft nimmt mit zunehmender Höhe ab.

Die Luft in den unteren Schichten wird durch die darüberliegende Luft zusammenpreßt. Auf diese Weise entsteht der **Schweredruck** der Luft.

Wenn Druckunterschiede zwischen Hohlräumen im Innern eines Körpers und der Außenluft bestehen, lassen sich Wirkungen des äußeren Luftdrucks beobachten:

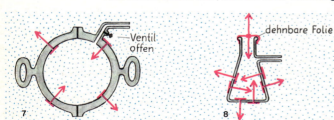
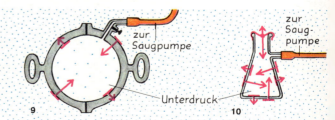

Die Halbkugeln lassen sich leicht trennen, und die Folie ist nicht eingedellt, weil der Druck der Luft innen und außen gleich groß ist. Die Luft übt also von innen und außen gleich große Kräfte aus.

Die Halbkugeln lassen sich kaum noch trennen, und die Folie ist eingedellt, weil der Druck im Innenraum kleiner ist als außen. Die Kräfte auf die Außenflächen sind größer als die auf die Innenflächen.

Mechanik der Gase

Die Messung des Luftdrucks

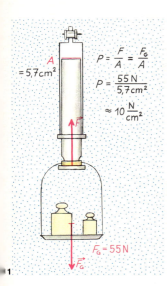

Aufgrund ihres Schweredrucks übt die Luft auf den Kolben in Bild 11 eine nach oben gerichtete Kraft aus und drückt ihn in den Kolbenprober hinein.

Wenn man immer mehr Wägestücke auf die Waagschale stellt, wird der Kolben schließlich nach unten gezogen. Unmittelbar vorher ist die Gewichtskraft auf Kolben, Waagschale und Wägestücke genauso groß wie die Kraft, die die Luft auf den Kolben ausübt.

Der Luftdruck läßt sich als Quotient von Gewichtskraft F_G und Kolbenfläche A berechnen.

Für den Luftdruck ergibt sich annähernd

$$p = 10 \, \frac{N}{cm^2} = 1 \text{ bar.}$$

Der mittlere Luftdruck in Meereshöhe beträgt 1013 mbar = 1013 hPa.

Genauso groß ist der Schweredruck am Boden einer ca. 10 m hohen Wassersäule.

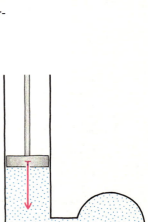

Die Luft übt eine Kraft auf das Quecksilber aus.

Meßgeräte für den Luftdruck nennt man **Barometer**. Ein Quecksilberbarometer besteht aus einem oben verschlossenen Rohr, in dem sich Quecksilber befindet. Der Raum über dem Quecksilber ist luftleer. Das Quecksilber wird durch die äußere Luft im Rohr gehalten.

Der Schweredruck, der am Boden der Quecksilbersäule herrscht, ist genauso groß wie der Luftdruck.

Bei einem Luftdruck von 1013 hPa ist die Quecksilbersäule genau 760 mm lang.

Pumpen

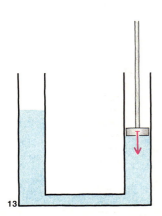
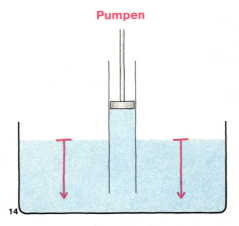
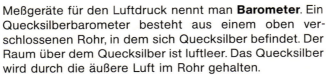

Funktionsprinzip einer Druckpumpe für Flüssigkeiten:

Die Flüssigkeit im linken Steigrohr steigt nach oben, weil der Stempel im rechten Rohr nach unten gedrückt wird.

Funktionsprinzip einer Saugpumpe für Flüssigkeiten:

Wenn man den Stempel anhebt, steigt die Flüssigkeit im Steigrohr nach oben. Die dafür erforderliche Kraft auf die Flüssigkeitsoberfläche wird von der Luft ausgeübt.

Mit Saugpumpen kann Wasser bis zu 10 m hoch gepumpt werden.

Funktionsprinzip einer Gaspumpe:

Wenn man das Volumen einer abgeschlossenen Gasmenge verkleinert, wird der Druck größer (→ Boyle-Mariottesches Gesetz).

Ein Beispiel für eine solche Pumpe ist die Fahrradpumpe.

Die elektrische Spannung

1 Elektronen müssen angetrieben werden

V 1 Was geschieht, wenn eine Glühlampe mit einer Spannung betrieben wird, die kleiner als die vom Hersteller vorgesehene ist?

a) Schließe ein Lämpchen mit der Aufschrift „2,5V; 0,1A" an ein Netzgerät an. Stelle das Netzgerät so ein, daß das Lämpchen hell leuchtet.

b) Ersetze nun das Lämpchen durch eines mit der Aufschrift „6V; 0,1A"; ändere aber nicht die Einstellung am Netzgerät. Was beobachtest du?

V 2 Stelle dein Fahrrad auf Lenker und Sattel. Klappe den Dynamo ans Vorderrad, und löse das Kabel vom Dynamo. Nun versetzt du das Vorderrad mit einem kräftigen Schwung in Drehung…

Nachdem du das Kabel wieder angeschlossen hast, gibst du dem Rad erneut einen Schwung.
Was stellst du fest?

V 3 Mit einem *Generator* (Dynamo) kannst du die Elektronen in einem Stromkreis antreiben.

Du benötigst einen Generator wie in Bild 2. Schließe ein Lämpchen mit

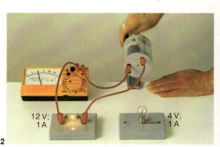

Sprechblasen:
„Deinen Elektrorasierer mußt du wohl hier lassen! Bei der komischen Spannung…"
„…und deinen Haartrockner kannst du auch wieder auspacken! Der braucht auch 230 Volt!"

Wichtige Hinweise für Ihren Aufenthalt auf den Bahama-Inseln
Sprache: Englisch.
Elektrische Spannung: 110 Volt. Amerikanischer Flachzwischenstecker erforderlich (sind in Deutschland erhältlich).
Klima: Gleichmäßiges Klima mit durchschnittlicher Jahrestemperatur von ca. 23 °C. Mit gelegentlichen Regenfällen (kurz aber heftig!) ist zu rechnen. Leichte Sommerkleidung…

1

Was versteht man unter Spannung?

2

Info: Was wir uns unter Spannung vorstellen können

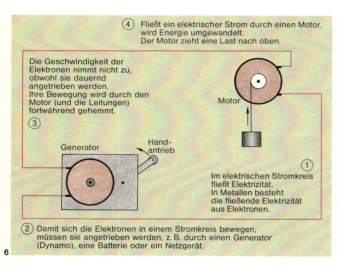

6
④ Fließt ein elektrischer Strom durch einen Motor, wird Energie umgewandelt: Der Motor zieht eine Last nach oben.
Die Geschwindigkeit der Elektronen nimmt nicht zu, obwohl sie dauernd angetrieben werden. Ihre Bewegung wird durch den Motor (und die Leitungen) fortwährend gehemmt. ③
Generator – Handantrieb – Motor
① Im elektrischen Stromkreis fließt Elektrizität. In Metallen besteht die fließende Elektrizität aus Elektronen.
② Damit sich die Elektronen in einem Stromkreis bewegen, müssen sie angetrieben werden, z. B. durch einen Generator (Dynamo), eine Batterie oder ein Netzgerät.

7
④ Fließt ein Wasserstrom durch eine Turbine, wird Energie umgewandelt: Die Turbine zieht eine Last nach oben.
Die Geschwindigkeit der Wasserteilchen nimmt nicht zu, obwohl sie dauernd angetrieben werden. Ihre Bewegung wird durch die Turbine (und die Leitungen) fortwährend gehemmt. ③
Pumpe – Handantrieb – Turbine
① Im Wasserstromkreis fließt Wasser. Das Wasser besteht aus Wasserteilchen.
② Damit sich die Wasserteilchen in einem Wasserstromkreis bewegen, müssen sie angetrieben werden, z. B. durch eine Handpumpe.

In den Bildern 6 u. 7 ist der *elektrische Stromkreis* einem *Wasserstromkreis* gegenübergestellt.

Damit Wasserteilchen oder Elektronen im Kreislauf fließen, müssen sie angetrieben werden. Ihre Geschwindigkeit nimmt aber nicht ständig zu. Ihre Bewegung wird nämlich durch die Turbine bzw. den Motor gehemmt – und zwar um so stärker, je schneller sie sich bewegen.

Beim Radfahren in ebenem Gelände kannst du etwas Ähnliches beobachten: Obwohl du das Rad dauernd antreibst, wird es nicht immer schneller. Die Bewegung wird nämlich vor allem durch den Luftwiderstand gehemmt. Die Geschwindigkeit nimmt nur solange zu, bis das Fahrrad ebenso stark gehemmt wie angetrieben wird.

Wir nennen Geräte, mit denen man Elektronen antreiben kann, *elektrische Energiequellen* oder kurz *Quellen*; denn die Energie, die im angeschlossenen Elektrogerät umgewandelt wird, muß durch die Quelle zugeführt werden.

Als Quelle kann man einen Generator (Dynamo) verwenden. Man muß an ihm Arbeit verrichten, um z. B. eine Lampe zum Leuchten zu bringen.

Wenn die Scheinwerferlampe eines Fahrrades angeschlossen ist, läßt sich die Kurbel viel schwerer drehen als bei der Rücklichtlampe. Der Strom durch den Scheinwerfer ist ja auch viel größer, und es wird mehr Energie übertragen.

In den Bildern 8 u. 9 sind die Ströme dagegen gleich groß. Trotzdem wird unterschiedlich viel Energie transportiert. Um die Vorgänge im Stromkreis zu beschreiben, ist deshalb neben der Stromstärke eine weitere Größe nötig – die *Spannung*.

Was du dir darunter vorstellen kannst, zeigen die Bilder 8–10 mit den zugehörigen Bildunterschriften.

der Aufschrift „4V; 1A" und einen Strommesser an den Generator an. Drehe die Kurbel so, daß sich ein Strom von 1A einstellt.

Ersetze das Lämpchen durch eines mit den Daten „12V; 1A". Drehe den Generator wieder so, daß die Stromstärke 1A beträgt. Was fällt dir auf?

V 4 Wenn kein Generator wie in Bild 2 zur Verfügung steht, läßt sich auch ein *Fahrraddynamo* mit Handantrieb einsetzen (Bild 3).

Verwende einmal ein „2,5V; 0,3A"-Lämpchen und einmal eines mit der Aufschrift „7V; 0,3A". Drehe die Kurbel jeweils so, daß sich ein Strom von 0,3A einstellt. Was fällt dir beim Drehen auf?

V 5 Wir benutzen den Aufbau von Versuch 4 sowie das Glühlämpchen mit der Aufschrift „7V; 0,3A". Drehe zuerst langsam und dann immer schneller. Was beobachtest du?

V 6 Hier werden Elektronen mit Hilfe eines *Akkus* (aufladbare Batterie) angetrieben (Bild 4). Baue zunächst ein „4V; 1A"-Lämpchen ein; ersetze es dann durch ein „12V; 1A"-Lämpchen. Was beobachtest du?

Versuche mit Hilfe weiterer Akkuzellen, einen Strom von 1A hervorzurufen, so daß das Lämpchen hell leuchtet. Was kannst du aus diesem Versuch schließen?

V 7 Daß sich Elektronen auch auf andere Weise antreiben lassen, zeigt dieser Versuch (Bild 5):

An einen kleinen Motor werden z. B. ein Kupfer- und ein Nickeldraht angeschlossen. Dann werden die beiden freien Drahtenden verknotet und mit einer Kerzenflamme erhitzt.

3

4

5

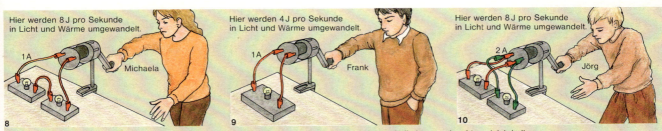

In allen drei Schaltungen werden gleiche Lampen verwendet, und alle Lampen leuchten gleich hell.

Michaela muß etwa doppelt so schnell kurbeln wie Frank, damit ein Strom von 1A fließt. Wenn sie so schnell kurbelt, läßt sich ihre Kurbel genauso schwer drehen wie die von Frank.

In Michaelas Stromkreis wird in jeder Sekunde doppelt soviel Energie umgewandelt wie in Franks.

Michaela verrichtet in jeder Sekunde doppelt soviel Arbeit wie Frank, um gleich viele Elektronen anzutreiben. Jedes Elektron wird daher doppelt so stark angetrieben. Man sagt: Die Spannung zwischen den Anschlüssen ihres Generators ist doppelt so groß.

Jörg dreht zwar genauso schnell wie Frank, aber seine Kurbel läßt sich viel schwerer drehen. Insgesamt wird in Jörgs Lampen in jeder Sekunde auch doppelt soviel Energie umgewandelt wie in Franks Lampe.

Jörg verrichtet in jeder Sekunde doppelt soviel Arbeit.

Bei Jörg sind zwei Lampen angeschlossen; er muß einen doppelt so großen Strom erzeugen wie Frank. In jeder Sekunde bewegen sich doppelt soviel Elektronen durch seinen Generator.

Jedes einzelne Elektron wird aber bei Frank und Jörg gleich stark angetrieben, sonst würden die Lampen nicht gleich hell leuchten. Man sagt: Die Spannung zwischen den Anschlüssen der beiden Generatoren ist gleich.

Die Bilder 8–10 zeigen: Man kann mit einem Stromkreis mehr Energie in jeder Sekunde übertragen,
○ wenn mehr Elektronen pro Sekunde angetrieben werden oder
○ wenn die einzelnen Elektronen stärker angetrieben werden.

Die Stromstärke gibt an, wie viele Elektronen pro Sekunde durch die Quelle fließen und angetrieben werden.

Die Spannung U gibt an, wie stark ein Elektron auf seinem Weg durch die Quelle angetrieben wird.

Geräte, mit denen man Elektronen antreibt, heißen auch *Spannungsquellen*.

Wir verwenden folgende Schaltzeichen:

elektrische Energiequelle   Zelle oder Batterie

Drehen wir am Generator schneller oder langsamer, ändert sich die Spannung. Dagegen ist sie z. B. bei einer Batterie (weitgehend) konstant: Die Batterie treibt die Elektronen immer gleich stark an.

Die Spannung einer Quelle kannst du an ihrer „Voltzahl" erkennen: Eine Batterie mit dem Aufdruck „4,5V" treibt die Elektronen dreimal so stark an wie eine Zelle mit der Aufschrift „1,5V".

Die Einheit der Spannung heißt **1 Volt (1V)**. Spannungen werden auch in Kilovolt (kV) oder in Millivolt (mV) angegeben.

1 kV = 1000V; 1V = 1000 mV.

Auf Spannungsquellen befindet sich oft eine Angabe zur Polung. Die Elektronen werden so angetrieben, daß sie sich außerhalb der Quelle in Richtung vom Minus- zum Pluspol bewegen.

Achtung! Experimentiere nur mit elektrischen Quellen, deren Spannung unter 25V liegt! Andere Quellen können im menschlichen Körper unter Umständen lebensgefährliche Ströme hervorrufen.

Info: Die Definition der elektrischen Spannung

Die Spannung wird mit Hilfe anderer Größen definiert. Wir gehen von den Bildern 8–10 (auf der vorigen Doppelseite) aus und betrachten die *Leistung*, die zum Antreiben erforderlich ist. Man berechnet sie als Quotient aus Arbeit und Zeit.

Die Arbeit läßt sich aus Kraft und Weg bestimmen. Man kann aber auch die Energie messen, die in den Lampen umgewandelt wird; abgesehen von Energieverlusten, sind beide Größen gleich.

Wir nehmen an, daß jede Lampe in den Bildern 8–10 eine Leistung von 4 J/s = 4 W hat. (Die Leistung ist auch oft auf dem Lampensockel angegeben.) Als Antriebsleistung ergeben sich dann 8 W für Bild 8, 4 W für Bild 9 und 8 W für Bild 10.

In Bild 8 werden die einzelnen Elektronen auf ihrem Weg durch die Quelle stärker angetrieben als in Bild 9. Auf jedes Elektron, das durch den Generator bewegt wird, entfällt nämlich die doppelte Arbeit. D. h.: Bewegen sich pro Sekunde gleich viele Elektronen durch den Generator (I = konst.), so werden die Elektronen um so stärker angetrieben, je größer die Leistung am Generator ist. Es liegt daher nahe, die Spannung so zu definieren, daß sie proportional zur Leistung ist.

Angenommen, die Antriebsleistung am Generator ist konstant. Wie stark ein einzelnes Elektron auf seinem Weg durch die Quelle angetrieben wird, hängt dann nur von der Anzahl der Elektronen ab, die in jeder Sekunde durch die Quelle fließen. Damit man sich jeweils auf gleich viele Elektronen bezieht, muß man die Leistung P durch die Stromstärke I dividieren.

Wir vermuten, daß der Quotient aus P und I ein Maß für die Spannung ist.

Diese Vermutung wird durch die Ergebnisse der Bilder 9 u. 10 bestätigt: Jedes einzelne Elektron wird gleich stark angetrieben, denn die Lampen leuchten gleich hell. Der Quotient aus Leistung und Stromstärke ist gleich:

$$\frac{P}{I} = \frac{8\,\text{W}}{2\,\text{A}} = \frac{4\,\text{W}}{1\,\text{A}} = 4\,\frac{\text{W}}{\text{A}}.$$

Die (Antriebs-)Leistung ist also proportional zur Stromstärke. Um die doppelte (dreifache...) Anzahl von Elektronen pro Sekunde gleich stark anzutreiben, ist auch die doppelte (dreifache...) Leistung erforderlich.

Wir legen fest:

Die elektrische Spannung U ist der Quotient aus Leistung P und Stromstärke I.

$$U = \frac{P}{I}.$$

Aus dieser Definition ergibt sich für die Einheit der elektrischen Spannung:

$$1\,\text{V} = \frac{1\,\text{W}}{1\,\text{A}}.$$

Aus Umwelt und Technik: Wenn eine Monozelle nicht ausreicht

Für einen Radiorecorder brauchst du meistens vier (oder fünf) Monozellen. Der Recorder benötigt nämlich eine Spannung von 6 V (oder 7,5 V) – eine Monozelle hat aber nur 1,5 V.

Beim Einsetzen der Zellen mußt du auf die Polung achten. Die richtige Anordnung ist im Batteriefach angegeben (Bild 1).

In Bild 1 erkennst du eine leitende Verbindung zwischen dem Pluspol der zweiten und dem Minuspol der dritten Zelle. Die Zellen werden also in Reihe geschaltet (Bild 2).

Bei dieser Anordnung können die Elektronen nacheinander die vier Zellen durchfließen. Jede dieser Zellen treibt sie an. Also werden die Elektronen viermal so stark angetrieben wie von einer einzigen Zelle. Die Gesamtspannung U_g der vier in Reihe geschalteten Zellen beträgt demnach

$4 \cdot 1{,}5\,\text{V} = 6\,\text{V}.$

Bei einer Reihenschaltung von Spannungsquellen ergibt sich die Gesamtspannung als Summe der Einzelspannungen:

$U_g = U_1 + U_2 + U_3 + U_4.$

Bild 3 zeigt eine weitere Möglichkeit, vier Monozellen miteinander zu verbinden (*Parallelschaltung*). Fließt ein Elektron durch die Spannungsquelle, so bewegt es sich immer nur durch *eine* der vier Zellen. Jedes Elektron wird daher auch nur von einer einzigen Zelle angetrieben. Daher mißt

1

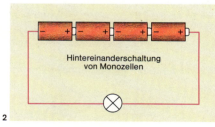
2

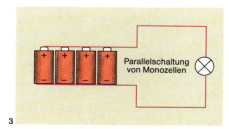
3

man am Lämpchen nur die Spannung einer Monozelle – nämlich 1,5 V.

Eine Batterie aus parallelgeschalteten Zellen hat zwei Vorteile:
○ Mit ihr kann ein Elektrogerät länger betrieben werden als mit einer einzigen Zelle. Jede Zelle treibt ja immer nur einen Teil der Elektronen an; die in einer Zelle gespeicherte Energie reicht daher länger.
○ Sie kann einen größeren Strom antreiben. Um z. B. zwanzig parallelgeschaltete Glühlämpchen (1,5 V; 0,15 A) zum Leuchten zu bringen, muß die Spannungsquelle einen Strom von 3 A antreiben. Eine einzige Monozelle schafft das nicht.

Fragen und Aufgaben zum Text

1 Jemand legt aus Versehen eine von 5 Monozellen falsch herum in das Batteriefach eines Kassettenrecorders.

a) Warum funktioniert der Recorder nicht richtig?

b) Wie groß ist die Gesamtspannung?

2 Könnte man mit Monozellen eine normale Haushaltsglühlampe zum Leuchten bringen? Begründe deine Antwort. (Nicht ausprobieren – Lebensgefahr!)

3 Welche Vorteile hat die Monozelle gegenüber der kleineren Mignonzelle?

Aus Umwelt und Technik: **Unsere „Antriebsparade"**

Elektrische Ladungen können auf ganz unterschiedliche Weise angetrieben werden.

„Apfelzelle"

Ein Eisennagel und ein Stück Kupferdraht werden in einen Apfel gesteckt. Zwischen beiden entsteht durch chemische Vorgänge eine Spannung von etwa 0,5 V.

Trockenzellen und -batterien

Im Aufbau sind die *Zellen* mit der „Apfelzelle" vergleichbar: Die Aufgaben von Kupferdraht und Eisennagel übernehmen z. B. ein Zinkbecher und ein Kohlestab (im Innern der Zelle); anstelle des Apfels befindet sich eine eingedickte Salzlösung zwischen Becher und Stab. Von einer *Batterie* spricht man, wenn mehrere Zellen zusammengeschaltet sind.

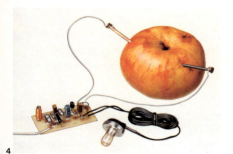

In diesen Spannungsquellen wird *chemische Energie* genutzt, um Ladungsträger anzutreiben.

Fahrraddynamo

Er erzeugt Spannungen bis 6V, und der Radfahrer treibt ihn an.

Generator im Elektrizitätswerk

Ein solcher Generator erzeugt eine Spannung von 27 000 V und versorgt mehr als drei Millionen Haushalte mit Energie. Der Antrieb des Generators erfolgt über eine Dampfturbine.

Autolichtmaschine

Der Dynamo fürs Auto – er wird vom Motor über einen Keilriemen angetrieben. Ein Regler sorgt dafür, daß die Spannung stets 12V beträgt.

Bei diesen Spannungsquellen ist *mechanische Arbeit* erforderlich, um die Ladungsträger anzutreiben.

Über *Netzgeräte* (0V bis 25V) und *Steckdosen* (230V) erhalten wir Energie vom Elektrizitätswerk.

Elektrisiermaschine

Mit einer solchen Maschine hat man schon vor 200 Jahren Spannungen von mehreren tausend Volt erzeugt.

Solargenerator

Wahrscheinlich werden Solargeneratoren für unsere Energieversorgung immer wichtiger.

Sie nutzen die Sonnenenergie, um die Ladungsträger anzutreiben.

Die elektrische Spannung

Aufgaben

1 Auf jeder Glühlampe und jedem anderen Haushaltsgerät wird eine Spannungsangabe gemacht. Warum ist diese wichtig?

2 Was geschieht, wenn ein 3,5-V-Lämpchen an eine Monozelle (Spannung: 1,5V) angeschlossen wird?

3 Warum läßt sich ein Generator leichter drehen, wenn keine Lampen (oder Geräte) angeschlossen sind?

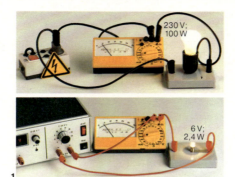
1

4 Weshalb funktioniert ein Haartrockner, der für 230V gebaut ist, bei einer Spannung von 110V nicht richtig? Erläutere!

Was würde geschehen, wenn ein Gerät, das für 110V vorgesehen ist, an 230V angeschlossen wird?

5 In Bild 1 zeigen beide Meßgeräte einen Strom von etwa 0,4 A an.

Die obere Lampe leuchtet sehr viel heller als die untere. Erläutere!

2 Wir messen die elektrische Spannung

Info: Das Meßverfahren für Spannungen

Um die elektrische Spannung zu messen, müßte man feststellen, wie stark ein einzelnes Elektron bei seinem Weg durch die Quelle angetrieben wird. Eine derartige Messung ist aber gar nicht so einfach; darum helfen wir uns mit einem „Trick":

Wir schalten ein Drehspulmeßgerät und ein Lämpchen in Reihe und schließen verschiedene Spannungsquellen an (Bild 2). Je nach Spannung werden die Elektronen in diesem „Vergleichsstromkreis" unterschiedlich stark angetrieben. Daher sind die Strömungsgeschwindigkeiten und damit die Stromstärken unterschiedlich.

Die Ströme mißt man mit dem Drehspulinstrument. Für dieses Instrument können wir ohne Schwierigkeiten eine Spannungsskala herstellen: Wir schließen erst eine Monozelle (1,5V) an und markieren den Zeigerausschlag. Dann bauen wir nacheinander zwei, drei, vier, fünf und sechs Monozellen ein (Reihenschaltung) und bringen auf der Skala die Markierungen für 3V, 4,5V, ..., 9V an.

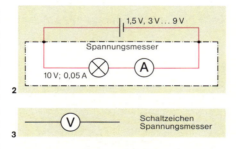
2

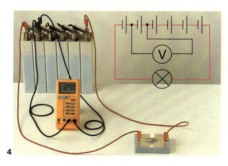
3 Schaltzeichen Spannungsmesser

4

Drehspulinstrument und Glühlampe zusammen stellen nun einen Spannungsmesser dar (Schaltzeichen: Bild 3).

Spannungsmesser schaltet man parallel zum Meßobjekt. Man unterbricht den Stromkreis nicht, sondern schließt das Meßgerät zwischen den Punkten an, zwischen denen die Spannung gemessen werden soll (Bild 4).

Den Grund dafür kannst du an dem „selbstgebauten" Spannungsmesser einsehen: Man muß ihn so einbauen, daß ein neuer Stromkreis entsteht. Aus der Stromstärke in diesem Vergleichsstromkreis schließen wir darauf, wie stark jedes einzelne Elektron angetrieben wird.

Die Stromstärken können dabei sehr klein sein: Bei dem selbstgebauten Spannungsmesser ist sie kleiner als 50 mA. Wenn du ein Drehspulinstrument mit dem Meßbereich 0 ... 6V verwendest, beträgt sie höchstens 1 mA. Durch digitale Spannungsmesser fließt praktisch kein Strom.

V 8 Prüfe an Batterien nach, ob die aufgedruckten Spannungsangaben stimmen.

V 9 Um Elektronen durch die Leitungsdrähte eines Stromkreises zu treiben, ist bekanntlich eine Spannung nötig. Wir messen die Spannung, die zwischen den Enden verschiedener Leiter eines Stromkreises herrscht.

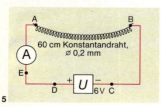
5

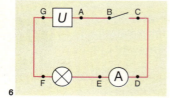
6

a) Baue den Stromkreis von Bild 5 auf. Miß jeweils die elektrische Spannung zwischen den in der Tabelle genannten Punkten.

Messung zwischen…	A u. B	B u. C	C u. D	D u. E	A u. E
Spannung U in V	?	?	?	?	?

b) Vergleiche die Meßwerte, und erkläre die Unterschiede. (Bedenke dabei, daß der Strom an jeder Stelle des Stromkreises gleich groß ist.)

V 10 Auch im Stromkreis von Bild 6 soll die Spannung zwischen zwei benachbarten Punkten gemessen werden: einmal bei geschlossenem und einmal bei geöffnetem Schalter. Versuche, die Meßergebnisse vorherzusagen.

Info: Spannung – nicht nur an Spannungsquellen

Spannungen kann man nicht nur zwischen den Anschlüssen einer elektrischen Energiequelle messen, sondern auch zwischen zwei beliebigen Punkten eines geschlossenen Stromkreises. So zeigt z. B. das Meßgerät in Bild 7 zwischen den Stellen A und B eine Spannung an.

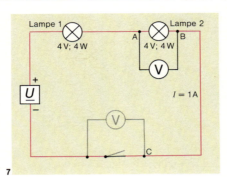

Die Lampen 1 u. 2 in Bild 7 leuchten hell, wenn die Stromstärke 1 A beträgt. Um die Elektronen durch *eine* Lampe zu treiben, ist eine Leistung von 4 W = 4 J/s erforderlich. In der Lampe wird in jeder Sekunde eine Energie von 4 J in Licht und Wärme umgewandelt. An jeder der zwei Lampen mißt man daher eine Spannung von

$$U_1 = U_2 = \frac{4\,W}{1\,A} = 4\,V.$$

Die Leistung der Quelle beträgt 8 W; sie ist nötig, um einen Strom von 1 A hervorzurufen. Ihre Spannung ergibt sich als

$$U = \frac{8\,W}{1\,A} = 8\,V.$$

Die Spannung, die man im geschlossenen Stromkreis zwischen zwei Punkten mißt, gibt an, wie stark die Elektronen durch das entsprechende Leiterstück (oder Gerät) getrieben werden.

Zwischen den Punkten B und C in Bild 7 mißt man praktisch keine Spannung. Um die Elektronen durch den gut leitenden Draht zu treiben, braucht man nämlich (fast) nicht zu arbeiten. Im Draht wird daher auch (praktisch) keine Energie umgewandelt.

Wenn der Stromkreis an einer Stelle unterbrochen ist (zum Beispiel durch einen Schalter), mißt man an der *Unterbrechungsstelle* die gesamte Spannung der Quelle (Bild 7).

Dies wird verständlich, wenn du dir als Spannungsmesser das selbstgebaute Gerät von Bild 2 vorstellst:

Über den Spannungsmesser ist der Stromkreis geschlossen; es fließt ein kleiner Strom. Bei einem so kleinen Strom muß man praktisch keine Arbeit aufwenden, um die Elektronen durch die verhältnismäßig dicken Glühdrähte der Lampen 1 u. 2 zu treiben.

Die Glühdrähte der Lampen stellen einfach verlängerte Zuleitungsdrähte für den Spannungsmesser dar.

3 Ladungstrennung und Spannung

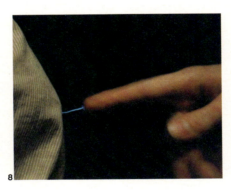

Ein beachtlicher Funken (Bild 8)!

Karin streift mit einer Hand über den Bildschirm – gleich nach dem Ausschalten des Fernsehgerätes. Sie hat Schuhe mit dicken Sohlen an.

Ihr Bruder steht barfuß auf dem Steinfußboden und kommt mit seinem Zeigefinger in die Nähe von Karins Ellenbogen.

Für Bruchteile von Sekunden fließt ein elektrischer Strom. Seine Ursache ist eine Spannung von mehreren tausend Volt! (Diese verschwindet praktisch sofort, wenn ein Strom fließt, und ist deshalb ungefährlich.)

Durch welche Vorgänge entstehen solche Spannungen?

V 11 Ein Stück Zeitungspapier, das z. B. auf einem Heizkörper gut getrocknet wurde, wird fest auf eine gleich große Klarsichtfolie gepreßt.

a) Taste die Folie samt Papier mit einer Glimmlampe ab. Wird eine Ladung angezeigt?

b) Ziehe die Folie und das Papier langsam auseinander (Raum verdunkeln!). Was beobachtest du?

c) Untersuche die Folie erneut auf elektrische Ladung.

V 12 In diesem Versuch geht es um den Zusammenhang zwischen *Spannung* und *Arbeit*.
Bild 9 zeigt den Versuchsaufbau.

a) Die eine Platte lädt man positiv, die andere negativ auf; anschließend werden die Platten auseinandergezogen. Beobachte dabei den Spannungsmesser.

b) Auch wenn man von der Reibung absieht, wird beim Auseinanderziehen Arbeit verrichtet. Begründe!
Was zeigt dieser Versuch?

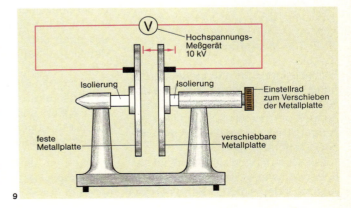

Info: Spannung zwischen geladenen Körpern

Ein Funkenüberschlag oder das Aufblitzen einer Glimmlampe zeigt uns an, daß Ladungsträger angetrieben werden. Zwischen Folie und Papier (V 11 b) oder zwischen Folie und Hand (V 11 c) muß also eine Spannung vorhanden gewesen sein. Wie kam es zu dieser Spannung?

Beim Reiben oder bei der intensiven Berührung zweier Körper gehen negative Ladungsträger von einem Körper auf einen anderen über. Dadurch entsteht zwischen den Körpern eine geringe, kaum nachweisbare Spannung.

Erst wenn die Körper *getrennt* werden, entsteht zwischen ihnen eine *hohe* Spannung. Beim Trennen sind die Anziehungskräfte zwischen unterschiedlich geladenen Körpern zu überwinden.

Bei der Ladungstrennung wird also **Arbeit** verrichtet. Die dafür erforderliche **Energie** ist jedoch nicht „verloren". Wenn es nämlich zwischen den geladenen Körpern zum Ladungsausgleich kommt, wird sie freigesetzt, zum Beispiel in Form von Licht und Wärme.

Der **Spannungsbegriff** kann auch im Zusammenhang mit der Ladungstrennung festgelegt werden. Wir gehen dabei von einem Versuch aus:

Zwei Metallplatten werden aufgeladen, die eine negativ und die andere positiv.

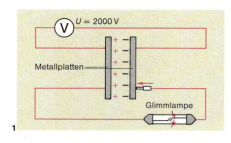

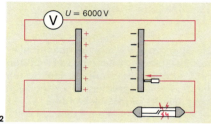

Wenn man sie dann über eine Glimmlampe verbindet, erfolgt ein Ladungsausgleich. Für kurze Zeit fließt ein Strom, und die Glimmlampe blitzt auf (Bild 1).

Die Platten werden wieder in gleicher Weise aufgeladen (gleiche Ladung). Wie in Bild 2 dargestellt, vergrößert man jetzt ihren Abstand; dabei verrichtet man eine zusätzliche Trennungsarbeit. Beim Ladungsausgleich blitzt die Glimmlampe nun heller auf als bei Bild 1, obwohl die gleiche Ladung wie vorher von der einen zur anderen Platte geflossen ist.

Trotz gleicher Ladung wird also unterschiedlich viel Energie umgewandelt.

Die Spannung gibt an, wieviel Energie für eine Ladung von 1 As (durch die verrichtete Trennungsarbeit) zur Verfügung steht. Man kann daher auch festlegen:

Die Spannung U ist der Quotient aus Energie W und Ladung Q.

$$U = \frac{W}{Q}.$$

Die Einheit der Spannung ist 1 Volt. Aus der Definition der Spannung ergibt sich:

$$1\,V = \frac{1\,J}{1\,A \cdot s}.$$

Das heißt: Es herrscht eine Spannung von 1 V, wenn eine Ladung von 1 As eine Arbeit von 1 J verrichten kann.

Wie du weißt, gelten die Beziehungen $W = P \cdot t$ und $Q = I \cdot t$. Setzt man sie in die oben stehende Definitionsgleichung für die Spannung ein, so erhält man

$$U = \frac{P \cdot t}{I \cdot t} = \frac{P}{I}.$$

Es ergibt sich also genau die Gleichung, mit der wir bereits weiter vorne die Spannung definiert haben; die beiden Spannungsdefinitionen sind gleichwertig.

Aus Umwelt und Technik: Tausende von Volt – mit dem Bandgenerator

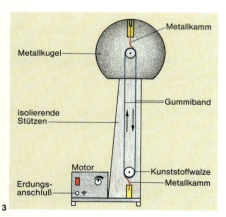

Für eine fortwährende Ladungstrennung kann man einen *Bandgenerator* verwenden. Mit ihm lassen sich Spannungen von vielen tausend Volt erzeugen. Und so funktioniert ein solcher Generator (Bild 3):

Das Gummiband sitzt straff auf der Kunststoffwalze. Durch die enge Berührung laden sich das Band negativ und die Walze positiv auf. Beim Drehen der Walze wird die Ladung getrennt. Die negativen Ladungsträger (Elektronen) gelangen mit dem Gummiband nach oben.

Die Walze ist nun positiv geladen. Dadurch kommt es im gegenüberliegenden Metallkamm zur *Influenz*: Elektronen werden von der positiven Walze angezogen und sammeln sich an der Spitze des Kamms. Sie werden auf das Band abgestreift und ebenfalls nach oben in das Innere einer Metallkugel befördert.

In der Metallkugel nimmt ein weiterer Kamm die Elektronen ab; sie fließen über eine leitende Verbindung nach außen und verteilen sich aufgrund ihrer gegenseitigen Abstoßung über die Außenfläche der Kugel.

In Bild 4 ist ein Meßgerät für Hochspannung zwischen Metallkugel und unterem Kamm angeschlossen. Es

zeigt an, daß die Spannung beim Kurbeln stark ansteigt.

Wenn man eine zweite Kugel mit dem unteren Kamm verbindet und kräftig kurbelt, kann man große Entladungsfunken zwischen den beiden Kugeln erzeugen (Bild 5). Sie sind ein Hinweis darauf, daß hier sehr hohe Spannungen auftreten.

Die elektrische Spannung

Alles klar?

1 Welche elektrischen Größen werden mit den beiden (richtig geschalteten) Meßgeräten von Bild 6 gemessen?

2 Tina ist dabei, eine Schaltung aufzubauen (Bild 7).
Was kann sie mit dem Meßgerät messen, wenn ihre Schaltung fertig ist?

3 Warum findet man zum Beispiel auf einer Flachbatterie nur eine Spannungsangabe, jedoch keine Angabe zur Stromstärke?

4 Warum leuchtet die Lampe von Bild 8 nicht?

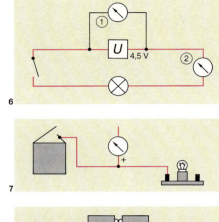
6
7

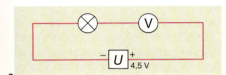
8
9

5 Das Lämpchen im Stromkreis von Bild 9 leuchtet nicht, obwohl die Batteriezellen und das Lämpchen in Ordnung sind. Gib dafür eine Erklärung.

6 Hier wurde eine Flachbatterie von ihrer Umhüllung befreit, so daß die einzelnen Zellen freiliegen (Bild 10). An einer Stelle wurde eine Lampe eingefügt.
Leuchtet die Glühlampe hier auf? Begründe deine Antwort.
Wenn nicht: Was müßtest du tun, damit sie aufleuchtet?

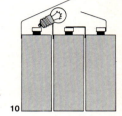
10

7 Was bedeutet die Angabe „6V; 1A" auf einer Glühlampe?
Wozu ist die Angabe „4,5 V" auf einer Flachbatterie von Nutzen?

Auf einen Blick

Ohne Spannung kein Strom

Elektronen bewegen sich nicht von allein durch einen Draht. Wenn ein Strom fließen soll, müssen die Elektronen ständig angetrieben werden; denn ihre Bewegung wird durch die angeschlossenen Elektrogeräte gehemmt. Und weil ihre Bewegung gehemmt wird, werden sie nicht immer schneller, obwohl sie dauernd angetrieben werden.

Die Spannung U gibt an, wie stark jedes Elektron auf seinem Weg durch die Quelle angetrieben wird.

Zum Antreiben der Elektronen ist Energie nötig. Sie wird in den Elektrogeräten z. B. zum Arbeiten genutzt.

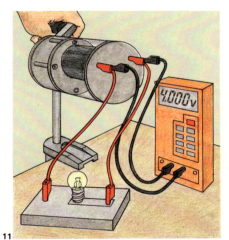
11

Die *Spannung U* ist definiert als Quotient aus der Leistung *P* der Quelle, die zum Antreiben der Elektrizität nötig ist, und der Stromstärke *I*.

$$U = \frac{P}{I}$$

Die Spannung ergibt sich auch, wenn man die von der Quelle gelieferte und im Elektrogerät umgewandelte Energie *W* durch die Ladung *Q* dividiert.

$$U = \frac{W}{Q}.$$

Die Einheit der Spannung ist **1 Volt**:

$$1\,V = \frac{1\,W}{1\,A} = \frac{1\,J}{1\,As}.$$

Geräte, mit denen man Elektronen antreiben kann, heißen *elektrische Energiequellen* oder *Spannungsquellen*.

Messung von Spannungen

Der Spannungsmesser wird mit den beiden Punkten verbunden, zwischen denen man die Spannung messen will. Er wird also parallel zur Quelle oder zum Gerät geschaltet.

Der Stromkreis wird nicht unterbrochen.

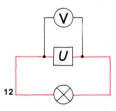
12

Spannung an Elektrogeräten

Man kann eine Spannung zwischen zwei beliebigen Punkten eines geschlossenen Stromkreises messen, z. B. zwischen den Anschlüssen eines Elektrogerätes. Diese Spannung ist ein Maß dafür, wie stark die Elektronen durch dieses Gerät getrieben werden.

Die Energie, die dazu erforderlich ist, wird von der Quelle geliefert und im Elektrogerät umgewandelt.

Der elektrische Widerstand

1 Was versteht man unter elektrischem Widerstand?

Michael bastelt oft an seiner Modelleisenbahn. Seine neueste Idee: Die Kelle des Zugabfertigers wird mit einer *Leuchtdiode* beleuchtet (Bild 1).

Direkt an den Trafo (16 V) darf er die Leuchtdiode aber nicht anschließen, denn eine Leuchtdiode verträgt höchstens Ströme von 20 mA (Bild 2); bei einem größeren Strom würde sie durch Erwärmung zerstört werden...

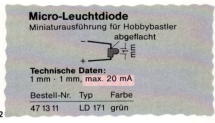

V 1 In einem Stromkreis soll die Stromstärke 20 mA betragen, wenn am Netzgerät eine Spannung von 16 V eingestellt ist. Probiere aus, ob du mit den Materialien von Bild 3 einen solchen Stromkreis aufbauen kannst.

Um den Strommesser nicht zu gefährden, beginne jedesmal mit einer Spannung von 0 V. Erhöhe dann lang-

Info: Alle Leiter haben einen elektrischen Widerstand

Wenn an einen Eisendraht und an einen Konstantandraht (von gleicher Länge und gleicher Querschnittsfläche) eine Spannung von z. B. 2 V angelegt wird, stellen sich unterschiedliche Ströme ein. Die Stromstärke im Eisendraht ist erheblich größer als die im Konstantandraht.

Der Konstantandraht leitet elektrische Ladungen schlechter als der Eisendraht. Man sagt, der Konstantandraht hat einen größeren *elektrischen Widerstand* als der Eisendraht.

Ursache dafür, daß elektrische Leiter für die Elektronenbewegung einen Widerstand darstellen, sind zum Teil recht komplizierte Vorgänge in ihrem Innern. Die Elektronen werden bei ihrer Bewegung durch einen Leiter mehr oder weniger stark gehemmt und geben dabei mehr oder weniger viel Energie an den Leiter ab.

Wie kann man sich diese Vorgänge im einzelnen vorstellen?

Die Atome, aus denen alle Körper bestehen, sind elektrisch neutral. In einem Metalldraht sitzen aber nicht ganze Atome an festen Plätzen, sondern nur *Atomrümpfe*; das sind Atome, denen Elektronen fehlen. Jedes Atom hat nämlich ein oder zwei Elektronen abgegeben – und diese Elektronen können sich praktisch frei zwischen den Atomrümpfen bewegen (Bild 6).

Wenn man eine Spannung an die Enden des Drahtes anlegt, werden die (freien) Elektronen durch den Draht getrieben. Sie stoßen immer wieder gegen Atomrümpfe.

Bei jedem Stoß werden die Elektronen abgebremst; anschließend werden sie aufgrund der anliegenden Spannung wieder schneller und stoßen erneut gegen Atomrümpfe (Bild 7). Die Elektronen werden also laufend abgebremst, beschleunigt, dann wieder abgebremst, wieder beschleunigt usw.

Zwischen den Stößen nehmen die Elektronen Energie auf, die von der Spannungsquelle stammt. Bei den Stößen geben sie diese Energie wieder ab. Durch die Stöße versetzen nämlich die Elektronen die Atomrümpfe in heftigere Schwingungen; man erkennt das daran, daß sich der Leiter erwärmt. Die bei den Stößen abgegebene Energie führt also zur Erwärmung des Drahtes.

Wenn die Stromstärke im Draht gleich bleibt, stellt sich eine konstante Temperatur ein. Bei dieser Temperatur gibt der Draht in jeder Sekunde genauso viel Energie (in Form von Wärme) an die Umgebung ab, wie er in der gleichen Zeit durch die Stöße erhält.

Insgesamt wird die Bewegung der Elektronen durch die Stöße gehemmt. Trotzdem werden die Elektronen im Mittel nicht langsamer, denn sie werden ja immer wieder angetrieben.

Die Eigenschaft elektrischer Leiter, die Bewegung der Ladungsträger zu hemmen, bezeichnet man als elektrischen Widerstand.

Unterschiedliche Leiter haben verschieden große Widerstände. Um gleich große Ströme zu erreichen, muß man daher die Elektronen unterschiedlich stark antreiben: Die elektrische Spannung muß um so größer sein, je größer der Widerstand des Leiters ist.

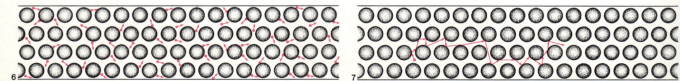

Die Pfeile geben an, in welche Richtung sich die Elektronen gerade bewegen.

Weg eines Elektrons im Metall bei angelegter Spannung.

sam die Spannung, und beobachte dabei das Meßgerät.

Wenn die Stromstärke auf 20 mA begrenzt ist, kannst du die Leuchtdiode in den Stromkreis einbauen.

V 2 Wir vergleichen, wie gut verschiedene Leiter leiten.

Baue nacheinander die Bauteile a–d aus Bild 3 in einen Stromkreis nach Bild 4 ein; die Spannung am Netzgerät bleibt konstant.

Überprüfe, welcher der beiden Drähte von Bild 3 besser leitet. Verwende dabei als Spannungsquelle ein Netzgerät, und stelle 2 V ein.

V 3 In Drähten aus unterschiedlichem Material soll die Stromstärke 1 A betragen (Bild 5). Die Drähte sind alle gleich lang und haben die gleiche Querschnittsfläche.

Wie hoch muß jeweils die elektrische Spannung zwischen den Drahtenden sein?

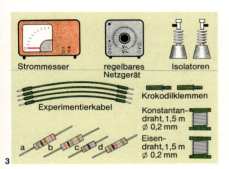
3

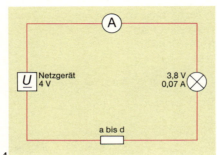
4

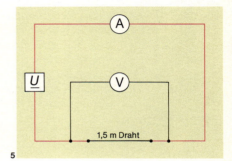
5

Info: So wird der elektrische Widerstand ermittelt

In der Elektrotechnik und der Elektronik benötigt man oft Bauteile mit ganz bestimmten elektrischen Widerständen.

Man kann Widerstände auf folgende Weisen vergleichen:

○ Schließt man verschiedene Bauteile an ein Netzgerät an, so muß man in der Regel *unterschiedliche Spannungen* einstellen, um jeweils einen *gleich großen Strom* hervorzurufen.

Je höher die Spannung ist, die man für diesen Strom benötigt, desto größer ist der Widerstand des Bauteiles (bei dieser Stromstärke).

○ Wenn man nacheinander verschiedene Bauteile an ein Netzgerät anschließt, *ohne die Spannung zu verändern*, so fließen in der Regel *unterschiedlich große Ströme*. Je größer die Stromstärke bei konstanter Spannung ist, desto kleiner ist der Widerstand des Bauteils.

Als Maß für den **elektrischen Widerstand** R hat man den Quotienten aus der Spannung U, die zwischen den Enden eines Leiters herrscht, und der Stromstärke I im Leiter gewählt.

$$R = \frac{U}{I}.$$

Das Formelzeichen R für den elektrischen Widerstand ist abgeleitet von engl. *resistance*: Widerstand.

Elektrische Widerstände werden in der **Einheit 1 Ohm** angegeben; sie ist nach dem deutschen Physiker *Georg Simon Ohm* (1789–1854) benannt. Als Einheitenzeichen verwendet man den griechischen Buchstaben Ω (Omega).

$$1\,\Omega = \frac{1\,V}{1\,A}.$$

Widerstände werden auch in Kiloohm (kΩ) und in Meg(a)ohm (MΩ) angegeben.
1 kΩ = 1000 Ω;
1 MΩ = 1000 kΩ = 1 000 000 Ω.

Wie man Widerstände berechnet, zeigen die folgenden drei *Beispiele*:

○ An eine Glühlampe wird eine Spannung von 6 V angelegt; die Stromstärke beträgt 0,1 A. Bei diesem Strom beträgt ihr Widerstand

$$R = \frac{6\,V}{0{,}1\,A} = 60\,\frac{V}{A} = 60\,\Omega.$$

○ Bei derselben Glühlampe mißt man bei einer Spannung von 2,5 V eine Stromstärke von 0,05 A. Als Widerstand der Lampe erhält man jetzt

$$R = \frac{2{,}5\,V}{0{,}05\,A} = 50\,\frac{V}{A} = 50\,\Omega.$$

○ An eine andere Glühlampe wird eine Spannung von 6 V angelegt; die Stromstärke beträgt 0,5 A. Diese Lampe hat einen Widerstand von

$$R = \frac{6\,V}{0{,}5\,A} = 12\,\frac{V}{A} = 12\,\Omega.$$

Der elektrische Widerstand ist eine *Eigenschaft* aller Leiter. Leider bezeichnet man aber auch bestimmte *Bauteile* als Widerstände.

Man muß also aufpassen, welche Bedeutung jeweils gemeint ist. Die Engländer haben es da leichter: Bei ihnen heißt die Eigenschaft *resistance* und das Bauteil *resistor*.

Fragen und Aufgaben zum Text

1 Du sollst den elektrischen Widerstand eines Drahtes bestimmen. Dir steht aber nur ein Meßgerät für Ströme und Spannungen zur Verfügung.

Wie kannst du vorgehen? Fertige auch Schaltskizzen an.

2 In einer Versuchsreihe wurden vier verschiedene Metalldrähte an ein Netzgerät angeschlossen. Die dabei gemessenen Stromstärken und Spannungen sind in der folgenden Tabelle zusammengestellt worden:

	Draht 1	Draht 2	Draht 3	Draht 4
U in V	1	4	5	6
I in A	0,5	1	0,1	0,27

Berechne die jeweiligen elektrischen Widerstände.

3 Wenn man eine 75-Watt-Haushaltsglühlampe an eine Spannungsquelle mit 230 V (10 V) anschließt, beträgt die Stromstärke 330 mA (75 mA).

Berechne den Widerstand der Lampe bei beiden Stromstärken.

Der elektrische Widerstand

2 Widerstand und Temperatur

Die Göttinger Tageszeitung brachte im Januar des Jahres 1900 folgende Mitteilung:

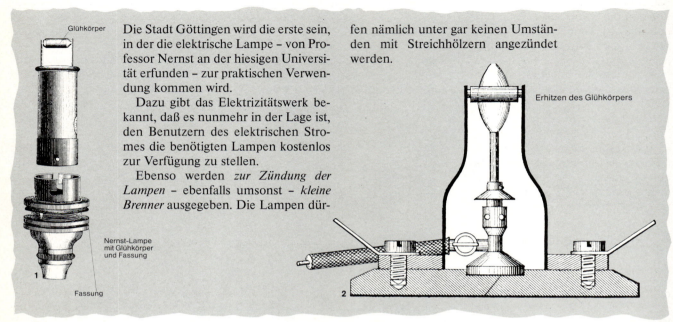

Die Stadt Göttingen wird die erste sein, in der die elektrische Lampe – von Professor Nernst an der hiesigen Universität erfunden – zur praktischen Verwendung kommen wird.

Dazu gibt das Elektrizitätswerk bekannt, daß es nunmehr in der Lage ist, den Benutzern des elektrischen Stromes die benötigten Lampen kostenlos zur Verfügung zu stellen.

Ebenso werden *zur Zündung der Lampen* – ebenfalls umsonst – *kleine Brenner* ausgegeben. Die Lampen dürfen nämlich unter gar keinen Umständen mit Streichhölzern angezündet werden.

Eine elektrische Lampe muß angezündet werden? Unglaublich!
Und doch gab es solche Lampen. Wenn du Versuch 4 durchführst, kannst du erklären,
warum der Glühkörper zunächst mit einer Flamme erhitzt werden mußte.

V 4 Anstelle des Glühkörpers von Bild 2 verwenden wir eine Bleistiftmine (Bild 3). Sie besteht aus Graphit, einer Form des Kohlenstoffs.

Stelle das Netzgerät so ein, daß bei kalter Bleistiftmine die Stromstärke ungefähr 150 mA beträgt.

a) Erhitze dann die Bleistiftmine mit der Brennerflamme. Beobachte dabei den Strommesser.

b) Wie ändert sich die Stromstärke, wenn du die heiße Mine mit einem Eisstück abkühlst?

V 5 Für diesen Versuch benötigst du einen *Heißleiter* (NTC-Widerstand; Bild 4) mit der Aufschrift „2 kΩ". Bild 5 zeigt die Schaltskizze.

a) Stelle die Spannung am Netzgerät so ein, daß der Strommesser eine Stromstärke von 4 mA anzeigt. Beobachte eine Minute lang den Strommesser und den Spannungsmesser.

b) Erwärme nun den Heißleiter mit deiner Hand.

Beobachte dabei wiederum die beiden Meßgeräte. Welche Aussage kannst du über den Widerstand eines solchen Heißleiters machen?

c) Größere Ströme bewirken, daß die Temperatur eines Leiters merklich ansteigt. Ob diese *Eigenerwärmung* einen Einfluß auf den Widerstand des Heißleiters hat?

Erhöhe vorsichtig die Spannung; achte dabei darauf, daß die Stromstärke nicht 50 mA überschreitet.

d) Tauche den Heißleiter in ein Gefäß mit kaltem Wasser, und wiederhole Versuchsteil c.

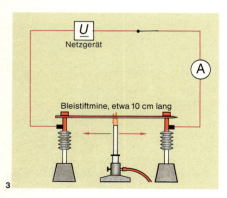

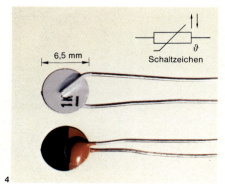

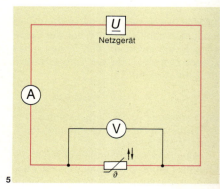

V 6 Wir untersuchen den Zusammenhang zwischen Spannung und Strom bei einem Heißleiter, einem Konstantandraht und einem Draht aus dem Metall Wolfram.

Um die Messungen am Wolframdraht durchzuführen, bauen wir einfach ein Glühlämpchen (3,5 V; 0,2 A) in den Stromkreis ein; sein Glühdraht besteht nämlich aus Wolfram.

a) Schließe nacheinander jeden der drei Leiter an ein Netzgerät an. Erhöhe dann die Spannung von 0 V an in Schritten von z. B. 0,3 V.

Die Spannung am Lämpchen darf 3,5 V nicht überschreiten.

b) Stelle jeweils die Abhängigkeit der Stromstärke von der Spannung in einem Diagramm dar.

c) Der Name *Konstantan* ist von *konstant* abgeleitet. Warum hat man diesen Namen gewählt? Den Wolframdraht bezeichnet man als *Kaltleiter*. Begründe diese Bezeichnung.

Aus Umwelt und Technik: **Eine elektrische Heizölsperre**

Wenn zuviel Heizöl in einen Tank gepumpt wird, kann das Öl durch das Entlüftungsrohr nach außen gelangen. Ausgelaufenes Öl ist aber sehr gefährlich: Brennbare Dämpfe können entstehen; das Öl kann auch im Boden versickern und womöglich ins Grundwasser gelangen.

Man muß also unbedingt verhindern, daß der Heizöltank beim Füllen überläuft. Trotzdem ist es nicht nötig, daß jemand neben dem Tank steht und aufpaßt. Hier sorgt nämlich ein **Kaltleiter** (Bild 6) dafür, daß nicht zuviel Öl eingefüllt wird.

Der Kaltleiter befindet sich im Heizöltank an einem dünnen Rohr – und zwar genau in der Höhe, bis zu der der Tank gefüllt werden darf (Bild 7).

Nun können wir erklären, warum der Tankwagenfahrer nicht nur den Schlauch, sondern auch eine elektrische Leitung auslegen muß (Bilder 8 u. 9): Diese Leitung (mit zwei Adern) verbindet den Kaltleiter im Tank mit einer Batterie im Tankwagen; so entsteht ein geschlossener Stromkreis.

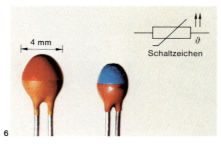
6

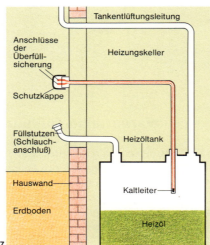
7

Wenn die Leitung angeschlossen ist, fließt zuerst für kurze Zeit ein größerer Strom. Dadurch *erwärmt* sich der Kaltleiter im Heizöltank recht schnell; sein Widerstand wird größer, und die Stromstärke in der Leitung *sinkt*. Der Strom ist schließlich gerade noch so groß, daß sich der Kaltleiter nicht abkühlt.

Jetzt kann das Öl in den Tank gefüllt werden. Dabei steigt der Flüssigkeitsspiegel im Öltank an und erreicht schließlich den Kaltleiter. Der Tank ist nun fast voll. Das kalte Öl *kühlt* jetzt den erwärmten Kaltleiter schnell ab; sein Widerstand wird geringer. Die Folge ist, daß die Stromstärke in der Leitung zum Tankwagen wieder *steigt*.

Durch diesen nun größeren Strom wird ein Relais – ein „elektrischer Schalter" – betätigt. Im gleichen Augenblick wird die Ölzufuhr gestoppt.

Solche oder ähnliche Vorrichtungen – **Überfüllsicherungen** genannt – sind beim Füllen von Heizöltanks gesetzlich vorgeschrieben.

9

Aus Umwelt und Technik: **Automatische Brandmelder**

Oft setzt man **Heißleiter** (Bild 1) als Brandmelder ein. In Räumen, die es zu überwachen gilt, sind sie unter der Decke angebracht.

Jeder dieser Heißleiter ist Teil eines Stromkreises. In dem Stromkreis befindet sich außerdem eine elektrische Schaltvorrichtung, die z. B. eine Sirene auslösen kann. Bild 2 zeigt diesen Stromkreis.

Bei der üblichen Raumtemperatur sind die Ströme in den Heißleitern sehr klein. Die Stromstärke beträgt nur wenige Milliampere. Bei so kleinen Strömen steigt die Temperatur der Heißleiter nicht durch Eigenerwärmung an; folglich bleibt ihr Widerstand unverändert. Die elektrische Schaltvorrichtung (Relais) für die Sirene wird erst von größeren Strömen betätigt. Bricht nun irgendwo in den überwachten Räumen ein Feuer aus, so steigt dort die Lufttemperatur an. Die Folge ist ...

Fragen und Aufgaben zum Text

1 Wie funktioniert der nebenan beschriebene Brandmelder? Setze die angefangene Beschreibung fort.

2 Auch mit einem *Kaltleiter* (statt eines Heißleiters) könnte man eine einfache Brandmeldeanlage bauen.
Erfinde eine solche Anlage. (Schaltskizze anfertigen!)

3 Bild 3 zeigt vereinfacht eine andere Brandmeldeanlage. Wie funktioniert diese Vorrichtung?

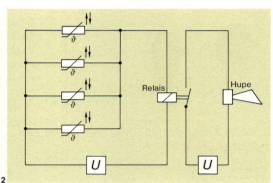
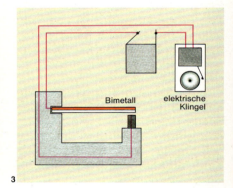

Aus Umwelt und Technik: **Warum eine Glühlampe durchbrennt**

Glühlampen haben zwar eine lange Lebensdauer (ca. 1000 Leuchtstunden), aber schließlich „brennen" sie doch durch. Das geschieht meistens genau dann, wenn man die Lampe einschaltet.

Bei einer „durchgebrannten" Lampe ist der Glühdraht nur an einer einzigen Stelle durchgeschmolzen. An dieser Schmelzstelle, die kaum 1 mm lang ist, muß also die Erwärmung erheblich größer gewesen sein als im übrigen Draht. Wie ist das möglich?

Die Temperatur des Glühdrahtes beträgt etwa 2500 °C. Im Laufe der vielen Leuchtstunden verdampft daher auch immer etwas Metall des Drahtes – an manchen Stellen mehr, an anderen weniger.

Da die Glühdrähte aus einem **Kaltleiter** (nämlich dem Metall *Wolfram*) bestehen, ist ihr Widerstand im kalten Zustand wesentlich kleiner als beim Glühen (→ Tabelle in der rechten Spalte).

Schalten wir z. B. eine 100-Watt-Lampe ein, so beträgt die Stromstärke im kalten Glühdraht kurzzeitig fast 6 A. Der Strom ist dann also mehr als 10mal so groß wie der normale Betriebsstrom der Lampe.

Dieser hohe Einschaltstrom erhitzt den Glühdraht dort am stärksten, wo er am dünnsten ist:

Die Stromstärke ist ja an jeder Stelle des Drahtes gleich. An der dünnsten Stelle müssen sich die Elektronen daher am schnellsten bewegen (Bild 4). Sie stoßen dort heftiger gegen die Atomrümpfe und geben mehr Energie an den Leiter ab als im übrigen Draht. Die Atomrümpfe geraten daher in sehr heftige Schwingungen, d. h., der Draht wird an der Engstelle besonders heiß. Wenn die Schmelztemperatur überschritten wird, „brennt" er durch.

Lampe	Widerstand bei 20 °C	Widerstand bei 2500 °C
25 Watt (Haushalt)	157 Ω	1940 Ω
100 Watt (Haushalt)	37 Ω	490 Ω
500 Watt (Projektion)	5,8 Ω	97 Ω
1000 Watt (Großleuchte)	2,8 Ω	48 Ω

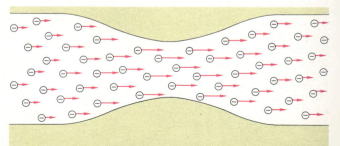

Die Atomrümpfe sind nicht dargestellt.
Je länger die Pfeile sind, desto größer ist die Geschwindigkeit der Elektronen.

Aufgaben

1 Die Temperatur eines Leiters kann sich durch *Eigenerwärmung* oder durch *Fremderwärmung* ändern. Beschreibe die beiden Möglichkeiten.

2 „Damit ein Kaltleiter überhaupt leitet, muß er kalt sein." Stimmt dieser Satz?

3 Nimm einmal folgendes an: In der Schaltung von Bild 5 fließt zunächst ein so großer Strom, daß die Temperatur des Heißleiters durch Eigenerwärmung ansteigt.
Wie ändert sich dadurch die Stromstärke im Laufe der Zeit?

4 Große Computer arbeiten am sichersten bei Zimmertemperatur. Mit der Zeit erwärmen sie sich aber durch die elektrischen Ströme. Dann werden automatisch Ventilatoren zur Kühlung eingeschaltet.
Wie könnte das geschehen?

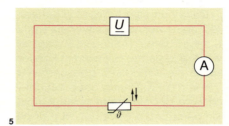

5

5 Auf der vorigen Doppelseite hast du in den Bildern 4 und 6 die Schaltzeichen für Kaltleiter und Heißleiter kennengelernt. Sie unterscheiden sich durch die Pfeilpaare.
Was deutet das Pfeilpaar beim Kaltleiter an? Worauf weist es beim Heißleiter hin?

6 Im Kühlwasser von Autos befinden sich Heißleiter als Temperaturfühler. Am Armaturenbrett wird die Temperatur angezeigt – durch einen Strommesser, der mit einer °C-Skala versehen ist.
Lege dazu eine Schaltskizze an.

Info: Das Ohmsche Gesetz

Ein Konstantandraht hat einen konstanten Widerstand; das bedeutet: Die Stromstärke ist in diesem Fall *proportional* zur Spannung, die an seinen Enden herrscht. Für viele technische Anwendungen, z. B. in der Elektronik, braucht man Bauteile mit dieser Eigenschaft.

Wenn Stromstärke und Spannung einander proportional sind, sagt man: Es gilt das **Ohmsche Gesetz**. Das Ohmsche Gesetz läßt sich also formulieren als

$I \sim U$ oder $\frac{U}{I}$ = konst. (d. h. R = konst.).

Das Gesetz gilt für Konstantandrähte, unabhängig von der Temperatur der Drähte.

Auch für Drähte aus reinen Metallen oder für Stäbe aus Kohlenstoff gilt das Ohmsche Gesetz – allerdings nur, solange sich ihre Temperatur *nicht* ändert. Damit für diese Leiter das Ohmsche Gesetz gilt, müssen die Ströme so klein sein, daß sich ihre Wärmewirkung nicht bemerkbar macht; oder die Temperatur muß durch Kühlung konstant gehalten werden.

Bei steigender Temperatur nimmt der Widerstand von Leitern aus reinem Metall zu, der von Leitern aus Kohlenstoff nimmt ab.

In beiden Fällen sind also Spannung und Stromstärke nicht proportional; das Ohmsche Gesetz gilt nicht.

Die Bezeichnung *Ohmsches Gesetz* wurde gewählt, um die Leistung des Kölner Gymnasiallehrers *Georg Simon Ohm* (1789–1854) zu würdigen:

Man hatte zu Beginn des 19. Jahrhunderts nur sehr ungenaue Vorstellungen von den Vorgängen im elektrischen Stromkreis. Es gab weder eine elektrische Energiequelle, die eine konstante Spannung lieferte, noch ein Meßgerät für Ströme – ja nicht einmal die physikalische Größe *Stromstärke* war festgelegt.

Ohm hatte aber bereits die Vorstellung, daß im Stromkreis drei Größen in einem Zusammenhang stehen. Er vermutete, daß der Strom größer wird, wenn man die „Elektrizität" stärker antreibt.

Es gelang Ohm dann in jahrelanger, mühevoller Arbeit tatsächlich, den Größen Stromstärke, Spannung und Widerstand sowie den Beziehungen zwischen ihnen auf die Spur zu kommen. Außerdem baute Ohm eine Versuchsapparatur auf, bei der Spannung und Stromstärke einander proportional waren. Es gelang ihm auch, diese Proportionalität nachzuweisen.

Fragen und Aufgaben zum Text

1 Bild 6 zeigt das Ergebnis von drei Versuchen. Für die Messungen wurden zwei verschiedene Konstantandrähte und ein Eisendraht verwendet.
a) Welche Kurve gehört zum Eisendraht? Begründe deine Antwort. Erkläre den Verlauf von Kurve (1).
b) Berechne jeweils die Werte der Widerstände für 1 V, 2 V und 3 V.

2 Was sagt das Ohmsche Gesetz aus? Für welche Leiter und unter welchen Umständen gilt es?

3 Ein Widerstand von 120 Ω wird an ein Netzgerät angeschlossen. Welche Spannung muß eingestellt werden, damit man in diesem Stromkreis eine Stromstärke von 15 mA mißt? (Du kannst dabei von einem konstanten Widerstand ausgehen, denn die meisten technischen Widerstände werden von einem so kleinen Strom kaum erwärmt.)

4 Zwischen den Anschlüssen eines Widerstandes herrscht eine Spannung von 2 V. Die Stromstärke beträgt 0,5 A. Berechne den Widerstand.
Durch den Widerstand soll der dreifache Strom fließen. Wie kann man das erreichen? Was setzt du dabei voraus?

5 In einem **Versuch** wird an die Enden einer Wendel aus Eisendraht eine Spannung von 0 V, 1 V, 2 V, ..., 10 V angelegt.
Dann legt man die Wendel in destilliertes Wasser und wiederholt den Versuch.
Wie sehen deiner Meinung nach die Meßkurven im *I-U*-Diagramm aus?

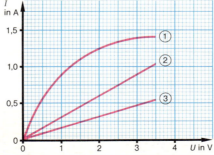

6 Strom-Spannungs-Diagramme verschiedener Leiter

3 Widerstand und Leiterabmessungen

Aus Umwelt und Technik: **Dehnungsmeßstreifen**

1

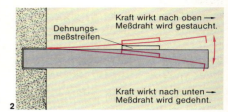

2

Kräfte können *elektrisch* gemessen werden. Auf diese Weise bestimmt man z. B. Zug- und Schubkräfte bei Brücken und Hochhäusern.

Solche Kräfte treten dann auf, wenn der Boden unter den Fundamenten einseitig nachgibt. Bei einer elektrischen Kraftmessung benutzt man **Dehnungsmeßstreifen** – d. h. Kunststoffplatten, auf die ein vielfach gewundenes Bändchen (z. B. aus Konstantan) aufgebracht ist (Bild 1).

Der Widerstand dieses „Meßdrahtes" spielt bei dem Meßverfahren die entscheidende Rolle. Bild 2 zeigt dir, wie Kräfte gemessen werden können, durch die ein Balken gebogen wird: Wenn die Kraft nach oben gerichtet ist, wird der Meßdraht gestaucht. Ist sie nach unten gerichtet, wird er gedehnt. In beiden Fällen ändert sich der Widerstand des Drahtes – und der läßt sich sehr genau bestimmen.

Wieso aber hat das Stauchen oder das Dehnen des Drahtes eine Widerstandsänderung zur Folge?

V 7 Wie hängt der Widerstand eines Konstantandrahtes von seinen Abmessungen ab?

a) Wir bestimmen die Widerstände von verschieden langen Drähten, die gleich dick sind (also gleichen Durchmesser und gleiche Querschnittsfläche haben). Plane die Durchführung dieses Versuches.

b) Jetzt verwenden wir Konstantandrähte gleicher Länge, die aber unterschiedliche Durchmesser – und damit auch unterschiedliche Querschnittsflächen – haben.

Info: **Länge, Querschnitt, Material – der Widerstand eines Drahtes**

Du weißt bereits, daß der Widerstand eines Drahtes sowohl von seiner *Temperatur* als auch von dem *Material* abhängt, aus dem er besteht. Außerdem hängt der Widerstand des Drahtes von seinen *Abmessungen* ab.

In der folgenden Tabelle findest du die Widerstände von Konstantandrähten unterschiedlicher **Länge** l. An die Drähte wurde eine Spannung von $U = 2{,}0$ V angelegt und die Stromstärke I gemessen. (Die Drähte hatten alle einen Radius von 0,20 mm; ihre Querschnittsfläche betrug 0,126 mm².)

l in m	I in A	R in Ω	$\frac{R}{l}$ in $\frac{\Omega}{m}$
0,50	1,00	2,0	4,0
1,00	0,50	4,0	4,0
1,50	0,33	6,0	4,0
2,00	0,25	8,0	4,0
2,50	0,20	10,0	4,0

Verdoppelt (verdreifacht,...) man die Länge der Drähte, so verdoppelt (verdreifacht,...) sich auch ihr Widerstand. Der Quotient aus R und l ist konstant. R und l sind also proportional.

Was wir hier für Konstantandrähte hergeleitet haben, gilt auch für Drähte aus anderen Materialien, wenn man ihre Temperatur konstant hält:

Die Widerstände von Drähten sind proportional zu ihren Längen (bei konstanter Querschnittsfläche und gleichem Material): $R \sim l$.

Im *Modell* können wir uns diese Beziehung so erklären: Elektrischer Strom in einem Leiterkreis bedeutet ja, daß sich alle (freien) Elektronen im ganzen Kreis in eine Vorzugsrichtung bewegen. Je länger ein Leiter ist, desto öfter stoßen die einzelnen Elektronen auf ihrem Weg durch den Leiter gegen Atomrümpfe.

Wenn man die Länge eines Drahtes verdoppelt, müssen daher die Elektronen doppelt so stark angetrieben werden, um den gleichen Strom zu erzeugen. Der doppelt so lange Draht hat den doppelten Widerstand.

Welcher Zusammenhang besteht zwischen Widerstand und der „Dicke" (**Radius** oder **Querschnittsfläche**) des Drahtes?

Mit Hilfe unseres *Modells* kommen wir zu einer Vermutung: In einem dünnen Draht bewegen sich die Elektronen bei gleicher Stromstärke schneller als in einem dicken. Deshalb müßten sie auch heftiger gegen die Atomrümpfe stoßen und dabei mehr Energie abgeben als die Elektronen im dicken Draht. Um die gleiche Stromstärke zu erreichen, müßte man also die Elektronen im dünnen Draht stärker antreiben als die im dicken. Wir vermuten daher: Je dünner der Draht, desto größer der Widerstand.

Aber wie sieht der genaue Zusammenhang aus? Der Widerstand könnte ja zum Beispiel antiproportional zum Radius oder antiproportional zur Querschnittsfläche sein.

Für unterschiedlich dicke Konstantandrähte von jeweils 1 m Länge wurde die Stromstärke gemessen (bei $U = 2{,}0$ V) und der Widerstand bestimmt (→ Tabelle unten). Aus dieser Meßreihe

r in mm	A in mm²	I in A	R in Ω	$R \cdot r$ in Ω·mm	$R \cdot A$ in Ω·mm²
0,1	0,031	0,126	15,9	1,59	0,493
0,2	0,126	0,50	4,0	0,8	0,504
0,4	0,503	2,00	1,0	0,4	0,503
0,5	0,785	3,18	0,62	0,3	0,493

Aufgaben

1 Auf und unter Putz verlegte Kupferleiter, die mit 10 A abgesichert sind, müssen eine Querschnittsfläche von mindestens 1 mm² haben. Bei einer 16-A-Sicherung sind 1,5 mm² vorgeschrieben. Warum muß die Querschnittsfläche um so größer sein, je größer der Strom sein darf?

Weshalb müssen Leitungen, die in Rohren verlegt sind, größere Querschnittsflächen haben?

2 Bild 3 zeigt den Aufbau eines Schiebewiderstandes. Der um das Keramikrohr gewickelte Draht ist mit einer Isolierung versehen. Dort, wo der Schieber den Draht berührt, ist die Isolierung entfernt worden; der Schieber hat also Kontakt mit dem blanken Draht.

Erkläre, wie ein solcher Schiebewiderstand funktioniert. Wie verkleinert oder vergrößert man den eingestellten Widerstand?

3 In einem alten Haus wurden die Aluminiumleitungen durch Kupferleitungen ersetzt; insgesamt wurden 150 m Kabel verlegt. Zwei Adern je Kabel werden normalerweise von Ladungen durchflossen; die Stromkreise bestehen also aus 300 m Draht. Berechne die Widerstände des Kupferdrahtes und des Aluminiumdrahtes, wenn in beiden Fällen die Querschnittsfläche 1,5 mm² beträgt.

4 Wie lang muß ein Konstantandraht (Durchmesser: 0,2 mm; Querschnittsfläche: ca. 0,03 mm²) sein, damit sein Widerstand 1 Ω beträgt?

5 Bei Glühtemperatur hat Wolfram einen spezifischen Widerstand von $\rho = 0{,}78 \frac{\Omega \cdot \text{mm}^2}{\text{m}}$. Wie lang ist der Wolframdraht ($A = 0{,}0010$ mm²) in einer 230-V-Glühlampe ($I = 0{,}33$ A)?

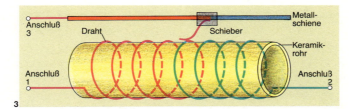

---

ergibt sich, daß bei Konstantandrähten das Produkt aus Widerstand R und Querschnittsfläche A konstant ist.

R und A sind also antiproportional.

Zum gleichen Ergebnis kommt man für Drähte aus reinen Metallen – vorausgesetzt, man hält ihre Temperatur konstant:

Die Widerstände und die Querschnittsflächen von Drähten sind zueinander antiproportional (bei konstanter Drahtlänge und gleichem Material).

$R \sim \frac{1}{A}$.

Mit Hilfe unserer Ergebnisse können wir die Widerstände von Konstantandrähten mit beliebigen Abmessungen *ausrechnen*.

Beispiel: Wie groß ist der Widerstand eines 500 m langen Konstantandrahtes von 2,5 mm² Querschnittsfläche?

Lösungsweg:

Ein Konstantandraht von 1 m Länge und 1 mm² Querschnittsfläche hat einen Widerstand von 0,5 Ω.

Ein Konstantandraht von **500** m Länge und 1 mm² Querschnittsfläche hat einen Widerstand von **500** · 0,5 Ω = 250 Ω.

Ein Konstantandraht von 500 m Länge und **2,5** mm² Querschnittsfläche hat einen Widerstand von 250 Ω : **2,5** = 100 Ω.

An diesem Rechenbeispiel siehst du: Der Widerstand ist im gleichen Maße gewachsen wie der Quotient aus Länge und Querschnittsfläche, nämlich um den Faktor 200. Der Widerstand und dieser Quotient sind also proportional:

$R \sim \frac{l}{A}$.

Wegen der Quotientengleichheit können wir schreiben:

$\frac{R \cdot A}{l} = $ konst. $= \rho$ bzw. $R = \rho \cdot \frac{l}{A}$.

Die Konstante ρ (rho) hängt nur vom Material des Leiters ab (bei konstanter Temperatur). Sie heißt **spezifischer Widerstand** (→ Tabelle). Zum Beispiel besagt der Wert

$\rho = 0{,}027 \frac{\Omega \cdot \text{mm}^2}{\text{m}}$

für Aluminium, daß ein 1 m langer Aluminiumdraht von 1 mm² Querschnittsfläche einen Widerstand von 0,027 Ω hat (bei einer Temperatur von 20 °C).

Beispiel: Wie groß ist der Widerstand eines 150 m langen Kupferdrahtes von 2 mm² Querschnittsfläche?

$R = \rho \cdot \frac{l}{A} = 0{,}017 \frac{\Omega \cdot \text{mm}^2}{\text{m}} \cdot \frac{150 \text{ m}}{2 \text{ mm}^2} = 1{,}3 \, \Omega$.

Hier erkennst du, welchen Vorteil es hat, eine so komplizierte Einheit für den spezifischen Widerstand zu verwenden. Kürzt man nämlich gleiche Einheiten in Zähler und Nenner, so ergibt sich die Einheit Ω – wie es bei einem Widerstand sein muß.

Spezifischer Widerstand ρ (bei 20 °C)

Stoff	ρ in $\frac{\Omega \cdot \text{mm}^2}{\text{m}}$	Stoff	ρ in $\frac{\Omega \cdot \text{mm}^2}{\text{m}}$
Silber	0,016	Zinn	0,12
Kupfer	0,017	Stahl	ca. 0,13
Gold	0,020	Blei	0,21
Aluminium	0,027	Konstantan	0,50
Wolfram	0,055	Quecksilber	0,96
Nickel	0,087	Chromnickel	1,10
Eisen	0,10	Graphit	8,0
Platin	0,11	Kohle	50…100

4 „Das Ding, das redet ja!"

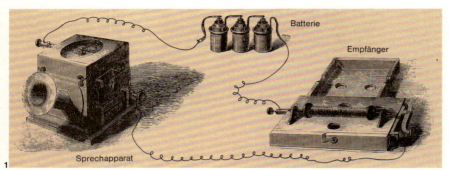

Das war eine der Äußerungen von erstaunten Zeitgenossen anläßlich der Erfindung des Telefons.

Tatsächlich – das „Ding" (Bild 1), das der Lehrer *Philipp Reis* am 26. Oktober 1861 in Frankfurt vorstellte, „redete": Es übertrug sowohl Sprache als auch Musik über eine Entfernung von etwa 100 m hinweg. Deshalb nannte Reis seinen Apparat auch *Telefon*, was – wörtlich übersetzt – „Fernstimme" oder „Fernklang" bedeutet.

Auch unsere heutigen Telefone besitzen eine *Sprech*– und eine *Hörkapsel* (Bild 2). Aber einen grundlegenden Unterschied zum damaligen Telefon haben sie doch! Den siehst du sicher auf Anhieb…

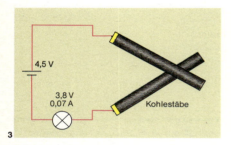
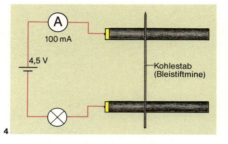
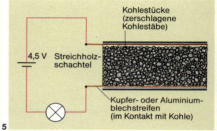

V 8 Diese Versuchsreihe zeigt, wie eine **Sprechkapsel** funktioniert.

a) Hier sind zwei Kohlestäbe als „Sprechkapsel" in einen Stromkreis geschaltet (Bild 3). Drücke auf die Berührungsstelle der Kohlestäbe.

b) Jetzt werden die Kohlestäbe nebeneinandergelegt und durch einen dritten Kohlestab überbrückt. In den Stromkreis wird ein Strommesser geschaltet (Bild 4). Klopfe mit einem Bleistift gegen einen der Kohlestäbe.

c) Unsere „Sprechkapsel" wird nun noch weiter verfeinert und in den Stromkreis eingefügt (Bild 5). Wie reagiert das Lämpchen, wenn du auf die Schachtel drückst?

Tausche das Lämpchen gegen eine echte Hörkapsel aus.

d) Ersetze die provisorische Sprechkapsel durch eine echte, und verlängere die Leitungen.
Funktioniert deine selbstgebaute Telefonschaltung?

V 9 In diesem Versuch geht es um die Funktionsweise der **Hörkapsel**.

a) Halte eine Kompaßnadel in die Nähe einer Hörkapsel; du erkennst so, welches wichtige Bauteil sie enthalten muß. (Halte die Kompaßnadel auch an einen Kopfhörer oder an einen Lautsprecher.)

b) Baue die Schaltung von Bild 6 nach. Öffne und schließe den Schalter. Die Stromstärke soll zunächst ca. 150 mA betragen und dann immer kleiner werden (bis ca. 40 mA).

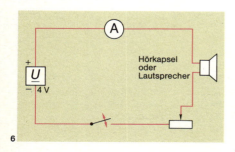

V 10 Halte ein langes Lineal so am Tisch fest, daß der größte Teil frei schwingen kann (Bild 7).

Untersuche, wovon die *Lautstärke* des Tones abhängt.

Versuche dann, die *Tonhöhe* zu verändern.

V 11 Bild 8 zeigt eine Stimmgabel mit Schreibfeder. Wie ist wohl die Spur auf der mit Ruß geschwärzten Glasplatte entstanden?

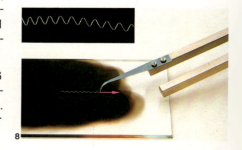

Info: So arbeiten Mikrofon und Lautsprecher des Telefons

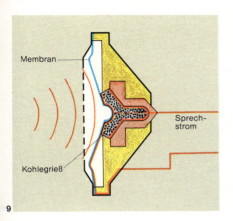

9

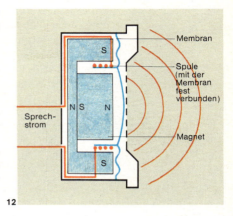

12

Die **Sprechkapsel** im Handapparat des Telefons ist nichts anderes als ein einfaches **Mikrofon** (Bild 9):

Wenn man spricht, entstehen in schnellem Wechsel Luftverdichtungen und Luftverdünnungen, die sich vom Mund weg ausbreiten (Bild 10).

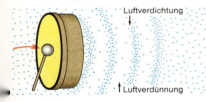

Treffen sie auf die Membran der Sprechkapsel (das ist ein dünnes Aluminiumplättchen), so bewegt sich diese im gleichen Rhythmus hin und her.

Bei der Verbiegung *nach innen* werden die Kohlestückchen etwas zusammengedrückt. Dadurch erhöht sich die Anzahl ihrer Berührungsstellen. Wenn die Sprechkapsel in einen Stromkreis eingebaut ist, kann der Strom jetzt besser von einem zum anderen Kohlestückchen fließen.

Wenn der auftreffende Schall die Membran nach innen verbiegt, wird also der **elektrische Widerstand** an den Kontaktstellen der Kohlestückchen (d. h. der *Kontaktwiderstand*) geringer; es kann somit ein größerer Strom fließen als vorher.

Du kannst dir sicher vorstellen, was im Mikrofon geschieht, wenn die Membran wieder *nach außen* schwingt: Dann tritt genau die gegenteilige Wirkung ein; der Kontaktwiderstand zwischen den Kohlestückchen wird wieder größer und der Strom damit kleiner.

Man kann also sagen: **Die Sprechkapsel wandelt auftreffende Schallschwingungen in Schwankungen der Stromstärke um**. Der Fachmann bezeichnet das als *Modulieren*.

Die Widerstandsänderungen in der Sprechkapsel haben zur Folge, daß die Stromstärke nicht mehr konstant ist, sondern schwankt. Es fließt jetzt der sogenannte *Sprechstrom*.

Dieser Vorgang kann auf dem Schirm eines Oszilloskops in einem Versuch sichtbar gemacht werden (Bild 11).

Bild 12 zeigt vereinfacht die **Hörkapsel**, d. h. den **Lautsprecher** im Handapparat des Telefons. Du erkennst, daß er außer der Membran auch einen Dauermagneten und eine Spule enthält. Diese ist fest mit der Membran verbunden.

Wenn nun ein modulierter Strom (der Sprechstrom) durch die Hörkapsel fließt, wird die Spule magnetisch – und zwar je nach Strom mal stärker und mal weniger stark. Der Dauermagnet der Hörkapsel und die magnetische Spule wirken nun aufeinander. Wie weit die bewegliche Spule dabei in die Hörkapsel hineingezogen wird, hängt von der augenblicklichen Stromstärke ab. Mit der Spule bewegt sich auch die Membran im Takt des modulierten Stromes.

Durch diese Bewegungen der Membran entstehen in ihrer Umgebung **Luftverdünnungen** und **-verdichtungen**. Diese breiten sich in der Luft aus und erreichen schließlich das Trommelfell unseres Ohres. Auf diese Weise vernehmen wir die in die Sprechkapsel gesprochenen Worte (Bild 13).

Die Hörkapsel wandelt somit Stromstärkeschwankungen in Schallschwingungen um.

Fragen und Aufgaben zum Text

1 Beschreibe die Funktionsweise eines Telefons. Gehe von den Luftschwingungen an der Sprechkapsel aus, und erkläre, wie daraus schließlich wieder Luftschwingungen an der Hörkapsel entstehen.

2 Fernmeldetechniker bezeichnen sowohl die Sprechkapsel als auch die Hörkapsel als *Wandler*. Erkläre!

3 Was versteht man unter einem *modulierten* Strom?

4 Mit einer Hörkapsel kann man hören, ob z. B. eine Monozelle noch brauchbar ist. Erkläre die Vorgehensweise.

5 „Die Sprechkapsel ist ein veränderlicher Widerstand – genau wie ein Schiebewiderstand." Erkläre diese Behauptung.

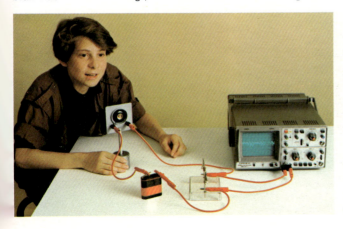

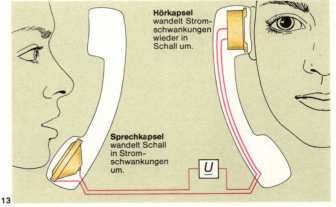

13

Aus der Geschichte: Philipp Reis – der Erfinder des Telefons

Vor etwa 150 Jahren (im Jahre 1834) wurde *Philipp Reis* als Sohn eines Bäckermeisters in Gelnhausen bei Frankfurt geboren. Im Alter von 24 Jahren wurde er Lehrer in Friedrichsdorf bei Frankfurt, wo er schon nach 16 Jahren an den Folgen einer Krankheit starb.

In einem Brief aus dem Jahr 1863 beschreibt er, wie er zur Erfindung des Telefons gekommen ist:

...Töne und Laute jeder Art werden uns durch die Verdichtungen und Verdünnungen der Luft zugänglich gemacht. Bei jeder Verdichtung wird das Trommelfell in unserem Ohr nach innen gedrückt, bei jeder Verdünnung dagegen nach außen. So vollführt es Schwingungen wie ein Pendel ...

Es bedurfte nun keiner großen Anstrengung, sich vorzustellen, daß jede beliebige aufgespannte Membran in ähnliche Schwingungen versetzt werden kann. Ebenso leicht kann man sich vorstellen, diese Schwingungen auch für die Unterbrechung des elektrischen Stromes zu nutzen.

Durch diese Vorstellungen habe ich mich bei meiner Erfindung leiten lassen. Sie waren für mich so überzeugend, daß ich probierte, die Wiedergabe von Tönen in beliebige Entfernungen zu versuchen. Es würde zu viel Zeit in Anspruch nehmen, von all den erfolglosen Versuchen zu erzählen, die ich unternahm, bis ich die richtigen Größenverhältnisse des Instruments und die nötige Spannung der Membran herausgefunden hatte ...

Reis hatte allein vom Tongeber (von der Sprechkapsel) zehn immer wieder verbesserte Ausführungen gebaut. Davon berichtet auch der Brief eines seiner Schüler:

Manchester, den 2. 12. 1882

Sehr geehrter Herr Professor Thompson!

... Ich glaube, ich war einer seiner Lieblingsschüler, denn er sagte mir mehr über das Telephon als irgendjemand anderem. Ich assistierte ihm bei fast allen seinen Versuchen vor dem Frühjahr 1862.

Philipp Reis beabsichtigte, mit seinem Telephon Sprache zu übertragen – das war sein Hauptziel ...

Ich verbrachte beträchtliche Zeit mit ihm bei der Übertragung von Worten durch seine Instrumente. In meiner Zeit gelang es niemals, ganze Sätze zu übertragen, jedoch gewisse Worte wie „Wer da, gewiß, warum, kalt" konnte man ohne vorherige Absprache jederzeit verstehen.

Ich entsinne mich noch gut an das Instrument, das das Aussehen des menschlichen Ohres hatte; es war die erste Form seiner Tongeber. Die Rückseite war stets mit einem „Trommelfell" aus Schweinsblase verschlossen, und viele hundert Blasen wurden gespannt, zerrissen oder bei den Versuchen wieder verworfen. Ich erinnere mich, wie Reis sich einmal mir gegenüber äußerte, er dächte, ein sehr dünnes metallenes „Trommelfell" werde einmal das Geeignete sein ...

Schließlich erlaube ich mir noch, Ihnen eine Photographie von Ph. Reis zu übersenden, auf der er den Tongeber in der Hand hält, bei dessen Anfertigung ich ihm half.

Mit vorzüglicher Hochachtung bin ich Ihr ergebener

E. Horkheimer.

Der elektrische Widerstand

Alles klar?

1 Bild 3 zeigt den Aufbau eines *Kohleschichtwiderstandes*, der in der Elektronik verwendet wird: Dieses Bauteil besteht aus einem Porzellanstäbchen mit einer aufgedampften Kohleschicht, in die eine wendelförmige Linie gefräst wurde.
Wie erzeugt man bei seiner Herstellung unterschiedliche Widerstandswerte?

2 Bei Anschluß an eine 230-V-Steckdose ergeben sich diese Stromstärken:
Heizstrahler: 4,55 A; Bügeleisen: 0,46 A; Kaffeemühle: 0,46 A; Kochplatte: 7,25 A. Staubsauger: 2,25 A;
Berechne jeweils den elektrischen Widerstand.

3 Der Kaltwiderstand des Glühdrahtes in einer 100-W-Lampe beträgt 37 Ω. Wenn die Lampe eingeschaltet ist, steigt der Wi-

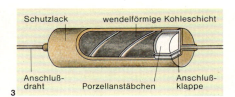
3

derstand auf mehr als das Zehnfache an, nämlich auf 490 Ω. Dabei erreicht der Glühdraht eine Temperatur von ungefähr 2500 °C. Berechne den „Einschaltstrom" und den „Betriebsstrom" der Lampe.

4 Welchen Widerstandswert hat das Bauteil von Bild 4 (→ Anhang: *Der Farbco-*

4

de auf Festwiderständen)? Wie hoch ist seine Fertigungsgenauigkeit?

5 Bei Elektrounfällen wird auch der Mensch Teil eines Stromkreises. Dabei spielt der Widerstand des menschlichen Körpers eine wichtige Rolle. Er kann weniger als 1 kΩ betragen, wenn man über beide Handflächen Kontakt mit der Spannungsquelle hat.
Berechne die Stromstärke bei einem Unfall mit Netzspannung (230 V). Ströme über 25 mA sind lebensgefährlich. Vergleiche mit der berechneten Stromstärke!

6 Beim Auto leuchten Rücklicht und Bremslicht verschieden hell, obwohl beide Lampen mit 12 V betrieben werden.
Was kannst du über die geometrischen Daten der Glühdrähte aussagen?

Auf einen Blick

Was versteht man unter dem elektrischen Widerstand?

Leiter gleicher Abmessungen, aber aus verschiedenen Materialien, leiten unterschiedlich gut; sie hemmen also die Elektronenbewegung in unterschiedlichem Maße.

Die *Eigenschaft* der Leiter, die Elektronenbewegung zu hemmen, bezeichnet man als **elektrischen Widerstand**.

Der elektrische Widerstand R ist definiert als Quotient aus Spannung U und Stromstärke I.
$$R = \frac{U}{I}$$

Die Einheit des Widerstandes ist 1 Ω (Ohm). $1\,\Omega = \frac{1\,V}{1\,A}$.

Der elektrische Widerstand eines Leiter ist abhängig
○ vom **Material**, aus dem der Leiter besteht,
○ von den **Abmessungen** des Leiters und
○ von der **Temperatur** des Leiters.

Um den Widerstand eines Leiters experimentell zu ermitteln, schließt man ihn an eine Spannungsquelle an. Dann mißt man die Spannung zwischen den Enden des Leiters und die Stromstärke im Leiter.
Anschließend errechnet man den Widerstand:

$$R = \frac{U}{I} = \frac{3{,}5\,V}{0{,}07\,A} = \frac{350}{7}\,\Omega = 50\,\Omega.$$

Der Widerstand der Lampe in der Schaltung von Bild 4 beträgt 50 Ω (bei einer Stromstärke von 70 mA).

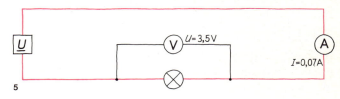
5

Das Ohmsche Gesetz

Das Ohmsche Gesetz lautet:

Die Stromstärke ist proportional zur Spannung: $I \sim U$.

Daß für einen Leiter das Ohmsche Gesetz gilt, ist gleichbedeutend damit, daß sein Widerstand konstant ist.

Das Ohmsche Gesetz gilt z. B. für alle Leiter aus reinen Metallen bei konstanter Temperatur.

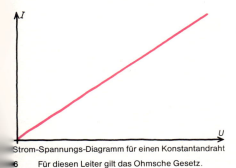
Strom-Spannungs-Diagramm für einen Konstantandraht
6 Für diesen Leiter gilt das Ohmsche Gesetz.

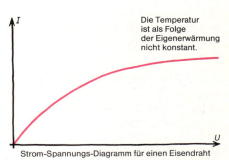
Die Temperatur ist als Folge der Eigenerwärmung nicht konstant.
Strom-Spannungs-Diagramm für einen Eisendraht
7 Für diesen Leiter gilt das Ohmsche Gesetz **nicht**.

Gesetze der Reihen- und Parallelschaltung

1 Eine merkwürdige Schaltung

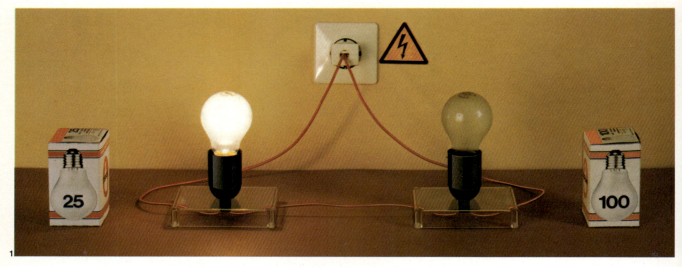

Zwei Lampen an einer Spannungsquelle – doch nur eine leuchtet!

V 1 Experimente mit der Steckdose als Spannungsquelle sind lebensgefährlich. Du kannst aber eine ähnliche *Reihenschaltung* wie die von Bild 1 aufbauen, wenn du ein Netzgerät ($U = 6\,V$) und zwei unterschiedliche Glühlämpchen (L1: 6 V; 0,1 A und L2: 6 V; 0,4 A) verwendest.

a) Miß die Spannungen an der Quelle und an den Lämpchen. Bestimme auch die Stromstärke.

b) Welchen Zusammenhang zwischen den einzelnen Meßwerten erkennst du?

V 2 Ersetze jetzt das Lämpchen L2 durch ein zweites Lämpchen mit der Aufschrift 6 V; 0,1 A.

a) Das Netzgerät ist zunächst auf 6 V eingestellt. Miß wieder die Stromstärke und die Spannungen an der Quelle und den Lämpchen. Was stellst du fest?

b) Erhöhe jetzt die Spannung am Netzgerät, bis die Stromstärke 0,1 A beträgt, und wiederhole die Spannungsmessungen.

V 3 Wir suchen Gesetzmäßigkeiten für die Größen *Spannung* und *elektrischer Widerstand* bei der Reihenschaltung von Widerständen.

a) Schließe einen Widerstand ($R_1 = 120\,\Omega$) und einen Strommesser an ein Netzgerät (4 V) an. Schalte dann nacheinander weitere gleiche Widerstände ($R_2 = R_3 = 120\,\Omega$) in Reihe.

Notiere die jeweilige Stromstärke in einer Tabelle.

Formuliere dein Versuchsergebnis, und versuche es zu erklären.

b) Bestimme die Spannungen zwischen den Anschlüssen der Quelle und zwischen den Anschlüssen der Widerstände R_1, R_2 und R_3 (Bild 2).

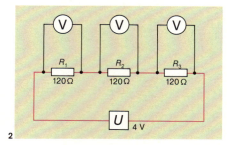

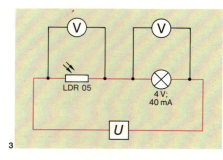

Halte die Meßwerte in einer Tabelle nach folgendem Muster fest:

Spannungsmessung	Spannung in V
an der Quelle	?
am Widerstand R_1	?
...	...

Welche mathematische Beziehung besteht zwischen den vier gemessenen Spannungen?

c) Gilt diese Beziehung auch dann, wenn du drei *unterschiedliche* Widerstände (z. B. $R_1 = 33\,\Omega$, $R_2 = 100\,\Omega$ und $R_3 = 180\,\Omega$) verwendest?

Verändere jetzt die Spannung der Quelle, und überprüfe noch einmal die gefundene Beziehung.

d) Die drei in Reihe geschalteten Widerstände R_1, R_2 und R_3 sollen durch einen einzigen Widerstand ersetzt werden, ohne daß sich die Stromstärke ändert.

Wie groß müßte dieser *Ersatzwiderstand* R jeweils sein?

V 4 Baue die Schaltung nach Bild 3 auf, und stelle die Spannung so ein, daß das Lämpchen leuchtet.

Dunkle dann den Photowiderstand mehr und mehr ab, und beobachte die Anzeige der Meßgeräte. Erläutere das Versuchsergebnis.

254

Info: Gesetze der Reihenschaltung

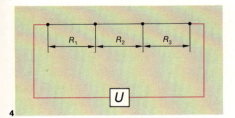

4

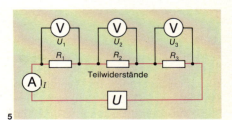

5

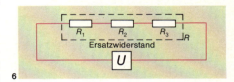

6

Eine einfache Reihenschaltung ist in Bild 4 dargestellt: Drei gleiche Drähte (gleiche Länge, gleicher Durchmesser, gleiches Material) sind in Reihe geschaltet.

Man kann die Drähte durch einen einzigen Draht aus dem gleichen Material ersetzen, der dreimal so lang wie jeder der Einzeldrähte ist und den gleichen Durchmesser hat. Dieser Draht hemmt die Elektronenbewegung in gleicher Weise wie die drei einzelnen Drähte zusammen.

Der Widerstand R des langen Ersatzdrahtes ist dreimal so groß wie der Widerstand eines der Einzeldrähte, denn der Widerstand ist proportional zur Drahtlänge. Es gilt: $R = R_1 + R_2 + R_3$.

Mehrere in Reihe geschaltete Widerstände (Bild 5) kann man durch einen einzigen Widerstand ersetzen, ohne daß sich der Gesamtstrom ändert.

Wie groß dieser *Ersatzwiderstand* (Bild 6) sein muß, läßt sich aus den Einzelwiderständen errechnen:

$$R = R_1 + R_2 + R_3.$$

Bei der Reihenschaltung ist der Ersatzwiderstand genauso groß wie die Summe der Einzelwiderstände.

In einer Reihenschaltung (Bild 5) bilden alle Leiter einen einzigen (unverzweigten) Stromkreis. Daher ist die Stromstärke an jeder Stelle gleich. Um die Elektronen durch die einzelnen Widerstände zu treiben, ist jeweils nur ein Teil der Spannung der Quelle erforderlich.

Um eine Aussage über diese Teilspannungen zu erhalten, multipliziert man die Gleichung für den Ersatzwiderstand mit der Stromstärke I:
$R \cdot I = (R_1 + R_2 + R_3) \cdot I$,
$R \cdot I = R_1 \cdot I + R_2 \cdot I + R_3 \cdot I$.
Die Summanden $R_1 \cdot I$, $R_2 \cdot I$ und $R_3 \cdot I$ stellen die Teilspannungen U_1, U_2 und U_3 an den Widerständen dar. $R \cdot I$ ist genauso groß wie die Spannung der U Quelle. Wir erhalten somit als Ergebnis:

$$U = U_1 + U_2 + U_3.$$

Bei der Reihenschaltung ist die Spannung U der Quelle genauso groß wie die Summe der an den Widerständen gemessenen Teilspannungen U_1, U_2, U_3.

An dem größten Widerstand liegt die größte Teilspannung. Diese Aussage ist leicht zu erklären: Um einen bestimmten Strom hervorzurufen, muß man jeweils die gleiche Anzahl von Elektronen pro Sekunde durch die verschiedenen Widerstände treiben. Dabei muß jedes Elektron um so stärker angetrieben werden, je größer der Widerstand des Leiters ist.

Weiterhin ergibt sich:
$\dfrac{U_1}{U_2} = \dfrac{R_1 \cdot I}{R_2 \cdot I} = \dfrac{R_1}{R_2}$, $\dfrac{U_2}{U_3} = \dfrac{R_2}{R_3}$, $\dfrac{U_1}{U_3} = \dfrac{R_1}{R_3}$

Die Teilspannungen verhalten sich wie die Teilwiderstände.

Beispielaufgabe:

In der Schaltung nach Bild 5 hat die Quelle eine Spannung von $U = 4{,}0$ V. Die Widerstände betragen $R_1 = 33\,\Omega$, $R_2 = 100\,\Omega$ und $R_3 = 180\,\Omega$.

Berechne die Teilspannungen der einzelnen Widerstände.

Lösung:
Als Ersatzwiderstand ergibt sich:
$R = R_1 + R_2 + R_3$,
$R = 33\,\Omega + 100\,\Omega + 180\,\Omega = 313\,\Omega$.
Aus der Spannung der Quelle läßt sich die Stromstärke berechnen:
$I = \dfrac{U}{R} = \dfrac{4{,}0\text{ V}}{313\,\Omega} = 0{,}013\text{ A} = 13\text{ mA}.$
Die Teilspannungen betragen:
$U_1 = R_1 \cdot I = 33\,\Omega \cdot 13\text{ mA} = 0{,}4\text{ V}$,
$U_2 = R_2 \cdot I = 100\,\Omega \cdot 13\text{ mA} = 1{,}3\text{ V}$,
$U_3 = R_3 \cdot I = 180\,\Omega \cdot 13\text{ mA} = 2{,}3\text{ V}$.
Addiert man diese Teilspannungen, so erhält man natürlich $U = 4$ V.

Aus Umwelt und Technik: Damit die Lichter nicht ausgehen...

Die Reihenschaltung von Lampen hat einen großen Nachteil: Brennt in einer Lampe der Glühdraht durch, so ist der Stromkreis unterbrochen, und auch die übrigen Lampen gehen aus.

Bei der Weihnachtsbaumbeleuchtung wird dieser Mangel mit einem „Trick" behoben (Bild 7): Im Sockel jeder Lampe ist ein kleiner **Heißleiter** (PTC-Widerstand) eingebaut. Durch ihn fließt nur ein kleiner Strom, solange der Glühdraht unversehrt ist; der kalte Heißleiter hat nämlich einen sehr großen Widerstand.

Brennt der Glühdraht einer Lampe durch, so erlöschen zunächst auch die anderen Lampen, leuchten aber einen Augenblick später wieder auf.

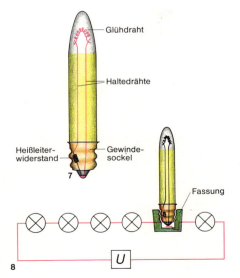

7

8

Der Stromkreis ist ja nicht unterbrochen, denn die beiden Anschlüsse der schadhaften Lampe sind durch den Heißleiter verbunden (Bild 8). Infolge seines hohen Widerstandes wird aber die Stromstärke erst einmal so gering, daß alle Lampen ausgehen.

Weil der Widerstand des kalten Heißleiters viel größer ist als die Widerstände der Glühdrähte, liegt praktisch die ganze Netzspannung am Heißleiter. Der Strom durch den Heißleiter ist jetzt größer als bei intaktem Glühdraht. Daher erwärmt sich der Heißleiter, und sein Widerstand wird kleiner. Die Folge ist, daß die Stromstärke wieder ansteigt und die übrigen Lampen aufleuchten.

Aufgaben

1 Warum leuchtete in V 1 die Lampe L2 mit der Aufschrift 0,4 A nicht, nachdem die Lampe L1 (0,1 A) in den Stromkreis eingebaut worden war?

2 In Versuch 2 wurden zwei gleiche Lämpchen in Reihe geschaltet.
Erkläre deine Beobachtungen mit den Begriffen *Einzelwiderstand* und *Ersatzwiderstand*.

3 Bei einer Partybeleuchtung sind mehrere Lampen in Reihe geschaltet. Was geschieht, wenn eine Lampe losgedreht wird?

4 Es gibt elektrische Lichterketten mit 16 oder 10 in Reihe geschalteten „Kerzen".
Für eine 16er-Kette muß eine Kerze nachgekauft werden. Du hast die Wahl zwischen Kerzen mit den Aufschriften „14 V" und „23 V". Für welche wirst du dich entscheiden?
Begründe deine Antwort.
Was geschieht, wenn du aus Versehen eine 14-V-Kerze in eine Lichterkette schraubst, die für 23-V-Kerzen vorgesehen ist? Was passiert im umgekehrten Fall?

5 Bei der kleinsten Heizstufe einer elektrischen Kochplatte sind drei Heizdrähte in Reihe geschaltet ($R_1 = 64\,\Omega$ und $R_2 = 193\,\Omega$, $R_3 = 97\,\Omega$). Die Spannung beträgt $U = 230\,\text{V}$.
Berechne den Ersatzwiderstand für die drei Heizdrähte sowie die Stromstärke.

6 Ein „Walkman" wird mit einer Spannung von 6 V betrieben. Das Gerät ist mit einer 1-A-Schmelzsicherung ($R_S = 0{,}25\,\Omega$) geschützt. Die Sicherung und der Verbraucher sind in Reihe geschaltet.

a) Bei welcher Teilspannung schmilzt die Sicherung durch? Wie groß ist in diesem Fall die Teilspannung am Verbraucher?

b) Erkläre mit Hilfe der Teilspannungen, warum die Sicherung bei einem Kurzschluß im Gerät durchschmilzt, nicht aber bei normalem Betrieb.

7 An einem Draht, dessen Widerstand $18\,\Omega$ beträgt, liegt eine Spannung von 10 V an (Bild 1).

a) Berechne die Spannungen U_{AC} und U_{CB} zwischen den Punkten A und C bzw. zwischen C und B.

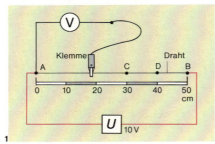
1

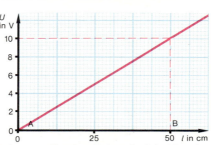
2 Spannung U an einem Drahtstück mit der Länge l

3

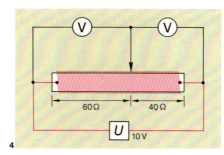
4

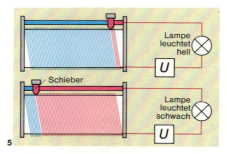
5

b) Die Schaltung bezeichnet man als **Spannungsteiler**. Erkläre diesen Namen.

c) Im Aufbau von Bild 1 wird die Klemme von A nach B geführt. Dabei mißt man die Spannung in Abhängigkeit von der Länge des Drahtstückes, das zwischen dem Punkt A und der Klemme liegt.
In Bild 2 sind die Meßwerte graphisch dargestellt. Gib eine Erklärung für den Kurvenverlauf.

d) Wie groß ist die Spannung, die man zwischen den Punkten C und D messen würde?

8 Ein **Schiebewiderstand** (Bild 3) besteht aus einem isolierten Draht, der auf ein Porzellanrohr gewickelt ist. Die beiden Enden des Drahtes sind mit je einer Anschlußbuchse verbunden. Ein dritter Anschluß führt zum Schieber, mit dem der Draht oben abgetastet wird. Entlang der Bahn des Schiebers ist die Isolierschicht des Drahtes abgerieben.

a) Wie wird in der Schaltung von Bild 4 die anliegende Spannung geteilt?

b) Wie ändert sich die Anzeige der Spannungsmesser, wenn der Schieber nach links bewegt wird?

9 Bild 5 zeigt die „Kinoschaltung". Der Schiebewiderstand wird dabei als *Vorwiderstand* benutzt. Erkläre das dargestellte Versuchsergebnis.

10 Ein Taschenrechner benötigt eine Spannung von 3 V; die Stromstärke beträgt 10 mA.
Der Rechner soll mit einem Widerstand in Reihe geschaltet und an das 9-V-Netzgerät von einem Kassettenrecorder angeschlossen werden.
Wie ist der Widerstand zu wählen?

11 Drei Lämpchen mit den Aufschriften „2,5 V; 0,1 A", „6 V; 0,1 A" und „12 V; 0,1 A" werden in Reihe geschaltet und an ein Netzgerät angeschlossen.
Kann man erreichen, daß alle drei Lämpchen gleichzeitig leuchten? Begründe deine Antwort.

Aus Umwelt und Technik: Wenn die Spannung „zusammenbricht"

Wer eine alte Batterie im Auto hat, kennt das Problem: Man will den Motor starten, aber der Anlasser dreht sich kaum.

„Leer" kann die Batterie nicht sein, denn die Innenbeleuchtung des Wagens funktioniert noch – die Lampe wird allerdings während der Startversuche dunkler. Erst danach leuchtet sie wieder heller.

Eine ähnliche Beobachtung kann man auch bei einer ganz „frischen" Batterie machen:

Zwischen den Polen einer frischen Flachbatterie mißt man eine Spannung von 4,5 V. Häufig wird diese Spannung als **Leerlaufspannung** U_0 bezeichnet.

Wenn man jedoch zum Beispiel einen Elektromotor anschließt, zeigt der Spannungsmesser meist kaum noch 4 V an. Wir nennen diese Spannung **Belastungsspannung** U_{bel}. Sobald man den Motorstromkreis unterbricht, steigt die Spannung wieder auf 4,5 V.

Mit der Schaltung von Bild 6 können wir den Zusammenhang zwischen Stromstärke und Belastungsspannung untersuchen: Wenn man den Widerstand verkleinert, wird der Strom immer größer. Gleichzeitig sinkt auch die an der Batterie gemessene Spannung U_{bel}. Es ergibt sich der in Bild 7 dargestellte Zusammenhang.

Zum Beispiel beträgt die Belastungsspannung bei einem Strom von 1 A nur 3 V. Wieso „fehlen" 1,5 V? Warum ist die Belastungsspannung kleiner als die Leerlaufspannung?

Im Stromkreis müssen die Ladungsträger auch durch die Batterie fließen. Genauso wie in den Metalldrähten wird der Bewegung der Ladungsträger auch innerhalb der Batterie ein Widerstand entgegengesetzt. Man spricht vom **Innenwiderstand** R_i der Spannungsquelle.

Der Innenwiderstand R_i und der Widerstand R_a („Außenwiderstand") sind in Reihe geschaltet (Bild 8). Die Spannung U_0 dient dazu, die Ladungsträger im gesamten Stromkreis anzutreiben. Deshalb gilt:
$$U_0 = (R_i + R_a) \cdot I = R_i \cdot I + R_a \cdot I.$$
Der Summand $R_i \cdot I$ gibt die Teilspannung am Innenwiderstand an; wir bezeichnen sie mit U_i. Der andere Summand ist gleich der Teilspannung am Außenwiderstand: $U_{bel} = R_a \cdot I$. Wir erhalten somit:
$$U_0 = U_i + U_{bel} \text{ oder}$$
$$\mathbf{U_{bel} = U_0 - U_i = U_0 - R_i \cdot I.}$$
Bei Belastung sinkt die Leerlaufspannung U_0 um die Teilspannung U_i am Innenwiderstand.

In unserem Beispiel beträgt die Spannung $U_i = 1,5$ V.

Wegen des Innenwiderstandes wird in der Batterie auch elektrische Energie umgewandelt und als Wärme abgegeben. Man kann eine Erwärmung der Batterie feststellen.

Wenn die Batteriepole über einen guten Leiter direkt verbunden sind (Kurzschluß), beträgt der Außenwiderstand 0 Ω. Man mißt dann eine Spannung von $U_{bel} = 0$ V. Die gesamte Spannung U_0 ist nötig, um die Ladungsträger durch den Innenwiderstand zu treiben. Da der gesamte Widerstand des Stromkreises in diesem Fall am kleinsten ist, ist die Stromstärke am größten; sie erreicht im Beispiel von Bild 7 einen Wert von $I_K = 3$ A.

Aus diesen Angaben können wir den Innenwiderstand unserer Batterie berechnen:
$$0 = U_{bel} = U_0 - R_i \cdot I_K,$$
$$R_i = \frac{U_0}{I_K}.$$
$$R_i = \frac{4,5 \text{ V}}{3 \text{ A}} = 1,5 \text{ Ω}.$$
Beim Kurzschluß wird die gesamte elektrische Energie im Innenwiderstand umgewandelt. Autobatterien können sich dadurch so stark erwärmen, daß sie platzen.

Fragen und Aufgaben zum Text

1 Bei einer frischen Monozelle wird eine Leerlaufspannung von 1,55 V gemessen. Wenn man die Monozelle an einen Widerstand von $R = 0,5$ Ω anschließt, sinkt die Spannung auf 0,92 V.
a) Wie groß ist der Innenwiderstand der Monozelle?
b) Nach längerer Belastung durch diesen Widerstand ist die Spannung auf 0,8 V gesunken. Berechne wieder den Innenwiderstand.
c) Vergleiche die berechneten Innenwiderstände.
d) Auf welche Weise könnte man prüfen, wie weit eine Monozelle erschöpft ist?

2 Drei Monozellen mit einer Leerlaufspannung von je 1,55 V und einem Innenwiderstand von je 0,54 Ω werden in Reihe geschaltet. Wie groß ist der Kurzschlußstrom?

3 Wenn Batterien im Radiorecorder nahezu erschöpft sind, spielt das Radio meist noch. Kassetten kann man aber nicht mehr abspielen, der Motor läuft nicht mit der richtigen Geschwindigkeit. Erkläre!

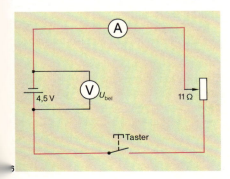

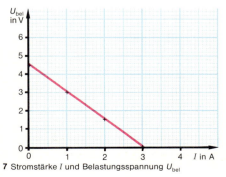

7 Stromstärke I und Belastungsspannung U_{bel}

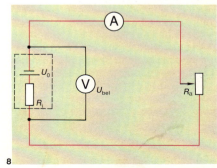

Gesetze der Reihen- und Parallelschaltung

2 Die Parallelschaltung

Warum leuchten hier beide Glühlampen?

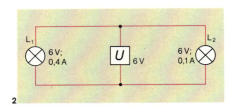

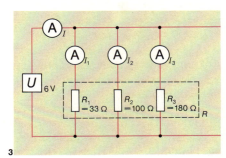

V 5 In Bild 2 siehst du eine ähnliche Schaltung wie in Bild 1. Als Spannungsquelle dient ein Netzgerät, das auf 6 V eingestellt ist.

Miß die Spannungen am Netzgerät und an den Lämpchen sowie die Stromstärken an verschiedenen Stellen der Schaltung.

V 6 Wir untersuchen eine Parallelschaltung mit drei Widerständen (z. B. $R_1 = 33\,\Omega$, $R_2 = 100\,\Omega$, $R_3 = 180\,\Omega$). Bild 3 zeigt die Schaltung.

a) Miß die Spannungen an den Widerständen und an der Quelle.

b) Welcher mathematische Zusammenhang besteht zwischen der Gesamtstromstärke I und den Strömen I_1, I_2 und I_3, die durch die einzelnen Widerstände fließen?

Überprüfe deine Vermutung. Führe dazu mehrere Messungen bei unterschiedlichen Spannungen durch.

c) Baue den Strommesser so ein, daß du die Gesamtstromstärke mißt. Entferne dann nacheinander die Widerstände R_1 u. R_2. Was beobachtest du?

d) Die parallelgeschalteten Widerstände könnte man durch einen einzigen Widerstand ersetzen, ohne daß sich der Gesamtstrom ändert. Was läßt sich aus den Beobachtungen von Versuchsteil c im Hinblick auf diesen Ersatzwiderstand R schließen?

Info: Die Parallelschaltung – mehrere Stromkreise auf einmal

Wenn man das Scheinwerfer- und das Rücklichtlämpchen vom Fahrrad einzeln an eine 6-V-Spannungsquelle anschließt, leuchten beide mit ihrer normalen Helligkeit: Die Quelle ruft in jedem Lämpchen gerade den „richtigen" Strom hervor.

Auch wenn man die beiden Lämpchen parallelschaltet und an die Quelle anschließt (Bild 4), leuchten beide normal hell. Der Grund dafür ist leicht einzusehen: Jedes Lämpchen ist unmittelbar mit der Spannungsquelle verbunden. Zwischen Lämpchen und Quelle wird die Elektronenbewegung praktisch nicht gehemmt.

An parallelgeschalteten Elektrogeräten liegt die gleiche Spannung an, nämlich die Spannung U der Quelle.

Bei der Parallelschaltung können wir eigentlich nicht von einem einzigen Stromkreis sprechen. Vielmehr sind mehrere Stromkreise miteinander verknüpft (Bild 5). Die Spannungsquelle und die dicker gezeichneten Leiter gehören zu verschiedenen Stromkreisen. In diesen Leitern addieren sich die Teilströme der einzelnen Stromkreise zu einem Gesamtstrom. Der Strommesser in Bild 4 zeigt daher die Gesamtstromstärke I an:

$I = I_1 + I_2 + I_3$.

Bei der Parallelschaltung ist der Gesamtstrom I ebenso groß wie die Summe der Teilströme I_1, I_2, I_3 durch die einzelnen Widerstände (1. Kirchhoffsches Gesetz).

Mehrere parallelgeschaltete Widerstände kann man durch einen einzigen Widerstand ersetzen (Bild 5), ohne daß sich der Gesamtstrom ändert. Wie groß dieser Ersatzwiderstand sein muß, läßt sich aus den Einzelwiderständen errechnen (Herleitung der Formel, → oben rechts):

$$\frac{1}{R} = \frac{1}{R_1} + \frac{1}{R_2} + \frac{1}{R_3}.$$

Bei der Parallelschaltung ergibt sich der Kehrwert des Ersatzwiderstandes R als Summe der Kehrwerte der Teilwiderstände R_1, R_2, R_3.

Der Ersatzwiderstand ist stets kleiner als der kleinste Einzelwiderstand.

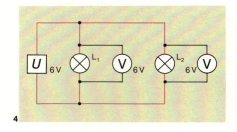

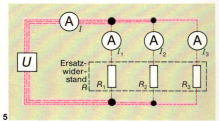

258

Beispielaufgabe:

Zwei Widerstände $R_1 = 12\,\Omega$ und $R_2 = 18\,\Omega$ sind parallelgeschaltet und an eine Quelle mit einer Spannung von $U = 9{,}0\,V$ angeschlossen (Bild 6).

Berechne den Ersatzwiderstand für die beiden Widerstände.

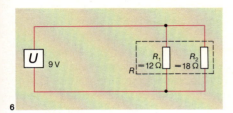

6

Lösung:

Mit Hilfe der Formel ergibt sich:
$$\frac{1}{R} = \frac{1}{12\,\Omega} + \frac{1}{18\,\Omega} = \frac{3+2}{36\,\Omega}.$$

Wir bilden den Kehrwert und erhalten den Ersatzwiderstand:
$$R = \frac{36\,\Omega}{5} = 7{,}2\,\Omega.$$

Wir können den Ersatzwiderstand aber auch ohne diese Formel berechnen. Die Teilströme betragen:
$$I_1 = \frac{U}{R_1} = \frac{9{,}0\,V}{12\,\Omega} = 0{,}75\,A,$$
$$I_2 = \frac{U}{R_2} = \frac{9{,}0\,V}{18\,\Omega} = 0{,}50\,A.$$

Als Gesamtstrom erhalten wir:
$I = 0{,}75\,A + 0{,}50\,A = 1{,}25\,A.$
Der Ersatzwiderstand ergibt sich nun aus der Spannung U der Quelle und dem Gesamtstrom:
$$R = \frac{U}{I} = \frac{9{,}0\,V}{1{,}25\,A} = 7{,}2\,\Omega.$$

Mit beiden Rechnungen erhalten wir den gleichen Wert für den Ersatzwiderstand, nämlich $7{,}2\,\Omega$.

Ergänzung: Herleitung der Formel für den Ersatzwiderstand

Bei der Parallelschaltung gilt für den Gesamtstrom:
$I = I_1 + I_2 + I_3$.
Sowohl die Gesamtstromstärke als auch die Teilstromstärken lassen sich aus den Widerständen und der anliegenden Spannung bestimmen:
$$I = \frac{U}{R},\ I_1 = \frac{U}{R_1},\ I_2 = \frac{U}{R_2},\ I_3 = \frac{U}{R_3}.$$
Wir setzen diese Terme für die Stromstärken in die erste Gleichung ein:
$$\frac{U}{R} = \frac{U}{R_1} + \frac{U}{R_2} + \frac{U}{R_3}\ \text{oder}$$
$$U \cdot \frac{1}{R} = U \cdot \left(\frac{1}{R_1} + \frac{1}{R_2} + \frac{1}{R_3}\right).$$
Die Division durch die Spannung U liefert die Gleichung für den Ersatzwiderstand.

Aufgaben

1 In der Schaltung von Bild 1 leuchten die beiden Glühlampen zur gleichen Zeit jeweils mit ihrer normalen Helligkeit.

Gib dafür eine Erklärung.

2 Stromkreise, in denen Geräte parallelgeschaltet sind, bezeichnet man auch als *verzweigte* Stromkreise. Die Stromkreise haben nämlich verschiedene „Zweige", durch die die Ströme fließen.

Zeichne einen solchen Stromkreis, und markiere seine Zweige mit unterschiedlichen Farben.

3 Im Haushalt sind die Elektrogeräte parallelgeschaltet. Die Netzspannung beträgt 230 V. Die Sicherung spricht in den meisten Haushalten an, wenn die Stromstärke 16 A überschreitet. Welche der Geräte von Bild 7 kann man in einem Stromkreis gleichzeitig betreiben?

4 Beim Fahrrad sind die Scheinwerferlampe (6 V; 0,4 A) und das Rücklicht (6 V; 0,1 A) parallelgeschaltet. Wie groß ist der Ersatzwiderstand für die beiden Lampen?

5 Durch jede der beiden Scheinwerferlampen eines Autos fließt ein Strom von 4,6 A. Bei den Rücklichtern beträgt die Stromstärke jeweils 0,5 A. Die einzelnen Scheinwerfer und Rücklichter sind parallelgeschaltet und werden mit einer Spannung von 12 V betrieben.

Berechne den Ersatzwiderstand und den Gesamtstrom.

6 Bild 8 zeigt die Parallelschaltung verschiedener Lampen in einem Zimmer. Was kannst du über die Stromstärken an den gekennzeichneten Stellen aussagen?

7 Eine 100-W-Glühlampe hat bei Betriebstemperatur einen Widerstand von 529 Ω. Fünf dieser Lampen werden parallelgeschaltet.

Wie groß sind der Ersatzwiderstand und der Gesamtstrom (Netzspannung: 230 V)?

8 Zwei Widerstände R_1 und R_2 sind parallelgeschaltet und an eine Quelle mit der Spannung U angeschlossen. Zeige durch eine Rechnung, daß sich die Teilströme umgekehrt wie die Widerstände verhalten:
$$\frac{I_1}{I_2} = \frac{R_2}{R_1}.$$
Diese Beziehung bezeichnet man als *2. Kirchhoffsches Gesetz*.

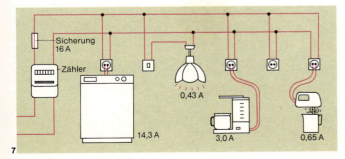

7

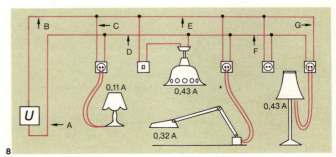

8

3 Anwendungen von Reihen- und Parallelschaltungen

Aus Umwelt und Technik: **Elektrische Kochplatten**

Gemüse wird „bei geringer Hitze" gegart, die Energiezufuhr ist dabei gering. Wenn man dagegen das Teewasser schnell zum Kochen bringen will, muß man pro Sekunde viel mehr Energie zuführen.

Bei vielen Elektroherden läßt sich die Energieabgabe der Kochplatte in sieben Stufen verändern (die Stufe „Aus" ist mitgezählt). Bild 1 zeigt den Aufbau einer solchen „Sieben-Takt"-Kochplatte. Erstaunlich ist, daß man für sieben Stufen mit drei Heizdrähten auskommt. Die Drähte werden nämlich unterschiedlich geschaltet: einzeln, parallel oder in Reihe.

Bild 2 zeigt die einzelnen Schaltungsarten. Die Heizdrähte sind als Widerstände R_1, R_2 und R_3 dargestellt. Mit Hilfe des Wählschalters werden die Anschlüsse 1 bis 4 der Kochplatte in unterschiedlicher Weise mit dem Netz verbunden.

Für eine Kochplatte von 14,5 cm Durchmesser gilt bei Betriebstem-

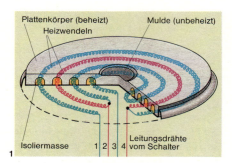

peratur: $R_1 = 64\,\Omega$, $R_2 = 193\,\Omega$ und $R_3 = 97\,\Omega$.

Es ist leicht einzusehen, warum die Platte bei Stufe 2½ in jeder Sekunde mehr Energie abgibt als bei Stufe 2:

Bei Stufe 2 liegt die Netzspannung am Heizdraht R_3. Wählt man die Stufe 2½, so schaltet man R_2 parallel zu R_3; an den Drähten R_3 und R_2 liegt dann die Netzspannung.

R_3 wandelt wie bei Stufe 2 elektrische Energie in Wärme um. Bei Stufe 2½ gibt aber außerdem der Heizdraht R_2 Energie ab.

Etwas schwieriger ist der Vergleich der Stufen 1 und 1½. Bei Stufe 1 sind die Heizdrähte R_2 und R_3 in Reihe geschaltet. Der Ersatzwiderstand für diese beiden Heizdrähte beträgt $R = R_2 + R_3 = 290\,\Omega$. Bei Stufe 1½ ist der Widerstand kleiner, es ist ja nur $R_2 = 193\,\Omega$ angeschlossen.

Die Spannung ist in beiden Fällen gleich ($U = 230$ V). Bei Stufe 1 fließt ein Strom von $I = \dfrac{U}{R} = \dfrac{230\,\text{V}}{290\,\Omega} = 0{,}79$ A.

Bei Stufe 1½ ist die Stromstärke größer: $I = \dfrac{U}{R_2} = \dfrac{230\,\text{V}}{193\,\Omega} = 1{,}19$ A.

Gleiche Spannung bedeutet, daß jedes Elektron gleich stark angetrieben wird. Bei einem größeren Strom müssen mehr Elektronen pro Sekunde angetrieben werden. Um den größeren Strom hervorzurufen, ist also in jeder Sekunde mehr Energie nötig. Daher steht für die Umwandlung in der Kochplatte bei Stufe 1½ mehr Energie zur Verfügung als bei Stufe 1.

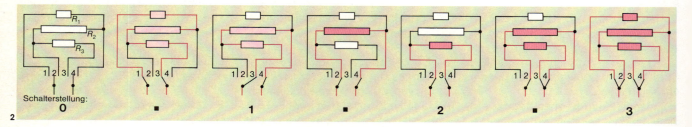

Aus Umwelt und Technik: **So erweitert man Meßbereiche**

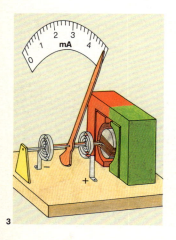

Mit ein und demselben Vielfachmeßgerät kann man sehr geringe und sehr hohe Stromstärken (oder Spannungen) messen:

Eine Drehung am Meßbereichsschalter genügt, und das Gerät, das gerade noch 0,01 mA anzeigte, mißt Ströme bis zu 10 000 mA (10 A)! Übertragen auf die Längenmessung, würde dies bedeuten: Man mißt mit demselben Bandmaß Längen von 1 mm und 1 km.

Dabei enthält ein Drehspulinstrument nur ein einziges Meßwerk (Bild 3). Teil dieses Meßwerks ist eine Spule aus dünnem Kupferdraht, durch die bei allen Messungen Strom fließt.

Den Widerstand der Spule bezeichnet man als *Innenwiderstand* R_i des Meßwerkes. Bild 4 zeigt, wie er ermittelt werden kann.

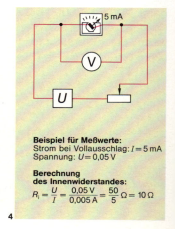

Beispiel für Meßwerte:
Strom bei Vollausschlag: $I = 5$ mA
Spannung: $U = 0{,}05$ V

Berechnung des Innenwiderstandes:
$R_i = \dfrac{U}{I} = \dfrac{0{,}05\,\text{V}}{0{,}005\,\text{A}} = \dfrac{50}{5}\,\Omega = 10\,\Omega$

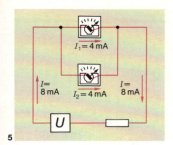
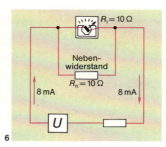
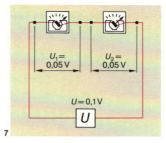
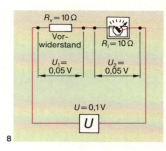

Wie man den Meßbereich eines **Strommessers** vergrößern kann, ist in den Bildern 5 u. 6 dargestellt:

Das Meßwerk von Bild 3 hat einen Meßbereich von 5 mA. Ein Strom von z. B. $I = 8$ mA läßt sich damit nicht messen. Wir könnten uns mit zwei gleichen Meßwerken behelfen (Bild 5).

Anstelle des zweiten Meßwerkes genügt aber auch ein Widerstand, der zum ersten parallelgeschaltet ist (Bild 6). Wenn dieser **Nebenwiderstand** und der Innenwiderstand des Meßwerks den gleichen Wert haben (z. B. $R_i = R_n = 10\,\Omega$), wird genau die Hälfte des Stromes am Meßwerk vorbeigeleitet. Vollausschlag des Meßgerätes bedeutet jetzt also $I = 2 \cdot 5$ mA $= 10$ mA; wir haben somit ein Gerät, dessen Meßbereich doppelt so groß ist wie der des Meßwerks.

Wollen wir größere Ströme messen, so müssen wir noch größere Teilströme an unserem Meßwerk vorbeileiten, damit der Strom im Meßwerk nicht größer als 5 mA wird. Wir müssen also kleinere Widerstände zum Meßwerk parallelschalten.

Man erweitert den Meßbereich eines Strommessers durch Parallelschalten von Widerständen (Nebenwiderständen).

Auch wenn man ein Vielfachmeßgerät von einem Strommeßbereich auf einen anderen umschaltet, wird nur ein anderer Widerstand parallel zum Meßwerk geschaltet.

Bei Vergrößerung des Meßbereiches verringert sich der Widerstand des Strommessers.

Mit einem Vielfachmeßgerät kann man auch **Spannungen** bestimmen. Wenn man das Gerät z. B. an eine Batterie anschließt, mißt es eigentlich nur den Strom, der durch sein Meßwerk fließt. Weil hier Stromstärke und Spannung proportional sind, ist der Zeigerausschlag ein Maß für die Spannung.

Auch das Meßwerk von Bild 3 läßt sich als Spannungsmesser einsetzen: Bei Vollausschlag beträgt die Stromstärke 5 mA. Mit $R_i = 10\,\Omega$ ergibt sich daraus als Spannung zwischen den Anschlüssen des Gerätes $U_1 = U_2 = 10\,\Omega \cdot 0{,}005$ A $= 0{,}05$ V. Das Meßwerk hat also als Spannungsmesser einen Meßbereich von 0,05 V.

Meist will man aber höhere Spannungen messen.

Um den Meßbereich zunächst einmal zu verdoppeln, könnte man ein zweites gleichartiges Meßwerk oder einen Widerstand von $R_v = 10\,\Omega$ in Reihe schalten (Bilder 7 u. 8). Eine Spannung von z. B. $U = 0{,}1$ V würde sich dann gleichmäßig auf den **Vorwiderstand** und das Meßwerk verteilen.

Um noch höhere Spannungen zu messen, müssen wir den Vorwiderstand vergrößern. Dadurch nimmt die Teilspannung am Vorwiderstand zu. So können wir erreichen, daß am Meßwerk stets höchstens 0,05 V anliegen.

Den Meßbereich eines Spannungsmessers vergrößert man, indem man einen Vorwiderstand und das Meßwerk in Reihe schaltet.

Bei Vergrößerung des Meßbereiches erhöht sich der Widerstand des Spannungsmessers.

Berechnung des Nebenwiderstandes

Beispiel: Der Meßbereich eines Strommessers ($R_i = 10\,\Omega$) soll von 5 mA auf 1 A erweitert werden. Welcher Nebenwiderstand R_n ist erforderlich?

Bei Vollausschlag darf der Strom im Meßwerk nur $I_1 = 5$ mA betragen. Daher muß der Reststrom $I_2 = 1$ A $- 0{,}005$ A $= 0{,}995$ A durch den Nebenwiderstand fließen.

Bei einem Strom von 0,005 A liegt am Meßwerk eine Spannung von
$U = 10\,\Omega \cdot 0{,}005$ A $= 0{,}05$ V.
Weil Nebenwiderstand und Meßwerk parallelgeschaltet sind, ist dies auch die Spannung am Nebenwiderstand (Bild 9).

Damit können wir R_n berechnen:
$R_n = \dfrac{U}{I_2}$, $R_n = \dfrac{0{,}05\,\text{V}}{0{,}995\,\text{A}} = \dfrac{50}{995}\,\Omega = 0{,}05\,\Omega$.

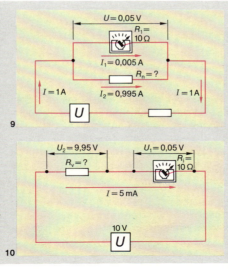

Berechnung des Vorwiderstandes

Beispiel: Das gleiche Meßwerk wie in Beispiel 1 soll als Spannungsmesser mit einem Meßbereich von 10 V eingesetzt werden. Welcher Vorwiderstand R_v muß mit dem Meßwerk in Reihe geschaltet werden?

Um das Meßwerk nicht zu überlasten, darf der Strom den Wert $I = 5$ mA nicht überschreiten. Die Spannung am Meßwerk darf daher höchstens $U_1 = 0{,}05$ V betragen.

Bei 10 V Gesamtspannung ergibt sich am Vorwiderstand die Teilspannung $U_2 = 10$ V $- 0{,}05$ V $= 9{,}95$ V (Bild 10).

Wir können nun den Vorwiderstand R_v berechnen:
$R_v = \dfrac{U_2}{I}$, $R_v = \dfrac{9{,}95\,\text{V}}{0{,}005\,\text{A}} = 1990\,\Omega$.

Gesetze der Reihen- und Parallelschaltung

Aufgaben

1 Erläutere, wie man bei einem Strom- bzw. Spannungsmesser den Meßbereich vergrößert.

2 Welche Aufgabe hat der Nebenwiderstand bei der Meßbereichserweiterung eines Strommessers? Welche Aufgabe hat der Vorwiderstand beim Spannungsmesser?

3 Warum soll ein Strommesser einen möglichst kleinen, ein Spannungsmesser dagegen einen möglichst großen Widerstand haben?

4 Zwei Strommessungen in einem Stromkreis können verschiedene Meßwerte ergeben. Dazu ein Beispiel: An ein Netzgerät ($U = 0{,}5\,V$) wird ein Widerstand von $R = 10\,\Omega$ angeschlossen. In den Stromkreis wird ein Vielfachmeßgerät eingebaut.
Wenn der Meßbereich 300 mA eingestellt ist, hat das Gerät einen Widerstand von $1\,\Omega$. Beim Meßbereich 30 mA sind es $10\,\Omega$. Wie groß ist jeweils der Strom?

5 Ein Meßwerk ($R_i = 50\,\Omega$) hat einen (Strom-)Meßbereich von 3 mA.

a) Der Meßbereich soll auf 300 mA erweitert werden. Was ist zu tun?

b) Wie läßt sich erreichen, daß mit dem gleichen Meßwerk Spannungen bis 3 V gemessen werden können.

Info: Unbelastete und belastete Spannungsteiler

Bild 1 zeigt einen **Spannungsteiler**: Zwischen den Anschlüssen des Drahtes beträgt die Spannung 6 V. Um den Strom von 0,6 A durch ein 10 cm langes Teilstück des Drahtes zu treiben, ist eine Spannung von 1 V nötig.

Die Gesamtspannung 6 V verteilt sich gleichmäßig auf die Gesamtlänge des Drahtes. Jeder Teillänge des Drahtes entspricht somit eine ganz bestimmte Teilspannung. So mißt man z. B. bei einem Drittel der Gesamtlänge ein Drittel der Gesamtspannung, hier also 2 V.

Die einzelnen Drahtstücke kann man auch durch entsprechende Festwiderstände ersetzen. Es gilt dann:

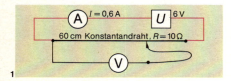

Die Gesamtspannung wird im Verhältnis der Teilwiderstände aufgeteilt.
$$\frac{U_1}{U_2} = \frac{R_1}{R_2}.$$
Die bisherigen Überlegungen gelten für den Fall, daß der Strom lediglich durch die in Reihe geschalteten Widerstände fließt *(unbelasteter Spannungsteiler)*.

Die Spannungsverhältnisse können sich aber erheblich ändern, wenn an einen Teilwiderstand z. B. ein Lämpchen oder ein weiterer Widerstand angeschlossen wird *(belasteter Spannungsteiler)*.

Bild 2 zeigt dazu ein Beispiel: Bei geöffnetem Schalter betragen die Teilspannungen $U_1 = 6{,}0\,V$ und $U_2 = 3{,}0\,V$.
Wenn der Schalter geschlossen wird, liegt ein zusätzlicher Widerstand R_3 parallel zu R_2. Der Ersatzwiderstand R für R_2 und R_3 ist aber wesentlich kleiner als R_2:
$$\frac{1}{R} = \frac{1}{R_2} + \frac{1}{R_3} = \frac{1}{30\,\Omega} + \frac{1}{15\,\Omega} = \frac{3}{30\,\Omega}.$$

Der Ersatzwiderstand beträgt also nur $R = 10\,\Omega$.
Als Teilspannungen erhalten wir in diesem Fall $U_1 = 7{,}7\,V$ und $U_2 = 1{,}3\,V$ (Bild 3).

Wir halten fest:
Bei Belastung eines Spannungsteilers ändert sich das Verhältnis der Teilwiderstände. Damit ändert sich auch die Aufteilung der Gesamtspannung in Teilspannungen.

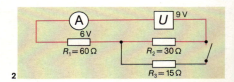

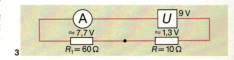

Gesetze der Reihen- und Parallelschaltung

Alles klar?

1 Stell dir vor, zwei gleiche Glühlämpchen würden wie in den Bildern 4, 5 u. 6 mit den Polen einer Flachbatterie verbunden. Was könntest du jeweils beobachten?

2 Fertige für die drei dargestellten Fälle Schaltskizzen an, und gib jeweils den Namen der Schaltung an.

2 Warum sind im Haushalt Geräte und Steckdosen parallelgeschaltet?

3 Wenn bei einer elektrischen Weihnachtsbaumbeleuchtung eine „Kerze" losgedreht wird, erlöschen auch die anderen „Kerzen". Erkläre!

4 Nimm an, zehn gleiche Haushaltsglühlampen würden in Reihe geschaltet und an eine Steckdose angeschlossen. Was könnte man beobachten? Begründe deine Vermutung.

5 Warum leuchten beim Auto die Kontrollampen am Armaturenbrett weniger hell, während man den Motor startet? Fertige dazu eine Schaltskizze an, und gib eine Erklärung.

Gesetze der Reihen- und Parallelschaltung

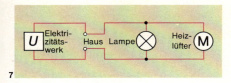

6 Gelegentlich kann man beobachten, daß z. B. die Wohnzimmerlampe dunkler wird, wenn man den Heizlüfter einschaltet. Der Innenwiderstand des Generators im Elektrizitätswerk spielt dabei keine Rolle.
Erläutere das anhand von Bild 7.

7 Ein Strommesser erhält einen größeren Nebenwiderstand. Wie verändert sich der Meßbereich des Gerätes, wird er größer oder kleiner?
Begründe deine Antwort.

8 Bei einem Spannungsmesser (Drehspulgerät) wird der Vorwiderstand durch einen größeren Widerstand ersetzt.
Wie ändert sich dadurch der Meßbereich des Spannungsmessers?

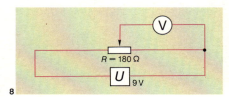

9 In Bild 8 wurde ein Spannungsteiler gezeichnet.
Was geschieht, wenn in der gezeigten Schaltung der Schleifkontakt nach links bewegt wird?

10 Wie ändern sich beim Spannungsteiler von Bild 9 die Teilspannungen, wenn der Schalter geschlossen wird?

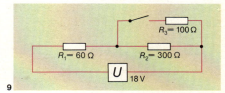

Auf einen Blick

Stromstärke, Spannung und Widerstand

... bei der Reihenschaltung

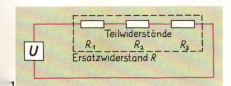

Da bei der *Reihenschaltung* alle Widerstände zu *einem* unverzweigten Stromkreis gehören, fließt durch alle der gleiche Strom. Man mißt überall die **gleiche Stromstärke**.

Die Spannung der Quelle verteilt sich auf die einzelnen Widerstände. Die Summe der Teilspannungen ist genauso groß wie die Spannung der Quelle.
$U = U_1 + U_2 + U_3$.

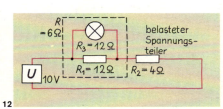

In Reihe geschaltete Widerstände hemmen die Bewegung der Elektronen wie ein einziger Ersatzwiderstand, der genauso groß ist wie die Summe der Teilwiderstände.
$R = R_1 + R_2 + R_3$.

... bei der Parallelschaltung

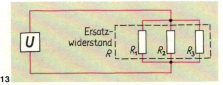

Bei der *Parallelschaltung* ist der Gesamtstrom durch die Spannungsquelle genauso groß wie die Summe der Teilströme durch die einzelnen Widerstände.
$I = I_1 + I_2 + I_3$.

Weil jeder Widerstand unmittelbar mit der Spannungsquelle verbunden ist, mißt man an jedem Widerstand die **gleiche Spannung** wie an der Quelle.

Ein einzelner Widerstand, der mehrere parallelgeschaltete Widerstände ersetzt, muß kleiner sein als jeder der Teilwiderstände. Für den Ersatzwiderstand gilt:
$$\frac{1}{R} = \frac{1}{R_1} + \frac{1}{R_2} + \frac{1}{R_3}.$$

Der Spannungsteiler

Spannungsteiler bestehen aus zwei in Reihe geschalteten Teilwiderständen. Je größer der Teilwiderstand ist, desto größer ist auch die Teilspannung an diesem Widerstand.

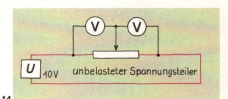

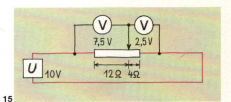

Die Gesamtspannung wird im Verhältnis der Teilwiderstände aufgeteilt.
$\frac{U_1}{U_2} = \frac{R_1}{R_2}$.
Diese Beziehung gilt aber nicht, wenn die Spannungsteilerschaltung belastet ist.

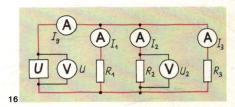

Schutzmaßnahmen im Stromnetz

1 Die Erdung des Stromnetzes

V 1 Wir untersuchen, welche Rolle die „Erde" bei Elektrounfällen spielt.

a) *Dieser Versuch darf nicht mit Netzspannung ausgeführt werden!*

Wasserrohre stellen eine gut leitende Verbindung zum Erdreich dar. Prüfe, ob in der Schaltung von Bild 1 die Elektrizität „zur Erde abfließt".

Der Batteriepol wird dann auch direkt mit der Wasserleitung verbunden.

b) Wir erden einen Batteriepol, d. h., wir verbinden ihn über eine in den Boden gesteckte Stativstange mit dem Erdreich. Fließt ein Strom, wenn man Kontakt mit dem anderen Pol und der Wasserleitung hat?

Genügt es, wenn man den Erdboden statt der Wasserleitung berührt?

c) (Lehrerversuch) Auch ein Pol der Steckdose ist geerdet. Welcher es ist, läßt sich mit einem Spannungsprüfer (Bild 2) herausfinden.

Beschreibe den Stromkreis für den Fall, daß die Glimmlampe leuchtet.

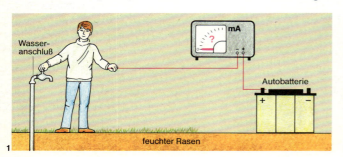

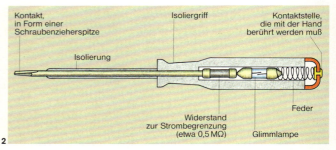

2 Der Schutzleiter und andere Schutzmaßnahmen

Um einen Stromkreis für das Bügeleisen herzustellen, genügen bekanntlich zwei Leiter. Wozu dient der dritte Leiter (Bild 3)?

Info: Der Trick mit dem dreiadrigen Kabel

Zu jeder Steckdose führen drei Drähte. Zwei dieser Leiter – der *Außenleiter* und der *Neutralleiter* – kommen vom Elektrizitätswerk (Bild 3). Der Neutralleiter ist an verschiedenen Stellen des Netzes, z. B. am Hausanschluß, geerdet.

Der dritte Leiter heißt *Schutzleiter* und ist ebenfalls am Hausanschluß geerdet. Die Erdung erfolgt durch Anschluß an die Wasserleitungen sowie an einen im Erdreich vergrabenen Ringerder.

Viele Elektrogeräte besitzen ein Metallgehäuse. Bei diesen Geräten besteht immer die Gefahr, daß der Außenleiter durch einen Defekt im Gerät Kontakt mit dem Gehäuse bekommt (z. B. durch Beschädigung seiner Isolierung). Man spricht dann von einem *Körperschluß*, weil der Metallkörper des Bügeleisens an den Außenleiter angeschlossen ist.

Was in einem solchen Fall geschieht, hängt davon ab, ob das Gerät – wie vorgeschrieben – durch einen **Schutzleiter** gesichert ist oder nicht.

○ *Fall 1: Das Gerät ist mit einem Schutzleiter gesichert* (Bild 4).

Der Schutzleiter ist an das Gehäuse angeschlossen. Er führt zum Hausanschluß, wo er mit dem Neutralleiter verbunden und geerdet ist.

Wenn das defekte Gerät eingeschaltet wird, hat der Außenleiter also (über Gehäuse und Schutzleiter) Kontakt mit dem Neutralleiter. Es kommt zum Kurzschluß.

Im Stromkreis aus Außenleiter, Schutzleiter und Neutralleiter fließt ein so großer Strom, daß die Sicherung innerhalb von nur 0,2 s den Stromkreis unterbricht. Zum Außenleiter besteht dann keine Verbindung mehr: Bei Berührung des Gerätes bekommt man keinen Schlag.

○ *Fall 2: Das Gerät besitzt keinen Schutzleiter* (Bild 5).

Von außen ist ein Körperschluß meist nicht zu sehen. Das Gerät funktioniert meist sogar noch, denn der Betriebsstromkreis ist ja nicht unbedingt unterbrochen. Berührt nun eine Person das Gehäuse, so schließt sie mit ihrem Körper einen Stromkreis. Die Folge ist, daß durch

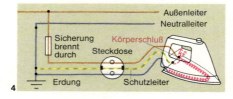

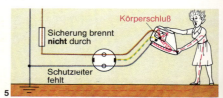

diese Person Strom fließt. Die Stromstärke ist zu gering, um die Sicherung auszulösen. Der Strom kann aber so groß sein, daß er zum Tode führt – z. B. dann, wenn gleichzeitig die Wasserleitung berührt wird oder der Fußboden gut leitet.

Der Schutzleiter bewirkt, daß bei Körperschluß eines Gerätes die Sicherung den Stromkreis unterbricht.

In einem *nicht geerdeten* Netz kann kein Stromkreis geschlossen werden, wenn man ein Gerät mit Körperschluß berührt. Trotzdem wären Körperschlüsse auch dann gefährlich, wenn die Elektrizitätswerke auf das Erden der Leiter verzichten würden.

In einem großen Netz mit vielen hundert angeschlossenen Geräten läßt sich nämlich nie verhindern, daß an einer Stelle ein *Erdschluß* vorhanden ist, daß also einer der beiden Leiter Verbindung zur Erde hat. Zum Beispiel könnte der Außenleiter der Waschmaschine im Nachbarhaus Kontakt mit der Wasserleitung haben. Das Netz wäre dann unbemerkt geerdet.

Wenn man nun an irgendeiner Stelle Kontakt mit dem anderen Leiter hätte, wäre ein Stromkreis über Körper und Erde geschlossen; es bestünde Lebensgefahr.

Aufgaben

1 Informiere dich, wo bei euch zu Hause der Schutzleiter geerdet ist.

2 Die Glimmlampe in einem Spannungsprüfer (Bild 2) leuchtet auf, wenn sie an einem Ende Kontakt mit einem Außenleiter hat und am anderen mit einer Hand. Beim Neutralleiter dagegen leuchtet die Glimmlampe nicht. Gib dafür eine Erklärung.

3 Wieso kann es schon dann zu einem Elektrounfall kommen, wenn man Kontakt mit nur *einem* Pol der Steckdose hat?

4 Warum darf man in der Nähe von Freileitungen auf keinen Fall einen Drachen steigen lassen?

5 Zum Löschen von brennenden Elektroanlagen darf kein Wasser verwendet werden. Begründe!

6 Die einzelnen Leiter in Kabeln besitzen Isolierungen in unterschiedlichen Farben. Der Schutzleiter ist stets gelb-grün gekennzeichnet; kein anderer Leiter darf so markiert sein.
Warum ist diese Vorschrift unbedingt zu beachten?

7 Fertige Skizzen zu den im Info geschilderten Fällen 1 u. 2 an. Zeichne jeweils die Stromkreise ein.

8 Welche Aufgaben hat die Sicherung im Außenleiter (Bild 4)?
Warum darf die Sicherung nicht in den Neutralleiter eingebaut werden?

9 Wie wird sichergestellt, daß zuerst der Schutzleiter eines Gerätes angeschlossen wird, wenn man einen Schutzkontaktstecker (Schukostecker, Bild 3) in die Steckdose steckt? Warum ist das wichtig?

Aus Umwelt und Technik: Schutzisolierung und Fehlerstromschutzschalter

Viele Geräte sind mit dem flachen *Eurostecker* ausgerüstet (Bild 6). Obwohl sie keinen Schutzleiter besitzen, ist der Benutzer vor den Gefahren eines Körperschlusses geschützt.

Diese Geräte sind nämlich so gebaut, daß man bei ihrer Benutzung keine Metallteile berührt, die Kontakt mit dem Außenleiter haben könnten.

Ihr Gehäuse ist aus Kunststoff hergestellt (Bild 6), oder es wurden zusätzliche Isolierungen in ihrem Innern angebracht. Diese Maßnahme bezeichnet man als **Schutzisolierung**. Bild 6 zeigt auch das Zeichen für schutzisolierte Geräte.

Beim Kauf sollte man auch auf das VDE-Zeichen achten. Es weist darauf hin, daß das Elektrogerät den Sicherheitsvorschriften entsprechend konstruiert wurde.

Leider gehen Kunststoffgehäuse von Elektrogeräten, Steckdosen und Schaltern manchmal zu Bruch; die Schutzisolierung ist dann nicht mehr sichergestellt. Solche Geräte dürfen nicht verwendet werden, auch wenn sie noch funktionsfähig sind!

Bei einem Elektrounfall ist man besonders gefährdet, wenn man z. B. im Bad barfuß auf einem leitenden Steinfußboden steht.

Um Menschen an solchen besonders gefährlichen Orten zu schützen,

6

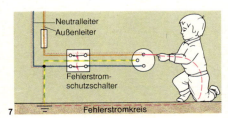
7

werden **Fehlerstromschutzschalter** (FI-Schalter) in die entsprechenden Stromkreise eingebaut.

Im Fehlerstromschutzschalter wird geprüft, ob die Ströme im Außenleiter und im Neutralleiter gleich groß sind. Bei normalem Betrieb eines Elektrogerätes ist das der Fall, denn der Strom ist ja überall in einem (unverzweigten) Stromkreis gleich groß.

Bei einem Unfall wird ein zusätzlicher Stromkreis geschlossen (Bild 7). Der „Fehlerstrom" fließt dann am Schutzschalter vorbei; zwischen Gerät und Hausanschluß ist die Stromstärke im Außenleiter größer als die im Neutralleiter. Die Differenz ist gerade der Fehlerstrom.

Wenn der Fehlerstrom einen Wert von 30 mA überschreitet, trennt der Fehlerstromschutzschalter innerhalb von 30 ms den Stromkreis vom Netz. Der Stromkreis über den menschlichen Körper wird so schnell unterbrochen, daß der Mensch keinen Schaden durch den Strom erleidet.

3 Gefährliche und ungefährliche Ströme

Wie wirkt der elektrische Strom auf den Menschen?

Der menschliche Körper leitet Elektrizität, doch viel schlechter als ein Metalldraht. Wenn also z. B. zwischen Händen und Füßen eine elektrische Spannung herrscht, fließt auch durch den Körper elektrischer Strom.

Der Strom bewirkt **Verkrampfungen** von Muskeln. Sind die Ströme bei Unfällen mit Hochspannung besonders groß, so spielt auch noch die Wärmewirkung des Stromes eine Rolle. Es kommt dann zu schweren **Verbrennungen,** die meistens sogar zum **Tode** führen.

Ob ein elektrischer Strom im Körper tödlich wirkt oder nicht, hängt ab
○ von dem **Weg,** den die Elektrizität nimmt,
○ von der **Stromstärke** und
○ von der **Einwirkungsdauer.**

Befindet sich das Herz oder der Kopf im Stromkreis, so sind die Auswirkungen viel schlimmer, als wenn die Elektrizität z. B. nur durch Muskeln und Bindegewebe einer Hand strömt.

Bild 1 macht die Zusammenhänge zwischen dem Strom, seiner Einwirkungsdauer und seinen Auswirkungen auf den Menschen deutlich. Dabei lassen sich **vier Bereiche** unterscheiden:

Bereich 1: Wechselströme unterhalb von 0,5 mA werden von den meisten Menschen nicht wahrgenommen. Die Wahrnehmbarkeitsschwelle hängt nicht von der Einwirkungsdauer ab.

Bereich 2: Bei kleinen Strömen empfindet man ein „Kribbeln" in den Händen und Handgelenken. Sind die Ströme größer, kommt es zu Verkrampfungen der Muskeln, was recht schmerzhaft sein kann. Unmittelbare Schäden durch den elektrischen Strom sind in Bereich 2 nicht zu befürchten. Dennoch kann es durch Schreckreaktionen zu Stürzen und Verletzungen kommen.

Bereich 3: Oberhalb der Loslaßschwelle ist die Verkrampfung der Muskeln unerträglich stark. Ein defektes Gerät, das mit der Hand umfaßt wird, kann dann nicht mehr losgelassen werden. Besonders bei großen Strömen tritt auch Bewußtlosigkeit auf. Ob die Loslaßschwelle erreicht wird, hängt auch von der Einwirkungsdauer des Stromes ab: Bei einer Dauer von 10 s wird sie schon bei 12 mA erreicht, bei 1 s dagegen erst bei etwa 20 mA.

Bereich 4: Die Grenze zwischen den Bereichen 3 und 4 wird als *Flimmerschwelle* bezeichnet. Auch hier spielt die Einwirkungsdauer eine Rolle: Bei 1 s wird die Flimmerschwelle schon erreicht, wenn der Strom 60 mA beträgt; bei 1/2 s dagegen wird die Flimmerschwelle überschritten, wenn der Strom größer als 100 mA ist.

Elektrounfälle in diesem Bereich führen häufig zum Tode, weil es zum *Herzflimmern* kommt: Die einzelnen Fasern des Herzmuskels ziehen sich unregelmäßig und nicht gleichzeitig zusammen. Die Pumpleistung des Herzens wird dadurch so gering, daß das Gehirn nicht mehr ausreichend mit Sauerstoff versorgt wird. Bewußtlosigkeit und Atemstillstand sind die Folgen.

Wie groß bei einem Elektrounfall der Strom ist, hängt nicht nur von der anliegenden Spannung ab. Von entscheidender Bedeutung ist auch der Widerstand im Unfallstromkreis. Dieser setzt sich aus dem **Körperwiderstand** (→ Tabelle) und den **Übergangswiderständen** zusammen. Dabei hängt es vor allem von letzteren ab, ob ein Unfall mit Netzspannung tödlich verläuft oder nicht.

Zu den Übergangswiderständen gehört z. B. der Widerstand der vom Verunglückten getragenen Schuhe und der Widerstand des Bodenbelages am Unfallort. (Steinfußböden haben kleinere Widerstände als mit Teppichen bedeckte Fußböden.) Auch der Widerstand der Haut wird zu den Übergangswiderständen gezählt; er hängt davon ab, ob die Haut trocken oder feucht ist und wie groß die Berührungsfläche ist. Bei Unfällen spielt der Hautwiderstand häufig keine Rolle mehr; an der Kontaktstelle verbrennt die Haut nämlich sofort.

Schnelle **Hilfeleistung** ist bei einem *Elektrounfall* von entscheidender Bedeutung.

Wenn sich der Verunglückte noch im Stromkreis befindet, darf er auf keinen Fall sofort berührt werden. Der Stromkreis muß erst noch durch Abschalten der Sicherung oder Betätigen des Hauptschalters unterbrochen werden.

Bei Atemstillstand müssen sofort Wiederbelebungsmaßnahmen durchgeführt werden (Atemspende, Herzdruckmassage). Außerdem ist ein Arzt herbeizurufen.

Mindestwiderstände des menschlichen Körpers

Stromweg	Körperwiderstand
Hand – Hand	ca. 650 Ω
Hand – Fuß	ca. 1300 Ω
Hand – Füße	ca. 975 Ω
Hände – Füße	ca. 650 Ω

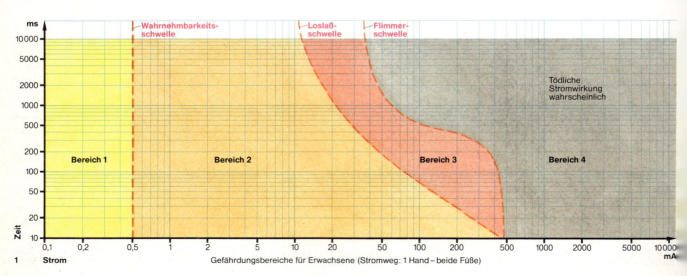

1 **Strom** — Gefährdungsbereiche für Erwachsene (Stromweg: 1 Hand – beide Füße)

Aufgaben

1 Bestimme in einem **Versuch** den elektrischen Widerstand deines Körpers. Verwende dazu nur eine 4,5-V-Flachbatterie und einen Strommesser. Als Kontaktstellen kannst du z. B. die Stecker von Experimentierkabeln oder zwei Bleche verwenden.

Untersuche, wie sich unterschiedliche Berührungsflächen auswirken. Welchen Einfluß hat die Feuchtigkeit der Haut?

2 Warum sind bei einem Eurostecker nur die Kontaktspitzen aus Metall, die Schäfte aber aus Kunststoff?

3 Bei Elektrounfällen im Haushalt beträgt die Spannung gegen die Erde 230 V. Berechne den Strom für den Stromweg Hände-Füße bei einem Übergangswiderstand von 100 Ω bzw. von 10 000 Ω.

Welche Auswirkungen hätten diese Ströme auf einen Menschen (Einwirkungsdauer: 0,5 s)?

4 Nenne Situationen, in denen mit nur geringen Übergangswiderständen zu rechnen ist. Unter welchen Umständen sind große Übergangswiderstände zu erwarten?

5 Warum ist der Übergangswiderstand von trockener Haut größer als der von feuchter Haut?

6 Elektrische Zahnbürsten dürfen nur mit einer Spannung von höchstens 6 V betrieben werden, elektrisches Spielzeug höchstens mit 25 V. Die Netzspannung wird dazu jeweils durch Transformatoren verringert. Man spricht in solchen Fällen von einer **Schutzkleinspannung.**

Erläutere mit Hilfe einer Rechnung, warum das tatsächlich eine Schutzmaßnahme ist.

Keine Chance dem Stromunfall!

○ Von der Badewanne aus keinen Haartrockner oder das Radio bedienen! Heizgeräte oder Nachttischlampen gehören nicht ins Badezimmer.

○ Elektrogeräte (auch wenn sie ausgeschaltet sind) nicht so nahe an die Badewanne oder das Spülbecken legen, daß sie hineinfallen können!

○ Niemals angeschlossene Elektrogeräte mit Wasser reinigen!

○ Keine „Uralt"-Geräte anschließen!

○ Wenn man Elektrogeräte berührt, nicht gleichzeitig Wasserhähne, Heizungsrohre oder die Spüle anfassen!

○ Stecker nicht an der Leitung aus der Steckdose ziehen! Leitungen nicht durch Türritzen quetschen oder unter Teppiche legen!

○ Kein elektrisches Gerät anschließen, dessen Gehäuse oder Zuleitung beschädigt ist!

○ Elektrogeräte dürfen nur vom Fachmann (z. B. Elektro-Installateur) repariert werden!

○ Beim Reinigen von Deckenlampen und beim Glühlampenwechsel: Sicherung abschalten!

○ Wenn Kleinkinder im Haushalt sind, Steckdosen durch Einsatz sichern!

○ Keinerlei Elektrogeräte benutzen, wenn man barfuß auf Steinfußboden oder im Garten steht!

○ Von herabhängenden Freileitungen weiten Abstand halten! Maste nicht besteigen!

In der Nähe von Leitungen keinen Drachen steigen lassen!

Schutzmaßnahmen im Stromnetz

Alles klar?

1 Nenne die verschiedenen Schutzmaßnahmen gegen die Gefahren des elektrischen Stromes.

2 Welche Aufgabe hat der Schutzleiter, und wie funktioniert er?

Welche Geräte dürfen mit einem Eurostecker ausgerüstet sein?

3 Warum ist der Schutzleiter im Schukostecker mit einer „Schlaufe" angeschlossen? (Sieh dir dazu Bild 3 der vorigen Doppelseite an.)

4 Elektrische Bohrmaschinen besitzen oftmals keinen Schutzleiter – und trotzdem ist der Benutzer geschützt. Erkläre anhand von Bild 2, wodurch der Schutz zustande kommt.

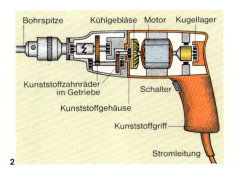
2

5 Auf den Spannungsprüfers, der in Bild 2 auf der vorigen Doppelseite abgebildet ist, kann man sich nicht unbedingt verlassen, z. B. dann nicht, wenn man auf einer Holzleiter steht. Erkläre!

6 Der Spannungsprüfer enthält einen Widerstand von 0,5 MΩ. Wie groß ist die Stromstärke höchstens, wenn man mit dem Spannungsprüfer den Außenleiter berührt?

7 Berechne den Strom, wenn zwischen den Händen eines Menschen eine Spannung von 230 V liegt. Der Übergangswiderstand soll dabei 350 Ω betragen.

Stromkreise übertragen Energie

1 Energieströme vom Kraftwerk zum Verbraucher

In Zeitungen kommt der Begriff „Strom" recht häufig vor – aber fast nie im Sinne von Elektronenstrom.

○ Was ist mit „Stromsparen", „Stromverbrauch" und „Stromerzeugung" gemeint?

○ Welche physikalischen Vorstellungen werden mit dem Begriff „Strom" in Zusammenhang gebracht?

Strom spart Öl
1988 wurden rund 52 % des Endenergieverbrauchs für die Heizung in Haushalten durch Öl gedeckt, 32 % durch Gas, 5 % durch Kohle. Der Strom steuerte 5 %, die Fernwärme 4 % bei.

Je kälter, desto mehr Strom
Im Kühlschrank reicht normalerweise eine Temperatur von sieben Grad aus. Wird der Thermostat auf fünf Grad gestellt, verbraucht Ihr Kühlschrank gleich 15 Prozent mehr Strom.

Gut geplant und schon gespart
Energieeinsparung beginnt bei der richtigen Planung. Um z. B. einen Büroraum zu beleuchten, würde der Strombedarf für Glühlampen etwa 30 Watt pro Quadratmeter betragen. Verwendet man Leuchtstofflampen, verringert sich dieser...

Stromverbrauch schwankt nur noch wenig
Die Anforderungen der Verbraucher an die Kraftwerke bleiben zwischen 8 und 19 Uhr nahezu auf Höchstlast-Niveau. Auch abends geht der Stromverbrauch nur wenig zurück...

1 In den ersten Fabriken wurden die Maschinen durch umlaufende Riemen angetrieben. Eine Dampfmaschine trieb die Welle mit den Riemenscheiben an.

3 In modernen Fabriken verbinden elektrische Leitungen die Elektromotoren der Maschinen mit einem Generator im Kraftwerk, den eine Dampfturbine antreibt.

V 1 Zu Beginn der Industrialisierung war es üblich, Energie *mit Hilfe von Riemen* zu übertragen (Bild 1). Bild 2 zeigt das Prinzip dieser Art der Energieübertragung.

a) Das Wägestück wird um 1 m angehoben. Bestimme, wie lange der Vorgang dauert.
Berechne, wieviel Arbeit dabei im rechten Teil der Anlage verrichtet wird. Wieviel Energie wird beim Heben pro Sekunde vom Wellrad 1 zum Wellrad 2 übertragen?

b) Wie ändert sich die pro Sekunde übertragene Energie, wenn die Masse des Wägestückes halbiert wird (bei gleich schnellem Drehen am Wellrad 1)?
Wie ändert sich die pro Sekunde übertragene Energie, wenn am Wellrad 1 doppelt (halb) so schnell gedreht wird (bei gleicher Masse des Wägestückes)?

V 2 In modernen Fabriken wird Energie *elektrisch* übertragen (Bild 3). Bild 4 zeigt das Prinzip dieser Art der Energieübertragung.

a) Das Wägestück wird um 1 m angehoben. Bestimme, wie lange der Vorgang dauert.
Berechne, wieviel Arbeit dabei im rechten Teil der Anlage verrichtet wird. Wieviel Energie wird beim Heben pro Sekunde vom Generator zum Motor übertragen?

b) Wie ändert sich die pro Sekunde übertragene Energie, wenn die Masse des Wägestückes halbiert wird (bei gleich schnellem Drehen am Generator)?
Wie ändert sich die pro Sekunde übertragene Energie, wenn am Generator doppelt (halb) so schnell gedreht wird (bei gleicher Masse des Wägestückes)?

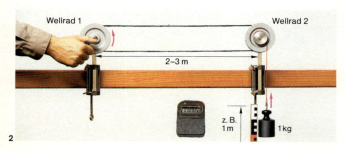

2

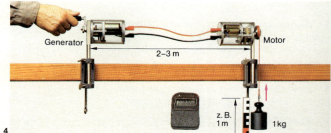

4

V 3 Bei elektrischen Anlagen zur Energieübertragung wird die Energie häufig durch mechanische Arbeit zugeführt. Es gibt aber auch andere Möglichkeiten der Energiezufuhr; die Bilder 5–7 zeigen drei Beispiele.

Probiere diese Anordnungen aus. Beschreibe, woher jeweils die Energie für die Bewegung des Motors stammt.

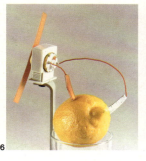
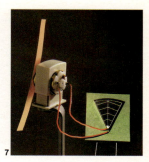

V 4 In diesem Versuch kannst du deine Leistung beim Drehen einer Kurbel abschätzen:

Fülle in eine handbetriebene und in eine elektrische Kaffeemühle gleich viele Kaffeebohnen. Mahle dann den Kaffee in beiden Mühlen, und miß jeweils die zum Mahlen erforderliche Zeit.

Die Energie, die der elektrischen Mühle pro Sekunde zugeführt wurde, kannst du dem Typenschild entnehmen.

Info: Energieumwandlung und Energieströme in elektrischen Anlagen

Früher war es recht anstrengend, Kaffee zu mahlen. Heute erledigt die Kaffeemühle diese Arbeit auf Knopfdruck – scheinbar von alleine. Auch bei vielen anderen Tätigkeiten verrichten heutzutage Elektromotoren für uns die mechanische Arbeit.

Die zum Arbeiten nötige Energie erhält ein Elektromotor aus dem Stromkreis, in dem er sich befindet. Auch wenn eine Kochplatte Wärme abgibt oder wenn eine elektrische Lampe leuchtet, stammt die erforderliche Energie aus dem Stromkreis.

Energie, die mit Hilfe von Stromkreisen übertragen wird, nennt man **elektrische Energie**.

Von den Elektrogeräten wird die elektrische Energie z. B. in Form von mechanischer Arbeit, Wärme oder Licht abgegeben. Weil dabei die *elektrische* Energie verschwindet, bezeichnet man die Geräte als *Verbraucher* von elektrischer Energie.

Die Energie ist aber keineswegs verloren, sie wird nur in eine andere Form umgewandelt. Es wäre daher angebrachter, die Elektrogeräte als *Energiewandler* zu bezeichnen.

Die elektrische Energie muß dem Stromkreis zugeführt werden. Im Kraftwerk wird dazu am Generator Arbeit verrichtet. Man spricht von *Erzeugung* elektrischer Energie. Sie entsteht durch Umwandlung aus anderen Energieformen. Bild 8 zeigt das Prinzip der Energieübertragung in elektrischen Anlagen.

In jeder Sekunde wird mit einem Stromkreis eine bestimmte Energiemenge übertragen. Man spricht von einem Energiestrom, der von der Spannungsquelle zum Elektrogerät fließt.

Im Gegensatz zu den Ladungsträgern beim elektrischen Strom fließt die Energie nicht in einem Kreislauf. Vielmehr strömt die Energie in das elektrische Gerät hinein und dann weiter z. B. als Licht oder Wärme in die Umgebung.

Bei elektrischen Anlagen muß man zwei Ströme unterscheiden: den Ladungsträgerstrom und den Energiestrom.

In der Umgangssprache wird zwischen den beiden Strömen nur selten unterschieden; es ist einfach nur von „Strom" die Rede. In Zeitungen und Zeitschriften ist meist der Energiestrom gemeint.

Als „Strom" bezeichnet man im Alltag oft auch die elektrische Energie selbst, die z. B. innerhalb eines Jahres umgewandelt wurde. Dabei denkt man allerdings nicht an eine Strömung.

In diesem Buch ist mit „Strom" immer der Ladungsträgerstrom gemeint. Energieströme werden als solche bezeichnet.

Fragen und Aufgaben zum Text

1 Gib für die folgenden Aussagen jeweils an, ob der Energiestrom oder der Ladungsträgerstrom gemeint ist.
a) „Der Ladestrom für die Akkus des Walkmans beträgt 50 mA."
b) „Der Strom fließt vom Kraftwerk zum Verbraucher."
c) „Der Stromverbrauch einer Kleinstadt beträgt 50 Megawatt."
d) „Die neue Spülmaschine braucht weniger Strom als die alte."
e) „Der Strom durch einen 55-Watt-Autoscheinwerfer ist größer als der Strom durch eine 100-Watt-Haushaltsglühlampe."
f) „Um Strom zu sparen, sollte man warme Speisen erst abkühlen lassen, bevor man sie in den Kühlschrank stellt."

2 Bei Anlagen zur elektrischen Energieübertragung kann die Energie auf der Erzeugerseite in der einen Form zugeführt und auf der Verbraucherseite in einer anderen Form abgeführt werden. Die wichtigsten Kombinationsmöglichkeiten sind in Bild 9 dargestellt. Nenne Beispiele für fünf Kombinationen.

3 Eine Glühlampe bezeichnet man als Licht*quelle*, einen Heizlüfter als Wärme*quelle*. Beide Elektrogeräte nennt man oft auch *Verbraucher*. Erkläre die Bedeutung dieser Begriffe.

Warum könnte man umgekehrt z. B. einen Dynamo als Verbraucher bezeichnen?

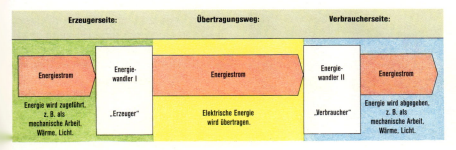
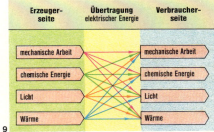

Info: Wie man Energieströme berechnet

Unter **Leistung** versteht man den Quotienten aus verrichteter Arbeit und benötigter Zeit. Man verwendet den Begriff *Leistung* aber nicht nur, wenn Energie durch mechanische Arbeit übertragen wird. Auch wenn ein Gerät z. B. elektrische Energie umwandelt und als Wärme abgibt, redet man von Leistung:

Wir nennen den Quotienten aus der von einem Gerät umgewandelten, abgegebenen Energie W und der Zeit t Leistung P:

$$P = \frac{W}{t}.$$

Ein Gerät kann in jeder Sekunde nur die Energie umwandeln, die ihm zugeführt wird. Dazu ein *Beispiel*: Der Kran von Bild 1 hebt eine Last von 500 kg um 4 m an. Die Hubarbeit, die sein Elektromotor verrichtet, beträgt

$W = 5000\,N \cdot 4\,m = 20\,000\,J.$

Der Motor braucht 8 s, um diese Arbeit zu verrichten. Seine Leistung beträgt dabei:

$$P = \frac{W}{t} = \frac{20\,000\,J}{8\,s} = 2500\,\frac{J}{s} = 2500\,W.$$

Wenn wir von Energieverlusten z. B. durch Reibung absehen, können wir sagen: In jeder Sekunde benötigt der Elektromotor eine Energie von 2500 J, die ihm über die elektrische Anschlußleitung zufließen muß: Vom Kraftwerk zum Motor fließt ständig ein Energiestrom von $2500\,\frac{J}{s}$.

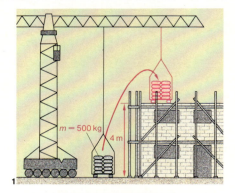

1

2

Den Energiestrom P_{el} berechnet man als Quotient aus transportierter Energie W und benötigter Zeit t:

$$P_{el} = \frac{W}{t}.$$

Die Einheit des Energiestromes ist

$1\,\frac{J}{s} = 1\,W.$

Der Index „el" weist darauf hin, daß es sich um den Energiestrom durch eine elektrische Anlage handelt.

Der Energiestrom, der in ein Elektrogerät hineinfließt, und die Leistung des Gerätes sind gleich groß. (Die Leistung ist aus der gesamten umgewandelten Energie, einschließlich der unerwünschten Wärmeabgabe, zu ermitteln.)

Der benötigte Energiestrom ist auf den Typenschildern von Elektrogeräten angegeben (Bild 2).

Die *gesamte* Energie W, die in einem elektrischen Gerät umgewandelt wird, hängt natürlich vom Energiestrom P_{el} und von der Betriebsdauer t ab:

$W = P_{el} \cdot t.$

Läuft z. B. ein Staubsaugermotor (800 W) eine halbe Stunde (1800 s) lang, so beträgt die umgewandelte Energie:

$W = 800\,W \cdot 1800\,s,$

$W = 1\,440\,000\,Ws = 1\,440\,000\,J.$

Gemessen am Energiebedarf vieler Elektrogeräte, ist 1 Ws oder 1 J eine recht kleine Energiemenge. Man gibt die Energie deshalb häufig in Kilojoule (kJ) oder in Megajoule (MJ) an:

$1\,kJ = 1000\,J;\quad 1\,MJ = 1000\,kJ.$

Für die elektrische Energie wird auch die Einheit 1 Kilowattstunde (1 kWh) verwendet. Der Buchstabe h steht für Stunde:

$1\,h = 60 \cdot 60\,s = 3600\,s.$

Mit dieser Beziehung ergibt:

$1\,kWh = 1\,kW \cdot 3600\,s = 3600\,kWs$
$= 3600\,kJ = 3{,}6\,MJ.$

Aus Umwelt und Technik: Lebenswichtige Energieströme

Im Operationssaal eines Krankenhauses:

Der Patient ist an ein Gerät angeschlossen, das Kreislauf und Blutdruck steuert. Ein Beatmungsautomat sorgt für den richten Sauerstoffgehalt des Blutes, und über Infusionspumpen werden dem Patienten verschiedene Stoffe zugeführt. Meßgeräte kontrollieren, ob die Organe des Patienten richtig funktionieren. Für die Arbeit des Chirurgen ist eine helle Beleuchtung nötig.

Das Leben des Patienten hängt von der Energieversorgung des Operationssaales ab – sie darf unter keinen Umständen ausfallen. Deshalb gibt es in Krankenhäusern neben der *normalen Netzversorgung* eine *Batterie-Energie-Versorgung*.

Wenn nämlich die Netzversorgung ausfällt, werden die Operationssäle und alle lebenswichtigen Geräte der Intensivstation in Bruchteilen von Sekunden auf diese Batterieversorgung umgeschaltet. Aus den Batterien können dann die wichtigsten Geräte für ein paar Stunden mit Energie versorgt werden.

Ein mittleres Krankenhaus benötigt einen elektrischen Energiestrom von rund 1500 kW; er würde für 500 Einfamilienhäuser ausreichen. Dieser gewaltige Energiestrom kann nicht mit Hilfe von Batterien erzeugt werden. Daher gibt es in Krankenhäusern noch eine *Aggregat-Energie-Versorgung*: Für den Notfall stehen Generatoren bereit, die von Dieselmotoren angetrieben werden (Bild 3).

Diese *Notstromaggregate* springen an, sobald die Netzspannung 190 V unterschreitet. Sie stellen dann innerhalb von drei Sekunden die Energieversorgung wieder her. Damit die Motoren jederzeit anspringen können, werden sie durch eine Heizung ständig auf Betriebstemperatur gehalten.

Auch Fernmeldeämter besitzen eine Batterie-Energie-Versorgung. Mit Notstromaggregaten sind zum Beispiel auch Forschungslaboratorien, Großrechneranlagen und Kühlhäuser ausgestattet.

3

Aufgaben

1 Bei dem Automotor von Bild 4 ist der Ventilator für den Kühler an einen Generator („Lichtmaschine") angeschlossen. Die Pumpe für den Kühlwasserkreislauf wird direkt vom Motor angetrieben.

Vergleiche die beiden Arten der Energieübertragung. Nenne Unterschiede und Gemeinsamkeiten.

2 Eine Kochplatte hat einen „Anschlußwert" von 1000 W. Was ist damit gemeint?

Wieviel Energie wird in der Kochplatte umgewandelt, wenn sie 20 Minuten lang eingeschaltet ist? Gib das Ergebnis in kJ und in kWh an.

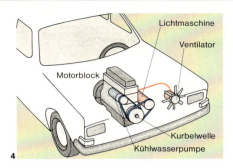

4

3 An einem kleinen Wasserfall stürzen in jeder Sekunde 100 l Wasser in die Tiefe. Der Höhenunterschied beträgt 12 m.

Nimm an, man könnte die gesamte Lageenergie des Wassers in elektrische Energie umwandeln. Wie viele 100-W-Lampen ließen sich mit dieser Energie gleichzeitig betreiben?

4 Die Leistung eines Menschen beim Dauerlauf beträgt etwa 100 W.

Nenne einige Elektrogeräte, die ungefähr genauso viel Energie in jeder Sekunde umwandeln wie ein Dauerläufer. (Tip: Du kannst auf den Typenschildern nachsehen.)

5 Eine Taschenlampe mit einer 2,5-W-Glühlampe leuchtet 45 Minuten.

Wieviel elektrische Energie strömt insgesamt aus der Batterie in die Glühlampe?

2 Strom und Spannung bestimmen die Leistung

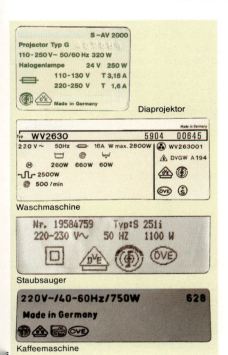

Auf Elektrogeräten findest du meist eine Angabe zur elektrischen Spannung (z. B. 230 V) und zum benötigten Energiestrom bzw. zur Leistung des Gerätes (z. B. 370 W).

Der Strom dagegen ist für den Benutzer des Gerätes unwichtig und wird nicht angegeben. Spannung, Strom und Leistung hängen aber eng zusammen.

V 5 Wir untersuchen, wie die Leistung eines Elektromotors von Strom und Spannung abhängt. Bild 6 zeigt den Versuchsaufbau.

a) Zunächst wird kein Wägestück angehängt. Schließe den Motor an die Spannungsquelle an ($U = 3$ V), und miß den Leerlaufstrom I_0.

b) Hänge nun nacheinander Wägestücke der Masse m (z. B. 100 g, 200 g, 300 g, 400 g) an die Schnur. Die Spannung soll auf 3 V eingestellt bleiben. Miß mit der Stoppuhr die Zeit t, die der Motor braucht, um die Wägestücke um 1 m hochzuziehen. Lies während des Hochziehens auch die Stromstärke ab.

Trage die Meßwerte in eine Tabelle ein (→ Muster unten).

c) Berechne jeweils die Hubarbeit W und die Leistung P des Motors.

d) Wie groß ist die Differenz $I - I_0$ zwischen gemessenem Strom und Leerlaufstrom? Wozu ist dieser zusätzliche Strom erforderlich?

e) Stelle die Hubleistung P in Abhängigkeit vom Strom $I - I_0$ dar. Welche Gesetzmäßigkeit erkennst du?

m in g	t in s	I in mA	P in W	$I - I_0$ in mA
?	?	?	?	?

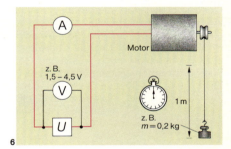

V 6 Wir wiederholen den Versuch 5. Diesmal ändern wir die Spannung am Netzgerät und verwenden immer dasselbe Wägestück ($m = 200$ g).

a) Was geschieht, wenn man die Spannung erhöht?

b) Wir bestimmen die Hubleistung P und den Strom I bei Spannungen von 1,5 V, 2,5 V, 3,5 V und 4,5 V. Bei jeder Messung muß auch der Leerlaufstrom I_0 gemessen werden. Trage die Meßwerte in eine solche Tabelle ein:

U in V	t in s	I in mA	I_0 in mA	P in W	$I - I_0$ in mA
?	?	?	?	?	?

c) Überprüfe, ob der für die Hubleistung erforderliche Strom $I - I_0$ (weitgehend) unabhängig von der Spannung ist.

Stelle die Leistung in Abhängigkeit von der Spannung graphisch dar.

Info: So berechnet man die Leistung eines Elektrogerätes

$P_1 = 230\,V \cdot 9\,A = 2070\,W$

$P_2 = 230\,V \cdot 20\,mA = 4{,}6\,W$

Der Zusammenhang zwischen Strom, Spannung und Leistung ergibt sich durch Umformen der Definitionsgleichung für die Spannung: $U = \dfrac{P}{I}$.

Die Leistung von Elektrogeräten kann man als Produkt aus Spannung und Stromstärke berechnen.

$$P = U \cdot I.$$

Für die Einheit der Leistung gilt:

$$1\,W = 1\,V \cdot 1\,A = 1\,\dfrac{J}{s}.$$

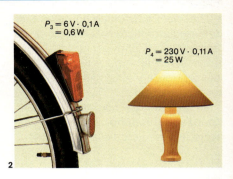

$P_3 = 6\,V \cdot 0{,}1\,A = 0{,}6\,W$

$P_4 = 230\,V \cdot 0{,}11\,A = 25\,W$

Bei konstanter Spannung ist die Leistung von Elektrogeräten proportional zum Strom.

$$P \sim I \quad (\text{für } U = \text{konst.}).$$

Beispiel: Ein Heizlüfter und ein Rasierapparat (Bild 1) werden mit gleicher Spannung (230 V) betrieben, aber ihre Leistungen sind höchst unterschiedlich. Durch den Heizlüfter fließt ein Strom von ca. 9 A; beim Rasierapparat beträgt die Stromstärke dagegen nur etwa 20 mA.

Erklärung im Modell: „Gleiche Spannung" bedeutet, daß jedes Elektron gleich stark angetrieben wird. Das heißt: Pro Elektron wird gleich viel Energie von der Quelle aufgewendet und in den angeschlossenen Geräten umgewandelt. Mit jedem Elektron wird also gleich viel Energie übertragen. Je mehr Elektronen aber pro Sekunde durch Quelle und Gerät fließen, desto mehr Energie strömt insgesamt von der Quelle zum Gerät.

Bei konstanter Stromstärke ist die Leistung von Elektrogeräten proportional zur Spannung.

$$P \sim U \quad (\text{für } I = \text{konst.}).$$

Beispiel: Durch das hell leuchtende Rücklicht eines Fahrrades und durch eine Nachttischlampe fließen etwa gleich große Ströme (Bild 2). Die Stromstärke beträgt in beiden Fällen ca. 0,1 A. Das Rücklicht wird mit einer Spannung von 6 V betrieben. Die Spannung für die Nachttischlampe ist mit 230 V wesentlich größer, daher ergibt sich auch eine viel größere Leistung.

Erklärung im Modell: Je höher die Spannung ist, desto stärker wird jedes einzelne Elektron angetrieben. Bei höherer Spannung wird mehr Energie pro Elektron von der Quelle aufgewendet. Daher wird in den beiden Stromkreisen unterschiedlich viel Energie übertragen, obwohl pro Sekunde gleich viele Elektronen durch Quelle und Gerät fließen.

Die Energie W, die in der Zeit t einem Elektrogerät mit der Leistung P zugeführt werden muß, ist um so größer, je länger das Gerät in Betrieb ist:

$$W = P \cdot t \quad \text{oder} \quad W = U \cdot I \cdot t.$$

Der gesamte Energiestrom, der eine Spannungsquelle in Richtung der Verbraucher verläßt, muß mindestens so groß sein wie die Leistung aller angeschlossenen Verbraucher zusammen.

Er ist sogar stets etwas größer als die Leistung der Verbraucher, weil ein Teil der Energie auf dem Übertragungsweg als unerwünschte Wärme abgegeben wird.

Aufgaben

1 Eine 25-Watt-Haushaltsglühlampe leuchtet etwa genauso hell wie das Bremslicht eines Autos (21 W).
Die Haushaltslampe wird mit einer Spannung von 230 V betrieben, die Autolampe mit 12 V.
Berechne die Ströme durch beide Lampen.

2 Eine 12-V-Autobatterie hat die Aufschrift „44 Ah". Die Angabe bedeutet, daß die Batterie 44 Stunden lang einen Strom von 1 A hervorrufen kann.
Wieviel Energie ist in der Batterie gespeichert?

3 Um den Strom durch einen Heizdraht (z. B. einen Chromnickeldraht) zu verdoppeln, muß auch die Spannung am Draht verdoppelt werden.
Wie ändern sich dabei Energiestrom und Leistung?

4 Erkläre die Aussagen „$P \sim I$ für $U =$ konst." und „$P \sim U$ für $I =$ konst." mit einer Modellvorstellung.

5 Die beiden Scheinwerferlampen eines Autos sind jede für sich an die 12-V-Batterie angeschlossen.
Die Lampen haben jeweils eine Leistung von 55 W.

a) Wie groß ist der Strom durch eine einzelne Lampe?
Berechne auch zum Vergleich die Stromstärke in einer 100-W-Haushaltsglühlampe.

b) Die beiden Scheinwerfer haben zusammen etwa die gleiche Leistung wie die 100-W-Lampe. Trotzdem ist der Strom durch die beiden Scheinwerfer erheblich größer als der Strom durch die Glühlampe. Gib dafür eine Erklärung.

c) Wie lange kann man die beiden Autoscheinwerfer mit einer Energie von 1 kWh betreiben?

d) Wie lange dauert es, bis die Autobatterie (12 V; 44 Ah) erschöpft ist, wenn die 2 Scheinwerfer (je 55 W) und die beiden Rückleuchten (je 6 W) eingeschaltet sind?

6 Drei Taschenlampen unterscheiden sich dadurch, daß zwei, drei oder vier Batteriezellen (je 1,5 V) in Reihe geschaltet sind. Die Ströme durch die Glühlämpchen sind etwa gleich groß ($I = 0,5$ A).

Wie groß ist jeweils der Energiestrom von der Batterie zur Lampe?

7 Berechne die Ströme durch die Elektrogeräte, die in der Tabelle aufgeführt sind.

8 Warum darf man eine Waschmaschine (3300 W) nicht an eine Steckdose anschließen, deren Zuleitung eine 10-A-Sicherung enthält?

Begründe deine Antwort durch eine Rechnung.

9 Beim Starten eines Autos fließt durch den Anlasser ein Strom von etwa 100 A. Der Strom durch eine elektrische Bohrmaschine beträgt z. B. 2,5 A. Trotzdem leistet der Anlasser nur etwa doppelt soviel wie die Bohrmaschine.

Gib dafür eine Erklärung!

10 Eine Leuchtdiode hat folgende Betriebsdaten: 1,6 V; 20 mA. Vergleiche ihre Leistung mit der eines Fahrradrücklichtes.

Leistungen von Elektrogeräten und Spannungsquellen

Gerät	Leistung
Taschenrechner (4,5 V)	0,4 mW
Fahrradscheinwerfer (6 V)	2,4 W
Tiefkühltruhe (230 V)	150 W
Bügeleisen (230 V)	1 kW
Farbfernsehgerät (230 V)	80 W
Elektroherd (400 V)	6 kW
Elektrolokomotive (15 kV)	3 MW
Solarzelle; 1 cm^2 (0,45 V)	5 mW
Monozelle (1,5 V)	ca. 2 W
Fahrraddynamo (6 V)	ca. 3 W
Generator im Elektrizitätswerk (27 kV)	300 MW

3 Energiebedarf im Haushalt

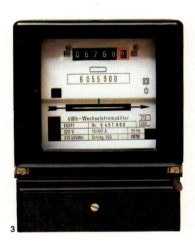

In jedem Haus befindet sich ein elektrischer „Zähler" (Bild 3). Er ist an die Hauptleitung, die vom Elektrizitätswerk kommt, angeschlossen.

○ Sieh dir euren Zähler zu Hause an. Notiere den Zählerstand im Abstand von genau 24 Stunden.

○ Was mißt der Zähler überhaupt? Welche Einheit wird dabei verwendet? (*Tip:* Achte auf das Typenschild des Zählers.)

○ Beobachte die Zählerscheibe: Wann dreht sie sich gar nicht, wann nur langsam und wann besonders schnell? (Laß ein Bügeleisen oder den Backofen einschalten, während du die Scheibe beobachtest.)

○ Sieh in der „Stromrechnung" nach, wie teuer jede Einheit ist.

V 7 (Lehrerversuch) Ein Heizlüfter wird über einen Zähler ans Netz angeschlossen (Bild 4). Beobachte die Zählerscheibe,
○ wenn nur der Ventilator läuft,
○ wenn die Heizstufe 1 eingeschaltet ist,
○ und wenn die Heizstufe 2 eingeschaltet ist.

a) Wie lange dauert jeweils eine Umdrehung der Scheibe?

b) Berechne aus den Meßwerten die Leistung des Gerätes. Vergleiche mit den Angaben auf dem Typenschild.

V 8 (Lehrerversuch) Wie lange dauert eine Umdrehung der Zählerscheibe, wenn eine 100-W-Glühlampe angeschlossen ist?

Wieviel Sekunden benötigt die Scheibe für eine Umdrehung, wenn zwei (drei) Lampen parallelgeschaltet sind?

Wieviel Sekunden sind es bei einer 25-W-Lampe?

Aufgaben

1 Erkundige dich, wie oft im Monat bei euch zu Hause die Waschmaschine eingeschaltet wird und welche Waschgänge dabei gewählt werden.

Für den Energiebedarf gibt ein Hersteller folgende Werte an:
Kochwäsche (95 °C)   2,4 kWh,
Buntwäsche (60 °C)   1,6 kWh,
Buntwäsche (30 °C)   0,6 kWh.

a) Wieviel elektrische Energie wird in eurem Haushalt pro Monat für das Waschen aufgewendet? Wieviel kostet diese Energie? (1 kWh elektrische Energie kostet z. B. 0,25 DM.)

b) Eine Waschmaschine enthält einen Motor, eine Laugenpumpe und eine Heizung. Welches dieser Geräteteile benötigt am meisten Energie?

2 Wie groß ist der Energiestrom, wenn du alle Geräte in deinem Zimmer einschaltest?

Welche Kosten entstehen, wenn die Geräte eine Stunde lang eingeschaltet sind? (Gehe wieder davon aus, daß 1 kWh 0,25 DM kostet.)

3 Herr Meyer schläft abends oft vor dem laufenden Fernsehgerät ein. Seine Frau ärgert sich über die Energieverschwendung.

„Nicht der Rede wert", meint Herr Meyer. „Nimm an, ich schlafe drei Stunden vor dem Fernseher. Der Fernseher hat 80 Watt. Für die Kilowattstunde bezahlen wir 25 Pfennig. Das macht..."

„Eine Energieverschwendung ist es trotzdem", erwidert seine Frau.

a) Führe die Rechnung von Herrn Meyer zu Ende.

b) Welcher von beiden Ansichten würdest du dich anschließen? Begründe!

4 Die Leistung eines elektrischen Heizlüfters beträgt 2200 W.

Berechne die Kosten, wenn der Lüfter 8 Stunden lang in Betrieb ist.

Aus der Geschichte: Vom Strombegrenzer zur „Stromrechnung"

Elektrisches Licht – das war vor 100 Jahren eine kostspielige Sache! Eine Edison-Glühlampe (mit Kohlefaden) kostete damals 7 Mark, der Anschluß ans Elektrizitätswerk 230 Mark. Ein Arbeiter verdiente im Jahr 1882 nur ungefähr 3 Mark pro Tag!

Die Abrechnung für den Lampenstrom war zunächst ganz einfach: Für jede installierte Lampe mußte jährlich ein Betrag von 20 Mark an das Elektrizitätswerk gezahlt werden – unabhängig davon, wie lange die Lampe eingeschaltet war.

Trotz der hohen Kosten setzte sich die elektrische Beleuchtung gegen das Gaslicht durch: 1885 gab es z. B. in Berlin 700 000 Gaslampen und nur 4880 Glühlampen. Doch fünf Jahre später zählte man bereits 92 000 elektrische Lampen.

Um durch heimlich installierte Lampen keinen Verlust zu haben, bauten die Elektrizitätswerke in den Haushalten *Strombegrenzer* ein:

Wurde eine Lampe zuviel angeschlossen, so schaltete dieser Apparat alle Lampen ständig ein und aus. Das dadurch hervorgerufene Flakkern des Lichtes war für die Augen unerträglich und zwang den Wohnungsinhaber, nur die vereinbarte Lampenzahl einzuschalten.

1

Es gab aber auch damals schon elektrische Zähler, zum Beispiel den *Pendelzähler* (Bild 1). Dieser Zähler war eigentlich eine umgebaute Penduluhr:

Unten am Pendel hing ein Dauermagnet, unter dem eine Spule angebracht war. Der elektrische Strom der Wohnung floß durch diese Spule, und ihr Magnetfeld wirkte auf den Dauermagneten ein.

Die Uhr lief um so schneller, je mehr Glühlampen eingeschaltet waren. Am Monatsende wurde die Uhrzeit des Pendelzählers mit der Normalzeit verglichen.

Aus der Differenz ließ sich dann berechnen, wieviel elektrische Energie geliefert worden war.

Moderne Zähler sind anders konstruiert. Sie funktionieren so ähnlich wie ein Elektromotor. Ein eingebautes Zählwerk zählt, wie oft sich der Rotor dieses Motors dreht. Die Energie für diesen „Zählermotor" kostet pro Tag etwa einen halben Pfennig.

Wie heute eine „Stromrechnung" aussieht, zeigt Bild 2.

Fragen und Aufgaben zum Text

1 Welche physikalische Größe ist in Spalte 5 der „Stromrechnung" gemeint?

2 Versuche zu erklären, was man unter *Arbeitspreis* und was man unter *Grundpreis* versteht.

3 Berechne aus den Angaben in der „Stromrechnung" den mittleren elektrischen Energiestrom, der von dem Haushalt benötigt wird.

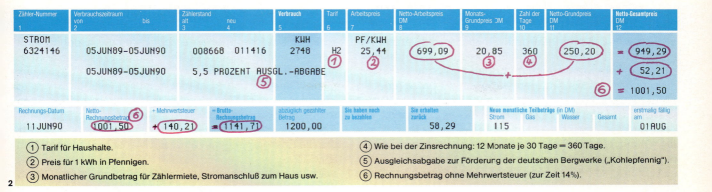

① Tarif für Haushalte.
② Preis für 1 kWh in Pfennigen.
③ Monatlicher Grundbetrag für Zählermiete, Stromanschluß zum Haus usw.
④ Wie bei der Zinsrechnung: 12 Monate je 30 Tage = 360 Tage.
⑤ Ausgleichsabgabe zur Förderung der deutschen Bergwerke („Kohlepfennig").
⑥ Rechnungsbetrag ohne Mehrwertsteuer (zur Zeit 14%).

Aus Umwelt und Technik: Tips zum Energiesparen

Augen auf beim Gerätekauf!
Sieh dir die Leistungsangabe auf dem Typenschild des Elektrogerätes an: Je größer sie ist, desto teurer wird es sein, das Gerät für eine bestimmte Zeit einzuschalten.

Oft findest du auch einen Hinweis, ob die Energiekosten bei diesem Gerät niedriger oder höher sind als bei vergleichbaren Typen (Bild 3).

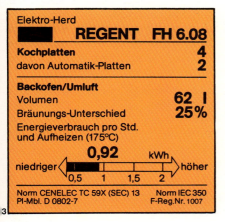

Geräte vollpacken!
Wer Geschirrspüler oder Waschmaschine zweimal nur zur Hälfte füllt, zahlt ans Elektrizitätswerk doppelt!

Aufgepaßt bei Sparprogrammen! Zwei „Sparwäschen" sind teurer als ein normaler Waschgang.

Kühler Ort fürs Kühlgerät!
Kühlschränke sollten nicht neben dem Herd stehen! Gefriergeräte gehören in den kühlen Keller, nicht in die warme Küche! Spareffekt: 30%.

Die Kühlschranktüren nur kurz öffnen! Kühlschränke öfter abtauen!

Nicht mehr glühen!
Das Licht aus Glühlampen ist zwar gemütlicher, aber fünfmal so teuer wie das Licht aus Energiesparlampen (Bild 4)!

Heiße Tips zum Kochen!
Im Schnellkochtopf steigt die Temperatur auf über 100°C an; das Essen wird schneller gar. Hier gilt: Zeit ist Geld! Spareffekt: mehr als 50%.

Es lohnt sich, die Nachwärme beim Kochen zu nutzen! Die heißen Kochplatten speichern noch eine ganze Menge Energie.

Übrigens paßt nicht jeder Topf auf jede Kochplatte (Bild 5)!

Kühler Tip für heiße Wäsche!
Viele meinen: „Wäsche muß gekocht werden, sonst wird sie nicht sauber." Für leicht verschmutzte Kochwäsche reicht aber oft eine Waschtemperatur von 60°C aus. Spareffekt: 40%.

Hinein in den kalten Ofen!
Bei Speisen, die länger als 30 Minuten im Backofen bleiben, kann man auf das Vorheizen des Ofens verzichten. Spareffekt: bis 20%.

Energiesparen – nicht nur bei Elektrogeräten!
Energie kann man vor allem dort sparen, wo am meisten davon benötigt wird: bei der Heizung und beim Auto (Bild 6). Es gibt sehr einfache Möglichkeiten, viel Energie zu sparen: Mit dem Fahrrad oder dem Bus fahren statt mit dem Auto. Das Zimmer nicht überheizen. Das Fenster zum Lüften nur wenige Minuten öffnen …

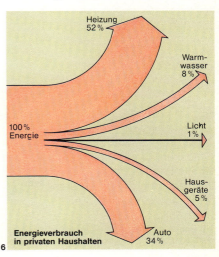

Aus Umwelt und Technik: Wir leben über unsere Verhältnisse

Vor etwa 100 Jahren wurden die ersten Haushalte mit elektrischer Energie versorgt. Seit dieser Zeit ist die elektrische Energieversorgung mehr und mehr zur Selbstverständlichkeit geworden. Heute können wir uns ein Leben ohne die „elektrischen Sklaven" kaum noch vorstellen:

Weder das elektrische Licht noch das Fernsehgerät, weder die Waschmaschine noch das Telefon, ja nicht einmal die Ölheizung oder die Warmwasserversorgung würde ohne elektrische Energie funktionieren. Keine Fabrik, keine Behörde, kein Krankenhaus und keine Bank könnte ohne elektrische Energie arbeiten.

Die elektrischen Energieströme bei uns sind gewaltig: Pro Kopf der Bevölkerung werden in jeder Sekunde rund 700 J elektrische Energie erzeugt. Im Durchschnitt fließt also ständig für jeden von uns ein elektrischer Energiestrom von 700 W.

Ein Gedankenspiel macht deutlich, wie groß dieser Energiestrom ist: Stell dir vor, die Generatoren in den Elektrizitätswerken würden von Arbeitern „per Hand" gedreht. Sechs bis acht Männer müßten Tag und Nacht arbeiten, um die Energie für einen einzigen Menschen zu erzeugen (Bild 1)!

Unser Verbrauch an elektrischer Energie ist ein Vielfaches dessen, was wir durch eigene körperliche Arbeit erzeugen könnten. Wir leben also gewissermaßen über unsere Verhältnisse. Für diesen Luxus müssen wir von unseren Vorräten zehren: Um elektrische Energie zu erzeugen, verbrauchen wir die fossilen Brennstoffe (Kohle, Erdgas, Erdöl) und die Uranvorkommen.

Auf die Dauer können die Energieströme nicht so weiterfließen wie heute: Die gesamten Brennstoff- und Uranvorräte, die wir auf der Erde besitzen, werden in verhältnismäßig kurzer Zeit erschöpft sein – spätestens in ein paar hundert Jahren, wahrscheinlich aber schon viel früher. Außerdem sind die Energieumwandlungen mit erheblichen Belastungen für unsere Umwelt verbunden.

Da die Weltbevölkerung rasch anwächst und jeder Mensch einen berechtigen Anspruch auf eine angemessene Energieversorgung hat, sind gewaltige Anstrengungen erforderlich. Eine auch für die Umwelt erträgliche Energieversorgung ist in naher Zukunft wahrscheinlich nur möglich, wenn statt der fossilen Brennstoffe die Sonnenenergie genutzt wird:

○ Die einfallende Strahlungsenergie der Sonne kann z. B. mit Hilfe von Solarzellen (Bild 2) in elektrische Energie umgewandelt werden.

○ Von der Sonne kommende Energie steckt im Wind und in Wasserströmungen; auch in Pflanzen ist sie gespeichert. Diese Energie kann genutzt werden (Bild 3).

Man spricht in all diesen Fällen von *regenerativen Energien* (lat. *regenerare:* wieder erzeugen), weil die Energie ständig durch die Sonne nachgeliefert wird.

Von den 700 W elektrischer Energie, die für jeden von uns erzeugt werden, wandeln wir 200 W im Haushalt um. Wie sich dieser Energiestrom auf die verschiedenen Haushaltsgeräte verteilt, zeigt Bild 4.

Der übrige Energiestrom von 500 W geht z. B. in öffentliche Einrichtungen (wie Krankenhäuser, Schulen, Bahnen usw.) oder wird zur Herstellung von Gütern aufgewendet, die von der Industrie erzeugt werden.

Neben der elektrischen Energie nutzen wir weitere Energieformen, z. B. im Straßenverkehr oder beim Heizen.

Eine gedankenlose Vergeudung von Energie ist im Hinblick auf die Umwelt und auf die zukünftige Energieversorgung nicht zu verantworten. Jeder sollte seine Lebensgewohnheiten in dieser Hinsicht immer wieder überdenken.

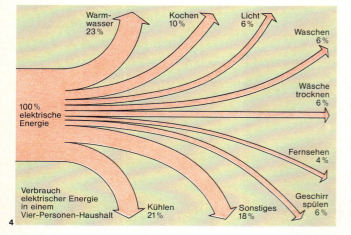

Stromkreise übertragen Energie

Alles klar?

1 Auf Gerätesteckern sind Höchstwerte für Stromstärke und Spannung angegeben. Sieh bei verschiedenen Steckern nach, und berechne jeweils die Leistung, die die angeschlossenen Geräte höchstens haben dürfen.

2 Warum sind die Leitungsdrähte im Auto zum Teil viel dicker als bei Haushaltsgeräten?

3 Aus einem Prospekt über Fernsehgeräte: „Der Stromverbrauch der neuen Gerätegeneration ist 20% niedriger. Bei Apparaten mit einer Bildschirmdiagonale von 37 cm beträgt er nur noch 65 Watt."

a) Erläutere, was hier mit „Stromverbrauch" gemeint ist.

b) Die Betriebsspannung beträgt 230 V. Wie muß die Aussage lauten, wenn der elektrische Strom (Ladungsträgerstrom) gemeint ist?

c) Warum werden Angaben über den elektrischen Strom bei Haushaltsgeräten nur selten gemacht?

4 Zwei Kassettenrecorder werden mit jeweils sechs Monozellen (je 1,5 V) betrieben. In dem einen Recorder sind alle sechs Zellen in Reihe geschaltet; in dem anderen sind 2·3 Zellen parallelgeschaltet (Bild 5).

Berechne, wie groß bei einer Leistung von 5 W die Ströme durch beide Geräte sind. Wie groß sind die Ströme durch die einzelnen Zellen?

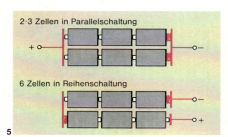
5

5 Eine Monozelle (1,5 V) kann für etwa 100 Stunden einen Strom von 0,08 A hervorrufen. Die Spannung ist dabei allerdings nicht konstant; sie nimmt ab und beträgt im Mittel nur 1,2 V.

Berechne die während dieser Zeit gelieferte Energie.

Vergleiche die Kosten mit denen für die Energie vom Elektrizitätswerk.

6 Das Lämpchen eines Fahrradscheinwerfers ist durchgebrannt. Auf dem Sockel ist nur die Aufschrift „2,4 W; 0,4 A" zu entziffern.

a) Was bedeutet diese Angabe? Mit welcher Spannung wird das Lämpchen betrieben?

b) Woher stammt beim Fahrrad die Energie für den Scheinwerfer?

Auf einen Blick

Mit Hilfe von elektrischen Stromkreisen wird Energie übertragen.

Die Spannungsquelle (Energiewandler 1) erzeugt die elektrische Energie aus einer anderen Energieform. Die im Kreislauf fließenden Ladungsträger sorgen dafür, daß die Energie zum angeschlossenen Gerät (Energiewandler 2) transportiert wird. Dort wird sie in andere Energieformen umgewandelt.

Beim Stromkreis strömt ständig elektrische Energie vom Energiewandler 1 (Quelle) zum Energiewandler 2 (Verbraucher). Neben dem Ladungsträgerstrom (I in A) gibt es immer auch einen Energiestrom P_{el}.

Der **Energiestrom** ist definiert als Quotient aus transportierter Energie W und Zeit t.

$$P_{el} = \frac{W}{t}$$

Die Einheit des Energiestromes ist 1 Watt (1 W).

In einem Gerät kann pro Sekunde nur die Energie umgewandelt werden, die ihm auch zugeführt wird. Den Quotienten aus umgewandelter Energie und Zeit bezeichnen wir als **Leistung** P.

Energiestrom und Leistung sind stets gleich groß.

Die Leistung P eines Gerätes läßt sich als Produkt von Spannung U und Stromstärke I berechnen:
$$P = U \cdot I.$$

Je länger ein elektrisches Gerät in Betrieb ist, desto mehr Energie W wird umgewandelt. Für die Berechnung der elektrischen Energie gilt:
$$W = P \cdot t \quad \text{oder} \quad W = U \cdot I \cdot t.$$

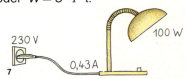
7

Kräfte auf Ströme im Magnetfeld

1 Der Elektromotor

Als *Rotor* bezeichnet man den drehbaren Teil eines Elektromotors. Damit sich der Rotor trotz vorhandener Bewegungswiderstände dreht, müssen antreibende Kräfte auf ihn wirken.

Diese Kräfte werden von dem ruhenden Teil des Motors, dem *Stator*, ausgeübt.

Wie entsteht die Drehwirkung auf den Rotor?
Um eine anschauliche Erklärung zu finden, müssen wir überlegen, wie die einzelnen Magnete aufeinander wirken.

V 1 Wir bauen einen einfachen „Elektromotor" (Bild 4). Als Rotor verwenden wir eine Kompaßnadel oder einen Stabmagneten, als Stator eine Spule mit Eisenkern.

Wie kann man den Rotor zum Drehen bringen?

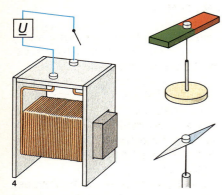

V 2 Damit sich der Rotor in V 1 ständig dreht, muß der Strom immer wieder – im richtigen Augenblick – ein- und ausgeschaltet werden.

a) Bild 5 zeigt, wie man den Dauermagneten selbst als Schalter verwenden kann. Baue den so verbesserten „Motor" auf.

b) Welche Nachteile besitzt dieser „Motor"?

V 3 Als Rotor verwenden wir eine selbstgebaute Spule, die an ihren Zuleitungen aufgehängt ist. Als Stator dient ein Bügelmagnet (Bild 6).

a) Wo befinden sich bei dieser Spule die Pole?

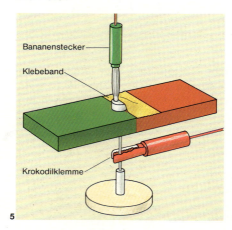

b) Was wird zu beobachten sein, wenn der Schalter geschlossen wird? Begründe deine Vermutung.

c) Auf welche Weise kannst du erreichen, daß sich die Spule im Kreis dreht? Beschreibe!

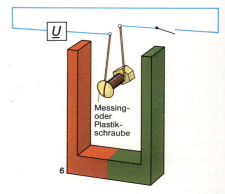

V 4 Ein Elektromotor wie in Bild 7 (oben auf der rechten Seite) wird zunächst an eine 4,5-V-Batterie angeschlossen. Der Rotor muß angeworfen werden.

Wir untersuchen, weshalb sich der Rotor ständig dreht.

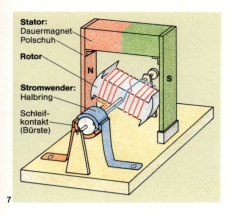

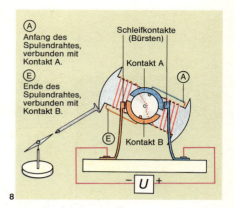

a) Der Dauermagnet wird entfernt und die Spule langsam gedreht. Überprüfe dabei mit Hilfe eines Nagels und einer Magnetnadel die Pole des Rotors (Bild 8).
Was beobachtest du?

b) Die Kontakte A u. B nennt man *Kommutator* oder *Stromwender* (lat. *commutare:* vertauschen).
Wie steht der Rotor, wenn seine Pole vertauscht werden?
Erkläre, wie eine vollständige Drehung des Rotors zustande kommt.

Aufgaben

1 Nenne die wesentlichen Teile eines Elektromotors.

2 Die Bilder 9–11 zeigen einen Elektromotor mit verschiedenen Stellungen des Rotors. Erkläre, warum sich der Rotor jeweils weiterdreht.
Wenn der Rotor waagerecht steht, fließt kein Strom durch ihn. Welches Problem tritt dadurch auf?

3 Suche nach Gemeinsamkeiten von Drehspulinstrument und Elektromotor.
Welche Unterschiede gibt es in ihrer Funktionsweise?

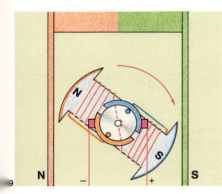

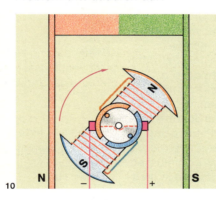

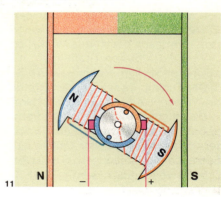

Aus der Geschichte: **Die ersten Elektromotoren**

Vor 150 Jahren begann man, die anziehenden und abstoßenden Kräfte von Elektromagneten technisch zu nutzen. Im Jahre 1835 baute der aus Potsdam stammende Ingenieur *Moritz Hermann Jacobi* (1801–1874) den ersten Elektromotor, der sich in der Technik anwenden ließ (Bild 12):

Auf einer runden, drehbar gelagerten Holzscheibe (dem Rotor) brachte er vier hufeisenförmige Elektromagnete an. Vier weitere Elektromagnete befanden sich – dem Rotor gegenüber – auf einer feststehenden Holzscheibe (dem Stator).

Die Elektromagnete des Stators waren in Reihe geschaltet, ebenso die des Rotors. Eine Batterie diente als gemeinsame Spannungsquelle für beide Stromkreise. Auf der Rotor-

achse hatte Jacobi eine Vorrichtung befestigt, die dem Stromwender bei modernen Motoren entspricht.

Für die kostspielige Weiterentwicklung seines Motors fand Jacobi einen Geldgeber, den russischen Zaren Nikolaus I. Daraufhin siedelte Jacobi nach St. Petersburg über. Im Jahre 1839 führte er dort seinen Elektromotor vor:

Der Motor trieb die Schaufelräder eines Bootes an, das auf der Newa auf und ab fuhr. Innerhalb von zwei Stunden legte dieses „elektrische Boot" – mit zwölf Personen an Bord – eine Strecke von 7 km zurück. Eine Zink-Platin-Batterie lieferte die nötige elektrische Energie.

Aus Umwelt und Technik: **Schritt für Schritt**

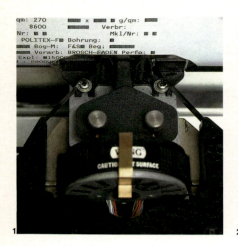

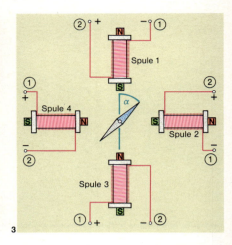

Textausgabe beim Computer (Bild 1): Der Druckkopf springt jeweils genau an die vorgesehene Stelle.

Montage von Autos (Bild 2): Der Industrieroboter schweißt die Korosserieteile an exakt vorbestimmten Punkten zusammen.

Sowohl der Druckkopf als auch der Roboter werden von Elektromotoren bewegt. Bei diesen Motoren muß sich der Rotor um ganz bestimmte Winkel drehen können.

Weil die Motoren Drehungen in einzelnen Schritten ausführen können, nennt man sie **Schrittmotoren**.

Das Funktionsprinzip eines Schrittmotors kannst du dir am Versuchsaufbau von Bild 3 klarmachen:

Die Magnetnadel (der Rotor) dreht sich in Schritten von jeweils 45° weiter, wenn man die Spulen 1–4 in geeigneter Weise umpolt. In der Tabelle ist angegeben, wie die Spulen in den Stellungen 0° und 45° gepolt sein müssen.

Selbstverständlich werden die Schrittmotoren in technischen Geräten nicht von Hand geschaltet, sondern durch eine elektronische Schaltung, die meist über einen Computer gesteuert wird.

Winkel α	Spule 1 Anschluß 1	2	Spule 2 Anschluß 1	2	Spule 3 Anschluß 1	2	Spule 4 Anschluß 1	2
0°	−	+	+	−	+	−	+	−
45°	−	+	−	+	+	−	+	−
90°	?	?	?	?	?	?	?	?
135°	?	?	?	?	?	?	?	?
180°	?	?	?	?	?	?	?	?
225°	?	?	?	?	?	?	?	?
270°	?	?	?	?	?	?	?	?
315°	?	?	?	?	?	?	?	?

Fragen und Aufgaben zum Text

1 Für die verschiedenen Stellungen des Rotors sollen die Polungen für die Spulen angegeben werden. Ergänze die Tabelle in deinem Heft.

2 Wie viele Umpolungen müssen insgesamt vorgenommen werden, damit sich die Magnetnadel in Schritten von 45° einmal im Kreise dreht?

Aus der Geschichte: **Elektromotoren lösen Dampfmaschinen ab**

Gegen Ende des 19. Jahrhunderts waren Elektromotoren nicht mehr die einfachen, teilweise aus Holz gebauten Geräte wie zu Jacobis Zeiten; es waren bereits elektrische Maschinen, wie wir sie heute kennen. Sie verdrängten nach und nach die Dampfmaschinen aus den Fabriken.

Zunächst trieben nur ein oder zwei Elektromotoren sämtliche Werkzeugmaschinen an, die in einer Fabrikhalle standen. Für die Energieübertragung in den Hallen waren immer noch – wie bei den Dampfmaschinen – große Antriebswellen und Treibriemen erforderlich (Bild 4). Als dann aber im Laufe der Zeit jede Maschine mit einem eigenen Antriebsmotor ausgerüstet wurde, konnte man auf solche Riemen und Wellen verzichten; die Energie wurde nur noch elektrisch übertragen.

Dampfmaschinen bzw. Dampfturbinen sind aber bis heute erforderlich, um in den Elektrizitätswerken die Generatoren anzutreiben.

Damals wurden auch die ersten Elektroloks gebaut. Am 4. Juni 1881 berichtete die Leipziger „Illustrierte Zeitung":

Erste elektrische Bahn in Betrieb

Schon 1873 bei der Berliner Gewerbeausstellung erregte die von der weltbekannten Firma *Siemens und Halske* in Berlin eingerichtete elektrische Eisenbahn allgemeines Aufsehen. Den vielen Leuten schien es geradezu märchenhaft, die mit zahlreichen Personen schwer beladenen Wagen ohne sichtbare Kraft dahinfahren zu sehen.

Die kürzlich eröffnete elektrische Eisenbahnstrecke in Lichterfelde bei Berlin verbindet den Bahnhof mit der Kadettenanstalt und hat eine Länge von 2½ km. Zum Betrieb der Bahn ist nur erforderlich, den Strom beliebig einsetzen und unterbrechen zu können. Dies geschieht durch Drehung einer Kurbel, die sich auf der Wagenplattform zur Hand des Conducteurs befindet.

Der 20 Personen fassende Wagen ist den Fahrzeugen der Pferdebahn ähnlich, hat Bremse und Signalglocke und wird von einem Fahrer, der zugleich Fahrscheine verkauft, bedient. Der behördlichen Anordnung gemäß, soll die durchschnittliche Fahrgeschwindigkeit 15 km pro Stunde betragen und darf an keiner Stelle 20 km pro Stunde übersteigen.

Elektrische Oberleitungen waren damals noch unbekannt. Als Stromleitungen dienten die beiden Schienen. Für diese Bahnlinie gab es ein eigenes Kraftwerk, in dem zwei Dampfmaschinen mit jeweils 6 PS (oder 4,4 kW) Leistung zwei Generatoren antrieben.

Aus Umwelt und Technik: **Motoren, die man nicht anwerfen muß**

Der Rotor von Bild 5 gehört zu einem Elektromotor, der für Schiffsmodelle bestimmt ist. Auffällig ist, daß für den Kommutator nicht zwei Halbringe verwendet werden; vielmehr ist der Ring aus vielen Teilen zusammengesetzt.

Mit zwei Halbringen kommt man aus, wenn der Rotor aus einer Spule mit Eisenkern besteht. Man bezeichnet diese Rotoren als **Doppel-T-Anker**. Die Form des Eisenkerns erinnert nämlich an ein aufrechtes T, an das unten ein kopfstehendes T angesetzt ist. Motoren mit einem solchen Rotor müssen meist angeworfen werden, weil sie bei einer bestimmten Rotorstellung nicht von alleine anlaufen.

Diesen Nachteil haben Motoren mit **Dreifach-T-Anker** (Bild 3 auf der

5

vorigen Doppelseite) nicht. Ihr Rotor besteht aus drei T-förmigen Teilen, um die jeweils eine Spule gewickelt ist.

Die Bilder 6–8 zeigen drei verschiedene Stellungen eines Dreifach-T-Ankers. In jeder Stellung entstehen die Magnetpole des Rotors so, daß sich die Kräfte auf die Magnetpole des Rotors nicht gegenseitig aufheben. Daher kann der Motor in jeder Stellung anlaufen.

Oft haben die Anker von Elektromotoren auch mehr als drei Spulenwicklungen, und der Kommutator ist aus mehr als drei Kontakten zusammengesetzt. Auch diese Motoren laufen von selbst an.

Fragen und Aufgaben zum Text

1 Erkläre, warum der Rotor in der Stellung von Bild 6 *zwei* Südpole besitzt.
Was kannst du über die Stromstärken in den beiden Spulen aussagen?
In welche Richtung dreht sich der Rotor? Begründe deine Antwort.

2 In Bild 7 berührt einer der beiden Schleifkontakte gleichzeitig zwei Kontakte des Kommutators. Beschreibe, wie die einzelnen Spulen geschaltet sind.

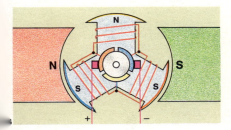
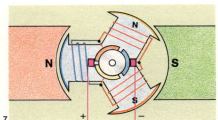
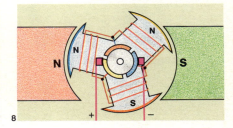

2 Die Lorentzkraft

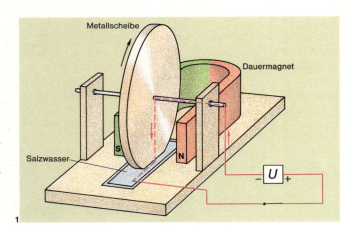

1

Bild 1 zeigt einen ungewöhnlichen Motor – das *Barlowsche Rad*: Der Stator ist ein Dauermagnet, der Rotor eine Metallscheibe.

Das Rad dreht sich, solange der Schalter geschlossen ist. Der Stromkreis und die Bewegungsrichtung der Elektronen sind eingezeichnet.

Wodurch könnte diese Drehbewegung zustande kommen?

Mit Hilfe der Versuche 5 u. 6 kannst du der Funktionsweise des Barlowschen Rades auf die Spur kommen.

V 5 Für diesen Versuch (Bild 2) eignet sich am besten ein Lamettafaden. Er ist nämlich leicht beweglich und ein guter Leiter.

a) Überprüfe zunächst, ob der Lamettafaden von dem Magneten angezogen wird.

b) Schließe nun den Stromkreis. Beobachte dabei den Lamettafaden.

c) Was geschieht, wenn die Stromrichtung verändert wird oder wenn man die Lage von Nord- und Südpol vertauscht?

d) Welchen Einfluß hat es, wenn man den Bügelmagneten durch einen schwächeren ersetzt?

e) Was beobachtest du, wenn du die Stromstärke änderst?

Verwende den stärkeren Magneten. Ersetze das Lämpchen durch ei-

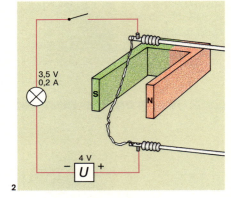

2

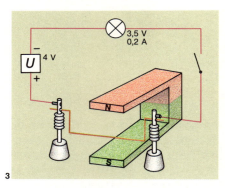

3

nen veränderbaren Widerstand (0 bis 100 Ω), damit du verschieden große Ströme einstellen kannst.

f) Anstelle des Lamettafadens werden unterschiedliche Metalldrähte („Leiterschaukeln") wie in Bild 3 eingebaut.

g) Fasse die Ergebnisse zusammen:
○ Welche Bedingungen müssen erfüllt sein, damit eine Kraft auf den Leiter wirkt?
○ Wovon hängt die Richtung dieser Kraft ab?
○ Wovon hängt ihr Betrag ab?

V 6 Wirkt die Kraft nur auf den Leiter oder unmittelbar auf die Elektronen, die durch den Leiter fließen?

Mit Hilfe einer Braunschen Röhre können wir die Antwort auf diese Frage finden (Bilder 4 u. 5).

Wir nähern der Röhre einen Magneten – einmal von vorne und einmal von der Seite.

Was beobachtest du?

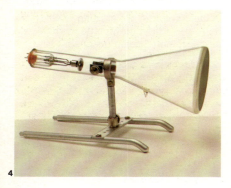

4

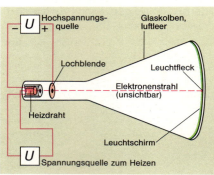

5

Braunsche Röhre
Der Heizdraht ist mit dem negativen Pol einer Hochspannungsquelle verbunden, die Lochblende mit dem positiven.

Aus dem glühenden Heizdraht treten Elektronen aus. Durch die Spannung werden die freigesetzten Elektronen in Richtung Lochblende beschleunigt, und die meisten fliegen geradlinig durch das Loch zum Leuchtschirm. Dort erzeugen sie einen Leuchtfleck.

V 7 Elektrische Ströme sind stets von Magnetfeldern umgeben. Im Magnetfeld, das in der Umgebung eines Leiters besteht, könnte doch ein zweiter stromdurchflossener Leiter unter Umständen eine Kraft erfahren. Treten solche Kräfte zwischen zwei Leitern tatsächlich auf?

a) Bild 6 zeigt den Versuchsaufbau: Zwei Lamettabänder werden parallel

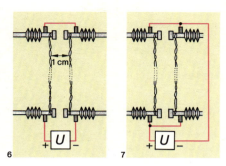

angeordnet und so an eine Quelle angeschlossen, daß die Elektronen in den Bändern in entgegengesetzte Richtungen fließen.

Was beobachtest du, wenn die Stromstärke langsam erhöht wird?

b) Der Versuchsaufbau wird so geändert, daß der Strom in beiden Bändern die gleiche Richtung hat (Bild 7). Was beobachtest du jetzt?

Info: Bewegte Ladungsträger im Magnetfeld – die Lorentzkraft

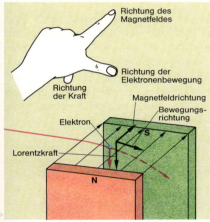 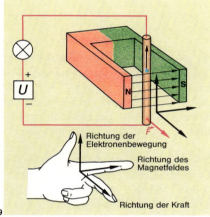 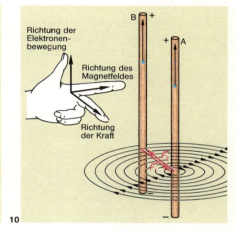

Ein Magnetfeld hat auf eine ruhende elektrische Ladung keine Wirkung. Erstaunlicherweise stellt man aber sehr wohl Wirkungen auf *bewegte* Elektronen (und andere Ladungsträger) fest:

Auf Elektronen, die sich in einem Magnetfeld bewegen, wirkt eine Kraft. Wir bezeichnen sie als **Lorentzkraft**, zu Ehren des niederländischen Physikers *Hendrik Anton Lorentz* (1853–1928).

Die Lorentzkraft ist senkrecht zur Bewegungsrichtung der Elektronen und senkrecht zu den Feldlinien gerichtet.

Nur wenn sich die Elektronen genau in Richtung der Feldlinien bewegen, erfahren sie keine Kraft.

Für den Fall, daß sich die Elektronen senkrecht zu den Feldlinien bewegen, gilt:
Die Lorentzkraft ist um so größer, ...
○ je höher die Geschwindigkeit der Elektronen ist und
○ je stärker das Magnetfeld ist.

In der Braunschen Röhre bewegen sich die Elektronen geradlinig vom Heizdraht zum Leuchtschirm. Dieser Elektronenstrahl läßt sich durch einen Magneten ablenken. In Bild 8 wird der Elektronenstrahl, der senkrecht zu den Feldlinien verläuft, nach unten abgelenkt.

Auch wenn sich Elektronen in einem Leiter bewegen, können Lorentzkräfte auf sie wirken. Daher beobachtet man Kraftwirkungen auf Leiterstücke, durch die Ströme fließen und die sich in Magnetfeldern befinden.

Bild 9 zeigt einen Leiter, der senkrecht zu den Feldlinien verläuft. Die Gesamtkraft auf dieses Leiterstück ist um so größer, ...
○ je größer der Strom,
○ je stärker das Magnetfeld und
○ je länger das im Magnetfeld befindliche Leiterstück ist.

Die Richtung der Lorentzkraft auf bewegte Elektronen läßt sich mit Hilfe der **Linke-Hand-Regel** vorhersagen (Bilder 8 u. 9): *Man hält den Daumen der linken Hand in Richtung der Elektronenbewegung und den Zeigefinger in Richtung der magnetischen Feldlinien. Der Mittelfinger weist dann in Richtung der Kraft, die auf die Elektronen bzw. den Leiter wirkt.*

Zwei parallele Leiter, durch die Ströme fließen, üben Kräfte aufeinander aus.

Auch diese Beobachtung läßt sich mit der Lorentzkraft erklären:

Wir nehmen zunächst an, daß in Bild 10 nur durch den Leiter A ein elektrischer Strom fließt. Es ergibt sich dann das dargestellte Magnetfeld.

Nun soll zusätzlich auch durch den Leiter B ein Strom in gleicher Richtung fließen. Auf den Leiter B wirkt dann nach der Linke-Hand-Regel eine Kraft, die ihn zu Leiter A hinzieht.

Leiter A erfährt eine Wechselwirkungskraft in Richtung auf Leiter B hin.

Daß auf den Leiter A eine Kraft wirkt, ergibt sich auch, wenn man die Betrachtung umkehrt: Man betrachtet in diesem Fall den Leiter A, der sich im Magnetfeld von Leiter B befindet.

Zwei parallele Leiter ziehen sich gegenseitig an, wenn die Ströme in den Leitern die gleiche Richtung haben. Sie stoßen einander ab, wenn die beiden Ströme einander entgegengesetzt gerichtet sind.

Die Beträge der Kräfte, die zwischen den Leitern wirken, hängen sowohl von den Stromstärken als auch vom Abstand der beiden Leiter ab.

Info: Die Einheit der Stromstärke – eine Ergänzung

Die Kräfte zwischen zwei parallelen Leitern werden auch für die gesetzliche *Definition der Einheit der Stromstärke* genutzt. Die Definition lautet:

> Die Stromstärke in zwei unendlich langen, parallelen Leitern im Abstand von 1 m beträgt 1 A, wenn diese Leiter im Vakuum aufeinander eine Kraft von $2 \cdot 10^{-7}$ N je Meter Leiterlänge ausüben würden.

In Bild 1 ist der Inhalt dieser Definition anschaulich dargestellt worden.

Aus der Definition kann eine Meßvorschrift hergeleitet werden, die sich auch im Labor verwirklichen läßt. Um festzustellen, ob ein Strom der Definition von 1 A entspricht, werden dort die Kräfte zwischen zwei großen Spulen gemessen.

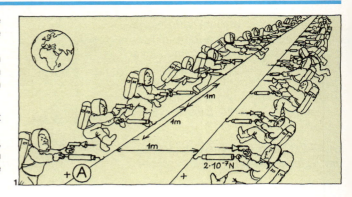

Aufgaben

1 Bild 2 zeigt eine einfache Möglichkeit, wie man den Versuch mit dem Lamettafaden (V 5) durchführen kann.

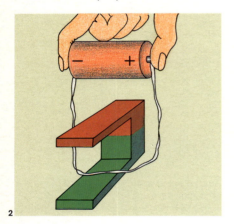

In welche Richtung wird sich der Leiter bewegen?

2 In der Anordnung von Bild 3 hängt die Auslenkung der Leiterschaukel von der Stromstärke ab. Bei einer bestimmten Stromstärke kommt die Schaukel in der gezeichneten Stellung zur Ruhe. Welche Kräfte wirken?

3 Zwei parallele Leiter, durch die Ströme in entgegengesetzte Richtungen fließen, stoßen einander ab. Begründe mit Hilfe einer Skizze.

4 Auf die bewegten Elektronen im Barlowschen Rad (Bild 1 auf der vorigen Doppelseite) wirken Lorentzkräfte. Die Kräfte werden durch „Reibung" zwischen den Elektronen und dem Metall auf das Rad übertragen.

Skizziere in deinem Heft die Bewegungsrichtung der Elektronen und die Richtung der Feldlinien. Ermittle mit der Linke-Hand-Regel die Richtung der wirkenden Kraft.

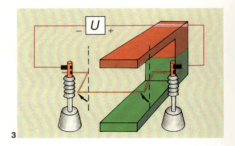

Kräfte auf Ströme im Magnetfeld

Alles klar?

1 Die Drehung einer „Spule" mit einer einzigen Windung (Bilder 4 u. 5) läßt sich mit Hilfe der Lorentzkraft erklären.

a) Sowohl auf die Leiterstücke a und b als auch auf die Leiterstücke c und d wirken Lorentzkräfte. Warum bewirken nur die Kräfte auf a und b eine Drehung?

b) Damit die Spule rotiert, muß die Stromrichtung jeweils umgekehrt werden, wenn die „Spule" senkrecht steht. Begründe!

c) Warum treten bei einer Spule mit mehreren Windungen größere Kräfte auf (bei gleicher Stromstärke)?

2 Führe einen Magneten langsam auf einen Schwarz-Weiß-Bildschirm zu. Erläutere die Veränderung des Bildes.

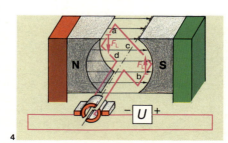

3 Warum müßten die Astronauten bei dem „Weltraumexperiment" von Bild 1 die Düsen einschalten?

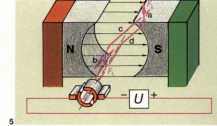

Kräfte auf Ströme im Magnetfeld

Auf einen Blick

Der Elektromotor

Ein Elektromotor besteht z. B. aus einem feststehenden Dauer- oder Elektromagneten (dem *Stator*) und einem drehbaren Elektromagneten (dem *Rotor*) sowie einem *Kommutator* oder *Stromwender*.

Der Stromwender hat die Aufgabe, die Stromrichtung in der Rotorspule im „richtigen" Takt umzukehren. Dadurch werden immer wieder Nord- und Südpol des Rotors vertauscht.

So funktioniert ein Elektromotor:

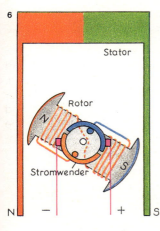

Die gleichnamigen Pole von Rotor und Stator stoßen einander ab, die ungleichnamigen ziehen einander an: Der Rotor dreht sich.

Die Drehung würde aufhören, wenn sich ungleichnamige Pole gegenüberstünden.

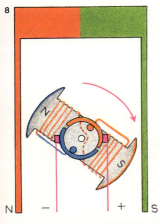

Der Stromwender kehrt die Stromrichtung in der Rotorspule rechtzeitig um. Aus dem Nordpol des Rotors wird dadurch ein Südpol und aus dem Südpol ein Nordpol. Die Drehung geht somit weiter.

Die Lorentzkraft

In einem Magnetfeld wirkt auf bewegte Elektronen (und andere Ladungsträger) eine Kraft senkrecht zur Bewegungsrichtung und senkrecht zur Richtung des Feldes. Diese Kraft heißt Lorentzkraft.

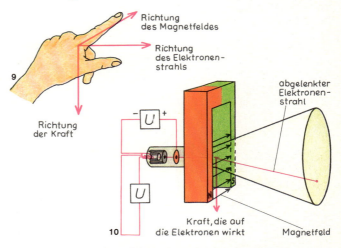

In einer Braunschen Röhre kann man einen Elektronenstrahl erzeugen. Die Elektronen lassen sich durch einen Magneten aus ihrer geradlinigen Bahn ablenken.

Elektronen in einem Metalldraht übertragen die Lorentzkräfte auf den Draht.
Die Kraft, die auf den Leiter im Magnetfeld wirkt, hängt von der Stromstärke, der Stärke des Magnetfeldes und der Länge des im Magnetfeld befindlichen Leiters ab.

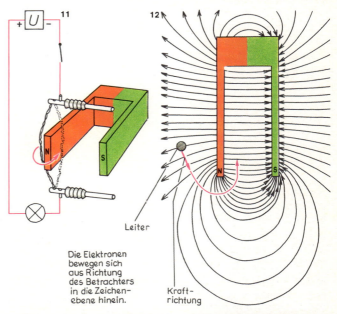

Spannungserzeugung durch Induktion

1 Grundversuche zur Induktion

Oersted stellte 1820 fest, daß elektrische Ströme von Magnetfeldern umgeben sind. Er beobachtete beim Einschalten des Stromes, daß eine Kompaßnadel in der Nähe eines Leiters abgelenkt wird (Bild 1). Elektrischer Strom zeigt also magnetische Wirkungen.

Der Engländer *Michael Faraday* (1791–1867) suchte nach einer Umkehrung dieses Effekts. Er schrieb 1822 in sein Tagebuch: *"Convert magnetism into electricity!"*

Faraday mußte erhebliche Schwierigkeiten überwinden: Die Stahlmagnete waren recht schwach, und der Strommesser war ein mit Draht umwickelter Kompaß.

Erst im Jahre 1831 hatte er Erfolg: Bild 2 zeigt seinen Versuchsaufbau. Neben die Beschreibung notierte Faraday: *"Conversion of magnetism into electricity."*

Wie läßt sich mit Hilfe eines Magneten ein elektrischer Strom erzeugen?

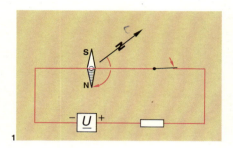
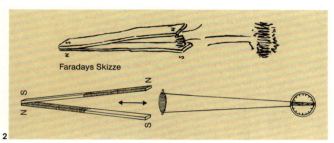

Faradays Skizze

V 1 Im Aufbau von Bild 3 soll die Lampe zum Leuchten gebracht werden.

a) Versuche es, indem du den Magnetpol ruckartig aus der Spule herausziehst. Was geschieht, wenn du ihn wieder in den Hohlraum der Spule hineinbewegst?

b) Was beobachtest du, wenn du einen Pol des Magneten in der Spule schnell auf und ab bewegst?

c) Nun soll die Spule bewegt werden und der Magnet auf dem Tisch stehen (Bild 4). Was stellst du fest?

d) Bewege Spule und Magnet gemeinsam in derselben Richtung.

V 2 Wenn durch die Lampe ein Strom fließt, muß an den Spulenenden eine Spannung meßbar sein.
Ersetze das Lämpchen durch einen Spannungsmesser. Untersuche, wovon die Spannung zwischen den Anschlüssen der Spule abhängt.

a) Wie ändert sich die Spannung, wenn du den Magneten unterschiedlich schnell im Spulenhohlraum bewegst?

b) Verwende unterschiedliche Magnete; bewege sie jedesmal so schnell du kannst. Hängt die Spannung davon ab, wie stark der Magnet ist?

c) Welchen Einfluß hat die Windungszahl der verwendeten Spule auf die Höhe der erzeugten Spannung?

V 3 Die Erklärung für das Auftreten dieser Spannungen wird leichter, wenn man statt einer Spule einen Draht oder eine Stange im Magnetfeld bewegt (Bild 5).

a) Beobachte das Meßgerät, wenn der Leiter einmal in die Pfeilrichtung und einmal in die entgegengesetzte Richtung bewegt wird.

b) Der Leiter wird auch nach oben, nach unten und in Richtung seiner Längsachse zur Seite bewegt.
Was beobachtest du jeweils?

c) Jetzt wird der Leiter festgehalten und der Magnet in die unterschiedlichen Richtungen bewegt.

d) Wir bewegen den Leiter in die Pfeilrichtung von Bild 5 – einmal möglichst schnell und einmal etwas langsamer.

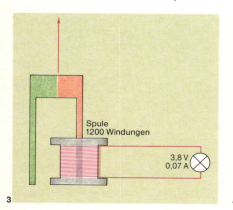
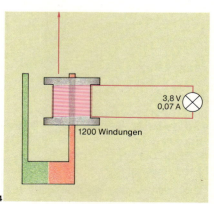
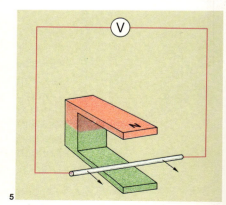

Anschließend werden unterschiedlich starke Magnete verwendet; der Leiter wird dabei jeweils mit gleicher Geschwindigkeit bewegt.

V 4 Ein kräftiger Bügelmagnet soll in einer Spule hin und her schwingen können, ohne daß er die Spule berührt (Bild 6).

a) Der Magnet wird um eine ganz bestimmte Strecke aus seiner Ruhelage ausgelenkt und dann losgelassen. Wie lange dauert es, bis er zum Stillstand kommt?

Achte auch auf die Anzeige des Spannungsmessers.

b) Wir schließen die Spule kurz; d. h., wir verbinden die Anschlüsse der Spule durch einen Kupferdraht. Anschließend lenken wir den Magneten wieder aus und lassen ihn schwingen. Was stellst du fest?

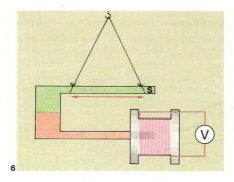
6

Info: Die Induktion und ihre Bedingungen

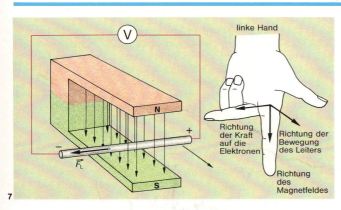
7

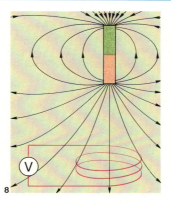
8

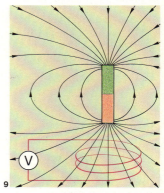
9

Wenn ein stabförmiger Leiter senkrecht zu den Feldlinien eines Magnetfeldes bewegt wird (Bild 7), tritt eine Spannung zwischen den Enden des Leiters auf. Wir bezeichnen sie als **Induktionsspannung**. Den Vorgang nennt man *Induktion*.

Für den Fall des bewegten Leiters läßt sich das Entstehen der Induktionsspannung mit Hilfe der Lorentzkraft erklären: Zusammen mit dem Leiter werden auch die in ihm befindlichen freien Elektronen senkrecht zu den Feldlinien bewegt. Auf die Elektronen wirken daher Lorentzkräfte in Richtung des Drahtes; dadurch werden die Elektronen angetrieben. Die Richtung der Lorentzkräfte kann man – wie in Bild 7 dargestellt – mit Hilfe der Linke-Hand-Regel vorhersagen.

Bewegt man den Leiter in die entgegengesetzte Richtung, so kehrt sich die Richtung der Lorentzkräfte um: Die Elektronen werden in die entgegengesetzte Richtung angetrieben; die Induktionsspannung hat die umgekehrte Polung.

Wenn ein Leiter senkrecht zu den Feldlinien eines Magnetfeldes bewegt wird, läßt sich zwischen seinen Enden eine Induktionsspannung nachweisen. Sie entsteht, weil die Elektronen durch die Lorentzkräfte angetrieben werden.

Dabei gilt: Die Induktionsspannung ist um so höher, je stärker der verwendete Magnet ist und je schneller der Leiter bewegt wird.

Auch wenn man den Magneten bewegt und den Leiter festhält, tritt eine Induktionsspannung auf. Diese Spannung läßt sich *nicht* mit der Lorentzkraft erklären.

Eine Induktionsspannung tritt auch auf,
○ wenn man einen Magneten einer ruhenden Leiterschleife oder Spule nähert (Bilder 8 u. 9),
○ wenn man ihn von der Leiterschleife oder Spule entfernt,
○ wenn man eine Leiterschleife oder Spule einem Magneten nähert und
○ wenn man sie vom Magneten entfernt.

Kann man die vielen verschiedenen Fälle durch *eine* Bedingung erfassen?

Die Bilder 8 u. 9 legen die Vermutung nahe, daß eine Induktionsspannung immer dann auftritt, wenn sich die Stärke des Magnetfeldes in der Leiterschleife oder in der Spule ändert.

In Bild 7 bilden der Leiter und die zum Spannungsmesser führenden Drähte eine Leiterschleife. Bewegt man den Leiter senkrecht zu den Feldlinien, durchsetzt ein mehr oder weniger großer Teil des Feldes die Schleife. In diesem Fall bleibt die Stärke des Feldes zwar gleich, trotzdem ändert sich das Feld in der Schleife. Die gesuchte Bedingung für die Induktion lautet:

Wenn sich ein Magnetfeld in einer Leiterschleife ändert, tritt zwischen ihren Enden eine Induktionsspannung auf.

Bei einer Spule werden die Elektronen in jeder Windung gleichsinnig angetrieben. Die in den einzelnen Windungen induzierten Spannungen addieren sich daher wie bei einer Reihenschaltung von Batteriezellen.

Wenn man eine möglichst hohe Induktionsspannung erzeugen will, kann man z. B. eine Spule mit vielen Windungen und einen starken Magneten schnell gegeneinander bewegen.

Wenn sich die Stärke eines Magnetfeldes in einer Spule mit vielen Windungen schnell ändert, entsteht eine hohe Induktionsspannung.

Fragen und Aufgaben zum Text

1 An eine Spule ist ein Spannungsmesser angeschlossen. Wie erreichst du, daß er möglichst hohe Werte anzeigt?

2 Ein Stabmagnet, der in einer Spule liegt, wird um die gemeinsame Längsachse von Magnet und Spule gedreht. Was zeigt ein Spannungsmesser an, der an die Spule angeschlossen ist?

Info: Die Lenzsche Regel

Eine erstaunliche Beobachtung macht man, wenn ein Magnet an einem Faden hin und her schwingt und dabei ein Pol immer wieder in den Hohlraum einer Spule eintaucht:

Sind die Spulenenden nicht miteinander verbunden, braucht der Magnet eine ganze Weile, bis er zur Ruhe kommt. Wenn man aber die Spulenenden durch einen Draht verbindet, kommt er rasch zum Stillstand. Wie ist dieser Unterschied zu erklären?

Durch die Bewegung des Magneten wird eine Spannung zwischen den Anschlüssen der Spule erzeugt. Immer wenn sich die Bewegungsrichtung des Magneten ändert, wird die Spannung umgepolt.

Wenn die Anschlüsse der Spule miteinander verbunden sind, fließt ein Strom. Im Spulendraht wird elektrische Energie umgewandelt und in Form von Wärme abgegeben. Die Energie stammt aus der Bewegung des Magneten – deshalb kommt der Magnet so schnell zur Ruhe.

Daß der Magnet abgebremst wird, läßt sich auch so erklären:
Wenn in der Spule ein Strom fließt, wird sie selbst zum Magneten. Bewegt sich nun z. B. der Nordpol des Bügelmagneten auf ein Spulenende zu, entsteht dort ebenfalls ein Nordpol (Bild 1).

Die abstoßende Kraft, die der Nordpol der Spule auf den Nordpol des Magneten ausübt, bremst die Bewegung des Magneten.

Bewegt sich der Nordpol aus dem Spulenende wieder heraus, muß dort ein Südpol entstehen (Bild 2). Durch die Anziehung ungleichnamiger Pole wird der Magnet weiter abgebremst.

Die Induktionsspannung ruft einen Strom hervor, der die Bewegung des Magneten bremst und damit den Vorgang behindert, der die Induktion verursacht. Diesen Zusammenhang entdeckte 1834 der Physiker *Emil Lenz* aus St. Petersburg in Rußland.

Ein Induktionsspannung ist stets so gerichtet, daß das Magnetfeld des erzeugten Stromes der Induktionsursache entgegenwirkt (Lenzsche Regel).

Die Induktionsursache ist in diesem Beispiel die Bewegung des Magneten, durch die sich die Stärke des Magnetfeldes in der Spule ändert.

Die Lenzsche Regel hängt mit dem Energiesatz zusammen:
Angenommen, beim Hineinschwingen des Nordpols in ein Spulenende entstünde dort kein Nordpol, sondern ein *Südpol*. Der Magnet würde dann in die Spule hineingezogen.

Bewegte sich der Magnet in die entgegengesetzte Richtung, wäre die Stromrichtung umgekehrt, und das Spulenende wäre ein Nordpol. Der Nordpol des Magneten würde abgestoßen.

Der Magnet würde also sowohl beim Hineinschwingen als auch beim Herausschwingen beschleunigt – ohne jede Energiezufuhr von außen. Der pendelnde Magnet würde sich nicht nur dauernd bewegen, sondern könnte sogar ständig Energie abgeben! Er wäre ein Perpetuum mobile, d. h. eine Maschine, die Energie „aus dem Nichts" erzeugt. Eine solche Maschine kann es nicht geben, denn Energie wird stets nur übertragen und von einer Form in eine andere umgewandelt.

Die Lenzsche Regel ist ein Spezialfall des Satzes von der Erhaltung der Energie.

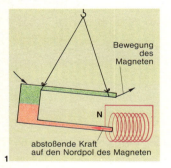
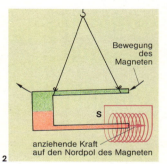

1 abstoßende Kraft auf den Nordpol des Magneten
2 anziehende Kraft auf den Nordpol des Magneten

2 Wie funktioniert ein Generator?

Mit *Generatoren* kann man elektrische Energie aus anderen Energieformen erzeugen. Es gibt sie in vielen Ausführungen (Bild 3), aber alle arbeiten nach demselben Prinzip.

V 5 Bild 4 zeigt einen einfachen Generator: Ein Stabmagnet ist drehbar gelagert. Neben dem Magneten befindet sich eine Spule, in der ein kurzer Eisenkern steckt.

Beobachte den Spannungsmesser, während du den Stabmagneten drehst. Erkläre deine Beobachtung.

3 Ein Notstromaggregat mit Dieselmotor. Sein Generator kann ein großes Wohnhaus oder eine kleine Fabrik mit Strom versorgen.

Der Fahrraddynamo – einer der kleinsten Generatoren. Wie du weißt, ist er aus Spule und Magnet aufgebaut.

Diesen Kraftwerksgenerator treibt eine Dampfturbine an. Er liefert elektrische Energie für eine Großstadt.

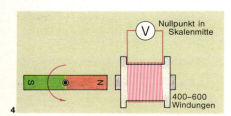

4 Nullpunkt in Skalenmitte; 400–600 Windungen

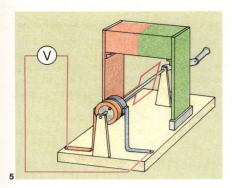

5

V 6 Bei diesem handgetriebenen Generator (Bild 5) wird nicht der Magnet gedreht, sondern die „Spule", eine Leiterschleife. Ihre Enden sind mit je einem Schleifring verbunden.

a) An die Schleifkontakte wird ein Spannungsmesser angeschlossen. Die „Spule" wird langsam gedreht.
Skizziere den Verlauf der Spannung während einer Umdrehung.

b) Erkläre mit Hilfe der Lorentzkraft, warum die Spannung umgepolt wird.

c) Drehe jetzt immer schneller. Erläutere das Versuchsergebnis.

V 7 In ihrem Aufbau unterscheiden sich Generatoren und Motoren nicht.

a) Versuche, einen Motor mit Doppel-T-Anker als Generator zu betreiben (Bild 6). An die Schleifringe (Bild 7) werden eine Glühlampe und ein Spannungsmesser angeschlossen.

b) Schließe Lampe und Meßgerät über den *Stromwender (Kommutator)* an die Rotorspule an (Bild 8). Die Enden des Spulendrahtes sind jeweils mit einem der Halbringe verbunden. Welchen Spannungsverlauf erwartest du jetzt?

c) Der Dauermagnet kann durch einen Elektromagneten ersetzt werden. Nenne Vor- und Nachteile dieser Anordnung.
Wir vergrößern den Strom durch den Elektromagneten, während die Rotorspule mit gleichbleibender Geschwindigkeit gedreht wird. Wie ändert sich die Induktionsspannung?

d) Der Strom für den Elektromagneten wird abgeschaltet, der Rotor aber weiter gedreht. Was stellst du fest?

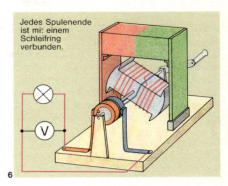

6

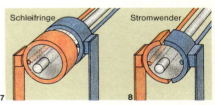

7 8

Info: Der magnetische Fluß durch eine Leiterschleife

Für die Induktion haben wir folgende Bedingung kennengelernt:
Wenn sich ein Magnetfeld in einer Leiterschleife ändert, tritt zwischen ihren Enden eine Induktionsspannung auf.

Diese Bedingung umfaßt aber nicht alle möglichen Fälle: Eine Spannung tritt auch dann auf, wenn eine Spule in einem unveränderlichen Feld gedreht wird. Das Zustandekommen dieser Spannung läßt sich mit Hilfe der Lorentzkraft erklären (Bild 9).

Wir wollen eine einfache und umfassende Bedingung für das Auftreten von Induktionsspannungen finden.

Um uns eine Vorstellung vom Magnetfeld zu machen, verwenden wir Feldlinien. Wie du weißt, geht durch jeden Punkt eine Feldlinie.

Man zeichnet aber in Feldlinienbilder nur so viele Feldlinien ein, daß die Dichte der Feldlinien der Stärke des Magnetfeldes entspricht (Bilder 10 u. 11).

In den Bildern 12–14 ist das Feld überall gleich stark. Bei der Drehung ändert

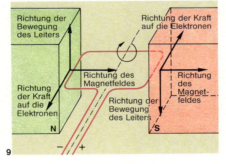

9

sich ständig die Anzahl der gezeichneten *Feldlinien*, die durch die Leiterschleife hindurchgehen.

Auch wenn wir z. B. einen Stabmagneten auf eine Leiterschleife zubewegen, ändert sich in der Feldliniendarstellung die Anzahl der gezeichneten Linien, die durch die Leiterschleife verlaufen.

Wenn wir uns solche Feldlinienbilder vorstellen, können wir also die gesuchte umfassende Bedingung so formulieren:

Eine Induktionsspannung entsteht, wenn sich die Anzahl der gezeichneten Feldlinien ändert, die eine Leiterschleife durchsetzen.

Die Feldlinienbilder eines Magnetfeldes erinnern an Strömungsbilder von Flüssigkeiten. Dicht liegende Strömungslinien bedeuten dabei, daß die Flüssigkeit schnell fließt. Je mehr Strömungslinien durch eine bestimmte Fläche hindurchgehen, desto mehr Wasser fließt in einer bestimmten Zeit durch diese Fläche.

Früher hat man sich vorgestellt, daß auch beim Magnetismus etwas fließt. In Feldliniendarstellungen würde dann die Anzahl der gezeichneten Linien angeben, wie stark der „magnetische Fluß" wäre. Obwohl man heute weiß, daß beim Magnetismus nichts fließt, verwendet man den Begriff des *magnetischen Flusses*.

In Feldlinienbildern ist die Anzahl der gezeichneten Feldlinien, die durch eine Fläche hindurchgehen, ein Maß für den magnetischen Fluß durch diese Fläche.

Das *Induktionsgesetz* kann man mit diesem Begriff auch so formulieren:

Eine Induktionsspannung entsteht, wenn sich der magnetische Fluß durch eine Leiterschleife ändert. Die Induktionsspannung ist um so höher, je schneller sich der Fluß ändert.

11 12 13 14

Info: **Wechselspannung und Wechselstrom**

Wenn sich eine Leiterschleife in einem Magnetfeld dreht (Bild 1), ändert sich der magnetische Fluß in der Leiterschleife. Daher wird eine Spannung induziert.

Die Induktionsspannung ist aber nicht konstant, sondern sie hat den in Bild 2 gezeigten Verlauf.

In den Stellungen 1, 7 und 13 (Bild 1) ist der Betrag des magnetischen Flusses am größten. In den Stellungen 4 und 10 gibt es keinen magnetischen Fluß durch die Schleife.

Für die Höhe der Spannung ist die Geschwindigkeit entscheidend, mit der sich der Fluß *ändert*: Dreht sich die Schleife z. B. von der Stellung 1 in die Stellung 2, ändert sich der Fluß nur wenig; die Spannung ist daher gering. Wenn sich die Schleife aus der Stellung 4 in die Stellung 5 dreht, ändert sich der magnetische Fluß in der gleichen Zeit stärker, die Spannung ist höher.

Die Spannung zwischen den Enden der Leiterschleife unterscheidet sich in ihrem zeitlichen Verlauf erheblich von der einer Batterie: Die Batterie treibt die Elektronen stets in gleicher Richtung an. Außerdem werden die Elektronen immer gleich stark angetrieben. Eine solche Spannung heißt **Gleichspannung**. Ist der Stromkreis geschlossen, fließt ein **Gleichstrom**.

Dagegen wechselt bei der Leiterschleife jedesmal die Polung, wenn sie waagerecht steht (Stellungen 1, 7, 13). Das bedeutet, daß sich die Richtung ändert, in die die Elektronen angetrieben werden. Man spricht von einer **Wechselspannung**.

Wir zeichnen die Spannungskurve oberhalb der Zeit-Achse, wenn die Elektronen in die eine Richtung getrieben werden, und unterhalb der Zeit-Achse, wenn sie in die Gegenrichtung getrieben werden.

Außerdem werden die Elektronen nicht immer gleich stark angetrieben. Die Höhe der Spannung ändert sich nämlich ständig. Den höchsten Wert, den die Spannung erreicht, nennt man *Scheitelwert*.

Wenn man die Leiterschleife in einen Stromkreis einbaut, wechselt auch der Elektronenstrom immer wieder seine Richtung **(Wechselstrom)**.

Bei jeder Umdrehung der Leiterschleife wiederholt sich der gleiche Spannungsverlauf: Die Spannung steigt von 0 V bis zum Scheitelwert an, nimmt dann wieder ab, wird umgepolt, erreicht ihren unteren Scheitelwert und beträgt schließlich wieder 0 V.

Bei der Netzwechselspannung wiederholt sich dieser Spannungsverlauf 50mal pro Sekunde. Man sagt: Die **Frequenz** der Netzwechselspannung beträgt 50 Hertz (1 Hz = $\frac{1}{s}$).

Generatoren erzeugen in der Regel Wechselspannungen. Um eine Gleichspannung zu erhalten, benutzt man einen *Kommutator* (oder *Stromwender*): Die Enden des Spulendrahtes sind mit den beiden Halbringen verbunden. Immer wenn die Spule waagerecht steht (nach jeder halben Umdrehung) werden die Anschlüsse des Generators mit dem jeweils anderen Spulenende verbunden. Auf diese Weise werden die Elektronen in den angeschlossenen Drähten und Geräten immer in die gleiche Richtung getrieben.

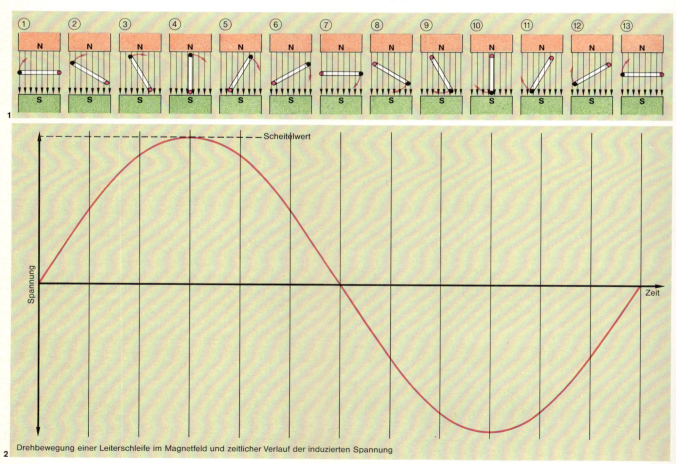

2 Drehbewegung einer Leiterschleife im Magnetfeld und zeitlicher Verlauf der induzierten Spannung

Info: Effektivwerte von Wechselspannung und Wechselstrom

Man kann den zeitlichen Verlauf einer schnell veränderlichen Wechselspannung nicht mit einem Drehspulmeßgerät für Gleichspannung untersuchen.

Die Spannungsänderungen erfolgen nämlich so schnell, daß ihnen der Zeiger des Gerätes nicht folgen kann und bei 0 V stehen bleibt. Trotzdem setzt man Drehspulinstrumente zum Messen von Wechselspannungen ein – und diese Geräte zeigen keine schwankenden, sondern gleichbleibende Werte an!

In diesen Meßgeräten ist nämlich eine Schaltung eingebaut, die dafür sorgt, daß der Strom durch die Drehspule immer in dieselbe Richtung fließt. In der Spule steigt der Strom also von 0 A auf den Höchstwert an, fällt auf 0 A ab und steigt dann wieder auf den gleichen Höchstwert an. Der Zeiger kann auch diesen schnellen Änderungen nicht folgen. Er stellt sich aber auf einen Zwischenwert ein.

Welche Bedeutung dieser Meßwert hat, machen die Bilder 3 u. 4 deutlich:

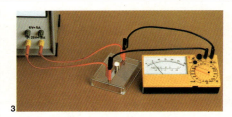
3

4

Ein Glühlämpchen wird an eine 4,5-V-Batterie angeschlossen und ein zweites gleichartiges Lämpchen an ein Netzgerät. Nun wird die Wechselspannung des Netzgerätes so lange erhöht, bis beide Lämpchen gleich hell leuchten. Das Meßgerät für Wechselspannung zeigt dann ebenfalls 4,5 V an.

Eine Wechselspannung von 4,5 V hat also für die Glühlampe die gleiche Wirkung (den gleichen *Effekt*) wie eine Gleichspannung von 4,5 V. Man bezeichnet den gemessenen Wert als **Effektivwert** der Wechselspannung.

Die Scheitelwerte sind höher als die Effektivwerte. Eine Wechselspannung von 4,5 V (Effektivwert) hat einen Scheitelwert von 6,4 V.

Entsprechendes gilt auch für den Wechselstrom: Ein Wechselstrom mit einem Scheitelwert von 1,4 A erzeugt in einem Widerstand genausoviel Wärme wie ein Gleichstrom von 1 A. Man sagt deshalb: Dieser Wechselstrom hat einen Effektivwert von 1 A.

Bei Wechselspannungen und Wechselströmen werden fast immer die Effektivwerte angegeben – und nicht die Scheitelwerte.

Aufgaben

1 In der Stellung 7 von Bild 1 ändert sich gerade die Polung der Spannungsquelle. Begründe mit Hilfe der Lorentzkraft.

2 Was wechselt eigentlich bei der Wechselspannung?

3 Warum kann man mit einem Drehspulinstrument im Gleichspannungsmeßbereich nicht die Wechselspannung eines Netzgerätes messen?

4 Was versteht man unter dem Effektivwert der Wechselspannung (des Wechselstromes)?

5 Bei Wechselspannungen und Wechselströmen sind die Scheitelwerte ca. 1,4mal so groß wie die Effektivwerte.

a) Berechne die Scheitelwerte für die folgenden Effektivwerte der Spannung: 1,5 V, 4,0 V, 14 V, 160 V, 230 V.

b) In Stromkreisen wurden folgende Effektivwerte des Wechselstromes gemessen: 2,7 A, 0,05 A, 0,07 A. Wie groß sind jeweils die Scheitelwerte?

Aus Umwelt und Technik: Kleinste Generatoren

Der Generator von Bild 5 gehört zu den kleinsten der Welt. Er ist kaum 2 cm lang, nur wenige Millimeter breit und liefert die nötige Spannung für eine Quarzarmbanduhr. Angetrieben wird er durch eine Schwungmasse (Bild 6), die die Armbewegungen auf ein Zahnrad überträgt.

Dieses Zahnrad kann sich bis zu 100 000mal in der Minute drehen. Die Drehungen werden genutzt, um mit Hilfe eines winzigen Magneten und einer kleinen Spule eine Spannung zu erzeugen. In einem kleinen Akku wird Energie für den Fall gespeichert, daß die Uhr nicht bewegt wird.

5

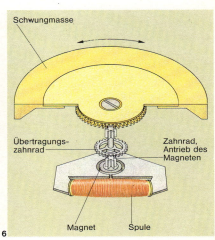
6

Aus der Geschichte: **Von Pixii zu Siemens**

Im Jahre 1832 – also schon ein Jahr nach der Entdeckung der Induktion – baute der französische Mechaniker *Hippolyte Pixii* den ersten Generator (Bild 1). Mit Hilfe einer Kurbel konnte man bei ihm einen Hufeisenmagneten vor zwei Spulen rotieren lassen. Diese waren hintereinandergeschaltet und saßen auf einem Weicheisenkern.

Bald folgten weitere, verbesserte Generatoren, die sogar von Dampfmaschinen angetrieben wurden. In Leuchttürmen z.B. wurden sie als Stromquellen für elektrische Lampen eingesetzt.

Bei all diesen Generatoren verwendete man Dauermagnete aus Stahl. Dadurch ergaben sich zwei Schwierigkeiten: Zum einen konnte man damals keine starken Magneten herstellen. Zum anderen verloren diese Magnete ziemlich schnell ihren Magnetismus, weil sie ständig erschüttert wurden, wenn der Generator in Betrieb war. Die induzierten Spannungen waren daher verhältnismäßig gering.

Ein Generator von damals wog doppelt soviel wie heute ein Pkw. Er würde aber als Stromquelle für einen modernen Elektroherd nicht ausreichen, ja nicht einmal für eine einzige Kochplatte!

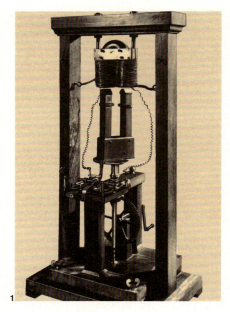

Deshalb versuchte man bald, die Dauermagnete in den Generatoren durch *Elektro*magnete zu ersetzen. Werden diese nämlich von starken Strömen durchflossen, so ist ihre magnetische Kraft viel größer als die von Dauermagneten. Aber an welche Stromquelle sollte man die Elektromagnete anschließen? Batterien waren nach kurzer Zeit „verbraucht" und mußten immer wieder erneuert werden; das war umständlich und vor allem teuer.

Mit diesem Problem beschäftigte sich im Herbst des Jahres 1866 auch *Werner von Siemens*. Dabei hatte er eine geniale Idee:

Er versuchte, für den Elektromagneten eines Generators dessen *eigenen* Induktionsstrom zu nutzen.

Dazu schaltete er in seinem Generator (Bild 2) die Statorspule und die Rotorspule hintereinander (Bild 3).

Doch wie konnte das funktionieren? Damit die Statorspule magnetische Wirkungen hervorruft, muß doch Elektrizität durch sie hindurchströmen!

In vielen Experimenten hatte Siemens bereits vorher herausgefunden, daß der Eisenkern eines Elektromagneten seine magnetische Wirkung *nicht völlig* verliert, wenn der Spulenstrom abgeschaltet wird. Diesen „zurückbleibenden Magnetismus" (Restmagnetismus) nutzte er in seinem Generator:

Wird die Rotorspule in dem schwachen Magnetfeld des Eisenkerns der Statorspule gedreht, so fließt in dem Stromkreis (Bild 3) zunächst nur ein ganz geringer Strom. Dadurch entsteht innerhalb der Statorspule ein Magnetfeld, das auch den Eisenkern etwas stärker magnetisiert. Dies hat zur Folge, daß der Induktionsstrom größer wird . . .

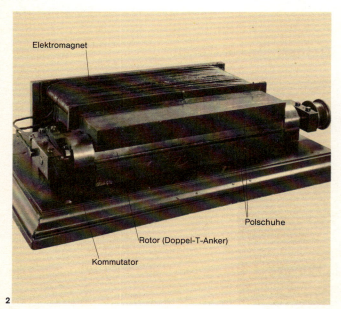

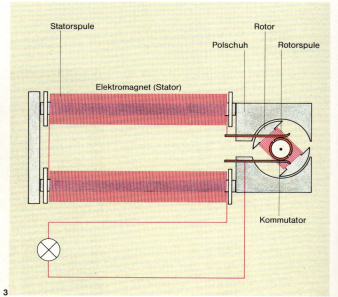

Aus Umwelt und Technik: **Generatoren in Kraftwerken**

In den Elektrizitätswerken stehen riesige Generatoren. Die größten dieser Generatoren können fast eine Million Menschen mit elektrischer Energie versorgen.

Bild 4 zeigt einen solchen Generator. Er erzeugt einen Energiestrom von 1300 MW, die Spannung beträgt 27 kV.

Die Generatoren in den heutigen Elektrizitätswerken sind anders konstruiert als die ersten Generatoren von Siemens: In ihrem Innern dreht sich nicht die Induktionsspule, sondern ein gewaltiger Elektromagnet. Den nötigen Strom liefert ein kleiner angekoppelter Generator (die *Erregermaschine*). Die Induktionsspulen sind fest montiert und werden vom Magnetfeld des rotierenden Elektromagneten durchsetzt; dadurch kommt es zur Induktion. Angetrieben werden die Generatoren mit Hilfe von Dampfturbinen: Im Kraftwerk wird heißer Wasserdampf erzeugt, der dann unter hohem Druck gegen die Schaufeln der Turbinenräder strömt. Bild 5 zeigt eine Turbine bei der Montage.

Die Turbine von Bild 6 treibt den 1300-MW-Generator von Bild 4 an. Sie besteht aus einem Hochdruckteil und drei Niederdruckteilen.

Der Hochdruckteil ist im Vordergrund des Bildes unter den Rohrleitungen zu erkennen. Durch die Rohre wird heißer Dampf in den Hochdruckteil geleitet. Anschließend strömt der Dampf in die Niederdruckteile. Der Generator ist gerade noch hinter dem letzten Niederdruckteil der Turbine zu sehen. Er sitzt mit den Turbinenläufern auf einer Welle. Die abgebildete Anlage ist 65 m lang.

Spannungserzeugung durch Induktion

3 Das Oszilloskop macht Spannungsverläufe sichtbar

V 8 Ein **Oszilloskop** dient dazu, Spannungsverläufe zu untersuchen. Bild 1 zeigt sein „Innenleben".

a) Baue die Schaltung von Bild 2 auf (Anschluß am Oszilloskop: y bzw. ↑↓). Beobachte den Leuchtpunkt, …
○ wenn der Schalter betätigt wird,
○ wenn das Netzgerät umgepolt wird und
○ wenn die Spannung verringert oder erhöht wird.

b) Die Lampe wird an eine Wechselspannung von 4 V angeschlossen. Was wird zu beobachten sein? Überprüfe deine Vermutung.

V 9 Wenn man die *Seitenablenkung* einschaltet, bewegt sich der Leucht-

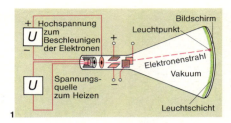
1

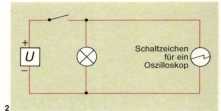
2

punkt von links nach rechts über den Schirm und beschreibt dabei eine gerade Linie.

Sobald der Leuchtpunkt an der rechten Seite angekommen ist, springt er nach links zurück.

a) Probiere es aus. Stelle den Drehknopf *time* zunächst so ein, daß sich der Leuchtpunkt möglichst langsam bewegt.

b) Schalte anschließend die Wechselspannungsquelle ein, und stelle den Drehknopf *time* so ein, daß auf dem Schirm ein „stehendes Bild" erscheint. Überlege, wie dieser Bildeindruck zustande kommt.

c) Schließe das Lämpchen an eine Gleichspannungsquelle an, und wiederhole Versuch 8a bei eingeschalteter Seitenablenkung.

Info: Das Oszilloskop

Im Oszilloskop wird ein *Elektronenstrahl* erzeugt: Aus dem glühenden Heizdraht treten Elektronen aus. Durch die anliegende Hochspannung werden sie in Richtung auf die Lochblende beschleunigt und fliegen dann durch das Loch geradlinig zum Leuchtschirm. An der Stelle, an der die Elektronen auf den Schirm treffen, entsteht ein Leuchtfleck.

Hinter der Lochblende sind die Platten für die *Hoch-Tief-Ablenkung* angeordnet (Bild 3). An diese Platten wird die zu untersuchende Spannung angelegt.

Wenn man z. B. die obere Platte mit dem Pluspol einer Spannungsquelle und die untere mit dem Minuspol verbindet, wird der Elektronenstrahl nach oben abgelenkt. Die obere Platte ist dann nämlich positiv geladen und zieht die vorbeifliegenden Elektronen an; die negativ geladene untere Platte stößt sie ab.

Je höher die an die Platten angelegte Spannung ist, desto stärker wird der Elektronenstrahl abgelenkt. Polt man die Spannungsquelle um, so wird der Elektronenstrahl nach unten abgelenkt.

Wenn man eine Wechselspannung an das Plattenpaar für die Hoch-Tief-Ablenkung anschließt, sieht man auf dem Leuchtschirm einen senkrechten Strich. Die Erklärung dafür ist einfach: Die Höhe der Spannung ändert sich ständig, und außerdem wird die Spannung in kurzen Zeitabständen umgepolt.

Das Oszilloskop besitzt ein zweites Plattenpaar für die *Seitenablenkung* (Bild 4).

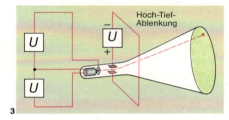
3

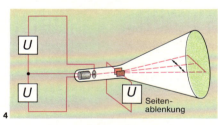
4

An dieses Plattenpaar wird häufig eine Spannung angelegt, deren zeitlicher Verlauf in Bild 5 dargestellt ist („Sägezahnspannung").

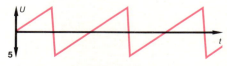
5

Diese Spannung läßt den Leuchtpunkt mit konstanter Geschwindigkeit von links nach rechts laufen. Hat er rechts seinen Endpunkt erreicht, springt er blitzschnell nach links an seinen Anfangspunkt zurück und läuft dann wieder nach rechts.

Eine Spannungsquelle, die eine Sägezahnspannung liefert, ist im Oszilloskop eingebaut. Mit dem Drehknopf time läßt sich die Zeit einstellen, in der die Spannung vom Tiefst- zum Höchstwert ansteigt. Dadurch läßt sich die Geschwindigkeit des Leuchtpunktes verändern.

Den Spannungsverlauf von Bild 6 erhält man, wenn an die Platten für die Hoch-Tief-Ablenkung ein Netzgerät mit Wechselspannung angeschlossen ist. Außerdem muß dabei die Seitenablenkung gerade so eingestellt sein, daß sich der Leuchtpunkt jeweils in $\frac{1}{50}$ s von links nach rechts bewegt.

6

Fragen und Aufgaben zum Text

1 Wie sind die Plattenpaare geladen, wenn der Leuchtpunkt wie in Bild 7 verschoben ist?

2 An die Platten für die Hoch-Tief-Ablenkung ist ein Netzgerät mit Wechselspannung angeschlossen. Die Seitenablenkung ist eingeschaltet.

Bild 8 zeigt den Leuchtschirm. In welcher Zeit bewegt sich der Elektronenstrahl von links nach rechts?

3 Wie kann ein schräger Strich auf dem Leuchtschirm (Bild 9) zustande kommen?

7

8

9

Spannungserzeugung durch Induktion

Alles klar?

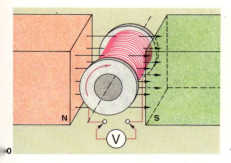

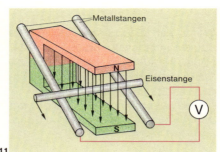

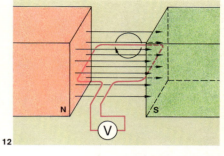

1 Ein Fahrraddynamo enthält eine feststehende Spule, an die Scheinwerfer und Rücklicht angeschlossen sind. Das zweite wichtige Bauteil ist auf der Welle des Antriebsrädchens befestigt. Um was für ein Teil wird es sich dabei handeln?

Wie kannst du deine Vermutung überprüfen, ohne den Dynamo zu öffnen?

2 Ein Elektromotor treibt einen Generator an, der über einen Schalter mit einer Glühlampe verbunden ist. Warum läuft der Motor langsamer, wenn der Schalter geschlossen wird?

3 Bei einem Fahrrad, das umgedreht ist und auf Sattel und Lenker steht, wird der Dynamo angeklappt. Das Vorderrad wird mit einem Schwung in Drehung versetzt – einmal bei losgeschraubter Scheinwerferlampe und einmal bei festgeschraubter Lampe.

Begründe, warum das Vorderrad im ersten Fall länger in Bewegung bleibt als im zweiten.

4 Warum muß man besonders kräftig drehen, wenn man einen Generator antreiben will, der mit einem dicken Kupferdraht kurzgeschlossen ist?

5 An einem Generator muß Arbeit verrichtet werden, damit er elektrische Energie erzeugen kann. Welche Energieformen werden in der Technik genutzt, um die Generatoren anzutreiben? Nenne jeweils ein Beispiel.

6 Eine Spule wird in einem Magnetfeld um ihre eigene Längsachse gedreht (Bild 10). Kann man zwischen ihren Enden eine Spannung messen? Begründe deine Antwort.

7 Zwei gegeneinander isolierte Metallstangen bilden eine schiefe Ebene und befinden sich in einem Magnetfeld (Bild 11). Ein Eisenstab rollt diese schiefe Ebene hinunter.

a) Warum zeigt das Meßgerät eine Spannung an?

b) Was wird man beobachten, wenn man den Spannungsmesser durch einen dicken Metalldraht ersetzt?

8 Die Leiterschleife von Bild 12 wird um 360° gedreht. Ein Spannungsmesser (mit Nullpunkt in Skalenmitte) wird angeschlossen. Beschreibe, wie sich der Zeiger bewegt.

Erkläre, warum er sich so bewegt.

9 Ein Spielzeugmotor, der gewöhnlich mit einer Batterie betrieben wird, läuft nicht, wenn man ihn an ein Netzgerät mit Wechselspannung anschließt. Begründe!

10 Bild 13 zeigt den Aufbau für einen erstaunlichen **Versuch**: Man bewegt den Nordpol eines Bügelmagneten möglichst schnell nach vorne in den Blechring hinein, ohne dabei den Ring zu berühren. Der Ring setzt sich in Bewegung und dreht sich mit dem Magneten mit.

Lockert man jedoch die Kunststoffschraube und wiederholt anschließend den Versuch, bewegt sich der Ring nicht. Gib dafür eine Erklärung.

11 Die Leiterschleife von Bild 14 wird mit drei Umdrehungen pro Sekunde gedreht. Skizziere den zeitlichen Verlauf der Induktionsspannung, die an den Anschlüssen des Meßgerätes anliegt.

12 Ein geschlossener Metallring fällt von oben zwischen den Polen eines starken Elektromagneten hindurch (Bild 15).

a) Wie wird sich der Ring bewegen? Begründe deine Vermutung.

b) Was ändert sich, wenn man den Ring an einer Stelle durchsägt?

13 Eine Spule wird auf einen Eisenkern gesteckt, der dann mit einem Joch geschlossen wird. Anschließend läßt man für kurze Zeit einen großen Gleichstrom durch die Spule fließen. Auch nach Abschalten des Stromes kann man das Joch kaum abziehen. Gib dafür eine Erklärung.

In welcher Weise hat Siemens diese Erscheinung beim Bau seines Generators genutzt?

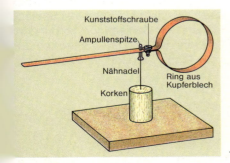

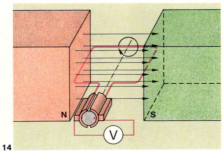

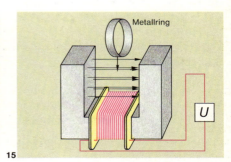

Spannungserzeugung durch Induktion

Auf einen Blick

Die Induktion

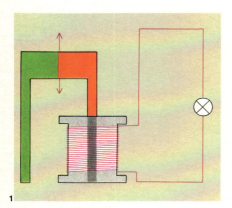

Wenn man einen *Magneten* in eine Spule hineinbewegt oder ihn aus der Spule herauszieht, kann man eine Spannung zwischen den beiden Enden der Spule messen.

Auch wenn man die *Spule* bewegt und der Magnet ruht, tritt eine Spannung auf.

In beiden Fällen ändert sich die Stärke des Magnetfeldes in der Spule. Diese Änderung hat zur Folge, daß die Elektronen im Leiter angetrieben werden.

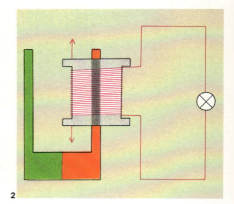

Wenn sich die Stärke des Magnetfeldes im Innern der Spule ändert, entsteht eine Spannung zwischen den Anschlüssen der Spule. Diesen Vorgang nennt man **Induktion**.

Je schneller Magnet oder Spule bewegt werden (je schneller sich also die Stärke des Magnetfeldes in der Spule ändert), desto höher ist die Induktionsspannung.

Die Induktionsspannung kann man auch dadurch erhöhen, daß man eine Spule mit mehr Windungen oder einen stärkeren Magneten verwendet.

Generatoren

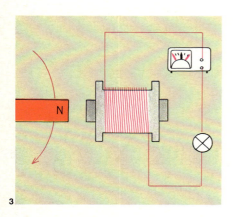

Generatoren erzeugen durch Induktion elektrische Spannungen. Beim Antrieb der Generatoren muß Arbeit verrichtet werden. Die dadurch zugeführte Energie wird in elektrische Energie umgewandelt.

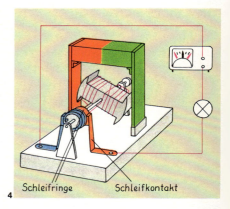

Dieser Aufbau zeigt das Grundprinzip des Generators: Wenn der Dauermagnet gedreht wird, ändert sich das Magnetfeld in der Spule.
Die Folge ist eine Induktionsspannung zwischen den Spulenanschlüssen.

Bei diesem Generator wird nicht der Dauermagnet gedreht, sondern die Spule. Die beiden Enden des Spulendrahtes sind mit je einem der Schleifringe verbunden. Wenn man die Spule dreht, werden die Elektronen angetrieben: Zwischen den Ringen herrscht eine Spannung.

Wenn sich eine Spule in einem Magnetfeld dreht, ändert sich die Stärke des Magnetfeldes nicht. Trotzdem kommt es zur Induktion. Allgemein gilt das **Induktionsgesetz**:

Eine Induktionsspannung entsteht, wenn sich der *magnetische Fluß* durch eine Leiterschleife ändert.

Spannungserzeugung durch Induktion

Die Wechselspannung

Bei einer Batterie ist der eine Pol stets ein Pluspol, der andere immer ein Minuspol. Man bezeichnet die Spannung einer Batterie als **Gleichspannung**. Wenn man ein Lämpchen an die Batterie anschließt, fließen die Elektronen immer in die gleiche Richtung *(Gleichstrom)*.

Der Generator von Bild 4, ein Fahrraddynamo und auch die Steckdosen in den Haushalten liefern keine Gleichspannung, sondern eine **Wechselspannung**: Die Polung der

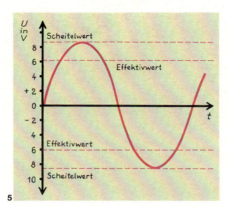
5

Anschlüsse wechselt ständig. Bei jedem Umpolen ändert der Elektronenstrom seine Richtung *(Wechselstrom)*.

Eine Wechselspannung mit einem Scheitelwert von 8,5 V ruft in einer Lampe die gleiche Licht- und Wärmewirkung hervor wie eine Gleichspannung von 6 V.

Man sagt, die Wechselspannung hat einen **Effektivwert** von 6 V.

Entsprechend definiert man Effektivwerte von Wechselströme.

Induktion und elektrische Energie

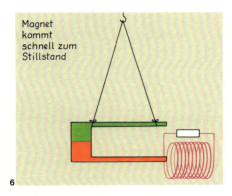
6   7

Wenn der Stromkreis geschlossen ist, kommt der schwingende Magnet schneller zur Ruhe, als wenn der Stromkreis unterbrochen ist und kein Strom fließt.

Sobald nämlich ein Strom fließt, wird die Spule selbst zum Magneten. Die Pole von Magnet und Spule ziehen einander an bzw. stoßen einander ab – und zwar so, daß der Magnet gebremst wird.

Auch aus dem Satz von der Erhaltung der Energie ergibt sich, daß der Magnet gebremst wird:

Bei geschlossenem Stromkreis wird die Bewegungsenergie des Magneten in elektrische Energie umgewandelt und dann vom Widerstand als Wärme abgegeben. Die Bewegungsenergie nimmt also rasch ab; die Bewegung wird immer langsamer.

Der Induktionsstrom ist stets so gerichtet, daß sein Magnetfeld der Induktionsursache entgegenwirkt (Lenzsche Regel).

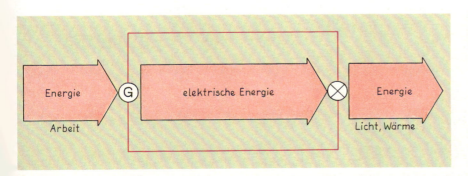

Im Generator wird der Rotor ebenfalls gebremst, wenn ein Strom fließt. Soll ständig ein Strom fließen, muß dauernd Arbeit verrichtet werden.

Der Generator wandelt die zugeführte Energie in elektrische Energie um.

Die Energie wird vom Stromkreis übertragen und z. B. von einer Lampe als Wärme oder Licht abgegeben.

Das Drehstromnetz

Was versteht man unter „Drehstrom"?

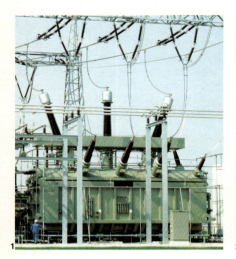

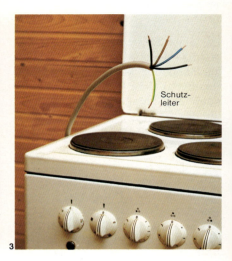

Genügen nicht jeweils *zwei* Leitungen für die Energieversorgung?

V 1 Bei diesem einfachen Generator (Bild 4) läuft während einer halben Umdrehung der Südpol „leer" mit; während der anderen halben Umdrehung läuft der Nordpol „leer". Das könnte man mit einer zweiten Spule vermeiden …

Skizziere zunächst den Versuchsaufbau. Die Induktionsspannungen werden an beiden Spulen gleichzeitig gemessen. Beschreibe dann, wie sie sich ändern, wenn der Magnet *eine* Umdrehung ausführt.

V 2 In der Technik besitzen Generatoren meist drei Induktionsspulen; Bild 5 zeigt dir dafür ein einfaches Modell.

Werden alle drei Meßgeräte zur selben Zeit gleich große und gleich gerichtete Spannungen anzeigen?

V 3 Zu den drei Induktionsspulen unseres Generators gehören in Bild 5 drei getrennte Stromkreise. Um je ein Lämpchen anzuschließen, sind also sechs Einzelleitungen (Drähte) nötig. Davon können wir aber zwei einsparen, wenn ein Leiter mit den Enden E aller drei Spulendrähte verbunden wird (Bild 6). Diesen Leiter bezeichnet man als **Neutralleiter** (N). Die anderen Leiter nennt man **Außenleiter** (L1, L2, L3) – ihre Anschlüsse an unseren Generator liegen ja *außen*, und nicht in der Mitte.

a) Läßt sich ein Strom nachweisen, wenn man ein Meßgerät an L1 und N, an L2 und N sowie an L3 und N anschließt und den Magneten jeweils dreht? (Magnet evtl. mit Elektromotor antreiben.)

b) Zeigt das Meßgerät Ströme an, wenn man es zwischen L1 und L2, L2 und L3 oder L1 und L3 anschließt? Beschreibe die jeweiligen Stromkreise.

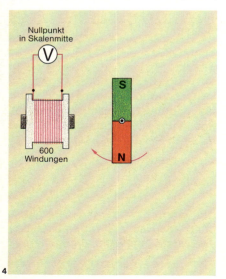
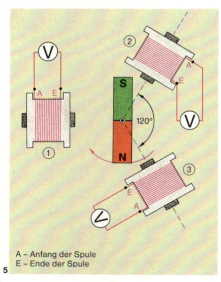
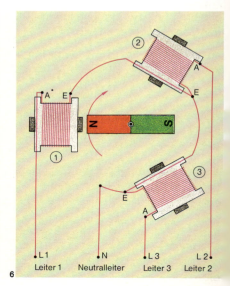

A – Anfang der Spule
E – Ende der Spule

Das Drehstromnetz – drei gekoppelte Wechselstromnetze

Der Generator in Bild 6 ist ein **Drehstromgenerator**. Wenn man den Magneten bewegt, kommt es in jeder der drei Spulen zur Induktion: Zwischen den Spulenanschlüssen wird jeweils eine Spannung hervorgerufen – genauso wie bei dem einfachen Generator in Bild 4.

Weil die drei Spulen um den rotierenden Magneten herum angeordnet sind, laufen die Induktionsvorgänge zeitversetzt ab. Die auftretenden Spannungen erreichen also nicht gleichzeitig ihre Scheitelwerte. Vielmehr vergeht stets eine gewisse Zeit, bis an nebeneinanderliegenden Spulen diese Scheitelwerte angezeigt werden.

In einem bestimmten Augenblick kann man z. B. folgendes beobachten: Die Spannung an Spule 1 hat gerade ihren Scheitelwert überschritten, die an Spule 2 beträgt 0 V und die an Spule 3 nähert sich ihrem Scheitelwert (in Gegenrichtung). In jedem Augenblick befinden sich also die Induktionsvorgänge in den Spulen in verschiedenen **Phasen**; dementsprechend sind auch die Spannungen an den Spulen jeweils in unterschiedlichen Abschnitten (Phasen) ihres Verlaufs. Die Zeitverschiebung, die zwischen den Spannungen besteht, bezeichnet man daher als **Phasenverschiebung**.

Bild 7 macht das deutlich: Es zeigt die Spannungen an den Spulen eines Kraftwerksgenerators.

Die Spannungen an den drei Generatorspulen rufen in den angeschlossenen Stromkreisen drei unterschiedlich große Wechselströme hervor; man kann sie in den Außenleitern L1, L2 und L3 unabhängig voneinander messen.

Das Netz aus den drei Außenleitern und dem Neutralleiter wird als **Drehstromnetz** bezeichnet.

Auch unser elektrisches Versorgungsnetz ist ein Drehstromnetz. In ihm treten zwei unterschiedliche Spannungen auf (Bild 8): Zwischen den Leitern L1 und L2, zwischen L2 und L3 sowie zwischen L1 und L3 herrscht jeweils eine (effektive) Wechselspannung von 400 V. Dagegen messen wir zwischen einem Außenleiter (L1, L2 oder L3) und dem Neutralleiter N eine Spannung von 230 V.

Der Neutralleiter unseres Drehstromnetzes ist im E-Werk und an vielen anderen Stellen des Netzes **geerdet**. Das heißt, er ist über eine sog. Erdleitung z. B. mit einer großen Metallplatte verbunden, die mindestens 1 m tief unter der Erdoberfläche vergraben ist.

Ein Drehstromnetz hat Vorteile:
○ Dem Benutzer stehen zwei unterschiedliche Spannungen zur Verfügung, nämlich 230 V und 400 V.
○ Mit nur vier Leitungen kann man eine elektrische Leistung übertragen, für die bei getrennten Wechselströmen sechs Leitungen nötig wären.
○ Sowohl Drehstromgeneratoren als auch entsprechende Drehstrommotoren sind verhältnismäßig einfach gebaut; deshalb sind sie auch preiswert und robust.

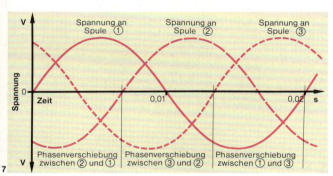

7

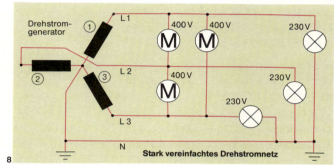

8 **Stark vereinfachtes Drehstromnetz**

Aufgaben

1 „Ein Drehstromgenerator besteht aus drei Wechselstromgeneratoren in einem Gehäuse." Was meinst du dazu?

2 Oft findet man für unser Versorgungsnetz folgende Angabe: „230 V/ 400 V". Gib eine Erklärung dafür.

3 Zwischen welchen Buchsen einer Drehstrom-Steckdose (Bild 9) könnte eine Haushaltsglühlampe angeschlossen werden, ohne daß sie „durchbrennt"?

9

4 Warum benötigt man bei einem Durchlauferhitzer eine Spannung von 400 V? (Denke an die Formel zur Berechnung der elektrischen Leistung.)

5 In einem **Versuch** (Lehrerversuch) wird je eine Lampe zwischen L1 und N, L2 und N sowie L3 und N angeschlossen (Bild 10). Bei *gleichen* Lampen zeigt der Strommesser im Neutralleiter 0 A an. Erkläre!
(*Hinweise:* Zeichne den zeitlichen Verlauf der Ströme in den Außenleitern L1, L2 und L3. Wähle nun verschiedene Zeitpunkte aus, und überlege, wie groß jeweils die Ströme in die eine und in die andere Richtung sind.)

6 Die Hochspannungsleitungen, die man an Masten sieht, sind stets nur die Außenleiter; ein Neutralleiter ist nicht nötig. Gib den Grund dafür an.

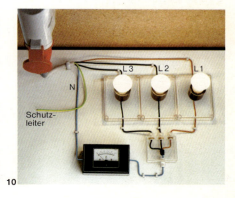

10

Energieübertragung mit Wechselstrom

1 Der Transformator

Transformatoren spielen eine wichtige Rolle bei der Energieübertragung (Bild 1).

Wie ein Transformator aufgebaut ist, zeigt Bild 2.

Achtung! Halte dich unbedingt an die angegebenen Windungszahlen und Spannungen! Vertausche nicht aus Versehen die Spulen eines Trafos!

V 1 Wir untersuchen zunächst die Wirkung einer Spule im Wechselstromkreis (Bild 3).

a) Schiebe einen stabförmigen Eisenkern in die Spule, und beobachte dabei das Lämpchen.

b) Stecke die Spule dann (bei fließendem Strom) auf einen U-Kern, den du mit dem „Joch" schließt.

c) Schließe Spule und Lämpchen nun an eine Gleichspannungsquelle von 4 V an. Was geschieht, wenn du den Eisenkern in die Spule schiebst?

d) Versuche, eine Erklärung für die Beobachtungen zu finden.

V 2 Wir gehen von der Anordnung von Bild 4 aus und bauen einen Transformator auf. Die Spule, die an das Netzgerät angeschlossen ist, nennen wir *Feldspule* oder *Primärspule*.

a) Die Feldspule soll 75 Windungen haben. Schlinge ein Experimentier-

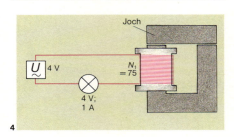

kabel so um den Eisenkern, daß 1, 2, 3, 4, 5 und 10 Windungen entstehen. Miß jeweils die Spannung zwischen den Enden des Kabels.

b) Ersetze das Kabel durch Spulen mit 75, 150 und 300 Windungen.
Diese Spulen heißen *Induktionsspulen* oder *Sekundärspulen* (Bild 5).
Miß jeweils die Spannung zwischen den Spulenanschlüssen.

c) Verwende eine Feldspule mit 150 Windungen, und wiederhole Versuchsteil b. Welche Gesetzmäßigkeit zwischen den Spannungen und den Windungszahlen erkennst du?

d) Wieso entsteht zwischen den Anschlüssen der Induktionsspule eine Spannung?

V 3 (Lehrerversuch) Bei dem Transformator von Bild 6 hat die Induktionsspule 40mal so viele Windungen wie die Feldspule.
Berechne, wie hoch die Spannung zwischen den Anschlüssen der Induktionsspule ist. Was wird diese Spannung bewirken?

V 4 (Lehrerversuch) Man benötigt nicht unbedingt eine Wechselspannung, um an der Sekundärseite eines Trafos durch Induktion (hohe) Spannungen zu erzeugen.
Ein Trafo ($N_1 = 150$; $N_2 = 2500$) wird über einen Schalter an eine Quelle mit einer Gleichspannung von 4 V angeschlossen.
Die Induktionsspule verbinden wir mit einem Spannungsmesser. Beobachte seinen Zeiger, wenn der Schalter geöffnet und geschlossen wird. Erkläre die Beobachtungen.

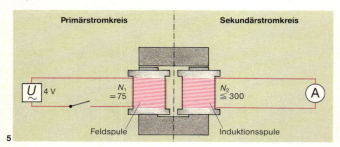

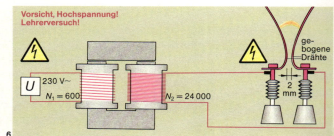

Info: Spulen „drosseln" Wechselströme

Wenn man eine Spule an eine Gleichspannungsquelle von 4 V anschließt, beobachtet man nichts Ungewöhnliches: Die Stromstärke wird durch die anliegende Spannung und den Widerstand des Spulendrahtes bestimmt. Dabei spielt es keine Rolle, ob sich ein Eisenkern in der Spule befindet oder nicht.

Verwendet man aber ein Netzgerät mit 4 V Wechselspannung, beobachtet man Erstaunliches: Die Stromstärke ist schon ohne Eisenkern geringer als bei Gleichspannung. Schiebt man einen Eisenkern in die Spule, nimmt sie weiter ab. Bei geschlossenem Eisenkern ist sie im Vergleich zum Gleichstrom verschwindend gering. Man sagt, die Spule „drosselt" Wechselströme.

Die Drosselwirkung einer Spule läßt sich so erklären: Der Wechselstrom erzeugt ein Magnetfeld, dessen Stärke und Richtung sich dauernd ändern. Die Magnetfeldänderungen rufen zwischen den Spulenenden eine Induktionsspannung hervor.

Die Induktion erfolgt in derselben Spule, die auch das Magnetfeld hervorruft. Man spricht von Selbstinduktion.

Nach der Lenzschen Regel wirkt die zusätzliche Spannung der Ursache der Induktion entgegen: Die Induktionsspannung ist so gepolt, daß sie der Spannung des Netzgerätes ständig entgegenwirkt. Wegen dieser Gegenspannung ist der Strom bei Wechselspannung kleiner als bei einer Gleichspannung.

Der geschlossene Eisenkern verstärkt das Magnetfeld erheblich. Somit sind auch die Magnetfeldänderungen viel größer als ohne Eisenkern. Die induzierte Gegenspannung ist in diesem Fall fast genauso hoch wie die Spannung des Netzgerätes. Auf diese Weise können wir uns erklären, daß der Wechselstrom wesentlich kleiner als der Gleichstrom ist.

In der Spule geht praktisch keine elektrische Energie verloren; die Spule erwärmt sich kaum.

Info: So funktioniert ein Transformator

Ein Transformator besteht aus zwei Spulen, die auf einem gemeinsamen Eisenkern sitzen. Zwischen beiden Spulen gibt es keine elektrisch leitende Verbindung.

Die **Feldspule** oder **Primärspule** wird an eine Wechselspannungsquelle angeschlossen. Der Wechselstrom in dieser Spule erzeugt ein Magnetfeld, dessen Richtung und Stärke sich ständig ändern. Der Eisenkern sorgt dafür, daß das Magnetfeld möglichst stark ist. Die Magnetfeldänderungen rufen in der Feldspule eine Gegenspannung hervor, die fast so groß ist wie die angelegte Spannung (→ Info oben).

Weil sich das Magnetfeld in der anderen Spule ebenfalls ändert, kommt es auch in ihren Windungen zur Induktion; zwischen ihren Enden mißt man eine Induktionsspannung. Diese zweite Spule heißt **Induktionsspule** oder **Sekundärspule**.

Wenn die Feldspule und die Induktionsspule gleiche Windungszahlen haben ($N_1 = N_2$), ist die induzierte Spannung U_2 (Sekundärspannung) so groß wie die anliegende Spannung U_1 (Primärspannung).

Hat die Induktionsspule doppelt so viele Windungen wie die Feldspule ($N_2 = 2 N_1$), so gilt: $U_2 = 2 U_1$.

Wir können allgemein herleiten, wie die Sekundärspannung von der Primärspannung und den Windungszahlen abhängt:

Das Magnetfeld ändert sich in beiden Spulen in gleicher Weise. Daher wird zwischen den Enden *jeder einzelnen Windung* die gleiche Spannung induziert.

Wie groß die Spannung pro Windung ist, läßt sich berechnen. In der *Feld*spule wird eine Gegenspannung induziert, die so groß ist wie die Primärspannung U_1. In jeder einzelnen Windung wird also eine Spannung von $\frac{U_1}{N_1}$ erzeugt.

Die gleiche Spannung wird auch zwischen den Enden jeder Windung der *Induktions*spule induziert. Weil die Windungen in Reihe geschaltet sind, addieren sich diese Spannungen (Bilder 7–9). Die Induktionsspannung U_2 erhalten wir, wenn wir die auf jede Windung entfallende Spannung mit der Windungszahl N_2 der Induktionsspule multiplizieren:

$$U_2 = \frac{U_1}{N_1} \cdot N_2.$$

Durch Umformen erhalten wir:

$$\frac{U_2}{U_1} = \frac{N_2}{N_1}.$$

Beim Transformator ist der Quotient der Spannungen gleich dem Quotienten der Windungszahlen.

Strenggenommen gilt diese Beziehung nur, wenn kein Gerät an die Induktionsspule angeschlossen ist und keine Energie von der Feld- zur Induktionsspule übertragen wird (*unbelasteter Trafo*).

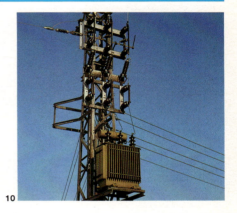

10

Beispiel: Die Windungszahlen des Trafos von Bild 10 betragen $N_1 = 750$ und $N_2 = 30$. Die Sekundärspannung beträgt 400 V. Berechne die Primärspannung.
Lösung:
$$U_1 = \frac{N_1}{N_2} U_2,$$
$$U_1 = \frac{750}{30} \cdot 400\,\text{V} = 10\,000\,\text{V}.$$

Die Spannung an der Feldspule beträgt 10 kV. (Eigentlich handelt es sich bei dem Gerät von Bild 10 nicht um einen Transformator, sondern um drei Trafos, durch die zwei Drehstromnetze verknüpft sind. Für jeden einzelnen Trafo stimmt aber unsere Rechnung.)

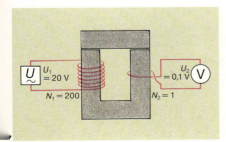

8

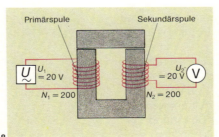

9

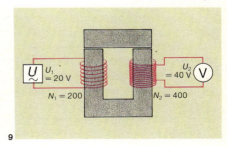

Energieübertragung mit Wechselstrom

Aufgaben

1 Weshalb kann man einen Transformator nicht mit Gleichspannung betreiben?

2 Wieso können Experimente mit Transformatoren gefährlich sein?

3 Bild 1 zeigt einen Klingeltransformator. Welches ist die Feldspule, welches die Induktionsspule? Begründe deine Antwort.

4 Der Radiotrafo von Bild 2 hat eine Induktionsspule mit mehreren „Anzapfungen". Welchen Vorteil hat ein solcher Transformator?

5 Der Transformator einer Modelleisenbahn wird mit einer Spannung von 230 V betrieben. Die Sekundärspannung beträgt maximal 12 V.

Wieviel Windungen muß die Induktionsspule des Transformators haben, wenn eine Spule mit 690 Windungen als Feldspule verwendet wird?

6 Die Feldspule des Netzgerätes von Bild 3 hat 5100 Windungen. Die Primärspannung beträgt 230 V. Man kann folgende Sekundärspannungen einstellen: 3 V, 4,5 V, 6 V, 7,5 V, 9 V und 12 V.

Wie viele Windungen sind auf der Sekundärseite jeweils erforderlich?

7 Der *Hochspannungstransformator* eines Farbfernsehers besitzt eine Feldspule mit 400 Windungen und eine Induktionsspule mit 24 000 Windungen. Die Primärspannung beträgt 230 V. Wie hoch ist die Sekundärspannung?

1 Ein Klingeltrafo wird mit Netzspannung (230 V) betrieben. Die Sekundärspannung beträgt 5 V.

2 Bei diesem Radiotrafo sind die beiden Spulen übereinandergewickelt.

3 Auch ein Netzgerät ist ein Trafo. Es transformiert die Spannung von 230 V auf z. B. 3 V bis 12 V.

Aus Umwelt und Technik: **Der zündende Funken**

Die meisten Personenwagen sind mit Ottomotoren ausgestattet; diese Motoren werden mit Benzin betrieben.

Der Motor besitzt zylinderförmige Hohlräume, in denen sich jeweils ein Kolben auf und ab bewegt. Dazu werden im Zylinder kleine „Explosionen" ausgelöst, indem ein Benzin-Luft-Gemisch mit einem Funken gezündet wird.

Um den Funken zu erzeugen, ist eine Spannung von über 5000 V zwischen den Kontakten der Zündkerze nötig. Die Autobatterie liefert aber nur 12 V.

Bild 4 zeigt – etwas vereinfacht – die Zündanlage eines Autos. Die Zündspule besteht meist aus zwei einzelnen Spulen. Im Primärkreis der Zündspule fließt ein Gleichstrom, der in der Zündspule ein starkes Magnetfeld erzeugt. Zur Induktion kommt es aber erst, wenn sich dieses Magnetfeld ändert. Dazu wird der Primärstromkreis mit einem Schalter unterbrochen.

Die so hervorgerufene Magnetfeldänderung induziert zwischen den Enden jeder einzelnen Windung der Primär- und der Sekundärspule eine bestimmte Spannung.

Die Induktionsspule hat etwa 20 000 Windungen, die Primärspule dagegen nur etwa 200. Die Spannung zwischen den Anschlüssen der Sekundärspule ist daher rund 100mal so hoch wie die an der Primärspule. Sie reicht aus, um zwischen den Kontakten der Zündkerze einen Funken überspringen zu lassen.

Der Schalter, der den Primärstromkreis unterbricht, wird mit Hilfe einer Nockenscheibe vom Motor selbst in schneller Folge betätigt.

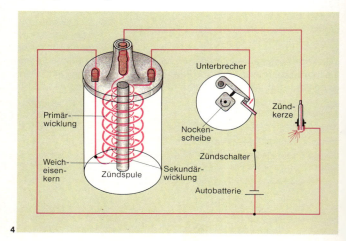

2 Der Transformator wird belastet

V 5 Baue einen Transformator aus zwei Spulen mit je 300 Windungen auf. Lege dann an die Feldspule eine Wechselspannung von 5 V an.

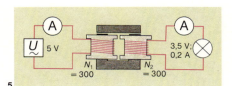

5

a) Miß zunächst den Primärstrom bei unbelastetem Transformator (d. h., wenn kein Gerät an die Induktionsspule angeschlossen ist).

b) Belaste nun den Transformator, indem du ein Lämpchen (3,5 V; 0,2 A) an die Induktionsspule anschließt (Bild 5). Wie ändert sich der Strom in der Feldspule?

c) Die Belastung und die Stromstärke im Sekundärkreis sind am größten, wenn man die Induktionsspule kurzschließt. Die elektrische Energie wird in diesem Falle in den Spulendrähten umgewandelt und als Wärme abgegeben.

Miß für verschiedene Transformatoren den Primärstrom I_1 und den Sekundärstrom I_2 bei kurzgeschlossener Induktionsspule (→ Tabelle). Die Primärspannung soll dabei stets 5 V betragen.

N_1	N_2	I_1	I_2	$\dfrac{N_1}{N_2}$	$\dfrac{I_2}{I_1}$
300	300	?	?	?	?
300	150	?	?	?	?
300	75	?	?	?	?
150	300	?	?	?	?

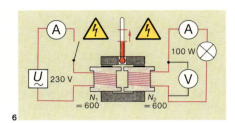

6

d) Welche Gesetzmäßigkeit für belastete Transformatoren ergibt sich aus den Meßwerten der Tabelle?

e) Mit einem elektrischen Zähler wird der Energiestrom gemessen, den ein Transformator im unbelasteten Zustand und bei Belastung aufnimmt (Lehrerversuch). Dazu verwendet man z. B. einen Trafo, der die Netzspannung auf 12 V transformiert. Zum Belasten wird eine 12-V-Scheinwerferlampe angeschlossen.

Wie groß ist der Energiestrom, der vom Trafo zum Lämpchen fließt?

V 6 Bei einem „guten" Trafo ist der Energiestrom, der die Sekundärseite verläßt, nur geringfügig kleiner als der Energiestrom, der auf der Primärseite zufließt. Wie „gut" ein Trafo ist, hängt vor allem vom Kern ab:

a) Wie groß sind in der Schaltung nach Bild 5 die Ströme in Feld- und Induktionsspule?

Wie ändern sie sich, wenn eine 5 mm dicke Pappe zwischen Joch und U-Kern geschoben wird?

b) Nun wird das Joch entfernt. Was beobachtest du?

c) Statt des Eisenjochs wird ein Aluminiumstab über den U-Kern gelegt.

V 7 (Lehrerversuch) Trafokerne bestehen nicht aus massivem Eisen, sondern aus vielen dünnen Eisenblechen (Eisenlamellen); die Lamellen sind durch Lackschichten gegeneinander isoliert. Den Vorteil solcher Trafokerne zeigt dieser Versuch:

a) Der Transformator von Bild 6 wird einmal mit einem Joch aus Eisenblechen und einmal mit einem Joch aus massivem Eisen aufgebaut.

Vergleiche die Temperatur der beiden Joche, wenn der Trafo jeweils 1 min lang eingeschaltet war.

b) Die Induktionsspule des Trafos wird durch ein 3 cm langes Eisenrohr ersetzt. Das Rohr entspricht einer Spule mit nur einer Windung. Was wird zu beobachten sein?

Info: Die Rückwirkung beim belasteten Transformator

Ein *unbelasteter Trafo* nimmt nur sehr wenig Energie auf und gibt sie als Wärme ab. Der Grund dafür ist die Drosselwirkung der Feldspule:

Der Wechselstrom in der Feldspule erzeugt im Eisenkern ein Magnetfeld, das sich ständig ändert. Dadurch kommt es in der Feldspule selbst zur Induktion. Die zwischen den Anschlüssen der Feldspule hervorgerufene Spannung wirkt der anliegenden Spannung entgegen. Der Strom und die pro Sekunde umgewandelte Energie sind daher klein.

Beim *belasteten Trafo* dagegen erhält das angeschlossene Gerät von der Induktionsspule elektrische Energie. Diese Energie fließt der Feldspule aus dem Netz zu. Deshalb wird bei Belastung der Primärstrom größer.

Wie aber kann der Sekundärstromkreis auf den Primärstromkreis zurückwirken?

Der durch die Induktion hervorgerufene Sekundärstrom erzeugt im Eisenkern ein zusätzliches Magnetfeld. Nach der Lenzschen Regel wirkt dieses Magnetfeld der Induktionsursache entgegen; es verringert also die Änderungen des ursprünglichen Magnetfeldes im Kern.

Das zusätzliche Magnetfeld hat Auswirkungen auf den Primärstromkreis: Durch die ursprünglichen Magnetfeldänderungen kam ja die starke Drosselwirkung der Feldspule im Primärstromkreis zustande. Da die Magnetfeldänderungen nun geringer sind, drosselt die Feldspule den Strom nicht mehr so stark; d. h., die Gegenspannung wird geringer und der Primärstrom größer. (Er wird gerade so groß, daß sich die ursprünglichen Magnetfeldänderungen wieder einstellen und die Gegenspannung ihren alten Wert annimmt.)

Beim belasteten Transformator bestimmt der Sekundärstrom den Primärstrom. Die Rückwirkung erfolgt über ein zusätzliches Magnetfeld im Eisenkern.

Durch Messungen findet man für den belasteten Trafo folgende Gesetzmäßigkeit:

$$I_1 = \frac{N_2}{N_1} \cdot I_2 \quad \text{oder} \quad \frac{I_1}{I_2} = \frac{N_2}{N_1}.$$

Info: Energieverluste beim Transformator

Jeder Transformator gibt pro Sekunde weniger elektrische Energie ab, als er aufnimmt. Ein Trafo wandelt immer auch elektrische Energie um und gibt sie in Form von Wärme ab. Große Transformatoren sind daher stets mit Vorrichtungen zur Kühlung ausgestattet.

Entscheidend für die Energieverluste beim Trafo sind
○ der Widerstand der Spulendrähte und
○ der Eisenkern.

Bei allen Transformatoren ist der Eisenkern geschlossen, denn jeder noch so kleine Luftspalt im Eisenkern führt zu Energieverlusten.

Aber auch bei einem geschlossenen Kern *aus massivem Eisen* treten erhebliche Energieverluste auf, da sich der Kern recht stark erwärmt (Versuch 7). Wie es

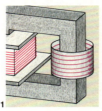 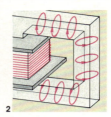

dazu kommt, zeigt der Versuch mit dem Eisenrohr:

Verwendet man bei einem Trafo als Induktionsspule ein Stück Eisenrohr, so wird es schnell heiß. Weil sich das Magnetfeld im Hohlraum des Rohres dauernd ändert, entstehen nämlich in der Rohrwandung kreisförmige Wechselströme (Bild 1).

Wenn der Trafo einen Kern aus massivem Eisen besitzt, treten solche Ströme auch im Kern selbst auf und erwärmen ihn (Bild 2). Diese Ströme bezeichnet man als **Wirbelströme**. Sie werden hervorgerufen, weil der Kern von einem sich ändernden Magnetfeld durchsetzt ist.

Die Wirbelströme erzeugen ein eigenes zusätzliches magnetisches Feld, das dem ursprünglichen Feld der Feldspule entgegengerichtet ist. Dadurch wird das ursprüngliche Feld geschwächt. Es kann daher an der Induktionsspule nicht die Spannung hervorrufen, die man aufgrund der Windungszahlen und der Primärspannung erwarten könnte.

Wirbelströme – und die mit ihnen verbundenen Energieverluste – lassen sich weitgehend vermeiden, wenn man Trafokerne aus vielen dünnen Eisenblechen zusammensetzt, die durch isolierende Lackschichten voneinander getrennt sind (Bild 1 der vorigen Doppelseite).

Aus Umwelt und Technik: Elektrisch schweißen

Bild 3 zeigt ein elektrisches Schweißgerät. In Bild 4 werden damit einzelne Stahlteile zu einem Gartentor zusammengeschweißt. Der eine Pol dieser Spannungsquelle ist mit einer Klemmzange an das Tor angeschlossen. Der andere Pol ist mit einem dünnen Stahlstab, der Schweißelektrode, verbunden.

Zunächst tippt man kurz mit der Elektrode auf die Schweißstelle. Der Strom ist so groß, daß das Metall an der Berührungsstelle sofort aufglüht und zum Teil verdampft. Dann hebt man die Elektrode etwas an. Der Strom fließt jetzt durch das glühend heiße Gas zwischen Elektrode und Schweißstelle; man spricht von einem *Lichtbogen*. Das 2000 bis 5000 °C heiße Gas leuchtet sehr hell und sendet soviel Ultraviolettstrahlung aus, daß man unbedingt eine Schutzbrille vor die Augen halten muß.

An der Schweißstelle beginnt das Metall zu schmelzen, und von der Elektrode tropft flüssiges Metall auf die Schweißstelle.

Nach kurzer Zeit hebt man die Elektrode hoch und unterbricht so den Stromkreis. Die Stahlteile sind nun fest miteinander verbunden.

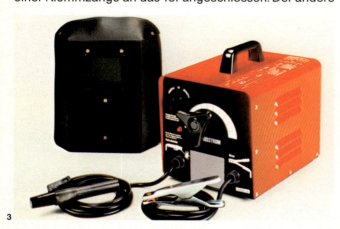

Man benötigt zum Schweißen einen Lichtbogen, durch den ein sehr großer Strom fließt. Die Stromstärke liegt in der Größenordnung von 100 A.

Wie kann ein Elektro-Schweißgerät, das an die Netzsteckdose angeschlossen ist, so große Ströme erzeugen? Die Sicherungen in Haushaltsstromkreisen sprechen doch schon bei einer Stromstärke von 16 A an!

Das Elektro-Schweißgerät ist im Prinzip nichts anderes als ein Transformator, der eine Sekundärspannung von z. B. 23 V liefert. Die Leistung im Sekundärstromkreis beträgt also

$P_2 = 23\,\text{V} \cdot 100\,\text{A} = 2300\,\text{W}$.

Damit dem Trafo über den Primärstromkreis ein Energiestrom in der gleichen Größe zufließt, ist nur ein Strom von 10 A erforderlich:

$P_1 = 230\,\text{V} \cdot 10\,\text{A} = 2300\,\text{W}$.

Fragen und Aufgaben zum Text

1 Das Prinzip des Elektroschweißens zeigt dieser **Versuch**:
a) Der Trafo von Bild 5 wird 10 s lang eingeschaltet. Was wird zu beobachten sein?
b) Anstelle der selbstgewickelten Induktionsspule wird eine Spule mit fünf dicken Kupferwindungen verwendet; sie wird mit demselben Nagel kurzgeschlossen. Was beobachtest du jetzt? Was kannst du daraus schließen?

2 Der Querschnitt der Kupferleitungen der Induktionsspule ist etwa 100mal so groß wie der Drahtquerschnitt der Feldspule. Warum?

3 Der Schweißtrafo ist ein Beispiel für einen *Hochstromtransformator*. Wie unterscheiden sich Hochstrom- und Hochspannungstransformatoren?

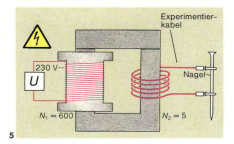

5

Aus Umwelt und Technik: Kochen mit Wirbelströmen – der Induktionsherd

Bei herkömmlichen Herden muß immer zuerst die Kochplatte aufgeheizt werden. Die von den Heizleitern abgegebene Energie strömt als Wärme durch die Kochplatte und den Topfboden ins Kochgut.

Bei modernen Induktionsherden dagegen wird die Kochstelle nicht mehr heiß. Unter der Kochfläche befindet sich eine Feldspule, durch die ein Wechselstrom fließt (Bild 6). Wenn man einen Topf aus Eisen auf die Arbeitsfläche stellt, werden im Topfboden durch Induktion Wirbelströme hervorgerufen. Dadurch erwärmt sich zunächst der Topfboden selbst und gibt dann Wärme an die Speisen im Topf ab. Sobald man den Topf vom Herd nimmt, findet keine Induktion statt, und die Feldspule gibt praktisch keine Energie mehr ab. Es passiert also nichts, wenn man das Ausschalten einmal vergißt.

Beim Ein- und Ausschalten hat der Induktionsherd ähnliche Vorzüge wie ein Gasherd: Beim Einschalten wird dem Kochgut schneller Wärme zugeführt als beim gewöhnlichen Elektroherd, und beim Ausschalten stoppt die Wärmezufuhr fast unmittelbar.

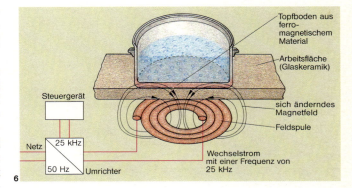

6

Weil die Kochfläche nur noch indirekt – nämlich vom Topfboden – erwärmt wird, ist sie nicht mehr so heiß, und übergelaufenes Kochgut brennt nicht an.

Gegenüber gewöhnlichen Elektroherden spart man Energie: Das Aufheizen der Kochplatte entfällt, und es wird keine Energie verschwendet, wenn der Topf kleiner ist als die Kochfläche.

3 Energieübertragung mit Hochspannung

7

V 8 Könnte man nicht einfach die Energie bei der Spannung übertragen, die die Verbraucher benötigen?

a) Die Schaltung von Bild 1 entspricht dem Fall, daß Elektrizitätswerk und Verbraucher direkt nebeneinanderliegen.

b) Wir nehmen nun an, daß Energiequelle und Verbraucher durch eine 4 km lange Doppelleitung miteinander verbunden sind. Die Drähte sollen aus Kupfer bestehen und eine Querschnittsfläche von $A = 10\ mm^2$ haben. Die Doppelleitung hat einen Widerstand von

$$R_L = \varrho \cdot \frac{l}{A},$$

$$R_L = 0{,}017\ \frac{\Omega\ mm^2}{m} \cdot \frac{4000\ m}{10\ mm^2} = 14\ \Omega.$$

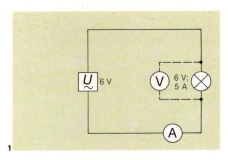

1

Wir ersetzen sie durch zwei wesentlich kürzere Konstantandrähte mit gleichem Widerstand (Bild 2).

Erkläre deine Beobachtung.

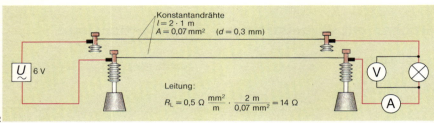

2

V 9 (Lehrerversuch) Nun wird die Spannung mit Transformatoren am Beginn der Übertragungsstrecke erhöht und an ihrem Ende wieder verringert (Bild 3).

Auf der Primärseite und der Sekundärseite des ersten Transformators werden jeweils Stromstärke und Spannung gemessen. Berechne die Energieströme.

Erläutere den Vorteil der Energieübertragung mit Hochspannung.

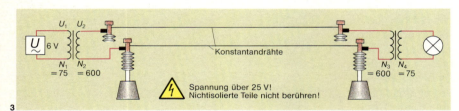

3

Info: Warum elektrische Energie mit Hochspannung übertragen wird

Energieverluste im Leiter

In jedem Stromkreis stellen die Verbindungsdrähte und das angeschlossene Gerät eine Reihenschaltung dar.

Den Widerstand von Zuleitungsdrähten kann man allerdings meist vernachlässigen. Er ist in der Regel erheblich kleiner als der Widerstand der Elektrogeräte, die über die Drähte mit der Energiequelle verbunden sind.

Wenn die Drähte aber kilometerlang sind, sind Überraschungen möglich: Die Spannung am Elektrogerät kann viel kleiner sein als die Spannung der Quelle. Ein Teil der Spannung ist dann nämlich erforderlich, um die Elektronen durch die Zuleitungen zu treiben. In der Leitung wird Energie umgewandelt und in Form von Wärme abgegeben. Dividiert man die Energie, die in einer bestimmten Zeit umgewandelt wurde, durch diese Zeit, so erhält man die *Verlustleistung*.

Wie wirkt sich z. B. eine Verdoppelung der Stromstärke auf die Wärmeleistung (Verlustleistung) eines Leiters aus?

Die Verlustleistung P_V ergibt sich als Produkt aus Spannung und Stromstärke. Aber man muß hier aufpassen: Als Spannung ist die am Draht selbst anliegende Spannung U_D einzusetzen! Wir erhalten also: $P_V = U_D \cdot I$.

Um einen doppelt so großen Strom anzutreiben, ist auch (näherungsweise) die doppelte Spannung am Leiter erforderlich. Damit vervierfacht sich aber die Verlustleistung.

Der Zusammenhang zwischen Verlustleistung und Stromstärke läßt sich auch mathematisch herleiten. Es gilt:
$U_D = R_D \cdot I$.

Dabei ist R_D der Widerstand des Leiters und I die Stromstärke.

Demnach beträgt die Verlustleistung:
$P_V = U_D \cdot I = R_D \cdot I \cdot I$,
$\mathbf{P_V = R_D \cdot I^2}$.

Die Verlustleistung eines Leiters ist proportional zum Quadrat der Stromstärke.

Um die Verlustleistung von Leitern zu verringern, gibt es zwei Möglichkeiten:
○ Man kann den Widerstand der Leiter verringern, indem man Leiter mit größerer Querschnittsfläche verwendet. Die Leitungen werden dadurch aber schwerer und teurer.
○ Viel wirkungsvoller ist es, die Stromstärke zu verringern: Wenn man sie z. B. auf ein Zehntel senkt, vermindert sich die Verlustleistung auf ein Hundertstel. Damit der Energiestrom von der Quelle zum Verbraucher gleich bleibt, muß man allerdings die Spannung verzehnfachen.

Energieübertragung mit Hochspannung

Eine Stadt von 70 000 Einwohnern benötigt einen elektrischen Energiestrom von ca. 50 000 kW. Die Energie muß über elektrische Leitungen in die Stadt transportiert werden, oft von weit entfernten Kraftwerken. Würde das Kraftwerk nur eine Spannung von 230 V erzeugen, wäre dazu ein Strom von

$$I = \frac{P_{el}}{U} = \frac{50\,000\ kW}{230\ V} = 220\,000\ A$$

erforderlich. Bei einem solchen Strom würde auch der dickste Kupferdraht sofort schmelzen.

Jede Erwärmung der Leitungsdrähte ist unerwünscht. Die Energie, die dabei verloren wird, muß erst erzeugt werden, was mit Kosten und Umweltbelastungen verbunden ist.

Man verwendet Hochspannungsleitungen, damit große Energieströme mit möglichst kleinen Verlusten vom Kraftwerk zum Verbraucher fließen können.

Für den Energiestrom gilt: $P_{el} = U \cdot I$.

Für einen bestimmten Energiestrom ist bei der hundertfachen Spannung nur noch ein Hundertstel der Stromstärke erforderlich. Die Verlustleistung $P_V = R_D \cdot I^2$ geht dabei auf ein Zehntausendstel ihres ursprünglichen Wertes zurück!

Am Anfang der Übertragungsstrecke wird die Spannung daher mit Transformatoren erhöht, am Ende verringert. Allerdings kommt es auch in den Transformatoren zu Energieverlusten; sie sind aber verhältnismäßig gering.

Beispiel:
Der Generator des Kieler Kraftwerkes erzeugt eine Spannung von $U_1 = 21$ kV. Ein Energiestrom von $P_{el} = 154$ MW fließt vom Kraftwerk zum Einspeisepunkt Kiel-Süd und wird von dort auf die Verbraucher verteilt.

Für die Energieübertragung auf der 10 km lange Strecke wird die Spannung auf $U_2 = 220$ kV, also auf rund den 10fachen Wert, erhöht.

Der Einfachheit halber nehmen wir an, daß nur *eine* Hin- und eine Rückleitung verwendet wird. Für die Stromstärke in der Übertragungsleitung ergibt sich:

$I = \dfrac{P_{el}}{U_2} = \dfrac{154 \text{ MW}}{220 \text{ kV}} = 700$ A.

Der Widerstand von 1 km des verwendeten Hochspannungsleiters beträgt 0,06 Ω. Der insgesamt 20 km lange Draht hat daher einen Widerstand von 1,2 Ω. Die Verlustleistung beträgt:

$P_V = R_D \cdot I^2 = 1{,}2 \text{ Ω} \cdot (700 \text{ A})^2 = 588$ kW.

Auf dieser kurzen Strecke gehen also immerhin schon 0,4 % des Energiestromes verloren.

Würde man die Spannung nicht erhöhen, sondern die Energie bei einer Spannung von 21 kV übertragen, ergäbe sich eine Verlustleistung von 65 MW, also 42 % des Energiestromes! Für solch hohe Verlustleistungen sind die Leitungen nicht ausgelegt. Sie würden sich zu stark erwärmen.

In Wirklichkeit benutzt man ein Dreileitersystem und verwendet Drehstrom (→ *Das Drehstromnetz*).

Tatsächlich gehen auf der 20 km langen Strecke nur 0,2 % des Energiestromes verloren.

Aufgaben

1 Über das Bordnetz eines Autos können zeitweise Energieströme in der Größenordnung von 1 kW fließen. Warum kommt man trotzdem mit einer Spannung von nur 12 V aus?

2 Beim Telefonieren im Ortsnetz kann ein Stromkreis eine Entfernung von 10 bis 20 km zwischen den Teilnehmern überbrücken. Die Batterie in der Vermittlungsstelle hat eine Spannung von 60 V. Wieso benötigt man keine Hochspannungsübertragung?

3 Zu einem Elektrizitätswerk gehört eine Werkswohnung in 5 km Entfernung. Wir nehmen an, daß die Wohnung über eine Leitung mit dem 230-V-Netz des Elektrizitätswerkes verbunden ist ($l = 2 \cdot 5$ km, $A = 5$ mm^2, $\varrho = 0{,}017$ Ω mm^2/m).

a) Ein Heizlüfter ($P_H = 2300$ W) wird zunächst im Elektrizitätswerk mit einer Spannung von $U = 230$ V betrieben. Berechne den Widerstand R_H des Heizlüfters.

b) Derselbe Heizlüfter wird dann in der Werkswohnung angeschlossen.
Welche Stromstärke stellt sich ein? (Verwende R_H aus Teil a.) Berechne auch die Leistung des Lüfters sowie die Verlustleistung.

c) Beschreibe, wie man die Verluste in der Praxis verringert.

4 Stelle dir den Aufbau von Bild 2 mit der 4 km langen Kupferdoppelleitung ($R_L = 14$ Ω) vor. Nimm zur Vereinfachung an, daß der Widerstand der Lampe konstant ist.

a) Das Netzgerät hat eine Spannung von 6 V. Wie groß ist der elektrische Strom im Kupferdraht?
Berechne den Energiestrom, den das Netzgerät abgibt. Wie groß sind die Verlustleistung und der Energiestrom, der die Lampe erreicht?

b) Die Spannung des Netzgerätes wird erhöht, bis ein Strom von 5 A fließt.
Wie groß ist jetzt die Verlustleistung? Vergleiche mit der Leistung der Lampe ($P_L = 30$ W).

c) Wie in Teil b soll die elektrische Stromstärke 5 A betragen. (An der Lampe kommt dann ein Energiestrom von 30 W an.)
Welche Querschnittsfläche A_1 müßte der Kupferdraht haben, damit die Verlustleistung nur 3 W beträgt?

5 Wir gehen von dem Aufbau von Bild 3 (Versuch 9) aus. Wenn man die Spannung U_1 der Energiequelle etwas erhöht, kann man erreichen, daß ein Energiestrom von $P_{el} = 30$ W an der Lampe ankommt.

Wie hoch muß die Spannung U_1 sein? Wie groß ist die Verlustleistung auf der Übertragungsstrecke (Widerstand $R_L = 14$ Ω)? Verluste in den Trafos bleiben unberücksichtigt.

Tips: Berechne zuerst die Spannung U_3 an der Primärseite des zweiten Trafos und dann die Stromstärke in der Übertragungsleitung. Die Induktionsspannung U_2 des ersten Trafos ist nötig, um die Elektronen durch die Leitung und die Feldspule des zweiten Trafos zu treiben.

6 Bei einem idealen (verlustfreien) Transformator ist der Energiestrom P_1, der auf der Primärseite hineinfließt, genauso groß wie der Energiestrom P_2, der ihn auf der Sekundärseite verläßt.

Zeige, daß daraus unter Verwendung der Beziehung $\dfrac{U_1}{U_2} = \dfrac{N_1}{N_2}$ für die Stromstärken folgt:

$\dfrac{I_1}{I_2} = \dfrac{N_2}{N_1}$.

Aus der Geschichte: So begann es mit der elektrischen Energieübertragung

„Wenn der Wasserfall eine passend aufgestellte magnetische Maschine bewegt, der hiedurch entstehende elektrische Strom in einer Art Telegraphenleitung über Berg und Thal geleitet und am gewünschten Ort mittels einer elektromagnetischen Maschine zu mechanischer Arbeit verwendet wird, dann sind alle unsere technischen Prozesse zu bewerkstelligen" (G. Popper, Über die Benutzung der Naturkräfte).

Mit diesen Worten wurde 1862 auf die Möglichkeit hingewiesen, Energie mit Hilfe elektrischer Stromkreise zu übertragen. Den Zeitgenossen muß diese Idee wie Zukunftsmusik vorgekommen sein. Zwar waren Elektromotoren und Generatoren schon erfunden, aber sie funktionierten so schlecht, daß sich eine elektrische Energieübertragung in größerem Maßstab noch nicht verwirklichen ließ.

In den folgenden Jahrzehnten wurden die elektrischen Maschinen immer weiter verbessert. Im Jahre 1882 war dann bei der ersten deutschen Elektrizitätsausstellung in München ein Versuch zur elektrischen Energieübertragung zu sehen.

Ein Augenzeuge berichtete:

„Die Spannung der Umstehenden war außerordentlich. Da – plötzlich fing der Elektromotor an, sich zu drehen, immer schneller und schneller. Die von ihm angetriebene Pumpe, die einen Wasserfall speisen sollte, kam in Betrieb. Die Überraschung kann sich heute kein Mensch vorstellen."

Die Menschen waren so beeindruckt, weil die Energiequelle 57 km weit entfernt in Miesbach stand. Der Motor war über eine lange Doppelleitung aus gewöhnlichem Telefondraht mit einem Gleichstromgenerator (Bild 1) verbunden. Dieser wurde von einer Dampfmaschine angetrieben und erzeugte eine Spannung von 1500 bis 2000 V. Die Isolation der Drähte war allerdings für so hohe Spannungen unzureichend; die Anlage war daher nur an 4 von 12 Tagen in Betrieb.

Von der erzeugten Energie kamen nur 25 % in München an, 75 % blieben buchstäblich auf der Strecke. Trotzdem bewies der Versuch, daß man elektrische Energie über weite Strecken übertragen kann.

Im gleichen Jahr eröffnete *Thomas Alva Edison* in New York ein kleines Kraftwerk, damit die von ihm erfundenen Glühlampen eingesetzt werden konnten. Zwei Jahre später nahm die erste „Blockstation" in Deutschland ihren Betrieb auf. Sie versorgte einen Häuserblock an der Kreuzung von Friedrichstraße und Unter den Linden in Berlin mit Energie. Das Kraftwerk selbst befand sich im Keller eines der Häuser (Bild 2).

Aus wirtschaftlichen Gründen durften die Verbraucher nur höchstens 600 m von diesem ersten Elektrizitätswerk entfernt sein. Die Generatoren erzeugten nämlich nur eine Gleichspannung von ungefähr 100 V; zur Energieübertragung waren daher sehr große Ströme nötig.

Im Jahre 1891 wurde auf einer Ausstellung in Frankfurt ein weiterer Versuch durchgeführt:

Elektrische Energie wurde von Lauffen am Neckar über eine Entfernung von 174 km nach Frankfurt am Main übertragen. Dabei setzte man nicht mehr Gleichstrom, sondern Wechselstrom (Drehstrom) ein.

Die Spannung des Generators betrug 55 V und wurde mit einem Trafo auf 8500 V erhöht. Am Ende der Übertragungsstrecke wurde die Spannung mit einem weiteren Trafo auf 65 V verringert.

Mit der elektrischen Energie aus Lauffen wurden in Frankfurt 1000 Glühlampen sowie die Pumpe für einen 10 m hohen Wasserfall betrieben. Die Energieverluste bei der Übertragung betrugen nur rund 25 %. Dadurch war die Überlegenheit des Wechselstroms gegenüber dem Gleichstrom für die Energieübertragung bewiesen.

Fragen und Aufgaben zum Text

1 Wodurch entstanden die Energieverluste bei der ersten Energieübertragung von Miesbach nach München? Welche Maßnahmen hätten diese Verluste verringern können?

2 Warum können „elektrischen Zentralen" heute viele Kilometer weit von den Verbrauchern entfernt sein?

3 „Maschinen mit Dampfantrieb wurden durch die Erfindung von Generatoren und Elektromotoren nicht entbehrlich."
Erkläre diese Aussage.

Aus Umwelt und Technik: **Das Verteilungsnetz**

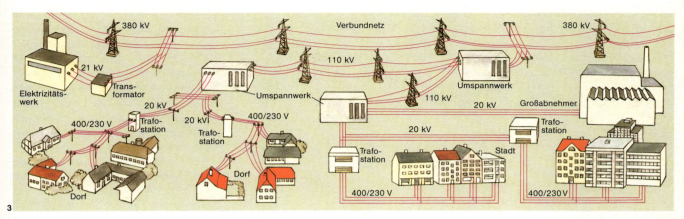
3

Flüsse entstehen durch das Zusammenfließen einer Vielzahl von Bächen. Nebenflüsse kommen hinzu, und schließlich mündet ein breiter Strom im Meer. Die elektrische Energie dagegen kommt als großer Energiestrom vom Elektrizitätswerk. Dieser Energiestrom verzweigt sich dann immer weiter, bis er schließlich bei den einzelnen Verbrauchern anlangt.

Bild 3 zeigt das Verteilungsnetz für die elektrische Energie.

Im Generator des Elektrizitätswerkes wird die elektrische Energie erzeugt. Die Spannung von Generatoren liegt in der Regel bei 21 kV. Mit Transformatoren wird die Spannung erhöht und die Energie in das 380-kV-Netz bzw. 220-kV-Netz (Bild 4) eingespeist.

Über die 380-kV-Leitungen strömt die elektrische Energie über weite Strecken bis zu Umspannwerken in der Nähe der Verbraucher. Jeder Leiter besteht aus vier bis zu 30 mm dicken Seilen aus Stahl und Aluminium.

Die Stromstärke darf höchstens $4 \cdot 900\,A = 3600\,A$ betragen.

Außerdem gibt es Verteilungsnetze mit 110 kV (Bild 5) und mit 60 kV. Industrieunternehmen, Flughäfen und S-Bahnen übernehmen die Energie bei diesen Spannungen.

Im bebauten Stadtbereich werden Erdkabel verlegt, die besonders aufwendig isoliert sein müssen (Bild 6). Wenn sehr große Energieströme übertragen werden, müssen solche Hochspannungskabel gekühlt werden. Dazu verlegt man z. B. die Kabel in Rohren und pumpt Wasser durch die Rohre, um die Wärme abzuführen. In oberirdischen Kühlstationen wird die Wärme dann an die Umgebungsluft abgegeben.

Für kürzere Entfernungen gibt es ein Mittelspannungsnetz von 20 kV bis 10 kV (Bild 7). Es dient dazu, die Energie auf die einzelnen Orte oder Stadtbezirke zu verteilen. Viele Industriebetriebe, Büro- und Warenhäuser erhalten ihre Energie unmittelbar aus diesem Netz.

In Umspannstationen wird die Spannung weiter auf 230 V bzw. 400 V verringert.

Diese Umspannstationen verknüpfen das Mittelspannungsnetz mit dem Niederspannungsnetz, aus dem die einzelnen Haushalte die elektrische Energie erhalten (Bild 8).

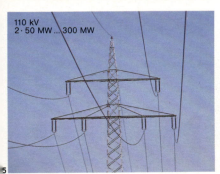
4

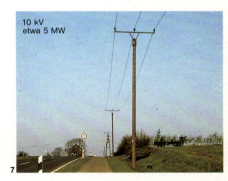
7

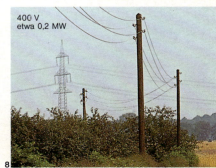
8

309

Energieübertragung mit Wechselstrom

Aus Umwelt und Technik: **Der europäische Energieverbund**

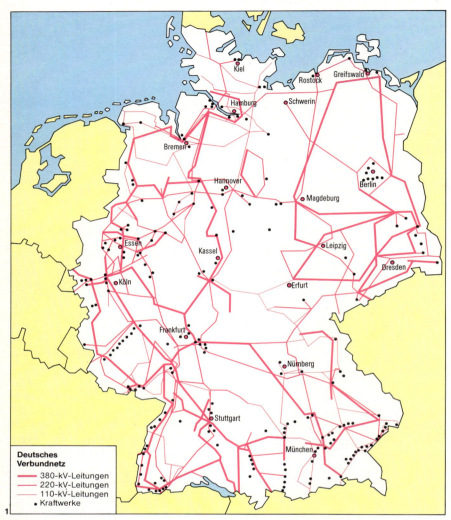

1 Deutsches Verbundnetz
— 380-kV-Leitungen
— 220-kV-Leitungen
— 110-kV-Leitungen
• Kraftwerke

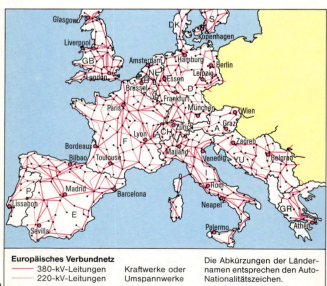

2 Europäisches Verbundnetz
— 380-kV-Leitungen
— 220-kV-Leitungen
• Kraftwerke oder Umspannwerke
Die Abkürzungen der Ländernamen entsprechen den Auto-Nationalitätszeichen.

Die Betriebe in den Industriegebieten Nordrhein-Westfalens benötigen zeitweise einen größeren Energiestrom, als die Kraftwerke in diesen Gebieten erzeugen können. Die nötige Energie kann dann z. B. in anderen Bundesländern gekauft oder „geliehen" werden. Deutschland ist nämlich in einem umfassenden Verbundsystem zusammengeschlossen (Bild 1).

Auch europaweit gibt es einen solchen Verbund. Zum Beispiel produzieren die Wasserkraftwerke in der Schweiz zur Zeit der Schneeschmelze einen größeren Energiestrom, als die Schweiz benötigt. Die überschüssige Energie wird dann über das Verbundnetz exportiert. Im Winter dagegen muß die Schweiz elektrische Energie importieren.

Das europäische Verbundnetz reicht von Schweden bis nach Portugal, Sizilien und Griechenland (Bild 2).

Das deutsche Verbundnetz wird von einer Schaltzentrale in Brauweiler bei Köln aus überwacht (Bild 3). Rund um die Uhr ist diese Zentrale mit zwei Ingenieuren besetzt.

Der eine überwacht das Hochspannungsnetz mit Hilfe eines Computers, der laufend Tausende von Meßdaten verarbeitet. An diesem Arbeitsplatz werden die gemessenen Energieströme angezeigt; von hier aus können auch Hochspannungsleitungen zur Reparatur abgeschaltet werden.

Der zweite Ingenieur kann per Knopfdruck zum Beispiel ein Pumpspeicherwerk einschalten, wenn die laufenden Kraftwerke an ihre Leistungsgrenze kommen. Genauso lassen sich bestimmte Kraftwerke abschalten, wenn die restlichen Kraftwerke nicht ausgelastet sind. Auch die Ein- und Ausfuhr von elektrischer Energie wird von dieser Zentrale aus mit den Leitstellen anderer Länder abgesprochen.

Auch bei einem Ausfall von Elektrizitätswerken kann die Energieversorgung über das Verbundnetz aufrechterhalten werden.

Wenn z. B. in Griechenland plötzlich mehrere Elektrizitätswerke ausfallen, stellt sich sofort ein Energiestrom über das Verbundnetz in Richtung Griechenland ein. Dadurch steigt die Belastung sämtlicher Generatoren im Verbundnetz. Die Generatoren lassen sich schwerer drehen, und im ganzen Netz sinkt die Frequenz der Wechselspannung. (Außerdem nimmt auch die Spannung geringfügig ab.)

Das Absinken der Frequenz meldet der Computer in der Schaltzentrale in Brauweiler; es wird dann zusätzliche Kraftwerksleistung „hochgefahren".

Aus Umwelt und Technik: **Probleme bei der Energieversorgung**

Wie wichtig der Energieverbund für eine sichere Energieversorgung ist, macht der obere Zeitungsartikel deutlich. Der Westteil Berlins gehörte lange Zeit aufgrund seiner Insellage in der damaligen DDR keinem Energieverbund an.

Auch bei der Energieübertragung kann es Probleme geben. Von einem solchen Fall berichtet der untere Zeitungsartikel. Auf den Isolatoren (Bild 4) hatte sich eine Salzschicht niedergeschlagen. Als der Regen einsetzte und Salz leitend machte, gab es einen Kurzschluß.

Fragen und Aufgaben zum Text

1 Wie ein Generator auf Belastung reagiert, läßt sich in einem **Versuch** beobachten. Bild 5 zeigt den Versuchsaufbau.

Wir betreiben den Generator zunächst im Leerlauf. Dann belasten wir ihn, indem wir nacheinander mehrere Glühlampen parallelschalten.

Achte auf die Geschwindigkeit, mit der das Wägestück nach unten sinkt. Gib eine Erklärung für deine Beobachtung.

2 Stelle eine Beziehung zwischen diesem Versuch und dem Text zum Energieverbund her.

Größte Kraftwerks-Panne in Berlin nach dem Kriege

12. Dezember 1989. Wegen gleichzeitiger Defekte in drei Großkraftwerken ist es gestern vormittag in mehreren Bezirken zu Stromabschaltungen gekommen. Die Leistung aller (West-)Berliner Kraftwerke reichte für die Stromnachfrage nicht mehr aus. Nach dem dritten Defekt standen um 9 Uhr 14 nur noch 1670 MW zur Verfügung. Zu diesem Zeitpunkt lagen Kunden mit mehr als 1700 MW Lastnachfrage am Netz. (In Spitzenzeiten werden etwa 1800 MW benötigt.)

Das Versorgungsunternehmen reagierte auf das Desaster zunächst mit einer Senkung der Spannung um drei Prozent, was die Netzbelastung um 60 MW verringerte. Die U-Bahnzüge fuhren daraufhin langsamer, einige Züge mußten gestrichen werden. Ferner wurde die gesamte Fernwärmeversorgung der Stadt von 9 Uhr 42 bis 11 Uhr 15 abgeschaltet, um den dort abgezweigten Dampf für die Stromproduktion verwenden zu können. Außerdem wurde die Bevölkerung über Rundfunk zur Sparsamkeit aufgefordert.

Da die Spannungsfrequenz trotzdem von den normalen 50 Hertz auf 48,6 Hertz absank – also „Übernachfrage" bestand –, wurde die Versorgung in mehreren Stadtteilen zwischen 9 Uhr 57 und 10 Uhr 39 und zwischen 10 Uhr 41 und 10 Uhr 49 völlig abgeschaltet. Die Lichter gingen aus.

Wie das Salz aus der Nordsee den Strom blockierte

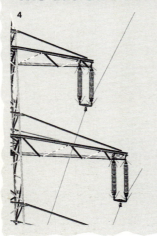

Rendsburg/Neumünster. Das Salz der Nordsee legte am Dienstagabend – wie berichtet – kurzzeitig die Stromversorgung in Norddeutschland lahm. Während in Kiel nur kurz das Licht flackerte, fiel in anderen Regionen der Strom für Minuten völlig aus.

Die Ursache für den Stromausfall war nicht gerade alltäglich. Zuletzt habe sich so etwas in diesem Ausmaß vor 25 Jahren ereignet, teilte das Energieversorgungsunternehmen mit. Der Weststurm hatte eine Salzschicht auf die Isolatoren der Hochspannungsleitungen geweht. Ergebnis: Die Isolatoren isolierten nicht mehr, es kam zu Überschlägen, Lichtbögen und Kurzschlüssen.

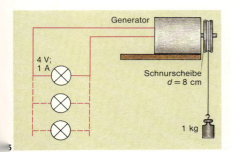

Energieübertragung mit Wechselstrom

Alles klar?

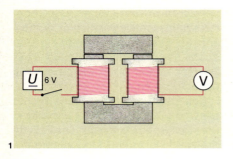
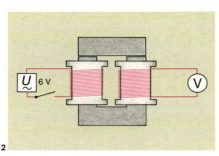
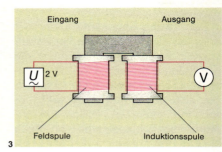

1 Welchen Vorteil hat ein Wechselstromnetz gegenüber einem Gleichstromnetz bei der Energieversorgung?

2 In den Versuchsaufbauten nach den Bildern 1 u. 2 wird der Schalter geschlossen. Was könntest du jeweils am Meßgerät beobachten? Begründe deine Antwort.

3 In der folgenden Tabelle sind Daten von Transformatoren angegeben. Übertrage die Tabelle in dein Heft, und ergänze die fehlenden Größen.

| Windungszahl | | Primär- | Sekundär- |
Induktionsspule N_1	Feldspule N_2	spannung U_1	spannung U_2
100	100	12	?
100	25	12	?
100	500	12	?
100	?	12	1,5 V
1200	?	230 V	9 V

4 Warum hat die Induktionsspule eines Schweißtransformators erheblich weniger Windungen als die Feldspule?

5 In Bild 3 haben Induktionsspule und Feldspule gleich viele Windungen. Bei einer Primärspannung von $U_1 = 2$ V mißt man nur eine Sekundärspannung von $U_2 = 0,8$ V. Erkläre!

6 Wie wird beim Induktionsfeuerzeug (Bild 4) der „zündende Funken" erzeugt?

7 Ein mittelgroßer Haushalt benötigt zeitweise einen elektrischen Energiestrom von 15 kW.

a) Berechne die Stromstärke, wenn die Spannung 230 V beträgt.

b) Angenommen, Elektrizitätswerk und Haushalt wären über eine Übertragungsleitung ($R_L = 50\,\Omega$) direkt miteinander verbunden.
Wie hoch müßte die Spannung am E-Werk sein, damit die Spannung beim Verbraucher weiterhin 230 V beträgt? Wie groß ist in diesem Fall die Verlustleistung?

c) Im Elektrizitätswerk wird die Spannung mit einem Trafo auf 230 000 V erhöht und beim Verbraucher mit einem zweiten Trafo auf 230 V verringert. Wie groß ist ungefähr die Verlustleistung?

8 Der *Fehlerstromschutzschalter* unterbricht einen Stromkreis, wenn ein Strom von mehr als 30 mA nicht den vorgesehenen Weg nimmt. Bei Unfällen entsteht ja meist ein zusätzlicher Stromkreis über „Erde", z. B. über Wasserrohre (→ Kapitel *Schutzmaßnahmen im Stromnetz*).
Die Funktionsweise des Schutzschalters läßt sich mit dem Aufbau von Bild 5 im **Versuch** vorführen. Der „Fehlerstrom" wird durch Schließen des Schalters simuliert.

a) Vergleiche die Ströme durch die beiden äußeren Spulen bei geöffnetem und bei geschlossenem Schalter.

b) Was kannst du über das Magnetfeld in den Stativstangen bei geöffnetem und bei geschlossenem Schalter aussagen?

c) Das Meßgerät an der mittleren Spule zeigt bei geschlossenem Schalter eine Spannung an, bei offenem nicht. Gib dafür eine Erklärung. (Der Eisenkern ist nicht geschlossen; daher gelten nicht die Formeln für den Transformator.)

d) Fertige in deinem Heft eine Schaltskizze des Versuchsaufbaus an. Dabei soll zusätzlich ein Relais eingezeichnet werden, das den Stromkreis unterbricht, wenn der Fehlerstrom auftritt.

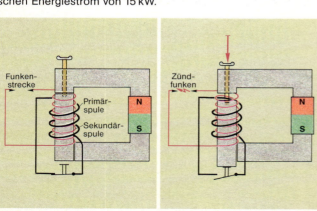
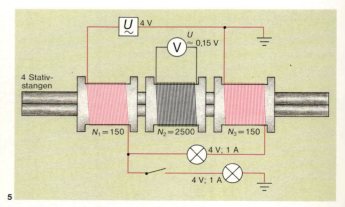

Energieübertragung mit Wechselstrom

Auf einen Blick

Der Transformator

Jeder Transformator besteht aus einer *Feldspule (Primärspule)* und einer *Induktionsspule (Sekundärspule)*. Beide Spulen sitzen auf einem geschlossenen Eisenkern. Zwischen den Spulen gibt es keine elektrische Verbindung.

Die Feldspule wird an eine Energiequelle mit Wechselspannung angeschlossen. Im Eisenkern entsteht dann ein Magnetfeld, das sich ständig ändert. Durch diese Magnetfeldänderungen kommt es zur Induktion.

Zwischen den Anschlüssen der Induktionsspule wird die Sekundärspannung U_2 erzeugt. Sie hängt ab von der Spannung U_1 an der Feldspule (Primärspannung) und vom Verhältnis der Windungszahlen N_1 und N_2.

Wenn kein Gerät an die Induktionsspule angeschlossen ist (unbelasteter Trafo), gilt:

$$\frac{U_1}{U_2} = \frac{N_1}{N_2}.$$

Der unbelastete Trafo benötigt nur einen sehr kleinen Energiestrom.

Wird an den Trafo ein Gerät angeschlossen, so erhält es von ihm elektrische Energie. Der Trafo entnimmt diese Energie dem Netz.

Bei Belastung nimmt daher der Primärstrom I_1 zu. Wie groß er ist, hängt vom Sekundärstrom I_2 und vom Verhältnis der Windungszahlen N_1 und N_2 ab.

Der Sekundärstrom bestimmt den Primärstrom.
Für den belasteten Trafo gilt:

$$\frac{I_2}{I_1} = \frac{N_1}{N_2}.$$

Energieübertragung mit Hochspannung

Wenn ein Strom I durch einen Leiter mit dem Widerstand R fließt, wird in diesem Energie umgewandelt und als Wärme abgegeben. Die Verlustleistung ändert sich mit dem Quadrat der Stromstärke: $P_V = R \cdot I^2$.

Verringert man z. B. die Stromstärke auf ein Zehntel, so sinkt die Verlustleistung auf ein Hundertstel.

Um bei der Übertragung elektrischer Energie die Verluste gering zu halten, sorgt man für möglichst kleine Ströme, indem man die Spannung erhöht.

Wie man an der Beziehung $P_{el} = U \cdot I$ erkennt, ist für einen bestimmten Energiestrom bei zehnfacher Spannung nur ein Zehntel der Stromstärke nötig.

Am Beginn der Übertragungsstrecke wird die Spannung daher mit Hilfe eines Transformator erhöht und am Ende mit einem zweiten verringert.

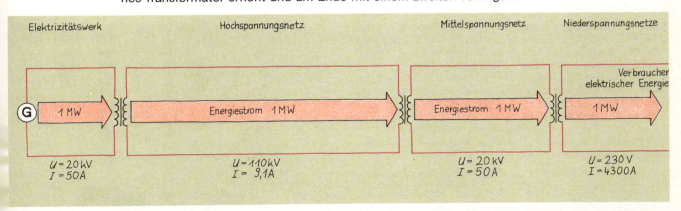

Leitungsvorgänge in Halbleitern

1 Es geht um Informationen

V 1 Mit Hilfe des Morse-Alphabets kann man Informationen übertragen. Zur Übertragung verwenden wir einen Taster, eine Glühlampe, eine Batterie und zwei lange Drähte.

Welchen Vorteil hat es, wenn die Glühlampe nicht unmittelbar, sondern über ein Relais ein- und ausgeschaltet wird? Wie muß das Relais in die Schaltung eingebaut werden?

V 2 Beim Telefon wird der Schall in Schwankungen der elektrischen Stromstärke umgewandelt und in dieser Form übertragen.

Die Schwankungen der Stromstärke kann man sichtbar machen, wenn man die Mikrofonkapsel aus der Sprechmuschel eines alten Telefons an ein Oszilloskop anschließt (Bild 2).

V 3 Ob der Elektromotor eines Lüfters oder einer Pumpe eingeschaltet ist, kann man manchmal nicht unmittelbar sehen. Man benötigt dann eine Kontrolleuchte. Sie kann parallel oder in Reihe zum Motor geschaltet werden (Bild 3).

Erläutere die Unterschiede zwischen den beiden Schaltungen. Wie reagiert jeweils die Lampe, wenn der Motor defekt ist und kein Strom durch den Motor fließt? Wie unterscheiden sich die Informationen, die du durch das Leuchten der Lampe in beiden Fällen erhältst?

V 4 1753 versuchte der Schotte *E. Marshall* einen Telegrafen zu konstruieren, bei dem die Abstoßungskräfte elektrisch geladener Holundermark-Kügelchen als Signal verwendet werden sollten (Bild 4).

Mit Lamettafäden statt der aufgehängten Holundermark-Kügelchen kannst du den Telegrafen nachbauen. Welche Vorteile hätte ein solcher Telegraf? Kannst du dir vorstellen, warum sich dieser Telegraf nicht durchgesetzt hat?

Um den Wirkungsgrad zu erhöhen und den Schadstoffausstoß zu verringern, setzt man bei Automotoren elektronische Bauteile ein.

Das wichtigste Bauteil einer elektronischen Zündanlage (Bild 1) ist ein „Chip". Er erhält Informationen über Temperatur, Drehzahl und Belastung des Motors. Aufgrund dieser Informationen regelt er automatisch den Zündzeitpunkt und die Einspritzung des Benzins.

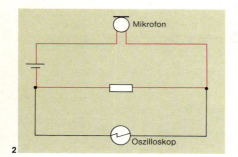
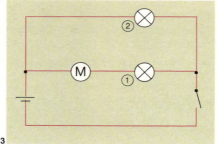
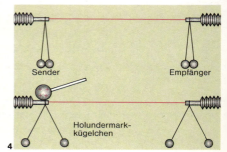

Info: Codieren und Übertragen von Informationen

In Bild 5 geht es um *Informationen*. Eine Information kann eine Nachricht über ein besonderes Ereignis sein. Es kann sich aber auch darum handeln, daß die Anzahl der Schüler in einer Klasse oder die Geschwindigkeit eines Autos mitgeteilt wird.

Informationen liegen oft in verschlüsselter Form vor, sie sind *codiert*. Um herauszufinden, welche Informationen dargestellt sind, muß man die Bedeutung der verwendeten Zeichenfolgen kennen: Man muß die Information *decodieren* können.

In unserer heutigen Zeit leben wir mit einer Flut von Informationen. Um mit dieser Informationsflut zurechtzukommen, muß man die Informationen so codieren, daß sie automatisch verarbeitet werden können.

Schon frühzeitig bestand in der menschlichen Gesellschaft der Wunsch, Informationen nicht nur zu speichern, sondern auch über große Strecken zu übertragen.

Für diese Aufgabe setzte man Marathonläufer und Meldereiter ein, oder man verwendete Feuerzeichen. Die älteste Be-

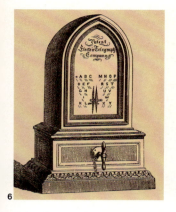 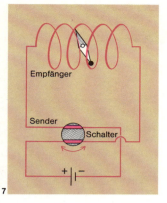

Morsetaste, wird eine Elektromagnet ein- und ausgeschaltet. Der Elektromagnet zieht einen Anker an und drückt dadurch einen Stift auf ein Papierband. Das Band wird von einer Art Uhrwerk am Stift vorbeigezogen. Punkt–Strich bedeutet A, Punkt–Strich–Punkt bedeutet R.

Der Morsetelegraf war besonders einfach konstruiert und sehr betriebssicher. Außerdem war die Übertragungsleistung recht hoch: Eine Rede des Königs von Preußen konnte mit dem Morsetelegrafen in ungefähr einviertel Stunden übertragen werden. In den Jahren 1853 bis 1856 wurde eine Morse-Telegrafenlinie gebaut, die England mit Indien verband.

Die Formen der Informationsübertragung wurden bis heute weiterentwickelt. Dabei war es das Ziel, Informationen mit möglichst wenig Aufwand so schnell, so sicher und so störungsfrei wie möglich zu übertragen. Möglichst wenig Aufwand bedeutet vor allem, daß die Systeme nicht reparaturanfällig sein dürfen und daß der Energiebedarf niedrig ist.

Auch beim Telefon werden Informationen mit Hilfe elektrischer Ströme übertragen. Im Mikrofon des Telefons werden die Schwingungen der Luft in elektrische Signale umgewandelt. Die Signale werden verstärkt und über Drähte zum Empfänger geleitet. Im Lautsprecher werden sie dann wieder in Schwingungen einer Membran umgewandelt.

schreibung der Informationsübertragung mit Feuerzeichen stammt vom griechischen Dichter *Aischylos* (525–456 v. Chr.).

Nach seiner Schilderung soll die Nachricht von der Eroberung Trojas im Jahre 1184 v. Chr. in einer einzigen Nacht mittels Feuersignalen von Kleinasien nach Griechenland übermittelt worden sein. Von Berggipfel zu Berggipfel sei die Botschaft signalisiert worden – über eine Entfernung von mehr als 500 km.

Ob die dichterische Darstellung den historischen Tatsachen entspricht, läßt sich kaum sagen. Trotzdem gilt als sicher, daß damals Informationen durch „Lauffeuer" übertragen wurden.

Im 19. Jahrhundert erkannte man die Möglichkeit, Informationen als *elektrische* Signale zu codieren und in dieser Form zu übertragen. Eines der ersten Übertragungssysteme war der Nadeltelegraf von *Cooke* und *Wheatstone* (Bilder 6 u. 7). Der eigentliche Sender besteht aus einer Schaltvorrichtung, mit der man die Batterie umpolen kann. Je nach Stromrichtung in der Spule wird die Magnetnadel nach rechts oder links ausgelenkt. Zum Beispiel bedeutet links–links den Buchstaben A, links–rechts den Buchstaben R.

Berühmt wurde der Amerikaner Samuel *F. B. Morse*, der 1838 einen Telegrafen erfand (Bild 8). Mit Hilfe eines Schalters, der

Info: Wie werden Informationen im Rechner dargestellt?

Zwei siebenstellige Zahlen miteinander zu multiplizieren, ist keine Schwierigkeit, wenn man genügend Zeit hat. Wer jedoch sehr viele Rechnungen ausführen muß, wird es als große Erleichterung empfinden, wenn ihm eine Rechenmaschine diese Arbeit abnimmt. Ohne solche Maschinen kommen z. B. Astronomen, die die Bahnen von Himmelskörpern berechnen wollen, kaum aus.

Damit eine Maschine rechnen kann, müssen die Zahlen im Rechner dargestellt werden. Am einfachsten geht das durch Schalter. Schalter können sich in zwei Zuständen befinden: „aus" und „ein". Den beiden Zuständen ordnet man die Ziffern 0 und 1 zu.

Mit diesen Ziffern kann man jede Zahl im *Dualsystem* darstellen. Zur Darstellung der natürlichen Zahlen zwischen 0 und 15 benötigt man vier Schalter (Bild 9). Zur Speicherung großer Zahlen würde man sehr viele Schalter benötigen.

Schaltet man einen Schalter mit einem Widerstand in Reihe (Bild 10), können die Zustände „1" und „0" sowohl als Stromsignal (*Strom* bzw. *kein Strom* durch den Widerstand) oder auch als Spannungssignal (*Spannung* bzw. *keine Spannung* am Widerstand) dargestellt werden.

Die Darstellung von Zahlen durch die Zustände „0" und „1" ist wenig störanfällig. Eine kleine Änderung der Spannung der Quelle in Bild 9 hätte keinerlei Einfluß auf die dargestellte Zahl. Wichtig ist ja nur, ob in den einzelnen Lampen ein Strom fließt oder nicht. Es kommt dagegen nicht so genau darauf an, wie groß die Stromstärke ist.

Selbstverständlich verwendet man in den Computern von heute keine herkömmlichen Schalter. Die heutigen Computer wurden erst möglich, als es gelang, die Schalter als *Halbleiterbauelemente* herzustellen.

Mit solchen Halbleiterbauelementen kann man so viele Schalter, wie sie zum Bau eines Computers notwendig sind, auf kleinem Raum unterbringen.

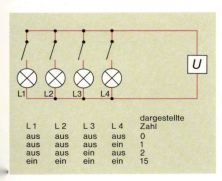

L1	L2	L3	L4	dargestellte Zahl
aus	aus	aus	aus	0
aus	aus	aus	ein	1
aus	aus	ein	aus	2
ein	ein	ein	ein	15

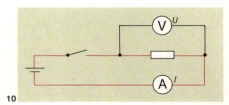

Aus der Geschichte: **Immer kleiner, schneller und sparsamer**

Endlose Zahlenkolonnen zu addieren oder Hunderte von mehrstelligen Zahlen zu multiplizieren, erfordert größte Sorgfalt – und ist sehr langweilig.

Während seines Studiums ärgerte sich der Bauingenieur-Student *Konrad Zuse* über die vielen völlig schematisch ablaufenden Rechnungen. Das müßte doch auch eine Maschine erledigen können! So baute er 1938 den ersten Computer der Welt, den *Z1*, aus Altmaterial der Post.

Bereits lange vor ihm (1641) hatte der französische Wissenschaftler *Blaise Pascal* eine Maschine gebaut, mit der man Zahlen addieren und subtrahieren konnte. Aber die eigentliche Geschichte der Computer begann erst mit dem *Z1*.

Berühmt wurde das Nachfolgemodell *Z3*. Dieses Modell besaß 2000 Relais. Außer den vier Grundrechenarten konnte es bereits Wurzeln ziehen. Für die Multiplikation zweier siebenstelliger Zahlen benötigte das Gerät etwa vier Sekunden. Eine Nachbildung des *Z3* kann im Deutschen Museum in München besichtigt werden (Bild 1).

Im Jahre 1944 wurde ein ähnlicher Relais-Rechner in den USA in Betrieb genommen. Er wurde von *H. H. Aiken* konstruiert, hieß *Mark 1*, hatte 2600 Relais, wog 35 t und war 16 m lang und 2,5 m hoch.

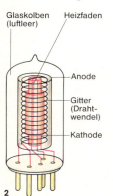

Nur zwei Jahre später, im Jahre 1946, wurde in Amerika ein Computer gebaut, in dem die Relais durch Elektronenröhren (Bild 2) ersetzt wurden.

Das brachte zwar keine Raumersparnis – der *ENIAC* (Bild 3) war genau so groß wie ein Relais-Rechner –, aber in den Elektronenröhren wurden keine Teile mehr mechanisch bewegt. Die Schaltung der Röhren erfolgte nur durch elektrische Signale. Der *ENIAC* konnte bereits 2000mal so schnell rechnen wie die Relais-Rechner.

ENIAC enthielt über 18 000 Röhren. Die vielen Röhren stellten aber ein Problem dar: Jede Röhre besaß einen eigenen kleinen Heizdraht. Für die Heizung aller Röhren wurde ein elektrischer Energiestrom von 200 000 W benötigt. Um die erzeugte Wärme abzuführen, besaß der Rechner eigene Schornsteine!

Heute sind Computer von der Größe eines Schuhkartons viel leistungsfähiger als die zimmergroßen Ungetüme der Anfangsjahre. Der Durchbruch begann, als man die Röhren durch Halbleiterbauelemente ersetzte. Von diesem Zeitpunkt an wurden die Geräte immer kleiner.

Auf der Fläche eines Fingernagels können heute Millionen von Schaltern untergebracht werden. Bild 4 zeigt einen 4-Megabit-Chip; er benötigt nur noch einen elektrischen Energiestrom von 0,5 W. Das Ende der Miniaturisierung ist noch nicht in Sicht. Immer mehr Schalter werden auf der gleichen Fläche untergebracht.

Durch die Verkleinerung der Bauteile wurde auch eine weitere Steigerung der Rechengeschwindigkeit erreicht. Die modernen Computer mit Halbleiterbauelementen rechnen wesentlich schneller als die Röhrengeräte.

Eine ähnliche Entwicklung hin zu immer kleineren Geräten ist auch bei den Radios abgelaufen. Durch die Halbleitertechnik wurde es möglich, Radios zu bauen, die so klein sind, daß sie in einen Kopfhörer eingebaut werden können.

Aufgaben

1 Im Computer werden jeweils acht Schalterzustände (Bits) zu einem *Byte* zusammengefaßt. Wieviel unterschiedliche Symbole kann man durch ein Byte codieren?

Wieviel Bits sind nötig, um alle Groß- und Kleinbuchstaben und die zehn Ziffern codieren zu können?

2 Informationen können durch Ströme oder durch Spannungen dargestellt werden. Strom und Spannung dienen jeweils als Signal.

Warum wird bei der Darstellung von Informationen durch Spannungen weniger elektrische Energie pro Sekunde benötigt als bei Strömen?

3 „Die meisten Buchstaben im Alphabet sind eigentlich überflüssig. Mit nur zehn Buchstaben könnte man 100 000 verschiedene Wörter bilden, von denen keines mehr als fünf Buchstaben hat." Was meinst du zu dieser Aussage?

4 Die Zustände „1" und „0" können unterschiedlich dargestellt werden. Früher benutzte man die Magnetisierungszustände von magnetisier-

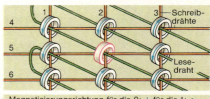

5 Magnetisierungsrichtung für die 0: , für die 1:

baren Ringen, den *Ringkernen* (Bild 5). Wie kann man in den mittleren Ringkern eine „1" oder eine „0" hineinschreiben, ohne die Inhalte der anderen Speicher zu verändern?

Nenne weitere Darstellungsmöglichkeiten für „1" und „0".

2 Leiter – Nichtleiter – Halbleiter

V 5 Bekanntlich erhöht sich der Widerstand von Metalldrähten, wenn die Temperatur steigt. Dabei spielt es keine Rolle, ob die Temperaturerhöhung durch Wärmezufuhr von außen hervorgerufen wird oder ob sich der Leiter durch den Strom selbst erwärmt.

Verwende nun einen Halbleiter-Widerstand wie in Bild 6. Man nennt ihn *NTC-Widerstand*.

Ermittle den elektrischen Widerstand des Halbleiters bei Zimmertemperatur. Wie ändert sich der Widerstand, wenn du den Halbleiter mit den Fingern (oder vorsichtig über einer Flamme) erwärmst? Kühle ihn auch mit kaltem Wasser oder Eis ab.

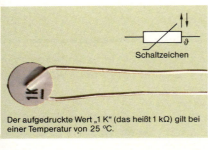

Der aufgedruckte Wert „1 K" (das heißt 1 kΩ) gilt bei einer Temperatur von 25 °C.

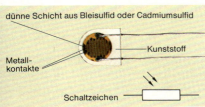

Vergleiche, wie sich Halbleiter und Metalle bei Erwärmung verhalten.

V 6 Bild 7 zeigt einen lichtempfindlichen Halbleiter. Man bezeichnet ihn als *Photowiderstand* oder *LDR* (engl. *light dependent resistor:* lichtabhängiger Widerstand).

Baue die Schaltung nach Bild 8 auf. Beobachte das Meßgerät, wenn du deine Hand über dem LDR hin und her bewegst.

Ermittle den Widerstand des LDR bei unterschiedlicher Beleuchtung und bei völliger Dunkelheit.

V 7 In der Schaltung nach Bild 9 soll das Licht der Glühlampe auf den LDR fallen. Verwende als Spannungsquelle für die Glühlampe zunächst einen Transformator und dann eine Batterie (Schalterstellung beim Oszilloskop: AC, empfindlichster Meßbereich).

Erkläre den vom Oszilloskop angezeigten Spannungsverlauf.

V 8 Fotografen und Filmemacher bestimmen die richtige Belichtungszeit und Blende mit einem elektrischen Belichtungsmesser. Er enthält ein Meßwerk, dessen Zeiger um so weiter ausschlägt, je heller es ist.

Baue eine Schaltung auf, die im Prinzip wie ein Belichtungsmesser funktioniert. Fertige zunächst eine Schaltskizze an. Wie könnte man zu einer Skala kommen?

V 9 Eine Rolltreppe wird durch eine Lichtschranke gesteuert. Die Treppe setzt sich in Bewegung, sobald ein eingebauter Photowiderstand abgedunkelt wird.

Baue das Modell einer solchen Steuerung. Dabei soll ein Motor über ein Relais eingeschaltet werden.

V 10 Was beobachtest du, wenn du einen NTC-Widerstand (22 Ω), eine Lampe (6 V; 2,4 W) und einen Strommesser in Reihe an ein Netzgerät (6 V) anschließt?

Erkläre das Versuchsergebnis.

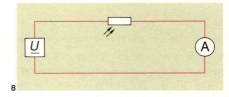

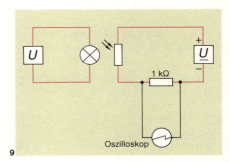

Info: Elektrizitätsleitung in Festkörpern

Es gibt Stoffe, die den elektrischen Strom gut leiten, und solche, die ihn nicht leiten. Metalle sind gute elektrische *Leiter*. Glas, Keramik, Porzellan und Kunststoffe gehören zu den *Isolatoren*. Daneben gibt es viele Stoffe, die den Strom nicht so gut leiten wie die Metalle, aber auch keine Isolatoren sind. Leitungswasser ist ein Beispiel dafür.

Auch unter den festen Stoffen gibt es viele, die man weder zu den guten Leitern noch zu den Isolatoren rechnen kann. Bei geringen Temperaturen sind sie Isolatoren, erst bei höheren Temperaturen leiten sie. Man bezeichnet solche Stoffe als *Halbleiter*. Silicium und Germanium sind die am häufigsten verwendeten Halbleiter.

Wie ist es möglich, daß in festen Körpern überhaupt ein Strom fließen kann? Und woran liegt es, daß die festen Stoffe so unterschiedlich gut leiten?

Alle Körper bestehen aus unvorstellbar vielen Atomen. 1 cm³ Kupfer setzt sich z. B. aus rund $8 \cdot 10^{22}$ Kupferatomen zusammen. Bei festen Körpern befinden sich die Atome auf festen Plätzen, um die sie hin und her schwingen können. Je höher die Temperatur des Stoffes ist, desto stärker sind die Schwingungen der Atome. Bei den meisten festen Stoffen sind die Atome regelmäßig in einem festen räumlichen Muster angeordnet. Eine solche Ordnung nennt man ein (räumliches) *Kristallgitter*.

Es kommt vor, daß Elektronen von den Atomen abgetrennt werden. Die Ursachen dafür sind unterschiedlich. Die abgetrennten Elektronen sind nicht mehr an ein Atom gebunden und können sich im Kristall bewegen (Bild 1). Auf den Gitterplätzen bleibt ein Atomrumpf (Ion) zurück. Legt man eine elektrische Spannung an, so wirkt auf jedes dieser freien Elektronen eine Kraft. Die Folge ist eine gerichtete Bewegung der Elektronen, ein elektrischer Strom.

Daß sich die Elektronen nicht ganz frei bewegen können, hat zwei Ursachen:
1. Es gibt Unregelmäßigkeiten bei der Anordnung der Atome. Das feste Muster wird nicht an allen Stellen eingehalten. Außerdem ist der Kristall nie ganz rein. Auch bei einem Draht aus dem reinsten Kupfer, das man herstellen kann, haben sich einige andere Atome zwischen die Kupferatome „gemogelt". Durch diese Unregelmäßigkeiten werden die Elektronen in ihrer Bewegung gehemmt.

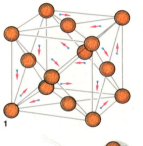

2. Die Atome (bzw. die Atomrümpfe) sitzen nicht bewegungslos auf ihren Plätzen, sondern sie schwingen und stoßen dabei mit den Elektronen zusammen. Je höher die Temperatur des Stoffes ist, desto stärker schwingen die Atome hin und her und desto stärker werden die Elektronen bei ihrer Bewegung gehemmt (Bild 2).

Die Leitfähigkeit (bzw. der spezifische Widerstand) eines Feststoffes ist also abhängig
○ **von der Anzahl der beweglichen Ladungsträger,**
○ **von der Regelmäßigkeit der Gitterstruktur und der Anzahl der Fremdatome sowie**
○ **von der Stärke der Schwingungen der Atome.**

Es liegt an der ungeheuer großen Zahl freier Elektronen, daß die Metalle gute Leiter sind. In einem Kubikzentimeter Kupfer gibt es zum Beispiel ungefähr 10^{23} freie Elektronen.

In Halbleitern gibt es dagegen viel weniger freie Elektronen. Wieviel es sind, hängt auch von der Temperatur ab. Je höher die Temperatur ist, desto mehr freie Elektronen sind vorhanden. Daher verbessert sich die Leitfähigkeit eines Halbleiters, wenn man ihn erwärmt.

Zwar werden auch bei Halbleitern durch die stärkeren Schwingungen der Atome die Elektronen in ihrer Bewegung zusätzlich gehemmt, aber die Vergrößerung der Anzahl der freien Elektronen wirkt sich stärker aus.

Auch durch Bestrahlung mit Licht kann man die Anzahl der freien Elektronen erhöhen. Daher leitet ein Photowiderstand bei Beleuchtung besser.

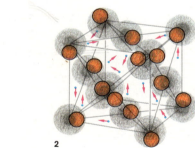

Aufgaben

1 Der elektrische Widerstand von Metalldrähten wird größer, wenn man die Drähte erhitzt.
Gib für die Zunahme des Widerstandes eine Erklärung mit Hilfe der Modellvorstellung.

2 Der Widerstand von Halbleitern sinkt bei Erwärmung. Welche Ursache hat diese Erscheinung?

3 Woran liegt es, daß Metalle den elektrischen Strom so gut leiten?

4 „Metalle sind Kaltleiter." – „NTC-Widerstände zählen zu den Heißleitern."
Erläutere diese Aussagen.

5 Das Schaltzeichen des NTC-Widerstandes enthält das Formelzeichen ϑ (Theta) der Temperatur. Was deuten die gegenläufigen Pfeile an?

6 Der *Temperaturkoeffizient* eines Bauteiles gibt an, wie sich sein Widerstand erhöht, wenn man das Bauteil um 1 K erwärmt. Auch die Abkürzung NTC (für engl. *negative temperature coefficient*) gibt das Verhalten des Widerstandes an. Erkläre!

7 Das Kühlwasserthermometer eines Autos besteht im wesentlichen aus einem NTC-Widerstand und einem Strommesser. Erkläre das Prinzip eines solchen Thermometers.

8 Eine Glühlampe und eine Bleistiftmine aus Graphit wurden einzeln an ein Netzgerät angeschlossen. Dann wurde die Spannung schrittweise erhöht und jeweils die Stromstärke gemessen. Die Bilder 3 u. 4 zeigen die Ergebnisse. Welche der beiden Kurven gehört zur Glühlampe? Welche Eigenschaft hat die Bleistiftmine?

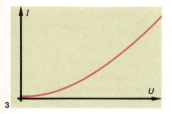
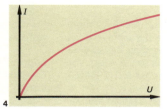

Bei der Ermittlung eines Zusammenhangs zwischen zwei Größen sollten andere Größen möglichst konstant gehalten werden. Diese Forderung wurde hier nicht beachtet. Erläutere!

9 Der Begriff *Halb*leiter ist eigentlich nicht zutreffend: Ein 10 cm langer Stab aus reinem Silicium von 1 cm^2 Querschnittsfläche hat bei Zimmertemperatur einen Widerstand von etwa 25 MΩ.

Dagegen beträgt der Widerstand eines gleich langen Kupferdrahtes von 0,01 mm^2 Querschnittsfläche nur 0,15 Ω.

Vergleiche die spezifischen Widerstände von Kupfer und reinem Silicium.

Aus Umwelt und Technik: **Steuern und Regeln mit Lichtschranken**

Lichtschranken zum Steuern von Rolltreppen und Aufzugtüren sind weit verbreitet. Lichtschranken wachen z. B. auch an Papierschneidemaschinen und Stahlpressen darüber, daß niemand mit der Hand in die laufende Maschine gerät.

Es gibt auch winzig kleine Lichtschranken; bei ihnen ist zwischen Lichtsender und -empfänger kaum mehr Platz als zwischen den Zinken einer Kuchengabel (Bild 5). Solche Gabellichtschranken werden z. B. in moderne Ladenkassen eingebaut. Das Papier zum Ausdrucken der Bons wird dabei durch die Gabel geführt. Die Lichtschranke kann so der Kasse melden, ob die Papierrolle erneuert werden muß.

Bild 6 zeigt eine Anwendung der Gabellichtschranke in der Robotertechnik: Ein Heimcomputer steuert hier ein Robotermodell. Soll sich der Arm des Roboters z. B. um 3 cm nach oben bewegen, so gibt es zwei Steuerungsmöglichkeiten.

Die erste Möglichkeit ist, daß der Computer den entsprechenden Elektroantrieb für eine bestimmte Zeit einschaltet. Eine solche *Zeitsteuerung* ist recht ungenau; es kann ja sein, daß diese Zeit bei höherer Belastung des Armes oder bei veränderter Spannung für den 3 cm langen Weg nicht ausreicht.

Die zweite Möglichkeit: Der Computer kontrolliert den Weg, den der Arm zurücklegt. Eine solche *Wegsteuerung* erfordert einen höheren technischen Aufwand, da der Computer kein „Auge" hat.

In dem Robotermodell wird der Weg mit einer Gabellichtschranke erfaßt (Bild 7): Mit dem Schneckentrieb, der den Arm verstellt, ist die hell-dunkel-gestreifte Trommel verbunden. Das Infrarotlicht der Schranke durchdringt zwar den roten Kunststoff, nicht aber die dunklen Streifen.

Wenn der Motor die Schnecke und die Trommel dreht, meldet die Lichtschranke jedesmal die auftretenden Lichtimpulse. Für den 3 cm langen Weg wartet der Rechner bei dem abgebildeten Modell die Meldung von 204 Impulsen ab. Erst dann schaltet er den Motor aus. So wird der Roboterarm präzise gesteuert – auf Bruchteile von Millimetern genau.

3 Elektronenleitung – Löcherleitung

Info: Die Elektronenleitung

Halbleiter verhalten sich beim Erwärmen ganz anders als metallische Leiter: Mit steigender Temperatur, also bei *Zufuhr von Wärme*, wird der Widerstand von Metallen größer, der von Halbleitern dagegen nimmt ab.

Aber nicht nur durch Zufuhr von Wärme läßt sich der Widerstand von Halbleitern senken. Zum Beispiel konntest du beim Photowiderstand feststellen, daß sein Widerstand kleiner wird, wenn *Energie in Form von Licht* auf ihn trifft.

Um diese Beobachtungen zu erklären, müssen wir uns mit den Vorgängen im Innern eines Halbleiters beschäftigen. Wir wählen dazu jenes Halbleitermaterial aus, das am häufigsten verwendet wird: das Silicium.

Jeder Kubikzentimeter eines Siliciumkristalls setzt sich aus ca. $5 \cdot 10^{22}$ Atomen zusammen; das sind fast soviel wie die von 1 cm³ Kupfer. Jedes Siliciumatom besitzt 14 Elektronen, von denen sich vier in den äußeren Bereichen der Atomhülle befinden (Bild 1). Sie heißen *Bindungselektronen* oder *Valenzelektronen*. Die übrigen zehn Elektronen spielen für unsere Überlegungen keine Rolle.

Der Silicium-Kristall ist so aufgebaut, daß jedes Atom von vier unmittelbaren Nachbarn umgeben ist (Bild 2). Die vier Valenzelektronen eines Atoms bilden mit je einem Valenzelektron der Nachbaratome vier Elektronenpaare. Jedes Elektronenpaar gehört zu zwei Atomen und bindet diese aneinander (daher der Name *Bindungselektron*).

Die räumliche Struktur des Siliciumgitters ist nicht besonders übersichtlich. Aus diesem Grund zeichnet man ein ebenes Gitter, in dem ebenfalls jedes Atom von vier Nachbaratomen umgeben ist (Bild 3).

Die Bindungselektronen können im Bereich zwischen zwei Atomen schwingen, sie können sich aber nicht frei im Kristall bewegen. Deshalb ist reines Silicium auch ein Nichtleiter – jedenfalls bei sehr tiefen Temperaturen (in der Nähe des absoluten Nullpunktes von –273 °C).

Bei höheren Temperaturen (wenn also Wärme zugeführt wurde) nehmen auch einige der Bindungselektronen Energie auf, und die entsprechenden Bindungen brechen auf. Die Elektronen, die sich aus der Bindung gelöst haben, sind zu (fast) freien Elektronen geworden und können sich im ganzen Kristall bewegen (Bild 4).

Auch mit Lichtenergie können einzelne Elektronen aus ihren Bindungen gerissen werden.

Legt man eine Spannung an einen Siliciumkristall, so strömen die freien Elektronen in Richtung Pluspol.

Silicium hat bei Zimmertemperatur einen sehr hohen spezifischen Widerstand, denn auf rund 10^{11} (hundert Milliarden) Atome kommt nur ein freies Elektron. Im Gegensatz dazu wird bei Metallen ungefähr ein Elektron je Atom freigesetzt.

Bei weiterer Energiezufuhr und steigender Temperatur lösen sich im Siliciumkristall immer mehr Elektronen. Die Zahl der freien Elektronen wächst also, und damit nimmt die Leitfähigkeit des Kristalls zu. Oder anders ausgedrückt: Sein Widerstand sinkt rasch ab.

Wenn – wie gerade beschrieben – freie Elektronen die Ströme bilden, spricht man von **Elektronenleitung** oder von **n-Leitung** (n für negative Ladung).

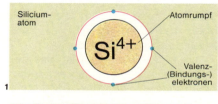
1

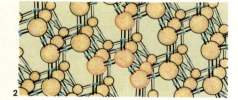
2

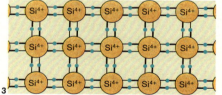
3

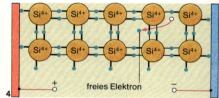
4

Info: Die Löcherleitung

Die Elektronenleitung oder n-Leitung ist in reinen Halbleitern nicht der einzige Leitungsvorgang. Es gibt noch einen weiteren Leitungsmechanismus: die **Löcherleitung** oder **p-Leitung**.

Betrachten wir einmal die Stelle im Kristall, an der ein Elektron aus seiner Bindung herausgerissen wurde: Das fehlende Elektron hinterläßt dort eine Lücke oder – wie man sagt – ein *Loch*. Die zurückbleibenden Elektronen können nun die positive Ladung der benachbarten Atomkerne nicht mehr ausgleichen. Deshalb ist in der Umgebung des Loches eine positive Überschußladung vorhanden.

Weil sich freie Elektronen und Löcher stets gleichzeitig bilden, spricht man von *Paarbildung*. Ebenso zufällig, wie sich die Paare bilden, verschwinden sie auch wieder: Elektronen, die auf Löcher treffen, können nämlich gebunden werden. Diesen Vorgang nennt man *Rekombination*.

Je höher die Temperatur ist, desto größer ist die Anzahl der freien Elektronen und damit auch die Anzahl der Löcher.

Könnte man sich ein Loch einige Zeit anschauen, hätte man den Eindruck, als würde es sich hin- und herbewegen. Tatsächlich springt aber jeweils ein Elektron aus einer Nachbarbindung in die Lücke hinein. Die Bindung klappt sozusagen um. Das Loch ist dann dort, wo das Elektron herkommt (Bild 5).

Legt man nun eine Spannung an den Kristall, so führen die freien Elektronen eine gerichtete Bewegung zum Pluspol aus.

Auch die Löcher scheinen eine gerichtete Bewegung auszuführen:

Bei angelegter Spannung klappen die Bindungen nämlich bevorzugt so um, daß die Bindungselektronen dem Pluspol näherkommen. Es sieht so aus, als ob

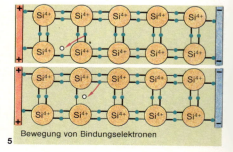
5 Bewegung von Bindungselektronen

die Löcher in Richtung auf den Minuspol wandern (Bild 6).

Da jeder gerichtete Ladungsträgertransport einen Strom darstellt, trägt auch die gerichtete Bewegung der Löcher zum Strom bei. Man spricht von *Löcherleitung* oder *p-Leitung* (weil schein-

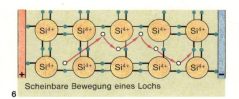

6 Scheinbare Bewegung eines Lochs

bar positive Ladung transportiert wird). Diesen Leitungsvorgang gibt es nur bei Halbleitern, nicht bei Metallen.

Tatsächlich bewegen sich jedoch auch bei der Löcherleitung stets *nur* Elektronen: Die Bindungselektronen füllen alte Löcher und hinterlassen neue.

Info: Die Leitfähigkeit wird verbessert – „verunreinigte" Halbleiter

Reine Halbleiter, wie z. B. reines Silicium, sind bei sehr tiefen Temperaturen Nichtleiter, aber auch bei Zimmertemperatur sind sie recht schlechte Leiter.

Bei Zimmertemperatur können sich nämlich nur sehr wenige Elektronen aus ihren Bindungen lösen. Es gibt nur wenige freie Elektronen und Löcher.

Die Leitfähigkeit des Siliciums läßt sich jedoch mit einem „Trick" sehr stark steigern: Man baut absichtlich einige Fremdatome als Störstellen in das Kristallgitter ein. Dieses „Hineinmogeln" von Fremdatomen bezeichnet man als **Dotieren** (lat. *dotare*: ausstatten).

Zum Dotieren von Silicium kann man z. B. Phosphor oder Arsen verwenden. Die Atome beider Elemente haben fünf Valenzelektronen. Von diesen Elektronen werden nur vier für die Bindung im Kristallgitter benötigt. Das fünfte bleibt übrig und ist nur recht schwach gebunden. Es wird bei Zufuhr von wenig Energie freigesetzt (also schon bei niedriger Temperatur) und steht für die n-Leitung zur Verfügung (Bild 7).

Jedes Phosphoratom und jedes Arsenatom kann also dem Siliciumkristall ein Elektron „schenken"; solche Atome nennt man **Donatoren** (lat. *donare*: schenken). Halbleiter, bei denen die Leitfähigkeit

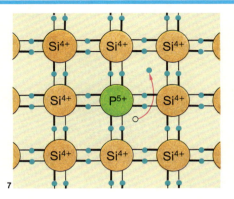

7

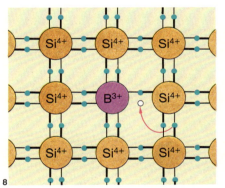

8

durch Donatoren verbessert wurde, heißen *n-dotierte Halbleiter*.

Auch Atome mit drei Elektronen in den äußeren Bereichen (z. B. Bor, Aluminium, Gallium, Indium) eignen sich zum Dotieren. Solche Fremdatome im Siliciumkristall heißen **Akzeptoren** (lat. *accipere*: in Empfang nehmen, annehmen). Mit Akzeptoren verunreinigte Halbleiter heißen *p-dotiert*.

Akzeptoren können von den Nachbaratomen ein Bindungselektron aufnehmen, um ihre eigene Bindung abzusättigen. Auf diese Weise ensteht dann beim Nachbaratom ein Loch, das ebenfalls für die Elektrizitätsleitung zur Verfügung steht (Bild 8).

Den Leitungsvorgang im reinen Halbleiter nennt man **Eigenleitung**. Dabei sind immer gleich viele freie Elektronen und Löcher vorhanden sind.

Im n-dotierten Halbleiter überwiegen die freien Elektronen und im p-dotierten Halbleiter die Löcher. Man spricht von **Störstellenleitung**.

Die Leitfähigkeit des Siliciumkristalls kann ganz gezielt erhöht werden, indem man ihn mehr oder weniger stark mit Fremdatomen „verunreinigt". In der Technik spricht man von normaler Dotierung, wenn auf 1 000 000 Siliciumatome ein Fremdatom kommt. Bei starker Dotierung ist das Verhältnis 10 000 : 1.

Aufgaben

1 Bei Halbleitern unterscheidet man *Eigenleitung* und *Störstellenleitung*. Was ist damit gemeint?

2 Wieso sind an der Eigenleitung immer gleich viele freie Elektronen und Löcher beteiligt?

3 Bei Zimmertemperatur überwiegt in einem dotierten Halbleiter bei weitem die Störstellenleitung gegenüber der Eigenleitung.

Je höher die Temperatur ist, desto stärker macht sich die Eigenleitung bemerkbar. Begründe!

4 So kann man ein einfaches Modell für die Bewegung von Löchern herstellen: Ein Bogen Papier wird mit Bierdeckeln ausgelegt. Unter jeden Deckel malt man ein Pluszeichen auf das Papier. *Ein* Bierdeckel fehlt, diese Stelle bedeutet das Loch.

Beschreibe, wie durch dieses Modell der Vorgang der Löcherleitung veranschaulicht wird.

5 Der Nobelpreisträger *William B. Shockley* hat als Modellvorstellung für die Löcherleitung das *Garagenmodell* vorgeschlagen:

In einer Hochgarage liegen zwei Parkdecks übereinander. Im unteren stehen die Fahrzeuge dicht an dicht. Das obere Deck ist leer. Somit kann sich weder im unteren noch im oberen Deck ein Fahrzeug bewegen.

Wenn es aber (z. B. durch einen Aufzug) gelingt, ein Auto auf das obere Deck zu befördern, kann sich dieses Auto dort bewegen. Auch im unteren Deck ist jetzt eine Bewegung der Fahrzeuge möglich.

Erläutere die Beziehungen zwischen dem Garagenmodell und der Löcherleitung.

Aus Umwelt und Technik: Silicium – Werkstoff der Zukunft

Halbleiter sind heute nichts Besonderes mehr, sie gehören zum Alltag: Sie stecken im Radio und im Fernseher, im Taschenrechner und im Computer. Ohne sie bliebe die Quarzuhr stehen, das Telefonnetz bräche zusammen, und es gäbe weder Herzschrittmacher noch Hörgeräte.

Die Geschichte der Menschheit wird nach ihren Werkstoffen eingeteilt: Steinzeit, Bronzezeit, Eisenzeit. Vielleicht wird man später unser Jahrhundert als Beginn der „Siliciumzeit" bezeichnen, denn 95 % aller Halbleiter enthalten diesen Stoff.

Silicium findet man auf der Erde „wie Sand am Meer". Es ist nach dem Sauerstoff das zweithäufigste Element auf unserem Planeten; in der Erdrinde ist im Durchschnitt jedes vierte Atom ein Siliciumatom. Jedes Sandkorn, jeder Kieselstein besteht fast nur aus Siliciumdioxid (SiO_2) – ein unerschöpflicher Vorrat für die moderne Mikroelektronik.

Allerdings – und hier beginnen die Probleme – muß es aus dem „Sand am Meer" erst einmal isoliert werden. In besonderen „Hochöfen" werden dazu Quarzsand (SiO_2) und Kohle bzw. Koks (C) gemeinsam erhitzt. Bei Temperaturen von über 1800 °C wird das Oxid reduziert – es entsteht Silicium mit einer Reinheit von 98 %.

$$SiO_2 + 2\,C \rightarrow Si + 2\,CO.$$

Weitere chemische Verarbeitungsstufen müssen durchlaufen werden, damit aus diesem *Roh-Silicium* das für die Elektronik nötige *Reinst-Silicium* wird. Seine Reinheit erreicht schließlich 99,999 999 99 %! Reines Silicium glänzt wie Metall (Bild 1).

Aber auch damit ist den Elektronikern noch nicht gedient. Die Siliciumbrocken bestehen nämlich aus vielen kleinen Kristallen und Kristallbereichen, die ohne jede Ordnung zusammengefügt sind – die Fachleute sprechen da von *polykristallinem Silicium* (griech. *polys*: viel). Gewünscht werden aber möglichst große Kristalle mit einer vollkommen regelmäßigen Anordnung der Atome: die sog. *Einkristalle*. Deshalb wird in einer weiteren Verarbeitungsstufe das polykristalline Silicium in *monokristallines* umgewandelt (griech. *monos*: einzig).

1

Die Bilder 2 u. 3 zeigen eines der Verfahren zur Herstellung von Einkristallen: das *Ziehen aus der Schmelze*.

Hochreines Silicium wird in einem Tiegel bei ca. 1450 °C geschmolzen. Von oben taucht man einen kleinen Impfkristall in die Schmelze. Er wird langsam gedreht und gleichzeitig nach oben gezogen. An den Impfkristall lagern sich beim Abkühlen immer mehr Siliciumatome an, und zwar in der vom Impfkristall vorgegebenen Ordnung. So entstehen im Laufe vieler Stunden stabförmige Einkristalle von bis zu 15 cm Durchmesser und über 1 m Länge. In Bild 4 erkennst du noch die Spitzen, an denen das Ziehen der Siliciumstäbe begann.

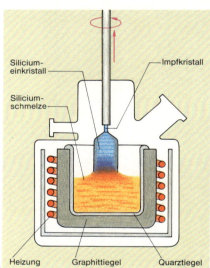
2

Diese Stäbe werden schließlich in 0,5 mm dicke Scheiben („Wafer") zersägt, die nach dem Polieren (Bild 5) mit keinem Staubkorn mehr in Berührung kommen dürfen. Aus einem einzigen Wafer werden dann ungefähr 250 Chips (engl., Schnipselchen) hergestellt; und jeder Chip könnte das „Gehirn" eines Computers werden.

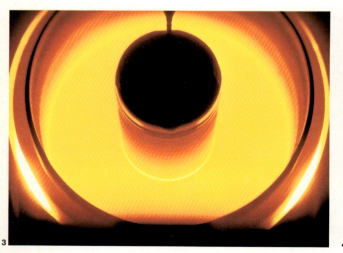
3

4

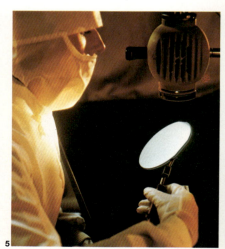
5

4 Die Diode

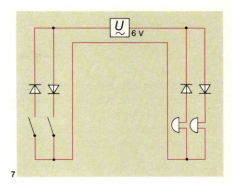
Der Ring an der Diode entspricht dem Balken im Schaltzeichen. Achte auf die *Einbaurichtung*.
6

Jens und Sabine sind Geschwister. Sie bewohnen benachbarte Zimmer. Beide möchten eine eigene Klingel in ihrem Zimmer haben, es führt aber nur *eine* Klingelleitung von der Haustür zu ihren Zimmern. Eine zusätzliche Klingelleitung soll nicht verlegt werden.

Die beiden können das Problem trotzdem lösen. Sie brauchen dazu vier *Dioden* (Bild 6). In Bild 7 siehst du den Plan ihrer Schaltung.

7

V 11 Wir untersuchen die Funktionsweise einer Diode.

a) Baue die Schaltung von Bild 7 auf. Überprüfe, ob sie funktioniert.

b) Setze eine Diode in einen Gleichstromkreis ein (Bild 8). Was passiert, wenn du die Anschlüsse an der Spannungsquelle vertauschst?
Was bewirkt also eine Diode?

c) Versuche die Funktionsweise der Klingelschaltung (Bild 7) zu erklären.

V 12 Wie eine Diode im Wechselstromkreis wirkt, kann man auf einem Oszilloskop erkennen. Die Schaltung ist in Bild 9 zu sehen.

a) Mit einem Oszilloskop kann der zeitliche Verlauf von Spannungen sichtbar gemacht werden. Begründe, daß die am Widerstand gemessene Spannung proportional zur Stromstärke durch die Diode ist.

b) Beschreibe und erkläre den Verlauf der Kurve, die auf dem Oszilloskop zu sehen ist.

V 13 Wenn man eine Diode in einen Wechselstromkreis einbaut, fließt der Strom nur in einer Richtung. Allerdings fließt er nur jeweils während der halben Periode der Wechselspannung. Während der anderen Halbperiode fließt kein Strom. Mit einer **Brückenschaltung** (Bild 10) läßt sich dieser Nachteil beseitigen.

a) Verfolge den Weg des Stromes während der beiden Halbperioden der Spannung.

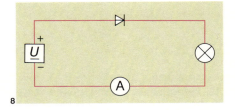
8

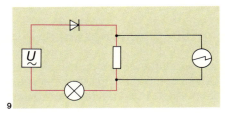
9

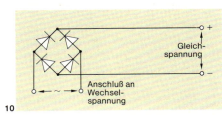
10

11

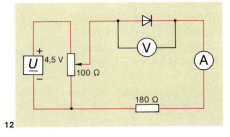
12

b) Skizziere für diese Schaltung den zeitlichen Verlauf des Stromes durch die Lampe.

c) Eine vorgefertigte Brückenschaltung zeigt Bild 11.
Kannst du an den Symbolen erkennen, wie das Bauteil mit seinen vier Anschlüssen in die Schaltung eingebaut werden muß?

V 14 Spannung und Strom sind bei Festwiderständen einander proportional. Besteht auch bei Dioden eine Proportionalität zwischen Spannung und Strom?

a) Eine Silicium-Diode wird in Durchlaßrichtung in einen Stromkreis eingebaut. Der Versuchsaufbau ist in Bild 12 dargestellt.
Erhöhe die Spannung an der Diode in Schritten von 0,1 V; beginne bei 0 V. Notiere jeweils die Werte für Spannung und Stromstärke.
Stelle anschließend deine Meßwerte graphisch dar (*waagerechte Achse:* Spannung; *senkrechte Achse:* Stromstärke).
Die Ausgleichskurve, die du erhältst, bezeichnet man als *Kennlinie* der Diode.

b) Man sagt, Dioden haben eine bestimmte *Schwellenspannung*.
Was könnte damit gemeint sein? Wie groß ist bei der verwendeten Diode die Schwellenspannung?

c) Nimm auch die Kennlinie einer Germanium-Spitzendiode auf, und vergleiche sie mit der Kennlinie der Silicium-Diode.

Leitungsvorgänge in Halbleitern

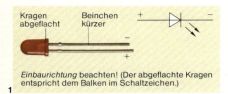
1

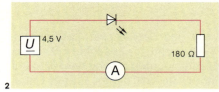
2

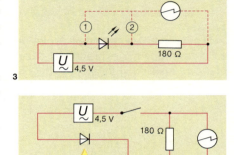
3

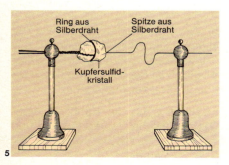
4

V 15 Manche Dioden senden Licht aus, wenn sie vom Strom durchflossen werden. Man nennt eine solche Diode *Leuchtdiode* oder *LED* (engl. *light emitting diode*; Bild 1).

a) Untersuche die Wirkungsweise einer Leuchtdiode. Baue dazu die Schaltung von Bild 2 auf.

b) Bestimme die Schwellenspannung der Leuchtdiode.

V 16 Den Weg des Stromes in einer Brückenschaltung (→ Versuch 13) kann man gut verfolgen, wenn man in Bild 10 der Vorseite statt der normalen Dioden Leuchtdioden verwendet. Benutze außerdem anstelle der Wechselspannungsquelle eine Gleichspannungsquelle.

Vertausche nun mehrfach die Anschlüsse an der Spannungsquelle.

V 17 In der Schaltung von Bild 2 ersetzen wir die Batterie durch ein Netzgerät mit 4,5 V Wechselspannung. Ob die Leuchtdiode aufleuchtet? Begründe deine Vermutung.

a) Bewege die Leuchtdiode möglichst schnell hin und her, und beobachte sie dabei.

b) Die Spannung am Netzgerät und die Spannung am Widerstand werden auf dem Bildschirm eines Oszilloskops dargestellt (Bild 3). Zeichne die Kurvenverläufe, und versuche sie zu erklären.

V 18 Für Dioden und andere elektronische Bauteile werden Grenztemperaturen angegeben (z. B. für Silicium-Dioden: 150 °C). Den Grund dafür zeigt dieser Versuch (Bild 4).

Aus der Geschichte: Ein „richtungsabhängiger" Widerstand

Vor mehr als 100 Jahren, im Jahre 1874, veröffentlichte der Leipziger Lehrer und spätere Nobelpreisträger *Karl Ferdinand Braun* (1850–1918) einen Aufsatz mit dem Titel: *Über die Elektrizitätsleitung durch Schwefelmetalle*.

Braun hatte Eisensulfid, Kupfersulfid und ähnliche Stoffe auf ihre Leitfähigkeit untersucht und dabei eine erstaunliche Entdeckung gemacht.

Seine Versuchsanordnung siehst du in Bild 5: Ein gebogener Silberdraht drückt den Kristall gegen einen Ring, der ebenfalls aus Silberdraht besteht. Braun wollte so verschiedene Kristalle nacheinander an eine Batterie anschließen.

Das Verblüffende war nun: In ein und demselben Stromkreis (d. h. bei gleichem Kristall und bei gleicher Spannungsquelle) floß mal ein großer und mal ein kleiner Strom – je nach Polung der Batterie.

Der Widerstand der Anordnung aus Kristall und Silberdraht hing also von der Stromrichtung ab!

Mit kleinen Änderungen kannst du den historischen Versuch Brauns selbst durchführen:

Fülle ein Reagenzglas 5 mm hoch mit Schwefelpulver, und gib ebensoviel feine Kupferstückchen hinzu. (Du kannst sie von einer Kupferlitze abschneiden.)

Mische beide Stoffe, und erhitze sie. Dabei bildet sich schwarzgraues Kupfersulfid (Cu_2S). Nach dem Abkühlen wird das Glas in ein Tuch gewickelt und zerschlagen.

Der Kristall wird dann in einen Stromkreis wie in Bild 6 eingebaut.

Brauns Anordnung wurde später in Glasröhren eingeschmolzen (Bild 7), allerdings mit anderen Kristallen.

Die Dioden, die man heute meist verwendet, besitzen innen keine Drahtspitze mehr. Sie bestehen vielmehr aus zwei unterschiedlich dotierten Halbleiterschichten.

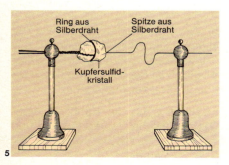
5

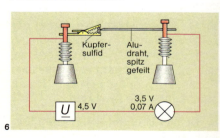
6

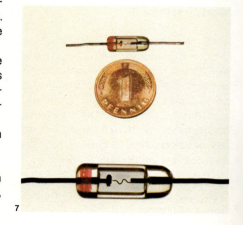
7

Aufgaben

1 „Dioden sind Ventile oder Einbahnstraßen für die Elektrizität."

Erläutere diese Aussage.

2 Das Oszilloskop in Bild 8 zeigt den Verlauf einer Wechselspannung. Wie verläuft die Kurve in Bild 9?

3 Wenn man in einen Stromkreis mit einer Wechselspannungsquelle eine Diode einbaut, fließt ein *pulsierender Gleichstrom* hervor. Was ist damit gemeint?

4 In Bild 10 siehst du das Strom-Spannung-Diagramm (die *Kennlinie*) einer Siliciumdiode für die Durchlaßrichtung. Bild 11 zeigt die Kennlinie für eine in Sperrichtung geschaltete Diode.

Was kannst du aus den beiden Kennlinien ablesen?

5 Eine rote Leuchtdiode hat folgende Daten: Schwellenspannung: 1,6 V; maximal zulässige Stromstärke: 20 mA (bei 1,8 V). Berechne die Leistung bei maximaler Belastung.

Die Leuchtdiode soll an eine 9-V-Batterie angeschlossen werden. Dazu wird sie mit einem Schutzwiderstand in Reihe geschaltet.

Wie groß muß dieser Widerstand mindestens sein, damit die Leuchtdiode nicht zerstört wird?

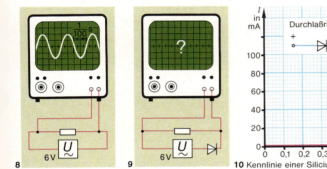
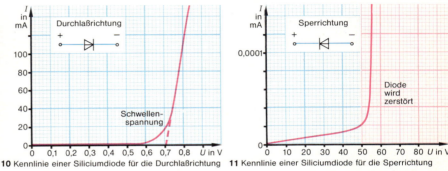

8
9
10 Kennlinie einer Siliciumdiode für die Durchlaßrichtung
11 Kennlinie einer Siliciumdiode für die Sperrichtung

Aus Umwelt und Technik: So wird eine Diode hergestellt

Das Ausgangsmaterial für Dioden sind große stabförmige Kristalle aus n-leitendem Silicium. Die n-Dotierung erfolgt, noch bevor der Kristall gezogen wird; dazu werden die Fremdatome (z. B. Phosphor) der Siliciumschmelze beigemengt.

Der dotierte Kristall wird zuerst in Scheiben (*Wafer*) zersägt. Die Scheiben durchlaufen dann abwechselnd heiße Öfen, Fotolabors, Dunkelkammern, ätzende Bäder... Den Ablauf zeigen die Bilder 12–19. (Dabei ist nur ein winziges Stückchen des Wafers mit einer einzigen Diode gezeichnet. Auf einer Kristallscheibe werden sehr viele Dioden zur gleichen Zeit hergestellt.)

Eine wichtige Station erkennst du in Bild 17: In einem über 1000 °C heißen Ofen diffundieren Boratome in die oberste Schicht des Siliciums. So bildet sich dort p-leitendes Silicium. An der Grenze zwischen dem n- und dem p-Silicium entsteht dabei die Sperrschicht einer Diode (→ folgende Seite).

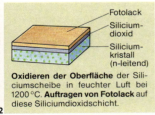
Oxidieren der Oberfläche der Siliciumscheibe in feuchter Luft bei 1200 °C. **Auftragen von Fotolack** auf diese Siliciumdioxidschicht.
12

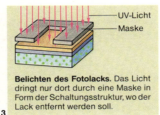
Belichten des Fotolacks. Das Licht dringt nur dort durch eine Maske in Form der Schaltungsstruktur, wo der Lack entfernt werden soll.
13

Entfernen des Fotolacks an den belichteten Stellen. Der zurückbleibende Fotolack schützt die Siliciumdioxidschicht beim Ätzen.
14

Wegätzen der Oxidschicht an den Stellen, an denen Licht durch die Maske fiel und der Fotolack nach dem Entwickeln entfernt wurde.
15

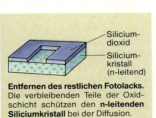
Entfernen des restlichen Fotolacks. Die verbleibenden Teile der Oxidschicht schützen den **n-leitenden Siliciumkristall** bei der Diffusion.
16

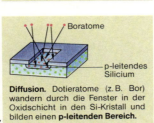
Diffusion. Dotieratome (z. B. Bor) wandern durch die Fenster in der Oxidschicht in den Si-Kristall und bilden einen **p-leitenden Bereich**.
17

Aufdampfen von Aluminium auf die ganze Fläche. **Entfernen von Teilen dieser Schicht** auf fototechnischem Wege wie beim Siliciumdioxid.
18

Die verbleibenden Teile der Aluminiumschicht dienen nun als **Leiterbahnen oder Kontaktstellen**.
19

Info: Was im Innern einer Diode geschieht

Eine (Halbleiter-)Diode besteht im wesentlichen aus einem Kristall, in dem ein p-leitender Bereich (z. B. p-Silicium) und ein n-leitender (z. B. n-Silicium) aneinandergrenzen. Man spricht von einem **p-n-Übergang**.

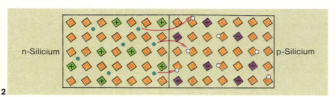

2

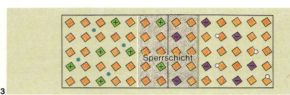

3

Wenn p-Silicium und n-Silicium einander berühren, setzt zunächst ein *Diffusionsvorgang* ein (Bild 2):

Freie Elektronen aus der n-Schicht wandern durch die Grenzfläche in die p-Schicht und füllen dort die Löcher. Diese Rekombinationen haben zur Folge, daß in einer schmalen Zone um die Grenzfläche herum keine freien Elektronen und keine Löcher mehr vorhanden sind. Dort gibt es also keine beweglichen Ladungsträger, die Zone ist somit nichtleitend. Man nennt sie **Sperrschicht**.

Weil Elektronen aus der n-Schicht in die p-Schicht übergehen, ist die n-Schicht positiv und die p-Schicht negativ geladen. Je mehr Elektronen in die p-Schicht eindringen, desto größer wird die Ladung.

Neu in die p-Schicht eindringende Elektronen werden von den schon vorhandenen Elektronen abgestoßen. Sehr schnell stellt sich ein Zustand ein, bei dem keine weiteren Elektronen mehr in die p-Schicht gelangen (Bild 3); der Diffusionsvorgang hört auf. Die Sperrschicht wird nicht dicker als ca. 0,1 mm.

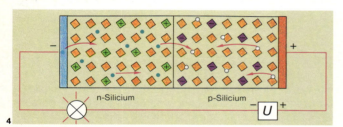

4

5

In Bild 4 ist die Diode in **Durchlaßrichtung** in einen Stromkreis eingebaut worden: Ihre p-Schicht ist mit dem Pluspol und ihre n-Schicht mit dem Minuspol der Spannungsquelle verbunden.

Aufgrund der anliegenden Spannung werden freie Elektronen in die Sperrschicht gedrängt. In der p-Schicht klappen die Bindungen so um, daß die Löcher auf den Minuspol zuwandern; d. h., auch Löcher werden in die Sperrschicht getrieben. Die von beweglichen Ladungsträgern freie Sperrschicht wird also schmaler. Bei der *Schwellenspannung* (bei Si-Dioden ca. 0,6 V) ist die Sperrschicht verschwunden – die Diode leitet.

Wenn die Diode in **Sperrichtung** geschaltet ist, werden die in der n-Schicht vorhandenen freien Elektronen zum Pluspol und die in der p-Schicht vorhandenen Löcher zum Minuspol gezogen (Bild 5). Die Sperrschicht wird also breiter.

Trotzdem fließt aufgrund der Eigenleitung ein ganz geringer *Sperrstrom*:

Infolge von Paarbildungen gibt es in der p-Schicht einige freie Elektronen und einige Löcher in der n-Schicht. Auf diese Ladungsträger wirkt die anliegende Spannung so, daß sie die Sperrschicht durchdringen können.

Fragen und Aufgaben zum Text

1 Moderne Dioden werden aus zwei verschiedenen Arten Silicium hergestellt. Worin unterscheiden sich diese?

2 Was versteht man unter der *Sperrschicht* einer Diode? Wie entsteht sie?

3 Photodioden sind spezielle Dioden, die so gebaut sind, daß von außen Licht in die Sperrschicht gelangen kann (Bild 6). Sie werden in Sperrichtung in den Stromkreis eingebaut. Wie groß der Sperrstrom ist, hängt davon ab, wie stark die Photodioden beleuchtet werden. Gib dafür eine Erklärung.

4 Wenn freie Elektronen an der Trennfläche von n-Schicht und p-Schicht in Löcher springen (rekombinieren), wird Energie frei – bei manchen Dioden in Form von Licht. Bei welchen Dioden wird diese Erscheinung ausgenutzt?

5 *Optokoppler* (Bild 7) enthalten in einem Gehäuse eine Leuchtdiode und eine Photodiode. Sie sind so gebaut, daß die infrarote Strahlung der Leuchtdiode unmittelbar auf die Photodiode fällt. Optokoppler kann man wie ein mechanisches Relais verwenden. (Sie haben aber eine wesentlich höhere Schaltgeschwindigkeit als mechanische Relais.) Erläutere die Wirkungsweise.

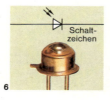

6

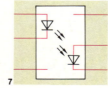

7

Aus Umwelt und Technik: Solarzellen

Sauber und preiswert – so wird die elektrische Energie angepriesen. Doch inzwischen ist das Bewußtsein dafür gewachsen, daß die Erzeugung der elektrischen Energie in den Kraftwerken mit Umweltbelastungen verbunden ist: Verbrennungskraftwerke stoßen große Mengen Kohlenstoffdioxid aus. Außerdem werden wertvolle Rohstoffe verbraucht. Bei Kernkraftwerken stellen die hochgradig radioaktiven Spaltprodukte ein Problem dar; bei Störfällen sind sie bereits in unsere Umwelt gelangt.

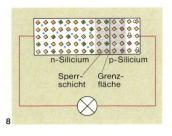
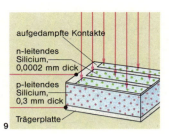

Daher müssen alternative Wege zur Erzeugung elektrischer Energie gefunden werden. Ein solcher Weg ist die direkte Umwandlung der Energie des Sonnenlichts in elektrische Energie. Hier hat die Halbleitertechnik entscheidende Fortschritte ermöglicht.

Eine **Solarzelle**, in der die Umwandlung von Lichtenergie in elektrische Energie erfolgt, entspricht im Aufbau einer Photodiode (Bild 8).

Wie bei jeder Diode diffundieren Elektronen in die p-Schicht und Löcher in die n-Schicht. Durch das Überwechseln der Ladungsträger wird in der Nähe der Grenzfläche die n-Schicht positiv und die p-Schicht negativ geladen. Zwischen p- und n-Schicht entsteht daher eine Spannung. Diese Spannung hat ihre Ursache darin, daß die Schichten Kontakt miteinander haben; sie heißt *Kontaktspannung*.

Trotz dieser Kontaktspannung fließt aber kein Strom, wenn man die p- und die n-Schicht durch einen Leiter miteinander verbindet. Um nämlich einen geschlossenen Leiterkreis herzustellen, sind mehrere Kontakte nötig. An jedem Kontakt bildet sich eine solche Kontaktspannung. Die Kontaktspannungen heben sich gegenseitig auf – genauso wie die Spannungen zweier gegeneinander geschalteter Batteriezellen.

Beleuchtet man nun den Bereich, wo p- und n-Schicht aneinandergrenzen, kommt es dort zu Paarbildungen. Aufgrund von elektrischen Kräften werden die freigesetzten Elektronen in die n-Schicht und die entstehenden Löcher in die p-Schicht getrieben.

Die Kontaktspannung zwischen p- und n-Schicht wird somit geringer.

Was jetzt geschieht, können wir uns am Modell der gegeneinandergeschalteten Batteriezellen überlegen. Wird dort die Spannung einer Zelle herabgesetzt, fließt ein Strom im Stromkreis. Genauso ist es in dem Stromkreis, in dem sich die beleuchtete Solarzelle befindet.

Und so werden moderne Silicium-Solarzellen hergestellt: In dünne, nur einige zehntel Millimeter dicke Scheiben aus p-leitendem Silicium läßt man von einer Seite Donatoren eindiffundieren, so daß sich eine 0,0002 mm dicke n-leitende Schicht ergibt. Auf beide Seiten der Scheiben werden dann metallische Kontakte angebracht. Die Kontakte auf der n-dotierten Seite sind fingerförmig, damit das Licht den Halbleiter erreichen kann (Bild 9). Die abschließend auf die Vorderseite aufgedampfte Antireflexschicht verleiht den Solarzellen ihre typische blaue Farbe.

Der Wirkungsgrad von Silicium-Solarzellen liegt bei 11 %. Das heißt, 11 % der einfallenden Strahlungsenergie werden in elektrische Energie umgewandelt. Die Strahlungsleistung auf der Erdoberfläche beträgt bei klarem Wetter und senkrechtem Einfall des Sonnenlichtes recht genau 1 kW/m^2. Eine 1 m^2 große mit Solarzellen belegte Fläche hätte also bestenfalls eine elektrische Leistung von 110 W. Vielleicht kann in Zukunft der Wirkungsgrad noch etwas verbessert werden, denn die theoretische Obergrenze des Wirkungsgrades liegt bei 24 %.

Ob sich der Einsatz von Solarzellen lohnt, hängt von den klimatischen Bedingungen ab. Die von der Sonne eingestrahlte Energie beträgt bei uns im Jahr ungefähr 1000 kWh/m^2, in Südeuropa dagegen ca. 1400 kWh/m^2 und in Zentralafrika sogar 2200 kWh/m^2.

Auf der Nordseeinsel Pellworm gibt es bereits ein Solarkraftwerk (Bild 10). Die 35 000 Solarzellen, die in Modulen zu je 20 Solarzellen zusammengefaßt sind, liefern einen Energiestrom von maximal 300 kW.

Fragen und Aufgaben zum Text

1 Der durchschnittliche Bedarf eines Haushalts an elektrischer Energie beträgt in Deutschland etwa 4000 kWh im Jahr.
1989 wurden in Deutschland insgesamt ca. 490 Milliarden kWh elektrische Energie benötigt.
Welche Fläche müßte bei uns jeweils mit Solarzellen belegt werden, um diese Energien zu liefern?

2 Welche Probleme ergeben sich, wenn ein großer Teil des Bedarfs an elektrischer Energie mit Hilfe von Solarzellen gedeckt werden sollte?

Aus Umwelt und Technik: **Modulation und Demodulation**

Europa und Amerika sind durch Telefonkabel verbunden, die auf dem Grund des Atlantischen Ozeans verlegt sind. Über jede einzelne Doppelleitung dieser Transatlantikkabel werden gleichzeitig Hunderte von Telefongesprächen übertragen. Wieso stören sich die Gespräche nicht gegenseitig?

Beim Telefonieren werden in der Sprechkapsel (dem Mikrofon des Telefons) Schallschwingungen in Strom- bzw. Spannungsschwankungen umgewandelt. Diese Signalschwingungen werden durch Kabel übertragen und in der Hörkapsel (einem Lautsprecher) wieder in Schall zurückverwandelt. Im Ortsnetzbereich befindet sich eine Gleichspannungsquelle im Stromkreis zwischen den beiden Telefonpartner.

Für die Transatlantik-Übertragung wendet man die *Trägerfrequenztechnik* an: Statt der Gleichspannungsquellen benötigt man ein Gerät, das Wechselspannungen mit hohen Frequenzen erzeugt (z. B. 1 MHz). Die Stärke (Amplitude) dieser Schwingungen wird entsprechend dem zu übertragenden Signal geändert (Bilder 1–3).

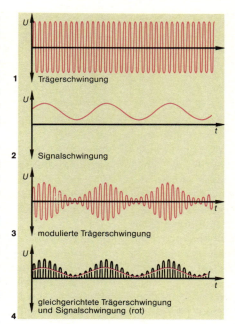

1 Trägerschwingung
2 Signalschwingung
3 modulierte Trägerschwingung
4 gleichgerichtete Trägerschwingung und Signalschwingung (rot)

Das Verfahren wird **Amplitudenmodulation** genannt (lat. *modulari:* taktmäßig singen). Jedem Gespräch wird eine bestimmte Trägerfrequenz zugeordnet. Auf der anderen Seite des Kabels können dann die verschiedenen Gespräche aufgrund der unterschiedlichen Trägerfrequenzen voneinander getrennt werden.

Beim Empfänger muß die amplitudenmodulierte Schwingung wieder in Schall umgewandelt werden.

Die Membran eines Lautsprechers kann nicht mit der Trägerfrequenz schwingen. Sie ist viel zu träge, als daß sie sich in einer Sekunde viele hunderttausendmal hin und her bewegen könnte.

Die Membran schwingt aber, wenn z. B. der untere Teil der modulierten Schwingung „abgeschnitten" wird. Dazu dient eine **Diode** in der Zuleitung zum Lautsprecher. Es ergibt sich ein Spannungsverlauf wie in Bild 4. Die Membran bewegt sich entsprechend dem Verlauf der roten Kurve in Bild 4.

Dieses Verfahren bezeichnet man als **Demodulation**.

Je größer der Bereich ist, in dem die unterschiedlichen Trägerfrequenzen liegen, desto mehr Gespräche können gleichzeitig über ein Kabel übertragen werden. Bei den herkömmlichen Telefon-Fernleitungen beträgt die Trägerfrequenz bis zu einigen Millionen Schwingungen pro Sekunde (MHz). Damit können einige hundert Gespräche übertragen werden.

Leitungsvorgänge in Halbleitern

Alles klar?

1 Bild 5 zeigt, welche Widerstände 1 cm lange Leiter mit einer Querschnittsfläche von 1 cm² bei Zimmertemperatur haben. Erkläre anhand dieses Bildes den Begriff Halbleiter.
Weshalb ist z. B. für Eisen nur ein Wert eingetragen, für Silicium dagegen ein ganzer Bereich möglicher Werte?

2 Bild 6 zeigt Meßkurven für zwei verschiedene Bauteile. Was sagen die Kurven aus? Um welche Stoffe könnte es sich dabei handeln?

3 Auf einem Elektronikbauteil mit zwei Anschlüssen ist keine Beschriftung mehr zu erkennen.
Wie kannst du prüfen, ob es sich um eine Diode handelt? Zeichne die Prüfschaltung.

4 Für eine gelbe Leuchtdiode gibt der Hersteller eine Schwellenspannung von 2,4 V an. Was versteht man unter der Schwellenspannung?

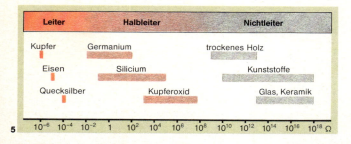

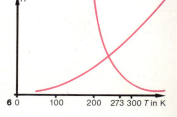

Leitungsvorgänge in Halbleitern

Auf einen Blick

Eigenschaften von Halbleitern

7 Nichtleiter (Isolatoren) z.B. Glas, Porzellan, Kunststoffe

keine beweglichen Elektronen

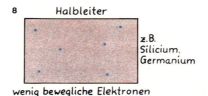

8 Halbleiter z.B. Silicium, Germanium

wenig bewegliche Elektronen

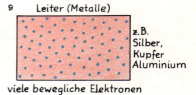

9 Leiter (Metalle) z.B. Silber, Kupfer, Aluminium

viele bewegliche Elektronen

Siliciumkristalle und Germaniumkristalle sind Beispiele für Halbleiter.
Bei Zimmertemperatur leiten **Halbleiter** besser als Nichtleiter, aber viel schlechter als Metalle.
Mit steigender Temperatur wird der Widerstand von Metallen größer, der von Halbleitern dagegen geringer.

Die Eigenleitung

Die elektrische Leitfähigkeit in reinen Halbleitern wird durch die **Eigenleitung** verursacht: Bindungselektronen springen aus ihren Bindungen. Dadurch entstehen freie Elektronen und Löcher (Paarbildung).

Neben den Elektronen tragen auch die Löcher zum Ladungstransport bei. Weil ein Elektron fehlt, verhalten sich die Löcher wie positive Ladungen. Durch das Umklappen von Bindungen sind die Löcher außerdem beweglich: Benachbarte Bindungselektronen füllen ein vorhandenes Loch und hinterlassen ein neues.

Mit steigender Temperatur kommt es zu immer mehr Paarbildungen. Daher wird der Widerstand von Halbleitern mit steigender Temperatur geringer.

p-Leitung und n-Leitung

Die Leitfähigkeit z. B. von Silicium läßt sich durch gezieltes Einbauen von Fremdatomen (Dotieren) erheblich steigern. Bei den Fremdatomen unterscheidet man *Donatoren* und *Akzeptoren*:

Donatoren besitzen in den äußeren Bereichen der Hülle ein Elektron mehr als die Siliciumatome. Dieses geben sie schon bei geringer Energiezufuhr ab. **Akzeptoren** haben in den äußeren Bereichen ein Elektron weniger als die Siliciumatome. Sie nehmen daher Elektronen von benachbarten Siliciumatomen auf. So entstehen Löcher.

Wenn ein Strom durch freie Elektronen verursacht wird, spricht man von **n-Leitung**. Wird er durch Löcher verursacht, spricht man von **p-Leitung**.

Die Diode

Dioden bestehen aus je einer Schicht eines n-leitenden und eines p-leitenden Materials. Zwischen den Schichten bildet sich eine ladungsträgerarme Zone, die *Sperrschicht*, aus. Durch Anlegen einer Spannung kann man die Breite der Sperrschicht verändern. Je nach Polarität der Spannung wird die Sperrschicht entweder breiter oder schmaler, evtl. verschwindet sie auch ganz.

Die Diode wirkt wie ein Gleichrichter.

Bild 12 zeigt die Kennlinie einer Diode in Durchlaßrichtung. Die Stromstärke ist *nicht* proportional zur angelegten Spannung.

Auch bei einer in Sperrichtung angelegten Spannung fließt ein kleiner Sperrstrom. Er wird durch Paarbildungen in der Sperrschicht hervorgerufen. Durch Einstrahlung von Licht kann die Zahl der Paarbildungen erhöht werden. Das wird bei der **Photodiode** ausgenutzt.

Wenn freie Elektronen in das p-leitende Gebiet oder Löcher in das n-leitende gelangen, können die Elektronen die Löcher besetzen (Rekombination). Dabei wird Energie frei, bei manchen Dioden in Form von sichtbarem Licht. Solche Dioden werden als **Leuchtdioden** eingesetzt.

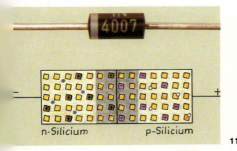

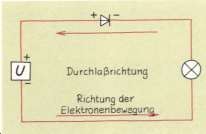

11

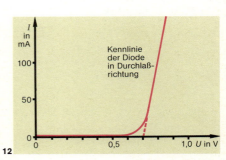

12

Transistoren in elektronischen Schaltungen

1 Der Transistor – ein steuerbares Ventil

Immer in Bewegung. Wo ist der Antrieb?

Eine wichtige Gruppe der Halbleiterbauelemente sind die **Transistoren** (Bilder 2 u. 3).

Transistoren haben drei Anschlüsse. Sie heißen *Kollektor* (C), *Basis* (B) und *Emitter* (E).

Bei allen Schaltungen müssen die verschiedenen Anschlüsse entsprechend der jeweiligen Schaltskizze verwendet werden. Sonst besteht die Gefahr, daß der Transistor zerstört wird.

Vor dem Aufbau der Schaltung muß man sich unbedingt darüber informieren, welches „Beinchen" welchen Anschluß darstellt. In Bild 4 sind einige Transistoren und ihre Anschlußbelegungen abgebildet.

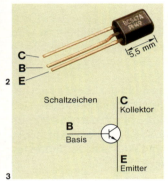

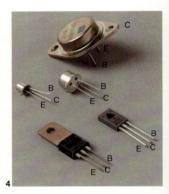

V 1 Baue die einfache Transistorschaltung nach Bild 5 auf. Beachte beim Aufbau der Schaltung die obenstehenden Hinweise.

Bewege einen kräftigen Stabmagneten ruckartig in die Spule hinein und aus der Spule heraus. Was beobachtest du?

Was ändert sich, wenn du den Magneten umdrehst?

V 2 Baue die Transistorschaltung von Bild 6 auf. Verwende für die Schaltung die Rücklichtlampe eines Fahrrades.

a) Welche Stromstärke I_1 zeigt der Strommesser 1 an, wenn der Schalter geöffnet ist? Schalte auf den empfindlichsten Meßbereich um.

b) Schalte den Strommesser 1 auf einen weniger empfindlichen Meßbereich zurück, und schließe dann den Schalter. Vergleiche die von den beiden Strommessern angezeigten Stromstärken.

c) Die vom Strommesser 2 angezeigte Stromstärke I_2 läßt sich mit Hilfe des veränderbaren Widerstandes regulieren.

Wie ändert sich die Stromstärke I_1, wenn du I_2 änderst?

d) Vertausche nacheinander die Anschlüsse an den beiden Spannungsquellen. Was beobachtest du?

e) Man bezeichnet den Transistor auch als *steuerbares Ventil*. Erläutere diese Bezeichnung.

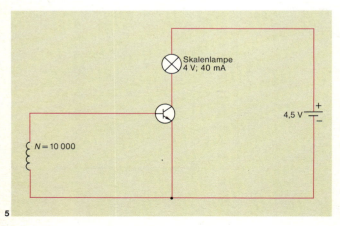

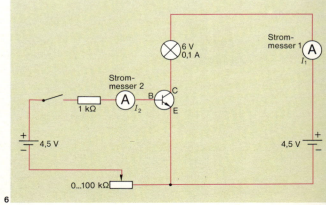

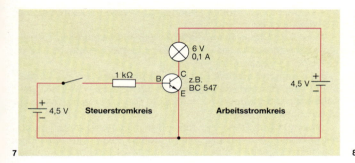
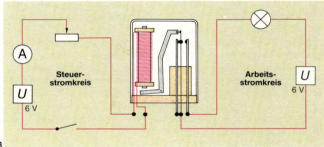

V 3 Baue die Transistorschaltung von Bild 7 auf.

a) Öffne und schließe den Schalter einige Male. Welche Aufgabe erfüllt der Transistor in dieser Schaltung?

b) Baue die Relaisschaltung von Bild 8 auf. Vergleiche die Wirkungsweise von Transistor- und Relaisschaltung.

c) Welche Unterschiede bestehen zwischen einer Transistorschaltung und einer Relaisschaltung?
Welche Vorteile und welche Nachteile haben die Schaltungen?

V 4 So kannst du einen *Regenmelder* bauen (Bild 9): Du benötigst eine 4,5-V-Flachbatterie, einen Transistor, eine Leuchtdiode und zwei Widerstände. Außerdem brauchst du zwei blanke Kupferdrähte, die eng beieinanderliegen, sich aber nicht gegenseitig berühren.

a) Baue die Schaltung nach Bild 10 auf.

b) Was geschieht, wenn du mit einem Wassertropfen die beiden blanken Drähte benetzt?

c) Erläutere den Unterschied zu den vorhergehenden Schaltungen. Warum kommt man in dieser Schaltung mit nur *einer* Spannungsquelle aus?

d) Für welche Zwecke könnte diese Schaltung noch verwendet werden?

V 5 In diesem Versuch kannst du herausfinden, wie das Spielzeug von Bild 1 funktioniert. Bild 11 zeigt den Schaltplan.

a) Baue die Schaltung auf. Versetze den Magneten in ganz leichte Bewegung. Beobachte dann, wie sich der Magnet bewegt.

b) Was ändert sich, wenn du die Anschlüsse an einer der beiden Spulen oder auch an beiden vertauschst?

c) Baue zwei Strommesser in die Schaltung ein, und beobachte den zeitlichen Verlauf der Ströme durch die beiden Spulen.

d) Wie funktioniert die Schaltung?

V 6 Baue die Schaltung von Bild 12 auf. Beobachte die Glühlampe, wenn du den Photowiderstand mit der Hand abdunkelst. Wie wird hier der Basisstrom verändert?

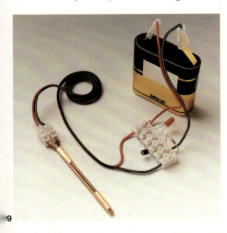

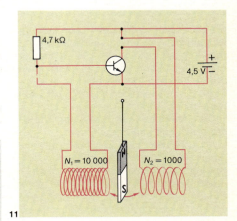

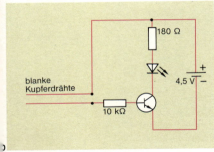

Technische Daten des Transistors BC 547 A

Folgende Werte sollten nicht überschritten werden *(Grenzdaten)*:

Spannung U_{CE} zwischen Kollektor und Emitter	45 V
Stromstärke I_C im Arbeitsstromkreis (Kollektorstrom)	100 mA
Stromstärke I_B im Steuerstromkreis (Basisstrom)	5 mA

Der Strom im Arbeitsstromkreis kann ca. 180mal so groß sein wie der Strom im Steuerstromkreis.

Ersatztypen: BC 107, BC 237, BC 238, BC 337, BC 338, BC 546, BC 550, ..

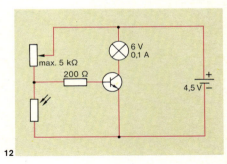

Info: Der Transistor – Verstärker und Schalter

Der Transistor wurde 1948 von den Amerikanern *Bardeen, Brattein* und *Shockley* erfunden. Die drei Wissenschaftler erhielten dafür 1956 den Nobelpreis.

Schon zwei Jahrzehnte nach seiner Erfindung steckte dieses Bauteil in jedem Radio, Fernseher und Computer.

Der Transistor wird mit seinen drei Anschlüssen immer in zwei Stromkreise eingebaut, einen *Steuerstromkreis* und einen *Arbeitsstromkreis* (Bild 1). Wenn die Stromstärke im Steuerkreis geändert wird, ändert sich auch die Stromstärke im Arbeitskreis.

Mit dem Strom im Steuerstromkreis kann also der Strom im Arbeitsstromkreis gesteuert werden.

Die Stromstärke im Arbeitskreis ist in der Regel erheblich größer als die im Steuerkreis. Daher kann man sagen, daß mit einem kleinen Strom ein großer Strom gesteuert wird.

Bauteile mit dieser Eigenschaft nennt man **Verstärker** (genauer: *Stromverstärker*). Beim Transistor BC 547 A kann der Arbeitsstrom etwa 180mal so groß sein wie der Steuerstrom. Das heißt: Es reicht aus, wenn als Steuerstrom der 180ste Teil des Arbeitsstromes fließt.

In beiden Stromkreisen können die Ströme jeweils nur in einer bestimmten Richtung durch den Transistor fließen. Es kommt also auf die richtige Polung der Anschlüsse an. Der Transistor stellt ein Ventil dar. Im Unterschied zur Diode ist er ein *steuerbares Ventil*.

Bei einem Schalter gibt es nur zwei mögliche Zustände: Entweder ist der Schalter *geschlossen* oder *geöffnet*. Auch einen Transistor kann man als **Schalter** benutzen:

Wenn kein Steuerstrom fließt, ist der Widerstand des Transistors so groß, daß er wie ein geöffneter Schalter wirkt. Man sagt dann: „Der Transistor sperrt."

Bei genügend großem Strom im Steuerkreis wird der Widerstand des Transistors dagegen so klein, daß er wie ein geschlossener Schalter wirkt. In diesem Fall sagt man: „Der Transistor schaltet durch."

Mit einem Transistor kann man – wie mit einem Relais – durch einen kleinen Steuerstrom einen großen Strom ein- und ausschalten. Gegenüber einem Relais hat der Transistor aber einen erheblichen Vorteil: Der Transistor ist ein *kontaktloser* Schalter. Im Transistor werden keine Kontakte geöffnet oder geschlossen. Daher können dort auch keine Funken überspringen. Außerdem schaltet ein Transistor schneller als ein Relais.

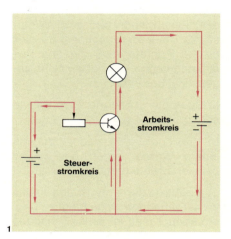

Da der Transistor nur drei Anschlüsse hat, aber Teil von zwei Stromkreisen ist, muß stets einer der drei Anschlüsse zu beiden Stromkreisen gehören. Nach diesem Anschluß wird die Schaltung benannt. Man spricht z. B. von einer **Emitterschaltung**, wenn der Emitter sowohl zum Steuerkreis als auch zum Arbeitskreis gehört.

In der Emitterschaltung ist der Steuerstrom der Strom, der durch die Basis fließt. Man nennt ihn daher *Basisstrom* I_B. Der Arbeitsstrom ist der Strom durch den Kollektor. Er heißt *Kollektorstrom* I_C.

Info: Was im Innern eines Transistors vor sich geht

Viele Transistoren bestehen aus drei unterschiedlich dotierten Halbleiterschichten. Je nach Abfolge der drei Schichten unterscheidet man zwischen **npn-Transistoren** und **pnp-Transistoren**. In unseren bisherigen Versuchen haben wir den npn-Transistor BC 547 verwendet.

Die Funktionsweise eines npn-Transistors soll jetzt erläutert werden:

Im Transistor gibt es zwei p-n-Übergänge (Bild 2). An beiden bildet sich eine Sperrschicht, genau wie in einer Diode.

Man kann den Transistor mit zwei Dioden vergleichen, die wie in Bild 3 geschaltet sind. Wie auch immer man die so miteinander verbundenen Dioden in einen Stromkreis einsetzt, eine der beiden Dioden ist auf jeden Fall in Sperrichtung geschaltet. Daher sperrt der Transistor, wenn man Kollektor und Emitter mit den Polen einer Spannungsquelle verbindet – unabhängig davon, wo der Pluspol und wo der Minuspol ist.

Wird der Kollektor mit dem Pluspol und der Emitter mit dem Minuspol der Batterie verbunden (Bild 4), liegt Grenzschicht 2 in Sperrichtung. Diese Grenzschicht wird durch die angelegte Spannung verbreitert. Da sie einen sehr großen Widerstand darstellt, fällt fast die gesamte Spannung an dieser Grenzschicht ab.

Wenn sich bewegliche Ladungsträger in der Grenzschicht 2 befinden, werden sie angetrieben: Elektronen in Richtung auf den Kollektor, Löcher in Richtung auf die Grenzschicht 1.

Ein Strom kommt trotzdem nicht zustande, denn in der Grenzschicht 2 sind keine beweglichen Ladungsträger vorhanden; es werden auch keine nachgeliefert.

Was geschieht nun, wenn man die Basis des Transistors mit dem Pluspol und den Emitter mit dem Minuspol einer zweiten Spannungsquelle verbindet?

Der Basis-Emitter-Übergang verhält sich wie eine in Durchlaßrichtung geschaltete Diode. Solange die Spannung U_{BE} kleiner als die Schwellenspannung dieser Diode ist, fließt kein Strom.

Wenn die Spannung größer wird, beginnt ein Basisstrom zu fließen. Jetzt aber passiert etwas Überraschendes: Auch im Kollektorkreis fließt nun ein Strom, der sogar erheblich größer als der Basisstrom (Bild 5) ist. Das Auftreten des

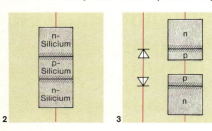

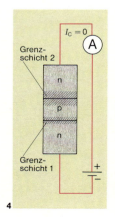

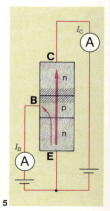

Kollektorstromes bezeichnet man als **Transistoreffekt**.

Wenn die Spannung zwischen Basis und Emitter größer als ein bestimmter Schwellenwert ist, fließt ein kleiner Basisstrom (im Steuerkreis) und ein großer Kollektorstrom (im Arbeitskreis).

Die Transistoreffekt wird durch zwei Bedingungen ermöglicht:
○ Die Basisschicht ist sehr dünn,
○ und sie ist nur sehr schwach dotiert.

Wie der Transistoreffekt zustande kommt, läßt sich so erklären: Nur wenige der Elektronen, die vom Emitter in die Basisschicht eindringen, treffen auf ein Loch, mit dem sie rekombinieren können. Die Elektronen bleiben also als bewegliche Ladungsträger erhalten.

Die Elektronen führen neben ihrer gerichteten Bewegung, die den Basisstrom ausmacht, noch eine ungeordnete thermische Bewegung durch, ähnlich wie die Moleküle eines Gases.

Da nun die Basis so dünn ist, geraten fast alle Elektronen aufgrund dieser ungeordneten Bewegung in den Bereich der Grenzschicht 2. Dort aber werden sie in Richtung auf den Kollektor getrieben. Nur ganz wenige der Elektronen, die sich in Bewegung gesetzt haben, erreichen den Basisanschluß. Fast alle gelangen zum Kollektoranschluß.

Deshalb ist der Kollektorstrom I_C viel größer als der Basisstrom I_B.

Wenn man die Spannung im Steuerkreis vergrößert, setzen sich mehr Elektronen vom Emitter aus in Bewegung. Der Strom wird größer. Aber der prozentuale Anteil der Elektronen, die den Basisanschluß erreichen, bleibt etwa gleich. Das heißt:

Der Kollektorstrom ist proportional zum Basisstrom.

In der Schaltung von Bild 5 ist beim Tansistor BC 547 A ist die Stromstärke I_C im Arbeitskreis fast 180mal so groß wie die Stromstärke I_B im Steuerstromkreis.

Im Arbeitsstromkreis befindet sich normalerweise ein Verbraucher. Er stellt den Kollektorwiderstand dar. Die Spannung der Quelle verteilt sich auf diesen Widerstand und den Transistor.

Eine Vergrößerung des Basisstromes bewirkt nun, daß der Transistor besser leitet. Die Spannung U_{CE} am Transistor wird geringer, die Spannung am Kollektorwiderstand nimmt zu. Dieses Absinken von U_{CE} hat aber kaum einen Einfluß auf die Stromverstärkung des Transistors.

Die Stromverstärkung des Transistors ist weitgehend unabhängig von der Größe des Kollektorwiderstandes.

Erst wenn U_{CE} kleiner wird als etwa 1 V, kann doch ein merklicher Anteil der Elektronen den Basisanschluß erreichen. Man sagt dann, der Transistor sei *übersteuert*.

Fragen und Aufgaben zum Text

1 Einen Transistor kann man – ähnlich wie ein Relais – als Schalter verwenden. Welche Unterschiede gibt es zwischen Relais und Transistor?

2 „Transistoren wirken als Verstärker." Erkläre, was man hier mit dem Begriff *Verstärker* meint.

3 Wenn die Spannung im Steuerkreis eines Transistors langsam von 0 V aus erhöht wird, geschieht im Arbeitskreis zunächst gar nichts. Wenn dann aber die Spannung den Wert 0,6 V erreicht hat, bewirkt eine geringfügige weitere Spannungserhöhung eine starke Zunahme der Stromstärke im Arbeitskreis.

Gib dafür eine Erklärung.

Aus Umwelt und Technik: **So werden Transistoren hergestellt**

Die ersten Transistoren, die 1948 hergestellt wurden, bestanden aus einem dotierten Halbleiter, auf den dicht nebeneinander zwei Metallspitzen aufgesetzt wurden. Der Halbleiter stellte die Basis dar. Die beiden Metallspitzen waren Emitter und Kollektor. Das Schaltzeichen für Transistoren erinnert noch heute an diese Form der Transistoren.

Schon ein Jahr später wurden diese Spitzentransistoren durch *Planar-* oder *Flächentransistoren* ersetzt, die haltbarer und leistungsfähiger waren. Wie Planartransistoren heute hergestellt werden, soll am Beispiel eines npn-Transistors gezeigt werden (Bild 6).

Grundlage ist eine n-dotierte Siliciumscheibe von ungefähr 10 cm Durchmesser, auf der gleichzeitig Tausende von Transistoren hergestellt werden.

1. Schritt: Bei 1200 °C läßt man die Siliciumscheibe in feuchter Atmosphäre oxidieren.

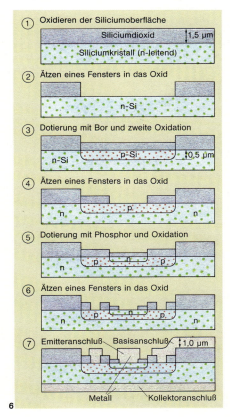

2. Schritt: Für jeden Transistor wird ein Fenster in die Oxidschicht geätzt.

3. Schritt: Die Bereiche der Scheibe, die nicht durch eine Oxidschicht geschützt sind, werden bei 1000 °C in borhaltigem Gas p-dotiert. Anschließend läßt man die Scheibe wieder vollständig oxidieren.

4. Schritt: In die Oxidschicht wird ein neues, kleineres Fenster geätzt.

5. Schritt: Die nicht durch eine Oxidschicht geschützten Bereiche werden bei 1000 °C in phosphorhaltigem Gas n-dotiert. Anschließend läßt man wieder die ganze Scheibe oxidieren.

6. Schritt: Nun ätzt man Fenster in die Oxidschicht, um metallische Anschlüsse an die verschiedenen Schichten anbringen zu können.

7. Schritt: Die Scheibe wird so geritzt und gebrochen, daß man einzelne Transistoren erhält.

Die verschieden dotierten Schichten des fertigen Transistors sind teilweise dünner als ein Tausendstelmillimeter.

Info: Was man beim Aufbau einer Transistorschaltung beachten muß

Transistoren werden in einen Steuer- und in einen Arbeitsstromkreis eingebaut. Für die beiden Stromkreise benötigt man nicht unbedingt zwei voneinander unabhängige Spannungsquellen. Die Ströme in Steuer- und Arbeitsstromkreis können auch durch eine einzige Spannungsquelle hervorgerufen werden.

Allerdings ist die Spannung der Quelle in der Regel viel zu hoch, als daß man sie direkt zwischen Basis und Emitter legen könnte.

Der Basis-Emitter-Übergang verhält sich wie eine Diode. Solange die Spannung U_{BE} zwischen Basis und Emitter kleiner als 0,6 V ist, fließt praktisch kein Basisstrom I_B.

Mit zunehmender Spannung steigt der Basisstrom dann steil an. Damit der Strom nicht zu groß wird und den Transistor zerstört, darf der Basisstrom nicht zu groß sein.

Wie groß der Basisstrom I_B werden darf, hängt vom jeweiligen Transistortyp ab. Beim Transistor BC 547 sollte I_B nicht größer als 5 mA sein. Die Spannung U_{BE} liegt dabei in der Größenordnung von 0,7 V bis 0,8 V.

Beispiel 1: In der Schaltung von Bild 1 erreicht man einen kleinen Basisstrom dadurch, daß man einen Widerstand R_1 vor die Basis schaltet. R_1 und der Widerstand R_{BE} des Basis-Emitter-Übergangs sind in Reihe geschaltet. An R_{BE} soll eine Spannung U_{BE} von ca. 0,7 V abfallen. Weil die Spannung der Quelle 4,5 V beträgt, müssen am Vorschaltwiderstand etwa 3,8 V anliegen.

Der Basisstrom I_B soll höchstens 5 mA betragen, daher muß R_1 größer sein als

$$\frac{3,8\text{ V}}{5\text{ mA}} = 760\ \Omega.$$

Der Transistor ist auch schon bei Steuerströmen von z. B. 1 mA voll durchgeschaltet. Daher wählt man in der Praxis meist einen größeren Widerstand.

Soll der Transistor als Schalter benutzt werden, darf R_1 nicht größer als 3,7 kΩ sein. Sonst ist nämlich die Basisstromstärke kleiner als 1 mA, und der Transistor schaltet nicht mehr voll durch. Man könnte also z. B. einen 3,3-kΩ-Widerstand nehmen.

Beispiel 2: Ein NTC-Widerstand von 1 kΩ (bei 20 °C) wird als Sensor eingesetzt (Bild 2). Wenn die Temperatur des Sensors zu hoch wird, soll eine Warnlampe aufleuchten.

Zur Lösung dieses Problems ist eine Schaltung nach Bild 1 ungeeignet. Würde

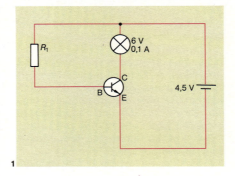

1

man nämlich den NTC-Widerstand für R_1 einsetzen, wäre der Transistor voll durchgeschaltet. Temperaturänderungen des NTC-Widerstandes würden sich im Arbeitsstromkreis kaum auswirken.

Damit eine Temperaturerhöhung ein Aufleuchten der Glühlampe bewirkt, baut man eine Schaltung gemäß Bild 2 auf. In dieser Schaltung wird ein Teil des Stromes, der durch R_1 fließt, über R_2 an der Basis vorbeigeleitet.

Man wählt R_2 so groß, daß die Glühlampe bei Zimmertemperatur gerade noch nicht aufleuchtet. Wenn der Widerstand von R_1 sinkt, steigt der Basisstrom an, und die Lampe leuchtet auf.

Wie groß R_2 zu wählen ist, können wir uns so überlegen:

Die verwendete Lampe leuchtet bei einer Stromstärke von 30 mA gerade noch nicht auf. Für einen Kollektorstrom von 30 mA benötigt man beim Transistor BC 547 A (Stromverstärkung: ca. 180) einen Basisstrom von

$$I_B = \frac{30\text{ mA}}{180} = 0{,}17\text{ mA}.$$

Die Spannung U_{BE} muß dafür etwa 0,7 V betragen. Die gleiche Spannung liegt an R_2. Also beträgt die Spannung an R_1 etwa 4,5 V − 0,7 V = 3,8 V. Durch R_1 fließt dann ein Strom von

$$I_{R1} = \frac{3,8\text{ V}}{1000\ \Omega} = 3{,}8\text{ mA}.$$

Durch R_2 muß also der Strom $I_{R2} = I_{R1} - I_B = 3{,}8\text{ mA} - 0{,}17\text{ mA} = 3{,}63\text{ mA}$ an der Basis vorbeigeleitet werden.

Nun können wir R_2 berechnen:

$$R_2 = \frac{0,7\text{ V}}{3,63\text{ mA}} = 193\ \Omega.$$

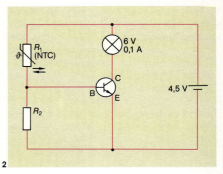

2

Belasteter Spannungsteiler: Die Widerstände R_1 und R_2 bilden eine Spannungsteilerschaltung (Potentiometerschaltung), die durch den Basisstrom belastet wird.

Bei einer unbelasteten Spannungsteilerschaltung hängt U_2 (bei festem U) nur vom Verhältnis der beiden Widerstände R_1 und R_2 ab.

Statt der Widerstände von 1000 Ω und 193 Ω könnte man demnach z. B. auch die Werte 10 000 Ω und 1930 Ω wählen. Wenn wir jedoch obige Rechnung für $R_1 = 10\,000\ \Omega$ wiederholen, so erhalten wir $I_{R1} = 0{,}38\text{ mA}$. Daraus ergibt sich, daß der Strom $I_{R2} = 0{,}21\text{ mA}$ an der Basis vorbeigeleitet werden muß; R_2 müßte somit den Wert 3300 Ω haben.

Nur wenn man R_1 so dimensioniert, daß der Strom durch R_1 wesentlich größer ist als der Basisstrom (etwa 10mal so groß), kann man von einem unbelasteten Spannungsteiler ausgehen.

Verlustleistung: In der zweiten Schaltung ist der Transistor nicht voll durchgeschaltet. Die Spannung U der Batterie verteilt sich dann auf die Glühlampe und den Transistor:

$$U = U_G + U_T.$$

Das hat zur Folge, daß ein Teil der von der Batterie gelieferten Energie im Transistor in Wärme umgewandelt wird. Die elektrische Leistung läßt sich dabei nach der Gleichung $P_T = U_T \cdot I_C$ berechnen.

In unserer Schaltung beträgt die Spannung an der Glühlampe (wenn sie gerade noch nicht aufleuchtet) ca. 0,9 V. Daraus folgt: $U_T = 3{,}6\text{ V}$. Für die Leistung des Transistors gilt also:

$$P_T = 3{,}6\text{ V} \cdot 0{,}03\text{ A} = 0{,}108\text{ W}.$$

Wird der Transistor zu heiß, kann er zerstört werden. Um die erzeugte Wärme besser (durch Konvektion und Strahlung) abführen zu können, vergrößert man die Oberfläche des Transistors (Bild 3). Die Leistung *(Verlustleistung)* des Transistors BC 547 A muß kleiner als 0,5 W sein.

3

Aufgaben

1 Die Vorgänge in einem Transistor kannst du dir mit einem einfachen Modell veranschaulichen (Bild 4).

Nenne Gemeinsamkeiten von Modell und Transistor.

2 In der Schaltung von Bild 5 soll ein Basisstrom von 0,05 mA fließen.

Wie groß muß dazu der Basisvorwiderstand gewählt werden?

Wie groß sind der Kollektorstrom und der Spannungsabfall am Kollektorwiderstand?

3 Die Bilder 6 u. 7 zeigen dir zwei Schaltungen für Lichtschranken.

Wie reagieren die beiden Schaltungen auf Helligkeit und auf Dunkelheit? Erkläre die Funktionsweise.

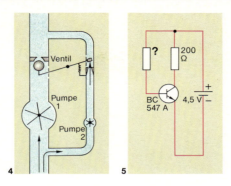

4 In der Darlington-Schaltung werden zwei Transistoren wie in Bild 8 zusammengeschaltet.

Die Darlington-Schaltung zeichnet sich durch eine besonders große Stromverstärkung aus.

Gib dafür eine Erklärung.

5 Wenn sich ein Transistor erwärmt, leitet er besser. Der Basisstrom wird größer – und daher auch der Kollektorstrom. Das Ansteigen des Kollektorstromes bei Erwärmung ist unerwünscht. In Bild 9 siehst du eine Möglichkeit, wie man diesen Effekt vermeiden kann. (Der NTC-Widerstand befindet sich sehr nahe beim Transistor, so daß er von ihm erwärmt werden kann.)

Erkläre die Wirkung des NTC-Widerstandes in dieser Schaltung.

6 Ein Phototransistor stellt im Prinzip eine Kombination einer Photodiode mit einem Transistor dar.

Erläutere anhand von Bild 10, wie ein Phototransistor funktioniert.

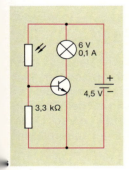 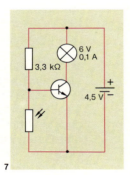 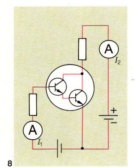 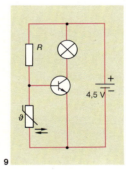 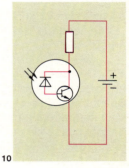

2 Der Feldeffekttransistor

Bild 11 zeigt eine einfache Methode, den Wasserstrom zu steuern. Mit *Feldeffekttransistoren* läßt sich der elektrische Strom auf eine ähnlich einfache Art steuern.

Die Feldeffekttransistoren (abgekürzt FET) besitzen im allgemeinen – wie herkömmliche Transistoren – drei Anschlüsse. Sie werden auch in gleicher Weise in Schaltungen eingebaut.

Bild 12 zeigt das Schaltzeichen für Feldeffekttransistoren.

Die Anschlüsse heißen *Source* (statt Emitter), *Drain* (statt Kollektor) und *Gate* (statt Basis).

In Bild 13 siehst du die *Sourceschaltung*. In dieser Schaltung wird der Strom über Drain und Source durch die *Spannung* zwischen Gate und Source gesteuert.

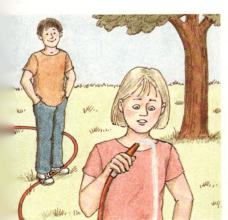 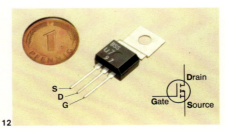 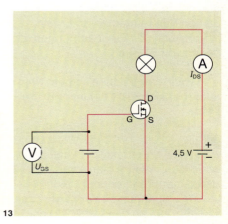

335

V 7 Schließe nach Bild 1 Drain und Source eines Feldeffekttransistors an eine Spannungsquelle an.

a) Halte einen Finger an den Gatekontakt. Tippe nun mit einem Finger der anderen Hand abwechselnd an den Pluspol und an den Minuspol der Batterie. Wie verhält sich dabei die Glühlampe?

b) Nähere dem Gate-Kontakt einen geriebenen Kunststoffstab (ohne ihn zu berühren), und entferne ihn wieder. Was beobachtest du?

V 8 Du benötigst eine verbrauchte Flachbatterie, deren Spannung noch 2,5 V erreicht. Verwende diese Batterie als Spannungsquelle im Steuerstromkreis von Bild 13 der Vorseite.

Ersetze den Feldeffekttransistor durch einen npn-Transistor, und wiederhole den Versuch.

Wie erklärst du die Versuchsergebnisse?

V 9 Die Spannung zwischen Gate und Source läßt sich auch mit einem Spannungsteiler einstellen (Bild 2). Man kommt dann mit einer einzigen Spannungsquelle aus. Wähle R_1 und R_2 so, daß die Glühlampe schwach leuchtet. Welchen Einfluß hat es, wenn du R_1 und R_2 verzehnfachst?

Was passiert, wenn du R_2 aus der Schaltung entfernst? Welchen Einfluß hat jetzt noch R_1?

V 10 Baue die Schaltung von Bild 3 auf. Bewege einen kräftigen Stabmagneten ruckartig in die Spule hinein und aus der Spule heraus. Was beobachtest du? Was ändert sich, wenn du den Stabmagneten umdrehst?

Vergleiche die Beobachtungen mit denen von Versuch 1.

V 11 Wir vergleichen einen Feldeffekttransistor mit einem npn-Transistor.

Bild 4 zeigt den Versuchsaufbau. Parallel zum 600-kΩ-Widerstand wird ein Seignettesalz-Kristall angeschlossen. Wenn man den Kristall zusammenpreßt, entsteht eine elektrische Spannung zwischen den Flächen, auf die die Kräfte wirken.

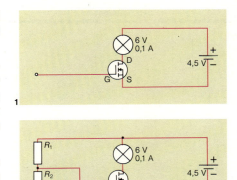

1

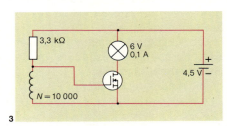

2

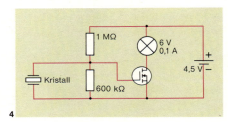

3

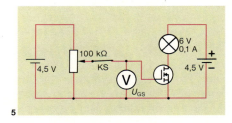

4

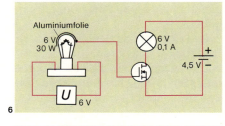

5

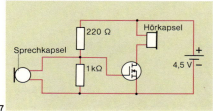

6

7

a) Baue die Schaltung auf. Beobachte Lampe und Strommesser, wenn du auf den Kristall drückst.

Ersetze die beiden Widerstände durch 100mal kleinere Widerstände, und wiederhole den Versuch.

b) Führe den Versuch auch mit einem npn-Transistor durch.

c) Wie sind die Versuchsergebnisse zu erklären?

V 12 Baue die Schaltung von Bild 5 auf. Vergrößere langsam die Spannung zwischen Gate und Source. Bei welcher Spannung fängt die Glühlampe gerade an zu leuchten? Bei welcher Spannung leuchtet sie hell? Notiere die Meßwerte.

Ersetze jetzt die Kurzschlußstrecke KS durch Widerstände von 100 kΩ bzw. 1 MΩ. Welchen Einfluß hat die Vergrößerung des Widerstandes auf die Meßwerte?

V 13 In Rechnern benötigt man nicht nur Transistoren, sondern auch Widerstände. Als Widerstände verwendet man häufig auf den Chips erzeugte Transistoren, deren Drain- und Gateanschluß kurzgeschlossen sind.

Nimm die I-U-Kennlinie einer solchen Schaltung auf. Vergleiche die Kennlinie mit der eines Ohmschen Widerstandes.

V 14 Bedecke eine Glühlampe (6 V; 30 W) mit einer Kappe aus Aluminiumfolie, und baue die Schaltung nach Bild 6 auf.

Die 30-W-Glühlampe ist zunächst ausgeschaltet. Die 0,6-W-Glühlampe wird zum Leuchten gebracht, indem man die Aluminiumkappe kurzzeitig mit einem am Pluspol der Batterie angeschlossenen Kabel berührt. Anschließend wird die 30-W-Glühlampe eingeschaltet. Was passiert?

Versuche eine Erklärung zu geben.

V 15 Wir bauen eine einfache Telefonschaltung auf (Bild 7). Du benötigst dafür einen alten Telefonhörer.

Welche Funktion hat der Spannungsteiler in der Schaltung?

Info: Was im Innern eines Feldeffekttransistors geschieht

Der elektrische Strom fließt durch einen Draht oder einen anderen Leiter ähnlich wie der Wasserstrom durch ein Leitungsrohr oder einen Schlauch. Einen Wasserstrom kann man durch Abschnüren des „Leiters" steuern, warum nicht auch einen elektrischen Strom? Bereits 1925 stellte sich der aus Leipzig stammende, in die USA ausgewanderte Physiker *J. E. Lilienfeld* diese Frage.

Aber die Idee Lilienfelds ließ sich lange Zeit nicht verwirklichen. Dies gelang erst nach 1960, als man Halbleiter anstelle von metallischen Leitern verwendete. Auch mußten erst Erfahrungen mit der Herstellung sehr dünner Materialschichten gesammelt werden. Das Ergebnis war der **Feldeffekttransistor**.

Beim Feldeffekttransistor BSS 97, den wir in den Versuchen benutzt haben, handelt es sich um einen MOS-FET. Die Abkürzung MOS verrät etwas über den Aufbau des Transistors; sie steht für **M**etall-**O**xid-**S**ilicium (Bild 8).

Das Grundmaterial (Substrat) ist stark dotiertes p-Silicium. Darüber befindet sich eine dünne Schicht, die schwach p-dotiert ist und in die zwei n-leitende Bereiche (Source und Drain) hineinragen. Das Gate ist ein Aluminiumbelag, der durch eine Schicht aus Silicium-Oxid gegenüber dem Halbleiter isoliert ist.

Wird zunächst nur die Spannung zwischen Source und Drain angelegt (Bild 9), kann kein Strom fließen. An den beiden p-n-Übergängen bilden sich Sperrschichten aus. Durch die angelegte Spannung wird die Sperrschicht zwischen dem p-dotierten Material und dem n-dotierten Drainbezirk verbreitert.

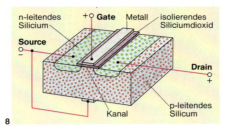

8

Wenn zusätzlich eine genügend große Spannung ($U_{GS} > 2$ V) zwischen Gate und Substrat (und damit zwischen Gate und Source) gelegt wird, geschieht folgendes:

Vorhandene Löcher werden aus dem p-dotierten Bereich unter dem Gateanschluß weggedrängt. Freie Elektronen, die aufgrund der Eigenleitung des Halbleiters in geringer Anzahl auch im p-Silicium vorhanden sind, sammeln sich dort. Unter dem Gateanschluß entsteht ein schmaler *n-leitender Kanal*.

Durch den Kanal, der die n-leitenden Source- und Draingebiete miteinander verbindet, fließen die Elektronen vom Source- zum Drainanschluß. Voraussetzung ist, daß zwischen diesen beiden Anschlüssen eine Spannung herrscht.

Je höher die Spannung U_{GS} zwischen Gate und Source ist, desto breiter ist der Kanal und desto größer ist der Strom.

Der Strom zwischen Source und Drain wird also durch die Spannung zwischen Gate und Source gesteuert. Da die Oxidschicht zwischen Metall und p-Schicht ein Isolator ist, fließt *kein* Steuerstrom.

Der BSS 97 ist ein n-Kanal-MOS-Feldeffekttransistor. Es gibt auch p-Kanal-Feldeffekttransistoren. Bei p-Kanal-Transistoren ist das Grundmaterial n-dotiert, Source und Drain sind p-dotiert. Die Bilder 10 u. 11 zeigen die Schaltzeichen von n- und p-Kanal-Transistoren sowie die Polung der Steuerspannung, wie sie zum Durchschalten der Transistoren erforderlich ist.

Der MOS-FET funktioniert also so ähnlich wie ein Schlauch. Je nachdem, wie breit der n-Kanal ist, leitet der Transistor besser oder schlechter. Beim Transistor BSS 97 ist die Spannung am Gate allerdings nicht dazu da, um den Kanal „abzuquetschen", sondern um ihn zu öffnen. Der Kanal ist um so *breiter*, je höher die Spannung U_{GS} zwischen Gate und Source ist. Bei $U_{GS} = 0$ V sperrt der Transistor.

Die npn- oder pnp-Transistoren werden durch den Steuerstrom I_B gesteuert. Damit er fließt, ist eine Steuerspannung U_{BE} notwendig. Das Produkt aus Steuerspannung und Steuerstrom ist die zum Steuern erforderliche Leistung.

Bei den Feldeffekttransistoren ist der Innenwiderstand im Steuerkreis extrem groß. Es fließt also praktisch kein Steuerstrom. Damit ist auch die Steuerleistung gleich Null.

Feldeffekttransistoren werden durch eine Spannung leistungslos gesteuert.

Feldeffekttransistoren haben gegenüber den herkömmlichen Transistoren außer der leistungslosen Steuerung noch einen weiteren wesentlichen Vorteil: Sie benötigen weniger Platz. Überall, wo es auf eine hohe Packungsdichte der Transistoren ankommt, z. B. in Rechnern, werden heute ausschließlich Feldeffekttransistoren verwendet.

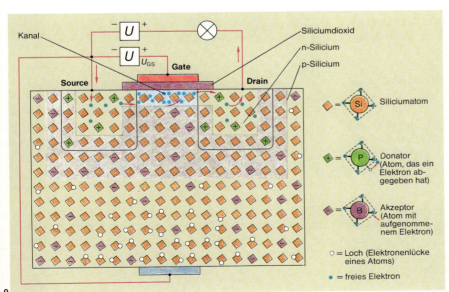

9

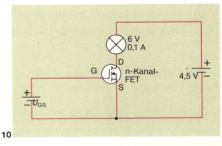

10

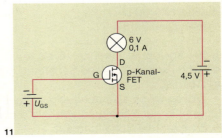

11

Aufgaben

1 Nenne Gemeinsamkeiten und Unterschiede zwischen einem n-Kanal-Feldeffekttransistor und einem npn-Transistor.

2 Erläutere die Funktionsweise eines p-Kanal-MOS-Feldeffekttransistors analog zu dem im Info beschriebenen n-Kanal-MOS-Feldeffekttransistor.

3 Was bedeuten die Namen *Source, Drain* und *Gate*?
Sind die Namen für die Anschlußelektroden eines Feldeffekttransistors passend gewählt worden?

4 In der Schaltung von Bild 1 wird ein Motor durch das Licht gesteuert, das auf einen Photowiderstand fällt.

a) Würde die Schaltung auch funktionieren, wenn man den npn-Transistor durch einen Feldeffekttransistor ersetzte? Begründe!

b) Wie müßte eine Schaltung mit einem Feldeffekttransistor aussehen, die ähnlich reagiert wie die angegebene Schaltung?

5 Ein Feldeffekttransistor benötigt zum Ansteuern eine höhere Spannung als ein npn-Transistor. Andererseits kann man aber mit einer Reihenschaltung aus einer 4,5-Volt-Flachbatterie und einem 1-MΩ-Widerstand zwar einen Feldeffekttransistor ansteuern, aber keinen npn-Transistor.
Erläutere diese Aussagen.

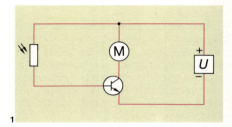
1

3 Speichern und Verarbeiten von Daten

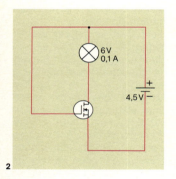
2

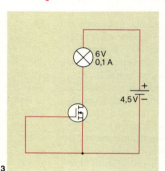
3

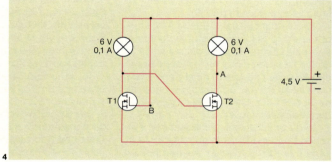
4

Welche der Glühlampen in den Schaltungen der Bilder 2–4 leuchten? Begründe!

V 16 Welchen Einfluß hat es, wenn du erst die Punkte A und B in der Schaltung nach Bild 4 durch einen Draht verbindest und dann den Leiter zwischen B und C entfernst?
Versuche das Ergebnis vorherzusagen, und überprüfe deine Vermutung im Versuch.

V 17 Baue die Schaltung nach Bild 5 auf. Dabei sollen die Punkte A und B miteinander verbunden werden. Anschließend entfernst du die Verbindung zwischen den Punkten B und D.
Was geschieht?

V 18 Sowohl in Versuch 16 als auch in Versuch 17 erhältst du schließlich eine Schaltung, wie sie in Bild 6 dargestellt ist.
Wovon ist es also abhängig, welche der beiden Glühlampen in der Schaltung von Bild 6 leuchtet?
Probiere die Schaltung aus.

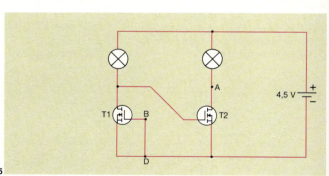
5

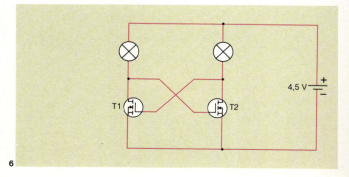
6

V 19 Die Schaltung von Bild 6 wird jetzt durch den Einbau zweier Schalter (Taster) ergänzt (Bild 7).

a) T1 soll durchgeschaltet sein, T2 soll sperren. Welche Wirkung hat es, wenn einer der Schalter gedrückt wird?

b) Was passiert, wenn ein Schalter mehrfach nacheinander gedrückt wird? Wie wirkt es sich aus, wenn die beiden Schalter abwechselnd betätigt werden?

Die Schaltung aus Bild 7 heißt **Flipflopschaltung**. Kannst du dir den Namen erklären?

c) Die Schalter werden so eingebaut, daß mit ihrer Hilfe die Gateanschlüsse der Transistoren direkt mit dem Pluspol der Batterie verbunden werden können. Zeichne das Schaltbild, und probiere die Schaltung aus.

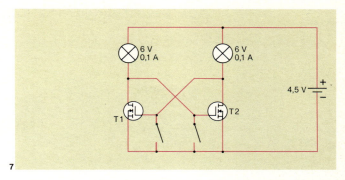
7

V 20 Auch die Schaltung von Bild 8 stellt eine Erweiterung der Schaltung von Bild 6 dar. Wie erreicht man, daß die Klingel nicht läutet?

Was geschieht, wenn man die Drahtverbindung zwischen E und F durchtrennt?

Welche Folge hat es, wenn man die Verbindung anschließend wieder herstellt?

Wozu könnte die Schaltung verwendet werden?

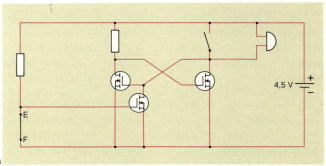
8

Info: **Speicherung von Informationen mit Flipflopschaltungen**

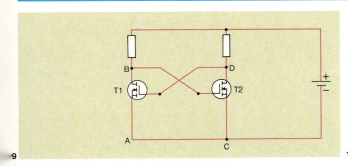
9

10

In Computern werden alle Informationen durch Folgen von Bits codiert und gespeichert. Jedes Bit wird realisiert durch einen Speicher, der genau zwei Zustände annehmen kann. Diese Zustände werden 0 und 1 genannt.

Zwei Transistoren, die wie in Bild 9 zusammengeschaltet sind, steuern sich gegenseitig. Wenn der Transistor T1 sperrt, ist die Spannung zwischen den Punkten A und B hoch. Daher ist der Transistor T2 durchgeschaltet, und die Spannung zwischen den Punkten C und D ist niedrig. Diese Spannung hält den Transistor T1 im gesperrten Zustand.

Beide Transistoren behalten also den Zustand, in dem sie sich gerade befinden.

Das gleiche gilt, wenn T2 sperrt und T1 durchschaltet.

Zwischenzustände, bei denen T1 und T2 nur wenig leiten, sind labil. Das System geht also immer nach ganz kurzer Zeit in einen der beiden stabilen Zustände über.

Man hat dieser Schaltung einen klangvollen Namen gegeben: *Flipflop*. In diesem Wort hört man geradezu das „Umkippen" des Zustandes.

Eine Flipflopschaltung stellt ein System dar, das genau zwei Zustände annehmen kann.

Die Schaltung eignet sich zur Darstellung eines Bits. Dazu fügt man in die Flipflopschaltung zwei Eingänge R und S sowie einen Ausgang Q ein (Bild 10).

Je nachdem, welcher Transistor durchschaltet, ist die Spannung zwischen dem Ausgang Q und dem Minuspol der Spannungsquelle hoch oder niedrig. Hohe Spannung entspricht dem Zustand 1 oder H (von engl. *high*: hoch). Niedrige Spannung entspricht dem Zustand 0 oder L (von engl. *low*: niedrig).

Die Eingänge dienen dazu, 0 oder 1 einzugeben. Wird der Punkt S kurzzeitig mit dem Pluspol der Batterie verbunden, wird eine 1 in das System geschrieben *(setzen)*. Wird dagegen der Punkt R mit dem Pluspol der Batterie verbunden, wird eine 0 in das System eingegeben *(rücksetzen)*.

Die einmal eingeschriebene Information, also die 0 oder die 1, bleibt solange eingeschrieben, wie das System an die Spannungsquelle angeschlossen ist.

Zum Verarbeiten der Informationen ist es zweckmäßig, wenn auch die jeweils gegenteilige Information wie in Q zur Verfügung steht. Daher baut man noch einen zweiten Ausgang $\overline{Q}$ ein, an dem die gegenteilige (oder invertierte) Information abgerufen werden kann. Diese Schaltung wird **R-S-Flipflop** genannt.

339

Aus Umwelt und Technik: **Ein elektronischer Polwender**

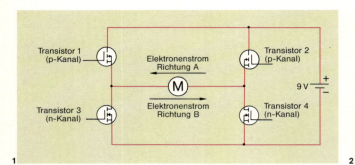

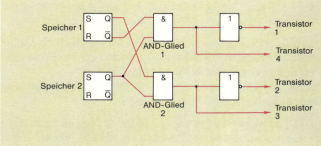

Ein Modellauto mit einem Gleichstrommotor erst vorwärts und dann rückwärts laufen zu lassen, ist kein großes Problem.

Man braucht dazu nur die Richtung des Stromes durch den Motor umzukehren, zum Beispiel durch Vertauschen der Anschlüsse an der Spannungsquelle.

Man kann aber auch eine elektronische Schaltung mit zwei n-Kanal- und zwei p-Kanal-Transistoren verwenden (Bild 1). Sie macht es möglich, den Motor über einen Computer zu steuern.

Sind in der Schaltung von Bild 1 die Transistoren 1 und 4 durchgesteuert, so fließt ein Strom in die Richtung A. Wenn dagegen die Transistoren 2 und 3 durchgesteuert sind, fließt ein Strom in die Gegenrichtung (Richtung B).

Die p-Kanal-Transistoren schalten durch, wenn man ihre Gates mit dem *Minus*pol der Spannungsquelle verbindet. Damit die n-Kanal-Transistoren durchschalten, verbindet man ihre Gates mit dem *Plus*pol.

Man kann die Schaltung auch mit zwei npn- und zwei pnp-Transistoren aufbauen. Dann muß man die Steuerströme aber mit Basisvorwiderständen begrenzen.

Zu unangenehmen Überraschungen könnte es kommen, wenn die Transistoren T1 und T3 (oder T2 und T4) gleichzeitig durchsteuerten. Der Strom würde dann nämlich nicht mehr durch den Motor fließen. Nur die Transistoren würden ihn noch begrenzen. Ein solcher Schaltfehler muß unbedingt vermieden werden. Das kann man erreichen, indem man die Transistoren über eine **logische Schaltung** ansteuert.

Wir verwenden zwei R-S-Flipflops als Speicher. Den möglichen Zuständen der Ausgänge ordnen wir die Stromrichtung durch den Motor wie folgt zu:

Speicher		Strom durch den Motor
Q_1	Q_2	
L	L	kein Strom
L	H	Strom in Richtung A
H	L	kein Strom
H	H	Strom in Richtung B

Die Ausgänge der Speicher werden mit den Eingängen der einzelnen Logik-Grundschaltungen verbunden (→ Info auf der rechten Seite; Bild 2).

Wie die einzelnen Transistoren angesteuert werden, überlegen wir uns z. B. für Transistor T1:

Der Ausgang der AND-Schaltung 1 liegt nur dann auf H, wenn der Ausgang Q_1 von Speicher 1 auf L und der Ausgang Q_2 von Speicher 2 auf H liegt.

Durch die folgende NICHT-Schaltung (Inverter) werden die Spannungszustände vertauscht. Wir erhalten folgende Spannungen am Gate von Transistor T1:

Speicher		Spannung an Gate T1	Transistor T1
Q_1	Q_2		
L	L	H	sperrt
L	H	L	leitet
H	L	H	sperrt
H	H	H	sperrt

In Bild 3 ist die logische Schaltung realisiert.

Die Speicher-Glieder verfügen über einen zusätzlichen Takteingang. Dadurch kann man erreichen, daß ein Tastendruck ausreicht, um die Speicher von einem der vier Zustände in den nächsten übergehen zu lassen. Der Motor wurde in das Modellauto eingebaut, so daß man es per Knopfdruck vorwärts oder rückwärts fahren lassen kann.

Fragen und Aufgaben zum Text

1 Ermittle die Spannungszustände an den Gates der Transistoren 2 bis 4 und deren Leitungsverhalten bei den vier Speicherzuständen.

2 Überprüfe, ob die vier Transistoren bei allen vier Speicherzuständen richtig angesteuert werden.

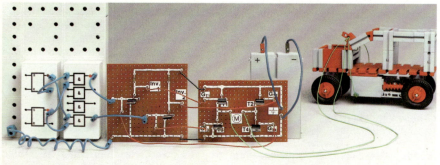

Info: Logische Grundschaltungen

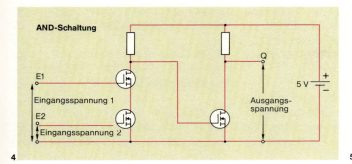

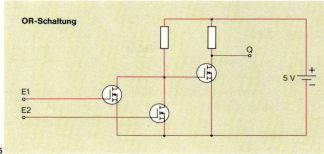

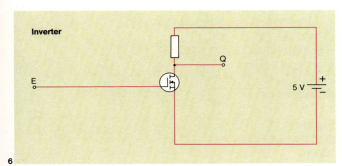

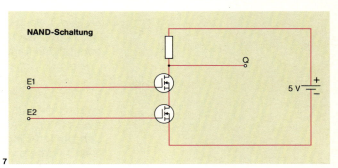

Die **AND**- und die **OR-Schaltung** (Bilder 4 u. 5) gehören zu den logischen Schaltungen (Gatter). Als Eingangsspannungen sind zwei Werte zugelassen: *low* (0 V) und *high* (z. B. 5 V). Als Ausgangsspannung erhält man ebenfalls immer einen dieser Werte.

Ein- und Ausgangsspannung werden stets zwischen dem Eingang bzw. dem Ausgang und dem negativen Pol der Spannungsquelle gemessen.

Die Wirkungsweise logischer Schaltungen kann man am besten in Funktionstabellen darstellen: Den verschiedenen Möglichkeiten für die Spannungszustände an den Eingängen wird der Spannungszustand am Ausgang zugeordnet. Für die AND- und OR-Schaltung mit zwei Eingängen sehen die Tabellen folgendermaßen aus:

AND				OR		
E1	E2	Q		E1	E2	Q
L	L	L		L	L	L
L	H	L		L	H	H
H	L	L		H	L	H
H	H	H		H	H	H

Und so werden die Schaltungen symbolisch dargestellt:

AND ─&─ OR ─≥1─

Neben der AND- und OR-Schaltung gibt es weitere logische Grundschaltungen.

Der **Inverter** (Bild 6) besitzt nur einen Eingang. Der Zustand H am Eingang bewirkt den Zustand L am Ausgang. Einem L am Eingang wird ein H am Ausgang zugeordnet. Das Signal wird also umgekehrt (invertiert). Der Inverter wird symbolisch so dargestellt:

Inverter ─1─

Die **NAND-Schaltung** entspricht in der Funktion einer AND-Schaltung mit nachgeschaltetem Inverter. Der Name ist von „not and" abgeleitet.

Eine NAND-Schaltung (Bild 7) ist etwas einfacher aufzubauen als eine AND-Schaltung. Daher geht man in der Technik oft von der NAND-Schaltung aus, wenn man eine AND-Schaltung benötigt. Um die AND-Schaltung zu erhalten, verbindet man den Ausgang einer NAND-Schaltung mit einem Inverter.

NAND

E1	E2	Q
L	L	H
L	H	H
H	L	H
H	H	L

NAND ─&─

Die **NOR-Schaltung** funktioniert wie eine OR-Schaltung mit folgendem Inverter. Der Name ist von „not or" abgeleitet.

Das Symbol der NOR-Schaltung sieht so aus:

NOR ─≥1─

Die **EX-OR-Schaltung** entspricht dem ausschließenden Oder (entweder – oder). Der Name ist abgeleitet von „exclusive or". Im Gegensatz zur OR-Schaltung liegt der Ausgang der EX-OR-Schaltung auf L, wenn beide Eingänge auf H liegen.

Symbol:

EX-OR ─=1─

Die Industrie stellt integrierte Schaltungen oder ICs (von *integrated circuit*) in normierter Bauweise her, bei denen sich auf einem einzigen Chip gleich mehrere Gatter befinden.

Bild 8 zeigt ein IC, das vier NAND-Gatter enthält, sowie die Anschlußbelegung. Dieses IC besteht aus 20 Transistoren, 12 Dioden und 16 Widerständen.

Bild 9 zeigt ein IC mit sechs Invertern und die zugehörige Anschlußbelegung.

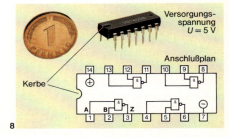

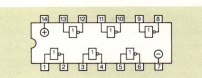

Aufgaben

1 Gib die Funktionstabellen für die NOR-Schaltung und für die EX-OR-Schaltung an.

2 Zeige mit Hilfe einer Funktionstabelle, daß eine AND-Schaltung mit zwei folgenden Invertern wieder eine AND-Schaltung ergibt.

3 Wie kann man aus zwei AND-Gattern mit jeweils zwei Eingängen ein AND-Gatter mit drei Eingängen aufbauen? Wie muß der vierte noch freie Eingang belegt werden?

4 Bei einer OR-Schaltung mit drei Eingängen werden nur zwei Eingänge benutzt. Wie muß der dritte freie Eingang belegt werden, damit die Schaltung funktioniert?

5 Bild 1 zeigt eine Schaltung aus vier NAND-Gattern. Stelle die Funktionstabelle für diese Schaltung auf. Welcher Schaltung entspricht sie?

6 Bild 2 zeigt eine Kombination von zwei NAND-Gattern. Der Ausgang des ersten NAND-Gatters ist mit den beiden Eingängen des zweiten NAND-Gatters verbunden.
Welche Verknüpfung wird durch diese Schaltung erreicht?

7 Hier siehst du eine Kombination aus drei NAND-Gattern (Bild 3).
Versuche, für die verschiedenen Eingangszustände das Ergebnis am Ausgang vorherzusagen. (Lege dazu eine Funktionstabelle an.)

8 Bild 4 zeigt eine Flipflopschaltung aus zwei NOR-Gattern. Erläutere das Verhalten der Schaltung.

9 Man kann eine Flipflopschaltung auch aus zwei NAND-Gattern aufbauen (Bild 5). Was passiert, wenn einer der beiden Schalter gedrückt wird? Was passiert, wenn er wieder losgelassen wird?

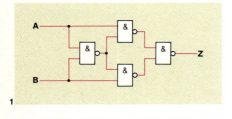
1

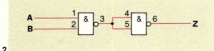
2

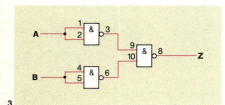
3

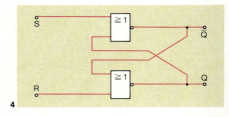
4

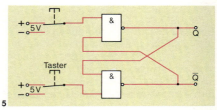
5

Aus Umwelt und Technik: **Schaltkreisfamilien**

Elektronische Schaltungen werden oft aus mehreren einzelnen integrierten Schaltungen zusammengesetzt. Deshalb ist es nötig, daß die verschiedenen ICs zueinander passen: Verarbeitungsgeschwindigkeiten und Versorgungsspannungen müssen aufeinander abgestimmt sein. Es wurden verschiedene „Familien" von ICs entwickelt.

Zuerst entstand die TTL-Familie, in der npn- und pnp-Transistoren als Schaltelemente dienen. Alle ICs dieser Familie tragen die Anfangszahl 74. Das IC 7400 enthält z. B. vier NAND-Schaltungen, der Typ 7432 vier OR-Schaltungen.

Weil die Transistoren durch Ströme gesteuert werden und sich daher erwärmen, konnte die Packungsdichte der Transistoren nicht beliebig erhöht werden.

Später verwendete man für ICs nur noch Feldeffekttransistoren, die ja keine Steuerströme, sondern nur Steuerspannungen benötigen. Weil sowohl n- als auch p-Kanal-Transistoren verwendet werden, spricht man von C-MOS-Schaltungen.

C-MOS steht für komplementäre MOS-Feldeffekttransistoren (C von lat. *complementum:* Ergänzung).

Bild 6 zeigt einen Inverter in C-MOS-Technik: Der Drain-Widerstand ist durch einen p-Kanal-FET ersetzt worden. Die ICs der ersten C-MOS-Familie tragen die Anfangszahl 40. Im Typ 4011 stecken z. B. vier NAND-Schaltungen. Diese ICs haben einen geringen Energiebedarf, sind aber leider langsamer als die TTL-Familie.

Die neue C-MOS-Familie mit der Kennzeichnung „74 HC" verbindet die Vorteile der beiden Vorgänger: Die ICs sind äußerst schnell *(high speed)* und bestehen trotzdem aus den energiesparenden C-MOS-Transistoren. Der Typ 74 HC 08 enthält vier AND-Schaltungen und verknüpft zwei Signale in 10^{-8} s.

Wenn du mit ICs aus dieser Familie experimentierst, solltest du folgendes beachten:

1. Die Versorgungsspannung sollte zwischen 2 V und 6 V liegen. Du

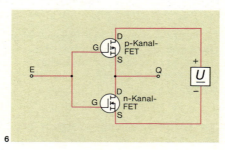
6

kannst also alle Versuche mit einer Flachbatterie durchführen.

2. Logisch *falsch* (0) bedeutet stets: keine Spannung vorhanden, *low* (Spannung zwischen 0 V und 1 V bei 4,5 V Versorgungsspannung).

Logisch *richtig* (1) bedeutet: Spannung vorhanden, *high* (Spannung zwischen 3,5 V und 4,5 V bei 4,5 V Versorgungsspannung).

3. Nicht benutzte Eingänge solltest du nicht einfach frei lassen, weil sie sonst auf Reibungs- und Luftelektrizität reagieren könnten. Verbinde sie mit dem Minuspol der Spannungsquelle, dadurch sind sie im Zustand *low*.

4. Ausgänge von integrierten Schaltungen dürfen mit Eingängen durch Leitungen verbunden werden. Ebenfalls darf man mehrere Eingänge untereinander verbinden. Die *Verbindung mehrerer Ausgänge* während des Betriebes ist *verboten*.

5. Zur Aufbewahrung steckt man C-MOS-ICs in elektrisch leitenden Schaumstoff, der alle Anschlußbeinchen miteinander verbindet. (Als Ersatz kann man mit Alu-Folie überzogenen Schaumstoff verwenden.)

Aus Umwelt und Technik: **Herstellung von Chips – Arbeiten in einer staubfreien Welt**

Bild 7 zeigt einen Teil der Fertigungsanlage für moderne ICs. Die Räume sind klimatisiert und erschütterungsfrei. Sie werden ständig von gefilterter Luft durchströmt. Auf 1 l Luft darf höchstens ein Staubteilchen kommen. In diesen staubfreien Räumen dürfen die Menschen keine normale Kleidung tragen. Diese Vorsichtsmaßnahmen sind erforderlich, weil die Chips gegen Staub äußerst empfindlich sind.

Als im Jahre 1958 die ersten ICs entwickelt wurden, enthielten diese acht Transistoren. Bild 8 zeigt, wie sich die Anzahl der Transistoren, die man auf einem Chip unterbringen konnte, in den letzten Jahren erhöhte.

Bereits 1974 wurde ein Computer hergestellt, dessen Kernstück aus einem Chip mit 8000 Transistoren bestand. Heute gelingt es sogar, Millionen von Transistoren auf einem

8

einzigen Chip unterzubringen. Und die Entwicklung geht immer weiter.

Je mehr Transistoren man auf einem einzigen der fingernagelgroßen Chips unterbringt, desto kleiner müssen die Transistoren sein und desto dünner müssen die Leiterbahnen werden. Einzelne Halbleiterschichten sind in der modernsten Technik nur hunderttausendstel Millimeter dick. Sie bestehen lediglich aus zwanzig oder dreißig Atomlagen. Im Vergleich dazu ist ein Staubkorn riesengroß. Daher ist es verständlich, daß jede kleinste Unregelmäßigkeit im Kristallaufbau und jedes Staubkorn zu einem unbrauchbaren Chip führen können.

Der große Aufwand zieht auch für die Beschäftigten und ihre Familien ein Problem nach sich: Um die teuren Anlagen auszulasten, wird oft auch an Sonntagen gearbeitet.

Nicht erst bei der Produktion der Chips ist ein ganz erheblicher Aufwand erforderlich, sondern schon bei ihrer Planung:

Um den Schaltplan für einen leistungsfähigen Chip zu entwerfen, sind viele Ingenieure mehrere Jahre lang beschäftigt (Bild 9). Bei Ihrer Arbeit sind sie auf den Einsatz von Computern angewiesen. Nur mit Hilfe von Computern können nämlich die vielen Millionen Daten gespeichert werden, die für den Bau des Chips notwendig sind.

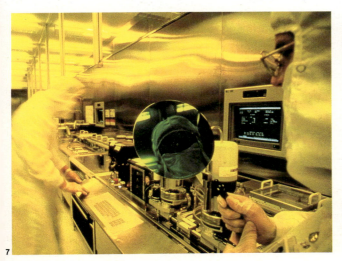
7

9

4 Zählen und Addieren

1, 2, 3, 4, 5, ..., so schreiben wir Zahlen im *Dezimalsystem*.

1, 10, 11, 100, 101, ..., so zählen die Computer. Sie kennen ja nur zwei Ziffern: die 0 und die 1. Entsprechend viele Stellen haben die Zahlen im **Dualsystem**.

Das Dualsystem ist – wie das Dezimalsystem – ein Stellenwertsystem. Es hat nur zwei Ziffern (0 und 1). Alle Zahlen werden als Summe von Potenzen zur Grundzahl 2 dargestellt.

So hat zum Beispiel die Zahl 19 im Dualsystem die Darstellung 10011.

Was uns verwirrend erscheint, macht dem Computer das Rechnen einfach; er braucht bei der Addition nicht viel mehr zu beherrschen als vier „Aufgaben".

Darum würde ihn wohl so mancher Erstkläßler beneiden...

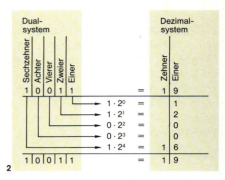

V 21 Eine elektronische Schaltung kann zählen, wie oft die Spannung an ihrem Eingang von *low* auf *high* ansteigt (oder von *high* auf *low* fällt).

Um die Spannung ein- und auszuschalten, darf man aber keinen einfachen Taster benutzen. Alle mechanischen Taster haben nämlich die Eigenschaft, daß sie stets etwas nachfedern (prellen) und somit den Zählkontakt mehrmals schließen.

Man muß daher Eingabetaster für elektronische Zähler *entprellen*.

Eine Möglichkeit zur Entprellung zeigt die Schaltung von Bild 3. Es handelt sich dabei um ein Flipflop, das immer dann „kippt", wenn an einem seiner Eingänge die Spannung erstmals auf *low* abfällt.

Überprüfe im Versuch, wann die Leuchtdiode leuchtet.

V 22 In der Familie „74 HC" gibt es spezielle Bausteine zum Zählen. Zum Beispiel ist der IC 74 HC 193 ein 4-Bit-Zähler. Er zählt, wie oft die Spannung an seinem Eingang *high* war. Ein 4-Bit-Zähler kann aber höchstens bis zur Dualzahl 1111 zählen, also bis 15.

Der Zähler hat vier Ausgänge, deren Zustand von Leuchtdioden angezeigt wird. Wenn sie richtig angeordnet sind, kann man die Dualzahl direkt ablesen (LED leuchtet: 1; LED leuchtet nicht: 0).

Wer ist Hobby-Elektroniker und schafft es, die Schaltung von Bild 4 aufzubauen? (Der Eingabetaster muß entprellt sein!)

Bei jedem wievielten Tastendruck gehen die einzelnen Leuchtdioden an und aus?

V 23 Mit einer Kombination aus vier Logik-Gattern kann man einstellige Dualzahlen addieren (Bild 5). Für die Summanden stehen die Eingänge A und B zur Verfügung. Die Summe wird an den Ausgängen X und Y ausgegeben.

Verfolge bei den verschiedenen Eingangszuständen, ob an den Ausgängen der einzelnen Gatter die Spannung *high* oder *low* ist.

Vervollständige die Tabelle.

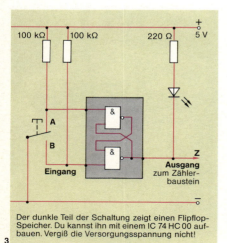

Der dunkle Teil der Schaltung zeigt einen Flipflop-Speicher. Du kannst ihn mit einem IC 74 HC 00 aufbauen. Vergiß die Versorgungsspannung nicht!

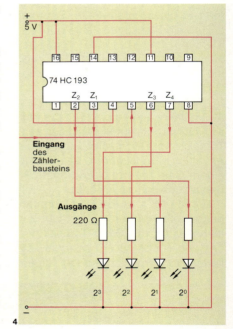

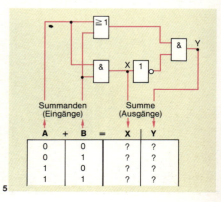

Aus Umwelt und Technik: **Der Mikroprozessor**

Wann erfolgte die wichtigste Erfindung in der Geschichte der Menschheit? Als das Rad erfunden wurde? Oder das Buchdruckverfahren? Vielleicht wird man in der Zukunft einmal das Jahr 1972 als das Jahr der wichtigsten Erfindung angeben – das Jahr, in dem der Mikroprozessor erfunden wurde. In der Vergangenheit hat wohl kaum eine Erfindung in so kurzer Zeit ähnlich weitgehende Änderungen in unserer Umwelt bewirkt wie die Erfindung des Mikroprozessors. Insbesondere die Arbeitswelt wurde teilweise von Grund auf umgewälzt.

Was ist das Besondere am Mikroprozessor? Mit Hilfe von elektronischen Speicherelementen und logischen Schaltungen kann man Daten speichern und verarbeiten. Die logische Schaltung nimmt Daten auf und vergleicht sie untereinander oder mit vorgegebenen Sollwerten. Sie liefert dann Ergebnisse oder erteilt Befehle. Die einzelnen Arbeitsschritte erfolgen nach einem vorgegebenen Schema, nach einem *Programm*.

Bis 1972 mußte für jede Aufgabe eine eigene Schaltung entworfen und gebaut werden. Die Schaltungen konnten jeweils nur in geringer Stückzahl produziert werden und waren entsprechend teuer. Das wurde anders, als 1972 der Mikroprozessor erfunden wurde. Ein Mikroprozessor (Bild 6) besteht ebenfalls aus Speicherelementen und Logikelementen – aber er kann *programmiert* werden. Erst das Programm entscheidet, ob zwei Bits ein AND-Gatter oder ein OR-Gatter ansteuern. Mit Hilfe unterschiedlicher Programme kann also der gleiche Baustein die unterschiedlichsten Aufgaben bewältigen.

Industrieroboter (Bild 7) arbeiten auf der Grundlage solcher Mikroprozessoren. Die Schaltungen zur Steuerung von Automotoren enthalten ebenfalls Mikroprozessoren. Auch das „Herz" eines Taschenrechners (Bild 8) besteht aus einem Mikroprozessor.

Mikrocomputer enthalten neben einem Mikroprozessor eine riesige Zahl von Speicherzellen sowie eine Ein- und Ausgabe-Einheit. Einen Teil des Speichers, den RAM-Speicher, kann der Benutzer „beschreiben" (engl. *random access memory:* Speicher mit wahlfreiem Zugriff). Der Benutzer kann also eingeben, ob der Ausgang der Speicherzelle eine hohe oder eine niedrige Spannung aufweisen soll. Es können auch Programme eingegeben werden, mit denen der Benutzer den Ablauf der Arbeitsschritte des Mikroprozessors bestimmen kann. Natürlich wäre es viel zu mühsam, alle Schritte des Prozessors immer wieder neu festzulegen. Häufig wiederkehrende Teilprogramme sind daher in einem ROM-Speicher eingeprägt und können vom Benutzer nicht verändert werden (engl. *read only memory:* Nur-Lese-Speicher).

In jeder Sekunde können bis zu 10 Millionen Arbeitsschritte vom Prozessor ausgeführt werden.

6

8

Aus Umwelt und Technik: **Wie intelligent sind Computer?**

In Science-Fiction-Filmen gibt es sie heute schon: Roboter, die wie Menschen denken und handeln können. Soweit ist es in Wirklichkeit noch nicht. Aber bei der rasanten Entwicklung der Computer in den letzten Jahren muß man sich tatsächlich die Frage stellen, ob es nicht nur eine Frage der Zeit ist, bis es Computer gibt, die intelligenter sind als Menschen.

Zwischen Computern und dem menschlichen Gehirn gibt es einige Parallelen. Wesentliches Element der Computer sind die Schaltelemente. Die Leistungsfähigkeit des Computers hängt davon ab, wie viele Schaltelemente er enthält. Auch in den Gehirnen der Lebewesen gibt es solche Schaltelemente, die *Synapsen*. Und ein Gehirn ist um so leistungsfähiger, je mehr dieser Synapsen es enthält. Das menschliche Gehirn besitzt etwa 100 Milliarden Gehirnzellen *(Neuronen)*. Jedes Neuron steht mit Hunderten anderer Neuronen durch faserförmige Fortsätze in Kontakt. In diesen Fortsätzen, die gewissermaßen Datenleitungen darstellen, befinden sich die Synapsen. Das menschliche Gehirn enthält also etwa 100 Billionen Schaltelemente.

Mit der Technik der ersten Computer (ENIAC) hätte man 100 Billionen Schaltelemente nicht einmal in einem Wolkenkratzer unterbringen können. Ein Kraftwerk hätte nicht zur Versorgung mit elektrischer Energie ausgereicht, und das Wasser der Niagarafälle wäre zur Kühlung dieses Monstrums notwendig gewesen.

In modernen Computern werden die Schalter mit Hilfe von Feldeffekttransistoren realisiert. Je mehr Transistoren man verwendet, desto leistungsfähiger wird der Computer. Je kleiner man die Transistoren baut, desto mehr kann man in einem handlichen Gerät unterbringen. Heute gelingt es, auf einem fingernagelgroßen Chip mehr als eine Million Transistoren unterzubringen. Um aber das menschliche Gehirn in bezug auf die Anzahl der Schaltelemente zu erreichen, müßte der Computer mehr als 10 Millionen dieser Chips enthalten.

In der Arbeitsweise unterscheiden sich Gehirn und Computer allerdings beträchtlich. Dadurch ergeben sich erheblich Unterschiede in der Leistungsfähigkeit.

So kann ein Computer in Sekunden Rechnungen ausführen, für die ein Mensch Tage benötigen würde. Ein Computer kann in jeder Sekunde Millionen von Einzelschritten ausführen und ist daher dem Gehirn in bezug auf die Arbeitsgeschwindigkeit meist weit überlegen. Bei all den vielen Einzelschritten werden keine Fehler gemacht. Auch das Problem der Vergeßlichkeit stellt sich dem Computer normalerweise nicht.

In anderen Situationen ist das menschliche Gehirn überlegen. Stell dir vor, du suchst in einer Werkzeugkiste nach einer Zange. Plötzlich erblickst du ein Teil, das gar nicht dort hingehört. Und blitzartig fällt dir ein: Das ist der Drehknopf von deiner Stereoanlage, den du schon seit drei Jahren vermißt. Hätte ein Computer irgendeinen Begriff an falscher Stelle in einer großen Datei gespeichert, so würde er wesentlich länger brauchen, um festzustellen, an welcher Stelle dieser Begriff fehlt.

Computer verfügen weder über Kreativität noch über Intuition. Und zur Zeit deutet auch nichts darauf hin, daß sich das ändern könnte – selbst wenn es gelingen sollte, die Speicherfähigkeit der Computer noch einmal wesentlich zu steigern. Computer stehen also nicht in Konkurrenz zum menschlichen Gehirn, sondern ergänzen dessen Leistung in hervorragender Weise.

Transistoren in elektronischen Schaltungen

Alles klar?

1 Der Ausdruck „Transistor" ist durch Zusammenziehen der Wörter *transfer* und *resistor* entstanden (engl. *transfer*: übertragen; *resistor*: Widerstand).

Erkläre den Ausdruck *transfer resistor*. Was wird übertragen? (Ein Tip: Denke daran, daß der Transistor in zwei Stromkreise eingebaut wird.)

2 Beschreibe die wichtigsten Unterschiede zwischen npn- und Feldeffekttransistoren.

3 Fließt im Basisstromkreis eines npn-Transistors ein Strom, so wird der Transistor zwischen Kollektor und Emitter leitend. Erkläre, wie dieser „Transistoreffekt" zustande kommt.

4 Die Kennlinien in den Bildern 1 u. 2 wurden an einem Transistor aufgenommen. Wie müßten die Achsen der Diagramme bezeichnet werden?

5 Bild 3 zeigt eine einfache Schaltung mit einem Relais.

Welche logische Verknüpfung wird durch sie dargestellt?

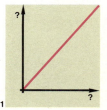
1

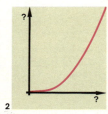
2

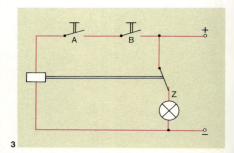
3

Transistoren in elektronischen Schaltungen

6 Wie muß man einen Feldeffekttransistor schalten, damit er wie ein spannungsabhängiger Widerstand wirkt?

7 Für Schalter (und Relais) gibt es nur zwei Zustände: Sie sind entweder eingeschaltet oder ausgeschaltet.
Die entsprechende Aussage für einen Transistor ist komplizierter. Formuliere diese Aussage.

8 Die Erfindung des FETs machte es möglich, daß Uhren und Taschenrechner mit der Energie einer winzigen Batterie jahrelang auskommen. Erläutere!

9 Bild 4 zeigt technische Speicher. Wo werden sie benutzt? In welcher Form sind auf ihnen die Informationen gespeichert?

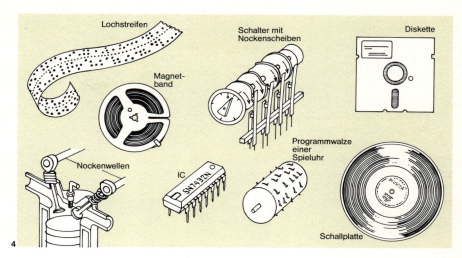
4

Auf einen Blick

Transistoren

Transistoren sind Halbleiter-Bauelemente mit drei Anschlüssen.
Sie werden in zwei Stromkreise eingebaut: in den *Steuerkreis* und in den *Arbeitskreis*.
Transistoren dienen als Verstärker und als Schalter.

Bei **npn- und pnp-Transistoren** heißen die Anschlüsse *Basis*, *Kollektor* und *Emitter*. In der Emitterschaltung gehört der Emitteranschluß zu beiden Stromkreisen.

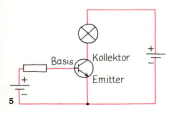

Es fließt nur dann ein Kollektorstrom I_C, wenn ein Basisstrom I_B fließt.
Der Kollektorstrom kann durch den Basisstrom gesteuert werden.

5

Die Bezeichnung npn oder pnp gibt die Folge der Halbleiterschichten der Transistoren an. Die mittlere Schicht ist dünn und schwach dotiert. Ladungsträger, die aus der Emitterschicht in die Basis eintreten, rekombinieren dort nur in geringer Zahl. Wegen ihrer ständigen unregelmäßigen Bewegung gelangen die Ladungsträger in die Grenzschicht zwischen Basis und Kollektor. Dort werden sie infolge der Spannung, die zwischen Kollektor und Emitter angelegt wird, in den Kollektor getrieben.

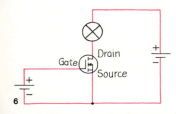

Feldeffekttransistoren
sind spannungsgesteuert:
Der Strom zwischen Drain und Source wird durch die Spannung zwischen Gate und Source gesteuert.
Es fließt kein Steuerstrom.

6

Speichern und Verarbeiten von Informationen

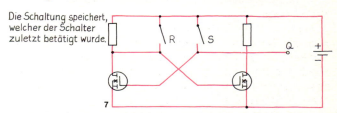

Die Schaltung speichert, welcher der Schalter zuletzt betätigt wurde.

7

Die **Flipflopschaltung** ist eine Transistorschaltung zum *Speichern* von Informationen. Eine Flipflopschaltung kann speichern, ob eine 0 oder eine 1 eingeschrieben wurde. Eine solche Schaltung speichert die kleinste Informationsmenge, die es gibt: 1 Bit. Computer enthalten eine riesige Zahl solcher Flipflops. Alle Informationen werden in Bits zerlegt und in dieser Form gespeichert.

Informationen müssen *verarbeitet* werden. Dazu dienen die **logischen Schaltungen**. Auch ihre wichtigsten Bauelemente sind Transistoren. Beispiele für logische Schaltungen sind die AND- und die OR-Schaltung.

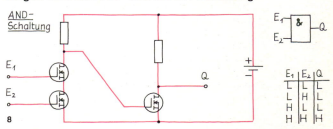
AND-Schaltung

8

Logische Schaltungen haben meist mehrere Eingänge und einen Ausgang. Die Eingänge können auf H oder L gelegt werden. In Funktionstabellen wird dargestellt, wie sich die unterschiedlichen Belegungen der Eingänge auf den Ausgang auswirken.

347

Temperaturen und Thermometer

Die Temperaturmessung

Ein einfacher **Versuch** zu unserem Temperaturempfinden:
Halte zunächst einmal eine Hand in kaltes Wasser und die andere in warmes. Anschließend tauchst du beide Hände in eine Schüssel mit lauwarmem Wasser.

Was empfindest du?

V 1 Unser Temperaturempfinden läßt sich täuschen. Außerdem ist es auf einen recht kleinen Temperaturbereich beschränkt. Man benötigt daher ein Meßgerät, ein **Thermometer**. Mit ihm kann man **Temperaturen** messen.

a) Aus welchen Teilen besteht ein Thermometer (Flüssigkeitsthermometer)?

b) Eine *Thermometerskala* soll hergestellt werden. Die Bilder 2 u. 3 zeigen zwei wichtige Schritte bei der Herstellung der Celsiusskala.
Beschreibe die einzelnen Schritte, und führe sie aus.
Achtung! Wegen der Spritzgefahr verwendet man beim Erhitzen von Flüssigkeiten stets Siedesteinchen.

c) Auf welcher physikalischen Eigenschaft der Flüssigkeiten beruht ein solches Thermometer?

V 2 Bild 4 zeigt, wie man ein elektrisches Thermometer selbst herstellen kann. Es besteht aus einem Meßgerät und einem *Thermoelement* als Spannungsquelle.

a) Einer der beiden Knoten wird in siedendes Wasser getaucht, der andere in Wasser mit schmelzendem Eis.
Wie ändert sich die Anzeige des Meßgerätes, wenn das heiße Wasser allmählich abkühlt?

b) Was geschieht, wenn man beide Knoten gleichzeitig in Schmelzwasser oder in siedendes Wasser taucht?

c) Wie könnten wir aus der Skala des Meßgerätes eine Thermometerskala machen?

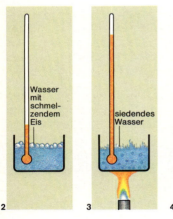
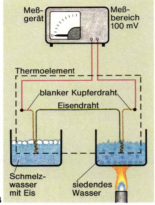

Info: Die Celsiusskala

In allen europäischen Staaten werden **Temperaturen** heute einheitlich in Grad Celsius (°C) gemessen.

Bei der Festlegung der **Celsiusskala** spielen die *Schmelztemperatur von Eis* und die *Siedetemperatur von Wasser* eine wichtige Rolle. Diese Temperaturen sind (unter gewissen Voraussetzungen) fest und unveränderlich. Deshalb nennt man sie **Temperaturfixpunkte** (lat. *fixus:* fest, unveränderlich).

Die Schmelztemperatur von Eis ist festgelegt als 0 °C, die Siedetemperatur von Wasser als 100 °C.

Den Abstand, den die Marken für diese beiden Temperaturen auf der Thermometerskala haben, bezeichnet man als den **Fundamentalabstand** des Thermometers; er wird in 100 gleiche Teile unterteilt. 1 °C entspricht also dem 100sten Teil des Fundamentalabstandes.

Oberhalb des Siedepunktes von Wasser und unterhalb des Schmelzpunktes von Eis wird die Temperaturskala mit gleicher Schrittweite fortgesetzt. Temperaturen unterhalb von 0 °C beschreibt man durch negative Zahlen (*Beispiel:* In der Nähe des Südpols wurde schon eine Lufttemperatur von −94,5 °C gemessen).

Für die auf der Celsiusskala gemessene Temperatur verwendet man als Formelzeichen den griechischen Buchstaben ϑ (Theta).

Bei Zeitangaben macht man einen Unterschied zwischen Zeit*punkten* (12 Uhr 30) und Zeit*spannen* (12 Stunden und 30 Minuten). Ähnlich ist es bei Temperaturangaben: Man unterscheidet „Temperatur*punkte*" und Temperatur*differenzen*.

Temperaturdifferenzen werden meist in der Einheit **Kelvin** (K) angegeben. Die Temperaturdifferenz von 1 °C bezeichnet man als 1 K. (Über die *Kelvinskala* wirst du später Genaueres erfahren.)

Beispiel: Wenn die Lufttemperatur morgens $\vartheta_1 = 8\,°C$ beträgt und mittags $\vartheta_2 = 20\,°C$, so ergibt sich als Temperaturdifferenz $\vartheta_2 - \vartheta_1 = 12\,K$.

Statt $\vartheta_2 - \vartheta_1$ schreibt man oft auch nur $\Delta\vartheta$ (Delta Theta).

Aus Umwelt und Technik: **Verschiedene Thermometer**

Flüssigkeitsthermometer enthalten meist Quecksilber oder Alkohol. Ihr Meßbereich ist nach unten durch den Erstarrungspunkt der Flüssigkeit beschränkt (bei Quecksilber: −39 °C).

Nach oben sind dem Meßbereich durch die Haltbarkeit des verwendeten Steigrohres Grenzen gesetzt. Bei zu hohen Temperaturen wird es durch die verdampfende Thermometerflüssigkeit auseinandergesprengt.

Mit speziellen Flüssigkeitsthermometern lassen sich Temperaturen von −200 °C bis etwa 1000 °C messen.

Das Quecksilber aus einem zerbrochenen Thermometer ist sorgfältig einzusammeln. Sonst entstehen beim Verdunsten giftige Dämpfe.

Minimum-Maximum-Thermometer (Bild 5) zeigen die Höchst- und die Tiefsttemperaturen an, die in einem gewissen Zeitraum eingetreten sind. Sie bestehen aus einem U-Rohr, das an beiden Enden erweitert ist. Das linke Rohrende ist völlig, das rechte zum Teil mit Alkohol gefüllt. Im U-Rohr selbst befindet sich Quecksilber.

Als Thermometerflüssigkeit dient der Alkohol im linken Gefäß. Bei steigender Temperatur dehnt er sich aus und bewegt dabei das Quecksilber. Im rechten Teil des U-Rohres steigt die Quecksilbersäule an und schiebt ein Stahlstäbchen vor sich her.

Bei sinkender Temperatur zieht sich der Alkohol wieder zusammen, so daß die Quecksilbersäule in dem rechten Rohrteil nach unten sinkt. Das Stahlstäbchen bleibt jedoch in der höchsten Stellung hängen. An seinem unteren Ende kann man die Höchsttemperatur ablesen.

Gleichzeitig steigt das Quecksilber im linken Rohrteil und schiebt ein zweites Stahlstäbchen, das zur Anzeige der Tiefsttemperatur dient, hoch.

Mit einem kleinen Magneten kann man die Stahlstäbchen nach jeder Messung wieder an die Enden der Quecksilbersäule bringen.

In einem **Bimetallthermometer** (Bild 6) wird die Temperatur mit Hilfe eines meist spiralförmigen Bimetallstreifens gemessen. Dieser besteht aus zwei verschiedenen aufeinandergeschweißten Metallen und ist an einem Ende befestigt. Bei Erwärmung dehnen sich die Metalle unterschiedlich aus, so daß sich der Streifen stärker (oder weniger stark) krümmt.

Am freien Ende der Spirale befindet sich ein Zeiger, der auf einer Skala die Temperatur anzeigt.

Zur raschen Temperaturmessung in größeren Temperaturbereichen werden oftmals **Thermoelemente** verwendet (Bild 7).

Ein Thermoelement ist eine Spannungsquelle – wie ein galvanisches Element (z. B. eine Monozelle) oder ein Fahrraddynamo.

Thermoelemente lassen sich leicht herstellen: Man benötigt zwei Drähte aus unterschiedlichen Metallen und knotet sie an beiden Enden zusammen. Der eine Draht wird dann unterbrochen; dort wird ein elektrisches Meßinstrument eingebaut. Die Anzeige des Gerätes hängt von der Temperaturdifferenz der Knoten ab. *Ein* Knoten muß daher stets eine bestimmte Temperatur haben (z. B. 0 °C).

Manche Stoffe verändern ihre Farbe, wenn sie bestimmte Temperaturen erreichen. Solche **Temperaturmeßfarben** werden z. B. bei der Entwicklung von Flugzeugtriebwerken eingesetzt (Bild 8).

Mit ähnlichen Stoffen versehene Papierstreifen werden in der Autoentwicklung eingesetzt, um Temperaturen an bestimmten Stellen zu messen (Bild 9). Das Papier wird bei Erreichen der „Umschlagtemperatur" grau bis schwarz.

Flüssigkristallthermometer zeigen die Temperaturen ebenfalls durch einen Farbumschlag an. Diese Thermometer sind als Wohnzimmerthermometer verbreitet (Bild 10).

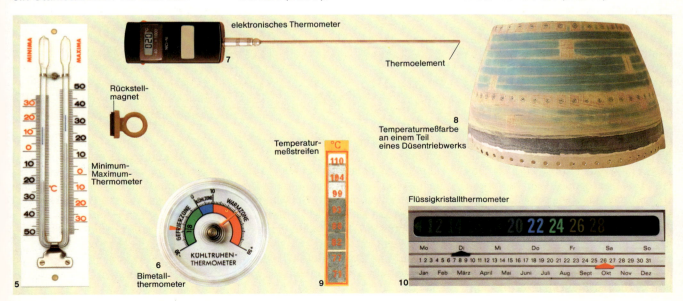

Aufgaben

1 In der Umgangssprache verwenden wir oft Sätze wie: „Heute ist ein kalter Sommertag." – „Das Badewasser ist heiß." – „Die Suppe ist lauwarm."

Ordne diesen Sätzen Temperaturbereiche zu.

2 Weshalb dauert das Fiebermessen (mit einem Quecksilberthermometer) einige Minuten?

Warum wissen wir bei den umgangssprachlichen Formulierungen ohne weiteres, *was* gemeint ist?

3 Warum gäbe es Probleme, wenn man mit einem Flüssigkeitsthermometer die Temperatur in einem Fingerhut voll Wasser messen wollte?

4 Im Diagramm von Bild 1 sind die Jahresmitteltemperaturen in Mitteleuropa von der letzten Eiszeit bis heute dargestellt. Was kannst du aus dem Diagramm ablesen?

5 Wie sieht wohl ein Temperaturdiagramm für einen Vormittag in eurem Klassenraum aus?

6 Beschreibe, wie man ein Thermometer mit Celsiusskala herstellt.

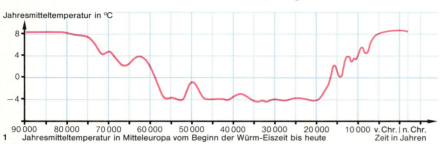

1 Jahresmitteltemperatur in Mitteleuropa vom Beginn der Würm-Eiszeit bis heute

Aus der Geschichte: Erste „Thermometer"

Im Altertum waren Thermometer – und damit die Temperaturmessung – noch unbekannt. Es wurden aber schon Geräte gebaut, die so ähnlich funktionierten wie unsere heutigen Thermometer.

Der Grieche *Philon von Byzanz* (um 230 v. Chr.) benutzte eine hohle, luftgefüllte Bleikugel mit einem angeschlossenen Rohr.

Dieses Rohr tauchte mit seinem freien Ende in Wasser ein (Bild 2). Wenn nun zum Beispiel die Sonne auf die Kugel schien, stieg die Temperatur der eingeschlossenen Luft an. Die Folge war, daß Luft aus der Kugel entwich – im Wasser stiegen dann Blasen auf.

Bei sinkender Temperatur verkleinerte sich das Volumen der Luft in der Kugel, und eine entsprechende Menge Wasser drang in die Kugel ein.

Ein anderer interessanter Vorläufer des Thermometers geht auf *Otto von Guericke* (1602–1686) zurück: Das Gerät bestand aus einem kupfernen U-Rohr, das zur Hälfte mit Alkohol gefüllt war (Bild 3). Ein Schenkel dieses Rohres war mit einer luftgefüllten Hohlkugel aus Kupfer verbunden. Wenn die Temperatur z. B. zunahm, dehnte sich die Luft in der Kugel aus, und der Flüssigkeitsspiegel im rech-

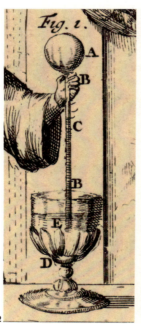

2

ten Schenkel sank, während er im linken stieg.

Im linken Schenkel schwamm ein kleiner Hohlkörper aus dünnem Messingblech. Von diesem „Schwimmer" lief ein Faden zu einer Rolle oberhalb des Rohres. An dem Faden war eine kleine Figur befestigt, die mit der Hand auf eine Skala zeigte. (Die Skala war auf einem Blech angebracht, welches das U-Rohr verdeckte.)

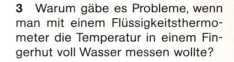

3

Guerickes „Thermometerskala" war recht willkürlich in sieben Abschnitte unterteilt: *magnum frigus* (große Kälte), *aer frigidus* (kalte Luft), *aer subfrigidus* (etwas kalte Luft), *aer temperatus* (milde Luft), *aer subcalidus* (etwas heiße Luft), *aer calidus* (heiße Luft) und *magnus calor* (große Hitze).

Diese Skala war nicht geeignet, um die Lufttemperatur im Sinne der Physik zu *messen*.

Aus der Geschichte: Die Entwicklung von Thermometerskalen

Von 1640 an widmete sich insbesondere die Akademie in Florenz der Entwicklung von Thermometern. Bild 4 zeigt ein dort gebautes Alkoholthermometer. Die kunstvolle Glaskrone stellt die Thermometerkugel (also das Vorratsgefäß für die Thermometerflüssigkeit) dar. Das schlanke Steigrohr ist fast einen Meter lang. 420 aufgeschmolzene Glasperlen bilden die Thermometerskala. Als Nullpunkt hatte man vermutlich den Flüssigkeitsstand bei größter Winterkälte gewählt und als Höchstwert den Stand bei größter Sommerhitze.

Natürlich war solch ein Thermometer ziemlich unhandlich. Man kam deshalb auf den Gedanken, das dünne Röhrchen in Form einer Wendel „aufzuwickeln" (Bild 5).

Wenn die Thermometer verschieden dicke Steigrohre oder unterschiedlich geteilte Skalen hatten, konnten die Messungen der einzelnen Thermometer nicht miteinander verglichen werden. Für die gleiche Temperatur erhielt man mit jedem Thermometer einen anderen Meßwert!

So war denn folgender Vorschlag, der auf den dänischen Astronomen *Olaf Römer* (1644–1710) zurückgeht, ausgesprochen vorteilhaft: Auf den Thermometerskalen sollten künftig die Höhen der Flüssigkeitssäulen bei schmelzendem Eis und bei siedendem Wasser markiert werden.

Der Schwede *Anders Celsius* (1701–1744) griff die Idee auf, die Schmelztemperatur von Eis und die Siedetemperatur von Wasser als *Temperaturfixpunkte* zu verwenden. Er schlug 1742 folgendes vor:

Der Abstand zwischen den Markierungen für diese Fixpunkte (d. h. der Fundamentalabstand) soll in 100 gleiche Teile eingeteilt werden; dabei ist Quecksilber als Thermometerflüssigkeit zu verwenden.

Allerdings betrug bei Celsius die Siedetemperatur des Wassers 0 Grad und die Schmelztemperatur von Eis 100 Grad! Erst später wurde die Skala umgedreht.

Nach dem französischen Naturwissenschaftler *René-Antoine Réaumur* (1683–1757) ist eine Thermometerskala benannt, bei welcher der Fundamentalabstand in 80 gleiche Teile unterteilt ist. Bis zum Ende des 19. Jahrhunderts wurden Temperaturen oft in °R (Grad Reaumur) angegeben. Die Reaumurskala wird heute nicht mehr verwendet.

In Amerika ist auch heute noch die *Fahrenheitskala* in Gebrauch. Diese wurde 1714 – also noch vor der Celsiusskala – von *Daniel Gabriel Fahrenheit* (1686–1736) aus Danzig entwickelt. Fahrenheit baute seine Thermometer in der heute noch üblichen Form und füllte einige mit Quecksilber, andere mit Alkohol. Offenbar angeregt durch einen Besuch bei Olaf Römer in den Jahren 1708 und 1709, suchte er nach Temperaturfixpunkten für seine Meßskala. Als einen Fixpunkt und als Nullpunkt seiner Thermometerskala wählte er die Temperatur einer Mischung aus Eis, festem Salmiak und Wasser („Kältemischung"); diese Temperatur soll auch die tiefste Nachttemperatur des bitterkalten Winters von 1709 gewesen sein. Fahrenheit hoffte, durch diese Wahl negative Temperaturen vermeiden zu können. Als zweiter Fixpunkt diente ihm vermutlich seine eigene Körpertemperatur.

Fahrenheit markierte die Höhe der Flüssigkeitssäule bei diesen beiden Fixpunkten; dann teilte er den Abstand zwischen den Markierungen in 100 gleiche Teile. Die Schmelztemperatur des Eises betrug auf seiner Skala 32 °F (sprich: Grad Fahrenheit) und die Siedetemperatur des Wassers 212 °F.

Die verschiedenen Temperaturskalen kannst du in Bild 6 miteinander vergleichen.

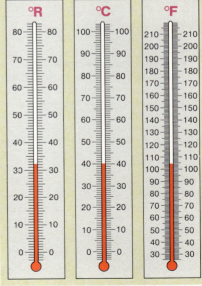

Fragen und Aufgaben zum Text

1 In der Oberpfalz wurde im Sommer 1983 eine Lufttemperatur von 40 °C (im Schatten) gemessen. Höhere Temperaturen wurden in Deutschland in diesem Jahrhundert nicht erreicht.

Gib diese Temperatur in °F und °R an. (Du kannst sie aus Bild 6 ablesen.)

2 In wieviel Teile ist der Fundamentalabstand bei der Reaumurskala und bei der Fahrenheitskala unterteilt?

Temperatur – innere Energie – Wärme

1 Temperatur im Teilchenmodell

In den Bildern 1 u. 2 siehst du glühend heiße Bremsscheiben eines Autos.

Der Fahrer des Wagens hat bei einer Abwärtsfahrt im Gebirge längere Zeit gebremst; dabei hatte er den Motor abgeschaltet. Die Bremsscheiben haben sich so auf eine Temperatur von über 600°C erhitzt.

○ Wie kommt es, daß sich die Temperatur der Bremsscheiben so stark erhöht?
○ Welche Folgen kann es haben, wenn die Bremsanlage überhitzt ist?

1 Bremsscheibe ► während der Fahrt
... auf dem Prüfstand ▼

2

V 1 Bremse mit deinem Fahrrad aus höherer Geschwindigkeit ab, und berühre anschließend die Nabe des Hinterrades (Rücktrittbremse).

V 2 Schlage einen Nagel mit einem Hammer in ein Stück Holz, und ziehe ihn mit einer Zange sofort wieder heraus. Was stellst du fest, wenn du den Nagel berührst?

V 3 Biege einen dicken Eisendraht an einer Stelle ein paarmal hin und her. Prüfe dann die Biegestelle mit den Fingerspitzen.

Info: Temperatur und Teilchenbewegung

In den Versuchen erwärmten sich Körper, ohne daß sie z. B. mit einer Flamme aufgeheizt wurden; wir haben die Körper lediglich „bearbeitet". Wie läßt sich diese Art der Erwärmung erklären? Was geschieht eigentlich im Innern eines Körpers, wenn seine Temperatur ansteigt?

Um diese Fragen beantworten zu können, müssen wir noch etwas über den Aufbau von Körpern erfahren:

Alle Körper bestehen aus kleinsten **Teilchen** (Atome, Ionen oder Moleküle). Diese Teilchen sitzen aber nicht ruhig an festen Plätzen; vielmehr befinden sie sich **in ständiger Bewegung**.

Wie können wir uns die Teilchenbewegung bei festen Körpern, Flüssigkeiten und Gasen vorstellen?

Die Teilchen eines *festen Körpers* (Bild 5) haben alle ihren festen Platz; dort schwingen sie hin und her. Die Teilchen üben große Kräfte aufeinander aus; dadurch halten sie sich gegenseitig auf ihren Plätzen.

Die Teilchen einer *Flüssigkeit* (Bild 6) haben keine festen Plätze. Sie können sich aneinander vorbeischieben und führen ungeordnete Zickzackbewegungen aus. Obwohl die Teilchen leicht gegeneinander verschiebbar sind, besteht zwischen ihnen ein Zusammenhalt, so daß sich eine Oberfläche ausbildet.

Die Teilchen von *Gasen* (Bild 7) bewegen sich frei und regellos im ganzen Raum, der ihnen zur Verfügung steht. Die Abstände der Teilchen sind – im Vergleich zu ihren Durchmessern – groß. Zwischen ihnen wirken praktisch keine Anziehungskräfte.

Könnten wir die Teilchen direkt beobachten, so würden wir auch bei Gasen nur eine Zitterbewegung wahrnehmen. Die Teilchen eines Gases fliegen nämlich nicht ständig geradeaus. Vielmehr stoßen sie dauernd mit anderen Teilchen zusammen, wobei sich ihre Bewegungsrichtungen ändern.

Daher kommen Gasteilchen auch kaum voran, obwohl sie erstaunlich schnell sind: Luftteilchen bewegen sich bei Zimmertemperatur schneller als Düsenflugzeuge!

Ein Teilchen bewegt sich nicht immer gleich schnell. Vielmehr ändert sich seine Geschwindigkeit beim Zusammenstoß mit anderen Teilchen.

Wenn man *ein* Teilchen über einen längeren Zeitraum verfolgt (→ Bild 1 auf der folgenden Doppelseite), kann man *die mittlere Geschwindigkeit dieses einen Teilchens* bestimmen.

Man kann aber auch *alle* Teilchen eines Körpers in einem bestimmten Augenblick betrachten. Die Teilchen haben in diesem Augenblick unterschiedliche Geschwindigkeiten. Aus diesen Geschwindigkeiten kann man den Mittelwert bilden – dies ist die *mittlere Geschwindigkeit aller Teilchen* (in einem Augenblick).

Kein Teilchen kann über längere Zeit schneller oder langsamer sein als die übrigen, weil es von diesen bei den Stößen gebremst oder beschleunigt würde. Daher ist die mittlere Geschwindigkeit aller Teilchen in einem Augenblick ebenso groß wie die mittlere Geschwindigkeit eines Teilchens in einem längeren Zeitraum. Man spricht einfach von der *mittleren Teilchengeschwindigkeit*.

Man hat festgestellt, daß die mittlere Geschwindigkeit der Teilchen eines Körpers eng mit der **Temperatur** des Körpers zusammenhängt (→ *Die seltsamen Beobachtungen des Robert Brown*).

Erhöht man die Temperatur des Körpers, so erhöht sich auch die mittlere Geschwindigkeit seiner Teilchen. Kühlt man den Körper ab, so werden die Teilchen langsamer.

Die Temperatur eines Körpers gibt uns also Auskunft über die mittlere Geschwindigkeit seiner Teilchen.

  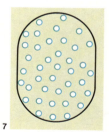

5 6 7

V 4 Bild 3 zeigt den Versuchsaufbau. Ziehe die Schnur wie eine Säge hin und her. Fasse anschließend die Schraubenzieherklinge an.

V 5 Für diesen Versuch eignet sich am besten ein elektronisches Thermometer. Klemme eine Wäscheklammer aus Holz an seinen Temperaturfühler. Ob sich die Temperatur ändert, wenn du die Wäscheklammer mehrmals drehst?

Notiere die Temperatur bei Versuchsbeginn und nach der 10., 20., 30., 40. und 50. Drehung.

Stelle deine Meßwerte in einem Diagramm dar (*waagerechte Achse:* Anzahl der Drehungen; *senkrechte Achse:* Temperatur). Was kannst du aus dem Diagramm ablesen?

V 6 Halte eine Fahrradpumpe mit einem Lappen fest, und bewege den

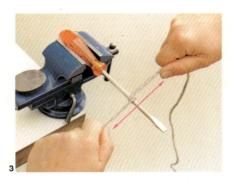
3

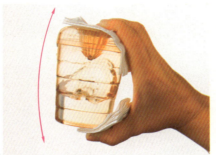
4

Kolben etwa 20mal hin und her. Was spürst du, wenn du danach den unteren Teil der Pumpe berührst?

Wiederhole diesen Vorgang, halte jetzt aber die Pumpenöffnung mit dem Daumen zu.

V 7 Kann man Wasser dadurch erwärmen, daß man es eine Minute lang kräftig schüttelt?

a) Probiere es mit 100 g Wasser in einem verschließbaren Kunststoffgefäß aus (Bild 4). Miß die Anfangs- und die Endtemperatur möglichst auf 1/10 Grad genau.

Wie ändert sich die Temperatur, wenn du zwei oder drei Minuten lang schüttelst?

b) Überlege, wie du in einem Kontrollversuch nachweisen könntest, daß keine Erwärmung durch die Hand stattfindet.

Nun können wir auch erklären, warum die Temperatur einer Bremsscheibe beim Bremsen ansteigt (Bilder 1 u. 2):

Die Bremsscheibe ist fest mit dem Rad verbunden und dreht sich mit ihm. Tritt der Fahrer auf das Bremspedal, so werden die Bremsbeläge gegen die Bremsscheiben gepreßt.

Die Oberflächen eines Bremsbelages oder einer Bremsscheibe (Bild 8) scheinen glatt und eben zu sein. Durch ein Mikroskop betrachtet, sehen sie aber wie eine Gebirgslandschaft aus (Bild 9). Beim Bremsen greifen die Unebenheiten der Oberflächen ineinander (Bild 10). Bremsscheibe und Bremsbeläge verhaken

sich, werden wieder auseinandergerissen, verhaken sich von neuem usw. Dabei werden ständig Teilchen von ihren Plätzen gezerrt, federn zurück und schwingen dann heftiger als zuvor. Und das bedeutet ja nichts anderes, als daß die Temperatur der Bremsscheibe (und der Bremsbeläge) ansteigt.

Nimmt die mittlere Teilchengeschwindigkeit ab, so sinkt die Temperatur des Körpers.

Man kann sich nun vorstellen, daß die Teilchen irgendwann zur Ruhe kommen. Diese theoretische Vorstellung führt zu der Vermutung, daß es eine **niedrigste Temperatur** gibt. Tatsächlich hat die Temperatur einen solchen Tiefstwert; er liegt bei −273 °C.

Ein Ansteigen der Temperatur eines Körpers bedeutet immer, daß die mittlere Teilchengeschwindigkeit erhöht wird. Je größer aber die Geschwindigkeit eines Teilchens ist, desto größer ist auch seine **Bewegungsenergie**.

Je höher die Temperatur eines Körpers ist, desto größer ist die (mittlere) Bewegungsenergie jedes seiner Teilchen.

Fragen und Aufgaben zum Text

1 Die Temperatur eines Körpers steigt. Was bedeutet das für die Teilchen, aus denen der Körper besteht?

2 In V 7 wurde Wasser nur durch Schütteln erwärmt. Was geschah dabei mit den Wasserteilchen?

3 Erkläre V 4 im Teilchenmodell.

4 In das linke Glas von Bild 11 wurde gerade ein Körnchen Farbstoff geworfen, in das rechte schon vor 30 Minuten. Das Wasser im rechten Glas wurde nicht bewegt...

8

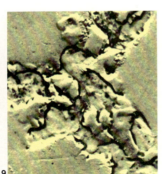
9

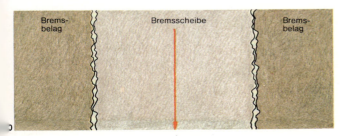

11

Aus der Geschichte: **Die seltsamen Beobachtungen des Robert Brown**

Im Jahr 1827 machte der englische Arzt und Botaniker *Robert Brown* eine überraschende Entdeckung:

Er untersuchte Blütenstaub und interessierte sich besonders für den Inhalt von Pollenkörnern. Er zerquetschte einige Körner in einem Tropfen Wasser. Die winzigen Bestandteile der Körner, die sich ins Wasser ergossen, beobachtete er unter dem Mikroskop. Seine Verwunderung war groß, als er feststellte, daß diese „Partikel" niemals zur Ruhe kamen – wie lange er sie auch beobachtete. Vielmehr blieben sie in einer ständigen regellosen **Bewegung**.

Bild 1 zeigt den Weg eines solchen Partikels. Dabei wurde alle 30 Sekunden seine jeweilige Position durch einen Punkt markiert.

Brown glaubte zunächst, bei diesen Bestandteilen der Pollenkörner handele es sich um Lebewesen. Daß diese Vermutung aber nicht stimmen konnte, zeigten ihm bald weitere Beobachtungen: Auch Ruß- und Staubkörner, ja sogar kleine Metallsplitter bewegten sich!

Erst 60 Jahre nach Browns Beobachtungen fand man eine Erklärung: Die sichtbaren Partikel werden ständig von den unsichtbaren, viel kleineren Wassermolekülen angestoßen, die ja selbst in ständiger Bewegung sind. Die unregelmäßigen Zickzackbewegungen der Pollenpartikel waren somit die unmittelbare Folge der Bewegung der Wassermoleküle.

Zu Beginn unseres Jahrhunderts gelang es sogar, aus der Bewegung eines dieser sichtbaren Partikel die *mittlere Geschwindigkeit* der Wassermoleküle zu berechnen. Auf diese Weise konnte nachgewiesen werden, daß die mittlere **Teilchengeschwindigkeit** in einem Körper um so größer ist, je höher dessen **Temperatur** ist.

Somit wurden die Beobachtungen Robert Browns nachträglich zu einer glänzenden Bestätigung für die Theorie der Teilchenbewegung.

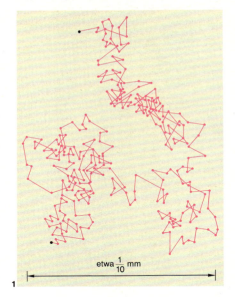
etwa $\frac{1}{10}$ mm
1

Fragen und Aufgaben zum Text

1 Stell dir vor, ein Stückchen Papier fällt auf einen Ameisenhaufen. Aus der Ferne siehst du nur eine Zitterbewegung. Inwiefern entspricht diese Bewegung den Zickzackbewegungen der Pollenpartikel?

2 Vergleiche den **Modellversuch** von Bild 2 mit Browns Beobachtungen.

3 In einem **Versuch** kann man ähnliche Beobachtungen wie R. Brown machen. Man benötigt dazu ein Mikroskop mit einer Rauchkammer. Bläst man etwas Rauch in diese Kammer, so lassen sich bei 50–100facher Vergrößerung recht gut die Schwebestoffe des Rauches erkennen.

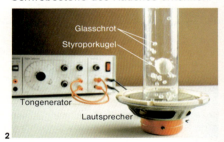
2

2 Was beim Erwärmen geschieht

Aus der Geschichte: **Die Theorie vom „Wärmestoff"**

Die Frage, was beim Erwärmen geschieht, beschäftigte die Menschen immer wieder. Und immer wieder tauchte dabei die Vorstellung auf, beim Erwärmen eines Körpers würde diesem ein „Wärmestoff" zugeführt. Man nahm an, daß ein heißer Körper besonders viel von diesem „Wärmestoff" besitze. Beim Abkühlen – so meinte man – fließe der „Wärmestoff" auf andere Körper über.

Mit der Vorstellung vom „Wärmestoff" ließen sich viele Beobachtungen erklären. So wußte man z. B., daß sich Körper beim Erwärmen ausdehnen. Dafür konnte man sich nur *einen* Grund denken: Der „Wärmestoff", der in einen Körper strömt, nimmt zusätzlichen Raum ein.

Allerdings konnte nie nachgewiesen werden, daß ein Körper schwerer wird, wenn man ihn erhitzt. Einen Stoff aber, der nichts wiegt, kann man sich kaum vorstellen.

Es ist daher nicht verwunderlich, daß es unter den Physikern auch andere Auffassungen über die Wärme gab. Vor 200 Jahren schrieben dazu die beiden Wissenschaftler *Laplace* und *Lavoisier*:

„Die Physiker sind sich über die Wärme nicht einig. Mehrere von ihnen betrachten die Wärme als ein Fluidum (Flüssigkeit, Wärmestoff)... Andere Physiker halten die Wärme für das Ergebnis unsichtbarer Bewegungen der Teilchen der Materie. Die leeren Räume zwischen den Teilchen gestatten diesen, nach allen Richtungen zu schwingen. Diese unsichtbare Bewegung ist die Wärme."

Zu jener Zeit – man schrieb das Jahr 1789 – lebte in München der Amerikaner *Graf Rumford*. Er stand als Kriegsminister in bayerischen Diensten.

Oft hatte er beobachten können, wie Kanonenrohre ausgebohrt wurden (Bild 3). Durch das Bohren erhitzten sich die Rohre sehr stark.

Nach der Stofftheorie der Wärme wurde dabei der „Wärmestoff" aus den Rohren herausgequetscht. Aber konnte das denn stimmen?

Der „Wärmestoff", der in einem Metallstück steckt, müßte doch irgendwann einmal zu Ende gehen. Rumford hatte aber eher den Eindruck, daß man beim Bohren beliebig viel Wärme gewinnen kann.

Um der Sache auf den Grund zu gehen, führte er mehrere Versuche durch: In die Kanonenbohrmaschine ließ er einen massiven Messingzylinder und einen stumpfen Bohrer einspannen. Der Bohrer wurde gegen den Zylinder gepreßt und eine halbe Stunde lang gedreht. Der Messingzylinder erhitzte sich dabei von 16 °C auf 54 °C.

Rumford änderte die Versuchsanordnung; er ließ den Messingzylinder jetzt in einen Wasserbehälter stellen. Wieder wurde „gebohrt" – diesmal

3

zweieinhalb Stunden lang. Schließlich siedete das Wasser!

Wenn man nur lange genug den Bohrer auf dem Messingklotz drehte, konnte man offenbar beliebig viel Wasser erwärmen.

All diese Beobachtungen sprachen gegen die Annahme, daß in dem Metall eine begrenzte Menge eines „Wärmestoffes" stecken könnte.

Rumford untersuchte auch, ob heiße Bohrspäne aus Messing eine bestimmte Wassermenge weniger erwärmen als gleich viel massives Messing (gleicher Temperatur). Er fand keinen Unterschied. Also war aus den Spänen beim Bohren kein „Wärmestoff" herausgepreßt worden.

Aus all dem zog Graf Rumford den Schluß: *„Sie (die Wärme) kann keine materielle Substanz sein. Es erscheint mir schwierig, wenn nicht ganz unmöglich, mir vorzustellen, daß Wärme irgend etwas anderes sein kann als das, was bei diesem Experiment andauernd dem Teilstück zugeführt wurde, während die Wärme in Erscheinung trat, nämlich Bewegung."*

So führte die Beobachtung sichtbarer Bewegungen zur Vorstellung einer „inneren" Bewegung als dem Wesen der Wärme.

Info: Die innere Energie und der Energieerhaltungssatz

Bohrt man mit einem stumpfen Bohrer auf einem Metallklotz, so wird Reibungsarbeit verrichtet. Der Körper jedoch, an dem man arbeitet, wird weder angehoben noch beschleunigt. Wo bleibt dann aber die beim Arbeiten eingesetzte Energie?

Versuche zeigen, daß die Temperatur eines geriebenen Körpers ansteigt. Das heißt: Die mittlere Geschwindigkeit seiner Teilchen nimmt zu. Die verrichtete Arbeit führt also zu einer *Erhöhung der Bewegungsenergie* der Teilchen.

Außerdem dehnen sich die meisten Stoffe bei Temperaturerhöhung aus; die Teilchen rücken weiter auseinander. Bekanntlich muß man Arbeit verrichten, wenn man z. B. zwei Magnete, die sich anziehen, voneinander entfernt; das gleiche gilt, wenn man zwei durch eine Feder verbundene Körper auseinanderzieht. Bei den Teilchen eines Körpers ist es genauso: Da zwischen ihnen Anziehungskräfte wirken, muß Arbeit verrichtet werden, um sie auseinanderzurücken. Der Körper erhält so *zusätzliche Energie*.

Also steckt die beim Arbeiten eingesetzte Energie im Körper, und zwar in der Bewegung und Anordnung der Teilchen.

Die gesamte Energie, die in der Bewegung und Anordnung aller Teilchen eines Körpers gespeichert ist, bezeichnet man als **innere Energie** des Körpers. Man kann somit sagen: Durch die verrichtete Reibungsarbeit wird die innere Energie erhöht (Bild 4).

Die *innere Energie* umfaßt die *gesamte Bewegungsenergie aller Teilchen* (und zusätzlich die in der Anordnung steckende Energie). Die *Temperatur* hängt eng mit der *mittleren Bewegungsenergie je Teilchen* zusammen: Erhöht man die Temperatur, so nimmt die mittlere Bewegungsenergie jedes Teilchens zu.

Man kann daher sagen: **Je höher die Temperatur eines Körpers ist, desto größer ist seine innere Energie.**

Den Unterschied zwischen innerer Energie und Temperatur macht folgendes Beispiel deutlich: Führt man dem Wasser

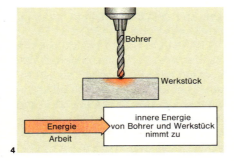

4

in einer Badewanne und dem Wasser in einer Teetasse gleich viel Energie zu, so nimmt die innere Energie in beiden Fällen um den gleichen Betrag zu. Beim Badewasser verteilt sie sich aber auf viel mehr Teilchen als beim Teewasser. Die mittlere Bewegungsenergie je Teilchen nimmt daher beim Badewasser nur wenig zu; beim Teewasser ist die Zunahme erheblich. Das bedeutet, daß die Temperatur des Badewassers sich fast nicht ändert, während die des Teewassers stark ansteigt.

In der Mechanik haben wir gesehen, daß sich bei Bewegungen auf der Erde Reibung nie ganz vermeiden läßt.

Wird Beschleunigungs- oder Hubarbeit verrichtet, tritt immer auch Reibungsarbeit auf. Daher lassen sich die mechanischen Energieformen Spannenergie, Bewegungsenergie und Lageenergie nicht vollständig ineinander umwandeln; immer geht Energie scheinbar „verloren" und führt zur Erwärmung der Umgebung.

Wenn man auch die Erwärmung in die Betrachtungen einbezieht und den Begriff *innere Energie* einführt, gilt trotz Reibung der **Erhaltungssatz der Energie**:

Energie wird immer nur übertragen. Dabei verschwindet keine Energie, und es kommt auch keine hinzu.

Info: Wärme – eine Form der Energieübertragung

Will man die Temperatur und damit die innere Energie eines Körpers erhöhen, muß man dem Körper *Energie zuführen*. Das kann durch *Arbeiten* geschehen, aber auch auf ganz andere Weise:

Um einen Topf voll Wasser zu erwärmen, verwendet man *Wärmequellen*, z. B. eine Kochplatte oder einen Gasherd. Von den heißen Glühdrähten oder der Flamme strömt die Energie in das kältere Wasser.

Man kann auch ein heißes Stück Metall in das Wasser tauchen oder heißes Wasser hinzugießen. Das Metall oder das heiße Wasser geben dann Energie an das kalte Wasser ab – so lange, bis beide die gleiche Temperatur (die *Mischungstemperatur*) angenommen haben.

Ein Körper mit höherer Temperatur gibt Energie – ohne unser Einwirken – an einen Körper mit geringerer Temperatur ab.

Berühren (oder vermischen) sich zwei Körper, so wird Energie allein aufgrund eines Temperaturunterschiedes übertragen. In diesem Fall sagt man, es wird **Wärme** übertragen (Bild 1).

Damit hast du neben der mechanischen *Arbeit* eine weitere Energieübertragung kennengelernt, nämlich die Energieübertragung in Form von *Wärme*.

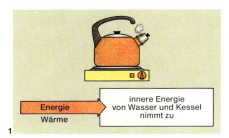

Mit Hilfe des Teilchenmodells kann man sich die Übertragung von Wärme so vorstellen:

Berühren sich zwei Körper von unterschiedlicher Temperatur, so stoßen die schnelleren Teilchen des heißeren Körpers mit den langsameren Teilchen des kälteren Körpers zusammen. Die schnelleren Teilchen geben dabei Energie an die langsameren Teilchen ab; diese werden dadurch schneller.

Beim Glühdraht einer Kochplatte (oder bei anderen Wärmequellen) wird Energie nachgeliefert; daher werden die Teilchen im Glühdraht nicht langsamer.

Dagegen erhält z. B. ein heißer Metallklotz, den man in kaltes Wasser taucht, keinen „Nachschub" an Energie. Die Teilchen des heißeren Körpers werden langsamer; seine Temperatur nimmt ab.

Aufgaben

1 „Ist das heute eine Wärme!" – „Die Hauswand speichert die Wärme." – „12 °C Wärme." – „Das Essen wird aufgewärmt." Welche physikalischen Begriffe sind jeweils gemeint?

2 Nenne weitere Wärmequellen. Stelle die Energieumwandlungen dar, wenn mit diesen Wärmequellen ein Kessel Wasser erhitzt wird.

3 Beschreibe die Energieumwandlung in der Bremsanlage eines Autos.

4 Bei einem eingeschalteten Tauchsieder, der in Wasser steckt, kann man von einem *Energiestrom* reden. Erkläre, was damit gemeint ist.

5 Früher wurden Bügeleisen noch nicht elektrisch beheizt. Vielmehr enthielten sie in ihrem Innern einen Eisenblock, den man auf dem Herd aufheizen mußte.

Beschreibe die Funktionsweise dieser Bügeleisen mit Hilfe der Begriffe *innere Energie* und *Wärme*.

6 Beschreibe im Teilchenmodell, wie mit einem Thermometer die Lufttemperatur gemessen wird.

Aus der Geschichte: Robert Mayer – ein Genie und sein Schicksal

Der Entdecker des Energieerhaltungssatzes ist der Heilbronner Arzt *Robert Mayer* (1814–1878).

Schon in seiner Schulzeit beeindrucken ihn Darstellungen angeblicher Perpetua mobilia. Später beschäftigt er sich viele Jahre mit dem, was wir heute *Energie* nennen, und sucht nach Zusammenhängen zwischen „Bewegung" und „Wärme".

Im Jahre 1842 veröffentlicht er die Ergebnisse seiner Überlegungen und Versuche. Seine wichtigsten Erkenntnisse würde man heute ungefähr so formulieren:
○ Wasser läßt sich durch *starkes* Schütteln erwärmen. Durch dieses Arbeiten wird die innere Energie des Wassers erhöht.
○ Um die Temperatur eines Körpers zu erhöhen, muß ihm Energie zugeführt werden – entweder durch Arbeit oder als Wärme.
○ Energie bleibt immer erhalten; sie wird weder erzeugt noch zerstört.
○ Energie wird nur von einem Körper auf einen anderen übertragen.
Doch berühmte Physiker der damaligen Zeit belächeln Mayers Ideen. Er erntet nur Hohn und Spott.

Fünf Jahre später bestätigt dann der Engländer *Joule* mit eigenen Versuchen, daß „Bewegung" und „Wärme" Energieformen sind und daß Bewegungsenergie, Lageenergie und innere Energie ineinander umgewandelt werden können. Aber Joule erwähnt Mayer mit keinem Wort.

Mayer ist enttäuscht und niedergeschlagen. Nicht einmal jetzt wird also zugegeben, daß er den *Satz von der Erhaltung der Energie* als erster fand. 1850 unternimmt Mayer sogar einen Selbstmordversuch. Man bringt ihn in ein Irrenhaus; die Ärzte halten ihn für größenwahnsinnig. Als er 13 Monate später nach Hause zurückkehrt, will sich kein Patient mehr von ihm behandeln lassen.

Nur ganz langsam wendet sich das Blatt: Einige Physiker erkennen, daß sie Mayer Unrecht getan haben.

1862 findet er endlich Anerkennung und Ehre. Die Royal Institution of Britain stellt fest: „No greater genius than Robert Mayer has appeared in our century."

Temperatur – innere Energie – Wärme

Alles klar?

1 Reibungsarbeit hat oft unerwünschte Temperaturerhöhungen zur Folge. Die Energie muß dann abgeführt werden. Auf welche Weise geschieht das in den Bildern 2 u. 3?

2 Etwas Salz wird in ein Glas Wasser geschüttet. Auch wenn man nicht umrührt, schmeckt das ganze Wasser nach kurzer Zeit salzig. Erkläre!

3 Woran erkennt man, daß die mittlere Geschwindigkeit der Teilchen eines Körpers zunimmt oder abnimmt?

4 Ein Streichholz entzündet sich erst durch das Reiben. Erläutere diesen Vorgang im Teilchenmodell.

5 Harry stöhnt: „Die Luftteilchen sind ganz schön hektisch heute, echt schweißtreibend." Was meint er damit?

6 Wie läßt sich im Teilchenmodell erklären, daß die Temperatur einen Tiefstwert hat?

2 Bohröl

3 Bremsscheibe

Auf einen Blick

Temperatur und Teilchenbewegung

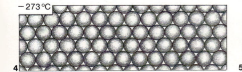
4 −273 °C

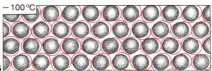
5 −100 °C

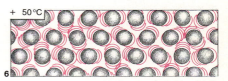
6 +50 °C

Die kleinsten Teilchen der Stoffe sind in ständiger regelloser Bewegung. Steigt die mittlere Geschwindigkeit der Teilchen, so steigt die Temperatur des Körpers. Werden die Teilchen langsamer, so sinkt die Temperatur. Bei −273 °C hört die Bewegung der Teilchen praktisch auf. Tiefer kann die Temperatur eines Körpers nicht sinken.

Temperaturerhöhung durch Arbeit und Wärme

Die Temperatur eines Körpers kann auf verschiedene Weisen erhöht werden. Man kann ein Stück Eisen zum Beispiel mit einer Feile bearbeiten oder in eine Brennerflamme halten. Die Folge ist jeweils, daß die Teilchen des Eisenkörpers in heftigere Bewegung versetzt werden.

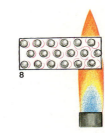 8

In beiden Fällen wird Energie zugeführt, entweder durch **Arbeit** oder als **Wärme**.

Die zugeführte Energie ist im Körper gespeichert, und zwar in der Bewegung und Anordnung der Teilchen.

9 Energie (Arbeit) → innere Energie des Körpers nimmt zu

10 Energie (Wärme) → innere Energie des Körpers nimmt zu

Als **innere Energie** des Körpers bezeichnet man die Bewegungsenergie aller Teilchen eines Körpers und die in ihrer Anordnung steckende Energie.

Berühren sich Körper unterschiedlicher Temperaturen, so gibt der heißere stets Wärme an den kälteren ab, bis beide die gleiche Temperatur (Mischungstemperatur) erreicht haben.

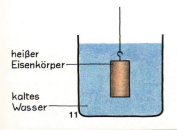
11 heißer Eisenkörper / kaltes Wasser

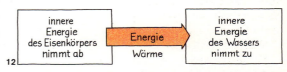
12 innere Energie des Eisenkörpers nimmt ab → Energie (Wärme) → innere Energie des Wassers nimmt zu

357

Temperaturänderungen und ihre Folgen

1 Flüssigkeiten werden erwärmt und abgekühlt

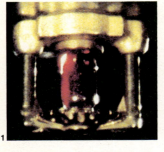
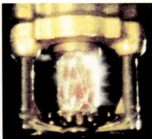

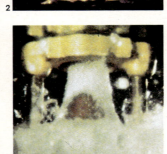
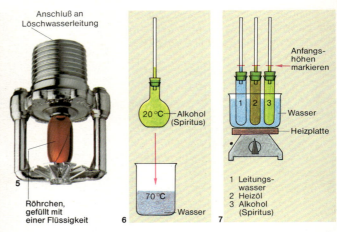

Brand im Kaufhaus – sofort sprüht Löschwasser aus Sprinklern an der Decke (Bilder 1–5).

Die in den Bildern 6 u. 7 gezeigten Versuche helfen dir, die Funktionsweise einer Sprinkleranlage zu verstehen.

○ Was hat der Versuch von Bild 6 mit einer solchen Feuerlöschanlage zu tun?
○ Was zeigt der Versuch von Bild 7?
○ Wie funktioniert eine Sprinkleranlage?

Aufgaben

1 Beschreibe, wie ein Flüssigkeitsthermometer funktioniert.
Was passiert, wenn man ein Thermometer „überhitzt"?

2 Bild 8 zeigt die Ausdehnung verschiedener Flüssigkeiten bei Erwärmung von 20 °C auf 21 °C, also um 1 K. Angegeben ist die Volumenzunahme für jeweils 1 l Flüssigkeit.
Berechne die Volumenzunahmen für die Anordnung von Bild 7. Nimm dabei an, daß jeweils 100 cm³ Flüssigkeit von 20 °C auf 60 °C erhitzt wurde. Was setzt du bei deiner Rechnung voraus?

3 Das Wasser zeigt beim Erwärmen von 0 °C an eine Besonderheit. Sie ist in Bild 9 dargestellt.
Beschreibe, um welche Besonderheit es sich handelt.

4 Auf den Boden ist ein Viereck gezeichnet. Die Schüler bewegen sich zunächst nur wenig und dürfen das Viereck nicht verlassen (Bild 10).
Was geschieht, wenn sie sich schneller bewegen und dabei gegeneinander stoßen?
Übertrage deine Antwort auf das Verhalten der Teilchen einer Flüssigkeit, die gerade erwärmt wird.

5 Weshalb sollte man im Sommer den Benzintank eines Autos nicht randvoll füllen?
Begründe deine Antwort mit einer Rechnung. Nimm dabei an, daß der Tank 70 l faßt (Temperatur im Erdtank der Tankstelle: 12 °C; Lufttemperatur: 27 °C); verwende die Angaben von Bild 8.

6 Ein Heizöltank faßt 5000 l Heizöl. Er wird bei 10 °C zu 75 % gefüllt.
Wieviel Liter Heizöl befinden sich bei 25 °C im Tank?

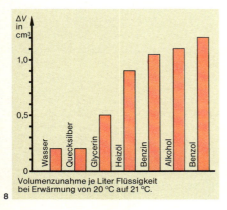
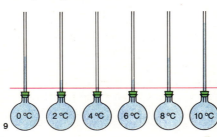

Aus Umwelt und Technik: **Die Anomalien des Wassers**

Stehende Gewässer frieren im Winter stets von oben her zu (Bild 11). Das Wasser erstarrt zuerst an der Oberfläche des Gewässers – und sinkt nicht nach unten.

Während flache Tümpel im Laufe des Winters bis zum Grunde durchfrieren, bleibt in tieferen Seen das Wasser unter der dicker werdenden Eisschicht flüssig (die Eisdecke verhindert ein rasches Auskühlen des Wassers). Die Seen weisen eine „Temperaturschichtung" auf (Bild 12): Direkt unter dem Eis hat das Wasser eine Temperatur von 0 °C; mit zunehmender Tiefe steigt die Wassertemperatur an und erreicht nach einigen Metern 4 °C. Daher können Fische in Seen den Winter überstehen.

Daß Eis auf Wasser schwimmt und daß sich in stehenden Gewässern eine Temperaturschichtung ausbildet, sind Naturerscheinungen, an denen nichts Außergewöhnliches zu sein scheint. Doch wenn man nach einer Erklärung sucht, stößt man darauf, daß sich Wasser anders verhält als „normale" Flüssigkeiten:

Die meisten Flüssigkeiten ziehen sich beim Abkühlen gleichmäßig zusammen. Das heißt: Das Volumen einer bestimmten Flüssigkeitsmenge wird mit jedem Kelvin, um das die Temperatur sinkt, um einen bestimmten Betrag kleiner. Die Dichte der Flüssigkeit nimmt entsprechend zu.

Warmes Wasser verhält sich genauso. Unterhalb von ca. 20 °C zieht es sich aber immer weniger stark zusammen. Bei 4 °C hat eine bestimmte Wassermenge schon das kleinste Volumen, das sie überhaupt erreichen kann. Wenn man sie weiter abkühlt, dehnt sie sich aus – das Volumen wird also wieder größer!

Demnach hat Wasser bei 4 °C seine größte Dichte. Zwischen 4 °C und 0 °C wird die Dichte von Wasser bei sinkender Temperatur kleiner!

Weil dieses Verhalten von der „normalen" Gesetzmäßigkeit abweicht, spricht man von einer **Anomalie des Wassers** (griech. Vorsilbe *a-*: nicht; *nomos*: Gesetz).

11

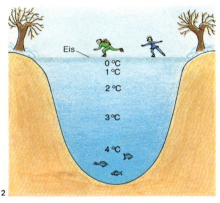

12

1 l Wasser von 4 °C ist somit schwerer als 1 l Wasser von 6 °C oder von 2 °C. Aus diesem Grund kann auf Wasser von 4 °C sowohl wärmeres als auch kälteres Wasser „schwimmen".

Damit können wir erklären, wie es zu der Temperaturschichtung in einem See oder einem anderen stehenden Gewässer kommt: Wenn im Herbst und im Winter die Lufttemperaturen sinken, kühlt auch das Wasser an der Oberfläche des Sees ab.

Wenn das Oberflächenwasser eine geringere Temperatur annimmt als tiefere Wasserschichten, sinkt es ab – das Oberflächenwasser hat ja dann eine größere Dichte als das übrige Wasser. An seine Stelle tritt wärmeres Wasser aus tieferen Schichten. Dieser Wasseraustausch geht solange weiter, bis der ganze See eine Temperatur von 4 °C erreicht hat.

Wenn nun das Wasser an der Oberfläche weiter abkühlt (auf 3 °C oder 2 °C), sinkt dieses noch kühlere Wasser nicht mehr nach unten – es schwimmt sozusagen auf dem Wasser von 4 °C. Also nimmt die Wassertemperatur nur an der Wasseroberfläche und in den höheren Wasserschichten ab, und nur an der Oberfläche erstarrt das Wasser zu Eis.

Daß das Eis nicht nach unten sinkt, hängt mit einer **zweiten Anomalie** des Wassers zusammen:

Auch beim Übergang vom flüssigen in den festen Zustand verhält sich Wasser anders als die meisten Stoffe. Normalerweise wird nämlich das Volumen eines Körpers beim Erstarren *kleiner*. Wenn aber Wasser (bei 0 °C) gefriert, hat das entstehende Eis ein *größeres* Volumen als das Wasser: Aus 1 Liter Wasser werden 1,1 Liter Eis! (Diese sprunghafte Volumenänderung beim Erstarren erfolgt ohne Temperaturänderung – denn während Wasser gefriert, bleibt seine Temperatur bei 0 °C stehen.)

Diese Anomalie hat beträchtliche Auswirkungen. Sie trägt z. B. zur Verwitterung von Gestein bei: Jeder Fels hat winzige Spalten und Risse. In diese dringt Regenwasser ein, das im Winter gefriert. Dadurch werden die Risse Stück für Stück erweitert. So werden selbst große Felsen im Laufe von Jahrtausenden „gesprengt" und in kleine Brocken zerlegt.

Fragen und Aufgaben zum Text

1 Ein hohes Becherglas ist mit Leitungswasser gefüllt. Darauf schwimmt eine Schicht aus Eisstückchen (ca. 5 cm breit). Die Wassertemperatur wird gemessen.
Was wird man in diesem **Versuch** feststellen?

2 Ein weiterer **Versuch** zur Anomalie des Wassers: Ein Kolben mit angeschlossenem Steigrohr ist blasenfrei mit abgekochtem Wasser gefüllt. Ein Thermometer zeigt die Temperatur des Wassers an. Den Kolben kühlt man in einer „Kältemischung" aus zerstoßenem Eis und Salz ab; dabei wird mit einem Magnetrührer umgerührt. Stelle die Volumenänderung des Wassers zwischen 10 °C und 0 °C in einem Diagramm dar.

3 Erkläre, warum du keine Getränkeflaschen ins Tiefkühlfach eines Kühlschranks legen solltest.

2 Feste Körper werden erwärmt und abgekühlt

Aus der Geschichte: Eine Pendeluhr mit Temperaturanpassung

Heutzutage können wir die Uhrzeit auf die Sekunde genau von Quarzuhren ablesen.

Früher war das anders. Die ersten mechanischen Räderuhren wurden im 13. Jahrhundert gebaut; ihre Anzeige wich noch bis zu zwei Stunden pro Tag ab. Im Laufe der Zeit wurden diese Uhren verbessert, so daß sie am Tage lediglich noch um ein paar Minuten falsch gingen.

Wesentlich genauere Zeitmesser waren die 1673 erfundenen Penderuhren. Man machte sich dabei die Tatsache zunutze, daß ein Pendel für jede seiner Hin- und Herbewegungen immer die gleiche Zeit braucht.

Auch die Pendeluhren wurden immer weiter vervollkommnet; sie waren bis ins 20. Jahrhundert hinein die genauesten Zeitmesser.

Bereits im Jahre 1725 wurde vom englischen Uhrmacher *John Harrison* eine Uhr gebaut, die weniger als eine Zehntelsekunde pro Tag falsch ging – eine für die damalige Zeit verblüffende Genauigkeit. Das Neuartige an dieser Uhr stellte ihr Pendel dar. Der eigentliche Pendelkörper, die Pendel-

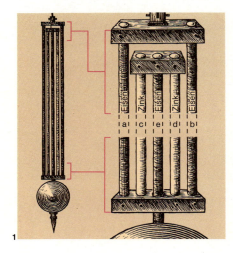

1

linse, war an mehreren Metallstäben aufgehängt (Bild 1).

In einem Physikbuch von 1847 hieß es über diese Pendeluhr mit Temperaturanpassung:

„Bei den Pendeluhren ist die Veränderung des Ganges durch Wärme und Kälte bemerkbar. Alle Teile der Uhr werden durch Wärme verlängert, also auch das Pendel. Verlängert man aber ein Uhrpendel, so geht die Uhr langsamer, verkürzt man es, so geht sie ge-

schwinder. Die Pendeluhr wird also im Sommer langsamer gehen. Im gemeinen Leben nimmt man auf diese Veränderung, die am Tage nur wenige Sekunden beträgt, keine Rücksicht.

Diejenigen Uhren aber, welche zum wissenschaftlichen Gebrauch bestimmt sind, dürfen nicht falsch gehen. Solche Uhren enthalten einen sinnreichen Mechanismus, welcher die Verlängerung des Pendels in der Wärme sogleich selbst wieder korrigiert.

Ein solches Kompensationspendel besteht aus zwei Eisenstangen, die unten einen Querstab tragen. Aus selbigem ragen nach oben zwei Zinkstangen. Am oberen Ende sind diese durch einen weiteren Querstab verbunden, in dessen Mitte wiederum eine Eisenstange hängt. Diese verläuft frei durch ein Loch im unteren Querstab und trägt die Pendellinse.

Stehen die Längen der Stangen im richtigen Verhältnis, so befindet sich die Pendellinse an einerlei Stelle; denn wenn die Eisenstangen die Linse in der Wärme herabsenken, werden die Zinkstangen sie um ebensoviel wieder anheben."

V 1 Mit dem Versuchsaufbau von Bild 2 kann man die Ausdehnung von Rohren aus unterschiedlichen Materialien messen. Die Messungen werden z. B. für ein Messing- und ein Eisenrohr durchgeführt.

a) Das Rohr (Länge: l_0) wird bei Zimmertemperatur (ϑ_0) eingespannt und der Zeiger auf die Skalenmitte eingestellt. Dann erwärmt man das Rohr auf verschiedene Temperaturen ϑ, indem warmes Wasser oder Wasserdampf hindurchgeleitet wird (Temperatur des Wassers vor dem Einleiten und nach dem Ausströmen messen und Mittelwert bilden).

Notiere den jeweiligen Zeigerausschlag s, die Temperatur ϑ und die Temperaturdifferenz $\Delta\vartheta = \vartheta - \vartheta_0$.

b) Wir wollen nun wissen, um wieviel die Länge des Rohres (gegenüber l_0)

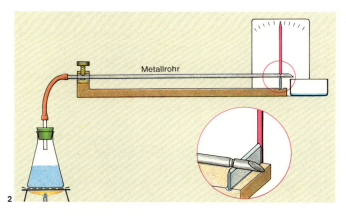

2

beim Erwärmen zugenommen hat. Wir müssen also die Längenänderung $\Delta l = l - l_0$ aus dem Zeigerausschlag bestimmen.

Für die Anordnung von Bild 3 gilt: $\Delta l = \frac{1}{20} s$.

Stelle Δl in Abhängigkeit von der Temperaturerhöhung $\Delta\vartheta$ dar.

V 2 Bild 4 zeigt den Versuch. Ob du das Ergebnis vorhersagen kannst?

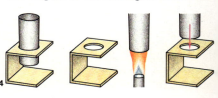

4

V 3 Ein Bimetallstreifen besteht aus zwei verschiedenen Metallblechen, die fest miteinander verbunden sind.

Was wird geschehen, wenn du den Bimetallstreifen so wie in den Bildern 5 u. 6 erhitzt? Begründe deine Vermutung, und prüfe sie nach.

V 4 (Lehrerversuch) Ein Messingrohr wird mit Hilfe eines gußeisernen Bolzens und eines Metallkeils in einem Rahmen befestigt und erhitzt (Bild 7). Nach dem Erwärmen wird überprüft, ob der Keil festsitzt. Überlege dir vor dem Versuch, was beim Erwärmen des Rohres und dann beim Abkühlen geschehen wird.

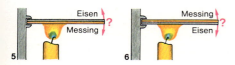

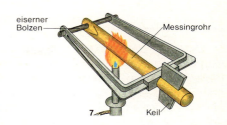

Info: Die Ausdehnung fester Körper beim Erwärmen

Wenn zwei Werkstoffe fest miteinander verbunden werden sollen, muß man ihr Verhalten bei Erwärmung genau kennen. Dehnen sich die Stoffe nämlich unterschiedlich aus, kommt es in dem „Verbund" zu Spannungen, die zu Schäden und Zerstörungen führen können.

Ein Beispiel für den Verbund von zwei Werkstoffen ist *Stahlbeton*. Man versteht darunter Beton, in den Stahlstäbe und -matten eingegossen sind. Sind Schäden an Stahlbeton denkbar, die mit der Ausdehnung von Stahl und Beton bei Erwärmung zusammenhängen?

Um solche und ähnliche Fragen beantworten zu können, muß man wissen, *von welchen Größen* die Ausdehnung abhängt und *wie* sie von diesen Größen abhängt.

Beim Erwärmen von Körpern ändert sich immer ihr Volumen. Bei festen Körpern ist aber meist nur die Ausdehnung in einer Richtung von Interesse:

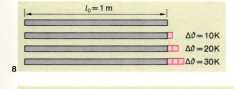

Die **Längenänderung** hängt vom *Material*, von der *Temperaturerhöhung* $\Delta\vartheta$ und von der *Länge* l_0 des Stabes bei der Anfangstemperatur ab.

Erwärmt man z. B. einen Eisenstab der Länge $l_0 = 1$ m um $\Delta\vartheta = 10$ K, so hat er eine Länge von $l = 1{,}00012$ m. Seine Längenänderung $\Delta l = l - l_0$ beträgt also 0,12 mm. Bei einer Temperaturerhöhung um 20 K ist die Verlängerung des Stabes doppelt so groß, bei 30 K dreimal so groß (Bild 8). *Die Längenänderung Δl ist also proportional zur Temperaturerhöhung $\Delta\vartheta$:*

$$\Delta l \sim \Delta\vartheta.$$

Verdoppelt (verdreifacht) man die Länge des Eisenstabes, so dehnt sich jeder „1-m-Teilstab" um 0,12 mm aus, wenn man ihn um 10 K erwärmt (Bild 9): Der 2 m lange Stab dehnt sich um 0,24 mm aus, der 3 m lange um 0,36 mm. *Die Längenänderung ist proportional zur Anfangslänge l_0*:

$$\Delta l \sim l_0.$$

Da die Längenänderung zu $\Delta\vartheta$ und zu l_0 proportional ist, ist sie auch zum Produkt $l_0 \cdot \Delta\vartheta$ proportional (→ Info unten).

$$\Delta l \sim l_0 \cdot \Delta\vartheta.$$

Diese Proportionalität bedeutet, daß der Quotient $\alpha = \dfrac{\Delta l}{l_0 \cdot \Delta\vartheta}$ konstant ist. Man bezeichnet diesen Quotienten als den **Ausdehnungskoeffizienten** für die Längenänderung.

Für Eisen ergibt sich: $\alpha = 0{,}012 \dfrac{\text{mm}}{\text{m} \cdot \text{K}}$.

Das bedeutet: Die Länge eines 1 m langen Eisenstabes nimmt um 0,012 mm zu, wenn der Stab um 1 K erwärmt wird.

Die Längenänderung kann nach folgender Formel berechnet werden:

$$\Delta l = \alpha \cdot l_0 \cdot \Delta\vartheta.$$

In Bild 10 ist die Längenänderung gleich langer Stäbe aus *verschiedenen Stoffen* graphisch dargestellt. Die Stäbe dehnen sich bei gleicher Temperaturerhöhung unterschiedlich stark aus; der Ausdehnungskoeffizient ist von Stoff zu Stoff verschieden (→ Tabelle im Anhang).

Wie die Tabelle zeigt, dehnen sich Beton und Eisen in gleicher Weise aus. Dies ist eine wesentliche Voraussetzung für die Verwendbarkeit von Stahlbeton.

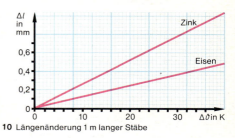

10 Längenänderung 1 m langer Stäbe

Info: Zusammenfassen von Proportionalitäten

In der Physik kommt es häufig vor, daß eine Größe von mehreren anderen abhängt. *Beispiel:* Die Längenänderung Δl eines Eisenstabes beim Erwärmen ist von der Anfangslänge l_0 und der Temperaturerhöhung $\Delta\vartheta$ abhängig.

Um herauszufinden, welche Art von Abhängigkeit vorliegt, führt man mehrere Versuchsreihen durch. Dabei ändert man in jeder Versuchsreihe nur *eine* der Variablen und läßt die anderen konstant.

Oft ergibt sich dabei, daß die untersuchte Größe zu zwei anderen proportional ist. *Die untersuchte Größe ist dann auch zum Produkt dieser Größen proportional* (vorausgesetzt, diese Größen sind voneinander unabhängig).

Beispiel: Für die Längenänderung erhält man $\Delta l \sim \Delta\vartheta$ ($l_0 =$ konst.) und $\Delta l \sim l_0$ ($\Delta\vartheta =$ konst.). Die beiden Beziehungen lassen sich zusammenfassen: $\Delta l \sim l_0 \cdot \Delta\vartheta$.

Du kannst dir diesen mathematischen Sachverhalt so verdeutlichen:

Denke dir zunächst einen 1 m langen Stab. Wenn wir ihn um 10 K erwärmen, verlängert er sich z. B. um 0,1 mm.

Ein zweiter Stab aus gleichem Material soll 3 m lang sein. Bei Erwärmung um 10 K wird er um $3 \cdot 0{,}1$ mm länger. Erwärmt man ihn um 20 K, ist auch seine Längenzunahme doppelt so groß: $2 \cdot (3 \cdot 0{,}1$ mm).

Bei dreifacher Anfangslänge und doppelter Temperaturerhöhung ergibt sich somit die sechsfache Längenzunahme Δl.

Betrachte nun das Produkt $l_0 \cdot \Delta\vartheta$: Im ersten Fall ergibt sich 1 m · 10 K, im zweiten ist es sechsmal so groß: 3 m · 20 K.

Das Produkt $l_0 \cdot \Delta\vartheta$ wächst also in gleichem Maße wie Δl. Das heißt: $\Delta l \sim l_0 \cdot \Delta\vartheta$.

Aufgaben

1 Metallstäbe werden beim Erhitzen länger. Werden sie dabei dicker oder dünner (wie ein Gummiband, das man in die Länge zieht), oder bleibt der Durchmesser gleich? Begründe deine Antwort.

2 Eine Metallplatte mit einer Bohrung in der Mitte wird erwärmt.
Ändert sich dabei der Durchmesser des Loches? Wenn ja, wie?

3 Genauso wie ein Autorad besitzt auch ein Eisenbahnrad einen Reifen. Dieser besteht aus besonders hartem Stahl. Der Reifen wird auf den eigentlichen Radkörper weder geschraubt noch geschweißt. Vielmehr wird er erhitzt und *aufgeschrumpft* (Bild 1). Warum hält der Reifen?

4 Erwärmt man ein Flüssigkeitsthermometer, so dehnt sich auch die gläserne Thermometerkugel aus.
Was geschähe wohl, wenn sich das Glas stärker ausdehnen würde als die Thermometerflüssigkeit?

5 Auf einer Wand ist ein kupfernes Heizungsrohr verlegt. Bei 20 °C hat es eine Länge von 6 m. Es wird vom Heizungswasser auf 70 °C erwärmt. Berechne die Längenänderung.

6 Die Bilder 2 u. 3 zeigen die Dehnungsfuge einer Brücke aus Stahlbeton: einmal im Sommer bei 30 °C (Fugenbreite: 48 mm) und einmal im Winter bei −10 °C (Fugenbreite: 72 mm). Wie lang ist die Brücke?

7 Zur *Pendeluhr mit Temperaturanpassung* (Bild 1, vorige Doppelseite):

a) Überprüfe mit Hilfe eines Schlüsselbundes an einem Faden, daß die Zeit für eine Hin- und Herbewegung von der Fadenlänge abhängt.

b) Warum geht eine einfache Pendeluhr im kalten Zimmer schneller als im warmen?

c) Auf welche Weise wird bei hohen Temperaturen die Längenänderung der Eisenstäbe ausgeglichen?

d) Bei 0 °C sind die Eisenstäbe a und b 32 cm, der Eisenstab e ist 31 cm lang. Wie lang müssen die Zinkstäbe c und d sein, damit die Pendellänge nicht von der Temperatur abhängt?

8 Wie funktioniert der Temperaturregler eines Bügeleisens (Bild 4)?

1

2 Sommer

3 Winter

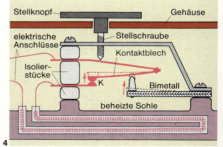
4

Aus Umwelt und Technik: Eisenbahngleise – früher und heute

5

„Rattap rattap – rattap rattap..." Mehrere kurze Schläge hintereinander, dann eine kleine Pause, und wieder die Schläge – früher klang dieses ermüdende Geräusch manchem Eisenbahnreisenden noch lange nach der Ankunft in den Ohren.

Das typische Fahrgeräusch der Eisenbahn entstand immer dann, wenn ein Räderpaar über einen Schienenstoß rollte. Beim Gleisbau achtete man nämlich darauf, daß die Schienenstücke nicht aneinanderstießen. Vielmehr ließ man kleine Lücken, damit sich die Schienen beim Erwärmen ausdehnen konnten.

Trotzdem kam es gelegentlich zu Unfällen, weil die Gleise nicht sorgfältig genug verlegt waren und sich bei Erwärmung verbogen (Bild 5).

Wer heute mit dem Zug fährt, hört das „Eisenbahnrattern" nicht mehr. Die Fahrt verläuft viel ruhiger – vor allem deshalb, weil die Schienen miteinander verschweißt sind.

Aber was geschieht mit diesen Schienen beim Erwärmen? Betrachten wir zunächst ein durchgehendes

Schienenstück von 1 km Länge. Dieses müßte sich um 35 cm ausdehnen, wenn es bei Sonnenschein von 20 °C auf 50 °C erwärmt wird!

Voraussetzung wäre, daß sich das Schienenstück in Längsrichtung verschieben kann. Es ist jedoch fest mit den Schwellen verschraubt, und diese liegen in einem Schotterbett. Die Schienenenden können sich somit bei Erwärmung nicht verschieben. An beiden Enden des Schienenstückes wirken Haftreibungskräfte, die es zusammendrücken.

Du kannst dir die 1-km-Schiene als riesige Stahlfeder vorstellen; auch für sie gilt das Hookesche Gesetz.

Wenn man diese „Feder" um 35 cm zusammendrücken will, muß man an beiden Enden eine Kraft von ungefähr 450 kN ausüben; das entspricht der Gewichtskraft auf 45 Autos.

Nimm nun an, diese 1 km lange Schiene ist mit einer zweiten gleich langen Schiene verbunden. Bei 50 °C üben dann die beiden Schienen an der Verbindungsstelle eine Kraft von jeweils 450 kN aufeinander aus. An den beiden freien Enden der 2 km langen Schiene ändert sich nichts; dort reichen weiterhin Reibungskräfte von 450 kN aus, um die Ausdehnung zu verhindern. Die Schienenlänge spielt also keine Rolle für den Betrag der Kraft. (Lediglich auf den letzten 50 m einer endlos verschweißten Schiene kann es zu Längenänderungen kommen; dort sind die Reibungskräfte noch nicht groß genug.)

Bei hohen oder niedrigen Temperaturen sind die endlos verschweißten Schienen in einem Spannungszustand – wie eine gespannte Feder. Das Gleisbett muß dann dafür sorgen, daß die Schienen weder zur Seite noch nach oben hin ausweichen. Erst mit modernen Gleisbauverfahren hat man die notwendige Lagesicherheit der Schienen erreicht. In Kurven ist eine äußerst sorgfältige Gleisverlegung erforderlich.

3 Gase werden erwärmt und abgekühlt

Vor nicht ganz 400 Jahren konstruierte der italienische Arzt *Sanctorius* das in den Bildern 6 u. 7 gezeigte Fieberthermometer.

Damit Fieber zu messen, war aber gar nicht so einfach. Zunächst mußte nämlich der Arzt selbst die Thermometerkugel in den Mund nehmen und sich dann den Stand der Flüssigkeit merken...

Wie funktionierte wohl ein solches Thermometer?

V 5 Feuchte die Öffnung einer leeren Flasche an, und lege eine Münze darauf. Umfasse dann die Flasche mit beiden Händen...

V 6 Wieviel Luftblasen entweichen, wenn du einen Kolben mit der Hand erwärmst (Bild 8)? Wieviel sind es bei einem Reagenzglas (25 ml)?

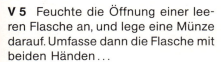

V 7 Die Änderung des **Volumens** verschiedener Gase (Luft, Kohlenstoffdioxid, Erdgas, Butan) soll untersucht werden (Bild 9).

a) Die eingeschlossenen Gasmengen werden im Wasserbad um 10 K erwärmt. Was stellst du fest?

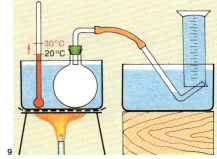

b) Vergleiche die Volumenzunahme von Luft bei Erwärmung um 5 K, 10 K, 15 K und 20 K.

V 8 Wir erwärmen eingeschlossene Luft (Bild 10); ihr Volumen kann sich nicht ändern. Dabei messen wir den **Druck** (→ *Mechanik der Gase* u. *Info*).

a) Wie ändert sich der Druck bei steigender Temperatur? Fertige ein Diagramm an (*waagerechte Achse:* Temperatur; *senkrechte Achse:* Druck).

b) Stelle auch die Druck**änderung** in Abhängigkeit von der Temperatur**änderung** graphisch dar.

c) Ohne den Kolben aus dem Wasser zu nehmen, lockern wir den Stopfen. Anschließend verschließen wir den Kolben wieder, lassen ihn abkühlen und messen Druck und Temperatur.

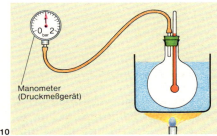

Info: Volumen- und Druckänderung von Gasen

Ein Gas nimmt stets den ganzen ihm zur Verfügung stehenden Raum ein. Erwärmt man das Gas in einem nicht verschlossenen Gefäß, so entweicht ein Teil des Gases. Das Volumen der Gasmenge wird also größer.

Wenn man das Gas aber in einem fest verschlossenen Gefäß erwärmt, kann sich sein Volumen nicht ändern. Das Gas „will" nach allen Seiten ausweichen und steht mehr und mehr „unter Druck". Auf die Gefäßwände wirken Kräfte. Diese Kräfte entstehen, weil in jedem Augenblick unzählige Teilchen auf die Wände prasseln (Bild 1).

Wie groß die Kraft ist, die das Gas auf ein bestimmtes Flächenstück (z. B. einen Stopfen) ausübt, hängt von der Größe des Flächenstückes ab. Wirkt auf ein Wandstück von 1 cm² eine bestimmte Kraft, so ist die Kraft auf 2 cm² doppelt so groß, auf 3 cm² dreimal so groß usw. Der Quotient aus Kraft F und Fläche A ist stets gleich groß; er eignet sich daher als Maß für den **Druck**:

$$p = \frac{F}{A}$$

Der Druck wird in Pascal (Pa) oder in Bar (bar) gemessen:

1 Pa = 1 $\frac{N}{m^2}$,
100 000 Pa = 1 bar.

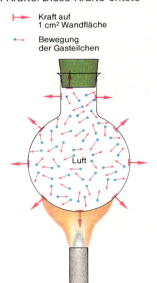

→ Kraft auf 1 cm² Wandfläche
→ Bewegung der Gasteilchen

Luft

1

Bei konstantem Druck ist die Volumenänderung ΔV proportional zur Temperaturänderung $\Delta \vartheta$ und zum Anfangsvolumen V_A.

$$\Delta V \sim V_A \cdot \Delta \vartheta.$$

Bei konstantem Volumen ist die Druckänderung Δp proportional zur Temperaturänderung $\Delta \vartheta$ und zum Anfangsdruck p_A.

$$\Delta p \sim p_A \cdot \Delta \vartheta.$$

Im Gegensatz zu festen Körpern und Flüssigkeiten dehnen sich alle Gase beim Erwärmen in gleichem Maße aus. Auch der Druck ändert sich also bei allen Gasen in gleicher Weise. Gehen wir z. B. von einer Anfangstemperatur von 0 °C aus, so gilt:

Beim Erwärmen um 1 K nimmt bei *allen* Gasen das Volumen um $\frac{1}{273}$ des Volumens V_0 bei 0 °C zu:

$$\Delta V = \frac{1}{273 \text{ K}} \cdot V_0 \cdot \Delta \vartheta.$$

Beim Erwärmen um 1 K nimmt bei *allen* Gasen der Druck um $\frac{1}{273}$ des Druckes p_0 bei 0 °C zu:

$$\Delta p = \frac{1}{273 \text{ K}} \cdot p_0 \cdot \Delta \vartheta.$$

Diese beiden **Gasgesetze** gehen auf die französischen Physiker *Joseph Gay-Lussac* (1778–1850) und *Guillaume Amontons* (1663–1705) zurück.

Daß mit steigender Temperatur der Druck zunimmt, wird durch das Teilchenmodell verständlich: Je höher die Temperatur ist, desto größer ist die Teilchengeschwindigkeit, und desto heftiger prallen die Teilchen gegen die Wände.

Will man dagegen den Druck konstant halten, muß man dem erhitzten Gas einen größeren Raum zur Verfügung stellen. An der Heftigkeit des Aufprallens ändert sich dadurch zwar nichts, aber in jedem Kubikzentimeter befinden sich nun weniger Teilchen; daher prasseln auch weniger Teilchen auf jeden Quadratzentimeter der Gefäßwand.

Fragen und Aufgaben zum Text

1 Warum ist es nicht sinnvoll, den Reifendruck eines Autos unmittelbar nach einer langen Autobahnfahrt zu kontrollieren?

2 Eine verschlossene Flasche, die 2 l Luft enthält, wird von 0 °C auf 70 °C erwärmt. Wieviel Luft entweicht aus der Flasche, wenn man sie bei 70 °C öffnet?

3 Um wieviel Kelvin muß man eine Luftmenge von 0 °C erwärmen, damit sich das Volumen verdoppelt (p = konst.)?

4 Wenn man ein eingeschlossenes Gas abkühlt, sinkt der Druck. Welcher Druck ergäbe sich bei einer Temperatur von −273 °C? Erkläre mit Hilfe der Teilchenvorstellung.

Aus der Geschichte: **Ein automatischer Türöffner**

Türen, die sich automatisch öffnen und schließen, gibt es heute in fast jedem Supermarkt. Erstaunlich ist aber, daß bereits im 1. Jahrhundert n. Chr. eine Vorrichtung zum Türöffnen konstruiert worden ist. Sie wurde von dem Physiker und Techniker *Heron von Alexandria* erfunden.

Die in Bild 2 dargestellte Vorrichtung war zum Öffnen und Schließen von Tempeltüren gedacht: Von der Opferschale vor dem Tempel führte ein Metallstab in das Innere der metallenen Hohlkugel A, die mit Wasser und Luft gefüllt war.

Wenn das Opferfeuer entzündet wurde, erwärmte sich der Metallstab

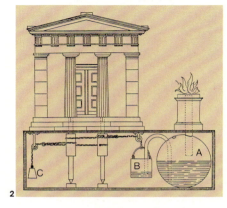

2

und auch die Luft in der Hohlkugel A. Da die Kugel luftdicht verschlossen war, erhöhte sich in ihr der Luftdruck.

Das hatte zur Folge, daß ein Teil des Wassers in den Eimer B floß. Durch das einlaufende Wasser wurde der Eimer schwerer, sank nach unten und drehte die Türpfosten – die Türen öffneten sich. Gleichzeitig wurde das „Gegengewicht" C angehoben.

Nach dem Verlöschen des Opferfeuers kühlte sich die Luft in der Hohlkugel A ab. Mit sinkender Temperatur nahm dort auch der Luftdruck wieder ab, und das Wasser strömte wieder in das Gefäß unter der Feuerstelle zurück. Das Gegengewicht zog nun den leichter werdenden Eimer nach oben. Dabei wurden die Türen wieder geschlossen.

Aus der Geschichte: **Die erste Reise mit dem Heißluftballon**

Am 21. November 1783 war es soweit: Zum erstenmal unternahmen zwei Menschen einen „Luftspaziergang" über den Dächern von Paris. Sie stiegen mit dem Heißluftballon auf (Bild 3), den die Brüder *Montgolfier* gebaut hatten und der daher **Montgolfiere** genannt wurde.

Der Ballon bestand aus einzelnen Stoffbahnen, die wie bei einem Kleid mit Knöpfen verbunden waren. Innen war der Ballon mit Papier beklebt. Die Luft im Ballon wurde durch ein Strohfeuer erhitzt, das unter der Öffnung des Ballons brannte. Einer der Passagiere berichtete:

...Wir hatten uns merklich den Dächern der Stadt genähert, schürten das Feuer und stiegen sogleich mit großer Leichtigkeit empor...

3 *Mich dünkte, daß wir gegen den nächsten Kirchturm flögen, den ich schließlich durch das Innere des Ringes deutlich sehen konnte. Bei höherem Aufsteigen führte uns ein neuer Luftstrom von dieser Richtung ab und trieb uns nach Süden.*

Nun rief ich: „Jetzt aber hinab auf die Erde!"

Wir schürten das Feuer nicht mehr, und mein unerschrockener Gefährte, der auf der Vorderseite stand, rief mir zu, daß wir wohl auf die Mühlen hinabgehen werden.

Schnell warf ich deshalb ein Bund Stroh ins Feuer und schürte es tüchtig, daß es lebhaft aufflackern sollte. Dadurch stiegen wir abermals.

Mein Gefährte rief mir nochmals zu: „Achtung vor den Mühlen!" Wir waren aber schon längst über die Mühlen hinweggeflogen. Deshalb rief ich ihm zu: „Nun rasch hinab!"...

Info: Der absolute Nullpunkt und die Kelvinskala

Die Bilder 4 u. 5 zeigen, wie Volumen bzw. Druck einer bestimmten Gasmenge von der Temperatur abhängen.

Diese Zusammenhänge entsprechen den Gasgesetzen von Gay-Lussac bzw. Amontons: Bei einer Temperaturzunahme von 0 °C auf 273 °C verdoppelt sich das Volumen bzw. der Druck der Gasmenge.

Beide Geraden schneiden die Temperaturachse bei −273 °C. Es scheint, als könnte man das Gas durch Abkühlen in einen Zustand bringen, bei dem das Volumen 0 cm³ bzw. der Druck 0 bar beträgt.

Für *alle* Gase erhält man den gleichen Schnittpunkt. Die Temperatur von −273 °C heißt **absoluter Nullpunkt**.

Tiefere Temperaturen gibt es nicht. Das kann man allerdings *nicht* daraus schließen, daß nach den Gasgesetzen das Volumen bzw. der Druck bei −273 °C den Wert 0 annimmt. Die Gasgesetze verlieren nämlich bei tiefen Temperaturen ihre Gültigkeit – spätestens dann, wenn das Gas beim Abkühlen zur Flüssigkeit wird.

Daß es eine tiefste Temperatur gibt, wird durch unser Teilchenmodell verständlich: Die Temperatur eines Körpers gibt ja bekanntlich Auskunft über die mittlere Geschwindigkeit seiner Teilchen. Je tiefer die Temperatur ist, desto langsamer bewegen sich die Teilchen.

Die Temperatur eines Körpers kann nur so lange sinken, bis die Teilchen völlig zur Ruhe gekommen sind. Ihre Geschwindigkeit kann dann nicht mehr kleiner werden – und deshalb ist auch keine tiefere Tem-

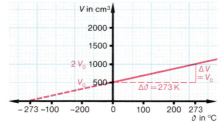

4 Volumen und Temperatur eines Gases (p = konst.)

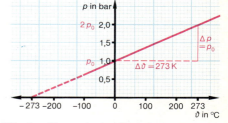

5 Druck und Temperatur eines Gases (V = konst.)

peratur möglich. In unserer Modellvorstellung brauchten die Teilchen am absoluten Nullpunkt keinen Raum mehr für ihre Bewegung. Ein Druck entstünde auch nicht, denn die Teilchen würden nicht mehr gegen die Gefäßwände prasseln.

Der schottische Physiker *William Thomson* (1834–1907), später zum *Lord Kelvin* geadelt, schlug eine neue Temperaturskala vor. Der Nullpunkt dieser **absoluten Temperaturskala** oder **Kelvinskala** liegt bei −273 °C (genau: −273,15 °C).

Die Einheit 1 Kelvin (1 K) stimmt mit der Einheit der Celsiusskala überein. Beide Skalen haben also die gleiche Schrittweite (Bild 6). Der Schmelzpunkt von Eis (0 °C) liegt bei 273 K und der Siedepunkt von Wasser (100 °C) bei 373 K.

Für *absolute Temperaturen*, die auf der Kelvinskala gemessen werden, verwendet man das Formelzeichen T. Auf der Celsiusskala gemessene Temperaturen haben das Formelzeichen ϑ. Wir werden Temperaturen auch weiterhin in °C angeben.

Wenn nötig, können wir sie ja problemlos in K umrechnen.

Temperaturdifferenzen sind auf beiden Skalen gleich. Es wäre eigentlich gleichgültig, ob man sie in °C oder in K angibt. Die Physiker haben sich aber für das Kelvin entschieden.

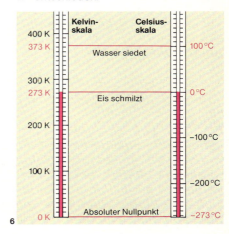

6

Info: Die absolute Temperatur und die Gasgesetze

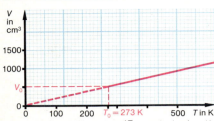

1 Proportionalität von Volumen und Temperatur (p = konst.)

Wenn man die absolute Temperaturskala verwendet, lassen sich die Gasgesetze besonders einfach darstellen:

Trägt man das Volumen bzw. den Druck in Abhängigkeit von der absoluten Temperatur auf, so ergeben sich zwei Geraden durch den Ursprung des Koordinatensystems (Bilder 1 u. 2).

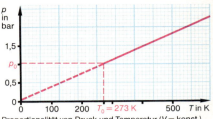

2 Proportionalität von Druck und Temperatur (V = konst.)

Das **Gesetz von Gay-Lussac** lautet demnach:
Bei konstantem Druck ist das Volumen einer Gasmenge proportional zur absoluten Temperatur.
$V \sim T$ (für p = konst.).
Wenn man also die absolute Temperatur verdoppelt (oder halbiert), nimmt die Gasmenge einen doppelt (halb) so großen Raum ein (bei konstantem Druck).

Als **Gesetz von Amontons** erhält man:
Bei konstantem Volumen einer Gasmenge ist der Druck proportional zur absoluten Temperatur.
$p \sim T$ (für V = konst.).
Wenn man also die absolute Temperatur verdoppelt (oder halbiert), verdoppelt (oder halbiert) sich auch der Druck, vorausgesetzt, das Gas kann sich nicht ausdehnen.

Musteraufgabe:
Ein Zimmer hat ein Volumen von 5 m · 4 m · 2,5 m = 50 m³. Wieviel Luft entweicht, wenn das Zimmer geheizt wird und dabei die Lufttemperatur von 10 °C auf 25 °C steigt?

Lösung: Wir betrachten die Luftmenge, die bei der Temperatur 10 °C (T_1 = 283 K) im Zimmer enthalten ist. Mit V_1 bezeichnen wir ihr Volumen bei T_1, mit V_2 das bei 25 °C (T_2 = 298 K).

$\frac{V_2}{T_2} = \frac{V_1}{T_1}$ oder $V_2 = \frac{T_2}{T_1} \cdot V_1$,

$\Delta V = V_2 - V_1 = (\frac{T_2}{T_1} - 1) V_1 = \frac{1}{T_1} (T_2 - T_1) V_1$,

$\Delta V = \frac{1}{T_1} \cdot V_1 \cdot \Delta T$,

$\Delta V = \frac{1}{283 \text{ K}} \cdot 50 \text{ m}^3 \cdot 15 \text{ K} = 2,65 \text{ m}^3$.

Beim Erwärmen des Zimmers entweichen 2,65 m³ Luft. (Das Volumen ist bezogen auf 25 °C.)

Musteraufgabe:
Die Luft in einem Autoreifen steht bei 5 °C unter einem Druck von 2,8 bar oder 2800 hPa. Bei einer Autobahnfahrt steigt die Temperatur des Reifens auf 70 °C. Um wieviel nimmt der Druck zu?

Lösung: Mit p_1 bezeichnen wir den Druck bei 5 °C (T_1 = 278 K), mit p_2 den bei 70 °C (T_2 = 343 K).

$\frac{p_2}{T_2} = \frac{p_1}{T_1}$ oder $p_2 = \frac{T_2}{T_1} \cdot p_1$,

$\Delta p = p_2 - p_1 = (\frac{T_2}{T_1} - 1) p_1 = \frac{1}{T_1} (T_2 - T_1) p_1$,

$\Delta p = \frac{1}{T_1} \cdot p_1 \cdot \Delta T$,

$\Delta p = \frac{1}{278 \text{ K}} \cdot 2,8 \text{ bar} \cdot 65 \text{ K} = 0,65 \text{ bar}$.

Beim Erwärmen steigt der Druck im Reifen um ca. 0,7 bar. (Dabei wurde von Änderungen des Reifenvolumens abgesehen.)

Wenn der Druck konstant ist, gilt: Beim Erwärmen oder Abkühlen um 1 K ändert sich das Volumen einer Gasmenge um $\frac{1}{273}$ des Volumens bei 273 K (0 °C) oder um $\frac{1}{300}$ des Volumens bei 300 K (27 °C) oder um $\frac{1}{323}$ des Volumens bei 323 K (50 °C).

Wenn das Volumen konstant ist, gilt: Beim Erwärmen oder Abkühlen um 1 K ändert sich der Druck eines Gases um $\frac{1}{273}$ des Druckes bei 273 K (0 °C) oder um $\frac{1}{300}$ des Druckes bei 300 K (27 °C) oder um $\frac{1}{323}$ des Druckes bei 323 K (50 °C).

Aufgaben

1 Daß es einen absoluten Nullpunkt gibt, kann man mit dem Teilchenmodell verstehen. Erläutere!

2 Ein Ballon schwebt, wenn er genauso leicht ist wie die umgebende Luft. (Ballon und Luft müssen die gleiche Dichte haben.)

a) Der Ballon von Bild 3 hat ein Volumen von 2700 m³. Die Luft im Ballon wird von 0 °C auf 36 °C erwärmt. Wieviel Luft entweicht? Wie groß darf die Masse von Ballonfahrer, Korb und Hülle sein, wenn der Ballon gerade

3

noch abheben soll (Dichte von Luft in Meereshöhe: ca. 1 g/l)?

b) In 5 km Höhe beträgt die Dichte der Luft nur noch ca. 0,5 g/l.
Angenommen, Hülle, Korb und Last haben eine Masse von 500 kg. Welche Temperaturdifferenz zwischen Ballonluft und Außenluft ist nötig, um in 5 km Höhe zu fahren?

3 Wie groß ist der Druck in einer Preßluftflasche, die in der Sonne auf 50 °C erwärmt wurde? Bei 20 °C betrug der Druck 200 bar.

Temperaturänderungen und ihre Folgen

Alles klar?

1 Die höchste Lufttemperatur auf der Erde wurde mit 59,4 °C in der Sahara gemessen, die tiefste Lufttemperatur mit −94,5 °C am Südpol. Rechne beide Temperaturen in K um.

2 Eine eiserne Talbrücke ist 684 m lang. Der Konstrukteur geht davon aus, daß die Brücke im Sommer Temperaturen von 50 °C und im Winter von −30 °C annehmen kann. Um wieviel Millimeter muß sich die Brücke bewegen können?

3 Erkläre, wie ein *Gasthermometer* (Bild 4) funktioniert. (Das Trockenmittel sorgt dafür, daß keine Feuchtigkeit in das Innere des Thermometers gelangt.)
Wie könntest du eine Temperaturskala für dieses Thermometer anfertigen?

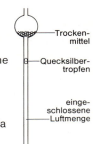

4 Ein Schlauchboot wird bei 22 °C aufgepumpt; der Druck beträgt 1200 hPa.
Auf welchen Wert steigt der Druck an, wenn das Boot von der Sonne auf 50 °C erwärmt wird (V = konst.)?

5 Von Kiel nach München sind es mit der Eisenbahn ca. 1000 km. Um wieviel würde sich die Schienenlänge zwischen Winter (−20 °C) und Sommer (40 °C) ändern?
Warum wird die Entfernung Kiel–München im Sommer nicht wirklich größer?

Auf einen Blick

Ausdehnung flüssiger und fester Körper beim Erwärmen

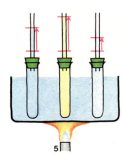

Mit steigender Temperatur ändert sich das **Volumen** von flüssigen und festen Körpern:

Flüssigkeiten dehnen sich in der Regel beim Erwärmen aus; beim Abkühlen ziehen sie sich zusammen.

Auch feste Körper dehnen sich beim Erwärmen *nach allen Seiten* aus und ziehen sich beim Abkühlen wieder zusammen.

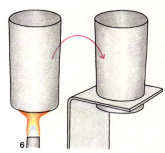

Bei flüssigen und festen Körpern ist die Volumenzunahme abhängig
○ von der Temperaturänderung,
○ vom ursprünglichen Volumen und
○ vom Stoff, aus dem der Körper besteht.

Bei festen Körpern ist meist nur die Ausdehnung in *einer* Richtung von Interesse: Erwärmt man einen Stab der Länge l_0 um die Temperaturdifferenz $\Delta\vartheta$, ergibt sich die Längenänderung
$$\Delta l = \alpha \cdot l_0 \cdot \Delta\vartheta.$$

Der **Ausdehnungskoeffizient** α für die Längenänderung ist materialabhängig. Für Eisen gilt: $\alpha = 0{,}012 \, \frac{\text{mm}}{\text{m}\cdot\text{K}}$.
Ein 1 m langer Eisenstab wird bei Erwärmung um 1 K um 0,012 mm länger.

Gase werden erwärmt: Volumen- und Druckänderung

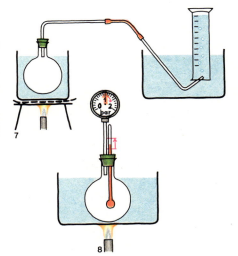

Auch Gase dehnen sich beim Erwärmen aus und ziehen sich beim Abkühlen zusammen (Voraussetzung: kein fest verschlossenes Gefäß).

Um wieviel das Volumen einer Gasmenge zunimmt, hängt *nicht* von der Art des Gases ab.

Bei Erwärmung um 1 K dehnt sich *jedes* Gas um $\frac{1}{273}$ des Volumens bei 0 °C aus (bei konstantem Druck).

Das Volumen einer Gasmenge und ihre absolute Temperatur sind proportional, wenn der Druck konstant bleibt
(Gesetz von Gay-Lussac):

$V \sim T$ für p = konst.

Erhitzt man ein Gas in einem abgeschlossenen Gefäß, so kann es sich nicht ausdehnen. Dafür steigt der Druck des Gases.

Um wieviel der Druck des Gases steigt, hängt *nicht* von der Art des Gases ab.

Bei Erwärmung um 1 K steigt in jedem Gas der Druck um $\frac{1}{273}$ des Drucks bei 0 °C (bei konstantem Volumen).

Der Druck in einer Gasmenge und ihre absolute Temperatur sind proportional, wenn das Volumen konstant bleibt
(Gesetz von Amontons):

$p \sim T$ für V = konst.

Die spezifische Wärmekapazität

Wärme wird gemessen

Aus Umwelt und Technik: **Fernwärme per Bahn**

In Elektrizitätswerken kann immer nur ein Teil der eingesetzten Energie zum Antrieb der Generatoren verwendet werden. Die übrige Energie muß in Form von Wärme abgeführt werden – z. B. mit Hilfe von Kühltürmen.

Diese „Abwärme" kann man aber auch in Fernheizungsnetzen nutzen: Im Elektrizitätswerk erhitztes Wasser fließt über Rohrleitungen in die Haushalte und wird dort beim Heizen abgekühlt; anschließend strömt es wieder zurück ins Elektrizitätswerk. Bei großen Entfernungen ist der Bau eines solchen Rohrleitungsnetzes allerdings zu teuer.

In kleinerem Rahmen könnten zur Überbrückung von Entfernungen bis etwa 100 km *Kesselwagen* eingesetzt werden. Der Spezialkesselwagen von Bild 1 wurde für entsprechende Versuche gebaut. Er kann eine Last von 63 t befördern und ist mit einer guten Wärmeisolierung ausgestattet.

Solche Kesselwagen sollen im Elektrizitätswerk z. B. um 80 K erhitztes Wasser aufnehmen, das am Bestimmungsort in ein Heizungsnetz eingespeist wird. Die Wagen transportieren dann das abgekühlte Wasser zurück.

Aber ist Wasser tatsächlich der beste Energiespeicher? Kann 1 kg Wasser mehr Energie als andere Stoffe beim Erwärmen aufnehmen und beim Abkühlen abgeben?

1

V 1 In diesem Versuch geht es um die zum Erwärmen von Wasser erforderliche Energie. Dabei leistet uns ein 1000-Watt-Tauchsieder gute Dienste, denn dieses Gerät gibt in jeder Sekunde eine ganz bestimmte Energie ab, nämlich 1000 J.

a) Überlege dir zunächst, wovon die Temperaturerhöhung des Wassers abhängen kann.

b) Unterschiedliche Mengen Wasser (0,5 kg, 0,75 kg, 1 kg, ..., 1,5 kg) sollen um 10 K erwärmt werden.
Es ist wichtig, daß beim Erwärmen ständig umgerührt wird.
Wie lange muß der Tauchsieder jeweils eingeschaltet sein? Wieviel Energie wird dem Wasser dabei zugeführt?
Stelle die Meßwerte graphisch dar (*waagerechte Achse:* Masse; *senkrechte Achse:* zugeführte Energie).

c) Wir erwärmen jetzt 1 kg Wasser eine Minute lang. Nach jeweils 10 s wird der Tauchsieder ausgeschaltet und die erreichte Wassertemperatur ermittelt.
Wieviel Energie ist in 10 s, 20 s, ..., 60 s zugeführt worden?
Fertige wiederum ein Diagramm an (*waagerechte Achse:* Temperaturerhöhung; *senkrechte Achse:* zugeführte Energie).

d) Wie lange müßte der Tauchsieder eingeschaltet sein, damit sich 1 kg Wasser um genau 1 K erwärmt? Wieviel Energie ist dazu nötig?

V 2 Untersuche den Zusammenhang zwischen Energiezufuhr und Temperaturerhöhung für Glycerin oder Glykol (Frostschutzmittel). Gehe wie in V 1 b vor.
Wieviel Energie ist erforderlich, um 1 kg Glycerin (Glykol) um 1 K zu erwärmen? Vergleiche dein Ergebnis mit der in Bild 7 angegebenen *spezifischen Wärmekapazität* dieses Stoffes (→ Info).

V 3 Mit einem Tauchsiederversuch läßt sich auch für feste Stoffe ermitteln, wie Energiezufuhr und Temperaturerhöhung zusammenhängen.

a) 0,5 kg Wasser und 0,5 kg Kupfer in Form kleiner Kugeln (Kupferschrot) werden in ein Blechgefäß geschüttet. Mit einem 1000-W-Tauchsieder führt man dann 60 s lang Energie zu. Wie groß ist die Temperaturerhöhung?

b) Wieviel Energie hat die Wassermenge aufgenommen? (Mit Tabellenwert rechnen!) Welcher Energiebetrag bleibt für das Kupfer übrig?
Berechne daraus, wieviel Energie erforderlich ist, um 1 kg Kupfer um 1 K zu erwärmen.

c) Vergleiche das Ergebnis mit dem Tabellenwert für die spezifische Wärmekapazität von Kupfer.
Wie sind auftretende Abweichungen zu erklären?

d) Zu einem genaueren Wert kann man kommen, wenn man den Versuch einmal ohne das Kupferschrot wiederholt...

V 4 Wenn wir einen Körper durch mechanische Arbeit erwärmen, können wir die zugeführte Energie als Produkt von Kraft (in Wegrichtung) und Weg berechnen.

a) In einer 1 m langen Papprohre befindet sich 1 kg Bleischrot. Die Röhre wird 10-, 20- und 30mal gedreht und jeweils „auf den Kopf" gestellt. Bei jedem Drehen wird das Bleischrot um 1 m angehoben. Noch während es fällt, muß man die Röhre wieder auf die Tischplatte stellen. Die Temperatur des Bleischrots wird zu Beginn und am Ende des Versuches (mit einem Temperaturfühler) gemessen.

b) Durch das fortwährende Umstülpen der Röhre wird am Bleischrot Hubarbeit verrichtet.
Wie groß ist diese Arbeit?

c) Der Versuch wird wiederholt: 500 g Bleischrot werden 40mal hochgehoben und 1 m fallengelassen.

V 5 Dem Metallzylinder von Bild 2 kann durch Reibungsarbeit Energie zugeführt werden.

a) Wie kannst du die Reibungsarbeit berechnen, die bei einer Umdrehung

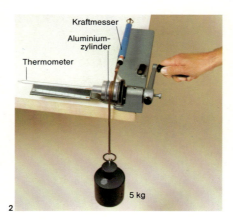

des Zylinders verrichtet wird? Welche Größen mußt du dazu kennen?

b) Wir verwenden zunächst einen Aluminiumzylinder und messen die Temperaturerhöhung für 25, 50, 75, 100 und 125 Umdrehungen.

c) Berechne die jeweils verrichteten Arbeiten, und stelle die Temperaturerhöhung in Abhängigkeit von der zugeführten Energie graphisch dar.

d) Der Versuch wird mit einem Aluminiumzylinder doppelter Masse und mit einem Kupferzylinder wiederholt.

Info: Wie zugeführte Energie und Temperaturerhöhung zusammenhängen

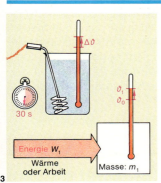
3

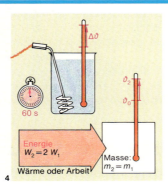
4

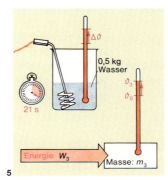
5

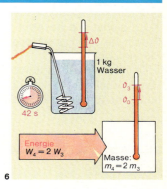
6

Wir wissen bereits: Wenn man die Temperatur z. B. in einem Becherglas mit Wasser erhöhen will, muß man dem Wasser Energie zuführen – entweder durch Arbeit oder als Wärme.

Je mehr Energie einem Körper zugeführt wird, desto größer ist die Temperaturerhöhung (Bilder 3 u. 4).

Wir nennen die Anfangstemperatur ϑ_0, die Endtemperatur ϑ und die Temperaturerhöhung $\Delta\vartheta = \vartheta - \vartheta_0$. Es gilt:

Die einem Körper zugeführte Energie W_Q und die Temperaturerhöhung $\Delta\vartheta$ sind zueinander proportional.

$W_Q \sim \Delta\vartheta$ (m = const.).

Verwendet man Körper unterschiedlicher Masse, aber aus gleichem Material, so stellt man fest: Für die gleiche Temperaturerhöhung muß einem Körper um so mehr Energie zugeführt werden, je größer seine Masse m ist (Bilder 5 u. 6).

Die für eine bestimmte Temperaturerhöhung nötige Energie W_Q und die Masse der Körper sind zueinander proportional (bei gleichem Material).

$W_Q \sim m$ ($\Delta\vartheta$ = const.).

Beide Proportionalitäten lassen sich zusammenfassen:

$W_Q \sim m \cdot \Delta\vartheta$.

Will man also z. B. einen Körper doppelter Masse um die doppelte (dreifache) Temperaturdifferenz erwärmen, braucht man die vierfache (sechsfache) Energie.

Die Proportionalität bedeutet, daß der Quotient $\dfrac{W_Q}{m \cdot \Delta\vartheta}$ konstant ist.

Man bezeichnet diese Konstante als die **spezifische Wärmekapazität**. Sie hängt nur vom Material ab. Ihr Formelzeichen ist c (von engl. *capacity:* Aufnahmefähigkeit).

$$c = \frac{W_Q}{m \cdot \Delta\vartheta} \quad \text{oder} \quad W_Q = c \cdot m \cdot \Delta\vartheta.$$

Als Einheit für c ergibt sich $1\,\dfrac{\text{kJ}}{\text{kg} \cdot \text{K}}$.

Die spezifische Wärmekapazität gibt an, wieviel Energie zugeführt werden muß, um 1 kg eines Stoffes um 1 K zu erwärmen.

Bei Kupfer ist dazu ungefähr dreimal so viel Energie erforderlich wie bei Blei. Die spezifische Wärmekapazität von Wasser ist verhältnismäßig groß (→ Bild 7 u. Tabelle im Anhang).

Sinkt die Temperatur eines Körpers, so wird genauso viel Energie frei, wie bei der Erwärmung um die gleiche Temperaturdifferenz zugeführt wird.

Blei 0,13 $\dfrac{\text{kJ}}{\text{kg} \cdot \text{K}}$

Kupfer 0,38 $\dfrac{\text{kJ}}{\text{kg} \cdot \text{K}}$

Glas 0,80 $\dfrac{\text{kJ}}{\text{kg} \cdot \text{K}}$

Luft 1,01 $\dfrac{\text{kJ}}{\text{kg} \cdot \text{K}}$

Glycerin 2,39 $\dfrac{\text{kJ}}{\text{kg} \cdot \text{K}}$

4,18 $\dfrac{\text{kJ}}{\text{kg} \cdot \text{K}}$ Wasser

Aus der Geschichte: Der berühmte Rührversuch von James P. Joule

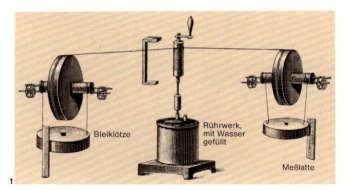
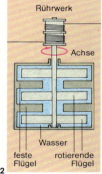

Der englische Physiker *James Prescott Joule* (1818–1889) beschäftigte sich schon in jungen Jahren mit Messungen, vor allem im Bereich der Wärmelehre. Als 21jähriger fand er Gesetzmäßigkeiten für die Wärmewirkung des elektrischen Stromes.

Kurze Zeit danach, im Jahre 1843, ging er einer anderen Frage nach: Welcher Zusammenhang besteht zwischen der an einem Körper verrichteten (Reibungs-)Arbeit und der dadurch bewirkten Temperaturerhöhung des Körpers?

Um diese Frage zu beantworten, dachte sich Joule eine Versuchsanordnung aus, wie du sie in den Bildern 1 u. 2 siehst. Sie bestand aus einem Rührer, der in ein wassergefülltes Gefäß eintauchte.

Der Rührer wurde durch herabsinkende Bleizylinder angetrieben. Er hatte die Aufgabe, das Wasser durcheinanderzuwirbeln und so Reibungsarbeit zu verrichten. Dadurch erhöhte sich die Wassertemperatur.

Bei diesem Versuch wird die Lageenergie der Bleizylinder fast vollständig in innere Energie des Wassers umgewandelt.

Die Lageenergie konnte Joule leicht berechnen: Sie war genauso groß wie die Hubarbeit, die er zunächst verrichten mußte, wenn er die Bleizylinder in ihre Anfangslage hob.

In heutige Einheiten umgerechnet, lautet Joules Ergebnis: Um 1 kg Wasser um 1 K zu erwärmen, muß man eine Energie von 4155 J zuführen. Dieser Wert weicht nur sehr geringfügig von dem Wert ab, den man mit modernen Meßverfahren ermittelt hat (nämlich 4181,6 J).

Aufgaben

1 Frau Meier setzt 1,5 l Teewasser auf. Es ist mit einer Temperatur von 15 °C aus der Wasserleitung gekommen und soll nun auf 95 °C erhitzt werden. Wieviel Energie ist nötig?

Wie hoch müßte ein 50 kg schwerer Mensch klettern, damit seine Lageenergie diesem Energiebetrag entspricht?

2 Eine Wärmflasche aus Kupfer faßt 5 l Wasser; leer wiegt sie 1 kg. Nach dem Auffüllen mit heißem Wasser hat sie eine Temperatur von 80 °C.

Solange ihre Temperatur nicht unter 30 °C gesunken ist, wärmt sie das Bett. Wieviel Energie gibt die Wärmflasche ab?

Wieviel Energie würde eine Wärmflasche abgeben, die mit 80 °C heißem Sand gefüllt wäre?

3 Ist das Wasser in einem unbeheizten Freibad erst einmal warm, so kühlt es nur sehr langsam wieder ab. Ein oder zwei kühle Tage haben kaum Auswirkungen auf die Wassertemperatur. Erkläre!

4 Übertrage die folgende Tabelle in dein Heft, und ergänze sie:

Masse des Glycerins	Temperaturerhöhung	zugeführte Energie
1,5 kg	5 K	?
2 kg	10 K	?
1 kg	?	2,39 kJ
0,5 kg	?	2,39 kJ
1,5 kg	?	14,34 kJ
?	10 K	15 kJ
?	15 K	100 kJ

5 Die beiden Geraden in Bild 3 ergaben sich aus zwei Meßreihen beim Erwärmen von Glycerin. Worin unterschieden sich die Versuche?

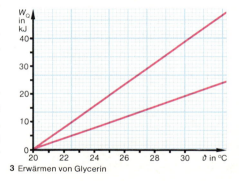

3 Erwärmen von Glycerin

6 Heißes Wasser (0,3 kg; 84 °C) und kaltes Wasser (0,6 kg; 18 °C) werden gemischt. Berechne die Mischungstemperatur (→ Info rechts oben).

7 In ein Trinkglas (m_G = 110 g) wird siedendes Wasser (m_W = 130 g) geschüttet. Die Temperatur des Glases betrug 20 °C.

Welche Temperatur nehmen Wasser und Glas an?

In Wirklichkeit nimmt das Wasser eine etwas tiefere Temperatur an. Gib dafür eine Begründung.

8 Ein im Wasserbad erhitzter Bleiklotz (m_{Pb} = 200 g) hat eine Temperatur von 90 °C. Der Bleiklotz wird in Wasser (m_W = 100 g) von 20 °C getaucht. Nach dem Umrühren stellt man eine Mischungstemperatur von 24 °C fest.

Berechne die spezifische Wärmekapazität von Blei. (*Tip:* Die vom Blei abgegebene Energie ist gleich der vom Wasser aufgenommenen. Drücke diesen Sachverhalt in einer Gleichung aus.)

Info: Wie man die Mischungstemperatur berechnet

Musteraufgabe:
Zu 50 l heißem Badewasser (60 °C) werden 100 l kaltes Wasser (15 °C) hinzugefügt. Berechne die Mischungstemperatur ϑ.
Lösung:
Die Energie W_{auf}, die das kalte Wasser aufnimmt, ist genauso groß wie die Energie W_{ab}, die das heiße Wasser abgibt.

$W_{auf} = c_W \cdot 100 \text{ kg} \cdot (\vartheta - 15 °C)$
$W_{ab} = c_W \cdot 50 \text{ kg} \cdot (60 °C - \vartheta)$

Ausgangsgleichung:
$$c_W \cdot 100 \text{ kg} \cdot (\vartheta - 15 °C) = c_W \cdot 50 \text{ kg} \cdot (60 °C - \vartheta)$$
Umformen:
$$2(\vartheta - 15 °C) = 60 °C - \vartheta$$
$$2\vartheta - 30 °C = 60 °C - \vartheta$$
$$3\vartheta = 90 °C$$
$$\vartheta = 30 °C$$

Die Mischungstemperatur beträgt 30 °C.

Die spezifische Wärmekapazität

Alles klar?

1 Wenn man die Temperaturmessungen aus vielen Jahren vergleicht, stellt man fest, daß es überall in Deutschland im Januar am kältesten ist. Nur auf der Insel Helgoland ist die Durchschnittstemperatur im Frühjahr am niedrigsten.
Gib dafür eine Erklärung.

2 Die Außenmauern eines Hauses bestehen aus 80 m³ Ziegelstein. 1 m³ hat eine Masse von 1,5 t.
An einem Frühlingstag erwärmen sich die Außenmauern auf 25 °C. Wieviel Energie gibt das Mauerwerk nachts ab, wenn es sich um 10 K abkühlt?

Angenommen, die Mauern wären aus Styropor ($\varrho = 15$ kg/m³) statt aus Ziegel. Wieviel Energie könnte das Mauerwerk in diesem Fall abgeben?

3 Ein Automotor (Masse: 100 kg) besteht aus Eisen und wird von 12 l Wasser gekühlt. Nach einer Fahrt hat der Motor eine Temperatur von 100 °C. Er kühlt auf 15 °C ab. Wieviel Energie gibt der Motorblock ab, wieviel das Kühlwasser?

4 Eine Kupferkugel ($m_{Cu} = 30$ g) wird in der Flamme eines Bunsenbrenners erhitzt und sofort danach in Wasser ($m_W = 150$ g) von 20 °C getaucht. Es ergibt sich eine „Mischungstemperatur" von 34 °C. Welche Temperatur hatte die Kugel?
Was kannst du über die Temperatur in der Flamme aussagen?

5 Glycerin (200 g) wird auf 100 °C erhitzt und anschließend in einem Becherglas mit 400 g Wasser von 15,0 °C gemischt. Die Mischungstemperatur beträgt 32,1 °C.
Welche spezifische Wärmekapazität ergibt sich?
Vergleiche den ermittelten Wert mit dem Tabellenwert. Wie groß ist die Abweichung (in %)? Begründe die Abweichung.

Auf einen Blick

Energiezufuhr und Temperaturerhöhung

Wenn Körper gleicher Masse, aber aus unterschiedlichen Stoffen, um die gleiche Temperaturdifferenz erwärmt werden sollen, ist unterschiedlich viel Energie erforderlich (Bild 4).

Die Körper geben auch unterschiedlich viel Energie ab, wenn sie um die gleiche Temperaturdifferenz abgekühlt werden.

Je nachdem, aus welchem Stoff sie bestehen, sind die Körper deshalb unterschiedlich gute Energiespeicher.

Wie gut sich die verschiedenen Stoffe zur Speicherung von Energie eignen, wird durch die **spezifische Wärmekapazität** c beschrieben:

$$c = \frac{W_Q}{m \cdot \Delta \vartheta}.$$

Dabei bezeichnet W_Q die zugeführte Energie, m die Masse des Körpers und $\Delta \vartheta = \vartheta_1 - \vartheta_0$ die Temperaturdifferenz (ϑ_0: Anfangstemperatur; ϑ_1: Endtemperatur).

Die spezifische Wärmekapazität gibt an, wieviel Energie erforderlich ist, um 1 kg eines Stoffes um 1 K zu erwärmen (Bild 5). Gleich viel Energie wird frei, wenn 1 kg des gleichen Stoffes um 1 K abkühlt (Bild 6).

Die Energie W_Q, die ein Körper bei der Erwärmung von der Temperatur ϑ_1 auf ϑ_2 aufnimmt (oder bei einer entsprechenden Abkühlung abgibt), läßt sich so berechnen:

$$W_Q = c \cdot m \cdot \Delta \vartheta.$$

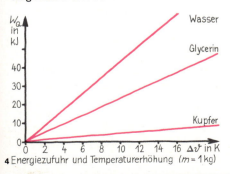

4 Energiezufuhr und Temperaturerhöhung ($m = 1$ kg)

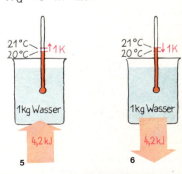

5 **6**

Verborgene Energie

1 Schmelzen und Erstarren

Wenn im Frühjahr Obstbäume und Weinreben austreiben, tritt häufig noch Frost auf – vor allem nachts oder in den frühen Morgenstunden.

Um die jungen Triebe vor dem Erfrieren zu bewahren, besprüht man sie mit Wasser! Blüten und Blätter werden dann von einer dünnen Eisschicht überzogen ...

V 1 Stelle ein kleines Glas mit Wasser in die Gefriertruhe. In das Wasser soll ein Thermometer eintauchen.

Lies alle 15 Minuten die Temperatur des Wassers ab. Welche erstaunliche Beobachtung machst du?

V 2 Wir wollen das *Erstarren* (Gefrieren) von Wasser beobachten.

Zum Abkühlen des Wassers verwenden wir eine „Kältemischung" (Bild 3). Lies alle 30 Sekunden die Temperatur ab, die im Reagenzglas herrscht. Stelle die Meßwerte in einem Diagramm dar, und beschreibe den Erstarrungsvorgang genau.

V 3 Wir untersuchen das *Schmelzen* von Eis.

a) Einige zerstoßene Eiswürfel werden in ein Becherglas mit Wasser geschüttet. Dann erwärmen wir das Glas mit kleiner Brennerflamme und rühren dabei vorsichtig um. Alle 30 Sekunden wird die Temperatur abgelesen. Fertige ein Temperatur-Zeit-Diagramm an.

b) Vergleiche die *Schmelztemperatur* von Eis mit der *Erstarrungstemperatur* von Wasser (→ Versuch 2).

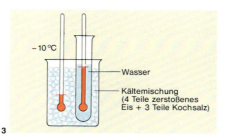

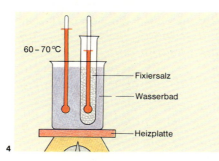

c) Obwohl Energie in Form von Wärme zugeführt wird, steigt die Temperatur *nicht*. Wofür wird die zugeführte Energie benötigt?

V 4 In einen ungefähr 500 g schweren Eisblock ist ein 300-Watt-Tauchsieder eingefroren.

Wieviel Schmelzwasser entsteht, wenn der Tauchsieder 100 s lang eingeschaltet wird? Überlege, worauf bei der Durchführung des Versuchs zu achten ist.

Berechne, wieviel Energie zum Schmelzen von 1 kg Eis nötig ist. (Der Tauchsieder gibt in jeder Sekunde eine Energie von 300 J ab.)

V 5 In diesem Versuch untersuchen wir das Erstarren eines geschmolzenen Salzes (Fixiersalz).

a) Fülle ein sauberes Reagenzglas zur Hälfte mit Fixiersalzkristallen, und erhitze es im Wasserbad auf ca. 60 °C (Bild 4).

Bestimme die Schmelztemperatur.

b) Wenn alle Kristalle geschmolzen sind, läßt du die Flüssigkeit (Schmelze) auf Zimmertemperatur abkühlen. Während des Abkühlens darfst du nicht umrühren.

Wirf dann einen kleinen Kristall in die „unterkühlte Schmelze", und achte auf das Thermometer.

c) Vergleiche wieder Schmelz- und Erstarrungstemperatur.

d) Für jede Temperaturerhöhung eines Körpers ist Energie nötig. Woher stammt in diesem Beispiel die Energie für die Temperaturerhöhung?

Info: Die Schmelzwärme

Damit ein Körper schmilzt, muß ihm Energie zugeführt werden. Diese Energie bezeichnet man als **Schmelzwärme**.

Je größer die Masse eines Körpers ist, desto mehr Schmelzwärme ist erforderlich. Schmelzwärme und Masse sind zueinander proportional. Den Quotienten aus Schmelzwärme und Masse nennt man **spezifische Schmelzwärme**.

Die spezifische Schmelzwärme ist von Stoff zu Stoff verschieden. Sie gibt an, wieviel Energie man zum Schmelzen von 1 kg eines Stoffes benötigt.

Beim Erstarren gibt ein Körper Energie ab – und zwar genausoviel, wie er beim Schmelzen aufgenommen hat (Bild 5). **Die vom Körper abgegebene Erstarrungswärme ist genauso groß wie die aufgenommene Schmelzwärme.**

Während ein Körper schmilzt oder erstarrt, ändert sich seine Temperatur *nicht*. Daher ändert sich auch nicht die Bewegungsenergie der Teilchen.

Wo aber bleibt die beim Schmelzen zugeführte Energie, und woher kommt die beim Erstarren freigesetzte Energie? Mit Hilfe des *Teilchenmodells* können wir diese Fragen beantworten: In einem festen Körper üben die Teilchen große Kräfte aufeinander aus. Die Teilchen werden durch diese Kräfte auf bestimmten Plätzen festgehalten, wo sie sich hin und her bewegen.

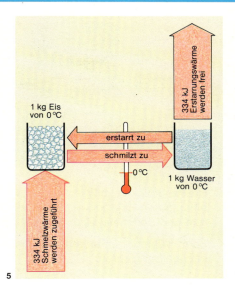

5

Wenn man einen festen Körper erwärmt, steigt zunächst seine Temperatur an. Die zugeführte Energie vergrößert die Bewegungsenergie der Teilchen. Mit steigender Temperatur werden ihre Schwingungen immer heftiger.

Bei einer bestimmten Temperatur, der Schmelztemperatur, sind die Schwingungen so heftig, daß sich die Teilchen von ihren Plätzen lösen können.

Während des Schmelzvorganges steigt die Temperatur nicht weiter an, da die gesamte zugeführte Energie benötigt wird, um die Teilchen voneinander zu trennen. Dabei muß nämlich Arbeit gegen die Kräfte verrichtet werden, die die Teilchen zusammenhalten.

Die beim Schmelzen zugeführte Energie wird beim Erstarren der Flüssigkeit wieder frei, wenn die Teilchen wieder an ihren Plätzen „einrasten".

Die als Schmelzwärme zugeführte Energie „steckt" also in der Flüssigkeit, und zwar in der beim Schmelzen geänderten Anordnung der Teilchen. Wir rechnen die Schmelzwärme daher zur *inneren Energie* eines Körpers.

Schmelztemperatur und spezifische Schmelzwärme

Stoff	Schmelz-temperatur in °C	spezifische Schmelzwärme in $\frac{kJ}{kg}$
Quecksilber	−38,9	11,8
Wasser	0	334
Glycerin	18,4	201
Fixiersalz	48,5	94
Zinn	232	59,6
Blei	327	23,0
Kupfer	1083	205
Eisen	1535	277
Wolfram	3380	192

Aufgaben

1 Bei kurzen Nachtfrösten werden manchmal Weinstöcke, Obstbäume und Gemüsekulturen künstlich „beregnet" (Bilder 1 u. 2).

Wieso werden Pflanzen dadurch vor dem Erfrieren geschützt?

Weshalb kann man dieses Verfahren nicht auch bei länger anhaltendem Frost anwenden?

2 Will man Saft für längere Zeit kühl halten, so wirft man ein paar *Eis*würfel (0 °C) hinein. Gleich viel *Wasser* von 0 °C hätte eine viel geringere Wirkung. Begründe!

3 100 g Eis (0 °C) werden mit 0,5 l Wasser von 15 °C übergossen.

Schmilzt dabei das ganze Eis?
Wenn nicht: Wieviel Gramm Eis bleiben übrig?

4 Frau Müller will eine tiefgefrorene Suppe (1 kg) auftauen und dann zum Sieden bringen. (Eine Suppe besteht fast ausschließlich aus Wasser – auch wenn sie nach etwas anderem schmeckt.)

Dazu stellt Frau Müller einen Topf mit der gefrorenen Suppe (0 °C) auf eine 1000-Watt-Herdplatte. (Die Platte gibt 1000 J pro Sekunde ab.)

a) Wie lange dauert es mindestens, bis die Suppe siedet („kocht")?

b) Wieviel elektrische Energie hätte Frau Müller sparen können, wenn sie die Suppe rechtzeitig aus der Gefriertruhe genommen hätte (Zimmertemperatur: 20 °C)?

5 Im Frühjahr bleiben Seen auch bei Temperaturen von über 0 °C noch lange zugefroren. Bei Sonnenschein taut die Eisdecke kaum; wenn aber Regenwetter einsetzt, taut sie recht schnell. Gib dafür eine Erklärung.

6 Wenn starker Frost drohte, stellte man früher einen großen Wasserbehälter zu den Kartoffeln in den Vorratskeller. Weshalb?

7 Beim Herstellen von Goldmünzen werden Goldbarren geschmolzen.

Einem 1-kg-Barren muß man eine Energie von insgesamt 202 kJ zuführen, um ihn zunächst von Zimmertemperatur (20 °C) auf die Schmelztemperatur (1063 °C) zu erhitzen und dann zu schmelzen.

Berechne die Schmelzwärme. (*Tip:* Die spezifische Wärmekapazität von Gold findest du im Anhang.)

Aus der Geschichte: **Als es noch keinen elektrischen Kühlschrank gab...**

Um die Jahrhundertwende gab es in den Haushalten noch keine elektrischen Kühlschränke. Statt dessen bewahrte man leicht verderbliche Lebensmittel häufig in *Eisschränken* auf (Bild 1). Diese Schränke hatten Doppelwände, die mit trockenen Sägespänen ausgefüllt waren. Das obere Fach des Schrankes wurde mit Eis gefüllt, das alle zwei bis drei Tage geliefert wurde. Das Eis schmolz allmählich und sorgte so für Kühlung.

Die zum Schmelzen des Eises erforderliche Energie wurde der Luft im Innenraum sowie den eingelagerten Lebensmitteln entzogen. Dadurch erreichte man, daß die Temperatur der Lebensmittel sank.

Die Eisschränke hatten aber zwei schwerwiegende Nachteile:

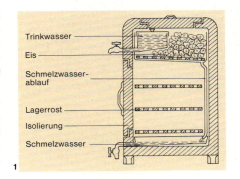

1

○ Die Feuchtigkeit im Eisschrank bot einen guten Nährboden für Bakterien und Schimmelpilze.

○ Zum Kühlen mußte laufend Eis nachgelegt werden.

Um auch mitten im Sommer Eis zur Verfügung zu haben, gab es jahrhundertelang nur eine Möglichkeit: Man mußte im Winter Eisblöcke aus den Eisdecken zugefrorener Seen und Flüsse herausschneiden. Die Blöcke wurden in Eiskellern gelagert und manchmal erst im dritten Sommer nach der „Eisernte" verwendet.

Seit Ende des 19. Jahrhunderts wurde dieses Natureis mehr und mehr durch das künstlich hergestellte „Kristalleis" ersetzt.

Im Jahre 1876 stellte nämlich der Ingenieur *Carl von Linde* in München die erste leistungsfähige Kühlmaschine vor.

Das war die Geburtsstunde des Kühlschranks – doch es dauerte noch einige Jahrzehnte, bis aus den unförmigen Kühlmaschinen handliche Kühlschränke wurden.

2 Verdampfen und Kondensieren

In das kalte Teewasser wird einfach nur Dampf geleitet,... 2 ...und nach wenigen Sekunden siedet das Wasser. Wie ist das möglich?

V 6 Wir beobachten das *Sieden* von Wasser: Ein 250-ml-Becherglas, das zur Hälfte mit Wasser gefüllt ist, wird mit einem Brenner erhitzt.

Rühre ständig um; lies alle 30 Sekunden die Temperatur ab (Tabelle!).

a) Was ist kurz vor dem Sieden im Wasser zu bemerken?

b) Stelle die Meßwerte graphisch dar. Was fällt dir an der Meßkurve auf?

c) Was geschieht mit der während des Siedens zugeführten Energie?

V 7 In diesem Versuch bestimmen wir, wieviel Energie zum Verdampfen von 1 g Wasser erforderlich ist.

a) Fülle ein Reagenzglas etwa 2 cm hoch mit Wasser, und gib ein paar Siedesteinchen dazu. Miß dann die Anfangstemperatur.

Wie lange dauert es, bis das Wasser bei kleiner Brennerflamme seine Siedetemperatur erreicht?

Ermittle anschließend die Zeit, die vergeht, bis das Wasser vollständig verdampft ist.

b) Man kann davon ausgehen, daß der Gasbrenner in jeder Sekunde gleich viel Energie an das Wasser abgibt. Wievielmal mehr Energie ist zum Verdampfen als zum Erhitzen erforderlich?

c) Um 1 g Wasser um 1 K zu erhitzen, braucht man 4,2 J. Wieviel Energie mußte pro Gramm Wasser zugeführt werden, bis das Wasser siedete?

Berechne mit der Antwort von Teil b die Energie, die zum Verdampfen von 1 g Wasser nötig ist.

V 8 Kann man den Wasserdampf eigentlich sehen?

a) Bild 3 zeigt den Versuchsaufbau. Wo bildet sich sichtbarer „Nebel"?
Halte auch eine Glasplatte in den Dampfstrahl.

b) Entferne die Düse, und miß die Temperatur des Dampfes im Kolben (direkt über der Wasseroberfläche).

V 9 Wie du den „Teeautomaten" von Bild 2 nachbauen kannst, siehst du in Bild 4. Plane mit diesem Aufbau einen Versuch zu folgender Frage:

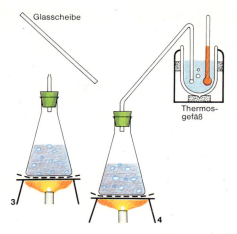

Wieviel Energie wird frei, wenn 1 g Wasserdampf wieder zu Wasser wird (kondensiert)?

Dazu einige *Tips*:

1. Laß zuerst so lange Dampf durch das Rohr in die Luft ausströmen, bis sich im Rohr keine Wassertropfen mehr bilden.
2. Die Masse des kondensierten Dampfes erhältst du, wenn du das Thermosgefäß vor und nach dem Einleiten des Dampfes wiegst.
3. Die Rechnung wird einfacher, wenn du so lange Dampf einleitest, bis das Wasser gerade siedet.

Info: Die Verdampfungswärme

Wenn man einem Becherglas voll Wasser Energie zuführt, steigt die Wassertemperatur so lange an, bis das Wasser *siedet*. Im Wasser bilden sich dann Bläschen, die aus Wasserdampf bestehen und zur Oberfläche aufsteigen.

Wird weiterhin Energie zugeführt, so geht immer mehr Wasser in Wasserdampf über, bis schließlich das ganze Wasser verdampft ist. Die Wassertemperatur bleibt während dieser Zeit gleich; die zugeführte Energie wird nämlich für das Verdampfen gebraucht.

Die für das Verdampfen nötige Energie nennt man **Verdampfungswärme**.

Um 1 kg Wasser zu verdampfen, benötigt man 2256 kJ. Das ist mehr als das Fünffache der Energie, die erforderlich ist, um 1 kg Wasser von 0 °C auf 100 °C zu erhitzen.

Der Quotient aus Verdampfungswärme und Masse des verdampften Körpers heißt **spezifische Verdampfungswärme** und ist von Stoff zu Stoff verschieden (→ Tabelle im Anhang).

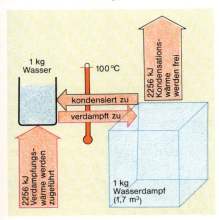

Entzieht man dem Dampf Energie, so verwandelt er sich wieder in eine Flüssigkeit; er *kondensiert*. Die Energie, die der Dampf beim Kondensieren abgibt, wird **Kondensationswärme** genannt.

Die zugeführte Verdampfungswärme ist genauso groß wie die freigesetzte Kondensationswärme (Bild 5).

Auch der Übergang zwischen dem flüssigen und dem gasförmigen Zustand läßt sich mit dem *Teilchenmodell* erklären:

Im Innern einer Flüssigkeit lassen sich die Teilchen leicht gegeneinander verschieben. Bei der Verschiebung eines Teilchens treten keine zusätzlichen (rücktreibenden) Kräfte auf. Die Kräfte, die auf ein Teilchen von seinen Nachbarteilchen ausgeübt werden, heben sich im Innern der Flüssigkeit gegenseitig auf (Bild 6).

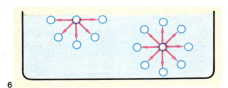

An der Flüssigkeitsoberfläche jedoch werden die Flüssigkeitsteilchen von den darunterliegenden Nachbarteilchen festgehalten.

Damit ein Teilchen die Flüssigkeit verlassen kann, muß es an der Oberfläche die anziehenden Kräfte der Nachbarteilchen überwinden. Auch unterhalb der Siedetemperatur reicht dazu die Bewegungsenergie der schnellsten Teilchen aus – die Flüssigkeit verdunstet.

Ist die Siedetemperatur erreicht, haben viele Teilchen eine so große Bewegungsenergie, daß sie die Flüssigkeit verlassen können. Befinden sie sich aber nicht in der Nähe der Oberfläche, sondern im Innern der Flüssigkeit, so bilden sie Dampfblasen, die nach oben steigen.

Beim Sieden bleibt die Temperatur der Flüssigkeit konstant. Die zugeführte Energie ist erforderlich, damit sich die Teilchen voneinander entfernen können.

Daß die Teilchenabstände beim Verdampfen größer werden, erkennst du daran, daß ein Körper im gasförmigen Zustand einen viel größeren Raum einnimmt als im flüssigen Zustand. So entstehen z. B. aus 1 l Wasser ca. 1700 l Wasserdampf (bei einem Druck von 1013 hPa).

Auch die als Verdampfungswärme zugeführte Energie steckt in der Anordnung der Teilchen und ist Teil der *inneren Energie* des Körpers.

Fragen und Aufgaben zum Text

1 Wenn man Kartoffeln in einem offenen Topf kocht, sollte man den Herd so einstellen, daß das Wasser gerade noch siedet.
Warum sollte man keine höhere Heizstufe wählen?

2 In Gasheizungen verbrennt Erdgas. Dabei bilden sich Kohlenstoffdioxid und Wasser. Beim Verbrennen von 1 kg Erdgas entstehen ca. 2 kg Wasserdampf.
Wieviel Energie ließe sich gewinnen, wenn man den Dampf noch innerhalb der Heizungsanlage zu 100 °C heißem Wasser kondensieren könnte?

3 Ein Kellner füllt 180 g Leitungswasser ($\vartheta = 15\,°C$) in ein Teeglas und erhitzt dieses Wasser durch Einleiten von Wasserdampf auf Siedetemperatur.
Wird das Teeglas dabei voll? (Es muß mindestens 0,2 Liter Tee enthalten.)

Aus Umwelt und Technik: **Regen, Schnee, Hagel, Reif**

Überall auf der Erde verdunstet Wasser. Daher enthält die Luft stets Wasserdampf – mal mehr, mal weniger. Sehen kann man den Wasserdampf nicht; auch **Wolken** (Bild 1) bestehen *nicht* aus Wasserdampf.

Wolken entstehen erst dann, wenn Wasserdampf *kondensiert:* Meist lagern sich dabei mehr und mehr Wassermoleküle an ein Staubkorn an und bilden so schließlich einen winzigen Wassertropfen.

Wolken sind also nichts anderes als Ansammlungen mehr oder weniger großer Wassertröpfchen.

Solange die Tröpfchen (oder Eiskristalle) einer Wolke klein sind, fallen sie nicht zur Erde; sie werden nämlich von den Aufwinden in der Schwebe

gehalten. Sind die Tropfen dafür zu schwer, so **regnet** es.

Regentropfen sind unterschiedlich groß. *Nieselregen* besteht aus Tropfen von etwa Sandkorngröße (0,1–0,5 mm ⌀). Bei einem Gewitterregen dagegen können die Tropfen Kirschkerngröße (6 mm ⌀) erreichen.

In einigen Kilometern Höhe kann die Lufttemperatur oft weit unter 0 °C absinken, ohne daß der in der Luft enthaltene Wasserdampf kondensiert. (Wenn nämlich sehr wenige Wassermoleküle vorhanden sind, kommen kaum einmal so viele zusammen, daß sich ein Tropfen bildet). Staubkörnchen mit bestimmten Eigenschaften dienen dann als Kristallisationskerne für **Schneekristalle** (Bild 2). Der Wasserdampf geht dabei unmittelbar in Eis über; der flüssige Zustand wird übersprungen.

Die Wassermoleküle können sich in vielfältigen Formen zu Schneekristallen aneinanderlagern.

Mehrere Schneekristalle zusammen ergeben eine Schneeflocke.

Hagelkörner entstehen in hohen Wolken mit sehr viel Wasser; dort können sich große Tropfen bilden. Diese Tropfen fallen aber nur bis zur Wolkenunterseite, dann werden sie durch kräftige Aufwinde wieder in die Höhe getragen. Dort gefrieren sie zu kleinen „Eisklumpen" und fallen erneut nach unten. Unterwegs sammeln sie weitere „Wolkentröpfchen" ein und wachsen so ständig an. Manchmal werden sie mehrere Male vom Aufwind erfaßt und nach oben transportiert. Hagelkörner können deshalb aus mehreren Schichten bestehen und sehr groß werden (Bild 3).

Da große Hagelkörner schnell zur Erde fallen, bleibt ihnen nicht genügend Zeit zum Tauen.

Auch bei der Entstehung von **Reif** (Bild 4) wandelt sich Wasserdampf nicht erst in Wassertropfen um; es entstehen vielmehr sogleich kleine Eiskristalle.

Reif beobachtet man vor allem nach wolkenlosen, kalten Nächten – dann nämlich, wenn die Luft in Bodennähe unter den Gefrierpunkt abkühlt.

Enthält die Luft wenig Feuchtigkeit, so können sich keine Wassertröpfchen bilden. Zweige und Grashalme zum Beispiel wirken dann wie die Kristallisationskerne bei den Schneekristallen: An ihnen lagern sich die Wassermoleküle nach und nach an. So wachsen oft dicht nebeneinander unzählige schöne Eiskristalle.

3 Siedetemperatur und Druck

Ein Schnellkochtopf hat gegenüber einem normalen Kochtopf verschiedene Vorteile. Woran liegt das?

Verehrte Kundin, verehrter Kunde!

Wir beglückwünschen Sie zu Ihrem neuen Schnellkochtopf. Jetzt gehören auch Sie zum großen Kreis derjenigen, die sich für eine moderne Kochmethode entschieden haben. Sie können nun *schnell, energiesparend* und *gesund* kochen:

○ Das Kochgut wird viel schneller gar; also sparen Sie sowohl Energie (Strom oder Gas) als auch Zeit. Überzeugen Sie sich selbst anhand der folgenden Übersicht:

○ Sie kochen gesünder, weil Mineralstoffe nicht ausgelaugt und Vitamine nicht durch langes Kochen zerstört werden.

○ Sie kochen wesentlich appetitanregender, denn die Farbe des Kochgutes verändert sich kaum.

○ Die Speisen sind auch wohlschmeckender, weil Aroma- und Geschmacksstoffe erhalten bleiben.

Kochgut	mit dem Schnellkochtopf	im normalen Kochtopf	Ihre Zeitersparnis
Kalbfleisch	15 min	60 min	75 %
Rouladen	20 min	90 min	78 %
Rotkohl	8 min	90 min	91 %
Salzkartoffeln	6 min	25 min	76 %

V 10 Schau einmal beim Kochen mit dem Schnellkochtopf zu.

a) Wenn die Speisen kochen, ragt aus dem Kochventil ein Stift heraus.
Was kann man feststellen, wenn man mit dem Finger kurz auf den Stift drückt?

b) Was ist zu beobachten, wenn der Topf vorschriftsmäßig geöffnet wird? (Den Topf vor dem Öffnen abkühlen!)

V 11 Wir beobachten das Sieden von Wasser unter veränderten Bedin-

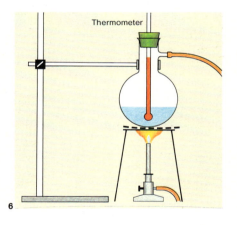

6

gungen. In Bild 6 siehst du den Versuchsaufbau.

Sobald das Wasser im Kolben siedet, wird der Schlauch einige Sekunden lang mit einer Zange zusammengedrückt. (Schutzbrille tragen!) Achte auf das Wasser im Rundkolben und auf das Thermometer.

V 12 Eine mit Wasser gefüllte Schale wird unter eine Glasglocke gestellt. Dann wird die Luft abgepumpt.
Versuche vorherzusagen, was geschehen wird.

Info: Wie die Siedetemperatur vom Druck abhängt

Die Siedetemperatur von Wasser beträgt nicht immer 100 °C. Vielmehr hängt sie vom Druck an der Wasseroberfläche ab, bei offenen Gefäßen also vom Luftdruck.
Je höher der Druck ist, desto höher ist die Siedetemperatur.
Ein hoher Druck erschwert die Bildung von Dampfblasen im Innern des Wassers. Dafür gibt es folgende Erklärung:
Das Wasser wird durch die Luft oder andere Gase, die auf ihm lasten, „unter Druck gesetzt". Wenn sich eine Blase bildet, muß sie beim Ausdehnen das Wasser und die darauf lastende Luft wegschieben. Der Druck in der Blase muß daher mindestens so groß sein wie der äußere Luftdruck.
Der Druck in einer Blase hängt von der mittleren Geschwindigkeit der Teilchen ab

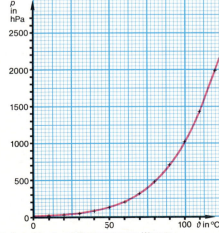

7 Dampfdruck und Temperatur von Wasser

(also von der Temperatur des Dampfes und der Flüssigkeit): Der Druck ist um so höher, je größer die Geschwindigkeit ist, mit der die Teilchen in der Blase gegen die Flüssigkeit prasseln.
Bild 7 zeigt für Wasser den Zusammenhang zwischen der Temperatur und dem Druck, bei dem sich gerade noch Dampfblasen bilden können. Bei gleicher Temperatur ist dieser **Dampfdruck** von Flüssigkeit zu Flüssigkeit verschieden.
Eine Flüssigkeit siedet bei derjenigen Temperatur, bei der Dampfdruck und äußerer Luftdruck gleich groß sind.

Der Luftdruck nimmt mit zunehmender Höhe ab. Daher sinkt im Gebirge die Siedetemperatur z. B. von Wasser um so tiefer, je höher man steigt.

Aus Umwelt und Technik: **Der Schnellkochtopf**

Der Schnellkochtopf besitzt einen dicht schließenden Deckel. Dadurch kann der beim Kochen entstehende Dampf nicht entweichen, und der Druck im Topf steigt an.

Je nach der Höhe des Drucks im Topf steigt die Siedetemperatur des Wassers bis auf 117 °C an. Bei dieser erhöhten Temperatur werden die Speisen schneller gar. Das Ansteigen des Drucks wird durch den Stift am Kochventil angezeigt: Je höher der Druck ist, desto weiter ragt der Stift heraus (Bilder 1–3).

Schon wenn die erste Rille des Ventilstiftes sichtbar wird, kann man die elektrische Kochplatte auf Stufe 1 schalten. Die gespeicherte Energie der Kochplatte reicht dann aus, um Temperatur und Druck weiter zu erhöhen, so daß schließlich auch die zweite Rille des Stiftes sichtbar wird. (Gasherd jetzt auf Sparflamme drehen!) Beide Rillen müssen während der gesamten Kochzeit sichtbar sein.

Steigt der Druck im Topf zu stark an (z. B. durch ein spätes Zurückschalten der Kochplatte), öffnet sich ein Sicherheitsventil, und ein Teil des Dampfes entweicht. So wird verhindert, daß der Topf explodiert und Personen zu Schaden kommen.

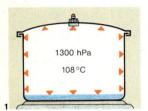
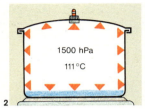
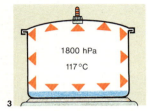

Aus Umwelt und Technik: **Geysire – heiße Springbrunnen**

Im Yellowstone-Nationalpark in den USA stehen Besucher in der Nähe eines Erdloches. Etwas Dampf steigt auf – sonst ist nichts zu sehen.

Plötzlich wird unter Zischen und Brausen heißes Wasser aus der Erde herausgeschleudert. Für kurze Zeit steht eine mehr als 10 m hohe Wassersäule über dem Erdloch (Bild 4). Ein gewaltiges Naturschauspiel!

Genauso unvermittelt wie diese Springquelle zu sprudeln beginnt, versiegt sie wieder. Erst nach einiger Zeit erfolgt der nächste Ausbruch.

Heiße Quellen, die ihr Wasser in Abständen springbrunnenartig ausstoßen, heißen **Geysire**.

Wie kommt es zum Ausbruch eines Geysirs? Wasser aus einer unterirdischen Quelle oder das Grundwasser sammelt sich ständig in einem Hohlraum. Diese Höhle ist durch einen langen, „knieartigen" Gang mit der Erdoberfläche verbunden.

Das Wasser in der Höhle wird durch heißes Gestein oder vulkanische Gase bis zum Sieden erhitzt. Der entstehende Wasserdampf und die Gase aus der Erde können zunächst ungehindert abziehen (Bild 5).

Von oben fließt dann wieder etwas Wasser zurück (vom vorangegangenen Ausbruch). Auch von unten aus der Höhle strömt Wasser nach. Dadurch wird im oberen Teil des Knies Wasserdampf eingeschlossen (Bild 6). In ihm entsteht ein Überdruck.

Das Wasser im unteren Teil kann nun nicht mehr ausweichen; auch in ihm herrscht ein Überdruck. Daher wird es bis zu 120 °C heiß, und der Druck steigt weiter an. Schließlich preßt der Wasserdampf die Wassersäule im oberen Teil des Ganges nach oben (Bild 7), so daß etwas Wasser aus dem Gang herausfließt.

Nun geht alles ganz schnell: Durch das abfließende Wasser wird die Dampfblase wieder „entlastet", und der Überdruck im Knie nimmt ab. Das Wasser im unteren Teil der Röhre beginnt plötzlich (explosionsartig) zu sieden. Dadurch wird das Wasser im oberen Teil der Röhre mit großer Gewalt herausgeschleudert (Bild 8). Nach kurzer Zeit beginnt der Vorgang erneut.

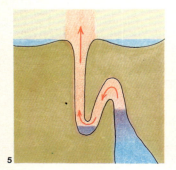
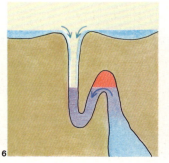
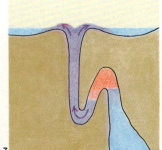
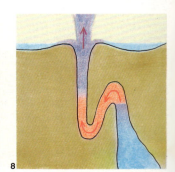

Verborgene Energie

Alles klar?

1 Es gibt immer wieder Überlegungen, Eisberge mit Schiffen an die Küsten von Wüstengebieten zu schleppen. Dort sollen sie zur Trinkwasserversorgung dienen.
Warum wäre es möglich, Eisberge über lange Strecken in warme Regionen zu transportieren, ohne daß sie während des Transports völlig schmelzen?

2 Ein Glas Orangensaft (200 g) wird mit einem Eiswürfel (30 g) gekühlt.
Wieviel Energie wird dem Orangensaft beim Schmelzen des Eises entzogen?
Um wieviel Kelvin sinkt die Temperatur des Saftes höchstens?

3 Zum Erhitzen von Milch werden 20 g Wasserdampf von 100 °C in ein Glas mit 200 g Milch geleitet. Wie heiß wird etwa die Milch, wenn sie anfangs eine Temperatur von 15 °C besaß?

4 Schadet es den Pflanzen, wenn sich Rauhreif bildet, oder nutzt es ihnen eher? Begründe deine Antwort.

5 „Bei schönem Wetter dauert das Kochen länger." Erkläre diese Aussage.

6 Als einen Fixpunkt für die Thermometerskala haben wir die Siedetemperatur des Wassers benutzt. Welche Angabe muß zusätzlich gemacht werden?

7 Welcher Zusammenhang besteht zwischen dem Druck im Schnellkochtopf, der Siedetemperatur von Wasser und der Garzeit von Speisen?

8 Auf dem Mount Everest (8848 m) – dem höchsten Berg der Erde – beträgt der Luftdruck ungefähr 340 hPa, auf der Zugspitze ca. 700 hPa.
Lies aus Bild 7 auf der vorigen Doppelseite ab, welche Siedetemperatur das Wasser auf diesen Berggipfeln hat.

Auf einen Blick

Schmelzwärme und Verdampfungswärme

Viele Körper können fest, flüssig oder gasförmig sein.
Während ein Körper schmilzt oder erstarrt, verdampft oder kondensiert, ändert sich seine Temperatur nicht.
Schmelztemperatur und Erstarrungstemperatur sind gleich.

Beim Schmelzen muß dem Körper Energie zugeführt werden: die **Schmelzwärme**. Beim Erstarren gibt der Körper Energie ab: die **Erstarrungswärme**.

Soll eine Flüssigkeit verdampfen, muß ihr Energie zugeführt werden: die **Verdampfungswärme**. Kondensiert ein Gas, so wird Energie frei: die **Kondensationswärme**.

Die von einem Körper abgegebene Erstarrungswärme ist genauso groß wie die von ihm aufgenommene Schmelzwärme.

Die von einem Körper abgegebene Kondensationswärme ist genauso groß wie die von ihm aufgenommene Verdampfungswärme.

Die als Schmelzwärme oder Verdampfungswärme zugeführte Energie steckt im flüssigen oder gasförmigen Körper; sie gehört zu seiner **inneren Energie**.

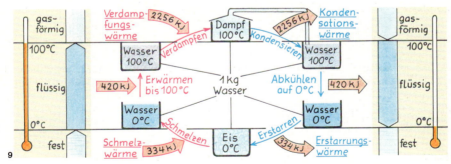

Siedetemperatur und Druck

Die **Siedetemperatur** einer Flüssigkeit hängt von dem **Druck** ab, der über der Flüssigkeit herrscht (z. B. vom Luftdruck).

Bei normalem Luftdruck (1013 hPa) siedet z. B. Wasser bei 100 °C.
Steigt der Druck, so siedet das Wasser bei höherer Temperatur.
Verringert man den Druck an der Wasseroberfläche, so siedet das Wasser schon unterhalb von 100 °C.

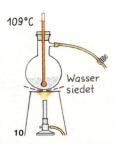
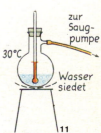

Verdunsten und Kühlen

1 Kühlen im warmen Sommerwind?

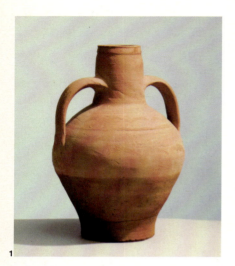

Wenn man Wasser in einem porösen Tonkrug aufbewahrt, wird der Krug zwar außen etwas feucht, dafür bleibt das Wasser aber angenehm kühl.
Warum ist das Wasser im Krug kühler als die Umgebung?

V 1 Verreibe einen Tropfen Wasser auf dem Handrücken. Was spürst du, wenn das Wasser verdunstet?
Versuche es auch mit einem Tropfen Spiritus oder Parfüm.

V 2 Läßt sich das Abkühlen auch mit einem Thermometer nachweisen?

a) Wickle etwas Löschpapier (oder Watte) um die Thermometerkugel. Feuchte das Papier mit Spiritus an, und beobachte das Thermometer, während du es ruhig hältst.

b) Wiederhole den Versuch, blase aber diesmal gleichmäßig gegen das angefeuchtete Löschpapier.

c) Untersuche andere Flüssigkeiten (z. B. Wasser, Waschbenzin, Aceton). Versuche, möglichst niedrige Temperaturen zu erreichen. Ermittle jeweils Anfangs- und Endtemperatur sowie den Temperaturunterschied.

V 3 Laß verschiedene Flüssigkeiten in offenen Glasschalen verdunsten. Wie tief sinken ihre Temperaturen?

a) Verwende zum Beispiel Wasser, Spiritus, Speiseöl und Waschbenzin.
Alle vier Flüssigkeiten sollen in verschlossenen Vorratsflaschen bereits die Zimmertemperatur angenommen haben.
Miß die Anfangstemperaturen in den Flaschen.

b) Fülle dann jeweils etwa 50 g Flüssigkeit in die Glasschalen.
Bestimme die Temperaturen aller vier Flüssigkeiten eine Stunde lang alle 15 Minuten. Miß dann noch einmal nach zwei Stunden.
Überprüfe auch am folgenden Tag die Temperaturen. Ist das noch bei allen Flüssigkeiten möglich?

c) Versuche, eine Erklärung für deine Beobachtungen zu finden.

Info: Verdunsten und Verdunstungskühlung

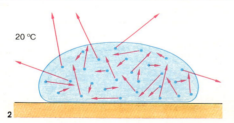
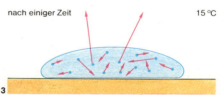

Läßt man eine Flüssigkeit in einem offenen Gefäß stehen, so geht sie allmählich in den gasförmigen Zustand über. Das geschieht auch weit unterhalb der Siedetemperatur. Man sagt, die Flüssigkeit **verdunstet**. Im Gegensatz zum Sieden bilden sich beim Verdunsten aber keine Dampfblasen innerhalb der Flüssigkeit.

Mit dem *Teilchenmodell* können wir den Verdunstungsvorgang erklären. Stell dir dazu z. B. einen Wassertropfen vor:
Die Teilchen, aus denen der Tropfen besteht, sind bekanntlich in ständiger Bewegung. Aber nicht alle Teilchen haben die gleiche Bewegungsenergie. Die einen bewegen sich langsamer, andere dagegen schneller.

Du weißt auch: Auf ein Teilchen an der Oberfläche des Tropfens wirken Kräfte, die es in der Flüssigkeit halten. Um den Tropfen zu verlassen, muß das Teilchen Arbeit gegen diese Kräfte verrichten.

Die Bewegungsenergie der meisten Teilchen reicht dazu nicht aus. Nur besonders schnelle Teilchen haben genügend Energie, um sich aus dem Zusammenhalt der Flüssigkeit zu befreien (Bild 2). Der Tropfen verliert daher beim Verdunsten nur die schnellsten Teilchen, die langsameren bleiben zurück. Das hat zur Folge, daß die mittlere Bewegungsenergie der restlichen Teilchen im Tropfen abnimmt; die Temperatur des Tropfens sinkt (Bild 3).

Für das Verdunsten einer Flüssigkeit ist Energie erforderlich (Verdampfungswärme). Sie wird der Flüssigkeit selbst entzogen. Diesen Vorgang nennt man **Verdunstungskühlung**.

Somit sinkt die Temperatur der verdunstenden Flüssigkeit unter die Temperatur ihrer Umgebung. Die Folge ist, daß nun die Umgebung Energie an die Flüssigkeit abgibt. Bei einem Wassertropfen auf deiner Haut merkst du das daran, daß sich die Haut an dieser Stelle abkühlt. Der Verdunstungsvorgang wird also durch die *Energiezufuhr aus der Umgebung* aufrechterhalten.

Verdunstung beobachtet man nur bei Flüssigkeiten, die sich in offenen Gefäßen befinden. Verschließt man die Gefäße, so kommt der Verdunstungsvorgang rasch zum Erliegen. Teilchen, die die Flüssigkeit verlassen haben, kehren nämlich auch wieder in die Flüssigkeit zurück. Das geschieht um so häufiger, je mehr Teilchen sich im Raum über der Flüssigkeit befinden. Schließlich stellt sich ein Gleichgewichtszustand ein: In jeder Sekunde treten ebenso viele Teilchen in die Flüssigkeit ein, wie aus ihr heraustreten. Die mittlere Bewegungsenergie der Flüssigkeitsteilchen ändert sich dann nicht.

In einem abgeschlossenen Gefäß sinkt daher die Temperatur einer Flüssigkeit nicht unter die Umgebungstemperatur.

2 Kühlschrank und Wärmepumpe

Info: Die Funktionsweise des Kühlschranks

Das Röhrensystem eines Kühlschranks enthält ein **Kühlmittel**, das je nach Temperatur flüssig oder gasförmig ist. Es hat die Aufgabe, Energie aus dem Innern des Kühlschranks nach außen zu transportieren. Man verwendet meist Frigen® 12; seine Siedetemperatur bei einem Luftdruck von 1 bar beträgt −29,8 °C.

Im Innenraum des Kühlschranks befindet sich ein Teil des Röhrensystems, der **Verdampfer** (Bilder 4 u. 9). In ihm verdampft das Kühlmittel; dafür ist Energie nötig. Sie wird dem Kühlmittel selbst entzogen, dessen Temperatur dadurch rasch unter die des Kühlraumes sinkt. Die Folge ist, daß nun die Luft im Kühlraum und die

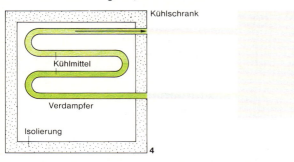

eingelagerten Lebensmittel Energie an das Kühlmittel abgeben und so dessen weiteres Verdampfen ermöglichen; die Temperatur im Kühlschrank sinkt.

Mit einer Kolbenpumpe **(Kompressor)** wird der Dampf aus dem Verdampfer abgesaugt (Bild 5). Dadurch wird der Verdampfungsvorgang beschleunigt und die Kühlung verstärkt.

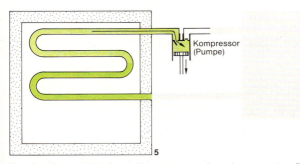

Es wäre aber nicht sinnvoll, wenn man den abgesaugten Dampf einfach in die Umgebung entweichen ließe; man müßte ja das Kühlmittel immer wieder nachfüllen. Daher wird der Dampf durch den Kompressor in den **Verflüssiger** gepreßt (Bild 6). Dieser befindet sich außen an der Rückwand des Kühlschranks. Durch das Zusammenpressen erhitzt sich der Dampf (wie die Luft in einer Fahrradpumpe, deren Öffnung du beim Pumpen zuhältst).

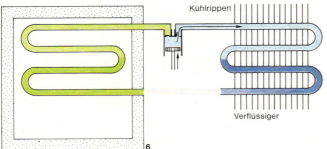

Die Temperatur des Dampfes steigt dabei über 40 °C und liegt somit über der Umgebungstemperatur. Während der Dampf durch den Verflüssiger strömt, gibt er Energie an die Umgebung ab, seine Temperatur sinkt.

Bei etwa 40 °C kondensiert der Dampf. Daß er bei einer so hohen Temperatur wieder flüssig wird, liegt daran, daß im Verflüssiger ein Druck von ca. 9 bar herrscht. Die freigesetzte Kondensationswärme wird über die Kühlrippen abgegeben.

Durch ein **Kapillarrohr** strömt das Kühlmittel zurück in den Verdampfer (Bild 7). Der Druck dort beträgt nur ca. 2 bar. Das Kühlmittel beginnt daher aufs neue zu verdampfen. Der Kreislauf des Kühlmittels ist geschlossen (Bild 8).

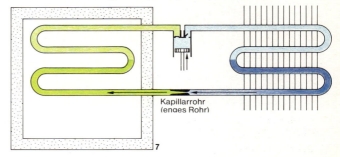

Die Bilder 8–10 zeigen den Aufbau eines Kühlschrankes.

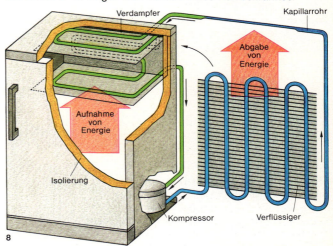

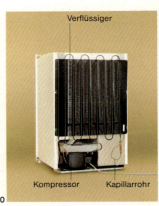

381

Verdunsten und Kühlen

Diese Versuche sollen dir helfen, den Kühlvorgang zu verstehen:

V 4 Im Aufbau nach Bild 1 wird der Etherdampf eine Zeitlang abgesaugt. Erkläre deine Beobachtung.

V 5 Bild 2 zeigt den Versuchsaufbau. Der Kolben wird zunächst langsam herausgezogen. Wie kannst du erklären, daß der Kraftmesser dabei stets den gleichen Betrag anzeigt?

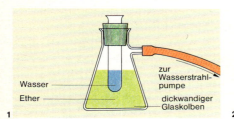

Was geschieht, wenn sich der Kolben in den Zylinder hineinbewegt?

a) Wir wiederholen den Versuch, diesmal wird aber gekühlter Ether in den Kolbenprober gesaugt. (Etherflasche vorher in Wasser von 0 °C stellen.) Was zeigt der Kraftmesser jetzt an? Begründe den Unterschied zur Anzeige bei nicht gekühltem Ether.

b) Der Kolben wird (ohne Kraftmesser) ruckartig und in kleinen Schritten

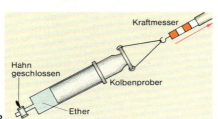

herausgezogen und zurückgeschoben. Wann setzt das Sieden bzw. Kondensieren ein? Wann hört es auf?

c) Jetzt pressen wir den Ether bis auf ein wenig „Restfeuchtigkeit" aus dem Kolbenprober und verschließen seine Öffnung. Zieht man den Kolben zurück, so sieht der Zylinder völlig trocken aus. Der Kolben wird nun kräftig in den Zylinder gepreßt.
Was beobachtest du?

V 6 Das Röhrensystem eines Kühlschranks enthält meist Frigen® 12.

a) Aus einer Druckdose wird etwas flüssiges Frigen in ein Reagenzglas gefüllt. Was kannst du beobachten?

b) Warum siedet Frigen nicht schon in der Dose?

Aufgaben

1 Wenn wir in V 5 den Kolben ruckartig herausziehen, verdampft ein Teil der Flüssigkeit. Weshalb hört dieses Verdampfen wieder auf?

Preßt man den Dampf zusammen, so kondensiert er teilweise. Aus welchem Grund hört das Kondensieren dann auf?

2 Auf welche Weise wird im Verdampfer eines Kühlschranks eine tiefe Temperatur erreicht?

3 An welchen Stellen des Röhrensystems wird Energie aufgenommen oder abgegeben?

4 Welche Aufgabe hat der Kompressor, welche das Kapillarrohr?

Aus Umwelt und Technik: **Mit kaltem Wasser heizen – die Wärmepumpe**

In 7 m Tiefe hat das Grundwasser eine Temperatur von ca. 10 °C – das ganze Jahr über. Solches Wasser bezeichnest du sicher als kalt. Würde man es durch einen Heizkörper pumpen, so könnte dieser auch nur eine Temperatur von 10 °C annehmen. Zum Heizen eines Zimmers sind aber Temperaturen von über 40 °C erforderlich.

Trotzdem steckt in dem 10 °C warmen Wasser noch viel Energie. Kühlt man es z. B. auf 5 °C ab, so wird ein Teil davon frei.

Man kann diese Energie tatsächlich zum Heizen nutzen, und zwar mit einer **Wärmepumpe**.

Wärmepumpen funktionieren nach dem gleichen Prinzip wie Kühlschränke (Bild 3). Vereinfacht kann man sich eine Wärmepumpe so vorstellen: Der *Verdampfer* befindet sich außerhalb des Hauses und entzieht dem Grundwasser, der Luft oder dem Erdreich

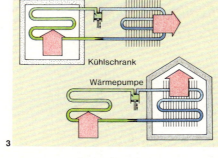

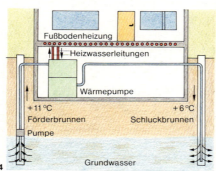

Energie in Form von Wärme. Der *Verflüssiger* liegt im Haus und gibt Wärme ab. Eine Wärmepumpe kühlt also die Umgebung und erwärmt das Haus.

Bild 4 zeigt eine Möglichkeit, wie eine Wärmepumpe zur Heizung eines Hauses eingesetzt werden kann.

Um 1 kJ Wärme aus der Umgebung zu beziehen, benötigt eine Wärmepumpe nur etwa 0,4 kJ elektrischer Energie für den Kompressor. Zur Erzeugung dieser Energie muß aber im Wärmekraftwerk etwa 1 kJ Energie aufgewendet werden.

Welchen Vorteil hat dann die Wärmepumpe? Eine Wärmepumpe zu betreiben kann billiger sein, als z. B. mit Öl zu heizen. Das hängt von den „Strom"- und Heizölpreisen ab. Außerdem sind Umweltschutzmaßnahmen in Kraftwerken wohl eher zu verwirklichen als bei Einzelheizungen.

Verdunsten und Kühlen

Alles klar?

1 Könnte man die Küche im Sommer dadurch kühlen, daß man die Tür des Kühlschranks offenstehen läßt?

2 Auf manchen Dosen mit Pflanzenschutzsprays findet sich folgender Hinweis: „Beim Sprühen Abstand von 50 cm einhalten, sonst sind Pflanzenschäden durch Unterkühlung möglich." Erkläre!

3 Das Enteiser-Spray für die Windschutzscheibe sollte man im Winter nie im Auto liegenlassen. Warum nicht?

4 Im Röhrensystem eines Kühlschranks herrscht nicht überall der gleiche Druck. Wo ist der Druck hoch, wo niedrig?
Was ergibt sich daraus für die Temperatur, bei der das Kühlmittel im Verflüssiger kondensiert und im Verdampfer verdampft?

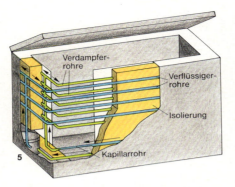

5 Bild 5 zeigt dir, wie eine Gefriertruhe aufgebaut ist. Wie sind die Verdampfer- und Verflüssigerrohre angeordnet? Vergleiche mit einem Kühlschrank!

6 Wie tief kann die Temperatur in einem Kühlschrank höchstens sinken, wenn der Druck im Verdampfer einen Wert von 1 bar nicht unterschreitet?

7 „Wasser strömt nur von höher gelegenen Stellen zu tiefer gelegenen. Damit es in umgekehrter Richtung (also von unten nach oben) fließt, benötigt man eine Pumpe." Formuliere eine entsprechende Aussage für den Energiestrom bei der Wärmepumpe.

8 Die Windrichtung kannst du bestimmen, indem du einen Finger anfeuchtest und hochhältst. Erkläre!

9 Wenn man sich im Freibad nach dem Baden nicht abtrocknet, friert man häufig – trotz Sonnenscheins. Weshalb?

10 Weshalb sollte man nasse Kleidung nicht am Körper trocknen lassen?

Auf einen Blick

Verdunstung und Verdunstungskühlung

Flüssigkeiten verdampfen auch unterhalb ihrer Siedetemperaturen; man spricht dann von **Verdunstung**.

Die zum Verdunsten nötige Energie (Verdampfungswärme) wird der Flüssigkeit selbst entzogen. Die Temperatur der Flüssigkeit sinkt („Verdunstungskühlung"). Weil die Flüssigkeit dann kälter ist als ihre Umgebung, fließt Energie aus der Umgebung in die Flüssigkeit.

Je *niedriger* dabei der Siedepunkt der Flüssigkeit ist, desto *schneller* verdunstet die Flüssigkeit (und desto *tiefer* sinkt auch ihre Temperatur).

Wie schnell eine Flüssigkeit verdunstet, ist auch abhängig von *ihrer Temperatur* und von der *Größe ihrer Oberfläche* – desgleichen von der *Umgebungstemperatur* und von der *Luftbewegung*.

Auch im Kühlschrank verdampft eine Flüssigkeit und entzieht dem Kühlraum Energie. Diese wird beim Kondensieren des Dampfes an die Außenluft abgegeben (→ Info: *Die Funktionsweise des Kühlschranks*).

Versuche zum Kühlschrank

Wenn *in einem abgeschlossenen Gefäß* eine Flüssigkeit verdampft, steigt der Druck des Gases über ihr. Wenn der Druck einen bestimmten Wert (den sog. Dampfdruck) überschreitet, können sich in der Flüssigkeit keine Dampfblasen mehr bilden, und das Verdampfen hört auf (Bild 8).

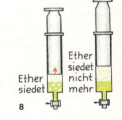

Je niedriger die Temperatur der Flüssigkeit ist, desto geringer ist ihr Dampfdruck.

Saugt man den entstehenden Dampf ab, so siedet der Ether und verdampft.
Die zum Verdampfen nötige Energie wird dem Wasser entzogen. Das Wasser erstarrt schließlich zu Eis (Bild 9).

Schiebt man den Kolben von Bild 10 in den Zylinder, so kondensiert soviel Gas, daß der Druck des Gases wieder den Dampfdruck erreicht.

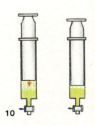

383

Maschinen, die mit Wärme arbeiten

1 Heißer Dampf verrichtet Arbeit

Auch die Elektrolokomotive wird letzten Endes mit Dampf betrieben...

V 1 Bringe in einem Reagenzglas Wasser zum Sieden. Verschließe das Reagenzglas mit einem Stopfen, den du vorher mit Glycerin oder Speiseöl angefeuchtet hast.

Achtung, der Stopfen darf nur leicht eingedrückt werden!

Erhitze das Wasser weiter. Was geschieht? Überlege dir, welche Energieumwandlung hier stattfindet.

V 2 Mit der Vorrichtung, die du in Bild 3 siehst, kann Wasser hochgehoben werden.

Beschreibe, wie sie funktioniert. Verwende dabei die Begriffe *Arbeit* und *Energie*.

V 3 Bild 4 zeigt dir zwei Phasen des Versuchsablaufs. Beschreibe, wie der Versuch durchgeführt wird.

Was ändert sich am Versuchsaufbau, wenn der Versuch mehrmals durchgeführt wird?

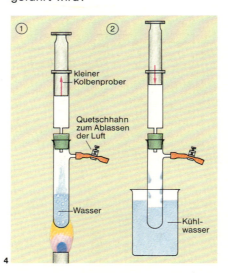

V 4 Bisher haben wir stets Wasser erwärmt und verdampfen lassen, um etwas in Bewegung zu setzen oder hochzuheben.

Es geht aber auch anders: Bild 5 zeigt die Versuchsanordnung. Erhitze kurzzeitig das leere Gefäß, und achte dabei auf das Wasser im U-Rohr.

Erkläre deine Beobachtung.

V 5 Auch in diesem Versuch geht es um Wärme und Arbeit:

Du brauchst ein gebogenes Reagenzglas, das zu zwei Dritteln mit Wasser gefüllt ist.

Erhitze den wassergefüllten Teil des Glases (Bild 6). Kurz bevor das Wasser zu sieden beginnt, entfernst du die Flamme. Kippe das Glas dann so, daß Luft in den heißen Teil des Winkelrohres strömt...

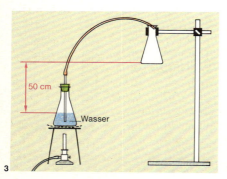
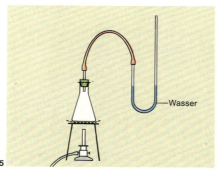
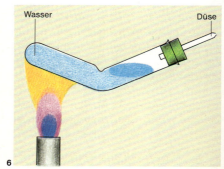

Aus der Geschichte: Vom Tretrad zu den ersten Dampfmaschinen

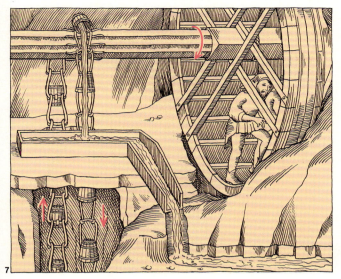

Bis vor etwa 250 Jahren war es oft sehr mühsam, Arbeitsgeräte und Maschinen anzutreiben. Damals gab es nämlich noch keine Motoren. Die Kräne, Mühlen oder Schmiedehämmer mußten durch strömendes Wasser, Wind, Tiere oder sogar durch Menschen bewegt werden.

Die Antriebsenergie für wind- und wassergetriebene Maschinen stand jedoch nicht ständig zur Verfügung, und die von Menschen und Tieren angetriebenen Maschinen waren nicht sehr leistungsfähig.

Im Bergbau führte dies zu großen Schwierigkeiten. Um Kohle und Erz zu fördern, mußten die Schächte der Bergwerke immer tiefer in die Erde getrieben werden. Und je tiefer die Schächte waren, desto mehr Grundwasser drang in sie ein. Mit den vorhandenen Maschinen (Bild 7) konnte das viele Wasser oft nicht mehr herausgeschafft werden, die Schächte und Stollen wurden deshalb vom Wasser überflutet. Leistungsfähigere Maschinen und Pumpen waren erforderlich. Doch mit welcher Energie sollten diese Maschinen angetrieben werden?

Um das Jahr 1700 herum wurden in Deutschland und England Versuche durchgeführt, die das Ziel hatten, Wasserdampf zum Antrieb zu verwenden. Man bemühte sich, die *innere Energie* des Dampfes zu nutzen.

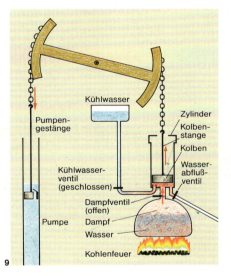

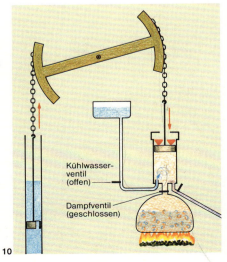

Am erfolgreichsten bei diesen Versuchen war 1712 der Engländer *Thomas Newcomen*. Er baute eine Dampfmaschine (Bild 8), die die Wasserpumpe einer Kohlengrube antrieb. Seine Dampfmaschine funktionierte so:

Durch das schwere Gestänge der Pumpe wurde der Kolben hochgezogen; dabei strömte Dampf in den Zylinder ein (Bild 9). Dann wurde das Dampfventil geschlossen und Kühlwasser in den Zylinder gespritzt (Bild 10). Durch dieses Abkühlen wurde der Wasserdampf im Zylinder wieder zu Wasser; der Dampf kondensierte. Das Wasser nahm einen viel geringeren Raum ein als zuvor der Dampf. Die Kraft, die der Dampf auf den Kolben ausgeübt hatte, wirkte nun nicht mehr. Aufgrund des Luftdrucks übte aber noch die Luft von außen eine Kraft auf den Kolben aus und schob ihn nach unten.

Diese Dampfmaschine nannte man **atmosphärische Dampfmaschine** – die Luft der Atmosphäre bewegte ja den Kolben und hob das Wasser.

Ab 1712 wurden solche Maschinen im Bergbau eingesetzt.

Newcomens Dampfmaschine hatte aber einen großen Nachteil: Der Zylinder mußte für jede Kolbenbewegung neu aufgeheizt und dann wieder abgekühlt werden. Sie arbeitete daher recht langsam und „verschlang" riesige Mengen an Kohle.

Aus der Geschichte: Mit Watts Dampfmaschine begann das Industriezeitalter

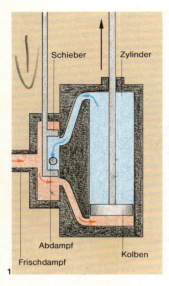
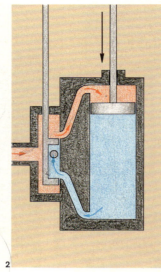

In den Jahren 1763 bis 1776 entwickelte der Schotte *James Watt* eine neuartige Dampfmaschine.

Sie verbrauchte nur noch ein Drittel der Brennstoffmenge von Newcomens Maschine. Außerdem führte sie 60 Kolbenbewegungen je Minute aus – mehr als dreimal soviel wie Newcomens Dampfmaschine.

Bei Watts Maschine wurde der Kolben nicht mehr von der Luft bewegt. Sie arbeitete mit Wasserdampf, dessen Druck wesentlich größer war als der äußere Luftdruck:

In einem Kessel, der mit Kohle beheizt wurde, verdampfte Wasser. Der Kessel war zunächst mit dem unteren Teil des Zylinders verbunden (Bild 1). Der unter Druck stehende Wasserdampf schob den Kolben nach oben. Mit Hilfe des Schiebers wurde dann der Kessel mit dem oberen Teil des Zylinders verbunden; nun schob der Dampf den Kolben wieder nach unten (Bild 2).

1781 gelang es Watt, die Auf- und Abwärtsbewegung des Kolbens in Drehbewegungen eines Schwungrades umzuwandeln (Bild 3). Nun konnten Dampfmaschinen auch in Spinnereien, Webereien, Eisen- und Walzwerken andere Maschinen antreiben; bisher hatten meist Menschen diese anstrengende Arbeit verrichtet. Große Fabriken entstanden. Das Industriezeitalter begann.

In Deutschland wurde die erste Dampfmaschine 1783 in Betrieb genommen. Um 1800 gab es in England bereits 500 Dampfmaschinen, zehn Jahre später waren es über 5000.

Einige Jahrzehnte nach Watts Erfindung setzte man Dampfmaschinen zum Antrieb von Fahrzeugen ein: 1818 fuhr erstmals ein Dampfschiff über den Atlantik. 1825 wurde in England die erste Eisenbahnlinie eröffnet. 1835 fuhr in Deutschland der erste dampfbetriebene Zug zwischen Nürnberg und Fürth.

Auch auf vielen anderen Gebieten wurden Dampfmaschinen verwendet (Bilder 4 u. 5).

Dampfmaschinen haben moderne Nachfolger bekommen: die Dampfturbinen. Auch in ihnen verrichtet Wasserdampf Arbeit.

Auch in der Landwirtschaft wurden Dampfmaschinen eingesetzt – zum Beispiel diese hier um 1895 zum Ziehen eines riesigen Pfluges. Ebenso konnte man damit Dreschmaschinen und andere Geräte betreiben.

Dampfwalze zum Glätten von Straßenschotter (um 1900).

Aus Umwelt und Technik: Die Dampfturbine

Dampfgetriebene Maschinen spielen heutzutage in Elektrizitätswerken eine wichtige Rolle. Allerdings handelt es sich dabei nicht um Dampfmaschinen, sondern um **Dampfturbinen**. Sie treiben die riesigen Generatoren (Dynamomaschinen) an.

Turbinen funktionieren nach dem gleichen Prinzip wie eine Windmühle. Bei der einfachsten Form einer Turbine strömt Wasserdampf, der in einem Dampfkessel erzeugt wird, aus einer Düse auf die Schaufeln des Turbinenrades. Bild 6 zeigt eine der ersten Turbinen aus dem Jahre 1629, entworfen von dem italienischen Architekten *Giovanni Branca*.

Der Dampf steht im Kessel unter hohem Druck. Durch die Düse bekommt er eine hohe Strömungsgeschwindigkeit. Mit Hilfe der Düse wird innere Energie des Dampfes in Bewegungsenergie umgewandelt.

Weil die innere Energie des Dampfes abnimmt, sinkt seine Temperatur; er kühlt ab.

Der Dampf verrichtet dann Arbeit am Turbinenrad. Dabei nimmt seine Bewegungsenergie ab; die Strömung wird langsamer.

Der schwedische Ingenieur *Gustaf de Laval* konstruierte im Jahre 1889 die erste wirklich leistungsfähige Dampfturbine. Bei dieser Maschine strömte der Dampf durch vier Düsen auf ein großes Laufrad mit vielen Schaufeln (Bild 7).

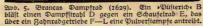

Abb. 5. Brancas Dampfrad (1629). Ein »Püsterich« B bläst einen Dampfstrahl D gegen ein Schaufelrad E, das über ein Zahnradgetriebe F—L eine Pulverstampfe antreibt.

6

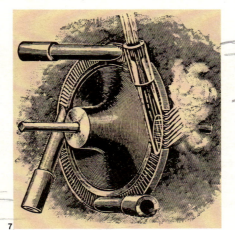

7

Da die Energie des Dampfes von einem einzigen Schaufelrad aufgenommen wurde, drehte es sich sehr schnell. Eine solche *Schnelläuferturbine* erreichte mehr als 26 000 Umdrehungen in der Minute. So hohe Drehzahlen mußten durch komplizierte Getriebe verringert werden, wobei durch Reibung erhebliche Energieverluste auftraten.

Der amerikanische Ingenieur *Charles Curtis* (1860–1953) hatte die Idee, eine mehrstufige Turbine zu bauen. Bei dieser Turbine wird die Bewegungsenergie des strömenden Dampfes in mehreren Schritten zum Arbeiten genutzt. Auf derselben Welle sind mehrere Laufräder befestigt (Bild 8). Zwischen den Laufrädern befinden sich Leitschaufeln, die den Dampf nach Durchströmen des einen Laufrades auf das nächste lenken.

Da der Dampf schrittweise Energie abgibt, wird seine Strömungsgeschwindigkeit immer geringer. Gleichzeitig sinkt seine Temperatur, und er nimmt einen immer größeren Raum ein. Deshalb werden die Laufräder zum Turbinenende hin immer größer. Auf diese Weise läßt sich auch noch die Energie des langsam strömenden Dampfes nutzen.

In den modernen Elektrizitätswerken schaltet man mehrere Turbinen hintereinander, so daß oft Turbinenanlagen beachtlicher Länge entstehen (Bild 9).

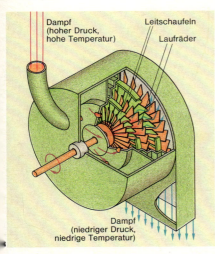

9

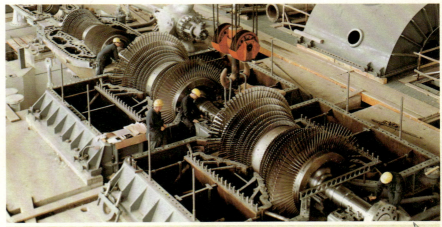

Montage einer Dampfturbine

Maschinen, die mit Wärme arbeiten

Info: Energieumwandlungen im Kraftwerk

Ohne Zufuhr von Energie kann keine Maschine arbeiten. Wenn Maschinen Arbeit verrichten, wird die zugeführte Energie – meist in anderer Form – weitergegeben. Die Energie wird übertragen und umgewandelt.

Alle Maschinen geben genausoviel Energie ab, wie ihnen zugeführt wird. *Energie kann niemals verschwinden.* Man bezeichnet diesen Satz als *Gesetz von der Erhaltung der Energie.*

Die zum Arbeiten nötige Energie kann *auch in Form von Wärme* zugeführt werden, das geschieht z. B. bei der Dampfturbine. Maschinen, denen Wärme zugeführt wird und die mit dieser Energie Arbeit verrichten, heißen **Wärme-Energie-Maschinen**.

Wärme tritt also nicht nur am Ende von Energieumwandlungen auf, sondern auch an ihrem Anfang. Ein wichtiges Beispiel für die Nutzung von Wärme zum Arbeiten sind die **Wärmekraftwerke** (z. B. Kohlekraftwerke, Kernkraftwerke). Dort wird mit *Dampfturbinen* Arbeit verrichtet: Die Turbinen treiben *Generatoren* (Dynamomaschinen) an und erzeugen so elektrische Energie.

Alle Wärmekraftwerke funktionieren nach demselben Prinzip: Wasser strömt in einem geschlossenen Kreislauf, wobei es verdampft und wieder kondensiert.

Betrachten wir als Beispiel ein Kohlekraftwerk (Bilder 1 u. 2). Die Brennkammer enthält ein Netz dünner Rohrleitungen, in denen sich Wasser befindet. Bei der Verbrennung der Kohle wird Energie frei, die dem Wasser zugeführt wird. In einem Kraftwerk verdampfen in jeder Sekunde ungefähr 500 kg Wasser.

Der 500 bis 600 °C heiße Dampf steht unter hohem Druck (ca. 200 bar). Er strömt durch die Turbine und treibt sie an. Dabei nimmt sein Volumen zu, während sein Druck und seine Temperatur sinken. Nachdem der Dampf durch die Turbine geströmt ist, könnte man ihn einfach an die Atmosphäre abgeben. Er hätte dann eine Temperatur von 100 °C und einen Druck von 1 bar.

Dem Dampf kann aber in der Turbine mehr Energie entzogen werden, wenn man für einen geringeren Druck am Ende der Turbine sorgt. Um das zu erreichen, wird ein *Kondensator* an die Turbine angeschlossen. In ihm kondensiert der Dampf bei ca. 30 °C; der Druck im Kondensator beträgt nur 0,04 bar. Das entstehende Wasser wird wieder dem Heizkessel zugeführt.

Wenn sich der Wasserdampf zu Wasser verflüssigt, gibt er Energie an das Kühlwasser ab (Kondensationswärme). Das erwärmte Kühlwasser wird meist in einem Kühlturm wieder abgekühlt und kann dann erneut in den Kondensator fließen.

Wärmekraftwerke erzeugen also nicht nur elektrische Energie, sondern auch Abwärme (Bild 3). Früher entledigte man sich der Abwärme einfach dadurch, daß man Flußwasser zur Kühlung be-

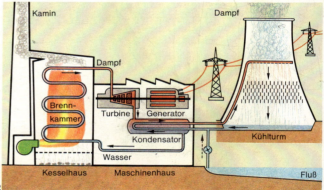

nutzte. Dadurch wurde aber das biologische Gleichgewicht in vielen Flüssen erheblich gestört.

Die Energie, die beim Verbrennen von Kohle, Erdöl oder Erdgas freigesetzt wird, kann nur zu einem Drittel in elektrische Energie umgewandelt werden. Der größte Teil der eingesetzten Energie geht als Abwärme verloren.

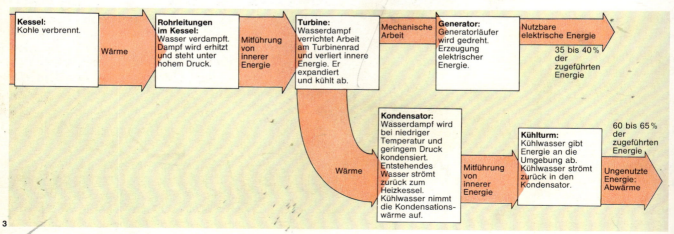

2 Energieumwandlung und Abwärme

Eine recht merkwürdige kleine „Dampfmaschine"! Wie funktioniert sie? 4

Vorsicht, zerbrechlich! Die Dämpfe der Füllung sind giftig!

Woher nimmt die „Ente" die Energie für ihre dauernden Bewegungen? 5

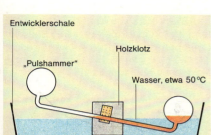

6

7

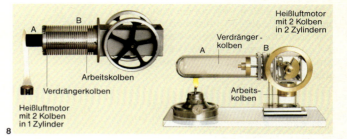

8

V 6 Einfacher als die „Trink-Ente" ist die Funktionsweise eines „Pulshammers" (Bild 6) zu verstehen. Die Flüssigkeit im Innern des Pulshammers hat einen niedrigen Siedepunkt.

Das Gerät wird wie in Bild 7 drehbar gelagert, so daß die Kugeln abwechselnd in warmes Wasser tauchen können. Beschreibe, wie diese Wippe funktioniert.

Wie erreicht man, daß sich die Wippe schneller bewegt? Überprüfe deine Vermutung im Versuch.

V 7 Wir beobachten die Bewegung einer Trink-Ente (Bilder 4 u. 5).

a) Warum muß die Ente ab und zu den Schnabel ins Wasser tauchen?
Wie kommt es, daß die Flüssigkeit im Hals nach oben steigt?
Was passiert, wenn die Ente in die Horizontale kippt?

b) Was beobachtest du, wenn der Kopf der Ente durch Zufächeln von Luft gekühlt wird?
Was geschieht, wenn der Kopf mit einem Haartrockner erwärmt wird?
Erkläre jeweils deine Beobachtung.

c) Befeuchte den Entenkopf mit Brennspiritus oder Kölnisch Wasser. Beobachte und erkläre!

V 8 Bild 8 zeigt zwei kleine *Heißluft-* oder *Stirlingmotoren*. Kommt es bei dieser Maschine nur darauf an, den Motor zu heizen?

a) Zunächst wird nur der Zylinder A geheizt. Anschließend wird zusätzlich auch der gerippte Zylinder B erhitzt.

b) Dem Motor wird Wärme bei hoher Temperatur zugeführt. Er verrichtet dann Arbeit und gibt außerdem Wärme bei niedrigerer Temperatur ab. Ob man den Motor auch als Kühlmaschine betreiben kann?

V 9 Wenn ein Moped auf ebener Straße mit konstanter Geschwindigkeit fährt, wird nur Reibungsarbeit verrichtet. Wir wollen bestimmen, wieviel Energie dafür nötig ist.

a) Wir messen die Antriebskraft (Bild 9). Die Messung kann allerdings nur bei geringer Geschwindigkeit durchgeführt werden. (*Tips:* Leerlauf einlegen, Moped anschieben, Motor bleibt ausgeschaltet.)

Nun kannst du die Reibungsarbeit berechnen, die verrichtet wird, wenn das Moped (mit dieser geringen Geschwindigkeit) 100 km weit fährt.

b) Wieviel Energie wird dem Moped auf einer 100 km langen Strecke zugeführt? Du kannst die Energie berechnen, wenn der Fahrer sagt, wieviel Liter Treibstoff er auf 100 km benötigt. 1 l Benzin liefert beim Verbrennen ungefähr 32 MJ Energie.

c) Vergleiche die zugeführte Energie mit der zum Arbeiten genutzten Energie. Was fällt dir auf? Erkläre!

d) Überlege, wodurch sich eine wirkliche Fahrt mit dem Moped von unserer „Meßfahrt" unterscheidet. Welche Auswirkungen haben diese Unterschiede auf die genutzte Energie?

9

Info: Wärme-Energie-Maschine – Abwärme und Wirkungsgrad

Wärme-Energie-Maschinen funktionieren nur, wenn ein Temperaturgefälle vorhanden ist; d. h., es muß in der Maschine Stellen hoher und niedriger Temperatur geben. Sonst bleibt die Maschine stehen. Erwärmt man z. B. den Kopf der Trink-Ente, so hört sie auf, sich zu bewegen.

In jeder solchen Maschine muß neben der Erwärmung eine Abkühlung stattfinden. Das Temperaturgefälle ist nötig, damit die Maschine Wärme abgeben kann.

Eine Wärme-Energie-Maschine arbeitet besonders wirkungsvoll, wenn die Energie bei möglichst hoher Temperatur zugeführt und (am Kühler) bei möglichst niedriger Temperatur abgeführt wird.

Niemals kann die gesamte Energie, die in Form von Wärme zugeführt wurde, zum Arbeiten genutzt werden.

Es gibt keine Wärme-Energie-Maschine, die dauernd läuft und die mit der gesamten zugeführten Wärme nur Arbeit verrichtet. Immer wird ein Teil der zugeführten Energie als Wärme abgegeben.

Der Teil der Energie, der als Abwärme abgegeben wird, ist „wertlos" und für den eigentlichen Nutzungszweck verloren. Man spricht deshalb von „Energieverlusten".

Das Verhältnis aus genutzter und zugeführter Energie heißt **Wirkungsgrad** (Formelzeichen: η; sprich: eta).

$$\eta = \frac{\text{genutzte Energie}}{\text{zugeführte Energie}}$$

Beispiel: 1 l Dieselöl liefert beim Verbrennen 40 MJ Energie. Der Automotor nutzt davon nur 14 MJ zum Arbeiten.

$$\eta = \frac{14 \text{ MJ}}{40 \text{ MJ}} = 0{,}35 = 35\,\%.$$

Der Wirkungsgrad beträgt 35 % (Bild 1).

Wirkungsgrade gibt man nicht nur für Wärme-Energie-Maschinen an. Auch bei anderen Maschinen wird die Energie nicht vollständig genutzt: Energie geht zum Beispiel durch Reibung in Lagern und Getrieben „verloren", oder sie entweicht bei Heizungsanlagen zusammen mit den Abgasen durch den Schornstein.

Ein Ziel der Ingenieure besteht darin, Maschinen und andere Anlagen so zu bauen, daß der Wirkungsgrad möglichst hoch ist. Bei den Wärme-Energie-Maschinen kann man aber stets nur verhältnismäßig geringe Wirkungsgrade erreichen.

Die Energieverluste durch Abwärme lassen sich nämlich nicht beliebig verringern. Ein bestimmter Mindestanteil der Energie muß immer als Wärme abgegeben werden. Dieser Mindestanteil hängt nicht von der Bauart der Maschine ab. Vielmehr wird er im wesentlichen durch die *Temperaturdifferenz* bestimmt, mit der gearbeitet wird; diese Temperaturdifferenz muß möglichst groß sein, damit der Anteil der Abwärme möglichst klein ist.

Man wählt die Temperatur, bei der die Wärme zugeführt wird, möglichst hoch – die Temperatur am Kühler kann ja nicht unter der normalen Umgebungstemperatur liegen.

Die Abwärme von Kraftwerken fällt bei Temperaturen an, die nur wenig über der Umgebungstemperatur liegen. Deshalb ist diese Abwärme für Wärme-Energie-Maschinen unbrauchbar.

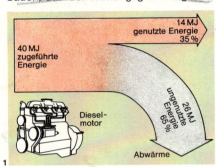

1

Einige Wirkungsgrade

Wärme-Energie-Maschinen

Dampfmaschine	10 %
Dampfturbine	40 %
Ottomotor	25 %
Dieselmotor	35 %
Stirlingmotor	bis 40 %

Sonstige Energiewandler

Elektromotor (Großmotoren)	bis 90 %
kleiner Elektromotor	ca. 50 %
Solarzelle	12 %
Generator	bis 95 %
offenes Kaminfeuer	15 %
Ofenheizung	60 %
Zentralheizung (Öl, Gas)	bis 85 %

Fragen und Aufgaben zum Text

1 Ein Dieselmotor hat einen höheren Wirkungsgrad als ein vergleichbarer Benzinmotor. Welchen physikalischen Grund könnte es dafür geben?

2 In eine 900-Watt-Bohrmaschine strömen pro Sekunde 900 J elektrische Energie. Der Wirkungsgrad beträgt 60 %. Berechne die genutzte Leistung.

3 Auch die Trink-Ente ist eine Wärme-Energie-Maschine. Wie wird das nötige Temperaturgefälle erreicht?

Weshalb wäre es nicht sinnvoll, Trink-Enten als Wärme-Energie-Maschinen im großen Stil zu bauen?

Aus Umwelt und Technik: Der Stirlingmotor

Schottland zu Beginn des vorigen Jahrhunderts: In der Gemeinde des Pfarrers *Robert Stirling* müssen selbst sechsjährige Kinder in den Kohlenbergwerken arbeiten. Sie schieben und ziehen die Kohlenkübel durch die engen Stollen; sie kriechen auf allen vieren.

Oftmals steht der Boden unter Wasser. Zwar gibt es Pumpen; sie werden von Dampfmaschinen, die *James Watt* entwickelt hat, angetrieben. Doch deren Kessel und Leitungen stehen unter Druck und reißen manchmal...

Robert Stirling überlegt schon lange, ob eine Maschine nicht auch ohne den gefährlichen Wasserdampf arbeiten könne. Im Jahre 1816 ist er mit seinen Entwicklungen soweit: Er erhält als 26jähriger ein Patent auf ein *Neues Verfahren zum Antrieb von Maschinen* – der **Stirlingmotor** ist geboren.

Bild 2 zeigt eine Bauweise des Stirlingmotors: Im Zylinder befinden sich ein eng anliegender Arbeitskolben A und ein *nicht* abdichtender Verdrängerkolben V. Von bei-

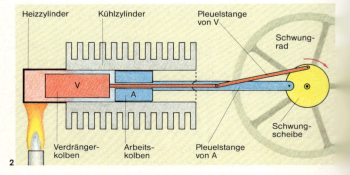

2

den Kolben führen Pleuelstangen zu einer gemeinsamen Kurbelwelle. Die beiden Pleuelstangen sind um 90° versetzt an der Schwungscheibe angebracht. Im Zylinder befindet sich – durch den Arbeitskolben völlig abgeschlossen – Luft oder ein beliebiges anderes Gas. Wie der Motor funktioniert, zeigen die Bilder 3–6.

Nach Stirlings Idee baute der Schwede *John Ericsson* 1853 einen Schiffsmotor, und von einem kleineren Modell verkaufte er bis 1860 über 3000 Exemplare als Industriemotoren. Nach der Erfindung der Elektromotoren geriet Stirlings Motor in Vergessenheit. Heute beginnt man aber wieder, sich für ihn zu interessieren.

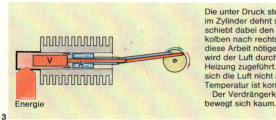

Die unter Druck stehende Luft im Zylinder dehnt sich aus. Sie schiebt dabei den Arbeitskolben nach rechts. Die für diese Arbeit nötige Energie wird der Luft durch die Heizung zugeführt. Daher kühlt sich die Luft nicht ab; ihre Temperatur ist konstant (T_1).
Der Verdrängerkolben bewegt sich kaum.

3

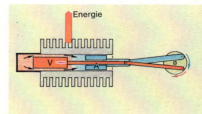

Der Arbeitskolben befindet sich äußerst rechts und bewegt sich praktisch nicht.
Durch die Drehung des Schwungrades wird der Verdrängerkolben nach links bewegt. Er drängt die heiße Luft in den kalten Zylinderteil. Der Verdrängerkolben nimmt dabei Energie aus der Luft auf. Ihre Temperatur sinkt auf T_2.

4

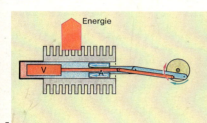

Jetzt bewegt sich der Arbeitskolben nach links. Die Luft wird komprimiert. Anders als bei der Luftpumpe wird sie dabei nicht erwärmt, weil Energie über die Kühlrippen abgeführt wird. Die Temperatur bleibt konstant (T_2).
Der Verdrängerkolben bleibt in seiner Position.

5

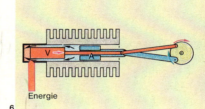

Der Arbeitskolben ist wieder in Ruhe.
Der Verdrängerkolben schiebt die (komprimierte) Luft in den heißen Zylinderteil zurück. Die Luft nimmt die im Verdrängerkolben gespeicherte Energie wieder auf. Ihre Temperatur steigt auf T_1.
Der Vorgang beginnt von vorn.

6

3 Verbrennungsmotoren

Aus der Geschichte: Die ersten „Motorkutschwagen"

Im Jahr 1876 stellte *Nikolaus August Otto* den ersten Viertaktmotor (Ottomotor) der Öffentlichkeit vor. Dieser Motor wurde mit gasförmigem Brennstoff betrieben.

Auch *Karl Benz* baute in seiner kleinen Fabrik in Mannheim zunächst Gasmotoren. Dann aber konzentrierte er sich darauf, einen Benzinmotor zu entwickeln.

Im Juli 1886 konnte Benz sein erstes Kraftfahrzeug mit Benzinmotor vorführen. Bild 7 zeigt den dazugehörigen Autoprospekt, den ersten der Welt.

Wenige Monate nach Benz brachte auch *Gottlieb Daimler* einen Kutschwagen mit Motorantrieb heraus.

1888 fand mit einem Benz-Wagen die *erste Automobil-Fernfahrt* statt. Ohne Wissen von Karl Benz fuhren seine Ehefrau und seine 13 und 15 Jahre alten Söhne von Mannheim nach Pforzheim.

Auf der 90 km langen Strecke gab es zahlreiche Probleme und kleine Pannen:

Die Übersetzung war für die Ebene vorgesehen; bei jeder größeren Steigung mußte also das Auto geschoben werden. Schwierig war es auch, die Berge hinunterzufahren: Das Auto besaß einfache Holzbremsen, die mit Leder überzogen waren. Beim Bremsen verwandelte sich der Lederbelag in eine schwärzliche, verkohlte Masse. Unterwegs mußte ein Schuster neues Leder aufnageln.

Dann sprangen die Antriebsketten von den Zahnrädern. Im nächsten Dorf mußte sie der Schmied spannen.

Ein anderes Mal war die Benzinzufuhr verstopft. Mit einer Hutnadel ließ sich der Schaden beheben.

Getankt wurde in Apotheken, denn nur dort gab es – in kleinen Mengen – Benzin.

Das Kühlwasser mußte alle 20 Kilometer aufgefüllt werden – aus Gastwirtschaften, Dorfbrunnen oder sogar Straßengräben.

Trotz aller Widrigkeiten kamen die drei nach einer Tagesreise in Pforzheim an – verstaubt und verdreckt, aber glücklich.

7

Info: Wie ein Viertaktmotor funktioniert

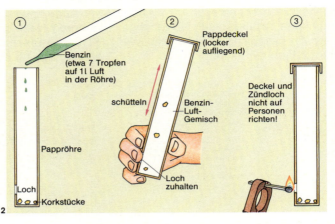

Wenn man Benzin in einer Porzellanschale entzündet, verbrennt es, ohne zu explodieren (Bild 1). Das liegt daran, daß nur an der Oberfläche des Benzins der zur Verbrennung notwendige Sauerstoff zur Verfügung steht.

Was im Zylinder eines Motors geschieht, zeigt ein Versuch (Bild 2). *Achtung*, dieser Versuch ist nur dann ungefährlich, wenn man sich genau an die Anweisungen von Bild 2 hält!

Einige Tropfen Benzin werden in eine Papröhre getropft. Dann wird ein Pappdeckel lose aufgelegt und die Röhre geschüttelt, damit sich Benzindämpfe mit der Luft mischen. Wenn das Benzin-Luft-Gemisch nun gezündet wird, verbrennt es sehr schnell (explosionsartig).

Da die entstehenden Abgase sehr heiß sind, „beanspruchen" sie mehr Raum als das Benzin-Luft-Gemisch vor dem Zünden. Es entsteht also ein hoher Druck in der Papröhre, und der Deckel wird weggeschleudert (Bild 3).

Die gleichen Vorgänge wie in der Papröhre spielen sich auch im Zylinder eines Verbrennungsmotors ab. Die durch die Explosionen freigesetzte Energie wird für den Antrieb verwendet.

Voraussetzung für die Explosionen sind
○ ein in Luft sehr fein verteilter (vergaster) Brennstoff und
○ ein geschlossener Raum, in dem das Benzin-Luft-Gemisch gezündet wird.

Wie ein Verbrennungsmotor funktioniert, soll an einem *Viertakt-Ottomotor* erklärt werden. Mit solchen Motoren ist heute ein großer Teil der Autos ausgerüstet.

In der Regel besitzen Viertakt-Motoren vier Zylinder. Den Aufbau eines Zylinders zeigt Bild 4. Die vier Takte sind in den Bildern 5–8 dargestellt.

Im ersten Takt, dem *Ansaugtakt*, bewegt sich der Kolben abwärts. Dadurch entsteht im Zylinder ein Unterdruck. Das Benzin-Luft-Gemisch strömt durch das geöffnete Einlaßventil in den Zylinder (Bild 5).

Im zweiten Takt, dem *Verdichtungstakt*, bewegt sich der Kolben nach oben und preßt das Gemisch zusammen. Die beiden Ventile sind geschlossen (Bild 6).

Der dritte Takt ist der *Arbeitstakt*. Ein Funke in der Zündkerze zündet das Gemisch. Die entstehenden Gase dehnen sich explosionsartig aus und treiben den Kolben nach unten (Bild 7).

Schließlich folgt der vierte Takt, der *Auspufftakt*: Der Kolben bewegt sich wieder aufwärts. Die Abgase entweichen durch das geöffnete Auslaßventil (Bild 8).

In den einzelnen Zylindern eines Motors laufen die Takte zeitlich versetzt ab.

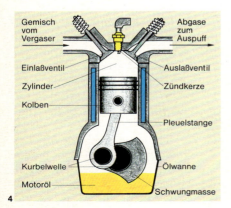

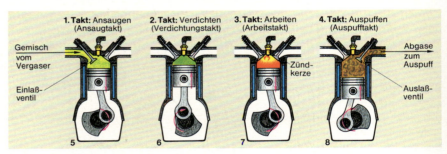

Fragen und Aufgaben zum Text

1 Wozu dienen die Ventile beim Viertaktmotor? Beschreibe ihre Stellung in den einzelnen Takten.

2 Begründe, warum der dritte Takt *Arbeitstakt* heißt.

3 Beschreibe die Energieumwandlungen im Viertaktmotor.
Welche Energieverluste treten bei Verbrennungsmotoren auf?

4 Bild 9 zeigt, wie die Auf-und-Ab-Bewegung des Kolbens in eine Drehbewegung umgewandelt wird. Beschreibe!

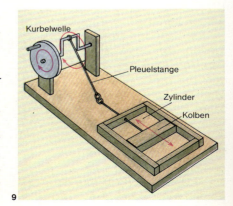

Aus Umwelt und Technik: **Der Zweitakt-Ottomotor**

Mopeds und Mofas werden meist von Zweitaktmotoren (Bild 10) angetrieben; auch viele Motorräder, Rasenmäher und Pumpen sind damit ausgestattet. Wie unterscheiden sich diese Zweitakter von den Viertaktern?

Die Vorgänge, die du schon vom Viertakter kennst (Ansaugen, Verdichten, Arbeiten, Ausstoßen der Abgase), gibt es auch beim Zweitakter. Nur laufen hier immer mehrere Vorgänge *gleichzeitig* ab.

Erster Takt: Die Zündkerze hat das Gemisch gerade gezündet, der Kolben wird im Zylinder nach unten gedrückt (Bild 11). Inzwischen ist neues Gemisch durch den Ansaugkanal in das Kurbelgehäuse eingeströmt. Der Kolben verschließt den Ansaugkanal und preßt das Gemisch etwas zusammen (Bild 12).

Dabei gibt der Kolben den Abgaskanal und den Überströmkanal frei, so daß die Abgase nun entweichen; gleichzeitig strömt das vorverdichtete frische Gemisch durch den Überströmkanal in den Zylinder ein.

Zweiter Takt: Jetzt bewegt sich der Kolben wieder nach oben (Bild 12). Überström- und Abgaskanal werden geschlossen; das Gemisch im Zylinder wird verdichtet (komprimiert). Die Aufwärtsbewegung des Kolbens ruft im Kurbelgehäuse einen Unterdruck hervor. Durch den Ansaugkanal strömt neues Gemisch ein.

Da Zweitaktmotoren keine Ventile besitzen, benötigen sie auch keine Vorrichtung zu ihrer Steuerung. Zweitakter sind daher unkomplizierter, robuster und auch leichter als Viertakter gleicher Leistung. Da jeder zweite Takt ein Arbeitstakt ist, eignen sie sich gut als Einzylindermotoren.

Ein Nachteil ist, daß sich im Zylinder Abgase mit Benzindämpfen vermischen. Auch werden mit den Abgasen unverbrannte Benzindämpfe ausgestoßen. Nachteilig ist auch, daß Zweitakter ein Gemisch aus Benzin und Öl benötigen. Das Öl dient zum Schmieren der Kurbelwelle und anderer beweglicher Teile.

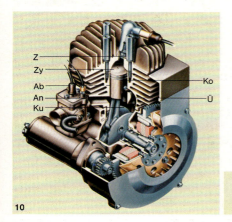

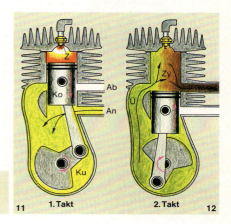

Z	Zündkerze	Ku	Kurbelgehäuse	Zy	Zylinder
Ab	Abgaskanal	Ü	Überströmkanal	Ko	Kolben
An	Ansaugkanal				

10   11   1. Takt   2. Takt   12

Aus Umwelt und Technik: **Der Dieselmotor**

Am 28. Februar 1892 reichte der Ingenieur *Rudolf Diesel* eine Patentschrift für ein neues „Arbeitsverfahren für Verbrennungskraftmaschinen" ein.

Darin hieß es sinngemäß:

1. *Luft und Brennstoff sollen vor der Zündung nicht miteinander vermischt werden.*
2. *Die Luft muß so stark verdichtet (komprimiert) werden, daß sehr hohe Temperaturen entstehen. Diese Temperaturen müssen höher sein als die Entzündungstemperatur des Brennstoffs.*

Diese beiden Sätze enthalten bereits die beiden wichtigsten Merkmale des Dieselmotors. Im Februar 1897 lief dann der erste „Diesel".

Beim Dieselmotor (Bild 13) wird im ersten Takt nur Luft angesaugt, die im zweiten Takt stark zusammengepreßt wird. Die Verdichtung kann bis 25:1 betragen. Dabei erhitzt sich die Luft auf 500 bis 900 °C!

In diese heiße Luft wird dann mit Hilfe einer Hochdruckpumpe durch eine feine Düse der Treibstoff gespritzt. Man verwendet dazu Dieselöl, das (wie Benzin) aus Erdöl gewonnen wird. Da sich das Dieselöl schon bei ungefähr 350 °C entzündet, verbrennt es ohne Zündung durch eine Zündkerze (*Selbstzündung*).

Der Dieselmotor ist sparsamer als ein Benzinmotor gleichen Hubraums (dieser leistet aber dafür mehr). Das liegt daran, daß im Dieselöl ca. 11% mehr Energie „steckt" als in Normalbenzin. Außerdem ist die Verdichtung beim Dieselmotor rund 3mal so groß wie beim Benzinmotor; dadurch wird die Energie besser genutzt.

Bei dieser sehr hohen Verdichtung treten gewaltige Drücke im Zylinder auf. Um ihnen standzuhalten, sind die Dieselmotoren im allgemeinen schwerer gebaut als Benzinmotoren.

Außerdem ist wegen der lauteren Verbrennungsgeräusche ein besserer Schallschutz erforderlich.

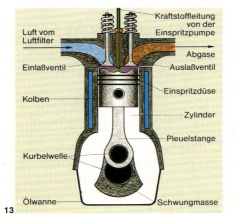

Aus der Geschichte: Vom „Petroleum-Reitwagen" zum Mofa

Gottlieb Daimler entwickelte aus dem Otto-(Gas-)Motor einen Benzinmotor, den er 1885 auch in ein Zweirad (eine Draisine) einbaute.

Dieser Petroleum-Reitwagen (Bild 1) blieb jedoch ein Einzelstück.

Viertaktmotor
mit 1 Zylinder
Hubraum 264 cm³
Leistung 0,37 kW
Geschwindigkeit 14 km/h
2 Gänge

Bild 2 zeigt das erste in Serie hergestellte Motor-Fahrrad. Der Hersteller ließ sich dafür den Namen Motorrad patentieren.

Dieses Motorrad besaß einen Viertaktmotor mit zwei Zylindern. Der 2. Zylinder ist auf der anderen Seite (im Bild nicht sichtbar) angebracht.

Besonders interessant war, daß die Pleuelstangen (4) das Hinterrad praktisch direkt antrieben. Die Hinterradachse stellte also gewissermaßen die Kurbelwelle dar und das Hinterrad die Schwungmasse.

Der Gummiriemen (5) war vorne am Rahmen eingehakt und unterstützte die Rückwärtsbewegung des Kolbens. Kupplung und Getriebe gab es bei diesem Fahrzeug noch nicht.

Wenn der Motor – durch Anschieben – angesprungen war, mußte man schnell in den Sattel springen.

Mit einem Handhebel konnte man die Benzinzufuhr und damit die Geschwindigkeit regeln.

Viertaktmotor
mit 2 Zylindern
Hubraum 1488 cm³
Leistung 1,84 kW
Geschwindigkeit 40 km/h

1 Benzintank
2 Kühlwassertank im Schutzblech
3 Zylinder
4 Pleuelstange
5 Gummiriemen

Aus Umwelt und Technik: Der Mensch und das Auto

Kaum eine Erfindung hat den Menschen so beschäftigt und sein Leben so beeinflußt wie das Auto.

Zunächst – als Otto seinen Viertaktmotor gebaut hatte (1878) und Benz und Daimler die ersten Motorkutschen vorstellten (1886) – waren die meisten Menschen gar nicht begeistert. Sie lehnten die „knatternden und stinkenden" Motorkutschen ab. In Stuttgart wurde Daimlers Motorkutsche mit Steinen beworfen, und im Königreich Baden war jegliches Fahren damit verboten. Noch 1910 wandten sich viele Zeitungen heftig gegen die „sinnlose Raserei der Benzinkutschen", durch die in einem Jahr 4262 Menschen verletzt und 343 getötet worden waren.

Bald aber änderte sich diese Einstellung: Immer mehr Menschen träumten vom Besitz eines Autos, ja es wurde zum „liebsten Kind der Nation" – je schneller, desto besser! Heute kommen im Mittel zwei Autos auf fünf Einwohner der Bundesrepublik Deutschland.

Im Laufe der Zeit wurden die Autos nicht nur schneller. Das Autofahren wurde dadurch sicherer, daß man die Autos mit Sicherheitsgurten ausstattete und das Anlegen dieser Gurte vorschrieb. Die Fahrgastzellen wurden stabiler gebaut, und man achtete auf ausreichende Knautschzonen. Vor allem mit Hilfe von Katalysatoren verringerte man den Ausstoß schädlicher Abgase.

Außerdem wurde der Benzinverbauch der Autos gesenkt. Zu dieser Entwicklung haben steigende Treibstoffpreise geführt. Doch auch das Bewußtsein trug dazu bei, weil die Erdölvorräte beschränkt sind und ihr Verbrauch Umweltbelastungen hervorruft.

Ein Mittelklassewagen verbrauchte 1970 noch 12 l Benzin auf 100 km Fahrstrecke (bei 120 km/h). Heute wäre solch ein „Benzinsäufer" nicht mehr zu verkaufen. Gesenkt wurde der Treibstoffverbrauch durch ein geringeres Fahrzeuggewicht (leichtere Bauweise mit Aluminium und Kunststoff statt Stahl), durch Verringerung des Luftwiderstandes (windschnittigere Form) und durch niedrigere Drehzahlen bei schneller Fahrt (5. Gang).

Trotz all dieser Maßnahmen sind die negativen Auswirkungen des Autoverkehrs unübersehbar:

○ Jedes Jahr werden bei uns ungefähr 450 000 Menschen im Straßenverkehr verletzt (so viele Einwohner hat zum Beispiel Nürnberg).
○ Jedes Jahr sterben bei uns fast 10 000 Menschen im Straßenverkehr.
○ Viele Menschen werden durch den Straßenlärm gestört; Lärm macht krank.
○ Schädliche Autoabgase führen zu Gesundheitsschäden und Umweltschäden („Waldsterben").
○ Durch das Verbrennen von Erdöl steigt der Kohlenstoffdioxidgehalt der Atmosphäre. Der Straßenverkehr verstärkt den Treibhauseffekt (→ Energie unterwegs).
○ Mehr Autos erfordern mehr Autobahnen und Straßen.

Einige Fragen zum Nachdenken:

○ Könntest du dir vorstellen, ganz ohne Auto zu leben?
○ Wie könnte jeder motorisierte Verkehrsteilnehmer dazu beitragen, die nachteiligen Folgen zu verringern?
○ Was ließe sich durch neue Gesetze erreichen?
○ Hatten die Autogegner um die Jahrhundertwende nicht doch recht, als sie die ersten Motorkutschen zerstören wollten, um die Motorisierung zu stoppen?

Maschinen, die mit Wärme arbeiten

Alles klar?

1 Auf einem Topf mit siedendem Wasser liegt ein Deckel und klappert.
Begründe, daß hier Arbeit verrichtet wird. Erkläre diesen alltäglichen Vorgang physikalisch.

2 Weshalb soll man Energie sparen? Sie geht doch niemals verloren!...

3 Erkläre den folgenden Satz: „Maschinen verbrauchen zwar keine Energie, sie machen sie aber *wertloser*."

4 „Energie aus der Steckdose ist absolut umweltfreundlich: kein Lärm, kein Abfall, keine Abgase." Was meinst du dazu?

5 Für elektrische Heizungen wird oft ein Wirkungsgrad von 100 % angegeben. Auf welche Energieumwandlung bezieht sich diese Angabe?
Wie groß ist der Wirkungsgrad einer solchen Heizung, wenn du die Energieumwandlungen im Kohlekraftwerk mit berücksichtigst?

6 Mit einem Skiträger auf dem Dach verbraucht ein Pkw ca. 20 % mehr Benzin (bei 120 km/h). Gib dafür eine Erklärung.

7 Welche Auswirkungen auf den Treibstoffverbrauch vermutest du, wenn man die Heizung des Autos in Betrieb setzt? Begründe deine Antwort.

8 Weshalb steigt der Benzinverbrauch eines Autos, wenn man die elektrische Heckscheibenheizung einschaltet?

Auf einen Blick

Zugeführte Wärme läßt sich zum Arbeiten nutzen

Wenn sich Luft beim Erwärmen ausdehnt, kann sie z. B. Wasser in einem Rohr anheben. Sie ist also in der Lage, Hubarbeit zu verrichten.

Man kann durch Zufuhr von Wärme auch Wasser in einem geschlossenen Gefäß erhitzen und zum Verdampfen bringen. Je mehr Wasserdampf dabei entsteht, desto höher ist der Druck in dem Gefäß. Wenn der Dampf dann aus einer Düse mit hoher Geschwindigkeit austritt, kann er ein Turbinenrad antreiben. Auf diese Weise wird an dem Rad Arbeit verrichtet.

Die zum Arbeiten nötige Energie kann in Form von Wärme zugeführt werden.

Wärme-Energie-Maschinen

Maschinen, denen Wärme zugeführt wird und die dann mit dieser Energie Arbeit verrichten, bezeichnet man als *Wärme-Energie-Maschinen*.

Beispiele sind die Dampfmaschine, die Dampfturbine sowie der Stirling-, der Otto- und der Dieselmotor.

Damit solche Maschinen funktionieren, ist ein *Temperaturgefälle* zwischen einem geheizten und einem gekühlten Teil erforderlich.

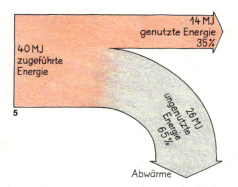

Wärme-Energie-Maschinen können nur einen geringen Teil der aufgenommenen Energie zum Arbeiten nutzen. Ein viel größerer Teil der Energie wird als Abwärme an die Umgebung abgegeben.

Zum Beispiel wird die Abwärme bei den Verbrennungsmotoren mit den heißen Abgasen und über die Motorkühlung abgegeben.

Der Wirkungsgrad

Welchen Anteil der zugeführten Energie eine Maschine nutzt, wird durch ihren Wirkungsgrad η angegeben:

$$\eta = \frac{\text{genutzte Energie}}{\text{zugeführte Energie}}.$$

Energie unterwegs

1 Die Konvektion

In Heizungsanlagen wird Energie vom Heizkessel in die einzelnen Wohnräume transportiert.
Die Bilder 1–4 zeigen, wie eine Zentralheizungsanlage heutzutage aussieht.

○ Wenn du die Möglichkeit hast, solltest du dir einmal eine Zentralheizungsanlage genauer ansehen. Versuche, die in der Schemazeichnung dargestellten Teile im Heizungskeller zu finden.

○ Wie gelangt die Energie vom Kessel in die Heizkörper?

○ Welche Aufgabe hat das Ausdehnungsgefäß?

○ Häufig regelt man Heizungsanlagen mit Hilfe von Temperaturfühlern (Thermostaten). Es gibt Thermostate, die Einfluß auf die Vorlauftemperatur haben; andere wirken direkt auf die einzelnen Heizkörperventile. Überlege dir die unterschiedlichen Auswirkungen.

○ Die Darstellung der Zentralheizung in Bild 1 ist vereinfacht. In Wirklichkeit läuft z. B. das kühlere Wasser des Rücklaufs nur zum Teil in den Kessel. Der andere Teil wird im Mischer mit heißem Wasser gemischt und als Vorlauf wieder in die Heizkörper gepumpt...

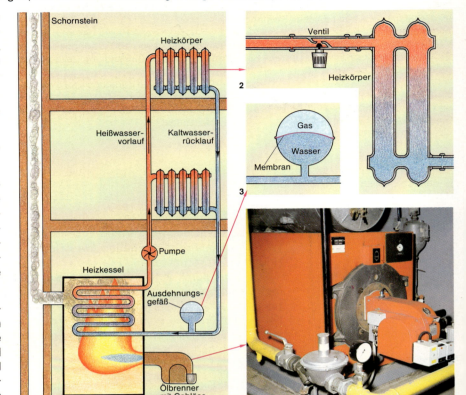

V 1 Stelle einen Kochtopf mit Wasser auf den Herd, und schütte ein wenig Gries oder Reis hinein.
Beobachte, wie sich die einzelnen Körnchen bewegen.

V 2 In einen mit Wasser gefüllten Rundkolben werden einige Kristalle Kaliumpermanganat gegeben. Die Kristalle lösen sich langsam auf und färben das Wasser am Boden des Kolbens violett.

Nun wird ein Brenner seitlich an den Rundkolben gestellt (Bild 5).
Erkläre deine Beobachtungen.

V 3 Halte ein einfaches Windrad (Bild 6) im Abstand von 20 cm über eine Kerzenflamme. Versuche, deine Beobachtung zu erklären.
Suche nach Stellen, wo sich das Windrad drehen könnte: z. B. über Herdplatten, Öfen, Lampen oder einem Bügeleisen. Probiere auch aus, in welchen Entfernungen sich das Rädchen noch neben den Wärmequellen dreht.

V 4 Eine brennende Kerze, die vor einer weißen Wand steht, wird mit einem Diaprojektor beleuchtet. Betrachte das Schattenbild der Kerze.
Ersetze die Kerze auch durch eine Glühlampe oder ein Bügeleisen.
Gib eine Erklärung für deine Beobachtungen.

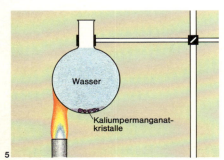

396

Info: Strömende Materie transportiert Energie

In einer modernen Zentralheizungsanlage sorgt eine Pumpe dafür, daß das Wasser durch die Rohrleitungen und die Heizkörper strömt. Das heiße Wasser transportiert Energie vom Heizkessel in die einzelnen Räume. Das abgekühlte Wasser fließt dann zum Kessel zurück.

Ein solcher Kreislauf kann auch ganz von selbst in Gang kommen: In Bild 7 steigt das erwärmte Wasser nach oben und kühleres strömt von der Seite nach. Dieses Verhalten von Flüssigkeiten (und Gasen) läßt sich leicht erklären:

Wenn man einer Flüssigkeit an einer Stelle Energie in Form von Wärme zuführt, steigt dort ihre Temperatur. Der erwärmte Bereich der Flüssigkeit dehnt sich aus; d. h., sein Volumen vergrößert sich, und seine Dichte nimmt ab. Dieser Teil der Flüssigkeit ist somit leichter als die darüber befindlichen Flüssigkeitsschichten; er steigt nach oben. Dafür sinkt kühlere Flüssigkeit wegen ihrer größeren Dichte nach unten.

Man nennt den Energietransport, der an einen Transport von Materie gebunden ist, **Konvektion** (oder *Mitführung*).

Konvektion tritt nicht nur in Flüssigkeiten, sondern auch in Gasen auf.

Die Energie wird von Materie mitgeführt. Mit dem Flüssigkeits- oder Gasstrom ist ein Energiestrom verbunden.

In unserer Umwelt gibt es viele Beispiele für die Konvektion. Sie tritt immer dann auf, wenn Flüssigkeiten oder Gase ungleichmäßig erwärmt werden, so daß Bereiche mit unterschiedlichen Temperaturen entstehen.

So erwärmt z. B. ein Heizkörper die ihn umgebende Luft. Diese steigt über dem Heizkörper auf, und kühlere strömt von unten nach.

In der Natur gibt es ähnliche Luftströmungen: Die Sonne erhitzt die Luft über trockenem Untergrund (Getreidefelder, Felsen, Sand) stärker als über Wiesen, Wäldern und Gewässern. Die erhitzte Luft steigt auf. In der Umgebung sinkt kühlere Luft ab und strömt von unten nach.

Segelflieger nutzen die Aufwinde, um nach oben zu steigen. Sie fliegen enge Kurven in Bereichen aufsteigender Warmluft („Thermikblasen") und werden in die Höhe mitgenommen (Bild 8).

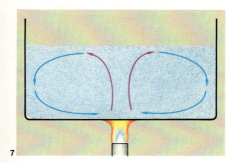
7

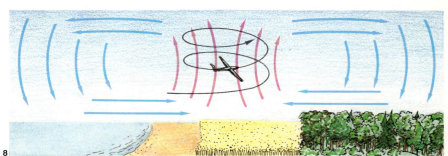
8

Aufgaben

1 Ein interessanter **Versuch**:

Ein kleines Gefäß wird mit gefärbtem, heißem Wasser gefüllt und mit einem Stopfen, in dem zwei kurze Glasrohre stecken, verschlossen (Bild 9). Was wird geschehen, wenn man es in ein Becken mit kaltem Wasser stellt?

2 In Bild 10 ist eine Zentralheizung gezeichnet, wie es sie zu Beginn des 20. Jahrhunderts gab. Die verwendeten Rohre hatten einen größeren Durchmesser als heutige Heizungsrohre. Auch dauerte es länger, bis die Heizkörper warm wurden.

Welcher Unterschied besteht zwischen dieser Heizung und einer modernen Zentralheizung (Bild 1)? Wie funktionierte sie?

3 Wenn man die Tür eines geheizten Zimmers öffnet, kann man an einer brennenden Kerze erkennen, daß Luft oben aus dem warmen Raum heraus- und unten hineinströmt. Gib dafür eine Erklärung.

4 Bild 11 zeigt ein mit Wasser gefülltes, rechteckig gebogenes Rohr. Was geschieht, wenn das Rohr nur an der Stelle A, nur an der Stelle B oder nur an der Stelle C erhitzt wird?

Welcher technischen Anlage entspricht dieser Versuchsaufbau?

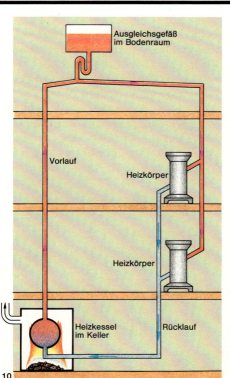
10

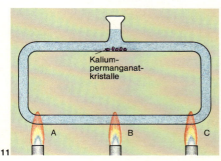
11

Aus Umwelt und Technik: **Konvektion beim Automotor**

Bei jeder Wärme-Energie-Maschine wird ein großer Teil der zugeführten Energie als Abwärme abgegeben.

Zu den Wärme-Energie-Maschinen zählen auch die Verbrennungsmotoren, mit denen Autos, Motorräder und Mopeds angetrieben werden. Die Abwärme wird von den Motoren vor allem mit den Abgasen und über die Motorkühlung abgegeben.

Automotoren werden in der Regel mit Wasser gekühlt. Der Kühlwasserkreislauf wird von einer Pumpe in Gang gehalten.

Das Kühlwasser umströmt in feinen Hohlwänden die Zylinder des Motors (Bild 1) und nimmt dort Energie auf. Es transportiert sie anschließend zum Kühler, wo sie an die vorbeiströmende Luft abgegeben wird.

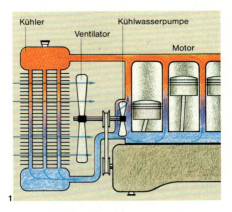

In Bild 2 siehst du die Wasserröhrchen eines Kühlers. Durch die feinen Rippenbleche (Lamellen) wird die Oberfläche des Kühlers erheblich vergrößert.

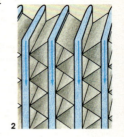

Das Kühlwasser erhitzt sich im laufenden Motor auf etwa 80 °C. Im Kühler wird es dann auf ungefähr 70 °C abgekühlt.

Aus Umwelt und Technik: **Kraftwerke und Kühltürme**

Elektrizitätswerke erzeugen mehr Abwärme als elektrische Energie.

Zum Beispiel werden dem Kohlekraftwerk von Bild 3 pro Sekunde 1865 MJ an chemischer Energie zugeführt. Das Kraftwerk hat einen Wirkungsgrad von 41 %. Der elektrische Energiestrom, der das Elektrizitätswerk verläßt, beträgt 765 MJ/s oder 765 MW. Als Abwärme werden dagegen 1100 MJ/s abgegeben.

Die Abwärme fällt am Kondensator des Kraftwerkes an: Nachdem der Wasserdampf die Turbinen angetrieben hat, wird er im Kondensator verflüssigt. Die dabei frei werdende Energie – die Kondensationswärme – wird an das Kühlwasser abgegeben.

Am einfachsten ist es, wenn man die Kraftwerke an Flüssen baut und einen Teil des Flußwassers durch den Kondensator leitet. Allerdings wird das Wasser dadurch aufgeheizt. Dies belastet die Umwelt, weil der Sauerstoffgehalt des Wassers abnimmt, Algen stärker wachsen und Bakterien sich vermehren. Würden alle Kraftwerke, die an den Ufern des Rheins stehen, mit Flußwasser gekühlt, hätte der Fluß selbst im Winter eine Temperatur von 35 °C.

Der Bau von Kraftwerken mit Flußwasserkühlung wird heute in der Bundesrepublik Deutschland nicht mehr genehmigt. Die Abwärme muß vielmehr mit Hilfe von Kühltürmen an die Luft abgegeben werden.

Am stärksten verbreitet sind heute die *Naßkühltürme* (Bild 4):

Das erwärmte Kühlwasser aus dem Kondensator wird im Kühlturm hochgepumpt. Wie bei einer großen Brause rieselt es dort nach unten. Dabei gibt das Wasser Energie an die Luft ab. Die Luft erwärmt sich und steigt im Kühlturm nach oben, während kältere Luft von unten nachströmt.

Außerdem verdunstet beim Herabrieseln ein Teil des Wassers. Die zum Verdunsten notwendige Energie (Verdampfungswärme) wird den Wassertropfen entzogen. Vor allem durch diese Verdunstungskühlung sinkt die Wassertemperatur.

Die aufsteigende Luft nimmt den entstehenden Wasserdampf mit; in ihm steckt dann zusätzlich die Verdampfungswärme als „verborgene Energie".

Das abgekühlte Wasser wird am Boden des Kühlturms aufgefangen und wieder zu den Kondensatoren gepumpt. Das verdunstete Wasser – dabei handelt es sich immerhin um einige hundert Liter pro Sekunde – muß durch Wasser aus benachbarten Flüssen oder Kanälen ersetzt werden.

Trockenkühltürme geben kein Wasser an die Luft ab.

Wie in einem Autokühler fließt das warme Wasser durch Rohrleitungen und wird durch die von unten nach oben strömende Luft gekühlt.

Trockenkühltürme sind viel größer als entsprechende Naßkühltürme.

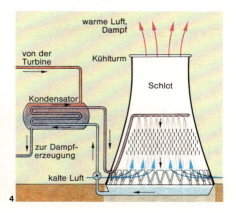

Aus Umwelt und Technik: **Land- und Seewind**

Wer in den Sommerferien an der See war, wird dort kaum einen windstillen Tag erlebt haben. Auffällig ist, daß bei ruhigem Sommerwetter mit wolkenlosem Himmel (Hochdruckwetterlage) der Wind *tagsüber von der See* kommt, aber *nachts vom Land* zum Meer weht.

Die Sonne scheint tagsüber auf Land und Meer mit gleicher Stärke. Trotzdem steigt die Temperatur des *Erdreiches* höher als die des Wassers.

Einer der Gründe dafür ist, daß die spezifische Wärmekapazität des Erdreiches nur ca. $\frac{1}{5}$ von der des Wassers beträgt. Wenn man also einem Kilogramm Sand und einem Kilogramm Wasser gleich viel Energie zuführt, erreicht der Sand eine höhere Temperatur. Außerdem erwärmt sich das Erdreich tagsüber nur wenige Zentimeter tief; im Meer dagegen verteilt sich die eingestrahlte Energie auf eine mindestens zehnmal so dicke Schicht, d. h. auf eine wesentlich größere Masse.

Die Luft über dem erhitzten Erdreich erwärmt sich viel stärker als die über dem Wasser. Die warme Luft über dem Land steigt auf, und kalte Meeresluft strömt zum Land hin nach (Bild 5). Es herrscht **Seewind**. In der Höhe strömt die Luft vom Land zum Meer.

Nachts sind die Verhältnisse umgekehrt: Der erhitzte Sand gibt seine Energie viel schneller ab als das Wasser. Also hat nachts das *Wasser* die höhere Temperatur. Bild 6 zeigt, wie der **Landwind** entsteht.

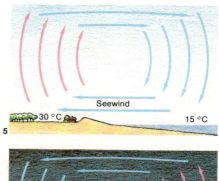
5
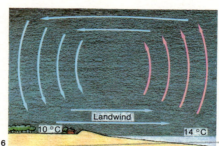
6

Aus Umwelt und Technik: **Transport verborgener Energie**

Mit der Aufwärtsbewegung der Luft (z. B. bei der Konvektion) ist oft auch die Bildung von Wolken verbunden.

Zusammen mit der Luft steigt auch Wasserdampf auf, der durch Verdunstung über Wasserflächen oder feuchten Landgebieten enstanden ist. In ihm steckt die zum Verdunsten nötige Energie (die Verdampfungswärme).

Beim Aufsteigen kühlt sich das Luft-Wasserdampf-Gemisch immer mehr ab. Je geringer die Temperatur ist, um so weniger Wasser kann gasförmig bleiben. Daher kondensiert der Wasserdampf zu winzigen Tröpfchen – es entstehen Wolken (Bild 7).

Beim Übergang vom gasförmigen in den flüssigen Zustand wird die Verdampfungswärme wieder frei. Durch diese Energiezufuhr kühlt die Luft beim Aufsteigen weniger schnell ab. Sie hat dann eine höhere Temperatur als die Luftschichten in ihrer Umgebung; dadurch kann die Aufwärtsbewegung noch verstärkt werden.

Bei der Entstehung einer Wolke wird sehr viel Energie freigesetzt:

Man nimmt an, daß eine große Quellwolke (ca. 10 km Durchmesser) etwa 1 000 000 m³ Wasser enthält. Dieses Wasser ist durch Kondensation von Wasserdampf entstanden. Die Energie, die zum Verdunsten dieser gewaltigen Wassermenge nötig ist und die bei der Kondensation wieder frei wird, beträgt

$1\,000\,000\,000\text{ kg} \cdot 2256\,\dfrac{\text{kJ}}{\text{kg}}$

$= 2256$ Millionen MJ.

In der gleichen Größenordnung liegt der Tagesbedarf der Bundesrepublik Deutschland an elektrischer Energie!

Beim Abregnen der Wolke bleibt diese Energie zum großen Teil in der Atmosphäre und wird durch Luftbewegungen weiter verteilt.

Durch Wasserdampf können also ungeheure Energiemengen transportiert werden. Derartige Energieströme spielen für das Klima auf der Erde eine wichtige Rolle:

In den verschiedenen Regionen der Erde ist die Sonneneinstrahlung recht unterschiedlich. Daher ist der Energietransport zwischen diesen Regionen von großer Bedeutung. Ohne diese Transporte würden sich die Zonen in der Umgebung des Äquators beträchtlich erwärmen, während sich die Gebiete nördlich und südlich des 40. Breitenkreises abkühlen würden.

Die Energie wird mit warmem Meerwasser, mit Warmluft oder eben „verborgen" in Wasserdampf transportiert.

In allen drei Fällen handelt es sich um Energietransport mit Materie, also um **Konvektion**.

Unsere gemäßigten Breiten erhalten Energie aus den subtropischen Gebieten – vor allem durch Transport von Wasserdampf: In den Subtropen verdunsten große Mengen Meerwasser. Der Dampf wird nach Norden transportiert, wo durch die Kondensation Energie freigesetzt wird.

Für West-, Mittel- und Nordeuropa spielt der *Golfstrom* eine wichtige Rolle als „Warmwasserheizung".

7

Energie unterwegs

2 Die Wärmeleitung

Wer von den beiden wird wohl zuerst aufgeben (Bild 1) – Monika, weil das Geldstück zu heiß wird, oder Frank, weil er sich am Streichholz die Finger verbrennt?

V 5 Zwei Bechergläser, die Wasser unterschiedlicher Temperatur enthalten, werden durch einen U-förmigen Kupferstab miteinander verbunden (Bild 2).

a) Beobachte das Thermometer, und erkläre deine Beobachtung.
Wiederhole das Experiment auch mit einem Aluminium-, einem Messing- und einem Glasstab.

b) Warum stellt man die Bechergläser bei diesem Versuch auf eine Unterlage aus Styropor?

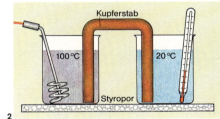

V 6 Energie kann auch durch Flüssigkeiten strömen, ohne daß sich die Flüssigkeit bewegt.
Bild 3 zeigt den Versuchsaufbau. Was meinst du: Wird das Wasser sieden, bevor das Eis geschmolzen ist, oder schmilzt zuerst das Eis?

V 7 Halte ein kurzes, offenes Glasrohr mit der Hand einmal schräg von unten in eine Flamme und einmal schräg von oben.
Was stellst du fest? Erkläre deine Beobachtungen.

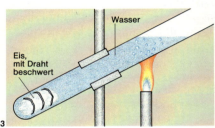

Info: Wärmeleitung und Wärmeleitfähigkeit

Wenn das eine Ende eines Kupferstabes in eine Flamme gehalten wird und das andere in ein Gefäß mit kaltem Wasser taucht, beobachtet man, daß die Temperatur des Wassers ansteigt. Es strömt also Energie von der Flamme durch den Stab in das Wasser (Bild 4).

Am heißen Ende des Stabes schwingen die Kupferteilchen am heftigsten um ihre Ruhelage. Sie stoßen mit Nachbarteilchen in kälteren Bereichen zusammen und geben dabei Energie an sie ab. Diese Teilchen geben ebenfalls Energie weiter, und zwar an Nachbarteilchen in noch kälteren Bereichen. Schließlich kommt Energie bei den Wasserteilchen an, und die Wassertemperatur steigt.
Die Energie strömt durch den Körper, ohne daß die Teilchen ihre Plätze verlassen. Diese Energieübertragung, bei der die Energie von Teilchen zu Teilchen weitergegeben wird, bezeichnet man als Wärmeleitung.
Die Wärmeleitung spielt z. B. beim Kochen eine Rolle: Die Energie strömt von der Herdplatte durch den Topfboden in das Innere des Topfes.
Die Energie fließt dabei stets von Stellen höherer Temperatur zu Stellen niedrigerer Temperatur. Die Wärmeleitung ist so lange zu beobachten, bis überall die gleiche Temperatur herrscht.

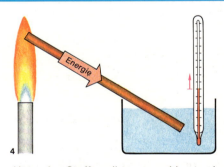

Unter den Stoffen gibt es sowohl gute als auch schlechte Wärmeleiter. Zum Beispiel leitet ein Kupferstab die Energie viel besser als eine Wassersäule (mit gleichen Abmessungen), und die Wassersäule leitet besser als eine Luftsäule.
Metalle sind gute Wärmeleiter. Glas, Kunststoff, Wasser und Gase zählen zu den schlechten Wärmeleitern.
Auch Styropor ist ein sehr schlechter Wärmeleiter, denn es enthält unzählige mit Luft gefüllte Hohlräume.
Mit der unterschiedlichen Wärmeleitung der Stoffe lassen sich ganz alltägliche Erfahrungen erklären: Wenn du barfuß läufst, kommt dir ein Kachelboden kälter vor als ein Teppichboden – auch wenn beide Böden genau die gleiche Temperatur haben. Fliesen leiten nämlich Wärme besser als ein Teppich; die Fliesen führen daher pro Sekunde auch mehr Energie aus deinem Körper ab.

Um angeben zu können, wie gut ein Körper die Wärme leitet, geht man so vor: Man mißt die Energie W, die bei einer bestimmten Temperaturdifferenz in der Zeit t durch den Körper fließt.
Den Quotienten aus Energie und Zeit bezeichnet man als *Energiestrom* P:

$$P = \frac{W}{t}.$$

○ Je größer die Temperaturdifferenz ist, desto größer ist der Energiestrom.

Bei einem Stab, einer Säule oder einem Quader stellt man außerdem fest: Der Energiestrom ist um so größer, …

○ je größer die Querschnittsfläche des Körpers ist
○ und je kleiner seine Länge ist.

Der Energiestrom P ist proportional zur Temperaturdifferenz $\Delta\vartheta$ sowie zur Querschnittsfläche A und umgekehrt proportional zur Länge l des Körpers:

$$P \sim \frac{A}{l} \cdot \Delta\vartheta.$$

Den Proportionalitätsfaktor bezeichnet man als **Wärmeleitfähigkeit** λ (Lambda).

$$P = \lambda \cdot \frac{A}{l} \cdot \Delta\vartheta.$$

Die Wärmeleitfähigkeit (→ Tabelle) gibt an, wieviel Energie pro Sekunde durch einen Körper strömt, der die Querschnittsfläche $A = 1\,m^2$ und die Länge $l = 1\,m$ hat, wenn die Temperaturdifferenz zwischen beiden Seiten 1 K beträgt.

Als Einheit für die Wärmeleitfähigkeit erhält man

$$\frac{W \cdot m}{m^2 \cdot K} = \frac{W}{m \cdot K}.$$

Wärmeleitfähigkeit verschiedener Stoffe (bei 20 °C)

Stoff	λ in $\frac{W}{m \cdot K}$	Stoff	λ in $\frac{W}{m \cdot K}$
Silber	427	Granit	2,9
Kupfer	384	Glas	0,7 bis 1,4
Aluminium	220	Wasser	0,598
Messing (63 % Cu)	113	Glycerin	0,285
Nickel	91	Benzin	0,12
Eisen	81	Styropor	0,037
Stahl	ca. 45	Luft	0,0026
Quecksilber	11,7	Kohlenstoffdioxid	0,0164

Aufgaben

1 Drei gleich lange Streifen aus Eisen-, Messing- und Kupferblech sind kreuzförmig zusammengelötet (Bild 5). An den Enden der Blechstreifen liegen Zündhölzer.
Was wird geschehen, wenn man die Mitte dieses Kreuzes mit einer Brennerflamme erhitzt?
Begründe deine Vermutung.

2 Chromnickelstahl ist ein schlechter Wärmeleiter. Er rostet nicht, ist säurebeständig und kann leicht gereinigt werden.
Bei Töpfen aus Chromnickelstahl können auch die Griffe aus dem gleichen Material hergestellt werden – trotzdem verbrennt sich an ihnen niemand die Finger. Im Topfboden befin-

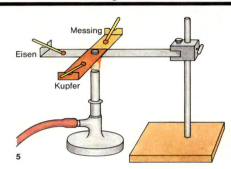

5

det sich jedoch eine Platte aus Kupfer oder Aluminium, die von einer dünnen Schicht aus Chromnickelstahl überzogen ist. Gib den Grund dafür an.

3 Welchen Vorteil haben Fenster mit doppelter Verglasung gegenüber einfachen Fenstern?

4 Wenn man ein Eisengeländer anfaßt, fühlt es sich kälter an als ein Holzgeländer gleicher Temperatur.
Versuche, dafür eine Erklärung zu finden.

5 Ein kleiner **Versuch**: Einige Tropfen kaltes Wasser werden auf eine sehr heiße Kochplatte gespritzt. Die Tropfen „tanzen" eine Zeitlang auf der Platte, bis sie verdampfen.
Auf einer nicht so heißen Platte verdampfen Wassertröpfchen der gleichen Größe dagegen sofort. Wie ist das möglich?

6 Beschreibe, wie du die Wärmeleitfähigkeit eines Stoffes experimentell bestimmen könntest.

Aus der Geschichte: Eine Sicherheitslampe für den Bergbau

Auch heute noch werden *Schlagwetterexplosionen* von Bergleuten gefürchtet.

Unter „schlagenden Wettern" versteht man ein explosives Methan-Luft-Gemisch. Eine kleine Flamme genügt schon, um dieses geruchlose Gemisch zur Explosion zu bringen.

Schlagende Wetter bilden sich vor allem in Steinkohlebergwerken, wenn die Stollen schlecht belüftet sind.

Der Chemiker *Sir Humphry Davy* beschäftigte sich 1815 mit der Frage, wie solche Explosionen vermieden werden könnten.

Zu dieser Zeit arbeiteten die Bergleute mit Öllampen, deren Flammen die schlagenden Wetter immer wieder entzündeten.

Davy untersuchte die Eigenschaften brennender Gase. Dabei entdeckte er, daß die Flammen ein feines Drahtnetz nicht durchdringen können. Die Metalldrähte führen nämlich wegen ihrer guten Wärmeleitfähigkeit die

6

Energie der heißen Flammengase ab. Wenn die Gase durch das Sieb hindurchtreten, sinkt daher ihre Temperatur, und die Flammen erlöschen.

Diese Entdeckung brachte Davy auf die Idee, auch die Öllampen der Bergleute mit einem Drahtnetz zu versehen. Im Innern solcher Lampen kann sich zwar immer noch eintretendes Methan-Luft-Gemisch entzünden, aber nur das Gas im Innern der Lampe verbrennt; durch ihr Flackern zeigt die Lampe sogar das explosive Gasgemisch an.

Außerhalb des Drahtnetzes wird die Entzündungstemperatur „schlagender Wetter" nicht erreicht.

Die *Wetterlampe* wurde später mit Benzin statt mit Öl betrieben (Bild 6).

Aus Umwelt und Technik: **Wärmedämmung in der Bautechnik**

Bild 1 zeigt, wo bei einem beheizten Haus Energie entweicht. Bereiche unterschiedlicher Temperaturen werden durch Farben sichtbar gemacht. Auf der Skala am unteren Rand sind die Farben so angeordnet, daß sie (von links nach rechts) steigenden Temperaturen entsprechen. Blau ist der niedrigsten Temperatur zugeordnet, Weiß der höchsten.

An den weißen und gelben Stellen ist die Hauswand am wärmsten, dort geht am meisten Energie an die Umgebung verloren.

Um Heizkosten zu sparen, müssen die Energieströme nach außen möglichst klein sein.

Abgesehen von der Konvektion bei undichten Türen und Fenstern, gelangt die Energie durch **Wärmeleitung** von innen nach außen. Diese Energieströme durch Mauerwerk, Fenster, Dächer und Kellerdecken lassen sich nicht völlig unterbinden. Sie können aber durch Verwendung geeigneter Baumaterialien (z. B. Hohlblock- oder Ziegelsteine) und durch eine zusätzliche Isolierung verringert werden. Zur Isolierung verwendet man *Wärmedämmstoffe*, z. B. Mineralwolle oder Hartschaumplatten.

Die Bilder 2 u. 3 zeigen den Temperaturverlauf in einer gedämmten und in einer ungedämmten Wand. Obwohl die Temperaturdifferenz zwischen Außenluft und Raumluft in beiden Fällen gleich ist, bleibt das Mauerwerk bei der gedämmten Wand wärmer; für die Bewohner steigt dadurch die Behaglichkeit. Und vor allem strömt durch die gedämmte Wand in der gleichen Zeit weniger Energie als durch die ungedämmte.

Techniker, die den Energiebedarf eines Hauses bestimmen wollen, müssen die Energieströme durch Außenwände, Dächer, Fenster usw. berechnen. Diese Energieströme hängen vor allem von der Wärmeleitfähigkeit λ der verwendeten Baustoffe und der Dicke der Bauteile ab.

Die Energieströme sind aber auch davon abhängig, wie gut die Wärme von der Zimmerluft auf die Wand und von der Wand auf die Außenluft übertragen wird.

Deshalb arbeiten Techniker mit dem **k-Wert** oder *Wärmedurchgangskoeffizienten k*. Der k-Wert berücksichtigt sowohl die Wärmeleitfähigkeit und die Dicke der Bauteile als auch die Wärmeübergänge auf beiden Seiten der Bauteile.

Für den Energiestrom P durch die Fläche A gilt:

$P = k \cdot A \cdot (\vartheta_2 - \vartheta_1)$, wobei ϑ_2 die Innentemperatur und ϑ_1 die Außentemperatur ist.

Der k-Wert gibt also an, wie groß der Energiestrom durch eine Fläche von 1 m² ist, wenn die Temperaturdifferenz zwischen innen und außen 1 K beträgt. Je größer der k-Wert ist, desto schneller entweicht die Energie.

Beispiel: Wie groß ist der Energiestrom durch ein einfaches 1,5 m · 3 m großes Fenster, wenn die Innentemperatur 20 °C und die Außentemperatur –10 °C beträgt?

$$P = 5{,}8 \, \frac{W}{m^2 \cdot K} \cdot 4{,}5 \, m^2 \cdot 30 \, K = 783 \, W.$$

Um den Energiestrom von 783 W durch das Fenster auszugleichen, müßte ein Heizlüfter ständig laufen.

Einige Wärmedurchgangskoeffizienten (k-Werte)

Bauteil	k in $\frac{W}{m^2 \cdot K}$
Ziegeldach	
– ungedämmt	6,0
– mit 10 cm dicker Dämmschicht	0,4
Außenwand (Hohllochziegel, 24 cm dick)	
– ungedämmt	1,3
– mit 8 cm dicker Dämmschicht	0,4
Fußboden (Stahlbeton mit Estrich, 16 cm dick)	
– ungedämmt	1,3
– mit 5 cm dicker Dämmschicht	0,5
Glasscheiben	
– einfach	5,8
– doppelt (6 mm Abstand)	3,5
– doppelt (12 mm Abstand)	3,0
– dreifach (2 · 12 mm Abstand)	2,1

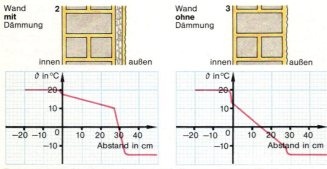

Temperaturverlauf in einer gedämmten und einer ungedämmten Wand.

Fragen und Aufgaben zum Text

1 Für 1 kWh = 3,6 MJ elektrische Energie bezahlt man ca. 30 Pf. Wieviel Geld geht in einer Winterwoche durch das Fenster aus dem Rechenbeispiel verloren?

Wie hoch wäre der Verlust bei einem Fenster mit Isolierverglasung (zwei Scheiben in 6 mm Abstand)?

2 „Je größer die Fenster, desto größer der Wärmeverlust." Wieso gilt dieser Satz nicht für Südfenster?

3 Berechne den Energiestrom durch euer Wohnzimmerfenster bei einer Temperaturdifferenz von 20 K. Wieviel Energie entweicht in 24 Stunden? Was kostet diese Energie? (Nimm wieder an, daß 3,6 MJ elektrische Energie 30 Pf kosten.)

Aus Umwelt und Technik: **Der Wärmehaushalt des Menschen**

Der Mensch zählt zu den Warmblütern. Seine Körpertemperatur – genauer: die Temperatur im Innern des Rumpfes und des Kopfes – ist konstant. Sie liegt mit ungefähr 37 °C meist deutlich über der Umgebungstemperatur.

Bei den Energieumwandlungen im menschlichen Körper entsteht immer auch Wärme. Wenn man körperlich anstrengende Arbeit verrichtet, wird vor allem in den Muskeln „Abwärme" frei, die der Körper an die Umgebung abgeben muß.

Die im Innern des Körpers erzeugte Abwärme wird vorwiegend durch den Blutkreislauf zur Körperoberfläche transportiert (Konvektion): Das Herz pumpt das im Körperinnern erwärmte Blut durch die Arterien zur Haut. Dort wird Energie abgegeben. Das abgekühlte Blut fließt dann durch die Venen zurück. Voraussetzung für die Energieabgabe ist, daß die Temperatur der Haut geringer als die Körpertemperatur ist.

In kühler Umgebung gibt der Mensch über die Haut ständig Energie ab, unter anderem durch *Wärmeleitung*.

Die Energie strömt dabei aus der Haut in die umgebende Luft. Die erwärmte Luft steigt am Körper auf und transportiert die Energie ab. Gefördert wird diese Energieabgabe, wenn Wind herrscht oder wenn man sich selbst bewegt, da dann die erwärmte Luft schneller wegbewegt wird.

Durch Kleidung wird die Energieabgabe des Körpers verringert: Zum einen erreichen Luftbewegungen nicht mehr den Körper, zum anderen halten die Fasern zusätzlich Luft fest, die aufgrund ihrer geringen Wärmeleitfähigkeit isolierend wirkt.

Bei hohen Umgebungstemperaturen kann der Mensch die Abwärme nur auf eine Weise loswerden: durch Schwitzen. Der Körper scheidet Wasser aus, das auf der Haut verdunstet. Die dafür nötige Verdampfungswärme wird dem Körper entzogen.

Aus Umwelt und Technik: **Gefieder, Fell und Speckschicht**

Das Gefieder oder Fell der Tiere ist wegen der in ihm enthaltenen Luft ein schlechter Wärmeleiter.

Zum Überwintern wechseln viele Tiere ihr Sommerfell gegen das dickere und dichtere Winterfell. Außerdem legen sie sich oft eine Speckschicht zu, die als Nährstoffreserve dient und gleichzeitig die Wärmeleitung nach außen vermindert.

Andere Tiere halten Winterschlaf: Ihre Lebensfunktionen (Atmung und Herzschlag) werden verlangsamt, ihre Körpertemperatur wird gesenkt. Dadurch vermindern sich Energieabgabe und -bedarf.

Besonders gut an tiefe Temperaturen angepaßt sind die Säugetiere der Arktis, der *Eisbär* (Bild 4) und der *Polarfuchs* (Bild 5). Sie haben einen dicken Pelz und eine dicke Speckschicht, damit nicht zuviel Energie nach außen abgegeben wird.

Der Polarfuchs ist das kleinste arktische Säugetier. Kleinere Säugetiere könnten in der Arktis nicht überleben. Sie würden zu stark auskühlen:

Je kleiner ein Tier ist, desto größer ist das Verhältnis aus Körperoberfläche und Volumen. (Du kannst dir das an einem Würfel klarmachen: Die Oberfläche eines Würfels der Kantenlänge a beträgt $6a^2$, das Volumen

a^3. Teilt man Oberfläche durch Volumen, so ergibt sich $\frac{6a^2}{a^3} = \frac{6}{a}$. Dieser Quotient ist um so größer, je kleiner die Kantenlänge ist.)

Eine große Körperoberfläche bedeutet eine hohe Energieabgabe.

Ein kleines Körpervolumen hat eine verhältnismäßig geringe Energieumwandlung im Körper zur Folge. Ein zu kleines Tier würde daher mehr Energie abgeben, als sein Körper nachliefern kann – es würde erfrieren.

Auch die Meeressäuger, z. B. *Wale* und *Delphine*, leben unter besonderen Umweltbedingungen:

Die Wärmeleitfähigkeit von Wasser ist wesentlich größer als die von Luft. Zudem strömt ständig Wasser am Körper entlang und führt die abgegebene Energie fort. Die Tiere geben daher viel Energie an das Wasser ab.

Daher müssen sie auch viel Energie mit der Nahrung aufnehmen.

Wale fressen während ihres Aufenthaltes in arktischen Gewässern täglich einige Tonnen Kleinkrebse, eine fett- und energiehaltige Nahrung.

Bei Glattwalen wird die äußere Speckschicht ungefähr 50 cm dick.

Bei einigen Walarten nimmt die Speckschicht kaum noch zu, wenn sie eine gewisse Dicke erreicht hat. Weiteres Fett wird dann im Innern gespeichert. Wäre die Schicht zu dick, könnten die Tiere wahrscheinlich die „Abwärme" nicht mehr abführen, die beim Schwimmen entsteht. Sie müßten entweder ganz langsam schwimmen – oder würden im Polareis durch Überhitzung eingehen!

Auf ihrer Wanderung in wärmere Gebiete nehmen die Wale kaum Nahrung auf; auf diese Weise bauen sie die isolierende Fettschicht ab.

3 Die Strahlung

Am Lagerfeuer ist es schön warm – aber der Rücken bleibt kalt (Bild 1) ...

V 8 Halte deine Hände einmal *über* eine Glühlampe und einmal seitlich *daneben*. Was stellst du fest?

Überlege, ob sich deine Beobachtung durch Wärmeleitung oder Konvektion erklären läßt.

V 9 Eine Elektrokochplatte wird vor einem mit Luft gefüllten Glaskolben aufgestellt und eingeschaltet (Bild 2). Was beobachtest du?

Halte nun zwischen die Platte und den Kolben ein Stück Karton.

Begründe, daß es eine dritte Art des Energietransportes – die *Strahlung* – geben muß.

V 10 Ob die *Aufnahme* (Absorption) der Energie von der Oberflächenbeschaffenheit des Körpers abhängt?

1

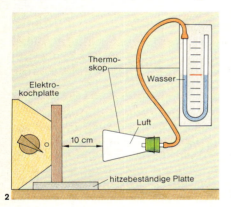
2

Im Aufbau nach Bild 2 werden nacheinander drei gleich große Glaskolben eingesetzt: ein gewöhnlicher Kolben, ein Kolben, dessen Boden mit Alufolie verkleidet ist, und ein Kolben, dessen Boden mit einer Rußschicht bedeckt ist. Die Kochplatte wird jeweils gleich lange eingeschaltet. Was stellst du fest?

V 11 Mit dem Aufbau von Bild 2 kann auch untersucht werden, ob die Energie*abstrahlung* von der Oberfläche des Körpers abhängt:

Dazu wird die Luft in den drei Kolben jeweils auf die gleiche Temperatur erwärmt. Wir beobachten dann den Abkühlungsvorgang.

V 12 Wir bestimmen, wie groß der Energiestrom ist, der von der Sonne auf 1 m² der Erdoberfläche fällt (bei senkrechtem Einfall).

a) An einer elektrischen Kochplatte wird der Fühler eines elektronischen Thermometers befestigt. (In die Platte muß dazu ein Loch gebohrt sein.) Dann wird die Kochplatte senkrecht zum einfallenden Sonnenlicht aufgestellt; dabei ist sie nicht ans Netz angeschlossen. Welchen Höchstwert nimmt die Temperatur der Platte nach einiger Zeit an?

b) Anschließend wird die Kochplatte nicht durch die Sonnenstrahlung, sondern elektrisch geheizt. Dazu schließen wir sie an ein regelbares Netzgerät an.

Wieviel Energie muß pro Zeit zugeführt werden, damit die Platte wieder die gleiche Temperatur annimmt?

c) Bestimme, wie groß die Fläche der Platte ist, und berechne die Energie, die pro Sekunde auf 1 m² fällt.

V 13 Zum „Treibhauseffekt":

a) Miß die Temperatur in einer umgestülpten Glasschüssel. Vergleiche sie mit der Umgebungstemperatur.

b) Beim Treibhaus spielt nicht nur die Sonnenstrahlung eine Rolle. Auch der erwärmte Boden strahlt Energie ab.

Die Strahlung des Bodens ersetzen wir durch die einer heißen Kochplatte oder eines heißen Bügeleisens, die der Sonne durch die einer Glühlampe. Prüfe nach, ob beide Strahlungsarten eine Glasscheibe gleichermaßen durchdringen.

Info: Die Strahlung – eine dritte Art der Energieübertragung

Bei der *Konvektion* wird Energie *mit Materie* transportiert. Bei der *Wärmeleitung* wird sie *in Materie* transportiert. Daneben gibt es noch eine dritte Art der Energieübertragung: die **Strahlung**. Energie wird dabei *ohne Materie* transportiert.

Daß weder feste noch flüssige noch gasförmige Körper als „Transportmittel" benötigt werden, dafür ist die Sonnenstrahlung ein gutes Beispiel: Die Energie der Sonne gelangt ja durch den praktisch *leeren* Weltraum zur Erde.

Man spricht auch von *Temperaturstrahlung*, weil die Strahlung mit der Temperatur des Körper zusammenhängt, von dem sie ausgeht. (Die Strahlung selbst ist aber weder warm noch kalt.)

Zum Beispiel ist die Oberfläche der Sonne 5800 °C heiß. Ihre Strahlung besteht zu einem großen Teil aus sichtbarem Licht und durchdringt Glas, praktisch ohne dadurch abgeschwächt zu werden.

Die Sohle eines Bügeleisens mit einer Temperatur von ca. 300 °C strahlt ebenfalls, wir können diese Strahlung aber nicht mit den Augen wahrnehmen; ein Teil der Strahlung wird von Glas absorbiert.

Steigt die Temperatur eines Körpers, strahlt er mehr Energie aus als vorher.

Bei hohen Temperaturen ist ein Teil der Strahlung sichtbares Licht.

Die Strahlung von sehr heißen Körpern durchdringt Glas fast vollständig.

Jeder Körper nimmt Strahlung auf (er *absorbiert* sie). Jeder Körper sendet auch Strahlung aus:

Ein heißes Kuchenblech nimmt von den Gegenständen der Küche weniger Strahlung auf, als es an sie abgibt. Seine Temperatur sinkt.

Eine gekühlte Flasche nimmt in einem warmen Zimmer mehr Strahlung auf, als sie aussendet. Ihre Temperatur steigt.

Für die Aufnahme und Abgabe von Strahlung ist die Oberfläche des Körpers von Bedeutung: Je dunkler ein Körper ist, desto mehr Energie nimmt er auf, und desto mehr Energie gibt er ab.

Von der Sonne geht ein gewaltiger Energiestrom aus. Stell dir eine Fläche von 1 m² vor, die so weit von der Sonne entfernt ist wie die Erde. Auf diese Fläche trifft bei senkrechtem Einfall der Sonnenstrahlung ein Energiestrom von 1368 W = 1368 J/s. Diese Größe heißt *Solarkonstante*.

An der Erdoberfläche kommt jedoch weniger Energie an: Ein Teil der Sonnenstrahlung wird nämlich von der Atmosphäre reflektiert, ein weiterer Teil wird absorbiert.

Wie der auf die Atmosphäre treffende Energiestrom verteilt wird, zeigen die Bilder 3 u. 4. (Die angegebenen Werte sind Mittelwerte über die gesamte Erde und über das ganze Jahr.)

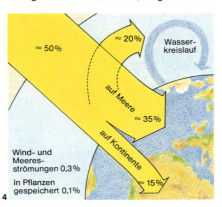

Fragen und Aufgaben zum Text

1 Nenne Beispiele, bei denen Energie durch Strahlung übertragen wird.

2 Warum werden in heißen Ländern oft helle Kleidungsstücke bevorzugt?

3 Wie könntest du nachweisen, daß auch von deinen Handflächen eine Strahlung ausgeht?

4 Was wird man im Versuch nach Bild 5 beobachten, wenn die Glühlampe eine Minute lang leuchtet und dann wieder abgeschaltet wird?

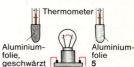

5 Welche Aufgabe hat die glänzende Oberfläche künstlicher Satelliten?

Aus Umwelt und Technik: **Wie Sonnenenergie direkt genutzt werden kann**

Unsere Energiequelle ist die Sonne. Ihr verdanken wir fast alle Energieformen. Kohle, Erdgas, Erdöl, Wind, Flüsse, Wasserfälle usw. sind auf ihr Wirken zurückzuführen.

Wieviel Energie bei uns jedem Quadratmeter Erdoberfläche in einer Sekunde zugeführt wird, hängt von der Tages- und Jahreszeit sowie vom Wetter ab. Der Jahresmittelwert dieses Energiestroms beträgt ca. 100 J/s = 100 W.

Um die Sonnenenergie zum Heizen zu nutzen, haben Architekten auf den *Treibhauseffekt* zurückgegriffen.

Dieser Effekt ist altbekannt: Gewächshäuser werden schon seit 200 Jahren als Glashäuser gebaut.

Das Sonnenlicht durchdringt die Glasscheiben und erwärmt den Boden. Dieser gibt nun seinerseits Energie in Form von Strahlung ab. Der Boden hat aber gegenüber der Sonne eine sehr geringe Temperatur; seine Strahlung ist daher nicht sichtbar (Infrarotstrahlung) und wird zum Teil vom Glas absorbiert und wieder zurückgestrahlt. In das Glashaus fällt also zunächst mehr Strahlung ein als hinausgeht. Deshalb steigt die Temperatur.

Mit steigender Temperatur strahlt der Boden immer mehr Energie ab. Es stellt sich schließlich eine Temperatur ein, bei der genausoviel Energie das Treibhaus verläßt wie eingestrahlt wird.

Wenn man also vor den Südwänden eines Hauses verglaste Vorbauten errichtet, kann man die Sonnenenergie zum Heizen nutzen. Bild 6 zeigt ein solches **Solarhaus**.

Im Monat März wurde in einem Solarhaus eine mittlere Temperatur von 20 °C gemessen – bei einer mittleren Außentemperatur von nur 4 °C!

Eine andere Möglichkeit, Sonnenenergie „einzufangen", sind **Sonnenkollektoren**. Sie bestehen aus Rohrleitungen, die zwischen schwarzen Böden und gläsernen Abdeckungen verlegt sind. Durch diese Rohre fließt Wasser und wird erwärmt. Im Wärmeaustauscher gibt das erwärmte Wasser Energie an das Brauchwasser ab, das anschließend in Küche und Bad aus den Hähnen fließt.

Solarzellen wandeln das Sonnenlicht direkt in elektrische Energie um. Wenn man tagsüber Akkus auflädt, geht auch nachts das Licht nicht aus.

Fragen und Aufgaben zum Text

1 Was versteht man unter dem Treibhauseffekt?

2 In vielen Gärten stehen immergrüne Nadelgehölze, vor Südwänden sollte man jedoch Laubbäume pflanzen. Begründe!

3 Wieviel Energie kann man im Jahr mit einem 3 m · 5 m großen Sonnenkollektor (z. B. auf einer Garage) sparen?

Aus Umwelt und Technik: **Der Treibhauseffekt und unser Klima**

Eine ähnliche Wirkung wie die Glasscheiben eines Treibhauses haben auch bestimmte Gase, die in unserer Atmosphäre enthalten sind. Zu diesen Gasen gehören vor allem Kohlenstoffdioxid und Wasserdampf.

Die (wolkenlose) Atmosphäre ist für das einfallende Sonnenlicht weitgehend durchlässig. Dagegen wird die vom Erdboden ausgehende Strahlung vom Kohlenstoffdioxid und vom Wasserdampf der Atmosphäre teilweise absorbiert und wieder ausgestrahlt – sowohl nach oben als auch nach unten.

Ohne die Atmosphäre läge die mittlere Temperatur der Erdoberfläche bei –18 °C. In Wirklichkeit ist die Lufttemperatur in Bodennähe im Mittel wesentlich höher, nämlich ungefähr 15 °C. Diesen Unterschied, der das Leben auf unserem Planeten überhaupt erst möglich macht, verdanken wir dem **Treibhauseffekt**.

Wenn heute vom Treibhauseffekt die Rede ist, geht es meist um die Frage, ob sich unser Klima ändern wird. In den letzten 200 Jahren ist nämlich der Gehalt des Kohlenstoffdioxids in der Atmosphäre ständig gestiegen. Dafür gibt es zwei Gründe:

Zum einen wurden und werden durch das Verbrennen fossiler Brennstoffe (Kohle, Erdöl und Erdgas) große Mengen an Kohlenstoffdioxid erzeugt.

Zum anderen wurden riesige Waldgebiete gerodet. Das Holz wurde zum großen Teil verbrannt. Außerdem verringerte sich die Anzahl der Pflanzen, die ja das Kohlenstoffdioxid aus der Luft aufnehmen und zu Kohlenstoff und Sauerstoff abbauen.

Man nimmt an, daß die Zunahme des Kohlenstoffdioxids in der Atmosphäre den Treibhauseffekt verstärken wird. Weiter verstärkt wird er vermutlich auch durch die Fluorchlorkohlenwasserstoffe (FCKW), die in den letzten Jahrzehnten unter anderem als Treibgase in Spraydosen verwendet wurden. Die gleiche Wirkung hat auch Methan, das z. B. Rinder bei der Verdauung produzieren.

Klimaforscher befürchten für die nächsten 50 Jahre eine Erwärmung der bodennahen Luftschicht um 1,5 K bis 4,5 K. Eine solche Erwärmung hätte erhebliche Folgen:

Die Klimazonen der Erde würden sich verschieben. So könnten der Mittelmeerraum und der Mittlere Westen, die Kornkammer der USA, zu Trockengebieten werden.

Die Meere würden sich erwärmen, und infolge der Ausdehnung des Wassers würde der Meeresspiegel um 25 bis 165 cm ansteigen. Weite Gebiete würden überflutet; vor allem wären die Deltamündungen der Flüsse betroffen, wo Deiche kaum Schutz bieten können.

Gleichzeitig würde das Eis der Polkappen und der Gletscher zu schmelzen beginnen. Klimaforscher vermuten sogar, daß im arktischen Sommer, also von Juni bis September, das arktische Packeis völlig verschwinden wird.

Viele Gebiete, die der Mensch dem Meer abgerungen hat, würden wieder verlorengehen.

Energie unterwegs

Alles klar?

1 Zum Kühlen der Bowle stellt man das Bowlengefäß nicht in einen Eimer mit Eiswürfeln, sondern hängt die Eiswürfel in einem kleinen Gefäß oben in die Bowle. Welchen Vorteil hat dieses Verfahren?

2 In kalten Nächten sollte man unbedingt die Vorhänge und Rolläden vor den Fenstern schließen. Der nächtliche Energieverlust wird dadurch erheblich verringert. Gib dafür eine Erklärung.

3 Warum ist ein Kochtopf mit welligem Boden nicht für einen Elektroherd, wohl aber für einen Gasherd zu gebrauchen?

4 Im Winter ist das Wasser eines Sees an der Oberfläche am kältesten. In tieferen Schichten beträgt die Wassertemperatur 4 °C. Warum findet kein Temperaturausgleich statt?

5 Wie kommt es, daß dicke Gläser gelegentlich zerspringen, wenn man eine heiße Flüssigkeit hineingießt?

6 Warum verschmutzen die Wände über Heizkörpern besonders stark?

7 Welche Rolle spielen die einzelnen Arten des Energietransports, wenn ein Zimmer von einem Heizkörper erwärmt wird?

8 Wenn das Dachgeschoß isoliert werden soll, verwendet man oft Bahnen aus Mineralwolle, die innen mit einer Alufolie beschichtet sind. Erkläre die Wirkungsweise dieses Isoliermaterials.

9 „Wärmt" ein Pullover? Erläutere!

10 Tiefkühlkost packt man beim Einkauf in Zeitungspapier ein. Warum?

11 Bild 1 zeigt den Aufbau einer Thermoskanne. Erläutere, weshalb darin eine heiße Flüssigkeit längere Zeit heiß bleibt.
Eine Flüssigkeit, deren Temperatur unter der Umgebungstemperatur liegt, behält in einem solchen Gefäß ebenfalls für einige Zeit ihre Temperatur. Gib auch dafür eine Begründung.

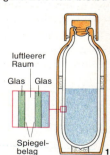

12 Auf dem Mond gibt es gewaltige Temperaturunterschiede. Auf der Tagseite beträgt die Temperatur der Mondoberfläche im Mittel 130 °C, auf der Nachtseite –150 °C. Woran liegt das?

Energie unterwegs

Auf einen Blick

Energietransport *mit* Stoffen: die Konvektion

Energie kann dadurch übertragen werden, daß ein erwärmter (flüssiger oder gasförmiger) Stoff von einer Stelle zu einer anderen transportiert wird. Diese Art der Energieübertragung heißt **Konvektion** (oder *Mitführung*).

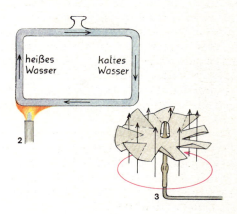

Der Transport von Energie mit Flüssigkeiten oder Gasen kann mit Hilfe einer Pumpe (z. B. bei der modernen Zentralheizung) oder „von selbst" erfolgen (z. B. aufsteigende Luft über einem Heizkörper).

Wegen der Ausdehnung beim Erwärmen ist nämlich zum Beispiel 1 l erwärmte Luft leichter als 1 l kalte Luft (bei gleichem Druck).

Deshalb erfährt warme Luft, die von kälterer Luft umgeben ist, einen Auftrieb. Mit der aufsteigenden Luft wird Energie nach oben transportiert.

Energietransport *in* Stoffen: die Wärmeleitung

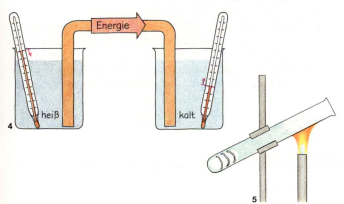

In festen, flüssigen und gasförmigen Körpern breitet sich Energie durch **Leitung** aus: Die Energie wird durch Stöße zwischen den Teilchen von wärmeren in kältere Bereiche übertragen.

Metalle sind gute Wärmeleiter. Schlechte Wärmeleiter sind Glas, Holz, Kunststoffe, Flüssigkeiten (außer flüssigen Metallen) und Gase.

Um unerwünschte Wärmeleitung zu verringern, macht man sich die geringe Wärmeleitfähigkeit der Gase zunutze: Man verwendet Materialien, die in Hohlräumen und Poren Luft enthalten (z. B. Textilien, Styropor und Mineralwolle). Derartige Stoffe bezeichnet man auch auch als *Wärmedämmstoffe*.

Energietransport *ohne* Stoffe: die Strahlung

Nur durch Strahlung gelangt Energie von der Sonne zur Erde. Im nahezu leeren Weltraum kann die Energieübertragung weder durch Wärmeleitung noch durch Konvektion erfolgen.

Einen Teil der Strahlung der Sonne nehmen wir mit dem Auge als Licht wahr.

Von allen Körpern geht **Strahlung** aus: Je höher die Temperatur eines Körpers ist, desto mehr Energie strahlt er ab. Bei gleicher Temperatur sendet ein dunkler Körper mehr Energie aus als ein gleichartiger heller Körper.

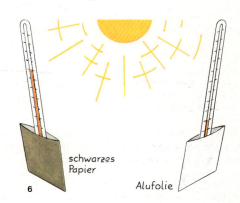

Wenn die Strahlung auf einen dunklen Körper trifft, wird sie von dem Körper absorbiert.

Ein Körper mit heller oder glänzender Oberfläche reflektiert den größten Teil der auftreffenden Strahlung.

Energie aus Atomkernen

1 Vom Aufbau der Atome

1 Eine Blende im Fernrohr verdeckt die Sonne. Sonnenrand

2

Unsere wichtigste Energiequelle ist die Sonne. Weniger als ein Milliardstel des Energiestromes, der von der Sonne ausgeht, trifft auf die Erdatmosphäre. In einer Viertelstunde kommt dort aber immer noch genausoviel Energie an, wie in einem Jahr auf der ganzen Erde aus Kohle und Erdöl gewonnen wird.

Im Innern der Sonne spielen sich Prozesse ab, bei denen unvorstellbar viel Energie umgewandelt wird. Es herrscht eine Temperatur von etwa 20 Millionen Kelvin. An der für uns sichtbaren Oberfläche der Sonne beträgt die Temperatur etwa 6000 K. Dort kommt es zu gewaltigen Ausbrüchen, bei denen Materie rund 50 000 km hoch in den Weltraum geschleudert wird (Bild 1).

Kernkraftwerke (Bild 2) erzeugen elektrische Energie.

Sowohl in der Sonne als auch in Kernkraftwerken wird Energie freigesetzt, die aus dem Innern der Atome stammt. Obwohl in den Kraftwerken sehr viel weniger Energie umgewandelt wird als in der Sonne, ist die Kontrolle der Umwandlungsprozesse auf der Erde schwierig.

Aus der Geschichte: **Rutherford und sein Atommodell**

Im physikalischen Labor der Universität Manchester wird im Jahre 1909 viel mit α-Teilchen experimentiert. Leiter des Labors ist der Physikprofessor *Ernest Rutherford* (1871–1937), der für die Erforschung der α-Teilchen ein Jahr zuvor den Chemie-Nobelpreis erhalten hat.

Die α-Teilchen fliegen mit großer Geschwindigkeit aus Radiumsalzen heraus und sind positiv geladen. Bei den Versuchen im Jahre 1909 werden dünne Metallfolien mit diesen Teilchen „beschossen". Die meisten Geschoßteilchen durchdringen die Metallfolien, ohne wesentlich von ihrer Flugbahn abgelenkt zu werden.

Rutherford hat den 20jährigen *Ernest Marsden* beauftragt, zu untersuchen, ob α-Teilchen an der Folie auch regelrecht abprallen. Allerdings glaubt Rutherford – wie er später gesteht – nicht an einen solchen Effekt. Für Marsden, der noch nicht einmal seine Prüfung abgelegt hat, ist dies die erste Forschungsarbeit; er führt sie zusammen mit Rutherfords Assistenten *Hans Geiger* durch.

Nach einigen Tagen kommt Geiger aufgeregt zu Rutherford und berichtet, daß sie rückwärtsgestreute Teilchen nachgewiesen haben. Für Rutherford ist es „fast so unglaublich, wie wenn man aus einer Pistole eine Kugel auf einen Bogen Seidenpapier abfeuert und sie zurückkommt und den Schützen trifft."

Es dauert zwei Jahre, bis Rutherford eine Erklärung für diese erstaunliche Beobachtung gefunden hat. Er entwickelt folgende Modellvorstellung vom Innern der Atome:

Die Atome, die in der Metallfolie dicht an dicht liegen, sind keine massiven Kugeln. Vielmehr kann man sich ein Atom als ein Miniatur-Sonnensystem vorstellen. Um einen sehr kleinen Kern bewegen sich Elektronen. Der Raum, in dem sich die Elektronen befinden, heißt Atomhülle und ist wesentlich größer als der Kern.

Der Kern ist positiv geladen. Er neutralisiert die negative Ladung der Hülle; das Atom als ganzes ist elektrisch neutral.

Ein Atom besteht also in der Hauptsache aus leerem Raum. Deshalb gehen die α-Teilchen meist geradlinig durch die Metallfolie hindurch. Nur wenn der seltene Fall eintritt, daß ein α-Teilchen genau auf einen Atomkern trifft, kehrt sich seine Bewegungsrichtung um.

Info: Wie man sich den Aufbau von Atomen vorstellt

Zu Beginn des 20. Jahrhunderts war die Vorstellung verbreitet, daß alle Materie aus Atomen (mit Durchmessern von ungefähr 10^{-10} m) aufgebaut ist. Solche Vorstellungen bezeichnet man als Modell.

Auch über den inneren Aufbau der Atome hat man Modellvorstellungen entwickelt. Wir benutzen das **Kern-Hülle-Modell**.

In der Mitte des Atoms befindet sich ein sehr kleiner *Atomkern* (Durchmesser: ca. 10^{-15} m). In einem großen Bereich um den Kern bewegen sich Elektronen. Dieser Bereich heißt *Atomhülle* und hat einen Durchmesser von ca. 10^{-10} m (Bild 3). Bild 4 zeigt die Größenverhältnisse.

Die **Atomkerne** bestehen aus zweierlei Bausteinen:
○ aus positiv geladenen Protonen und
○ aus ungeladenen Neutronen.

Protonen und Neutronen haben ungefähr die gleiche Masse.

Die **Atomhülle** wird von negativ geladenen Elektronen gebildet. Ihre Masse beträgt nur etwa $\frac{1}{2000}$ der Masse eines Protons oder Neutrons. Die Ladung des Elektrons ist ebenso groß wie die des Protons.

Das **Atom** als Ganzes ist elektrisch neutral; es besitzt genauso viele Protonen wie Elektronen.

Von der Anzahl der Protonen hängt es ab, zu welchem Element ein Atom gehört. Zum Beispiel ist ein Atom mit einem Proton ein Wasserstoffatom, eines mit sechs Protonen ein Kohlenstoffatom und ein Atom mit 92 Protonen ein Uranatom.

Im Periodensystem sind die Elemente nach ihrer Protonenzahl angeordnet. Die Protonenzahl wird daher oft auch *Ordnungszahl* genannt.

Außerdem gibt man die *Massenzahl* eines Atoms an. Die Massenzahl ist die Summe der Protonenzahl und der Neutronenzahl. Zum Beispiel hat ein Stickstoffatom die Massenzahl 14 (Bild 5).

Weil die Masse der Elektronen im Vergleich zur Masse der Protonen und Neutronen sehr klein ist, enthält der Atomkern praktisch die gesamte Masse des Atoms.

Massen von Atomen werden in der atomaren Masseneinheit 1 u = 1,661 · 10^{-27} kg angegeben. Protonen und Neutronen haben etwa die Masse 1 u. Man erhält die Masse eines Atoms, wenn man seine Massenzahl mit u multipliziert. So hat z. B. ein Stickstoffatom die Masse 14 u.

Atome ein und desselben Elementes haben zwar stets die gleiche Anzahl von Protonen, sie können aber unterschiedlich viele Neutronen besitzen. Auch ihre Massenzahlen sind dann unterschiedlich. Man nennt diese Atome **Isotope** des betreffenden Elementes (Bild 6).

Ein Atom kann Elektronen verlieren, wenn ihm Energie zugeführt wird, z. B. beim Zusammenprall mit anderen Atomen oder Teilchen. Übrig bleibt ein positiv geladenes Teilchen – ein positives **Ion**.

Wenn ein Wasserstoffatom sein Elektron verliert, bleibt ein Proton übrig. Verliert ein Heliumatom beide Elektronen, bleibt der Atomkern aus zwei Protonen und zwei Neutronen übrig. Man bezeichnet ihn als He^{2+}-Ion oder α-Teilchen.

Fragen und Aufgaben zum Text

1 Wie stellt man sich den Aufbau eines Heliumatoms vor? Benutze das Periodensystem der Elemente (→ Anhang), und fertige eine Zeichnung an.

2 Aus wie vielen Protonen und wie vielen Neutronen besteht der Kern des Radiumatoms (Ra)?

3 Beschreibe, wie man sich den Aufbau eines Calciumions Ca^{2+} nach dem Kern-Hülle-Modell vorstellt.

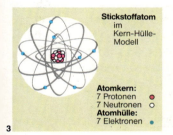

3 Stickstoffatom im Kern-Hülle-Modell
Atomkern:
7 Protonen ●
7 Neutronen ○
Atomhülle:
7 Elektronen ●

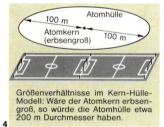

4 Größenverhältnisse im Kern-Hülle-Modell: Wäre der Atomkern erbsengroß, so würde die Atomhülle etwa 200 m Durchmesser haben.

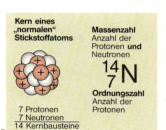

5 Kern eines „normalen" Stickstoffatoms
$^{14}_{7}N$
Massenzahl Anzahl der Protonen **und** Neutronen
Ordnungszahl Anzahl der Protonen
7 Protonen
7 Neutronen
14 Kernbausteine

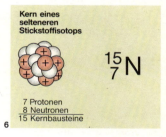

6 Kern eines selteneren Stickstoffisotops
$^{15}_{7}N$
7 Protonen
8 Neutronen
15 Kernbausteine

2 Die Kernspaltung

Um den Jahresverbrauch an elektrischer Energie für eine vierköpfige Familie sicherzustellen, braucht man in einem Kernkraftwerk ca. 22 g Uran, in einem Kohlekraftwerk ca. 1800 kg Steinkohle oder 6000 kg Braunkohle.

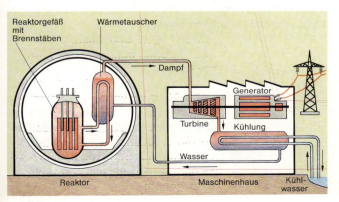

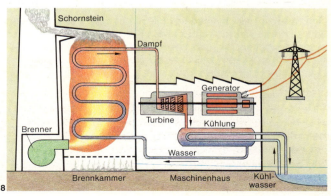

Aus der Geschichte: Die Entdeckung der Kernspaltung

Berlin, am späten Abend des 19. Dezember 1938: Hinter einigen Fenstern der radiochemischen Abteilung des Kaiser-Wilhelm-Instituts für Chemie brennt noch Licht.

Otto Hahn, der Direktor des Instituts, setzt sich an seinen Schreibtisch. Er ist müde, doch erst in einer halben Stunde wird ihn sein Mitarbeiter *Fritz Straßmann* ablösen. Bis zur nächsten Messung ist noch Zeit.

Wie schon so oft in den letzten Stunden, sieht sich Hahn sein Versuchsprotokoll an. Er kann einfach nicht glauben, daß das Ergebnis seiner Messungen richtig ist: Völlig reines Uran hat er mit Neutronen „beschossen" – und nun lassen sich im Uran winzige Mengen von Barium nachweisen. Aus Uran mit 92 Protonen im Kern kann doch nicht auf einmal Barium werden, das nur 56 Protonen besitzt! Nach allem, was Hahn von Kernphysik weiß, ist das ganz und gar unmöglich. Kann er seinen Messungen überhaupt trauen? Er hat ja nur eine gerade noch meßbare Menge Barium festgestellt.

Der Chemiker Hahn ist sich seiner Sache nicht sicher. Er beschließt, an die Physikerin *Lise Meitner* in Schweden zu schreiben. Sie weiß, worum es in den Versuchen geht. Bis zum Sommer 1938 haben die beiden noch gemeinsam geforscht. Nun ist Lise Meitner auf der Flucht vor den Nazis; sie ist Jüdin. Voller Zweifel teilt Hahn ihr seine Entdeckung mit.

Am 3. Januar 1939 kommt ihre Antwort: „Ich bin ziemlich sicher, daß ihr wirklich eine Zertrümmerung zum Ba (Barium) habt, und finde das ein wunderschönes Ergebnis, wozu ich Dir und Straßmann gratuliere."

Sie schlägt vor, in dem mit Neutronen „beschossenen" Uran auch nach Krypton ($_{36}$Kr) zu suchen.

Tatsächlich läßt sich bei weiteren Versuchen auch Krypton finden. Damit ist bewiesen, daß eine Spaltung von Uran-Atomkernen in zwei große Bruchstücke (nämlich in einen Barium- und einen Kryptonkern) stattgefunden hat (Bild 1). Auch andere Elemente wurden noch nachgewiesen. Bei der Kernspaltung kann also ein Urankern auch in andere Bruchstücke „zerbrechen", zum Beispiel in Selen ($_{34}$Se) und Cer ($_{58}$Ce) oder in Strontium ($_{38}$Sr) und Xenon ($_{54}$Xe).

Lise Meitner errechnete schon damals, daß bei der Kernspaltung gewaltige Mengen von Energie freiwerden: Wenn man in 1 g Uran alle Atomkerne spalten könnte, würde genausoviel Energie frei wie beim Verbrennen von 2,3 t Steinkohle.

Damit war der erste Schritt zur technischen Nutzung der Kernspaltung getan – aber auch der erste Schritt zur Atombombe.

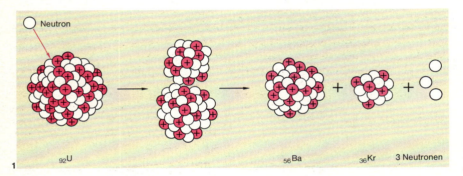

1   $_{92}$U   →   → $_{56}$Ba   + $_{36}$Kr   +   3 Neutronen

---

Info: Durch Kernspaltungen wird Energie freigesetzt

Abgesehen vom Kern des Wasserstoffatoms, enthalten alle Atomkerne zwei oder mehr Protonen. Die Protonen haben gleichnamige elektrische Ladungen und üben daher abstoßende Kräfte aufeinander aus. Gäbe es nur *diese* Kräfte, würden die Atomkerne auseinanderfallen.

Da Atomkerne aber in der Regel stabil sind, müssen wir annehmen, daß noch andere Kräfte wirksam sind, die den Kern zusammenhalten. Sie heißen **Kernkräfte**.

Kernkräfte wirken zwischen Kernteilchen, also zwischen zwei Protonen, zwischen zwei Neutronen sowie zwischen einem Proton und einem Neutron.

Im Gegensatz zu elektrischen Kräften zwischen geladenen Teilchen haben die Kernkräfte eine geringe Reichweite. Jeder Kernbaustein übt nur auf seine unmittelbaren Nachbarn anziehende Kräfte aus, schon die übernächsten Nachbarn werden nicht mehr angezogen.

Bei der von Hahn und Straßmann beobachteten Kernspaltung wird einem Urankern dadurch Energie zugeführt, daß er mit einem Neutron beschossen wird.

Das Neutron kommt dabei dem Kern so nahe, daß es in den Anziehungsbereich einzelner Kernbausteine gerät. (Weil das Neutron ungeladen ist, wird es weder von den Elektronen der Hülle noch von den Protonen des Kerns abgestoßen.)

2

Wenn das Neutron nicht zu schnell ist, wird es an den Kern „angeklinkt". (Dieser Vorgang ist vergleichbar mit dem Anklinken der Gummispitze eines Spielzeugpfeils an eine Wand: Erst wenn die Spitze nahe genug an der Wand ist, klinkt sie ein. Man muß eine erhebliche Zugkraft auf einem kurzem Weg aufwenden, um sie auszuklinken.)

Durch die Energieaufnahme beim Anklinken des Neutrons wird der Kern verformt. Er nimmt kurzzeitig die Form einer Hantel an. An der Einschnürungsstelle werden viele Kernbausteine so weit von einzelnen ihrer Nachbarn entfernt, daß zwischen diesen Kernbausteinen keine Kernkräfte mehr wirken. In diesem Moment sind die weitreichenden abstoßenden Kräfte zwischen den beiden Teilen der Hantel größer als die an der Einschnürung wirkenden Kernkräfte – der Kern spaltet sich. (Bild 2 zeigt dazu einen Modellversuch: Ein Einschnüren mit anschließender „Spaltung" in zwei Teile kann man auch beobachten, wenn eine große Seifenblase angeblasen oder angestoßen wird.)

Damit die Kernspaltung gelingt, müssen viele Kernbausteine vorhanden sein. Nur dann werden genügend viele Kernbausteine an der Einschnürungsstelle aus der Reichweite der Kernkräfte entfernt. Daher kommen für die Kernspaltung nur große Kerne in Frage, d. h. Kerne mit hoher Ordnungs- und Massenzahl.

Technisch genutzt wird die Kernspaltung des Elements Uran; es hat die höchste Ordnungszahl, die in der Natur vorkommt.

Bei der Spaltung entstehen zwei neue Atomkerne, die sehr große Bewegungsenergien haben. Diese Energie ist vor der Spaltung im Atomkern gespeichert. Man nennt sie **Kernenergie**.

Die Kernenergie, die bei der Spaltung eines $^{235}_{92}$U-Kerns frei wird, ist achtmilliardenmal größer als die Bewegungsenergie der zur Spaltung benötigten Neutronen.

Da die Spaltung von Atomkernen im Innern eines Körpers (z. B. in einem Stück Uran) stattfindet, stoßen die „Kerntrümmer" mit benachbarten Atomen zusammen, die die Bewegungsenergie aufnehmen und dann heftigere Zitterbewegungen ausführen als vorher. Die Atome stoßen ihrerseits andere Atome an – und diese wiederum andere. So verteilt sich die Energie auf alle Atome des Körpers. Sämtliche Atome bewegen sich schließlich heftiger hin und her; d. h., die Temperatur des Körpers steigt an.

Bei der vollständigen Spaltung von 1 kg Uran $^{235}_{92}$U wird insgesamt eine Energie von $W = 20 \cdot 10^6$ kWh frei. Zum Vergleich: Das Verbrennen von 1 kg Steinkohle liefert eine Energie von 9 kWh.

Atomkerne von Elementen mit hoher Ordnungszahl (wie z. B. Uran) können in Teile gespalten werden. Bei solchen Kernspaltungen werden sehr große Mengen an Energie frei. Um die Spaltungen auszulösen, muß den Atomkernen Energie zugeführt werden.

Fragen und Aufgaben zum Text

1 Beschreibe, wie man sich die Spaltung von $^{235}_{92}$U vorstellt.

2 Bei der Kernspaltung von $^{235}_{92}$U entsteht z. B. $^{140}_{55}$Cs als ein Spaltprodukt. Welches zweite Bruchstück ist zu finden, wenn zusätzlich zwei oder drei Neutronen freigesetzt werden?

Info: Unkontrollierte und kontrollierte Kettenreaktionen

Ein Neutron kann die Spaltung eines $^{235}_{92}$U-Kerns auslösen. Bei der Kernspaltung werden auch zwei oder drei Neutronen freigesetzt. Jedes von ihnen kann unter bestimmten Umständen wiederum einen Urankern spalten und dabei weitere Neutronen freisetzen. Man spricht von einer *Kettenreaktion*.

Bei einer unkontrollierten Kettenreaktion steigt die Anzahl der Kernspaltungen, die in einer bestimmten Zeitspanne stattfinden, innerhalb kurzer Zeit lawinenartig an (Bild 3).

Dabei werden ungeheure Energiemengen explosionsartig frei. Unkontrollierte Kettenreaktionen werden bei der Zündung von Atombomben ausgelöst.

Zu einer unkontrollierten Kettenreaktion kann es nur unter zwei Bedingungen kommen:

1. Es muß reines Uran $^{235}_{92}$U vorliegen. Das in der Natur vorkommende Uran besteht nur zu 0,7 % aus $^{235}_{92}$U und zu 99,3 % aus $^{238}_{92}$U. Solches Natururan ist für das Ablaufen einer Kettenreaktion nicht geeignet, weil die freigesetzten Neutronen vom Uran $^{238}_{92}$U „weggefangen" werden. Die Neutronen lagern sich an die Atomkerne dieses Isotops an, ohne daß es zur Kernspaltung kommt.

2. Eine ausreichend große Menge Uran $^{235}_{92}$U muß vorhanden sein. Sonst verlassen zu viele Neutronen das Uran durch seine Oberfläche und stehen für weitere Kernspaltungen nicht zur Verfügung.

Bei einer kontrollierten Kettenreaktion bleibt die Anzahl der Kernspaltungen, die jeweils pro Sekunde stattfinden, über einen längeren Zeitraum konstant.

Von den zwei oder drei Neutronen, die bei der Spaltung eines $^{235}_{92}$U-Kerns entstehen, darf in diesem Fall jeweils nur ein einziges Neutron eine weitere Kernspaltung auslösen.

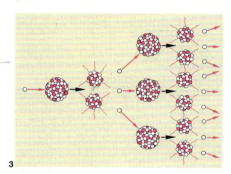
3

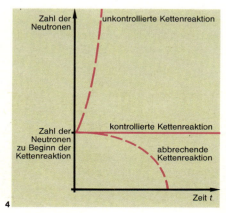
4

Man muß also der Kettenreaktion die überzähligen Neutronen entziehen. Dazu eignen sich z. B. Uran $^{238}_{92}$U und das Metall Cadmium, an deren Atomkerne sich die Neutronen bevorzugt anlagern. (Durch die Anlagerung der Neutronen entstehen neue Isotope.)

In Bild 4 ist dargestellt, wie sich die Anzahl der Neutronen bei den verschiedenen Kettenreaktionen im Laufe der Zeit verändert.

Fragen und Aufgaben zum Text

1 Nimm einmal an, ein Neutron setzt bei einer Kernspaltung drei weitere Neutronen frei *(1. Generation)* – und diese drei setzen wiederum jeweils drei Neutronen frei *(2. Generation)* …

Zeichne die Neutronen bis zur 3. Generation (Bild 5).

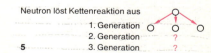
5

Berechne, wie viele Neutronen die 4., 5., 6. und 7. Generation hätte.

Bei welcher Generation werden mehr als 1 000 000 Neutronen erzeugt?

2 Was versteht man unter einer *kontrollierten Kettenreaktion*, was unter einer *unkontrollierten*?

Aus Umwelt und Technik: Wie funktioniert ein Kernkraftwerk

natürliches Uran

angereichertes Uran

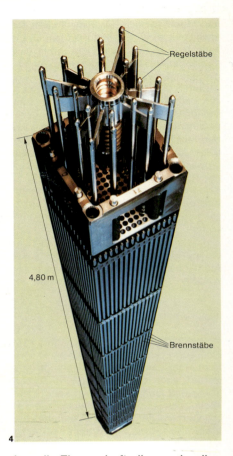

Regelstäbe

4,80 m

Brennstäbe

Im Reaktor (Bild 1) eines Kernkraftwerkes werden Atomkerne gespalten, und zwar in einer kontrollierten Kettenreaktion. Dabei wird Kernenergie freigesetzt und in Form von Wärme abgeführt.

Als **„Brennstoff"** (Kernbrennstoff) wird im Reaktor Uranoxid verwendet. Dieses enthält nicht nur Uran $^{235}_{92}U$, sondern eine Mischung aus den Isotopen $^{235}_{92}U$ und $^{238}_{92}U$. Dabei handelt es sich um *angereichertes Uran*, das einen höheren Anteil an $^{235}_{92}U$ als Natururan hat (Bilder 2 u. 3). In angereichertem Uran ist zwar unter bestimmten Bedingungen eine Kettenreaktion möglich, sie kann aber niemals so ungehemmt ablaufen wie bei einer Atombombe.

Der Kernbrennstoff befindet sich, zu Tabletten gepreßt, in metallenen Hüllrohren. Rund 200 solcher Brennstäbe sind zu einem **Brennelement** zusammengefaßt (Bild 4). Die Brennelemente sind in Wasser einge-

taucht. Das Wasser im Reaktor erfüllt zwei Aufgaben:

Erstens kühlt es die Brennelemente; es nimmt also die Energie auf, die bei den Kernspaltungen frei wird.

Zweitens macht erst das Wasser eine Kettenreaktion in angereichertem Uran möglich: Bei Kernspaltungen werden nämlich sehr schnelle Neutronen frei. Die $^{238}_{92}U$-Kerne ha-

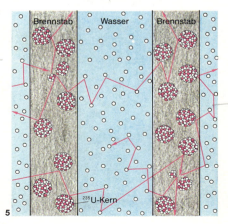

ben die Eigenschaft, diese schnellen Neutronen „wegzufangen". Um bei Uran $^{235}_{92}U$ Kernspaltungen auszulösen, benötigt man aber langsame Neutronen. Man muß die Neutronen also möglichst sofort nach ihrer Freisetzung abbremsen, damit sie nicht weggefangen werden und für die Kettenreaktion verlorengehen.

Man stellt daher so dünne Brennstäbe her, daß ein großer Teil der freiwerdenden Neutronen ins Wasser gelangt (Bild 5).

Die Neutronen treffen dort auf Wassermoleküle und werden durch Zusammenstöße mit Wasserstoffatomen stark abgebremst.

Wasserstoffatome sind zum Abbremsen besonders geeignet, weil sie die gleiche Masse wie die Neutronen haben. (Ein Modellversuch macht den Vorteil gleicher Massen deutlich: Wenn man eine Stahlkugel gegen eine gemauerte Wand rollen läßt, prallt sie ab. Beim Zusammenstoß mit einem Körper wesentlich größerer Masse ändert sich also die Bewegungsrichtung, aber kaum der Betrag der Geschwindigkeit. Läßt man die Stahlkugel dagegen auf eine zweite Stahlkugel gleicher Masse stoßen, so wird die stoßende Kugel um so langsamer, je „zentraler" der Stoß erfolgt.)

Einen Stoff, der – wie z. B. das Wasser – Neutronen abbremst, bezeichnet man als **Moderator** (lat. *moderare:* mäßigen).

Ähnlich wie Wasser wirkt auch das Element Bor als Moderator. Daher setzt man dem Wasser im Reaktorgefäß Borsalze zu. Durch Konzentrationsänderungen läßt sich die Zahl der langsamen Neutronen beeinflussen und damit die Kettenreaktion im Reaktor langsam steuern.

Mit **Regelstäben** (Bild 4) kann man die Kettenreaktion schneller steuern. Sie bestehen aus einem Material (z. B. Cadmium), das Neutronen „einfangen" kann. Wenn der Reaktor im Notfall schnell abgeschaltet werden soll, werden die Regelstäbe in ihrer ganzen Länge sehr schnell zwischen die Brennstäbe geschoben.

Zieht man die Regelstäbe langsam heraus, so stehen wieder mehr Neutronen für Spaltungen zur Verfügung. Die Anzahl der Kernspaltungen, die pro Sekunde stattfinden, steigt somit an.

Zur Einleitung der Kettenreaktion dient eine Neutronenquelle.

Aufgaben

1 Es gibt verschiedene Reaktortypen. Die meisten Kernkraftwerke in Deutschland sind mit einem *Druckwasserreaktor* ausgestattet. Bild 6 zeigt schematisch den Aufbau eines solchen Kraftwerkes.
Lies die Texte in diesem Bild, und beschreibe die Funktionsweise der einzelnen Teile des Kraftwerkes.

2 Welche Teile enthält ein Brennelement?

3 Wie unterscheiden sich natürliches und angereichertes Uran?

4 Das Wasser im Reaktor hat zwei verschiedene Aufgaben. Beschreibe sie.

5 Welche Aufgaben haben die verschiedenen Wasserkreisläufe in einem Kernkraftwerk?

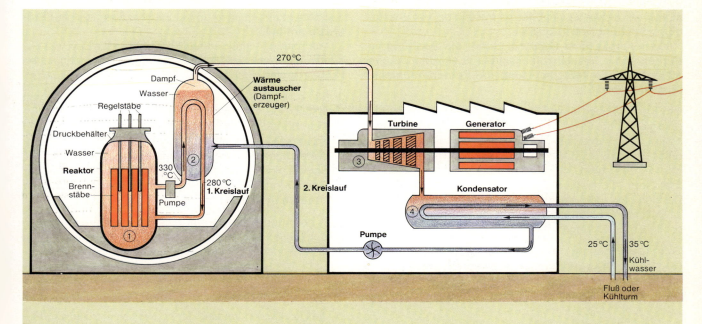

① Im **Reaktor** wird durch Kernspaltungen Energie freigesetzt. Das Wasser im Druckbehälter erhitzt sich dadurch auf über 330 °C. Der hohe Druck im Behälter (etwa 150 bar) verhindert, daß das Wasser siedet (Druckwasserreaktor).

② Das heiße Wasser wird in den **Wärmeaustauscher** (Dampferzeuger) gepumpt und fließt von dort zurück in den Reaktor (1. Kreislauf). Im Wärmeaustauscher gibt das heiße Wasser Wärme an den 2. Kreislauf ab; es entsteht Wasserdampf.

③ Der Dampf treibt die **Turbine** an, die mit dem **Generator** gekoppelt ist.

④ Im **Kondensator** wird aus dem Wasserdampf durch Abkühlen wieder Wasser; der Dampf kondensiert.

Aus Umwelt und Technik: Die Kernfusion

In jeder Sekunde strahlt die Sonne unvorstellbar viel Energie in den Weltraum – und zwar seit rund drei Milliarden Jahren! Würde die Sonnenenergie durch Verbrennen von Kohlenstoff erzeugt, dann hätte die Sonne höchstens 150 Jahre lang scheinen können. Nach dieser Zeit wäre sie vollständig ausgebrannt, selbst wenn sie ausschließlich aus Kohlenstoff und Sauerstoff bestanden hätte.

Offenbar ist die Sonne eine fast unerschöpfliche Energiequelle. Man nimmt heute an, daß sie auch in den nächsten Jahrmilliarden nicht erlöschen wird. Die Vorgänge, die in ihrem Innern ablaufen, setzen im Vergleich zur Verbrennung ungeheure Energien frei. Dabei kann es sich nicht um Kernspaltungen handeln. Dazu wären nämlich Elemente mit hohen Massenzahlen (wie Uran oder Plutonium) nötig; die Sonne besteht aber zum größten Teil aus Elementen mit sehr kleinen Massenzahlen, vor allem aus Wasserstoff und Helium.

Die Energie der Sonne – sowie aller anderen Sterne – stammt aus **Kernverschmelzungen (Kernfusionen)**.

Bei der Kernfusion verschmelzen Atomkerne mit kleinen Massenzahlen, z. B. Deuterium ^2_1H und Tritium ^3_1H (Bild 1). Die dabei frei werdenden Energiemengen sind sehr groß. Bei der Bildung von 1 kg Helium durch Kernfusionen wird etwa so viel Energie frei wie bei der vollständigen Spaltung von 1 kg Uran.

Kernenergie kann nicht nur durch die Spaltung von Kernen hoher Massenzahl freigesetzt werden, sondern auch durch die Verschmelzung von Kernen mit kleinen Massenzahlen.

Um Kernfusionen einzuleiten, ist eine Art „Aktivierungsenergie" nötig. Zwei Atomkerne können nur dann verschmelzen, wenn sie dicht aneinander geraten. Dazu müssen große abstoßende elektrische Kräfte überwunden werden, denn beide Atomkerne sind positiv geladen. Erst wenn die Kernbausteine der beiden Atome in den Bereich der sehr starken Kernkräfte gebracht worden sind, verschmelzen sie miteinander. Dabei werden sehr große Energiemengen frei.

Schon 1957 nannte der amerikanische Physiker *John D. Lawson* wichtige Bedingungen für die Kernfusion:

Zur Verschmelzung sind die Wasserstoffisotope Deuterium und Tritium geeignet. Diese Stoffe müssen auf Temperaturen von ca. 100 000 000 °C erhitzt werden. Erst dann reichen die Bewegungsenergien der Kerne zum Überwinden der abstoßenden Kräfte aus. (Im Innern der Sonne genügen wegen der hohen Dichte etwas geringere Temperaturen.)

Man glaubte damals, im Laufe von 20 bis 25 Jahren Fusionsreaktoren entwickeln zu können. Bestärkt wurde diese Hoffnung dadurch, daß bereits drei Jahre zuvor Kernfusionen durch Menschen eingeleitet worden waren. Allerdings ging es dabei um die Entwicklung und Erprobung einer weiteren schrecklichen Vernichtungswaffe: Im März 1954 wurde die erste Wasserstoffbombe durch die USA zur Explosion gebracht. Als Zünder diente eine Atombombe; sie erzeugte die zur Verschmelzung nötige Temperatur.

Die technische Nutzung der Kernfusion hätte den Vorteil, daß die Brennstoffe praktisch in unbegrenzter Menge zur Verfügug ständen oder erzeugt werden könnten: Das zur Fusion nötige Deuterium ist in erheblichen Mengen in den Weltmeeren vorhanden. Das Tritium kommt zwar in der Natur sehr selten vor, könnte aber durch Neutronenbeschuß von Lithium hergestellt werden. Das Alkalimetall Lithium ist in ausreichender Menge in der Erdkruste enthalten.

Aus heutiger Sicht scheint allerdings der Bau von *Fusionsreaktoren* in weiter Ferne zu liegen. Die technischen Probleme sind noch nicht gelöst und größer als erwartet:

○ Für kurze Zeit wurden bisher „nur" Temperaturen von 40 000 000 °C erreicht.
○ Kein Behälter hält so hohen Temperaturen stand. Der erhitzte Wasserstoff muß daher von den Behälterwänden ferngehalten werden – und das ist sehr kompliziert.
○ Bei der Fusion werden Neutronen frei, die mit hoher Geschwindigkeit den Reaktorraum verlassen und mit anderen Stoffen reagieren.

Man geht heute davon aus, daß es noch länger dauern wird, bis alle Probleme gelöst sind. Die Kernfusion kann also in nächster Zukunft wohl kaum zur Energieversorgung beitragen.

Fragen und Aufgaben zum Text

1 Beschreibe den Vorgang der Kernverschmelzung von Deuterium und Tritium.
Wie könnte die Reaktionsgleichung formuliert werden?

2 Die friedliche Nutzung der Kernfusion ist bis heute noch nicht gelungen. Nenne einige Schwierigkeiten.

3 Tritium entsteht in geringen Mengen auch in Druckwasserreaktoren, u. a. aus Lithium, das dem Kühlwasser als Rostschutzmittel beigegeben wird.
Vervollständige die Reaktionsgleichung, und beschreibe den Vorgang in Worten:
$^6_3Li + ^1_0n \rightarrow ^3_1He + ?$

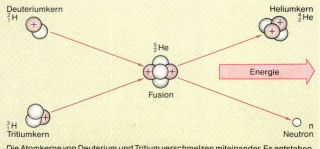

1 Die Atomkerne von Deuterium und Tritium verschmelzen miteinander. Es entstehen ein Heliumkern und ein Neutron. Dabei wird Energie freigesetzt – hauptsächlich in Form von Bewegungsenergie des Neutrons.

Energie aus Atomkernen

Alles klar?

1 Vergleiche Kohlekraftwerke mit Kernkraftwerken. Beschreibe die Energieumwandlungen.

2 Beschreibe den Vorgang der Spaltung eines $^{235}_{92}U$-Kerns.

3 Was versteht man unter einer unkontrollierten Kettenreaktion.

Unter welchen Bedingungen kann es zu einer unkontrollierten Kettenreaktion in Uran kommen?

4 Warum kommt im Natururan normalerweise keine Kettenreaktion in Gang?

5 In Reaktoren laufen kontrollierte Kettenreaktionen ab.

a) Was versteht man unter einer kontrollierten Kettenreaktion?
b) Welchen „Brennstoff" enthalten die Brennelemente des Reaktors? Welche Aufgaben hat das Wasser im Reaktor?

6 Wodurch unterscheiden sich die Kernkräfte von Kräften, die zwischen geladenen Körpern wirken?

Auf einen Blick

Das Kern-Hülle-Modell des Atoms

Man stellt sich vor, daß ein Atom aus einem Kern und einer Hülle besteht. Der Kern ist aus Neutronen und Protonen zusammengesetzt. Die Hülle ist der Bereich, in dem sich die Elektronen befinden.

Die positiv geladenen Protonen üben abstoßende Kräfte aufeinander aus. Die Kernbausteine werden durch Kernkräfte zusammengehalten. Die Kernkräfte haben nur eine sehr kurze Reichweite.

Kernspaltung und Kettenreaktion

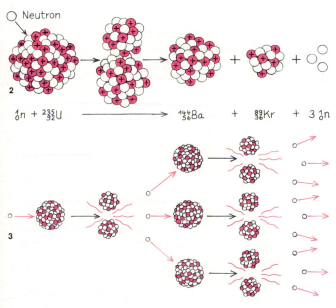

Atomkerne von Uran $^{235}_{92}U$ lassen sich mit geringem Energieaufwand spalten:
Wenn ein langsames Neutron auf den Kern trifft, zerfällt er in zwei Teile, die sich mit großer Geschwindigkeit auseinanderbewegen. Außerdem werden zwei oder drei weitere Neutronen frei.
Bei der Kernspaltung werden große Energiemengen freigesetzt.

Bei einer **unkontrollierten Kettenreaktion** löst (fast) jedes freiwerdende Neutron eine neue Kernspaltung aus. Die Anzahl der Kernspaltungen nimmt innerhalb von Sekundenbruchteilen lawinenartig zu.

Bei einer **kontrollierten Kettenreaktion** bleibt die Anzahl der Kernspaltungen pro Sekunde praktisch gleich. Von den bei einer Kernspaltung freigesetzten Neutronen darf jeweils nur ein einziges eine weitere Kernspaltung auslösen.

Solche Kettenreaktionen laufen in den Reaktoren von Kernkraftwerken ab.

Kernkraftwerke mit Druckwasserreaktoren

In Kernkraftwerken wird die in den Atomen gespeicherte Kernenergie in elektrische Energie umgewandelt.

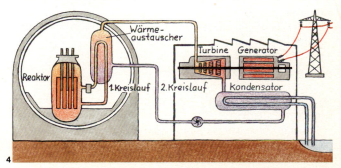

Im Reaktor wird Kernenergie in innere Energie des Wassers im 1. Kreislauf umgewandelt. Die Energie wird im Wärmeaustauscher genutzt, um das Wasser im 2. Kreislauf zu verdampfen. Der heiße Dampf treibt die Turbine und den angekoppelten Generator an; dadurch wird elektrische Energie erzeugt. Im Kondensator wird der Dampf gekühlt. Er kondensiert zu Wasser, das zum Wärmetauscher zurückgepumpt wird.

Die Radioaktivität

1 Nachweis der Radioaktivität

1 Kontaminationsdetektor

2 Nebelkammer

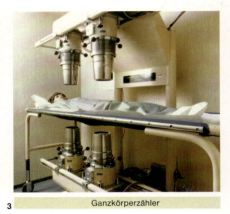

3 Ganzkörperzähler

Radioaktivität können wir mit unseren Sinnen nicht wahrnehmen.
Um die Strahlung radioaktiver Stoffe nachzuweisen, benötigen wir Hilfsmittel und Meßgeräte.

Wichtige Hinweise zum Strahlenschutz

- Nur radioaktive Strahler benutzen, die für Schulversuche zugelassen sind!
- Radioaktive Strahler niemals mit bloßen Händen berühren!
- Strahler immer nur für kurze Zeit dem Schutzbehälter entnehmen!
- Nach dem Hantieren mit Strahlern gründlich die Hände waschen!
- Beim Experimentieren mit Strahlern nicht essen!

Aus der Geschichte: **So wurde die Radioaktivität entdeckt**

Die Entdeckungsgeschichte der Radioaktivität beginnt am 26. Februar 1896 in Paris:

Der französische Wissenschaftler *Henri Becquerel* untersucht seit einiger Zeit das Nachleuchten bestimmter Steine, die vorher mit Licht bestrahlt wurden. (Dieses Nachleuchten, das nichts mit Radioaktivität zu tun hat, kennst du vielleicht von manchen Lichtschaltern oder von den Leuchtziffern der Uhren.)

Becquerel will feststellen, ob die Steine beim Nachleuchten außer sichtbarem Licht auch unsichtbare Röntgenstrahlung aussenden.

Diese Strahlung war knapp ein Jahr zuvor von *Conrad Wilhelm Röntgen* entdeckt worden. Die Röntgenstrahlung durchdringt viele Stoffe (z. B. Haut, Muskeln, Papier) und „belichtet" Filme.

Deshalb bereitet Becquerel an jenem 26. Februar einen Versuch vor:

In der Dunkelkammer packt er eine unbelichtete Fotoplatte (eine Glasplatte mit einer lichtempfindlichen Schicht) in dickes schwarzes Papier ein. Danach will er einen Stein, der Uran enthält, von der Sonne bestrahlen lassen, um zu sehen, ob er anschließend die Fotoplatte „belichtet".

4

Doch inzwischen hat sich der Himmel verfinstert; Becquerel muß mit seinem Experiment auf sonniges Wetter warten. Er legt deshalb den Stein, wie er ist, auf die eingepackte Fotoplatte und verstaut beide in einer Schublade ...

Erst am 1. März scheint wieder die Sonne. Nun endlich kann er den geplanten Versuch durchführen.

Vorsichtshalber nimmt Becquerel eine neue Fotoplatte. Zur Kontrolle entwickelt er aber auch die alte. Auf ihr dürfte eigentlich nichts zu sehen sein; der Stein lag ja die ganze Zeit über im Dunkeln – er konnte also auch nicht nachleuchten.

Doch wie überrascht ist Becquerel, als auf der Fotoplatte der Umriß des Steines zu erkennen ist (Bild 4). Der Stein muß also von selbst gestrahlt haben.

Damit hat Becquerel eine völlig unbekannte Strahlung entdeckt: Sie durchdringt – genau wie die Röntgenstrahlung – viele Stoffe und kann Fotoplatten „belichten". Im Gegensatz zur Röntgenstrahlung erzeugt man sie aber nicht mit einem Apparat, sondern sie strömt wie von selbst aus bestimmten Gesteinsarten heraus. Diese Erscheinung bezeichnet man als *Radioaktivität* (lat. *radiare:* strahlen und *aktivus:* tätig).

V 1 Mit Bequerels *Fotomethode* soll die Strahlung eines radioaktiven Körpers nachgewiesen werden. Statt der Fotoplatte verwenden wir den Film einer Sofortbildkamera. Auf den Film werden Metallteile gelegt. Dann wird er 20 min lang mit einem Strahlerstift bestrahlt und anschließend in der Kamera entwickelt.

V 2 Die Strahlung eines radioaktiven Stoffes läßt sich auch mit einem *Spinthariskop* (Bild 5) nachweisen (gr. *spinther*: Funken; *skopein*: sehen). In völliger Dunkelheit wird ein Plättchen aus Zinksulfid durch eine Lupe betrachtet. Der Strahler befindet sich über dem Plättchen. Der Nachweis von Strahlung gelingt nur, wenn sich die Augen ungefähr fünf Minuten lang an die Dunkelheit gewöhnt haben.

V 3 Mit einer *Nebelkammer* kann man den Verlauf der Strahlung sichtbar machen (Bild 6) – nicht jedoch die Strahlung selbst. (Bei Kondensstreifen am Himmel ist es ähnlich: Man sieht die Flugbahn, aber nicht immer das Flugzeug.)

In der Kammer bildet sich besonders leicht Nebel, weil in ihr die Luft mit Wasserdampf „übersättigt" ist.

a) Welche Reichweite hat die Strahlung ungefähr?

b) Die Spuren erreichen nur eine bestimmte Länge und verschwinden dann. Vergleiche diese Beobachtung mit der Ausbreitung von Licht.

V 4 Auch mit der *Funkenstrecke* (Bild 7) kann man die Strahlung radioaktiver Stoffe nachweisen.

Der Abstand zwischen den beiden Elektroden wird so eingestellt, daß gerade noch keine Funken überspringen. Dann wird langsam ein Strahlerstift herangeführt.

V 5 Im *Geiger-Müller-Zählrohr* werden durch die Strahlung Stromstöße („Impulse") ausgelöst. Diese Stromstöße werden gezählt. Wir legen verschiedene Strahlerstifte vor das Zählrohr und vergleichen die Anzeige des Meßgerätes.

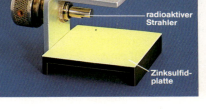
5

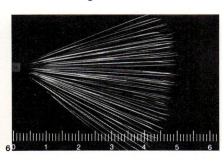
6

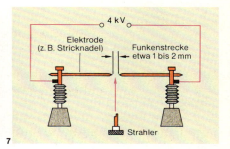
7

Info: Wie die Strahlung radioaktiver Stoffe auf Materie wirkt

Die Radioaktivität eines Körpers erkennt man an den verschiedenen Wirkungen:
○ In der Nebelkammer bilden sich Nebelspuren.
○ Filme werden durch die Verpackung hindurch belichtet.
○ Die Luft zwischen den Elektroden einer Funkenstrecke wird elektrisch leitend, so daß ein Funken überspringen kann.

Auf welche Weise ruft die Strahlung solche Wirkungen hervor?

Alle drei genannten Wirkungen beruhen auf dem Vorgang der **Ionisation**: Wenn die Strahlung auf Materie trifft, werden einzelne Elektronen aus den Hüllen der Atome herausgeschlagen. Die „Restatome" sind dann nicht mehr elektrisch neutral, sondern positiv geladen; man bezeichnet sie als (positive) Ionen. In Bild 8 ist die Ionisation eines Stickstoffatoms dargestellt.

Die herausgelösten Elektronen lagern sich meist an neutrale Atome an. Auf diese Weise entstehen negative Ionen.

Trifft die Strahlung von radioaktiven Stoffen auf Materie, so werden Ionenpaare erzeugt. Man nennt die Strahlung daher ionisierende Strahlung.

Unmittelbar einzusehen ist, daß die Luft in der Nähe radioaktiver Stoffe leitend wird: Durch den Einfluß der Strahlung werden neutrale Gasteilchen zu Ionen; damit stehen in der Luft frei bewegliche Ladungsträger zur Verfügung.

Bei der Funkenstrecke werden die erzeugten Ionen (bzw. freie Elektronen) durch eine hohe Spannung beschleunigt. Sie erreichen große Geschwindigkeiten und ionisieren bei Zusammenstößen weitere Gasatome. Auch diese Ionen lösen weitere Ionisationen aus. So werden lawinenartig viele zusätzliche Ladungsträger freigesetzt. Die anliegende Spannung kann daher einen Strom zwischen den Elektroden der Funkenstrecke hervorrufen; wir nehmen einen Funken wahr.

Die Ionen sind es auch, die in der Nebelkammer als „Kondensationskeime" dienen: An ihnen kann Wasserdampf zu kleinen Wassertröpfchen kondensieren. Wassermoleküle haben nämlich die Eigenschaft, sich an geladenen Körpern oder Teilchen anzulagern.

In lichtempfindlichen Filmen werden durch Ionisation die gleichen chemischen Prozesse eingeleitet wie durch Belichtung.

Ein wichtiges Nachweisgerät für Radioaktivität ist das **Geiger-Müller-Zählrohr**. Seine Funktionsweise beruht ebenfalls auf der ionisierenden Wirkung der Strahlung (→ Aus Umwelt und Technik: *Der Geigerzähler*).

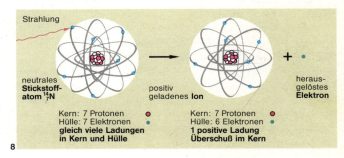
8

Aus Umwelt und Technik: Der Geigerzähler

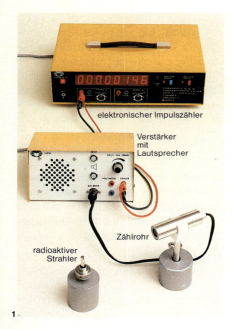

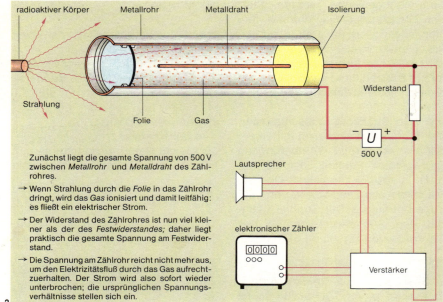

- Zunächst liegt die gesamte Spannung von 500 V zwischen *Metallrohr* und *Metalldraht* des Zählrohres.
- → Wenn Strahlung durch die *Folie* in das Zählrohr dringt, wird das *Gas* ionisiert und damit leitfähig: es fließt ein elektrischer Strom.
- → Der Widerstand des Zählrohres ist nun viel kleiner als der des *Festwiderstandes;* daher liegt praktisch die gesamte Spannung am Festwiderstand.
- → Die Spannung am Zählrohr reicht nicht mehr aus, um den Elektrizitätsfluß durch das Gas aufrechtzuerhalten. Der Strom wird also sofort wieder unterbrochen; die ursprünglichen Spannungsverhältnisse stellen sich ein.

Zum Nachweis ionisierender Strahlung verwendet man häufig das **Geiger-Müller-Zählrohr** (Bild 1). Es wurde im Jahre 1928 von den Physikern *Hans Geiger* und *Walther Müller* in Kiel entwickelt. In der Umgangssprache heißt das Gerät *Geigerzähler*.

Im Prinzip funktioniert der Geigerzähler so: Jedesmal, wenn die Strahlung im Innern des Zählrohres eine Ionisation hervorruft, fließt für einen Augenblick ein elektrischer Strom. Die Spannung am Widerstand steigt für diese kurze Zeit an (Bild 2). Die „Spannungsimpulse" werden elektronisch verstärkt und gezählt. Man kann sie auch über einen Lautsprecher als Knacken hörbar machen.

Wenn man den Quotienten aus der Anzahl der Impulse und der Zeit bildet, erhält man die *Impulsrate*. Die Impulsrate ist davon abhängig, wie radioaktiv der Strahler ist und wie weit Zählrohr und Strahler voneinander entfernt sind.

Sie hängt aber auch vom Zählrohr selbst ab: So gelangt z. B. die Strahlung bestimmter Stoffe nur über das mit einer Folie verschlossene „Fenster" in das Innere des Zählrohres. Je größer dieses Fenster ist, desto mehr Strahlung dringt ins Zählrohr, und desto größer ist die Impulsrate.

Aufgaben

1 Wie wurde Bild 3 aufgenommen?

2 Bild 4 zeigt einen Versuch, bei dem die Fotomethode angewendet wird. Beschreibe!

3 Wie kann man nachweisen, daß die Strahlung radioaktiver Stoffe die Luft leitend macht (ionisiert)?

4 Drei Strahler wurden nacheinander vor ein Geiger-Müller-Zählrohr gehalten. Die Messungen ergaben bei Strahler A 9 072 Imp. in 2 min, bei Strahler B 11 012 Imp. in 5 min, bei Strahler C 10 108 Imp. in 10 s. Berechne die Impulsraten, und gib sie in der gleichen Einheit an.

5 Zeichne, wie man sich die Ionisation eines Sauerstoffatoms $^{16}_{8}O$ im Modell vorstellt.

6 Vergleiche das Geiger-Müller-Zählrohr mit der Funkenstrecke (Versuch 4). Welche Gemeinsamkeiten findest du?

7 Ein **Versuch** zur Nebelkammer:

a) In einem Gefäß, das mit Stopfen und Hahn versehen ist, befindet sich etwas Wasser. Komprimiere die Luft durch Hineinblasen, und schließe sofort den Hahn. Laß nach einigen Sekunden etwas Luft entweichen. Was beobachtest du?

b) Aus dem Kolben wird Luft abgepumpt und der Hahn geschlossen. Halte eine Streichholzflamme an die Öffnung des Kolbens, und öffne den Hahn. Gehe dann wie in Teil a vor. Vergleiche die Beobachtungen.

2 Ionisierende Strahlung – genauer betrachtet

V 6 Führe an einem Strahler mehrere Messungen mit dem Zählrohr durch (Meßdauer: 10 s). Der Abstand zwischen Zählrohr und Strahler wird nicht verändert. Was fällt dir beim Vergleich der Impulsraten auf?

V 7 In einer Nebelkammer wird ein kleines Hindernis aus Papier direkt vor den Strahler gestellt. Beschreibe deine Beobachtungen.
Wie erklärst du das Versuchsergebnis?

V 8 Wir versuchen die Strahlung abzuschirmen, die von einem Radiumstrahler ausgeht.
Miß zuerst die Impulsrate, die sich bei einem Abstand von 15 mm zwischen Strahler und Zählrohr ergibt.

a) Halte ein Blatt Papier zwischen Strahler und Zählrohr, und wiederhole die Messung. Verwende dann zwei, drei oder vier Blätter. Wie lassen sich die Beobachtungen erklären?

b) Zwischen Strahler und Zählrohr wird ein Blatt Papier belassen. Wir untersuchen, ob die Reststrahlung Platten aus Aluminium durchdringt (Dicke: 1, 2, ..., 6 mm).

c) Versuche die Strahlung, die die Aluminiumplatten durchdringt, mit Bleiplatten abzuschirmen.

d) Stelle die Meßwerte für Aluminium und Blei graphisch dar (*Impulsrate* in Abhängigkeit von der *Schichtdicke*).

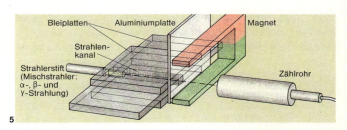

5

V 9 Wir untersuchen, welchen Einfluß ein Magnetfeld auf die Ausbreitung der Strahlung hat.

a) Baue aus Bleiblöcken einen Strahlenkanal von einigen Zentimetern Länge. Stelle an das eine Ende den Radiumstrahler, an das andere das Zählrohr. Bestimme die Impulsraten ohne Abschirmung und mit einem Blatt Papier sowie einer Aluminiumplatte als Abschirmung.

b) Stelle einen starken Bügelmagneten an das Kanalende (Bild 5). Ermittle wiederum die Zählraten für die verschiedenen Hindernisse.
Wiederhole die Messungen; richte dabei das Zählrohr einmal schräg von rechts und einmal schräg von links auf das Kanalende.
Drehe den Magneten um, so daß Nord- und Südpol vertauscht sind.

c) Untersuche zum Vergleich den Einfluß eines Magneten auf den Elektronenstrahl in einer Braunschen Röhre.

Info: Verschiedene Strahlungsarten

Die Strahlung radioaktiver Stoffe wird zum Teil schon von Papier, zum Teil von Aluminiumplatten, zum Teil aber auch erst von dicken Bleiplatten zurückgehalten. Außerdem beobachtet man, daß ein Teil der Strahlung von Magnetfeldern abgelenkt wird, ein anderer nicht. Diese Unterschiede beruhen darauf, daß radioaktive Stoffe verschiedene Arten von Strahlung aussenden.

Der Anteil der Strahlung, der von Magnetfeldern abgelenkt wird, besteht aus *geladenen Teilchen*. Man unterscheidet α- und β-Strahlung (Bild 6; um eine meßbare Ablenkung der α-Strahlung zu erreichen, sind sehr starke Magnetfelder nötig).

Mit Hilfe der „Linke-Hand-Regel" können wir schließen, daß die Teilchen der β-Strahlung negativ geladen sind. Die α-Strahlung besteht dagegen aus positiv geladenen Teilchen.

Die α-Strahlung wird schon durch Papier (oder durch eine 4 bis 8 cm dicke Luftschicht) zurückgehalten, die β-Strahlung erst durch mehrere Millimeter dicke Aluminiumplatten (Bild 7).

Der Anteil der Strahlung, der nicht von Magnetfeldern abgelenkt wird und sogar noch Bleiplatten durchdringt, heißt γ-Strahlung und tritt in der Regel zusammen mit α- oder β-Strahlung auf.

Eine Vielzahl von weiteren Versuchen hat ergeben:

Die Teilchen der α-Strahlung sind Heliumkerne; sie sind also aus zwei Protonen und zwei Neutronen zusammengesetzt. Die α-Strahlung wird schon durch Papier abgeschirmt.

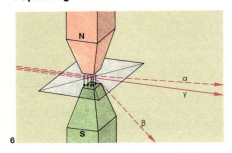

Die β-Strahlung besteht aus Elektronen und wird durch millimeterdicke Aluminiumplatten zurückgehalten.

Die γ-Strahlung ist von derselben Art wie Licht. Sie ist unsichtbar und energiereicher als Röntgenstrahlung. Zu ihrer Abschirmung benötigt man dicke Bleiplatten.

Wie weit die Strahlung in einen Stoff eindringen kann, hängt aber nicht nur von der Strahlungsart ab. Es kommt auch darauf an, von welchem Element sie ausgesandt wird.

So geht z. B. die β-Strahlung von Bismut $^{214}_{83}$Bi durch eine 3 mm dicke Aluminiumplatte teilweise hindurch. Dagegen kann die β-Strahlung, die von Tritiums $^{3}_{1}$H ausgeht, praktisch nicht in Aluminium eindringen. Die β-Teilchen von Bismut sind nämlich viel schneller und haben mehr Energie als die β-Teilchen von Tritium.

Radioaktive Stoffe senden die Strahlung nicht kontinuierlich aus, sondern in unterschiedlichen Zeitabständen. Im gleichen Zeitraum treten mal mehr und mal weniger Teilchen aus.

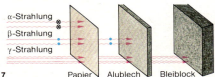

7   Papier   Alublech   Bleiblock

Die Radioaktivität

3 Der radioaktive Zerfall

V 10 Aus dem Unterrichtsraum werden alle Strahler entfernt. Schalte den Geigerzähler eine Minute lang ein. Wiederhole die Messung mehrmals. Was stellst du fest?
Man spricht vom *Nulleffekt*. Erkläre den Namen.

V 11 Untersuche folgende Stoffe mit dem Geigerzähler: Kaliumpermanganat, Kaliumchlorat, Kaliumnitrat, Natriumchlorid, Seesand, eine größere Menge Zigarrenasche.

V 12 (Lehrerversuch) Ein 2 bis 5 m langer Draht wird isoliert aufgespannt und mit dem Minuspol einer Hochspannungsquelle verbunden (U = 6000 V). Der Pluspol wird geerdet. Nach einigen Stunden schaltet man die Spannung ab und wischt den Draht mit einem kleinen Stück feuchten Filterpapiers ab.

Wir halten das Papier direkt vor ein Zählrohr und bestimmen die Impulsrate. Die Messungen werden alle 15 Minuten wiederholt.
Beschreibe und deute das Versuchsergebnis.

V 13 Decke das Ansaugrohr eines Staubsaugers mit zwei Lagen eines Papiertaschentuches ab, und befestige das Taschentuch mit einem Gummiring. Schalte nun den Staubsauger für fünf Minuten ein. Schneide den luftdurchströmten Teil des Taschentuchs heraus, und untersuche ihn mit dem Zählrohr.
Verbrenne anschließend das Papier, und überprüfe, ob die Asche strahlt. Wiederhole die Messung mehrmals im Abstand von 10 Minuten.
Was kannst du aus den Meßergebnissen folgern?

Info: Die Herkunft der natürlichen Radioaktivität

Ein Geigerzähler zeigt praktisch überall eine geringe Strahlung an, den *Nulleffekt*. Die Strahlung stammt zum Teil aus dem Weltraum (*kosmische Strahlung* oder *Höhenstrahlung*), zum Teil wird sie von radioaktiven Stoffen in und auf der Erde ausgesandt (*terrestrische Strahlung*).

Die **kosmische Strahlung** fällt aus dem Weltraum ein. Sehr schnelle Teilchen, vor allem Protonen, treffen auf die Lufthülle der Erde. Dabei spielen sich Vorgänge ab, bei denen unter anderem β-Strahlung und γ-Strahlung entstehen. Ein Teil dieser Strahlung gelangt zur Erdoberfläche, der Rest wird unterwegs von der Luft absorbiert. In größeren Höhen ist die kosmische Strahlung daher intensiver als in Höhe des Meeresspiegels.

Die **terrestrische Strahlung** geht vor allem von Gesteinen und von den Baustoffen unserer Häuser aus. Gesteine und Baustoffe enthalten nämlich oft winzige Mengen der radioaktiven Elemente Radium, Uran und Thorium sowie radioaktives Kalium.

Daneben gibt es in unserer Umwelt noch eine Reihe anderer radioaktiver Stoffe, z. B. radioaktiven Kohlenstoff.

Kohlenstoff und Kalium gehören zu den Stoffen, die nur zu einem geringen Teil radioaktiv sind, während Radium, Thorium, Radon, Uran und andere Stoffe ausschließlich in radioaktiver Form vorkommen.

Seit Entstehung der Erde verändert sich die Menge der radioaktiven Stoffe ständig. Zum Beispiel hat sich im Laufe von Jahrmilliarden die Hälfte des ursprünglich vorhandenen Urans in Blei umgewandelt. Dieser Umwandlungsprozeß von radioaktivem Uran in nicht radioaktives Blei läuft völlig selbständig in mehreren Schritten ab (Bild 1). Dabei werden aus Uranatomen mit jeweils 238 Kernbausteinen schließlich Bleiatome, die nur noch 206 Bausteine besitzen. Es gehen also Kernbausteine „verloren", und zwar durch die α-Strahlung.

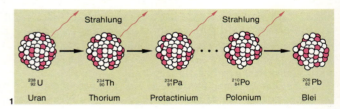

1 $^{238}_{92}$U Uran → $^{234}_{90}$Th Thorium → $^{234}_{91}$Pa Protactinium → ... → $^{210}_{84}$Po Polonium → $^{206}_{82}$Pb Blei

Info: Radioaktiver Zerfall und Zerfallsreihen

Du hast schon die *Kernspaltung* kennengelernt: Ein Neutron wird von einem Atomkern eingefangen; der Atomkern „zerplatzt" in zwei große Bruchstücke und einzelne Neutronen.

Die *Radioaktivität* beruht auf einem ganz anderen Vorgang:
Manche Atomkerne sind instabil, besonders die ganz schweren, aber auch leichtere, bei denen das Verhältnis von Protonen und Neutronen ungünstig ist.

Ein instabiler Atomkern sendet spontan Teilchen aus – ohne daß er „beschossen" wird. Bei den Teilchen handelt es sich entweder um kleine Bruchstücke des Kerns (α-Teilchen) oder um Elektronen (β-Teilchen).

Dieser Vorgang heißt *radioaktiver Zerfall*. Man spricht von α- bzw. β-Zerfall.

Beim radioaktiven Zerfall wird außer den Teilchen oft auch noch Energie in Form von γ-Strahlung abgegeben.

Zu welchem Zeitpunkt ein bestimmter Atomkern eines radioaktiven Stoffes zerfällt, läßt sich nicht vorhersagen und nicht beeinflussen.

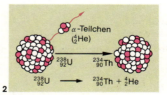
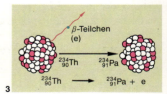

2 $^{238}_{92}$U → $^{234}_{90}$Th + $^{4}_{2}$He

3 $^{234}_{90}$Th → $^{234}_{91}$Pa + e

Der radioaktive Zerfall ist mit einer Elementumwandlung verbunden. Atomkerne eines Elementes wandeln sich in Atomkerne eines anderen Elementes um.

Ein Beispiel zum α-Zerfall (Bild 2): Wenn ein α-Teilchen aus einem Urankern $^{238}_{92}$U herausgeschleudert wird, entsteht ein Thoriumkern $^{234}_{90}$Th.

Ein Beispiel zum β-Zerfall (Bild 3): Der Thoriumkern $^{234}_{90}$Th „zerfällt" dadurch, daß er ein Elektron aussendet.

Das Elektron, das beim β-Zerfall ausgesandt wird, ist nicht von vornherein im Kern vorhanden. Vielmehr zerfällt ein Neutron in ein Proton und ein Elektron. Das Proton bleibt im Kern, das Elektron verläßt ihn. Beim β-Zerfall ändert sich also die Anzahl der Protonen (die Ordnungszahl), nicht aber die der Kernbausteine (die Massenzahl).

Die Atomhüllen spielen beim Zerfall keine Rolle. (Strenggenommen entsteht beim α-Zerfall ein Ion mit zwei überzähligen Hüllenelektronen. Der β-Zerfall liefert ein positives Ion, da der Kern einen positiven Ladungsträger mehr besitzt, als Elektronen in der Hülle vorhanden sind.)

Da die beim Zerfall entstehenden Elemente oft wieder radioaktiv sind, ergeben sich **Zerfallsreihen**. Bild 4 zeigt die Uran-Radium-Reihe, die von Uran $^{238}_{92}U$ ausgeht. Daneben kommen in der Natur noch weitere Zerfallsreihen vor, die von Uran $^{235}_{92}U$ und von Thorium $^{232}_{90}Th$ ausgehen. Alle drei Zerfallsreihen führen zu stabilen Bleiisotopen, die nicht weiter zerfallen.

In der Natur gibt es ca. 50 radioaktive Isotope, die zu diesen drei Zerfallsreihen gehören. Aber auch außerhalb der Zerfallsreihen gibt es eine Vielzahl natürlicher radioaktiver Isotope. So laufen z. B. folgende Zerfälle ab:

$^{40}_{19}K \rightarrow \ ^{40}_{20}Ca + e$,
Kalium   Calcium

$^{137}_{55}Cs \rightarrow \ ^{137}_{56}Ba + e$,
Caesium   Barium

$^{14}_{6}C \rightarrow \ ^{14}_{7}N + e$.
Kohlenstoff   Stickstoff

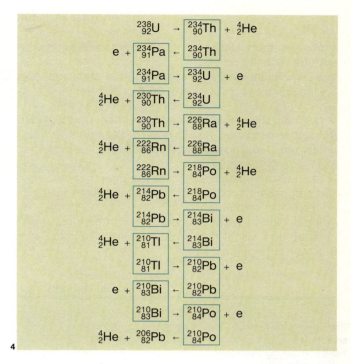

4

Aufgaben

1 Was versteht man unter dem *Nulleffekt*?

Mit demselben Zählgerät wird in zwei Räumen der Nulleffekt bestimmt. Im ersten Raum zeigt das Gerät nach einer Minute 18 Impulse an, im zweiten sind es 24. Welche Gründe könnte es für diese Unterschiede geben?

2 Verschiedene Baustoffe wurden auf ihre Radioaktivität untersucht. Als Mittelwerte mehrerer Messungen ergaben sich folgende Werte:
Kalksandstein 22 Impulse pro Min.,
Klinker 25 Impulse pro Min.,
Beton 28 Impulse pro Min.
(Nulleffekt: 20 Impulse pro Min.).

a) Auf welche Elemente ist diese Radioaktivität vermutlich zurückzuführen?

b) Die Meßergebnisse können anders ausfallen, wenn die Baustoffe aus anderen Gegenden stammen. Erkläre!

3 Bei einem radioaktiven Körper zerfallen die Atome nicht in konstanten Zeitabständen, sondern unregelmäßig. Welche Versuchsbeobachtungen weisen darauf hin?

4 Es gibt drei Wasserstoffisotope: ^1_1H, ^2_1H (Deuterium) und ^3_1H (Tritium). Wodurch unterscheiden sich die Isotope? Welche Gemeinsamkeiten haben sie?

5 Das Element Eisen kommt in der Natur als Mischung folgender stabiler Isotope vor: $^{54}_{26}Fe$, $^{56}_{26}Fe$, $^{57}_{26}Fe$ und $^{58}_{26}Fe$. Nenne für jedes dieser Isotope die Anzahl der Protonen, Neutronen und Elektronen.

6 Beschreibe den in Bild 5 dargestellten Vorgang, und stelle eine Reaktionsgleichung auf.

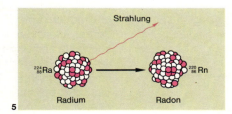

5

7 Das Poloniumisotop $^{218}_{84}Po$ ist ein α-Strahler.

a) Wie viele Protonen und wie viele Neutronen hat ein $^{218}_{84}Po$-Atomkern?

b) Welches Element entsteht beim Zerfall? Notiere die Reaktionsgleichung.

8 Das Bleiisotop $^{210}_{82}Pb$ kann sowohl α-Strahlung als auch β-Strahlung aussenden. Welche beiden Elemente können beim Zerfall entstehen (→ Periodensystem der Elemente)?

9 Das Kohlenstoffisotop $^{14}_{6}C$ sendet β-Strahlung aus.

a) Aus wie vielen Protonen und Neutronen besteht ein $^{14}_{6}C$-Kern?

b) Beim Zerfall ensteht ein Stickstoffkern (N). Wodurch unterscheiden sich die beiden Kerne? Stelle die Reaktionsgleichung auf.

10 In der Uran-Actinium-Reihe treten die folgenden Isotope in der angegeben Reihenfolge auf:
$^{235}_{92}U$, $^{231}_{90}Th$, $^{231}_{91}Pa$, $^{227}_{89}Ac$, $^{223}_{87}Fr$, $^{223}_{88}Ra$, $^{219}_{86}Rn$, $^{215}_{84}Po$, $^{211}_{82}Pb$, $^{211}_{83}Bi$, $^{207}_{81}Tl$, $^{207}_{82}Pb$.

Notiere die Reaktionsgleichungen für die einzelnen Zerfälle.

Aus Umwelt und Technik: Terrestrische Strahlung

Radioaktives Gestein ist häufig zu finden: Bild 1 zeigt einen Burgsandstein aus der Gegend von Nürnberg. Daß dieser Stein tatsächlich radioaktiv ist, läßt sich mit Hilfe der Fotomethode nachweisen (Bild 2). Das Fotomaterial wurde drei Tage lang der Strahlung ausgesetzt.

Zu den am stärksten radioaktiven Baustoffen gehören bestimmte Fliesen mit orangeroter Glasur (Bilder 3 u. 4).

Auch alte Uhren mit selbstleuchtenden Ziffern sind radioaktiv (Bilder 5 u. 6), ebenso die Glühstrümpfe von Campingleuchten. Sogar unsere Nahrungsmittel können geringe Mengen radioaktiver Stoffe enthalten. Meist handelt es sich dabei um Kalium. Zu den am stärksten radioaktiven Lebensmitteln gehört die Paranuß; sie enthält Radium.

Die terrestrische Strahlung, der man im Freien ausgesetzt ist, geht im wesentlichen vom Untergrundgestein aus. In Deutschland unterliegt sie starken regionalen Schwankungen (Bild 7). Insbesondere in Gebieten mit höheren Anteilen an Granit, vulkanischen Gesteinen und Schiefer steigt die terrestrische Strahlung an.

Eine besondere Rolle bei der terrestrischen Strahlung spielt das radioaktive Radon. Radon ist ein Edelgas und bleibt daher nicht dort, wo es entsteht. Insbesondere kann es sich in geschlossenen Räumen in der Luft anreichern. Das Radon wird dann von den Bewohnern eingeatmet. Aber auch die (nicht gasförmigen) Zerfallsprodukte des Radons können zusammen mit Staubteilchen in die Lunge gelangen.

Radon entsteht beim Zerfall von Radium. Es entweicht aus Baustoffen und Gesteinen, die geringe Mengen Radium enthalten. Durch Fugen und Risse im Kellerbereich kann es aus dem Gestein unter den Häusern in den Wohnbereich gelangen. Vor allem bei Tiefdruckwetterlagen, wenn also der Luftdruck geringer ist, „atmen" die Gesteine Radon aus.

Der Radongehalt der Raumluft läßt sich durch häufiges Lüften senken. Ein Luftaustausch zwischen innen und außen erfolgt auch durch Ritzen an Fenstern und Türen. Allerdings werden solche Ritzen heutzutage oft sorgfältig abgedichtet, um Energie zu sparen. Im Hinblick auf die Heizkosten und auf die mit der Energieumwandlung verbundene Umweltbelastung ist eine solche Abdichtung durchaus sinnvoll. Unter Umständen kann sie aber zu einer erhöhten Radon-Konzentration führen.

Bei extrem hohen Radonwerten ist es notwendig, daß die Fundamente der betroffenen Häuser abgedichtet werden.

Terrestrische Strahlung im Freien in der Bundesrepublik (nach Messungen im Jahr 1982). Für die Bundesländer Mecklenburg-Vorpommern, Brandenburg, Sachsen-Anhalt, Sachsen und Thüringen lagen bei Drucklegung noch keine vergleichbaren Werte vor.

schwache Strahlung — starke Strahlung

4 Die Halbwertszeit

In jedem Körper, der radioaktiv ist, zerfallen Atomkerne und wandeln sich um. Dabei entstehen – evtl. über Zwischenstufen – stabile Kerne, und die Menge des radioaktiven Stoffes nimmt letzten Endes ab. Die Radioaktivität des Körpers müßte also von selbst immer schwächer werden…

V 14 Wir untersuchen, ob die Radioaktivität des Edelgases Radon mit der Zeit geringer wird.

Radon kann man aus einer Plastikflasche „abzapfen", die Radium $^{224}_{88}$Ra enthält. Das Radium zerfällt nämlich nach folgender Reaktionsgleichung:
$^{224}_{88}Ra \rightarrow {}^{220}_{86}Rn + {}^{4}_{2}He$.

In der Flasche befindet sich daher außer Radium auch gasförmiges Radon, das selbst ein α-Strahler ist.

Das Radongas wird über einen Gummischlauch in eine Ionisationskammer geleitet (Bild 8). Zwischen dem Kammergehäuse und einer Elektrode im Innern der Kammer liegt eine elektrische Spannung.

Die α-Teilchen des Radons ionisieren die Luft, und es fließt ein (sehr kleiner) Strom, der mit einem empfindlichen Strommesser gemessen wird.

a) Die Stromstärke wird alle 5 s abgelesen.

b) Stelle die Stromstärke in Abhängigkeit von der Zeit in einem Diagramm dar.

c) Nach welcher Zeit ist die Stromstärke auf die Hälfte des Anfangswertes abgesunken?

Begründe, warum der Ionisationsstrom im Laufe der Zeit geringer wird.

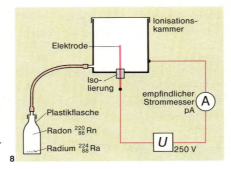
8

Info: Was versteht man unter Halbwertszeit?

In einem Versuch wurde bei zwei Stoffen mit dem Geigerzähler gemessen, ob die Radioaktivität schwächer wird.

Messung	Radium $^{226}_{88}$Ra Impulse pro 15 s	Barium $^{137}_{56}$Ba Impulse pro 15 s
zu Beginn	554	1040
nach 1 min	524	755
nach 2 min	550	552
nach 3 min	560	441
nach 4 min	541	329
nach 5 min	528	270
nach 6 min	529	210
nach 7 min	561	149
nach 10 min	551	89

Die Ergebnisse für die beiden Stoffe sind unterschiedlich: Während Barium seine Radioaktivität offenbar sehr schnell verliert, scheint sie sich bei Radium nicht zu verändern.

In Bild 9 sind die Meßwerte für Barium dargestellt. Die Impulsrate ist nach 2,6 min auf die Hälfte ihres Anfangswertes gesunken. Nach 5,2 min beträgt sie ein Viertel des Anfangswertes.

Nach 2,6 min finden in jeder Sekunde nur noch halb so viele Zerfälle wie zu Beginn statt. Nach dieser Zeit ist nämlich gerade die Hälfte der ursprünglich vorhandenen Substanz zerfallen. Diese Zeit bezeichnet man als *Halbwertszeit*.

Die Halbwertszeit ist die Zeitspanne, in der jeweils die Anzahl der radioaktiven Kerne eines Elementes auf die Hälfte ihres ursprünglichen Wertes absinkt. Nach dieser Zeit zerfallen pro Sekunde auch nur noch halb so viele Kerne wie zu Beginn.

Jedes radioaktive Isotop hat eine typische Halbwertszeit, die sich nicht beeinflussen läßt. Die Halbwertszeit von Radium $^{226}_{88}$Ra ist viel größer als die von Barium $^{137}_{56}$Ba; sie beträgt 1620 Jahre (Bild 10). Die in einer Sekunde oder an einem Tag umgewandelten Atome fallen nicht ins Gewicht. Daher konnten wir keine Änderung seiner Radioaktivität feststellen.

Die Halbwertszeiten für die Uran-Radium-Reihe zeigt Bild 11.

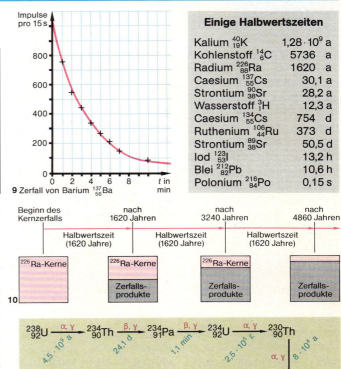

9 Zerfall von Barium $^{137}_{56}$Ba

Einige Halbwertszeiten	
Kalium $^{40}_{19}$K	$1{,}28 \cdot 10^9$ a
Kohlenstoff $^{14}_{6}$C	5736 a
Radium $^{226}_{88}$Ra	1620 a
Caesium $^{137}_{55}$Cs	30,1 a
Strontium $^{90}_{38}$Sr	28,2 a
Wasserstoff $^{3}_{1}$H	12,3 a
Caesium $^{134}_{55}$Cs	754 d
Ruthenium $^{106}_{44}$Ru	373 d
Strontium $^{89}_{38}$Sr	50,5 d
Iod $^{123}_{53}$I	13,2 h
Blei $^{212}_{82}$Pb	10,6 h
Polonium $^{216}_{84}$Po	0,15 s

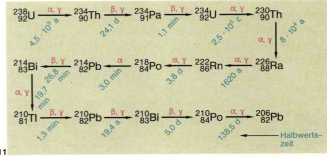

10

11

Aufgaben

1 Silber $^{112}_{47}$Ag zerfällt in das stabile Cadmiumisotop $^{112}_{48}$Cd.
Übertrage und ergänze die Tabelle.

Zeit in h	Anteil von Silber $^{112}_{47}$Ag	Anteil von Cadmium $^{112}_{48}$Cd
0	100 %	0 %
3,1	50 %	50 %
6,2	?	?
9,3	?	?
12,4	?	?
15,5	?	?

2 Zwischen der Wand einer Ionisationskammer und einer Elektrode im Innern liegt eine Spannung. Wenn die Luft ionisiert ist, fließt ein Strom. Im Versuch wurde gasförmiges Radon $^{220}_{86}$Rn in die Kammer geleitet und dann der Strom gemessen.

Begründe, daß der Strom proportional zur Menge des vorhandenen Radons ist.

t in s	0	5	10	15	20	25
I in pA	230	219	205	196	185	171

t in s	30	35	40	45	50	55
I in pA	160	151	144	130	121	115

t in s	60	65	70	75	80	85
I in pA	109	100	95	88	84	80

Stelle die Meßwerte graphisch dar. Lies die Zeit ab, in der die Stromstärke auf die Hälfte ihres Anfangswertes abgesunken ist.

Wie lange dauert es, bis sich die Stromstärke, die zur Zeit $t = 15$ s (bzw. 25 s) gemessen wurde, auf die Hälfte verringert hat?

3 In Bild 1 ist der Zerfall von 28 g Iod $^{131}_{53}$I dargestellt. Ermittle die Halbwertszeit dieses Iodisotops.

Nach welcher Zeit sind noch 1,5 g Iod vorhanden?

4 Das Poloniumisotop $^{210}_{84}$Po ist ein α-Strahler (→ Bild 11 auf der vorigen Seite).

Wie lange dauert es, bis nur noch der 1024ste Teil (also etwa 1 ‰) des Poloniums vorhanden ist?

5 Nuklidkarten geben Auskunft über radioaktive Zerfälle. Untersuche mit Hilfe dieser Karten den Zerfall von $^{45}_{19}$K. Versuche, die „Töchter" von Thorium $^{232}_{90}$Th zu ermitteln.

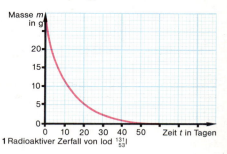

1 Radioaktiver Zerfall von Iod $^{131}_{53}$I

Aus Umwelt und Technik: **Künstliche Kernumwandlungen**

Bei medizinischen Untersuchungen werden heute oft radioaktive Stoffe (Radionuklide) eingesetzt. Um z. B. das Herz zu untersuchen, bringt man radioaktive Stoffe in den Blutkreislauf. Mit Hilfe der γ-Strahlung, die von diesen Stoffen ausgeht, läßt sich dann die Durchblutung des Herzmuskels in Form von aufeinanderfolgenden Bildern darstellen.

Man benötigt für solche Untersuchungen radioaktive Stoffe mit Halbwertszeiten in der Größenordnung von Stunden oder Tagen. Zudem müssen die Stoffe bestimmte chemische Eigenschaften haben, damit sie in dem zu untersuchenden Organ angereichert werden. Man verwendet für solche Untersuchungen unter anderem Technetium $^{99}_{43}$Tc, Iod $^{123}_{53}$I und $^{131}_{53}$I, Indium $^{111}_{49}$In sowie Chrom $^{51}_{24}$Cr. Alle diese Isotope werden künstlich hergestellt.

Bis heute sind weit über 2000 künstliche radioaktive Isotope hergestellt worden. Um solche Stoffe zu erzeugen, müssen Atomkerne künstlich umgewandelt werden.

2

Die erste künstliche Kernumwandlung gelang *Ernest Rutherford* im Jahre 1919: Er bestrahlte Stickstoff mit α-Teilchen und beobachtete, daß dabei Protonen freigesetzt werden. Diese Protonen stammen aus den Kernen von Stickstoffatomen. Wenn aber ein Stickstoffkern ein Proton abgibt oder aufnimmt, ist er kein Stickstoffkern mehr.

Bild 2 zeigt eine Nebelkammeraufnahme, bei der eine solche Kernumwandlung stattfand: Die Nebelkammer war mit Stickstoff gefüllt. Die langen, von unten nach oben verlaufenden Nebelspuren wurden von α-Teilchen erzeugt. Eine der Spuren teilt sich in eine lange, schmale Spur und eine kurze, breite Spur.

Man deutet diese Spuren so: Dort, wo sich die Spur gabelt, ist ein α-Teilchen auf einen Stickstoffkern getroffen. Dabei wurde ein Proton freigesetzt, das die lange Spur erzeugte. Die kurze Spur gehört zu einem Sauerstoffkern, in den sich der Stickstoffkern umgewandelt hatte. Es lief folgende Kernreaktion ab:

$$^{14}_{7}N + {}^{4}_{2}He \rightarrow {}^{17}_{8}O + p.$$

Bei Kernumwandlungen können statt Protonen auch Neutronen freigesetzt werden. Beschießt man z. B. Berylliumkerne mit α-Teilchen, so entstehen Kohlenstoffkerne und Neutronen:

$$^{9}_{4}Be + {}^{4}_{2}He \rightarrow {}^{12}_{6}C + n.$$

In einer ähnlichen Kernreaktion wurde im Jahre 1934 zum erstenmal ein radioaktives Isotop künstlich hergestellt:

$$^{27}_{13}Al + ^{4}_{2}He \rightarrow ^{30}_{15}P + n.$$

Das entstehende Phosphorisotop ist ein β-Strahler.

Mit den Neutronen, die bei Kernreaktionen freigesetzt werden, lassen sich weitere Kernreaktionen auslösen. So kann zum Beispiel aus Stickstoff ein radioaktives Kohlenstoffisotop entstehen:

$$^{14}_{7}N + n \rightarrow ^{14}_{6}C + p.$$

Künstliche Kernumwandlungen laufen auch in den Reaktoren der Kernkraftwerke ab. Zum einen entstehen bei den Kernspaltungen eine ganze Reihe radioaktiver Isotope mit unterschiedlichen Halbwertszeiten, so z. B. Iod $^{131}_{53}I$ (8 Tage) und Caesium $^{137}_{55}Cs$ (30 Jahre).

Zum anderen werden im Kernreaktor bei den Spaltungen Neutronen freigesetzt. Durch diese Neutronenstrahlung werden Kernreaktionen ausgelöst, bei denen weitere Isotope entstehen.

Eine dieser Kernreaktionen läuft in Reaktoren ständig ab und führt über zwei β-Zerfälle zur Erzeugung von Plutonium $^{239}_{94}Pu$:

$$^{238}_{92}U + n \rightarrow ^{239}_{92}U,$$
$$^{239}_{92}U \rightarrow ^{239}_{93}Np + e,$$
$$^{239}_{93}Np \rightarrow ^{239}_{94}Pu + e.$$

Plutonium $^{239}_{94}Pu$ ist ein gefährlicher α-Strahler mit einer sehr langen Halbwertszeit. Außerdem ist es sehr giftig.

Plutonium läßt sich durch langsame Neutronen spalten und kann daher als Kernbrennstoff dienen. Es wird aber auch zum Bau von Atombomben verwendet.

Aus Umwelt und Technik: **Archäologie und Halbwertszeit**

Wann war eine Höhle bewohnt, deren Wände prähistorische Malereien tragen? Wie alt sind aufgefundene Schriftrollen? Wie lange lag der Kadaver eines Mammuts im ewigen Eis? Derartige Fragen können Archäologen recht genau mit Hilfe der **Radiokarbonmethode** beantworten (lat. *carbo*: Kohle, Kohlenstoff).

Die Methode beruht darauf, daß ein sehr kleiner Teil des Kohlenstoffs in der Atmosphäre radioaktiv ist: Neben dem stabilen Isotop $^{12}_{6}C$ kommt in einer ganz bestimmten, sehr geringen Konzentration auch das radioaktive Kohlenstoffisotop $^{14}_{6}C$ vor.

Dieses Isotop zerfällt mit einer Halbwertszeit von 5730 Jahren. Seine Konzentration in der Atmosphäre bleibt gleich, weil es ständig neu gebildet wird. Es entsteht, wenn Neutronen aus der kosmischen Strahlung auf Stickstoffatome treffen:

$$^{14}_{7}N + n \rightarrow ^{14}_{6}C + p.$$

Pflanzen nehmen bei ihrem Wachstum ständig Kohlenstoffdioxid aus der Luft auf und bauen den Kohlenstoff in ihr Gewebe ein. Dabei gelangt auch der radioaktive Kohlenstoff $^{14}_{6}C$ in das Gewebe, und zwar entsprechend seinem Anteil am atmosphärischen Kohlenstoff.

Mit dem Absterben der Pflanzen hört die Aufnahme von Kohlenstoff auf. Von diesem Moment an verringert sich die Menge des Isotops $^{14}_{6}C$, die in der Pflanze enthalten ist. Sie halbiert sich alle 5730 Jahre. Die Menge des stabilen Kohlenstoffisotops ändert sich dagegen nicht.

Wenn man die Radioaktivität mißt, kann man auf das Alter der Probe schließen: In 1 g Kohlenstoff eines gerade gefällten Baumes finden ca. 16 Zerfälle pro Minute statt. Nach 5730 Jahren sind es noch 8, nach 1460 Jahren nur noch 4 usw.

Über Nahrungsketten gelangt der radioaktive Kohlenstoff auch in tierisches Gewebe. Daher können sowohl Holzkohlenreste von Feuerstellen als auch Knochenabfälle von Mahlzeiten Aufschlüsse über das Alter von Funden liefern.

5 Wie kann man sich vor ionisierender Strahlung schützen?

Bild 3 zeigt Schutzmaßnahmen beim Umgang mit radioaktiven Stoffen.

V 15 Wir wollen verschiedene Schutzmöglichkeiten durch Messungen mit dem Geigerzähler untersuchen. Lege jeweils die Versuchsbedingungen genau fest.

a) Bietet ein großer Abstand zum Strahler Schutz vor der Strahlung? (Beginne mit einem Abstand von 2 cm, und vergrößere ihn dann in Schritten von 2 cm.)

b) Schirmen verschiedene Stoffe die ionisierende Strahlung unterschiedlich gut ab? (Verwende 1 mm dicke Platten aus Pappe, Aluminium, Eisen, Blei, …)

c) Welche Rolle spielt dabei die Dicke des Materials? Benutze 1 mm bis 6 mm dicke Aluminiumbleche.

Aufgaben

Tabelle 1

Abstand a in cm	Impulsrate 1/s
1	3065
2	773
3	335
4	190
5	125
6	87
7	63
8	48
10	32
12	21

Tabelle 2

Schichtdicke d in mm	Impulsrate 1/min
0	869
4	779
8	639
12	565
16	477
20	385
24	372
28	364
32	318
36	268

Tabelle 3

Material (a: Abstand Zählrohr–Strahler)	Dicke d in mm	Impulsrate 1/min
Luft	10	1648
	30	874
Papier ($a = 10$ mm)	0,2	866
Aluminium	0,5	613
($a = 30$ mm)	1,0	437
	2,0	269
	3,0	123
	4,0	83
Blei ($a = 30$ mm)	1,0	80
	2,0	71
	3,0	60
	4,0	54
	5,0	50
	6,0	48
	10	45
Eisen ($a = 30$ mm)	1,0	86
Kupfer ($a = 30$ mm)	1,0	80
Ziegelstein ($a = 70$ mm)	50	98
Erdreich ($a = 70$ mm)	50	100
Wasser ($a = 70$ mm)	50	90

1 Die Strahlung wird schwächer, wenn der Abstand a zwischen Zählrohr und Strahler größer wird (Tabelle 1). Es wurde ein γ-Strahler verwendet. Der Nulleffekt ist abgezogen. Welcher Zusammenhang besteht zwischen den gemessenen Größen?

2 Zwischen einen γ-Strahler und ein Zählrohr wurden unterschiedlich dicke Kupferplatten gestellt (Tabelle 2; Nulleffekt: 48 Imp. pro min). Stelle die Impulsrate in Abhängigkeit von der Schichtdicke graphisch dar.

3 Ein Radiumstrahler enthält auch die radioaktiven Folgeprodukte und sendet α-, β- und γ-Strahlung aus. Zwischen einen solchen Strahler und ein Zählrohr wurden Platten aus verschiedenen Materialien gestellt (Tabelle 3; Nulleffekt: 36 Imp. pro min).

a) Welcher Stoff eignet sich am besten zur Abschirmung? Welches der Metalle schirmt am wenigsten ab?

b) Welchen Einfluß hat die Dicke des Materials?

4 Die Bilder 1 u. 2 wurden mit einem radioaktiven Strahler hergestellt.

a) Die unterschiedlich dunklen Flächen von Bild 1 entstanden beim Durchstrahlen gleich dicker Platten *aus verschiedenen Materialien*. Wo lagen Blei, Eisen und Papier?

b) Bild 2 entstand beim Durchstrahlen *unterschiedlich dicker* Platten aus demselben Material. Wo lag die dickste und wo die dünnste Platte?

Die Radioaktivität

Alles klar?

1 Nenne Unterschiede und Gemeinsamkeiten von ionisierender Strahlung und von Licht.

2 Wie kannst du feststellen, ob die Leuchtziffern einer alten Uhr radioaktiv sind? Beschreibe zwei Untersuchungsmöglichkeiten.

3 Mit Filmdosimetern (Bild 3) wird die Strahlenbelastung von Personen ermittelt, die beruflich mit ionisierender Strahlung zu tun haben. Diese Geräte enthalten ein Stück Film, das in eine Kunststoffhülle

eingepackt ist. Das Filmstück wird regelmäßig ausgewechselt und entwickelt; dann wird die Schwärzung gemessen. Woran erkennt man eine hohe Strahlenbelastung, woran eine geringe?

Welche Strahlungsart kann so nicht nachgewiesen werden?

4 Ein Nulleffekt ist praktisch überall zu messen. Was versteht man darunter?

Warum kann er an verschiedenen Orten unterschiedlich sein?

5 Plutonium $^{239}_{94}$Pu ist ein α-Strahler. Welches Element entsteht beim radioaktiven Zerfall?

Die Radioaktivität

Auf einen Blick

Nachweis der Radioaktivität

Die Strahlung radioaktiver Stoffe läßt sich auf verschiedene Arten nachweisen:

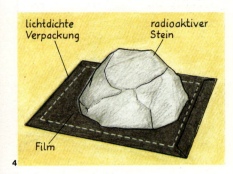
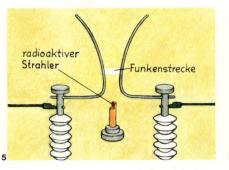
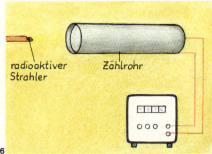

Bei der **Fotomethode** wird ausgenutzt, daß die Strahlung Stoffe (z. B. Papier) *durchdringt* und dann Filme „belichtet".

Bei der **Funkenstrecke** wird die Luft zwischen den Elektronen leitend, weil die Strahlung Sauerstoff- und Stickstoffatome der Luft *ionisiert*.

Auch beim **Geigerzähler** werden im Innern des Zählrohres Atome eines Gases *ionisiert*. Für kurze Zeit fließt ein Strom durch das Gas.

Radioaktive Stoffe senden ionisierende Strahlung aus.
Wenn die Strahlung auf Materie trifft, werden einzelne Elektronen aus den Atomen herausgelöst. Man erhält ein positives Ion und ein freies Elektron, das sich oft an ein neutrales Atom anlagert.

Der radioaktive Zerfall und die Strahlungsarten

In der Natur gibt es ca. 50 radioaktive Isotope. Die Atomkerne dieser Isotope zerfallen spontan:

Die Atomkerne der radioaktiven Isotope senden Teilchen aus und wandeln sich dabei in Atomkerne eines anderen Elementes um.

So wandeln sich z. B. Atomkerne des Elementes Uran in Thoriumkerne um. Diese wiederum zerfallen zu Kernen des Elements Protactinium.

Bei den ausgesandten Teilchen handelt es sich entweder um Heliumkerne (α-Teilchen) oder um Elektronen (β-Teilchen).

Allerdings sind in Atomkernen keine Elektronen vorhanden. Vielmehr entstehen ein Elektron und ein Proton beim Zerfall eines Neutrons.

Als Folge von Kernzerfällen tritt häufig auch die γ-Strahlung auf. Sie ist eine Art unsichtbaren Lichtes, ähnlich der Röntgenstrahlung. Die Aussendung der γ-Strahlung ist nicht mit einer Elementumwandlung verbunden.

Die Halbwertszeit

Jedes radioaktive Isotop hat eine bestimmte Halbwertszeit.

Die Halbwertszeit ist die Zeit, nach der die Hälfte der ursprünglich vorhandenen Atomkerne des Isotops umgewandelt ist. Nach Ablauf der Halbwertszeit zerfallen pro Sekunde auch nur noch halb so viele Kerne des Isotops wie zu Beginn.

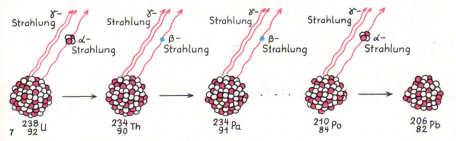

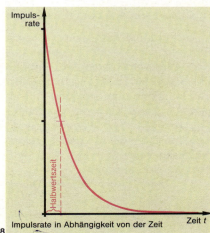

Impulsrate in Abhängigkeit von der Zeit

Gefahr und Nutzen der Radioaktivität

1 Radioaktivität ist gefährlich

Aus Umwelt und Technik: Die Katastrophe von Tschernobyl

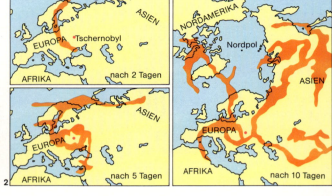

„Heute und morgen: Wind aus dem Osten" – so lautete Anfang Mai 1986 die Schlagzeile einer deutschen Tageszeitung. Die Windrichtung, für die sich normalerweise kaum jemand interessiert, war die wichtigste Meldung auf der Titelseite! Was war geschehen?

Am 26. April 1986 hatte sich im sowjetischen Kernkraftwerk *Tschernobyl* (Bild 1) bei Kiew ein schwerer Reaktorunfall ereignet.

Als „GAU" (oder „größten anzunehmenden Unfall") bezeichnet man den Ausfall des Reaktorkühlsystems. Dazu kann es z. B. kommen, wenn im Kühlwasserkreislauf des Reaktors ein großes Leck auftritt. Die Brennelemente im Reaktor heizen sich dann immer mehr auf. Gelingt es nicht, diesen Prozeß durch Notkühlsysteme zu stoppen, kommt es zur Katastrophe: Die Temperatur im Reaktor steigt so stark an, daß die Brennelemente einschließlich des Kernbrennstoffs schmelzen.

Die Folgen einer solchen „Kernschmelze" können katastrophal sein: Die Sicherheitsvorkehrungen werden möglicherweise zerstört (z. B. durch Explosionen infolge hohen Druckes), so daß die hochgradig radioaktiven Spaltprodukte aus dem Reaktorgebäude entweichen.

In Tschernobyl kam es zu einer solchen Katastrophe: Einer von vier Reaktoren geriet außer Kontrolle, und die Notkühlsysteme versagten. Weder der Mantel aus Stahlblech, der den Reaktorkern umgab, noch das Reaktorgebäude hielten dem steigenden Druck und den Explosionen stand. Der Kern, der vor allem aus Graphit bestand, brannte. Mit den Flammen und den aufsteigenden Rauchwolken wurden große Mengen radioaktiver Stoffe als Gase oder in Form feinster Staubteilchen in die Atmosphäre getragen.

Die Folgen in der näheren Umgebung waren verheerend: An den unmittelbaren Folgen der Strahlung starben nach offiziellen Angaben 31 Menschen. Inoffiziell ist davon die Rede, daß die Zahl der Todesopfer in die Hunderte oder Tausende geht. Bis 1991 mußten 200 000 Menschen ihre Heimat verlassen. Ganze Landstriche sind unbewohnbar. Mehrere hunderttausend Menschen warten fünf Jahre nach der Katastrophe noch auf ihre Evakuierung. Hunderttausende müssen in der Ukraine und in Weißrußland jahrzehntelang ärztlich überwacht werden, um mögliche Spätschäden (Krebserkrankungen) frühzeitig zu erkennen. Sehr viele Menschen sind psychisch stark belastet: Sie sind zutiefst beunruhigt und leben in einer dauernden Streßsituation.

Der Reaktorunfall hatte auch Auswirkungen außerhalb der Sowjetunion: Eine unsichtbare „radioaktive Wolke" aus freigesetzten Spaltprodukten wurde mit dem Wind über weite Teile Europas getragen (Bild 2). Bei uns – ungefähr 1600 km von Tschernobyl entfernt – stieg zunächst die Radioaktivität der Luft an. Dann regnete es, und die Luftaktivität sank; dafür stieg die Radioaktivität des Erdbodens und der Pflanzen (Bild 3).

Vorübergehend wurden Vorsichtsmaßnahmen empfohlen oder angeordnet. Weil sich auf den Pflanzenoberflächen radioaktive Stoffe abgelagert hatten, sollte man kein Blattgemüse essen. Aus dem gleichen Grund sollten Kühe nicht auf die Weiden getrieben werden.

Mit dem Regenwasser gelangten die radioaktiven Stoffe dann in den Boden. Zu diesen Stoffen gehört Caesium $^{137}_{55}Cs$. Da es nur langsam in den Boden diffundiert, bleibt es lange im Wurzelbereich der Pflanzen und gelangt über diese in die Nahrungskette des Menschen.

Zum Beispiel fressen Rehe mit Vorliebe Maronenröhrlinge. Gerade diese Pilze nehmen bevorzugt Caesium aus dem Boden auf. Daher enthält das Fleisch von Rehen, die in Gebieten mit hoher radioaktiver Belastung leben, heute erheblich mehr radioaktive Stoffe als vor dem Unfall in Tschernobyl.

Auf Jahre hinaus werden Spuren der Radioaktivität von Tschernobyl in Nahrungsmitteln nachzuweisen sein.

Kann sich ein ähnliches Unglück bei uns ereignen?
Die Reaktoren von Tschernobyl weisen im Vergleich mit Druckwasserreaktoren wichtige Unterschiede auf:

Als Moderator wird nicht Wasser, sondern Graphit benutzt. So kann in Natururan eine Kettenreaktion in Gang kommen. Graphit ist jedoch brennbar und läßt sich nicht wie Wasser zum Kühlen der Brennelemente verwenden.

Außerdem fehlten in Tschernobyl wichtige Sicherheitsvorkehrungen, wie sie bei uns vorgeschrieben sind: Es gab weder einen stählernen Druckbehälter noch jenen Sicherheitsbehälter aus Stahl, der bei uns den Reaktor und den Kühlwasserkreislauf umschließt. Der Unfallreaktor war lediglich von Stahlblech umgeben – und das sollte nur verhindern, daß Sauerstoff an den Graphitblock gelangt und dieser zu brennen beginnt. Auch das Reaktorgebäude war nicht so gebaut, daß es das Austreten der Spaltprodukte hätte verhindern können.

Diese Wiesenpflanzen (links) wurden am 2. Mai 1986 in der Münchner Innenstadt gesammelt. Die Fotomethode zeigte, daß sie strahlten (rechts).

Aus diesen Gründen kann sich bei uns ein Unglück nicht auf die gleiche Weise wie in Tschernobyl ereignen. Doch eine absolute Sicherheit gibt es für keine komplizierte technische Anlage, auch nicht für ein Kernkraftwerk.

Aus Umwelt und Technik: **Die Folgen von Atombombenexplosionen**

Am 6. August 1945 wurde über der japanischen Stadt *Hiroshima* eine Atombombe abgeworfen. Die Explosion dieser Bombe setzte ungeheure Mengen an Energie, ionisierender Strahlung und Radioaktivität frei. Im Innern des „Atompilzes" stieg die Temperatur innerhalb eines Augenblickes auf mehrere Millionen Grad Celsius. Durch die ungeheure Hitze und eine gewaltige Druckwelle wurde Hiroshima zerstört (Bild 4). Von seinen 300 000 Einwohnern wurden mindestens 80 000 getötet, und 125 000 erlitten schwere Strahlenschäden.

Drei Tage später, am 9. August 1945, wurde *Nagasaki* durch eine zweite Atombombe verwüstet.

Noch heute sterben Menschen an den Folgen dieser beiden Explosionen. Insgesamt haben sie beinahe 200 000 Menschen das Leben gekostet.

Die Atombomben von damals waren aber geradezu winzig, wenn man sie mit heutigen Bomben vergleicht.

Welche Auswirkungen ein Krieg mit solchen Waffen hätte, ist von vielen wissenschaftlichen Instituten untersucht worden. Alle kommen zu beinahe denselben grauenhaften Ergebnissen:

○ Ein Atomkrieg würde etwa 2 Milliarden unmittelbare Opfer fordern, also fast die Hälfte der Weltbevölkerung vernichten.

○ Die 2 bis 3 Milliarden Menschen, die übrigblieben, würden (zumindest auf der Nordhalbkugel) in einer finsteren Welt zugrunde gehen.

○ Es gibt vermutlich etwa 50 000 Atomsprengköpfe auf der Erde. Käme davon auch nur ein geringer Teil zum Einsatz, würden (neben direkten Schäden) katastrophale klimatische Veränderungen eintreten: Das Sonnenlicht könnte die Staub- und Rußwolken, die wegen der vielen Explosionen und Brände aufsteigen, nicht mehr durchdringen. Die Temperaturen würden für Monate weit unter den Gefrierpunkt sinken, und fast alles Leben würde vernichtet. Deshalb gäbe es nach einem Atomkrieg keinen Sieger. „Am Tag danach" begänne das Ende der Menschheit.

2 Biologische Strahlenwirkungen

Aus Umwelt und Technik: **Wie ionisierende Strahlung auf den Menschen wirkt**

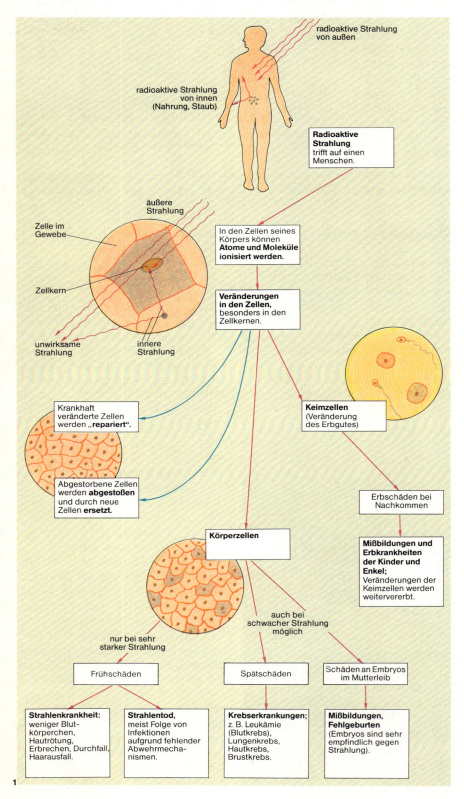

Die Strahlung radioaktiver Stoffe kann zu Veränderungen von Körperzellen führen. Man unterscheidet *innere* und *äußere* Strahlung.

Die **innere Strahlung** geht von radioaktiven Stoffen aus, die mit der Nahrung und der Atemluft in den menschlichen Körper gelangt sind.

Einige radioaktive Stoffe verteilen sich gleichmäßig im Körper (z. B. $^{134}_{55}$Cs und $^{137}_{55}$Cs), andere werden in bestimmten Organen angelagert.

So wird zum Beispiel radioaktives Iod $^{131}_{53}$I in der Schilddrüse gesammelt und gespeichert. Die Schilddrüse benötigt Iod zur Bildung des Schilddrüsenhormons. Sie kann aber nicht zwischen radioaktivem und nichtradioaktivem Iod unterscheiden.

Strontium ($^{89}_{38}$Sr und $^{90}_{38}$Sr) reichert sich hauptsächlich in der Knochensubstanz an, denn es hat Ähnlichkeit mit Calcium, aus dem die Knochen aufgebaut sind.

Besonders stark wird die Lunge durch eingeatmetes Radon belastet.

Die **äußere Strahlung** wird von Gesteinen oder Bodenablagerungen hervorgerufen. Am gefährlichsten ist die γ-Strahlung: Sie dringt tief ins Gewebe ein und löst dort Elektronen aus, die dann im Innern des Körpers wie β-Strahlung wirken. Von außen kommende α- und β-Strahlung ist wegen ihrer geringen Reichweite weniger gefährlich.

Wie die ionisierende Strahlung auf den Körper wirkt, zeigt Bild 1.

Die Strahlung führt aufgrund der Ionisation zu chemischen Veränderungen in den Körperzellen.

Für die Funktion der Zelle sind die in den Chromosomen gespeicherten Informationen (Erbanlagen) entscheidend. Schäden an einzelnen Chromosomen können zu unmittelbaren Funktionsstörungen der Zelle, zu verlangsamter Zellteilung und zum Verlust der Teilungsfähigkeit des Zellkerns führen. Die Schäden können aber auch nach langer Zeit zu Krebserkrankungen führen oder

Erbschäden bei den Nachkommen auslösen.

Die Zellen besitzen ein wirkungsvolles Reparatursystem, das einen großen Teil der Schäden an den Chromosomen beseitigen kann. (Dabei wird ausgenutzt, daß die Erbinformationen in jedem Chromosom zweimal gespeichert sind, und zwar auf jedem der DNA-Doppelstränge einmal.) Wenn allerdings ein Zellkern oder ein Chromosom innerhalb kurzer Zeit mehrmals geschädigt wird, treten häufiger Fehler bei der Reparatur auf.

Die Wirkung ionisierender Strahlung auf den Menschen hängt von verschiedenen Bedingungen ab:
1) Art und Energie der Strahlung, die auf den Körper einwirkt

Außerhalb des Körpers läßt sich α-Strahlung leicht abschirmen. Sie ist deshalb weniger gefährlich. Im Körper ist ein α-Strahler dagegen sehr gefährlich, weil die α-Strahlung stark ionisierend wirkt und auf einer kurzen Strecke eine Vielzahl von Zellschäden hervorrufen kann.

Vom Strahler ist auch die Energie der Strahlung abhängig. So haben die β-Teilchen des Caesiumisotops $^{134}_{55}Cs$ mehr Bewegungsenergie als die des Isotops $^{137}_{55}Cs$.

2) Dauer der Strahlung und ihre zeitliche Verteilung

Je länger die Strahlung wirkt, desto schwerwiegender sind die Folgen. Bei Strahlern, die in den Körper aufgenommen werden, kann die Dauer der Bestrahlung von der Halbwertszeit abhängen. Außerdem ist die Verweildauer im Körper von Bedeutung: Iod bleibt im Mittel 150 Tage im Körper, Strontium 50 Jahre.

Tierversuche haben gezeigt, daß neben der Dauer auch die zeitliche Verteilung der Strahlung wichtig ist: Eine kurzzeitige Bestrahlung ist gefährlicher, als wenn die gleiche Strahlungsenergie über längere Zeit verteilt zugeführt wird.

3) Empfindlichkeit des Organs

Sehr strahlenempfindlich sind Organe, die ständig neue Zellen bilden. Dazu gehören vor allem blutbildende Organe wie die Milz, das Knochenmark und die Lymphknoten, der Magen, der Darm, die Haarwurzeln, die Haut, die Lunge, die weibliche Brust und die Blutgefäße sowie die Keimdrüsen. Weniger empfindlich sind Muskeln und Knochen.

Info: Becquerel, Gray und Sievert – Einheiten im Bereich des Strahlenschutzes

Man muß davon ausgehen, daß es keine Grenze gibt, unterhalb derer radioaktive Strahlung mit Sicherheit ungefährlich ist. Daher lautet der wichtigste Grundsatz des Strahlenschutzes: *Die Strahlenbelastung ist so niedrig wie möglich zu halten.*

1. Becquerel – Einheit der Aktivität
Ein Strahler ist um so stärker radioaktiv, je mehr Kernzerfälle in einer bestimmten Zeit stattfinden. Der Quotient aus der Anzahl der Kernzerfälle und der Zeit ist ein Maß für die **Aktivität**. Die Einheit der Aktivität heißt **Becquerel**:

$1\ Bq = \frac{1}{s}$.

Anfang Mai 1986, kurz nach dem Reaktorunfall in Tschernobyl (UdSSR), stieg die Radioaktivität auch bei uns an. Zum Beispiel erreichte die Aktivität von Milch Spitzenwerte von über 800 Bq pro Liter. In jeder Sekunde zerfielen also in einem Liter Milch mehr als 800 Atome. Vor dem Unfall betrug die Aktivität von Milch weniger als 1 Bq pro Liter!

Um die Gefährlichkeit ionisierender Strahlung zu beurteilen, reichen Angaben über die Aktivität (in Bq) nicht aus.

2. Gray – Einheit der Energiedosis
Wenn die Strahlung radioaktiver Stoffe in Materie eindringt, zeigt sie häufig eine ionisierende Wirkung. Für jeden einzelnen Ionisationsvorgang ist eine bestimmte Energie nötig. Deshalb ist die Energie, die 1 kg Materie durch die Strahlung aufnimmt, ein Maß für die physikalische Wir-

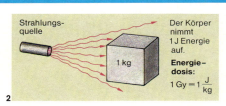
2

kung der Strahlung. Den Quotienten aus der Energie, die ein Körper aufgenommen hat, und seiner Masse bezeichnet man als **Energiedosis** (Bild 2). Ihre Einheit heißt **Gray**:

$1\ Gy = 1\ \frac{J}{kg}$.

3. Sievert – Einheit der Äquivalentdosis
Die Wirkung der ionisierenden Strahlung auf lebende Organismen hängt nicht nur von der Energiedosis ab, sondern auch von der Strahlungsart. Wird eine Energiedosis von 1 Gy zugeführt, so ist die biologische Wirkung bei α-Strahlung bis zu 20mal so groß wie bei β- oder γ-Strahlung. Für Menschen und Tiere ist also die Zufuhr von 1 Gy durch α-Strahlung vergleichbar (äquivalent) mit 20 Gy durch β- und γ-Strahlung (Bild 3).

Als Maß für die biologische Wirkung gibt man die **Äquivalentdosis** an. Bei gleichen Äquivalentdosen sind gleiche biologische Wirkungen zu erwarten.

Man berechnet die Äquivalentdosis, indem man die Energiedosis mit einem *Bewertungsfaktor* multipliziert. Er wurde mit Hilfe biologischer Experimente für die einzelnen Strahlungsarten ermittelt (→ Tabelle unten). Als Einheit der Äquivalentdosis wurde das **Sievert** festgelegt:

$1\ Sv = 1\ \frac{J}{kg}$.

Strahlung	Bewertungsfaktor
Röntgenstrahlung	1
β-Strahlung	1
γ-Strahlung	1
langsame Neutronen	2 bis 5
schnelle Neutronen	5 bis 10
α-Strahlung	20

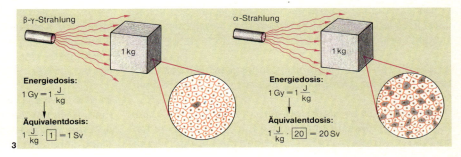
3

Info: Die Strahlenbelastung und ihre Folgen

Die **durchschnittliche jährliche Strahlenbelastung** in der Bundesrepublik Deutschland beträgt etwa 4 mSv. Zum Vergleich: Bei Personen, die über 18 Jahre alt sind und die beruflich mit ionisierender Strahlung zu tun haben, darf die Strahlenbelastung bis zu 50 mSv im Jahr betragen.

Welchen Anteil die verschiedenen Arten der Strahlenbelastung an der Gesamtbelastung haben, zeigen die Tabelle 1 und Bild 1.

Die natürliche Strahlenbelastung ist regionalen Schwankungen unterworfen. Gründe dafür sind die verschiedenen Untergrundgesteine und die unterschiedlichen Höhenlagen der Orte.

Für das erste Jahr nach der Reaktorkatastrophe in Tschernobyl wurde eine zusätzliche durchschnittliche Strahlenbelastung berechnet. Sie reicht von 0,1 mSv in Nordrhein-Westfalen bis 1,0 mSv in Bayern.

In unmittelbarer Nähe des brennenden Reaktors von Tschernobyl waren Menschen extrem hohen Strahlenbelastungen ausgesetzt. Die Folgen **kurzzeitiger und hoher Strahlenbelastungen** sind in der Tabelle 2 zusammengestellt.

Aber auch geringe Strahlenbelastungen über längere Zeiträume bedeuten eine Gefahr für unsere Gesundheit. Einen Grenzwert für eine absolut ungefährliche Strahlenbelastung gibt es nicht. Folgen treten manchmal erst Jahrzehnte später auf.

Untersuchungen in Hiroshima und Nagasaki zeigten, daß auch Menschen, die nur geringen Strahlenbelastungen ausgesetzt waren, Spätfolgen erlitten. Zehn Jahre nach den Bombenabwürfen stieg die Zahl der Fälle von Leukämie (Blutkrebs) an, nach 25 Jahren auch die Zahl der anderen Krebserkrankungen.

Es gibt Vermutungen darüber, welche Folgen geringfügige Dauerstrahlenbelastungen haben: Wenn Menschen einer zusätzlichen Strahlenbelastung von 1 mSv pro Jahr ausgesetzt sind, könnte die Zahl der Krebstoten um 1 bis 2 je 100 000 Menschen steigen. Aber niemand kann heute sagen, wie sicher diese Vermutungen sind.

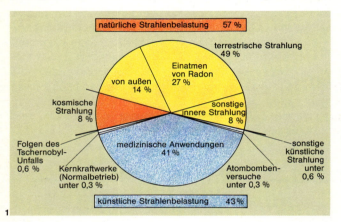

1

Tabelle 1

Art der Strahlenbelastung	Strahlenbelastung im Jahr
natürliche Strahlenbelastung	
kosmische Strahlung	0,3 mSv
terrestrische Strahlung	
von außen	0,5 mSv
Einatmen von Radon	1,0 mSv
sonstige innere Strahlung	0,3 mSv
künstliche Strahlenbelastung	
medizinische Anwendungen (einschl. Röntgenstrahlung)	1,5 mSv
Kernkraftwerke (Normalbetrieb)	unter 0,01 mSv
Folgen des Tschernobyl-Unfalls	0,02 mSv
Atombombenversuche	unter 0,01 mSv
sonstige künstliche Strahlung	unter 0,02 mSv
zusammen	ca. 3,7 mSv

Tabelle 2

kurzzeitige Belastung	Strahlenschäden
250 bis 500 mSv	Veränderungen im Blutbild, Schäden an Embryos
1000 mSv	akute Gefahr für die Gesundheit, beginnende Strahlenkrankheit (Übelkeit, Erbrechen, Haarausfall)
2000 mSv	Strahlenkrankheit, Hautschäden, ca. 10 % Todesfälle
3000 mSv	Blutungen, schwere Veränderungen im Blutbild, ca. 20 % Todesfälle
4000 mSv	schwere Entzündungen, 50 % Todesfälle innerhalb von 5 Wochen
ab 6000 mSv	mehr als 90 % Todesfälle, selbst durch Transplantationen von Knochenmark kann man die Mehrzahl der Verletzten nicht mehr retten

Zusätzlich sind Spätschäden (Krebs u. Erbschäden) möglich.

Aufgaben

1 Die tatsächliche Strahlenbelastung eines Menschen kann über oder unter den Mittelwerten liegen, die in der Tabelle 1 angegeben wurden. Nenne Gründe dafür.

2 Durch den Reaktorunfall in Tschernobyl wurden stark radioaktive Stoffe freigesetzt, teils als Gas, teils als feinster Staub.

Die radioaktiven Stoffe wurden innerhalb von einigen Tage mit dem Wind über fast ganz Europa verteilt. In diesen Tagen wurden folgende Vorsichtsmaßnahmen empfohlen: Möglichst oft waschen! Bei Regen nicht im Freien aufhalten! Keine Milch von Weidevieh trinken! Nicht auf staubigen Sportplätzen bzw. in Sandkästen spielen!

Erläutere, was mit den einzelnen Maßnahmen erreicht werden sollte.

3 Die α-Strahlung läßt sich schon durch Papier abschirmen; trotzdem kann sie unter bestimmten Bedingungen größeren Schaden anrichten als die γ-Strahlung. Erkläre diese Behauptung.

4 Vergleiche die Bedeutung der verschiedenen Arten der Strahlenbelastung.

5 In 1 l Milch wird für Iod ($^{131}_{53}$I) und für Caesium ($^{134}_{55}$Cs und $^{137}_{55}$Cs) jeweils eine Aktivität von 100 Bq gemessen. Sowohl Iod als auch Caesium sind β- und γ-Strahler.
Wieso ist die biologische Wirksamkeit trotz gleicher Aktivität und gleicher Strahlungsart unterschiedlich?

6 Kurz nach dem Unfall von Tschernobyl wurden in Milch eine hohe Iod- und eine geringe Caesium-Aktivität gemessen. Nach vier Wochen waren die Caesium-Werte dagegen höher als die Iod-Werte.
Gib den Grund dafür an.

7 Nach dem Reaktorunfall im Kernkraftwerk Tschernobyl wurden in vielen Orten Deutschlands am Erdboden Aktivitäten von ungefähr 20 000 Bq pro Quadratmeter gemessen.
Welche Informationen wären notwendig, um beurteilen zu können, welche Gefährdung von dieser Radioaktivität ausging?

8 Ein α-Strahler bewirkt in einem Tierversuch eine Energiedosis von 0,5 Gy.
Durch einen β-Strahler wird einem anderen Tier eine Energiedosis von 1 Gy zugeführt.
Berechne die Äquivalentdosen. Welche Folgen sind zu erwarten?

3 Probleme der Nutzung von Kernenergie

Aus Umwelt und Technik: Sicherheitsvorkehrungen in Kernkraftwerken

Mit der Nutzung der Kernenergie in Kraftwerken sind Gefahren verbunden.

Wenn ein Reaktor in Betrieb genommen wird, ist sein Inhalt nur *geringfügig radioaktiv*. Bei der Handhabung der „frischen" Brennelemente sind keine besonderen Schutzmaßnahmen erforderlich.

Mit der Zeit wird aber der Reaktorinhalt *hochgradig radioaktiv*. Nach einigen Betriebsjahren ist seine Aktivität 10^{10}-mal so groß wie bei der Inbetriebnahme. Die Strahlung der „abgebrannten" Brennelemente ist lebensgefährlich und muß z. B. durch Schutzmauern abgeschirmt werden. Durch die Vielzahl von Kernspaltungen entstehen nämlich stark radioaktive Stoffe, die *Spaltprodukte* (z. B. Iod, Krypton, Strontium, Caesium, Xenon).

Diese Stoffe dürfen auf keinen Fall in die Umwelt gelangen. Die Strahlung sämtlicher Spaltprodukte aus einem Reaktor würde größere Schäden anrichten als die Strahlung der Hiroshima-Bombe. Durch eine Reihe von Sicherheitsvorkehrungen (Bild 2) soll ihre Freisetzung verhindert werden. Es bleibt aber ein Restrisiko.

Die Sicherheit eines Kernkraftwerkes muß auch dann noch gewährleistet sein, wenn wichtige Anlagenteile (z. B. Pumpen, Ventile, Filter) ausfallen. Daher sind diese Teile stets mehrfach vorhanden *(Mehrfachabsicherung)*.

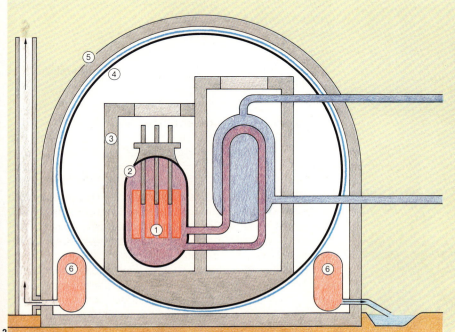

① Die **Hüllrohre der Brennstäbe** sollen verhindern, daß radioaktive Spaltprodukte ins Reaktorwasser gelangen. Von den 45 000 Hüllrohren eines Reaktors sind aber im Durchschnitt 180 undicht – trotz sorgfältiger Materialprüfung.

② Der **Druckbehälter** besteht bei Druckwasserreaktoren aus 25 cm dickem Stahl. Er hält wesentlich höherem Druck als dem Betriebsdruck von 150 bar stand.

③ Eine **Betonmauer** umgibt Druckbehälter und Wärmeaustauscher. Sie schirmt radioaktive Strahlung ab.

④ Der **Sicherheitsbehälter** ist eine Kugel aus 3 cm dickem Stahl. Er soll selbst bei schweren Störungen verhindern, daß radioaktive Stoffe freigesetzt werden. Ihn umgibt in geringem Abstand eine Blechhaut. Aus dem Zwischenraum wird ständig Luft abgesaugt und gefiltert, um eventuell doch ausgetretene radioaktive Stoffe aufzufangen.

⑤ Das **Reaktorgebäude** aus Stahlbeton soll den Reaktor vor Beschädigungen von außen schützen. Bei Unfällen im Inneren soll es verhindern, daß radioaktive Spaltprodukte nach außen gelangen.

⑥ **Filter für Abwasser und Abluft** lassen nur geringe Mengen radioaktiver Stoffe in die Umwelt gelangen.

Aus Umwelt und Technik: **Wohin mit den radioaktiven Spaltprodukten?**

Der Reaktor des Kernkraftwerkes *Biblis A* enthält in seinen Brennelementen 108 t angereichertes Uranoxid. Nach jeweils einem Jahr wird ein Drittel der Brennelemente ausgetauscht, weil ihr Gehalt an Uran $^{235}_{92}$U zu gering geworden ist. Allein in diesem Kraftwerk fallen also in jedem Jahr rund 36 t „abgebrannten" Kernbrennstoffes an. Darin befinden sich auch die sehr gefährlichen *hochaktiven Spaltprodukte*.

Außerdem müssen die *mittel-* und *schwachaktiven* Abfälle beseitigt werden. Dazu gehören z. B. Filter, Ventile und Rohre, die von Zeit zu Zeit ausgewechselt werden müssen. Zum Teil sind sie durch den „Beschuß" mit Neutronen im Reaktor radioaktiv geworden.

Radioaktiver Abfall läßt sich nicht einfach irgendwo lagern. Folgender Versuch zeigt, daß auch Verbrennen nicht in Frage kommt:

Mit einem Geigerzähler mißt man die Impulsrate bei einem Stück Filterpapier, das mit einer Uransalzlösung (Uranylnitrat) getränkt ist. Dann brennt man das Papier ab. Eine erneute Messung der Impulsrate zeigt, daß die Asche nicht weniger radioaktiv ist als vorher das Papier.

Auch die Strahlung, die von „abgebrannten" Brennelementen ausgeht, läßt sich nicht durch Verbrennen der Abfälle verringern. Es muß auf andere Weise verhindert werden, daß sie die Menschen und die Umwelt schädigt:

Lagerung in Wasserbecken im Reaktorgebäude
Die „abgebrannten" Brennelemente mit ihren hochaktiven Spaltprodukten werden zunächst in Wasserbecken gelagert. Sie befinden sich im Innern des Reaktorgebäudes (Bild 1). Hier klingt die Radioaktivität rasch ab, da viele Spaltprodukte nur kurze Halbwertszeiten haben. Das Wasser dient außerdem zur Kühlung der Brennelemente. Die Kühlung ist wichtig, weil durch den radioaktiven Zerfall eine starke „Nachwärme" auftritt.

Nach zwei Jahren ist die Aktivität auf 1 % gesunken. Die Strahlung ist aber immer noch lebensbedrohend.

Transport der Brennelemente in Spezialbehältern
Ohne Wasserkühlung erreicht die Oberflächentemperatur der Brennelemente nach zwei Jahren noch Werte von ca. 250 °C. Die Behälter zum Transport der Brennelemente sind daher mit Kühlrippen ausgestattet (Bild 2).

In diesen Transportbehältern wird die Strahlung durch 50 cm dicke Wände abgeschirmt. Außerdem sind die Behälter druck- und feuerfest, so daß sie auch bei schweren Unfällen möglichst sicher sind.

Zwischenlagerung der Brennelemente
In den Spezialbehältern können die Brennelemente in Zwischenlager (Bild 3) oder auch in *Wiederaufbereitungsanlagen* geschafft werden.

Endlagerung radioaktiver Abfälle
Bei der Wiederaufbereitung fallen hochaktive Stoffe mit z. T. sehr großen Halbwertszeiten an. Sie müssen für viele Jahrhunderte sicher gelagert werden.

Um Gefahren für die Umwelt auszuschließen, schlagen Kritiker der Wiederaufbereitung die *direkte Endlagerung* vor: Die gesamten, unzerlegten Brennelemente sollen an sicheren Orten in Spezialbehältern gelagert werden – doch erst, nachdem ihre Radioaktivität in Zwischenlagern ausreichend abgeklungen ist.

Für die Endlagerung radioaktiver Stoffe könnten – nach heutigem Stand der Forschung – Salzstöcke geeignet sein, und zwar aus folgenden Gründen:
○ Salz ist für Flüssigkeiten und Gase undurchlässig.
○ Salz ist plastisch; d. h., Risse schließen sich schnell.

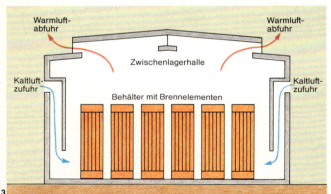
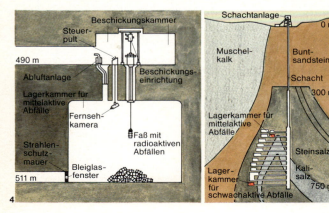

○ Salzstöcke sind sehr stabil, sie verändern sich über längere Zeiträume kaum.
○ Salz leitet Wärme gut ab. (Die radioaktiven Abfälle zerfallen ja weiterhin und entwickeln dabei Wärme.)

Im Versuchslager *Asse* – einem stillgelegten Salzbergwerk bei Braunschweig – wurden zwischen 1967 und 1978 viele tausend Fässer mit schwach- und mittelaktiven Abfällen eingelagert (Bilder 4 u. 5). Weitere Endlager sind bis heute (1991) nicht in Betrieb genommen worden. Lediglich in Morsleben (Sachsen-Anhalt) gibt es ein Endlager, in das von 1979 bis Anfang 1991 schwach- und mittelaktive Abfälle eingelagert wurden.

5

Aus Umwelt und Technik: **Die Wiederaufbereitung**

Auch „abgebrannte" Brennelemente enthalten noch spaltbares Uran $^{235}_{92}U$ (Bild 6). Außerdem entsteht im Reaktor aus dem nichtspaltbaren Uran $^{238}_{92}U$ ein neuer spaltbarer Stoff, der als „Brennstoff" für Reaktoren (aber auch für Atombomben) verwendet werden kann: Plutonium $^{239}_{94}Pu$.

In **Wiederaufbereitungsanlagen** trennt man Uran und Plutonium von den radioaktiven Abfällen (Bild 7). Durch die Rückgewinnung von Kernbrennstoff aus den Brennelementen entsteht eine Art Kreislauf (Bild 8).

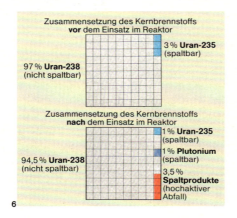
6

Die Wiederaufbereitung ist die gefährlichste Station in dem Kreislauf. Beim Zerlegen und Auflösen der Brennelemente werden radioaktive Stoffe in großen Mengen frei – entweder als Gase oder gelöst in Flüssigkeiten. Wenn die Brennelemente aus dem Reaktor kommen, sind diese Stoffe noch in den Hüllrohren der Brennstäbe eingeschlossen.

Die Pläne für eine große Wiederaufbereitungsanlage in Bayern wurden nach heftigen Protesten aus der Bevölkerung aufgegeben.

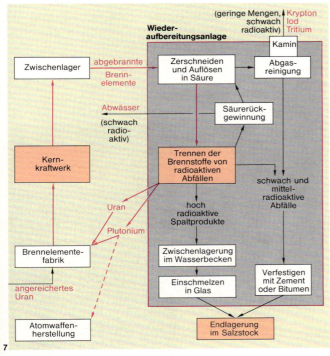
7

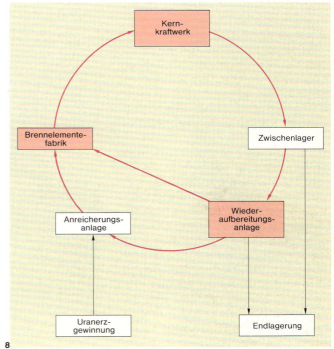
8

4 Radioaktivität in Medizin und Technik

Aus Umwelt und Technik: **Anwendungen radioaktiver Stoffe**

In der Medizin wird die Strahlung radioaktiver Stoffe genutzt, um Krankheiten zu behandeln *(Therapie)* und um sie festzustellen *(Diagnose)*.

Krebserkrankungen werden heute oft dadurch behandelt, daß man die kranken Zellen durch ionisierende Strahlung zerstört. Um dabei die gesunden Zellen möglichst wenig zu schädigen, bestrahlt man die Krebsgeschwulst gezielt aus verschiedenen Richtungen (Bild 1).

Mit der Strahlung radioaktiver Stoffe lassen sich heute auch Krankheiten feststellen, zum Beispiel bestimmte Erkrankungen der Schilddrüse:

Der Patient muß zunächst eine Flüssigkeit trinken, die eine kleine Menge Iod $^{131}_{53}$I enthält. Das Iod wird in der Schilddrüse angereichert und gespeichert. Mit seiner Hilfe kann ein Bild der Schilddrüse hergestellt werden, um krankhafte Veränderungen aufzuspüren. Dazu wird die Strahlung, die das Iod in der Schilddrüse aussendet, mit einem empfindlichen Meßgerät Punkt für Punkt bestimmt. Die Meßwerte werden in einem Szintigramm (Bild 2) durch unterschiedliche Farben und Strichabstände dargestellt.

In ähnlicher Weise können auch Geschwülste (Tumoren) im Körper aufgespürt werden. Das radioaktive Gallium $^{67}_{31}$Ga sammelt sich nämlich in Tumoren an, und diese lassen sich in einem Szintigramm erkennen.

In Industrie und Technik nutzt man die Strahlung radioaktiver Stoffe für ganz unterschiedliche Zwecke.

In immer größerem Umfang werden Kunststoffe veredelt, indem man sie für einige Zeit einer β-Strahlung aussetzt. So erreicht man z. B., daß bestimmte Kunststoffe (Thermoplaste) viel beständiger gegen Hitze und Chemikalien werden. Die Strahlung bewirkt nämlich, daß die Molekülketten vernetzen. Dieses Verfahren wird z. B. bei Kunststoffrohren für die Heißwasserversorgung und bei Kunststoffmänteln von Elektrokabeln angewandt.

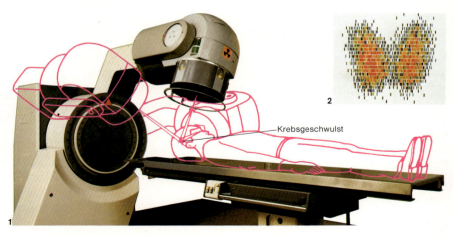

Ein weiteres Anwendungsgebiet ist die Sterilisation, d. h. das Abtöten von Keimen (Bakterien, Viren usw.). So werden nicht nur Operationsbestecke und andere medizinische Geräte mit ionisierender Strahlung keimfrei gemacht; auch den Klärschlamm aus Kläranlagen setzt man ionisierender Strahlung aus. Er kann dann sogar anschließend als Dünger verwendet werden.

In einigen Ländern spielt die Strahlung radioaktiver Stoffe auch bei der Konservierung von Lebensmitteln eine wichtige Rolle. Ganze Paletten mit Lebensmitteln können gleichzeitig bestrahlt werden. Man verwendet dazu die γ-Strahlung von radioaktivem Cobalt $^{60}_{27}$Co. Bei dieser Art der Konservierung sind nur 10 bis 20 % der Energie erforderlich, die man für herkömmliche Verfahren braucht. Das Bestrahlen von Lebensmitteln ist nicht unumstritten.

Fragen und Aufgaben zum Text

1 Was will man mit der Strahlenbehandlung von Krebs erreichen?

2 Radioaktive Isotope, die zur Diagnose verwendet werden, haben kurze Halbwertszeiten ($^{131}_{53}$I: 8,1 Tage; $^{67}_{31}$Ga: 3,3 Tage). Anstelle von Iod $^{131}_{53}$I verwendet man heute aber immer häufiger das Iodisotop $^{123}_{53}$I, das eine Halbwertszeit von nur 13,2 Stunden hat. Beschreibe den Vorteil.

3 Mit der Strahlung radioaktiver Stoffe werden auch Schweißnähte überprüft (Bild 3). Wie geht man dabei vor?

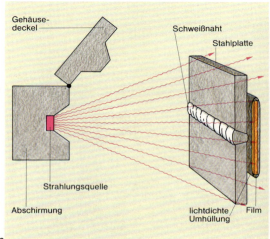
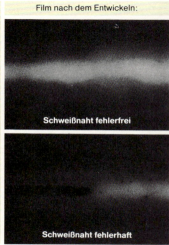

Gefahr und Nutzen der Radioaktivität

Alles klar?

1 Warum kann man radioaktive Abfälle nicht einfach wie Hausmüll verbrennen oder auf Müllkippen bringen?

2 Wenn es um die Beseitigung von radioaktivem Abfall geht, ist unter anderem die Halbwertszeit sehr wichtig. Erkläre!

3 In einigen Ländern verpackt man radioaktiven Müll in Stahlfässern und versenkt ihn dann einfach im Meer.
 Warum ist diese Abfallbeseitigung auf längere Sicht verantwortungslos?

4 Weshalb werden die „abgebrannten" Brennelemente zunächst in Wasserbecken im Reaktorgebäude gelagert?

5 Ein Teil der Brennelemente aus deutschen Kernkraftwerken wird in Wiederaufbereitungsanlagen verarbeitet (zum Beispiel in *La Hague* in Frankreich).
 Beschreibe, welche Aufgabe eine solche Anlage hat.

6 Nenne Vor- und Nachteile der Wiederaufbereitung und der direkten Endlagerung von Brennelementen.

7 In Wiederaufbereitungsanlagen wird auch Plutonium $^{239}_{94}Pu$ gewonnen. Wozu kann $^{239}_{94}Pu$ verwendet werden?

8 Wodurch belasten die Kernkraftwerke und wodurch die Kohlekraftwerke unsere Umwelt?

9 In Kernkraftwerken gibt es verschiedene Sicherheitsvorkehrungen. Sie sollen das Austreten von Radioaktivität verhindern, auch bei möglichen Unfällen.
 Nenne einige dieser Vorkehrungen.

10 Eines der schwierigsten Probleme ist die Beseitigung des radioaktiven Abfalls der Kernkraftwerke.

a) Weshalb ist es so schwierig, diesen Abfall loszuwerden?
 Welche Beseitigungsmöglichkeiten für „abgebrannte" Brennelemente kennst du?

c) Die Beseitigung der radioaktiven Abfälle wird oft „Entsorgung" genannt. Ist diese Bezeichnung sinnvoll?

11 Nimm zu den folgenden Behauptungen Stellung:

a) „Ein Kernkraftwerk kann nicht explodieren wie eine Atombombe. Deshalb stellen Kernkraftwerke auch kaum eine Gefahr für uns dar."

b) „Kernkraftwerke verseuchen die Umwelt mit lebensgefährlichen radioaktiven Stoffen und belasten die Umwelt stärker als Kohlekraftwerke."

c) „Nicht die Kernkraftwerke selbst sind so gefährlich; viel gefährlicher können Wiederaufbereitungsanlagen für die ausgedienten Brennelemente sein."

d) „Das Wasser der Flüsse wird durch Kernkraftwerke erwärmt. Das biologische Gleichgewicht in den Flüssen wird dadurch zerstört."

e) „Radioaktiver Müll, der heute in Salzstöcken eingelagert wird, ist für Menschen noch nach Jahrtausenden gefährlich."

f) „In Kohlekraftwerken entstehen beim Verbrennen von Kohle große Mengen an Kohlenstoffdioxid. Dieses Gas verstärkt den Treibhauseffekt unserer Atmosphäre; weltweite Klimaveränderungen sind zu befürchten. Kernkraftwerke dagegen belasten die Umwelt nicht mit Kohlenstoffdioxid."

Auf einen Blick

Biologische Strahlenwirkung

Die Strahlung radioaktiver Stoffe kann den Menschen und andere Lebewesen schädigen. Durch ihre ionisierende Wirkung ruft die Strahlung Veränderungen in den Körperzellen hervor.
 Bei *kurzzeitiger intensiver Bestrahlung* kann insbesondere die Teilungsfähigkeit der Zellkerne verlorengehen. Die Folge sind schwere Störungen der Abwehrmechanismen, mit denen sich der Körper vor Infektionen schützt.
 Auch eine *geringfügige Bestrahlung* kann Schäden in Zellen auslösen. Die Schäden werden meistens durch das Reparatursystem der Körperzelle beseitigt. Wenn allerdings keine oder nur eine fehlerhafte Reparatur erfolgt, können nach langer Zeit Krebserkrankungen auftreten. Auch Erbschäden bei den Nachkommen sind möglich.

Die Wirkung der ionisierenden Strahlung ist abhängig von der *Art und Energie der Strahlung*, von der *Dauer der Strahlung* und ihrer *zeitlichen Verteilung*.

Die Strahlenbelastung

Die Strahlenbelastung des Menschen beruht zum größten Teil auf der medizinischen Anwendung ionisierender Strahlung (einschließlich der Röntgenstrahlung) und auf der terrestrischen Strahlung.
 Die Belastung durch terrestrische Strahlung wird vor allem durch das Einatmen von Radon verursacht.

Probleme der Nutzung von Kernenergie

Im Reaktor werden Urankerne im wesentlichen in zwei große Bruchstücke gespalten. Diese neu entstehenden Atomkerne sind stark radioaktiv; man bezeichnet sie als Spaltprodukte.
 Die Spaltprodukte sind in den Brennelementen enthalten. Durch eine Vielzahl von Sicherungen und Vorsichtsmaßnahmen soll verhindert werden, daß sie in die Umwelt gelangen. Die „abgebrannten" Brennelemente (oder die bei der Wiederaufbereitung vom Uran getrennten Spaltprodukte) müssen für sehr lange Zeit abgeschirmt gelagert werden.

Geschwindigkeit, Beschleunigung, Bewegungsenergie

1 Die Geschwindigkeit

Geschwindigkeit – ein faszinierendes Erlebnis! Am Fließband kann sie zum Alptraum werden. Mit Geschwindigkeit sind auch Probleme und Gefahren verbunden.

V 1 Mit einem Fahrraddynamo und der Scheinwerferlampe kann man „messen", wie schnell das Fahrrad fährt. Erläutere!
Welche Nachteile hat dieses Verfahren? Wie könnte man es verbessern?
Überlege dir weitere einfache Vorrichtungen, die anzeigen, wie schnell du mit dem Fahrrad fährst.

V 2 Wie kann man herausfinden, welche der beiden Loks von Bild 5 schneller fährt?

V 3 Tachometer zeigen oft höhere Geschwindigkeiten an, als tatsächlich gefahren werden. Wie kann man einen Fahrradtacho überprüfen?

V 4 Eine Bewegung heißt *gleichförmig*, wenn in gleichen Zeitabschnitten gleiche Strecken zurückgelegt werden.
Die Bilder 6–10 zeigen verschiedene Methoden, mit denen du feststellen kannst, ob sich ein Körper gleichförmig bewegt.

a) Beschreibe die jeweilige Vorgehensweise. Welche Größen werden gemessen?

b) Führe Messungen nach einer der Methoden durch, und notiere die Meßwerte in einer Tabelle.
Stelle die Meßwerte in einem Weg-Zeit-Diagramm dar (*waagerechte Achse:* Zeit; *senkrechte Achse:* Weg).

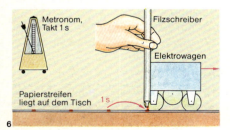

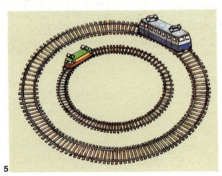

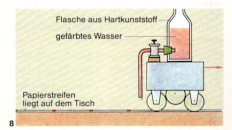

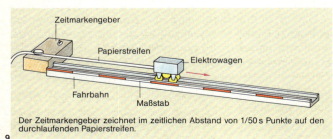

Der Zeitmarkengeber zeichnet im zeitlichen Abstand von 1/50 s Punkte auf den durchlaufenden Papierstreifen.

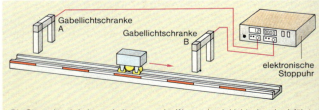

Die Stoppuhr wird eingeschaltet, wenn der Wagen durch Lichtschranke A fährt, und ausgeschaltet, wenn er Lichtschranke B durchquert.

Info: Die Geschwindigkeit bei geradlinig gleichförmigen Bewegungen

Die Geschwindigkeit ist eine wichtige Größe, um Bewegungsvorgänge zu beschreiben.

Ein Zug, der mit einer konstanten Geschwindigkeit von 120 $\frac{km}{h}$ fährt, hat nach 10 Minuten 20 km und nach 20 Minuten 40 km zurückgelegt. Wir können für diesen Zug voraussagen, an welchem Punkt der Bahnstrecke er sich zu einem bestimmten Zeitpunkt befinden wird.

Im allgemeinen können sich bei einer Bewegung sowohl die Geschwindigkeit als auch die Richtung ändern. Um Vorhersagen über den Ort eines Körpers machen zu können, müßte man für jeden Zeitpunkt die Bewegungsrichtung und die Geschwindigkeit kennen.

Wir wollen uns zunächst mit dem einfachsten Fall beschäftigen: Es soll sich weder die Bewegungsrichtung noch die Geschwindigkeit ändern. Man spricht von **geradlinig gleichförmigen Bewegungen**.

Bewegungsvorgänge in unserer Umwelt sind höchstens für kurze Zeit geradlinig gleichförmig. Auf der Erde wirkt nämlich auf jeden Körper die Gewichtskraft und – wenn er in Bewegung ist – eine Reibungskraft. Nur wenn der Körper im Kräftegleichgewicht ist, bewegt er sich geradlinig gleichförmig.

Bild 11 zeigt die Stroboskop-Aufnahme eines Versuchs: Ein Wagen wird angestoßen und fährt ein leicht geneigtes Brett hinunter. Bei passend gewähltem Neigungswinkel wird der Wagen weder langsamer noch schneller. Der Wagen ist im Abstand von 0,5 s aufgenommen worden. Aus dem Foto lassen sich die zurückgelegten Strecken ablesen (→ Tabelle). In Bild 12 sind die zurückgelegten Wege über der Zeit aufgetragen (Weg-Zeit-Diagramm). Als Ausgleichskurve erhalten wir eine Gerade.

Auch wenn man den Wagen stärker oder weniger stark anstößt, erhält man im Weg-Zeit-Diagramm eine Gerade.

Bei jeder gleichförmigen Bewegung ergibt sich im Weg-Zeit-Diagramm eine Gerade.

Je stärker der Wagen angestoßen wird, desto steiler verläuft die Gerade. Die Steigung der Geraden im Weg-Zeit-Diagramm ist also ein Maß für die Geschwindigkeit des Wagens.

Um die Steigung zu ermitteln, wählen wir zwei Punkte $(t_1 | s_1)$ und $(t_2 | s_2)$. Dann zeichnen wir das Steigungsdreieck ein und bilden den Quotienten aus Wegabschnitt $\Delta s = s_2 - s_1$ und Zeitabschnitt $\Delta t = t_2 - t_1$. Dieser Quotient hängt nicht vom gewählten Steigungsdreieck, sondern nur von der Steigung der Geraden ab.

Bei gleichförmigen Bewegungen bezeichnen wir den (konstanten) Quotienten aus Wegabschnitt Δs und Zeitabschnitt Δt als Geschwindigkeit v:

$$v = \frac{s_2 - s_1}{t_2 - t_1} = \frac{\Delta s}{\Delta t}.$$

Fragen und Aufgaben zum Text

1 Woran kann man in Bild 11 erkennen, daß der Wagen weder schneller noch langsamer wird?

2 Welche Einheit ergibt sich aus der Definitionsgleichung für die Geschwindigkeit?

3 Wovon hängt es ab, durch welchen Punkt der s-Achse die Gerade verläuft?

4 Wie könnte man erreichen, daß die Gerade im Weg-Zeit-Diagramm durch den Ursprung verläuft?

5 Welche Rolle spielt es für die Definition der Geschwindigkeit, ob die Gerade durch den Ursprung des Koordinatensystems verläuft oder nicht?

6 Wenn die Gerade im Weg-Zeit-Diagramm durch den Ursprung des Koordinatensystems verläuft, läßt sich die Definitionsgleichung der Geschwindigkeit vereinfachen. Leite die vereinfachte Gleichung her.

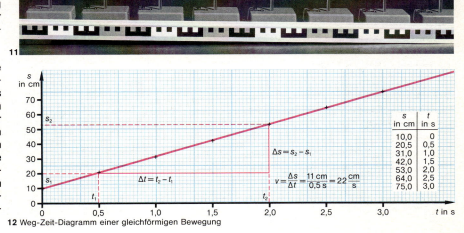

11

12 Weg-Zeit-Diagramm einer gleichförmigen Bewegung

s in cm	t in s
10,0	0
20,5	0,5
31,0	1,0
42,0	1,5
53,0	2,0
64,0	2,5
75,0	3,0

$v = \frac{\Delta s}{\Delta t} = \frac{11 \text{ cm}}{0,5 \text{ s}} = 22 \frac{\text{cm}}{\text{s}}$

Info: Die Geschwindigkeit bei ungleichförmigen Bewegungen

Vielleicht hast du schon einmal versucht, bei einer Autobahnfahrt die Anzeige des Tachometers zu überprüfen. Dann weißt du, wie schwer es ist, die Geschwindigkeit eines Fahrzeuges auf längeren Strecken konstant zu halten.

In unserer Umwelt laufen Bewegungen fast immer so ab, daß die Geschwindigkeit nicht konstant ist. Man spricht von **ungleichförmigen Bewegungen**.

Bei ungleichförmigen Bewegungen ist die *Durchschnittsgeschwindigkeit* wichtig: Wenn z. B. ein Auto in der Zeit Δt die Strecke Δs zurücklegt, nennt man den Quotienten aus Wegabschnitt und Zeitabschnitt **Durchschnittsgeschwindigkeit** *(mittlere Geschwindigkeit)* $\bar{v}$.

$$\bar{v} = \frac{\Delta s}{\Delta t}.$$

Was der Begriff Durchschnittsgeschwindigkeit $\bar{v}$ bedeutet, kann man so beschreiben: Hätte sich ein zweites Auto in der Zeit Δt mit der konstanten Geschwindigkeit $\bar{v}$ bewegt, so hätte es in dieser Zeit die gleiche Strecke Δs wie das erste zurückgelegt.

Wenn man bei der Tachoüberprüfung die Meßstrecke Δs immer kleiner macht, wird es immer einfacher, die Anzeige des Autotachos konstant zu halten.

Bei genügend kleiner Meßstrecke ist die Durchschnittsgeschwindigkeit dann innerhalb der Meßgenauigkeit gleich der *Momentangeschwindigkeit v* in einem beliebigen Punkt der Meßstrecke.

Mit der Meßstrecke Δs wird auch die Zeitspanne Δt immer kleiner. Man hat festgelegt:

Die Momentangeschwindigkeit ist der Quotient aus Wegabschnitt Δs und Zeitspanne Δt bei hinreichend kleiner Zeitspanne Δt.

Aus Umwelt und Technik: Geschwindigkeitskontrollen

Zu den häufigsten Ursachen schwerer Verkehrsunfälle zählt eine zu hohe Geschwindigkeit.

Wer die zulässige Höchstgeschwindigkeit überschreitet, handelt nicht selten völlig verantwortungslos gegenüber anderen Verkehrsteilnehmern.

Aber auch mit der zulässigen Höchstgeschwindigkeit kann man noch viel zu schnell sein – etwa wenn ein Kind auf die Straße läuft oder wenn die Sicht durch Nebel behindert ist. Die Geschwindigkeit muß der jeweiligen Verkehrssituation angepaßt sein.

Die Einhaltung der zulässigen Höchstgeschwindigkeit wird gelegentlich kontrolliert.

Mit geringem Aufwand kommt das *Spiegelmeßverfahren* aus (→ Zeitungsausschnitt). Recht modern ist die Geschwindigkeitsmessung mit der *Dreifach-Lichtschranke* (Bild 1). Im Prinzip handelt es sich in beiden Fällen um die gleiche Meßmethode: Man mißt, wie lange ein Fahrzeug benötigt, um eine bestimmte Strecke zurückzulegen. Die Geschwindigkeit ergibt sich dann als Quotient aus zurückgelegtem Weg und benötigter Zeit.

Je genauer die Zeitmessung ist, desto kürzer kann die Meßstrecke sein:

Beim Spiegelmeßverfahren mißt man die Zeiten mit Handstoppuhren – entsprechend lang muß die Meßstrecke sein.

Mit Hilfe der Dreifach-Lichtschranke werden die Zeiten automatisch gemessen. Die Uhr startet, wenn das Fahrzeug das erste schmale Lichtbündel unterbricht, und stoppt, wenn das dritte Bündel unterbrochen wird. Dabei reicht eine Meßstrecke von nur 50 cm aus. Durch die mittlere Lichtschranke wird die Strecke sogar in zwei Teilstrecken unterteilt, die nur 25 cm lang sind. Ein Computer vergleicht automatisch die für die beiden Teilstrecken und die Gesamtstrecke ermittelten Geschwindigkeiten. Wenn die Geschwindigkeiten um mehr als 3 % voneinander abweichen, wird der Fotoapparat, der das Fahrzeug im Bild festhält, erst gar nicht ausgelöst.

Radarfalle ohne Radar
Baindter Schüler messen Fahrtempo

BAINDT. Einen Geschwindigkeitsmeßversuch ohne Radar haben die Schüler der Baindter Schule im Rahmen des Physikunterrichts unternommen. Die 60 Meter lange Teststrecke richteten sie an der Kreisstraße 7951 zwischen der B-30-Unterführung und dem Baindter Ortsschild ein. Man verfuhr nach dem „Spiegelmeßverfahren".

Und das funktioniert so: An der Startlinie der Teststrecke befindet sich ein Pfosten, den die Schüler mittels eines gegenüber angebrachten Spiegels auch 60 Meter weiter noch sehen konnten. Vom Ziel können so die Zeitmesser genau feststellen, wann ein Auto in die Teststrecke einfährt. Auf diese Weise kann die „60-Meter-Zeit" der Autos gestoppt und die Geschwindigkeit der einzelnen Wagen errechnet werden.

Von den 32 Autos, die zwischen 11.30 Uhr und 12. 15 Uhr die Teststrecke passierten, fuhren zwölf schneller (37 Prozent) als die erlaubten 50 km/h. Fünf Fahrzeuge waren sogar schneller als 60 km/h, der Fahrer eines roten Golfs preschte mit 75 km/h durch die Teststrecke.

1

Aufgaben

1 Von *Geschwindigkeit* ist nicht nur im Zusammenhang mit Bewegungen die Rede.

So spricht man z. B. bei Computern von *Rechengeschwindigkeit* oder beim Maschineschreiben von *Schreibgeschwindigkeit*. Was ist jeweils gemeint?

Welche physikalische Größe kann man mit dem Ausdruck „Arbeitsgeschwindigkeit" umschreiben?

Suche weitere Begriffe, die das Wort „Geschwindigkeit" enthalten, und erläutere die Bedeutung der Begriffe.

2 Wer von zwei Läufern der schnellere ist, läßt sich mit der *Stoppuhrmethode* oder mit der *Zielfotomethode* entscheiden.

Erläutere für beide Methoden, wie man auf die größere Geschwindigkeit schließt.

3 Bei Autos darf die Tachometeranzeige nach oben abweichen (bis zu 7 % vom Endwert der Skala). Abweichungen nach unten sind aber nicht zulässig. Warum nicht?

4 Berechne die Durchschnittsgeschwindigkeiten für die folgenden Sportergebnisse (in $\frac{m}{s}$ und in $\frac{km}{h}$):

100-m-Lauf: 9,9 s; 500-m-Eisschnelllauf: 37 s; 1000-m-Radfahren (hinter einem Auto): 17,58 s; Skiabfahrtslauf (1950 m): 68,35 s.

5 Die Erde dreht sich in 24 h einmal um ihre Achse. Mit welcher Geschwindigkeit bewegt sich ein Körper, der sich auf dem Äquator befindet (Äquatorumfang: 40 000 km)?

6 Welchen Weg legt ein Auto bei einer Geschwindigkeit von 50 $\frac{km}{h}$ in 1 s („Schrecksekunde") zurück?

7 Von Astronauten wurde auf dem Mond ein Spiegel aufgestellt, der von der Erde aus mit einem Laser angeblitzt werden kann. Für den Hin- und Rückweg des Lichtes ergeben sich Laufzeiten zwischen 2,657 s und 2,322 s. Die Lichtgeschwindigkeit beträgt $3 \cdot 10^8 \frac{m}{s}$. Zwischen welchen Werten schwankt demnach der Abstand Mond–Erdoberfläche?

8 Der Schall braucht 2,9 s für 1 km. Berechne die Schallgeschwindigkeit.
Mit welcher Verzögerung hört man das Echo, wenn man 250 m vor einer Felswand steht?

9 Herr Klein fährt auf der Autobahn von Kiel nach Würzburg (600 km) mit konstanter Geschwindigkeit von 120 $\frac{km}{h}$. Frau Groß fährt auf der gleichen Strecke den halben Weg mit 100 $\frac{km}{h}$, den Rest mit 140 $\frac{km}{h}$.
Wer ist zuerst da?

10 Herr Kipp fährt von Dortmund nach Paderborn (120 km) auf einer Schnellstraße annähernd konstant 90 $\frac{km}{h}$. Herr Busch fährt die ersten 80 km ebenfalls mit 90 $\frac{km}{h}$, den restlichen Weg mit unerlaubten 120 $\frac{km}{h}$.
Wie lange benötigt Herr Kipp?
Berechne den Zeitgewinn und die Durchschnittsgeschwindigkeit von Herrn Klein. Schätze zunächst.

11 Automobilclubs führen Tachoprüfungen mit Rollenprüfständen durch. Die Räder der Autos treiben dabei eine Meßrolle von 0,5 m Umfang an. Wie viele Umdrehungen pro Minute muß die Rolle ausführen, wenn die Marke „50 km/h" überprüft werden soll?

Aus Umwelt und Technik: **Die grüne Welle**

Jeder Autofahrer ärgert sich wohl, wenn auf einer langen Hauptstraße die Ampeln immer genau dann auf Rot springen, wenn er auf sie zufährt.

Die *grüne Welle* soll diesen Ärger verhindern und für flüssigen Verkehr sorgen: Die Schaltung der Ampeln wird aufeinander abgestimmt. Wenn ein Auto die erste Ampel bei Grün passiert hat, soll es auch an den folgenden Ampeln möglichst immer bei Grün ankommen.

Bild 2 zeigt die Wirkungsweise der grünen Welle. Im Diagramm sind die Grünphasen der einzelnen Ampelanlagen eingetragen. Auf der horizontalen Achse ist die Zeit abgetragen. Auf der vertikalen Achse können die Abstände der Ampelanlagen abgelesen werden.

Fragen und Aufgaben zum Text

1 Übertrage Bild 2 auf Millimeterpapier.

a) Ein Autofahrer fährt mit konstanter Geschwindigkeit und kommt bei jeder Ampel genau dann an, wenn sie auf Grün schaltet. Zeichne den entsprechenden Graphen in das Weg-Zeit-Diagramm ein.

b) Ein Fahrzeug passiert die erste Ampel, als diese gerade auf Grün springt. Es soll die letzte Ampel gerade noch bei Grün erreichen.
Ermittle die erforderliche (konstante) Geschwindigkeit.

c) Ein Autofahrer kommt an der ersten Ampel an, kurz bevor sie auf Gelb schaltet. Ermittle die (konstante) Höchstgeschwindigkeit, die die grüne Welle in diesem Fall ermöglicht.

2 In der Feldstraße soll eine Fußgängerampel installiert werden, und zwar 400 m hinter der Bülowstraße.
Wie muß sie geschaltet werden, damit sie sich in die grüne Welle einordnet?

3 Ein Radfahrer fährt mit einer Durchschnittsgeschwindigkeit von 18 $\frac{km}{h}$, wenn er nicht gerade an einer Ampel warten muß. Zeichne in das Diagramm den günstigsten Graphen für den Radfahrer ein.
Wie lange braucht er für die gesamte Strecke? An welchen Ampeln muß er anhalten?

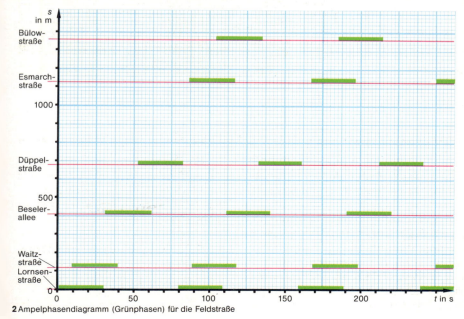

2 Ampelphasendiagramm (Grünphasen) für die Feldstraße

Aus Umwelt und Technik: Geschwindigkeitsmessung auf See, an Land und in der Luft

Geschwindigkeit war für unsere Vorfahren kein Thema. Zur Fortbewegung gab es nur die eigenen Füße, Pferde und Kutschen. Wie weit man damit an einem Tag oder in einer Stunde kam, war jedem bekannt. Man gab Entfernungen damals in „Tagesreisen" und „Wegstunden" an.

Auf See jedoch war die Situation anders: Die Geschwindigkeit hing vom Wind ab (und von der Strömung). Man mußte die Geschwindigkeit messen, um den zurückgelegten Weg berechnen zu können.

Seit Ende des 16. Jahrhunderts wurden Segelschiffe mit dem **Handlog** ausgerüstet (Bild 1). Es bestand aus einem mit Blei beschwerten Brett, an dem die *Logleine* befestigt war. Das Brett wurde vom Schiffsheck aus ins Wasser geworfen. Wegen des großen Reibungswiderstandes blieb es praktisch an der gleichen Stelle im Wasser. Je schneller das Schiff fuhr, desto schneller rollte die Logleine ab.

In der Leine befanden sich Knoten, die gezählt wurden, solange die *Loguhr* (eine Sanduhr für genau 15 s) lief. Die Anzahl der Knoten war ein Maß für die Geschwindigkeit – vorausgesetzt, die Leine verlief annähernd waagerecht.

Noch heute werden in der Seefahrt Geschwindigkeiten in Knoten (kn) angegeben. 1 Knoten ist 1 Seemeile durch 1 Stunde:

$$1\,\text{kn} = 1\,\frac{\text{sm}}{\text{h}} = 1{,}852\,\frac{\text{km}}{\text{h}}.$$

Bei einer Geschwindigkeitsmessung muß man nicht unbedingt Weg und Zeit bestimmen. Zum Beispiel beobachtet man beim Anfahren eines Fahrrades, daß die Scheinwerferlampe um so heller leuchtet, je schneller gefahren wird. Also könnte man die Helligkeit der Lampe als Maß für die Geschwindigkeit verwenden. Ebensogut könnte man auch die Spannung am Dynamo oder die Stromstärke im Lampenstromkreis wählen.

Beim **Tachometer** (Bild 2) wird die Drehbewegung des Rades auf einen scheibenförmigen Magneten übertragen. Der Magnet dreht sich in einer Trommel aus Aluminium. Die Trommel ist drehbar gelagert und wird von einer Spiralfeder gehalten.

Durch die Drehbewegung des Magneten entstehen im Rand der Trommel elektrische Ströme: In Bild 3 ist ein Flächenstück gekennzeichnet. Da sich in diesem Flächenstück das Magnetfeld ändert, kommt es zur Induktion; es fließt ein Strom um die Fläche herum – ein Wirbelstrom.

Die Ströme haben magnetische Wirkungen, so daß Kräfte zwischen der Trommel und dem sich drehenden Magneten auftreten. Nach der Lenzschen Regel wird die Trommel ein Stück weit mit dem Magneten mitgedreht – gegen die rücktreibende Wirkung der Feder.

Je schneller sich der Magnet dreht, desto größer ist die Kraft auf die Trommel und desto mehr wird die Feder gespannt. Die Anzeigenadel des Tachos ist mit der Trommel verbunden und zeigt an, wie stark die Trommel gedreht wird.

Ganz anders funktioniert die Geschwindigkeitsmessung bei Flugzeugen. Das Meßprinzip des **Fahrtmessers** läßt sich so beschreiben:

In einem Rohr, das in Fahrtrichtung gehalten wird und hinten geschlossen ist, staut sich die Luft. Im Rohr herrscht dann ein höherer Druck als außerhalb: Zum normalen Luftdruck (dem „statischen Druck") kommt noch der *Staudruck* hinzu.

Mit steigender Geschwindigkeit wächst der Staudruck an; er kann daher als Maß für die Geschwindigkeit dienen.

Dagegen ist der (Gesamt-)Druck im Rohr als Maß für die Geschwindigkeit ungeeignet, denn er setzt sich aus Staudruck und statischem Druck zusammen. Und der statische Druck ist von der Flughöhe abhängig.

Vom Druck im Rohr muß also der statische Druck abgezogen werden. Dazu verbindet man das Staurohr mit dem Innern einer Druckdose. Die Dose befindet sich in einer Kammer, von der eine Leitung nach außen führt (Bild 4). Somit herrscht in der Dose der Gesamtdruck und in ihrer Umgebung der statische Druck. Angezeigt wird die Druckdifferenz, also der Staudruck, der ein Maß für die Geschwindigkeit des Flugzeuges ist.

1

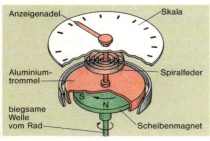
2

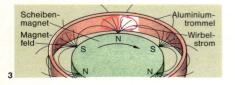
3

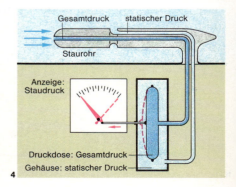
4

2 Beschleunigte Bewegungen

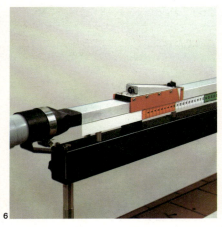

Beschleunigte Bewegungen in der Technik und im Labor.
In allen drei Fällen ist die beschleunigende Kraft konstant.

V 5 Wir untersuchen beschleunigte Bewegungen mit Hilfe des Versuchsaufbaus von Bild 8 oder 9.

a) Ein Metronom wird auf einen 1-s-Takt eingestellt. Außerdem kennzeichnen wir die Ruhelage der Kugel oder des Wagens.
Der Start erfolgt bei einem Schlag des Metronoms. Anschließend markieren wir bei jedem Schlag den Ort der Kugel oder des Wagens. (Der Versuch sollte mehrfach wiederholt werden, um die Markierungen zu überprüfen und Ungenauigkeiten zu korrigieren.)

b) Beschreibe das Versuchsergebnis. Woran kann man erkennen, daß es sich um eine *beschleunigte Bewegung* handelt?

c) Trage die Zeiten t und die zurückgelegten Wege s in eine Tabelle ein. Zeichne dann das Weg-Zeit-Diagramm.

V 6 Bild 10 zeigt den Versuchsaufbau. Der Zeitmarkengeber schreibt im Abstand von $\frac{1}{50}$ s Markierungen auf den Papierstreifen. (Damit die Marken am Anfang der Strecke nicht zu dicht liegen, muß die Geschwindigkeit schnell genug zunehmen.)

a) Bestimme mit Hilfe des Papierstreifens zurückgelegte Wege s und zugehörige Zeiten t (Tabelle!). Fertige ein Weg-Zeit-Diagramm an.

b) Für ein Geschwindigkeit-Zeit-Diagramm benötigen wir Werte der Momentangeschwindigkeit. Sie können näherungsweise aus dem Papierstreifen bestimmt werden: Wenn A, B und C drei aufeinanderfolgende Markierungen sind, nehmen wir als Geschwindigkeit in B die Durchschnittsgeschwindigkeit zwischen A und C.
Begründe, daß dieses Vorgehen sinnvoll ist.

c) Zeichne das Geschwindigkeit-Zeit-Diagramm.

V 7 In den Versuchen 5 u. 6 wird zu vorgegebenen Zeiten der zurückgelegte Weg gemessen. Jetzt werden Wege vorgeben und die benötigten Zeiten gemessen.
Eine „Leiter" mit konstantem Sprossenabstand fällt durch eine Lichtschranke (Bild 11). Mit Hilfe eines Computers werden die Zeitpunkte gemessen, an denen die Leitersprossen das Lichtbündel unterbrechen.
Woran erkennt man, daß die Leiter eine beschleunigte Bewegung ausführt?
Aus den Meßwerten läßt sich die Beschleunigung der fallenden Leiter bestimmen (→ Info).

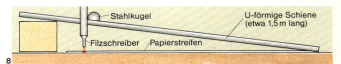

8

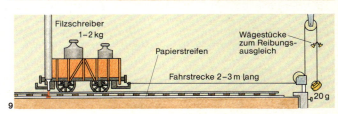

9

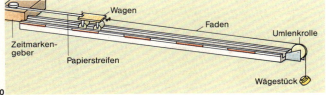

10

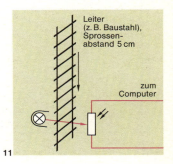

11

Info: Die gleichmäßig beschleunigte Bewegung

Wenn auf einen Körper eine Kraft wirkt, ändert sich sein Bewegungszustand: Der Körper wird langsamer oder schneller, oder er ändert seine Bewegungsrichtung.

In unserer Umwelt stehen Bewegungen meistens unter dem Einfluß von Kräften. Gesetzmäßigkeiten sind bei solchen Vorgängen nur schwer zu erkennen.

Wir beschäftigen uns daher mit einer einfachen Bewegung: Auf einer Luftkissenbahn bewegt sich ein Wagen (Schlitten), der mit einer Düse angetrieben wird (Bild 1). Auf den Wagen wirkt eine *konstante Kraft* in Bewegungsrichtung. Reibungskräfte spielen keine Rolle.

Der Wagen wird aus dem Stand beschleunigt; die Anfangsgeschwindigkeit beträgt also $0\,\frac{m}{s}$. Der Meterstab ist so angelegt, daß der Wagen zur Zeit $t=0$ s bei $s=0$ m startet. (Blitzfolge: 0,6 s.)

Die abgelesenen Werte sind in Bild 2 graphisch dargestellt. Die Kurve verläuft immer steiler. Daran erkennt man die ständige Zunahme der Geschwindigkeit.

Es soll nun genauer untersucht werden, *wie* die Geschwindigkeit zunimmt. Dazu sind weitere Messungen nötig.

Man läßt den Düsenwagen mehrere Male die gleiche Bewegung ausführen. Dabei wird an verschiedenen Stellen des

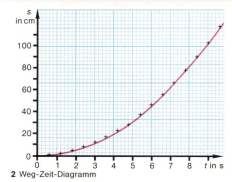

2 Weg-Zeit-Diagramm

Weges eine Lichtschranke aufgestellt. Auf diese Weise erhält man die gleiche Meßreihe, als hätte man bei einer einzigen Fahrt mit mehreren Lichtschranken gemessen.

Man mißt jeweils zwei Zeiten:
○ die Zeit t, die der Wagen vom Start bis zur Lichtschranke benötigt, und
○ die Zeit Δt, während der ein am Wagen befestigter Stab der Breite $\Delta s = 5{,}0$ mm die Lichtschranke unterbricht.

Bild 3 zeigt den Versuchsaufbau. Die Meßwerte sind in der Tabelle enthalten.

In Bild 4 ist die Momentangeschwindigkeit v in Abhängigkeit von der Zeit t graphisch dargestellt. Als Ausgleichskurve ergibt sich eine Ursprungsgerade. Die Geschwindigkeit wächst also proportional mit der Zeit.

Wenn man den Versuch mit einer größeren Düse wiederholt, wird der Wagen stärker beschleunigt. Im Geschwindigkeit-Zeit-Diagramm ergibt sich wieder eine Gerade, aber die Steigung ist größer.

Die Steigung der Geraden im $(t\,|\,v)$-Diagramm ist also ein Maß für die Beschleunigung des Wagens.

Die Beschleunigung a ist definiert als Quotient aus der Geschwindigkeitszunahme Δv und der Zeitspanne Δt:

$$a = \frac{v_2 - v_1}{t_2 - t_1} = \frac{\Delta v}{\Delta t}.$$

Wenn zur Zeit $t_1 = 0$ s die Geschwindigkeit $v_1 = 0$ m/s beträgt, kann man die Gleichung vereinfachen. Man erhält:

$$a = \frac{v}{t}.$$

Für die in Bild 4 dargestellte Bewegung ergibt sich $a = 0{,}024\,\frac{m}{s^2}$.

Diese Größe hat eine ganz anschauliche Bedeutung: Die (Momentan-)Geschwindigkeit des Wagens wächst in jeder Sekunde um $0{,}024\,\frac{m}{s}$.

Bewegungen, bei denen die Geschwindigkeit in jeder Zeiteinheit um den gleichen Wert zunimmt, heißen **gleichmäßig beschleunigte Bewegungen**.

Das Ergebnis des Versuches können wir so formulieren: **Wird ein Körper durch eine konstante Kraft beschleunigt, so führt er eine gleichmäßig beschleunigte Bewegung aus.**

Bei gleichmäßig *verzögerten* Bewegungen nimmt die Geschwindigkeit ab. Die Steigung im Geschwindigkeit-Zeit-Diagramm ist dann negativ. Wir erhalten negative Werte für die Beschleunigung.

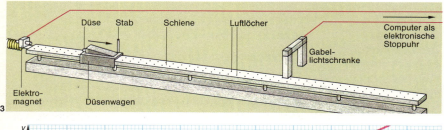

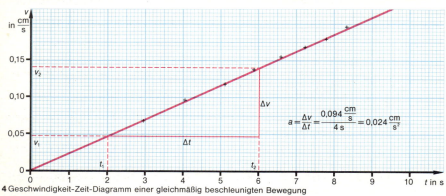

4 Geschwindigkeit-Zeit-Diagramm einer gleichmäßig beschleunigten Bewegung

s in m	t in s	$\bar{v} = \frac{s}{t}$ in $\frac{m}{s}$	Δt in s	$v = \frac{\Delta s}{\Delta t}$ in $\frac{m}{s}$
0	0			0
0,10	2,95	0,034	0,0735	0,068
0,20	4,06	0,049	0,0522	0,096
0,30	5,11	0,059	0,0427	0,117
0,40	5,89	0,068	0,0362	0,138
0,50	6,58	0,076	0,0322	0,155
0,60	7,22	0,083	0,0297	0,168
0,70	7,78	0,090	0,0272	0,184
0,80	8,34	0,096	0,0253	0,198

Info: Das Weg-Zeit-Gesetz der gleichmäßig beschleunigten Bewegung

Wie hängen Weg und Zeit bei der gleichmäßig beschleunigten Bewegung zusammen?

In der Tabelle von Bild 3 ist auch die Durchschnittsgeschwindigkeit $\bar{v}$ angegeben, die sich jeweils für die Zeitspanne vom Start bis zur Zeit t ergibt. Vergleicht man jeweils $\bar{v}$ und v, so stellt man fest: Die Durchschnittsgeschwindigkeit (in der Zeit von 0 s bis t) ist halb so groß wie die Momentangeschwindigkeit (zur Zeit t).

Wir erhalten also:
$$\bar{v} = \frac{1}{2} v.$$
Diese Beziehung gilt für alle gleichmäßig beschleunigten Bewegungen aus der Ruhelage heraus.

Setzt man in diese Gleichung $\bar{v} = \frac{s}{t}$ und $v = a \cdot t$ ein, so ergibt sich:
$$\frac{s}{t} = \frac{1}{2} \cdot a \cdot t.$$

Durch Umformen erhält man das **Weg-Zeit-Gesetz der gleichmäßig beschleunigten Bewegung**:
$$s = \frac{1}{2} \cdot a \cdot t^2.$$
(Dabei ist vorausgesetzt, daß der Körper zur Zeit $t = 0$ s am Ort $s = 0$ m aus dem Stand startet.)

Der Graph im Weg-Zeit-Diagramm einer gleichmäßig beschleunigten Bewegung ist also eine Parabel.

Aufgaben

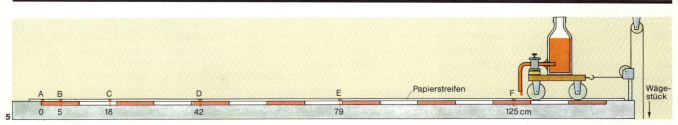

1 Bei dem in Bild 5 gezeigten Versuch tropfte das Wasser im 1-s-Takt. Zeichne das Weg-Zeit-Diagramm.

Es soll nachgewiesen werden, daß es sich hier um eine gleichmäßig beschleunigte Bewegung handelt. Man kann aber dem Graphen nicht ansehen, ob er tatsächlich eine Parabel ist. Berechne daher für jeden Punkt den Quotienten $\frac{2s}{t^2}$ und prüfe nach, ob sich ein konstanter Wert a ergibt.

Weise auch graphisch nach, daß $s \sim t^2$ gilt.

2 Ein Auto fährt mit $v = 60 \frac{\text{km}}{\text{h}}$ und beschleunigt dann 5 s lang mit $a = 2 \frac{\text{m}}{\text{s}^2}$. Welche Geschwindigkeit hat anschließend das Auto?

3 Die Bilder 6 u. 7 zeigen zwei graphische Darstellungen. Welche gehört zu einer *gleichförmigen* Bewegung, welche zu einer *gleichmäßig beschleunigten*? Begründe!

4 Für das Hinabrollen einer Kugel auf einer schiefen Ebene ergeben sich folgende Meßwerte:

t in s	0	0,5	1,0	1,5	2,0	2,5
s in cm	0	3,1	12,1	27,4	94,6	77,1

Weise rechnerisch oder zeichnerisch nach, daß die Kugel eine gleichmäßig beschleunigte Bewegung ausführt.

5 Die Beschleunigung eines beladenen Güterzuges beträgt $a = 0{,}1 \frac{\text{m}}{\text{s}^2}$.

Wie lange benötigt der Zug nach einem Halt, bis er eine Geschwindigkeit von 60 km/h erreicht hat? Welche Strecke hat er in dieser Zeit zurückgelegt?

6 Ein Mofafahrer beschleunigt aus dem Stand 4 s lang gleichmäßig mit $a = 1{,}5 \frac{\text{m}}{\text{s}^2}$. Welche Geschwindigkeit erreicht er? Welchen Weg legt er beim Beschleunigen zurück?

7 Ein Rennwagen beschleunigt in 3 s von $0 \frac{\text{km}}{\text{h}}$ auf $100 \frac{\text{km}}{\text{h}}$, ein Pkw braucht dazu 10 s. Berechne die (mittleren) Beschleunigungen der beiden Fahrzeuge.

8 Bei einem Jagdgewehr führt die Kugel im 80 cm langen Lauf eine gleichmäßig beschleunigte Bewegung aus. Sie verläßt den Lauf mit einer Geschwindigkeit von $300 \frac{\text{m}}{\text{s}}$. Berechne die Beschleunigung der Kugel. (*Tip:* Berechne zunächst die Durchschnittsgeschwindigkeit.)

9 Bei einem Unfall prallt ein Auto mit einer Geschwindigkeit von $50 \frac{\text{km}}{\text{h}}$ auf ein festes Hindernis. Durch die Verformung der Knautschzone ergibt sich ein „Bremsweg" von 40 cm für das Auto; durch Dehnung des Sicherheitsgurtes vergrößert sich dieser Weg für die Insassen um 20 cm.

Berechne die mittlere Beschleunigung (Verzögerung) der Insassen.

3 Der freie Fall

Aus der Geschichte: Galileis Experimente zum freien Fall

Schon der griechische Philosoph *Aristoteles* (384–322 v. Chr.) beschäftigte sich mit Bewegung von Körpern. Seiner Meinung nach bewegten sich schwere Körper aufgrund ihres „Gewichtes" nach unten, leichte wegen ihrer „Leichtheit" nach oben.

Daraus schloß er auch – ohne ein Experiment gemacht zu haben –, daß schwere Körper schneller fallen müßten als weniger schwere: *„Die größere Menge Gold oder Blei bewegt sich schneller abwärts als die kleinere, und dasselbe gilt für alle schweren Körper."*

Fast 2000 Jahre lang wurden seine Überlegungen kaum in Zweifel gezogen. Erst etwa Mitte des 16. Jahrhunderts wurde Kritik daran geübt.

Einer dieser Kritiker war der Italiener *Galileo Galilei* (1564–1642). Zunächst versuchte er – wie es bis dahin alle Wissenschaftler taten –, Aristoteles allein durch Gedankenexperimente zu widerlegen.

Er argumentierte z. B. so: „Verbindet man einen schweren und einen leichten Körper miteinander, dann müßten nach Aristoteles beide zusammen schneller *fallen*, da ihr Gesamtgewicht größer ist als das des schweren Körpers. Andererseits würde der leichtere Körper die Bewegung des schwereren hemmen, da er ja – ebenfalls nach Aristoteles – langsamer fallen soll. Also müßten auch beide zusammen *langsamer* fallen als der schwere allein!"

So kam Galilei schließlich zu dem Schluß: Alle Körper fallen im Vakuum gleich schnell.

Galilei begnügte sich aber nicht mit diesen Überlegungen. Ihn interessierte außerdem die Frage, ob die Bewegung fallender Körper nach bestimmten mathematischen Gesetzmäßigkeiten abläuft.

Wie er in der Natur beobachten konnte, werden fallende Körper immer schneller. Aber nach welchen *Gesetzen* nimmt ihre Geschwindigkeit zu? Welche Beziehung besteht zwischen Fallzeit und Fallweg?

Bei der gleichförmigen Bewegung, die Galilei schon genau dargestellt hatte, waren Zeit und Weg proportional. Das konnte hier nicht der Fall sein, denn die Geschwindigkeit nahm ja zu. Schließlich stellte er als *Hypothese* auf:

„Der Fallweg ist dem Quadrat der Fallzeit proportional: $s \sim t^2$." Also: doppelte Zeit → vierfacher Weg; dreifache Zeit → neunfacher Weg.

Galilei versuchte nun, dies experimentell zu bestätigen. Damit war er einer der ersten, der eine Hypothese durch ein Experiment überprüfte.

Ein Problem war, daß es noch keine Uhren zur genauen Kurzzeitmessung gab. Deshalb verringerte er die Fallbeschleunigung (Bild 1). Galilei beschrieb sein Vorgehen:

„Auf einem Holzbrette von 12 Ellen Länge war eine Rinne von etwas mehr als einem Zoll Breite eingegraben. Dieselbe war sehr gerade gezogen, und um die Fläche recht glatt zu haben, war inwendig ein sehr glattes und reines Pergament aufgeklebt; in dieser Rinne ließ man eine sehr harte, völlig runde und glattpolierte Messingkugel laufen. Nach Aufstellung des Brettes wurde dasselbe einerseits gehoben, bald eine, bald zwei Ellen hoch; dann ließ man die Kugel durch den Kanal fallen und verzeichnete die Fallzeit für die ganze Strecke.

Häufig wiederholten wir den einzelnen Versuch zur genaueren Ermittlung der Zeit und fanden keine Unterschiede – nicht einmal von einem Zehntel eines Pulsschlages.

Darauf ließen wir die Kugel nur durch ein Viertel der Strecke laufen und fanden stets genau die halbe Fallzeit gegen früher. Dann wählten wir andere Strecken und verglichen die gemessene Fallzeit mit der zuletzt erhaltenen und mit denen von 2/3 oder 3/4 oder irgend anderen Bruchteilen. Bei wohl hundertfacher Wiederholung fanden wir stets, daß die Strecken sich verhielten wie die Quadrate der Zeiten, und dieses für jedwede Neigung des Kanales.

Zur Ausmessung der Zeit stellten wir einen Eimer voll Wasser auf, in dessen Boden ein enger Kanal angebracht war, durch den ein feiner Wasserstrahl sich ergoß, der mit einem kleinen Becher aufgefangen wurde während einer jeden beobachteten Fallzeit. Das dieser Art aufgesammelte Wasser wurde auf einer sehr genauen Waage gewogen; ... wir erhielten die Verhältnisse der Zeiten, und zwar mit solcher Genauigkeit, daß die zahlreichen Beobachtungen niemals merklich voneinander abwichen."

Galilei gelang es, alle Gesetzmäßigkeiten des freien Falls zu erkennen. Sie entsprechen inhaltlich den Gesetzmäßigkeiten der gleichmäßig beschleunigten Bewegung (wenn man den Luftwiderstand vernachlässigt).

Bei uns beträgt die Fallbeschleunigung 9,81 m/s², am Nordpol 9,83 m/s² und am Äquator 9,78 m/s².

Info: Freier Fall und Fallbeschleunigung

Man spricht von **freiem Fall**, wenn sich ein Körper ausschließlich unter dem Einfluß der Gewichtskraft bewegt.

Insbesondere dürfen keine Reibungskräfte wirken. Um den Luftwiderstand völlig auszuschalten, müssen Versuche im luftleeren Raum durchgeführt werden. Man kann den Luftwiderstand aber vernachlässigen, wenn die Körper der Luft wenig Angriffsfläche bieten und die Geschwindigkeiten hinreichend klein sind.

Die Gewichtskraft nimmt mit der Höhe ab. Bei nicht allzu großen Fallhöhen kann man jedoch annehmen, daß die Gewichtskraft konstant ist. Der freie Fall ist dann eine **gleichmäßig beschleunigte Bewegung**.

Aus Versuchen weiß man, daß alle Körper (im luftleeren Raum) gleich schnell fallen. Sie führen die gleiche Bewegung aus. Man mißt bei allen Körpern die gleiche **Fallbeschleunigung** – vorausgesetzt, die Messungen werden am gleichen Ort ausgeführt. Die Fallbeschleunigung hat das Symbol g. Bei uns beträgt die Fallbeschleunigung $g = 9{,}81 \frac{m}{s^2}$.

Das Symbol g haben wir bisher für den Ortsfaktor verwendet: $g = 9{,}81 \frac{N}{kg}$. Der Ortsfaktor hat den gleichen Zahlenwert wie die Fallbeschleunigung.

Diese Übereinstimmung ist nicht zufällig. Zum Beispiel erhält man für die Mondoberfläche den Ortsfaktor $1{,}62 \frac{N}{kg}$ und die Fallbeschleunigung $1{,}62 \frac{m}{s^2}$.

Wie kommt es zu dieser Übereinstimmung? Je größer der Ortsfaktor ist, desto größer ist die Gewichtskraft auf einen Körper von 1 kg Masse. Die Gewichtskraft bewirkt ja gerade, daß der Körper beim Fallen beschleunigt wird. Eine große Gewichtskraft führt zu einer hohen Beschleunigung, eine kleine Gewichtskraft zu einer niedrigen. Ortsfaktor und Gewichtskraft hängen also eng zusammen.

Bei der Festlegung des Meßverfahrens für Kräfte haben wir die Einheit gerade so gewählt, daß die Zahlenwerte von Ortsfaktor und Fallbeschleunigung übereinstimmen.

Aus Umwelt und Technik: Fallschirmspringen

Formationsspringen ist sowohl für die Springer als auch für die Zuschauer ein faszinierendes Erlebnis (Bild 2).

Wieso wird ein Springer beim Fallen nicht immer schneller? Wie ist es möglich, beim Fallen zu steuern?

Fallschirmspringen ist nur möglich, weil die Erde von einer Lufthülle umgeben ist.

Die Luft übt eine bremsende Kraft auf den fallenden Körper aus. Außer der Gewichtskraft wirkt also noch eine entgegengesetzt gerichtete Reibungskraft auf den Körper. Sie wächst mit der Geschwindigkeit des Körpers.

Etwa 10 s nach dem Absprung sind Gewichtskraft und Reibungskraft gleich groß. Der Körper ist dann im Kräftegleichgewicht, seine Bewegung ist gleichförmig. Die Geschwindigkeit bleibt konstant bei ca. $55 \frac{m}{s}$ ($200 \frac{km}{h}$).

Je nach Höhe und Körperhaltung liegt die Endgeschwindigkeit eines Springers zwischen $180 \frac{km}{h}$ und $280 \frac{km}{h}$. Richtungs- und Geschwindigkeitsänderungen können durch Änderungen der Körperhaltung hervorgerufen werden.

Beim Öffnen des Fallschirms wird die Fallbewegung stark verzögert. Die Fallgeschwindigkeit ändert sich innerhalb kurzer Zeit von $200 \frac{km}{h}$ auf ca. $15 \frac{km}{h}$. Die Beschleunigung liegt zwischen $a = -40 \frac{m}{s^2}$ und $a = -60 \frac{m}{s^2}$. Ihr Betrag ist also vier- bis sechsmal so groß wie die Fallbeschleunigung. (Zum Vergleich: Ein sehr schnell anfahrendes Auto hat eine Beschleunigung von etwa $3 \frac{m}{s^2}$.)

Nach dem Öffnen des Fallschirms stellt sich wieder ein Gleichgewichtszustand zwischen dem Luftwiderstand des Schirms und der Gewichtskraft ein; der Fallschirm-

2

springer sinkt mit gleichbleibender Geschwindigkeit zur Erde.

Moderne Sportfallschirme können gesteuert werden. Dazu öffnet der Springer mit Hilfe von Leinen bestimmte Schlitze oder Löcher in der Hülle des Fallschirms. Die ausströmende Luft verändert dann die Richtung des Fallschirms.

Besonders wichtig ist die Scheitelöffnung des Fallschirms. Durch die dort ausströmende Luft erhält der Fallschirm seine Stabilität. Ohne diese Scheitelöffnung würden die Fallschirme hin und her pendeln, da die gestaute Luft am Rand des Schirms entweichen müßte.

Aufgaben

1 Die Bilder 1 u. 2 zeigen zwei Fallversuche. Beschreibe, wie die Versuche ablaufen. Was wird auf diese Weise nachgewiesen?

2 Eine Holzkugel und eine gleich große Kugel aus Eisen fallen gleich schnell, obwohl auf die Eisenkugel eine viel größere Kraft wirkt. Versuche, dafür eine Erklärung zu geben.

3 Mit der Anordnung von Bild 3 wurden Fallzeiten der Kugel für verschiedene Strecken gemessen. Die Meßwerte sind in der Tabelle zusammengestellt.

Überprüfe, ob es sich um eine gleichmäßig beschleunigte Bewegung handelt. Bestimme aus den Meßwerten die Fallbeschleunigung.

4 Wenn man einen Stein in einen Brunnen fallen läßt, kann man aus der Fallzeit die Tiefe des Brunnens bestimmen. Welche Tiefe ergibt sich aus einer Zeit von 1,3 s? (Die Schallgeschwindigkeit beträgt 340 m/s.)

s in m	t in s
0	0
0,1	0,144
0,2	0,203
0,3	0,249
0,4	0,288
0,5	0,321
0,6	0,352
0,7	0,380
0,8	0,406

5 Zwei Stahlkugeln werden fallen gelassen.

a) Die Kugeln beginnen gleichzeitig zu fallen. Beim Start wird die eine Kugel 10 cm höher gehalten.

Wie groß ist der Abstand der Kugeln nach 1 s?

b) Die Kugeln fallen aus gleicher Höhe. Die zweite Kugel wird 0,1 s später losgelassen als die erste.

Wie groß ist der Abstand der beiden Kugeln, wenn die zweite Kugel zu fallen beginnt?

Wie groß ist der Abstand 1 s nach dem Start der zweiten Kugel?

6 Bild 4 zeigt eine Stroboskop-Aufnahme einer fallenden Kugel. Die Kugel wurde im zeitlichen Abstand von 0,052 s angeblitzt.

Stelle eine Meßreihe auf, und zeichne das Weg-Zeit-Diagramm.

Überprüfe, ob eine gleichmäßig beschleunigte Bewegung vorliegt.

Berechne auch die Fallbeschleunigung.

4 Die Bewegungsenergie

Info: Bewegungsenergie und Geschwindigkeit

In jedem Körper, der sich bewegt, steckt Energie – die **Bewegungsenergie**.

Energie verschwindet niemals, auch nicht die Bewegungsenergie. Normalerweise wird die Bewegungsenergie eines Fahrzeugs beim Bremsen als Wärme abgegeben. Beim Aufprall eines Fahrzeugs auf ein Hindernis wird die Bewegungsenergie „genutzt", um Verformungsarbeit zu verrichten.

Wir wollen uns überlegen, wie die Bewegungsenergie von Masse und Geschwindigkeit abhängt.

Wie heftig ein Fahrzeug bei unterschiedlichen Geschwindigkeiten aufprallt, läßt sich durch unterschiedliche Fallhöhen verdeutlichen (Bild 5).

Beim Fallen wird Lageenergie in Bewegungsenergie umgewandelt. Der Körper hat am Beginn der Fallstrecke nur die Lageenergie W_{L2}. Am Ende der Fallstrecke hat er noch die Lageenergie W_{L1}, dafür aber auch Bewegungsenergie W_B.

Wenn man von der Reibung absieht, ergibt sich die Bewegungsenergie aus der umgewandelten Lageenergie:
$$W_B = W_{L2} - W_{L1} = \Delta W_L.$$
Wieviel Lageenergie umgewandelt wurde, läßt sich leicht berechnen: ΔW_L ist genauso groß wie die Arbeit, die man verrichten muß, um den Körper in seine Ausgangslage zu heben. Wenn der Körper um die Strecke s gefallen ist, gilt also:
$$W_B = \Delta W_L = F_G \cdot s = m \cdot g \cdot s.$$

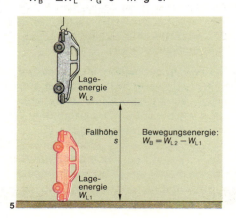

Dabei ist F_G die Gewichtskraft auf den Körper; g ist der Ortsfaktor.

Die Bewegungsenergie ist also proportional zur Masse und zur Fallhöhe.

Interessant ist für uns, mit welcher Geschwindigkeit der Körper am Ende der Fallstrecke aufprallt.

Da der freie Fall eine gleichmäßig beschleunigte Bewegung ist, gilt für die Aufprallgeschwindigkeit
$$v = g \cdot t \quad \text{bzw.} \quad t = \frac{v}{g},$$
wobei g die Fallbeschleunigung und t die Fallzeit ist.

Wir setzen diesen Quotienten für die Fallzeit t im Weg-Zeit-Gesetz der gleichmäßig beschleunigten Bewegung ein:
$$s = \frac{1}{2} \cdot g \cdot t^2 = \frac{1}{2} \cdot g \cdot \frac{v^2}{g^2} = \frac{v^2}{2g}.$$
Durch Umformen ergibt sich:
$$v = \sqrt{2 \cdot g \cdot s}.$$
Die doppelte Endgeschwindigkeit entspricht der vierfachen Fallhöhe.

Die Fallhöhe ist proportional zum Quadrat der Geschwindigkeit.

Insgesamt ergibt sich: **Die Bewegungsenergie ist proportional zur Masse und zum Quadrat der Geschwindigkeit.**
$W_B \sim m \cdot v^2$.

Bei einer Geschwindigkeit von 120 $\frac{km}{h}$ besitzt ein Fahrzeug also *viermal* so viel Bewegungsenergie wie bei 60 $\frac{km}{h}$.

Bild 6 weist eindringlich auf die mit hohen Geschwindigkeiten verbundenen Gefahren hin. Bei 40 $\frac{km}{h}$ entspricht der Aufprall auf ein festes Hindernis einem Fall aus einer Höhe von etwas über 6 m. Bei doppelter Geschwindigkeit entspricht der Aufprall einem Fall aus 25 m – der vierfachen Höhe!

6

Fragen und Aufgaben zum Text

1 Überprüfe die Angaben in Bild 6.

2 Ein Auto fährt mit einer Geschwindigkeit von 100 km/h. Es wird in vier Bremsmanövern um jeweils 25 km/h abgebremst. Welchen Anteil der ursprünglichen Bewegungsenergie müssen die Bremsen jeweils aufnehmen?

3 Welche Strecke muß ein Stein fallen, damit er eine Geschwindigkeit von 10 m/s erreicht? (Die Luftreibung soll vernachlässigt werden.)

Wie hoch fliegt ein Stein, den man senkrecht nach oben wirft und der eine Anfangsgeschwindigkeit von 10 m/s hat? (*Tip:* Vergleiche die Energieumwandlungen beim Fallen und beim Hochsteigen.)

Geschwindigkeit, Beschleunigung, Bewegungsenergie

Auf einen Blick

Die Geschwindigkeit

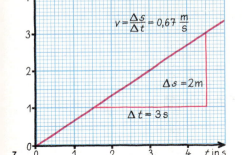

7

Bei einer **geradlinig gleichförmigen Bewegung** werden in gleichen Zeiten gleiche Strecken zurückgelegt. Im Weg-Zeit-Diagramm ergibt sich eine Gerade.

Bei der gleichförmigen Bewegung ist der Quotient aus Wegabschnitt Δs und Zeitspanne Δt konstant. Wir bezeichnen diesen Quotienten als **Geschwindigkeit** v.

$$v = \frac{\Delta s}{\Delta t}.$$

Bei **ungleichförmigen Bewegungen** gibt der Quotient aus dem Weg Δs und der benötigten Zeit Δt die **Durchschnittsgeschwindigkeit** $\bar{v}$ an.

Wenn man die Meßstrecke immer weiter verkleinert, stimmt die Durchschnittsgeschwindigkeit auf dieser Strecke mit der Geschwindigkeit überein, die ein Tachometer anzeigt.

Die **Momentangeschwindigkeit** ist definiert als Quotient aus Wegabschnitt Δs und Zeitspanne Δt bei hinreichend kleinem Δt.

Die Beschleunigung

8

Bei der **gleichmäßig beschleunigten Bewegung** wächst die Geschwindigkeit in gleichen Zeiten um gleiche Beträge. Im Geschwindigkeit-Zeit-Diagramm ergibt sich eine Gerade.

Bei der gleichmäßig beschleunigten Bewegung ist der Quotient aus Geschwindigkeitszunahme Δv und Zeitspanne Δt konstant. Er heißt **Beschleunigung** a.

$$a = \frac{\Delta v}{\Delta t}.$$

Wenn ein Körper zur Zeit $t = 0$ s aus dem Stand startet, gilt für den vom Startpunkt aus gemessenen Weg:

$$s = \frac{1}{2} a t^2.$$

Beim **freien Fall** unterliegt ein Körper nur der Gewichtskraft. Der Körper führt eine gleichmäßig beschleunigte Bewegung aus.

Die Fallbeschleunigung beträgt
$$g = 9{,}81 \frac{m}{s^2}.$$

Anhang

Anleitung: **Bestimmung des Durchmessers von Sonne und Mond**

So kannst du die Sehwinkel vergleichen, unter denen man Sonne und Mond sieht (Bild 1).

Achtung, nie ungeschützt in die Sonne blicken! Ausreichenden Schutz bietet das Anfangsstück eines Farbnegativfilms, das durch Belichtung vollständig geschwärzt ist. Diesen Filmstreifen vorsichtshalber doppelt falten.

Der Meßschieber (die Schieblehre) wird so weit geöffnet, daß Sonne oder Mond bei ausgestrecktem Arm zwischen die Zungen paßt. Der Spalt erscheint dabei unter dem gleichen Sehwinkel wie Sonne oder Mond. Am Meßschieber kannst du den scheinbaren Durchmesser von Sonne oder Mond ablesen.

Um den wahren Durchmesser zu berechnen, mußt du zusätzlich wissen, daß die Sonne 150 000 000 km und der Mond 380 000 km von uns entfernt ist.

Wie hängen der scheinbare und der wahre Durchmesser zusammen? Bild 2 zeigt verschieden große Gegenstände in unterschiedlichen Abständen, die alle unter dem gleichen Winkel gesehen werden. Aus der graphischen Darstellung von Bild 3 kannst du ablesen, daß die Größe der Gegenstände proportional zu ihren Abständen vom Auge ist. Zusammengehörende Paare von Größen und Entfernungen sind also quotientengleich.

Beispiel: Angenommen, der scheinbare Durchmesser des Mondes beträgt 6 mm und der Abstand zwischen dem Auge und dem Meßschieber 0,6 m. Dann gilt für den gesuchten Monddurchmesser d:

$$\frac{d}{380\,000\text{ km}} = \frac{0{,}006\text{ m}}{0{,}6\text{ m}},$$

$$d = \frac{0{,}006\text{ m}}{0{,}6\text{ m}} \cdot 380\,000\text{ km} = 3800\text{ km}.$$

Der Mond hat demnach einen Durchmesser von 3800 km. (Genauere Messungen ergeben 3476 km.)

1

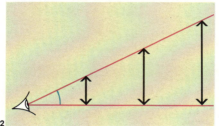
2

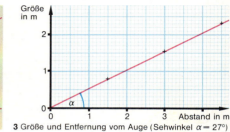
3 Größe und Entfernung vom Auge (Sehwinkel $\alpha = 27°$)

Bauanleitung: **Eine Lochkamera zum Experimentieren**

Du brauchst:
- 2 Papprohren, die genau ineinanderpassen (z. B. Verpackungsröhren);
- 1 Stück Pergamentpapier (z. B. Architektenpapier oder Butterbrotpapier);
- 2 Streifen Zeichenkarton (oder Postkarte), 2 cm · 15 cm;
- 1 Schere;
- 1 scharfes Bastelmesser;
- etwas Klebstoff.

So wird's gemacht:
In einen Deckel der dickeren Röhre schneidest du in die Mitte ein Loch (mit einem Durchmesser von ca. 1 cm).

Dicht am Deckel schneidest du in das Papprohr zwei Schlitze, die sich genau gegenüberliegen müssen. Dort werden später die Streifen mit den Löchern hindurchgesteckt (Bild 4).

In einen Kartonstreifen schneidest du *quadratische* Löcher (Seitenlängen von 1 mm bis 5 mm; Bild 5). In den anderen Kartonstreifen stichst du *runde* Löcher etwa gleicher Größe. Diese Löcher sind die Lochblenden.

Auf ein Ende der zweiten Röhre klebst du das nach Bild 6 zugeschnittene Pergamentpapier. Das ist der Schirm.

Nun steckst du die dünnere Röhre mit dem Schirm voran in die dickere (Bild 7). Deine Lochkamera zum Experimentieren ist damit fertig.

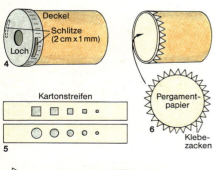

Sehprobentafel

Stelle das Buch aufrecht hin, und versuche, aus 5 m Entfernung möglichst viele Zeilen zu lesen.

Wenn du in einem hellen Zimmer Mühe hast, die Buchstaben der zweiten Zeile von oben zu erkennen, sind deine Augen nicht in Ordnung. (Nicht alle Sehfehler lassen sich auf diese einfache Art feststellen. Die Sehprobentafel ersetzt also nicht den Besuch beim Augenarzt.)

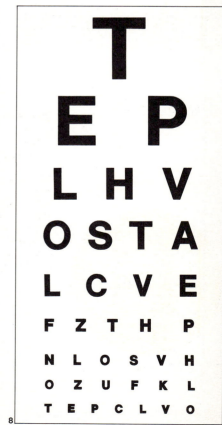
8

Bauanleitung: **Ein Doppelspiegel mit interessanten Eigenschaften**

Du brauchst:
1 Brettchen (ca. 5 cm · 40 cm);
2 Holzklötzchen;
1 Schraube (ca. 4 cm lang);
2 Taschenspiegel (mindestens 6 cm · 9 cm);
Klebstoff;
Teppichklebeband.

So wird's gemacht:
An dem einen Ende des Bretts wird ein Klötzchen drehbar gelagert (Bild 9). Bohre dazu in das Brett ein Loch, und stecke die Schraube hindurch. Schraube nun das Klötzchen nicht allzu fest auf das Brett.

Der Spiegel wird (zum Beispiel mit Teppichklebeband) am Klötzchen befestigt.

Am anderen Ende des Bretts klebst du das zweite Klötzchen mit dem zweiten Spiegel fest, und zwar so, daß der Spiegel mit der Brettkante einen Winkel von 45° einschließt.

Wie du den Doppelspiegel einsetzen kannst, zeigen dir die Bilder 10–12.

9

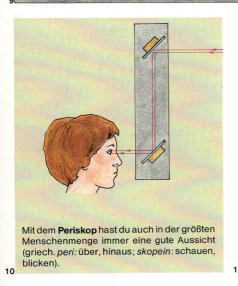

10

Mit dem **Periskop** hast du auch in der größten Menschenmenge immer eine gute Aussicht (griech. *peri:* über, hinaus; *skopein:* schauen, blicken).

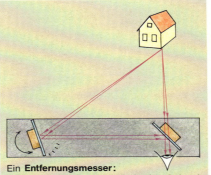

Ein Entfernungsmesser:
Blicke mit einem Auge teils in den Spiegel hinein, teils über ihn hinweg auf eine senkrechte Linie (z. B. auf eine Hauskante). Den zweiten Spiegel drehst du so, daß du diese Linie ununterbrochen siehst. Zu jeder Entfernung gehört eine bestimmte Stellung des drehbaren Spiegels.

11

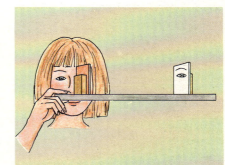

Der Augenabstand ist wichtig für den **räumlichen Eindruck,** den wir von unserer Umgebung haben. Der Doppelspiegel vergrößert diesen Abstand. Schaust du durch den Doppelspiegel auf den Arm, den dir ein Mitschüler entgegenstreckt, so sieht das recht lustig aus; der räumliche Eindruck ist nämlich viel deutlicher als gewohnt.

12

Bauanleitung: **Der Farbenkreisel**

Du brauchst:
je 1 kleines Stück blauen, roten und grünen Karton in möglichst leuchtenden (fluoreszierenden) Farben;
1 Streichholz.

So wird's gemacht:
Aus den Kartonstücken fertigst du drei Kreisscheiben mit etwa 5 cm Durchmesser an. Jede Scheibe wird bis zur Mitte eingeschnitten (Bild 13).

Schiebe die drei Scheiben ineinander, und stecke sie dann auf ein Streichholz (Bild 14). Jede Farbe erscheint in einem Kreissektor; die Farbanteile lassen sich verstellen. Der Kreisel soll sich auf dem Streichholzkopf drehen (Bild 15).

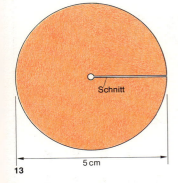

13

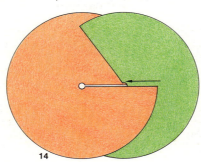

14

15

451

Anhang

Dichte fester und flüssiger Stoffe
(bei 20 °C)

Stoff	ϱ in $\frac{g}{cm^3}$
Styropor	0,015
Balsaholz	0,1
Kork	0,2 bis 0,4
Holz	0,4 bis 0,8
Butter	0,86
Eis (0 °C)	0,92
Gummi	0,9 bis 1,0
Stearin	ca. 0,9
Bernstein	1,0 bis 1,1
Plexiglas	1,2
Kunststoff (PVC)	ca. 1,4
Sand	ca. 1,5
Beton	1,5 bis 2,4
Kohlenstoff	
Graphit	2,25
Diamant	3,52
Glas	ca. 2,6
Aluminium	2,70
Granit	ca. 2,8
Marmor	ca. 2,8
Zink	7,13
Zinn	7,28
Eisen	7,87
Stahl	7,8 bis 7,9
Messing	ca. 8,5
Nickel	8,90
Kupfer	8,96
Silber	10,5
Blei	11,3
Gold	19,3
Platin	21,5
Benzin	ca. 0,7
Alkohol (Ethanol)	0,79
Terpentinöl	0,86
Wasser (4 °C)	1,00
Milch	1,03
Salzwasser	1,03
Glycerin	1,26
Schwefelsäure, konzentriert	1,83
Quecksilber	13,55

Dichte von Gasen
(bei 0 °C und 1013 Pa)

Stoff	ϱ in $\frac{g}{l}$
Wasserstoff	ca. 0,090
Helium	ca. 0,18
Erdgas	ca. 0,7
Methan	ca. 0,72
Luft	ca. 1,29
Propan	ca. 2,01
Butan	ca. 2,73

Ausdehnungskoeffizient fester Stoffe (Längenänderung)
(zwischen 0 °C und 100 °C)

Stoff	α in $\frac{mm}{m \cdot K}$
Normalglas	0,009
Schienenstahl	0,0115
Beton	0,012
Eisen	0,012
Nickel	0,013
Gold	0,014
Kupfer	0,017
Messing	0,018
Silber	0,020
Alumium	0,024
Zink	0,026
Zinn	0,027
Blei	0,029

Ausdehnung von Flüssigkeiten beim Erwärmen
(zwischen 0 °C und 100 °C)

Stoff	Volumenzunahme bei Erwärmung um 1 K in cm^3
1 l Quecksilber	0,18
1 l Wasser	0,21
1 l Glycerin	0,50
1 l Heizöl	ca. 0,9
1 l Alkohol	1,1
1 l Benzin	1,06
1 l Benzol	1,23

Spezifische Wärmekapazität einiger Stoffe
(bei 20 °C)

Stoff	c in $\frac{kJ}{kg \cdot K}$
Blei	0,13
Gold	0,13
Platin	0,13
Zinn	0,23
Silber	0,24
Kupfer	0,38
Messing	0,38
Zink	0,39
Nickel	0,44
Eisen	0,45
Stahl	0,42 bis 0,50
Granit	0,75
Marmor	0,80
Glas	0,80
Sand	0,84
Beton	0,84
Ziegelstein	0,84
Aluminium	0,89
Luft	1,01
Styropor	1,5
Kunststoff (PVC)	1,3 bis 2,1
Plexiglas	1,4 bis 2,1
Holz	ca. 1,50
Kork	ca. 1,9
Glycerin	2,39
Spiritus	2,43
Glykol	2,43
Milch	3,9
Wasser	4,18
Wasserstoff	14,32

Zustandsänderungen einiger Stoffe

Stoff	Schmelz-temperatur in °C	spezifische Schmelz-wärme in $\frac{kJ}{kg}$	Siede-temperatur (bei 1013 hPa) in °C	spezifische Verdampfungs-wärme in $\frac{kJ}{kg}$
Alkohol	− 114	108	78,3	840
Aluminium	659	397	2447	10 900
Blei	327	23,0	1750	8 600
Diamant	ca. 3800	ca. 17 000		
Eisen	1535	277	2730	6 340
Glycerin	18,4	201	291	
Gold	1063	65,7	2707	1 650
Kupfer	1083	205	2590	4 790
Luft	− 213		− 194	205
Nickel	1453	303	2800	6 480
Propan	− 190		− 42	426
Quecksilber	− 38,9	11,8	357	285
Sauerstoff	− 219	13,8	− 183	213
Stickstoff	− 210	26,0	− 196	198
Wasser	0	334	100	2 256
Wolfram	3380	192	ca. 5500	4 350
Zink	420	107	907	1 755
Zinn	232	59,6	2430	2 450

Schaltzeichen

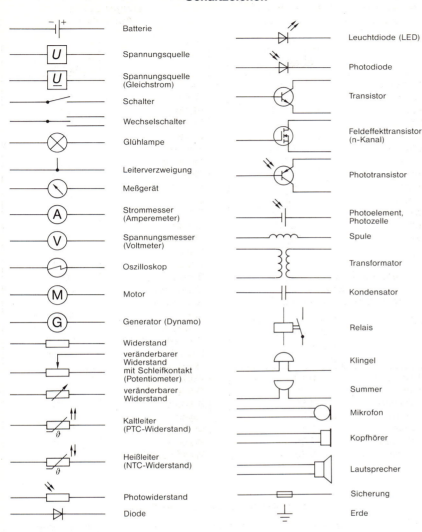

Farbcode für Widerstände

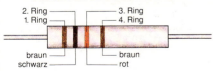

	1. Ring	2. Ring	3. Ring	4. Ring
schwarz	0	0		
braun	1	1	0	± 1%
rot	2	2	00	± 2%
orange	3	3	000	
gelb	4	4	0000	
grün	5	5	00000	
blau	6	6	000000	
violett	7	7		
grau	8	8		
weiß	9	9		
gold				± 5%
silber				± 10%

Fehlt der 4. Ring: ± 20%
Beispiel: Der abgebildete Widerstand hat 1000 Ω ± 1% Fertigungsgenauigkeit (4. Ring). Er kann also 990 bis 1010 Ω haben.

Verzeichnis der Bild- u. Textquellen

Acaluso, Altensteig: 6.1; ADAC, München: S. 144 („Sie fliegen noch..."), 449.5; AEG-Telefunken, Hamburg: 276.2, 327.10; AGA, Eschborn: 402.1; Angermayer, Holzkirchen: 6.2; Anthony, Starnberg: 124.2; ap, Frankfurt/M.: 428.1; Baader Planetarium, München: 13.6; BASF, Ludwigshafen: 212.2 u. 3; Bavaria, Gauting: 9.5, 16.1, 19.10, 72.1, 147.4, 378.4, 416.1, 438.1; Beckmann, Hamburg: 288.3; Beuth Verlag, Berlin: DIN-Normen; Bewag, Berlin: 308.2; BMW, München: 128.2, 357.3; T. Borec: Guten Tag, Herr Ampère. Deutsch-Taschenbücher Band 28, Verlag Harri Deutsch, Thun, Frankfurt/M., 1983: S. 104; Bosch, Stuttgart: 314.1; Botschaft von Neuseeland, Bonn: 7.19; BSR, Berlin: 230.3; Büdeler, Thalham: 33.12, 92.2, 221.10; Bundesanstalt für Materialprüfung, Berlin: 436.3; Daimler-Benz, Stuttgart: 155.5, 192.3; Dargaud Editeur by Morris, 1985: 18.1; DB, München: 202.4; Demag, Wetter: 101.7; Deutsche Poclain, Groß-Gerau: 202.3; Deutsche Verkehrswacht, Bonn: 156.4–7; Deutscher Wetterdienst, Offenbach: 225.4; Deutsches Museum, München: 24.1 u. 2, 53.7, 74.1 u. 2, 104.1, 112.1, 115.9, 121.4, 154.2 u. 3, 159.11, 166.3, 178.2–4, 183.3, 189.12, 191.3, 221.9, 222.2, 229.3 u. 4, 237.9, 252.1, 268.1 u. 3, 280.4, 292.1, 315.8, 316.1, 350.2 u. 3, 351.5, 355.3, 385.8, 386.3, 391.7, 394.1 u. 2, 416.4, 446.1; Diogenes, Zürich (Schweiz), aus „Loriot: Möpse und Menschen": 23.6; Walt Disney Productions, Frankfurt/M.: 208.1, 212.1; dpa, Frankfurt/M.: 22.4, 97.16, 124.3, 166.4, 174.2, 429.4, 438.3 u. 4; DRK, Berlin: 36.6; DWK, Hannover (verändert): 434.3; Einhell, Landau: 304.3 u. 4; Eisch, Frauenau: 196.4; Energieversorgung Schwaben, Stuttgart (Freigabe Nr. 2857 A2): 388.1; Engelhardt, Köln: 126.1 u. 2, 132.2; ESA/Meteosat, Darmstadt (aus GEO 11/81): 23.5; Esser, Neuss: 216.1; eso, Tettnang: 440.1; Faber-Castell, Stein: 349.8; Fichtel & Sachs, Schweinfurt: 393.10; Fischerwerke, Tumlingen: 319.6 u. 7; Wilhelm-Foerster-Sternwarte, Berlin: 20.1, 21.8 u. 9, 70.2, 147.5; Frank, Ravensburg: 276.1; Fraunhofer-Institut, Freiburg: 237.10; FWU, Grünwald: 405.6; Galilei: Schriften, Briefe, Dokumente. München, C. H. Beck: S. 73; Germanisches Nationalmuseum, Nürnberg: 108.1; Ges. für Strahlen- u. Umweltforschung, München: 435.5; Gmeinder, Mosbach: 161.10; GNS, Essen: 434.2; Göbel, Spielberg: 142.2; Greiner & Meyer, Braunschweig: 376.1, 384.1; Gruner + Jahr, Hamburg: 124.5, 205.6; Hagemeister, Berlin: 362.2 u. 3; Dr. Hausmann, Berlin: 70.1; Hellige, Freiburg: 118.3; Hildebrand, Hiddenhausen: 418.3, 426.1 u. 2; Historia-Photo, Hamburg: 189.11, 228.1; Hottinger Baldwin, Darmstadt: 248.1; Huber, Garmisch-Partenkirchen: 116.2; Hug, Darmstadt: 372.1 u. 2; Dr. Ibelgaufts, München: 429.3; IBM, Stuttgart: 316.4, 343.7 u. 9; Ikan, Frankfurt/M.: 7.16; Illmann, Nümbrecht: 130.1; Interfoto, München: 203.6; Horst von Irmer, Intern. Bildarchiv, München: Titelbild, 132.1, 227.7; IZE, Frankfurt/M.: 298.2; Kernforschungszentrum Karlsruhe: 416.3, 425.3; Keystone, Hamburg: 196.3; Knapp, Neuhausen: 124.6, 188.10; Krauss-Maffei, München: 362.1; KWU, Erlangen: 237.7, 288.3, 293.4, 422.1–6, 434.1; Lieder, Ludwigsburg: 74.3; Lienert, Appenweier: 52.1; Lille, Stade: 408.1; Luftschiffbau Zeppelin, Friedrichshafen („Das erste Luftschiff des Grafen Grafen Zeppelin"): Text S. 229; Mahn, Hamburg: 127.4; MAN, Augsburg: 270.3; Mannesmann Demag, Duisburg: 171.11; Mauritius, Mittenwald: 16.4, 17.10, 41.11, 72.3, 80.1, 124.7, 127.3, 136.1 u. 2, 166.5, 180.4, 186.3, 194.1, 213.9, 376.3, 384.2, 399.7, 447.2; Medenbach, Witten: 195.6; Messer Griesheim, Düsseldorf: 194.3; Miele, Gütersloh: 95.3; Museo di Storia della Scienza, Florenz (Italien): 351.6; Niedersächsisches Landesverwaltungsamt (Freigabe Nr. 70/83/2000), Hannover: 56.1; Nilsson: Unser Körper – neu gesehen, Herder, Freiburg: 60.3; Offermann, Arlesheim (Schweiz): 195.5 u. 7; Okapia, Frankfurt/M.: 7.17 u. 18; Opel, Rüsselsheim: 138.1, 144.1; Pergamon Press, London: 417.6; Pfeiffer, Kirchentellinsfurt: 21.7; Pfletschinger/Angermayer, Holzkirchen: 162.6; Philips, Hamburg: 436.1; Philips, Köln: 44.1; Phywe, Göttingen: 416.2; Preussag Bauwesen, Hannover: 358.5; Preußischer Kulturbesitz, Berlin: 58.1, 95.2, 172.1, 228.2, 250.1, 365.3; PTB, Braunschweig: 147.6; RWE Energie, Essen: 301.10, 309.5, 309.7 u. 8, 310.3, 387.9, 408.2; Sambursky. Der Weg der Physik. Artemis Verlag, Zürich (Schweiz): S. 197 („Dalton über die kleinsten Teilchen"); Schleswag, Rendsburg: 276.3; Schroeder fire balloons, Schweich: 366.3; Schumann, Großhansdorf: 16.2; Schwäbische Zeitung, Ausgabe Ravensburg: S. 440; Seiko Deutschland, Düsseldorf: 291.5; Siemens, Erlangen: 309.6; Siemens, München: 44.4, 113.3, 316.2, 345.6; Siemens, Energieerzeugung KWU, Erlangen: 293.5 u. 6, 412.1 u. 4; Werner-von-Siemens-Institut, München: 292.2; Silvestris, Kastl/Obb.: 72.2, 80.3, 128.1, 376.4, 403.4, 443.5; Stäcker & Olms, Hamburg: 223.8; Stadtwerke, Bochum: S. 8 (Text und Bilder zur Gas-Straßenbeleuchtung); Stadtwerke, München: 274.1; STERN, Hamburg: 198.1; Stiebel Eltron, Holzminden: 98.3 u. 8; Süddeutscher Verlag, München: 362.5; Tagesspiegel, Berlin: S. 311 („Größte Kraftwerks-Panne..."); Technische Universität, Inst. für Mechanik u. Spannungsoptik, Lehrstuhl C, München: 219.7; Teves, Frankfurt/M.: 352.1 u. 2; The Science Museum, London: 424.2; Thyssen, Duisburg: 194.2; Transformatoren-Union, Stuttgart: 298.1, 300.1; Transglobe, Hamburg: 7.20; Ullrich, Berlin: 7.15, 165.5; Ullstein, Berlin: 73.7, 229.5; USIS, Bonn: 15.5, 19.11, 124.1, 144.3 u. 4; VEW (Wiese), Dortmund: 398.3; Voith, Heidenheim: 190.1 u. 2; VTG, Hamburg: 368.1; VVK, Kiel (Luftbildfreigabe Nr. SH 690/633): 219.6; VW, Wolfsburg: 280.2, 345.7; Wacker, Burghausen: 322.1, 322.3–5; Walther, Köln: 358.1–4; Wolloner, Mannheim: 396.4; Wolpert, Ludwigshafen: 138.2; Dr. Wolter, Berlin: 62.1 u. 2; ZEFA, Düsseldorf: 116.1, 129.6, 143.10, 162.1, 196.2, 230.1 u. 2, 305.7, 309.4, 403.5, 443.7; Zeiss, Oberkochen: 75.4, 77.4, 353.9, 376.2.

Alle anderen Fotos: Cornelsen Verlag (Fotostudio Mahler und Atelier Schneider), Berlin.

Für hilfreiche Unterstützung danken wir außerdem:

Der Firma Cornelsen Experimenta, Berlin (Versuchsgeräte), der Fachschule für Optik und Feinmechanik, Berlin (Abb. 68.3), der Firma fischerwerke Artur Fischer, Tumlingen (fischertechnik®-Schulprogramm), dem Institut für Mineralogie der TU, Berlin (Abb. 44.2), der Firma gm-Elektronik, Bielefeld (Abb. 246.1), Herrn Dr. Latzel, Riemerling (Abb. 44.3), dem Museum für Verkehr u. Technik, Berlin (Abb. 218.3 u. 4) und dem Studio tolon, Fürth (Bearbeitung einiger historischer Abbildungen).

Anhang

Periodensystem der Elemente

Hauptgruppenelemente

Periode	I	II	III	IV	V	VI	VII	VIII	Periode
1	1,00797 $_1$H							4,0026 $_2$He	1
2	6,939 $_3$Li	9,0122 $_4$Be	10,811 $_5$B	12,011 $_6$C	14,007 $_7$N	15,999 $_8$O	18,998 $_9$F	20,183 $_{10}$Ne	2
3	22,990 $_{11}$Na	24,312 $_{12}$Mg	26,982 $_{13}$Al	28,086 $_{14}$Si	30,974 $_{15}$P	32,064 $_{16}$S	35,453 $_{17}$Cl	39,948 $_{18}$Ar	3
4	39,102 $_{19}$K	40,08 $_{20}$Ca	69,72 $_{31}$Ga	72,59 $_{32}$Ge	74,922 $_{33}$As	78,96 $_{34}$Se	79,909 $_{35}$Br	83,80 $_{36}$Kr	4
5	85,47 $_{37}$Rb	87,62 $_{38}$Sr	114,82 $_{49}$In	118,69 $_{50}$Sn	121,75 $_{51}$Sb	127,60 $_{52}$Te	126,90 $_{53}$I	131,30 $_{54}$Xe	5
6	132,90 $_{55}$Cs	137,34 $_{56}$Ba	204,37 $_{81}$Tl	207,19 $_{82}$Pb	208,98 $_{83}$Bi	(209) $_{84}$*Po	(210) $_{85}$*At	(222) $_{86}$*Rn	6
7	(223) $_{87}$*Fr	(226) $_{88}$*Ra							7

- Metalle
- Elemente mit metallischen **und** nichtmetallischen Eigenschaften
- Nichtmetalle
- Edelgase

* radioaktive Elemente

Nebengruppenelemente

4	44,956 $_{21}$Sc	47,90 $_{22}$Ti	50,942 $_{23}$V	51,996 $_{24}$Cr	54,938 $_{25}$Mn	55,847 $_{26}$Fe	58,933 $_{27}$Co	58,71 $_{28}$Ni	63,54 $_{29}$Cu	65,37 $_{30}$Zn	4
5	88,905 $_{39}$Y	91,22 $_{40}$Zr	92,906 $_{41}$Nb	95,94 $_{42}$Mo	(97) $_{43}$*Tc	101,07 $_{44}$Ru	102,90 $_{45}$Rh	106,4 $_{46}$Pd	107,87 $_{47}$Ag	112,40 $_{48}$Cd	5
6	138,91 $_{57}$La	178,49 $_{72}$Hf	180,95 $_{73}$Ta	183,85 $_{74}$W	186,2 $_{75}$Re	190,2 $_{76}$Os	192,2 $_{77}$Ir	195,09 $_{78}$Pt	196,97 $_{79}$Au	200,59 $_{80}$Hg	6
7	(277) $_{89}$*Ac	(260) $_{104}$*Ku	(261) $_{105}$*Ha								7

Lanthanide (6. Periode)
Actinide (7. Periode)

6	140,12 $_{58}$Ce	140,91 $_{59}$Pr	144,24 $_{60}$Nd	(145) $_{61}$*Pm	150,35 $_{62}$Sm	151,96 $_{63}$Eu	157,25 $_{64}$Gd	158,92 $_{65}$Tb	162,50 $_{66}$Dy	164,93 $_{67}$Ho	167,26 $_{68}$Er	168,93 $_{69}$Tm	173,04 $_{70}$Yb	174,97 $_{71}$Lu
7	232,04 $_{90}$*Th	(231) $_{91}$*Pa	238,03 $_{92}$*U	(237) $_{93}$*Np	(244) $_{94}$*Pu	(243) $_{95}$*Am	(247) $_{96}$*Cm	(247) $_{97}$*Bk	(251) $_{98}$*Cf	(254) $_{99}$*Es	(253) $_{100}$*Fm	(256) $_{101}$*Md	(253) $_{102}$*No	(257) $_{103}$*Lr

Die chemischen Elemente

Element	Symbol	Element	Symbol	Element	Symbol	Element	Symbol	Element	Symbol	Element	Symbol	Element	Symbol
Actinium	Ac	Calcium	Ca	Gallium	Ga	Kurtschatonium	Ku	Nobelium	No	Rubidium	Rb	Thallium	Tl
Aluminium	Al	Californium	Cf	Germanium	Ge	Lanthan	La	Osmium	Os	Ruthenium	Ru	Thorium	Th
Americium	Am	Cer	Ce	Gold	Au	Lawrencium	Lr	Palladium	Pd	Samarium	Sm	Thulium	Tm
Antimon	Sb	Chlor	Cl	Hahnium	Ha	Lithium	Li	Phospor	P	Sauerstoff	O	Titan	Ti
Argon	Ar	Chrom	Cr	Hafnium	Hf	Lutetium	Lu	Platin	Pt	Schwefel	S	Uran	U
Arsen	As	Curium	Cm	Helium	He	Magnesium	Mg	Plutonium	Pu	Selen	Se	Vanadin	V
Astat	At	Dysprosium	Dy	Holmium	Ho	Mangan	Mn	Polonium	Po	Silber	Ag	Wasserstoff	H
Barium	Ba	Einsteinium	Es	Indium	In	Mendelevium	Md	Praseodym	Pr	Silicium	Si	Wismut	Bi
Berkelium	Bk	Eisen	Fe	Iod	I	Molybdän	Mo	Promethium	Pm	Scandium	Sc	Wolfram	W
Beryllium	Be	Erbium	Er	Iridium	Ir	Natrium	Na	Protactinium	Pa	Stickstoff	N	Xenon	Xe
Blei	Pb	Europium	Eu	Kalium	K	Neodym	Nd	Quecksilber	Hg	Strontium	Sr	Ytterbium	Yb
Bor	B	Fermium	Fm	Kobalt	Co	Neon	Ne	Radium	Ra	Tantal	Ta	Yttrium	Y
Brom	Br	Fluor	F	Kohlenstoff	C	Neptunium	Np	Radon	Rn	Technetium	Tc	Zink	Zn
Cadmium	Cd	Francium	Fr	Krypton	Kr	Nickel	Ni	Rhenium	Re	Tellur	Te	Zinn	Sn
Cäsium	Cs	Gadolinium	Gd	Kupfer	Cu	Niob	Nb	Rhodium	Rh	Terbium	Tb	Zirkonium	Zr

Auswahl physikalischer Größen mit ihren Einheiten

Größe	Formelzeichen	Einheit		Weitere Einheiten		Beziehung
Temperatur	T ϑ (Theta)	Kelvin Grad Celsius	K °C			0 K $\triangleq$ −273,15 °C 0 °C $\triangleq$ 273,15 K
Länge	l	Meter	m	Seemeile	sm	1 sm = 1852 m
Fläche Querschnittsfläche	A S	Quadratmeter	m²	Ar Hektar	a ha	1 a = 100 m² 1 ha = 100 a = 10000 m²
Volumen	V	Kubikmeter	m³	Liter	l	1 l = 1 dm³ = 0,001 m³
Masse	m	Kilogramm	kg	Gramm Tonne	g t	1 g = 10^{-3} kg = 0,001 kg 1 t = 10^3 kg = 1000 kg
Dichte	ϱ (Rho)	Gramm durch (pro) Kubikzentimeter	$\frac{g}{cm^3}$			
Kraft	F	Newton	N			1 N = $1 \frac{kg \cdot m}{s^2}$
Druck	p	Pascal	Pa	Bar	1 bar	1 Pa = $1 \frac{N}{m^2}$ 1 bar = 10^5 Pa = 1000 hPa 1 mbar = 1 hPa = 10^2 Pa = 100 Pa
Arbeit Energie	W	Joule Newtonmeter	J Nm			1 J = 1 Nm = 1 Ws = $1 \frac{kg \cdot m^2}{s^2}$
Leistung	P	Watt	W			1 W = $1 \frac{Nm}{s}$ = $1 \frac{J}{s}$
Zeit	t	Sekunde	s	Minute Stunde Tag Jahr	min h d a	1 min = 60 s 1 h = 60 min = 3600 s 1 d = 24 h = 1440 min = 86400 s
Frequenz	f	Hertz	Hz			1 Hz = $\frac{1}{s}$
Geschwindigkeit	v	Meter durch (pro) Sekunde	$\frac{m}{s}$	Kilometer durch Stunde Knoten	$\frac{km}{h}$ Kn	$1 \frac{km}{h} = \frac{1}{3,6} \frac{m}{s}$ 1 Kn = $1 \frac{sm}{h}$ = 1,852 $\frac{km}{h}$
Beschleunigung	a	Meter durch Sekunde hoch zwei	$\frac{m}{s^2}$			
elektr. Stromstärke	I	Ampere	A			
elektr. Spannung	U	Volt	V			1 V = $1 \frac{Ws}{As}$ = $1 \frac{W}{A}$
elektr. Widerstand	R	Ohm	Ω			1 Ω = $1 \frac{V}{A}$
Kapazität	C	Farad	F			1 F = $1 \frac{As}{V}$
Aktivität	A	Becquerel	Bq	Curie	Ci	1 Bq = $\frac{1}{s}$ 1 Ci = 37 · 10^9 Bq
Energiedosis	D	Gray	Gy	Rad	rd	1 Gy = $1 \frac{J}{kg}$ = 100 rd
Äquivalentdosis	D_q	Sievert	Sv	Rem	rem	1 Sv = $1 \frac{J}{kg}$ = 100 rem

Vielfache und Teile von Einheiten

Vorsatz	Giga-	Mega-	Kilo-	Hekto-	Deka-	Dezi-	Zenti-	Milli-	Mikro-	Nano-	Piko-
Vorsatzzeichen	G	M	k	h	D	d	c	m	μ	n	p
Faktor, mit dem die Einheit multipliziert wird	10^9	10^6	10^3	10^2	10^1	10^{-1}	10^{-2}	10^{-3}	10^{-6}	10^{-9}	10^{-12}

Anhang

Sach- und Namenverzeichnis

Abbildungsfehler 52
Abbildungsgleichung 51
Abbildungsmaßstab 25, 27, 51, 59
Abfall, radioaktiver 434 f.
ABS 155
absoluter Nullpunkt der Temperatur 353, 365
Abwärme 388 ff., 395, 398
actio - reactio 131 ff.
Additive Grundfarben 85
Äquivalentdosis 431
Aggregatzustand 194, 199
Aiken, Howard Hathaway 316
Akkommodation 61
Aktivität 431
Akzeptor 321, 329
Alpha-Strahlung 419
Alpha-Zerfall 420 f.
Amontons, Guillaume 364
Ampere (A) 120, 123
Ampère, André Marie 105, 120
Amperesekunde (As) 122
Amplitudenmodulation 328
AND-Schaltung 341
Anomalie des Wassers 359
Anpreßkraft (Normalkraft) 153, 157
Antiblockiersystem 155
Antiproportionalität 218
Anziehungskraft 146 f.
Aquaplaning 156
Aräometer 211
Arago, Dominique François 105
Arbeit 174 ff., 181, 186
Arbeitsdiagramm 180
Arbeitsprojektor 57
Arbeitsstromkreis 332
Archimedes 210
Archimedisches Prinzip 209
Aristoteles 446
Aristoteles' Bewegungslehre 126
Astronomisches (Keplersches) Fernrohr 70 ff.
Atmung 226
Atom 318, 320 f., 408 f., 415
Atombombe 429
Atomhülle 110, 408 f.
Atomkern 110, 408 ff., 420
Atomrumpf 242
Aufschlaghorn 101
Auftrieb 208 f., 209, 215, 227
Auftriebskraft 209, 215
Auge 60 f., 69
Augenfehler 64 ff., 69
Ausdehnungskoeffizient 361, 367, 452
Ausgleichsgerade 137
Außenleiter 264, 298
Austrittspupille 76
Autohupe 101

Balkenwaage 147
Ballonflug 228 f.
Bandgenerator 240
Barium 423
Barlowsches Rad 282
Barometer 223, 233
Basis 330, 347
Basisstrom 332 f.
Batterie 237
Becquerel (Bq) 431

Becquerel, Henri 416
Belastungsspannung 257
Benz, Karl 391
Beschleunigung 444, 449
Beschleunigungsarbeit 181
Beta-Strahlung 419 f.
Beta-Zerfall 420 f.
Bewegung, geradlinig gleichförmige 439, 449
-, gleichmäßig beschleunigte 444 f., 449
-, ungleichförmige 439, 449
Bewegungsenergie 188, 448 f.
-, mittlere 355
Bewegungszustand 125, 133
Bild, reelles 29, 48
Bild, virtuelles 29, 31, 40, 48, 64
Bildebene 48
Bildgröße 19, 25, 47
Bildkonstruktion, geometrische 49 f.
Bildweite 19, 25, 48
Bimetallschalter 99
Bimetallthermometer 349
Bindungselektron 320
Bit 339
Blende 54
Blitz 97, 112 f.
Blitzschutz 114
Boyle-Mariottesches Gesetz 217, 232
Brandmelder 246
Braun, Karl Ferdinand 324
Braunsche Röhre 282, 285
Brechung 38 ff., 45, 79
Brechungswinkel 38
Brechzahl 42
Brennebene 48
Brennelement 412, 433 ff.
Brennpunkt 59
-, virtueller 64
Brennweite 48, 59
Brown, Robert 354
Brückenschaltung 323
Bunsen, Robert Wilhelm 82

Cavendish, Henry 146
Celsius, Anders 351
Celsiusskala 348, 351
Chip 343
C-MOS-Schaltung 342
Codieren 314 f.
Computer 315 ff., 339, 346
Coulomb (C) 122
Curtis, Charles 387

Daimler, Gottlieb 391, 394
Dalton, John 197
Dampfdruck 377
Dampfdrucktopf (Schnellkochtopf) 377
Dampfmaschine 183, 385 f.
Dampfturbine 293, 387 f.
Darlington-Transistor 335
Davy, Sir Humphry 401
Dehnungsmeßstreifen 248
Demodulation 328
Demokrit 197
Deuterium 414
Diapositiv 86
Diapositiv 87
Diaprojektor 57, 59
Dichte 150 f., 230, 452

Diesel, Rudolf 393
Dieselmotor 393
Diode 116, 323 ff.
Donator 321, 329
Doppel-T-Anker 281
Doppelspiegel 451
Dosenbarometer 223 ff.
Dotieren 321, 329
Drain 335, 337
Drais, Karl Freiherr von 178
Drehmoment 160, 167
Drehmomentgleichgewicht 160, 167
Drehspulinstrument 120 f.
Drehspulinstrument 238
Drehstromgenerator 299
Drehstromnetz 299
Drei-Farben-Theorie des Sehvorgangs 88
Dreifach-Lichtschranke 440
Dreifach-T-Anker 281
Druck 200 f., 203 f., 214 ff., 232, 364
Druckwasserreaktor 413, 415
Dualsystem 315, 344
Durchlaßrichtung 326
Durchschnittsgeschwindigkeit 439, 449

Edison-Röhre 116 f.
Effekt, glühelektrischer 117, 123
Effektivwert 291, 297
Eigenleitung 321, 329
einfache Maschinen 173, 177, 181
Einfallslot 30 f.
Einfallswinkel 31, 38 f.
Eisschrank 374
elastisch 129, 133, 139
Elektroenzephalogramm (EEG) 118
Elektrokardiogramm (EKG) 118
Elektromagnet 100 f., 104 f., 292
Elektromotor 278 ff., 285
Elektron 110, 115, 117 f., 318, 320 f., 408 f., 415, 421
Elektronenleitung 320
Elektronenstrahl 294
Elektroskop 107
Elektrounfall 94, 264 ff.
Element 454
Elementumwandlung 420
Emitter 330, 347
Emitterschaltung 332
Endoskop 43
Energie 186, 188, 193
Energie, elektrische 268 ff., 297
-, innere 355 ff., 379
-, mechanische 186, 188, 193
-, regenerative 276
-, „verborgene" 372 f., 375
Energiedosis 431
Energieerhaltungssatz 193, 355 f., 388
Energiesparen 275
Energiestrom 268 ff., 276 f., 306 f., 400
Energieübertragung 268, 305 ff.
Energieumwandlung 188, 193, 269, 388 ff.
Energieverbrauch 276
Energieverbund 310 f.
Energieversorgung 276, 311

Energiewandler 269, 277
ENIAC 316
Entfernungsmesser 32, 451
Entstaubungsanlage 111
Erdkabel 309
Erdung 264
Erhaltungssatz der Energie 193, 355 f., 388
Erregermaschine 293
Ersatzwiderstand 255 f.
Erstarren 194, 372 f.
Erstarrungswärme 373
EX-OR-Schaltung 341

Fahrenheit, Daniel Gabriel 351
Fahrrad 178 f.
Fahrtmesser 442
Fallbeschleunigung 447, 449
Fallschirmspringen 447
Faraday, Michael 113, 286
Faradayscher Käfig 113
Farbaddition 83 ff., 91
Farbcode für Widerstände 453
Farbdia 86 f.
Farben 78 f., 83, 85 f., 89 ff.
Farbenkreis, Newtonscher 83
Farbenkreisel 451
Farbensehen 88
Farbfilter 83, 85 ff.
Farbnegativ 86
Farbsubtraktion 83, 91
Federkonstante 137 f.
Fehlerstromschutzschalter 265
Feldeffekttransistor 335, 337, 347
Feldlinien 105, 301
Feldspule 313
Fernrohr 70 ff.
Fernsehbild 84
Filmdosimeter 426
Fizeau, Armand 11
Flaschenzug 169, 172 f.
Flipflopschaltung 339, 344, 347
Fluoreszenz 80
Fluß, magnetischer 289 f.
Flüssigkeitsthermometer 349
Flüssigkristallthermometer 349
Fotoapparat 53 ff., 59
Fotomethode 427
Franklin, Benjamin 108, 121
Fraunhofer, Joseph 82
Freibordmarke 213
freier Fall 446 ff.
Frequenz 290
Fresnel-Linse 57
Fundamentalabstand des Thermometers 348
Funkenstrecke 417, 427
Fusionsreaktor 414

Gabellichtschranke 319
Galilei, Galileo 11, 71, 73, 446
Galileifernrohr 70 ff.
Galvani, Luigi 118
Gamma-Strahlung 419 f., 427
Gamma-Zerfall 420 f.
Gangschaltung 177 ff.
Gasgesetze 364 ff.
Gate 335, 337
Gatter 341
Gay-Lussac, Joseph 364
Gegenstandsgröße 19 f., 25, 47
Gegenstandsweite 19 f., 25

Geiger, Hans 408, 418
Geigerzähler 417 f., 427
Generator 237, 240, 288 f., 291 f., 296 ff.
Geschwindigkeit 438 ff., 449
-, mittlere 439
Geschwindigkeitskontrolle 440
Gesetz von Amontons 366
Gesetz von der Erhaltung der Energie 193, 355 f., 388
Gesetz von Gay-Lussac 366
Gewichtskraft 125, 145 ff., 149
Gewitter 114
Geysir 378
Glasfaser 43 f.
Gleichgewicht 164 ff.
Gleichspannung 290, 297
Gleichstrom 290
Gleitreibungskraft 152 f., 157
Gleitreibungszahl 152 f., 157
Glimmlampe 97
Glühdraht 99, 246
glühelektrischer Effekt 117, 123
Glühlampe 246
Göpel 189
Goethe, Johann Wolfgang von 92
Goethes Farbenlehre 92 f.
Goldene Regel der Mechanik 177, 181
Gravitation (Massenanziehung) 146, 149
Gray (Gy) 431
Grenzwinkel der Totalreflexion 39, 43, 45
Grundfarben 85
grüne Welle 441
Guericke, Otto von 220 ff., 350

Haftreibungskraft 152 f.,157
Haftreibungszahl 152 f., 157
Hagel 376
Hahn, Otto 410
Halbleiter 315 ff.
Halbschatten 19, 23
Halbwertszeit 423, 427
Handlog 442
Hebel 158 f. 166
Hebelgesetz 158 f.
Heißleiter 244 ff., 255
Heißluftballon 228, 365
Hiroshima 429
Hochdruckgebiet 225
Hochspannung 305 f., 313
Höhenstrahlung 420
Hörkapsel 250 f.
Hohlspiegel (Konkavspiegel) 34 ff.
Holländisches (Galileisches) Fernrohr 70 f.
Hooke, Robert 137
Hookesches Gesetz 137, 141
horror vacui 220
Hubarbeit 181
hydraulische Systeme 202, 214

IC 341 ff.
Impulsrate 418
Indifferentes Gleichgewicht 164, 167
Induktion 287, 289, 296 f.
Induktionsgesetz 296
Induktionsherd 305
Induktionsspannung 287 ff., 296
Induktionsspule 300 f., 313

Industrieroboter 280, 345
Information 314 f.
infrarotes Licht 80
Innenwiderstand 257, 260
Inverter 341
Ion 417
Ionisation 417
Isolator 97, 110, 318
Isotop 409, 421

Jacobi, Moritz Hermann 279
Joule (J) 175, 181, 188
Joule, James Prescott 175, 370

Kaltleiter 245 f.
Kantenspektrum 79
Kelvin (K) 348, 365
Kelvin, Lord of Largs 365
Kelvinskala 365
Kepler, Johannes 71
Keplersches Fernrohr 70 f.
Kernbaustein 410, 420
Kernbrennstoff 412
Kernenergie 411, 414
Kern-Hülle-Modell 409, 415
Kernkraft 410 ff.
Kernkraftwerk 412, 415, 433
Kernschatten 19, 23
Kernspaltung 410 ff.
Kernumwandlung, künstliche 424 f.
Kernverschmelzung 414
Kernzerfall 427
Kettenreaktion 411, 415
Kilogramm (kg) 143, 147, 149
Kilogrammprototyp 147
Kirchhoff, Gustav Robert 82
Kirchhoffsche Gesetze 259
Knoten (kn) 442
Koch, Robert 74
Kochplatte 260
Körper 194
Körperfarben 89 ff.
Kohlekraftwerk 388, 398
Kohlenstoff 425
Kohleschichtwiderstand 253
Kollektor 330, 347
Kollektorstrom 332 f.
Kommutator 279, 290
Komplementärfarben 83
Komponenten einer Kraft 140 f.
Kondensationswärme 375, 379
Kondensieren 194, 374 f.
Kondensor 57
Konkavlinse (Zerstreuungslinse) 64 f., 69
Konkavspiegel (Hohlspiegel) 34 ff.
Konstantandraht 247 f.
Kontaktspannung 327
Konvektion 396 f., 407
Konvexlinse (Sammellinse) 46 ff., 59
Konvexspiegel (Wölbspiegel) 34 ff., 73
Kräftegleichgewicht 129 f., 133
Kräfteparallelogramm 140 f.
Kraft 124 ff., 133
Kraftmessung 134 f., 141
Kraftpfeil 125
Kraftwandler 160, 203, 214
Kraftwerk 388, 390, 398
Kran 171
Kristallbildung 195
Kühlschrank 381, 383

Kühlturm 398
Kurzsichtigkeit 65, 69

labiles Gleichgewicht 164, 167
Ladung 108, 115, 122 f.
Ladungsträger 110 f., 115, 117
Ladungstrennung 239 f.
Längenausdehnung 361 f., 367, 452
Lageenergie 187
Lagesinnesorgan 165
Landwind 399
Lasthebemagnet 101
Laterna magica 58
Lautsprecher 251
Laval, Gustaf de 387
Lawson, John D. 414
LDR 317
LED 324
Leerlaufspannung 257
Leeuwenhoek, Anton van 74
Leidener Flasche 120 f.
Leistung 182 ff., 270 ff., 277
Leiter 97, 110
Lenz, Emil 288
Lenzsche Regel 288, 297
Lesebrille 66
Leuchtdiode 324, 329
Leuchtstofflampe 97
Lichtausbreitung 9 f., 15
Lichtbogen 304
Lichtbrechung 38 ff., 45, 79
Lichtbündel 9, 15
Lichtempfänger 15
Lichtgeschwindigkeit 11, 15
Lichtleiter 43 f.
Lichtquelle 6 f., 15
Lichtschranke 319
Lichtstrahl 9, 15
Linienspektrum 82
Linke-Hand-Regel 283
Linsengleichung 51, 59
Lochkamera 24 ff., 450
Löcherleitung 320 f.
Loguhr 442
Lorentz, Hendrik Anton 283
Lorentzkraft 283, 285, 287
Luftdruck 222 ff., 233
Luftschiff 229
Luftwiderstand 130
Lupe 66 f., 69

Magnet 286 ff., 296, 299
Magnetfeld 283
Magnetfelder von Strömen 104 f.
Magnetische Wirkung des elektrischen Stromes 100 ff.
Manometer 201, 223
Mark 1 316
Marsden, Ernest 408
Masse 143, 145 ff., 149
Massenanziehung (Gravitation) 146 f., 149
Massenzahl 409
Mayer, Robert 356
Meitner, Lise 410
Meßbereichserweiterung 260 f.
Mikrofon 251
Mikroprozessor 345
Mikroskop 70 f., 74, 77
Minimum-Maximum-Thermometer 349
Mischungstemperatur 371
Mitführung von Energie 397
Mittelpunktstrahl 48
Modell 9, 195

Moderator 413
Momentangeschwindigkeit 439, 449
Mondfinsternis 21
Montgolfiere 228, 365
Morsetelegraf 315
MOS-FET 337
Motorkühlung 398
Motorrad 394
Müller, Walther 418

Nagasaki 429
Nahpunkt des Auges 66
NAND-Gatter 342
NAND-Schaltung 341
Nebelkammer 417 f.
Nebenwiderstand 261
Neutralleiter 264, 298 f.
Neutron 409, 412 f., 415
Newcomen, Thomas 183, 385
Newton, Isaac 79 f., 127, 135, 146
Newton (N) 135, 141, 148
Newtonmeter (Nm) 181, 188
Newtonscher Farbenkreis 83
Nichtleiter 97
n-Leitung 320, 329
Nollet, Jean Antoine 121
NOR-Schaltung 341
Normalkraft (Anpreßkraft) 153, 157
Normdruck 223
Notstromaggregat 270, 288
npn-Transistor 332 f., 347
NTC-Widerstand 317 f.
Nulleffekt 420
Nullpunkt, absoluter 353, 365

Objektiv 52 f., 70 f.
Oersted, Hans Christian 104, 121, 286
Ohm (Ω) 243, 253
Ohm, Georg Simon 243, 247
Ohmsches Gesetz 247, 253
Ohr 227
Okular 70 f., 77
Opernglas 72
OR-Schaltung 341
Ordnungszahl 409, 411
Ortsfaktor 145
Oszilloskop 294
Otto, Nikolaus August 391
Ottomotor 391 f.
Overheadprojektor 57

p-n-Übergang 326
Paarbildung 320
Paradoxon des Schweredrucks 207
Parallelbündel 48
Parallelschaltung 96, 236, 258 ff., 263
Pascal, Blaise 201, 206, 316
Pascal (Pa) 201
Pasteur, Louis 74
Periodensystem der Elemente (PSE) 454
Periskop 451
Perpetuum mobile 191
Phasenverschiebung 299
Philon von Byzanz 350
Photodiode 329
Photowiderstand 317
Pixii, Hippolyte 292
Planartransistor 333
plastisch 139
p-Leitung 320 f., 329

Plutonium 425
pnp-Transistor 332, 347
Potentiometerschaltung 334
Primärspule 301, 313
Prisma 78 f.
Prismenfernglas 72
Projektor 56 f., 59
Proportionalität 136 f.
Proton 409 f., 415, 421
Pumpe 230 f., 233

radioaktiver Abfall 434 f., 420
radioaktiver Zerfall 427
Radioaktivität 416 ff.
-, natürliche 420
Radiokarbonmethode 425
Radium 423
Radon 422 f., 437
räumliches Sehen 62
Rakete 132
RAM-Speicher 345
Randstrahl 9
Réaumur, René-Antoine 351
Reflexion 13, 45
Reflexionsgesetz 31, 37
Reflexionswinkel 31
Regelstab 413
Regen 376
Regenbogen 81
Regenmelder 331
Reibung 152 ff.
Reibungsarbeit 181
Reibungskraft 125, 133
Reif 376
Reifenprofil 156
Reihenschaltung 96, 236, 254 ff., 263
Reis, Philipp 250, 252
Rekombination 320, 329
Relais 102
Resultierende (zweier Kräfte) 139 ff.
Richtungsstrahl 9
Roboter 319
Römer, Olaf 351
Röntgen, Conrad Wilhelm 416
Rollen 173
Rollreibungskraft 153, 157
ROM-Speicher 345
Rotor 278, 281, 285
Rückstellkraft 129, 133
Rumford, Benjamin 354
Rutherford, Ernest 408, 424

Sammellinse (Konvexlinse) 46 ff., 59
Schärfentiefe 55
Schallschwingungen 251
Schalter 95
Schaltskizze 96
Schaltung, integrierte 341
Schaltung, logische 340 f., 347
Schaltzeichen 96, 230, 453
Schattenbild 19, 23
Schattenraum 19, 23
Scheibenbremse 155
Scheinbild (virtuelles Bild) 29
Schiebewiderstand 256
Schiefe Ebene 174
Schmelzen 194, 372, 373
Schmelzsicherung 99, 103
Schmelztemperatur 373, 452
Schmelzwärme 373, 379, 452
Schnee 376
Schnellkochtopf 377 f.

Schnittbild-Entfernungsmesser 32
Schrittmotor 280
Schutzhelm 144
Schutzisolierung 265
Schutzkleinspannung 267
Schutzleiter 264
Schutzmaßnahmen im Stromnetz 264 f., 267
Schweißgerät, elektrisches 304
Schwellenspannung 326
Schweredruck 203 ff., 214, 220 f., 232 f.
Schwerpunkt 163 f., 167
Schwimmblase 212
Schwimmen 210 f., 215
Seewind 399
Sehprobentafel 450
Sehstrahl 14
Sehwinkel 16 f., 61, 66 f., 75, 450
Sekundärspule 300 f., 313
Selbstinduktion 301
Selbstunterbrechung 101
Senkwaage 211
Sicherheitsgurt 144
Sicherung 99, 103
Siedetemperatur 377, 379, 452
Siemens, Werner von 292
Sievert (Sv) 431
Silicium 320 ff.
Silicium-Solarzelle 327
Solarkonstante 405
Solarzelle 276, 327
Sonnenfinsternis 21
Sonnenkollektor 405
Source 335, 337
Spaltprodukt 433 f., 437
Spannarbeit 181
Spannenergie 187
Spannung 234 ff., 238 ff., 271
Spannungsmesser 238, 241, 261
Spannungsmessung 238, 241
Spannungsquelle 235 ff., 241
Spannungsteiler 256, 262 f.
Spannungsteilerschaltung 256, 334
Spektralanalyse 82
Spektralfarben 78 f., 91
Spektrallinien 82
Spektrum 78 f., 82, 91
Sperrichtung 326
Sperrschicht 326
Spiegelbild 28 f., 31, 37
Spiegelmeßverfahren 440
Spinthariskop 417
Sprechkapsel 250 f.
Sprinkleranlage 358
Spule 100, 103, 105
stabiles Gleichgewicht 164, 167
Stahlbeton 361
Stator 278, 285
Staudruck 442
Stempeldruck 200 f., 214
Steuerstromkreis 332
Stirling, Robert 390
Stirlingmotor 390 f.
Störstellenleitung 321
Stoff 194
Strahlenbelastung 432, 437
Strahlenschäden 432
Strahlenschutz 425
Strahlenwirkung 430 f., 437

Strahlung, äußere 430
-, innere 430
-, ionisierende 419, 430 f., 437
-, kosmische 420
-, terrestrische 420, 422
Strahlungsarten 419, 427
Strahlungsnachweis 427
Streuung 12 ff.
Strom 116 ff.
Stromkreis 95 f., 118
Strommesser 119 ff., 261
Strommessung 119 ff.
Stromrechnung 275
Stromstärke 117, 119 ff., 284
Stromverstärker 332
Stromwender 279, 290
subtraktive Grundfarben 85

Tachometer 442
Tageslichtprojektor 57
Taster 95
Taucherkrankheit 205
Teilchenbewegung 352 ff., 357
Teilchenmodell 195 ff., 199, 352 f.
Teilspannung 255
Telefon 250 ff.
Telefon-Fernleitung 328
Temperatur 348, 357, 373
Temperaturkoeffizient 318
Temperaturmeßfarbe 349
Temperaturskala, absolute 365 f.
Temperaturstrahlung 404 f., 407
terrestrische Strahlung 420, 422
Thermoelement 349
Thermometer 348 ff.
Thermometerskala 348, 350 f.
Thermostat 396
Tiefdruckgebiet 225
Tiefenrausch 205
Torricelli, Evangelista 223
Totalreflexion 43, 45
Trägerfrequenztechnik 328
Trägheit 142, 149
Transformator 300 f., 303 f., 313
Transistor 330 ff., 342 f., 346 f.
Transistoreffekt 333
Treibhauseffekt 404 ff.
Tripelspiegel 33
Tritium 414
Tschernobyl 428 f.
Turbine 293, 387 f.

Überdruck 223
Übergangswiderstand 266
U-Boot 212
ultraviolettes Licht 80
Umkehrlinse 72
Unterdruck 223
Uran 411 f.
Uran-Actinium-Reihe 421
Uranoxid 412

Valenzelektron 320 f.
Verbrennungsmotor 391
verbundene Gefäße 207, 214
Verbundnetz 310 f.
Verdampfen 194, 374 f., 379
Verdampfungswärme 375, 379, 383, 452
Verdunsten 380, 383
Verdunstungskühlung 380, 383
Verformung 129, 133, 136
Verformungsarbeit 181
verhüllte Farben 90
Verkehrssicherheit 152 f., 155 f.

Verlustleistung 334
Verstärker 332
Verteilungsnetz 309
Vielfachmeßgerät 121
Viertaktmotor 391 f.
Volt (V) 235, 241
Volta, Alessandro 121
Volumenausdehnung 358 ff., 367
- fester Körper 360 f., 367
- flüssiger Körper 358 f., 367
- gasförmiger Körper 363 f., 367
Vorwiderstand 261
Voyager 2 126

Wägesatz 147 f.
Wärme 356 f.
Wärme-Energie-Maschinen 384 ff., 388, 390, 395
Wärmedämmung 402
Wärmedurchgangskoeffizient 402
Wärmekapazität, spezifische 368 f., 371, 452
Wärmekraftwerk 388
Wärmeleitfähigkeit 400 f.
Wärmeleitung 400 f., 407
Wärmepumpe 382
Wärmewirkung des Stromes 98 f., 103
Wafer 322, 325
Wagenheber, hydraulischer 202
Wasserkraftwerk 190
Wasserrad 189
Wasserstoffballon 228
Wasserstromkreis 118
Wasserturbine 189
Watt, James 183, 386
Watt (W) 183, 185, 277
Wechselschalter 95 f.
Wechselspannung 290 f., 297
Wechselstrom 290 f.
Wechselwirkungsprinzip 131 ff.
Weitsichtigkeit 65, 69
Werkstoffprüfung 138 f.
Wetterlampe (Sicherheitslampe) 401
Wheatstone, Charles 102
Widerstand 453
Widerstand, elektrischer 242 ff., 253
-, spezifischer 249
Wiederaufbereitungsanlage 435
Winkelspiegel 36
Wirbelströme 304 f.
Wirkungsgrad 390, 395
Wirkungslinie der Kraft 160
Wölbspiegel (Konvexspiegel) 34 ff.
Wolken 376

Young, Thomas 88

Zähler, elektrischer 274
Zentralheizung 396 f.
Zeppelin 229
Zerfall, radioaktiver 420, 427
Zerfallsreihe 421
Zerstreuungslinse (Konkavlinse) 64 f., 69
Zündanlage 302, 314
Zuse, Konrad 316
Zweitaktmotor 393